FOREIGN EXCHANGE TRANSACTIONS ACT

외국환거래법

이상복 지음

박영사

개정판 머리말

2021년 5월 이 책의 초판이 발간되고 나서 독자들로부터 분에 넘치는 호평을 받았다. 어떤 독자는 출판사와 서점에 연락했으나 책을 구할 수 없다고 하면서 저자에게 여분의 책이 있으면 증정해 줄 수 없냐고 연락을 해왔다. 외국환거래법에 대한 수요와 관심이 이렇게 크리라고는 미처 생각하지 못했다. 저자로서는 이러한 관심과 성원에 진심으로 감사드린다.

개정판은 2021년 초판 발간 이후 개정된 법, 시행령, 외국환거래규정, 금융회사등의 해외진출에 관한 규정, 환전영업자 관리에 관한 고시의 내용 등을 반영하였다. 개정판에 반영된 주요내용은 다음과 같다.

국제결제은행(BIS)이 3년마다 발표하는 외환상품시장 거래 동향(전세계 동향과 우리나라 동향)을 2022년 4월 기준 자료로 대체하였다. 외환건전성부담금 부분의 일부 개정, 외환건전성협의회 설치, 외국환업무취급기관 등이 외국환 매매 또는 지급·수령 등의 업무수행에 필요한 일부 사무를 다른 기관에 위탁할 수 있는 근거를 법률로 규정한 것과 관련하여 개정내용을 반영하였다. 2021년 외환분야 신사업 규제 신속 확인·면제 제도 운영 결과를 반영하였다. 그 외에 외국환거래규정의 관련 조항의 세세한 개정내용과 환전영업자 관리에 관한 고시의 서식 부분(이 책의 부록)도 반영하였다.

개정판을 낼 수 있도록 애써주신 안종만 회장님, 안상준 대표님, 김선민 이사님께 감사드리고, 또 기획과 마케팅에 고생하는 최동인 대리의 노고에 감사드린다.

2023년 3월
이상복

머리말

우리나라는 1997년 외환위기의 아픈 경험을 갖고 있다. 그래서 외환(또는 외국환)관리 내지 외환시장 관리를 매우 중요한 것으로 인식하고 있다. 하지만 외환시장의 작동원리를 규율하고 있는 외국환거래법에 관하여는 그리 잘 알지 못한다. 필자도 교편을 잡기 전까지는 변호사 업무 수행시 외국환거래법 사건을 다루면서 이 법이 복잡하고 어렵다는 느낌만 갖고 있었다. 그래서 교편을 잡고 외국환거래와 외환시장의 작동원리를 공부하여 소개하고자 마음 먹었다. 현실에서 외국환거래와 외환시장은 개인이나 기업, 국가 모두에게 매우 중요한 영향을 미치고 있기 때문이다.

우리나라와 같은 소규모 개방경제에서 통화의 국제화가 이루어지지 않은 경우에는 금융위기 발생시 외화유동성 위기에 직면할 가능성이 높다. 또한 급격한 환율변동으로 외화자산 또는 외화부채의 가치가 크게 변동할 경우 금융기관의 재무건전성이 크게 훼손될 수 있다. 따라서 외화유동성과 환리스크를 체계적으로 관리할 필요가 있다.

이와 같은 점을 고려하여 이 책은 외국환거래법이 규율하는 외환시장 등에 관하여 다루었다. 이 책은 다음과 같이 구성되어 있다. 1편에서는 외국환거래의 인적대상인 거주자와 비거주자, 외국환거래의 대상행위, 외국환거래의 물적대상인 외국환 등을 다루었다. 외국환거래법을 이해하기 위해서는 1편에서 소개하고 있는 외국환거래의 인적대상인 거주자 및 비거주자의 개념을 이해해야 한다. 이 개념은 외국환거래법 전반에 걸쳐 사용되고 있는 외국환관리의 기본적인 개념이기 때문이다. 2편 외환시장과 대외건전성 확보에서는 외환시장의 유형과 특징을 다루고 외환정책과 환율정책 등을 상세히 다루었다. 상세히 다룬 이유는 외환시장의 작동원리를 이해하는 것이 필요하다고 생각했기 때문이다. 특히 외국환평형기금, 외환건전성부담금, 외국환거래의 정지(유사시 자본규제 수단)는 주요한 정책수단으로 외환시장의 자본유출입 등이 외환시장에 미치는 영향의 중요성을 말해주고 있다. 3편 외국환업무취급기관등에서는 외국환업무와 외국환업무취급기관, 환전영업자, 소액해외송금업자, 기타전문외국환업무취급업자의 진입규제, 업무행위 규제, 외환건전성 규제를 다루었다. 특히 여기서는 외환건전성 규제의 주요 수단과 내용을 금융기관별로 구분하여 상세히 다루었다. 이는 외환건전성의 중요함을 강조하기 위함이다. 제4편 외국환거래(지급과 거래)에서는 지급 및 수령 행위, 지급 및 수령의 방법, 지급수단등의 수출입 신고, 자본거래(원인거래), 현지금융, 직접투자 및 부동산 취득, 외국환거래의 사후관리를 다루었다. 외국환거래법은 외국환거래 그 밖의 대외거래를 합리적으로 조정·관리하기 위한 장치를 두고 있는데, 모든 외국환거래행위에 대하여 "원인행위", "지급 및 수령 행위", 그리고 "지급 및 수령 방법" 등 3가지 측면에서 절차를 정하고 있고, 이 중 "지급 및 수령 행위"가 그 기본이 된다고 할 수 있다. 5편 외국환거래 감독, 검사 및 제재에서는 기획재정부장관의 검사권과 검사위탁, 한국은행·금융감독원·관세청의 검사 및 제재를 다루었다. 6편 형사제재에서는 외국환거래법위반죄, 재산국외도피의 죄, 범죄수익의 은닉, 가장, 수수의 죄를 다루었다.

이 책을 집필하면서 다음과 같은 점에 유념하였다.

첫째, 이해의 편의를 돕고 외환실무자들의 의견을 반영하여 법조문 순서에 구애받지 않고 법률뿐만 아니라, 시행령, 외국환거래규정 등을 모두 반영하고 도표를 활용하였다. 외환행정의 주무관청은 기획재정부이다. 그런데 기획재정부는 외국환업무를 관세청에 위임하고, 금융위원회와 금융감독원, 한국은행, 외국환업무취급기관에 위탁하고 있다. 따라서 외국환거래를 이해하기 위해서는 수임(탁)기관의 관련 규정을 이해해야 할 필요가 있다. 이에 따라 기획재정부의 관련 규정뿐만 아니라 수임(탁)기관의 관련 규정의 주요 내용을 반영하였다. 반영한 규정의 주요 내용은 다음과 같다. 환전영업자 관리에 관한 고시, 외국환감독업무시행세칙, 외국환거래의 검사업무 운영에 관한 훈령, 외국환거래법에 따른 행정처분 및 과태료 부과징수에 관한 훈령, 외국환거래당사자에 대한 제재규정, 금융기관의 해외진출에 관한 규정, 대북투자 등에 관한 외국환 거래지침, 외국환평형기금채권 발행업무 대행기관 선정에 관한 훈령, 외환정보집중기관의 운영에 관한 규정, 외국환업무 전문인력교육에 관한 규정, 국제평화 및 안전유지 등의 의무이행을 위한 지급 및 영수허가지침, 은행업감독규정, 금융투자업규정, 보험업감독규정, 여신전문금융업감독규정, 상호저축은행업감독규정, 상호금융업감독규정, 외국환거래업무 취급지침 등이다.

둘째, 이론을 생동감 있게 하는 것이 법원의 판례임을 고려하여 대법원 판례뿐만 아니라 하급심 판례도 반영하고, 외국환거래법위반죄, 특정경제범죄법상의 재산국외도피의 죄, 범죄수익은닉규제법상의 범죄수익의 은닉, 가장, 수수의 죄에 관한 형사판례도 최대한 반영하였다.

셋째, 실무에서 외국환거래규정상 서식인 외국환업무등록신청서 등이 많이 이용되는 점을 감안하여 대부분의 서식을 부록으로 반영하였다. 이는 이 책의 관련 부분을 공부하면서 부록의 서식을 함께 살펴보아야 현실감이 있고 이해하는데 도움이 되기 때문이다. 반영한 주요 서식은 외국환거래규정상 서식인 외국환업무등록신청서 등, 환전영업자 관리에 관한 고시상 서식인 환전영업자 등록증 등, 외국환감독업무시행세칙상 서식인 소액해외송금업자의 영업현황 보고서 등, 외국환거래의 검사업무 운영에 관한 훈령상 서식인 외국환거래 검사 결과 통지서 등, 외국환거래법에 따른 행정처분 및 과태료 부과징수에 관한 훈령상 서식인 경고장 등, 외국환거래당사자에 대한 제재규정상 서식인 경고장 등, 금융기관의 해외진출에 관한 규정상 서식인 해외직접투자 신고서(보고서) 등, 대북투자 등에 관한 외국환 거래지침상 서식인 대북투자(변경) 신고서 등이다.

이 책을 출간하면서 감사드릴 분들이 참 많다. 금융감독원 외환감독국의 엄일용 국장님, 최영진 수석조사역님, 정종수 선임조사역님께 감사드린다. 엄일용 국장님과 최영진 수석조사역님은 외환시장에서 외환딜러 등 실무를 한 후 금융감독원에서 실무를 오랫동안 다룬 분으로 바쁜 일정 중에도 초고를 읽고 조언과 논평을 해주었다. 정종수 선임조사역님은 초고를 읽고 조언과 논평을 해주었을 뿐만 아니라 교정작업도 도와주었다. 나지수 변호사, 조영은 변호사, 황윤정 변호사는 실무에서 필요한 사항을 조언해 주어 이 책에 반영하게 해주었다. 외환브로커로 활동하는 한국자금중개의 홍성수 팀장님과 기업은행 자금운용부에서 활동하는 김상지 외환딜러는 외환시장 실무에 관한 조언을 해주었다. 박영사의 김선민 이사가 정성을 들여 편집해주고 제작 일정을 잡아 적시에 출간이 되도록 해주어 감사드린다. 출판계의 어려움에도 출판을 맡아 준 박영사 안종만 회장님과 안상준 대표님께 감사의 말씀을 드린다. 그리고 법률가와 학자로서의 길을 가는 동안 격려해준 아내 이은아와 딸 이가형, 아들 이지형과 함께 출간의 기쁨을 나누고 싶다.

2021년 5월 20일
이상복

차 례

제1편 총설

제1장 서론

제2장 외환 행정기관 및 관계기관

제2장 외환상품시장

제3장 외환시장 안정과 대외건전성 확보

제 3 편 외국환업무 취급기관등

제1장 서론

제2장 외국환업무취급기관

제3장 전문외국환업무 취급업자

제4장 외국환중개회사

<h2 align="center">제5장 위탁 및 중개, 신사업 규제 신속확인·면제 제도</h2>

제6장 외국환업무취급기관등의 업무행위 규제

제7장 외국환업무취급기관등의 외환건전성 규제

제 4 편 외국환거래(지급과 거래)

제1장 서론

제2장 지급 및 수령과 지급수단등의 수출입

제3장 자본거래

제4장 현지금융

제5장 직접투자 및 부동산 취득

제6장 외국환거래의 사후관리

제 5 편 외국환거래 감독, 검사 및 제재

제1장 개관

제2장 외국환거래 검사 및 제재

제6편 외국환거래 관련 형사제재

제1장 외국환거래법위반죄

제2장 재산국외도피의 죄

제3장 범죄수익의 은닉, 가장, 수수의 죄

제1편

총 설

제1장

서론

제1절 개관

I. 서설

1. 외환관리의 의의

외환(foreign exchange)은 외국환의 약칭으로 국제거래(국가간의 상품 및 서비스거래, 자본거래 등)로 인하여 발생하는 대차관계를 결제하는데 사용되는 대외거래수단을 의미한다. 외환관리란 국가가 외환(또는 외국환. 이하 양자를 호환적으로 사용한다[1])의 수요·공급을 직접 통제하는 것을 말한다. 우리나라와 외국과의 상품거래, 서비스거래, 자본거래 등에 따른 자금결제는 대부분의 경우 우리나라 통화가 아닌 미국 달러화 등 외화로 이루어진다. 이는 거래당사자들이 결제통화로 우리나라 통화보다는 미국 달러화 등을 더 안전하거나 가치 있다고 믿고 선호하기 때문이다. 국제결제에 주로 쓰이는 통화를 기축통화라고 하는데 일반적으로 제1차 세계대전 기간 중 미국 달러화가 영국의 파운드화를 대신하여 기축통화의 지위를 차지했다. 이에 따라 기축통화 보유국, 즉 미국을 제외한 대부분의 나라는 국제결제에 사용할 미국 달러화를 일정 수준 확보·유지하여야 할 필요성이 생기게 되었다.[2]

---

1) 외국환거래법은 법률 이름과 개념 정의 조항(법3(16)) 등에서 "외국환"이라는 용어를 사용한다. 제4조 제2항 등에서는 "외환"이라는 용어를 사용한다. 여기서 외국환은 실질적으로 외환을 의미한다고 보고 호환적으로 사용한다.

2) 서문식(2008), "우리나라 외환관리의 발전방향", 금융법연구 제5권 제2호(2008. 12), 152-153쪽.

외환의 수요와 공급은 우리나라와 외국간에 거래에 따른 자금의 수수로부터 발생한다. 편의상 "우리나라와 외국간의 거래"라고 표현하였지만 외환관리 측면에서는 국가간 경계를 기준으로 하는 장소적 개념이나 거래당사자의 국적보다 거래당사자의 거주성(domicile or residence)을 기준으로 외환의 수요와 공급을 판단한다. 거주자와 비거주자간에 수출·수입을 하거나 용역서비스를 제공·이용하거나 외국인 직접투자·내국인 해외투자 등을 하는 경우에는 각각 국내 외환시장에 외환이 공급되거나 수요가 발생한다. 한편 국제거래 없이 해외에 사는 친지에게 생활보조금을 주거나 받는 경우, 해외여행을 가거나 외국인 관광객이 오는 경우 또는 해외이주자가 자신의 재산을 반출·반입하는 경우 등에도 외환의 수요와 공급이 발생한다. 거주자와 비거주자간의 거래를 "대외거래"라고 하고 대외거래에 따른 지급·수령을 "대외지급·대외수령"이라고 한다.

모든 대외지급·수령은 복식부기방식으로 기록되는데 이것이 국제수지표(balance of payment)이다. 말하자면 국제수지는 우리나라 거주자의 대외거래 성적표라고 할 수 있다. 국제수지는 가급적 균형을 이루는 것이 바람직하며 심각한 불균형은 문제를 일으키는데, 국제수지 적자의 누적은 대외지불능력을 감소시켜 국가부도위기(Insolvency problem)를 초래할 수도 있고 지나친 국제수지흑자는 통화관리에 어려움을 줄 수도 있다. 이론적으로 국제수지의 불균형은 환율의 등락이라는 자동조절장치를 통하여 균형으로 수렴해 간다. 그러나 환율이라는 시장기능이 제대로 작동하지 않는 경우도 많고 균형을 이루는 데는 시간이 걸리기 때문에 외환 수급의 변동성이 큰 경우 그 국가의 다른 경제운용 목표(성장, 물가안정 등)와 충돌하는 경우가 많다. 이 경우에 국가가 직접 외환 수급에 관여하여 거시경제 목표들을 안정적으로 관리하려는 유혹을 받기 마련이다. 이와 같이 경제의 대외균형을 가격기구에 일임하지 않고 정부의 직접적인 통제방식에 의하여 외환시장의 수요·공급을 조정하려는 것이 외환관리이다.

2. 외환관리의 목적

외국환거래법("법") 제1조는 "이 법은 외국환거래와 그 밖의 대외거래의 자유를 보장하고 시장기능을 활성화하여 대외거래의 원활화 및 국제수지의 균형과 통화가치의 안정을 도모함으로써 국민경제의 건전한 발전에 이바지함"을 목적으로 한다고 규정한다. 외환관리가 국제수지의 균형과 통화가치의 안정을 목적으로 하고 있다는 것은 쉽게 이해할 수 있다. 그러나 대외거래의 원활화를 목적으로 하고 있다는 것은 다소 완곡한 표현이라고 할 수 있다. 외국환거래법령의 많은 내용은 "대외거래의 원활화"를 목적으로 하기보다는 "대외거래를 억제"하고자 하는 내용이 많다.[3] 외환관리는 국가부도위기에 대비하여 적정 외환보유액을 유지하기 위하여 대외

---

3) 현재 외국환거래법령상 자본거래 규제의 대부분은 자본거래를 가급적 하지 못하게 하려는 것(discouraging)

지급을 억제함을 그 목적으로 하고 있다는 것이 좀 더 솔직한 표현이라고 생각한다. 우리나라에 외환 지급불능(Insolvency problem)의 우려가 완전히 없어질 때 비로소 더 이상 외환관리가 필요 없게 될 것이나 그렇지 않는 한 외환관리는 존속될 것이다. 원화가 국제거래에서 결제통화로 쓰이지 않는 한 우리나라는 대외결제를 위한 외화자금을 확보하고 있어야 하며 이를 위한 외환관리는 존속될 수밖에 없다.[4]

우리나라 경제를 일컬어 소위 "소규모개방경제"라고 한다. 우리나라는 세계 10위권 교역국으로서 경제규모에 비하여 수출입 규모가 큰 편이다. 즉 우리나라는 국내총생산이 국내총소비·투자를 초과하여 해외소비(수출)에 크게 의존하고 있다. 이를 국민소득 방정식으로 설명해 보면 $Y=C+I+G+(X-M)$에서 X는 수출(즉 해외소비)을 의미하는데 우리나라의 경우 X가 Y에서 차지하는 비중이 대략 60% 수준이다. 국내생산을 자체적으로 소화할 수 있는 내수시장을 가지고 있지 않은 우리로서는 국내에서 생산된 물건을 해외시장에 팔아야만 한다는 점에서 우리 경제는 대외의존적일 수밖에 없다. 이에 따라 수입국들의 경기변동 또는 통상정책 등이 우리 경제에 곧바로 영향을 미치며 유가 급등 또는 반도체 등 주요 수출품목의 수출단가 하락은 곧바로 국제수지 악화로 이어져 외환위기를 야기할 수 있다. 이와같이 우리경제의 대외의존도가 높은 점이 다른 나라에 비해 우리나라에 외환관리가 더 필요한 이유이다.

국제사회는 기본적으로 통상과 자본이동에 대한 장벽을 제거함으로써 국제 교역을 확대하고 자본의 생산성과 효율성을 향상시켜 세계경제 발전에 이바지함을 추구하고 있다. 그러나 국제사회가 이러한 이념을 각국에 무차별적으로 강요하는 것은 아니며 각국이 자국의 경제발전 단계와 외환 수급 상황에 맞는 외환통제를 실시하는 것은 허용하고 있다. 따라서 한 국가가 자국의 경제상황에 맞는 외국환관리를 실시하는 것은 주권국가로서 당연한 권리행사이고 국가경제상 필요한 일이기도 하다.

3. 외국환거래법의 특징

(1) 외환거래의 자유화

과거 외국환관리법은 대내외 자금이동을 수반하는 자본거래 등을 원칙적으로 금지하되 입법 목적에 비추어 필요하다고 인정되는 경우만을 예외적으로 허용하는 "원칙규제·예외허용체계(positive system)"이었다. 그러나 외국환거래법은 대외거래 원활화를 위한 기획재정부장관의 의무를 명시하는 등 원칙적으로 자본거래를 포함한 모든 외국환거래를 자유롭게 허용하되

외에 다른 목적을 찾기 어렵다. 통계작성 목적으로 자본거래의 신고의무 등이 필요하다는 견해가 있다. 그러나 외환수급통계는 한국은행 외환전산망을 통하여 작성되고 통계목적상 필요하다면 거래당사자로부터 사후보고를 받으면 되므로 통계목적으로 자본거래 신고의무 등을 유지할 필요는 없다.

4) 서문식(2008), 154-155쪽.

국민경제의 건전한 발전에 저해된다고 판단되는 경우에 한해서만 예외적으로 규제하는 "원칙자유·예외규제 체계(negative system)"를 채택하고 있다. 다만 일부 지급방법(상계, 기간초과 지급, 제3자 지급, 외국환은행을 통하지 아니한 지급 등) 및 자본거래(금전대차, 채무보증 등)에 대하여는 신고등의 제도를 유지하고 있다.

외국환거래법은 외환거래 자유화에 따른 부작용을 최소화하기 위해 한국은행을 외환거래 정보의 집중, 교환, 중계 등을 담당하는 외환정보집중기관으로 지정·운영함으로써 효과적인 사후관리 및 모니터링 체제 구축을 도모하고 있다. 또한 유사시에 대비해 가변예치의무제도, 자본거래허가제 등의 안전장치(safeguard)를 운용할 수 있는 제도적 근거를 마련하고 있다.

(2) 위임입법주의

기획재정부장관은 외국환거래법에 따른 권한의 일부를 대통령령으로 정하는 바에 따라 금융위원회, 증권선물위원회, 관계 행정기관의 장, 한국은행총재, 금융감독원장, 외국환업무취급기관등의 장, 그 밖에 대통령령으로 정하는 자에게 위임하거나 위탁할 수 있다(외국환거래법23 ①). 따라서 외국환거래와 관련된 신고등 수리 및 접수, 행정처분, 과태료 부과 등의 집행은 대부분 위임·위탁되어 있다.

(3) 속인주의 및 속지주의

우리나라에 주된 사무소를 가지고 있는 법인 또는 자연인의 대리인 등이 외국에서 행하는 재산 또는 업무에 관한 행위에도 외국환거래법을 적용함으로써 속인주의를 채택하고 있으며, 이와 동시에 거주자가 외국에서 어떠한 행위를 함으로써 거주자와 비거주자간에 채권·채무 관계가 발생하는 경우에도 외국환거래법을 적용함으로써 속지주의를 채택하고 있다.

(4) 국제주의

외국환거래법은 외국환거래라는 국제거래를 규제대상으로 하는 것으로, 국제관습을 존중하거나 국제조약을 준수함으로써 국제적으로 통용될 수 있어야 한다. 따라서 외국환거래법은 외국환거래의 국제성을 인정하고 있다. 따라서 외국환거래를 규제하는 외국환거래법은 전형적인 국제적 강행규정이므로 외국환거래법의 문제는 국제적 강행규정의 문제이다.

국제거래 자유화는 국제통화기금(IMF), 세계무역기구(WTO), 경제협력개발기구(OECD) 등과 여러 형태의 쌍무협정을 통하여 국제적으로 시행되고 있으므로 이 흐름에 따라 우리나라의 외국환거래법도 국내 경제상황이 허락하는 한 자유화를 추진하고 있다.[5]

(5) 외국환업무취급기관 제도

외국환업무취급기관 제도는 외국환거래의 효율화를 위해 일정요건을 갖춘 모든 금융회사가 등록만 하면 외국환업무를 취급할 수 있도록 하는 제도로서 특히 외국환업무취급기관 중

---

5) 한국은행(2019), 「한국은행 외국환거래 신고 편람」, 한국은행(2019. 12), 10쪽.

은행법, 한국산업은행법, 한국수출입은행법, 중소기업은행법, 농업협동조합법 및 수산업협동조합법에 의한 금융회사등의 외국환업무를 영위하는 국내영업소를 "외국환은행"이라고 한다.

외국환거래법은 대부분의 외국환거래를 외국환은행을 통해 이루어지도록 유도하고 외국환관리 권한의 일부를 외국환은행의 장에게 위탁하여 외국환관리의 실효성을 확보하고 있다. 특히 외국환거래 중 특별히 한도 관리나 지속적인 사후관리의 필요성이 있는 거래[6]는 지정된 하나의 외국환은행(영업소)을 통해서만 거래하도록 제한하는 규제를 하는데, 이를 거래외국환은행 지정제도라 한다.

한편 "기타 외국환업무취급기관"의 외국환업무 취급범위를 확대하여 국제경쟁력을 강화하기 위해 2016년 3월 업무범위 규정방식을 종전의 포지티브(positive) 방식에서 네거티브(negative) 방식으로 전환함에 따라 각 금융회사등은 설치근거법령에서 인정한 업무와 직접 관련된 외국환업무를 별다른 규제 없이 영위할 수 있게 되었다.[7]

Ⅱ. 외국환거래법 및 관련 법규

외국환거래제도 관련 법규는 직접 외국환관리를 목적으로 하는 기본 법규와 외국환거래제도에 간접적으로 관련되는 관련 법규로 나눌 수 있는데 전자에 속하는 것으로는 외국환거래법, 외국환거래법시행령, 외국환거래규정 등이 있고, 후자에 속하는 것으로서는 대외무역법 등이 있다.

1. 외국환거래법

외국환거래 관련 기본 법규는 외국환거래법, 외국환거래법 시행령, 외국환거래규정(기획재정부 고시) 등으로 구성되어 있다. 외국환거래법은 외국환과 관련되는 모든 대외거래를 포섭하는 포괄적이고 추상적인 법 규정을 두고 있으며, 외국환거래법 시행령과 외국환거래규정에서 구체적인 세부사항을 정하고 있다. 따라서 법 개정절차 없이 고시 개정만으로 제도 변경이 가능하다. 이는 신속한 개정을 통해 급변하는 대내외 경제상황에 대응하여 탄력적이고 효율적으로 운영하기 위함이다.[8][9]

---

6) 해외이주비, 재산반출, 해외예금, 해외차입, 해외직접투자, 현지금융, 해외부동산 취득 등의 거래가 이에 해당한다.
7) 한국은행(2019), 10-11쪽.
8) 강민우(2016), "외국환거래법 위반에 대한 제재규정의 재설계", 금융법연구 제13권 제2호(2016. 8), 143쪽.
9) 이에 대한 비판도 적지 않다. 고시(외국환거래규정) 중심의 규율로 위임체계의 적정성이 문제되고 원칙과 예외, 예외의 예외가 혼재되는 등 규정체계가 복잡하다는 지적이 있다.

외국환거래법은 성격상 강행법규로서 단속규정에 해당한다. 그러므로 법 위반시 해당 법률행위가 무효화되는 것은 아니고 법률행위 자체의 사법상 효력에는 영향이 없다. 가령 해외차입시 사전 신고를 하지 않은 경우 외국환거래법 제18조(자본거래 신고) 위반으로 과태료 부과 등 처벌은 받게 되나 해당 차입행위가 원천 무효가 되는 것은 아니다.[10]

2. 관련 법규

대외거래를 단일체계로 관리하는 것이 바람직할 수 있으나 법률제도의 생성과 발전에 따른 역사적 특수성 및 기타 경제여건으로 인하여 무역거래, 외국인 직·간접투자 등에 관해서는 별도의 법률을 제정하여 적용하고 있다. 외국환거래법과 연관성이 높은 법규를 살펴보면 다음과 같다.

(1) 대외무역법

대외무역법은 대외무역을 진흥하고 공정한 거래질서를 확립하여 국제수지의 균형과 통상의 확대를 도모함으로써 국민경제를 발전시키는 데 이바지함을 목적으로 한다. 이를 위해 수출입의 허가 승인, 수출입거래의 질서유지 등 주로 재화의 국제적 이동에 관한 사항을 규정하고 있다.

외국환거래법령에서는 수출입의 대금결제방법과 관련하여 대부분의 기업 영업활동과 관련이 있는 지급 및 수령의 방법을 원칙적으로 자유화하여 종전의 지급등의 방법에 대한 허가제를 폐지하고 거주자와 비거주자간의 채권·채무를 소멸시키거나 불법적인 외화유출입 수단으로 악용될 수 있는 지급등의 방법에 대해서만 이를 신고토록 하고 있고, 대외무역법은 수출입거래행위 자체를 관리하고 있다.

(2) 외국인투자촉진법

외국인투자 촉진법("외국인투자법")은 외국인투자를 지원하고 외국인투자에 편의를 제공하여 외국인투자 유치를 촉진함으로써 국민경제의 건전한 발전에 이바지함을 목적으로 한다. 외국인투자 촉진법 중 외국환 및 대외거래에 관한 사항에 관하여는 외국인투자 촉진법에 특별한 규정이 없으면 외국환거래법에서 정하는 바에 따른다(외국인투자촉진법30①). 따라서 외국인의 직접투자와 관련된 국내증권의 취득, 국내 기업에 대한 장기차관의 공여 등 외국환 및 대외거래에 관한 사항에 관하여 외국인투자촉진법에 특별한 규정이 있는 경우에는 외국인투자촉진법이 외국환거래법보다 우선 적용된다

(3) 자본시장법

개방경제체제에서 자본시장 거래의 상당 부분은 외국환거래와 겹치게 된다. 자본시장법상

---

10) 강민우(2016), 145쪽.

금융투자업자가 영업행위로서 금융투자업을 영위하는 과정에서 거래상대방이 비거주자인 경우 또는 결제통화가 외화일 경우에는 외국환업무를 행하는 셈이 된다. 이때에는 자본시장법과 외국환거래법이 동시에 적용된다. 외국환을 취급하는 외국환은행도 마찬가지이다. 외국환업무 수행에 있어 거래(매매 또는 중개) 대상으로서 외국환은 사실상 금융투자상품에 다름 아니기 때문이다.[11] 이때에도 역시 자본시장법과 외국환거래법은 동시에 적용될 수 있다.[12]

이처럼 양 법률은 서로 밀접하게 연관되어 있기 때문에, 해당 거래가 법 위반에 해당하는지 판단하기 위해서는 어느 한 법규만 보아서는 곤란하고 두 법규 모두를 종합적으로 고려해야 할 때가 많다. 일례로 거주자가 해외시장에서 FX마진 거래시 자본시장법 시행령 제184조(해외시장 거래 등)에 따라 국내 투자중개업자를 반드시 통해야 하는데, 이를 생략하고 해외 투자중개업자에게 직접 송금한 경우 자본시장법을 위반한 것이 된다. 그리고 이는 국내 법령을 위반한 대외지급을 금지한 외국환거래규정 제4-1조에 의거 외국환거래법상 지급절차 위반에도 해당한다.[13]

(4) 금융실명법

외국환거래법 제26조(다른 법률과의 관계)는 동법 제11조의3(부담금의 징수 및 이의신청) 제5항, 제20조(보고 · 검사), 제23조(권한의 위임 · 위탁 등), 제24조(전자문서에 의한 허가 등) 및 제25조(사무처리 등) 제2항을 금융실명법 제4조(금융거래의 비밀보장)에 우선하여 적용한다고 규정한다. 이는 법의 실효성 확보를 위하여 금융기관의 고객정보 비밀보장이라는 원칙에 있어 예외를 정한 것으로 금융회사등에 종사하는 자는 그 사용 목적에 필요한 최소한의 범위에서 법원, 금융위원회 등에 거래정보등을 제공해야 한다(금융실명법4①). 물론 외국환거래법에 따른 허가 · 인가 · 등록 · 신고 · 보고 · 통보 · 중개(仲介) · 중계(中繼) · 집중(集中) · 교환 등의 업무에 종사하는 사람은 그 업무와 관련하여 알게 된 정보를 금융실명법 제4조(금융거래의 비밀보장)에서 정하는 경우를 제외하고는 외국환거래법에서 정하는 용도가 아닌 용도로 사용하거나 다른 사람에게 누설하여서는 아니 된다(외국환거래법22).

---

11) 외국환을 구성하는 외화증권, 외화파생상품 등은 모두 투자성(원본손실 가능성) 있는 금융상품으로 자본시장법과 외국환거래법이 동시에 규율하는 영역이 존재하게 된다. 예를 들어 외국환거래법 시행령 제5조는 외국환거래법령상 파생상품이란 자본시장법에서 정한 파생상품과 그 이외에 상품의 구성이 복잡하고 향후 수익을 예측하기 어려워 대규모 외환유출입을 야기할 우려가 있는 금융상품으로 기획재정부 장관이 고시하여 정하는 것이라고 규정한다.

12) 단, 한 가지 예외사항이 있다. 외국환업무취급기관 중 외국환중개회사가 영위하는 업무는 성격상 자본시장법상의 투자중개업에 해당하므로 자본시장법에서 정하는 영업행위규칙이 적용되는 것이 원칙이다. 하지만 외국환중개거래는 거래대상이나 범위가 제한적이고 거래상대방 또한 고도의 전문성을 갖춘 전문투자자로 국한되어 투자자 보호가 필요없다는 특수성이 있다. 때문에 외국환중개업무에 대해서는 자본시장법을 적용하지 않는다(외국환거래법9⑥).

13) 금융감독원(2019b), "외국환거래 위반사례집", 금융감독원(2019. 11), 87쪽.

(5) 특정금융정보법

특정금융정보법은 금융거래등을 이용한 자금세탁행위와 공중협박자금조달행위를 규제하는 데 필요한 특정금융거래정보의 보고 및 이용 등에 관한 사항을 규정함으로써 범죄행위를 예방하고 나아가 건전하고 투명한 금융거래질서를 확립하는 데 이바지함을 목적으로 한다. 여기서의 금융거래정보는 외국환거래와 밀접한 연관성이 있다.

한국은행 총재, 세관의 장, 외환정보집중기관의 장은 외국환거래법 제17조(지급수단 등의 수출입 신고)의 신고에 관련된 자료와 법 제21조(국세청장 등에게의 통보 등)의 통보에 관련된 자료를 금융정보분석원(FIU)에 통보하여야 하고(특정금융정보법9①), 금융정보분석원장은 특정금융거래정보를 분석할 때에는 보고받거나 제공받은 사항이 불법재산 등으로 의심되는 거래에 해당한다고 판단하는 경우에만 금융회사등의 장에게 외국환거래법에 규정된 외국환업무에 따른 거래를 이용한 금융거래등 관련 정보 또는 자료의 제공을 요구할 수 있다(특정금융정보법13③). 특히 법 제4조(불법재산 등으로 의심되는 거래의 보고 등), 제4조의2(금융회사등의 고액 현금거래 보고), 제5조의3(전신송금시 정보제공), 제9조(외국환거래자료 등의 통보), 제10조(수사기관 등에 대한 정보 제공), 제10조의2(특정금융거래정보 제공사실의 통보), 제11조(외국금융정보분석기구와의 정보교환 등), 제13조(자료 제공의 요청 등) 및 제15조(금융회사등의 감독·검사 등) 제7항은 금융실명법 제4조(금융거래의 비밀보장)와 외국환거래법 제22조(외국환거래의 비밀보장)에 우선하여 적용한다(특정금융정보법14①).

(6) 특정경제범죄법

재산국외도피는 필연적으로 외국환거래법 위반의 결과로 나타나게 되는데, 특정경제범죄법과 외국환거래법은 동시에 적용되기 쉽다. 특정경제범죄법 제4조는 "재산국외도피의 죄"를 규정한다. 법령을 위반하여 대한민국 또는 대한민국국민의 재산을 국외로 이동하거나 국내로 반입하여야 할 재산을 국외에서 은닉 또는 처분하여 도피시켰을 때에는 1년 이상의 유기징역 또는 해당 범죄행위의 목적물 가액("도피액")의 2배 이상 10배 이하에 상당하는 벌금에 처한다(특정경제범죄법4①). 도피액이 5억원 이상일 때에는 ⅰ) 도피액이 50억원 이상일 때는 무기 또는 10년 이상의 징역, ⅱ) 도피액이 5억원 이상 50억원 미만일 때는 5년 이상의 유기징역으로 가중처벌한다(특정경제범죄법4②). 미수범은 각 죄에 해당하는 형으로 처벌한다(특정경제범죄법4③). 이 경우 범인이 도피시키거나 도피시키려고 한 재산은 몰수한다(특정경제범죄법10①). 가중처벌(미수범을 포함) 규정에 유죄판결을 받은 사람은 ⅰ) 징역형의 집행이 종료되거나 집행을 받지 아니하기로 확정된 날부터 5년, ⅱ) 징역형의 집행유예기간이 종료된 날부터 2년, ⅲ) 징역형의 선고유예기간 동안 금융회사등, 국가·지방자치단체가 자본금의 전부 또는 일부를 출자한 기관 및 그 출연이나 보조를 받는 기관과 유죄판결된 범죄행위와 밀접한 관련이 있는 기업

외국환거래 법규 체계

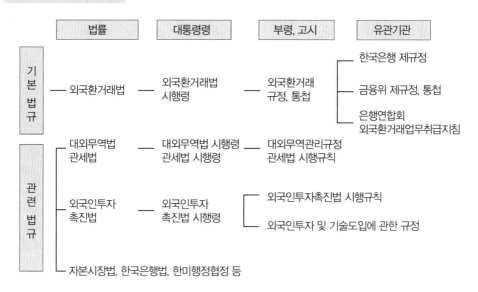

법률	대통령령	부령, 고시	유관기관

기본법규

외국환거래법 ── 외국환거래법 시행령 ── 외국환거래 규정, 통첩 ─┬ 한국은행 제규정
├ 금융위 제규정, 통첩
└ 은행연합회 외국환거래업무취급지침

관련법규

대외무역법 관세법 ── 대외무역법 시행령 관세법 시행령 ── 대외무역관리규정 관세법 시행규칙

외국인투자 촉진법 ── 외국인투자 촉진법 시행령 ─┬ 외국인투자촉진법 시행규칙
└ 외국인투자 및 기술도입에 관한 규정

자본시장법, 한국은행법, 한미행정협정 등

체에 취업할 수 없다(특정경제범죄법14① 본문).

(7) 범죄수익은닉규제법

범죄수익은닉규제법은 특정범죄와 관련된 범죄수익의 취득 등에 관한 사실을 가장하거나 특정범죄를 조장할 목적 또는 적법하게 취득한 재산으로 가장할 목적으로 범죄수익을 은닉하는 행위를 규제하고, 특정범죄와 관련된 범죄수익의 몰수 및 추징에 관한 특례를 규정함으로써 특정범죄를 조장하는 경제적 요인을 근원적으로 제거하여 건전한 사회질서의 유지에 이바지함을 목적으로 한다. 그런데 여기의 특정범죄에는 특정경제범죄법상 재산국외도피의 죄가 포함되고(범죄수익은닉규제법2(1)), 범죄수익에는 재산국외도피의 죄에 관계된 자금 또는 재산을 말한다(범죄수익은닉규제법2(2) 나목). 범죄행위 또는 그로부터 파생된 재산상 이익을 해외로 유출하여 은닉하고자 할 때에는 외국환거래가 수반되기 마련이다. 따라서 범죄수익은닉규제법을 적용할 때 외국환거래법도 함께 적용될 가능성이 크다.

(8) 한미행정협정

1967년 2월 발효된 한미행정협정[14)]은 한국과 미국간의 국제조약으로서 한국에 주둔하고 있는 미군과 그 구성원, 군속과 그 가족 및 초청계약자 등의 신분과 법적 지위를 규율함과 동

---

14) 한국과 미국간의 군사, 안보에 대한 양자간 조약으로 정식명칭은 「대한민국과 미합중국간의 상호방위조약 제4조에 의한 시설과 구역 및 대한민국에서의 미합중국 군대의 지위에 관한 협정」이다.

시에 이들의 출입국 및 외환관리, 재판권 등에 관한 한국법률의 적용범위 등을 규정하고 있다. 따라서 이 조약은 주한미군 등에 대한 외국환관리의 근거법규인 동시에 외국환거래법에 대한 특별법적인 성격을 가지고 있다.

제2절 외국환거래법의 적용대상

Ⅰ. 외국환거래의 인적대상(외국환거래의 주체)

1. 거주자와 비거주자의 개념

외국환거래법의 인적대상은 이익의 거점 중심으로 거주자와 비거주자를 구분하고, 이 구분은 국적과는 관계없이 일정 기간 이상 거주하였는지 여부 및 경제적으로 밀접한 관계를 가지고 있는지 여부에 따라 결정된다. 외국환거래법은 외국환거래의 주체를 거주자와 비거주자로 나누고 적용 범위 및 신고(보고)의무의 부과를 다르게 규정하고 있으므로 거주자(비거주자)인지 여부를 가장 먼저 확인할 필요가 있다.

거주자 및 비거주자의 개념은 외국환거래법 전반에 걸쳐 사용되고 있는 외국환관리의 기본적인 개념이다. 즉 외국환관리의 원리는 거주자와 비거주자간의 채권·채무 관계를 규제하는 것인바, 거주자와 비거주자를 구분하는 거주성(居住性) 개념은 국적과는 관계없이 일정 기간 거주하고 있거나 거주할 의사를 가지고 있고 경제적으로 밀착되어 있는 지역을 기준으로 한다. 즉 외국 국적을 가진 사람이 대한민국에 경제이익의 중심을 두고 있는 경우에는 외국인이라고 하여도 거주자로 취급되므로, 거주성의 개념이 국적과 논리 필연적인 관계에 있는 것은 아니다. 법은 거주자 개념의 중요성을 감안하여 거주자와 비거주자의 개념을 정의하고 있다.15)

거주자란 대한민국에 주소 또는 거소를 둔 개인과 대한민국에 주된 사무소를 둔 법인을 말하고(법3①(14)), 비거주자란 거주자 외의 개인 및 법인을 말한다(법3①(15) 본문). 다만, 비거주자의 대한민국에 있는 지점, 출장소, 그 밖의 사무소는 법률상 대리권의 유무에 상관없이 거주자로 본다(법3①(15) 단서).

---

15) 헌법재판소 2005. 6. 30. 선고 2003헌바114 결정.

2. 거주자와 비거주자의 구분

거주자와 비거주자의 구분이 명백하지 아니한 경우에는 대통령령으로 정하는 바에 따른다(법3②). 여기서 "거주자와 비거주자의 구분이 명백하지 아니한 경우"란 대한민국 내에 주소 또는 거소를 둔 개인 또는 주된 사무소를 둔 법인 아닌 경우만을 가리키는 것은 아니고, 대한민국 내에 주소, 거소 또는 사무소를 두고 있는 경우라도 대한민국 외에도 주소, 거소 또는 사무소를 함께 두는 등의 사정으로 거주자와 비거주자의 구분이 명백하지 아니한 경우도 포함한다.[16]

(1) 거주자

(가) 대한민국국민

다음의 어느 하나에 해당하는 대한민국국민, 즉 ⅰ) 대한민국 재외공관에서 근무할 목적으로 외국에 파견되어 체재하고 있는 자 ⅱ) 비거주자이었던 자로서 입국하여 국내에 3개월 이상 체재하고 있는 자, ⅲ) 그 밖에 영업 양태, 주요 체재지 등을 고려하여 거주자로 판단할 필요성이 인정되는 자로서 기획재정부장관이 정하는 자는 거주자로 본다(외국환거래법 시행령10① (3), 이하 "영").

(나) 외국인

다음의 어느 하나에 해당하는 외국인, 즉 ⅰ) 국내에서 영업활동에 종사하고 있는 자,[17] ⅱ) 6개월 이상 국내에서 체재하고 있는 자는 거주자로 본다(영10①(4)).

(다) 단체 · 기관 등

다음의 어느 하나에 해당하는 단체 · 기관 등, 즉 ⅰ) 대한민국 재외공관, ⅱ) 국내에 주된 사무소가 있는 단체 · 기관, 그 밖에 이에 준하는 조직체는 거주자로 본다(영10①(1)(2)).

(2) 비거주자

(가) 대한민국국민

다음의 어느 하나에 해당하는 대한민국국민, 즉 ⅰ) 외국에서 영업활동에 종사하고 있는 자, ⅱ) 외국에 있는 국제기구에서 근무하고 있는 자, ⅲ) 2년 이상 외국에 체재하고 있는 자. 이 경우 일시 귀국의 목적으로 귀국하여 3개월 이내의 기간 동안 체재한 경우 그 체재기간은

---

16) 대법원 1999. 4. 9. 선고 99도362 판결.

17) 대법원 1982. 3. 23. 선고 81도1450 판결(외국환관리법 및 동법 시행령에 의하여 위임된 외국환관리규정 제1의 11조 제1항 제4호에 의하면, 영주권을 얻어 외국에 체재하고 있는 자라도 입국하여 3개월 이상 체재한 경우에는 거주자로 보게 되어 있는 바, 기록에 편철된 출입국에 관한 사실증명원의 기재에 의하면, 피고인은 여러 차례에 걸쳐서 3개월 이상씩 국내에 체류하였을 뿐만 아니라 1966년 이래 수시로 출입국하면서 1년 중 대부분을 국내에서 보내고 있고 1972. 11. 7 국내에 풍전정밀공업사라는 공장을 설립하여 경영하고 있는바, 위 규정 제1-12조의 제1항 제1호에 의하면, 외국인이라도 국내에 있는 사업소에 근무하거나 국내에서 영업에 종사하는 자는 거주자로 보고 있는 규정의 취지에 비추어 볼 때 피고인은 거주성이 있다).

2년에 포함되는 것으로 본다. ⅳ) 그 밖에 영업양태, 주요 체재지 등을 고려하여 비거주자로 판단할 필요성이 인정되는 자로서 기획재정부장관이 정하는 자는 비거주자로 본다(영10②(5)).[18]

(나) 외국인

다음의 어느 하나에 해당하는 외국인, 즉 ⅰ) 국내에 있는 외국정부의 공관 또는 국제기구에서 근무하는 외교관·영사 또는 그 수행원이나 사용인, ⅱ) 외국정부 또는 국제기구의 공무로 입국하는 자, ⅲ) 거주자였던 외국인으로서 출국하여 외국에서 3개월 이상 체재 중인 자는 비거주자로 본다(영10②(6)).

(다) 단체·기관 등

다음의 어느 하나에 해당하는 단체·기관 등, 즉 ⅰ) 국내에 있는 외국정부의 공관과 국제기구, ⅱ) 한미행정협정에 따른 미합중국군대 및 이에 준하는 국제연합군("미합중국군대등"), 미합중국군대등의 구성원·군속·초청계약자와 미합중국군대등의 비세출자금기관·군사우편국 및 군용은행시설, ⅲ) 외국에 있는 국내법인 등의 영업소 및 그 밖의 사무소, ⅳ) 외국에 주된 사무소가 있는 단체·기관, 그 밖에 이에 준하는 조직체는 비거주자로 본다(영10②(1)(2)(3)(4)).

(3) 가족의 거주성

거주자 또는 비거주자에 의하여 주로 생계를 유지하는 동거 가족은 해당 거주자 또는 비거주자의 구분에 따라 거주자 또는 비거주자로 구분한다(영10③). 즉 부양가족의 거주성은 생계제공자와 동일하게 거주성을 판단한다.

Ⅱ. 외국환거래의 대상행위

적용대상 행위로서 외국환거래 행위는 거래당사자 측면에서는 거주자와 비거주자간에 채권·채무 관계를 발생, 변경, 소멸시키는 행위이고, 장소적 측면에서는 대한민국 내에서 행하는 외국환거래와 외국에서 행하는 것으로 대한민국 내에서 효과가 발생하는 것이다. 외국환거래법은 대한민국 내에서의 비거주자의 외국환 및 외국환거래 행위를 규제하고, 거주자의 외국에서의 외국환거래 행위도 규제하는 속지주의 및 속인주의의 입장을 취하고 있다.

외국환거래의 대상행위는 거주자간, 거주자와 비거주자간, 비거주자간 거래에 적용된다. 즉 대한민국 내에서 행하는 외국환거래, 대한민국과 외국 간의 거래 또는 지급이나 수령, 비거주자간 원화표시 거래, 거주자가 외국에서 국내의 재산·업무에 관하여 행한 행위 등에 적용된

---

18) 대법원 2011. 6. 10. 선고 2011도2069 판결(피고인은 비거주자라 하더라도 거주자인 김□□가 외국환업무 취급기관을 통하지 아니하고 당해 거래의 당사자가 아닌 환치기업자들에게 한 지급 행위에 공모하여 가담한 이상, 형법 제33조, 제30조에 의하여 김□□와 공동정범으로서의 죄책을 면할 수 없다).

다. 외국환거래법은 거주자와 비거주자간 행위뿐 아니라 거주자간 외국환거래(환전, 외화매매
등)와 비거주자간 원화거래도 대상행위에 포함된다.

　외국환거래법의 적용대상은 단순히 외국환의 이동이 수반되는 거래뿐만 아니라 거주자와
비거주자간의 채권·채무에 관련성이 있으면 대한민국 통화로 표시되거나 지급받을 수 있는 거
래도 포함된다. 해외카지노 대금, 물품 대금 등 지급에 사용하기 위해 비거주자가 지정하는 국
내인의 예금계좌로 원화를 입금(환치기 등)하는 경우라도 외국환거래법이 적용된다.

　외국환거래법은 ⅰ) 대한민국에서의 외국환과 대한민국에서 하는 외국환거래 및 그 밖에
이와 관련되는 행위(제1호), ⅱ) 대한민국과 외국 간의 거래 또는 지급·수령, 그 밖에 이와 관
련되는 행위(외국에서 하는 행위로서 대한민국에서 그 효과가 발생하는 것을 포함)(제2호), ⅲ) 외국에
주소 또는 거소를 둔 개인과 외국에 주된 사무소를 둔 법인이 하는 거래로서 대한민국 통화로
표시되거나 지급받을 수 있는 거래와 그 밖에 이와 관련되는 행위(제3호), ⅳ) 대한민국에 주소
또는 거소를 둔 개인 또는 그 대리인, 사용인, 그 밖의 종업원이 외국에서 그 개인의 재산 또는
업무에 관하여 한 행위(제4호),[19] ⅴ) 대한민국에 주된 사무소를 둔 법인의 대표자, 대리인, 사
용인, 그 밖의 종업원이 외국에서 그 법인의 재산 또는 업무에 관하여 한 행위(제5호)에 적용된
다(법2①). 위의 ⅰ), ⅱ), ⅲ)에서 "그 밖에 이와 관련되는 행위"란 각각의 거래에 따른 거래·
지급 또는 수령과 직접 관련하여 행하여지는 지급수단·귀금속·증권 등의 취득·보유·송금·
추심·수출·수입 등을 말한다(법2②, 영2).

　따라서 외국환거래법의 규제범위는 거주자간 국내에서의 원화거래, 비거주자간 해외에서
의 외화거래를 제외하고 모든 거래에 적용된다고 볼 수 있다. 이때 거래당사자는 법에서 달리
정하지 않는 한 해당 행정기관인 기획재정부, 한국은행, 또는 외국환은행 등에 거래내용을 사
전 신고하고 필요시 증빙서류를 제출할 의무를 부담하게 된다.[20]

---

19) 대법원 1989. 2. 14. 선고 88도2211 판결(거주자인 내국법인이 직접 수금하여야 할 수입금등을 비거주자인
　그 해외지사가 개설한 비밀예금구좌에 예금하였다면 이는 전적으로 내국법인의 대리인, 사용인 또는 종업
　원이 외국에서 그 법인의 재산 또는 업무에 관하여 행한 행위라고 보여지는 것이므로 비록 그 예금채권이
　형식적으로는 비거주자인 위 해외지사와 다른 비거주자인 외국은행과의 사이에 이루어진 것이라고 하더라
　도 외국환관리법 제3조 제1항에 의하여 위 해외지사의 행위는 곧 본사의 행위로 취급되는 것이고 따라서
　위와 같은 예금채권발생의 당사자가 되는 행위는 외국환관리법 제23조 제2호에 저촉된다).
20) 신고기관은 해당 거래가 시장에 미치는 영향의 정도 등을 감안하여 거래내용을 확인사항, 신고사항, 신고
　수리사항, 허가사항, 기타 인정사항으로 분류하여 처리하고 있다(강민우(2016), 44쪽).

외국환거래법 적용대상 거래

거래 당사자	표시(결제)통화	외국환거래법 적용
거주자 ↔ 거주자	원화	적용 안됨
거주자 ↔ 거주자	외화	적용
거주자 ↔ 비거주자	원화, 외화	적용
비거주자 ↔ 비거주자	원화	적용
비거주자 ↔ 비거주자	외화	적용 안됨

Ⅲ. 외국환거래의 물적대상(외국환거래의 객체)

외국환거래법은 물적 적용대상을 거래대상별로 유형을 세분화(기간, 금액, 조건 등)하여 차등적으로 규제하고 있는데, 그 적용대상은 지급과 수령의 수단이 되고 채권·채무의 수단이 되는 외국환, 내국지급수단, 귀금속 등이다.

1. 외국환

외국환은 통화를 달리하는 국가간의 결제수단이다. 외국환은 외국통화와 외화로 표시된 모든 유가증권으로 국가간 자금이동이 가능한 다양한 신용수단이라고 할 수 있다. 외국환거래법에 의하면 외국환이란 대외지급수단, 외화증권, 외화파생상품 및 외화채권을 말한다(법3①(13)). 외화는 외국 화폐를 의미하는 반면, 외국환은 외국 화폐는 물론 외국 화폐의 가치를 가진 수표·어음·예금 등 일체를 말한다. 따라서 외국환은 외화보다는 넓은 개념이다.

(1) 대외지급수단

대외지급수단이란 외국통화, 외국통화로 표시된 지급수단, 그 밖에 표시통화에 관계없이 외국에서 사용할 수 있는 지급수단을 말한다(법3①(4)). 대외지급수단으로 인정되기 위하여는 현실적으로 대외거래에서 채권·채무의 결제 등을 위한 지급수단으로 사용할 수 있으며 또한 그 사용이 보편성을 가지고 있어야 한다.[21] 대외지급수단에는 외국통화와 동전을 비롯하여 외화현찰(cash), 외국통화로 표시된 지급수단으로 은행수표(bank check), 여행자수표(traveler's check), 신용장(letter of credit), 각종 외국환어음(draft or bill of foreign exchange), 우편환(mail

---

[21] 대법원 1998. 12. 22. 선고 98도2460 판결(카지노에서 사용되는 "칩"은 그것에 표시된 금액 상당을 카지노에서 보관하고 있다는 증표에 지나지 않으므로 대외지급수단에 해당하지 않는다).

transfer),[22] 약속어음, 외국통화로 표시된 지급지시서(payment order), 전신환(telegraphic transfer)[23] 등이 있다.

　여기서 "외국통화"란 내국통화 외의 통화를 말하고(법3①(2)), 내국통화란 대한민국의 법정 통화인 원화(貨)를 말한다(법3①(1)). 또한 지급수단이라 함은 정부지폐·은행권·주화·수표·우편환·신용장과 환어음·약속어음·상품권·기타 지급받을 수 있는 내용이 표시된 우편 또는 전신에 의한 지급지시 및 전자금융거래법상 전자화폐, 선불전자지급수단 등 전자적 방법에 따른 지급수단을 말한다(외국환거래규정1-2(34) 본문, 이하 "규정"). 다만, 액면가격을 초과하여 매매되는 금화 등은 주화에서 제외한다(법3①(3), 영3②, 규정1-2(34) 단서).

(2) 외화증권

　외화증권이란 외국통화로 표시된 증권 또는 외국에서 지급받을 수 있는 증권을 말한다(법3①(8)). 여기서 "증권"이란 지급수단에 해당하지 아니하는 것으로서 ⅰ) 자본시장법상의 증권이란 ㉠ (발행인) 내국인 또는 외국인이 발행한, ㉡ (투자성) 금융투자상품으로서, ㉢ (추가지급의무 부존재) 투자자가 취득과 동시에 지급한 금전등 외에 어떠한 명목으로든지 추가로 지급의무를 부담하지 아니하는 것(자본시장법4① 본문)으로, 증권에 표시되는 권리의 종류에 따라 구분되는 채무증권, 지분증권, 수익증권, 투자계약증권, 파생결합증권, 증권예탁증권(자본시장법4②)과, ⅱ) 무기명양도성예금증서, 그 밖에 재산적 가치가 있는 권리가 표시된 증권 또는 증서로서 투자의 대상으로 유통될 수 있는 것을 말한다(법3①(7), 영4). 따라서 외화증권은 외화로 표시된 국채, 지방채, 회사채, 기타 모든 종류의 채권(bonds)과 주식(stocks), 수익증권 등으로 외국에서 지급받을 수 있는 증권을 말한다.

　원화연계외화증권이라 함은 표시통화 또는 지급금액의 결정통화 또는 결제통화가 내국통화인 외화증권을 말한다(규정1-2(23)). 외화증권에 반해 원화증권이라 함은 표시통화, 지급금액의 결정통화 및 결제통화가 내국통화인 증권을 말한다(규정1-2(24)).

(3) 외화파생상품
(가) 외화파생상품의 개념

　외화파생상품이란 외국통화로 표시된 파생상품 또는 외국에서 지급받을 수 있는 파생상품을 말한다(법3①(10)).

---

22) 수입업자의 요청에 따라 송금은행이 송금수표를 발행하는 대신에 지급은행에 대하여 일정한 금액을 지급하여 줄 것을 위탁하는 지급지시서(payment order)에 해당하는 우편환을 발행하여 이를 송금은행이 직접 지급은행 앞으로 우송하는 방식이다.

23) 수입업자의 요청에 따라 송금은행이 송금수표를 발행하는 대신에 지급은행에 대하여 일정한 금액을 지급하여 줄 것을 위탁하는 지급지시서(payment order)를 우편환으로 발행하는 대신에 전신환 형식으로 발행하여 이를 송금은행이 직접 지급은행 앞으로 송금하는 방식이다.

(나) 외국환거래법상 파생상품의 개념

1) 관련 법규

파생상품이란 ⅰ) 자본시장법 제5조에 따라 기초자산의 가격을 기초로 손익(수익구조)이 결정되는 금융투자상품으로, 선도, 옵션, 스왑의 어느 하나에 해당하는 계약상의 권리(자본시장법5①)와, ⅱ) 상품의 구성이 복잡하고 향후 수익을 예측하기 어려워 대규모 외환 유출입을 야기할 우려가 있는 금융상품으로서 기획재정부장관이 고시하는 것(영5)을 말한다(법3①(9)). 이는 기본적으로 자본시장법상의 파생상품 이외에도 그 외연을 확대할 수 있는 여지를 남겨두고 있는 것으로 향후 금융기법의 발전과 현실여건을 감안하여 탄력적으로 대응함으로써 규제 공백을 막고자 하는 입법으로 생각된다.

2) 자본시장법상 파생상품

가) 선도

선도는 "기초자산이나 기초자산의 가격·이자율·지표·단위 또는 이를 기초로 하는 지수 등에 의하여 산출된 금전등을 장래의 특정시점에 인도할 것을 약정하는 계약상의 권리"를 말한다(자본시장법5①(1)). 즉 선도(Forward)는 파생상품 중 가장 기본이 되는 상품으로 ⅰ) 미래 특정시점에 ⅱ) 계약시점에 정해 놓은 가격과 수량으로 ⅲ) 기초자산을 매매하기로 약속하는 계약이다.

나) 옵션

옵션은 "당사자 어느 한쪽의 의사표시에 의하여 기초자산이나 기초자산의 가격·이자율·지표·단위 또는 이를 기초로 하는 지수 등에 의하여 산출된 금전등을 수수하는 거래를 성립시킬 수 있는 권리를 부여하는 것을 약정하는 계약상의 권리"를 말한다(자본시장법5①(2)). 즉 옵션(Option)은 ⅰ) 특정시점(만기일)에 ⅱ) 미리 정한 가격(행사가격)과 수량으로 ⅲ) 기초자산을 사거나 팔 수 있는 권리가 부여된 계약이다.

다) 스왑

스왑은 "장래의 일정기간 동안 미리 정한 가격으로 기초자산이나 기초자산의 가격·이자율·지표·단위 또는 이를 기초로 하는 지수 등에 의하여 산출된 금전등을 교환할 것을 약정하는 계약상의 권리"를 말한다(자본시장법5①(3)). 즉 스왑(Swap)은 "교환하다"는 의미로 거래당사자가 서로의 이익을 위해 일정기간 동안 실물 또는 현금흐름(Cash Flow)을 교환하는 계약이다.

라) 기초자산

기초자산이란 ⅰ) 금융투자상품, ⅱ) 통화(외국의 통화를 포함), ⅲ) 일반상품(농산물·축산물·수산물·임산물·광산물·에너지에 속하는 물품 및 이 물품을 원료로 하여 제조하거나 가공한 물품, 그 밖에 이와 유사한 것), ⅳ) 신용위험(당사자 또는 제3자의 신용등급의 변동, 파산 또는 채무재조정 등으로 인한 신용의 변동), ⅴ) 그 밖에 자연적·환경적·경제적 현상 등에 속하는 위험으로서 합리적이고 적정한 방법에 의하여 가격·이자율·지표·단위의 산출이나 평가가 가능한 것을 말한다(자본시장법4⑩).

3) 외국환거래규정상 파생상품

가) 신용파생결합증권

신용파생결합증권이라 함은 자본시장법상의 증권 중, 신용사건 발생시 신용위험을 거래당사자의 일방에게 전가하는 신용연계채권(Credit Linked Note) 및 손실을 우선 부담(First to Default 또는 First Loss)시키는 합성담보부채권(Synthetic Collateralized Debt Obligations, Synthetic Collateralized Loan Obligations) 또는 이와 유사한 거래를 말한다(규정1-2(13-1)).

나) 신용파생상품

신용파생상품이라 함은 자본시장법 제5조에 따른 파생상품 중 신용위험을 기초자산으로 하는 파생상품을 말한다(규정1-2(13-2)).

다) 외환파생상품

외환파생상품이라 함은 자본시장법 제5조의 파생상품 중 외국통화를 기초자산으로 하는 파생상품을 말한다(규정1-2(20-2)).

라) 장내파생상품

장내파생상품이라 함은 자본시장법 제5조 제2항에 따른 파생상품시장 또는 해외파생상품시장에서 거래되는 파생상품을 말한다(규정1-2(27-1)). 이에 따라 장내파생상품이란 ⅰ) 파생상품시장에서 거래되는 파생상품, ⅱ) 해외 파생상품시장에서 거래되는 파생상품, ⅲ) 그 밖에 금융투자상품시장을 개설하여 운영하는 자가 정하는 기준과 방법에 따라 금융투자상품시장에서 거래되는 파생상품을 말한다(자본시장법5②).

여기서 해외 파생상품시장이란 파생상품시장과 유사한 시장으로서 해외에 있는 시장과 대통령령으로 정하는 해외 파생상품거래가 이루어지는 시장을 말한다(자본시장법5②(2)). 여기서 "대통령령으로 정하는 해외 파생상품거래"란 ⅰ) 런던금속거래소의 규정에 따라 장외(파생상품시장과 비슷한 시장으로서 해외에 있는 시장 밖을 말한다)에서 이루어지는 금속거래, ⅱ) 런던귀금속시장협회의 규정에 따라 이루어지는 귀금속거래, ⅲ) 미국선물협회의 규정에 따라 장외에서 이루어지는 외국환거래, ⅳ) 선박운임선도거래업자협회의 규정에 따라 이루어지는 선박운임거래, ⅴ) 그 밖에 국제적으로 표준화된 조건이나 절차에 따라 이루어지는 거래로서 금융위원회가 정하여 고시하는 거래를 말한다(자본시장법 시행령5).

마) 장외파생상품

장외파생상품이라 함은 자본시장법 제5조 제3항에 따른 파생상품으로서 장내파생상품이

아닌 것을 말한다(규정1-2(27-2)). 이에 따라 "장외파생상품"이란 파생상품으로서 장내파생상품
이 아닌 것을 말한다(자본시장법5③).

(4) 외화채권

외화채권이란 외국통화로 표시된 채권 또는 외국에서 지급받을 수 있는 채권을 말한다(법
3①(12)). 여기서 채권이란 모든 종류의 예금·신탁·보증·대차(貸借) 등으로 생기는 금전 등의
지급을 청구할 수 있는 권리로서 내국통화, 외국통화, 지급수단, 대외지급수단, 내국지급수단,
귀금속, 증권, 외화증권, 파생상품, 외화파생상품에 해당되지 아니하는 것을 말한다(법3①11).

(5) 결어

결국 외국환은 서로 다른 통화를 사용하는 격지자간에 발생하는 채권·채무관계를 해소
하는데 활용되는 다양한 결제수단이자 재산적 가치를 지닌 외화표시자산이라고 정의할 수 있
다. 결제수단이므로 거래당사자간 직접 지급도 가능하나, 현실은 환거래계약을 체결한 은행간
계좌이체에 의한 송금방식이 보편적이다. 또한 단순히 원인거래(경상 또는 자본거래)에 수반하
는 교환의 매개수단이 되는 것에 그치지 않고 그 자체로 투자대상이기도 하다. 외국환은 그
형태가 화폐(통화), 주식, 채권, 파생상품 등 무엇이든지 거래당사자인 내국인 입장에서는 외
국통화로 표시된 자산의 성격을 지닌다. 이때 실시간으로 시장상황에 따라 변동하는 환율의
존재로 말미암아 외국환은 태생적으로 양방향의 투자성(원본 손실 가능성)을 갖게 된다. 실제로
모든 외화표시자산의 수익률은 해당 자산의 수익률과 환율변동률의 합으로 구성되며, 투자성
있는 금융상품이라고 해서 비단 증권 및 파생상품에만 국한되지 않는다. 예컨대 외국 현지에
서는 아무런 수익성이 없는 외화(통화자산)도 환율의 개입으로 경우에 따라서는 언제든지 원
본 손실의 위험을 갖는, 자본시장법에서 규정하는 금융투자상품과 유사한 성격을 갖게 되는
것이다.[24]

2. 내국지급수단

내국지급수단이란 대외지급수단 외의 지급수단을 말한다(법3①(5)). 즉 국내에 국한되는
결제수단을 말한다.

3. 귀금속

귀금속이란 금, 금합금의 지금(地金), 유통되지 아니하는 금화, 그 밖에 금을 주재료로 하
는 제품 및 가공품을 말한다(법3①(6)). 따라서 금이나 금합금의 지금에 해당하지 않는 순수한
"팔라듐괴"는 외국환거래법에서 규정하고 있는 귀금속에 해낭하시 않으므로 외국환거래법이

---

24) 강민우(2020), "외국환거래의 법적 규제에 관한 연구", 고려대학교 대학원 박사학위논문(2020. 2), 13-14쪽.

적용되지 않는다.[25]

　　금은 외국환거래법상 귀금속으로 지급수단에는 해당하지 않는다. 귀금속은 과거 세관앞 지급수단등의 수출입 신고대상인 "지급수단등"에 해당하였으나 2009년 2월 4일 외국환거래규정 개정으로 "지급수단등"에서 제외되고 물품으로 규정하였다. "물품"이라 함은 지급수단 및 증권 기타 채권을 표시하는 서류 이외의 동산을 말한다(규정1-2(6)).

Ⅳ. 외국환업무

　　외국환업무란 다음의 어느 하나에 해당하는 것을 말한다(법3①(16), 영6). 즉 ⅰ) 외국환의 발행 또는 매매(가목), ⅱ) 대한민국과 외국 간의 지급·추심 및 수령(나목),[26] ⅲ) 외국통화로 표시되거나 지급되는 거주자와의 예금, 금전의 대차 또는 보증(다목), ⅳ) 비거주자와의 예금, 금전의 대차 또는 보증(라목), ⅴ) 그 밖에 가목부터 라목까지의 규정과 유사한 업무로서 대통령령으로 정하는 업무(마목)를 말한다. 여기서 "대통령령으로 정하는 업무"란 ㉠ 비거주자와의 내국통화로 표시되거나 지급되는 증권 또는 채권의 매매 및 매매의 중개, ㉡ 거주자간의 신탁·보험 및 파생상품거래(외국환과 관련된 경우에 한정) 또는 거주자와 비거주자간의 신탁·보험 및 파생상품거래, ㉢ 외국통화로 표시된 시설대여(여신전문금융업법에 따른 시설대여), ㉣ 앞에서 열거한 7가지 업무에 딸린 업무를 말한다.[27]

---

25) 대법원 2009. 1. 30. 선고 2008도9822 판결(외국환거래법이 적용되지 않는 "팔라듐괴"의 밀수출미수행위에 대하여는 관세법 제271조 제2항, 제269조 제3항 제1호를 적용하여 처벌하고, 이 경우 범인이 소유 또는 점유하는 그 물품은 같은 법 제282조 제2항의 규정에 의하여 필요적으로 몰수하여야 한다).

26) 인천지방법원 2005. 2. 4. 선고 2004노2793 판결(피고인이 "송금의뢰 받은 돈을 환치기계좌에 입금하고 그 무렵 미국에 있는 공범들이 입금한 돈에 해당하는 미화를 수령자로 지정된 자에게 지급"하는 행위뿐 아니라 이에 필수적으로 수반하는 행위 즉 송금의뢰자로부터 돈을 받거나 입금하기 전 이를 보관하고 있는 행위도 그 "부대되는 업무"로서 "외국환업무"에 해당한다).

27) 대법원 2013. 11. 28. 선고 2011도13007 판결(구 외국환거래법(2011. 4. 30. 법률 제10618호로 개정되기 전의 것, 이하 "법"이라 한다) 제3조 제1항 제16호 (나)목은 "대한민국과 외국 간의 지급·추심 및 수령"이, 같은 호 (마)목은 "위 (나)목 등과 유사한 업무로서 대통령령이 정하는 업무"가 각 "외국환업무"에 해당하는 것으로 규정하고, 구 외국환거래법 시행령(2010. 11. 15. 대통령령 제22493호로 개정되기 전의 것) 제6조 제4호는 "법 제3조 제1항 제16호 (나)목 등의 업무에 딸린 업무"가 위 "대통령령이 정하는 업무"에 해당하는 것으로 규정하고 있는바, "대한민국과 외국 간의 지급·추심 및 영수"에 직접적으로 필요하고 밀접하게 관련된 부대업무는 법 제3조 제1항 제16호 (마)목의 외국환업무에 해당한다).

제2장

외환 행정기관 및 관계기관

제1절 외환 정책당국 및 감독기관

Ⅰ. 기획재정부(외환정책 총괄, 법령 관리)

1. 연혁

기획재정부는 정부조직법에 의해 설립된 중앙행정기관이다. 기획재정부의 역사는 1948년 대한민국 정부가 출범하면서 신설된 재무부와 기획처로 소급한다. 당시 재무부는 국가세제에 관한 정책수립, 국고 및 정부회계관리, 금융과 통화, 외환정책의 수립과 집행 등을 수행하였다. 그리고 기획처도 1961년 경제기획원으로 확대 개편되면서 경제사회개발 5개년 계획 등 경제개발을 위한 종합계획의 수립, 국가예산편성, 공정거래질서의 확립 등의 업무를 담당하였다.[1]

1994년 12월 23일 정부조직 개편에 따라 경제기획원과 재무부는 재정경제원으로 통합되면서, 예산, 국고, 세제 등 국가재정부문이 통합운영되었다. 그러나 1997년 외환위기를 맞고 이듬해인 1998년 정부조직법이 개정되면서 재정경제원은 재정경제부로 축소되고, 예산기능은 예산청, 금융감독기능은 금융감독위원회, 통상교섭은 외교통상부, 통화신용정책은 한국은행으로 각각 독립 이관시킴으로써 권력의 견제와 균형이 이루어질 수 있도록 하였다.

2001년 1월 29일에는 재정경제부 장관이 부총리로 승격되어 부처간 경제정책 총괄·조정 기능이 강화되는 한편 국무총리실로부터 대외경제 조정기능도 넘겨받아 거시적인 경제기획업

---

1) 홍종현(2012), "재정민주주의에 대한 헌법적 연구" 고려대학교 대학원 박사학위논문(2012. 8), 166-167쪽.

무까지 담당하였다. 그러나 정책기획 조정기능이 대통령비서실, 국무총리실, 재정경제부, 기획
예산처로 분산되어 있어 의견조율을 위한 시간과 비용이 증가한다는 점과 예산, 국고, 세제 등
재정기능이 분산되어 재정통제가 취약하다는 점이 지적되기도 하였다. 이에 따라 2008년 정부
는 재정경제부와 기획예산처를 통합하여 기획재정부를 탄생시키고, 재정경제부의 금융정책 기
능은 금융위원회로 이관되었다.

2. 구성과 직무

기획재정부장관은 중장기 국가발전전략수립, 경제·재정정책의 수립·총괄·조정, 예산·
기금의 편성·집행·성과관리, 화폐·외환·국고·정부회계·내국세제·관세·국제금융, 공공기
관 관리, 경제협력·국유재산·민간투자 및 국가채무에 관한 사무를 관장한다(정부조직법27①).
내국세의 부과·감면 및 징수에 관한 사무를 관장하기 위하여 기획재정부장관 소속으로 국세청
을 둔다(동법27③). 관세의 부과·감면 및 징수와 수출입물품의 통관 및 밀수출입단속에 관한
사무를 관장하기 위하여 기획재정부장관 소속으로 관세청을 둔다(동법27⑤). 정부가 행하는 물
자(군수품을 제외한다)의 구매·공급 및 관리에 관한 사무와 정부의 주요시설공사계약에 관한 사
무를 관장하기 위하여 기획재정부장관 소속으로 조달청을 둔다(동법27⑦). 통계의 기준설정과
인구조사 및 각종 통계에 관한 사무를 관장하기 위하여 기획재정부장관 소속으로 통계청을 둔
다(동법27⑨).

기획재정부에 제1차관 및 제2차관을 두며, 장관이 부득이한 사유로 그 직무를 수행할 수
없는 때에는 제1차관, 제2차관의 순으로 그 직무를 대행한다(기획재정부와 그 소속기관 직제5①).
제1차관은 인사과·운영지원과·세제실·경제정책국·정책조정국·경제구조개혁국·장기전략국·
국제금융국·대외경제국 및 개발금융국의 소관업무에 관하여 장관을 보조한다(동직제5②). 제2
차관은 예산실·국고국·재정혁신국·재정관리국 및 공공정책국의 소관업무에 관하여 장관을
보조한다(동직제5③).

3. 외국환거래법상 업무

기획재정부장관이 정부조직법상 수행하는 외환행정에 관한 업무는 다음과 같다(동직제21
③). 외환 및 국제금융에 관한 정책의 총괄, 외국환거래에 관한 법령 및 제도의 입안·기획, 원
화의 국제화에 관한 정책의 입안, 국제수지 및 외환수급에 관한 정책의 수립, 환율 및 외환시
장에 관한 정책의 수립, 국제신용평가 및 국제금융 관련 외국투자자 관리에 관한 업무, 국제금
융시장의 동향분석 및 적기 정책대응에 관한 업무, 외환시장 및 외화자금 시장의 동향분석, 금
융·자본시장 및 파생금융상품시장이 외환시장에 미치는 영향 분석, 외채 및 대외채권 관리정

책의 총괄, 기업 및 금융기관등의 외화자금조달정책의 수립, 해외부동산 투자, 역외금융 및 현지 금융제도에 관한 사항, 외국환평형기금의 관리·운용, 국부펀드 및 외환보유액의 관리·운용, 한국투자공사의 업무에 관한 사항, 정부의 대외지급보증 및 외화국채의 발행·관리에 관한 협의, 외국금융기관의 국내진출 및 국내금융기관의 해외진출 관련 외환에 관한 사항에 대한 총괄·조정, 대외부문 조기경보체제의 운영에 관한 업무, 외화결제시스템에 관한 업무, 금융개방·금융국제화 관련 외환 및 국제금융에 관한 사항, 국제금융허브 관련 정책의 지원, 양자간 및 지역간 금융협력 업무에 관한 사항, 외환 및 국제금융 관련 금융협상에 관한 사항, 국제금융기구와의 외환 관련 협력 업무, 국제금융협의체 관련 조사·연구 및 전략 수립, 국제금융협의체에서의 성장지원 및 구조개혁 정책 관련 의제에 관한 업무, 국제통화제도 등 국제금융체제에 관한 정책의 기획·입안, 국제금융협의체와의 협력업무, 국제금융협의체에서의 거시경제정책 공조에 관한 사항, 주요 20개국 재무장관회의 총괄·조정 및 정상회의 지원, 국제금융체제 관련 분석 및 연구, 그 밖에 외환 및 국제금융에 관한 사항 등이다.

Ⅱ. 금융위원회(금융기관과 거래당사자 검사)

1. 설립목적

금융위원회의 설치 등에 관한 법률(금융위원회법) 제1조에 따르면 금융위원회는 "금융산업의 선진화와 금융시장의 안정을 도모하고 건전한 신용질서와 공정한 금융거래 관행을 확립하며 예금자 및 투자자 등 금융 수요자를 보호함으로써 국민경제의 발전에 이바지함"을 목적으로 설립되었는데(금융위원회법1), 금융위원회는 그 업무를 수행할 때 공정성을 유지하고 투명성을 확보하며 금융기관의 자율성을 해치지 아니하도록 노력하여야 한다(금융위원회법2).

2. 설치 및 지위

행정기관에는 그 소관사무의 일부를 독립하여 수행할 필요가 있는 때에는 법률로 정하는 바에 따라 행정위원회 등 합의제행정기관을 둘 수 있다(정부조직법5조). 행정기관에 그 소관사무의 일부를 독립하여 수행할 필요가 있을 때에는 법률이 정하는 바에 의하여 행정기능과 아울러 규칙을 제정할 수 있는 준입법적 기능 및 이의의 결정 등 재결을 행할 수 있는 준사법적 기능을 가지는 행정위원회 등 합의제행정기관을 둘 수 있다(행정기관의 조직과 정원에 관한 통칙 21).

금융정책, 외국환업무 취급기관의 건전성 감독 및 금융감독에 관한 업무를 수행하게 하기 위하여 국무총리 소속으로 금융위원회를 둔다(금융위원회법3①). 금융위원회는 중앙행정기관으로서 그 권한에 속하는 사무를 독립적으로 수행한다(금융위원회법3②). 중앙행정기관이라 함은 국가의 행정사무를 담당하기 위하여 설치된 행정기관으로서 그 관할권의 범위가 전국에 미치는 행정기관을 말한다(행정기관의 조직과 정원에 관한 통칙2(1)). 다만 업무 및 권한 등에 있어 다른 정부부처의 업무 및 권한이 정부조직법에 의해 정해지는 것과는 달리 금융위원회법, 대통령령인 「금융위원회와 그 소속기관 직제」 및 금융관련법령에 의해 정해진다.

3. 구성

금융위원회는 9명의 위원으로 구성하며, 위원장·부위원장 각 1명과 기획재정부차관, 금융감독원 원장, 예금보험공사 사장, 한국은행 부총재, 금융위원회 위원장이 추천하는 금융전문가 2명, 대한상공회의소 회장이 추천하는 경제계대표 1명의 위원으로 구성한다(금융위원회법4①). 위원장은 국무총리의 제청으로 대통령이 임명하며, 금융위원회 부위원장은 위원장의 제청으로 대통령이 임명한다. 이 경우 위원장은 국회의 인사청문을 거쳐야 한다(금융위원회법4②). 위원장은 금융위원회를 대표하며, 금융위원회의 회의를 주재하고 사무를 총괄한다(금융위원회법5①). 위원장·부위원장과 임명직 위원의 임기는 3년으로 하며, 한 차례만 연임할 수 있다(금융위원회법6).

4. 운영

금융위원회의 회의는 3명 이상의 위원이 요구할 때에 위원장이 소집한다. 다만, 위원장은 단독으로 회의를 소집할 수 있다(금융위원회법11①). 금융위원회의 회의는 그 의결방법에 관하여 금융위원회법 또는 다른 법률에 특별한 규정이 있는 경우를 제외하고는 재적위원 과반수의 출석과 출석위원 과반수의 찬성으로 의결한다(금융위원회법11②). 금융위원회는 심의에 필요하다고 인정할 때에는 금융감독원 부원장, 부원장보 및 그 밖의 관계 전문가 등으로부터 의견을 들을 수 있다(금융위원회법13). 위원장은 내우외환, 천재지변 또는 중대한 금융 경제상의 위기로 긴급조치가 필요한 경우로서 금융위원회를 소집할 시간적 여유가 없을 때에는 금융위원회의 권한 내에서 필요한 조치를 할 수 있다(금융위원회법14①). 금융위원회의 사무를 처리하기 위하여 금융위원회에 사무처를 둔다(금융위원회법15①).

5. 소관 사무

금융위원회의 소관 사무는 ⅰ) 금융에 관한 정책 및 제도에 관한 사항(제1호), ⅱ) 금융기관 감독 및 검사·제재에 관한 사항(제2호), ⅲ) 금융기관의 설립, 합병, 전환, 영업의 양수·양도 및 경영 등의 인가·허가에 관한 사항(제3호), iv) 자본시장의 관리·감독 및 감시 등에 관한 사항(제4호), v) 금융소비자의 보호와 배상 등 피해구제에 관한 사항(제5호), vi) 금융중심지의 조성 및 발전에 관한 사항(제6호), vii) 제1호부터 제6호까지의 사항에 관련된 법령 및 규정의 제정·개정 및 폐지에 관한 사항(제7호), viii) 금융 및 외국환업무 취급기관의 건전성 감독에 관한 양자간 협상, 다자간 협상 및 국제협력에 관한 사항(제8호), ix) 외국환업무 취급기관의 건전성 감독에 관한 사항(제9호), x) 그 밖에 다른 법령에서 금융위원회의 소관으로 규정한 사항(제10호) 등이다(금융위원회법17).

6. 외환 관련 업무: 위탁업무

외국환거래법("법")에 따라 기획재정부장관은 권한의 일부를 금융위원회에 위탁한다(법23 ①, 영37② 전단). 금융위원회는 기획재정부장관의 승인을 받아 위탁받은 권한의 일부를 금융감독원장에게 재위탁할 수 있다(영37② 단서). 기획재정부장관이 금융위원회에 위탁하는 권한은 i) 외국환업무취급기관 및 기타전문외국환업무를 등록한 자에 대한 감독 및 감독상 필요한 명령(제1호), ii) 외국환매입초과액과 매각초과액의 한도를 설정하는 경우에는 외국환의 매입초과액과 매각초과액의 구분 및 한도, 그 산정기준이 되는 자산 및 부채의 범위, 산정방법, 시기 및 기간을 정하는 사항(은행, 농협은행, 수협은행, 한국산업은행, 한국수출입은행, 중소기업은행에 대한 제한은 제외)에 대한 제한(제2호 가목), iii) 외화자산 및 외화부채의 비율을 설정하는 경우에는 만기별 자금의 조달 및 운용방법과 자산 및 부채의 범위 및 기준을 정하는 것, 비거주자로부터 자금을 조달하여 비거주자를 대상으로 운용하는 계정을 설정하게 하는 경우에는 설치대상 외국환업무취급기관의 범위, 자금의 조달·운용방법과 회계처리방법의 기준을 정하는 것, 외국환업무취급기관의 외국환계정의 회계처리기준을 정하는 경우에는 계정과목과 회계처리방법을 정하는 것, 외국환업무에 따른 위험관리기준을 설정하는 경우에는 대상 업무 및 기준을 정하는 사항에 대한 제한(제2호 나목), iv) 외국환업무취급기관 및 기타전문외국환업무를 등록한 자에 대한 업무제한 또는 업무정지(제3호), v) 외국환업무취급기관 및 기타전문외국환업무를 등록한 자에 대한 과징금의 부과(제4호), vi) 자본거래의 신고(기획재정부장관이 고시한 사항으로 한정)(제5호), vii) 경고 및 거래정지 등(법19) 행정처분과 외국환거래 또는 행위를 정지·제한하거나 허가를 취소하는 경우의 청문(법19③), 이 경우 외국환업무를 취급하는 자와 그 거래 당사자 및 관계인, 소액해외송금업무를 영위하는 자와 그 거래 당사자 및 관계인, 기타전문외국환업무를 영위하는 자와 그 거래당사자 및 관계인, 그리고 수출입거래와 관련되지 아니한 용역거래 또는 자본거래 당사자 등 한국은행총재의 검사업무 및 관세청장의 검사업무 대상자에 해당하지 아니하는 자에 대한 처분에 한정하되, 소액해외송금업자와 그 거래당사자 및 관계인에 대한 처분과 경고(법19)나 관련 외국환거래 또는 지급 또는 수령의 정지 또는 제한(신용카드업자가 카드회원에 대하여 행하는 경우에 한정)과 외국환거래 또는 행위를 정지·제한하거나 허가를 취소하는 경우의 청문(법19③)은 제외한다(제6호), viii) 거주자의 비거주자에 대한 1만 달러를 초과하는 채권보유현황 보고 및 국세청, 한국은행, 금융감독원, 외국환업무취급기관 등 외국환거래법을 적용받는 관계기관의 장에 대한 자료 또는 정보 제출의 요구(위탁받은 사무를 처리하기 위한 경우로 한정)(제7호), ix) 지급수단 등의 수출입 신고(법32③, 법17)를 하지 아니하거나 거짓으로 신고를 하고 지급수단 또는 증권을 수출입하거나 수출입하려 한 자를 제외한 과태료의 부과·징수, 이 경우 외국환업무를 취급하는 자와 그 거래 당사자 및 관계인, 소액해외송금업무를 영위하는 자와 그 거래 당사자 및 관계인, 기타전문외국환업무를 영위하는 자와 그 거래당사자 및 관계인, 그리고 수출입거래와 관련되지 아니한 용역거래 또는 자본거래 당사자 등 한국은행 총재의 검사업무 및 관세청장의 검사업무 대상자에 해당하지 아니하는 자에 대한 처분에 한정하되, 소액해외송금업자와 그 거래당사자 및 관계인에 대한 처분은 제외한다(제8호).

Ⅲ. 금융감독원(금융기관과 거래당사자 검사)

1. 설립과 지위

금융위원회법에 따라 금융위원회나 증권선물위원회의 지도·감독을 받아 금융기관에 대한 검사·감독 업무 등을 수행하기 위하여 금융감독원을 설립한다(금융위원회법24①). 금융감독원은 무자본 특수법인으로 한다(금융위원회법24②). 무자본이란 자본금 없이 국가예산이나 기타의 분담금으로 운영된다는 의미이다. 금융감독원은 특별법인 금융위원회법에 의해 설립되고 국가 또는 지방자치단체로부터 독립하여 특정 공공사무를 수행하는 영조물법인이다.

2. 구성과 직무

금융감독원에 원장 1명, 부원장 4명 이내, 부원장보 9명 이내와 감사 1명을 둔다(금융위원회법29①). 원장은 금융위원회의 의결을 거쳐 금융위원회 위원장의 제청으로 대통령이 임명한다(금융위원회법29②). 부원장은 원장의 제청으로 금융위원회가 임명하고, 부원장보는 원장이 임명한다(금융위원회법29③). 감사는 금융위원회의 의결을 거쳐 금융위원회 위원장의 제청으로 대통령이 임명한다(금융위원회법29④). 원장·부원장·부원장보 및 감사의 임기는 3년으로 하며, 한 차례만 연임할 수 있다(금융위원회법29⑤). 원장·부원장·부원장보와 감사에 결원이 생겼을 때에는 새로 임명하되, 그 임기는 임명된 날부터 기산한다(금융위원회법29⑥).

원장은 금융감독원을 대표하며, 그 업무를 총괄한다(금융위원회법30①). 원장이 부득이한 사유로 직무를 수행할 수 없을 때에는 금융감독원의 정관으로 정하는 순서에 따라 부원장이 원장의 직무를 대행한다(금융위원회법30②). 부원장은 원장을 보좌하고 금융감독원의 업무를 분장하며, 부원장보는 원장과 부원장을 보좌하고 금융감독원의 업무를 분장한다(법30③). 감사는 금융감독원의 업무와 회계를 감사한다(금융위원회법30④).

3. 업무

금융감독원은 금융위원회법 또는 다른 법령에 따라 ⅰ) 검사대상기관(법38)[2]의 업무 및 재산상황에 대한 검사(제1호), ⅱ) 검사 결과와 관련하여 이 법과 또는 다른 법령에 따른 제재(제2호), ⅲ) 금융위원회와 금융위원회법 또는 다른 법령에 따라 금융위원회 소속으로 두는 기관에 대한 업무지원(제3호), ⅳ) 그 밖에 이 법 또는 다른 법령에서 금융감독원이 수행하도록 하는 업무(제4호)를 수행한다(금융위원회법37).

원장은 업무수행에 필요하다고 인정할 때에는 검사대상기관 또는 다른 법령에 따라 금융감독원에 검사가 위탁된 대상기관에 대하여 업무 또는 재산에 관한 보고, 자료의 제출, 관계자의 출석 및 진술을 요구할 수 있다(금융위원회법40①). 검사를 하는 자는 그 권한을 표시하는 증표를 관계인에게 내보여야 한다(금융위원회법40②).

원장은 검사대상기관의 임직원이 ⅰ) 금융위원회법 또는 금융위원회법에 따른 규정·명령 또는 지시를 위반한 경우(제1호), ⅱ) 금융위원회법에 따라 원장이 요구하는 보고서 또는 자료를 거짓으로 작성하거나 그 제출을 게을리한 경우(제2호), ⅲ) 금융위원회법에 따른 금융감독원의 감독과 검사 업무의 수행을 거부·방해 또는 기피한 경우(제3호), ⅳ) 원장의 시정명령이나 징계요구에 대한 이행을 게을리한 경우(제4호)에 해당하는 경우에는 그 기관의 장에게 이를 시정하게 하거나 해당 직원의 징계를 요구할 수 있다(금융위원회법41①). 징계는 면직·정직·감봉·견책 및 경고로 구분한다(금융위원회법40②).

---

2) 금융위원회법 제38조(검사 대상 기관) 금융감독원의 검사를 받는 기관은 다음과 같다.
  1. 은행법에 따른 인가를 받아 설립된 은행
  2. 자본시장과 금융투자업에 관한 법률에 따른 금융투자업자, 증권금융회사, 종합금융회사 및 명의개서 대행회사
  3. 보험업법에 따른 보험회사
  4. 상호저축은행법에 따른 상호저축은행과 그 중앙회
  5. 신용협동조합법에 따른 신용협동조합 및 그 중앙회
  6. 여신전문금융업법에 따른 여신전문금융회사 및 겸영여신업자
  7. 농업협동조합법에 따른 농협은행
  8. 수산업협동조합법에 따른 수협은행
  9. 다른 법령에서 금융감독원이 검사를 하도록 규정한 기관
  10. 그 밖에 금융업 및 금융 관련 업무를 하는 자로서 대통령령으로 정하는 자

제 2 장 외환 행정기관 및 관계기관 **29**

원장은 검사대상기관의 임원이 금융위원회법 또는 금융위원회법에 따른 규정·명령 또는 지시를 고의로 위반한 때에는 그 임원의 해임을 임면권자에게 권고할 수 있으며, 그 임원의 업무집행의 정지를 명할 것을 금융위원회에 건의할 수 있다(금융위원회법42). 원장은 검사대상기관이 금융위원회법 또는 금융위원회법에 따른 규정·명령 또는 지시를 계속 위반하여 위법 또는 불건전한 방법으로 영업하는 경우에는 금융위원회에 ⅰ) 해당 기관의 위법행위 또는 비행(非行)의 중지, ⅱ) 6개월의 범위에서의 업무의 전부 또는 일부 정지를 명할 것을 건의할 수 있다(금융위원회법43).

4. 외환 관련 업무: 위탁업무

외국환거래법("법")에 따라 기획재정부장관은 권한의 일부를 금융감독원장에게 위탁한다(법23①, 영37④). 기획재정부장관이 금융감독원장에게 위탁하는 권한은 ⅰ) 소액해외송금업자에 대한 감독 및 감독상 필요한 명령(제1호), ⅱ) 소액해외송금업무에 대한 기준을 설정하는 경우에는 외국환 매입초과액 또는 매도초과액의 구분 및 한도, 그 산정기준이 되는 자산 및 부채의 범위, 산정방법, 시기 및 기간을 정하는 사항에 대한 외국통화 자산·부채비율을 정하는 등 외국통화의 조달·운용에 필요한 제한(제2호), ⅲ) 거주자의 비거주자에 대한 1만 달러를 초과하는 채권보유현황 보고 및 국세청, 한국은행, 금융감독원, 외국환업무취급기관 등 외국환거래법을 적용받는 관계기관의 장에 대한 자료 또는 정보 제출의 요구(위탁·재위탁받은 사무를 처리하기 위한 경우로 한정)(제3호), ⅳ) 소액해외송금업무의 등록신청서의 접수 및 확인, 소액해외송금업자에 대한 등록사항의 변경 또는 외국환업무의 폐지신고의 접수 및 확인(제4호), ⅴ) 소액해외송금업무 및 그에 따른 사후관리를 원활하게 수행할 수 있는 기획재정부장관이 정하여 고시하는 전산설비 및 전산 전문인력을 갖추어야 하는 소액해외송금업자의 등록요건에 관한 사항(제5호), ⅵ) 계좌를 통한 거래에 준하는 수준의 투명성 확보 여부에 관한 사항(제6호), ⅶ) 소액해외송금업자의 약관의 제정, 변경 신고 및 소액해외송금업자에 대한 약관의 변경 권고(제7호),[3] ⅷ) 소액해외송금업자의 이행보증금 산정 등에 관한 보고의 수령(제8호)이다.

Ⅳ. 한국은행(외환시장 운용, 정보 집중, 외국환중개회사 검사)

1. 설립과 지위

한국은행법에 의하면 한국은행은 효율적인 통화신용정책의 수립과 집행을 통하여 물가안

---

3) 제8호 삭제 [2019. 10. 8].

정을 도모함으로써 국민경제의 건전한 발전에 이바지할 목적으로 설립되었다(한국은행법1). 법적 지위는 무자본 특수법인으로 한다(한국은행법2). 한국은행의 통화신용정책은 중립적으로 수립되고 자율적으로 집행되도록 하여야 하며, 한국은행의 자주성은 존중되어야 한다(한국은행법3). 한국은행의 통화신용정책은 물가안정을 해치지 아니하는 범위에서 정부의 경제정책과 조화를 이룰 수 있도록 하여야 한다(한국은행법4①).

2. 구성과 직무

한국은행에 집행간부로서 총재 및 부총재 각 1명과 부총재보 5명 이내를 둔다(한국은행법32). 총재는 국무회의 심의와 국회 인사청문을 거쳐 대통령이 임명한다(한국은행법33①). 총재의 임기는 4년으로 하며, 한 차례만 연임할 수 있다(한국은행법33②). 총재는 한국은행을 대표하고 그 업무를 총괄한다(한국은행법34①). 총재는 금융통화위원회가 수립한 정책을 수행하며, 한국은행법과 정관에 따라 부여된 그 밖의 권한을 행사한다(한국은행법34②). 총재는 금융통화위원회가 유의하여야 할 사항을 수시로 통보하며, 금융통화위원회의 심의·의결을 위하여 필요한 자료와 의견을 제공할 의무를 진다(한국은행법34③).

한국은행에 감사 1명을 둔다(한국은행법43①). 감사는 기획재정부장관의 추천으로 대통령이 임명한다(한국은행법43②). 감사의 임기는 3년으로 하며, 한 차례만 연임할 수 있다(한국은행법44). 감사는 한국은행의 업무를 상시 감사(監査)하며, 그 결과를 수시로 금융통화위원회에 보고하여야 한다(한국은행법45①). 감사는 매년 종합감사보고서를 작성하여 정부와 금융통화위원회에 제출하여야 한다(한국은행법45②).

3. 업무

(1) 한국은행권의 발행(독점적 발권력)

화폐의 발행권은 한국은행만이 가진다(한국은행법47). 한국은행이 발행한 한국은행권은 법화(法貨)로서 모든 거래에 무제한 통용된다(한국은행법48). 한국은행이 보유하는 한국은행권은 한국은행의 자산 또는 부채가 되지 아니한다(한국은행법50).

(2) 정부 및 정부대행기관과의 업무

한국은행은 대한민국 국고금의 예수기관으로서「국고금 관리법」에서 정하는 바에 따라 국고금을 취급한다(한국은행법71). 한국은행은 정부에 속하는 증권, 문서, 그 밖의 고가물을 보호예수할 수 있다(한국은행법72). 한국은행은 법령에서 정하는 바에 따라 국가의 수입 징수를 보조하며, 국채의 발행·매각·상환 또는 그 밖의 사무를 취급할 수 있다(한국은행법73).

한국은행은 정부에 대하여 당좌대출 또는 그 밖의 형식의 여신을 할 수 있으며, 정부로부터 국채를 직접 인수할 수 있다(한국은행법75①). 여신과 직접 인수한 국채의 총액은 금융기관과 일반에 대하여 정부가 부담하는 모든 채무를 합하여 국회가 의결한 기채(起債) 한도를 초과할 수 없다(한국은행법75②). 여신에 대한 이율이나 그 밖의 조건은 금융통화위원회가 정한다(한국은행법75③).

한국은행은 원리금 상환에 대하여 정부가 보증한 채권을 직접 인수할 수 있다(한국은행법76①). 인수에 대한 이율이나 그 밖의 조건은 금융통화위원회가 정한다(한국은행법76②).

한국은행은 정부대행기관의 예금을 받고, 이에 대하여 대출할 수 있다(한국은행법77①). "정부대행기관"이란 생산·구매·판매 또는 배급에 있어서 정부를 위하여 공공의 사업 또는 기능을 수행하는 법인으로서 정부가 지정한 법인을 말한다(한국은행법77②). 대출은 그 원리금 상환에 대하여 정부가 보증한 경우로 한정한다(한국은행법77③). 금융통화위원회는 한국은행의 정부대행기관에 대한 대출이율이나 그 밖의 조건을 정한다(한국은행법77④).

한국은행은 통화팽창기에 정부대행기관에 대한 여신의 억제와 여신액의 감축을 위하여 노력하여야 한다(한국은행법78).

(3) 외국환업무 등

한국은행은 기획재정부장관의 인가를 받아 ⅰ) 외국환업무 및 외국환의 보유(제1호), ⅱ) 외국의 금융기관, 국제금융기구, 외국정부와 그 대행기관 또는 국제연합기구로부터의 예금의 수입(제2호), ⅲ) 귀금속의 매매(제3호)에 해당하는 업무를 수행할 수 있다(법82). 이에 따라 한국은행은 외국환업무로서 외국환의 매매 및 파생상품거래, 외화자금 및 외국환의 보유와 운용, 정부 및 그 대행기관, 국내금융기관으로부터의 외화예금의 수입, 외국의 금융기관, 국제금융기구, 외국정부와 그 대행기관 또는 국제연합기구로부터의 예금의 수입, 외국에 있는 금융기관 또는 외국정부로부터의 외화자금의 차입, 채무의 인수 및 보증, 국제금융기구에 대한 출자 및 융자, 외국환은행에 대한 외화자금의 융자, 귀금속의 매매, 외국 중앙은행으로부터의 원화예금의 수입, 대외외환거래 계약 체결 등의 외국환업무를 수행한다(외국환거래규정2-15).

총재는 외화표시 자산의 운용과 관련된 주요 계획에 관하여 미리 금융통화위원회의 의견을 들어야 한다(한국은행법82의2). 한국은행은 정부의 환율정책, 외국환은행의 외화 여신·수신 업무 및 외국환 매입·매도 초과액의 한도 설정에 관한 정책에 대하여 협의하는 기능을 수행한다(한국은행법83). 한국은행은 금융통화위원회가 정하는 바에 따라 금융기관과 환거래계약을 할 수 있다(한국은행법84).

4. 외환 관련 업무: 위탁업무

외국환거래법("법")에 따라 기획재정부장관은 권한의 일부를 한국은행총재에게 위탁한다

(법23①, 영37③). 기획재정부장관이 한국은행에 위탁하는 권한은 ⅰ) 외국환중개회사에 대한 감독 및 감독상 필요한 명령(제2호),[4] ⅱ) 특정 외화부채에 대한 지급준비금의 최저한도를 설정하는 경우에는 외화부채의 범위, 지급준비금의 대상통화·적립시기 및 최저한도를 정하는 사항에 대한 제한, 외화자금의 조달 및 운용방법을 지정하는 경우에는 조달·운용항목과 항목별 조달·운용방법을 정하는 사항에 대한 제한, 외국환중개업무에 대한 기준을 설정하는 경우에는 대상 업무 및 운용방법을 정하는 사항에 대한 제한(제3호 가목 본문), 다만, 외화자금의 조달 및 운용방법에 관한 사항은 한국은행 외의 외국환업무취급기관에 대하여 적용되는 것에 한정한다(제3호 가목 단서), ⅲ) 외국환매입초과액과 매각초과액의 한도를 설정하는 경우에는 외국환의 매입초과액과 매각초과액의 구분 및 한도, 그 산정기준이 되는 자산 및 부채의 범위, 산정방법, 시기 및 기간을 정하는 사항에 대한 제한(은행, 농협은행, 수협은행, 한국산업은행, 한국수출입은행, 중소기업은행에 대한 제한에 한정)(제3호 나목), ⅳ) 외국환중개회사의 업무제한 또는 업무정지(제5호),[5] ⅴ) 외국환평형기금의 운용 및 관리에 관한 사무(제6호), ⅵ) 지급 또는 수령의 허가(제7호), ⅶ) 지급 또는 수령방법의 신고[상계 등의 방법으로 채권·채무를 소멸시키거나 상쇄시키는 방법으로 결제하는 경우 또는 거주자가 해당 거래의 당사자가 아닌 자와 지급 또는 수령을 하거나 해당 거래의 당사자가 아닌 거주자가 그 거래의 당사자인 비거주자와 지급 또는 수령을 하는 경우에 따른 방법의 신고(기획재정부장관이 고시한 사항에 한정)는 제외](제8호), ⅷ) 자본거래의 신고(기획재정부장관이 고시한 사항에 한정)(제9호), ⅸ) 경고 및 거래정지 등(법19)의 행정처분, 이 경우 한국은행총재의 검사업무(법35③(1)) 대상인 외국환중개업무를 영위하는 자와 그 거래당사자 및 관계인, 영 제37조 제3항 제3호에 따라 한국은행총재가 위탁받아 수행하는 업무의 대상인 외국환업무취급기관 중 은행과 은행지주회사, 영 제37조 제3항 제11호에 따라 한국은행총재가 위탁받아 수행하는 업무에 관련되는 보고대상자, 영 제37조 제3항 제13호에 따라 한국은행총재가 위탁받아 수행하는 업무의 대상인 부담금납부의무자에 한정한다(제10호), ⅹ) 거주자의 비거주자에 대한 1만 달러를 초과하는 채권보유현황 보고 및 국세청, 한국은행, 금융감독원, 외국환업무취급기관 등 외국환거래법을 적용받는 관계기관의 장에 대한 자료 또는 정보 제출의 요구(위탁받은 사무를 처리하기 위한 경우와 외환통계의 작성에 필요한 경우로 한정)(제11호),[6] ⅺ) 외환건전성부담금 및 가산금의 부과·징수에 관한 부담금의 납부고지 및 수납처리, 분할납부 신청의 접수 및 분할납부 여부의 통보, 독촉장의 발급, 가산금의 징수, 부담금과 가산금의 강제징수, 자료제출의 요구, 이의신청의 접수·처리 및 처리결과의 통지, 조정된 부담금 또는 차액의 부과·징수 또는 환급,

---

4) 제1호 삭제 [2016. 3. 22].
5) 제4호 삭제 [2016. 3. 22].
6) 제12호 삭제 [2017. 6. 27].

만기, 비예금성외화부채등7) 잔액 및 비예금성외화부채등 잔액의 증가분의 산정에 필요한 세부
사항, 그 밖에 부담금 및 가산금의 부과·징수 업무를 효율적으로 수행하기 위하여 필요한 사
항(제13호)이다.

Ⅴ. 관세청(지급수단 휴대수출입, 수출입 관련거래, 환전영업자 검사)

외국환거래법("법")에 따라 기획재정부장관은 권한의 일부를 관세청장에게 위임한다(법23
①, 영37① 전단). 관세청장은 기획재정부장관의 승인을 받아 위임받은 권한의 일부를 세관의 장
에게 재위임할 수 있다(영37① 후단). 기획재정부장관이 위임하는 권한은 ⅰ) 환전업무의 등록
과 등록사항 변경 및 폐지의 신고(법8③(1) 및 법8④)(제1호), ⅱ) 환전영업자에 대한 감독 및 감
독상 필요한 명령(법11①)(제1의2호), ⅲ) 환전영업자에 대한 환전업무기준을 설정하는 경우에는
외국통화의 매도에 대한 제한 대상 및 기준에 관한 제한(법11② 및 법21(9))(제1의3호), ⅳ) 환전
영업자의 등록취소·업무제한 또는 업무정지와 등록 또는 인가를 취소하려는 경우(법12①③)의
청문(제2호), ⅴ) 환전영업자에 대한 과징금의 부과(법12의2)(제3호), ⅵ) 지급수단등의 수출 또
는 수입 신고(법17)(제4호), ⅶ) 경고 및 거래정지 등(법19)의 행정처분과 외국환거래 또는 행위
를 정지·제한하거나 허가를 취소하는 경우의 청문(법19③), 이 경우 관세청장의 검사업무로서
환전업무를 영위하는 자와 그 거래 당사자 및 관계인, 수출입거래나 용역거래·자본거래(용역거
래·자본거래의 경우 수출입거래와 관련된 거래 또는 대체송금을 목적으로 법 제16조 제3호 및 제4호8)의
방법으로 지급하거나 수령하는 경우로 한정)의 당사자 및 관계인에 대한 처분에 한정한다(제5호),
ⅷ) 거주자의 비거주자에 대한 1만 달러를 초과하는 채권보유현황 보고 및 국세청, 한국은행,
금융감독원, 외국환업무취급기관 등 외국환거래법을 적용받는 관계기관의 장에 대한 자료 또
는 정보 제출의 요구(위탁받은 사무를 처리하기 위한 경우로 한정)(제6호), ⅸ) 아래 제8호를 제외
한 자에 대한 과태료의 부과·징수(환전업무를 영위하는 자와 그 거래 당사자 및 관계인, 수출입거래
나 용역거래·자본거래(용역거래·자본거래의 경우 수출입거래와 관련된 거래 또는 대체송금을 목적으로
법 제16조 제3호 및 제4호의 방법으로 지급하거나 수령하는 경우로 한정)의 당사자 및 관계인에 한정)
(제7호), ⅹ) 지급수단 등의 수출입 신고(법32③, 법17)를 하지 아니하거나 거짓으로 신고를 하고

---

7) 비예금성외화부채등이란 금융회사등의 외국통화표시 부채(외화예수금은 제외) 및 외국환계정의 계정과목
   중 지급·결제를 위한 계정, 최종 처리 전 경과적 성격의 계정, 정책성 자금을 처리하기 위한 계정 등으로
   서 외환건전성부담금의 부과목적을 고려하여 기획재정부장관이 고시하는 계정과목은 제외한 것을 말한다
   (법3(20), 영9의2).
8) 3. 거주자가 해당 거래의 당사자가 아닌 자와 지급 또는 수령을 하거나 해당 거래의 당사자가 아닌 거주자
   가 그 거래의 당사자인 비거주자와 지급 또는 수령을 하는 경우
   4. 외국환업무취급기관등을 통하지 아니하고 지급 또는 수령을 하는 경우

지급수단 또는 증권을 수출입하거나 수출입하려 한 자에 대한 과태료의 부과·징수(제8호)이다.

Ⅵ. 국세청(세원관리, 역외탈세)

외국환거래법("법")에 따라 기획재정부장관은 외국환거래법을 적용받는 거래, 지급, 수령, 자금의 이동 등에 관한 자료를 국세청장에게 직접 통보하거나 한국은행총재, 외국환업무취급기관등의 장, 세관의 장, 외환정보집중기관의 장과 여신전문금융업협회의 장으로 하여금 국세청장에게 통보하도록 할 수 있다(법25①, 영36①).

기획재정부장관은 한국은행총재, 외국환업무취급기관등의 장, 세관의 장, 외환정보집중기관의 장과 여신전문금융업협회의 장으로 하여금 국세청장에게 통보하도록 명하는 경우에는 통보 대상 거래, 통보 시기 등 필요한 사항을 정하여 고시하여야 한다(영36②).

Ⅶ. 금융정보분석원(자금세탁방지)

한국은행 총재, 세관의 장, 외환정보집중기관의 장은 외국환거래법 제17조(지급수단 등의 수출입 신고)의 신고에 관련된 자료와 법 제21조(국세청장 등에게의 통보 등)의 통보에 관련된 자료를 금융정보분석원(FIU)에 통보하여야 하고(특정금융정보법9①), 금융정보분석원장은 특정금융거래정보를 분석할 때에는 보고받거나 제공받은 사항이 불법재산 등으로 의심되는 거래에 해당한다고 판단하는 경우에만 금융회사등의 장에게 외국환거래법에 규정된 외국환업무에 따른 거래를 이용한 금융거래등 관련 정보 또는 자료의 제공을 요구할 수 있다(특정금융정보법13③).

Ⅷ. 외환정보집중기관 및 외환정보분석기관

외환정보집중기관은 외국환거래, 지급 또는 수령에 관한 자료를 중계·집중·교환하는 기관으로 지정된 기관을 말한다(영13②(2)). 한국은행은 외환전산망을 통해 외국환업무취급기관등으로부터 외환정보를 제공받아 관리하는 외환정보집중기관으로 지정되어 있다. 이는 외국환거래 정보를 집중 관리함으로써 평상시 외화유출입 모니터링을 강화하고 유사시에는 필요한 조치를 신속하게 취하고자 하는 정책적 취지로 이해된다.[9]

또한 외환정보분석기관은 외환정보자료의 분석 및 평가, 제금융시장의 정보 수집 및 분석, 외환위기 조기경보시스템 운영 등의 사무를 담당하는 기관을 말한다. 국제금융센터는 외환정

---

9) 강민우(2020), 45쪽.

보분석기관으로 지정되어 있다. 외환정보분석기관은 외환정보집중기관으로부터 외환거래 정보를 제공받을 수 있다.

IX. 외국환업무취급기관: 외국환은행(외국환업무, 지급 및 수령)

1. 위탁업무

외국환거래법("법")에 따라 기획재정부장관은 권한의 일부를 외국환업무취급기관등의 장에게 위탁한다(법23①, 영37⑤). 기획재정부장관이 외국환업무취급기관의 장에게 위탁하는 권한은 ⅰ) 상계 등의 방법으로 채권·채무를 소멸시키거나 상쇄시키는 방법으로 결제하는 경우 또는 거주자가 해당 거래의 당사자가 아닌 자와 지급 또는 수령을 하거나 해당 거래의 당사자가 아닌 거주자가 그 거래의 당사자인 비거주자와 지급 또는 수령을 하는 경우에 따른 방법의 신고(기획재정부장관이 고시한 사항에 한정)(제1호), ⅱ) 자본거래의 신고(기획재정부장관이 고시하는 것에 한정)(제2호), ⅲ) 경고(법19)나 관련 외국환거래 또는 지급 또는 수령의 정지 또는 제한(신용카드업자가 카드회원에 대하여 행하는 경우에 한정)과 외국환거래 또는 행위를 정지·제한하거나 허가를 취소하는 경우에 따른 청문(제3호), ⅳ) 거주자의 비거주자에 대한 1만 달러를 초과하는 채권보유현황 보고의 요구(위탁받은 사무를 처리하기 위한 경우로 한정)(제4호) 등이다.

2. 위탁업무처리 기준 및 절차 등

기획재정부장관의 권한의 일부를 위임받은 외국환은행은 위탁업무처리기준 및 절차 등("외국환거래업무취급지침")을 정할 수 있다(규정10-13①). 위탁업무취급의 통일성을 기하기 위하여 하나의 외국환은행을 간사은행으로 지정할 수 있으며 전국은행연합회의 외국환전문위원회를 합의기구로 활용할 수 있다(규정10-13②).

간사 외국환은행의 장은 외국환거래업무취급지침을 기획재정부장관, 한국은행총재 및 금융감독원장에게 보고하여야 하며, 한국은행총재는 외국환은행 위탁업무의 적정한 수행을 위하여 필요하다고 인정되는 경우 기획재정부장관에게 그 내용을 변경하도록 건의할 수 있다(규정10-13③).

3. 외국환은행 중심주의

외국환거래제도의 근간을 이루는 가장 특징적인 것 중 하나는 "외국환은행 중심주의"이다. 모든 외국환거래는 은행을 통해서 이루어지는 것이 원칙으로, 외국환은행 중심주의란 외국환거래시 반드시 공인된 은행(등록된 외국환은행)을 경유하도록 하여 거래의 적법성 확인 및 각종 신고를 집중하고, 외환당국은 은행을 통해 거래 및 자금흐름 동향을 파악 관리하는 제도를 말한다.

외국환은행 중심주의 체제하에서 은행은 자체 영리활동뿐만 아니라 외환당국과 긴밀한 협조체계를 구축하고 당국으로부터 위탁받은 공적인 업무를 수행한다. 법에서 정한 대부분의 신고 접수와 내용 확인,[10] 사후 보고된 내용에 대한 관리와 당국에의 통보가 그것으로 은행은 우리 외환관리 체계에서 가장 핵심적인 지위를 점하고 있다. 그렇기 때문에 외국환은행의 임직원은 해당 업무를 수행하는 과정에서 법을 위반한 경우 공무원으로 의제하여 처벌받게 된다(법23②).

하지만 그 대신 은행은 외국환거래법상 정의된 모든 종류의 외국환업무를 취급할 수 있고, 특히 국경간 지급·추심 및 수령, 그리고 외화예금 수입 등의 업무는 독점적으로 영위 가능하다. 이는 정부가 은행에 공적인 책임과 역할을 부여한 것에 대신하여 영업활동에 있어 독점적인 지위 부여로 일정 부분 수익을 보장해 주려는 정책적인 판단에 따른 것이다.[11]

우리나라의 외환관리 체계는 다음과 같다.[12]

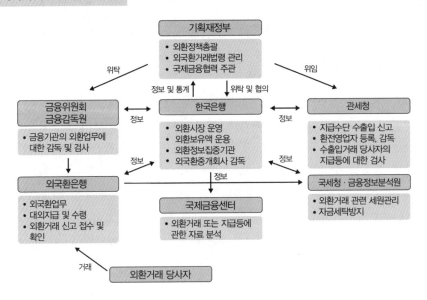

---

10) 전체 외국환거래의 95% 이상이 은행을 신고기관으로 하여 이루어지는 것으로 추정된다.
11) 강민우(2020), 114-115쪽.
12) 임영진(2018), "우리나라 외환거래제도의 이해", 한국은행 금요강좌 발표자료(2018, 11), 12쪽.

제2절 외국환거래 관계기관

Ⅰ. 외국환업무취급기관: 외국환 금융기관

외국환업무를 업으로 하려는 자는 외국환업무를 하는 데에 충분한 자본·시설 및 전문인력을 갖추어 미리 기획재정부장관에게 등록(체신관서 제외)하여야 하며(법8① 본문), 외국환업무는 금융회사등만 할 수 있으며, 외국환업무를 하는 금융회사등은 대통령령으로 정하는 바에 따라 그 금융회사등의 업무와 직접 관련되는 범위에서 외국환업무를 할 수 있다(법8②).

기획재정부장관은 외국환업무취급기관이 거짓이나 그 밖의 부정한 방법으로 등록하였거나 업무의 제한 또는 정지 기간에 그 업무를 한 경우, 등록조건을 위반한 경우에 해당하는 경우에는 등록 또는 인가를 취소하거나 6개월 이내의 기간을 정하여 업무를 제한하거나 업무의 전부 또는 일부를 정지할 수 있다(법12①).

Ⅱ. 전문외국환업무취급업자

1. 환전영업자

환전영업자란 법 제8조 제3항에 따라 환전업무의 등록을 한 자를 말한다. 환전업무란 "외국통화의 매입 또는 매도, 외국에서 발행한 여행자수표의 매입"에 해당하는 외국환업무를 말한다(법8③(1), 영15①). 매입할 수 있는 대상은 외국통화와 여행자수표에 한하며 외화 송금수표, 환어음 등은 매입할 수 없다.

2. 소액해외송금업자

소액해외송금업자란 법 제8조 제3항에 따라 소액해외송금업무를 등록한 자를 말한다. 소액해외송금업무란 "대한민국과 외국 간의 지급 및 수령과 이에 수반되는 외국통화의 매입 또는 매도"에 해당하는 외국환업무를 말한다(법8③(2), 영15의2①).

3. 기타 전문외국환업무취급업자

기타전문외국환업무취급업자란 법 제8조 제3항에 따라 기타전문외국환업무를 등록한 자를 말한다. 기타전문외국환업무란 "전자금융거래법에 따른 전자화폐의 발행·관리업무, 선불전자지급수단의 발행·관리업무 또는 전자지급결제대행에 관한 업무와 직접 관련된 외국환업무로서 기획재정부장관이 정하여 고시하는 업무"를 말한다(법8③(3), 영15의5①).

Ⅲ. 외국환중개회사

　　외국환중개회사는 외국통화의 매매·교환·대여의 중개, 외국통화를 기초자산으로 하는 파생상품거래의 중개 또는 이와 관련된 업무를 영위하는 자로서 외국환중개업무를 영위하려면 자본·시설 및 전문인력에 관한 증빙서류 등을 기획재정부장관에게 제출하여 인가를 받아야 한다(법9①). 기획재정부장관은 외국환중개회사에 대한 업무상의 감독 및 감독상의 필요한 명령, 법령 위반시 업무 제한 및 정지 등에 관한 권한을 한국은행총재에게 위탁하고 있다(법20⑥, 법23①). 또한 한국은행총재는 외국환중개회사의 업무를 감독하고 업무감독에 필요한 명령을 할 수 있으며 외국환중개회사가 중대한 위반을 한 경우에는 기획재정부장관에게 인가취소를 건의할 수 있으며(규정2-42①), 외국환중개업무의 보고, 검사, 사후관리 및 제재 등에 관하여 필요한 사항을 정할 수 있다(규정2-42②).

제2편

외환시장과
대외건전성 확보

제1장

외환시장과 환율

제1절 외환시장의 의의와 구조

I. 외환시장의 의의

1. 외환시장의 개념

외환시장(FX market)은 상품, 용역, 그리고 금융자산의 국제거래로 인해 발생하는 외환(또는 외국환, 이하 양자를 호환적으로 사용한다)을 다른 통화표시 외환으로 교환하는[1] 매매시장이며 시장참여자는 환율변동에 따른 환리스크를 부담하게 된다.

외환시장은 좁은 의미에서 외환의 수요와 공급이 연결되는 시장을 의미하나, 넓은 의미에서는 외환거래의 형성 및 결제 등 외환거래와 관련된 일련의 메커니즘을 포괄한다. 외환시장은 두 통화간 매매가 수반되고 환율이 매개변수가 된다는 점에서 금리를 매개변수로 하여 외환의 대차거래가 이루어지는 외화자금시장(foreign currency money market)[2]과는 구별되나 넓은 의미로는 외환시장에 외화자금시장이 포함되는 것으로 볼 수 있다.[3]

---

[1] 포괄적 외환시장은 외국통화와 자국통화간 거래와 외국통화간 거래를 모두 포함하며, 이종통화간 거래는 시장에서 통상 외국통화간 FX거래를 지칭하므로 원/달러 외환시장만을 의미하는 설명이 아니기 때문에 이같이 표현하였다.

[2] 외화자금시장에는 외환 및 통화 스왑시장도 포함된다. 외환 및 통화 스왑거래는 법적으로는 외환의 매매 형식을 취하고 있으나 경제적 실질면에서는 금리를 매개로 하여 여유통화를 담보로 필요통화를 차입하는 것이므로 자금대차거래라고 볼 수 있다.

[3] 한국은행(2016), 「한국의 외환제도와 외환시장」, 한국은행(2016. 1), 97쪽.

외환시장과 외화자금시장은 서로 다른 개념이지만 서로 독립적으로 완전하게 별개의 양상을 보일 수는 없다. 외환시장은 "환율"을 매개로 두 통화간 교환이 이루어지는 시장이며, 외화자금시장은 "금리"를 매개로 외국통화의 대차가 이루어지는 시장이다. 다시 말하면 외환시장은 환율을 기준으로 외국환을 매매하는 시장이고, 외화자금시장은 금리를 기준으로 외화자금의 대차가 이루어지는 대차시장이다. 두 시장 모두 외국통화라는 특수하며 개념적으로 복잡성을 띤 자산이 거래되며, 두 시장이 서로 독립적으로 움직이지는 않으며 강한 연계성을 갖고 작동하고 있다.[4]

2. 외환시장의 기능

외환시장은 국가경제에서 다음과 같은 기능을 한다.

(1) 구매력 이전기능

외환시장은 한 나라의 통화로부터 다른 나라 통화로의 구매력 이전을 가능하게 한다. 예를 들어 수출업자가 수출대금으로 받은 외화를 외환시장을 통하여 자국통화로 환전하면 외화의 형태로 가지고 있던 구매력이 자국통화로 바뀌게 된다.[5]

(2) 청산기능

외환시장은 무역 등 대외거래에서 발생하는 외환의 수요와 공급을 청산하는 역할을 한다. 예를 들면 외환의 수요자인 수입업자나 외환의 공급자인 수출업자는 환율을 매개로 외환시장을 통하여 그들이 필요로 하는 대외거래의 결제를 하게 된다. 이러한 외환시장의 대외결제 기능은 국가간 무역 및 자본거래 등 대외거래를 원활하게 해준다.

(3) 국제수지 조절기능

변동환율제도에서는 환율이 외환의 수급 사정에 따라 변동함으로써 국제수지의 조절기능을 수행하게 된다. 즉 국제수지가 적자를 보이면 외환의 초과수요가 발생하므로 자국통화의 가치가 하락(환율상승)하는데, 이 경우 수출상품의 가격경쟁력이 개선되어 국제수지 불균형이 해소될 수 있다.

(4) 환위험 대처기능

외환시장은 기업이나 금융기관 등 경제주체들에게 환율변동에 따른 환위험을 회피할 수 있는 수단을 제공한다. 경제주체들은 외환시장에서 거래되는 선물환, 통화선물, 통화옵션 등 다양한 파생상품거래를 통하여 환위험을 헤지할 수 있다. 아울러 외환시장에서는 투기적 거래

4) 서영숙(2013), "은행 외화차입과 주식시장 및 외환시장의 변동성에 관한 연구", 숭실대학교 대학원 박사학위논문(2013. 6), 8쪽.
5) 한국은행(2016), 98쪽.

도 가능하며 이를 통해 환차익을 얻거나 환차손을 볼 수 있다.

3. 외환시장의 특징

외환시장은 다음과 같은 특징을 보인다.

(1) 범세계적 시장이며 24시간 시장

지리적 시차로 거래시간이 중복되어 연결됨으로써 세계 전체적으로는 하루 종일 종장(close)이 없는 "해가지지 않는 시장"이다. 외환시장은 외환규제의 완화 및 정보통신기술의 발달에 힘입어 전세계를 아우르는 시장이 되고 있으며, 국제 외환시장은 호주 외환시장에서부터 뉴욕 외환시장에 이르기까지 24시간 체제로 거래되고 있다.[6] 각국의 화폐가 교환되는 곳이 바로 외환시장이다. 세계 3대 외환시장으로는 런던·뉴욕·도쿄시장을 꼽을 수 있다

(2) 장외시장이며 제로섬시장

외국환거래는 거래소를 중심으로 한 장내거래보다는 전화나 컴퓨터 단말기를 통한 장외거래가 대부분을 차지하며, 외환시장은 승자와 패자가 공존하는 시장, 즉 제로섬 게임(Zero Sum Game)의 성격이 강한 시장이다. 외환시장 참여자 사이에서 한쪽에서 환차익을 보면 다른 한쪽에서는 반드시 이에 상응하는 환차손을 보게 되어 있다. 이는 중앙은행이 외환시장에 개입하는 경우[7]에도 마찬가지이다.

(3) 도매시장이며 이중가격시장

소규모의 개인간 거래보다는 대규모의 은행간 거래가 전체거래의 90% 이상을 차지하며, 우리 외환시장의 경우 최소 거래단위가 100만 달러(50만 달러 단위로 추가)이지만 뉴욕 등의 외환시장은 최소 거래단위가 100만 달러(표준 거래단위가 약 500만 달러)에 이르는 도매시장의 특징을 갖는다. 또한 이중가격시장(two way market)으로 매도율(offer rate)[8]과 매입률(bid rate)[9] 두 가지 환율이 동시에 고시되는 시장이다.[10]

---

6) 국제 외환시장의 공식적인 거래시간은 시드니 시간 월요일 오전 5시로부터 뉴욕 시간 금요일 오후 5시까지이다(서울 외환시장 행동규범38(1)).

7) 중앙은행은 주로 외환수급의 불균형이 발생하여 환율의 불안정성이 발생하거나 환율이 적정 수준에서 벗어나 경상수지에 악영향을 미치는 경우 환율의 안정과 적정 수준의 유지라는 정책적 목적을 위해 외환시장에 개입한다. 중앙은행이 외환시장에 개입하는 방식은 환율제도의 형태에 따라 그리고 자본 및 금융시장의 개방 정도에 따라 다르게 나타날 수 있다.

8) 매도율(offer rate, ask rate)은 은행이나 외환딜러가 외환을 고객에게 매도하는 가격을 말한다. 고객의 입장에서는 매입하는 가격이 된다.

9) 매입률(bid rate)은 은행이나 외환딜러가 외환을 고객으로부터 매입하는 가격을 말한다. 고객의 입장에서는 매도하는 가격이 된다.

10) 이중가격제시(two way quotation)는 [매입율(bid Rate) - 매도율(offer Rate)]의 형태로 매입가격과 매도가격을 동시에 고시하는 것을 말한다(예: USD/KRW 1,205.10-20).

(4) 금융거래시장

전체 외환거래 중 무역이나 직접투자 등 실물경제와 관련된 비중은 미미하며, 대부분 금융거래에 속하는 것으로 파악되고 있다. 정확한 통계는 알 수 없으나, 통상 시장에서는 실수요 관련 거래가 30%, 투기적 거래가 70% 비율이라는 얘기가 있는데, 실물경제 관련 거래 비중은 적은 편이다.

4. 외환시장의 거래 및 결제시스템

외환결제란 외환시장에서 외환매매거래에 따라 발생하는 채권·채무관계를 외환의 매도 및 매입기관간에 사고 판 통화를 서로 교환, 지급함으로써 종결짓는 행위를 말한다. 외환시장에서 외화자금의 결제는 은행권 수수나 수표발행으로 이루어지는 경우는 거의 없으며, 환거래 네트워크를 주로 이용한다.

외환시장에서의 거래와 결제를 원활하게 하기 위해서는 무엇보다도 효율적인 은행간 통신시스템이 필수적이다. 대표적인 통신시스템은 1973년 5월 유럽은행들을 중심으로 벨기에 브뤼셀에 설치된 SWIFT(Society for Worldwide International Financial Telecommunication)가 가장 널리 이용되며, 다른 결제시스템에 자동 연계되어 신속한 결제처리가 가능하다. 현재 전 세계 대부분의 금융기관이 여기에 가입하고 있으며, 우리나라도 1992년 3월부터 거의 모든 국내은행 및 외국은행 국내지점("외은지점")들이 회원으로 가입하고 있다.

현재 세계 외환거래는 대부분 달러 위주로 되어 있고, 달러화가 아닌 통화간의 거래도 많은 경우 달러화를 거쳐서 이루어지고 있다. 따라서 대부분의 외환거래의 결제는 미국의 결제제도를 거치게 된다. 미국의 은행간 결제는 크게 CHIPS(Clearing House Interbank Payments System) 및 Fed-wire(연방전신이체)로 구성되어 있는데, 외환 및 금융거래의 대부분은 CHIPS를 통해 결제되고 있다.

그외에도 유로화 지급 결제를 위한 범유럽실시간통화결제시스템인 TARGET(Trans-European Automated Real-Time Gross Settlement Express Transfer), 국제은행들간의 결제시스템인 CLSB (Continuous Linked Settlement Bank International)이 있다.

한은금융결제망(BOK-wire)은 은행·비은행금융기관들의 전산망과 한국은행의 전산망을 연결해 원화 전자결제를 할 수 있는 시스템이다.

이와 같은 정보통신 및 결제망을 통해 외환시장은 시장조성자(market maker)간 정보교환과 가격경쟁이 치열해 거의 완전경쟁시장에 가까운 효율적인 시장(efficient market)이라고 할 수 있다.

Ⅱ. 외환시장의 구조

1. 외환시장 참가자

외환시장에는 기업이나 개인 등 고객, 외국환은행, 외국환중개회사(외환중개인), 중앙은행 등이 다양한 목적을 위하여 참가하고 있다.

(1) 고객

고객이란 수출입거래 또는 금융거래를 하는 기업이나 해외여행을 하는 개인 등 재화 및 서비스 거래를 위하여 외환시장에 참가하는 자를 말한다. 수출업자들은 수출대금을 국내통화로 환전하기 위하여 외환시장에 참여하고, 수입업자들은 수입대금을 지불하기 위하여 외환시장에 참여한다. 또한 외국인들이 국내주식을 매입하는 경우에도 외환시장에서 국내통화로 환전해야 하며, 내국인들이 외국주식을 매입하는 경우에도 외환시장에 참가한다. 이와 같이 외환시장에서는 다양한 목적을 가진 참가자들이 있으며, 이들이 외환에 대한 수요와 공급을 나타낸다.

수출업자들은 외환의 공급자 역할을 하는 반면 수입업자들은 외환의 수요자에 해당된다. 또한 해외여행객이 자국통화를 여행국 통화로 환전하게 되면 외환시장에서 외환을 필요로 하는 수요자가 된다. 수출기업이나 해외여행객 등은 환율변동에 따른 단기적인 환차익을 획득하기 위해 외환거래를 하기보다는 무역거래나 해외송금, 여행 등 경제활동의 필요에 의해 외환의 공급자와 수요자 역할을 하므로 외환의 실수요자라고 할 수 있다.[11] 정부 또한 외환정책을 담당하는 외환당국을 제외하고는 대외거래를 위하여 고객으로서 외환시장에 참가한다.[12]

(2) 외국환은행

외환시장과 외화자금시장의 핵심 주체는 외국환은행이다. 두 시장의 연계성이 강하기 때문이다. 외환시장에서의 외국환의 매각 또는 매입을 필요로 하는 은행 이외에 다양한 주체, 즉 개인, 기업, 금융투자업자, 보험회사, 외국인투자자 등이 있으나 외환시장에서 주요 주체는 은행 및 외국은행 국내지점을 포함한 외국환은행이 외환딜러로서 거래의 중추적 역할을 수행하고 있다. 금융투자업자는 투자매매업자, 투자중개업자, 투자일임업자, 신탁업자가 외국환업무를 취급업무별로 수행하고 있으나 외국환은행에 비하여 제한적이다.

외국환은행은 고객과의 외환거래에 있어 거래상대방으로서의 역할을 할 뿐만 아니라 대고객거래 결과 발생하는 은행 자신의 외국환포지션(외화자산-외화부채) 변동을 은행간 (장외)시장[13]을 통하여 조정하는 과정에서도 적극적으로 외환거래를 하게 된다. 외국환은행은 환율전

---

11) 환차익 획득을 위한 투기적 거래를 주로 하는 헤지펀드도 외환시장의 고객으로 볼 수 있다.
12) 한국은행(2016), 98쪽.
13) 국내은행은 고객과의 외환파생상품거래시 통상 당일 중으로 다른 외국환은행과 반대거래를 함으로써 고객

망을 바탕으로 환차익을 얻기 위한 외환거래도 활발하게 하고 있다. 특히 대형은행의 경우 외환시장에서 시장조성자로서의 역할을 수행하는데, 전세계 외환시장에서 특정 통화에 대한 매입가격과 매도가격을 동시에 제시(two way quotation)하면서 24시간 외환매매를 하고 있다. 이들이 제시하는 매도가격과 매입가격의 차이인 스프레드는 은행들의 수입원이 되는 동시에 외환시장 내 가격결정을 선도해 나가는 역할을 하고 있다.[14)

외국환은행은 외국환거래법에 따라 모든 외국환업무를 취급할 수 있다. 다만, 외국환거래법상 외국환은행에 대하여는 외국환의 매입 및 매각 포지션에 한도를 제한하는 등의 규제가 있으며, 외환시장 거래로 인한 외국환 순포지션 상쇄를 위한 원화 또는 외화 자금을 외화자금시장에서 조달해야 하므로 두 시장의 연계성은 강할 수밖에 없다.

외환 딜러(dealer)는 은행 등에 소속되어 외국환, 증권, 파생상품 등을 전문적으로 거래하는 자를 말한다. 미국에서는 트레이더(trader)라고도 한다. 딜러는 소속기관으로부터 거래한도, 책임 및 권한 등을 위임받아 자신의 의도에 따른 포지션 및 위험을 보유한다. 또한 거래하는 자산의 시장조성(market making)을 위해 지속적으로 거래에 참여한다. 이에 비해 브로커는 딜러 또는 고객의 주문을 받아 장내시장 또는 장외사장에서 거래를 체결하며 수수료를 받는 중개업무를 주로 영위하는 자를 말한다.

(3) 외국환중개회사(외환중개인): 외환 브로커

외환중개인(foreign exchange broker)은 중개수수료[15)를 받고 은행간 거래를 중개해주는 자를 말한다. 외환매매거래를 하는 은행들은 전세계 외환시장에서 시시각각으로 형성되는 최적의 매도·매입 가격을 파악하는 데에는 시간과 비용이 많이 드는 데다 한 은행이 특정 거래상대방과 직접거래를 할 경우 자기 은행의 포지션이 거래상대방에게 노출될 수 있다. 따라서 은행들은 중개수수료를 지불하고 외국환중개회사가 제공하는 정보를 바탕으로 외환매매거래를 하게 된다. 외환중개인은 은행들이 제시하는 매입환율과 매도환율을 다른 은행에 실시간으로 제공하는 중개업무만을 하고 외환거래를 직접 행하지 않기 때문에 환위험에 노출되지 않으며 중개에 따른 수수료 수입만을 얻는다는 점에서 은행과 상이하다.[16)

외국환중개회사는 2002년 10월부터 기존 방식인 전화주문과 함께 전자중개시스템(EBS: Electronic Brokering System)을 통해서도 거래주문을 접수하고 있다. 전자중개시스템은 외국환은행의 딜러가 전용단말기를 이용하여 직접 매매주문을 입력하면 중개회사의 전산망을 통해 거

과의 거래에서 노출된 위험을 헤지한다.
14) 한국은행(2016), 98-99쪽.
15) 외국환중개회사의 중개수수료 수준에 대한 제한은 없으나 중개회사가 중개수수료를 결정하거나 변경할 경우 한국은행에 보고하도록 되어 있다.
16) 한국은행(2016), 99쪽.

래가 자동적으로 체결되는 외환거래 방식이다. 이 방식은 전화주문 폭주시의 주문지연 현상을 해소하고 딜러가 직접 주문을 입력함으로써 전화통화 과정에서 발생할 수 있는 착오를 방지할 수 있는 장점이 있다. 반면 중개회사를 경유하지 않는 은행간 직거래는 주로 로이터(Reuters) 단말기의 딜링 머신 등을 통해 딜러간 가격 및 거래조건이 결정된다.[17]

(4) 중앙은행

각국의 중앙은행은 자국 및 세계의 외환시장의 동향을 항상 모니터링하고, 인위적으로도 환율을 안정시킬 필요가 있을 때에는 직접 매매에 참여하기도 함으로써 시장참여자가 된다. 예를 들어 외환시장에서 환율이 지나치게 빠른 속도로 하락(상승)할 경우에는 외환시장 안정을 위하여 자국통화를 대가로 외환을 매입(매도)한다. 또한 외환보유액(대외지급준비자산)의 운용, 정부 외환거래의 대행, 국제기구와의 외환거래를 위해서도 중앙은행은 시장에 참여한다.

외환시장의 구조는 아래와 같다.[18]

외환시장의 구조

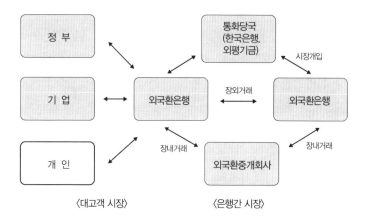

---

17) 한국은행(2016), 101-102쪽.
18) 임영진(2018), 18쪽.

2. 외환시장의 구분

(1) 장외시장과 장내시장

(가) 장외시장

외환시장은 수백 명의 딜러(대부분 은행)가 외국통화로 표시된 자금을 매입하고 매도하는 장외시장의 형태로 조직되어 있다. 장외 외환시장은 거래당사자에 따라 은행간시장과 대고객시장으로 구분할 수 있다.

1) 은행간시장

은행간시장은 좁은 의미에서의 외환시장을 의미하는 것으로 도매시장의 성격을 갖는다. 은행간시장은 외환중개인이 외환거래를 중개하여 은행간 거래가 이루어지거나 또는 외환중개인 없이 은행간 직거래가 이루어지는 도매시장이다. 중앙은행이 외환거래를 하여 시장개입을 하는 경우도 은행간시장을 통하여 이루어진다.[19]

외국환중개회사를 통한 은행간시장의 거래 방법 및 절차를 살펴보면 우선 거래시간은 매일 오전 9시부터 오후 3시 30분까지이다. 거래통화[20]는 미달러화 및 중국 위안화[21]이고 거래금액은 각각 최소 100만달러 및 100만위안이며, 거래단위는 100만달러 및 100만위안의 배수이다. 거래주문가격의 단위금액은 원/달러 거래의 경우 10전 단위, 원/위안 거래의 경우에는 1전 단위이고, 결제일은 익익일물결제(value spot)로 되어 있다. 한편 외환시장 거래관행은 은행, 중개회사 등 외환시장 참가기관의 자율운영기구인 서울외환시장운영협의회에서 논의를 거쳐 개선되고 있다.[22]

2) 대고객시장

대고객시장은 일종의 소매시장 성격을 가지며 은행, 개인, 기업 등 고객간의 외환거래가 이루어지는 시장을 말한다. 대고객거래의 결과 은행들은 외국환포지션에 변동이 발생하며 은행간시장을 통해 이를 조정하는 과정에서 대고객시장과 은행간시장의 연계가 이루어진다. 예

---

19) 외환중개인의 경유 여부와 상관없이 외환거래를 거래소에서 이루어지는 경우와 그렇지 않은 장외거래로 구분할 수 있는데 외환거래는 통화선물거래, 통화옵션거래 등 일부를 제외하고는 장외거래 형태를 띠고 있다.

20) 우리나라는 1996년 원화와 엔화간의 거래를 위해 원/엔 시장을 개설하였으나 유동성 부족으로 1997년 1월 이후 거래가 자연적으로 소멸되었다

21) 2014년 12월 1일 원/위안 직거래시장이 개설되었다.

22) 서울외환시장운영협의회는 「외환시장 거래관행 개선조치」(2002년 8월)에 따라 원/달러 현물환거래의 최소 거래금액 50만달러, 거래단위 10만달러의 배수에서 최소 거래금액 100만달러, 거래단위 50만달러의 배수로 상향조정하였으며, 현물환거래의 결제일도 종전의 당일물(value today), 익일물(value tomorrow) 및 익익일물(value spot) 결제로 세분화되어 있던 것을 국제관행에 따라 익익일물결제로 일원화하였다. 이후 「외환시장 선진화를 위한 제도 및 관행 개선」(2013년 11월)에 따라 거래불편, 국제관행 등을 고려하여 현물환 거래단위를 50만달러에서 100만달러로 상향조정하였다.

를 들어 기업이 수출대금으로 1억 달러를 해외로부터 수취하였다고 가정해 보자. 이 기업은 수출대금을 국내에서 사용하기 위해 대고객시장에서 외화를 은행에 매각하고 원화를 수취하게 된다.[23] 이 경우 은행은 외화자산이 1억 달러 늘어나게 되므로 외국환포지션이 양(+)의 방향으로 증가하여 매입초과포지션 상태가 된다. 만약 원화가치가 상승(환율하락)하면 환차손을 입게 되므로 은행은 외국환포지션이 일정 한도 이상으로 증가하지 않도록 외국환포지션을 조정하는 데 은행간시장에서 보유하고 있는 외화자산을 매각함으로써 외국환포지션 변동에 따른 환위험을 최소화한다.[24]

(나) 장내시장

은행간시장 및 대고객시장으로 구성된 장외 외환시장 이외에 한국거래소의 통화상품 거래, 장외 FX 마진거래까지 외환시장 거래라 할 수 있으며, 이들 시장을 기타 외환시장으로 분류하기도 한다. 한국거래소 파생상품시장의 통화상품인 미국달러선물, 엔선물, 유로선물, 위안선물, 미국달러옵션이 거래되는 외환시장을 장내 외환시장이라고 한다.[25]

(2) 현물환시장과 선물환시장

외환시장은 거래형태에 따라 현물환시장(FX Spot Market)과 선물환시장(FX Forward Market: 선도환시장으로도 불림)으로 구분된다. 현물환시장이란 외환매매계약과 동시에(거래일+2영업일 이내 결제) 외환의 거래(즉 인수·인도 및 결제)가 이루어지는 시장이며, 선물환시장은 외환매매계약을 체결하고 나중에(거래일+2영업일 초과 결제) 외환의 거래가 이루어지는 시장을 말한다.

(3) 외화자금시장

외화자금시장은 통상 90일 이내의 외화콜 시장과 90일 초과–1년 이내의 단기물 시장을 통칭하며, 외환스왑(FX Swap)과 통화스왑(Currency Swap) 시장이 넓은 의미의 외화자금시장 범주에 포함된다.

외화자금시장은 금리를 매개변수로 하여 대출과 차입 등 외환의 대차거래가 이루어지는 시장을 말한다. 대표적인 외화자금시장으로는 스왑(외환 및 통화스왑)시장이 있다. 스왑거래의 경우 외환의 매매형식을 취하고 있으나 실질적으로는 금리를 매개로 하여 여유통화를 담보로 필요통화를 차입한다는 점에서 대차거래로 볼 수 있다.

---

23) 수출기업은 은행에 외화를 매각하지 않고 거주자외화예금의 형태로 금융기관에 예치할 수도 있다. 이 경우 수출대금으로 벌어들인 외화가 은행간시장에 공급되지 않기 때문에 당장은 환율하락 요인으로 작용하지 않는다.

24) 한국은행(2016), 100쪽.

25) 빈기범·강원철(2009), "외환시장과 외화자금시장의 구분 및 KRX 통화시장 역할의 중요성", 자본시장연구원(2009. 8), 16쪽.

(4) 통화선물시장과 통화옵션시장

통화선물시장은 선도(물)환시장의 거래를 활성화시키고 표준화하기 위하여 탄생하였는데 주가지수선물시장이 주가지수에 연동하여 움직이는 시장이라면 통화선물시장은 환율에 연동하여 움직이는 시장이다. 통화옵션시장은 환율의 불리한 변동으로부터 보호받는 동시에 환율의 유리한 변동으로 말미암은 이익을 동시에 실현시킬 수 있는(물론 이런 장점 때문에 통화옵션을 살 경우 프리미엄이라는 대금을 지불) 시장으로 그 원리면에서는 기타의 다른 옵션시장과 동일하다.

(5) 국제 자금시장과 국제 자본시장

국제 자금시장은 일반적으로 만기일이 1년 이내의 금융자산이 거래되는 시장이다. 예를 들어 환매조건부채권(RP), 양도성예금증서(CD), 단기재정증권(T-Bill), 은행인수어음(BA), 기업어음(CP) 등의 단기금융자산이 거래되는 시장이다. 국제 단기금융시장이라고도 한다. 국제 자본시장은 일반적으로 만기일이 1년 이상의 금융자산이 거래되는 시장으로 국제 주식시장과 국제 채권시장이 있다. DR, 유로채, 외국채, 신디케이트대출(syndicated loan) 등이 거래되는 시장이다.

3. 외환시장과 외국환

외국환(외환)은 외환시장에서 거래되며, 국내 자금시장과 국제 금융시장을 상호 연결시켜주는 역할을 한다. 국내 자금시장에서 자금을 조달·운용하여 외환시장에서 필요한 외환을 매입하거나 매도할 수 있으며, 국제 금융시장에 외화로 투자하거나 외화를 조달하게 된다. 이렇게 연결된 국제 금융시장에서 유통되는 통화의 금리 변화에 따라 자금의 유입과 유출이 발생하게 된다. 반면 외환시장에서는 외환이 자국통화를 기준으로 한 환율에 의하여 거래되며, 환율과 금리의 변동에 따라 외국통화의 상대적 가치인 환율이 변동하게 되며, 이러한 환율의 변동에 따라 환위험이 발생한다.

국제간 교역이나 금융행위로 인하여 발생한 채권·채무를 결제할 때 사용하는 외환으로 대표적인 것이 국제기축통화, 금, 그리고 외국환어음이다. 여기서 외국환어음은 교환성 통화인 국제통화로 표시되어야 한다. 왜냐하면 외국통화로 표시된 채권·채무라고 해서 모두 외환이라고 할 수 없기 때문이다. 또한 외국환어음은 환어음으로서 환어음의 당사자들 중에 한 사람이 외국에 소재하고 있는 경우에 발생한다. 즉 환어음의 당사자들 중에 한 사람이 비거주자로 되어 있고, 환어음의 발행지나 지급지가 외국으로 되어 있으며, 외화로 표시되어 있는 어음을 말한다. 외국환어음은 주로 무역의 결제업무에 이용되고 있다.

제2절 환율

Ⅰ. 환율의 의의 및 종류

1. 환율의 의의

외국환거래에서 빼놓고 생각할 수 없는 것이 환율의 개입이다. 환율(exchange rate)은 두 통화간 교환(매매)비율이며, 이때 그 대상이 되는 통화단위는 하나의 "상품"처럼 취급된다. 예를 들어 서울외환시장에서 거래되는 원/달러 환율이 1,000원이라 할 때 미화 1달러라는 상품의 가치는 원화 가치 1,000원에 상당하다는 의미로 받아들인다. 또한 달러화 가치는 시장 수급에 따라 상시적으로 변하기 때문에 이를 보유 또는 처분함으로써 이익 내지 손실을 실현할 수도 있다. 이렇게 보면 한 나라의 정부가 발행한 통화의 상대가치를 표시하는 환율은 곧 자산가격이다.[26]

환율은 고정환율제도에서는 외환당국의 정책적 의지에 따라 특정 수준에 고정되는 반면 변동환율제도에서는 외환시장의 수요와 공급에 따라 결정된다. 예를 들어 변동환율제도에서 국제수지가 흑자인 경우 외환시장에서 외환의 공급이 수요보다 커짐에 따라 외환의 가치가 떨어져 환율이 하락한다. 반대로 외환의 수요가 공급보다 많아지면 환율이 상승한다. 환율은 통화의 상대가치에 영향을 미치는 다양한 요인에 의해서도 변동한다.

환율의 변동은 국민경제에 많은 영향을 미친다. 일반적으로 환율이 상승하면 경상수지가 개선된다.[27] 수출기업이 수출대금으로 이전과 같은 금액의 외환을 받더라도 원화로 환산할 경우 더 많은 금액을 얻을 수 있으며 다른 한편으로 외환으로 표시하는 수출단가를 낮추어 더 많은 물량을 수출할 수 있게 된다. 반대로 수입기업은 환율이 상승하면 원화로 지불해야 할 금액이 늘어나 수입을 줄이게 된다. 이렇게 원화환율이 상승할 경우 수출이 증가하고 수입이 감소하는 한편 국내 생산이 늘어나고 고용이 증대됨으로써 경제성장이 촉진된다.

그러나 환율상승이 국민경제에 긍정적 영향만을 미치는 것은 아니다. 원화환율이 상승할 경우 원자재나 부품 등을 수입하는 데 더 많은 원화가 필요하게 된다. 이로 인해 곡물, 원유 등의 국내가격이 상승하고 제조업 생산비용이 증가함에 따라 국내 물가수준이 높아지게 된다. 또

---

26) 강민우(2020), 6쪽.
27) 환율상승 초기에는 수출입 물량에 큰 변동이 없는 반면 수출품 가격은 하락하고 수입품 가격이 상승함에 따라 단기적으로는 무역수지 혹은 경상수지가 악화될 수 있다. 하지만 어느 정도 시간이 경과한 후에는 수출입 가격경쟁력 변화에 따른 물량 조정으로 무역수지 혹은 경상수지가 개선되는 현상(J curve effect)이 나타날 수 있다.

한 환율상승으로 기업이나 금융기관의 외채상환 부담이 가중될 수 있다. 이는 동일한 금액의 외채를 갚기 위해서 더 많은 금액의 원화가 필요하기 때문이다.[28]

2. 환율의 표시방법 및 종류

(1) 자국통화표시법과 외국통화표시법

환율은 두 국가의 통화간 교환비율을 의미하므로 어느 국가 통화를 기준으로 계산하느냐에 따라 표시방법이 달라진다. 환율을 외국통화 한 단위당 자국통화 단위수로 표시하는 경우 이를 자국통화표시법 또는 직접표시법(direct quotation)이라 하며, 반대로 자국통화 한 단위당 외국통화 단위수로 표시하는 경우를 외국통화표시법 또는 간접표시법(indirect quotation)이라 한다. 예를 들어 우리나라의 경우 자국통화표시법을 사용하므로 미달러화에 대한 원화환율이 $1＝1,150원과 같은 형식으로 고시된다. 대부분의 국가는 자국통화표시법을 사용하여 자국통화의 환율을 고시하고 있으나 영국, 유로지역, 호주 등 일부 국가에서는 외국통화표시법을 사용하고 있다.[29]

(2) 매입환율과 매도환율

외환시장에서 환율은 일반적으로 매입환율(bid rate)과 매도환율(asked rate 또는 offer rate)이 동시에 고시된다.[30] 매입환율이란 은행이 외환을 매입할 의사가 있는 가격(환율)을 뜻하며, 반대로 매도환율은 은행이 외환의 매도가격으로 제시한 환율을 의미한다. 예를 들어 한 은행이 원/달러 환율을 1,150.00-1,150.50으로 제시하였다면 이는 미달러화에 대해 1달러당 1,150.00원에 매입할 의사가 있으며 1달러당 1,150.50원에 매도할 의사가 있음을 나타낸다.

매도환율과 매입환율의 차이는 스프레드(bid-offer Spread, exchange margin)라고 불리며 거래비용의 성격을 띠고 있다. 따라서 스프레드는 거래통화의 유동성 상황이나 환율전망, 거래상대방 등에 따라 달라진다. 일반적으로 스프레드는 거래빈도가 높은 국제통화간에는 작게 나타나며 대고객거래보다 은행간 거래에서 더 작게 나타난다.

(3) 대고객환율과 은행간환율

(가) 개요

환율은 은행과 고객간의 거래에 적용하는 대고객환율과 은행간 거래에 적용하는 은행간환율로 나누어 고시된다. 통상 외환시장에서 결정되는 환율은 은행간환율을 의미한다. 은행간환율은 대고객환율보다 스프레드가 작은데, 이는 은행간에는 거래가 대규모로 이루어져 단위당

---

28) 한국은행(2016), 110-111쪽.
29) 한국은행(2016), 112-114쪽.
30) 매입가격 및 매도가격을 동시에 제시하는 것을 two way quotation 방식이라고 한다.

거래비용이 상대적으로 적게 들기 때문이다.

대고객환율은 은행간환율을 감안하여 각 은행이 자율적으로 결정하여 고시하고 있는데, 당일의 은행간 환율변동이 심한 경우에는 실시간의 환율변동을 반영하여 당일 중에도 몇 차례에 걸쳐 대고객환율을 수정하여 고시하기도 한다.

은행간환율은 기본적으로 전신환매매율 한 가지밖에 없으나, 외국환은행의 대고객환율에는 외환의 결제방법에 따라 송금시 적용되는 전신환매매율, 현금매매율, 여행자수표(TC: Traveler check)매매율 등 여러 가지 종류가 있다. 아래서는 대고객환율인 대고객매매율을 살펴본다.

(나) 대고객매매율

대고객 매매율은 금융결제원에서 산출한 매매기준율을 바탕으로 적용되는 환율이다. 각 은행은 매매기준율에 은행의 마진(스프레드)을 더해 대고객매매율을 결정 후 고시한다. 현금매매율, 전신환매매율, 여행자수표 매도율로 구분한다.

1) 매매기준율

매매기준율(MAR: Market Average Rate)은 시장평균환율을 말하며 은행 거래의 기본이 되는 시장환율로 이해하면 된다. 최근 거래일의 외국환중개회사를 통해 거래가 이루어진 미국 달러화의 현물환매매 중 익익영업일 결제거래에서 형성되는 환율과 그 거래량을 가중평균해 산출되는 시장평균환율을 말한다.

거래시간 이전(09시)이면 MAR 거래도 가능하다.

2) 현금매매율

현금매매율은 외화현금을 매매하는 경우 적용하는 환율이다. 외국에 나가는 경우 은행에서 달러나 기타 통화로 환전할 될 때 적용되는 환율이 바로 현금매매율이다. 은행은 대고객 매매율 중 현금매매율에 상대적으로 높은 마진(스프레드)을 적용한다.

현금매매율은 외화현금 매매시 적용되는 환율로서 기본 스프레드는 매매기준율 대비 약 1.5% 정도이다. 외화현금을 매매하는 경우 매매의 대상이 되는 외화현금의 보관비용, 운송비용이 소요될 뿐만 아니라 외화자산 운용면에서도 외화현금시제액은 비수익적이기 때문에 이와 같은 위험부담과 손실보전을 고려하여 결정한 환율이다. 따라서 현금 매도율과 매입률은 일반적으로 외국환은행 대고객매매율의 최고율과 최저율 사이가 된다. 현찰매입율과 현찰매도율이 있으며 매입과 매도는 은행의 관점에서 본 것이다.

3) 전신환매매율

전신환매매율(T/T: Telegraphic Transfer)은 현금이 아니라 전신환으로 거래되는 경우를 말한다. 실제 현금의 유출입이 아니라 전산상의 숫자로만 처리된다. 즉 자금결제 기간에 따른 금리요소가 개입되지 않은 환율로서 당·타발 송금, 수입어음 결제, 외화예금 입지급, 수출환어음의 매입, 외화수표의 매입 등의 거래에 적용되는 환율이다.

전신환매매율은 전신송금 등에 적용되는 환율로 기본 스프레드는 매매기준율 대비 약 1% 정도이다. 전신환매매율은 외환을 전신으로 결제하거나 또는 자산이나 채권이 통화로 전환되는 것이 즉시 가능한 경우에 적용하는 환율이다. 이 경우 자금결제가 1일 이내에 이루어지므로 환어음의 우송 기간에 대한 금리요인이 개입되지 않는 의미에서 순수한 대고객환율이 되며, 대고객매매의 기준 매매율이 된다. 전신환 매입율(T/T Buy)과 전신환 매도율(T/T Sell)이 있으며, 매입과 매도는 은행의 관점에서 본 것이다.

4) 여행자수표 매도율

여행자수표(T/C) 매도율은 은행이 외화표시 여행자수표를 원화를 대가로 고객에게 판매하는 경우 적용하는 환율로서 기준환율에 여행자수표 위탁판매에 따른 수수료율을 가산해 고시하는 환율이다.

(4) 교차환율과 재정환율

교차환율(cross rate)이란 자국통화가 개재되지 않은 외국통화간의 환율을 의미한다. 우리나라에서는 엔/달러 환율이나 달러/유로 환율 등이 교차환율에 해당한다. 그러나 국제 금융시장에서는 기축통화인 미달러화를 기준으로 하여 자국환율을 표시하므로 미달러화의 개재가 없는 여타 통화간의 환율을 교차환율이라 한다.

재정환율(arbitrage rate)이란 달러화 이외의 통화 환율 결정방법이며 최근 주요 국제금융시장에서 형성된 미화 이외 통화와 미화간 매매중간율을 시장평균환율로 재정한 율이다. 재정환율은 원/엔 환율이나 원/유로 환율과 같이 국내은행간 외환시장에서 직접 거래되지 않는 통화에 대한 환율을 계산할 때 원/달러 환율과 국제 금융시장에서 형성되는 엔/달러 환율 또는 달러/유로 환율을 이용하여 산출한 환율을 말한다. 예를 들어 원/달러 환율이 1달러당 1,100원이고 국제 금융시장에서 교차환율인 엔/달러 환율이 1달러당 110엔으로 형성되어 있다면 재정환율인 원/엔 환율은 100엔당 1,000원으로 결정된다.

(5) 현물환율과 선물환율

현물환율(spot exchange rate)이란 외환거래 당사자가 매매계약을 체결한 후 통상 2영업일 이내에 외환의 결제가 이루어지는 환율을 말한다. 반면 선물환율(forward exchange rate)은 외환의 매매계약 체결일로부터 2영업일 경과 후 장래의 특정일에 결제가 이루어지는 환율을 말한다.

Ⅱ. 우리나라 환율제도의 변천

1. 고정환율제도

고정환율제도는 1945년 10월부터 1964년 5월까지 시행되었다. 1945년 해방 이후 우리나라의 외환시장이 형성되던 초기 단계의 환율제도는 공정환율(official exchange rate)을 중심으로 한 고정환율제도로서 복수환율제도와 단일환율제도가 번갈아 시행되었다.[31]

1945년 10월 미 군정당국은 원조 및 대민간채무 변제에 적용할 공정환율을 결정·고시하였으나 민간의 대외거래가 인정되지 않음에 따라 동 환율은 일반거래에는 적용되지 않았다. 정부수립 후인 1948년 10월 「외국환 및 외국증권 등 통제에 관한 건」을 제정하면서 12월 대충자금(對充資金) 환율[32]을 450圜으로 책정하였으며, 1949년 6월에는 정부보유 외환에 대해 공정환율을, 기타 외환에 대해서는 일반환율을 적용하는 복수환율제도를 채택하였다.

1949년 11월 단일환율을 모색하기 위한 시도로서 외환경매제의 경매율을 공정환율로 채택하여 달러당 900圜의 환율이 형성되었다. 1950년 4월에는 이원화되어 있던 환율을 은행율로 단일화하고 경매에 의해 환율을 결정하였으며, 6·25전쟁과 더불어 대충자금환율을 중심으로 한 공정환율로 복귀한 후 1950년 11월 2,500圜, 1951년 11월 6,000圜으로 각각 인상하였다.

1953년 2월 100:1 비율로 통화개혁을 실시하여 원(圓)을 환(圜)으로 변경하였으며, 1962년 6월에는 10:1로 통화개혁을 실시하여 환을 다시 원으로 변경하고 단일고정환율제도를 유지하였다. 이후 단일변동환율제도가 실시된 1964년 5월 이전까지 공정환율을 중심으로 환율의 실세조정을 위한 수차례의 평가절하를 단행하였다.

2. 단일변동환율제도

단일변동환율제도는 1964년 5월부터 1980년 2월까지 시행되었다. 1964년 5월 당시 130원이던 공정환율에 대해 255원을 하한으로 하는 단일변동환율제도로 변경하고 외환증서제도[33]를 도입하였으나 수입쿼터제 실시 등으로 1965년 3월까지 사실상 255원으로 환율이 고정되어 있었다.

1965년 3월 IMF로부터 외환시장 조작을 위한 안정기금 확보를 계기로 외환증서 매매시장

---

[31] 한국은행(2016), 120-123쪽.

[32] 한미원조협정에 의거 대충자금 예치를 위해 달러화 표시 원조액을 圓貨로 환산할 때 적용하는 환율이다.

[33] 외환증서제도란 외환을 정부나 중앙은행에 집중시키면서 환율이 외환증서의 수급에 따라 자유롭게 변동할 수 있도록 하는 제도를 말한다. 외환증서제도는 1961년에 처음 도입되었으나 1964년 「외환증서에 관한 규정」으로 외환증서의 발행 및 유통이 자유롭게 되었으며 실제 거래가 이루어지기 시작한 것은 1965년 3월 IMF로부터 stand-by 차관을 확보한 이후이다.

이 형성되고 단일변동환율제도가 본격적으로 실시되었다. 한국은행은 매일 외환증서 시장률의 상하 2% 범위 내에서 환율을 결정[34]하였으며 외환증서의 수급불균형이 발생할 경우에는 시장 조작을 실시하였다. 그러나 외환증서제도를 기초로 하는 단일변동환율제도 실시에도 불구하고 외환시장 기반이 취약하여 사실상 고정환율제도의 형태가 유지되었다.

3. 복수통화바스켓제도

복수통화바스켓제도는 1980년 2월부터 1990년 2월까지 시행되었다. 1980년 2월에 도입된 복수통화바스켓제도는 미달러화를 포함한 주요 교역상대국 통화의 가치 변동에 원화환율을 연동시키는 제도이다.

복수통화바스켓제도에서 원/달러 환율은 SDR[35]의 대미달러화 환율인 SDR바스켓과 우리나라의 주요 교역상대국인 미국, 일본, 서독, 영국, 프랑스 통화의 미달러화에 대한 환율변동을 가중평균[36]한 독자바스켓, 그리고 정책조정 변수인 실세반영장치의 세 가지 요소에 의해 결정되었다. 한국은행총재는 두 가지 환율 바스켓과 실세반영장치로서 내외금리차, 물가상승률, 국제수지 및 외환수급 전망 등을 종합적으로 고려하여 당일의 집중기준율을 결정·고시하였다.

4. 시장평균환율제도

시장평균환율제도는 1990년 3월부터 1997년 12월까지 시행되었다. 환율의 시장기능 제고를 위해 1990년 3월부터는 시장평균환율제도를 도입하였다. 이 제도에서는 외국환중개회사를 통해 외국환은행간 실제 거래된 복수의 환율을 거래량으로 가중평균하여 다음 영업일의 기준환율로 정하고 이 기준환율을 중심으로 상하 일정 범위 내에서만 환율이 변동되도록 하였다. 시장평균환율제도 도입 당시에는 일일 환율변동제한폭을 기준환율을 중심으로 상하 0.4%로 설정하였으며, 그 후 변동제한폭을 지속적으로 확대하였다. 1997년 외환위기에 직면하면서 변동제한폭을 상하 10%로 대폭 확대하였다가 동년 12월 완전히 철폐함으로써 자유변동환율제도로 이행하였다.

---

34) 단일변동환율제도에서의 환율은 기준환율과 시장률, 한국은행 집중기준율, 대고객 매매율 등으로 구분되었는데, 그중 기준환율은 모든 환율의 하한선이 되는 환율이며, 시장률은 외환시장에서 외환증서의 수급에 따라 형성되는 매매율로 한국은행 집중기준율을 정하는 기준이 되었다.

35) SDR(Special Drawing Rights)은 국제거래에서 부족한 대외결제수단을 보충하기 위해 IMF에 의하여 인위적으로 만들어진 제3의 국제통화를 말하며 paper gold라고도 불린다. IMF는 전세계 유동성 조절을 통해 국제적인 인플레이션이나 디플레이션을 방지하기 위하여 통상 5년을 주기로 SDR의 추가발행이나 말소여부를 검토하고 있다.

36) 각 통화별 가중치는 우리나라와 각국간의 교역비중을 감안하여 산출하였다.

5. 자유변동환율제도

자유변동환율제도는 1997년 12월부터 시행하여 현재까지 유지되고 있다. 자유변동환율제도로 이행한 이후 원/달러 환율은 은행간시장에서 외환수급에 따라 결정됨으로써 환율의 시장기능이 더욱 제고되었다. 다만 환율이 일시적인 충격으로 단기간에 급등락할 경우 외환당국은 외환시장에 참가하여 환율의 변동속도를 조절(smoothing operation)하는 역할을 수행하고 있다.

Ⅲ. 환율의 변동요인

환율은 변동환율제도에서 외환시장의 수요와 공급에 따라 결정된다. 즉 외환의 공급이 수요를 초과하면 자국통화의 가치가 상승(환율하락)하고 반대로 외환의 수요가 공급을 초과하면 자국통화 가치가 하락(환율상승)한다. 그러나 현실적으로 환율은 다양한 국내외 경제여건, 기대요인 및 기술적 요인 등에 의해 복합적으로 영향을 받기 때문에 외환수급만으로 설명하는 데는 한계가 있다. 우리나라의 경우를 예로 들면 2000년 이후 대부분의 기간 동안 국제수지 흑자를 기록하였음에도 불구하고 환율이 지속적으로 하락하기보다는 상승과 하락을 반복하는 모습을 보였다. 만약 환율이 외환의 수급요인에 의해서만 변동한다면 원/달러 환율은 추세적인 하락(원화의 절상)을 보였어야 할 것이다.[37]

여기서는 환율변동에 영향을 미치는 다양한 요인들에 대해 주로 기초경제여건에 관련된 중·장기 요인과 시장기대나 국제 금융시장 동향 등과 같은 단기 요인으로 구분하여 살펴본다.

1. 중·장기 요인

(1) 해당 국가와 상대국의 물가수준 변동

각국의 물가수준, 생산성 등 경제여건 변화는 장기적으로 통화가치에 영향을 미친다. 환율을 결정하는 가장 근본적인 요인으로 해당 국가와 상대국의 물가수준 변동을 들 수 있다. 통화가치는 재화, 서비스, 자본 등에 대한 구매력의 척도이므로 결국 환율은 상대 물가수준을 반영한 상대적 구매력에 의해 결정된다. 예를 들어 한 나라의 물가가 상승할 경우 그 나라 통화의 구매력이 떨어지므로 통화의 상대가격을 나타내는 환율은 상승하게 된다.[38]

(2) 생산성의 변화

장기적으로 환율에 영향을 미치는 또 다른 요소로 생산성의 변화를 들 수 있다. 예를 들어

---

37) 한국은행(2016), 127쪽.
38) 한국은행(2016), 128쪽.

한 나라의 생산성이 다른 나라보다 더 빠른 속도로 향상(악화)될 경우 자국통화는 절상(절하)된다. 이는 생산성이 개선될 경우 재화생산에 필요한 비용이 절감되어 보다 저렴한 가격으로 재화를 공급할 수 있기 때문이다. 이에 따라 물가가 하락하고 통화가치는 올라가게 된다.[39]

(3) 대외거래

중기적 관점에서 환율에 영향을 미치는 중요한 요인으로 대외거래를 들 수 있다. 상품·서비스 거래, 자본거래 등의 대외거래 결과 국제수지가 흑자를 보이면 외환의 공급이 늘어나므로 환율은 하락하게 된다. 반대로 국제수지가 적자를 보여 외환의 초과수요가 지속되면 환율은 상승하게 된다. 이러한 환율상승(하락)은 국제수지의 개선(악화)요인으로 작용하여 국제수지가 다시 균형을 회복하는 데 도움이 된다. 외환시장에서의 외환수급 상황은 국제수지표(balance of payments)[40]를 이용하여 종합적으로 파악할 수 있다. 즉 경상수지와 금융계정의 합계에서 준비자산 증감을 제외한 값은 대략적으로 그 기간 동안 외환시장의 초과공급 또는 초과수요 규모를 나타낸다고 할 수 있다. 다만 국제수지표는 모든 경제적 거래를 발생주의[41] 원칙에 따라 계상하고 있으므로 실제 외환시장에서 발생한 수요 및 공급과는 다소 차이가 있다.

(4) 거시경제정책

통화정책 등 거시경제정책도 환율에 영향을 미친다. 통화정책을 긴축적으로 운영하면 통화공급이 감소하고 국내금리는 상승하게 된다. 이론적으로 외국의 통화량에 변화가 없을 때 우리나라의 통화량이 감소하게 되면 시중에 원화의 상대적인 공급이 줄어들어 환율이 하락(원화절상)한다. 한편 국내금리 상승은 내외금리차를 확대시켜 주로 채권투자자금을 중심으로 자본유입을 증가시키므로 환율하락을 초래하게 된다. 그러나 국내금리 상승이 반드시 환율하락을 초래한다는 것에 대한 반론도 적지 않다. 왜냐하면 국내금리가 상승하면 경기가 위축되어 외국인 주식투자자금이 유출됨으로써 환율상승 요인으로 작용할 수도 있기 때문이다.[42]

한편 거시경제정책이 환율에 미치는 영향을 분석하기 위한 경제모형으로는 자산시장접근법이 대표적이다. 다만 이 모형은 통화 이외의 다양한 자산의 존재 가능성, 통화정책 변화가 환율에 미치는 파급경로 등에 대한 가정이 단순하여 실제 환율변동을 만족스럽게 설명하는 데

---

39) 한국은행(2016), 130-131쪽.
40) 국제수지표란 일정기간 중 거주자와 비거주자간에 발생하는 모든 경제적 거래를 기록한 통계이다.
41) 발생주의는 차기(次期)의 것을 미리 주거나 받았을 때와 전기의 것을 후에 주고받았을 경우 실제로 주고받은 시점에 관계없이 그것이 어느 기간의 손익에 해당하는지를 구분하여 그 기간의 손익으로 처리하는 방법이다. 예를 들면 이자를 선지불하였을 때 지불된 이자 중 당기에 해당하는 금액만을 당기비용으로 처리하고 차기 해당금액은 차기손익으로 처리하는 방법을 말한다.
42) 과거에는 우리나라에 대한 외국인 증권투자자금의 대부분이 주식투자자금이었으므로 국내 금리상승이 환율상승 요인으로 작용할 가능성이 높았다. 그러나 2000년대 중반 이후 외국인 채권투자자금 유입이 증가하여 현재는 채권투자자금 비중이 상당히 높아진 상황이므로 국내금리 변동이 외국인 증권자금 유출입을 통해 환율에 미치는 영향을 명확하게 파악하기 어렵다.

에는 한계가 있다.

(5) 중앙은행의 외환시장 개입

중앙은행의 외환시장 개입이 환율 수준에 직접적인 영향을 미칠 수 있다. 국제단기자본이 동 등 대외충격에 의해 환율이 단기간에 큰 폭으로 상승할 경우 중앙은행이 직접 외환시장에 참여하여 외환보유액을 매도하고 자국통화 유동성을 흡수함으로써 환율의 급격한 절하를 방지 할 수 있다.[43]

2. 단기 요인

중·장기 요인으로 매일 또는 실시간의 환율변동을 설명하는 데에는 한계가 있다. 이는 환 율이 단기적으로 외환시장 참가자들의 기대나 주변국의 환율변동, 뉴스, 은행의 포지션 변동 등에 따라서도 많은 영향을 받기 때문이다.[44]

(1) 시장참가자의 기대

다양한 요인들에 의해 시장참가자들의 환율에 대한 기대가 변하게 되면 자기실현적 (self-fulfilling) 거래에 의해 환율의 변동이 초래된다. 예를 들어 대부분의 시장참가자가 환율상 승을 예상할 경우 환율이 오르기 전에 미리 외환을 매입하면 이익을 볼 수 있으므로 외환에 대 한 수요가 증가하게 되어 실제 환율이 상승하게 된다. 이와 같이 시장참가자들의 환율상승(또 는 하락) 기대가 같은 방향으로 형성될 경우 매입 또는 매도주문이 한 방향으로 집중되는 동반 효과(bandwagon effect)가 나타나면서 환율이 급변동하고 외환시장이 불안정하게 된다.

(2) 주요국의 환율변동

주요국의 환율변동도 자국통화의 가치에 많은 영향을 주게 된다. 예를 들어 수출경쟁국의 통화가 절하될 경우 자국의 수출경쟁력 약화로 인해 외환공급이 감소할 것이라는 시장기대가 형성되어 자국의 통화도 절하된다.

(3) 뉴스

각종 뉴스도 시장참가자들의 기대변화를 통해 단기 환율변동에 영향을 미치게 된다. 경제 관련 뉴스뿐만 아니라 정치 뉴스도 마찬가지이며 국내 뉴스는 물론 해외 뉴스도 환율의 움직 임에 영향을 줄 수 있다. 일례로 2015년 6월 18일 미국의 FOMC 회의결과 통화정책이 완화적 (dovish)인 것으로 보도됨에 따라 원/달러 환율이 단기적으로 하락하였으며 2015년 8월에는 목 함지뢰 도발과 대북 확성기 포격 사건 등으로 지정학적 리스크가 부각되면서 원/달러 환율이

---

43) 우리나라의 경우 환율이 원칙적으로 외환시장에서 자율적으로 결정되도록 하고 있으나 한국은행법 제82조 및 제83조, 외국환거래규정 제2-27조에 의거 외환시장 안정을 위해 필요하다고 인정될 때에는 중앙은행 이 외환시장에 개입할 수 있다.

44) 한국은행(2016), 134-136쪽.

급등하는 모습을 보였다.

(4) 외국환포지션의 변동

은행의 외국환포지션 변동에 의해서도 환율이 영향을 받게 된다. 은행의 외국환포지션(외화자산-외화부채)이 매도초과 또는 매입초과의 한 방향으로 크게 노출될 경우 포지션조정[45]을 위한 거래가 일어나고 그 결과 환율이 변동하게 된다. 예를 들어 은행의 선물환포지션이 큰 폭의 매도초과를 보일 경우 환율변동에 따른 위험에 노출되지 않기 위해 현물환 매입수요를 늘림으로써 환율이 상승하게 된다.

Ⅳ. 환위험

1. 환위험의 의의

(1) 환위험의 개념

환위험(Foreign Exchange Risk)이란 일반적으로 예상치 못한 환율변동으로 인해 경제주체가 보유하고 있는 외화표시 자산과 부채의 가치가 변동할 위험을 말한다. 외화 자산·부채 보유 경제주체는 아무것도 하지 않았음에도 불구하고 환율변동에 따라 손실이나 이익을 보게 된다. 예를 들어 달러화 표시 자산을 보유하고 있는 기업은 원/달러 환율이 하락하게 되면 원화로 환산한 자산의 가치가 감소하여 손실을 입게 되는 것이다. 이처럼 외화 자산·부채의 보유는 필연적으로 환위험을 동반하게 된다.[46]

한편 환노출이란 환율변동에 따라 손실 또는 이익이 발생할 수 있는 외화 순자산·부채나 외화 현금흐름의 규모를 말한다. 예를 들어 20억 달러의 외화자산과 5억달러의 외화부채를 가지고 있는 기업의 경우, 20억 달러의 자산 중 5억 달러는 외화부채 5억 달러에 의한 환위험과 상쇄되므로, 이 기업은 15억 달러의 순자산이 환위험에 노출되어 있는 것이다.

(2) 환위험의 종류

(가) 환산 환위험

환산 환위험은 외화표시 자산과 부채를 재무제표에 기재할 때, 환율변동으로 원화 환산 금액이 감소하게 되는 위험이다. 다만 실제 손실이 아닌 장부상의 가치변동이므로 향후 반대방향으로의 환율변동에 따라 위험이 사라질 수도 있다. 예를 들어 A기업은 2019년말(원/달러 환율 1,000원) 당시 1백만 달러의 달러화 표시 부채가 있어 대차대조표에 외화부채 10억원을 계상하였다. 2020년말 현재 원/달러 환율이 1,300원으로 상승할 경우 외화부채가 13억원으로 계상될

---

45) 우리나라는 종합포지션과 외환파생상품포지션을 중심으로 외국환포지션을 관리하고 있다.

46) 한국은행 부산본부(2009), " 기업인을 위한 환위험 관리 길라잡이", 한국은행 부산본부(2009. 2), 3-5쪽.

에 따라 3억원의 환산손실이 발생한다.

(2) 거래 환위험

거래 환위험은 계약체결에서 결제일까지의 기간 중 환율변동에 따라 원화 환산 결제금액이 변동하는 위험이다. 수출의 경우 매출인식일로부터 대금수령일까지 기간 중 환율하락으로 원화가득액이 감소할 수 있다. 따라서 환노출 기간이 길면 위험이 커질 수 있으며 결제시에는 실제 손실이 발생한다. 예를 들면 B기업은 미국 기업과 1백만 달러어치의 자동차부품을 판매하고 2개월 후 대금을 받기로 계약을 맺었다. 선적일 당시 원/달러 환율이 1,000원이었기 때문에 B기업은 손익계산서상 10억원의 매출을 계상했다. 하지만 2개월 후 원/달러 환율이 800원으로 하락한 경우 수출대금으로 8억원을 획득함에 따라 2억원의 환차손이 발생한다.

(3) 영업 환위험(경제적 환위험)

영업 환위험(경제적 환위험)은 예상치 못한 환율변동으로 영업이익이 감소하는 위험이다. 영업 환위험은 손익계산서의 손실로 계상되지 않고 원화 매출액이 예상보다 적은 금액으로 기재된다. 이처럼 손실로 표시되지 않기 때문에 영업 환위험이 중요함에도 불구하고 인식하지 못하는 경우가 많다. 한 예로 C기업은 미국 기업에 매년 선박자재를 1백만달러 어치 수출한다. 2019년에는 달러당 1,100원에 수출하였으나 2020년에는 예상치 못한 환율하락으로 달러당 1,000원에 수출하였다. 같은 1백만달러를 수출하였으나 손익계산서에 2019년 11억원, 2020년 10억원이 계상된다. 여기서 영업 환위험은 1억원(11억원-10억원)이 된다.

2. 환위험의 결정요인

(1) 환율변동성

환율변동성이 클수록 환위험은 커진다. 예를 들어 외화자산이 1천만 달러일 경우 원/달러 환율이 10원 하락하면 1억원, 100원 하락하면 10억원의 손실을 입는다.

(2) 환노출 규모(외화포지션)

환노출 규모(외화포지션)가 클수록 환위험은 커진다. 예를 들어 원/달러 환율이 1,000원에서 900원으로 하락할 경우 외화포지션이 1천만 달러인 기업의 손실은 10억원에 달하나 외화포지션이 1만 달러인 기업의 손실은 100만원에 그친다. 같은 이유로 외화포지션이 제로인 기업은 환율변동에 따른 손실을 걱정하지 않아도 된다. 예를 들어 외화 자산과 부채가 동일하게 1백만 달러일 경우 환율이 100원 상승하면 원화로 환산한 부채가 1억원 증가하지만 동시에 자산도 1억원 증가하여 손실이 발생하지 않는다.

(3) 환노출 기간

환노출 기간은 환율변동에 따라 보유하고 있는 외화 자산과 부채의 가치가 변동할 수 있는 기간을 말한다. 예를 들어 수출품 선적 후 대금수취일까지의 기간이 6개월일 경우 환노출 기간은 6개월이다. 일반적으로 환노출 기간이 길면 길수록 환위험은 증가한다. 6개월 후 환율 변동 폭은 1주일 후의 변동폭보다 클 가능성이 많은 것처럼 수출대금을 1주일 후에 받는 것보다 6개월 후에 받는 경우 환위험이 크다.

3. 환위험 관리

환위험 관리란 여러 가지 사전적 조치들을 동원하여 환율변동으로 발생할 수 있는 환차손을 방지하는 것을 말한다. 경제주체의 입장에서 볼 때 불확실한 환율변동 속에서도 현금흐름을 안정적으로 유지시키는 것이다. 예를 들어 기업은 현재시점에서 정해진 선물환율로 미래의 외화를 미리 매입하거나 매각함으로써 환율변동의 불확실성을 제거할 수 있다. 이처럼 환위험 관리의 핵심은 사전에 결정된 가격으로 외화를 사거나 팔아 원화 현금흐름을 확정시키는 것이다.[47]

기업이 환율을 정확히 예측할 수 있다면 환율이 변동하더라도 손실을 입지 않고 이익을 볼 수 있다. 즉 환율이 오를 것으로 예측되면 외화자산의 보유를 최대한 늘렸다가 환율이 하락하기 전에 팔아버리면 많은 차익을 얻을 수가 있다. 그러나 환율의 정확한 예측이란 전문가들에게도 매우 어려우므로 환율예측이 잘못될 경우 큰 손실을 입을 위험 또한 크다. 따라서 환율변동으로 인한 기업의 가치하락을 방지하기 위해서 환위험 관리는 필요하다.

환위험 관리의 필요성은 크게 세 가지로 구분된다.

ⅰ) 환율변동성 확대에 따라 환위험이 크게 증대되었다. 글로벌화와 더불어 1997년말 이후 자유변동환율제가 도입되면서 원화환율의 변동성이 커졌다. 변동환율제도 도입 전인 1996년 원/달러 환율의 일평균 변동폭은 1.2원에 그쳤으나 자유변동환율제 도입 이후 3-4원 정도로 확대되었으며 2008년에는 10원까지 커지기도 하였다. 2000년 이후 원/달러 환율은 두 차례의 급등기와 세 차례의 급락기를 형성하였다. 2000년말 엔화가치의 급락과 국내 무역수지 악화 전망 등으로 5개월여 동안 환율은 200원 정도 급등하였다. 이후 달러의 장기 약세기조 속에서 미 경상수지 적자, 자금의 국내 유입 등으로 '02. 4월, '04. 10월, '05. 10월에 각각 급락기를 형성하였다. 900원 내외까지 하락한 환율은 2008년 들어 글로벌 금융위기에 따른 외국인 자금 유출 및 안전자산 선호 등으로 대폭 상승하였다. 이처럼 환율은 외부의 충격에 따라 급변동한 사례가 많았으며, 환율변동에 따른 쏠림현상으로 변동성이 확대되는 모습을 보여 왔다.

ⅱ) 환율변동으로 막대한 외환손실이 발생할 수 있으며 기업가치가 훼손될 수 있다. 환율변동성의 확대, 국제화 진전 및 대외거래규모 확대 등으로 환차손·익이 기업의 경상이익에 미

---

47) 한국은행 부산본부(2009), 7-10쪽.

치는 영향이 증대되었다. 특히 수출의존도가 높은 우리나라 기업들이 환위험을 관리하지 않을 경우 때로는 환차익을 얻을 수도 있겠지만 환율이 큰 폭으로 변동하게 되면 막대한 외환손실을 입을 수 있다. 이 경우 기업의 존립 자체가 위협받을 수 있다. 예를 들어 A기업은 미국 기업과 1천만달러의 선박자재(원가 100억원) 수출계약을 맺고 3개월 후에 선적·결제를 하기로 하였다. 현재 현물환율은 1,000원이고 3개월 선물환율은 1,050원이다. 헤지를 하지 않을 경우 3개월후 현물환율이 변동함에 따라 이익 또는 손실이 발생할 수 있다. 하지만 수출대금 전액을 3개월 선물환율로 매도하는 선물환거래를 할 경우 5억원의 이익이 발생한다.

 iii) 목표 수익 및 현금흐름을 사전에 확보하여 안정적인 기업경영을 영위할 수 있다. 환위험을 통제할 경우 환율이 어떻게 변동하든지 목표로 하는 수익과 현금흐름을 사전에 확보할 수 있다. 즉 환율변동에 따른 불확실성을 확실성으로 바꿀 수 있다.

제2장

외환상품시장

제1절 서설

I. 외환상품시장 거래 동향

국제결제은행(BIS)은 1989년부터 세계 주요국 중앙은행을 대상으로 3년마다 "세계 외환 및 장외 파생상품시장 거래규모 조사"를 실시하고 있다. 국제결제은행(BIS)은 2022년 4월 기준 「전세계 외환 및 장외파생상품 시장 거래규모 조사결과(잠정)」를 공표(10월 27일 15시)하였다. 그 내용을 살펴보면 다음과 같다.[1]

1. 전세계 동향

2022년 4월 중 전세계 외환상품시장(global FX markets) 거래액은 일평균 7.5조달러로 2019년 4월(6.6조달러) 대비 14.1% 증가하였다. 환율변동 효과를 감안(2022년 4월 환율을 과거 조사결과에 적용)할 경우 거래액은 16.5% 증가하였다. 이 거래액은 2016년 감소하였다가 이후 상승세로 전환한 것이다.

(1) 상품별 동향

ⅰ) 현물환 거래(2.1조달러)는 6.5% 증가하였으나 전체 외환상품시장에서의 비중은 축소되

---

1) 한국은행(2022), "2022년도 BIS 주관「전세계 외환 및 장외파생상품 시장 조사(거래금액 부문)」결과", 한국은행(2022. 11) 보도자료.

었다(2016.4. 32.6% → 2019.4. 30.1% → 2022.4. 28.1%).

ⅱ) 외환스왑 거래(3.8조달러)가 상당폭 증가(+0.6조달러, +19.1%)하였으며, 전체 외환상품시장에서의 비중(50.7%)도 확대되었다(2016.4. 46.9% → 2019.4. 48.6% → 2022.4. 50.7%).

ⅲ) 선물환(1.2조달러) 및 통화스왑(0.1조달러) 거래는 각각 16.6% 및 14.3% 증가하였다.

(2) 거래상대방별 동향

거래상대방별로는 BIS 조사에 참여하는 금융기관인 보고금융기관간 거래(3.5조달러)가 0.9조달러 증가(+37.5%)하였으며 거래비중도 2019년 4월 대비 확대(38.3%→46.1%)되었다. 반면 비(非)보고금융기관으로 비보고은행, 기관투자자, 헤지펀드, 공공부문 금융기관 등이 포함된 기타금융기관 거래(3.6조달러)는 소폭(0.03조달러) 상승(+0.8%)에 그침에 따라 거래비중이 축소(54.6%→48.2%)되었다.

(3) 만기별 동향

만기별로는 선물환거래의 경우 1달 초과, 3달 이내 비중(28.4%)이 가장 크며 외환스왑은 1일 초과, 7일 이내 만기 상품이 가장 큰 비중(39.0%)을 차지하였다. 이번 조사부터 선물환거래와 외환스왑에 대해 7일 이내 구간의 만기를 세분화하였다.

(4) 대내외별 동향

대내외별로는 대내거래(2.9조달러)가 0.04조달러 감소(-1.5%)한 반면 대외거래(4.6조달러)는 1.0조달러(+26.4%) 증가하였다.

(5) 통화별 동향

통화별(비중 합계: 200%)로는 미국 달러화(88.3%→88.5%) 개재 거래비중이 가장 높은 수준을 이어가는 모습을 지속하였다. 여기서 비중 합계 200%는 외환거래 특성상 양방향(매입/매도) 거래의 통화를 합산한 수치이다.

유로화(32.3%→30.5%) 및 일본 엔화(16.8%→16.7%) 비중은 축소되었다. 기타 선진국 통화 중에서는 캐나다 달러화(5.0%→6.2%) 및 스위스 프랑화(5.0%→5.2%) 등의 거래비중이 확대되었고, 신흥국 통화 중에서는 중국 위안화(4.3%→7.0%) 등의 거래비중이 확대되었다.

(6) 국가별 동향

국가별로는 외환거래가 상위 5개국(영국, 미국, 싱가포르, 홍콩, 일본)에 집중되어 있으며 동 국가들의 거래비중(78.4%)은 소폭 축소되었다('10년 70.8% → '13년 75.1%→ '16년 77.2% → '19년 79.6% → '22년 78.4%).

미국(1.9조달러, 16.5%→19.4%) 및 싱가포르(0.9조달러, 7.7%→9.4%)는 거래비중이 확대되었으며, 반면, 영국(3.8조달러, 43.2%→38.1%), 홍콩(0.7조달러, 7.6%→7.1%), 일본(0.4조달러, 4.5%→4.4%)은 거래비중이 축소되었다.

2. 우리나라 동향

2022년 4월 중 우리나라의 전체 외환상품시장 거래액은 일평균 677.4억달러로 2019년 4월(553.2억달러) 대비 22.5% 증가하였다. 전세계 외환상품시장에서의 우리나라 비중은 0.7%로 직전 조사와 동일한 수준이며 조사대상국 중 순위도 동일(15위→15위)하였다.

한편 전체 외환상품시장 중 원화개재 거래의 비중은 소폭 축소(2.0%→1.9%)되었으나 조사대상국 중 순위는 동일(12위→12위)하였다.

Ⅱ. 우리나라 외환상품시장의 특징

1. 높은 환율 변동성

국내 외환시장은 1997년 IMF 외환위기시 달러 대비 2,000원까지 가치가 하락하였고, 2008년 글로벌 금융위기시에는 1,600원까지 가치가 하락하였다. 전세계적으로 정책금리 인하로 환율 변동성이 확대되고 있다.

우리나라를 포함한 24개국[2]의 중앙은행은 2014년-2015년 국제적 정책 공조 없이 자국의 경제상황에 따라 금융완화정책을 추진하였다. 이렇게 상반된 통화정책을 수행하였을 때 일반적인 수준보다 강한 유로화 및 엔화 약세 추세가 형성되며, 우리나라 역시 환율 변동성이 크게 나타나고 있다. 환율의 변동성이 크다는 것은 자국의 경제 상황에 맞게 통화정책을 완화함으로써 환율에도 영향을 미치고 있다는 것이다.

달러화가 강세를 보일 경우 원화는 약세를 보이고 있고, 이러한 현상은 1997년 IMF 외환위기와 2007년 하반기부터 2008년 글로벌 금융위기 당시 나타났다. 그리고 원화환율 하락시에는 상승시와 반대로 달러화뿐만 아니라 엔화, 유로화 등 주요 통화에 대해서도 동반 하락하는 양상을 보였다.

외환위기인 1997년 말 2,000원에 육박했던 환율은 1998년부터 하락세로 전환하여 2008년에는 1,100원까지 하락하였으며, 2008년 금융위기로 1997년 외환위기 이후 최대 폭으로 폭등하여 1,600원까지 상승하였으나, 2012년 들어와서는 1,100원 수준을 지속적으로 유지함으로써 금융위기 이전의 수준으로 회복되었다.[3]

---

2) 정책금리조정(20개국): 유로, 한국, 중국, 호주, 태국, 베트남, 이스라엘, 멕시코, 칠레, 페루, 불가리아, 폴란드, 헝가리, 노르웨이, 스웨덴, 스위스, 덴마크, 아이슬란드, 캐나다 / 양적완화 방식(4개국): 터키, 인도네시아, 인도, 러시아.

3) 김래복(2015), "해운기업의 외환손익 영향분석과 대응방안에 관한 실증연구 : 국적 외항선사를 중심으로", 한국해양대학교 해양금융물류대학원 석사학위논문(2015. 6), 8-10쪽.

2. 경제규모에 비해 작은 외환거래 규모

우리나라의 세계 무역규모 순위는 한국무역협회 발표 기준 세계 7위를 차지하지만, 외한시장의 거래규모는 영국 40.9%, 미국 18.9%, 싱가포르 5.7%, 우리나라 0.7%로 15위를 기록하고 있으며,[4] GDP 대비 총 외환거래비율(2013년 기준)이 싱가포르 146%, 홍콩 113%, 영국 85%, 호주 18.2% 대만은 5.8%인 반면 한국은 5.3%에 그치고 있다. 이는 우리나라의 외환시장이 규모가 작아 흡수능력 부족으로 경제 전체가 외부충격에 취약하고, 작은 외환 수급상의 충격에도 시장이 심하게 변동할 수 있는 특징을 보여주고 있다.

3. 외환거래시 높은 외국인 비중

우리나라 외환시장은 외국인의 높은 거래 비중으로 외국인의 움직임에 의해 좌우되는데, 이는 역외 차액결제선물환(NDF) 거래라고 해도 과언이 아니다. NDF는 역외시장에서 거래되며 외국은행이나 외국인 투자자가 환헤지나 투기의 목적으로 거래에 참여한다. 국내 외환시장에서의 외국환거래 규제를 피하기 위한 선물환거래보다는 역외시장에서 NDF를 이용하여 거래하며, NDF의 거래량 증가의 주원인은 외국인의 주식투자이다.

4. NDF 거래의 영향 증대

NDF 거래는 일반선물환 거래와는 달리 만기에 차액만을 지정통화(통상 미달러화)로 정산하는 선물환거래를 말한다. 즉 통상 달러로 정산하기 위해 [선물환계약금액×(계약시 선물환율−만기시 현물환율)] ÷ 만기시 현물환율이다. NDF 거래는 일반선물환 거래에 비해 차액만을 결제하므로 결제위험이 상대적으로 낮고, 소요자금이 적어 투기거래에 이용될 수 있다. 국내 외환당국의 행정력이 미치지 않는 비거주자를 중심으로 이루어지므로 정책당국이 통제하기 대단히 곤란하다.

NDF 거래가 원화 환율에 미치는 경로를 보면 ⅰ) 최초 계약시: 비거주자의 NDF 매도의 경우는 국내 외국환은행의 NDF 매입(매입초과 포지션) → 포지션 조정(환리스크 헤지)을 위해 현물환 매도 → 국내 현물환율 하락압력, ⅱ) NDF 만기 도래시: 만기 차액정산의 경우는 국내 외국환은행의 선물환포지션 소멸 → 포지션 조정(환리스크 헤지)을 위해 현물환 매입→ 국내 현물환율 상승압력의 경로를 갖는다.

---

4) 국제결제은행(BIS)의 2019년 거래규모 조사에 의하면 2019년 4월 기준 우리나라보다 거래규모가 큰 국가는 영국 43.1%, 미국 16.5%, 싱가포르 7.6%, 홍콩 7.6%, 일본 4.5%, 스위스 3.3%, 프랑스 2.0%, 중국 1.6%, 독일 1.5%, 호주 1.4%, 캐나다 1.3%, 네덜란드 0.8%, 덴마크 0.8%, 룩셈부르크 0.7%이다.

투기성이 높고 비거주자 중심으로 거래가 이루어지는 NDF 거래량이 급속도로 증대되어 환율 정책의 교란 요인으로 작용하기도 한다.

5. 외환시장의 외부충격 흡수능력 부족

외환시장의 규모가 작아 외부충격 흡수능력 부족으로 거시경제 전체가 외부충격에 취약하고 약간의 외환 수급상의 충격에도 외환시장이 심하게 변동하기도 한다. 외국인의 주식투자자금 유입에 원화 환율이 많은 충격을 받기도 하며, 정책당국이 통제할 수 없는 NDF 시장에서 국내 외국환은행과 비거주자간 거래에서 자연히 발생하는 국내 외국환은행의 헤지용 거래 등이 원화 환율에 많은 영향을 미치기도 한다.

6. 외환 관련 파생금융시장의 미발달

통화선물과 통화옵션 등 외환파생상품시장이 발달하지 못하여 환위험을 헤지할 수 있는 다양한 수단을 제공하지 못함에 따라 기업과 금융기관의 환위험 관리에 애로를 겪기도 한다. 외환시장의 폭과 깊이가 작아 헤지거래에 필요한 유동성 확보가 곤란하며, 유동성 부족으로 환리스크 헤지를 위한 외환거래마저도 국외로 이탈(예: NDF 시장)하기도 한다. 외환거래의 이탈은 다시 국내 외환시장의 유동성 부족을 가져와 빈곤의 악순환이 되풀이되기도 한다.

은행간시장에서 선도적인 시장조성자의 역할이 미흡하다. 국내 은행간시장은 외환거래가 소규모로 분산되어 있기 때문에 개별은행은 price taker로서 수동적 역할만 분담(외국의 경우 10여개의 선도은행이 외환거래에 주도적 역할을 담당)하며, 선진국 외환시장에서 일반화된 이중가격 제시(two way quotation)가 잘 이루어지지 못하고 있으며, 원활한 재정거래를 통한 외환시장의 효율성도 떨어지고 있다.

이종통화거래 및 원/엔 거래도 외환거래를 주도할 수 있는 선도은행의 부재와 유동성의 부족으로 거래가 이루어지고 있지 않아 기업과 금융기관의 거래비용을 증가시키고 있기도 하다.

제2절 현물환시장 및 선물환시장

Ⅰ. 개요

원화는 아직 국제화되지 않았기 때문에 원화의 실물 인수도가 일어나는 현물환 및 선물환이 매매되는 통화시장은 우리나라 외환시장에 국한되며, 현물환 및 선물환 시장은 외국환거래법상 외국환은행이 외환딜러로서 역할을 수행하는 딜러시장 또는 은행간시장을 근간으로 발달되어 왔다. 원화의 실물 인수도가 일어나는 외환거래는 현물환거래와 선물환거래이다. 선물환이라는 용어는 한국거래소의 장내 선물과 혼동할 수 있으나 선물환은 장외시장의 선도환임을 유의할 필요가 있다.[5]

현물환을 현물(spot)로, 선물환을 선물(futures)로 이해해서는 아니 된다. 현물환 및 선물환 거래는 반드시 원화와 외환의 실물 인수도가 수반된다. 현물환계약과 선물환계약은 엄밀하게는 선도계약(forward)이다. 현물환거래는 인도·결제일이 매우 가까운 선도거래(2일 이내)이며, 선물환거래는 인도·결제일이 비교적 먼 선도거래(3일 이후)이다. 현물환거래에서 T일 계약이 체결되면, 당일물은 T일, 익일물은 T+1일, 익익일물은 T+2일 결제되며, 익익일물이 국제표준이다. 선물환거래에서 T일 계약이 체결되면 T+2+s(s>0)일 결제되는데, 주로 1개월물 T일+2일+1개월 결제일 거래가 주종을 이루고 있다.

현물환 및 선물환 거래는 장외거래로 중간에서 강제적으로 결제를 이행 및 보장해 주는 기관이 없어 결제불이행위험, 즉 거래상대방위험에 노출되며, 이에 서로 전적으로 신뢰할 수 있는 당사자들끼리 거래하고 있다. 따라서 통화시장은 역사적 경험과 전통을 바탕으로 서로 신뢰할 수 있는 참가자들만의 시장인 딜러시장의 형태로 발달하게 되는 것이 일반적이다.

Ⅱ. 현물환시장

1. 의의

우리나라의 경우 달러/원 현물환거래를 할 수 있는 금융기관은 대부분 시중은행, 지방은행, 외국계은행이고 일부 증권회사가 참여하고 있다. 달러/원 현물환의 거래는 서울외국환중개와 한국자금중개가 당국으로부터 인가를 받아 중개를 하고 있으며,[6] 딜러들은 양 중개사가 제

---

5) 빈기범·강원철(2009), 14, 18쪽.
6) 현물환 중개 인가기관은 2개사(서울외국환중개, 한국자금중개)이다.

공하는 단말기를 설치하고 동 단말기를 통해 주문을 내거나 올라와 있는 주문을 보고 거래를 체결시킨다.[7)]

현물환거래란 계약일로부터 2영업일 이내에 외환 및 원화의 인수도와 결제가 이루어지는 외국환거래이다. 계약일은 거래당사자간 거래금액, 만기, 계약 통화 등 거래조건이 결정되는 일자를 말하며, 결제일은 거래계약 후 실제로 외환의 인수도와 결제가 일어나는 일자를 의미한다. 계약 당일에는 거래당사자간 거래금액, 만기, 통화 등 계약조건이 결정될 뿐 실제 자금이동은 결제일까지 일어나지 않는다. 은행간시장에서 외국환중개회사를 경유한 거래가 현물환거래의 가장 일반적인 형태이다.

현물환거래는 외환시장에서 가장 일반적이며 기본적인 거래로서 결제일의 통화간 교환비율을 나타내는 현물환율은 외환시장의 기본 환율로 여타 환율 산출시 기준이 된다.[8)] 현물환시장의 가격인 현물환율은 현물환의 수요와 공급에 의해 변동한다.

2. 익익일물 계약의 거래과정

계약체결과 동시에 외환 및 원화의 인수도·결제가 일어나는 거래를 당일물, 계약체결 후 1영업일 후(T+1) 인수도·결제가 일어나는 거래를 익일물, 계약체결 후 2영업일 후(T+2) 인수도·결제가 일어나는 거래를 익익일물이라 한다. 현물환의 국제표준은 익익일물이며, 국내 외환시장에서 외국환중개회사 경유 거래상의 현물환거래는 익익일물 거래로 통일되어 있다.

현물환거래의 익익일물 계약의 거래 및 결제 과정을 예로 들어본다. A은행과 B은행간 2020년 9월 7일(월)에 익익일물 현물환율 1,200원에/달러에 A은행 현물환 매입(long)과 동시에 B은행 현물환 매도(short) 계약이 1백만 달러어치 체결된 경우, 9월 9일(수)에 A은행은 B은행에 원화 12억원을 이체하고, B은행은 A은행에 미화 1백만 달러를 이체하여 이 현물환거래를 종결한다.

3. 현물환거래의 특징

현물환거래 중 당일물을 제외한 익익물, 익익일물 거래는 주로 은행간시장에서 이루어지며, 당일물은 주로 대고객시장에서 이루어진다. 은행간 현물환거래에서는 담보 없이 100% 신용을 바탕으로 이루어지는 것이 원칙이지만, 은행 대 고객의 현물환(당일물 제외) 거래에서는 거래상대방위험을 고려하여 신용도에 따라 담보를 요구하고 있다. 은행 대 고객의 현물환거래

---

7) 정대인(2017), "한국의 달러/원 외환시장과 원화단기자금시장의 관계 분석: 글로벌 금융위기 전후의 비대
   칭성을 중심으로", 연세대학교 경제대학원 석사학위논문(2017. 12), 10쪽.
8) 한국은행(2016), 137-138쪽.

로 외환 매입·매도 익스포져가 높아진 은행은 은행간시장에서 다른 은행과 반대거래 또는 대고객시장에서 반대 포지션을 통해 상쇄하여 포지션을 적정 수준으로 유지해야 한다.[9]

4. 현물환거래의 동기

현물환거래의 동기는 실수요 매매, 투기적(speculative) 및 환리스크 관리(hedging) 목적 등이다.

(1) 실수요 매매

실수요 매매목적의 현물환거래는 기업, 개인 등 고객들이 수출입, 해외송금 및 해외투자 등에 따라 수취하거나 지급할 외환을 외국환은행에 매각하거나 외국환은행으로부터 매입하는 것을 말한다.

(2) 투기적 목적의 거래

투기적 목적의 거래는 미래의 환율에 대한 기대를 바탕으로 외환매매 차익을 추구하는 거래라고 볼 수 있다. 즉 환율상승이 예상되면 외환을 매입하고 환율하락이 예상되는 경우에는 외환을 매도한 후 반대거래를 통해 차익을 실현하는 것을 말한다. 그러나 외국환은행은 외국환 포지션 노출로 환리스크에 직면하므로 외국환포지션을 대체로 중립(square position)으로 유지하는 것이 일반적이다.

(3) 환리스크 관리

현물환거래는 외국환은행의 환리스크 관리 목적, 즉 외국환포지션을 조정하기 위한 목적으로도 이루어진다. 예를 들어 외국환은행은 고객과의 외환매매를 통해 매입초과 또는 매도초과 포지션이 발생하는데, 매입초과시 은행간시장에서의 외환매도를 통해, 매도초과시 은행간시장에서의 외환매입을 통해 포지션 과부족을 조정함으로써 환리스크를 회피할 수 있다.

5. 은행간 현물환거래 메커니즘

현물환시장은 은행간시장 및 대고객시장으로 구분되는데 은행간시장에서는 외국환중개회사를 경유한 거래가 일반적인 형태이다. 외국환중개회사를 통한 은행간 현물환거래 메커니즘을 살펴보면 다음과 같다.[10]

외국환은행이 외국환중개회사에 전화 또는 전자중개시스템을 이용하여 주문하면 외국환중개회사는 이들 중 최고 매입환율(best bid rate)과 최저 매도환율(best offer rate)을 참가 금융기관의 컴퓨터 스크린에 제시한다. 이때 실제 외환시장에서의 매매주문은 딜러간 또는 딜러와 브

---

9) 빈기범·강원철(2009), 20−21쪽.
10) 한국은행(2016), 140−143쪽.

로커간에 간단 명료한 용어를 사용하여 이루어진다. 가령 직전 환율이 1,180원으로 체결된 상황에서 한 딜러가 브로커에게 "30 bid 100"이라고 주문을 내면 이는 1달러당 1,180.30원에 100만달러를 매입하겠다는 주문을 의미하며, 다른 딜러가 "50 offer 200"이라고 하면 1달러당 1,180.50원에 200만달러를 매도하겠다는 주문을 의미한다.[11]

이러한 거래주문 이후 주문내용대로 거래가 체결되면 외국환중개회사로부터 거래체결 통보를 받고 거래상대방에게 거래성립 확인 및 결제를 함으로써 거래가 종결된다. 이때 결제가 이루어지는 계좌는 원화의 경우 한국은행 지준계좌(BOK-Wire)를 통해서, 외화는 주로 해외의 환거래은행(correspondent bank, 주로 뉴욕 소재) 계좌를 통하여 이루어진다.

Ⅲ. 선물환시장

1. 의의

선물환거래는 순수하게 선물환 매입·매도거래만 발생하는 Outright Forward 거래와 선물환거래가 스왑거래의 일부로 일어나는 Swap Forward 거래로 구분할 수 있다. Outright Forward 거래는 ⅰ) 결제일에 원화 및 외환 실물의 인수도가 일어나는 일반선물환거래와 ⅱ) 결제일에 원화 및 외환 실물의 인수도 없이 차액만을 정산하는 차액결제선물환(NDF: Non-Deliverable Forward) 거래로 구분된다.

선물환거래 구조는 현물환거래의 구조와 거의 동일하지만, 단지 결제일이 현물환거래에 비해 멀다는 차이만 있을 뿐이다. 그러나 결제일이 멀다는 사실 자체가 양 거래간 중요한 차이를 가져올 수 있다. 즉 현물환에 비해 선물환은 결제불이행의 불확실성이 크며, 이에 은행의 거래상대방에 대한 담보 요구가 현물환거래에 비해 클 수 있다. 은행간시장에서는 현물환과 마찬가지로 전적으로 신용으로 선물환거래를 하는 것이 원칙이지만, 금융경색 발생시 은행간시장에서도 담보요구 가능성을 배제할 수 없다.

선물환거래 규제는 금융회사의 선물환포지션 또는 현물환포지션을 별도로 규제하여 선물환거래를 통한 단기차입을 제한하자는 것이다. 이에 관하여는 제3편에서 상세하게 살펴보기로 한다.

---

11) Bid: 외환시장에서는 대상통화의 매수를 의미(다만, 스왑거래에서는 현물환 매도/선물환 매수)하고, 외화자금시장에서는 차입을 의미한다. Offer: 외환시장에서는 대상통화의 매도(다만, 스왑거래에서는 현물환 매수/선물환 매도)를 의미하고, 외화자금시장에서는 자금공여를 의미한다(서울외환시장 행동규범 용어 정의).

2. 일반선물환시장

(1) 의의

선물환거래라 함은 대외지급수단의 매매계약일의 제3영업일 이후 장래의 약정한 시기에 거래당사자간에 매매계약시 미리 약정한 환율에 의하여 대외지급수단을 매매하고 그 대금을 결제하는 거래로서 자본시장법에 따른 파생상품시장 또는 해외파생상품시장에서 이루어지는 거래를 제외한 거래를 말한다(규정1-2(11)).

선물환시장도 현물환시장과 마찬가지로 은행간시장과 대고객시장으로 구성된다. 우리나라 외환시장에서 은행간시장에서는 일반선물환 거래가 일어나지 않으며, 외국은행 국내지점과 국내 은행간 외화-원화 자금조달을 위한 외환스왑거래가 빈번하게 일어난다.

대고객시장에서는 수출입기업(특히 조선사)과 국내 은행간 일반선물환 거래 및 외환스왑거래, 그리고 비거주자와 국내 은행간 NDF 거래가 활발히 일어나고 있다. 대고객시장에서 은행은 선물환거래의 결제일이 상대적으로 먼 미래임을 고려하여, 거래상대방의 신용도에 따라 선물환거래에 대한 담보를 요구할 수 있다.

(2) 일반선물환 거래의 거래과정

선물환거래란 계약일로부터 일정기간 경과 후[(T+3)일 이상] 특정 결제일에 외환 및 원화 실물의 인수도·결제가 이루어지는 외국환거래이다. 선물환은 현물환에 대한 파생거래로 보지 않는 것이 이해하는데 편리하다. 특히 "현물환-선물환 관계"는 현물-선물 관계가 아니다. 현물환 및 선물환은 일종의 선도환이며, 그 구분은 T+2일 기준으로 결제일이 그 이전이면 현물환이고, 그 이후이면 선물환으로 보는 것이 거래를 이해하기 쉽다.[12]

일반선물환 거래의 거래과정을 예를 들어 보면 다음과 같다. 2020년 9월 4일(금) A은행이 B은행으로부터 1백만달러를 선물환율 1,202원에 1개월 후 매입하기로 하는 계약을 체결하였다고 하자. 이 경우 결제일인 10월 8일(목)에 A은행은 B은행에 12억2백만원(=1,202원×1,000,000달러)을 지급하고 B은행은 A은행에 1백만달러를 지급함으로써 거래가 종결된다.[13]

(3) 일반선물환 거래의 동기

일반선물환 거래의 동기는 환리스크 관리, 금리차익 획득 또는 투기적 목적 등으로 나누어진다.

(가) 환리스크 관리

환리스크 관리를 위한 일반선물환 거래는 주로 수출입업체가 경상거래에 따른 환리스크를

---

12) 빈기범·강원철(2009), 21-23쪽.
13) 한국은행(2016), 146-150쪽.

헤지하기 위하여 이용한다.

(나) 금리차익 획득 목적

일반선물환 거래는 금리차익(arbitrage) 획득 목적으로도 이용된다. 선물환율과 현물환율간의 관계를 살펴보면 자본이동이 자유로운 경제에서는 금리평가이론(covered interest rate parity)에 따라 선물환율이 현물환율을 기준으로 양 통화의 금리차에 의해 결정된다. 따라서 스왑레이트(swap rate)가 양 통화간 금리차와 괴리될 경우 금리차익거래를 통해 환리스크 없이 이익을 획득할 수 있다.

(다) 투기적 목적

일반선물환 거래는 투기적 목적으로 이용되기도 한다. 장래 환율에 대한 예측을 바탕으로 환율이 상승할 것으로 예상될 경우에는 선물환 매입계약을 체결한 후 만기시점에 예상대로 환율이 상승하면 현물환시장에서 더 높은 가격으로 매도함으로써 거래차익을 획득한다. 반대로 환율이 하락할 것으로 예상될 경우에는 선물환 매도계약을 체결한 후 만기시점에 예상대로 환율이 하락하면 현물환시장에서 더 낮은 가격으로 매입함으로써 거래차익을 얻을 수 있다.

(4) 거래구조

(가) 선물환거래 메커니즘

은행간시장에서의 선물환거래 메커니즘은 기본적으로 현물환거래 구조와 동일하다. 다만 만기가 계약일로부터 3영업일 이상이고, 거래주문시 제시가격은 절대 환율수준이 아니라 선물환율과 현물환율의 차이인 스왑포인트(swap point)로 호가하며 거래가 체결되면 직전 체결된 현물환율을 기준으로 실제 거래환율이 결정된다는 점 등에서 차이가 있다. 예를 들어 1개월 선물환거래가 3.0원에 체결되었다면 선물환율은 직전에 체결된 현물환율(1,200원으로 가정)에 3.0원을 가산한 1,203원으로 결정된다.

(나) 선물환거래의 결제일

선물환거래 결제일의 종류는 2영업일을 초과한 1주일, 1개월, 2개월, 3개월, 6개월, 1년 등 표준적인 날을 결제일로 하는 표준결제일(fixed date) 방식과 거래당사자간의 계약에 따라 주·월·년 단위가 아닌 특정일을 결제일로 정하는 비표준결제일(odd date) 방식이 있다. 대고객거래 및 은행간 직접거래 시장은 결제조건이 정형화되어 있지 않으나, 외국환중개회사를 통한 은행간시장의 경우는 거래의 원활화를 위해 표준결제일 방식으로 거래되는 것이 일반적이다. 우리나라 은행간시장에서 거래되고 있는 선물환거래의 종류는 1주일물, 2주일물, 1개월물, 2개월물, 3개월물, 6개월물, 9개월물, 1년물 등이 있다.

선물환거래 결제일은 현물환 결제일(spot date)을 기준으로 기산하며, 여기에 선물환 기간을 더하여 해당월의 같은 날짜로 결정된다. 예를 들면 2020년 10월 27일(화)에 1개월물 선물환거래가 이루어졌다면 기산일은 현물환거래의 결제일인 10월 29일(목)이 되고 1개월 선물환거래의 결제일은 11월 29일(일)이 되어야 하나 휴일인 관계로 익영업일인 11월 30일(월)로 순연된다.

(다) 선물환거래 결제의 특징

선물환거래 결제는 현물환거래와는 다르게 월을 바꾸지 못하는 원칙 및 끝날거래(end to end)의 원칙이 추가 적용된다. 예를 들면 위의 거래에서 11월 30일이 휴일이라면 결제일이 순연되어 영업일 기준으로 12월 1일이 되어야 하나 선물환거래의 결제일은 11월말부터 역산하여 가장 가까운 첫 번째 영업일인 11월 27일(금)이 된다. 또한 끝날거래 원칙을 적용할 경우 선물환거래의 기산일이 되는 현물환 결제일이 특정월의 최종 영업일이면 선물환거래의 결제일도 해당월의 최종영업일이 된다. 예를 들면 2020년 5월 27일(수)에 2개월물 선물환거래를 체결한 경우 현물환 결제일은 5월 29일(금)이 되고 만일 이 날이 5월의 최종 영업일이면 동 선물환의 결제일은 7월 29일(수)이 아니라 7월의 마지막 영업일인 7월 31일(금)이 된다.

3. 차액결제선물환시장

(1) 의의

NDF 거래란 만기에 계약원금의 상호교환이 없이 계약한 선물환율과 만기시의 현물환율과의 차이액만을 기준통화(주로 미달러화)로 정산하는 선물환계약을 말한다. (만기비정산) 차액결제선물환거래로서 "만기에 계약원금의 상호 지급이 없는(Non-Delivery)" 선물환거래란 의미이다. 즉 선물환거래이기는 하지만 일반선물환 거래와는 달리 특수한 형태로서의 거래 형식 또는 상품이다.

NDF 거래는 만기에 실물의 인수도·결제 없이 약정환율인 NDF환율과 만기시 현물환율인 지정환율(fixing rate)간 차액만큼만 거래당사자간에 지정통화로 결제하는 거래이다. 즉 일반선물환 거래와는 달리 만기시 당초 약정환율과 만기 결제환율간의 차액을 계약당사자간에 수수하는 선물환거래를 말한다.

역외 USD/KRW NDF시장의 경우 1997년 비거주자들이 한국 내 증권투자에서 발생하는 환위험 헤지 또는 환투기 목적으로 홍콩, 싱가포르에서 거래하기 시작하였다. 1999년 4월 국내 외국환은행의 역외 NDF 거래가 허용된 이후 거래규모가 크게 증가하였다. 주로 비거주자와 국내 외국환은행간 거래가 대부분이다. 국내 USD/KRW 선물환시장의 경우 유동성이 풍부하지 못하여 역외시장이 인기를 끌고 있다.

(2) NDF 거래의 장점

NDF 거래는 NDF환율과 만기일 현물환율간 차액만 결제하기 때문에 계약 전액을 인수도

하고 결제해야 하는 일반선물환 거래에 비해 결제불이행위험이 작다. 또한 결제불이행위험이 작기 때문에 현물환이나 일반선물환에 비해 담보요구가 작아 적은 금액으로 거래가 가능하므로 레버리지 효과가 크다.

거래대상 통화가 국제통화가 아니어도 역외시장에서 거래할 수 있다. 결제는 국제통화로 하면 된다. NDF 계약의 결제통화는 주로 미달러화(따라서 NDF 계약의 기초자산은 원화)로 이루어지고 있어 원화와 같이 국제화되지 않은 통화일지라도 비거주자가 해당 통화를 보유하거나 환전할 필요 없이 자유롭게 선물환거래를 할 수 있다.

신흥국에 투자한 외국인 투자자들이 환위험 관리를 위해 선물환거래를 하게 된다. 신흥국 통화에 대한 NDF는 통화발행국의 역외에서 비거주자간 거래에 해당한다. 예를 들어 주식매수 후 매도에 대비 환위험(환율상승 위험)을 헤지하기 위해, 즉 주식 매수시 현물환매도(달러→원) & 선물환매수(원→달러)를 한다.

국제 투자자들에게 유리한 환투기 수단(NDF 거래의 편의성)이 되기도 한다. 세금 등 신흥국 내 선물환거래의 각종 규제를 피할 수 있는 규제를 받지 않는 시장(unregulated market)이다.

(3) NDF의 발생배경

NDF가 현재의 외환시장의 주요 변수 중의 하나임에도 불구하고 그 발생원인은 역설적이게도 외환시장의 규제와 밀접한 관련이 있다. 이는 원/달러 NDF 거래뿐이 아니라 NDF로 거래가 되는 다른 통화들, 즉 태국바트화(THB), 필리핀페소화(PHP), 대만달러화(TWD), 말레이시아 링기트화(MYR)의 경우에도 똑같이 적용된다.

특정국의 통화가 국제화되지 않아 해외에서 유통되지 않는 가운데 각종 외환규제가 존재할 경우 이러한 제약을 초월하면서도 원하는 목적(투자자금의 헤지나 투기성 목적 등)을 달성하는 수단이 필요해서 생겨난 것이 NDF이다.

결국 NDF 거래는 반드시 특정한 통화나 국가를 대상으로 하는 것은 아니고, 일종의 신종상품 정도로 생각하는 것이 이해하기 쉬울 것이다. NDF 시장은 그 거래되는 통화가 속한 국가의 의지와는 전혀 상관없이 생겨난 것이며, 그 거래에도 외환당국의 의도나 개입이 먹혀들 여지가 거의 없다.

우리나라의 원/달러의 경우도 1997년 외환위기 이전까지는 외환당국이나 일반적인 외환시장 참가자들도 NDF에 대한 관심이 거의 없었다고 할 수 있다. 사실 관심이 있다고 하더라도 소용이 없었을 것이다. 역내와 역외를 엄격히 구분하는 외환관리규정 때문에 역내 외환시장과 역외 외환시장은 서로 완전히 분리된 별개의 시장이었기 때문이다. 그래서 외환위기가 발생하기 몇 달 전부터 우리 경제의 심각성을 반영한 싱가포르나 홍콩 등 주요 역외시장의 NDF 환율은 통상적인 선물환 마진(대개 1원 미만)을 감안하더라도 국내의 환율에 비해 무려 100원 이상

씩 높았는데도 국내시장에서는 큰 변수가 안 될 수 있었던 게 아닌가 한다. 그러던 것이 1999년 4월 1차 외환자유화 조치를 시작으로 선물환거래에 대한 실수요 증빙 제도가 폐지되면서 역외와 역내(국내)시장의 연결이 가능해진 이후 NDF의 거래량이 늘어나게 되었다.

역외시장 참가자들 입장에서는 아무래도 유동성이 부족한 역외시장의 한계를 벗어나 하루 20-30억 달러가 거래되는 국내시장에 국내은행과의 거래 등을 통해서 우회적이나마 참가가 가능해진 셈이 되었고, 국내시장이나 외환당국의 입장에서도 외국인 투자자금의 보다 활발한 유치에 도움이 되는 제도적 장치가 마련되고 보다 국제화된 원화 시장이 되었다는 장점이 있었던 것이다.

(4) NDF 거래의 특징

NDF 시장은 주로 거래되는 곳이 역외시장이며 국내은행(외국계 서울지점 포함)들도 싱가포르나 홍콩, 런던이나 뉴욕시장 참가자들인 역외참가자들과 NDF 거래를 한다. NDF는 역외에서 거래되는 방식이고, 역외와 역내는 국내의 금융기관을 통하여 서로 연결이 되며, 그 거래방향이나 거래금액이 국내 외환시장에도 영향을 줄 정도로 크다.

NDF 거래의 특징은 역외거래, 차액정산거래, MAR거래[14] 등이다. NDF 거래의 가장 중요한 특징 중의 하나는 차액정산거래라는 점이다. 이 특징이 NDF의 모든 것이라고 해도 틀린 말은 아닐 것이다. 실제로 차액정산하는 방법은 의외로 간단해서 상계를 생각하면 이해하기 쉽다. 즉 일반적인 Delivery방식의 선물환과는 달리 원금의 상호 교환이 없이 계약환율과 만기시의 현물환 환율(지정환율: fixing rate)과의 차액만을 주고받는다.

예를 들면 2021년 3월 15일에 외국환은행이 골드만삭스 홍콩과 1개월물 NDF Sell거래를 1290원(N)에 5백만불(A)을 했다고 가정해 보자. 이때 만기는 보통 Spot 일자(토요일을 제외한 2영업일 후, 3월 17일)에 1개월을 더한 4월 17일이 되는데, 이때 가령 fixing rate(F)가 1,200원이 되었다고 한다면, 이때 받아야 할 금액(약정한 Sell 환율보다 지정환율이 낮으므로 외국환은행이 높게 팔아서 이익이 났으므로 받아야 할 것이다)은

$$A \times (N-F)/F = 5,000,000 \times (1290-1200)/1200 = U\$375,000$$

이 될 것이다. 위 식에서 1200원(F)으로 나눈 것은 주고받는 통화가 기준통화, 여기서는 달러가 되기 때문에 원화로 산출된 이익 또는 손해를 달러로 바꾸기 위한 작업이라고 할 수 있다.

계약환율(선물환: N)은 통상 현물환율에 내외금리차(달러와 원화금리차)를 반영한 환율수준 내외에서 결정되는데, 이는 일반적인 선물환율 결정방식과 동일한 방식이다. 또한 지정환율(F)은 당사자간 약정에 의해 사용할 환율을 결정하는데, 대부분의 원/달러 NDF 계약의 경우

---

14) MAR 거래란 결제일 직전 영업일에 고시되는 매매기준율로 미 달러화를 사고파는 거래를 말한다.

만기일 전일(4월 16일)의 매매기준율 즉 최초고시 환율을 사용한다. 이것을 Dealer간에는 KFTC18(Reuter화면 코드 중의 하나)상의 MAR(Market Weighted Moving Averaged Rate 또는 Market Averaged Rate)이라고 하는데, 이는 4월 15일의 국내 외환시장의 가중평균 환율 다시 말해 각 환율과 거래량을 곱한 뒤 가중 평균한 가격을 말한다.

차액정산하는 방식을 쓰는 이유는 NDF의 발생 배경과 관련이 있지만, 그 나라의 외환규제로 인한 필요성과 거래상대방의 신용에 대한 위험이나 결제위험을 피하기 위한 것으로 볼 수 있다. 우선 외환규제가 이유라는 것을 설명하자면, 역외 참가자들이 어떤 특정 국가의 경제나 펀더멘털을 보고 투자나 투기 또는 실수요 목적이든 간에 그 나라의 통화에 대해 행위를 취하고 싶으나 외환규제라는 제도적 제약이 있다면 상당한 어려움을 겪을 수밖에 없을 것이다. 예를 들어 원/달러 거래를 했을 때 원화를 주거나 받는다는 것이 외환규제라는 제약으로 현실적으로 불가능할 수도 있다는 것이다. "달러로 주고받는다"는 생각을 하게 되는 것은 자연스러운 수순일 것이다.

두 번째 이유도 쉽게 설명이 가능할 것 같다. 물론 Delivery방식에서도 받을 돈이 안 들어오면 줄 돈도 안 주면 되지 않느냐고 말할 수도 있지만, 외환의 결제는 개인간의 거래와는 달리 대규모 건수와 액수인 데다가 무엇보다도 달러의 경우 우리가 정말 받았는지의 확인은 아무리 빨라야 다음 날 아침이기 때문에 실제로는 줄 건 이미 주었는데도 받을 돈은 못 받는 경우가 발생할 수 있다. 이런 위험을 소위 결제위험(Settlement Risk)이라고 하는데, NDF 거래는 이런 면에서는 상당한 장점이 있다. 원금 전부가 아니라 손해나 이익 금액만큼만 차액으로 주고받는 것이기 때문이다. 상식적으로 손해나 이익은 원금에 비하면 많아야 10% 미만인 것이 대부분일 것이다(위의 예에서는 7.5%).

결론적으로 거래외적인 위험(결제위험 등)은 최소화하고 그 나라의 통화(결국엔 그 나라의 전반적인 경제상황과 그 예상)에 대한 투자 또는 투기가 가능하다는 점 때문에 차액정산하는 Non-Deliverable 방식을 생각하게 되었다고 보면 될 것이다.

(5) NDF 거래의 동기

NDF 거래의 동기도 일반선물환 거래와 마찬가지로 환리스크 관리, 투기적 또는 차익거래 목적으로 나누어 볼 수 있다. 국내 주식·채권 등 원화 자산에 투자하는 외국인투자자들은 환율상승에 대비하여 NDF 매입을 함으로써 환리스크를 헤지할 수 있다.

(6) 거래구조

(가) 롱포지션과 숏포지션

NDF 계약에 대해 롱포지션은 "달러화 매입, 원화 매도", 반대로 숏포지션은 "달러화 매도, 원화 매입"을 의미한다. 따라서 NDF 계약에 대해서 롱포지션을 취한 경우 원/달러 환율이 상승(원화가치 하락)할 때 유리하고, 숏포지션을 취한 경우 원/달러 환율이 하락(원화가치 상승)할 때 유리하다.[15]

(나) 거래 메커니즘

NDF 거래 메커니즘은 가격고시방법, 결제일 결정방법 등 기본거래 조건 등에서 일반선물환 거래와 동일하다. 다만 일반선물환 거래와 달리 만기에 현물을 인수도하지 않고 계약환율과 지정환율(fixing rate)간의 차액만을 결제한다. 예를 들면 NDF 매입(매도)계약을 체결한 후 만기일에 환율이 상승하여 지정환율이 계약환율을 상회하면 차액을 상대방으로부터 수취(지급)하고, 반대로 만기일에 지정환율이 계약환율을 하회하면 차액을 상대방에게 지급(수취)한다.

(다) 일반적 거래조건

NDF의 일반적인 거래조건을 살펴보면 먼저 만기는 3영업일 이상 가능하지만 주로 정형화된 기간물(1개월물-3년물)의 형태로 이루어지고 있으며 이 중 1개월물이 활발하게 이루어지고 있다. 거래 건별 거래금액은 제한이 없으나 관행상 1백만 달러 단위로 거래되는 것이 일반적이다. NDF 거래의 차액정산시 기준이 되는 지정환율(fixing rate)은 당사자간 협약에 의해 결정되는데 원/달러 NDF 거래의 경우 통상 직전 영업일의 매매기준율[16]을 지정환율로 정하고 있다. 그리고 차액정산시 교환되는 통화는 미달러화로 하고 있다.

NDF 거래에서 주로 이용되는 것은 1개월물이다. 상당수의 역외 거래자들은 3개월물 또는 6개월물도 많이 이용하는 것 같지만, 아무래도 유동성이 가장 풍부한 1개월물이 주로 이용되고 있는 것으로 보인다. 유동성 때문이라는 이유 말고도 기간에 따른 거래한도의 문제도 있다. 선물환거래의 만기가 길어지면 상대방의 신용도 위험이나 환율변동 위험에 대한 고려가 당연히 더 많아져야 하므로 아무래도 장기물보다는 단기물이 더 거래한도(dealing limit)가 더 많을 수밖에 없다는 점이다. 물론 단기물이 극단적이 되면 spot 바로 다음 날로 만기를 정할 수도 있겠지만, 그건 아무래도 너무 번거로울 것이다. NDF 거래에서 기간을 정하지 않고 말하면 통상적으로 1개월물을 의미한다.

(라) 비거주자간 원/달러 NDF 거래

비거주자간의 원/달러 NDF 거래는 싱가포르, 홍콩, 런던, 뉴욕 등에서 활발히 이루어지는데 특히 뉴욕시장의 경우 미국증시 및 엔/달러 환율변동 등 추가적인 시장정보가 반영된다. 따

---

15) 한국은행(2016), 152-155쪽.
16) NDF 거래의 지정환율은 직전 영업일의 매매기준율로 정하고 직전 영업일의 매매기준율은 전전영업일의 시장평균환율(외국환중개회사의 중개로 거래된 현물환율을 거래량으로 가중평균하여 산출)에 의해 결정되므로 NDF 거래의 차액은 만기일 2영업일 전에 정해진다. 따라서 현물환거래의 자금결제가 2영업일 후에 이루어지는 것과 같이 NDF 거래 당사자들은 실제 자금결제가 만기일에 이루어지더라도 장부에는 만기일 2영업일 전에 차액을 정산한 것으로 처리된다.

라서 전일 뉴욕시장의 원/달러 NDF 거래 종가는 다음 날 국내 외환시장의 원/달러 현물환율 시가를 결정하는데 영향을 미치고 있다.

(7) NDF 거래와 원화 환율간의 관계

국내 외국환은행과 비거주자간 NDF 거래는 원/달러 환율에 영향을 미친다. 예를 들어 비거주자가 원/달러 NDF를 매입한 경우 국내 외국환은행은 NDF를 매도하는 것이므로 매도초과 포지션(over-sold position) 상태가 되어 환위험에 노출된다. 이를 헤지하기 위해 국내 외국환은행은 외환시장에서 현물환을 매입함으로써 종합포지션을 스퀘어(square) 상태로 만들며, 이 과정에서 현물환에 대한 매입수요가 증가하므로 원/달러 환율이 상승압력을 받게 된다.

반면 NDF 거래 만기시에 차액을 정산하면 NDF 거래 금액 만큼의 국내 외국환은행 선물 환포지션이 소멸되므로, 이에 따른 현물환매입초과포지션을 해소하기 위해 현물환을 매도 (fixing으로 통칭)하게 된다. 따라서 NDF 거래 계약시와는 반대로 외환시장에 공급요인이 발생하여 원/달러 환율의 하락압력으로 작용하게 된다.

NDF 거래와 달리 일반선물환 거래의 경우 만기일에 현물환의 인수도가 일어나므로 현물 환포지션이 선물환포지션을 대체함으로써 포지션상의 이동(선물포지션→현물포지션)만 발생하게 된다. 따라서 종합포지션에 변화를 일으키지 않으므로 픽싱거래(fixing transaction)가 발생하지 않는다. 픽싱거래(fixing transaction)란 NDF 거래와 동시에 발생하는 현물환거래를 말한다.

제3절 외화자금시장

Ⅰ. 서설

1. 외화자금시장의 의의

외화자금시장은 금리를 매개변수로 하여 외환(주로 달러화)의 대차거래가 이루어지는 시장을 말한다. 은행의 외화자금 조달 및 운용은 장기와 단기로 이루어지나, 일반적으로 장기보다는 단기로 차입한다. 하지만 일시적으로 자금이 부족할 경우 초단기로 자금을 차입하는 경우가 빈번하다. 1년 미만으로 은행들 사이에 외화자금을 조달·운영하는 시장이 외화자금시장이다.[17)]

정부, 금융기관, 대기업의 외화조달은 크게 장기 외화조달과 단기 외화조달로 구분된다. 따라서 외화자금시장 역시 장기 외화자금시장과 단기 외화자금시장으로 구분할 수 있다. 통상

---

17) 서영숙(2013), 14-15쪽.

적인 의미의 외화자금시장은 후자를 의미하나 전자와 후자에서 가장 근간이 되는 금리는 한국 정부의 장기 외화조달 금리, 즉 외평채 금리이다. 장기 외화자금시장은 국제 자본시장의 영역이며, 단기 외화자금시장은 국제 자금시장의 영역이다. 금융경색이 일어나는 경우 짧은 시간 내에 외국인의 외화유동성의 회수가 일어나는 시장은 단기 외화자금시장이다.[18]

2. 장기 외화자금시장: 국제 자본시장

장기 외화조달은 신용도가 높은 한국 정부, 국내 수출 대기업이나 금융기관이 국제 자본시장에서 중장기 외화채권을 발행하거나 해외 증권거래소에 주식을 상장하여 이루어지게 된다. 정부는 외국환평형기금 운용을 위해 국제 자본시장에서 외화표시 외평채를 발행하여 장기 외화조달을 도모하고 있다. 정부는 외국환평형기금을 이용하여 외환보유고, 은행의 외화유동성, 외환시장 환율 등을 관리하고 있다.

3. 단기 외화자금시장: 국제 자금시장

(1) 개요

단기 외화조달은 국내은행들이 주로 외화자금 과부족을 해소하기 위해 외화를 단기 외화자금시장에서 외국은행으로부터 차입하는 것이다. 주로 국내은행이 외화 차입자(차주), 상대적으로 외화유동성이 풍부한 해외 은행 또는 해외 본점으로부터 외화차입이 용이한 외국은행 국내지점이 외화 대부자(대주)이다. 은행은 수출입 기업의 수출입대금 결제, 외화대출, 외환시장에서 은행간 외환거래, 대고객 외환거래, 외화채권 발행 및 상환 등에 따라 일시적인 외화 과부족이 자주 발생한다. 이때 단기 외화조달이 필요한 경우 단기 외화자금시장을 이용한다. 또는 장기 외화조달이 용이하지 않은 경우, 단기 외화조달을 통해 연속적으로 차환(roll-over)해 나갈 수 있다.

우리나라의 단기 외화자금시장은 은행간의 단기 외화 과부족 현상을 조정하기 위한 거래가 이루어지는 시장으로 볼 수 있다. 은행간 외화예치거래도 넓은 의미에서 외화자금시장으로 볼 수 있으나 런던이나 싱가포르와 같은 국제금융중심지와는 달리 우리나라의 경우 외화예치거래가 활발하지 않은 편이다. 여기서는 스왑시장, 외화콜시장, 단기대차시장을 중심으로 살펴본다.

(2) 스왑시장(외환스왑 및 통화스왑 거래)

외환시장의 주요 거래로 살펴볼 외환스왑 및 통화스왑 거래도 거래 당사자간 원화와 외화를 서로 조달하는 성격을 가지므로 단기 외화자금시장의 거래로 볼 수 있다. 외환스왑보다는 통화스왑이 외화자금시장 거래의 성격이 강하다.

---

18) 빈기범·강원철(2009), 44-45, 47-48쪽.

스왑거래의 경우 외환매매의 형식을 취하고 있으나 실질적으로는 금리를 매개로 하여 여유통화를 담보로 필요통화를 차입한다는 점에서 대차거래라고 볼 수 있다.[19] 외환스왑거래는 형식적인 면에서는 외환 매매거래로 볼 수 있으나, 실질적인 면에서는 두 개의 통화 사이에 자금의 과부족을 조정하는데 활용되는 자금거래이다. 외환스왑은 일정기간 동안 어느 한 통화에 대한 대가로써 다른 통화를 사용하는 것이므로, 거래상대방이 서로 자금을 공여하는 것으로 볼 수 있기 때문이다.

(3) 외화콜시장

외화콜시장은 초단기(통상 30일 이내) 외화 대차거래가 이루어지는 시장이다. 원화 콜시장에서와 마찬가지로 외화콜시장에서도 은행들 사이에 초단기(90일)로 외화의 차입 및 대여가 이루어진다. 단기거래는 외화자금이 구조적으로 부족하거나 여유를 가지고 있는 은행간에 주로 이용되며 자금의 장기 조달·운용이 어려워지는 시기에 단기대차거래의 규모가 늘어나게 된다.

(4) 단기대차시장

1년 이내(3개월, 6개월, 9개월, 1년) 동안 외화 대차거래가 이루어지는 "단기대차시장"도 외화자금시장의 범주에 속한다. 단기대차시장에서는 신용대차인 "일반대차거래"와 채권 담보의 "RP거래"의 2가지 유형의 거래가 일어난다.

4. 외화자금시장과 적용 금리

장기 및 단기 외화자금시장에서 외화차입에 적용되는 각각의 금리는 달러화의 경우 ⅰ) 외평채는 미국 T-Note + 외평채 가산금리, ⅱ) 외화콜은 싱가폴시장 초단기 금리(미국 연방기금금리에 연동) $\pm \alpha$, ⅲ) 단기 외화대차의 경우는 LIBOR[20] + 외평채 가산금리에 금융기관 신용을 감안한 추가적 가산금리이며, 금융기관의 장기 및 단기 외화대차 가산금리는 한국 정부 외평채가산금리와 강하게 연동된다.

5. 외화차입 금리의 기능

외화자금시장에서 거래기준이 되는 외화차입 금리는 매우 중요한 정보를 내포하고 있다. 주로 외화를 차입하는 우리나라 정부, 국내 금융기관의 채무불이행위험(default risk)이 외화차입금리에 반영된다. 국내 주체의 외화차입 금리의 기저는 한국 정부의 부도위험을 나타내는 외평채 가산금리이다. 기타 통화스왑(CRS: Currency Swap) 스프레드 거래 주체의 부도위험에 대한

---

19) 한국은행(2016), 156쪽.
20) LIBOR: 런던 은행간 대출금리를 말하는데, 런던 국제 금융시장에 소재한 16개 주요 은행들의 대출금리를 기초로 산출한다(서울 외환시장 행동규범 부록).

주요 지표가 된다.

채권에서 채무불이행위험을 분리하여 이를 거래하는 것이 신용파생상품이며, 대표적인 것으로 신용부도스왑(CDS) 거래가 가장 큰 비중을 차지하고 있다. CDS거래는 외화자금시장 거래는 아니다. 이 거래는 국제 자본시장에서의 거래로 채권의 신용위험을 분리하여 이를 대상으로 하는 거래이므로, 보장매수인과 보장매도인간 CDS 계약의 매개변수인 CDS 프리미엄이 부도확률에 대한 직접적인 지표라 할 수 있다. 한국 정부가 발행한 외화채권에 대한 CDS 프리미엄이 "국가 CDS 프리미엄"이다. 이에 관하여는 후술한다.

물론 궁극적으로 외환시장에서 통화교환 비율, 원화의 달러화로 환산한 가치인 원/달러 환율에도 국가 및 금융기관 채무불이행위험이 반영되지만, CDS 프리미엄이나 외화차입 금리가 반영하는 것보다는 간접적이다. 즉 정부나 금융기관의 채무불이행위험을 반영하는데 있어, CDS 프리미엄이나 외화차입 금리가 상대적으로 외생적이고 선결적(predetermined)이라 할 수 있으며, 환율이 이에 대하여 상대적으로 내생적이라 할 수 있다. 외환거래에서 원/달러 환율이 원화를 부채로 행한 한국은행의 채무불이행위험을 반영한다고 보기는 어렵다.

6. 국내 외환시장 및 외화자금시장의 역할

국내 외환시장 및 외화자금시장은 국내 금융시장(자본시장, 자금시장)과 국제 금융시장(국제 자본시장, 국제 자금시장)의 경계 영역에서 중첩되면서 이 두 시장을 연결하는 역할을 수행한다. 원화가 국제화되어 있지 않기 때문에 외국인 투자자에 의한 국내 자본시장과 국제 금융시장간의 자본이동은 반드시 국내 외환시장에서의 통화교환(실물 원화와 외환의 교환)을 거쳐야 한다. 물론 내국인 해외투자자에 의한 국내 금융시장과 국제 자본시장간 자본이동에서도 국내 외환시장을 반드시 경유해야 한다. 원화가 국제화되어 국제 통화시장에서 원화가 거래된다면, 국내 외환시장 및 외화자금시장의 의의, 역할, 중요성은 크게 감소할 것이며, 역내외 자본유출입시 국내 외환시장을 거칠 필요가 없다. 원화 국제화가 실현된다면, 국내외에서 원화가 거래되는 통화시장은 국내외 금융시장으로 흡수될 것이다.

Ⅱ. 한국 단기 외화자금시장의 특징

1. 개요

단기 외화자금시장은 단기 외환스왑레이트(swap rate)[21]를 매개로 하여 만기 1년 이내의

---

21) 외환스왑레이트를 매개로 하는 외환스왑거래는 현재 환율(현물환율)로 서로 다른 통화를 교환하고 최초 계약시점에서 정한 선물환율에 따라 기교환한 통화를 상환하는 거래로 주로 만기 1년 이내의 거래가 주를

외화자금을 조달 및 운용하는 시장이다. 한국을 포함한 국제화된 통화를 갖고 있지 않은 나라의 경우 국내은행이 단기 외화자금 부족을 해소하기 위해 외국은행으로부터 외화자금을 차입한다. 이 경우 국내은행이 외화자금의 수요자(buy & sell)22)가 되고, 차입 등을 통해 외화를 조달한 외국은행 국내지점은 외화자금의 공급자(sell & buy)가 된다. 특히 국내은행은 통화스왑시장을 통한 장기 외화자금 조달이 용이하지 않거나 단기 외환스왑레이트가 유리할 경우, 단기 외화조달을 통해 이를 연속적으로 차환(roll-over)함으로써 장기자금 조달을 대체하기도 한다. 따라서 단기 외환스왑레이트는 국내 금융기관의 신용도뿐만 아니라 외화유동성 상황 등에 대한 중요한 정보를 내포하고 있는 것으로 알려져 있다.23)

2. 글로벌 충격의 전이 경로

한국에서 단기 외화자금시장이 가지는 큰 특징 중의 하나는 글로벌 유동성 충격시 이를 국내 금융시장으로 전이하는 핵심적인 채널로 작용한다는 점이다. 한국의 외화자금시장은 2000년대 상반기 이후 조선업체의 수주 호조 및 글로벌 주가 상승에 따른 해외증권투자 증가로 인해 환헤지 수요24)가 높아진 데 따른 외화자금 수요 증가 등으로 크게 성장하였다.

이러한 외화자금 조달 경로로서 외화자금시장에 대한 높은 의존도는 대외 불안에 대한 국내 금융시스템의 취약성을 내포한다. 실제로 글로벌 금융위기로 디레버리징(deleveraging)25)이 발생하자, 외은지점 등을 중심으로 외환스왑시장에서 달러를 회수하면서 단기 외환스왑레이트가 급락하고 국내은행은 심각한 달러화 부족 상황에 직면하였다.

이루고 있다. 반면 만기 1년 이상 이종통화간 스왑거래를 하되 계약기간 동안 정해진 금리를 주고받는 거래를 통화스왑거래라고 하는데, 이 경우 차익거래 유인은 "국내금리-통화스왑금리"로 나타난다.

22) buy: 외환시장에서는 제시된 환율(offered rate)로 대상통화(Basic currency)를 매수하겠다는 의사표시(다만, 스왑거래에서는 현물환 매도/선물환 매수)를 말하고, 외화자금시장에서는 제시된 금리(offered rate)로 차입하겠다는 의사표시를 말한다. sell: 외환시장에서는 제시된 환율(bid rate)로 대상 통화를 매도하겠다는 의사표시(다만, 스왑거래에서는 현물환 매수/선물환 매도)를 말하고, 외화자금시장에서는 제시된 금리(bid rate)로 자금을 공여하겠다는 의사표시를 말한다(서울 외환시장 행동규범 부록).

23) 김정성·강규호(2014), "글로벌 금융위기 전후 무위험 이자율 평형조건의 동태성 변화 분석", 한국개발연구 제36권 제2호(2014. 5), 107-111쪽.

24) 조선업체가 선박 수주에 따른 외화자금 유입 스케줄에 따라 환위험을 헤지할 목적으로 선물환을 매도할 경우 은행은 선물환매입초과포지션(over-bought)을 취하게 되고, 이를 상쇄하기 위해 은행은 해외에서 달러를 직접 차입하거나 스왑시장에서 달러를 조달(buy & sell)하여 현물환시장에 매도함으로써 포지션조정을 하게 된다.

25) 디레버리징(deleveraging)은 보유한 자산과 빌려온 부채를 이용해 지렛대 형식으로 투자수익률을 높이는 레버리지(leverage)의 반대말이다. 디레버리징(deleveraging)은 "빚을 상환한다"라는 의미를 가지고 있다. 즉 부채를 축소하는 것이다. 경기가 불황일 때는 자산의 가치가 하락하게 된다. 따라서 투자의 수익성이 낮아지고 금리가 상승하므로 레버리지가 높다면 부채를 상환하고 정리하는 것이 효과적이다.

3. 국내 채권시장과의 높은 연계성

외화자금시장에서 나타나는 주요 특징은 저평가된 단기 외환스왑레이트를 매개로 한 채권시장 및 외화자금시장의 연계구조이다. 수출기업 및 해외증권 투자자의 환헤지 수요(선물환 매도)로 인해 국내은행(선물환 매입)이 스왑시장에서 달러를 조달해야 하는 상황이 지속되면서 한국 외화자금시장에서 외환스왑레이트는 내외금리차 대비 만성적으로 저평가된 수준을 보여왔다.[26] 외국인은 이러한 저평가된 외환스왑레이트를 활용하여 낮은 금리로 원화를 조달하고, 이를 한국 채권에 투자하는 재정거래[27]를 실시해 왔다.[28]

즉 국내은행의 선물환 매도 및 현물환 매입 수요(buy & sell)에 대응하여 외국인이 외화를 공급(sell & buy)하고 보유 원화를 스왑계약기간 동안 국채나 통안채에 투자하는 것이다. 최근 외국인의 한국 채권투자는 이러한 재정차익거래 유인 등에 일부 힘입어 증가하는 추세를 보이고 있다. 반면 국내 투자자의 경우 해외투자시 환위험을 적극 헤지(buy & sell)하기 때문에 해외 포트폴리오 투자 증가는 외환스왑레이트 저평가를 더욱 심화시켜 왔다.[29]

4. 현물환시장과의 낮은 연관관계

외화자금시장에서 스왑거래는 현물환시장 수급에 영향을 미치지 않기 때문에 직접적으로 환율에 영향을 미친다고 보기는 어렵다. 다만 글로벌 시장이 안정적인 상황에서 수출업체의 선물환 매도가 증가하면 이를 헤지하기 위한 은행의 현물환 매도가 증가하고 매도 외화를 외환스왑시장에서 조달(buy & sell)할 경우 외환스왑레이트가 하락하므로 환율과 외환스왑레이트가 동일한 방향으로 움직인다. 반면 2008년 글로벌 금융위기시와 같이 외화유동성 경색시에는 외화자금시장에서 외화를 조달(buy & sell)하고자 하는 수요가 커지는 반면 위험통화에 대한 선호 감소로 인해 환율이 상승하므로 환율과 외환스왑레이트는 반대방향으로 움직인다. 또한 선진국의 양적완화 정책으로 글로벌 유동성이 풍부한 상황에서 외환스왑레이트는 상승하는 반면 경상수지 흑자 등으로 환율이 하락하여 환율과 외환스왑레이트는 반대방향으로 움직이기도 한다. 즉 외환스왑레이트와 환율이 체계적으로 연계되어 있기보다는 외화자금시장과 현물환시장

---

26) 이러한 현상은 흔히 Normal Backwardation이라고 불린다.
27) 동일한 상품이 두 개의 시장에서 가격이 다를 때 이를 매매하여 무위험 차익을 얻으려는 방법이라고 할 수 있다. 가격이 저렴한 시장에서 상품을 매입하고 가격이 비싼 시장에 그 상품을 매도해 이익을 얻는 거래이다. 동시에 매수/매도를 하여야 정확하게 무위험 재정거래라고 할 수 있다.
28) 태국 등 아시아 신흥국의 경우에도 글로벌 금융위기 이후 외국인 포트폴리오 투자가 주로 채권시장을 중심으로 이루어졌다.
29) 국내 해외투자 펀드들은 약관상 100% 환헤지를 원칙으로 하되 운용사 재량으로 일정 부분 비율을 조정할 수 있으며, 대개 90-95% 기준치를 중심으로 실헤지 비율을 80-100%로 유지하고 있다.

이 분리되어 있는 가운데 외화조달 여건을 나타내는 외환스왑레이트가 현물환시장 참가기관의 시장 환경(market sentiments)에 영향을 주어 간접적으로 환율에 영향을 미치게 되는 것이다.

Ⅲ. 스왑시장

1. 서설

(1) 외화조달과 환위험

국내은행이든 외국은행 국내지점이든 외화는 글로벌은행에서 차입하는 경우가 대부분이다. 글로벌은행은 국제 금융시장에서 외화를 조달하여 가산금리를 더해 우리나라에 대출한다. 이때 글로벌은행이 외화를 조달하는 금리는 LIBOR금리이다. 우리나라 은행이 충분히 규모가 크고 국제경쟁력이 있다면 국제 금융시장에서 바로 LIBOR금리로 조달할 수 있겠지만 현재 그렇지 못하기 때문에 가산금리를 지불하고 조달하는 것이다. 국내은행이나 외은지점은 조달한 외화를 가계나 기업에 가산금리를 받고 빌려주거나 또는 국채에 투자할 수 있다. 외화를 직접 빌려주는 경우 단순히 가산금리만을 받아 수익을 올리면 되는 문제이나 국채에 투자할 경우에는 환위험이 발생할 가능성이 있다. 이를 방지하기 위해 스왑시장에서 선물환을 거래하여 환위험을 헤지한다.[30] 이와 관련 선물환 매입의 한도를 은행의 자기자본 대비 일정 수준으로 제한함으로써 단기자금이 급격히 유입되는 것을 방지하고자 하는 정책이 선물환포지션 한도 규제이다.

(2) 국제 스왑시장의 역할

외화자금시장에서는 이종통화간의 자금 대차가 외환 및 통화 스왑의 형태로 이루어지고 있다. 외환스왑 및 통화스왑 거래는 거래당사자간 원화와 외화를 서로 조달하는 성격을 지니고 있어 각각 단기 및 중·장기 외화자금시장의 거래로 볼 수 있다. 국제 금융시장에서도 외환 및 통화스왑시장은 매우 활발한 거래가 이루어지고 유동성이 가장 풍부한 시장 중 하나이다. 국제 스왑시장은 매우 효율적인 시장으로 거래 상대 기관에 대한 유동성 및 신용정보가 실시간으로 스왑금리에 반영되기 때문에 금융위기의 전조를 예견하는 중요한 역할을 한다. 실제로 2007년 중반 이후 런던을 비롯한 국제 금융시장에서 스왑시장의 불균형이 심화되는 모습을 보였고, 마찬가지로 국내에서도 외환 및 통화 스왑시장에 극심한 달러 유동성 고갈 현상이 나타나 불균형이 심화되는 동조화 현상을 보였다. 불균형 발생시 균형의 회복은 외화자금시장의 안정을 의미하기 때문에 외환 및 통화 스왑의 균형에 대한 개념과 거래 메커니즘을 이해하는 것이 중요

---

30) 권순채(2016), "외환건전성 규제 정책 효과분석", 한양대학교 대학원 석사학위논문(2016. 2), 3-4쪽.

하다.31)

(3) 국내 스왑시장의 역할

외환·통화 스왑시장은 외화자금시장에서 스왑 당사자들의 자금조달비용 비교우위에 기반을 두고 이종통화간의 교환이 이루어지는 시장으로 외환시장에 현물환 및 선물환의 주요 공급 및 수요 요인으로 작용한다. 국내 수출입업체 등의 대규모 선물환 수요에 대응한 외은지점들의 달러 조달 및 공급이 주로 스왑시장을 통해 이루어져 오고 있다.

(4) 국내 자금시장과 해외 자금시장의 연결 통로 역할

외환스왑은 외국환업무취급기관이 달러를 현물환시장에 매도(매수)함과 동시에 선물환시장에서 매수(매도)한다. 이때 현선물간의 프리미엄이 환헤지 비용이 된다. 반면 통화스왑은 스왑시장에서 차입한 달러를 약정된 환율로 원화로 교환하고 만기시 다시 동일한 환율로 달러로 교환하게 된다. 이 경우는 CRS 금리와 외화 자금조달 금리차가 환헤지 비용이 된다.32) 외환·통화 스왑시장은 국내외 자금조달비용의 비교우위를 바탕으로 상대적으로 저렴한 곳에서 자금조달을 가능하게 한다. 따라서 국내 자금시장과 해외 자금시장을 연결하는 통로 역할을 한다.

2. 외환스왑시장

(1) 외환스왑거래의 의의
(가) 외환스왑거래의 개념

외환스왑시장은 특정 계약기간 동안 두 통화간 교환거래가 금리의 일종인 외환스왑레이트를 매개로 이루어지며, 시장참여자는 계약기간 동안 금리변동에 따른 위험을 부담하게 된다.

외환스왑거래는 현물환거래를 통하여 외환을 매입(매도)하고 환위험을 회피하기 위하여 선물환거래를 통해 해당 외환을 매도(매입)하기로 외환매입일에 약정하는 거래를 말한다. 즉 외환스왑거래란 거래당사자가 시간적 차이를 두고 2가지 종류의 현물환과 선물환의 반대 포지션 매매에 대한 계약으로 현물환거래와 선물환거래가 동시에 이루어지는 거래이다. 근일물(현물환 또는 선물환) 환율에 따라 통화를 교환한 후, 원일물(현물환 또는 선물환) 환율에 따라 이미 교환된 통화를 재교환하는 거래이다.

다음의 3가지 외환스왑거래가 가능하다. 즉 ⅰ) 현물환-선물환 스왑(spot-forward swap), ⅱ) 선물한-선물환 스왑(forward-forward swap), 이 경우 선물환은 결제일이 상이한 2가지 선물환을 의미한다. ⅲ) 현물환-현물환 스왑(spot-spot swap, back swap), 이 경우 Overnight(O/N)

---

31) 이인형·이윤재(2011), "한국 외화자금시장 유동성 위기의 특징과 외환시장에의 영향 분석", 자본시장연구원(2011. 2), 8-9, 16쪽.
32) 이인형·이윤재(2011), 11, 36쪽.

(당일물-익일물) 계약과 Tomorrow Next(T/N)(익일물-익익일물) 계약이 있다.[33]

(나) 외환스왑거래에서의 포지션

외환스왑거래에서의 포지션은 ⅰ) sell & buy 포지션: 달러화 기준으로 근일물 계약에서 달러화 매도, 원일물 계약에서 달러화 매입, ⅱ) buy & sell 포지션: 달러화 기준으로 근일물 계약에서 달러화 매입, 원일물 계약에서 달러화 매도를 말한다. 즉 외환스왑거래에 있어서 매입·매도는 원일물(far date) 거래를 기준으로 구분하는데 매입거래는 근일물(near date)을 매도하고 원일물을 매입하는 sell & buy swap거래를 말하고, 매도거래는 근일물을 매입하고 원일물을 매도하는 buy & sell swap거래를 말한다. 이처럼 외환스왑거래는 거래의 형태에 있어서는 외환매매의 형식을 취하게 되나, 실제로는 보유 중인 여유통화를 담보로 필요통화를 차입하는 거래이므로 단기금융시장의 자금대차 거래와 유사한 형식의 거래라 할 수 있다.[34]

(2) 외환스왑의 거래과정

외환스왑의 거래과정을 살펴보면 다음과 같다. 은행 A는 buy & sell 포지션, 은행 B는 sell & buy 포지션으로 1백만 달러에 대하여 근일물 현물환율 1,200원/달러, 원일물 1개월 선물환율 1,300원/달러로 외환스왑 계약을 체결한 경우 다음의 과정을 거쳐 외환스왑거래가 종결된다.

ⅰ) 현물환에 대해서 은행 A는 long, 은행 B는 short를 취하고, 선물환에 대해서 은행 A는 short, 은행 B는 long을 취하고 있는 셈이다. ⅱ) (T+2)일을 결제일로 하는 은행 A와 은행 B간 현물환거래: 은행 A는 은행 B로부터 1백만 달러를 인도받고, 원화 12억원(=1,200원/달러 ×1백만 달러)을 지급한다. ⅲ) (T+2)일 이후 1개월이 지난 시점을 결제일로 하는 은행 A와 은행 B간 선물환거래: 은행 A는 은행 B에게 1백만 달러를 지급하고, 원화 13억원(=1,300원/달러×1백만 달러)을 수취한다. 이 경우 A은행은 단기적으로 부족한 원화유동성을, B은행은 외화유동성을 각각 확보하게 된다.[35]

(3) 외환스왑시장의 기능과 역할

(가) 외환시장과 외화자금시장의 특성 반영

달러 자금조달의 수단이 되는 외환스왑은 외환시장과 외화자금시장의 특성을 동시에 반영한다. 즉 외환스왑거래(buy & sell 거래)를 하면 당장 달러를 조달하고 만기에 달러를 상환하며, 이때의 환율은 고정되어 있기 때문에 당장 달러를 조달하되 만기에 고정된 원화금액에 해당하는 달러로 상환하는 거래가 된다.

---

33) 빈기범·강원철(2009), 26-27쪽.
34) 서영숙(2013), 9-10쪽.
35) 한국은행(2016), 157-158쪽.

(나) 외환스왑시장의 가격고시 관행과 가격결정요인

외환스왑시장의 가격고시 관행과 가격결정요인을 살펴본다. 외환스왑거래에서 선물환율과 현물환율의 차이를 나타내주는 스왑포인트(선물환율-현물환율)로 가격을 고시한다. 이것은 현재의 환율은 관찰되므로 미래에 교환할 달러와 원화의 비율인 선물환율만 정해지면 외환스왑거래가 가능하기 때문이다. 이론적 선물환율은 현물환율과 내외국간 금리의 차이를 이용한 무차익(無差益, No Arbitrage) 가정에 의해 구할 수 있다. 이에 따르면 금리가 높은 나라에서는 선물환율이 현물환율보다 높고 금리가 낮은 나라에서는 그와 반대이다. 우리나라에서는 선물환율이 현물환율보다 높은 경우를 프리미엄,[36] 낮은 경우를 디스카운트라고 한다.[37][38]

(다) 선물환율과 외화자금시장의 수급

한편 실제 시장의 선물환율은 외화자금시장의 수급이 중요한 결정요소가 되기도 한다. 예를 들어[39] 지금 달러를 1천 원에 사고 1개월 뒤에 1달러를 1천 50원에 파는 "buy & sell", 즉 현물환을 사고 선물환을 파는 거래를 생각해 보자. 이 외환스왑거래를 통해 거래자는 현재 달러를 수취하게 되며 1개월 뒤에 1천 50원의 환율로 달러를 갚아야 한다. 여기서 1개월 동안의 이자는 선물환율에 반영된다. 한편 국내에 달러가 부족해 "buy & sell"을 하는 수요가 많을 경우 선물환율은 하락하게 됨을 알 수 있다.

(4) 외환스왑거래의 동기

외환스왑의 거래동기를 보면 자금조달, 환리스크 관리, 금리차익 획득 및 금리변동을 이용한 투기적 거래 등의 목적으로 나누어 볼 수 있다.

(가) 자금조달

자금조달 목적의 외환스왑거래는 현재 보유하고 있는 통화를 빌려주는 대가로 필요한 통화를 조달함으로써 통화간 자금과부족을 조절하기 위해 일어나는 거래를 말한다. 예를 들어 외화자금에 여유가 있으나 원화자금이 필요한 외국은행 국내지점과 원화자금은 풍부하나 외화자금이 상대적으로 부족한 국내은행간에 일시적인 자금조달 수단으로 외환스왑거래가 이용되고 있다. 또한 NDF 거래 등 선물환거래에 따른 외국환은행의 외국환포지션 조정을 위한 자금조달을 위해서도 이용된다. 국내 외국환은행이 NDF를 매입하면 외국환포지션을 커버하기 위하여 현물환을 매도하게 되는데 이때 현물환을 매도하기 위한 외화자금의 조달방법으로 buy & sell

---

36) 금리가 낮은 국가의 통화를 premium currency, 그리고 금리가 높은 국가의 통화를 discount currency라고 한다.
37) 김용환(2011), "국내은행의 외화자금조달 분석", KAIST 금융공학연구센터 & 농협경제연구소 주관 외환제도발전방안(2011), 6-7쪽.
38) Premium: 현물환가격과 선물환가격의 차이가 선물환가격 > 현물환가격를 말하고, Discount: 선물환가격 < 현물환가격를 말하며, Par: 선물환가격 = 현물환가격를 말한다(서울 외환시장 행동규범 부록).
39) 보통 국내의 은행간거래에서는 외환스왑거래를 할 때 현물환율과 스왑포인트를 사용한다.

외환스왑거래를 이용하기도 한다.

(나) 환리스크 관리

외화자금의 흐름(cash flow)을 일치시키거나 외환거래 결제일을 연장 또는 단축함으로써 환리스크를 관리하기 위한 목적으로 외환스왑거래가 이용된다. 예를 들면 수출자금 유입과 수입대금 유출이 빈번하게 발생하는 기업의 경우 각 거래에 대해 개별적으로 환리스크를 관리하는 것보다 자금의 공급시점 및 수요시점을 예상하여 결제시점의 차이 동안 외환스왑거래를 하면 보다 용이하게 환리스크를 헤지할 수 있다. 또한 당초 예상 결제일보다 자금이 조기 또는 지연 회수될 경우 외환스왑거래를 통해 결제를 연장 또는 단축함으로써 결제일과 현금흐름(cash flow)의 시차 문제를 해소할 수도 있다.

(다) 투기적 거래

외환스왑거래는 현재의 스왑레이트와 내외금리차간의 차이를 이용하여 환리스크 없이 초과수익을 얻기 위한 금리차익 획득 목적과 향후의 내외금리차 및 장단기 금리차의 변동을 이용하여 수익을 얻으려는 투기적 목적으로도 활용된다.

(5) 거래구조

(가) 거래 메커니즘

은행간 외환스왑시장에서의 거래 메커니즘은 참가자, 거래단위, 거래시간 등 기본조건에 있어 현물환 및 선물환 거래와 동일하다. 가격표시는 선물환과 마찬가지로 스왑포인트(선물환율-현물환율)로 호가하며 거래가 체결되면 직전 체결된 현물환율을 기준으로 선물환율을 산출한다. 예를 들어 현재 현물환율이 1,180원인 경우 한 딜러가 "FX one month 275/280"이라고 주문을 냈다면, 이는 1,180원에 2.75원을 가산한 1,182.75원에 외환스왑을 매입(sell & buy)하고 1,180원에 2.80원을 가산한 1,182.80원에 외환스왑을 매도(buy & sell)하겠다는 것을 의미한다.[40]

(나) 은행간시장에서의 기일물의 종류

외환스왑은 현물환/현물환, 현물환/선물환 및 선물환/선물환의 거래가 가능하므로 결제일자는 현물환의 경우 현물환 결제일자, 선물환은 선물환 결제일자의 결정방법을 따른다. 우리나라 은행간시장에서 거래되는 외환스왑 기일물의 종류는 Overnight(O/N), Tomorrow Next(T/N), Spot Next(S/N), 주, 월, 년 등의 표준결제일 방식과 비표준결제일(odd date) 방식이 있으며, 이중 O/N 등 단기물 외환스왑이 활발하게 거래되고 있다.

(다) 대고객시장에서의 외환스왑거래

대고객시장에서의 외환스왑거래는 당사자간의 계약에 의해 자유롭게 정할 수 있으며, 고

---

40) 한국은행(2016), 160쪽.

객과 은행간에는 기업의 신용도 등을 고려하여 스왑거래 한도를 사전에 설정해 놓고 거래한다.

(6) 스왑레이트와 차익거래유인

외환스왑시장의 가격변수인 스왑레이트는 현물환율 대비 선물환율과 현물환율의 차이[(선물환율-현물환율)/현물환율]를 연율(%)로 표시한 것으로 이론적으로는 금리평가이론(covered interest rate parity)에 따라 양 통화간 금리차와 일치하게 된다.[41]

이러한 스왑레이트는 금융기관의 자금사정을 나타내는 대용지표(proxy)로도 활용된다. 예를 들어 국내 금융기관의 외화자금 사정이 악화되면 금융기관은 외화조달의 방안으로 현물환매입/선물환매도(buy/sell) 스왑을 이용한다. 이 경우 현물환매입 증가로 현물환율은 상승하고 선물환매도 증가로 선물환율은 하락하게 되어 스왑레이트가 낮아진다. 반대로 금융기관의 원화자금 사정이 악화되면 원화차입을 위한 현물환매도/선물환매입(sell/buy) 스왑 증가로 스왑레이트가 올라간다.

즉 스왑레이트가 내외금리차를 상회하면 외화(원화)자금 사정의 호전(악화)을, 스왑레이트가 내외금리차를 하회하면 원화(외화)자금 사정의 호전(악화)을 의미하는 것으로 볼 수 있다. 만약 스왑레이트가 내외금리차를 하회하면 외화차입 후 외환스왑(현물환매도/선물환매입)을 통해 원화를 조달한 다음 원화자산에 투자함으로써 환리스크 없이 이익을 획득할 수 있다. 이에 따라 "내외금리차-스왑레이트"를 차익거래 유인으로 해석할 수 있다.

3. 통화스왑시장

(1) 통화스왑거래의 의의

(가) 통화스왑거래의 개념

통화스왑(CRS: cross currency swap)거래란 양 당사자간 서로 다른 통화를 교환하고 일정기간 후 원금을 재교환하기로 약정하는 거래를 말한다. 즉 통화스왑이란 한 국가의 통화기준(예: 달러)에 의해 차입한 원금 및 이자액을 다른 국가의 통화기준(예: 파운드)에 의해 차입한 원금 및 이자액과 교환하는 거래를 말한다.

통화스왑의 가장 단순한 형태는 이자액이 미리 사전에 정해진 고정금리에 의해 지급되는 방식이다. 예를 들어 A기업과 B기업이 달러화와 파운드화로 스왑계약을 체결하였다면, 원금은 스왑 개시일과 만기일에 교환되고, 정해진 이자지급 시점에 각국의 통화로 표시된 고정금리를 지급하는 방식이다. 이 밖에도 사전에 정해진 변동금리 적용방식을 기준으로 쌍방간에 변동금리를 지급하는 방식이 있을 수 있다. 그리고 한 통화의 변동금리가 다른 통화의 고정금리와 교환되기도 하는데, 이를 통화간 금리스왑(cross-currency interest rate swap)이라 한다.

---

41) 한국은행(2016), 162쪽.

(나) 통화스왑금리

통화스왑은 고정금리와 고정금리, 변동금리와 변동금리 또는 고정금리와 변동금리를 교환하는 세 가지로 크게 분류할 수 있다. 보통 국내의 통화스왑은 고정금리와 변동금리를 교환하는 통화스왑을 말하며, 이때 변동금리는 6개월 미국 달러 LIBOR금리를 사용하고, 고정금리는 원화에 대한 고정금리이며 이를 통화스왑금리(LIBOR와 교환되는 원화고정금리)라고 한다. 이와 같은 통화스왑을 거래할 때 통화스왑금리는 통화스왑거래의 가격을 고시하는 기준이 된다.

통화스왑금리는 외환스왑의 스왑포인트의 주요 결정요인과 마찬가지로 달러에 대한 수급상황, 내외국간의 금리차이, 그리고 거래자의 신용도가 주요 결정 변수이다. 달러가 필요한 경우 통화스왑거래를 통해 달러를 받고 원화를 주며 거래상대방에게 6개월마다 달러 이자를 주고 원화 이자를 받는다. 달러 자금의 수급상황과 관계없이 통화스왑거래에서 달러에 대한 이자는 LIBOR라는 변동금리로 정해져 있다. 따라서 달러를 필요로 하는 수요가 많을수록 고정금리에 해당하는 원화에 대한 이자를 보다 낮게 받을 수밖에 없으므로 통화스왑금리는 하락하게 된다.[42]

(다) 이자교환방식

통화스왑거래 양 당사자간 이자교환은 매 6개월 또는 3개월마다 이루어진다. 이자교환방식은 2가지 있는데, i) 양 통화에 대해서 고정금리를 지급하는 fixed-for-fixed 방식이 있으며, ii) 달러화에 대해서 6개월 만기 LIBOR 변동금리 지급 및 기타 통화는 고정금리를 지급하는 fixed-for-floating 방식이 있다.

현물환율로 통화를 교환하고 일정기간 경과 후 원금은 그대로 재교환(양 통화 par bond 개념)하게 된다. 대부분의 원-달러 통화스왑계약의 경우 계약기간 동안 통상 달러화 원금에 대해서는 주로 6개월 만기 LIBOR 기준의 금리로 변동이자가 지급되며, 원화 원금에 대해서는 이른바 CRS 금리(CRS rate)로 고정이자가 지급되는 fixed-for-floating 방식의 이자교환이 이루어진다.

통화스왑에서 서로 교환하는 원금의 원천은 외부로부터 차입한 자금이므로, 주로 달러화 차입이 유리한 외국은행 국내지점과 원화 차입이 유리한 국내 외국환은행간 거래가 활발하며, 이들은 서로간에 교환한 이자를 다시 자금 대부자에게 지급하게 된다.[43]

(2) 통화스왑거래와의 비교

통화스왑과 외환스왑은 환매조건부 성격의 매매거래라는 점에서는 서로 유사한 면이 있으나, 스왑이 진행되는 기간과 이자의 지급방법과에서 차이가 있다. 외환스왑은 1년 이하의 단기 자금 조달 및 환리스크 헤지 수단으로 이용되는 데 반하여, 통화스왑은 1년 이상의 기간에 대

---

42) 김용환(2011), 6-7쪽.
43) 빈기범 · 강원철(2009), 29-30쪽.

한 환리스크 및 금리 리스크의 헤지 수단으로 활용된다. 외환스왑은 기간 중 해당 통화에 대해 서로 이자를 교환함이 없이 만기시점에 양 통화 사이의 금리차이가 반영된 환율로 원금을 다시 교환한다. 통화스왑은 계약기간 동안 분기 또는 반기 단위로 발생하는 이자를 서로 교환한다.[44)

(3) 통화스왑의 거래과정

통화스왑의 거래과정을 살펴보면 다음과 같다. 은행 A(CRS receive)와 은행 B(CRS pay)간 3년물, 현물환율 1,200원/달러, LIBOR 6M 3.09%, CRS 금리 3.58%의 1백만 달러 통화스왑계약을 체결했다. 거래과정은 다음과 같다.

ⅰ) 초기에 은행 A와 은행 B간 환율 1,200원에 1백만 달러와 12억원을 교환(은행 A는 은행 B로부터 달러를 차입하고, 은행 B에게 원화를 대부)한다. ⅱ) 만기에 이르기 전까지 원화를 차입한 측(은행 B)은 CRS 금리로 이자를 지급하고, 달러화를 차입한 측(은행 A)은 LIBOR 금리로 이자를 지급한다. 여기서 CRS 스프레드 = CRS 금리 - LIBOR 금리이다. ⅲ) 만기에 은행 A와 은행 B는 통화스왑거래 초기 교환했던 원화와 달러화를 다시 재교환한다.

(4) 통화스왑의 거래동기

통화스왑의 거래동기는 장기 자금조달, 환리스크 관리, 금리차익, 금리변동을 이용한 투기적 거래 등의 목적으로 나누어 볼 수 있다.[45)

(가) 자금조달

자금조달 목적의 거래는 외화자금이 필요한 국내은행과 원화자금이 필요한 외국은행 국내지점이 장기자금을 조달하기 위해 통화스왑거래를 이용하는 경우를 말한다. 특히 해외로부터 외화장기차입이 어렵거나 조달금리가 상승할 경우 외화장기차입에 대한 대체수단으로서 통화스왑거래를 이용한다.

(나) 환리스크 관리

환리스크 관리 목적의 통화스왑거래는 특정 통화표시 자산이나 부채를 다른 통화표시 자산이나 부채로 전환함으로써 환리스크를 회피하는 것을 말한다. 예를 들어 해외에서 채권을 발행하여 외화자금을 조달한 국내기업의 경우 달러 자금을 통화스왑거래를 통해 원화 자금으로 교환하여 사용한 후 외화채권 만기시 통화스왑거래에서 상환받은 외화로 외화채무를 상환함으로써 환위험을 헤지할 수 있다.

---

44) 서영숙(2013), 10-11쪽.
45) 한국은행(2016), 164-165쪽.

(다) 금리차익

금리차익 목적의 거래는 통화스왑금리와 원화채권수익률 또는 외화채권수익률이 차이가 날 때 이루어진다. 즉 특정 통화로 자금을 조달하여 통화스왑거래를 통해 다른 통화로 전환한 후 채권에 투자함으로써 차익을 획득하는 경우를 말한다. 예를 들면 외화자금을 조달한 후 통화스왑거래를 이용하여 원화자금으로 전환하는 데 발생하는 비용(통화스왑금리)보다 원화채권의 투자수익률이 높으면 「외화차입 → 통화스왑거래(외화지급 및 원화수취) → 원화채권 투자」를 통해 차익(원화채권금리-통화스왑금리)을 실현하게 된다.

(라) 투기 목적

투기적 목적의 통화스왑거래는 향후 금리전망에 따라 고정금리와 변동금리를 상호 교환하는 것을 의미하는데, 동 거래시 원화금리 상승이 예상되면 원화 고정금리를 지급(달러 변동금리 수취)하고 원화금리 하락이 예상되면 원화 고정금리를 수취(달러 변동금리 지급)함으로써 이익을 볼 수 있다.

(5) 거래구조

통화스왑은 당사자간 직접거래 또는 브로커를 통한 중개거래방식으로 이루어진다.

(가) 직접거래

직접거래는 해외채권 발행 등을 통한 외화조달이 많은 공기업, 카드회사나 보유 중인 원화자금을 외화채권으로 운용하는 보험회사[46] 등과 국내은행 또는 대형 외은지점간에 주로 일어나고 있다. 직접거래는 거래금액, 거래기간 및 이자교환방식 등 거래조건에 제한이 없으며, 거래당사자간의 계약에 따라 외화 고정금리와 원화 고정금리의 교환, 원금 분할상환(amortizing swap) 등 다양한 방식으로 거래가 이루어지고 있다.

(나) 중개거래

중개거래의 경우는 직접거래의 결과 발생한 포지션을 스왑은행간 조정하거나 보유자산의 헤지 또는 투기적 목적으로 흔히 이용된다.[47]

우리나라는 1999년 9월 국내 중개회사에서 원/달러 통화스왑거래를 처음으로 중개하기 시작하였다. 중개회사를 통해 거래되는 우리나라 원화와 미달러화간의 통화스왑은 주로 원화 고정금리와 미달러화 변동금리(6개월 LIBOR)가 교환되는 cross currency swap 방식으로 거래되고 있다. 원/달러 통화스왑금리는 지급 또는 수취할 원화 고정금리로 표시되는데 원화 고정금리 수취(receive-fixed)를 offer side로, 원화 고정금리 지급(pay-fixed)은 bid side로 고시하고 있

---

46) 보험회사는 국내 채권시장에서의 장기투자대상 부족, 수익구조 개선 및 투자 다변화 등의 목적으로 통화스왑거래를 활용하여 해외증권에 투자하고 있다.
47) 한국은행(2016), 166-167쪽.

으며, 거래호가는 주로 1bp 단위로 제시된다. 거래기간은 통상 1-10년물이 가능하며 주로 1-5
년물이 거래되고 있다. 거래금액은 거래관행상 최소 거래단위가 1천만달러, 추가 거래단위 역
시 1천만달러가 일반적이다.

Ⅳ. 외화콜시장

1. 의의

(1) 개념

기본적으로 콜시장은 은행의 지급준비금 과부족으로 인한 1일물 거래이나, 외화콜시장은
지급준비금과는 관계가 없다. 초단기 외화자금 대차란 의미에서 외화콜이란 용어을 사용하는
것으로 보인다. 원화콜거래와는 달리 외화콜거래는 지준예치금 부족자금을 조달하는 수단으로
이용되기보다는 주로 개별은행의 외화차입여건 및 일시적인 외화자금 사정에 따라 거래규모가
좌우된다.

외화콜이란 은행간에 외화를 초단기로 대차하는 거래로써 통상 30일 이내의 외화대차거
래를 의미한다. 외화콜의 경우 기일에 관한 법령상의 기준이 별도로 마련되어 있지 않다.[48] 금
융감독원과 은행연합회가 공동으로 만든 「외국환계정 해설」 및 「은행회계해설」에는 90일 이내
의 외화대차거래를 외화콜로 분류하도록 하고 있다. 외화콜시장의 이용은 주로 은행들이 수출
입대금 결제, 외화대출 등의 대고객 거래와 외환매매거래, 외화증권 발행, 상환 등의 결과로 일
시적으로 외화자금이 부족하거나 여유자금이 발생할 때 외화콜거래에 참가한다.[49] 또한 외화
콜금리는 역외거래가 가능하기 때문에 국제 금융시장에서 형성되는 초단기 금리 수준과 관계
가 있다.

(2) 외화콜론과 외화콜머니

「외국환계정 해설」 및 「은행회계해설」에 의하면 외화콜론(Call Loans in Foreign Currency)
과 외화콜머니(Call Money)에 대한 개념 정의는 다음과 같다. 은행 상호간의 초단기적인 자금대
차거래를 콜거래라고 하는데, 이때 외화자금을 대여하는 은행에서는 외화콜론이라 부르고, 외
화자금을 차입하는 은행에서는 외화콜머니라고 부른다. 즉 외화콜론은 외국환은행이 단기 여
유자금을 다른 외국환은행 또는 해외금융기관에 일시적으로 공여하는 여신을 말한다. 현재 실
무상으로는 최장 90일 이내의 대차거래를 본 계정에서 처리한다.

---

48) 원화의 경우 자금중개회사의 업무를 규정하고 있는 자본시장법 시행령 제346조 제2항에 따라 90일 이내의
   자금거래를 콜거래로 정의하고 있다.
49) 서영숙(2013), 15쪽.

외화콜머니는 자산계정의 외화콜론에 대응하는 부채계정이며 콜자금을 수요자의 입장에서 본 것이다. 외화콜머니는 보통 은행이 일시적인 외화자금 부족을 충당하기 위해 국내 및 해외은행으로부터 단기간 차입하는 은행간 거래로 기간은 90일 이내(90일 포함)이며, 외국환은행 및 해외은행으로부터의 차입으로 구분된다.

2. 거래구조

외화콜거래는 외국환중개회사의 중개에 의한 장내거래와 외국환은행 당사자간의 직접거래인 장외거래로 구분된다.

(1) 장내거래

장내거래에 관한 기본적인 사항은 외환시장운영협의회에서 제정한 「서울외환시장 행동규범」에 따른다.[50] 장내거래절차는 은행들이 일반적으로 직통전화를 통해 자금차입 또는 자금대여 주문을 내고 외국환중개회사는 이들 가운데 조건이 맞는 거래를 찾아 중개한다. 외화콜거래는 신용콜로 담보가 없다. 장내시장에 참가하는 은행들은 기관별로 콜머니에 대한 신용한도를 설정하여 신용이 낮은 은행의 과도한 콜자금차입이나 일부 은행의 콜자금차입의 독점을 억제한다.

(2) 장외거래

장외거래는 정형화된 방식이 없으므로 거래라인이 있는 은행간에 로이터(Reuter)가 제공하는 딜링 머신을 이용해 금융기관간의 거래가 이루어진다.

(3) 기일물의 종류

외화콜거래 기일물의 종류는 Overnight(O/N), Tomorrow Next(T/N), Spot Next(S/N), Week, Month 등이 있으며 Overnight거래가 가장 활발히 이루어지고 있다. 거래통화는 미달러화, 일본 엔화, 유로화 및 영국 파운드화 등[51]이 있다.[52]

Ⅴ. 단기대차시장(단기금융시장)

1. 의의

외화 단기대차시장이란 3개월 이상 1년 이내의 특정 기간 동안 은행간에 외화를 대여·차입하는 거래가 이루어지는 시장을 말한다. 이 거래는 스왑시장, 외화콜시장과 마찬가지로 은행

---

50) 서영숙(2013), 16-17쪽.
51) 미달러화 이외 통화의 경우 콜거래 규모가 극히 미미하다.
52) 한국은행(2016), 171쪽.

들의 해외 장기차입 및 운용, 대고객거래 등 각종 거래에 따른 외화자금 과부족을 조정하기 위해 발생한다. 하지만 단기대차거래는 스왑거래가 이종통화 또는 금리간 교환거래를 수반한다는 점에서, 외화콜거래는 만기 3개월 이내의 초단기로 대차거래가 이루어진다는 점에서 그 성격이 구분된다.[53]

외화 단기대차거래와 관련하여 외국환거래법상의 제한[54]은 없으며 은행의 일반적인 외환 업무의 하나로서 주로 거래선이 있는 은행간 로이터 딜링 머신 등을 이용해 거래의향을 전달하고 금리 등 조건을 협의하여 거래 여부를 결정하는 방식으로 이루어진다. 과거에는 은행간 거래에 필요한 신용한도 내에서 담보 없이 거래하는 신용거래가 대부분이었으나 최근에는 환매조건부채권매매(RP매매)에 의한 대차거래도 많이 일어나고 있다.

2. 특징

외화의 단기차입은 장기차입에 비해 금리가 낮고 만기도래시 차환(roll-over)을 계속할 경우 장기차입과 같은 효과를 거둘 수 있다는 점에서 차주은행 입장에서 선호할 수도 있으나 만기가 짧기 때문에 자금조달원으로서는 다소 불안한 측면이 있다. 즉 국내외에서 신용경색이 발생하거나 우리나라의 국가부도위험이 높아져 외국계 금융기관들이 우리나라에 대한 총신용공여(total credit exposure) 규모를 급격히 축소할 경우 국내은행들의 단기 외화차입금 차환이 어려워지고 차입 가산금리가 일시에 급등하여 차입비용이 크게 늘어날 수 있다. 특히 이 같은 상황이 지속되면 전반적인 외화자금시장의 외화유동성 부족으로 이어질 수도 있다.[55]

이에 따라 우리나라는 1997년 외환위기, 2008년 글로벌 금융위기 등을 경험하면서 외화자금의 단기조달 및 장기운용에 따른 만기불일치 문제를 해소하기 위해 은행들의 외화 유동성커버리지비율(LCR)을 도입 또는 강화하는 한편 은행 자체적으로도 리스크관리 능력을 확충토록 함으로써 은행의 단기 외화조달과 운용과 관련한 건전성 제고에 각별한 노력을 기울이고 있다.

3. 거래구조

우리나라의 외화 단기대차거래는 외은지점 및 외국 소재 은행이 대주(貸主)로, 그리고 국내은행이 차주(借主)로서 참여하는 경우가 많다. 외은지점은 본지점 차입, 외화콜머니 등을 통

---

53) 한국은행(2016), 173-175쪽.
54) 다만 외국환은행이 비거주자로부터 건당 5천만 달러를 초과하는 상환기간 1년 초과 장기차입(외화증권발행 포함)시에는 기획재정부장관에게 신고하여야 한다(규정2-5①).
55) 1997년 외환위기 및 2008년 글로벌 금융위기 당시 외국 금융기관들은 우리나라 은행들에 대한 단기 외화 대여금을 경쟁적으로 회수하였다. 그 결과 국내은행의 단기차입금 차환비율이 30%대로 급격히 하락하고 가산금리가 200bp를 상회하는 등 사실상 해외차입이 불가능해짐에 따라 외화유동성이 급속히 고갈된 바 있다.

해 외화자금을 조달하고 조달금리에 가산금리를 추가하여 국내은행에 단기신용을 제공한다.

(1) 일반대차거래

신용에 의한 일반대차거래는 개별 은행간 먼저 신용공여한도(credit line)[56]를 설정한 뒤 동한도 내에서 차주은행의 요청이 있으면 금리조건을 협의한 후 대출을 실행하게 된다. 그러나 신용한도는 가변적일 뿐 아니라 신디케이트론(syndicated loan)이나 수출입업체 등과의 무역관련신용(trade related credit)[57] 등 여타 거래가 늘어날 경우 한도가 소진될 수도 있으므로 신용한도에 여유가 있는지를 사전에 정확히 파악하기 어려운 측면이 있다.

(2) 환매조건부채권(RP)거래

(가) 개요

「외국환계정 해설」 및 「은행회계해설」에 의하면 환매조건부채권매매(RP)란 매매당사자가 매매되는 채권을 일정기간이 경과한 후에 일정이율에 의한 가격으로 동일채권을 다시 매수하거나 매도할 것을 조건으로 매매하는 것을 말한다. 이러한 RP거래는 본질상 콜거래, 기업어음거래 등과 같이 단기자금의 대차거래이지만 그 거래대상이 장기금융자산인 채권이며 동 채권이 담보의 성격을 지닌다는 점에서 여타 단기금융거래와는 차이가 있다. 또한 RP거래는 증권거래소 밖에서 이루어지는 장외거래이며 현물과 선물거래가 동시에 발생하는 거래라는 특징을 가지고 있다.

RP거래는 채권매매의 형식이나 실제로는 채권을 담보로 한 대차거래의 성격을 가진다. RP에 의해 외화를 단기로 차입할 경우 외화계정의 부채과목인 "RP매도"가 증가하고 그 금액만큼 자산과목인 "외화예치금"이 늘어나게 되나 환매조건부로 매도한 채권에 대해서는 별도의 계정처리를 하지 않는다. 국내은행들의 RP거래 대상채권은 주로 미국, 유럽 등의 국채, 회사채, 우리나라 정부 및 국내기업이 해외에서 발행한 채권 등 외화표시채권이 주로 이용되나 경우에 따라서는 원화 국공채가 이용되기도 한다.

RP거래의 대상채권은 담보의 성격을 띠고 있으므로 채권의 신용도에 따라 차입금리가 영향을 받게 된다. 또한 RP거래는 은행마다 상대은행에 대한 신용공여한도를 설정하는 것이 일반적이며, 대주은행에 따라 신용에 의한 일반대차거래와 RP거래의 한도를 같이 관리하거나 별도로 관리하기도 한다. 어느 경우든 RP거래는 신용한도를 보다 유연하게 적용받을 수 있는 장점이 있다. 한편 RP거래의 만기는 신용에 의한 일반대차거래보다 다소 긴 6개월에서 1년까지가 주종을 이루고 있으며 거래규모도 상대적으로 큰 편이다. RP거래를 하기 위해서는 사전에

---

56) 신용공여한도(credit line)는 일정한도 내에서 언제든지 자금의 인출 및 상환이 가능한 "committed line"과 자금인출시 매건 별로 제공은행의 승인을 받아야 하는 "uncommitted line"으로 구분된다. 전자의 경우 입출금이 자유롭기 때문에 약정한도에 대해 일정 수수료(연 20bp 내외)를 지불하여야 한다.

57) 차월, 메일크레디트(mail credit), 리파이넌스(refinance) 등이 있다.

거래당사자간 계약서를 작성하여야 한다. 동 계약서는 RP거래와 관련하여 국제적으로 통용되는 공통사항을 담은 일종의 주계약서로서 국제표준계약서(Global Master Repurchase Agreement)와 양 당사자간 합의에 의해 주계약에 대한 수정, 추가, 삭제 등의 사항이나 거래통지문 양식, 대상채권 등 특약을 내용으로 하는 부속서로 구성된다.

(나) 외화환매조건부채권매수

「외국환계정 해설」 및 「은행회계해설」에 의하면 외화환매조건부채권매수(Bonds Purchased under Resale Agreements in Foreign Currency)란 환매조건으로 채권을 외화로 매수하였을 경우 동 매수가액을 처리하는 계정이다.

환매조건부채권 매매거래는 그 형식은 채권의 매매이지만 실질적으로는 단기금융거래이므로 회계처리도 금융거래에 따르고 있다. 따라서 환매조건부 채권을 외화로 매도하였을 경우 이를 채권의 감소로 처리하지 않고 별도의 부채과목인 "외화환매조건부채권매도"계정에 계상하고, 환매조건부채권을 외화로 매수하였을 경우는 자산계정인 "외화환매조건부채권매수"계정에 계상한다.

(다) 외화환매조건부채권매도

「외국환계정 해설」 및 「은행회계해설」에 의하면 외화환매조건부채권매도(Bonds Sold under Repurchase Agreements in Foreign Currency)란 환매조건으로 채권을 외화로 매도하였을 경우 동 매도가액을 처리하는 계정이다.

환매조건부채권매매(RP)는 매매당사자 사이의 채권을 일정기간 경과 후에 일정이율에 의한 가격으로 동일 채권을 다시 매수하거나 매도할 것을 목적으로 하는 채권매매이다. 환매조건부 채권매매의 회계처리시 거래의 형식은 채권의 매매일지라도 실질적으로는 단기금융거래이므로 이에 따라 회계처리하고 있다. 따라서 환매조건부채권을 외화로 매도하였을 경우 이를 채권의 감소로 회계처리하지 않고 별도의 부채과목인 "외화환매조건부채권매도"계정에 계상한다.

제4절 외환파생상품시장

I. 개요

한국거래소시장에 통화선물과 통화옵션이 상장되어 거래되고 있다. 거래소 장내 외환시장은 거래소 메커니즘에 따라 작동하는 외환시장의 일부이며, 자본시장 인프라하의 통화시장이다.[58] 거래소 장내 외환시장은 새로운 유형의 외환시장으로 1972년 5월 시카고상업거래소 (CME: Chicago Mercantile Exchange)의 부속 거래소인 국제 통화시장(IMM: International Monetary Market)을 개설하여 통화선물거래를 개시함으로써 최초로 금융선물거래를 시작하였다.

흔히 외환시장이라 하면 장외 외환시장을 의미하며 장내 외환시장에 대해서는 거래소 통화 관련 파생상품시장이라는 용어를 사용하는 경향이 있다. 하지만 거래소는 외환시장으로서의 기능을 수행하고 있는 것이다. 거래소의 통화선물, 통화옵션 시장은 외환시장을 구성하는 일부이므로 외환시장이란 관점이 필요하다. 대부분의 개인 또는 중소기업에게 장외 외환시장에 대한 접근성은 매우 제한적이며, 소액거래, 낮은 신용의 개인이 자유로이 거래 주체간 수평적이며 동등한 자격으로 거래할 수 있는 시장은 거래소의 장내 외환시장이라 할 수 있다.

Ⅱ. 통화선물시장

1. 의의

통화선물이란 미래의 일정시점에 인수도할 외국환을 현재시점에서 미리 매수하거나 매도하는 거래(선물거래)를 말한다. 외국환의 종류에 따라 달러선물, 엔선물 등으로 불리는데 거래소에는 미국달러선물, 엔선물, 유로선물, 위안선물이 상장되어 있다.[59]

통화선물거래는 환리스크 관리 목적, 투기적 목적 및 차익거래 목적 등으로 이용된다. ⅰ) 환리스크 관리 목적 거래는 현재 보유 중이거나 또는 앞으로 발생할 현물환포지션과 반대방향으로 통화선물을 매수 또는 매도함으로써 환율변동에 따른 리스크를 회피하는 것을 말한다. ⅱ) 투기적 목적 거래는 환율상승 예상시 통화선물을 매수하고 환율하락 예상시 통화선물을 매도함으로써 시세차익을 추구한다. ⅲ) 차익거래 목적 거래는 환율의 변동방향과 상관없이 선물가격과 현물가격의 일시적인 불균형을 이용하여 선물환과 현물환 중 상대적으로 저평가된 것을 매수하고 고평가된 것을 매도한 후 현물환율과 선물환율의 차이가 축소된 시점에서 반대거래를 통하여 위험을 부담하지 않고 이익을 실현한다.[60]

2. 기초자산 및 거래단위

통화선물거래의 기초자산은 "외국환거래법 제3조 제1항 제2호의 외국통화"(내국통화 외의 통화) 중 유동성, 국제 금융시장의 대표성, 거래 수요 등을 감안하여 세칙으로 정하는 외국통화

---

58) 빈기범·강원철(2009), 31-32쪽.
59) 한국거래소(2017), 「손에 잡히는 파생상품시장」, 한국거래소(2017. 10), 70쪽.
60) 한국은행(2016), 181-182쪽.

로 한다(파생상품시장 업무규정44①, 이하 "업무규정"). 여기서 "세칙으로 정하는 외국통화"란 미국 달러, 엔, 유로 및 위안을 말한다(파생상품시장 업무규정 시행세칙25의2①, 이하 "시행세칙"). 통화선 물거래의 거래단위는 미국달러선물거래의 경우는 1만달러, 엔선물거래의 경우는 100만엔, 유 로선물거래의 경우는 1만유로, 그리고 위안선물거래의 경우는 10만위안으로 한다(시행세칙25의 2②).

3. 결제월

통화선물의 결제월은 매월로 하고, 결제월의 수는 ⅰ) 미국달러선물거래의 경우는 비분기 월 중 8개와 분기월 중 12개의 총 20개, ⅱ) 엔선물거래, 유로선물거래, 위안선물거래의 경우는 비분기월 중 4개와 분기월 중 4개의 총 8개로 하며, 각 결제월의 거래기간은 ⅰ) 미국달러선물 거래의 경우, 비분기월종목의 경우는 1년, 분기월종목의 경우는 3년, ⅱ) 엔선물거래, 유로선물 거래, 위안선물거래의 경우는 비분기월종목의 경우는 6개월, 분기월종목의 경우는 1년으로 한 다(시행세칙25의3).

4. 거래승수, 호가가격단위 및 가격의 표시

통화선물거래의 거래승수는 ⅰ) 미국달러선물거래, 엔선물거래 및 유로선물거래의 경우는 1만, ⅱ) 위안선물거래의 경우는 10만으로 한다(시행세칙25의4①). 통화선물거래의 호가가격단 위는 0.10으로 한다. 다만, 위안선물거래의 경우에는 0.01로 한다(시행세칙25의4②). 통화선물거 래의 가격은 ⅰ) 미국달러선물거래의 경우는 1달러당 원화, ⅱ) 엔선물거래의 경우는 100엔당 원화, ⅲ) 유로선물거래의 경우는 1유로당 원화, ⅳ) 위안선물거래의 경우는 1위안당 원화로 표시한다(시행세칙25의4③).

5. 최종결제방법, 최종거래일 및 최종결제일

통화선물거래의 최종결제는 최종결제수량에 대하여 통화와 최종결제대금을 수수하는 방 법으로 하고(업무규정48①), 최종거래일은 결제월의 세 번째 월요일(휴장일인 경우에는 순차적으로 앞당긴다)로 하고(시행세칙25의5①), 최종결제일은 최종거래일부터 계산하여 3일째의 거래일로 한다(시행세칙25의5②).

통화선물거래의 최종결제대금은 [최종결제가격 × 최종결제수량 × 거래승수]의 계산식 에 따라 산출한다(시행세칙25의5③).

통화선물거래의 최종결제가격은 최종거래일의 정산가격으로 한다(시행세칙25의5④).

6. 인수도내역의 통지

거래소는 최종거래일의 장종료 후 통화선물거래의 최종결제수량 및 통화의 수수액과 최종결제대금등 인수도내역을 결제회원에게 통지한다(시행세칙27①). 결제회원이 거래소로부터 통화선물거래의 인수도내역을 통지받은 경우에는 지체 없이 매매전문회원에게 해당 매매전문회원의 인수도내역을 통지하여야 한다(시행세칙27②).

7. 통화와 결제대금의 수수

통화선물거래의 최종결제에 따른 통화와 최종결제대금의 수수는 다음 구분에 따른 방법으로 한다(시행세칙28①). 즉 ⅰ) 납부할 결제회원은 인수도결제시한까지 통화 또는 최종결제대금을 거래소에 납부하고, 거래소는 수령할 결제회원(자신이 납부할 최종결제대금 또는 통화의 납부를 완료한 결제회원)에게 통화를 인도하거나 최종결제대금을 지급한다. ⅱ) 지정결제회원과 매매전문회원은 통화와 최종결제대금을 수수하여야 한다.

통화의 수수는 결제은행에 거래의 결제를 위하여 개설한 계좌를 통하여 통화를 지급 또는 수령하는 방법으로 수행한다(시행세칙28②).

Ⅲ. 통화옵션시장

1. 의의

통화옵션거래란 미래의 특정시점(만기일 또는 만기 이전)에 특정통화(기초자산)를 미리 약정한 가격(행사가격)으로 사거나(call option) 팔 수 있는 권리(put option)를 매매하는 거래를 말한다. 통화옵션거래시 통화옵션 매수인은 대상 통화를 매매할 수 있는 권리를 사는 대가로 통화옵션 매도인에게 프리미엄(옵션가격)을 지급하고 이후 환율변동에 따라 자유롭게 옵션을 행사하거나 또는 행사하지 않을(권리를 포기할) 수 있다. 반면 통화옵션 매도인은 통화옵션 매수인이 권리를 행사할 경우 반드시 계약을 이행해야 하는 의무를 부담한다.

즉 미리 정한 환율로 최종거래일에 외국환을 매수 또는 매도할 수 있는 권리를 거래하는 것을 통화옵션이라고 할 수 있다. 이때 미리 정한 환율이 옵션의 행사가격이 된다. 미국달러옵션은 1999년 4월 3일 상장되었으며, 우리가 흔히 쓰는 환율표기 방식인 원/$를 가격표시방식으로 시용하고 있다.[61]

---

2. 기초자산 및 거래단위

통화옵션거래의 기초자산은 "외국환거래법 제3조 제1항 제2호의 외국통화(내국통화 외의 통화) 중 유동성, 국제 금융시장의 대표성, 거래 수요 등을 감안하여 정한 미국달러를 말한다(시행규칙28의2①). 통화옵션거래의 거래단위는 1만 미국달러로 한다(시행세칙28의2②).

3. 결제월 및 행사가격

통화옵션거래의 결제월은 매월로 하고, 결제월의 수는 비분기월 중 2개와 분기월 중 2개의 총 4개로 하며, 각 결제월의 거래기간은 비분기월종목의 경우는 3개월, 분기월종목의 경우는 6개월로 한다(시행세칙28의3).

통화옵션거래의 행사가격은 각 결제월의 거래개시일에 설정하고, 거래개시일의 다음 거래일 이후에는 행사가격을 추가로 설정할 수 있다(업무규정50②). 통화옵션거래 각 결제월의 거래개시일에 설정하는 행사가격의 수는 7개로 한다(시행세칙29①). 통화옵션거래 각 결제월의 거래개시일에는 10원을 행사가격단위로 하여 등가격 및 등가격에 연속하는 상하 각 3개의 행사가격을 설정한다(시행세칙29②). 통화옵션거래 각 결제월의 거래개시일의 다음 거래일 이후에 등가격이 변경되고 등가격보다 높은 행사가격의 수 또는 낮은 행사가격의 수가 3개보다 작은 거래일에는 등가격보다 높은 행사가격의 수 또는 낮은 행사가격의 수가 각각 3개가 되는 때까지 가장 높거나 가장 낮은 행사가격으로부터 10원을 행사가격단위로 하여 행사가격을 추가로 설정한다(시행세칙29③).

4. 거래승수, 호가가격단위 및 가격의 표시

통화옵션거래의 거래승수는 1만으로 하고, 호가가격단위는 0.10으로 하며, 가격은 원화로 표시한다(시행세칙29의4).

5. 권리행사 결제방법, 최종거래일 및 최종결제일

통화옵션거래의 권리행사결제는 권리행사결제수량에 대하여 권리행사차금을 수수하는 방법으로 한다(업무규정55①). 통화옵션거래의 최종거래일은 결제월의 세 번째 월요일(휴장일인 경우에는 순차적으로 앞당긴다)로 한다. 다만, 결제월의 세 번째 월요일이 서울외국환중개주식회사의 비영업일인 경우에는 최종거래일은 ⅰ) 해당 종목의 거래개시일 이전부터 비영업일인 경우는 결제월 세 번째 월요일의 전일, ⅱ) 해당 종목의 거래개시일 이후에 비영업일로 되는 경우는 결제월 세 번째 월요일의 다음 거래일로 변경한다(시행세칙29의5①).

통화옵션거래 권리행사의 유형은 최종거래일에만 권리행사를 할 수 있는 유형으로 하며 (시행세칙29의5②), 권리행사결제일은 권리행사일의 다음 거래일로 한다(시행세칙29의5③).

통화옵션거래의 권리행사결제기준가격은 외국환거래규정 제1-2조 제7호[62] 및 「외국환거래업무 취급세칙」 제4-3조[63]에 따라 외국환중개회사의 장이 권리행사일의 다음 날 영업개시 30분 전까지 기획재정부장관 등에게 통보하는 매매기준율로 한다(시행세칙29의5④ 본문). 다만 ⅰ) 최종거래일에 본문에 따른 매매기준율이 없는 경우는 권리행사일의 다음 영업일(서울외국환중개주식회사의 영업일)에 서울외국환중개주식회사에서 최초로 공표하는 매매기준율을 권리행사결제기준가격으로 하고, ⅱ) 그 밖에 시장관리상 필요한 경우는 거래소가 그때마다 정하는 가격을 권리행사결제기준가격으로 한다(시행세칙29의5④ 단서).

Ⅳ. 신용파생상품시장

1. 서설

(1) 신용파생상품의 개념

신용파생상품(Credit Derivatives)이란 파생상품 중에서 금융기관 등이 보유하고 있는 대출채권 등 준거자산에 내재되어 있는 신용위험을 거래상대방에게 이전하고, 거래상대방은 위험부담에 따른 수수료를 수취하는 금융거래계약으로 정의할 수 있다. 즉 신용파생상품은 장외파생상품의 하나로서, 대출자의 신용도 변화에 따라 가치가 변동하는 대출금, 회사채 등의 준거자산으로부터 신용위험만을 분리하여 매매하는 금융계약이다.[64]

신용파생상품은 준거자산의 이전 없이 신용위험만을 분리하여 거래하므로 신용위험에 대한 가격산정의 적정성을 높여 신용위험을 다수의 투자자에 분산시키는 기능을 한다. 일반적으로 금융자산은 금리, 환율 등 가격변수의 변동에 따라 그 가치가 변화하는 시장위험과 차입자의 부도, 신용등급 하락 등에 따라 자산가치가 변화하는 신용위험을 가지고 있는데, 시장위험은 선물, 옵션, 스왑 등을 통하여 대처할 수 있으며 신용위험은 신용파생상품을 통해 헤지할 수 있다.[65]

---

62) 7. "매매기준율"이라 함은 최근 거래일의 외국환중개회사를 통하여 거래가 이루어진 미화와 위안화 각각의 현물환매매 중 익익영업일 결제거래에서 형성되는 율과 그 거래량을 가중 평균하여 산출되는 시장평균환율을 말하며, "재정된 매매기준율"이라 함은 최근 주요 국제 금융시장에서 형성된 미화와 위안화 이외의 통화와 미화와의 매매중간율을 미화 매매기준율로 재정한 율을 말한다.

63) 제4-3조(매매기준율 등 산출) 기획재정부장관으로부터 환율고시업무 인가를 받은 외국환중개회사의 장은 규정 제1-2조 제7호에서 규정된 매매기준율과 재정된 매매기준율을 산출하고 매일 영업개시 30분 전까지 기획재정부장관, 한국은행총재 및 각 외국환업무취급기관의 장에게 통보하여야 한다.

64) 이금호(2008), "신용파생금융거래의 종류 및 법적 문제", 증권법연구 제9권 제2호(2008. 12), 189쪽.

(2) 신용파생상품의 금융관련법규상 정의

현재 일부 금융관련법규가 신용파생상품을 규정하고 있다.[66] 자본시장법에서는 신용파생상품을 "파생상품 중 기초자산이 신용위험(당사자 또는 제3자의 신용등급의 변동, 파산 또는 채무재조정등으로 인한 신용의 변동)인 파생상품"을 의미하는 것으로 규정(법4⑩ 및 법5)하고 있고, 외국환거래규정에서는 신용파생상품을 "자본시장법 제5조에 따른 파생상품 중 신용위험을 기초자산으로 하는 파생상품을 말한다"(규정1-2(13-2))라고 규정하고 있다. 한편 보험업법에서는 "외국환거래법 제3조 제9호에 따른 파생상품에 관한 거래로서 채무불이행, 신용등급 하락 등 계약당사자 간의 약정된 조건에 의한 신용사건 발생 시 신용위험을 거래당사자 한쪽에게 전가하는 거래"(법105(7) 및 동법 시행령49②(1))로 규정하고 있고, 채무자회생법에서는 "신용위험(당사자 또는 제3자의 신용등급의 변동, 파산 또는 채무재조정 등으로 인한 신용의 변동) 또는 신용위험의 가격, 이자율, 지표, 단위나 이를 기초로 하는 지수를 대상으로 하는 선도, 옵션, 스왑거래"(법120③(1) 및 동법 시행령14①(4))라고 규정하고 있다.

(3) 신용파생상품거래의 기본구조

(가) 거래참가자: 보장매수인과 보장매도인

신용파생상품거래의 참가자에는 크게 보장매수인(protection buyer)과 보장매도인(protection seller)이 있다. 보장매수인은 신용파생상품 매수계약을 통하여 신용위험을 이전시키고자 하는 자를 말하며, 보유자산의 신용위험을 보장매도인에게 이전하는 대가로 일정 프리미엄을 지급한다. 보장매도인은 신용파생상품 매도계약을 통하여 보장매수인으로부터 신용위험을 인수하는 자를 말하며 프리미엄을 받는다. 보장매도인은 프리미엄을 받는 대신에 계약상의 준거자산에 신용사건(credit event)이 발생할 경우 보장매수인에게 약정된 금액을 지급한다. 보장매수인 입장에서는 ⅰ) 보유자산을 양도하지 않으면서 자산의 신용위험을 이전하는 효과를 얻을 수 있어 고객과의 관계를 유연하게 가져갈 수 있으며, ⅱ) 신용위험 이전에 따라 규제자본의 경감 효과라는 이익을 얻을 수 있다. 보장매도인 입장에서는 ⅰ) 준거자산을 보유하지 않고도 보유하고 있는 것과 같은 효용을 얻을 수 있고, ⅱ) 신규수익원의 창출이라는 이점이 있다. 국내금융기관의 신용파생상품거래 잔액을 살펴보면 은행과 보험회사는 상대적으로 보장매도인으로서 증권회사는 보장매수인으로서의 니즈(needs)가 많은 것으로 파악되고 있다.[67]

---

65) 최초의 신용파생상품거래는 1993년 Credit Suisse First Boston의 파생상품 운용부문인 Credit Suisse Financial Products와 Bankes Trust 간의 거래로 알려져 있다.

66) 연혁적으로는 외국환거래법이 기본적 정의를 시작하였으나, 자본시장법이 시행된 후에는 다른 법에서도 자본시장법상의 개념을 인용하여 규정하고 있다.

67) 노성호(2009), "신용파생상품 활용으로 건설회사의 신용공여위험을 분산하는 방안 연구", 건국대학교 석사학위논문(2009. 12), 6-7쪽.

(나) 준거자산(reference asset)과 기초자산(underlying asset)

신용사건의 발생 여부를 판단하는 기준이 되는 자산을 준거자산(reference asset)이라 한다. 준거자산은 신용사건 발생 여부 판단대상에 따라 준거기업(reference entity) 또는 준거채무 (reference obligation)의 형태로 달리 표현될 수 있다. 즉 신용사건 발생의 판단대상이 기업일 경우에는 준거기업, 판단대상이 채무일 경우에는 준거채무라 표현한다.

기초자산(underlying asset)은 보장매수인이 신용위험을 헤지하고자 하는 대상자산을 말한다. 준거자산과 기초자산은 혼용되어 사용되기도 한다. 신용위험을 이전하고 싶은 대상, 다시 말해 기초자산이 신용사건 발생 판단대상인 준거자산과 동일할 수 있기 때문이다.[68]

(다) 신용사건(credit event)

신용사건은 보장매도인이 보장매수인에게 신용보장금액을 지급(default protection payment) 하게 하는 사건을 의미한다. 신용파생상품은 장외에서 거래되기 때문에, 즉 표준화되어 있지 않기 때문에 계약서의 작성이 매우 중요하다. 신용파생상품 매매는 ISDA가 제공하는 표준계약서(Master Agreement)를 거래상대방 기관별로 체결하고 개별상품의 거래시에는 거래확인서 (Confirmation)를 주고받는다. 계약에서 제일 중요한 부분을 꼽자면 신용사건의 정의라고 할 수 있다. 신용사건의 정의를 명확히 하지 않아 미미한 금액의 신용사건(soft credit event)에도 신용사건 발생을 선언할 수 있는 개연성이 많기 때문이고, 이는 신용파생상품거래의 안정성과 활성화를 해치는 결과를 낳을 수 있기 때문이다. ISDA 표준계약서 중에서 가장 많이 사용되는 것은 1998년 출간된 Confirmation, 1999년 출간된 ISDA 신용파생상품정의집(1999 ISDA credit derivative definitions)이며, 이외에도 각종 ISDA 표준계약서상의 정의 및 절차를 보완하는 부록들이 다수 발간되어 사용되고 있다. ISDA에서 정한 표준계약서에서는 신용사건의 유형을 파산, 합병, 기한이익 상실, 교차부도, 신용등급 하락, 지급불능, 지급거절, 채무재조정 등 8가지로 구분하고 있다.[69]

(4) 신용파생상품거래의 장단점
(가) 신용파생상품거래의 장점

신용파생상품거래는 다음과 같은 장점이 있다. ⅰ) 대출 등 준거자산에서 신용위험 자체를 분리하여 거래할 수 있는 수단을 제공함으로써 은행 등 금융기관으로 하여금 보다 능동적인 위험관리를 가능하게 한다. ⅱ) 신용파생상품거래는 보장매도인(또는 투자자)에게 수익성이 높은 대출시장에 간접적으로 참여할 수 있는 기회를 줄 뿐만 아니라 거의 자금부담 없이 신용위험만을 부담하는 레버리지 효과를 통하여 고수익을 겨냥할 수 있는 투자수단을 제공한다.

---

68) 노성호(2009), 8쪽.
69) 황도윤(2011), "신용파생금융거래에 관한 법적 연구", 고려대학교 법무대학원 석사학위논문(2011. 6), 8-9쪽.

iii) 신용파생상품거래는 준거자산 자체의 유동성 또는 거래조건 등과는 관계없이 신용위험만을 분리하여 거래대상으로 하기 때문에 신용위험을 거래 가능한 상품으로 변화시켜 다양한 상품구조를 창출할 수 있게 해줄 뿐만 아니라, 준거자산의 유동성을 제고시켜 전반적인 금융시장의 중개기능을 높인다. iv) 양도 또는 증권화를 통한 거래의 경우에는 채무자에 대한 통지 또는 승낙이 필요한 반면, 신용파생금융거래는 이러한 절차가 필요하지 않기 때문에 거래의 기밀유지가 가능하다.[70]

(나) 신용파생상품거래의 단점

신용파생상품거래는 다음과 같은 단점도 있다. i) 신용위험 보장매도기관 등의 투기적 목적의 과도한 레버리지 부담은 보장매도 금융기관의 부실 등 건전성 악화로 이어질 가능성이 있다. ii) 금융기관이 차주기업에 대한 신용위험을 회피할 수 있게 되므로 동 기업에 관한 사후감시(monitoring) 유인을 저하시킬 가능성이 있어 도덕적 해이가 증가할 가능성이 커진다. iii) 부외거래의 특성상 일반투자자의 금융기관 재무상태에 대한 평가를 어렵게 하여 시장의 자율규제기능 및 감독당국의 감독기능을 약화시키는 등 시장의 안전성을 저해시킬 가능성이 있다. iv) 신용파생상품거래에 대해 내부통제시스템이 미흡하거나 이해가 부족할 경우 금융기관의 도산 등 위기상황에 봉착할 가능성이 높아질 수 있다.[71]

2. 신용부도스왑(CDS)

(1) CDS의 의의와 연혁

(가) 의의

1) 개념

CDS는 기업, 금융기관, 국가 등의 부도위험에 대한 보장(protection)을 거래하는 신용파생상품이며, CDS 프리미엄은 이러한 위험보장의 대가를 의미한다. 일반적으로 헤지목적의 CDS거래에서는 보장매수인이 보장매도인에게 보험료와 유사한 성격의 CDS 프리미엄(수수료)을 지급하고, 보장매도인은 계약기간 중 준거자산[72]의 파산이나 지급거절 등과 같은 신용사건이 발생할 경우 준거자산의 손실을 보전하게 된다.

2) CDS 프리미엄

CDS 프리미엄은 준거자산의 부도위험에 따라 결정되는데, 프리미엄이 낮을수록 부도확률

---

70) 황도윤(2011), 12쪽.
71) 황도윤(2011), 12-13쪽.
72) 준거자산은 반드시 보장매수인이 CDS거래를 통해 신용위험을 헤지하고자 하는 기초자산과 동일할 필요는 없다. 예컨대 보장매수인이 보유하고 있는 대출이나 채권 등과 같은 기초자산의 신용위험과 상관관계가 매우 높은 준거자산을 대상으로 CDS거래를 통해 신용위험을 헤지할 수도 있기 때문이다.

이 낮은 것으로 이해될 수 있다. 프리미엄은 1년 단위로 지급되는 금액으로서 베이시스 포인트(bp)[73]로 표시되며, 통상 분기 지급이 일반적이다. 일반적으로 CDS를 매수할 경우 동 회사의 부도에 따른 손실을 보전받기 때문에 이론상 회사채 금리에서 CDS 프리미엄을 차감하면 무위험 수익률이 남는다.[74] 따라서 CDS 프리미엄은 회사채 수익률과 무위험 수익률의 차액과 같으며, 그런 의미에서 개별회사의 CDS 프리미엄은 동 회사의 차입여건을 나타낸다고 볼 수 있다. 또한 만기가 길어질수록, 준거자산 및 보장매도인의 신용등급이 낮을수록, CDS 프리미엄은 높아지게 된다. 예를 들면 신용등급이 A인 준거자산의 신용위험을 전가시키려는 보장매수인의 입장에서는 신용등급이 BB인 보장매도인과 계약을 맺는 것은 큰 의미가 없다. 왜냐하면 보장매도인인 거래상대방이 먼저 채무불이행 상태에 빠지면 계약을 이행할 수 없기 때문이다. 따라서 보장매수인은 신용등급이 높을수록 프리미엄은 높아지게 되며, 준거자산과 보장매도인간 채무불이행 상관관계가 낮을수록 프리미엄이 높아진다.[75]

3) 손실보전방식

손실보전방식은 크게 현금정산방식(cash settlement)과 현물인도방식(physical delivery)으로 구분할 수 있는데, 현금정산방식의 경우 손실액을 현금으로 보상해주는 방식으로 손실액 전액을 보상하거나 미리 정한 액수만큼 보상한다. 현물인도방식의 경우 보장매도인이 보장매수인에게 특정 인도 가능 채권을 액면가로 인도함으로써 손실을 보상하는 방식인데, 여기서 인도 가능 채권은 준거자산이거나 일정한 조건을 만족시키는 채권이다.[76] 현물인도방식의 경우 현물인도 후에 신용위험 인수자(보장매도인)가 준거자산을 이용하거나 부도채권의 소유자로서 워크아웃 과정에 직접 참여할 수도 있다는 점에서 현금정산방식과 다르다.

4) CDS거래와 투자

한편 CDS거래는 준거자산에 대한 채권관계와 상관없이 투자목적으로도 많이 이루어지는데, 예컨대 프리미엄 하락(상승)이 예상되는 경우 보장매도(매수)를 하고 프리미엄 하락(상승)시 보장매수(매도)를 하게 되면 프리미엄 차이만큼 이익을 얻게 된다. 실제 거래에서는 프리미엄의 급변동으로 손실을 보는 쪽에서 남은 계약기간 동안의 예상 손실규모를 거래상대방에게 한꺼번에 지급하면서 계약을 조기청산하기도 한다.

---

73) basis point의 약어로 이자율을 계산할 때 사용하는 단위로 1%는 100bp이고 1bp는 0.01%이다. 예컨대 액면이자율이 10%인 채권이 가격하락으로 실질수익률이 10.5%가 되었을 경우 액면이자율보다 50베이시스 포인트 높아졌다고 말한다. 국제 금융시장에서는 자금을 차입하고 대출할 때 사용하는 금리를 런던은행간 금리(LIBOR)에 가산금리(주로 bp로 표시)를 더해 정한다. 국제 금융시장에서는 1bp라도 더 받으려는 자금공급자와 1bp라도 싸게 차입하려는 차입자간의 힘겨루기가 치열하다.
74) 이를 흔히 "Duffie's Parity"라 말한다.
75) 서병호·이윤석(2010), "국내외 은행의 CDS 프리미엄 결정요인 분석 및 시사점", 한국금융연구원(2010. 10), 3~6쪽
76) 예컨대 대상채권들 중 가장 싸게 거래가 되는 최저 인도 가능 채권(cheapest to delivery)일 수도 있다.

5) CDS거래의 주요 참가자

CDS거래는 주로 대형 은행의 중개를 통한 장외거래로 이루어지며, 은행, 투자은행, 헤지펀드 및 보험회사 등이 주요 시장참가자이다. CDS시장의 주요 거래자인 은행은 CDS 매수거래를 통해 위험자산의 신용위험을 헤지할 수 있게 되면서 위험자산 투자를 증가시킬 수 있게 되었다. 또한 대형 보험회사 및 헤지펀드 입장에서는 CDS가 보험과의 유사성에도 불구하고 제도적으로 규제를 받는 보험상품이 아니기 때문에 수수료 수입 확대나 투자목적 거래를 많이 하게 되었다.

(나) 연혁

CDS는 1990년대 초반부터 원시적인 형태로 산발적으로 거래되었으나, 본격적인 상품으로 취급되기 시작한 것은 1995년 전후 JP Morgan에 의해서인 것으로 알려져 있다. 1989년 Alaska 지방에서 발생한 기름유출사고로 인해 심각한 자금난을 겪고 있던 Exxon사는 1994년 말 JP Morgan에 대출을 요청했는데, Exxon사가 오래된 고객임에도 불구하고 JP Morgan은 부실을 우려하여 대출을 꺼리고 있었다. 그러던 중 당시 신용파생상품팀의 팀장이었던 Blythe Masters가 Exxon사에 대한 대출의 신용위험을 유럽부흥개발은행(EBRD)에 떠넘기는 거래를 성사시켰고, 이것이 오늘날 CDS거래를 활성화시키는 계기로 작용하였다.[77]

JP Morgan이 처음으로 CDS를 개발하게 된 이유는 크게 두 가지로 요약될 수 있다. ⅰ) JP Morgan은 당시 여타 투자은행들에 비해 대출규모가 컸기 때문에 신용위험을 헤지할 유인이 높았다. ⅱ) JP Morgan은 당시 런던지점을 중심으로 유럽 주요국의 국채를 활발히 거래하고 있었으므로 1999년 유럽통화동맹(EMU) 출범을 앞두고 유럽 일부 국가에 대한 신용위험을 헤지할 필요가 있었다.

(2) 특징

CDS[78]는 기초자산으로부터 신용위험을 분리하여 거래상대방에게 이전하고 그 대가로 일정한 수수료(premium)를 지급하는 금융상품으로 프리미엄과 손실보전금액(contingent default payment)을 교환하는 계약이며 모든 신용파생상품의 기본이 된다.

보장매수인은 약정된 계약금액에 대한 프리미엄을 보장매도인에게 지급하고, 계약기간 동안 준거자산에 대한 신용사건이 발생할 경우 보장매도인은 보장매수인에게 손실보전금액을 지급하게 된다. 이러한 스왑계약을 통해 준거자산의 신용위험이 보장매수인에게서 보장매도인에게로 이전하게 된다. CDS계약에서 보장매수인은 준거자산을 기초자산으로 하는 풋옵션[79]을

---

77) 서병호·이윤석(2010), 8쪽.
78) CDS는 국제 신용파생상품시장 또는 국내 신용파생상품시장에서 가장 큰 비중을 차지하고 있는 기본적인 상품이다.
79) 자산을 일정가격에 매도할 수 있는 권리를 의미한다.

매수한 것과 동일한 효과를 얻게 되며, 보장매도인의 입장에서는 프리미엄을 지급받고 풋옵션을 매도한 셈이 된다. 또한 CDS의 보장매수인은 준거기업이 발행한 채권에 투자하고 그 채권의 신용위험만을 보장매도인에게 이전한 결과와 유사한 효과를 거둘 수 있다.[80]

(3) 기능
(가) 순기능

은행 등 금융기관은 동일차주, 특정 산업 등으로 포트폴리오가 집중되어 있는 경우 도산할 확률이 높아지는데, CDS와 같은 신용파생상품을 활용할 경우, 이러한 신용위험을 완화할 수 있다. 예를 들어 은행이 대출자산 등 유동성이 낮은 자산을 시장에서 매각하는 것은 현실적으로 매우 어렵다. 그러나 은행이 CDS거래를 통해 유동성이 낮은 준거자산에 대한 보장을 매수하면 준거자산을 계속 보유하면서 신용위험을 낮출 수 있다. 이와 같이 CDS는 은행 등 금융기관으로 하여금 고객관계를 그대로 유지하면서 신용위험만을 분리하여 제거할 수 있는 수단을 제공한다는 측면에서 재무구조의 건전성 제고를 위한 유용한 방편으로 활용될 수 있다.

반면 보장매도인의 입장에서 CDS는 수익성이 높은 대출시장에 간접 참여할 수 있는 기회를 주며 최소한의 자금부담으로 신용위험만을 부담하는 레버리지 효과를 통해 고수익을 겨냥할 수 있는 투자수단이다. 즉 은행 대출채권의 수익률에는 관심이 있지만 대출관리 등에 소요되는 비용을 꺼리는 투자자들이 은행 대출채권을 직접 매수하지 않고도 매수한 것과 동일한 효과를 누릴 수 있다. 또한 은행 등 금융기관은 이미 보유하고 있는 신용위험과 상관관계가 낮은 다른 신용위험을 매수함으로써(보장매도인으로 참여) 자신의 신용 포트폴리오를 다변화하여 전체 자산 포트폴리오의 안정성을 높이는 동시에 수수료 수입의 확대를 도모할 수도 있다.

또한 거시적인 측면에서 볼 때 CDS와 같은 신용파생상품을 활성화하게 되면 신용위험에 대한 가격결정의 효율성을 높여 금융시장의 안정성 및 효율성을 높이는 효과를 기대할 수 있으며 대출시장에 유동성을 제공함으로써 전반적인 금융중개기능도 제고된다. 이와 더불어 신용파생상품시장의 발달은 대출 등의 신용위험에 대한 유용한 가격정보를 제공하여 금융시장의 효율성을 높이는 기회를 제공한다. 예를 들어 1997년 외환위기 이후 은행의 신규대출 기피 및 기존대출 회수 사례, 1999년 8월 대우사태, 2000년 5월 현대사태 이후 금융기관의 회사채인수 기피 사례 등에서 우리나라가 경험한 신용경색 현상은 CDS시장의 미발달에도 일부 기인한다.

(나) 역기능

반면 CDS는 ⅰ) 금융기관의 차주기업에 대한 사후감시(monitoring) 유인을 저하시킬 가능성이 있고, ⅱ) 보장매도인 등의 과도한 레버리지 부담이 보장매도 금융기관의 도산 등 부실로 이어질 가능성이 있으며, ⅲ) 부외거래의 특성상 일반투자자의 금융기관 재무상태에 대한 평가

---

80) 노성호(2009), 10-11쪽.

를 어렵게 하여 시장의 자율규제기능 및 감독당국의 감독기능을 약화시킬 가능성이 있다. 2008
년 9월 16일 미국 연준으로부터 850억 달러 규모의 구제금융 지원을 받은 미국 최대의 보험회사
인 AIG의 사례가 가장 극명한 예일 것이다. 2008년 초 전까지만 해도 주가가 50달러를 상회
하고 1조 달러를 상회하는 자산과 자본금이 960억 달러에 달했던 금융기관이 한때 주가가 1달
러에도 못미치게 되었다. 이는 다름 아닌 그동안 AIG의 막대한 수익원이었던 614억 달러에 달
하는 CDS 포트폴리오가 부실화되었기 때문이다.

이처럼 CDS거래는 부도위험을 분산 또는 이전시킴으로써 금융기관의 자산유동화를 촉진
시키는 등 그동안 많은 순기능을 해 왔음에도 불구하고 금융위기시 초래할 수 있는 막대한 손
실에 대해서는 많은 사람들이 크게 신경쓰지 않았다. 물론 CDS거래의 위험성에 대한 각계의
지적은 AIG사태 이전부터 있어 왔던 것은 사실이다.[81] 그러나 이러한 지적이나 경고는 CDS거
래에 대한 규제로 이어지지는 않고 단순히 그 위험성에 대해서 주의를 환기시키는 정도로 넘
어가곤 하였다.[82]

(4) 국가 CDS 프리미엄
(가) 개념과 배경
1) 국가신용위험지표의 의의

외평채[83] 가산금리와 국가 CDS 프리미엄은 국제 금융시장에서 우리나라의 신용위험 수
준을 나타내는 지표로 널리 사용된다.[84] 따라서 국가신용위험지표의 급속한 상승은 직접적으
로 외화자금 조달비용의 상승을 가져올 뿐만 아니라 시장참가자들 사이에 우리 경제에 대한
불안 심리를 고조시킬 가능성이 있다. 또한 국가신용위험지표의 상승으로 시장의 불안 심리가
확산될 경우 환율 변동성 확대 등으로 환율정책 운용상의 어려움도 가중될 수 있다.

2008년 글로벌 금융위기 이전 매우 낮은 수준을 지속하던 우리나라의 국가 CDS 프리미엄
과 외평채 가산금리는 미국 서브프라임 모기지 사태에 따른 국제 금융시장 불안의 여파로

---

81) 2001년 노벨 경제학상 수상자인 George Akerlof는 1993년에 CDS가 다음 금융위기의 원인으로 작용할 것
이라고 예언하였으며, 투자의 귀재로 불리는 워렌 버핏은 2003년에 CDS를 이른바 "대량살상무기
(weapons of mass destruction)"로 규정하였다. Christopher Cox 前 미국 증권거래위원회 위원장도 규제
로부터 자유로운 CDS가 글로벌 금융위기 발발에 주요한 원인 중 하나라고 지적하였다. 투자의 연금술사
로 불리는 조지 소로스도 CDS가 "독성(toxic)"을 지녔으며 굉장히 위험한 파생상품임을 강조하였다. 1997
년 노벨 경제학상 수상자이며 CDS 프리미엄 결정모형 개발에 결정적 기여를 한 Myron Scholes는 장외
CDS거래가 너무 위험하기 때문에 이들을 전부 "폭파"시키거나 "소각"해야 한다고 주장하였다.
82) 서병호 · 이윤석(2010), 10-11쪽.
83) 외평채란 외국환평형기금채권(외국환거래법13 및 14)의 약자로 우리나라 정부가 환율과 외환시장을 안정
시키기 위해 조성하는 외국환평형기금을 마련하기 위해 발행하는 채권을 말한다.
84) 외평채 가산금리, 국가 CDS 프리미엄과 더불어 국가신용위험지표로 흔히 언급되는 국가신용등급(sovereign
credit rating)은 국제신용평가기관들이 통상 특정 국가의 신용위험도 변화가 영구적(permanent)인 것으로
판단될 경우에 신용등급을 조정하기 때문에 단기적인 국가신용위험 변화를 반영하는 데 한계가 있다.

2007년 하반기 들어 상승세로 돌아선 후 2008년 9월 15일 리먼 브라더스 파산사태 이후에는 급등세를 나타냈다. 이런 가운데 글로벌 금융위기 이후 아시아 주요 신흥시장국의 국가신용위험지표 상승폭 및 변동성을 국가 CDS 프리미엄을 기준으로 비교해 보면,[85] 우리나라가 상대적으로 크게 나타났다.[86]

2) 국가 CDS 프리미엄의 의의

2013년 국제신용평가기관들이 세계 주요국의 부채상환능력에 대한 우려를 반영하여 일부 서방 선진국의 국가신용등급을 하향조정하면서, 이들 국가의 CDS 프리미엄이 큰 폭으로 상승하였다. 우리나라의 경우 2011년 하반기 유럽 재정위기의 영향으로 상승세를 보였던 외평채 CDS 프리미엄이 글로벌 금융시장의 불안과 한반도의 지정학적 리스크에도 불구하고 최근에는 비교적 안정된 모습을 보이고 있다. 국가 CDS 프리미엄은 국가신용위험을 나타내는 지표로 CDS 프리미엄이 상승하면 정부의 외화조달비용이 상승하고 해당 국가에 속한 기업의 자금조달비용에도 악영향을 미친다. 또한 대외 국가신인도를 하락시켜 외국인 투자자금의 유출과 국내금융시장의 변동성을 확대시키는 요인으로 작용한다.

국가신용위험의 지표로 채권 가산금리가 주로 활용되었으나, 2011년 유럽 재정위기의 영향으로 국가부도위험에 대한 우려가 커진 가운데 국채를 기초자산으로 하는 국가 CDS의 거래가 급증하면서 국가신용위험의 대용 지표로 국가 CDS 프리미엄에 대한 관심이 높아졌다.

CDS는 정부, 기업 등 채권 발행주체의 부도위험에 대한 보장을 거래하는 파생상품이다. 부도위험을 헤지하기를 원하는 CDS 매수인은 매도인에게 위험보장의 대가로 수수료를 지급하고, 매도인은 계약기간 중 부도가 발생하면 매수인의 손실을 보전해 주는 구조이다. CDS 프리미엄은 CDS 매수인이 매도인에게 부도위험을 이전한 대가로 지급하는 수수료를 말한다. CDS 프리미엄은 기준금리인 리보(LIBOR: London interbank offered rate)에 부도위험 프리미엄, 즉 가산금리를 더해 결정된다. CDS는 1997년 아시아 외환위기 당시 신흥시장국에 대한 해외 투자자들의 헤지 수요가 증가하면서 시장규모가 확대되었다. 2000년대 초반 1조 달러 정도에 불과했던 CDS의 시장규모는 글로벌 금융위기 이전인 2007년에는 60조를 상회하였다. 2008년 이후에는 글로벌 금융위기의 여파로 CDS의 거래가 다소 위축되었으나 2011년 유럽 재정위기와 신흥시장의 금융시장 불안 등의 영향으로 거래규모가 다시 증가하고 있다.

---

85) 여타 아시아 신흥시장국도 우리나라의 외평채에 해당하는 외화표시국채를 발행하였다. 그러나 이러한 외화표시국채의 발행시기 및 만기 등이 국가별로 크게 달라 동일 기준으로 가산금리 수준 등을 비교하기 어려운 점이 있다. 이에 반해 국가 CDS 프리미엄은 동일한 기준(예: 5년 만기 계약)을 적용하여 국가간 비교를 쉽게 할 수 있다.

86) 성광진(2009), "우리나라의 국가신용위험지표에 관한 분석", 한국은행 MONTHLY BULLETIN (2009. 11), 24쪽.

국가 CDS는 각국 정부가 발행한 국채를 기초자산으로 하는 신용파생상품으로 외화표시 국채발행 물량이 많은 국가들에서 활발히 거래되고 있다. 국가 CDS거래의 가격지표인 국가 CDS 프리미엄은 투자자들이 국제 금융시장에서 해당 국가의 부도 내지 신용위험을 평가하는 지표로 그 활용도가 높아지고 있다. 우리나라의 경우 정부가 발행한 외평채를 기초자산으로 한 CDS가 거래되고 있다. 우리나라의 외평채 CDS 프리미엄은 글로벌 금융위기의 여파로 2008년 10월 말 675bp를 기록하여 사상 최고치를 기록한 바 있으나, 이후 하락하여 비교적 안정된 모습을 보였다. 2011년 하반기에는 유럽 재정위기의 영향으로 외평채 CDS 프리미엄이 다시 상승하는 양상을 보였으나, 2012년 이후에는 국제 금융시장의 안정과 국내경제의 회복세 등에 힘입어 다시 하향안정세를 나타내고 있다.[87]

3) 논의의 배경

A기업은 1년 만기로 100억원의 회사채를 발행하였고 이를 B은행 50억원, C은행 50억원에 매수하였다. 그러나 C은행은 최근 A기업의 자금경색에 대비하여 D금융회사와 CDS계약을 맺고 프리미엄을 지급하였다. 한 달 뒤 A기업은 법정관리를 신청했고 결국 부도처리되었다. 이때 B은행은 투자금을 회수하지 못했으나 C은행은 D금융회사를 통해 회수할 수 있었다.[88]

2013년 미국의 셧다운(정부 폐쇄)이 장기화할 조짐을 보이면서 「미국 디폴트(채무불이행)」 우려가 제기되어 투자자들을 불안에 떨게 하였다. 2013년 10월 3일 미국의 부도 가능성을 나타내는 국채(5년물) CDS 프리미엄은 42bp를 기록하며 지난 2009년 11월 이후 가장 큰 상승폭을 나타냈다. 그 후 미국 상원이 부채한도를 일시적으로 증액하고 정부 운영을 재개하기로 합의함에 따라 미국 정부는 디폴트 우려에서 벗어나게 되었다.

2008년 금융위기 이후 기업이나 국가의 부도위험이 높아지면서 CDS 프리미엄의 역할이 중요해졌다.

(나) 국가 CDS 프리미엄과 외평채 가산금리

1) 국가 CDS 프리미엄의 개념

CDS는 기업, 금융기관, 국가 등의 부도위험에 대한 보장(protection)을 거래하는 신용파생상품이며, CDS 프리미엄은 보장매수인이 부도위험을 이전한 대가, 즉 원금을 보장받는 대가로 지급하는 수수료를 의미한다. 위 사례에서 C은행(보장매수인)은 D금융기관에 수수료를 지급하였기 때문에 A기업의 부도에도 불구하고 원금을 보장받을 수 있었다.[89]

87) 조성원(2014), "국가 신용부도스왑 프리미엄의 결정요인: 거시경제 기초여건의 영향", 한국자료분석학회 (2014. 6), 1363-1365쪽.
88) 이조은(2013), "한국CDS(Credit Default Swap) 프리미엄 결정요인에 관한 소고", 한국주택금융공사 주택금융월보 2013년 11월호(2013. 11), 20-21쪽.
89) 이조은(2013), 21-22쪽

보장매수인은 보유채권의 부도위험을 이전하기 위해 CDS 프리미엄을 지급하고(CDS 매수), 보장매도인은 위험감수 대가로 프리미엄을 수취하고 신용사건 발생시 손실보전(CDS 매도)하는 것으로 한국 CDS거래는 외평채를 준거자산으로 한다.[90]

개별 국가의 신용위험을 거래하는 국가 CDS는 외화표시 국채발행 물량이 많은 일부 신흥시장국 및 선진국을 중심으로 비교적 활발히 거래되는 것으로 파악되고 있다. 우리나라의 국가 CDS 프리미엄은 우리나라에 신용사건이 발생할 경우 외평채에 대한 투자손실을 보전받기 위해 지급하는 대가를 의미한다.[91]

우리나라의 국가 CDS 프리미엄은 시장에서 평가하는 우리나라의 신용위험 수준을 나타낸다. 따라서 국가 CDS 프리미엄은 기본적으로 우리나라의 경제펀더멘털이나 대외지급능력을 반영하게 된다. 또한 국내 주식 및 채권 투자 등으로 우리나라에 대한 익스포져를 보유한 투자자의 신용위험 헤지 수요 정도도 국가 CDS 프리미엄에 영향을 미칠 수 있다. 이외에도 국제 금융시장의 여건이나 글로벌 위험회피도(global risk aversion) 등 투자 심리적 요인에 의해서도 국가 CDS 프리미엄이 변동한다. 특히 리먼 브라더스 파산사태 이후에는 전반적인 CDS시장 상황이 투자 심리적 요인에 매우 민감하게 반응하는 모습을 나타내었다.[92]

2) 외평채 가산금리의 개념

외평채 가산금리란 국제 금융시장에서 형성된 외평채 수익률의 미국 국채 수익률 대비 가산금리(spread)를 말한다. 여기서 가산금리의 산정은 유통 중인 외평채[93]의 잔여 만기와 가까운 만기의 미국 국채를 기준으로 한다.

외평채 가산금리는 외평채 수익률과 무위험자산(risk-free asset)으로 인식되는 미국 국채 수익률간의 차이이므로 결국 채권 발행주체인 우리나라의 신용위험 수준을 나타내는 것으로 볼 수 있다. 따라서 외평채 가산금리도 CDS 프리미엄과 같이 기본적으로 우리나라의 경제펀더멘털이나 대외지급능력을 반영하게 된다. 다만 최근 들어서는 외평채 가산금리가 우리나라 경제여건의 변화와 상관없이 글로벌 위험회피도의 변화, 미국 국채 수익률의 변동,[94] 외평채 및

---

90) 외평채를 보유하고 있지 않은 헤지펀드 등이 향후 우리나라의 신용위험이 높아지고, 이에 따라 CDS 프리미엄이 상승할 것이란 예상하에 투기(speculation) 목적의 보장매수 거래를 할 수도 있으며, 예상대로 CDS 프리미엄이 상승할 경우 기존 거래를 청산함으로써 CDS 프리미엄 변동분만큼 이익을 실현할 수 있다.

91) 우리나라의 국가 CDS거래는 통상 미달러화를 기준통화로 하여 이루어지기 때문에 신용사건 발생 시 보장매수인은 미달러화 표시 외평채를 인도하고 채권 액면금액을 지급받게 된다.

92) 성광진(2009), 26-27쪽.

93) 정부는 외화유동성을 확보하는 동시에 기업, 금융기관 등 민간부문의 해외차입시 기준금리(benchmark) 역할을 수행하게 할 목적으로 국제 금융시장에서 미달러화 및 유로화 표시 외평채를 발행하였다.

94) 일례로 2009년 3월 18일 미국 연준의 장기국채 매수계획 발표 등으로 미국 국채 수익률이 급락(5년물 기준 전일 대비 45bp 하락)함에 따라 외평채 가산금리는 전일 대비 34bp나 급등한 바 있다.

여타 신흥시장국 외화표시채권의 수급 상황 등에 크게 영향을 받는 것으로 보인다.[95]

　3) 국가 CDS 프리미엄과 외평채 가산금리간 이론적 관계

　CDS 프리미엄과 외평채 가산금리는 우리나라의 국가 신용위험 정도를 나타내고 서로 밀접하게 연계된 지표이나, 산정방법이나 결정요인 등의 면에서 일부 차이점이 있다. 우선 외평채 가산금리가 미국 국채 수익률을 기준금리로 하여 산정되는 데 비해 CDS 프리미엄은 일반적으로 리보(LIBOR)에 대한 가산금리로 간주[96]되고 있다.

　또한 결정요인 면에서 외평채 가산금리는 우리나라의 경제펀더멘털이나 대외지급능력 외에 미국 국채 수익률의 변동, 신흥시장국 외화표시채권 수급 등의 요인에 의해서도 영향을 받는다. 이에 비해 CDS 프리미엄은 우리나라에 대한 익스포져를 보유한 투자자의 헤지 수요 정도에 따라 크게 등락할 수 있다.

　실제로 거래비용, 최저가인도옵션(cheapest-to-deliver option),[97] 시장의 수급요인, 거래상대방위험[98] 등에 따라 CDS 프리미엄과 외평채 가산금리간에 일정 수준의 괴리가 발생하는 것이 보통이다.

3. 총수익스왑(TRS)

(1) 의의

　TRS계약은 "대출채권이나 증권, 그 밖의 기초자산에서 발생하는 실제현금흐름과 사전에 약정된 확정현금흐름을 교환하는 거래"로서 신용파생상품의 하나로 분류된다. 전통적인 주식스왑의 발전된 형태라고 할 수 있다. 즉 주식에서 발생하는 실제현금흐름을 수취하는 대신 그 주식을 매수하는 데 필요한 자금조달비용에 해당하는 확정현금흐름을 지급하는 구조이다. TRS 계약의 기초자산은 주식이나 사채에 한정되지 않고 통화의 가치를 비롯한 자본시장법상 모든

---

95) 성광진(2009), 30-31쪽.

96) 이는 CDS 등 파생상품거래가 위험채권 투자와 연계하여 이루어질 경우 조달비용 내지 기회비용으로서 리보를 고려하는 것이 합리적이기 때문이다. 이처럼 CDS 프리미엄이 가산금리의 성격을 갖고 있기 때문에 CDS 프리미엄이라는 용어 대신에 CDS 스프레드(CDS spread)라는 표현도 널리 사용된다.

97) 최저가인도옵션은 우리나라에 신용사건이 발생할 경우 CDS 보장매수인이 우리 정부가 발행한 여러 외평채 가운데 유통가격이 가장 낮은 채권을 인도할 수 있는 권리를 말한다.

98) 외평채를 매수한 투자자는 우리나라의 신용위험에 노출되기는 하지만 거래상대방위험을 부담하지 않는다. 이에 비해 외평채를 매수하고 우리나라의 신용위험을 헤지하기 위해 CDS 보장매수를 한 투자자는 우리나라에 신용사건이 발생할 경우 보장매도인이 손실을 보전해 주지 못할 위험, 즉 거래상대방위험을 부담하게 된다. 글로벌 금융위기 이후 대형 금융기관의 부실 및 파산이 이어지면서 장외파생상품거래와 관련한 거래상대방위험이 큰 이슈가 되었다. 이와 관련하여 ECB(2009)는 소수의 전문화된 대형 금융기관들이 CDS 등 장외파생상품 포지션을 대거 보유하고 있고 장외파생상품 포지션이 금융기관간에 밀접히 연계되어 있는 점이 금융안정에 커다란 위험요소라고 평가하였다(ECB," Credit Default Swaps and Counterparty Risk," European Central Bank, August 2009).

기초자산을 대상으로 할 수 있다. 물론 기초자산의 종류에 따라 발생하는 법률문제에는 많은 차이가 존재한다. 예컨대 자산보유자인 A가 거래상대방인 B에게 기초자산인 주식, 그 밖의 지분증권이나 대출채권, 사채, 그 밖의 채무증권에서 발생하는 실제현금흐름을 지급한다. 그리고 거래상대방인 B가 자산보유자인 A에게 사전에 약정된 확정현금흐름을 지급한다. 이 경우 자산보유자인 A는 보장의 관점에서는 보장매수인, 위험의 관점에서는 위험매도인(risk seller)이 된다. 거래상대방인 B는 보장의 관점에서는 보장매도인, 위험의 관점에서는 위험매수인(risk buyer)이 된다.[99]

　　TRS계약은 기초자산의 신용위험과 시장위험을 모두 투자자에게 이전하는 계약이다. 보장매수인은 기초자산으로부터 발생하는 이자, 자본손익 등 총손익을 보장매도인에게 지급하고 보장매도인은 보장매수인에게 일정한 약정이자를 지급한다. 기초자산으로부터 발생하는 모든 현금흐름을 보장매도인에게 이전하기 때문에 현금흐름 측면에서는 해당 자산을 매각하는 것과 동일한 효과가 있다. CDS계약에서는 신용사건이 발생한 경우에만 결제가 일어나지만 TRS계약은 신용사건의 발생과 관계없이 평상시에도 기초자산의 시장가치를 반영하여 거래당사자간에 현금흐름이 발생한다. 또한 CDS계약은 기초자산의 신용위험만을 이전하지만 TRS계약은 신용위험은 물론이고 금리, 환율 등의 시장위험도 같이 이전하는 계약이다. 보장매수인 입장에서는 실제 보유자산의 매도없이 보유자산을 매도하는 것과 동일한 효과를 얻을 수 있으며, 일시적으로 신용위험과 함께 시장위험까지도 헤지하는 수단으로 활용할 수 있다. 보장매도인 입장에서는 자기자본의 부담없이 위험부담에 따른 고수익 획득이 가능할 뿐만 아니라 부외자산으로 처리됨에 따라 일부 규제를 회피할 수 있는 수단으로 활용할 수 있다는 이점이 있다.[100]

(2) 특징

　　TRS는 기초자산에 관한 모든(신용위험·시장위험을 막론하고) 위험을 보장매도인에게 이전한다. 따라서 보장매도인의 입장에서는 해당 기초자산을 직접 보유하는 것과 동일한 위험을 보유하게 된다. 이는 기초자산에서 발생하는 수익 하락의 위험만 이전하거나[예를 들어 이자율스왑과 같이 일정한 명목금액(notional amount)에서 발생하는 금리의 차이만 정산하는 것], 아니면 기초자산의 부도시 가격 하락위험만을 이전하는 것(예를 들면 CDS의 경우가 이에 해당)보다 더 많은 위험을 이전하는 것처럼 보이게 하는 TRS의 특징이 된다. 그러나 TRS의 위험은 기초자산의 유형에 따라 다르고, 기초자산의 위험이 당사자 사이에 이전된다는 요소는 모든 스왑거래 나아가 파생금융거래의 공통적 요소라서, TRS가 다른 파생상품보다 더 위험하다고 말하기는 어렵다.

---

99) 정순섭(2017), "총수익률스왑의 현황과 기업금융법상 과제: 헤지, 자금조달, 의결권 제한, 그 밖의 규제회피기능의 법적 평가", 서울대학교 금융법센터 BFL 제83호(2017. 5), 7쪽.
100) 노성호(2009), 13-14쪽.

중요한 것은 TRS가 위험하냐 아니냐가 아니라, TRS가 기초자산에 관한 "모든" 위험을 이전하기 위해 고안된 상품이라는 점이다. TRS가 이전하는 위험에는 당연히 기초자산에 내재된 신용위험도 포함되며 이로 인하여 TRS도 신용파생상품의 일종이라고 생각하는 것이다.

(3) 종류

TRS는 기초자산이 주식과 같은 지분증권인 경우와 대출채권이나 사채와 같은 채무증권인 경우로 구분할 수 있다. 지분증권을 기초자산으로 하는 경우 의결권 제한의 회피와 같은 문제가 발생할 수 있다. 대출채권이나 채무증권을 기초자산으로 하는 경우 신용공여 규제나 보증 또는 보험규제의 회피 가능성이 문제 될 수 있다. TRS는 다양한 목적으로 이용된다. 전통적인 기능인 헤지뿐만 아니라 기업의 자금조달, 순환출자 해소, 의결권 제한, 그 밖의 다양한 규제회피 목적으로 사용된다. 1990년대 초 최초로 등장할 때는 종래의 고객관계를 유지하면서 대규모 여신거래에 따른 신용위험을 전가하기 위한 수단으로 활용되었다. 그러나 파생상품으로서의 구조적·기능적 유연성에 힘입어 TRS는 전통적인 헤지는 물론 계열사 신용지원을 비롯한 다양한 목적으로 이용되고 있다. 따라서 TRS는 그 목적 또는 경제적 기능에 따라서 헤지형, 신용지원형, 차입형, 규제회피형 등으로 구분할 수 있다. 당사자들은 어디까지나 정당한 기업재무활동이라고 주장할 것이므로 실질적 효과를 기준으로 한 분류라고 할 수 있다.[101]

4. 신용연계채권(CLN)

(1) 의의

CLN은 일반채권에 CDS를 결합하여 증권화시킨 신용파생상품이다. CLN을 발행하는 보장매수인은 준거자산의 신용상태와 연계된 채권(CLN)을 발행하고 약정에 따라 이자를 지급하고 신용사건이 발생하는 경우 CLN을 상환하는 대신 계약에 따라 준거자산에서 발생하는 손실을 보장받는다. CLN 발행인이 지급하는 이자는 일반채권에 비해 훨씬 더 많은 스프레드(spread)[102]를 가산한다. CLN을 매수하는 보장매도인은 준거자산에 대한 보장의무가 첨부된 일반채권을 매수한 효과가 있으며, 유통시장에서 유통이 가능하다. 통상적으로 신용파생거래는 현금의 이동이 없어 보장매도인의 신용도가 해당 신용파생거래의 신용도에 중요한 영향을 미치는데 반해, CLN은 현금거래를 수반하는 증권발행의 형식을 지님에 따라 보장매도인의 신용도에 영향을 받지는 않는다. 따라서 거래의 안정성을 담보하기 위해 조달된 자금이 거래의 이행을 담보

---

101) 정순섭(2017), 7-8쪽.

102) 채권시장에서는 가산금리를 spread라고 칭하고 있다. 채권의 금리(가격)를 표시하는 방법으로 「기준금리+spread」 방식이 있다. 예를 들어 (주)신촌이 3년 만기 회사채를 발행한다고 할 때 ㈜신촌의 채권 발행 금리를 「국채 3년 4.5%＋0.5%」라고 표시할 수 있으며, 이때 국채 3년은 기준금리이고 0.5%는 spread이다. (주)신촌이 발행하는 채권은 국채 3년 금리인 4.5%에 0.5%를 더한 금리에 평가되고 있다는 의미이다.

하는 역할을 하게 되며, 이에 따라 담보자산의 수탁 및 관리, 결제 등의 구조가 도입되어야 한다. CLN은 보장매수인보다는 보장매도인의 입장에서 보다 면밀한 검토가 필요하다. 보장매도인은 준거자산에 대한 신용위험뿐 아니라 CLN 발행인 위험에도 노출되기 때문이다. 이런 위험을 해결하기 위해 SPC를 설립하여 CLN을 발행하며 CLN의 발행대금을 신용도가 우량한 자산에 투자하도록 함으로써 발행인위험을 절연시키는 것이 일반적이다.[103]

(2) 외국환거래규정

외국환거래규정(1-2(13-1))상 "신용파생결합증권"이란 자본시장법상의 증권 중 신용사건 발생 시 신용위험을 거래당사자의 일방에게 전가하는 신용연계채권(Credit Linked Note) 및 손실을 우선 부담(First to Default 또는 First Loss)시키는 합성담보부채권(Synthetic Collateralized Debt Obligations, Synthetic Collateralized Loan Obligations) 또는 이와 유사한 거래를 말한다.

(3) 특징

준거자산인 대출채권의 차입자 또는 변동금리부사채 발행기업의 신용등급의 하락·부도와 같은 신용사건이 발생하는 경우, 지급이자가 축소되거나 원금의 상환시기가 연기되기도 하며, CLN의 원리금 지급이 중지되고 CLN의 투자자는 정산절차를 거쳐 준거자산의 손실을 부담하기도 한다. 대출채권 또는 변동금리부사채를 보유하고 있는 금융기관은 이러한 준거자산의 신용위험에 연계되어 있는 CLN을 발행하여 제3자에게 매각함으로써 투자자금 조기 회수의 기회를 얻는 동시에 일종의 부분적인 신용위험 헤지가 가능해지는 것이다.[104]

CLN은 ⅰ) 보장매수인의 직접발행, ⅱ) 특수목적회사(SPV)를 통한 간접발행으로 구분된다. SPV를 통한 발행에서는 보장매수인이 SPV와 CDS계약을 체결하여 준거자산의 신용위험을 이전하고, SPV는 동 CDS계약이 내재된 CLN을 발행하는데 SPV는 CLN 발행대금으로 우량담보자산에 투자하여 신용사건 발생시 손실보전에 대비하는 한편, 평상시에는 보장매수인으로부터 수취하는 CDS 프리미엄 및 담보자산 원리금을 보장매도인에게 지급한다.[105]

5. 합성담보부증권(synthetic CDO)

합성담보부증권(합성 CDO: Synthetic Collateralized Debt Obligations)은 보장매수인의 기초자산에 내재된 신용위험을 특수목적회사(SPV)가 이전받아 이를 기초로 발행한 선·후순위 채권이다. 즉 합성 CDO는 CDS 등의 신용파생거래를 이용하여 다수의 대출채권 및 일반채권 등 준거자산에 내재된 신용위험을 별도로 설립한 SPV에 이전하고, SPV는 동 신용위험과 연계된 신용

---

103) 노성호(2009), 12쪽.
104) 이금호(2008), 193쪽.
105) 박철우(2010), "파생상품거래의 규제에 관한 연구", 고려대학교 대학원 석사학위논문(2010. 6), 35쪽.

도가 각기 다른 계층의 증권을 발행하여 투자자를 대상으로 매각하는 형태를 갖춤으로써 전통적인 일반 CDO(cash flow CDO)와 유사한 현금흐름을 창출하는 효과를 가진 구조화 금융상품이다. 일반 CDO는 SPV가 대출채권 자체를 양수한 후 이를 기초로 발행되는 반면, 합성 CDO는 대출채권의 법적 소유권을 이전하지 않은 상태에서 신용위험만을 SPV와 투자자로 이전하도록 발행함으로써 자산을 유동화하고 있다.

합성 CDO를 발행하게 되는 동기는 담보부사채 구조에 신용파생상품거래를 첨부함으로써 준거자산을 보유한 금융기관이 준거자산의 원래 거래상대방에게 채권양도의 통지나 동의를 구하지 않고도 준거자산의 신용위험을 제거할 수 있다는 점이다. 전통적인 일반 CDO에 있어서는 SPV에로 대출채권을 양도하기 전에 대출자산의 원래 거래상대방인 차주에 대한 통지 또는 차주의 동의가 필요하다. 반면 합성 CDO 거래에 있어서는 준거자산의 실질적인 양도절차가 없으므로 이러한 차주에 대한 통지 또는 동의 절차가 불필요하다.[106]

---

106) 이금호(2008), 194쪽

제3장

외환시장 안정과
대외건전성 확보

제1절 외환정책과 환율정책

Ⅰ. 외환정책

1. 외환정책 관련 규정과 개념

기획재정부장관은 외국환거래법에 따른 제한을 필요한 최소한의 범위에서 함으로써 외국
환거래나 그 밖의 대외거래가 원활하게 이루어질 수 있도록 노력하여야 하며(법4①), 안정적인
외국환수급(需給)의 기반 조성과 외환시장의 안정을 위하여 노력하여야 하며, 이를 위한 시책
을 마련하여야 한다(법4②).[1]

외환정책(foreign exchange policy)[2]은 외환, 즉 한 국가의 통화와 다른 국가의 통화간 교환에
관한 정책이다. 여기에는 자국통화와 외국통화의 교환비율인 환율에 관한 정책과 경상거래·자본
거래 등 외환거래제도의 수립과 운영 등에 관한 정책이 포함된다.[3] 또한 외국통화의 자국내

---

1) 대법원 1987. 2. 10. 선고 86다카1288 판결(외국환관리법은 외국환과 그 거래 기타 대외거래를 관리하여
국제수지의 균형, 통화가치의 안정과 외화자금의 효율적인 운용을 기하는 그 특유의 목적을 달성하기 위
하여 그에 역행하는 몇가지 행위를 제한하거나 금지하고 그 제한과 금지를 확실히 하기 위하여 위반행위
에 대한 벌칙규정을 두고 있는바, 위 제한규정에 위반한 행위는 외국환관리법의 목적에 합지되지 않는 행
위일 뿐 그것이 바로 민법상의 불법행위나 무효행위가 되는 것은 아니다).
2) 외환정책은 환율정책과 외환제도에 관한 정책을 포괄하는 개념이다. 두 정책이 서로 연관되어 있지만, 이
중 환율정책이 환율제도의 선택과 외환시장의 안정적 운영에 관한 정책을 의미한다면 외환제도에 관한 정
책은 경상·자본 거래와 관련한 제반 외환거래제도의 수립과 운영 등을 포함한다.

유출입 통제, 국제무역의 원활한 결제를 지원하기 위한 대외지급준비자산 관리 등의 내용이 포함될 수 있다.

역사적으로 볼 때 금(또는 은)본위제에서는 국가간 통화의 가치가 금의 가치에 의해 결정되었고 금의 가격은 국제시장에서 시장원리에 따라 결정되었으므로 국가별 외환정책의 중요성이 크지 않았다. 하지만 세계적으로 완전한 의미의 관리통화체제가 구축되면서 외환정책은 통화주권의 문제와 결부되는 매우 중요한 사안이 되었다. 특히 각국이 자국의 이익을 위해 환율을 인위적으로 통제하거나 환율을 조작하는 문제와 1997년의 아시아 외환위기에서 드러났듯이 선진국 투기자금에 의해 한 나라의 통화질서가 교란되어 경제·사회적 문제를 유발할 수도 있어 현대국가에서 외환정책의 중요성은 점점 더 커지고 있다. 이런 점을 고려할 때 최근에 등장한 비트코인,[4] 이더리움 등 암호자산(crypto asset)[5]이 본위화폐제도에서의 금(monetary gold)과 같은 역할을 할 수 있을 것인지 아니면 각국의 통화질서를 교란시키는 역할만 하게 될지 귀추가 주목된다.[6]

1950년 한국은행법 제정 당시의 우리나라는 금과 외환 보유량이 절대적으로 부족한 상황이었으며 1960년대 수출주도형 성장전략을 채택하면서 외환에 대한 강력한 통제가 필요했는데, 이와 같은 외환정책 기조는 1997년 외환위기를 겪으면서 자유변동환율제도를 채택하고 종전의 외국환관리법을 외국환거래법[7]으로 명칭을 변경하는 등 외환정책의 패러다임이 크게 바뀌었다. 이후 환율정책의 목표도 국제수지흑자 달성에서 환율의 변동성 완화 등 외환시장 안정에 비중을 두는 방식으로 변경되었다.

2. 외환정책의 수행 주체와 주요 수단

외환정책의 수행 주체는 주요국의 경우 정부 또는 중앙은행인데, 어느 경우에도 외환보유

---

3) 한국은행(2016), 211쪽.
4) 기획재정부는 2017년 1월 비트코인을 물품으로 보는 전제로 핀테크 업체들이 비트코인을 매개로 하여 해외로 송금하는 행위를 외국환거래법 제8조 위반으로 보았다. 외국환거래법 제8조에 따르면 외환 송금·이체 등의 외국환업무는 금융회사를 통해서만 할 수 있고 금융회사가 아닌 곳은 기획재정부에 등록을 해야 함으로 등록을 하지 않고 해외송금업을 한 핀테크 업체는 외국환거래법의 위반이라고 판단하였다.
5) 비트코인이 등장한 이후 언론 등에서 가상통화(virtual currency) 또는 가상화폐라는 용어를 사용함으로써 개념상 상당한 혼란을 초래했는데 통화는 통용되는 화폐라는 의미이므로 관리통화제도에서 법으로 통용력을 부여한 법화 이외의 물건에 통화라는 용어를 붙이는 것은 적절하지 않다. 이런 용어에 대하여 각국의 정부나 중앙은행은 한동안 관망만 해오다가 비트코인 등에 대한 국제적인 투기현상이 발생하자 2018년 3월 개최된 G20 재무장관 및 중앙은행총재 회의에서 이러한 것들을 화폐나 통화라는 말 대신 암호자산(crypto asset)으로 부르기로 정리했다.
6) 이에 대하여 2017년 이후 각국의 정부와 중앙은행은 T/F를 구성하여 정부나 중앙은행이 직접 디지털 화폐를 발행할지 등에 대한 연구를 수행하고 있다.
7) 1962년 제정된 외국환관리법은 외환위기 이후인 1999년 5월 개정시 법률 명칭이 외국환거래법으로 변경되었다.

고를 관리하는 중앙은행의 역할은 중요하다. 우리나라의 경우 1950년 한국은행법 제정으로 외환정책이 한국은행의 주요 업무로 규정되었지만 1962년 외국환관리법 제정과 한국은행법 개정 이후 외환정책은 정부(기획재정부)가 수행하고 있다. 다만, 기획재정부는 외환정책 업무 중 상당 부분을 한국은행에 위탁하고 있어 실제로는 법령 등 주요 제도에 대하여는 기획재정부가, 외환시장 개입 등 실무는 한국은행이 수행하고 있다. 한편 대외지급결제준비자산인 외환보유고는 한국은행의 외화표시 자산이므로 한국은행이 직접 관리하고 있다.

외환정책의 주요 수단은 외환시장 개입, 외화유동성 공급, 외화유출입 조절 및 모니터링, 외화지급준비금 부과, 외환보유액의 관리·운용이 포함된다. 2008년 글로벌 금융위기 이후에는 여기에 외환부문 거시건전성정책 수단으로 외환건전성부담금, 외국환포지션 한도 설정, 외화유동성비율 규제 등이 새로 도입되었다.

Ⅱ. 환율정책

1. 환율정책 관련 규정

환율과 관련된 우리나라의 법제도를 보면 외국환거래법에서는 불가피한 경우에 한정하여 정부가 환율을 결정할 수 있음을 규정하고 있으며, 일정부분 정부의 외환시장 개입의 문을 열어놓고 있다.

기획재정부장관은 안정적인 외국환수급(需給)의 기반 조성과 외환시장의 안정을 위하여 노력하여야 하며, 이를 위한 시책을 마련하여야 한다(법4②). 기획재정부장관은 원활하고 질서 있는 외국환거래를 위하여 필요하면 외국환거래에 관한 기준환율, 외국환의 매도율·매입률 및 재정환율("기준환율등")을 정할 수 있다(법5①). 거주자와 비거주자는 기획재정부장관이 기준환율등을 정한 경우에는 그 기준환율등에 따라 거래하여야 한다(법5②).

한국은행은 정부의 환율정책, 외국환은행의 외화 여신·수신업무 및 외국환 매입·매도 초과액의 한도설정에 관한 정책에 대하여 협의하는 기능을 수행한다(한국은행법83). 한국은행총재는 외환시장의 안정을 위하여 필요하다고 인정될 때에는 한국은행 및 외국환평형기금의 자금으로 외환시장에 개입할 수 있으며 기획재정부장관은 외환시장 개입, 외화자금의 조달 및 운용에 대하여 필요한 지시를 할 수 있다(규정2-27). 한국은행은 기획재정부장관의 인가를 받아 외국환업무 및 외국환의 보유업무, 외국의 금융기관, 국제금융기구, 외국정부와 그 대행기관 또는 국제연합기구로부터의 예금의 수입 업무를 수행할 수 있다(한국은행법82).

2. 환율정책의 목표

환율정책의 목표는 환율제도의 선택과 밀접한 관계가 있다. 왜냐하면 환율제도에 따라 환율정책의 목표와 정책수단이 달라지기 때문이다. 우리나라가 관리변동환율제도를 채택했던 1980-1997년의 환율정책 목표는 명목환율의 안정보다는 경상수지의 균형 달성에 초점이 맞춰졌다. 반면 자유변동환율제도로 이행한 이후에는 환율의 급격한 변동을 완화하여 외환시장 안정을 달성하는 데 가장 큰 목적을 두고 있다. 이는 우리나라가 1997년 외환위기 이후 통화정책 운영방식을 물가안정목표제로 전환하면서 물가목표와 환율안정을 동시에 달성하는 것이 현실적으로 어려워진 데 기인한다.

한편 우리나라는 선진국에 비해 외환시장 규모가 상대적으로 협소하고 외부충격에 따라 환율이 민감하게 반응하는 특징을 보이고 있다. 또한 높은 대외의존도 및 개방도 등으로 인해 환율변동이 경제전반에 미치는 파급효과도 매우 크다.[8] 이런 점에서 외환당국은 기본적으로 외환시장에서의 수요와 공급에 따라 결정되는 시장원리를 중시해 나가되 일시적인 수급불균형이나 외부충격 등에 따른 시장불안으로 환율이 급등락하는 경우 이를 완화하기 위한 시장안정화 조치를 취하게 된다.

또한 환율의 시장기능이 원활히 작동되기 위해서 외환시장의 양적·질적 발전을 도모해 나가는 것도 환율정책의 주요 목표라고 할 수 있다. 왜냐하면 외환시장의 발전은 환율의 안정, 경제주체에 대한 다양한 헤지수단 제공, 은행의 대외경쟁력 제고 등에 긴요하기 때문이다.[9]

3. 환율정책의 수단

(1) 적정환율의 결정기준

환율은 원칙적으로는 외환시장에서 외환의 수요와 공급에 의해 결정된다. 외화의 공급이 많으면 환율은 하락하고, 수요가 많으면 환율은 상승한다. 그러나 이렇게 시장경제에 의거하여 결정된 환율이 반드시 한 국가의 경제 운용에 적정한 수준이라고 말할 수는 없다. 환율은 경제의 대외 부문과 대내 부문의 균형을 달성할 수 있는 수준이어야 하고, 외환수급과 수출입, 금리와 물가수준 등의 운용에 적합한 수준이어야 하기 때문이다. 따라서 각국은 경제운용의 제반 사정을 고려하여 적정환율을 유지하기 위해 정책적으로 노력을 하고 있으며, 심지어 직접적으

---

8) 환율변동은 수입재 가격의 변동을 통해 물가에 직접적인 영향을 줄 뿐만 아니라 교역재와 비교역재의 상대가격 변화를 통해 국내 총수요를 변화시킴으로써 간접적으로도 물가에 영향을 미친다. 또한 환율변동은 수출입상품의 가격경쟁력을 결정하는 중요한 변수로 작용하고 외자의 유출입에도 적지 않은 영향을 미치게 된다.
9) 한국은행(2016), 213쪽.

로 정부가 환율의 변동을 유인하도록 개입하는 경우도 있다.[10)]

예를 들어 환율이 10원 하락하는 경우 항공기 원유부터 시작하여 많은 부분을 수입에 의존할 수밖에 없는 국내항공사는 영업이익이 최대 200억까지 증가하며, 반대로 환율이 10원 상승하는 경우에는 수출의존도가 높은 우리나라 자동차기업의 영업이익은 1,000억 가까이 증가한다. 적정환율의 기준은 수출기업과 수입기업간에 큰 차이가 발생하며 우리나라에서의 적정환율이 결정되더라도 이는 반드시 우리나라와 교역하는 다른 나라에서도 적정하다고 할 수는 없다.

적정환율의 문제는 1980년대 중반 이후 무역수지의 불균형이 심화되면서 논의되기 시작했는데 1997년 이후 무역자유화가 심화됨에 따라 환율변동이 수출입의 변동을 통해 각국의 경제성장, 고용, 물가, 산업구조 등 경제전반에 미치는 영향이 커졌기 때문이다. 환율의 상승으로 우리나라가 수출시장에서 경쟁력을 가지게 되면 반대로 우리나라와 수출시장에서 경쟁하는 기업은 수출의 감소로 피해를 볼 수밖에 없으며, 우리나라에서 수입하는 국가의 입장에서는 자국 생산품을 이용하는 것보다 우리나라 물품을 수입하는 것이 저렴하기 때문에 수입량이 증가하고 이는 국내산업 보호의 측면에서 문제가 발생한다.

하지만 수출량이 증가한다는 것은 반대급부로 외화가 급격하게 우리나라로 유입되어 환율이 하락하게 되며, 이는 다시 수출경쟁력의 감소와 함께 수입시장이 성장하게 된다. 자유변동환율제도의 이론에 의하면 이와 같은 환율의 변동을 수요와 공급이라는 시장경제에 맡겨두면 정화작용을 통해 환율은 상승과 하락을 반복하면서 적정수준을 유지하게 된다. 하지만 자유변동환율제도가 그 원칙이나 기대와는 달리 자국에 유리하도록 환율을 조정하려는 정부의 직간접적인 개입으로 인해 무역수지의 조정기능(자정기능)을 하지 못하기 때문에 주요 선진국들 사이에서는 교역국에 대한 적정환율 문제를 계속하여 제기하고 있는 것이 현실이다.

(2) 외환시장 개입

(가) 의의

환율 및 외환시장 안정 등 환율정책 목표를 달성하기 위한 대표적인 정책수단으로 외환당국의 외환시장 개입을 들 수 있다. 외환시장 개입이란 외환당국이 외환시장에서 자국통화를 대가로 외화자산을 매입 또는 매각하는 것을 말한다.[11)] 즉 외환시장 개입은 외환당국이 은행간 외환시장에 직접 참가하는 것을 의미하며, 이 경우 국내 통화량과 외화자산의 상대적 규모를 변화시키거나 시장참가자들의 기대를 변화시켜 환율수준이나 변동성에 영향을 미치게

---

10) 정재환(2018), "정책변동관점에서의 환율결정요인 연구: 비선형 회귀 모형 중심의 실증분석", 중앙대학교 대학원 박사학위논문(2018. 2), 21-22쪽.
11) 외환당국이 시장에 대한 정책신뢰를 바탕으로 구두로 환율 움직임에 대한 입장이나 견해 등을 밝힘으로써 시장참가자의 환율기대를 변화시켜 환율에 영향을 주기도 하는데 이를 구두개입(oral intervention)이라 한다.

된다.[12]

실무적으로 기획재정부 국제금융국(외화자금과)이 환율정책을 기획, 한국은행과 협의를 거쳐 한국은행이 한국은행 및 외국환평형기금의 자금을 이용해 외환시장에 개입하는 형태로 집행이 이루어진다. 한편 자유변동환율제도를 채택하고 있는 우리나라는 환율이 원칙적으로 외환시장에서 자율적으로 결정되도록 하되 일시적인 수급불균형이나 시장 불안심리 등으로 환율이 급변동하는 경우에 한해 환율변동 속도를 조절하는 스무딩 오퍼레이션(smoothing operation)을 하고 있다.[13]

(나) 한국은행의 외환시장 개입 및 보유외환의 운용

한국은행총재는 외환시장의 안정을 위하여 필요하다고 인정될 때에는 한국은행 및 외국환평형기금의 자금으로 외환시장에 개입할 수 있으며 기획재정부장관은 외환시장 개입, 외화자금의 조달 및 운용에 대하여 필요한 지시를 할 수 있다(규정2-27).

한국은행의 「외화자산 국내운용규정」("운용규정")에 의하면 시장개입은 외국환거래규정 제2-27조에 따라 외환의 원활한 수급조정을 통하여 외환시장의 안정을 도모함을 목적으로 한다(운용규정3). 시장개입은 외환수급의 급격한 변동 등으로 외환시장의 안정이 저해될 우려가 있거나 그 밖에 필요하다고 인정되는 경우에 할 수 있다(운용규정4).

시장개입은 내국지급수단을 대가로 외화자금을 매매하는 방법으로 한다(운용규정5①). 시장개입의 대상통화는 미달러화로 함을 원칙으로 한다(운용규정5②). 시장개입률은 은행간 외환시장에서 형성되는 매매율로 함을 원칙으로 한다(운용규정5③). 외국환은행과 그 밖의 외국환업무취급기관에 대해 시장개입을 위하여 필요한 자료의 제출을 요구할 수 있다(운용규정6).

(다) 재원 및 효과

외환시장 개입을 위한 원화재원으로는 본원통화나 외환시장 안정용 국고채 발행자금이 있으며, 외화재원은 한국은행이 보유·운용하고 있는 외환보유액과 외국환평형기금 자금이 있다. 외국환평형기금은 외국환거래를 원활하게 하기 위하여 국가재정법 제5조에 따른 기금으로서 정부로부터의 출연금 및 예수금, 외국환평형기금 채권의 발행으로 조성된 자금, 외국정부, 외국중앙은행, 그 밖의 거주자 또는 비거주자로부터의 예수금 또는 일시차입금, 외환건전성부담금 등으로 조성되며, 외국당국의 시장개입 또는 위기시 금융기관 등에 긴급 유동성을 지원하는 용도로 사용된다(법13).

외환시장 개입의 예를 살펴보면 단기간에 환율이 급격하게 하락할 경우 환율변동성 확대

---

12) 한국은행(2016), 214쪽.
13) 외환당국이 외환시장에 개입하는 이유는 환율 변동성의 완화, 목표환율의 달성, 외환보유액 수준의 변화, 그리고 다른 나라의 시장개입에 대한 동조개입 등이 있는데 우리나라는 주로 환율 변동성 완화에 중점을 두고 있다.

등 불확실성이 증대되므로 외환당국은 외환시장에서 원화를 대가로 미달러화를 매입함으로써 미달러화의 초과공급(원화의 초과수요)을 흡수하여 원화의 절상속도를 조절할 수 있다. 이와는 반대로 환율이 급등하는 경우에는 외환당국이 원화를 대가로 미달러화를 매각하게 된다.

외환시장 개입은 외환의 매매에 대한 반대급부로 국내 통화량에도 영향을 미치게 된다. 예를 들어 외환시장 매입 개입시 한국은행은 공개시장 조작 등을 통해 증가한 통화를 환수하고 있다. 이 같은 외환시장 개입에 의한 통화량 변동을 중화시키는 것을 불태화 외환시장 개입이라 하며, 그렇지 않은 경우를 태화 외환시장 개입이라고 한다.14)

(3) 외화자금시장에서의 유동성 공급

국제 금융시장의 신용경색 등으로 국내 외국환업무취급기관이 외화자금 조달에 상당기간 어려움을 겪는 경우 해당 국가의 금융시장 및 실물부문 전반에 미칠 영향을 고려하여 외환당국이 외화자금시장에 유동성을 직접 공급할 필요가 있다. 특히 2008년 글로벌 금융위기 등으로 인해 외자가 급격히 유출되고 국내 금융기관의 외화유동성15) 사정이 크게 악화되는 경우에는 외환당국이 외국환은행 등을 대상으로 외화유동성을 직접 공급하기도 한다.

2008년 글로벌 금융위기 이후 국제 금융시장에서 극심한 신용경색이 발생하고 해외 금융기관의 자금회수가 가속화되면서 국내은행의 외화유동성이 크게 악화됨에 따라 한국은행은 외화자금시장의 안정을 도모하기 위하여 외화유동성을 공급하였다. 당시 한국은행 자체자금을 활용한 경쟁입찰방식 외환스왑거래16)를 통해 102.7억달러, 미 연준과의 통화스왑 자금을 활용한 경쟁입찰방식 외화대출17)을 통해 163.5억달러 등 총 266.2억 달러를 2008년 10월부터 2009년 1월까지 외국환은행을 대상으로 공급하였다.18)

이러한 신속한 외화유동성 공급으로 외환시장 및 외화자금시장이 점차 안정되고 환율의 변동성도 크게 축소되었다. 이후 국제 금융시장 여건이 개선되고 우리나라의 경상수지흑자 및

---

14) 우리나라 등 다수의 국가가 불태화 개입정책을 시행하고 있다. 한국은행은 외환시장 개입에 따른 통화량 증감을 상쇄시키기 위한 공개시장정책 수단으로 통화안정증권, 환매조건부채권(RP)매매 등을 활용하고 있다.

15) 외화유동성이란 국내 외환시장이나 국제 금융시장에서 필요할 때 언제든지 외화(달러)를 손쉽게 조달할 수 있는 정도를 나타내는 용어이다. 외화유동성 사정이 좋거나 외화유동성이 풍부하다는 것은 국내 외환시장에서는 원화를 대가로 낮은 가격(환율)에 달러를 매입하거나 국제 금융시장에 낮은 금리로 달러를 조달할 수 있다는 것을 의미하고 외화유동성 사정이 나쁘다는 것은 그 반대 상황을 의미한다.

16) "경쟁입찰방식 스왑거래"란 한국은행이 낙찰조건을 미리 공고하고 입찰참가기관으로부터 응찰을 받아 낙찰조건에 부합하는 조건을 제시한 응찰자와 스왑거래를 하는 것을 말한다(외화자산 국내운용규정38(1)). 경쟁입찰방식 스왑거래는 외환스왑거래와 통화스왑거래로 한다(외화자산 국내운용규정39①).

17) "경쟁입찰방식 외화대출"이란 한국은행이 낙찰조건을 미리 공고하고 입찰참가기관으로부터 응찰을 받아 낙찰조건에 부합하는 조건을 제시한 응찰자와 외화대출거래를 하는 것을 말한다(외화자산 국내운용규정 7(1)). 경쟁입찰에 참가할 수 있는 자는 한국은행과 "경쟁입찰방식 외화대출거래 기본약정"을 체결한 은행, 한국산업은행, 중소기업은행 및 한국수출입은행으로 한다(외화자산 국내운용규정8①).

18) 한국은행(2016), 217-218쪽.

외국인 증권투자자금 유입 등으로 국내 금융기관의 외화자금 사정이 크게 호전됨에 따라 그동안 공급했던 자금의 만기도래분을 점진적으로 회수하기 시작하여 2009년 12월에는 이를 전액 회수하였다.

4. 외환보유액 관리 및 운용

(1) 외환보유액(준비자산)의 의의와 역할

IMF는 외환보유액을 통화당국이 국제수지 불균형 보전 등을 위해 언제든지 사용 가능한 대외지급준비자산[19]으로 정의하고 있다. 따라서 외환보유액은 위기발생시 외화유동성 공급을 통해 외환시장을 안정시키는 등 금융안전망 확보 차원에서 긍정적인 역할을 한다. 또한 외환부문을 중심으로 대외충격 흡수능력에 대한 신호(signal) 기능도 기대할 수 있다. 즉 외환보유액이 충분할 경우 국가의 지급능력이 안정적이라는 것을 의미하므로 기업과 금융기관의 외화자금 조달비용을 낮추는 데 기여할 수 있다. 따라서 각국 외환제도, 경제발전 정도, 경상수지 등에 따라 차이를 보일 수는 있지만 일정 수준 이상의 외환보유액을 유지하는 것은 시장안정에 상당 정도 기여하게 된다. 특히 기축통화를 보유하고 국가신인도도 높으며 글로벌 금융시장에 접근성이 높은 선진국과는 달리 신흥국은 위기발생시 정책대응 능력 확보를 위해서도 외환보유액을 충분히 보유할 필요가 있다. 다만 외환보유액은 유동성이 높은 안전자산 위주로 운용되어야 하므로 수익성이 낮을 수밖에 없다. 이로 인한 기회비용은 자산가치 증대를 억제시키는 문제점을 야기한다. 또한 달러화 매입-자국통화 매도를 통해 외환보유액을 늘리는 과정에서 국채 발행 등을 통해 시중의 원화유동성을 불태화(sterilization)하게 되면 자국 내 금융시장에서 민간자금을 구축하는 효과가 나타날 수도 있다. 이러한 점은 중장기적으로 외환 및 금융시장 안정성 유지에 부정적 영향을 미칠 수 있다.[20]

(2) 외환보유액 관리

외환보유액의 적정수준은 각국의 환율제도, 자본자유화 및 경제발전 정도, 외채구조, 경상수지 사정, 국내 금융기관의 대외차입능력 등 여러 변수에 따라 달라질 수 있으므로 모든 국가에 일률적으로 적용할 수 있는 보편적인 산정기준은 없다.[21] 한편 외환보유액 보유에는 비용이 따른다. 이는 외환보유액을 적립하기 위한 조달비용이 운용수익보다 클 수 있는 데다 운용에 있어서 수익성이 높은 자산보다는 유동성과 안전성에 우선하여 신용도가 높은 안전자산에

---

19) 대외지급준비자산은 비거주자에 대한 청구권이어야 하며 필요시 즉각 활용 가능해야 하므로 유동성, 시장성을 갖춘 통화표시자산으로써 일반적으로 신용등급이 적격투자등급 이상인 자산이어야 한다.
20) 박수연·소인환(2020), "대외포지션이 외환 및 주식시장 변동성에 미치는 영향 분석", 국제금융연구 2020년 제10권 제2호(2020. 8), 11-12쪽.
21) 한국은행(2016), 239쪽.

운용함에 따라 기회비용이 발생하기 때문이다.[22]

(3) 외환보유액 운용

외환보유액 운용의 기본목표는 유동성과 안전성 확보를 최우선으로 하되 적정한 범위 내에서 수익성을 제고하는 데 있다. 이는 외환보유액이 우리나라의 최종적인 대외지급준비자산이라는 점을 고려한 것으로 대부분의 중앙은행들이 유사한 운용목표를 채택하고 있다.[23]

외환보유액은 최종적인 대외지급준비자산으로서 언제든지 사용할 수 있어야 하므로 보유외환을 국제 금융시장에서 쉽게 현금화할 수 있는 자산에 투자하여 높은 수준의 유동성을 유지해야 한다. 특히 외환보유액은 글로벌 신용경색 등 위기상황에서 사용되어야 하므로 극단적인 시장상황을 가정하여 투자상품의 유동성 수준을 평가하기도 한다.

안전성은 투자자금의 회수불능 등 신용리스크와 관련된 개념으로 외환보유액의 가치보전을 위해 신용리스크가 높은 금융상품에 대해서는 투자를 제한하고 있다. 최근에는 금리·환율 등의 변동으로 발생하는 시장리스크로부터 보유자산의 가치를 보전하는 것을 포함한 넓은 의미로 이해되고 있다. 과거 중앙은행들이 외환보유액을 주로 미국 단기 국채 등 안전자산에 투자할 때에는 안전성에 대한 고려가 크지 않았다. 그러나 1990년대 후반 이후 외환보유액의 투자대상이 장기국채, 회사채, 자산유동화채, 신흥국 투자자산, 주식 등으로 점차 다변화되면서 신용리스크 관리의 중요성이 높아지고 있다.

외환보유액을 유지하는 데에는 직접적인 조달비용과 함께 간접적인 기회비용이 따른다. 따라서 외환보유액 운용시 주어진 제약조건인 유동성과 안전성을 저해하지 않는 범위 내에서 최대한의 수익을 획득함으로써 보유비용을 충당하기 위한 노력을 기울이고 있다. 일반적으로 투자자산의 유동성과 안전성이 높을수록 수익성은 낮아지는 상충관계가 존재한다. 따라서 중앙은행들은 자국의 외환보유액 규모 및 증감, 외환위기 등 역사적 경험과 국내외 금융시장 동향 등을 종합적으로 고려하여 적정한 균형점을 모색하게 된다.

---

22) 한국은행(2016), 240쪽.
23) 한국은행(2016), 246-247쪽.

제2절 외국환평형기금

Ⅰ. 서설

1. 외국환평형기금의 의의

외국환평형기금이란 통화가치의 안정을 도모하고 투기적인 외화유출입에 따른 외환시장의 혼란을 방지하기 위하여 기획재정부가 직간접적으로 외환시장에 개입하여 외환을 매매하기 위하여 조성한 기금을 말한다. 우리나라는 달러화 등 외화의 가격이 급등락하는 것을 방지하고 원화의 가치를 안정시키기 위하여 1967년에 이 기금을 조성하였다. 외국환평형기금은 외화기금계정과 원화기금계정으로 구분되어 한국은행에 설치되어 있으며, 자금의 운용은 한국은행, 외국환은행, 외국금융기관 등에 예치 또는 대여하거나 외환매매시 결제자금으로 사용되고 있다.

2. 외국환평형기금의 설치

외국환거래를 원활하게 하기 위하여 국가재정법 제5조에 따른 기금으로서 외국환평형기금을 설치한다(법13①). 국가재정법 제5조에 의하면 기금은 국가가 특정한 목적을 위하여 특정한 자금을 신축적으로 운용할 필요가 있을 때에 한하여 법률로써 설치하되, 정부의 출연금 또는 법률에 따른 민간부담금을 재원으로 하는 기금은 [별표 2]에 규정된 법률에 의하지 아니하고는 이를 설치할 수 없다(국가재정법5①). 외국환거래법은 위의 [별표 2]에 규정된 법률에 해당한다.

3. 외국환평형기금의 조성

외국환평형기금은 ⅰ) 정부로부터의 출연금 및 예수금(제1호), ⅱ) 외국환평형기금채권("외평채" 또는 "기금채권")의 발행으로 조성된 자금(제2호), ⅲ) 외국정부, 외국중앙은행, 그 밖의 거주자 또는 비거주자로부터의 예수금 또는 일시차입금(제3호), ⅳ) 지급수단 또는 귀금속[24]을 한국은행·정부기관·외국환평형기금·금융회사등에 보관·예치 또는 매각하도록 하는 의무의 부과에 따른 예수금(법6①(2)) 및 자본거래를 하려는 자에게 허가를 받도록 하는 의무를 부과하거나, 자본거래를 하는 자에게 그 거래와 관련하여 취득하는 지급수단의 일부를 한국은행·외국환평형기금 또는 금융회사등에 예치하도록 하는 의무의 부과에 따른 예수금(법6②)(제4호),

---

24) "귀금속"이란 금, 금합금의 지금(地金), 유통되지 아니하는 금화, 그 밖에 금을 주재료로 하는 제품 및 가공품을 말한다(법3(6)).

ⅴ) 외환건전성부담금 및 가산금(제5호), ⅵ) 외국환평형기금의 운용으로 발생하는 이자 등의 수입(영25①)(제6호)을 재원으로 조성한다(법13②).

외국환평형기금의 조성은 내국지급수단 또는 대외지급수단으로 할 수 있다(법13⑤).

4. 외국환평형기금의 운용

(1) 운용방법

외국환평형기금은 ⅰ) 외국환의 매매, ⅱ) 한국은행·외국정부·외국중앙은행 또는 국내외 금융회사등에의 예치·예탁 또는 대여, ⅲ) 외국환업무취급기관의 외화채무로서 국가가 보증한 채무를 상환하기 위하여 국가가 예비비 또는 추가경정예산으로 지급하기 전까지 국가를 대신하여 일시적으로 하는 지급, ⅳ) 한국은행·외국환업무취급기관 또는 외국금융기관의 외국환거래에 따른 채무의 보증, ⅴ) 파생상품에 대한 거래, ⅵ) 외국환업무취급기관 등에 대한 위탁을 통한 운용의 방법으로 운용한다(법13③ 본문, 영25② 본문). 외국환평형기금의 운용은 내국지급수단 또는 대외지급수단으로 할 수 있다(법13⑤).

다만, 외환건전성부담금 및 가산금으로 조성된 외국환평형기금의 경우에는 ⅰ) 한국은행·외국정부·외국중앙은행 또는 국내외 금융회사등에의 예치·예탁 또는 대여, ⅱ) 한국은행·외국환업무취급기관 또는 외국금융기관의 외국환거래에 따른 채무의 보증, ⅲ) 파생상품에 대한 거래, ⅳ) 외국환업무취급기관 등에 대한 위탁을 통한 운용 중 "금융회사등"25)에 대한 외화유동성 공급을 위한 거래에 한하여 운용한다(법13③ 단서). 외환건전성부담금 및 가산금으로 조성된 외국환평형기금의 경우에는 파생상품에 대한 거래 중 "금융회사등"과의 장래의 일정기간 동안 미리 정한 가격으로 기초자산이나 기초자산의 가격·이자율·지표·단위 또는 이를 기초로 하는 지수 등에 의하여 산출된 금전등을 교환할 것을 약정하는 계약("스왑")에 따른 파생상품에 대한 거래만을 말한다(영25② 단서).

(2) 보전조치

외국환업무취급기관의 외화채무로서 국가가 보증한 채무를 상환하기 위하여 국가가 예비비 또는 추가경정예산으로 지급하기 전까지 국가를 대신하여 일시적으로 하는 지급(법13③(3))에 따른 외국환평형기금에서 채무를 대신 지급한 경우 정부는 이를 보전하는 조치를 하여야 한다(법13④).

---

25) "금융회사등"이란 은행, 금융투자업자, 증권금융회사, 종합금융회사 및 명의개서대행회사, 보험회사, 상호저축은행과 그 중앙회, 신용협동조합 및 그 중앙회, 여신전문금융회사 및 겸영여신업자, 농협은행, 수협은행, 한국산업은행, 한국수출입은행, 중소기업은행, 체신관서, 새마을금고 및 중앙회, 한국해양진흥공사를 말한다(법3(17), 영7).

Ⅱ. 외국환평형기금채권의 발행 등

1. 의의 및 사례

(1) 외국환평형기금채권의 의의

외국환평형기금채권("외평채" 또는 "기금채권")이란 기획재정부가 환율을 안정시키기 위하여 조성하는 외국환평형기금의 자금을 마련하기 위하여 발행하는 채권을 말한다. 투기적 외화의 유출입 등에 의한 환율의 급격한 변동으로 기업 활동에 차질이 생기는 것을 막고 원화의 대외가치를 안정시키기 위해 기획재정부가 조성하는 자금인 외국환평형기금을 조달하기 위해 외평채를 발행한다.

외평채는 원화와 외화표시 두 가지로 발행할 수 있다. 과거에는 원화표시로만 발행되었으나 1997년 IMF 구제금융 지원 이후 부족한 외화조달을 위해 1998년부터 외화표시 증권을 발행하기 시작하였다. 뉴욕이나 런던 등 국제 금융시장에서 채권을 발행하여 조달한 달러는 일단 외환보유액으로 적립된다. 기획재정부는 달러 대비 원화 환율이 급등하면 달러를 시장에 내다 팔아 환율상승을 억제한다.

(2) 2020년 발행사례

기획재정부는 2020. 9. 10.(목) 00시 55분, 약 14.5억불 규모 외화표시 외국환평형기금채권을 성공적으로 발행하였다. 이번 외평채는 10년 만기 미달러화 표시 채권 6.25억불과 5년 만기 유로화 표시 채권 7억유로로 나누어 발행(dual tranche)되었다. 특히 유로화 표시 외평채는 2014년 6월 이후 약 6년여 만에 발행된 것이다.

이번 외평채의 금리는 역대 최저수준을 기록하였다. 5년 만기 유로화 표시 외평채의 발행 금리는 역대 최저인 △0.059%로, 非유럽 국가의 유로화 표시 국채 중 최초로 마이너스 금리 채권으로 발행되었다. 따라서 기획재정부는 액면가액인 7억유로 보다 많은 7억2백만유로를 받고 만기에는 액면가액(7억유로)만 상환하게 된다(동 유로화 외평채에 대한 이자지급은 없음). 10년 만기 달러화 표시 외평채도 발행금리와 가산금리 모두 역대 최저수준(10년 만기 기준)으로 발행되었다. 발행금리(1.198%)는 지표금리인 미국 국채금리 하락 등으로 과거 달러화 외평채보다 크게 낮은 수준이며, 가산금리(50bp)도 달러화 동일 만기 최저치(기존 2017년, 2019년 55bp)로, 현재 시장에서 유통되고 있는 유사 잔존만기 기존 외평채 금리보다도 크게 낮은 수준에서 발행되었다.[26]

외평채에 대한 해외 투자자들의 높은 수요는 사상 최저금리를 달성하는데 있어 발판이 되

---

26) 기획재정부(2020b), "한국정부, 외평채 성공적 발행 – 미국 달러화 6.25억 달러, 유로화 7억 유로 – ", 기획재정부(2020. 9. 10) 보도자료.

었다. 달러화·유로화 외평채 각각 최대 50억불, 50억유로 이상의 투자자 주문이 접수되어 당초 예정(5억불, 5억유로)보다 발행규모를 확대(금년 외평채 발행한도 15억불)하게 되었으며, 금리 조건이 최초 제시조건 대비 대폭 하향조정된 이후에도 최종 유효주문은 최종 발행물량 대비 달러화는 5.8배, 유로화는 7.8배(과거 최대치 '18년 5.7배)에 달했다. 또한 전반적인 투자자 구성도 중앙은행·국부펀드 등이 높은 투자 비중을 차지하고, 기존 한국물 투자가 많지 않았던 유럽·중동 투자자가 다수 참여하는 등 다변화되는 모습을 보였다.

기획재정부는 금번 외평채 발행을 통해 외환보유액을 추가 확충함으로써 향후 금융·외환시장 불안에 대한 대응 여력을 강화하게 되었다. 특히 유로화 외평채를 마이너스 금리로 발행함으로써 만기까지 이자비용 없이 외화를 조달하고, 할증발행으로 인한 프리미엄까지 외환보유액으로 추가 확충하는 효과를 거두었다. 외평채의 성공적 발행은 향후 민간·공공기관의 원활한 외화자금조달과 차입통화 다변화에도 기여할 것으로 예상된다. 한국계 외화채권의 벤치마크 역할을 하는 외평채가 역대 최저금리 수준으로 발행된 만큼 향후 국내기업·금융기관의 해외채권 발행금리 하락, 해외차입비용 절감으로 이어질 것으로 예상된다. 또한 2014년 이후 처음으로 유로화 외평채가 발행되어 벤치마크가 형성됨에 따라 달러화에 집중된 외화조달 창구가 향후 점진적으로 다변화되는 효과도 기대된다.

2. 기금채권의 발행방법

기획재정부장관은 외국환평형기금채권("외평채" 또는 "기금채권")을 발행할 수 있다(법13⑦). 기금채권의 발행은 모집, 매출 또는 입찰의 방법으로 한다(영26①).

3. 기금채권의 인수

기획재정부장관은 기금채권의 원활한 발행을 위하여 필요하다고 인정되는 경우에는 한국은행, 외국환업무취급기관, 투자매매업자, 투자중개업자, 집합투자업자, 신탁업자 및 증권금융회사, 보험회사로 하여금 기금채권을 인수하게 할 수 있다(영26②).

4. 기금채권의 발행대행

(1) 대행기관

(가) 대행기관의 선정

기획재정부장관은 기금채권의 원활한 발행을 위하여 기금채권의 발행에 관련된 업무를 ⅰ) 금융회사에게는 기금채권의 발행전략의 수립 지원 및 기금채권의 모집·매출의 알선 등에 관한 업무를, ⅱ) 법무법인에게는 기금채권 발행과 관련한 신고서류 및 투자계약서의 작성, 법률자문 등에 관한 업무를, iii) 회계법인에게는 기금채권 발행과 관련된 회계업무를 각각 금융회사, 법무법인, 회계법인("대행기관")에게 대행하게 할 수 있다(영26③).

　　대행기관의 선정 등에 필요한 사항은 기획재정부장관이 정한다(영26⑤). 이에 따라 기금채권 발행과 관련한 업무 대행기관의 선정에 관하여 필요한 사항을 규정하기 위해 기획재정부 훈령인 「외국환평형기금채권 발행업무 대행기관 선정에 관한 훈령」("대행기관선정훈령")을 두고 있다.

(나) 대행기관선정위원회

1) 구성 및 기능

가) 구성

　　기획재정부장관은 대행기관의 선정과 관련해 관계전문가로부터 의견을 청취하기 위하여 위원장과 3인 이상의 위원으로 구성되는 비상설 대행기관선정위원회("위원회")를 둘 수 있다(대행기관선정훈령3①).

　　위원은 기획재정부 소속공무원 1인과 국제금융센터 원장 및 국제 금융시장, 국제채권 발행 등에 대한 학식과 경험이 풍부한 자 중에서 위촉하고, 기획재정부장관이 지명하는 위원이 위원장을 겸임한다(대행기관선정훈령3②).

　　위원장은 위원회의 업무를 주관하고 위원회를 대표하며(대행기관선정훈령5①), 위원장이 사고가 있을 때에는 위원장이 지명한 위원이 그 직무를 대행한다(대행기관선정훈령5②). 위원 임기는 당해 발행을 위한 대행기관 선정완료시까지로 한다(대행기관선정훈령6).

나) 기능

　　위원회는 금융회사를 선정하는 경우 [별표 1][27]의 금융회사 선정을 위한 표준평가기준

---

27) [별표 1] 금융회사 선정을 위한 표준평가기준

평가항목	평가사항	배점
① 제안서 및 프리젠테이션	■ 발행시장 동향 분석 능력 ■ 발행전략의 우수성 ■ 해당기관 경영진의 지원 의지 ■ 수수료 및 제반비용 등	30점
② 채권 주선실적 및 업무수행능력	■ 국제채권 주선실적 ■ 한국물 주선실적 　* 기축통화, 최근 발행분, 타국 정부 채권, 발행고려 통화 표시 채권에 가중치 부여가능 ■ 팀 구성원의 전문성, 투자자네트워크 등	35점
③ 한국경제 기여도	■ 정부정책 협조·자문·자료제공 등 ■ 한국 경제 및 금융시장 기여도 ■ 정부 해외 IR 주관 실적	35점
④ 추가 조정기준	■ 한국계 기관에 대한 정책적 배려 ■ 지역별 투자자 커버를 위한 주간사 배분 등	±10점

에 따라 후보기관을 평가하고 그 선정결과를 기획재정부장관에게 통보한다(대행기관선정훈령4
①).

위원회는 기획재정부장관의 요청이 있을 경우 법무법인, 회계법인 및 대리인 선정과 관련
해서도 평가를 할 수 있다. 이 경우 평가기준은 [별표 3]28)의 법무법인 선정을 위한 표준평가
기준을 준용한다(대행기관선정훈령4②).

2) 평가사항의 대외누설금지 등

위원은 평가과정에서 알게 된 정보를 외부에 제공 또는 누설하거나 목적 외의 용도로 사용
하여서는 아니 되며(대행기관선정훈령7①), 직무를 수행함에 있어 업무와 관련된 일체의 알선·청
탁을 배격하여야 한다(대행기관선정훈령7②).

(다) 금융회사의 선정

1) 제안서 요청

기획재정부장관은 기금채권의 발행전략의 수립 지원 및 기금채권의 모집·매출의 알선 등
에 관한 업무를 수행할 금융회사를 선정하고자 하는 경우 해당 금융회사가 발행전략 수립, 투
자자 모집, 주문접수, 채권인수 등 기금채권 발행 전반에 있어 핵심적인 역할을 담당하게 되는
점을 고려하여 [별표 2]29)의 금융회사 제안서 요청 기준의 자격을 갖추었다고 판단되는 다수

	■ 과거 기금채권 주간사 역할 수행시 평가 등 ■ 금융당국 등으로부터의 징계사례 등	
합계		100점 (±10점)

※ 대행기관 선정위원회의 결정에 따라 평가항목 및 배점이 다소간 조정될 수 있으며, 1차 평가와 2차 평가시
　다르게 적용할 수 있음

28) [별표 3] 법무법인 선정을 위한 표준평가기준

평가항목	평가사항	배점
① 제안서	■ 비용(자문비용, 수수료 등) ■ 발행 취소 또는 연기시 처리 조건 등	35점
② 채권 법률자문 실적 　및 업무수행능력	■ 국제채권 발행 관련 업무 자문·대행 실적 　* 최근 실적, 정부·準정부 채권에 가중치 부여 ■ 팀 구성원의 전문성, 업무수행 능력 등	35점
③ 한국경제 기여도	■ 정부정책 협조·자문·자료제공 등 ■ 한국경제 및 금융시장 기여도	20점
④ 기타	■ 과거 기금채권 대행기관 역할 수행시 평기 ■ 타 채권발행 기관 평가 등	10점
합계	–	100점

※ 대행기관의 종류, 당해 발행시 특수성 등에 따라 평가항목 및 배점이 다소간 조정될 수 있음

의 국내외 금융회사에 전자우편 등으로 제안서를 요청한다(대행기관선정훈령9①).

제안요청서 내용은 제안서 마감시한, 제안서에 포함되어야 할 주요 내용, 제안서 제출방법, 선정방법, 비밀유지 및 계약체결 등에 관한 사항은 이 훈령에 따른다는 내용을 포함하되, 이에 한정되지 아니한다(대행기관선정훈령9②),

2) 선정방법

기획재정부장관은 금융회사로부터 제안서를 제출받은 경우 위원회의 평가를 거쳐 대행기관을 선정한다(대행기관선정훈령10①). 이에 따른 위원회의 평가는 1차 제안서 평가와 2차 프리젠테이션 평가로 나누어 실시할 수 있으며, 2차 평가는 1차 평가를 통과한 금융회사만을 대상으로 실시할 수 있다(대행기관선정훈령10②).

기획재정부장관은 국제 금융시장 발행여건 급변, 국내 외화자금시장 경색 또는 외화유동성 부족 등으로 기금채권 발행이 긴급하게 필요하거나 발행 준비를 극비리에 진행해야 할 필요가 있는 경우에는 제안서 요청과 위원회의 평가를 거치지 않고 대행기관을 선정할 수 있다(대행기관선정훈령10③).

기획재정부장관은 금융회사 선정시 복수의 금융회사를 선정할 수 있으며, 선정절차를 비공개로 진행할 수 있다(대행기관선정훈령10④).

3) 선정 및 업무진행

기획재정부장관은 선정결과를 금융회사에 개별 통보하고, 대행기관으로 선정된 금융회사와 기금채권 발행 관련 업무를 진행한다(대행기관선정훈령11①). 그러나 기획재정부장관은 ⅰ) 발행이 연기 또는 취소되는 경우, ⅱ) 금융회사가 발행 과정에서 정당한 사유 없이 업무를 해태하거나 약속을 불이행한 경우, ⅲ) 금융회사가 발행 과정에서 알게 된 정보를 외부에 제공 또는 누설하거나 목적 외의 용도로 사용한 경우에는 선정된 금융회사 중 일부 또는 전부에 대해 선정을 취소할 수 있다(대행기관선정훈령11②).

---

29) [별표 2] 금융회사 제안서 요청 기준

제안서 요청대상 금융회사
① 최근 3개년간 블룸버그 통신 데이터를 기준으로 한국계 국제채권 발행 관련 주간사 실적이 복수로 존재하는 금융회사. 단, 자사 또는 계열사 채권발행 관련 실적은 제외
② 1항의 복수의 실적은 발행을 고려하고 있는 통화 표시 채권의 주간사 실적을 의미
③ 발행고려 통화 또는 해당 채권시장의 특성 등을 고려할 때 1항과 2항에 따른 금융회사만으로는 유효한 경쟁 또는 전문성 확보가 곤란한 경우에는 대행기관 선정위원회가 비한국계 발행실적 등을 고려하여 금융회사를 추가 가능

(라) 법무법인의 선정

1) 선정방법

기획재정부장관은 기금채권의 발행과 관련한 신고서류 및 투자계약서의 작성, 법률자문 등에 관한 업무를 수행할 법무법인을 선정하는 경우 계약의 목적에 적합한 전문인력·기술능력이나 업무수행실적이 있는 다수의 법무법인으로부터 제안서 등을 제출받아 가격조건, 당해 계약이행능력 등을 심사하여 선정한다(대행기관선정훈령12①). 이에 따른 심사는 [별표 3]의 법무법인 선정을 위한 표준평가기준에 따른다(대행기관선정훈령12②).

다음의 어느 하나에 해당하는 경우, 즉 ⅰ) 추정가격이 5천만원 이하인 계약의 경우(다만, 복수의 법무법인을 선정하는 경우에는 총 계약금액이 아닌 개별 법무법인과의 계약금액을 기준으로 한다), ⅱ) 국제 금융시장 발행여건 급변, 국내 외화자금시장 경색 또는 외화유동성 부족 등으로 기금채권 발행이 긴급하게 필요하거나 발행 준비를 극비리에 진행해야 할 필요가 있는 경우에는 제1항의 규정을 적용하지 아니하고 대행기관을 선정할 수 있다(대행기관선정훈령12③).

기획재정부장관은 법무법인 선정시 국내 법무법인과 국외 법무법인을 각 1곳씩 별도로 선정할 수 있으며(대행기관선정훈령12④), 선정절차를 비공개로 진행할 수 있다(대행기관선정훈령12⑤).

2) 준용

법무법인에 대한 제안서 등의 요청, 선정결과 통보, 업무진행과 관련해서는 금융회사의 선정에 관한 제9조(제안서 요청), 제10조(선정방법), 제11조(선정 및 업무진행)의 규정을 준용한다(대행기관선정훈령13).

(마) 회계법인 및 기타 대리인의 선정

기금채권 발행과 관련된 회계업무를 수행할 회계법인을 선정하는 경우 및 기금채권 발행에 수반되는 제반업무를 수행할 대리인을 선정하는 경우의 회계법인 및 대리인의 선정방법과 관련해서는 법무법인의 선정방법에 관한 제12조 제1항 제2항 및 제3항의 규정을 준용한다(대행기관선정훈14①).

회계법인에 대한 제안서 등의 요청, 선정결과 통보, 업무진행과 관련해서는 금융회사의 선정에 관한 제9조(제안서 요청), 제10조(선정방법), 제11조(선정 및 업무진행)의 규정을 준용한다(대행기관선정훈14②).

(2) 전문가 의견청취

기획재정부장관은 대행기관의 투명하고 공정한 선정을 위하여 관계전문가로부터 의견을 들을 수 있다(영26④).

5. 외화채권 발행과 변경명세서 국회 제출

기금채권을 발행하는 경우에는 국채법 제4조[30])를 적용하지 아니한다(법13⑩). 외국환평형기금의 재원 조성을 위해 채권을 발행할 경우 외환시장 상황에 따라 원화채권과 외화채권을 탄력적으로 발행할 수 있도록 외화국채 발행의 경우 국회의 별도 의결을 받도록 한 국채법 제4조에 대한 예외 조항이다.

기획재정부장관은 외국통화로 표시하는 기금채권 발행액의 변경 범위가 해당 회계연도의 외국환평형기금 기금운용계획에 따른 외국통화 표시 기금채권 발행액의 20%를 초과한 경우에는 변경명세서를 국회 소관 상임위원회 및 예산결산특별위원회에 제출하여야 한다(법13⑪ 전단). 이 경우 변경명세서에는 기금채권의 발행 및 상환 내역과 변경 사유 등이 포함되어야 한다(법13⑪ 후단). 외화채권발행 규모가 당초 기금운용계획 대비 20% 이상 변경된 경우 변경명세서를 국회 소관 상임위에 제출하도록 하여 국회가 이를 점검할 수 있도록 한 것이다.

Ⅲ. 외국환평형기금의 운용 및 관리

1. 운용 · 관리 주체

외국환평형기금은 기획재정부장관이 운용 · 관리한다(법13⑥).

2. 외국환평형기금계정 설치

기획재정부장관은 외국환평형기금의 수입과 지출을 명확하게 하기 위하여 한국은행에 외국환평형기금계정을 설치하여야 한다(영27①).

3. 운용: 원화자금 및 외화자금

외국환평형기금은 원화자금 및 외화자금으로 운용할 수 있다(영27②). 외국환평형기금이 보유하는 외화자금의 가액은 환율에 의하여 평가하되, 이로 인한 손익은 해당 손익이 발생한 이후 최초로 도래하는 결산기에 평가익 또는 평가손으로 처리하여야 한다(영27④).

---

30) 국채법 제4조(국채의 종류 등) ① 국채의 종류는 다음과 같이 구분한다.
  1. 공공자금관리기금법 제2조에 따른 공공자금관리기금의 부담으로 발행하는 국채("국고채권")
  2. 다른 법률에 특별한 규정이 있는 경우 그 법률에 따라 회계, 다른 기금 또는 특별계정의 부담으로 발행하는 국채
  ② 국고채권의 종목은 재정 수요와 국채시장의 상황 등을 고려하여 국고채권의 상환기한별 또는 종류별로 기획재정부장관이 정한다.

4. 외환건전성부담금 및 가산금의 구분 회계처리

기획재정부장관은 외국환평형기금의 재원 중 외환건전성부담금 및 가산금을 대통령령으로 정하는 바에 따라 다른 재원과 구분하여 별도로 관리하여야 한다(법13⑫). 이에 따라 기획재정부장관은 외국환평형기금계정을 운용·관리할 때 ⅰ) 정부로부터의 출연금 및 예수금, ⅱ) 외국환평형기금 채권의 발행으로 조성된 자금, ⅲ) 외국정부, 외국중앙은행, 그 밖의 거주자 또는 비거주자로부터의 예수금 또는 일시차입금, ⅳ) 지급수단 또는 귀금속을 한국은행·정부기관·외국환평형기금·금융회사등에 보관·예치 또는 매각하도록 하는 의무의 부과에 따른 예수금(법6①(2)) 및 자본거래를 하려는 자에게 허가를 받도록 하는 의무를 부과하거나, 자본거래를 하는 자에게 그 거래와 관련하여 취득하는 지급수단의 일부를 한국은행·외국환평형기금 또는 금융회사등에 예치하도록 하는 의무의 부과에 따른 예수금, ⅴ) 외국환평형기금의 운용으로 발생하는 이자 등의 수입(법13②(1)-(4) 및 (6))과 외환건전성부담금 및 가산금(법13②(5))을 구분하여 회계처리하여야 한다(영27③).

5. 운용·관리 등에 필요한 세부사항

(1) 개요

외국환평형기금의 운용·관리 등에 필요한 세부사항은 기획재정부장관이 정한다(영27⑤). 이에 따라 외국환평형기금("기금")의 운용 및 그 관련 사무처리에 관한 사항을 정하기 위해 기획재정부 훈령인 「외국환평형기금 운용 사무처리 지침」을 두고 있으며, 외국환거래법 제23조(권한의 위임·위탁 등) 제1항, 같은 법 시행령 제37조(권한의 위임·위탁) 제3항 및 기획재정부의 「외국환평형기금 운용 사무처리 지침」("사무처리지침")에 따라 한국은행총재에게 위탁된 외국환평형기금의 운용 및 사무처리에 관한 세부사항을 정하기 위해 한국은행은 「외국환평형기금 운용업무 취급세칙」("운용업무취급세칙")을 두고 있다. 여기서는 사무처리지침과 운용업무취급세칙에서 규정하는 기금운용의 주요 내용을 살펴본다.

(2) 외국환의 매매

기금은 ⅰ) 한국은행과의 거래시에는 매매기준율 또는 재정된 매매기준율(제1호), ⅱ) 외국환은행과의 거래시에는 은행간 외환시장에서 형성되는 매매율(제2호)에 해당하는 환율을 적용하여 한국은행 또는 외국환은행과 외국환을 매매할 수 있다(사무처리지침3 본문). 다만, 외환건전성부담금·가산금 및 그 운용에 따른 재원은 제6조의 규정(외환건전성부담금에 대한 운용 특례)에 따른다(사무처리지침3 단서). 이에 관하여는 후술한다.

(3) 원화자금의 운용
(가) 운용방법

기금보유 원화자금은 ⅰ) 외국환의 매매(제1호), ⅱ) 기금채권 원리금의 상환(제2호), ⅲ) 공공자금관리기금 예수금 원리금의 상환(제3호), ⅳ) 연기금투자풀에의 예탁(제4호), ⅴ) 국내 외국환업무취급기관의 예치·예탁 또는 대여(제5호), ⅵ) 한국은행의 당좌예치(제6호), ⅶ) 기타 관련 경비의 지급(제7호)에 해당하는 방법으로 운용한다(사무처리지침4①). 앞에서 열거한 방법 이외의 용도로 이를 운용하고자 할 경우에는 기획재정부장관의 승인을 얻어야 한다(사무처리지침4②).

(나) 대상기관 등

기금의 원화단기자금거래("원화콜거래") 대상기관은 ⅰ) 은행(외국은행의 국내지점은 제외), ⅱ) 중소기업은행, ⅲ) 그 밖에 한국은행총재가 인정하는 자에 해당하는 자로 한다(운용업무취급세칙12). 원화콜거래는 경쟁입찰을 원칙으로 하며, 이 경우 최저금리를 설정하여 운용한다(운용업무취급세칙14①). 기금은 필요한 경우 원화자금중개회사가 중개하는 원화콜거래에 참가할 수 있다(운용업무취급세칙14②). 원화콜거래의 만기는 15일 이내로 한다(운용업무취급세칙15).

기금의 원화예치 대상기관은 외국환은행 및 종합금융회사("외국환은행 등")로서 한국은행총재가 기획재정부장관과 협의하여 정하는 자로 한다(운용업무취급세칙16①).

(4) 외화자금의 운용
(가) 운용방법

기금보유 외화자금은 ⅰ) 외국환의 매매, ⅱ) 한국은행·외국정부·외국중앙은행 또는 국내외 금융기관에의 예치·예탁 또는 대여, ⅲ) 외국환업무취급기관의 외화채무로서 국가가 보증한 채무의 상환을 위하여 국가가 예비비 또는 추가경정예산에 의하여 지급하기 전까지 국가를 대신하여 일시적으로 행하는 지급, ⅳ) 외국환업무취급기관이 예치한 감채기금의 운용 및 원리금 상환, ⅴ) 한국투자공사 및 한국수출입은행에의 위탁에 해당하는 방법으로 운용하는 것을 원칙으로 하되 안정성·유동성 및 수익성을 고려하여야 한다(사무처리지침5①).

기금보유 외화자금을 한국은행에 예치할 경우에 적용되는 금리는 국제수준 및 한국은행의 외화자산 운용수익률 등을 감안하여 한국은행총재와 기획재정부장관이 협의하여 정한다(사무처리지침5②).

(나) 한국은행 정기예치

한국은행에 미달러화 또는 그 밖의 외국통화를 정기예치할 때에 그 기간은 3개월 및 12개월로 한다(운용업무취급세칙4① 본문). 다만, 환매조건부 외화채권매입 재원으로 사용되는 예치금의 예치 기간은 해당 거래의 매입일로부터 환매일(중도환매시에는 환매일로 보는 날)까지의 경과일수로 한다(운용업무취급세칙4① 단서). 정기예치금은 기금운용을 위해 필요한 경우 언제든지 중도해지할 수 있으며 중도해지금리는 그 정기예치금의 예치금리를 적용한다(운용업무취급세칙4③).

정기예치금의 금리는 다음에 따른다(운용업무취급세칙4②). 즉 ⅰ) 3개월 예치금 금리는 예치일 전 제1영업일부터 과거 1년 동안의 미국 재무부 발행 3개월 만기 채권 수익률을 산술평균하여 적용한다. ⅱ) 12개월 예치금 금리는 한국은행의 전년도 외화자산운용수익률(실현수익률을 기준으로 한다)의 일정비율을 적용하되, 구체적인 비율은 한국은행총재가 기획재정부장관과 협의하여 결정한다. ⅲ) 환매조건부 외화채권매입 재원으로 사용되는 예치금 금리는 해당 거래 매매이자율의 일정비율을 적용하되, 구체적인 비율은 한국은행총재가 기획재정부 장관과 협의하여 결정한다.

한국은행총재는 기획재정부장관과 협의하여 정하는 바에 따라 기금의 자금을 외국환은행에 외화로 정기예치 또는 정기예탁할 수 있다(운용업무취급세칙5).

(다) 외화콜론

기금의 외화단기자금거래("외화콜거래") 대상기관은 서울외국환중개주식회사의 「외환거래규약」에 규정된 외환거래 참가기관으로 한다(운용업무취급세칙6). 외화콜거래의 통화는 미달러화를 원칙으로 한다(운용업무취급세칙8). 외화콜거래는 경쟁입찰을 원칙으로 하며, 최저금리를 설정하여 거래한다(운용업무취급세칙9). 외화콜거래의 만기는 1년 이내로 한다(운용업무취급세칙10).

외화콜론 운용재원 중 유찰 등으로 발생한 잔여자금은 한국은행에 익일만기 정기예치금으로 운용함을 원칙으로 한다(운용업무취급세칙11①). 익일만기 정기예치금의 금리는 예치일전 제2영업일의 런던금융시장 종장의 1일 만기 예치금리(LIBID)[31]로 한다(운용업무취급세칙11②).

(5) 외환건전성부담금에 대한 운용 특례

외환건전성부담금·가산금 운용과정에서 발생한 원화자금은 ⅰ) 연기금투자풀에의 예탁, ⅱ) 한국은행에의 당좌예치, ⅲ) 기타 관련 경비의 지급에 해당하는 방법으로 운용하고(사무처리지침6①), 외환건전성부담금·가산금 및 그 운용과정에서 발생한 외화자금은 ⅰ) 한국은행에의 예치·예탁, ⅱ) 외국환거래법 시행령 제21조의2의 부담금납부자에 대한 예치·예탁 또는 대여, ⅲ) 외국환거래법 시행령 제25조 제2항 단서에 의한 파생상품에 대한 거래, ⅳ) 기타 관련 경비의 지급에 해당하는 방법에 따라 운용한다(사무처리지침6②).

원화자금 또는 외화자금을 한국은행에 예치·예탁시 적용되는 금리는 기획재정부장관과 한국은행 총재가 협의하여 정한다(사무처리지침6③).

---

31) LIBID는 런던 은행간 예금금리를 말한다.

(6) 감채기금의 예수

기금은 기획재정부장관이 정하는 바에 따라 정부가 외화채무에 대해 지급을 보증한 외국
환은행 등으로부터 감채기금을 예수한다(운용업무취급세칙17①).

Ⅳ. 예치증서의 발행

1. 예치증서 발행과 사용용도 지정

기획재정부장관은 외국환평형기금에 예치된 자금에 대하여 예치증서를 발행할 수 있다(법
13⑨ 전단). 이 경우 기획재정부장관은 그 예치증서의 사용용도를 정할 수 있다(법13⑨ 후단).

2. 신청서 제출

예치증서를 발행받으려는 자는 예치금액, 사용용도 등을 적은 신청서류를 기획재정부장관
에게 제출하여야 한다(영28①).

3. 예치증서 발행 · 교부

기획재정부장관은 신청이 있는 경우 예치증서의 발행이 필요하다고 인정되면 신청일부터
7일 이내에 예치증서를 발행 · 교부하여야 한다(영28②).

Ⅴ. 외국환평형기금 채권의 원리금 상환

외국환평형기금채권의 발행으로 인한 원리금은 「국가재정법」 제90조 제6항에 따른 절차
에 따라 일반회계 세계잉여금으로 상환할 수 있다(법14①). 이에 따라 일반회계 세계잉여금으로
상환할 수 있는 금액은 외국환평형기금 채권의 이자에 그 이자 외의 외국환평형기금 운용손익
을 더하거나 뺀 금액으로 한다(법14②).

제3절 외환건전성부담금

Ⅰ. 서설

1. 외환건전성부담금의 의의

(1) 개념

외환건전성부담금("부담금")은 외화자금의 급격한 유입·유출에 따른 금융시장의 불안을 최소화하고 국민경제의 건전한 발전을 위하여 금융시장에서의 역할, 취급 외국환업무 및 외국 통화 표시 부채의 규모 등을 종합적으로 고려하여 기획재정부장관이 금융회사등에게 부과·징 수하는 부담금을 말한다(법11의2①).

즉 은행, 투자매매·중개업자(증권회사), 보험회사, 신용카드회사 및 지방은행의 잔존만기 1년 이하 비예금성외화부채에 일정 요율의 부담금을 부과하는 것이다. 증권회사, 보험회사, 신 용카드회사 및 지방은행은 비예금성외화부채 잔액 1천만불 이상인 경우에 부과한다. 비예금성 외화부채는 외국통화표시 부채에서 외화예수금 등을 차감한 것을 말한다. 은행은 10bp, 증권 회사, 보험회사, 신용카드회사 및 지방은행은 5bp의 요율을 적용한다.

(2) 도입배경

외환건전성부담금은 외화부채의 구조적인 문제점을 개선하고, 거시건전성을 확보하여 글 로벌 금융위기에 대한 대응능력을 강화하고자 도입한 은행세의 일종이다. 은행세는 미국, 영국, 독일, 프랑스 등에서 구제금융자금의 환원, 금융위기의 방지 등을 위해 도입하고 있다. 2008년 미국에서 시작된 글로벌 금융위기로 리먼브러더스, AIG 등 세계적 금융기관이 정부 보조금 도 움 없이는 회생하기 어려운 상황에 처했고, 크라이슬러, GM 같은 거대 제조업체의 연쇄 부도 로 이어져 결국 실물경제의 붕괴를 초래하였다. 이에 세계 각국은 금융위기가 실물경제로 빠르 게 전이되는 것을 막고자 금융위기 진원지인 글로벌 투자은행(IB)에 공적자금을 투입하여 지원 하게 되었다. 이러한 대규모 공적자금 투입 등으로 미국 정부의 부채가 GDP 대비 100%에 육 박하여 2011년 7월 부채한도를 상향 조정하는 상황에 이르렀다.[32]

그러나 글로벌 금융위기의 시발점인 유수의 글로벌 금융기관은 성과급 잔치를 벌임으로써 납세자의 부담만 가중하는 결과를 초래하여 은행세를 부과하게 되었다. 현재 세계 각국에서 도 입한 은행세는 공적자금의 회수, 대형 금융기관들의 몰락에 대비하기 위한 자금조성, 재정수입

---

[32] 최기해·정규언(2013), "외환건전성부담금의 현황 및 개선방안", 경상논집 제33권 제1호(2013. 12), 132-133쪽.

확보, 공적자금 투입은행의 과도한 성과급 지급에 대한 제어 및 징벌의 목적을 가지고 있다.

우리나라는 2010년 12월 "거시건전성부담금"이란 은행세 관련 정책을 발표하였다. 은행부과금을 추진 중인 주요국가들과 달리 우리나라는 상대적으로 양호한 재정상태에서 글로벌 금융위기시 직접적인 재정손실이 없었고, 금융기관의 부실에 따른 리스크를 방지할 여러 제도를 갖추고 있어 외국과 동일한 방식의 제도 도입 필요성이 낮았다. 그러나 급격한 외화유출입으로 인한 시스템 리스크 유발 요인이 있어 이에 대비할 수 있는 제도적 장치의 일환으로 거시건전성 제고, 외화부채의 구조개선, 위기대응능력 강화라는 정책목표를 위하여 거시건전성부담금제도를 도입하였다. 정부는 거시건전성부담금에 대한 각계의 의견 수렴과정을 거쳐 거시건전성부담금을 외환건전성부담금이라는 명칭으로 바꾸고 2011년 7월 31일부터 시행에 들어갔다.

(3) 입법취지

외환건전성부담금은 금융회사등에 비예금성외화부채 잔액의 일정비율(0.5% 이내)을 부담금(levy) 형태로 부과하여 과도한 외화차입을 억제하려는 취지로 2011년 도입되었다. 2008년 글로벌 금융위기 여파로 우리나라의 건전한 경제여건 등에도 불구하고 대외적 충격에 따라 급격하게 외화자금이 해외로 유출되었다. 이로 인해 경제뿐만 아니라 전 국가적으로 시스템적 위기를 겪었고, 이에 대한 대책으로 급격한 외화자금의 유출입을 선제적으로 관리할 필요성이 요청되었기 때문이다.

(4) 연혁

2011년 8월 외채 만기구조 개선, 위기시 유동성 공급 등을 위해 은행권의 비예금성외화부채에 부과하는 부담금제도를 도입하였다. 부과대상 기관은 은행에 한정되었고, 부과대상은 계약만기 1년 이하 비예금성외화부채이었고, 부과요율은 1년 이하 20bp, 1-3년 10bp, 3-5년 5bp, 5년 초과 2bp이었다.

2015년 7월 은행·비은행간 형평성과 제도의 실효성을 제고하기 위해 부담금 부과대상을 확대하고, 부과기준을 변경하였다. 계약만기를 기준으로 부과하는 기존제도하에서는 과거 중장기로 차입한 자금의 차환위험이 대두되더라도 금융회사의 외채구조 개선을 유도하는데 한계가 있었기 때문이다. 부과대상 기관은 은행, 증권회사, 보험회사, 신용카드회사, 부과대상은 잔존만기 1년 이하 비예금성외화부채, 부과요율은 은행 10bp, 증권·카드·보험사 및 저축은행 5bp(단일요율)이었다.

2. 외환건전성부담금의 납부의무자

부담금 납부의무자는 처음에는 은행에 국한되었으나, 2015년 7월부터 금융투자업자(투자매매업자 또는 투자중개업자), 보험회사, 여신전문금융회사 등도 비예금성외화부채 잔액이 미화 1

천만달러를 초과하는 경우 부과대상이 되었다. 다만 부과요율은 은행이 10bp 기준인데 반해 비은행금융회사는 5bp를 기준으로 다소 완화해 적용하였다.

부담금 납부의무자인 금융회사등은 은행, 농협은행, 수협은행, 한국산업은행, 한국수출입은행, 중소기업은행과 비예금성외화부채등(2015년 7월 1일 이후 발생한 것으로 한정)의 잔액이 미화 1천만 달러를 초과하는 투자매매·중개업자, 보험회사, 여신전문금융회사를 말한다(법11의2 ①, 영21의2).

여기서 "비예금성외화부채등"이란 금융회사등의 외국통화표시 부채(외화예수금은 제외) 및 외국환계정의 계정과목 중 지급·결제를 위한 계정, 최종 처리 전 경과적 성격의 계정, 정책성 자금을 처리하기 위한 계정 등으로서 외환건전성부담금의 부과목적을 고려하여 기획재정부장관이 고시하는 계정과목[33]은 제외한 것을 말한다(법3(20), 영9의2). 비예금성외화부채는 금융회사등이 차입한 외화부채 중 외화예수금을 제외(= 전체 외화부채 - 외화예수금)한 단기 외화차입금이라고 할 수 있다. 예수금은 경과계정 등을 처리하기 위하여 일시적으로 보유하고 있는 부채 항목의 자금이다.

3. 외환건전성부담금의 귀속

징수한 외환건전성부담금은 외국환평형기금에 귀속된다(법11의2④).

Ⅱ. 외환건전성부담금의 산정

1. 산정방법

부과·징수하는 부담금은 비예금성외화부채등의 잔액에 1천분의 5 이내의 범위에서 금융회사등의 영업구역, 비예금성외화부채등의 만기 등을 고려하여 부과요율을 곱하여 계산한 금액으로 한다(법11의2②). 즉 외환건전성부담금의 산정방법은 비예금성외화부채등의 잔액 × 부과요율(0.5% 범위 내)이다.

---

33) 외국환거래법 시행령 제9조의2에 따라 외국환은행의 비예금성외화부채등에서 제외하는 "기획재정부장관이 고시하는 계정과목"이란 외국환거래법 시행령 제37조 제2항에 따라 금융위원회가 재위탁하여 금융감독원장이 정한 은행업감독업무시행세칙 별표 4-1호(외국환계정 회계처리 기준)의 부채계정과목 중 다음의 어느 하나에 해당하는 계정과목을 말한다(규정2-11의2①).

1. 매도외환, 2. 미지급외환, 3. 외화타점차, 4. 외화표시원화차입금, 5. 전대차입금, 6. 외화수탁금, 7. 외화직불카드채무, 8. 외화미지급금, 9. 외화가수금, 10. 외화선수수익, 11. 외화미지급비용, 12. 외화미지급미결제현물환, 13. 외화지급보증충당금, 14. 외화파생상품부채, 15. 역외외화예수금, 16. 역외파생상품부채, 17. 외화차입금의 기타 중 내국수입유산스와 관련된 것, 18. 외화차입금의 기타 중 정부 또는 지방자치단체의 정책수행을 대행하기 위해 정부, 지방자치단체 또는 외국환은행이 아닌 공공기관으로부터 차입한 자금, 19. 국외본지점 중 제3호, 제12호 또는 제17호에 해당하는 것과 갑갑계정 중 을기금 한도 내의 것

2. 비예금성외화부채등 잔액의 산정

(1) 공제전 잔액

비예금성외화부채등의 잔액은 비예금성외화부채등의 잔존만기가 1년 이하인 것을 기준으로 산정한다. 즉 [비예금성외화부채등의 잔액 = 부과기간 동안의 남아 있는 만기가 1년 이하인 비예금성외화부채등의 월말 잔액의 합계약/12]으로 산정한다(영21의4① 전단). 이 경우 부과기간은 부담금 납부의무자의 사업연도 종료일이 속한 월을 포함한 직전 12개월 동안의 기간을 말한다(영21의4① 후단).

(2) 공제액

기획재정부장관은 부담금을 부과할 때 외화 조달구조 개선 또는 외국환거래 촉진 등을 위해 필요하면 공제전잔액에서 공제액을 공제한 후 나머지 금액을 비예금성외화부채등의 잔액으로 적용하여 부과할 수 있다(영21의4②). 공제액은 다음과 같다(영21의4②).

1. [별표 1][34]에 따라 외화예수금에 남아 있는 만기별 가중치를 곱한 금액. 이 경우 해당 금액이 0보다 작은 경우에는 0으로 한다.
2. 외국환 매매의 활성화 등 기획재정부장관이 정하여 고시하는 바에 따라 외국환거래의 촉진을 위해 수행한 역할과 관련한 금액으로서 기획재정부장관이 정하여 고시하는 바에 따라 산정한 금액

앞의 제2호에 따른 외국환거래의 촉진을 위해 수행한 역할과 관련한 금액이란 다음 각 호의 금액의 합계액에 사업연도 중 외국환거래를 촉진하는 역할을 수행한 기간의 비율을 곱하여

---

34) [별표 1] 외화 조달구조 개선을 위한 공제액(제21조의4 제2항 제1호 전단 관련)
　1. 제21조의4 제2항의 공제액은 제2호에 따른 외화예수금에 제3호에 따른 남아 있는 만기별 가중치를 곱한 금액으로 한다.
　2. 외화예수금은 다음의 계산식에 따라 산정한다. 다만, 법 제3조 제1항 제17호에 따른 금융회사등으로부터의 예수금은 잔액을 계산할 때 제외한다.

$$외화예수금 = (\text{해당 사업연도 외화예수금 월말잔액의 연평균금액}) \times \frac{3}{10} + (\text{직전 사업연도 대비 외화예수금 월말잔액의 연평균금액의 증감액}) \times \frac{7}{10}$$

　3. 남아 있는 만기별 가중치는 다음 각 목의 구분에 따른다.
　　가. 정기예금(예치기간을 사전에 약정한 예금으로서 한국은행총재가 정하는 종류의 예금)의 경우
　　　1) 남아 있는 만기가 1년 이하인 경우: 0.5
　　　2) 남아 있는 만기가 1년 초과 3년 이하인 경우: 2
　　　3) 남아 있는 만기가 3년 초과 5년 이하인 경우: 4
　　　4) 남아 있는 만기가 5년 초과인 경우: 10
　　나. 그 밖의 예금(정기예금 외의 예금으로서 한국은행총재가 정하는 종류의 예금)의 경우: 0.05

산정한 금액을 말한다(규정2-11의2②). 제2항은 2022년 및 2023년 사업연도의 외환건전성부담금을 부과하는 경우에 한정하여 적용한다(규정2-11의2⑤).

1. 원화·위안화 현물환시장에서의 일평균 거래금액의 1.5배에 상당하는 금액과 규정 제2-4조에 따른 외국환은행과 다른 외국환은행의 외국환매매에 해당하지 않는 원화·위안화 일평균 거래금액의 50배에 상당하는 금액의 합
2. 영 제21조의4 제1항에 따라 산정한 공제전잔액 중 위안화로 표시된 금액으로 다음 각 목에 해당하는 금액. 이 경우 해당 금액이 0보다 작은 경우에는 0으로 본다.
   가. 부담금납부의무자가 규정 제10-21조 제1항에 따라 지정된 원화·위안화 현물환시장 청산은행에 해당하는 경우, 위안화로 표시된 공제전잔액 전부
   나. 한국은행과 외국 중앙은행간 통화스왑자금 외화대출을 이용함으로써 발생한 외화부채 잔액에 해당하는 금액
3. 원화·미화 현물환시장에서의 양방향 거래금액과 양방향 거래비중을 곱한 값의 일평균에 상당하는 금액. 이 경우 양방향 거래금액은 매도·매입 금액 중 작은 금액으로 하며, 양방향 거래비중은 전체 거래금액 대비 매도·매입 금액 중 작은 금액의 2배에 해당하는 금액의 비중으로 본다

(3) 총 공제액의 상한

총 공제액의 상한은 공제전잔액의 60%로 하며, 공제액의 상한은 기획재정부장관이 정하여 고시한다(영21의4③).

따라서 외국환거래법 시행령 제21조의4 제2항 제1호에 따라 산정한 금액은 공제전잔액의 30%를 초과하지 아니한다(규정2-11의2③). 외국환거래규정 제2－11조의2 제2항 제1호부터 제2호에 따라 산정한 금액의 합은 공제전잔액의 20%를 초과하지 아니한다(규정2-11의2④). 제4항은 2022년 및 2023년 사업연도의 외환건전성부담금을 부과하는 경우에 한정하여 적용한다(규정2-11의2⑤).

3. 부과요율 산정

부과요율은 0.5% 범위 내에서 대통령령으로 정한다(법11의2②). 부과요율은 0.1%에서 가중평균 만기를 기준으로 다음의 요율을 차감하여 산정한다. 다만 투자매매·중개업자, 보험회사, 여신전문금융회사, 지방은행의 잔액 보유분은 0.05%에서 가중평균 만기를 기준으로 다음의 요율을 차감하여 산정한다(영21의3).

1. 가중평균 만기가 2년 초과 3년 이하인 경우: 0.02%
2. 가중평균 만기가 3년 초과 4년 이하인 경우: 0.03%

3. 가중평균 만기가 4년 초과인 경우: 0.04%

4. 감면 및 가산

(1) 감면 및 가산

기획재정부장관은 국제 금융시장의 불안정, 외화자금의 급격한 유출·유입 등으로 금융시장과 국민경제의 안정을 현저히 해칠 우려가 있다고 인정되는 경우에는 6개월 이내의 기간을 정하여 다음에 해당하는 금액을 부담금으로 부과·징수할 수 있다(법11의2③).

따라서 외환건전성부담금의 요율을 일시적으로 상향조정할 수 있을 뿐만 아니라 요율을 하향조정할 수 있도록 하여 급격한 외화자금의 유출 등 상황이 발생하는 경우에도 금융시장과 국민경제의 안정을 유지할 수 있다.

(가) 감면

해당 기간의 비예금성외화부채등 잔액에 대하여 부과요율 대신에 기획재정부장관이 하향하여 고시하는 부과요율을 곱하여 계산한 금액을 부담금으로 부과·징수할 수 있다(법11의2③ (1)). 즉 외환건전성부담금의 감면은 비예금성외화부채등 잔액 × 하향 고시 부과요율이다.

(나) 가산

해당 기간의 비예금성외화부채등 잔액 증가분에 대하여 기획재정부장관이 부과요율보다 상향하여 고시하는 부과요율("추가부과요율")을 적용하여 계산한 금액을 산정한 부담금 금액에 더한 금액을 부담금으로 부과·징수할 수 있다. 이 경우 추가부과요율은 부과요율을 더하여 1천분의 10을 넘지 아니하도록 하여야 한다(법11의2③(2)).

즉 외환건전성부담금의 가산은 ⅰ) 원칙적으로 산정된 외환건전성부담금에, ⅱ) 비예금성외화부채등의 잔액 증가분 × 추가부과요율(원래 부과요율에 더하여 1% 한도)에 따라 산정한 금액의 합계액이다.

(2) 감면 및 가산 기간의 적용 등

(가) 부담금 감면기간의 적용

부담금 감면기간이 속하는 사업연도 중 부담금 감면기간에 대한 비예금성외화부채등의 잔액은 남아 있는 만기가 1년 이하인 비예금성외화부채등의 일별잔액의 합계액을 해당 기간의 날 수로 나눈 금액으로 한다(영21의5①).

(나) 부담금 가산기간의 적용

비예금성외화부채등 잔액의 증가분은 추가부과요율 적용기간 동안의 일평균잔액에서 추가부과요율 적용일 직전 3개월간의 일평균잔액을 뺀 금액으로 한다(영21의5②).

(다) 적용기간에 따른 일할계산

부담금 감면기간을 적용하거나 부담금 가산기간을 적용할 때에는 그 적용기간에 따라 일할계산하여 부담금을 부과·징수하여야 한다(영21의5③).

Ⅲ. 납부고지 및 납부기한

기획재정부장관은 사업연도 종료 후 4개월 이내에 부담금의 납부금액, 납부기한 등을 명시하여 부담금납부의무자에게 납부고지를 하여야 한다(영21의6①). 납부기한은 사업연도 종료 후 5개월이 되는 날로 한다(영21의6②).

Ⅳ. 부담금의 징수 및 이의신청

1. 분할납부

(1) 분할납부 사유 및 기간

기획재정부장관은 부담금납부의무자가 경영상 어려움 등으로 부담금을 한꺼번에 낼 수 없다고 인정되는 경우에는 납부기한부터 1년 이내의 기간 동안 4회 이내의 범위에서 나누어 내게 할 수 있다(법11의3①, 영21의7①).

이는 외국환업무취급기관의 외화 유동성 확보를 지원하기 위해 경영상 어려움을 겪는 외국환업무취급기관이 외환건전성부담금을 연 2회에 걸쳐 나누어 낼 수 있도록 하던 것을 연 4회 이내의 범위에서 나누어 낼 수 있도록 개정한 것이다.

(2) 분할납부 신청

부담금을 나누어 내려는 부담금 납부의무자는 납부고지를 받은 날부터 15일 이내에 기획재정부장관에게 분할납부 신청을 하여야 한다(영21의7②).

(3) 분할납부 여부 통지

분할납부 신청을 받은 기획재정부장관은 신청을 받은 날부터 10일 이내에 분할납부 여부를 서면으로 신청인에게 통지하여야 하며, 분할납부를 하도록 한 경우에는 분할납부 금액, 분할납부 기간, 그 밖에 분할납부에 필요한 사항을 함께 통지하여야 한다(영21의7③).

2. 독촉장 발급과 체납처분

기획재정부장관은 금융회사등이 부담금을 납부기한까지 내지 아니하면 납부기한이 지난 후 10일 이내에 10일 이상의 기간을 정하여 독촉장을 발급하여야 하며(법11의3②), 독촉장을 받은 금융회사등이 정하여진 기한까지 납부하지 아니할 때에는 국세 체납처분의 예에 따라 부담금과 가산금을 징수한다(법11의3④).

3. 가산금

기획재정부장관은 체납된 부담금에 대하여는 ⅰ) 체납기간(부담금 납부기한의 다음 날부터 납부일 전날까지의 기간)이 1개월 이하인 경우 체납된 부담금의 1천분의 30에 해당하는 금액의 가산금을 징수할 수 있고, ⅱ) 체납기간이 1개월을 초과하는 경우 체납된 부담금의 1천분의 30에 해당하는 금액에 1개월이 지날 때마다 체납된 부담금의 1천분의 10을 더한 금액의 가산금을 징수할 수 있다. 이 경우 가산하는 기간은 6개월을 초과하지 못한다(법11의3③, 영21의8).

4. 자료제출요구

기획재정부장관은 부담금의 부과·징수를 위하여 필요하다고 인정되는 경우에는 해당 금융회사등에 관련 자료의 제출을 요구할 수 있다(법11의3⑤ 전단). 이 경우 자료의 제출을 요구받은 금융회사등은 특별한 사유가 없으면 요구에 따라야 한다(법11의3⑤ 후단).

기획재정부장관이 부담금 납부의무자에게 제출을 요구할 수 있는 자료는 비예금성외화부채등의 보유 현황자료, 비예금성외화부채등 잔액의 산정자료 등 부담금의 부과·징수를 위하여 필요한 외화부채에 관한 자료로 한다(영21의9).

5. 이의신청 및 부담금의 조정

(1) 이의신청

부담금을 부과받은 금융회사등이 부담금 납부 대상자가 잘못된 경우 또는 납부고지된 부담금 금액에 이의가 있는 경우에는 납부고지를 받은 날부터 15일 이내에 기획재정부장관에게 이의신청을 할 수 있다(법11의3⑥, 영21의10①). 이의신청은 부담금의 납부기한에 영향을 미치지 아니한다(영21의10③).

(2) 처리결과의 통지 및 재부과·징수 등

이의신청을 받은 기획재정부장관은 15일 이내에 그 처리결과를 신청인 또는 적법한 납부 대상자에게 통지하여야 한다(영21의10② 전단). 이 경우 이의신청 처리결과 부담금 금액을 조정한 경우에는 조정된 금액을 다시 부과·징수하여야 하며, 부담금을 이미 납부한 경우에는 납부한 금액과 조정된 금액과의 차액을 다시 부과·징수하거나 환급하여야 한다(영21의10② 후단). 적법한 부담금 납부 대상자에게 부담금을 다시 부과·징수하거나 조정된 부담금 또는 차액을 다시 부과·징수하는 경우 그 납부기한은 납부고지한 날의 다음 달 말일로 한다(영21의10⑤).

(3) 부담금의 조정

기획재정부장관은 검사한 결과 이미 납부고지하거나 납부한 부담금 금액을 조정할 필요가 있다고 인정하는 경우에는 이미 납부고지하거나 납부한 금액과 조정된 금액과의 차액을 다시 부과·징수하거나 환급할 수 있다(영21의10④). 이에 따라 적법한 부담금 납부 대상자에게 부담금을 다시 부과·징수하거나 조정된 부담금 또는 차액을 다시 부과·징수하는 경우 그 납부기한은 납부고지한 날의 다음 달 말일로 한다(영21의10⑤).

6. 기한의 특례

납부고지 및 납부, 분할납부의 신청 및 분할납부 여부의 통지, 이의신청, 처리결과의 통지 및 재부과·징수에 따른 납부에 관한 기한이 공휴일, 토요일이거나 근로자의 날일 때에는 공휴일, 토요일 또는 근로자의 날의 다음 날을 기한으로 한다(영21의11).

제4절 외국환거래의 정지(유사시 자본규제 수단)

I. 서설

1. 자본유출입 규제

외환 및 자본 자유화는 기업의 자금조달 비용을 낮추어 투자를 활성화하는 긍정적인 측면도 있지만 급격한 자본유출입으로 인해 경제의 안정기조를 저해할 수 있다. 해외자본이 과다 유입되면 환율이 하락하고 해외부문을 통한 통화공급이 증가함에 따라 경상수지 악화, 부동산 가격 급등 등의 부작용이 나타날 수 있다. 반대로 자본의 급격한 유출은 환율과 금리의 급등을 초래하여 국내 금융시장 및 외환시장을 교란시키고 국내 경기침체를 가져올 가능성이 높다. 이와 같은 부작용은 과거 1997년 외환위기 사례에서 볼 수 있듯이 신흥국의 경우 더욱 두드러지게 나타날 수 있다.[35]

이러한 점을 고려하여 각국의 정책당국은 자본자유화 기조하에서도 자본유출입의 규모와 속도를 적절히 조절하는 정책을 활용하고 있다. 자본유출입의 변동성 완화를 위한 정책수단은

---

[35] 한국은행(2016), 226-227쪽.

자본유출입 규제와 거시건전성정책으로 구분된다. 개념적으로 보면 자본유출입 규제는 자본흐름 자체를 직접적으로 조절하는 정책인데 반해, 거시건전성정책은 시스템리스크 축소를 통해 간접적으로 자본흐름에 영향을 미치는 정책이라 할 수 있다. 그러나 현실적으로 양자를 명확히 구분하기는 어렵다.

자본유출입 규제는 대규모 자본유입 등에 대해 환율절상 용인, 외환보유액 축적, 통화정책 및 재정정책 등과 같은 전통적 방법이나 거시건전성 차원의 정책대응이 여의치 않을 경우 유용한 정책대안이 될 수 있다. 그러나 자본유출입 규제는 규제회피 거래에 따른 규제의 유효성 저하, 효율적 자본배분의 왜곡 등 부작용이 나타날 수 있고, 특정 국가의 규제 도입으로 규제차익거래가 발생하면 주변 국가들의 연쇄적인 규제도입을 유발할 수 있다는 점이 문제시되고 있다.

2. 과도한 자본유입의 문제점

2008년 글로벌 금융위기가 발생하기 전까지만 하더라도 자본자유화는 자본시장을 선진화시키고 대외거래를 활성화하여 경제의 효율성을 극대화하고 선진경제로 진입하기 위한 필수적인 과제로 널리 인정받아 왔다. 우리나라도 1997년 외환위기 이후 지속적으로 자본자유화를 추진해 왔으며 외국환거래법상 증권투자전용계좌를 설치하는 등 형식적·절차적 요건만 갖추면 외국인 투자자는 국내 주식·채권 등 유가증권과 부동산을 자유롭게 취득·처분할 수 있다.

그러나 과도한 자본유입과 자본자유화는 긍정적 기능과 함께 다음과 같은 부작용을 갖는다. ⅰ) 외화차입, 국내 주식·채권 투자를 위해 유입된 달러는 외환시장에 공급되어 원화와 환전되는 과정에서 원화의 과도한 절상압력으로 작용하는 한편 동 자금의 유출시에는 원화의 하락압력으로 작용하는 등 환율의 변동성을 확대시킬 수 있다. ⅱ) 과도한 자본유입은 원화로 환전되는 과정에서 국내 원화 유동성을 증가시킴으로써 국내 통화관리의 어려움을 초래할 수 있다. ⅲ) 외국인 주식·부동산 투자자금의 과도한 유입으로 국내 자산시장의 거품을 확대시킬 수 있다. ⅳ) 2008년 금융위기 때의 리먼 브라더스 사태와 같은 예상치 못한 대외충격이 발생할 경우 국내의 실물경기와 펀더멘탈에 상관없이 급격한 자본유출, 즉 서든스탑[36]으로 인해 국내 외환시장은 외화유동성 위기에 직면할 수 있는 부작용을 가지고 있다. ⅴ) 외화유동성 경

---

36) 서든스탑(sudden stop)이란 외화차입, 외국인 주식·채권 투자자금 등 자본거래를 통해 유입된 외화자금이 일시에 빠져나가는 현상을 말한다. 서든스탑의 과정에서 자본유출을 위해 필요한 외환(달러) 수요는 급증하는 반면 달러공급은 급속히 위축됨으로써 환율이 급등하는 등 원화를 대가로 달러를 환전하기가 어려운 상황이 바로 외화유동성 경색 내지는 외화유동성 위기 상황이라고 할 수 있다. 그리고 이와 같은 외화유동성 위기의 발생은 수입에 필요한 수입대금의 결제, 유학생 송금, 환전 등 우리의 일상생활 및 수출입거래 등 경제생활에 중대한 영향을 미친다고 할 수 있다

색으로 인한 환율급등은 외환의 실수요자인 개인과 기업의 환차손을 확대시킴으로써 실물경제의 침체로 확대될 수도 있다.[37]

이러한 과도한 자본유입으로 인한 부작용은 리먼 브라더스 사태 직후 우리나라를 비롯한 많은 신흥국 시장에서 현실화되었다. 특히 우리나라는 외화유동성 경색으로 외화 현금흐름이 원활하지 않거나 환위험 헤지에 취약한 국내 외화차입기업, 중소수입업체, 키코(KIKO)거래 기업 등에게 막대한 환차손과 외환파생상품거래 손실을 초래한 바 있다.

II. 외국환거래 및 자본거래에 대한 비상조치

1. 외국환거래의 일시정지 및 보관 · 예치 또는 매각 조치

기획재정부장관은 천재지변, 전시 · 사변, 국내외 경제사정의 중대하고도 급격한 변동, 그 밖에 이에 준하는 사태가 발생하여 부득이 하다고 인정되는 경우에는 ⅰ) 외국환거래법을 적용받는 지급 또는 수령, 거래의 전부 또는 일부에 대한 일시 정지(제1호: 대외결제 및 거래 일시정지), ⅱ) 지급수단 또는 귀금속을 한국은행 · 정부기관 · 외국환평형기금 · 금융회사등에 보관 · 예치 또는 매각하도록 하는 의무의 부과(제2호: 외환집중제), ⅲ) 비거주자에 대한 채권을 보유하고 있는 거주자로 하여금 그 채권을 추심하여 국내로 회수하도록 하는 의무의 부과(제3호: 대외채권회수 의무제) 등의 조치를 할 수 있다(법6①).

기획재정부장관은 제1항 제3호의 조치를 하기 위하여 필요한 경우 해당 거주자의 관할 세무관서의 장에게 「국제조세조정에 관한 법률」 제52조 제3호[38]에 따른 해외금융계좌정보의 제공을 요청할 수 있다(법6⑤ 전단). 이 경우 해외금융계좌정보의 제공을 요청받은 관할 세무관서의 장은 특별한 사정이 없으면 그 요청에 따라야 한다(법6⑤ 후단).

2. 자본거래 허가제 및 가변예치 의무제

기획재정부장관은 ⅰ) 국제수지 및 국제금융상 심각한 어려움에 처하거나 처할 우려가 있는 경우(제1호), ⅱ) 대한민국과 외국 간의 자본이동으로 통화정책, 환율정책, 그 밖의 거시경제정책을 수행하는 데에 심각한 지장을 주거나 줄 우려가 있는 경우(제2호)에 해당된다고 인정되

---

37) 김기원(2012), "자본유출입, 외화유동성 위기와 외환건전성규제", 연세 글로벌 비즈니스 법학연구 제4권 제1호(2012. 6), 165-167쪽.
38) 3. "해외금융계좌정보"란 다음의 정보를 말한다.
　　가. 보유자의 성명 · 주소 등 신원에 관한 정보
　　나. 계좌번호, 해외금융회사등의 이름, 매월 말일의 보유계좌 잔액의 최고금액 등 보유계좌에 관한 정보
　　다. 제53조 제2항에 따른 해외금융계좌 관련자에 관한 정보

는 경우에는 자본거래를 하려는 자에게 허가를 받도록 하는 의무를 부과하거나(자본거래 허가
제), 자본거래를 하는 자에게 그 거래와 관련하여 취득하는 지급수단의 일부를 한국은행·외국
환평형기금 또는 금융회사등에 예치하도록 하는 의무를 부과(가변예치의무제)하는 조치를 할 수
있다(법6②).

　가변예치의무제도는 외환위기시 외국으로부터 유입된 단기 외화자금의 일부를 한국은행
등에 강제 예치시키는 제도이다. 이 제도는 거주자의 해외차입이나 외화증권발행에 대해서 일
정 비율을 중앙은행에 무이자로 예치하록 하는 방법으로서 예치대상이나 예치비율의 조정 등
을 통해 자본이동 규모를 신축적으로 조절할 수 있다.

Ⅲ. 긴급한 사유에 의한 고시

1. 조치 또는 변경 고시

(1) 고시 사항

　기획재정부장관은 외국환거래의 일시정지 및 보관·예치 또는 매각 조치(법6①) 및 자본거
래 허가 및 가변예치 의무 조치(법6②)에 따른 조치를 하거나 이를 변경하려는 경우에는 ⅰ) 지
급 또는 수령, 거래의 일시정지를 하려는 경우에는 그 대상이 되는 지급 또는 수령, 거래의 범
위 및 정지기간, ⅱ) 지급수단 또는 귀금속을 보관·예치 또는 매각하도록 하는 경우에는 그 대
상·범위 및 기간, ⅲ) 비거주자에 대한 채권을 추심하여 국내로 회수하도록 하는 경우 회수 대
상 채권의 범위 및 회수기한, ⅳ) 자본거래의 허가를 받도록 하는 경우에는 허가를 받아야 하
는 자본거래의 종류·범위·기간 및 허가절차, ⅴ) 자본거래를 하는 자로 하여금 해당 거래로
인하여 취득한 지급수단의 일부를 예치하도록 하는 경우에는 예치대상·예치비율·예치금리·
예치기간 및 예치기관을 고시하여야 한다(영11①).

(2) 예치비율 및 예치금리

　ⅰ) 예치비율은 국제수지·통화·환율동향 등을 종합적으로 고려하여 정하여야 하고, ⅱ)
예치금리는 무이자로 하여야 한다. 다만, 기획재정부장관이 원활하고 질서있는 외국환관리를
위하여 특히 필요하다고 인정하는 경우에는 무이자로 하지 않을 수 있다(영11②).

2. 비상조치와 사후 고시

　고시를 할 여유가 없는 긴급한 사유가 있는 경우 기획재정부장관은 외국환거래 및 자본거
래에 대한 비상조치를 즉시 시행할 수 있다(영11③ 전단). 이 경우 기획재정부장관은 조치내용

을 지체 없이 고시하여야 한다(영11③ 후단).

Ⅳ. 조치 의무부과 기간 및 해제

조치는 특별한 사유가 없으면 6개월의 범위에서 할 수 있으며, 그 조치 사유가 소멸된 경우에는 그 조치를 즉시 해제하여야 한다(법6③). 조치를 해제하려는 경우에는 고시하여야 한다(영11의④).

Ⅴ. 조치 적용 예외

조치는 외국인투자촉진법 제2조 제1항 제4호에 따른 외국인투자에 대하여 적용하지 아니한다(법6④). 이에 따른 "외국인투자"란 다음의 어느 하나에 해당하는 것을 말한다(외국인투자촉진법2①(4)).

가. 외국인이 외국인투자촉진법에 따라 대한민국 법인 또는 기업(설립 중인 법인을 포함)의 경영활동에 참여하는 등 그 법인 또는 기업과 지속적인 경제관계를 수립할 목적으로 대통령령으로 정하는 바에 따라 그 법인이나 기업의 주식 또는 지분("주식등")을 다음 어느 하나의 방법으로 소유하는 것
　　1) 대한민국 법인 또는 기업이 새로 발행하는 주식등을 취득하는 것
　　2) 대한민국 법인 또는 기업이 이미 발행한 주식 또는 지분("기존주식등")을 취득하는 것
나. 다음의 어느 하나에 해당하는 자가 해당 외국인투자기업에 대부하는 5년 이상의 차관(최초의 대부계약 시에 정해진 대부기간을 기준으로 한다)
　　1) 외국인투자기업의 해외 모기업(母企業)
　　2) 1)의 기업과 대통령령으로 정하는 자본출자관계가 있는 기업
　　3) 외국투자가
　　4) 3)의 투자가와 대통령령으로 정하는 자본출자관계가 있는 기업
다. 외국인이 외국인투자촉진법에 따라 과학기술 분야의 대한민국 법인 또는 기업으로서 연구인력·시설 등에 관하여 대통령령으로 정하는 기준에 해당하는 비영리법인과 지속적인 협력관계를 수립할 목적으로 그 법인에 출연(出捐)하는 것
라. 외국인투자기업이 미처분이익잉여금을 그 기업의 공장시설 신설 또는 증설 등 대통령령으로 정하는 용도에 사용하는 것(이 경우 외국인투자기업은 외국인투자촉진법의 외국인으로 보며 외국인투자금액은 사용하는 금액에 제5조 제3항에 따른 외국인투자비율을 곱한 금액으로 한다)

마. 그 밖에 외국인의 비영리법인에 대한 출연으로서 비영리법인의 사업내용 등에 관하여 대통령령으로 정하는 기준에 따라 제27조에 따른 외국인투자위원회가 외국인투자로 인정하는 것

VI. 위반시 제재

법 제6조 제1항 제1호의 조치를 위반하여 지급 또는 수령이나 거래를 한 자, 법 제6조 제1항제2호의 조치에 따른 보관·예치 또는 매각 의무를 위반한 자, 법 제6조 제1항 제3호의 조치에 따른 회수의무를 위반한 자, 또는 법 제6조 제2항의 조치에 따른 허가를 받지 아니하거나, 거짓이나 그 밖의 부정한 방법으로 허가를 받고 자본거래를 한 자 또는 예치의무를 위반한 자는 5년 이하의 징역 또는 5억원 이하의 벌금에 처한다(법27① 본문(2)-(5)). 다만, 위반행위의 목적물 가액(價額)의 3배가 5억원을 초과하는 경우에는 그 벌금을 목적물 가액의 3배 이하로 한다(법27① 단서). 징역과 벌금은 병과할 수 있다(법27②).

제5절 외환정보집중기관 및 외환정보분석기관

I. 서설

1. 관련 법규

기획재정부장관은 외국환업무와 관련이 있거나 전문성을 갖춘 법인 또는 단체 중에서 하나 이상의 법인 또는 단체를 지정하여 외국환거래, 지급 또는 수령에 관한 자료를 중계·집중·교환 또는 분석하는 기관으로 운영할 수 있다(법25②). 이에 따라 기획재정부장관은 외환정보집중기관을 지정하거나 외국환거래, 지급 또는 수령에 관한 자료를 분석하는 기관("외환정보분석기관")을 지정할 수 있는데(영39①), 기획부장관은 한국은행을 외환정보집중기관으로 지정하고(영39 및 규정10-14①), 외환정보집중기관의 장은 외환정보집중기관의 업무에 필요한 세부 운영기준을 정할 수 있으며, 외국환업무취급기관 등 외국환거래당사자 및 관계기관으로 하여금 외환정보집중기관에 필요한 보고를 하게 하거나 관련자료 또는 정보의 제출을 요구할 수 있다(영39② 및 규정10-14②).

기획재정부 훈령인 「외환정보집중기관의 운영에 관한 규정」은 외국환거래법 제25조(사무

처리 등), 외국환거래법시행령 제39조(외국환거래 자료의 중계·집중·교환·분석 등) 및 관련 규정에 따라 외환정보집중기관의 운영에 관한 사항을 규정하고 있다. 한국은행의「외환정보집중기관 운영세칙」은 외환정보집중기관의 운영에 관한 규정에 따라 외환정보집중기관의 장에게 위임된 사항과 그 시행에 필요한 세부사항을 정하고 있다.

2. 외환정보시스템 구축

전면적인 시장개방과 외환거래 자유화 등으로 인해 외부여건에 변화가 발생할 경우 빈번한 외자유출입으로 우리경제의 변동성이 확대될 가능성이 높아졌다. 이에 따라 외환거래 자유화 등에 따른 부정적 영향을 조기에 감지하고 효과적으로 대처할 수 있도록 외환거래 정보를 집중하고 이용할 수 있는 관련 인프라의 구축 필요성이 제기되었다. 이를 위해 정부는 1999년 3월 한국은행을 외환정보집중기관으로 지정하였으며, 한국은행은 1999년 4월 외환거래 및 시장정보를 신속하게 수집·분석할 수 있는 외환정보시스템(FEIS; Foreign Exchange Information System, 외환전산망)을 구축하였다.[39]

외환전산망에는 외국환업무취급기관들이 실행한 외환거래 관련 정보가 집중되며, 한국은행은 이를 여러 이용기관들에게 신속하게 제공하고 있다. 이를 바탕으로 외환전산망 자료를 활용한 국내외 외화자금 유출입 동향 등에 대한 신속한 모니터링과 시장안정을 위한 대응방안 마련, 국제수지·외채 등 주요 외환통계의 작성, 각종 불법적인 외환거래 조사 등의 업무가 원활히 수행될 수 있는 기반이 마련되었다. 아울러 그동안 각 기관별로 수집하던 외환거래 관련 보고서들을 통폐합하여 외환전산망을 통한 보고로 단일화함으로써 보고기관들의 업무부담이 경감되고, 정책기관간의 자료공유도 확대되어 정보 활용도가 높아지는 부수적인 효과도 거두었다.

3. 외화자금 유출입 모니터링

한국은행은 외환전산망을 통해 외국인의 국내투자, 내국인의 해외투자, 국내 금융기관의 차입·상환 등에 따른 외화자금 유출입과 외환시장 및 외화자금시장을 상시 모니터링 하는 한편 국제수지 등 외환 관련 통계를 편제하고 외국환포지션 관리, 외화지급준비금 관리, 환전영업자 관리, 외환거래 신고처리 등 사후관리 업무를 수행하고 있다.[40]

기획재정부는 외환전산망 자료를 외환정책 수립에 적극적으로 활용하고 있으며, 국세청 및 관세청은 수출입 관련거래·외환매매·거액송금거래 등의 자료를 제공받아 밀수, 탈세 등

---

39) 한국은행(2016), 221-222쪽.
40) 한국은행(2016), 225-226쪽.

불법거래 포착 및 사후관리 목적으로 이용하고 있다. 또한 금융정보분석원은 자금세탁행위 적발을 위해 외화송금내역 등의 자료를 사용하고 있으며, 금융위원회·금융감독원 및 예금보험공사는 금융기관 건전성 감독업무를 위해 외환전산망 자료를 이용하고 있다.

한편 국세청 및 관세청 통보제도는 외환거래의 자유를 확대하는 대신 일정규모 이상의 외화유출입 내역을 조세당국에 제공함으로써 불법자금의 해외 유출을 방지하기 위한 목적으로 도입되었다. 외국환은행은 연간 10만달러를 초과하는 해외여행경비 송금 등의 경우 국세청장에게 통보하여야 하며 수출입대금 및 용역대가의 지급 또는 수령, 건당 1만달러를 초과하는 해외이주비의 지급 등의 경우에는 관세청장에게 통보하여야 한다.

또한 정부는 국제 금융시장 동향을 신속히 파악하고 대응책을 마련하고자 1999년 4월 민간부문의 국제금융 전문가를 중심으로 외국환거래법상 외환정보분석기관으로 국제금융센터를 설립하였다. 국제금융센터는 다양한 통신매체와 외환전산망을 통해 외환시장 및 국제 금융시장 동향을 모니터링하고 수집된 정보와 분석 자료를 관련 정책기관에 제공하고 있으며 국제금융시장에 관련된 각종 보고서도 발간하고 있다.

Ⅱ. 외환정보집중기관 및 외환정보분석기관 지정

1. 지정시 고려사항

기획재정부장관은 외환정보집중기관을 지정하거나 외국환거래, 지급 또는 수령에 관한 자료를 분석하는 기관("외환정보분석기관")을 지정할 수 있으며, 지정할 때에는 ⅰ) 외국환업무취급기관과 외환전산망을 연결하는 등의 방법으로 외환정보를 집중할 수 있는 체계를 구축하고 있을 것, ⅱ) 외환통계의 작성 및 분석을 수행할 수 있는 전문인력을 5명 이상 갖추고 있을 것을 고려하여야 한다(영39①).

외환정보집중기관을 중심으로 외환정보를 집중관리하는 체계는 다음과 같다.[41]

---

41) 임영진(2018), 11쪽.

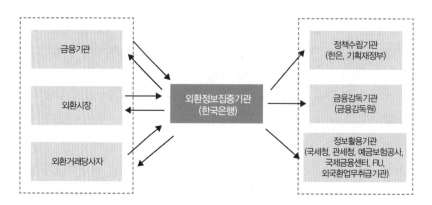

주: 1) 외환정보 보고기관은 직접연결기관 105개, 간접연결기관 1,578개(2018. 10월말 현재)
　　2) 외환정보 이용기관은 외환전산망 자료를 외화자금 유출입 동향 및 외환거래에 대한 모니터링, 외환수급·외채 등
　　　외환통계 작성, 외환거래 사후관리 등에 활용

2. 한국은행과 국제금융센터

한국은행을 외환정보집중기관으로 하고 국제금융센터를 외환정보분석기관으로 한다(규정
10-14①).

Ⅲ. 외환정보집중기관 및 외환정보분석기관의 업무

1. 세부 운영기준 제정 및 통보

기획재정부장관은 외환정보집중기관 및 외환정보분석기관의 업무처리기준을 정할 수 있
으며, 외환정보집중기관 및 외환정보분석기관으로 하여금 그 세부 운영기준을 정하게 할 수 있
다(영39④).

외환정보집중기관의 장 및 외환정보분석기관의 장은 세부 운영기준을 정한 경우에는 그
내용을 지체 없이 기획재정부장관에게 통보하여야 한다(영39⑤).

2. 외환정보집중기관의 운영에 관한 규정

(1) 개요

외환정보집중기관("집중기관")이라 함은 외환전산망을 통해 외환거래 등에 관한 자료의 중
계·집중·교환을 담당하는 기관을 말한다(집중기관운영규정3(1)).

외환정보집중기관("집중기관")의 운영에 관한 사항을 규정하기 위해 기획재정부 훈령인 「외환정보집중기관의 운영에 관한 규정」("집중기관운영규정")을 두고 있다. 이 규정은 외환정보전산시스템("외환전산망")의 운영을 담당하는 집중기관과 외환전산망을 통해 외국환거래 및 지급 등에 관한 자료("외환거래 등에 관한 자료")를 보고할 의무가 있는 기관 및 외환거래 등에 관한 자료를 이용하는 기관에 적용한다(집중기관운영규정2). 여기서 "외환거래 등에 관한 자료"라 함은 ⅰ) 지급수단·귀금속 또는 증권의 수출·수입에 관한 사항, ⅱ) 외국환의 매매에 관한 사항, ⅲ) 외국환의 지급 및 수령에 관한 사항, ⅳ) 자본거래 및 파생상품거래에 관한 사항, ⅴ) 기타 집중기관의 장이 기획재정부장관과 협의하여 정하는 사항을 말한다(집중기관운영규정3(5)).

외환정보보고의무기관("보고의무기관")이라 함은 외환전산망을 통해 자기의 외환거래 또는 제3자의 외환거래 등에 관한 자료를 집중기관의 장에게 보고하여야 하는 기관을 말하고(집중기관운영규정3(2)), 외환정보 중계기관("중계기관")이라 함은 보고의무기관 중에서 외환전산망에 직접 연결되어 있지 않은 보고의무기관의 외환거래 등에 관한 자료를 집중기관의 장에게 보고하는 기관을 말한다(집중기관운영규정3(2-1).

외환정보이용기관("이용기관")이라 함은 집중기관으로부터 외환전산망을 통해 입수된 외환거래 등에 관한 자료를 받아 이용하는 기관을 말하고(집중기관운영규정3(3)), 전자문서라 함은 컴퓨터 등 정보처리능력을 가진 장치에 의하여 전자적인 형태로 작성되어 송·수신 또는 저장되는 정보를 말한다(집중기관운영규정3(4)).

외환정보집중기관의 운영에 관한 규정에 따라 외환정보집중기관의 장에게 위임된 사항과 그 시행에 필요한 세부사항을 정하기 위해 한국은행은 「외환정보집중기관 운영세칙」("운영세칙")을 두고 있다.

(2) 외환정보 집중기관

(가) 집중기관의 지정과 외환전산망 운영 전담조직 설치

외환정보집중기관은 한국은행으로 한다(집중기관운영규정4). 집중기관은 외화자금 유출입 동향 모니터링 및 외환전산망 운영주체를 명확히 하기 위하여 집중기관 내에 별도의 외환전산망 운영 전담조직을 설치하여야 한다(집중기관운영규정5).

(나) 집중기관의 업무

집중기관의 업무는 ⅰ) 외환전산망을 통한 종합적인 외화자금 유출입 동향 모니터링 및 그 결과의 기획재정부장관에 대한 보고 등, ⅱ) 보고의무기관으로부터 보고받은 외환거래 등에 관한 자료의 집중 및 집중자료의 이용기관 앞 제공, ⅲ) 외환전산망의 유지·관리, ⅳ) 외환전산망과 관련된 통신방식 등의 전산표준 및 보고와 관련된 표준서식·방법·절차·효력 및 도달 시기 등에 관한 사항 결정, ⅴ) 외환전산망에 대한 제3자의 불법 접근 또는 입력된 정보의 변경·훼손·파괴 기타 위험에 대한 기술적·물리적 보안대책 수립, vi) 시행령 제13조(외국환업무의 등록) 제2항과 제3항, 제15조의2(소액해외송금업무의 등록) 제2항과 제3항, 제15조의5(기타전문 외국환업무의 등록) 제3항에 따른 외국환업무의 등록을 하고자 하는 자의 시설관련 등록요건 구비 여부의 확인, vii) 기타 외환전산망 운영에 필요한 업무이다(집중기관운영규정6).

(다) 표준화와 비용부담

집중기관의 장은 효율적 업무처리를 위하여 보고의무기관 및 이용기관이 사용하는 장비의 통신방식 송수신전문 및 업무처리절차 등에 관한 표준을 정할 수 있다(집중기관운영규정7).

집중기관의 업무처리와 관련하여 발생한 비용은 이용기관의 이용실적 등에 따라 분담할 수 있으며, 구체적인 방법은 외환전산망 운영위원회에서 정한다(집중기관운영규정8).

(라) 운영세칙의 제정

집중기관의 장은 시행령 제39조 및 관련규정에 의거하여 i) 외환거래 등에 관한 자료의 중계·집중·교환 등에 관한 세부절차, ii) 집중·교환의 대상이 되는 외환거래 등에 관한 자료의 종류 및 범위, iii) 외환전산망의 기술적·물리적 보안관리 대책, iv) 외환거래 등에 관한 자료의 이용에 관한 절차, v) 기타 외국환거래법령 및 이 규정에서 정한 사항의 세부적인 실행절차가 포함된 외환정보집중기관 운영세칙을 기획재정부장관과 협의하여 정하여야 한다(집중기관운영규정9①).

집중기관의 장은 집중기관 운영에 관한 세칙을 정한 경우에는 보고의무기관과 이용기관에 즉시 통보하여야 한다(집중기관운영규정9②).

외환정보집중기관의 운영에 관한 규정에 따라 외환정보집중기관("집중기관")의 장에게 위임된 사항과 그 시행에 필요한 세부사항을 정하기 위해 한국은행은 「외환정보집중기관 운영세칙」을 두고 있다.

(마) 연간 업무처리내용 보고

집중기관의 장은 보고기관으로부터의 자료입수 및 이용기관에 대한 자료제공 실적 등 연간 업무처리내용을 익년 3월말까지 기획재정부장관에게 보고하여야 한다(집중기관운영규정10).

(바) 집중기관의 의무

집중기관의 장은 외환전산망을 관리·운영함에 있어 장애가 발생하지 않도록 유지·관리하여야 하며(집중기관운영규정11①), 이용기관의 정당한 정보이용 요구에 대해 금융거래 비밀보장에 저해되는 등 특별한 사유가 없는 한 거부하지 말아야 한다(집중기관운영규정11②).

(3) 외환정보보고의무기관

(가) 보고의무기관의 범위

보고의무기관인 국세청, 관세청, 한국은행, 금융감독원, 외국환업무취급기관, 코스콤, 한국거래소, 한국예탁결제원, 금융결제원, 은행연합회, 상호저축은행중앙회, 새마을금고연합회, 신용협동조합중앙회, 여신전문금융업협회, 생명보험협회, 손해보험협회, 외국환중개회사, 소액해외송금업자, 기타전문외국환업무를 등록한 자, 한국증권금융, 기타 집중기관의 장이 기획재정부장관과 협의를 거쳐 지정한 기관은 외환거래 등에 관한 자료를 집중기관의 장에게 보고하여야 한다(집중기관운영규정12).

(나) 중계기관의 범위

외환전산망에 직접 연결되어 있지 않은 보고의무기관의 외환거래 등에 관한 자료를 집중기관의 장에게 보고하는 중계기관은 코스콤, 한국예탁결제원, 여신전문금융업협회, 생명보험협회, 손해보험협회, 농협중앙회, 수협중앙회, 기타 집중기관의 장이 기획재정부장관과 협의를 거쳐 지정한 기관으로 한다(집중기관운영규정12의2).

(다) 보고내용

각 보고의무기관의 보고내용은 외환정보집중기관 운영세칙에서 정하는 바에 따른다(집중기관운영규정13).

(라) 보고의무기관의 의무

1) 장비 등 유지·관리의무

보고의무기관은 집중기관이 요구하는 자료를 외환전산망을 통해 보고할 수 있도록 설치한 장비 및 소프트웨어 등을 사용함에 있어 장애가 발생하지 않도록 유지·관리하여야 한다(집중기관운영규정14①).

2) 장애 통지의무 등

보고의무기관은 외환전산망의 장애 또는 장애로 판단되는 사실을 발견한 경우에는 이를 집중기관의 장에게 즉시 통지하고 집중기관이 정하는 처리절차에 따라 업무를 수행하여야 한다(집중기관운영규정14②).

3) 자료 제출시기 엄수의무

보고의무기관은 외환거래 등에 관한 자료를 보고할 경우 제출시기를 엄수하여야 한다(집중기관운영규정14③).

4) 정확한 자료 송부의무

보고의무기관은 외환거래 등에 관한 자료의 보고시 내부적으로 정당한 권한을 가진 자의 확인을 거쳐 정확한 자료를 송부하여야 한다(집중기관운영규정14④).

5) 자료 보관의무

보고기관은 외환전산망을 통해 집중기관에 송부한 자료를 일정기간 보관하여야 한다(집중기관운영규정14⑤).

6) 자료 작성 및 보고업무 수행의무

보고의무기관은 집중기관이 정한 요건을 갖춘 자를 확보하여 외환거래 등에 관한 자료의 작성 및 보고업무를 수행하여야 한다(집중기관운영규정14⑥).

(마) 중계기관의 의무

중계기관은 외환전산망에 직접 연결되어 있지 않은 보고의무기관의 보고가 신속하고 정확하게 이루어질 수 있도록 집중기관의 업무에 적극 협조하여야 한다(집중기관운영규정14의2).

(바) 보고방법

보고의무기관은 외환거래 등에 관한 자료를 외환전산망을 통해 전자문서의 방법에 의하여 보고하는 것을 원칙으로 하되 외환전산망의 장애 및 기타 사유로 외환전산망을 통한 보고가 불가능할 경우에는 집중기관의 장이 별도로 정하는 방법에 따른다(집중기관운영규정15).

(4) 외환정보이용기관

(가) 이용기관의 범위

외환전산망을 통해 수집된 외환거래 등에 관한 자료의 이용기관은 기획재정부, 금융위원회, 국세청, 관세청, 금융정보분석원, 한국은행, 금융감독원, 예금보험공사, 외환정보분석기관, 외국환업무취급기관, 기타 집중기관의 장이 기획재정부장관과 협의를 거쳐 지정한 기관이다(집중기관운영규정16).

(나) 제공자료의 범위 등 결정

이용기관에 대한 제공자료의 종류, 범위 및 방식 등은 외국환거래법령, 금융실명거래 및 비밀보장에 관한 법령 등을 고려하여 집중기관의 장이 기획재정부장관과 협의하여 정한다(집중기관운영규정17).

(다) 이용기관의 정보누설 금지의무 등

집중기관에서 관리하는 정보를 이용하는 기관은 이 규정에 의해 이용하는 정보를 당해 기관의 업무 목적 이외에 사용하거나 타인에게 누설하여서는 아니된다(집중기관운영규정18).

(5) 외환전산망 운영위원회

(가) 설치

외환전산망 참가기관간의 업무협의를 원활히 하고, 외환전산망의 보수, 유지 및 확충을 도모하기 위하여 기획재정부 내에 외환전산망 운영위원회("위원회")를 설치한다(집중기관운영규정19).

(나) 위원회의 기능

위원회는 ⅰ) 정보의 원활한 공동이용을 위한 관련기관의 의견조정, ⅱ) 집중기관 운용 및 외환전산망 이용비용 분담에 관한 사항, ⅲ) 기타 외환전산망 운영에 관한 중요사항을 심의·결정한다(집중기관운영규정20).

(다) 위원회의 구성

위원회의 위원장은 기획재정부 국제경제관리관으로 한다(집중기관운영규정21①). 위원회의 위원은 기획재정부 국제금융정책국장, 국세청 조사국장, 관세청 조사감시국장, 한국은행 국제담당 부총재보, 금융감독원 국제담당 부원장보, 한국거래소 경영지원본부장, 예금보험공사 부사장, 은행연합회 부회장, 금융투자협회 부회장, 생명보험협회 부회장, 손해보험협회 부회장, 여신전문금융업협회 부회장, 시중은행 간사은행 전무, 지방은행 간사은행 전무, 외국은행 국내지점 대표기관의 장, 한국예탁결제원 전무, 코스콤 전무이사, 금융위원회 금융정책국장, 국제금융센터 부원장으로 한다(집중기관운영규정21②). 위원회의 간사는 기획재정부 국제금융정책국 외환제도과장으로 한다(집중기관운영규정21③).

(라) 위원장의 직무

위원장은 위원회를 대표하고 위원회의 회의를 주재한다(집중기관운영규정22①). 불가피한 사유로 위원장이 회의주재를 못할 경우 기획재정부 국제금융정책국장이 그 직무를 대행한다(집중기관운영규정22②).

(마) 위원회의 운영

위원회는 관련 사안이 발생할 경우에 수시로 개최하는 것을 원칙으로 한다(집중기관운영규정23①). 회의소집은 위원장이 필요하다고 인정하거나, 위원 2인 이상의 요구가 있을 경우에 위원장이 소집한다(집중기관운영규정23②). 위원회의 소집 및 의제는 회의개최 3일전까지 통보한다. 다만, 긴급한 경우에는 그러하지 아니할 수 있다(집중기관운영규정23③).

(바) 위원회의 결정방법

위원회의 심의사항에 대한 결정은 재적위원 과반수의 참석과 출석위원 과반수의 찬성으로 한다. 다만, 위원장이 필요하다고 인정하는 경우에는 서면결의에 의해 결정할 수 있다(집중기관운영규정24).

(사) 위원회 결정사항의 효력

위원회에서 결정된 사항은 위원회 구성대상 모든 기관의 의견으로 간주된다(집중기관운영규정25).

(아) 의견의 청취

위원회는 외환전산망의 운영과 관련하여 관계공무원, 관련전문가 및 이해관계인 등의 의견을 청취할 수 있다(집중기관운영규정26).

(자) 외환정보 이용에 관한 조정회의

1) 조정회의 설치

외환전산망정보의 이용에 있어 외환정보집중기관과 이용기관간 이견이 발생하는 경우 외

환전산망운영위원회 내에 외환정보이용에 관한 조정회의("조정회의")를 설치하여 이견을 조정
할 수 있다(집중기관운영규정26의2①).

2) 조정회의 구성

조정회의는 기획재정부 국제금융정책국장, 위원회 위원인 외환정보집중기관 및 해당 이용
기관의 직원으로 구성되며, 기획재정부 국제금융정책국장이 회의를 주재하고, 간사는 기획재정
부 국제금융정책국 외환제도과장으로 한다(집중기관운영규정26의2②).

3) 조정회의 개최

기획재정부 국제금융정책국장은 외환정보집중기관 또는 이용기관이 이견에 대한 사유 등
을 제시하며 조정회의 개최를 요구하는 경우 특별한 사유가 없는 한 회의를 소집하여 이견을
조정한다(집중기관운영규정26의2③).

4) 조정회의와 이견 조정

정보의 원활한 공동이용을 위한 관련기관의 의견조정을 목적으로 외환정보집중기관 또는
이용기관으로부터 위원회 개최 요구가 있는 경우 위원장은 회의를 소집하기 전 조정회의를 통
해 이견을 조정하도록 할 수 있다(집중기관운영규정26의2④).

5) 조정회의 결정사항

조정회의에서 결정한 사항은 위원회에서 결정한 것으로 간주한다(집중기관운영규정26의2⑤).

(6) 보안관리

(가) 보안대책 수립과 등급별 분류

집중기관의 장은 외환전산망 보안 및 정보의 불법 유출 방지를 위한 보안대책을 수립하여
야 하며, 보고의무기관, 중계기관 및 이용기관이 준수하여야 할 보안대책을 수립할 수 있다(집
중기관운영규정27).

집중기관의 장은 외환전산망을 통하여 집중·교환되는 외환정보에 대해 보안관리의 필요
성 등을 감안하여 등급을 부여하되 특정인의 외환거래정보 등 대외유출시 우리경제 신인도에
심대한 영향을 미칠 수 있다고 판단되는 외환정보에 대해서는 높은 보안등급을 부여함으로써
특별관리가 이루어질 수 있도록 하여야 한다(집중기관운영규정27의1).

(나) 정보사용 내역 및 이용자 관리

집중기관의 장은 시스템에서 관리하는 정보의 사용내역을 전산으로 관리하여야 한다(집중
기관운영규정28).

(다) 정보의 불법유출 조사 및 제재

1) 경위조사 및 보고

집중기관에서 관리하는 정보가 불법적으로 유출되어 문제가 발생한 경우에는 집중기관의

장이 경위를 조사하여 그 결과를 기획재정부장관에게 보고한다(집중기관운영규정29①).

2) 공동조사 결과의 보고

정보의 불법유출 여부에 대하여 외환전산망 참가기관간 상호 공동조사가 필요한 경우에는 집중기관의 장이 해당기관의 장과 협의하여 시행하고 그 결과를 기획재정부장관에게 보고하여야 한다(집중기관운영규정29②).

3) 문책 등 조치 및 조치요구

집중기관의 장은 정보의 불법유출 조사결과를 바탕으로 사안의 중대성에 따라 관련자 문책등 적절한 조치를 취해야 하며 기획재정부장관은 필요한 경우 집중기관의 장 또는 관계기관의 장에게 적절한 조치를 요구할 수 있다(집중기관운영규정29③).

4) 금융감독원장에 대한 조사 및 보고 요청

기획재정부장관은 필요한 경우 정보의 불법 유출사고에 대해 금융감독원장에게 그 경위를 조사하여 보고하도록 요청할 수 있다(집중기관운영규정29④).

(7) 업무의 감독 및 자료제출

(가) 업무의 감독 및 명령

기획재정부장관은 외환전산망의 원활한 운영 등을 위하여 집중기관을 감독하고 감독상 필요한 명령을 할 수 있다(집중기관운영규정30).

(나) 자료제출요구

집중기관의 장은 집중기관 업무의 효율적 추진을 위하여 필요한 경우에는 보고의무기관, 중계기관 및 이용기관에 대하여 관련 자료의 제출을 요구할 수 있다(집중기관운영규정31).

(다) 허위보고등의 금융감독원장에 대한 통보

집중기관의 장은 보고의무기관이 ⅰ) 기한 내에 보고하지 아니한 경우, ⅱ) 중요사항을 누락하거나 허위로 보고하는 경우 발생빈도, 내용 등을 고려하여 집중기관의 장의 이름으로 이행을 촉구하거나, 금융감독원장에게 이를 통보할 수 있다(집중기관운영규정32①). 이에 따라 금융감독원장은 통보를 받은 경우에는 적절한 조치를 취하여야 하며, 조치결과를 집중기관의 장에게 통보할 수 있다(집중기관운영규정32②).

3. 외환정보분석기관의 운영에 관한 규정

(1) 의의

외환정보분석기관의 지정 및 운영 등에 관하여 필요한 사항을 정하기 위해 기획재정부 훈령인 외환정보 분석기관의 운영에 관한 규정("분석기관운영규정")을 두고 있다. 외환정보분석기관("분석기관")은 국제금융센터로 정하고, 분석기관은 외환정보자료의 분석 및 평가, 제금융시장의 정보 수집 및 분석, 외환위기 조기경보시스템 운영 등의 사무를 담당한다(분석기관운영규정4).

(2) 자료의 요청

외환정보분석기관의 장("분석기관장")은 사무를 수행하기 위하여 집중기관장에게 필요한 자료를 요청할 수 있다(분석기관운영규정5).

(3) 보고

분석기관장은 자료를 분석한 결과를 기획재정부장관에게 즉시 보고하여야 하고, 한국은행의 정책수행에 필요한 경우에는 분석결과를 한국은행총재에게 송부할 수 있다(분석기관운영규정6①). 분석기관장은 연간 업무처리내용을 다음연도 3월말까지 재정경제부장관에게 보고하여야 한다(분석기관운영규정6②).

(4) 운영세칙

분석기관장은 분석기관의 운영에 관한 기타 필요한 사항을 재정경제부장관과 협의하여 운영세칙으로 정하여야 한다(분석기관운영규정7①). 분석기관장이 운영세칙을 정하는 경우에는 자료의 수집·분석·관리 등에 관한 세부절차, 수집·분석·관리의 대상이 되는 자료의 종류 및 범위, 자료의 기술적·물리적 보안관리 대책을 포함하여야 한다(분석기관운영규정7②).

Ⅳ. 외국환거래 자료의 통보 및 제공

외국환업무취급기관등은 외국환거래나 지급 또는 수령의 업무를 수행한 때에는 그 내용을 외환정보집중기관에 통보하여야 하며, 외환정보집중기관은 업무처리기준에서 정하는 외국환거래 자료를 외환정보분석기관에 제공할 수 있다(영39②).

Ⅴ. 외환정보집중기관의 장 및 외환정보분석기관의 장의 보안대책 수립의무

외환정보집중기관의 장은 외환정보전산시스템에 대한 제3자의 불법 접근 또는 입력된 정보의 변경, 훼손, 파괴나 그 밖의 위험에 대한 기술적·물리적 보안대책을 수립하여야 하며, 외환정보분석기관의 장은 외환정보의 유출 및 훼손 방지 등에 대한 보안대책을 수립하여야 한다(영39③).

Ⅵ. 기획재정부장관의 자료제출요구 등

기획재정부장관은 외국환업무취급기관등에 대하여 외환거래정보의 신속한 집중과 집중된 자료의 사실 여부 확인 등을 위하여 필요한 자료를 외환정보집중기관의 장에게 제출하도록 요구할 수 있다(영39⑥). 외환정보집중기관의 장은 외환정보집중기관의 업무에 필요한 세부 운영기준을 정할 수 있으며, 외국환업무취급기관 등 외국환거래당사자 및 관계기관으로 하여금 외환정보집중기관에 필요한 보고를 하게 하거나 관련 자료 또는 정보의 제출을 요구할 수 있다(규정10-14②).

외국환업무취급기관 등 외국환거래당사자 또는 관계인이 외국환거래규정에 의하여 기획재정부장관, 한국은행총재 또는 금융감독원장, 국세청장 또는 관세청장 등에게 보고할 경우에는 한국은행총재가 따로 정하는 경우와 금융감독원이 관리하고 있는 외국인투자관리시스템을 통하여 보고하는 경우를 제외하고는 외환정보집중기관을 통하여 이를 행하여야 한다(규정10-14③).

Ⅶ. 외환정보분석기관의 장의 자료제공요구

외환정보분석기관의 장은 기획재정부장관이 인정하는 경우 외환정보분석업무에 필요한 자료의 제공을 외환정보집중기관에 요구할 수 있다(영39⑦).

외환정보분석기관의 장은 외환정보집중기관 업무처리기준에서 정하는 바에 따라 ⅰ) 기관투자가의 증권투자 관련 자료, ⅱ) 금융기관 외화유동성 관련 자료, ⅲ) 비거주자 국내증권투자 관련 자료, ⅳ) 환율 및 외환거래, 파생거래 관련 자료, ⅴ) 기타 기획재정부장관이 외환정보분석을 위하여 필요하다고 인정하는 정보를 외환정보집중기관으로부터 제공받을 수 있다(규정10-14④).

Ⅷ. 경비지원

기획재정부장관 및 한국은행총재는 외환정보분석기관의 업무 수행과 관련하여 예산의 범위에서 필요한 경비를 지원할 수 있다(영39⑧).

제6절 외환건전성협의회 등

Ⅰ. 외환건전성협의회

1. 설치

안정적인 외국환수급 및 외환건전성 유지 정책의 수립·추진에 관하여 관계기관 간 협의가 필요한 사항을 효율적으로 협의·조정하기 위해 기획재정부에 외환건전성협의회("협의회")를 둔다(영20의4①).

2. 협의·조정 사항

협의회는 ⅰ) 외환유출입 및 외국환수급상황의 분석에 관한 사항(제1호), ⅱ) 외국환업무취급기관등에 대한 외환건전성 감독·규제 및 부담금 운영에 관한 사항(제2호), ⅲ) 외국환업무취급기관등의 지급과 거래에 대한 모니터링 및 사후관리에 관한 사항(제3호), ⅳ) 그 밖에 자본유출입 변동 관리 등 외환건전성 정책의 수립·추진을 위해 관계기관 간 논의가 필요하다고 기획재정부장관이 인정하는 사항(제4호)을 협의·조정한다(영20의4②).

3. 의장과 위원

협의회 의장은 기획재정부 제1차관으로 하고, 협의회 위원은 ⅰ) 금융위원회 부위원장(제1호), ⅱ) 한국은행 부총재(제2호), ⅲ) 금융감독원 부원장 중 금융감독원장이 지명하는 사람(제3호)으로 한다(영20의4③).

4. 소집 등

(1) 소집

협의회는 분기별 1회 개최를 원칙으로 하되, 의장이 필요하다고 인정하는 경우에는 수시로 협의회를 소집할 수 있다(영20의4④, 규정10-16①).

(2) 회의

협의회는 대면회의를 원칙으로 하되, 안건의 내용이 경미하거나 대면회의를 소집할 시간적 여유가 없다고 의장이 인정하는 경우에는 서면회의로 대체할 수 있다(영20의4④, 규정10-16②).

(3) 공무원 등의 참석과 의견진술

의장은 필요한 경우 관계 행정기관의 공무원, 관계기관·연구단체의 소속 임직원을 협의회에 참석하게 하여 그 의견을 들을 수 있다(영20의4④, 규정10-16③).

(4) 위원의 직무 대리

위원이 부득이한 사유로 회의에 출석하지 못하는 경우에는 그 하위직에 있는 자가 위원을 대신하여 회의에 출석하여 그 직무를 대리할 수 있다(영20의4④, 규정10-16④).

5. 안건의 상정

(1) 의장의 위원에 대한 안건 상정 요청

의장은 협의회에서 논의할 사항을 선정하여 위원으로 하여금 안건을 상정하도록 요청한다 (영20의4④, 규정10-17①).

(2) 위원의 안건 제시와 논의 요청

위원은 의장에게 구체적인 안건을 제시하여 협의회에서 논의하기를 요청할 수 있다(영20 의4④, 규정10-17②).

(3) 위원의 안건 제출

협의회에 안건을 상정하는 위원은 원칙적으로 협의회 개최 2일전까지 안건을 제출하여야 한다(영20의4④, 규정10-17③ 본문). 다만, 긴급을 요하는 경우에는 그렇지 않다(영20의4④, 규정 10-17③ 단서).

(4) 실무협의회 설치

의장은 협의회에 상정하는 안건을 효율적으로 논의하기 위하여 실무협의회를 둘 수 있다 (영20의4④, 규정10-17④).

6. 자료 제출

(1) 자료 또는 정보의 제출 요청

기획재정부장관은 협의회에서 논의를 위하여 외국환거래법을 적용받는 관계 기관의 장으로 하여금 ⅰ) 금융위원회, 한국은행총재, 금융감독원장 등이 기획재정부장관으로부터 위임 또는 위탁받아 수행하는 외국환업무취급기관등에 대한 감독현황 및 업무상 제한의 운영현황(제1호), ⅱ) 기획재정부장관의 위탁을 받아 한국은행총재 또는 금융감독원장이 수행한 검사결과(다만, 영 제20조의3 제2항 각 호의 논의를 위한 사항으로 한정하며, 고객의 금융거래정보 등은 제외할 수 있다)(제2호), ⅲ) 외국환거래규정에서 금융위원회, 관세청장, 한국은행총재, 금융감독원장 등이 기획재정부장관에게 보고·통보·제출하도록 정하고 있는 자료 또는 정보(제3호), ⅳ) 외국환업무취급기관이 은행업감독규정, 금융투자업규정, 보험업감독규정 등에 따라 금융감독원장에게 제출하는 외국환업무현황보고서의 내용 중 협의회에서의 논의를 위하여 필요한 사항(제4호),

ⅴ) 외국환업무취급기관등의 외화유동성에 대한 위기상황분석 실시 기준 및 결과(제5호), ⅵ) 외국환업무취급기관등의 외화자금 조달액 및 소요액, 순외화자산 비율, 외화 조달 및 운용의 만기현황 등 그 밖에 협의회에서 논의를 위하여 필요하다고 인정하는 자료 또는 정보(제6호)의 사항과 관련된 자료 또는 정보를 제출하도록 요청할 수 있다(영20의4④, 규정10-18①).

(2) 자료 또는 정보의 제출 방법

자료 또는 정보의 제출은 안건 또는 참고자료 등 기획재정부장관이 요청하는 방법에 따른다(영20의4④, 규정10-18②).

Ⅱ. 국제금융정책자문기구

기획재정부장관은 외환 및 국제금융시장 모니터링 및 정책수립 등을 위하여 외환 및 국제금융분야 전문가로 구성된 자문기구를 둘 수 있다(규정10-19).

Ⅲ. 외국환거래 촉진 외국환업무취급기관의 선정

기획재정부장관은 한국은행으로 하여금 외국환거래법 시행령 제21조의4 제2항 제2호에 따라 외국환거래의 촉진을 위한 역할을 수행하는 외국환업무취급기관을 원화·위안화 현물환시장 시장조성자 또는 원화·미화 현물환시장 선도은행으로 선정하게 할 수 있다(규정10-20).

한국은행의 외국환거래업무 취급세칙("취급세칙")은 제2-30조(원화·미화 현물환시장 선도은행 선정), 제2-31조(원화·위안화 현물환시장 시장조성자 선정), 제2-32조(의무), 제2-33조(선정 취소)에서 외국환거래 촉진 외국환업무취급기관에 관하여 규정하고 있다.

Ⅳ. 청산업무

1. 청산은행 지정

기획재정부장관은 한국은행총재로 하여금 원화와 특정 외국통화의 원활한 거래를 위해 특정 외국환은행, 외국환은행 해외지점 및 외국환은행 현지법인을 청산은행으로 지정하여 해당 통화의 자금결제와 유동성 공급 역할을 수행하도록 할 수 있다(규정10-21①). 이에 따라 한국은행총재는 청산업무관련 조직 및 인력체계, 외환전문성, 결제안정성 등을 평가하여 외국환은행, 외국환은행 해외지점 및 외국환은행 현지법인 중에서 청산은행을 지정한다(취급세칙2-34①).

2. 청산은행의 구분 회계처리업무

청산은행으로 지정된 외국환은행, 외국환은행 해외지점 및 외국환은행 현지법인은 해당 통화의 자금결제와 유동성 공급 역할을 수행하는 ⅰ) 청산은행에 본인 명의의 해당 통화 계정을 두고 거래하는 금융회사("참가금융회사")의 해당 통화의 청산 및 결제를 위한 계좌개설 및 예금(다만, 만기 3개월을 초과하는 예금은 제외), ⅱ) 참가금융회사의 포지션 조정거래, ⅲ) 참가금융회사와의 콜거래, ⅳ) 참가금융회사의 자금운용을 위한 채권거래 업무와 관련된 자금에 대해서는 다른 자금과 구분하여 회계 처리하여야 한다(규정10-21②).

3. 외환시장 거래 관련 자료의 보고

기획재정부장관은 한국은행총재로 하여금 청산은행의 장으로부터 외환시장에서의 거래와 관련한 자료를 보고받도록 할 수 있다(규정10-21③).

4. 신고 및 보고 사항

외국환은행의 대출(규정2-6) 및 거주자의 원화자금차입(규정7-15)에도 불구하고 청산은행으로 지정된 외국환은행 해외지점 및 외국환은행 현지법인이 청산은행 명의의 비거주자자유원계정이 개설된 외국환은행과 3조원을 초과하는 원화대출 또는 3조원을 초과하는 원화차입(다른 외국환은행과의 대출 또는 차입을 포함)을 하려는 경우에는 한국은행 총재에게 신고하여야 한다. 또한, 해당 청산은행은 이와 관련하여 당월 원화 대차거래 내역 등을 매익월 말일까지 한국은행총재에게 보고하여야 한다(규정10-21④).

V. 서울외환시장운영협의회

1. 서울외환시장운영협의회의 구성 및 운영

기획재정부장관은 외환시장 참가자들의 자율협의체인 서울외환시장운영협의회("협의회")를 구성·운영토록 할 수 있다(규정10-22①).

2. 외환시장 행동규범 제정

협의회는 외환시장 참가자 상호간의 업무 질서 유지 및 공정한 거래 관행 확립을 통한 외환시장의 건전한 발전을 위하여 참가기관 및 구성, 외환시장 행동규범 등을 정할 수 있다(규정10-22②).

제3편

외국환업무
취급기관등

제1장

서론

제1절 개념

Ⅰ. 외국환

　외국환은 통화를 달리하는 국가간의 결제수단인 대외지급수단, 외화증권, 외화파생상품 및 외화채권을 말한다(법3①(13)). 여기서 대외지급수단이란 외국통화, 외국통화로 표시된 지급수단, 그 밖에 표시통화에 관계없이 외국에서 사용할 수 있는 지급수단을 말하고(법3①(4)), 외화증권이란 외국통화로 표시된 증권 또는 외국에서 지급받을 수 있는 증권을 말한다(법3①(8)). 외화파생상품이란 외국통화로 표시된 파생상품 또는 외국에서 지급받을 수 있는 파생상품을 말하며(법3①(10)), 외화채권이란 외국통화로 표시된 채권 또는 외국에서 지급받을 수 있는 채권을 말한다(법3①(12)).

Ⅱ. 외국환업무

　외국환업무란 다음의 어느 하나에 해당하는 것을 말한다(법3①(16), 영6). 즉 ⅰ) 외국환의 발행 또는 매매(가목), ⅱ) 대한민국과 외국 간의 지급·추심 및 수령(나목), ⅲ) 외국통화로 표시되거나 지급되는 거주자와의 예금, 금전의 대차 또는 보증(다목), ⅳ) 비거주자와의 예금, 금전의 대차 또는 보증(라목), ⅴ) 그 밖에 가목부터 라목까지의 규정과 유사한 업무로서 대통령령으로 정하는 업무(마목)을 말한다. 여기서 "대통령령으로 정하는 업무"란 ㉠ 비거주자와의 내국통화로 표시되거나 지급되는 증권 또는 채권의 매매 및 매매의 중개, ㉡ 거주자간의 신탁·보험 및 파생상품거래(외국환과 관련된 경우에 한정) 또는 거주자와 비거주자간의 신탁·보험 및 파생상품거래, ㉢ 외국통화로 표시된 시설대여(여신전문금융업법에 따른 시설대여), ㉣ 앞에서 열거한 7가지 업무에 딸린 업무를 말한다.

Ⅲ. 외국환업무취급기관등

"외국환업무취급기관등"이란 외국환업무취급기관, 전문외국환업무취급업자 및 외국환중개회사를 말한다(법10①). 외국환업무취급기관에는 외국환은행과 기타 외국환업무취급기관이 있으며, 전문외국환업무취급업자에는 환전영업자, 소액해외송금업자, 기타전문외국환업무취급업자가 있다. 이에 관하여는 아래서 살펴본다.

제2절 외국환업무취급기관

1. 외국환업무취급기관의 범위

외국환업무취급기관은 외국환업무의 등록을 한 "금융회사등"과 기획재정부장관이 업무의 내용을 고려하여 등록이 필요하지 아니하다고 인정한 "금융회사등"을 말한다(법8①). 여기서 "금융회사등"이란 은행, 금융투자업자, 증권금융회사, 종합금융회사 및 명의개서대행회사, 보험회사, 상호저축은행과 그 중앙회, 신용협동조합 및 그 중앙회, 여신전문금융회사 및 겸영여신업자, 농협은행, 수협은행, 한국산업은행, 한국수출입은행, 중소기업은행, 체신관서, 새마을금고 및 중앙회, 한국해양진흥공사를 말한다(법3①(17), 영7).

2019년 5월 28일 시행령 개정 전에는 새마을금고 중앙회는 금융회사등에 포함되지 않아 외국환업무를 취급할 수 없어 금고 중앙회가 발급한 직불카드를 해외에서 결제시 사용할 수 없었는데, 금고 고객의 해외결제 편의를 높이기 위해 금융회사등에 새마을금고법에 따른 새마을금고 중앙회를 시행령 개정으로 추가하였다.

2. 외국환은행

외국환은행이라 함은 은행, 농협은행, 수협은행, 한국산업은행, 한국수출입은행, 중소기업은행의 외국환업무를 영위하는 국내영업소를 말한다(규정1-2(16)). 즉 외국환은행은 외국환거래법에 의하여 외국환업무를 영위하는 은행을 말하며, 외국환거래의 신고 및 사후관리를 위해 외국환거래를 위한 은행을 사전에 지정하는 것을 거래외국환은행 지정이라 한다.

3. 기타 외국환업무취급기관

"기타 외국환업무취급기관"이란 외국환은행 이외의 외국환업무취급기관을 말한다(규정 2-12①). 종합금융회사, 체신관서, 투자매매·중개업자(금융투자업자), 보험회사, 여신전문금융회사, 상호저축은행이 기타 외국환업무취급기관에 해당한다(영14(2)~(4), 규정 제2절).

제3절 전문외국환업무취급업자

Ⅰ. 환전영업자

환전영업자란 법 제8조 제3항에 따라 환전업무를 등록한 자를 말한다. 환전업무란 "외국통화의 매입 또는 매도, 외국에서 발행한 여행자수표의 매입"에 해당하는 외국환업무를 말한다(법8③(1), 영15①). 따라서 환전영업자는 외국통화의 매입·매도 또는 외국에서 발행한 여행자수표의 매입만을 업으로 영위하는 자를 말한다.

Ⅱ. 소액해외송금업자

소액해외송금업자란 법 제8조 제3항에 따라 소액해외송금업무를 등록한 자를 말한다. 소액해외송금업무란 "대한민국과 외국 간의 지급 및 수령과 이에 수반되는 외국통화의 매입 또는 매도"에 해당하는 외국환업무를 말한다(법8③(2), 영15의2①).

Ⅲ. 기타전문외국환업무취급업자

기타전문외국환업무취급업자란 법 제8조 제3항에 따라 기타전문외국환업무를 등록한 자를 말한다. 기타전문외국환업무란 "전자금융거래법에 따른 전자화폐의 발행·관리업무, 선불전자지급수단의 발행·관리업무 또는 전자지급결제대행에 관한 업무와 직접 관련된 외국환업무로서 기획재정부장관이 정하여 고시하는 업무"를 말한다(법8③(3), 영15의5①).

제4절 외국환중개회사

외국환중개회사란 외국환중개업무를 인가받은 자를 말하며(법9①), 외국환중개업무란 ⅰ) 외국통화의 매매·교환·대여의 중개(제1호), ⅱ) 외국통화를 기초자산으로 하는 파생상품거래의 중개(제2호), ⅲ) 앞의 2가지 업무와 관련된 업무(제3호)를 말한다(법9①). 따라서 외국환중개회사는 외화증권을 제외한 외국환의 매매·교환·대여의 중개, 파생금융거래의 중개 또는 이와 관련된 업무를 영위하는 자를 말한다.

제2장

외국환업무취급기관

제1절 외국환업무의 등록

Ⅰ. 등록신청

외국환업무를 업으로 하려는 자는 대통령령으로 정하는 바에 따라 외국환업무를 하는 데에 충분한 자본·시설 및 전문인력을 갖추어 미리 기획재정부장관에게 등록하여야 한다(법8①본문).[1][2] 다만, 기획재정부장관이 업무의 내용을 고려하여 등록이 필요하지 아니하다고 인정하

---

1) 대법원 2016. 8. 29. 선고 2014도14364 판결(외국환거래법 제8조 제1항 본문 위반에 의한 미등록 외국환업무로 인한 외국환거래법위반죄는 적법하게 등록하지 아니하고 대한민국과 외국 간의 지급·추심·수령 업무를 영위하거나, 그 업무에 직접적으로 필요하고 밀접하게 관련된 부대업무를 수행함으로써 성립하는데, 피고인이 등록된 환전영업자로서의 업무만을 수행하였을 뿐이라면서 외국환업무의 범의를 부인하는 경우에는 사물의 성질상 범의와 상당한 관련성이 있는 간접사실 또는 정황사실을 증명하는 방법에 의하여 입증할 수밖에 없고, 무엇이 상당한 관련성이 있는 간접사실에 해당할 것인가는 정상적인 경험칙에 바탕을 두고 치밀한 관찰력이나 분석력에 의하여 사실의 연결상태를 합리적으로 판단하는 방법에 의하여야 한다. 따라서 객관적으로 드러난 피고인의 구체적 업무태양과 통상적인 환전영업자의 업무태양 및 외국환거래법 위반으로 처벌받는 환치기 범행의 일반적인 수법과의 각 비교, 피고인과 관련된 주위 정황 등을 종합적으로 고려하여 피고인의 영업행위를 객관적으로 환전영업자의 정상적인 업무 범위 내의 행위로 평가할 수 있는지 아니면 외국에서 대한민국으로 외국환을 지급·수령하기 위한 목적을 가진 행위의 일환으로 볼 것인지 및 이에 대하여 피고인의 범의가 인정되는지를 판단하여야 한다).

2) 대법원 2020. 12. 24. 선고 2018도17378 판결(법 제8조 제1항 본문에 따라 업으로 하고자 하는 경우 미리 등록하여야 하는 "외국환업무"는 법 제3조 제1항 제16호와 위 법률조항의 위임을 받은 시행령 제6조가 열거한 업무만을 의미한다고 봄이 타당하다. 원심은 판시와 같은 이유로 투자일임업을 주요 업무로 하는 피고인이 고객인 투자자들로부터 투자일임을 받아 투자자들을 대신하여 증권회사에 외화증권의 매도를 지시하거나 국내외 외화파생상품의 매매를 지시한 행위는 법 제3조 제1항 제16호, 시행령 제6조에 규정된 외국환업무에 해당하지 않는다고 보아 이 사건 공소사실을 무죄로 판단하였다. 원심판결 이유를 위에서 본

여 체신관서는 그러하지 아니하다(법8① 단서, 영13⑨).

1. 등록신청서 기재사항

외국환업무를 업으로 하려는 자는 ⅰ) 명칭, ⅱ) 본점 및 국내영업소의 소재지, ⅲ) 외국환업무의 취급 범위, ⅳ) 자본·시설 및 전문인력에 관한 사항, ⅴ) 임원에 관한 사항을 적은 신청서에 대차대조표·손익계산서 등 기획재정부장관이 정하여 고시하는 서류를 첨부하여 기획재정부장관에게 등록을 신청하여야 한다(영13①).

2. 첨부서류

외국환업무의 등록을 하고자 하는 자는 [별지 제2-1호 서식]의 외국환업무등록신청서에 ⅰ) 당해 금융회사등의 설립인가서(외국에 본점을 둔 금융회사등의 경우 본국정부의 설립인가서) 사본 또는 이에 갈음하는 서류, ⅱ) 당해 금융회사등의 최근 대차대조표 및 손익계산서, ⅲ) 외국환업무를 취급하고자 하는 국내영업소 내역을 첨부하여 기획재정부장관에게 제출하여야 한다(규정2-1①).

구체적인 첨부서류는 ⅰ) 관계법령에 의한 설립인가서 사본(외국금융기관 국내지점의 경우 본국 정부의 설립인가서 사본 또는 이에 갈음하는 서류 사본) 또는 이에 갈음하는 서류, ⅱ) 최근 대차대조표 및 손익계산서, ⅲ) 외국환업무를 취급하고자 하는 국내영업소 명세(영업소명·소재지), ⅳ) 임원의 이력서 및 경력증명서, ⅴ) 그 밖에 기획재정부장관이 필요하다고 인정하는 서류이다(규정2-1①).

Ⅱ. 등록요건

등록을 하려는 자는 다음의 요건을 갖추어야 한다(영13②).

1. 재무건전성 요건

해당 금융회사등에 대하여 금융위원회(새마을금고 및 중앙회는 행정안전부장관, 한국해양진흥공사는 해양수산부장관)가 정하는 재무건전성 기준에 비추어 자본 규모와 재무구조가 적정하여야 한다(영13②(1)).

법리와 기록에 비추어 살펴보면, 원심의 판단에 상고이유와 같이 법에서 정한 "외국환업무"의 의미에 관한 법리를 오해한 위법이 없다).

(1) 은행

(가) 재무건전성 기준

외국환업무의 등록요건 중 하나인 "해당 금융회사등에 대하여 금융위원회가 정하는 재무건전성 기준에 비추어 자본 규모와 재무구조가 적정할 것"(외국환거래법 시행령13②(1))에서 "금융위원회가 정하는 당해 금융기관에 적용되는 재무건전성 기준"이라 함은 ⅰ) 은행법 제9조에서 정하는 최저자본금 기준(자본금이 1천억원 이상이어야 하고, 지방은행의 자본금은 250억원 이상이어야 한다), ⅱ) 보통주자본비율이 4.5%의 최소 준수비율에 관한 기준을 말한다(은행업감독규정61①).

(나) 금융감독원장의 확인

외국환업무를 업으로 하려는 자는 등록을 신청하기 전에 기획재정부장관에게 등록요건 중 일부 또는 전부에 대한 사전검토를 요청할 수 있는데(영13③), 이에 따라 금융감독원장은 기획재정부장관으로부터 등록요건 충족 여부의 확인 요청이 있을 때에는 재무건전정 기준에 따라 이를 확인한다(은행업감독규정61②).

(2) 금융투자업자

(가) 재무건전성 기준

외국환업무의 등록요건 중 하나인 "해당 금융회사등에 대하여 금융위원회가 정하는 재무건전성 기준에 비추어 자본 규모와 재무구조가 적정할 것"(외국환거래법 시행령13②(1))에서 "해당 금융회사등에 대하여 금융위원회가 정하는 재무건전성 기준에 비추어 자본 규모와 재무구조가 적정할 것"이란 다음의 요건을 모두 충족하는 경우를 말한다(금융투자업규정2-11①). 다음의 요건은 ⅰ) 최근 결산기(반기결산을 포함)말의 자기자본(개별재무제표의 자본총계)이 금융투자업자는 10억원 이상이고, 증권금융회사는 500억원 이상이어야 하며, ⅱ) 다음의 구분, 즉 1종 금융투자업자는 순자본비율이 100% 이상이어야 하고, 2종 금융투자업자는 자기자본이 최소영업자본액 이상이어야 하며, 3종 금융투자업자는 영업용순자본비율이 150% 이상이어야 하고, 증권금융회사는 위험가중자산에 대한 자기자본비율이 8% 이상이어야 한다는 요건을 말한다.

(나) 금융감독원장의 확인

금융감독원장은 기획재정부장관으로부터 등록요건 충족 여부의 확인요청이 있을 때에는 재무건전성 기준에 따라 이를 확인한다(금융투자업규정2-11②).

(3) 종합금융회사

(가) 재무건전성 기준

외국환업무의 등록요건 중 하나인 "해당 금융회사등에 대하여 금융위원회가 정하는 재무건전성 기준에 비추어 자본 규모와 재무구조가 적정할 것"(외국환거래법 시행령13②(1))에서 "금융위원회가 정하는 당해 금융기관에 적용되는 재무건전성 기준"이라 함은 ⅰ) 최근 결산기(반기결산을 포함)말의 자기자본이 300억원을 초과하고, ⅱ) 위험가중자산에 대한 자기자본비율이 8% 이상인 경우를 말한다(금융투자업규정8-66①).

(나) 금융감독원장의 확인

금융감독원장은 기획재정부장관으로부터 등록요건 충족 여부의 확인요청이 있을 때에는 재무건전성 기준에 따라 이를 확인한다(금융투자업규정8-66②).

(다) 등록사항의 변경신고

외국환거래법 시행령 제16조(등록 내용의 변경 등) 제1항에 따라 종합금융회사가 외국환업무를 취급하는 국내영업소를 신설(인가를 받은 경우에 한한다)·폐지하거나 주소를 변경하고자 할 경우에는 변경이 있는 날 7일 전까지 금융감독원장에게 신고하여야 한다(금융투자업규정8-67①).

(4) 보험회사

(가) 재무건전성 기준

외국환업무의 등록요건 중 하나인 "해당 금융회사등에 대하여 금융위원회가 정하는 재무건전성 기준에 비추어 자본 규모와 재무구조가 적정할 것"(외국환거래법 시행령13②(1))에서 "금융위원회가 정하는 당해 금융기관에 적용되는 재무건전성 기준"이라 함은 ⅰ) 보험업법 제9조3)에서 정하는 최저자본금 기준, ⅱ) 보험업법 시행령 제65조4)에서 정하는 재무건전성에 관

---

3) 보험업법 제9조(자본금 또는 기금) ① 보험회사는 300억원 이상의 자본금 또는 기금을 납입함으로써 보험업을 시작할 수 있다. 다만, 보험회사가 제4조 제1항에 따른 보험종목의 일부만을 취급하려는 경우에는 50억원 이상의 범위에서 대통령령으로 자본금 또는 기금의 액수를 다르게 정할 수 있다.
② 제1항에도 불구하고 모집수단 또는 모집상품의 종류·규모 등이 한정된 보험회사로서 다음의 어느 하나에 해당하는 보험회사는 다음의 구분에 따른 금액 이상의 자본금 또는 기금을 납입함으로써 보험업을 시작할 수 있다.
  1. 전화·우편·컴퓨터통신 등 통신수단을 이용하여 대통령령으로 정하는 바에 따라 모집을 하는 보험회사(제2호에 따른 소액단기전문보험회사는 제외): 제1항에 따른 자본금 또는 기금의 3분의 2에 상당하는 금액
  2. 모집할 수 있는 보험상품의 종류, 보험기간, 보험금의 상한액, 연간 총보험료 상한액 등 대통령령으로 정하는 기준을 충족하는 소액단기전문보험회사: 10억원 이상의 범위에서 대통령령으로 정하는 금액
③ 외국보험회사가 대한민국에서 보험업을 경영하려는 경우에는 대통령령으로 정하는 영업기금을 제1항 또는 제2항의 자본금 또는 기금으로 본다.
4) 보험업법 시행령 제65조(재무건전성 기준) ① 이 조에서 사용하는 용어의 뜻은 다음과 같다.
  1. "지급여력금액"이란 자본금, 계약자배당을 위한 준비금, 대손충당금, 후순위차입금, 그 밖에 이에 준하는 것으로서 금융위원회가 정하여 고시하는 금액을 합산한 금액에서 미상각신계약비, 영업권, 그 밖에 이에 준하는 것으로서 금융위원회가 정하여 고시하는 금액을 뺀 금액을 말한다.
  2. "지급여력기준금액"이란 보험업을 경영함에 따라 발생하게 되는 위험을 금융위원회가 정하여 고시하는 방법에 의하여 금액으로 환산한 것을 말한다.
  3. "지급여력비율"이란 지급여력금액을 지급여력기준금액으로 나눈 비율을 말한다.
② 법 제123조 제1항에 따라 보험회사가 지켜야 하는 재무건전성 기준은 다음과 같다.

한 기준을 말한다(보험업감독규정5-17①).

(나) 금융감독원장의 확인

금융감독원장은 기획재정부장관으로부터 등록요건 충족 여부의 확인 요청이 있을 경우에는 재무건전성 기준에 따라 이를 확인한다(보험업감독규정5-17②).

(다) 등록사항의 변경신고

외국환업무취급 보험회사가 외국환업무를 취급하는 국내영업소를 신설·폐지하거나 주소를 변경하고자 할 경우에는 변경이 있는 날 7일전까지 감독원장에게 신고하여야 한다(보험업감독규정5-18①). 이에 따라 신고는 [별지 제22호 서식] 외국환업무 등록내용 변경신고서로 한다(보험업감독업무시행세칙3-3)

(5) 여신전문금융회사

(가) 재무건전성 기준

외국환업무의 등록요건 중 하나는 "해당 금융회사등에 대하여 금융위원회가 정하는 재무건전성 기준에 비추어 자본 규모와 재무구조가 적정"하여야 하는데(외국환거래법 시행령13②(1)), 여기서 "금융위원회가 정하는 당해 금융기관에 적용되는 재무건전성 기준"이라 함은 ⅰ) 여신전문금융업법 제5조[5])에서 정하는 최저자본금 기준, ⅱ) 여신전문금융업감독규정 제8조[6])에서

---

1. 지급여력비율은 100% 이상을 유지할 것
2. 대출채권 등 보유자산의 건전성을 정기적으로 분류하고 대손충당금을 적립할 것
3. 보험회사의 위험, 유동성 및 재보험의 관리에 관하여 금융위원회가 정하여 고시하는 기준을 충족할 것
③ 법 제123조 제2항에 따라 금융위원회가 보험회사에 대하여 자본금 또는 기금의 증액명령, 주식등 위험자산 소유의 제한 등의 조치를 하려는 경우에는 다음의 사항을 고려하여야 한다.
1. 해당 조치가 보험계약자의 보호를 위하여 적절한지 여부
2. 해당 조치가 보험회사의 부실화를 예방하고 건전한 경영을 유도하기 위하여 필요한지 여부
④ 금융위원회는 제1항부터 제3항까지의 규정에 관하여 필요한 세부 기준을 정하여 고시할 수 있다.
5) 여신전문금융업법 제5조(자본금) ① 여신전문금융업의 허가를 받거나 등록을 하여 여신전문금융회사가 될 수 있는 자는 주식회사로서 자본금이 다음의 구분에 따른 금액 이상인 자로 제한한다.
　1. 신용카드업을 하려는 경우로서 시설대여업·할부금융업 또는 신기술사업금융업을 함께 하지 아니하거나 그 중 하나의 업을 함께 하려는 경우: 200억원
　2. 신용카드업을 하려는 경우로서 시설대여업·할부금융업 또는 신기술사업금융업 중 둘 이상의 업을 함께 하려는 경우: 400억원
　3. 시설대여업·할부금융업 또는 신기술사업금융업 중 어느 하나 또는 둘 이상의 업을 하려는 경우로서 신용카드업을 하지 아니하는 경우: 200억원
　4. 신기술사업금융업을 하려는 경우로서 신기술사업금융전문회사가 되려는 경우: 100억원
② 제3조 제3항 제2호에 따른 겸영여신업자로서 신용카드업의 등록을 할 수 있는 자는 주식회사로서 자본금과 자기자본이 20억원 이상인 자로 제한한다.
6) 여신전문금융업감독규정 제8조(경영지도비율) ① 여신전문금융회사는 법 제53조의3 및 시행령 제19조의20에 따라 다음에서 정하는 경영지도비율을 유지하여야 한다.
1. 조정총자산에 대한 조정자기자본 비율: 100분의 7(신용카드업자는 100분의 8)이상
2. 원화유동성부채에 대한 원화유동성자산 비율: 100분의 100이상
3. 1개월 이상 연체채권비율: 100분의 10미만(신용카드업자에 한한다).

정하는 자기자본에 관한 기준을 말한다(여신전문금융업감독규정28①).

(나) 금융감독원장의 확인

금융감독원장은 기획재정부장관으로부터 등록요건 충족 여부의 확인 요청이 있을 때에는 재무건전성 기준에 따라 이를 확인한다(여신전문금융업감독규정28②).

(6) 상호저축은행 등

(가) 상호저축은행

1) 재무건전성 기준

외국환업무 등록요건 중 하나인 "해당 금융회사등에 대하여 금융위원회가 정하는 재무건전성 기준에 비추어 자본 규모와 재무구조가 적정할 것"(외국환거래법 시행령13②(1))에서 "금융위원회가 정하는 재무건전성 기준"이란 ⅰ) 상호저축은행법 제5조[7])에서 정하는 자본금 기준, ⅱ) 상호저축은행업감독규정 제44조 제1항 제1호[8])에서 정하는 건전성비율에 관한 기준을 말한다(상호저축은행업감독규정44의2①).

---

② 제1항에서 정하는 비율을 산정함에 있어 조정총자산, 조정자기자본, 원화유동성부채, 원화유동성자산 및 1개월 이상 연체 채권의 구체적인 범위는 감독원장이 정한다. 다만, 제1항 제1호의 조정총자산 및 조정자기자본은 여신전문금융회사의 대차대조표를 기준으로 하되 국제결제은행이 제시한 기준을 참작하고 여신전문금융회사의 업무의 특성을 반영하여 다음의 방법으로 정한다.
1. 조정총자산은 총자산에서 현금, 담보약정이 없는 단기성예금, 만기 3개월 이내의 국공채 및 공제항목을 차감한 금액으로 한다.
2. 조정자기자본은 기본자본 및 보완자본(기본자본 범위 내에 한한다)을 더한 금액에서 공제항목을 차감한 금액으로 한다.
3. 제1호 및 제2호의 총자산, 공제항목, 기본자본 및 보완자본의 범위는 감독원장이 정하는 바에 따른다.
③ 감독원장은 제16조의 규정에 의한 경영실태분석 및 평가 결과 제1항의 경영지도비율이 악화될 우려가 있거나 경영상 취약부문이 있다고 판단되는 여신전문금융회사에 대하여 이의 개선을 위한 계획 또는 약정서를 제출토록 하거나 당해 금융기관과 경영개선협약을 체결할 수 있다. 다만, 제17조 내지 제19조의 규정에 의한 경영개선권고, 경영개선요구 또는 경영개선명령을 받고 있는 여신전문금융회사의 경우에는 그러하지 아니하다.
7) 상호저축은행법 제5조(상호저축은행의 자본금) 상호저축은행의 자본금은 다음의 구분에 따른 금액 이상이어야 한다.
1. 본점이 특별시에 있는 경우: 120억원
2. 본점이 광역시에 있는 경우: 80억원
3. 본점이 특별자치시·도 또는 특별자치도에 있는 경우: 40억원
② 상호저축은행은 본점이나 제7조 제1항에 따른 지점등을 동일한 영업구역 내에서 다음의 어느 하나에 해당하는 지역으로부터 다른 지역으로 이전하는 경우에는 이전한 해당 지역에 적용되는 자본금, 그 상호저축은행의 자기자본 등을 고려하여 대통령령으로 정하는 요건을 갖추어야 한다.
1. 특별시
2. 광역시
3. 특별자치시·도 또는 특별자치도
③ 제1항 및 제2항의 자본금은 납입된 자본금으로 한다.
8) 1. 위험가중자산에 대한 자기자본비율 : 100분의 7(자산총액이 1조원 이상인 상호저축은행은 100분의 8)

2) 금융감독원장의 확인

금융감독원장은 기획재정부장관으로부터 등록요건 충족 여부의 확인 요청이 있을 때에는 재무건전성 기준에 따라 이를 확인한다(상호저축은행업감독규정44의2②).

(나) 상호금융기관

1) 재무건전성 기준

외국환업무 등록요건 중 하나인 "해당 금융회사등에 대하여 금융위원회가 정하는 재무건전성 기준에 비추어 자본 규모와 재무구조가 적정할 것"(외국환거래법 시행령13②(1))에서 "금융위원회가 정하는 당해 금융기관에 적용되는 재무건전성 기준"이라 함은 ⅰ) 해당 상호금융기관 설립에 관한 법령에서 정한 최저 출자금 기준, ⅱ) 상호금융업감독규정 제12조(건전성 비율)에서 정하는 총자산 대비 순자본비율 기준을 말한다(상호금융업감독규정16의5①).

2) 금융감독원장의 확인

금융감독원장은 기획재정부장관으로부터 등록요건 충족 여부의 확인요청이 있을 때에는 재무건전성 기준에 따라 이를 확인한다(상호금융업감독규정16의5②).

(다) 새마을금고

1) 재무건전성 기준

외국환업무 등록요건 중 하나인 "해당 금융회사등에 대하여 행정안전부장관이 정하는 재무건전성 기준에 비추어 자본 규모와 재무구조가 적정할 것"(외국환거래법 시행령13②(1))에서 "행정안전부장관이 정하는 해당 금고에 적용되는 재무건전성 기준에 비추어 자본 규모와 재무구조가 적정할 것"이란 ⅰ) 새마을금고법 제7조의2(설립인가의 요건)에서 정하는 출자금 기준, ⅱ) 총자산 대비 순자본비율 4% 이상(새마을금고감독기준10①(1))을 모두 충족하는 경우를 말한다(새마을금고감독기준27①).

2) 행정안전부장관의 확인

행정안전부장관은 기획재정부장관으로부터 등록요건 충족 여부의 확인 요청이 있을 때에는 재무건전성 기준에 따라 이를 확인한다(새마을금고감독기준27②).

2. 외환전산망 연결 요건

외국환거래, 지급 또는 수령에 관한 자료를 중계·집중·교환하는 기관으로 지정된 기관인 외환정보집중기관과 전산망이 연결되어 있어야 한다(영13②(2)). 외환전산망 연결 요건은 한국은행의 외환전산망으로 보고할 수 있는 연결을 말하며, 외환전산망 보고자료를 불법 자금유출, 탈세 방지 등에 활용할 수 있다.

3. 물적시설 요건

외국환업무 및 그에 따른 사후관리를 원활하게 수행할 수 있는 전산설비를 갖추어야 한다(영13②(3)).

4. 외환전문인력 요건

외환전문인력 확보로 외국환거래의 안정성을 담보할 수 있다. 외국환업무에 2년 이상 종사한 경력이 있는 자 또는 기획재정부장관이 정하는 교육을 이수한 자를 영업소별로 2명 이상 확보하고 있어야 한다(영13②(4)). 기획재정부장관이 정하는 교육("전문인력교육")의 실시를 위하여 필요한 사항을 정하기 위해 기획재정부 고시인 「외국환업무 전문인력교육에 관한 규정」("교육규정")을 두고 있다.

(1) 교육대상자

전문인력교육은 외국환업무를 업으로 하려는 기관 등에서 외국환업무를 담당하고자 하는 자를 대상으로 한다(교육규정2).

(2) 교육기관

전문인력교육은 민법 제32조에 따라 설립된 한국금융연수원, 자본시장법 제291조에 따라 설립된 금융투자교육원, 여신전문금융업법 제62조에 따라 설립된 여신전문금융업협회 또는 기획재정부장관이 인정하는 교육기관("교육기관")이 주관한다(교육규정3).

(3) 교육방법, 이수요건 및 보수교육 등

전문인력의 교육방법, 교육과목, 이수요건, 보수교육 등에 관한 사항은 각 교육기관이 외국환은행, 투자매매업자, 투자중개업자 등 전문인력교육을 받으려는 외국환업무취급기관별 외국환업무 취급범위 등을 감안하여 민법 제32조에 따라 설립된 전국은행연합회 또는 자본시장법 제283조에 따라 설립된 한국금융투자협회 등("관련 협회")과 협의하여 정한다. 이 경우 교육기관은 해당 교육기관에서 교육할 수 있는 외국환업무취급기관의 범위를 전문성, 효율성 등을 감안하여 상호 협의하여 정할 수 있다(교육규정4①).

각 교육기관은 전문인력교육을 이수한 것으로 볼 수 있는 자격시험에 관한 사항도 관련 협회와 협의하여 정할 수 있다(교육규정4②). 각 교육기관은 전문인력교육 및 자격시험에 관한 사항을 기획재정부장관에게 통보하여야 한다(교육규정4③).

(4) 교육이수자 관리

교육기관은 그 기관에서 실시한 교육의 이수현황을 매반기별로 기획재정부에 보고하여야 하고(교육규정6①), 교육을 이수한 자에 대하여 수료증의 발급, 기록관리 등 사후관리 업무를 수행한다. 이 경우 교육이수자의 출석내역 및 평가결과, 수료증발급내역을 10년간 보존하며, 수료증발급대장을 비치하여 영구보존하여야 한다(교육규정6②). 기록은 전산자료로 갈음할 수 있다(교육규정6③).

Ⅲ. 등록요건 사전검토 절차

1. 제도적 취지

금융업 인가를 받은 회사의 외환업 등록신청시 금융감독원·한국은행의 자본금·전산설비 등 등록요건 확인을 거쳐 기획재정부가 등록하고 있다. 그런데 최근 핀테크 기업들의 분할·합병이 활발해지면서 등록요건 확인절차로 인해 외환업무 중단 및 소비자 피해 발생 우려가 제기되었다.

외환업 등록요건 확인절차에 따른 문제점은 살펴보면, A사가 자사(自社)의 ○○페이 결제업무를 분사(分社)하여 영위하고자 할 경우, 신설법인의 금융업 인가(금융위원회)를 거쳐 외환업 등록(기획재정부)을 하여야 한다. 따라서 금융업 인가(○○페이 국내결제 개시) 이후, 외환업 등록을 위한 금융감독원·한국은행의 요건 확인 마무리까지 수일 내 외환업무(○○페이 해외결제)를 영위하는 것은 불가능한 실정이었다.

따라서 분할·합병시 신설(예정) 법인의 외환업 등록요건을 금융업 인가(금융위원회) 이전에도 미리 검토하여, 추후 본 등록절차를 신속히 진행할 수 있도록 개선할 필요가 있었다. 기존 외국환업무취급기관의 분할·합병시 등록요건 예비검토의 근거를 마련하는 내용의 외국환거래법 시행령을 개정하였다.[9]

외국환업무를 업으로 하려는 자가 등록요건 사전검토 절차를 활용하는 경우 외국환업무취급기관 등록에 소요되는 기간을 단축할 수 있을 것으로 기대된다. 특히 기존 외국환업무취급기관의 분할·합병으로 신설법인이 외국환업무를 하고자 할 경우, 법인 설립 전이라도 외국환업무취급기관 등록절차를 시작할 수 있어, 핀테크 기업을 포함한 외국환업무취급기관의 외국환업무의 업무 연속성을 유지하고 외환거래 고객의 피해를 예방할 수 있을 것으로 기대된다.[10]

---

9) 기획재정부(2020a), "융복합·비대면 서비스 활성화와 경쟁 촉진을 통한 외환서비스 혁신방안", 기획재정부(2020. 6. 4), 13–14쪽.
10) 기획재정부(2020c), "외국환거래법 시행령 일부개정령안 국무회의 의결 – 외국환업무 등록요건 사전검토 절차 마련 – ", 기획재정부(2020. 10. 27) 보도자료.

2. 등록 신청 전 요청

외국환업무를 업으로 하려는 자는 등록을 신청하기 전에 기획재정부장관에게 등록요건 중 일부 또는 전부에 대한 사전검토를 요청할 수 있다(영13③).

3. 사전검토 요청서 제출

등록요건의 사전검토를 요청하고자 하는 자는 사전검토를 요청하는 내용을 적은 [별지 제2-1호 서식]의 외국환업무등록신청서에 ⅰ) 당해 금융회사등의 설립인가서(외국에 본점을 둔 금융회사등의 경우 본국정부의 설립인가서) 사본 또는 이에 갈음하는 서류, ⅱ) 당해 금융회사등의 최근 대차대조표 및 손익계산서, ⅲ) 외국환업무를 취급하고자 하는 국내영업소 내역을 첨부하여 기획재정부장관에게 제출하여야 한다(영13④, 규정2-1①). 구체적인 첨부서류는 ⅰ) 관계법령에 의한 설립인가서 사본(외국금융기관 국내지점의 경우 본국 정부의 설립인가서 사본 또는 이에 갈음하는 서류 사본) 또는 이에 갈음하는 서류, ⅱ) 최근 대차대조표 및 손익계산서, ⅲ) 외국환업무를 취급하고자 하는 국내영업소 명세(영업소명·소재지), ⅳ) 임원의 이력서 및 경력증명서, ⅴ) 그 밖에 기획재정부장관이 필요하다고 인정하는 서류이다(규정2-1①).

4. 사전검토 결과 통보

기획재정부장관은 사전검토 요청을 받은 경우 사전검토 요청을 받은 날부터 20일(토요일 및 공휴일은 기간에 산입하지 않는다) 이내에 사전검토를 요청한 자에게 검토 결과를 통보해야 한다(영13⑥ 본문). 다만, 사전검토 요청에 대한 검토 결과를 통보하기 전에 사전검토를 요청한 자가 등록신청을 한 경우에는 등록신청에 대한 검토결과 통보로 사전검토 요청에 대한 검토결과 통보를 갈음할 수 있다(영13⑥ 단서).

Ⅳ. 등록요건의 확인 요청

기획재정부장관은 등록신청이나 사전검토 요청을 받은 때에는 금융감독원장 및 외환정보집중기관의 장에게 등록요건(사전검토 요청의 경우에는 사전검토를 요청한 요건에 한정)을 갖췄는지에 대한 확인을 요청할 수 있다(영13⑤ 전단). 이 경우 금융감독원장 및 외환정보집중기관의 장은 확인 요청을 받은 날부터 10일(토요일 및 공휴일은 기간에 산입하지 않는다) 이내에 기획재정부장관에게 확인 결과를 통보해야 한다(영13⑤ 후단).

Ⅴ. 등록결격사유

기획재정부장관은 등록신청이 ⅰ) 등록을 신청한 자가 금융회사등이 아닌 경우, ⅱ) 등록요건을 갖추지 못한 경우, ⅲ) 제출받은 서류에 흠이 있다고 인정되는 경우, ⅳ) 등록을 신청한 자(등록을 신청한 자가 법인인 경우 그 임원을 포함)가 등록이 취소된 자(등록이 취소된 자의 임직원이었던 자로서 그 취소 사유의 발생에 직접 또는 이에 상응하는 책임이 있는 자를 포함)는 등록이 취소된 날부터 3년이 경과하지 아니한 경우에는 해당 외국환업무를 다시 등록할 수 없는 규정(법12④)에 따라 등록할 수 없는 자인 경우, ⅴ) 그 밖에 외국환거래법 또는 다른 법령에 따른 제한에 위반되는 경우를 제외하고는 등록을 해 주어야 한다(영13⑦).

Ⅵ. 등록 처리기간

외국환업무취급기관의 등록사무에 대한 처리기간은 등록신청일부터 20일 이내에 하여야 한다(규정1-4①(1)). 처리기간의 계산에 있어서는 초일을 산입하되 공휴일과 보완에 소요되는 기간은 산입하지 아니한다(규정1-4②). 등록사무 처리에 대해 외국환거래규정(권한을 위탁받은 자가 정하는 규정 등을 포함)에서 별도로 정한 사항이 없는 경우에는 민원사무처리에 관한 법령 및 행정절차법령의 규정을 준용한다(규정1-4③).

Ⅶ. 등록증 발급

기획재정부장관은 등록을 한 경우에는 신청인에게 등록증을 발급해야 한다(영13⑧).

Ⅷ. 등록내용 변경과 외국환업무 폐지의 신고

법 제8조 제1항 본문에 따라 외국환업무의 등록을 한 외국환업무취급기관이 등록사항 중 등록 내용을 변경하려 하거나 외국환업무를 폐지하려는 경우에는 기획재정부장관에게 미리 그 사실을 신고하여야 한다(법8④, 영16①②).

변경신고 제도는 업자가 주요 등록사항을 변경할 경우 감독당국에 사전에 신고토록하여 감독상의 공백이 없게 하고, 외환거래 안정성 확보 및 소비자 보호를 위한 제도로서 감독당국이 사전에 인지하지 못할 경우 감독, 소비자 보호, 거래 안정성에 문제가 발생하는 사항에 국한하고 있다. 변경신고는 심사 및 수리를 요하지 않는 절차로서 업자의 행정적 부담은 발생하

지 않는다. 따라서 변경이 자주 발생하고, 변경신고 실효성이 낮은 등록사항(자본, 시설, 인력 등)
은 변경신고 대상에서 제외하고 있다.

1. 등록내용의 변경 신고

외국환업무취급기관은 명칭, 본점 및 외국환업무의 취급 범위(영13①(1)-(3))를 변경하려는
경우에는 기획재정부장관에게 미리 그 사실을 신고하여야 한다(영16①(1)).

이에 따라 외국환업무의 등록내용을 변경(국내영업소의 신설·폐지 및 소재지 변경은 제외)하
거나 외국환업무를 폐지하려는 경우에는 [별지 제2-2호 서식]의 외국환업무등록내용변경신고
서를 기획재정부장관에게 제출하여야 한다(규정2-1② 본문). 다만, 외국환업무취급기관의 본점
이 이전할 때에는 이전한 날로부터 30일 이내에 변경신고서를 기획재정부장관에게 제출한다
(규정2-1② 단서).

2. 기획재정부 서류제출

등록사항의 변경이나 외국환업무의 폐지를 신고하려는 외국환업무취급기관은 기획재정부
장관이 정하여 고시하는 서류를 변경 또는 폐지하려는 날의 7일 전까지 기획재정부장관에게
제출하여야 한다(영16②).

3. 신고등 처리기간

신고등에 대한 처리기간은 신고등 신청일부터 20일 이내에 이내에 하여야 한다(규정1-4①
(2)). 처리기간의 계산에 있어서는 초일을 산입하되 공휴일과 보완에 소요되는 기간은 산입하
지 아니한다(규정1-4②). 신고등 사무처리에 대해 외국환거래규정(권한을 위탁받은 자가 정하는 규
정 등을 포함)에서 별도로 정한 사항이 없는 경우에는 민원사무처리에 관한 법령 및 행정절차법
령의 규정을 준용한다(규정1-4③).

Ⅸ. 외국금융기관과의 계약체결과 인가

1. 인가사유

외국환업무취급기관은 국민경제의 건전한 발전, 국제 평화와 안전의 유지 등을 위하여 필
요하다고 인정하여 급격한 국제금융시장의 불안정 및 외환시장의 변동성 확대로 인하여 국민
경제에 심각한 지장을 초래할 우려가 있어 외환의 유입 및 유출에 대한 자세한 주의가 필요한

경우로서 기획재정부장관이 인정하는 경우에는 외국환거래법을 적용받는 업무에 관하여 외국금융기관과 계약을 체결할 때 기획재정부장관의 인가를 받아야 한다(법8⑤, 영16⑥).

2. 인가 처리기간

인가에 대한 처리기간은 인가신청일부터 20일 이내에 하여야 한다(규정1-4①(2)). 처리기간의 계산에 있어서는 초일을 산입하되 공휴일과 보완에 소요되는 기간은 산입하지 아니한다(규정1-4②). 인가사무 처리에 대해 외국환거래규정(권한을 위탁받은 자가 정하는 규정 등을 포함)에서 별도로 정한 사항이 없는 경우에는 민원사무처리에 관한 법령 및 행정절차법령의 규정을 준용한다(규정1-4③).

Ⅹ. 위반시 제재

법 제8조 제1항 본문에 따른 등록을 하지 아니하거나, 거짓이나 그 밖의 부정한 방법으로 등록을 하고 외국환업무를 한 자(제8조 제4항에 따른 폐지신고를 거짓으로 하고 외국환업무를 한 자를 포함)는 3년 이하의 징역 또는 3억원 이하의 벌금에 처한다(법27의2①(1)). 다만, 위반행위의 목적물 가액의 3배가 3억원을 초과하는 경우에는 그 벌금을 목적물 가액의 3배 이하로 한다(법27의2① 단서).

법 제8조 제5항에 따른 인가를 받지 아니하거나, 거짓이나 그 밖의 부정한 방법으로 인가를 받고 계약을 체결한 자는 1년 이하의 징역 또는 1억원 이하의 벌금에 처한다(법29①(1)). 다만, 위반행위의 목적물 가액의 3배가 1억원을 초과하는 경우에는 그 벌금을 목적물 가액의 3배 이하로 한다(법29① 단서). 이 경우 징역과 벌금은 병과할 수 있다(법29②).

제2절 금융기관별 외국환업무의 취급 범위

외국환업무는 금융회사등만 할 수 있으며, 외국환업무를 하는 금융회사등은 대통령령으로 정하는 바에 따라 그 금융회사등의 업무와 직접 관련되는 범위에서 외국환업무를 할 수 있다(법8②). 이에 따라 외국환업무취급기관의 외국환업무의 취급 범위는 다음과 같다(영14).

I. 외국환은행의 외국환업무

외국환은행의 업무범위는 외국환거래법 제3조 제1항 제16호의 외국환업무와 동법 시행령 제6조의 외국환업무를 말한다. 외국환은행은 외국과의 지급·추심 및 수령, 외화예금, 금전대차 중개를 할 수 있다.

외국환은행은 외국환업무를 영위하는 은행의 국내영업소로 외국환업무취급기관 중 업무범위가 가장 넓다. 외국환거래법상의 모든 외국환업무를 영위할 수 있다. 특히 대한민국과 외국 간의 지급·추심 및 수령, 외화예금 등의 업무를 독점적으로 영위하고 있다. 외국환관리기관으로서의 책임과 역할을 부여하는 대신 독점적 업무영역 확보를 통해 수익을 보장해 주고 있다.

1. 외국환의 발행 또는 매매

외국환의 발행 또는 매매는 외국환거래법 제3조 제1항 제16호 가목에서 정하고 있는 외국환업무이다.

(1) 외국환의 매입

(가) 외국환 매입의 구분

외국환의 매입은 거주자로부터 내국지급수단을 대가로 외국환을 매입하는 경우와 비거주자로부터 내국지급수단을 대가로 외국환을 매입하는 경우로 구분된다. 기획재정부로부터 위탁받은 외국환은행의 외국환거래업무에 관한 세부업무처리 기준 및 절차를 정하고 있는 「외국환거래업무 취급지침」("취급지침")의 주요 내용을 살펴본다.

1) 거주자로부터 내국지급수단을 대가로 외국환을 매입하는 경우

이 경우 외국환은행은 ⅰ) 취득경위를 입증할 수 있는 서류[취득경위가 기재된 지급지시서 (P/O)를 포함], ⅱ) 외국환신고(확인)필증(규정서식 제6-1호) 또는 지급수단 등의 수출입(변경)신고필증(규정서식 제6-2호)[다만, 외국통화 또는 외화표시(여행자)수표의 경우로서 취득경위를 입증하는 서류를 제출하지 않은 경우에 한함], ⅲ) 대외지급수단매매 신고필증(규정서식 제7-4호)[다만, 외국인거주자가 외국환신고(확인)필증을 제출하지 아니하고 휴대하고 있던 대외지급수단의 매입을 의뢰하는 경우에 한함], ⅳ) 영수확인서(외국인거주자 제외)를 제출받아야 한다.[11]

위의 제출서류 중 영수확인서(외국인거주자 제외)는 외국으로부터 송금된 미화 5만불 초과 (동일자, 동일인, 동일점포를 기준으로 하며 2회 이상 매입하는 경우에는 이를 합산한 금액임)의 대외지급수단을 매입하는 경우로서 취득경위를 입증하는 서류를 제출하지 않은 경우에 한한다.

---

11) 취급지침 11-13쪽.

2) 비거주자로부터 내국지급수단을 대가로 외국환을 매입하는 경우

이 경우 외국환은행은 ⅰ) 외국환신고(확인)필증(다만, 비거주자의 대외계정 및 비거주자외화신탁계정 인출 또는 송금방식에 의하여 영수한 외국환을 매입하는 경우는 제외), ⅱ) 대외지급수단매매 신고필증(규정서식 제7-4호)[다만, 비거주자가 외국환신고(확인)필증을 제출하지 아니하고 휴대하고 있던 대외지급수단의 매입을 의뢰하는 경우에 한함]을 제출받아야 한다.

(나) 외국환은행의 신고등의 대상 여부 확인의무

외국환은행이 외국환을 매입하고자 하는 경우에는 매각하고자 하는 자의 당해 외국환의 취득이 신고등의 대상인지 여부를 확인하여야 한다(규정2-2① 본문). "신고등"이라 함은 법 및 영과 이 규정에 의한 허가·신고수리·신고·확인·인정을 말한다(규정1-2(13)).

따라서 외국환은행은 제출서류를 징구하여 당해 외국환의 취득이 신고등의 대상인지 여부를 확인하여야 한다. 다만, ⅰ) 미화 2만불 이하의 대외지급수단을 매입하는 경우(동일자, 동일인, 동일점포를 기준으로 하며 2회 이상 매입하는 경우에는 이를 합산한 금액임), ⅱ) 정부, 지방자치단체, 외국환업무취급기관 및 환전영업자로부터 대외지급수단을 매입하는 경우, ⅲ) 당해 거주자의 거주자계정(거주자외화신탁계정 포함)에 예치된 외국환을 매입하는 경우에는 그러하지 아니하다.

(다) 외국환은행의 신고등의 대상 여부 확인 제외거래

외국환은행이 외국환을 매입하고자 하는 경우, 즉 ⅰ) 미화 2만불 이하인 대외지급수단을 매입하는 경우(다만, 동일자에 동일인으로부터 2회 이상 매입하는 경우에는 이를 합산한 금액이 미화 2만불 이하인 경우에 한한다)(제1호), ⅱ) 정부, 지방자치단체, 외국환업무취급기관, 환전영업자 및 소액해외송금업자로부터 외국통화를 매입하는 경우(제2호), ⅲ) 거주자로부터 당해 거주자의 거주자계정 및 거주자외화신탁계정에 예치된 외국환을 매입하는 경우(제3호), ⅳ) 국내에 있는 외국정부의 공관과 국제기구, 미합중국군대 및 이에 준하는 국제연합군("미합중국군대등"), 미합중국군대등의 구성원·군속·초청계약자와 미합중국군대등의 비세출자금기관·군사우편국 및 군용은행시설 및 국내에 있는 외국정부의 공관 또는 국제기구에서 근무하는 외교관·영사 또는 그 수행원이나 사용인 및 외국정부 또는 국제기구의 공무로 입국하는 자로부터 대외지급수단을 매입하는 경우(제4호)에는 매각하고자 하는 자의 당해 외국환의 취득이 신고등의 대상인지 여부를 확인할 필요가 없다(규정2-2① 단서).

(라) 외국환은행의 매입 관련사항의 국세청장 및 관세청장 통보

외국환은행은 외국환을 매입한 경우에는 매월별로 익월 10일 이내에 매입에 관한 사항을 국세청장 및 관세청장에게 통보한다(규정2-2②).

그러나 다음의 경우에는 통보대상에서 제외된다. 즉 ⅰ) 동일자·동일인 기준 미화 1만불

이하인 대외지급수단을 매입하는 경우, ⅱ) 정부, 지방자치단체, 외국환업무취급기관, 환전영업
자 및 소액해외송금업자로부터 외국통화를 매입하는 경우, ⅲ) 거주자로부터 당해 거주자의 거
주자계정 및 거주자외화신탁계정에 예치된 외국환을 매입하는 경우, ⅳ) 국내에 있는 외국정부
의 공관과 국제기구, 미합중국군대 및 이에 준하는 국제연합군("미합중국군대등"), 미합중국군대
등의 구성원·군속·초청계약자와 미합중국군대등의 비세출자금기관·군사우편국 및 군용은행
시설 및 국내에 있는 외국정부의 공관 또는 국제기구에서 근무하는 외교관·영사 또는 그 수행
원이나 사용인 및 외국정부 또는 국제기구의 공무로 입국하는 자로부터 대외지급수단을 매입
하는 경우, ⅴ) 외국에 있는 금융기관으로부터 매입하는 경우, 그리고 ⅵ) 외화표시 내국신용
장어음을 매입하는 경우이다(규정2-2②).

(마) 외국환은행의 한국은행 신고

외국환은행이 외국인거주자 또는 비거주자로부터 취득경위를 입증하는 서류를 제출하지
않는 대외지급수단을 매입하는 경우에는 당해 매각을 하고자 하는 자가 [별지 제7-4호 서식]
의 대외지급수단매매신고서에 계약서, 신청인 및 거래상대방의 실체를 확인하는 서류, 기타 한
국은행총재가 필요하다고 인정하는 서류를 첨부하여 한국은행총재에게 신고하여야 한다(규정
2-2③).

그러나 다음의 경우에는 신고대상에서 제외된다. 즉 위의 신고등의 대상 여부 확인 제외
거래 중 ⅰ) 미화 2만불 이하인 대외지급수단을 매입하는 경우(다만, 동일자에 동일인으로부터 2
회 이상 매입하는 경우에는 이를 합산한 금액이 미화 2만불 이하인 경우에 한한다), ⅱ) 국내에 있는
외국정부의 공관과 국제기구, 미합중국군대 및 이에 준하는 국제연합군("미합중국군대등"), 미합
중국군대등의 구성원·군속·초청계약자와 미합중국군대등의 비세출자금기관·군사우편국 및
군용은행시설 및 국내에 있는 외국정부의 공관 또는 국제기구에서 근무하는 외교관·영사 또는
그 수행원이나 사용인 및 외국정부 또는 국제기구의 공무로 입국하는 자로부터 대외지급수단
을 매입하는 경우를 제외된다(규정2-2③).

(바) 외국환은행의 외국환 매입증명서류 발행·교부

외국환은행은 외국인거주자 또는 비거주자로부터 외국환을 매입하는 경우에는 1회에 한
하여 외국환매입증명서·영수증·계산서 등 외국환의 매입을 증명할 수 있는 서류를 발행·교
부하여야 한다(규정2-2④).

(2) 외국환의 매각

(가) 인정된 거래의 의미

"인정된 거래"라 함은 외국환거래법 및 외국환거래법 시행령과 외국환거래규정에 의하여
신고등을 하였거나 신고등을 요하지 아니하는 거래를 말한다(규정1-2(25)). 즉 원인행위가 신고

를 요하지 아니하는 거래라 하더라도 결제방법(지급등의 행위 내지 방법)이 외국환거래법령상 신고대상 거래이면 "지급등의 방법 신고"를 하여야 하므로 "인정된거래"라고 할 수 없다. 예를 들어 경상거래 자체는 인정된 거래이나, 그에 따른 결제방법이 외국환거래법 제16조에 따른 신고대상 거래이면, 결제행위는 인정된 거래에 해당하지 않는다. 따라서 경상거래 또는 자본거래 시 원인행위뿐만 아니라 동 원인행위에서 파생되는 지급등의 결제행위까지 포함하여 신고등을 하였거나 신고등이 면제되는 거래라면 "인정된 거래"라고 할 수 있다. "지급등"이라 함은 외국환거래법에 따른 지급 또는 수령을 말한다(규정1-2(33-1)).

(나) 거주자에 대한 외국환의 매각

외국환은행은 거주자에 대한 매각으로서 다음의 경우에 한하여 내국지급수단(대외지급수단 외의 지급수단)을 대가로 외국환을 매각할 수 있다(규정2-3①(1)).

ⅰ) 외국환을 매입하고자 하는 자가 당해 외국환을 인정된 거래 또는 지급에 사용하기 위한 경우(가목), 거주자는 인정된 거래임을 입증하는 서류[환급창구운영사업자: 환급창구운영사업자 지정증(관할 지방국세청장 발급)], 여권(외국인거주자의 경우), 외국인거주자의 경우 외국환매각 사실을 입증할 수 있는 서류[외국환매입증명서·영수증·계산서, 외국환신고(확인)필증 등]를 제출해야 한다.[12]

ⅱ) 외국인거주자에게 매각하는 경우에는 외국환의 매각금액이 최근 입국일 이후 미화 1만불 이내 또는 제4-4조(비거주자 또는 외국인거주자의 지급)의 규정에 의한 금액범위 내인 경우(나목), 이 경우 외국환은행의 장은 미화 1만불 이내의 외국환을 매각한 경우에는 당해 거래자의 여권에 매각금액을 표시하여야 한다(규정2-3② 본문). 다만, 1백만원 이하에 상당하는 외국통화를 매각하는 경우에는 그러하지 아니하다(규정2-3② 단서).

ⅲ) 외국인거주자를 제외한 거주자가 외국통화, 여행자수표를 소지할 목적으로 매입하는 경우(다목), 거주자는 실명확인증표(주민등록증, 사업자등록증 등)를 제출해야 한다.[13]

ⅳ) 내국지급수단으로 거주자계정 및 거주자외화신탁계정에의 예치를 위하여 매각하는 경우(라목), 이 경우 거주자계정(거주자외화신탁계정 포함)에 예치된 대외지급수단의 처분에는 제한을 두지 아니한다. 다만, 대외지급(대외계정 및 비거주자외화신탁계정으로의 이체 포함)을 하고자 하는 경우에는 인정된 거래에 의한 지급증빙서류를 제출해야 한다.[14]

ⅴ) 다른 외국환은행으로 이체하기 위하여 외국환을 매각하는 경우. 다만, 대외계정 및 비거주자외화신탁계정으로 이체하고자 하는 경우에는 인정된 거래에 따른 지급에 한한다(마목).

---

12) 취급지침 14쪽.
13) 취급지침 16쪽.
14) 취급지침 16쪽.

단서의 경우 인정된 거래임을 입증하는 서류를 제출해야 한다.[15]

vi) 소액해외송금업자는 외국환은행을 상대로 외국통화를 매입 또는 매각할 수 있는데, 이에 따라 소액해외송금업자에게 외국통화를 매각하는 경우(바목).

vii) 환전영업자는 외국통화등의 외국환은행에 대한 매각 및 예치, 외국환은행으로부터의 외국통화 매입을 위해서는 거래외국환은행을 지정해야 하는데(규정2-29⑥), 이에 따라 환전영업자에게 외국통화를 매각하는 경우(사목).

(다) 비거주자에 대한 외국환의 매각

외국환은행은 비거주자에 대한 매각으로서 다음의 경우에 한하여 내국지급수단을 대가로 외국환을 매각할 수 있다(규정2-3①(2)).

i) 비거주자가 최근 입국일 이후 당해 체류기간 중 외국환업무취급기관 또는 환전영업자에게 내국통화 및 원화표시 여행자수표를 대가로 외국환을 매각한 실적 범위 내에서 매각하는 경우(가목), 이 경우 비거주자는 여권과 외국환매각 사실을 입증할 수 있는 서류(외국환매입증명서·영수증·계산서, 외국환신고(확인)필증 등)를 제출해야 한다. 다만, 영 제10조 제2항 제1호[16] 및 제6호 가목 및 나목[17]에서 정한 비거주자에 대하여는 본인의 확인서로 갈음한다.[18]

비거주자에게 최근 입국일 이후 외국환매입증명서, 영수증 또는 계산서의 외화 금액 범위 내에서 외국통화 또는 외화표시여행자수표를 재매각(일부매각 포함)하는 경우에는 동 외국환매입증명서, 영수증, 계산서에 일자, 금액, 매각기관명을 기재한 후 교부하여야 한다.[19]

ii) 비거주자가 외국환은행 해외지점, 현지법인금융기관 및 외국금융기관에 내국통화 및 원화표시 여행자수표를 대가로 외국환을 매각한 실적 범위 내(나목).

iii) 외국에서 발행된 신용카드 또는 직불카드를 소지한 비거주자가 국내에서 원화현금서비스를 받거나 직불카드로 원화를 인출한 경우에는 그 금액 범위 내(다목).

iv) 위의 가목 내지 다목의 매각실적 등이 없는 비거주자의 경우에는 미화 1만불 이내(라목), 이 경우 외국환은행의 장은 외국환을 매각한 경우에는 당해 거래자의 여권에 매각금액을 표시하여야 한다(규정2-3② 본문). 다만, 1백만원 이하에 상당하는 외국통화를 매각하는 경우에는 그러하지 아니하다(규정2-3② 단서).

v) 인정된 거래에 따른 대외지급을 위한 경우(마목), 비거주자는 인정된 거래임을 입증하

---

15) 취급지침 16쪽.
16) 1. 국내에 있는 외국정부의 공관과 국제기구
17) 가. 국내에 있는 외국정부의 공관 또는 국제기구에서 근무하는 외교관·영사 또는 그 수행원이나 사용인
    나. 외국정부 또는 국제기구의 공무로 입국하는 자
18) 취급지침 17쪽.
19) 취급지침 17쪽.

는 서류를 제출해야 한다.[20]

　vi) 외국환은행의 장에게 자금의 취득경위 입증서류를 제출하여 확인을 받은 국내소득 등의 대외지급(규정4-4)을 위한 금액 범위 내(바목), 이 경우 비거주자는 취득경위 입증서류를 제출해야 한다.[21]

(라) 한국은행의 대외지급수단매매신고필증 제출대상 매각

다음에 해당하는 지급을 위하여 매각하는 경우에는 당해 매입을 하고자 하는 자가 [별지 제7-4호 서식]의 대외지급수단매매신고서에 의하여 한국은행총재에게 신고하여야 한다(규정 2-3①(3)). 따라서 외국인거주자 또는 비거주자가 다음의 경우로 대외지급하고자 하는 경우에는 한국은행에 대외지급수단매매신고를 한 후 외국환은행을 통하여 대외지급할 수 있다.

　1) 국민인 비거주자의 국내원화예금·신탁계정관련 원리금

국민인 비거주자가 국내에서 사용하기 위하여 내국통화로 예금거래 및 신탁거래를 하는 경우에는 신고를 요하지 아니하지만(규정7-6①(2)), 이에 의한 국내원화예금·신탁계정 관련 원리금의 지급은 신고하여야 한다(가목 전단). 이 경우 대외지급수단매매신고필증(규정 서식 제7-4호)을 제출해야 한다.[22]

다만, 재외동포의 국내재산 반출의 경우에는 재외동포의 국내재산 반출절차(규정4-7)를 적용한다(가목 후단).

　2) 외국인거주자의 국내부동산 매각대금 지급

외국인거주자의 국내부동산 매각대금의 지급은 신고하여야 한다(나목 전단). 다만, 외국으로부터 휴대수입 또는 송금(대외계정에 예치된 자금을 포함)된 자금으로 국내부동산을 취득한 후 해당 부동산을 매각하여 매각대금을 지급하고자 하는 경우로서 [별지 제4-2호 서식]에 의한 부동산소재지 또는 신청자의 최종주소지 관할세무서장이 발행한 부동산매각자금확인서를 제출하는 경우에는 그러하지 아니하다(나목 후단).

　3) 비거주자간 거래와 관련한 비거주자의 담보·보증 제공 후 국내재산 처분대금 지급

비거주자간의 거래와 관련하여 비거주자가 담보·보증 제공 후 국내재산 처분대금의 지급은 신고하여야 한다(다목). 그러나 "교포등에 대한 여신"과 관련하여 담보제공 또는 보증에 따른 대지급의 경우 및 거주가가 비거주자로부터 국내재산을 담보로 제공받아 보증(담보관리 승낙 포함)하는 경우는 제외한다(다목).

"교포등에 대한 여신"이라 함은 국내에 본점을 둔 외국환은행의 해외지점 및 제9장에 의

---

20) 취급지침 17쪽.
21) 취급지침 17쪽.
22) 취급지침 18쪽.

한 현지법인금융기관등의 외국에 있는 거주자(일반해외여행자는 제외), 국민인 비거주자 또는 국민인 비거주자가 전액 출자하여 현지에 설립한 법인에 대한 여신을 말한다(규정1-2(3)).

4) 비거주자가 거주자와의 부동산임대, 금전차입 등을 통해 취득한 원화자금 지급

ⅰ) 외국환은행의 비거주자에 대한 원화자금 대출로 거주자가 담보 또는 보증을 제공한 경우(규정2-6), ⅱ) 국민인 거주자와 국민인 비거주자간에 국내에서 내국통화로 표시되고 지급되는 금전의 대차계약을 하는 경우(규정7-13(4)), ⅲ) 거주자의 비거주자에 대한 원화자금 대출(규정7-16), ⅳ) 국민인 거주자와 국민인 비거주자간에 다른 거주자를 위하여 내국통화로 표시되고 지급되는 채무의 보증계약을 하는 경우(규정7-17(9)), ⅴ) 거주자와 국민인 비거주자간에 내국통화로 표시되는 기타 자본거래(규정7-45(11)), ⅵ) 거주자가 임차보증금을 내국통화로 지급하고 비거주자로부터 국내부동산을 임차하는 경우(규정7-45(18) 단서) 비거주자가 취득한 원화자금의 대외지급은 신고하여야 한다(라목 본문).

다만, 재외동포가 ⅰ) 외국환은행의 비거주자에 대한 원화자금 대출로 거주자가 담보 또는 보증을 제공한 경우(규정2-6), ⅱ) 거주자와 국민인 비거주자간에 내국통화로 표시되는 기타 자본거래(규정7-45(11)), ⅲ) 거주자가 임차보증금을 내국통화로 지급하고 비거주자로부터 국내부동산을 임차하는 경우(규정7-45(18) 단서), 그리고 ⅳ) 비거주자가 거주자로부터 상속·유증을 받는 경우(규정7-45(23))에 의하여 취득한 원화자금을 대외지급하는 경우에는 재외동포의 국내재산 반출절차(규정4-7)에 따른다(라목 단서).

5) 외국인거주자 및 비거주자의 일정 범위를 초과(예: 국내에서의 환전실적을 초과하는 재환전 등)하는 내국지급수단을 대가로 한 자금의 지급

외국인거주자에게 매각하는 경우에는 외국환의 매각금액이 최근 입국일 이후 미화 1만불 이내 또는 규정 제4-4조의 규정에 의한 금액범위 내인 경우(제1호 나목) 및 내국지급수단을 대가로 비거주자에게 외국환을 매각하는 경우(제2호)의 범위를 초과하여 내국지급수단을 대가로 지급하고자 하는 경우는 신고하여야 한다(마목)

(마) 거주자 및 비거주자에 대한 외국환을 대가로 한 다른 외국통화표시 외국환의 매각

외국환은행은 거주자 또는 비거주자에게 취득 또는 보유가 인정된 외국환을 대가로 다른 외국통화표시 외국환을 매각할 수 있다(규정2-3③ 본문). 이는 인정된 거래에 따라 취득 또는 보유하고 있는 외국환을 대가로 다른 외국통화표시 외국환을 매각하는 경우이다. 이 경우 인정된 거래로 취득했음을 입증하는 서류(외국환신고(확인)필증 등)를 제출해야 한다. 다만 미화 2만불 이하의 매각인 경우에는 제출서류를 면제한다.[23]

다만, 외국환은행이 외국인거주자 또는 비거주자에게 취득경위를 입증하는 서류를 제출하

---

23) 취급지침 19쪽.

지 않는 외국환을 대가로 다른 외국통화표시 외국환을 매각하고자 하는 경우에는 [별지 제7-4호 서식]의 대외지급수단매매신고서에 의하여 한국은행총재에게 신고하여야 한다(규정2-3③ 단서). 따라서 외국인거주자 또는 비거주자가 외국환신고(확인)필증을 제출하지 아니하고 휴대하고 있던 대외지급수단의 매입을 의뢰하는 경우 당해 매입을 의뢰하는 자가 한국은행총재에게 대외지급수단매매 신고를 하여야 한다. 이 경우 대외지급수단매매신고필증(규정 서식 제7-4호)을 제출해야 한다.24)

(바) 외국인거주자 등에 대한 매각

외국환은행은 국내 거주기간이 5년 미만인 외국인거주자 또는 비거주자에게 외국환을 매각하는 경우에는 매각실적 등을 증빙하는 서류를 제출받아 당해 외국환의 매각일자·금액 기타 필요한 사항을 기재하여야 한다(규정2-3④ 본문). 다만, 국내에 있는 외국정부의 공관과 국제기구 및 국내에 있는 외국정부의 공관 또는 국제기구에서 근무하는 외교관·영사 또는 그 수행원이나 사용인 및 외국정부 또는 국제기구의 공무로 입국하는 자에 본인의 확인서로 증빙서류에 갈음할 수 있다(규정2-3④ 단서).

(사) 국세청 및 관세청 통보

외국환은행은 거주자에게 내국지급수단을 대가로 외국환을 매각하는 경우(규정2-3①(1))에 의하여 거주자에게 동일자, 동일인 기준 미화 1만불을 초과하는 외국통화, 여행자카드 및 여행자수표를 매각한 경우에는 동 사실을 매월별로 익월 10일 이내에 국세청장 및 관세청장에게 통보하여야 한다(규정2-3⑤ 본문). 다만, 정부, 지방자치단체, 외국환업무취급기관, 외국인거주자 및 비거주자에게 재환전하기 위한 외국환은행으로부터의 외국통화를 매입하고자 하는 환전영업자(규정2-29⑥(2))에게 매각한 경우에는 그러하지 아니하다(규정2-3⑤ 단서).

여기서 "여행자카드"라 함은 해외여행경비 지급을 위한 수단으로 외국환은행이 대금을 미리 받고 이에 상당하는 외화금액을 기록(전자 또는 자기적 방법에 의하여 개별카드 또는 중앙전산처리장치에서의 기록)하여 발행 또는 판매하는 증표로서 여행자카드 매입자가 그 기록된 범위내에서 현금을 인출하거나 물품 또는 용역을 제공받을 수 있게 한 증표를 말한다(규정1-2(14)). "물품"이라 함은 지급수단 및 증권 기타 채권을 표시하는 서류 이외의 동산을 말한다(규정1-2(6)). "용역"이라 함은 기술원조, 뉴스나 정보의 제공, 흥행(필름상영권의 제공을 포함), 항만작업, 항만시설의 제공, 선박 및 항공기의 수리, 대리업무, 은행업무, 보험, 보관, 운수, 기타 타인을 위한 노무, 편의 또는 오락의 제공을 말한다(규정1-2(21)).

(3) 외국환은행 등과의 외국환매매

외국환은행이 한국은행, 외국환평형기금, 외국환업무취급기관인 종합금융회사·투자매매

---

24) 취급지침 19쪽.

업자·투자중개업자·보험사업자, 외국에 있는 금융기관(내국지급수단을 대가로 한 대외지급수단의 매매는 제외) 및 다른 외국환은행과 외국환을 매매할 경우에는 외국환의 매입(규정2-2) 및 외국환의 매각(규정2-3) 규정을 적용받지 않고 거래할 수 있다(규정2-4①).

또한 외국환업무취급기관인 투자매매업자·투자중개업자가 다른 투자매매업자·투자중개업자 및 외국에 있는 금융기관(내국지급수단을 대가로 한 대외지급수단의 매매는 제외)과 외국환을 매매하는 경우에도 외국환의 매입(규정2-2) 및 외국환의 매각(규정2-3) 규정을 적용받지 않고 거래할 수 있다(규정2-4②).

(4) 외환증거금거래

(가) 외환증거금거래의 의의

외환증거금거래라 함은 통화의 실제 인수도 없이 외국환은행에 일정액의 거래증거금을 예치한 후 통화를 매매하고, 환율변동 및 통화간 이자율 격차 등에 따라 손익을 정산하는 거래를 말한다(규정1-2(20-1)). 외환증거금거래는 FX마진거래를 의미한다.

(나) 공통거래기준 준수의무

외환증거금거래를 취급하고자 하는 외국환은행은 은행간 공통거래기준(최소계약단위, 최소거래증거금 등을 포함)을 따라야 한다(규정2-4의2①). 공통거래기준을 정하는 경우에는 기획재정부장관과 사전에 협의하여야 한다(규정2-4의2②).

(다) 월간 외환증거금거래 실적의 한국은행 보고

외국환은행의 장은 월간 외환증거금거래 실적을 다음 달 10일까지 한국은행총재에게 보고하여야 하며, 한국은행총재는 은행별 거래실적을 다음 달 20일까지 기획재정부장관에게 보고하여야 한다(규정2-4의2③).

2. 대한민국과 외국 간의 지급 · 추심 및 수령

대한민국과 외국 간의 지급·추심 및 수령은 외국환거래법 제3조 제1항 제16호 나목에서 정하고 있는 외국환업무이다.

(1) 지급등의 절차 준수

외국환은행이 외국환거래규정의 적용을 받는 지급 또는 수령을 요청받은 경우에는 지급과 수령(규정 제4장)에서 정한 지급등의 절차에 따라 거래하여야 한다(규정2-1의2①).

(2) 신고등 대상 확인과 확인서류 보관의무

(가) 신고등의 대상 확인의무

외국환은행의 장은 건당 미화 5천불을 초과하는 지급등에 대해서는 당해 지급등이 법·영 및 이 규정에 의한 신고등의 대상인지 확인하여야 하며, 지급신청서 및 동일자·동일인 기준 미화 5만불을 초과하는 수령의 경우로서 서면에 의하여 외국환은행의 장으로부터 수령사유를 확인받아야 하는 경우 확인절차를 이행하였음을 입증하는 서류를 5년간 보관하여야 한다(규정 2-1의2②).

(나) 신고등 확인절차 예외

수령하고자 하는 자의 소재불명으로 인하여 수령사유를 확인할 수 없는 경우에는 확인절차를 이행하지 아니할 수 있다(규정2-1의2③).

(3) 증빙서류 반환의무

외국환은행의 장은 지급 및 수령(규정 제4장)의 규정에 의하여 제출받은 지급등의 증빙서류 및 취득경위 입증서류를 확인한 후 반환하여야 한다(규정2-1의2④).

3. 외국통화로 표시되거나 지급되는 거주자와의 예금 등

외국통화로 표시되거나 지급되는 거주자와의 예금, 금전의 대차 또는 보증, 비거주자와의 예금, 금전의 대차 또는 보증이다(법3①(16) 다목 및 라목).

(1) 외화자금차입 및 증권발행

(가) 기획재정부 신고대상

외국환은행이 비거주자로부터 미화 5천만불 초과의 외화자금을 상환기간(거치기간을 포함) 1년 초과의 조건으로 차입(외화증권발행 포함)하고자 하는 경우에는 기획재정부장관에게 신고하여야 한다(규정2-5①).

(나) 기획재정부 신고제외대상

위의 신고대상을 제외하고 외국환은행이 외화자금을 차입(외화증권발행 포함)하는 경우에는 신고를 요하지 아니한다(규정2-5②).

(2) 대출

(가) 거주자에 대한 외화대출

1) 의의

"외화대출"이란 외국환은행이 거주자에게 제공하는 외화대출을 말하며,「은행업감독업무시행세칙」[별표4-1]의「외국환계정 회계처리기준」에 따른 "외화대출금" 외에 국제국장이 정하는 대내외화사모사채를 포함한다(취급세칙2-7(1)). 여기서 "외화대출금"은 외화대출, 외화표시원화대출, 전대차관자금대출 등으로 구성된다. "대내외화사모사채"는 국내에서 발행한 외화사모사채로서 외국환은행이 취득 또는 인수한 것을 말한다(외국환거래업무 취급절차4의2).

외화대출은 외국환은행(기타 외국환업무취급기관 포함)이 국내 거주자에게 물품수입 또는 용역대금 지급, 해외직접투자자금, 대외외화차입금 원리금 상환 등 주로 해외사용 목적의 실수요

자금을 미달러화, 엔화 등 외화표시로 대출해 주는 것을 말한다. 통상적으로 외화대출은 외국환은행 등이 외화자금을 조달하여 기업 등에게 대출하는 것을 의미하지만 국제금융기구 등으로부터 차입하여 특정한 용도로 대출되는 전대차관자금대출, 수출입과 관련하여 신용을 공여하는 매입외환 및 내국수입유산스 등도 넓은 의미의 외화대출에 포함된다.

외화대출 금리는 각 외국환은행 등이 주요 국제금리 및 외화여신업무 취급비용 등을 감안하여 자율적으로 결정하는데 통상 LIBOR에 금융기관의 조달비용 및 기업의 신용도 등을 감안한 가산금리를 더하여 결정된다. 또한 외화대출의 경우 원화대출과 달리 환율변동 및 국제금융시장의 금리변동에 따른 위험이 수반된다. 즉 환율이 변동함에 따라 원리금 상환금액이 변하게 되고 대출금리도 LIBOR 등 국제금융시장 금리에 연동되어 있어 차입비용이 오히려 증가할 수 있다. 따라서 외화대출을 받은 기업들은 환율 및 금리 변동에 따른 위험을 관리하기 위해 선물환, 통화선물 및 이자율스왑 등 적절한 헤지수단을 활용할 필요가 있다.

2) 연혁

우리나라의 외화대출 제도는 원자재 및 시설재 도입을 지원하기 위해 1952년 11월 「외화대부에 관한 취급규정」이 제정되면서 시작되었다. 과거 외화대출은 외채관리, 통화 및 환율관리의 목적으로 융자대상이 물품의 수입, 해외직접투자자금, 국산기계 구입자금 등으로 제한되었으며 운전자금 등 원화 소요자금 용도의 외화대출은 허용되지 않았다. 이는 민간부문의 외화대출 확대[25]로 외채가 누증될 것을 우려하였기 때문이다.

그러나 1997년 외환위기 이후 자유변동환율제도로의 전환, 외환자유화 등 금융환경이 크게 변화하고 외국인투자기업의 자금관리 및 중소기업의 외화자금조달 애로 해소 등을 위해 2001년 10월 용도제한이 폐지되면서 외화대출이 전면 자유화되었다.

외화대출이 자유화된 이후 원화사용 목적의 외화대출이 크게 증가하면서 외채가 급증하고 원화절상 압력이 가중되는 등 부작용이 발생하였다. 이에 따라 외환부문의 건전성 제고 차원에서 2007년 8월 외국환은행 등의 외화대출 취급대상을 해외실수요 자금과 제조업체에 대한 국내 시설자금으로 제한하였다. 다만 동 조치 이후 업계의 건의를 받아들여 2008년 1월에는 비제조업체에 대한 국내 시설자금 대출을 허용하였다. 또한 환율급등으로 인한 외화차입자의 부담을 완화하고자 동년 3월과 10월 두 차례 만기연장을 허용한 데 이어 12월에는 만기연장 제한을 폐지하였다. 특히 10월에는 통화옵션거래 결제자금의 외화대출도 허용하였다.

2010년 들어서면서 국내 경기회복세 지속 등으로 외화대출 수요가 국내 시설자금 대출로 확산될 경우 외화대출이 확대되면서 외채증가의 주요인으로 작용할 수 있다는 우려가 제기되

---

25) 당시 관리변동환율제도 시행으로 환위험이 거의 없는 상황에서 외화대출이 원화대출에 비해 금리 측면에서 유리함에 따라 민간부문의 외화차입 수요가 크게 증가하였다.

었다. 이에 따라 민간의 외화수요를 적절히 관리하기 위해 중소 제조업체를 제외한 국내 시설
자금에 대한 신규 외화대출을 제한하는 등 2010년 7월 외화대출의 용도제한을 강화하였다.[26]

3) 신고예외

외국환은행이 거주자에게 외화대출을 하고자 하는 경우에는 신고를 요하지 아니한다(규정
2-6① 본문). 따라서 원칙상 금액 및 용도에 대한 제한 없이 외화대출이 가능하다. 아래서는 한
국은행의 「외국환거래업무 취급세칙」("취급세칙") 및 「외화대출 취급지침」("취급지침")의 주요
내용을 살펴본다.

4) 외화대출의 용도제한

한국은행총재에게 위탁된 외국환거래업무등에 관한 사항을 정하고 있는 「외국환거래업무
취급세칙」("취급세칙")은 외화대출의 용도에 관하여 규정하고 있다. 즉 외국환은행은 ⅰ) 원화
로 환전하여 사용할 목적으로 제공하는 자금, 또는 ⅱ) 기타 해외에서 사용함을 목적으로 하지
않는 자금의 지원을 위한 외화대출을 제공하여서는 아니된다(취급세칙2-9①). 그러나 외국환은
행은 2010년 6월 30일자 중소제조업체에 대한 해당 외국환은행의 국내 시설자금 대출잔액을
한도로 중소제조업체에 대하여 국내 시설자금 용도의 외화대출을 제공할 수 있다(취급세칙2-9
②).

5) 외화대출 용도제한 기본방향

2010년 7월 1일 이후 외국환은행(기타 외국환업무취급기관 포함, 이하 외국환은행)이 거주자에
게 제공하는 외화대출은 해외 실수요 용도의 자금에 한하여 허용된다. 다만, 중소제조업체[27]에
대하여는 시설자금에 한정하여 국내사용 목적의 외화대출을 허용한다(취급지침1).

6) 외화대출 용도제한 적용범위

가) 적용대상 외화계정과목

외화대출 용도제한은 외국환은행의 외화대출금 계정(외화대출, 외화표시 원화대출, 전대차관
자금대출, 기타 대출 중 거주자에 대한 대출분)과 대내외화사모사채에 대해 적용한다. 다만, 「공공
차관의 도입 및 관리에 관한 법률」에 따라 외국으로부터 도입한 차관 자금을 외국환은행이 전
대하는 경우 제외한다(취급지침2).

나) 적용대상 기관

외국환은행이 거주자에게 제공하는 외화대출에 대해 적용하며 "은행간 외화대출"은 제외
한다. 여기서 "은행간 외화대출"은 외국환거래규정 제1-2조의 외국환은행(시행령 제14조 1호에

---

26) 한국은행(2016), 72-74쪽.
27) 중소기업기본법 및 동법 시행령에서 정한 중소기업으로서 「한국표준산업분류」상의 제조업을 영위하는 업
    체(전년도 기준 제조업과 관련한 부가가치액(매출액)이 가장 큰 사업활동이 제조업인 업체).

규정된 금융회사등의 외국환업무를 영위하는 국내영업소)간 외화대출을 말한다.

증권사, 종금사 등 제2금융권 기관에 대한 외화대출은 "은행간 외화대출"에 해당하지 않으므로 용도제한 적용대상에 해당한다. 다만, 은행이 여신전문금융회사에 제공하는 외화대출의 경우 용도제한의 취지에 부합하고 사후관리가 가능한 범위 내에서 중소제조업체에 대한 국내 시설자금 대출을 취급 가능하다(취급지침2).

7) 해외 실수요 외화대출

해외 실수요 외화대출은 원화로 환전하여 사용할 목적이 아닌 해외 사용(물품의 수입 또는 용역비 지급 관련 대외외화결제, 해외직접투자, 비거주자 발행 유가증권 매입, 대외외화차입금 원리금 상환, 해외 파생상품 증거금 납입 등)을 원칙으로 한다. 다만, 상기 원칙에 해당하지 않더라도 다음의 경우는 해외 실수요 외화대출로 인정한다(취급지침3).

가) 국내 수입독점업체 등을 통한 물품 구입

조달청이나 특정 독점업체의 수입을 통해서만 조달 가능한 일부 원자재 및 특정 물품의 구입을 위해 거주자간 외화로 결제되는 경우 해외 실수요로 인정한다. 외국환은행은 수입독점 업체에 대한 독점관련 계약서와 해외 수출업자 및 수입업체에 대한 독점 관련 계약서, 해외 수출업자 및 수입업자로부터 독점권에 대한 확인서 등을 징구하여 관계 증빙 확인 및 사후관리를 철저히 하여야 한다. 원본 징구를 원칙으로 하되 지침 내 "자금용도의 증빙확인"에 의거 원본대조필 사본 및 이중대출방지 확약서도 인정할 수 있다(취급지침3).

나) 국내 본사의 해외 현지법인 앞 운전자금 송금

국내 본사가 해외 현지법인(또는 해외지점) 등의 운전자금 용도로 외화대출을 받고자 하는 경우 외국환거래규정상 해외직접투자자금으로 분류되면 해외 실수요로 인정한다(취급지침3).

8) 중소제조업체에 대한 국내 사용 시설자금 외화대출

시설자금 대출금은 한국은행이 제정한 「금융기관 여신운용세칙」에 따라 각 외국환은행의 장이 시설자금으로 인정한 자금으로서 운전자금과 구분되어 관계증빙서류 및 현물 또는 시설의 확인이 가능한 자금이다(취급지침4).

각 외국환은행별 중소제조업체 국내 시설자금 외화 대출한도는 2010년 6월 30일자 대출 잔액을 기준으로 설정한다(취급지침4).

기 취급한 원화시설자금 대출을 거래기간 중에 외화 시설자금 대출로 대환하는 것은 외화 대출 용도제한 취지에 부합하지 않으므로 허용하지 아니한다(취급지침4).

중소제조업체에 대한 국내 시설자금 외화대출 취급시 사후관리 보고서를 제출한다. 중소 제조업체 국내 시설자금 외화대출의 한도 내 사용 점검 등을 위한 "중소제조업체 국내 시설자 금 대출한도액 운용 보고서"(월보)를 기한(익월 7영업일 내)을 준수하여 제출한다(취급지침4).

9) 외화대출 사후관리

가) 자금용도의 증빙 확인

대출실행일 전후 일정기간 내에 외화자금을 사용하는 경우 이를 인정하되 기업의 용도외 사용 여부에 대한 사후관리를 감안하여 그 기간을 1개월 이내로 제한한다. 자금사용의 내역 증빙 제출시기 등 업체에 대한 사후관리는 각행 내부규정에 따라 처리할 수 있다(취급지침5).

차주가 이미 자기자금 등으로 미리 집행한 시설자금에 대한 외화대출은 실제 시설자금 용도임이 확인되고 자금집행 후 6개월이 경과되지 않은 경우에 한해 취급을 허용한다(취급지침5).

거래증빙서류는 원본을 징구하여 확인하고 대출이 실행되는 경우에 동 증빙상에 외화대출 실행사실 기재 후 사본은 보관하고 원본은 차주에게 반납한다(취급지침5). 거래행태 등에 따라 원본 징구가 어려운 경우는 차주로부터 "이중대출 방지 확약서" 및 "원본대조필 사본" 등을 징구하여 사후관리한다(취급지침5).

대출만기 연장(대환 또는 재대출이 아님) 시에는 최초 취급 시의 용도 증빙으로 가능하다. 다만, 리보(Libor)의 고시 종료로 인해 당행 대환(당행 재대출 포함)하는 경우에는 자금용도 증빙 자료의 징구를 생략할 수 있다(취급지침5).

나) 외화대출 취급은행과 해외 송금은행의 일치

대출자금이 용도 외로 사용되지 않도록 외화대출 취급은행이 직접 해외송금하는 것을 원칙으로 한다. 해외직접투자 신고등 관계 증빙서류를 구비하고 지정거래 외국환거래 제도 등으로 특정은행을 통한 해외송금이 불가피한 경우 외화대출 취급은행이 아닌 외국환은행의 해외 송금을 허용한다. 대출자금의 용도외 미사용을 증빙하는 서류를 징구하거나 해외송금이 대출 실행일 이후 지체 없이 이루어질 경우에도 외화대출 취급은행이 아닌 외국환은행을 통한 해외 송금을 허용한다(취급지침5).

10) 기타 외화대출의 허용 여부 등

가) 타행 대환 및 수입거래 결제자금 대출

해외 실수요 및 중소제조업체 국내 시설자금 외화대출에 대한 타행 대환대출은 관계증빙 확인 및 사후관리가 가능한 경우에 허용한다. 타행에서 취급된 수입거래 결제(유산스 및 L/C 만기 결제용 등)를 위한 대출도 실수요 증빙을 갖출 경우 허용된다(취급지침6).

나) 보험계약대출

보험계약대출은 보험가입자가 보험약관에 의해 본인이 납부한 외화보험료를 담보로 보험사로부터 받는 외화대출을 말한다. 보험사의 보험계약대출도 외화대출 용도제한 적용범위에 포함되므로 해외 실수요 또는 중소제조업체 국내 시설자금 용도인 경우 외화대출 취급이 가능하다(취급지침6).

다) 신디케이션 외화대출

신디케이션 외화대출의 만기연장시 전체금액의 증감에 관계없이 개별 은행의 최초 대출금액 범위 내에서 기한을 연장할 경우에는 "만기연장"으로 인정하고, 최초 대출취급금액을 초과하여 대출할 경우에는 초과금액은 "신규대출"로 취급하여야 한다(취급지침6).

라) 외화대출 채무인수

차주가 변경되는 면책적 채무인수의 경우에는 인수인이 외국환거래업무 취급세칙 2-9조의 용도제한 요건을 구비 가능한 경우에만 가능하다. 차주 변경이 없는 중첩적 채무인수의 경우에는 요건 제한이 없다. 상기에도 불구하고 기업간 합병·영업양수도, 상속 등 관련 법률에 의해 해당 외화대출에 대한 권리 및 의무가 포괄적으로 이전되는 경우에는 예외적으로 허용된다(취급지침6).

마) 대외결제 통화와 외화대출 취급통화 간 불일치 허용

외화대출 취급통화는 해외 실수요 증빙상 대외결제 통화와 반드시 일치할 필요는 없으며, 기존 외화대출의 기한연장이나 대환시에도 통화간 불일치가 허용된다(취급지침6).

(나) 비거주자에 대한 외화대출

1) 비거주자 외화대출: 신고예외

외국환은행이 비거주자에게 외화대출을 하고자 하는 경우에는 신고를 요하지 아니한다(규정2-6① 본문). 따라서 원칙상 금액 및 용도에 대한 제한 없이 외화대출이 가능하다.

2) 비거주자 외화대출: 한국은행 신고대상

외국환은행이 거주자로부터 보증 또는 담보를 제공받아 비거주자에게 외화대출을 하는 경우에는 대출을 받고자 하는 비거주자가 한국은행총재에게 신고하여야 하며, 한국은행총재는 필요시 동 신고내용을 국세청장에게 열람하도록 하여야 한다(규정2-6① 단서). 그러나 다음에 해당하는 경우, 즉 ⅰ) 한국수출입은행장이 기획재정부장관의 승인을 받은 업무계획범위 내에서 한국수출입은행법에 의해 지원하는 외국법인에 대한 사업자금 대출 및 외국정부 등에 대한 대출, ⅱ) 한국무역보험공사사장이 산업통상자원부장관의 승인을 받은 업무계획범위 내에서 무역보험법에 의해 지원하는 수출보험에 부보한 외국법인에 대한 사업자금 대출 및 외국정부 등에 대한 대출의 경우에는 신고를 요하지 아니한다(규정2-6②).

(다) 비거주자에 대한 원화대출: 신고예외 사항

외국환은행이 국내에서 비거주자에게 ⅰ) 국내에 있는 외국정부의 공관과 국제기구, 국내에 있는 외국정부의 공관 또는 국제기구에서 근무하는 외교관·영사 또는 그 수행원이나 사용인, 그리고 외국정부 또는 국제기구의 공무로 입국하는 자에 대한 원화자금 대출(제1호), ⅱ) 비거주자자유원계정(당좌예금에 한함)을 개설한 비거주자에 대한 2영업일 이내의 결제자금을 위

한 당좌대출(제2호), iii) 국민인 비거주자에 대한 원화자금 대출(제3호), iv) 앞의 3가지에 해당하지 않는 자에 대한 동일인 기준 10억원 이하(다른 외국환은행의 대출 포함)의 원화자금 대출(제4호)을 하고자 하는 경우에는 신고를 요하지 아니한다(규정2-6③).

(라) 비거주자에 대한 원화대출: 외국환은행 및 한국은행 신고대상

외국환은행이 국내에서 동일인 기준 10억원 초과 300억원 이하(다른 외국환은행의 대출 포함)의 원화자금을 비거주자에게 대출하고자 하는 경우에는 당해 비거주자가 외국환은행의 장에게 신고하여야 한다(규정2-6④ 본문). 다만, 거주자의 보증 또는 담보제공을 받아 대출하는 경우에는 당해 비거주자가 한국은행총재에게 신고하여야 한다(규정2-6④ 단서).

국민인 비거주자는 금액에 관계없이 신고예외 사항이므로 본 항목 적용대상에서 제외된다. 동 대출금액은 비거주자의 자유원계정에 예치 가능하다. 다만, 거주자로부터 보증 또는 담보를 제공받은 대출의 경우에는 제외된다.[28]

(마) 비거주자에 대한 원화대출: 한국은행 신고대상

외국환은행이 비거주자에 대하여 300억원을 초과하여 원화자금을 대출하고자 하는 경우에는 대출을 받고자 하는 비거주자가 차입자금의 용도 등을 명기하여 한국은행총재에게 신고하여야 한다(규정2-6⑤).

(3) 대출채권등의 매매: 신고예외

외국환은행이 거주자 또는 비거주자와 대출채권, 대출어음, 대출채권의 원리금 수취권, 외화증권 및 외화채권을 매매하는 경우에는 신고를 요하지 아니한다(규정2-7).

(4) 대외지급수단의 발행 제한

외국환은행이 발행하는 전자금융거래법상 전자화폐, 선불전자지급수단 등 전자적 방법에 따른 대외지급수단은 다른 전자지급수단이나 주식·채권·파생상품 등 자산 등이 아닌 재화 및 용역 구입에 사용되는 것으로 한정하며, 금융실명법 제2조 제4호[29]에 따른 실지명의로 발행되거나 예금계좌와 연결되어 발행된 것만 보유할 수 있으며, 타인으로부터 양도받는 것은 보유할 수 없다(규정2-7의2).

(5) 보증

(가) 신고예외

외국환은행이 다음에 해당하는 보증을 하고자 하는 경우에는 신고를 요하지 아니한다(규정2-8①).

i) 거주자간의 거래에 관하여 보증을 하는 경우(제1호), ii) 거주자(채권자)와 비거주자(채

---

28) 취급지침 19쪽.
29) 4. "실지명의"란 주민등록표상의 명의, 사업자등록증상의 명의, 그 밖에 대통령령으로 정하는 명의를 말한다.

무자)의 인정된 거래에 관하여 채권자인 거주자에 대하여 보증을 하는 경우로서 비거주자가 외국환은행에 보증 또는 담보를 제공하는 경우(제2호), iii) 거주자(채무자)와 비거주자(채권자)의 인정된 거래에 관하여 채권자인 비거주자에 대하여 보증을 하는 경우(제3호), iv) 교포등에 대한 여신과 관련하여 당해 여신을 받는 동일인당 미화 50만불 이내에서 보증(담보관리승낙을 포함)하는 경우(제4호)

ⅴ) 비거주자간의 거래에 관하여 보증을 하는 경우로서 ㉠ 현지금융(규정8-2)에 해당하는 보증, ㉡ 해외건설 및 용역사업에 있어 거주자가 비거주자와 합작하여 수주·시공 등을 하는 공사계약과 관련한 입찰보증등을 위한 보증금의 지급에 갈음하는 보증, ㉢ 국내기업의 현지법인 또는 해외지점이 체결하는 해외건설 및 용역사업, 수출, 기타 외화획득을 위한 계약과 관련한 입찰보증등을 위한 보증금의 지급에 갈음하는 보증, ㉣ 거주자가 외국환은행에 보증 또는 담보를 제공하지 않은 경우[다만, 비거주자로부터 국내재산을 담보로 제공받아 보증(담보관리승낙을 포함)하는 경우 제외](제5호)

(나) 한국은행 신고

위의 신고예외 사항을 제외하고 외국환은행이 보증(담보관리승낙을 포함)을 하고자 하는 경우에는 보증을 의뢰하는 당사자가 한국은행총재에게 신고하여야 하며, 한국은행총재는 필요시 동 신고내용을 국세청장에게 열람하도록 하여야 한다(규정2-8②).

4. 비거주자와의 내국통화로 표시되는 증권 매매 등

비거주자와의 내국통화로 표시되거나 지급되는 증권 또는 채권의 매매 및 매매의 중개이다(법3①(16) 마목, 영6(1)). 이는 비거주자의 국내 증권발행, 취득, 매매 등과 관련하여 관련 자금의 예치 및 처분, 관련 계정 개설 및 운용, 양도성예금증서의 매매, 관련 중개 등을 하는 것으로 자본거래를 논할 때 살펴본다.

5. 거주자간의 신탁·보험 및 파생상품거래 등

거주자간의 신탁·보험 및 파생상품거래(외국환과 관련된 경우에 한정) 또는 거주자와 비거주자간의 신탁·보험 및 파생상품거래이다(법3①(16) 마목, 영6(2)).

(1) 예금 및 신탁
(가) 예금계정 및 금전신탁계정의 종류

외국환은행이 거주자 또는 비거주자를 위하여 개설할 수 있는 예금계정 및 금전신탁계정의 종류는 다음과 같다(규정2-6의2①).

ⅰ) 거주자계정 및 거주자외화신탁계정

외화자금을 예치할 수 있고, 예치할 수 있는 자는 개인인 외국인거주자(개인사업자인 외국인거주자는 제외) 및 대한민국정부의 재외공관 근무자 및 그 동거가족을 제외한 거주자이다(제1호).

ⅱ) 대외계정 및 비거주자외화신탁계정

외화자금을 유치할 수 있고, 예치할 수 있는 자는 비거주자, 개인인 외국인거주자, 대한민국정부의 재외공관 근무자 및 그 동거가족이다(제2호).

ⅲ) 비거주자원화계정

국내에서 사용하기 위한 목적의 원화자금을 예치할 수 있고, 예치할 수 있는 자는 비거주자이다(제3호).

ⅳ) 비거주자자유원계정 및 비거주자원화신탁계정

대외지급이 자유로운 원화자금을 예치할 수 있고, 예치할 수 있는 자는 비거주자(외국인거주자 포함)이다(제4호).

ⅴ) 해외이주자계정

국내재산 반출용 외화자금을 예치할 수 있고, 예치할 수 있는 자는 해외이주자, 해외이주예정자 또는 재외동포이다(제5호).

ⅵ) 외화증권투자전용외화계정

외화증권 투자용 외화자금을 예치할 수 있고, 예치할 수 있는 자는 거주자이다(제6호).

ⅶ) 투자전용비거주자원화계정 및 투자전용대외계정

국내원화증권·장내파생상품 투자용 원화자금 및 외화자금을 각각 예치할 수 있고, 예치할 수 있는 자는 비거주자 또는 외국인거주자이다(제7호).

ⅷ) 투자전용비거주자원화계정 및 투자전용대외계정

장외파생상품의 청산(장외파생상품의 거래를 함에 따라 발생하는 채무를 채무인수, 경개. 그 밖의 방법으로 부담하는 것)을 위한 원화자금 및 외화자금을 각각 예치할 수 있고, 예치할 수 있는 자는 비거주자 또는 외국인거주자이다(제7의2호).

ⅸ) 투자전용외화계정

증권·장내파생상품의 투자자금 관리를 위하여 외화자금을 예치할 수 있고, 예치할 수 있는 자는 투자매매업자·투자중개업자·한국거래소 및 증권금융회사(비거주자 또는 외국인거주자의 자금)이다(제8호).

ⅹ) 투자전용외화계정

비거주자 또는 외국인거주자의 장외파생상품의 청산을 위하여 외화자금을 예치할 수 있고, 예치할 수 있는 자는 청산회사(금융투자상품거래청산회사)이다(제8의2호).

xi) 원화증권전용외화계정

비거주자의 주식예탁증서 발행 관련 자금을 관리하기 위하여 외화자금을 예치할 수 있고, 예치할 수 있는 자는 예탁결제원이다(제9호).

(나) 계정별 예금의 종류

계정별 예금의 종류는 한국은행총재가 정하며 한국은행총재가 예금의 종류를 신설하거나 변경한 경우에는 그 내용을 지체없이 기획재정부장관에게 보고하여야 한다(규정2-6의2②).

계정별 예금의 종류는 ⅰ) 대외계정은 당좌예금, 보통예금, 통지예금, 정기예금, 정기적금으로 구분하고, ⅱ) 거주자계정은 당좌예금, 보통예금, 통지예금, 정기예금, 정기적금으로 구분하며, ⅲ) 해외이주자계정은 당좌예금, 보통예금, 통지예금, 정기예금으로 구분하고, ⅳ) 비거주자 원화계정은 당좌예금, 보통예금, 정기예금, 저축예금, 기업자유예금으로 구분하며(다만, 투자전용 비거주자 원화계정은 당좌예금 및 보통예금으로 한정), ⅴ) 비거주자 자유원계정은 당좌예금, 보통예금, 정기예금, 저축예금, 기업자유예금으로 구분하고, ⅵ) 계정의 구분이 명확하지 않은 경우는 별단예금으로 구분한다(취급세칙2-6①).

(다) 계정별 예치 또는 처분 사유

제1항 각호의 계정별 예치 또는 처분 사유는 자본거래(규정 제7장)에서 정하는 바에 의한다(규정2-6의2③). 이에 관하여는 후술한다.

(2) 파생상품거래

(가) 외국환의 결제

외국환은행이 거주자 및 비거주자와 외환파생상품거래를 체결하고 결제일에 계약금액의 전부 또는 일부를 실제 인수도하고자 할 경우, 동 외국환의 결제는 외국환의 매입(규정2-2), 외국환의 매각(규정2-3) 및 외국환은행 등과의 외국환매매(규정2-4) 규정을 준용한다(규정2-10의2①).

(나) 파생상품거래실적 등의 한국은행 보고

외국환은행은 매월 파생상품거래실적(파생상품매매의 중개를 포함)을 한국은행총재에게 보고하여야 한다(규정2-10의2② 본문). 다만, 신용파생상품거래(신용파생결합증권을 포함)의 경우 거래일로부터 5영업일 이내에 한국은행총재에게 거래내역을 보고하여야 한다(규정2-10의2② 단서).

(다) 파생상품거래실적 등의 보고내역의 기획재정부 보고

한국은행총재는 파생상품거래실적 등의 보고내역을 종합하여 기획재정부장관에게 보고하여야 한다(규정2-10의2③).

6. 외국통화로 표시된 시설대여

외국통화로 표시된 시설대여(여신전문금융업법에 따른 시설대여)이다(법3①(16) 마목, 영6(3)).

여기서 시설대여(리스)란 리스회사가 "특정물건"을 새로 취득하거나 대여받아 거래상대방(리스 이용자)에게 내용연수의 20%에 해당하는 기간(다만, 부동산을 시설대여하는 경우에는 3년) 이상 사용하게 하고, 그 사용기간 동안 일정한 대가(리스료)를 정기적으로 나누어 지급받으며, 그 사용기간이 끝난 후의 물건의 처분에 관하여는 당사자간의 약정으로 정하는 방식의 금융을 말한다 (여신전문금융업법2(10), 동법 시행령2④).

시설대여의 개념 정의에서 "특정물건"이란 ⅰ) 시설, 설비, 기계 및 기구(제1호), ⅱ) 건설기계, 차량, 선박 및 항공기(제2호), ⅲ) 앞의 ⅰ) 및 ⅱ)의 물건에 직접 관련되는 부동산 및 재산권(제3호), ⅳ) 중소기업(중소기업기본법 제2조에 따른 중소기업)에 시설대여하기 위한 부동산으로서 금융위원회가 정하여 고시하는 기준을 충족하는 부동산(제4호)을 말한다(여신전문금융업법 시행령2①).

7. 부대업무

앞의 6가지의 업무에 딸린 업무를 말한다(법3①(16) 마목, 영6(4)).

Ⅱ. 기타 외국환업무취급기관의 외국환업무

1. 개요

기타 외국환업무취급기관의 외국환업무 범위는 다음의 업무 중 해당 외국환업무취급기관의 업무와 직접 관련되는 업무로서 기획재정부장관이 정하여 고시하는 업무이다(영14(4)). 여기서는 기타 외국환업무취급기관을 각각 외국환 금융투자업자(투자매매업자 및 투자중개업자), 외국환 보험회사, 외국환 여신전문금융회사, 외국환 상호저축은행, 외국환 종합금융회사, 외국환 체신관서라고 한다.

가. 외화채권의 매매
나. 외화증권의 발행 및 매매
다. 비거주자와의 내국통화로 표시되거나 지급되는 증권·채권의 매매 및 매매의 중개
라. 대한민국과 외국 간의 지급·추심 및 수령
마. 거주자와의 외국통화로 표시되거나 지급받을 수 있는 예금·금전의 대차 또는 보증
바. 비거주자와의 예금·금전의 대차 또는 보증
사. 대외지급수단의 발행 및 매매
아. 파생상품거래
자. 거주자와의 외국통화로 표시된 보험거래 또는 비거주자와의 보험 거래

차. 외국통화로 표시된 시설대여

카. 투자판단을 일임받아 투자자별로 구분하여 운용하는 업무

타. 신탁업무

파. 그 밖에 자본시장법, 보험업법, 상호저축은행법, 신용협동조합법, 새마을금고법, 여신전문
금융업법 및 한국해양진흥공사법에 따른 업무

외국환은행 이외의 외국환업무취급기관("기타 외국환업무취급기관")의 외국환업무 범위는
외국환거래규정 제2장 외국환업무취급기관 등 제2절 기타 외국환업무취급기관에서 정하는 바
에 따른다(규정2-12①).

또한 기타 외국환업무취급기관이 거주자 또는 비거주자로부터 자금을 차입(증권발행을 포
함)하거나 일반 거주자의 지위에서 자본거래를 하고자 하는 경우에는 제7장 자본거래, 제8장
현지금융, 제9장 직접투자 및 부동산 취득의 규정에서 정하는 바에 따른다(규정2-12③).

2. 외국환 투자매매업자 등의 외국환업무

(1) 외국환업무의 범위

투자매매업자, 투자중개업자, 집합투자업자, 투자일임업자, 신탁업자 및 증권금융회사("투
자매매업자 등")는 자본시장법에 따른 해당 금융회사의 업무와 직접 관련된 외국환업무를 영위
할 수 있다(규정2-14① 본문). 다만, ⅰ) 대한민국과 외국 간의 지급·추심 및 수령, ⅱ) 거주자
와의 외국통화로 표시되거나 지급받을 수 있는 예금·금전의 대차 또는 보증 업무 중 예금업
무, 그리고 ⅲ) 비거주자와의 예금·금전의 대차 또는 보증 업무 중 예금업무는 제외한다(규정
2-14① 단서). 이에 따라 외국환 금융투자업자는 은행 고유업무라 할 지급결제와 외화예금 수입
을 제외한 투자업무와 관련된 모든 외국환업무를 취급할 수 있다. 즉 외화예금은 제외하고 외
국과의 지급·추심 및 수령 업무 중 고객의 건당 5천불 이내, 연간 총 5불 이내의 소액 지급·
수령업무와 금전대차 중개를 할 수 있다.

(2) 외국환 금융투자업자의 지급 및 수령 한도

금융투자회사 중 증권회사(투자매매업자·투자중개업자)는 고객의 건당 5천불 이내, 연간 총 5
불 이내의 소액 지급·수령업무를 할 수 있다. 외국환거래규정 의하면 외국환 금융투자업자는 대
한민국과 외국 간의 지급·추심 및 수령 업무를 건당 각각 미화 5천불의 지급 및 수령 한도, 동일
인당 각각 미화 5만불의 연간 지급 및 수령 누계 한도 범위 내에서 할 수 있다(규정2-14② 본문).

(3) 증권회사의 소액해외송금업체 정산자금 취급

소액해외송금업자가 소액해외송금업무를 수행하기 위하여 외국 협력업자에게 사전에 정
산 자금을 예치하기 위한 목적으로 투자매매업자·투자중개업자에게 지급등을 요청하는 금액

은 그 한도에 포함되지 아니한다(규정2-14② 단서).

과거에는 은행과 달리 증권회사는 소액송금만 가능하였다. 즉 1회 5천불, 동일인 기준 1년 누계 5만불의 범위 내에서 송금할 수 있었다. 따라서 소액해외송금업자가 외국 협력업체에 예치하는 거액의 정산자금은 송금할 수 없었다. 이에 통상 소액해외송금업자는 고객이 송금 또는 수금 요청시, 건별로 거래하지 않고 외국 협력업체에 대규모 자금을 Pre-funding한 후 일정 기간마다 차액을 정산하였다. 그 결과 정산용 자금 송금이 송금한도의 제한이 없는 은행을 통해서만 이루어지게 되어 소액해외송금업자의 은행 의존도가 심화되었다.

따라서 증권회사도 소액해외송금업자의 정산용 자금 송금요청을 취급할 수 있도록 할 필요가 있었다. 정산용 자금 송금에 있어서는 증권회사가 소액송금 한도의 제한을 받지 않도록 외국환거래규정을 개정하였다. 그 결과 소액해외송금업자의 경쟁력 제고와 증권회사의 수익기회의 확대가 기대되고 있다.[30]

(4) 외국환 금융투자업자의 해외송금업무

외국환 금융투자업자의 해외송금업무의 경우에는 규정 제2-31조 제3항 및 제4항의 규정을 준용한다(규정2-14③). 따라서 외국환 금융투자업자인 증권회사는 소액 해외송금업무를 할 수 있다.

(가) 해외송금업무 대상행위

외국환 금융투자업자는 계좌를 통한 거래에 준하는 수준의 투명성 확보가 담보되는 것으로 ⅰ) 외국환업무를 등록한 금융회사등을 통하여 고객에게 자금을 지급하거나 고객으로부터 자금을 수령하는 경우(한국해양진흥공사는 제외)(제1호), ⅱ) 무인환전기기 방식으로 업무를 영위하는 환전영업자 및 전자금융보조업자[31]를 통하여 고객에게 자금을 지급하거나 고객으로부터 자금을 수령하는 경우(제2호)에는 해외송금업무를 할 수 있다(규정2-31③).

(나) 지급등의 내역 기록 · 보관 · 통보의무

해외송금업무를 하는 외국환 금융투자업자는 국내의 지급인 및 수령인별로 지급등의 내역을 기록하고 5년간 보관하여야 하며, 지급등의 내역을 매월별로 익월 10일까지 외환정보집중기관을 통하여 금융정보분석원장, 국세청장, 관세청장, 금융감독원장에게 통보하여야 한다(규정2-31④).

(5) 증권사의 전자지급결제대행(PG) 업무 수행시 환전 허용

전자지급결제대행(PG: Payment Gateway)은 온라인 상점에서 판매하는 상품 · 서비스를 고객

---

30) 기획재정부(2020a), 13쪽.
31) 정보처리시스템을 통하여 은행업을 영위하는 자의 자금인출업무, 환업무 및 그 밖의 업무를 지원하는 사업자를 말한다(전자금융감독규정3(2)).

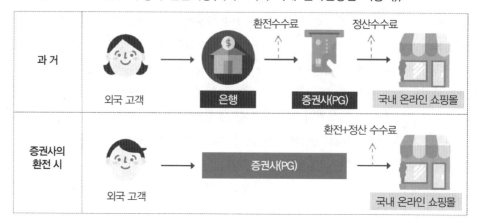

이 전자적 수단(신용카드 등)으로 안전하게 결제할 수 있도록 지원하는 비대면 서비스을 말한다.

증권사는 겸영업무에 전자금융업의 추가로 국경간 온라인 상거래에 대한 전자지급결제대행(PG) 서비스를 제공할 수 있으나, 고객 결제자금은 은행을 통해 환전하는 경우가 많았다. 이에 따라 PG업자 수수료와 은행 환전수수료가 이중으로 부과되었다.

따라서 기획재정부는 증권사가 PG 서비스를 제공하는 경우, 결제대금환전서비스까지 일괄하여 제공할 수 있도록 외국환거래규정 유권해석을 통해 허용하였다. 즉 증권사가 겸영업무로서 PG업무를 수행시 직접 환전서비스를 제공하는 것은 "해당 금융회사의 업무와 직접 관련된 외국환업무"(규정2-14)로서 가능함을 명확히 하는 것이다.

이로 인해 증권사가 PG업무와 환전업무를 모두 수행함에 따라 국내 온라인 소상공인의 수수료 절감이 기대되고, 국내 증권사의 PG 시장 참여 확대를 통해 수익·경쟁력을 제고할 것으로 기대되고 있다. 외국 소비자가 국내 온라인 소상공인의 상품·서비스 구매시 주로 외국계 은행을 통해 결제자금이 환전되던 것이 환전수수료가 국내 증권사 수입으로 전환되는 효과도 기대된다.[32]

(6) 초대형 IB의 외화 발행어음 허용

단기금융업을 인가받은 종합금융투자업자(초대형 IB)에 기획재정부 유권해석으로 외화 발행어음 업무가 허용되었다. 외화 발행어음은 초대형 IB 증권회사가 외화로 투자자에게 자금을 조달하여 조달자금의 50% 이상을 기업금융 관련 자산으로 운용하고 투자자에게는 사전 약정된 금리를 제공하는 외화 금융상품이다.

외화 발행어음이 허용됨에 따라 외화를 보유하고 있는 개인, 수출입 거래 결제 등을 위해

---

32) 기획재정부(2020a), 12쪽.

일시적으로 외화 자금을 보유하고 있는 기업들의 자금 운용 수단이 다양해지고, 외화 보유자금을 비교적 높은 수준의 금리를 지급하는 외화 발행어음에 투자할 수 있으며, 초대형 IB 증권회사는 외화 발행어음 조달자금을 외화자금이 필요한 기업대출 등으로 운용하여 생산적 금융에도 기여할 수 있다. 또한 해외 투자은행에 비해 외화 조달수단이 녹록치 않았던 초대형 IB 증권회사는 외화 발행어음 조달자금으로 해외투자를 확대하여 글로벌 경쟁력이 제고될 것으로 기대된다.[33)]

외화 발행어음 활용의 예를 들면 해외 근무를 마치고 귀국한 개인, 최근 수출대금을 외화로 받은 기업 등은 향후 해외 출장 경비 사용 또는 수입대금 결제 등을 위해 일시적 외화 여유자금을 상당 수준 금리를 지급해주는 단기금융업 인가 증권사의 외화 발행어음에 투자할 수 있게 되었다.[34)]

3. 외국환 보험회사의 외국환업무

외국환 보험회사는 보험업법에 따른 보험회사의 업무와 직접 관련된 외국환업무를 영위할 수 있다(규정2-20 본문). 다만, ⅰ) 대한민국과 외국 간의 지급·추심 및 수령, ⅱ) 거주자와의 외국통화로 표시되거나 지급받을 수 있는 예금·금전의 대차 또는 보증 업무 중 예금업무, 그리고 ⅲ) 비거주자와의 예금·금전의 대차 또는 보증 업무 중 예금업무는 제외한다(규정2-20 단서). 이에 따라 외국환 보험회사는 은행 고유업무라 할 지급결제와 외화예금 수입을 제외한 투자업무와 관련된 모든 외국환업무를 취급할 수 있다. 즉 보험회사는 금전대차 중개를 할 수 있으나 외국과의 지급·추심 및 수령, 그리고 외화예금은 할 수 없다.

4. 외국환 여신전문금융회사의 외국환업무

(1) 외국환업무의 범위

외국환 여신전문금융회사는 여신전문금융업법에 따른 여신전문금융회사의 업무와 직접 관련된 외국환업무를 영위할 수 있다(규정2-22① 본문). 다만, ⅰ) 대한민국과 외국 간의 지급·추심 및 수령, ⅱ) 거주자와의 외국통화로 표시되거나 지급받을 수 있는 예금·금전의 대차 또는 보증 업무 중 예금업무, 그리고 ⅲ) 비거주자와의 예금·금전의 대차 또는 보증 업무 중 예금업무는 제외한다(규정2-22① 단서). 이에 따라 외국환 여신전문금융회사는 은행 고유업무라 할 지급결제와 외화예금 수입을 제외한 투자업무와 관련된 모든 외국환업무를 취급할 수 있다.

---

33) 금융투자협회(2018), "초대형 IB의 외화 발행어음 허용 유권해석에 대한 환영과 기대", 금융투자협회(2018. 12. 5) 보도자료.
34) 관계부처합동(2018), "혁신성장과 수요자 중심 외환제도·감독체계 개선방안", 관계부처(2018. 9. 27) 보도자료, 7쪽.

즉 외화예금은 제외하고 외국과의 지급·추심 및 수령 업무 중 고객의 건당 5천불 이내, 연간 총 5불 이내의 소액 지급·수령업무와 금전대차 중개를 할 수 있다.

(2) 신용카드업자의 지급 및 수령 한도

여신전문금융회사 중 신용카드회사는 고객의 건당 5천불 이내, 연간 총 5불 이내의 소액 지급·수령업무를 할 수 있다. 외국환거래규정에 의하면 외국환 신용카드업자는 대한민국과 외국 간의 지급·추심 및 수령 업무를 건당 각각 미화 5천불의 지급 및 수령 한도, 동일인당 각각 미화 5만불의 연간 지급 및 수령 누계 한도 범위 내에서 할 수 있다(규정2-22② 본문).

(3) 신용카드회사의 소액해외송금업체 정산자금 취급

소액해외송금업자가 소액해외송금업무를 수행하기 위하여 외국 협력업자에게 사전에 정산 자금을 예치하기 위한 목적으로 신용카드업자에게 지급등을 요청하는 금액은 그 한도에 포함되지 아니한다(규정2-22② 단서).

과거에는 은행과 달리 신용카드회사는 소액송금만 가능하였다. 즉 1회 5천불, 동일인 기준 1년 누계 5만불의 범위 내에서 송금할 수 있었다. 따라서 소액해외송금업자가 외국 협력업체에 예치하는 거액의 정산자금은 송금할 수 없었다. 이에 통상 소액해외송금업자는 고객이 송금 또는 수금 요청 시, 건별로 거래하지 않고 외국 협력업체에 대규모 자금을 Pre-funding한 후 일정 기간마다 차액을 정산하였다. 그 결과 정산용 자금 송금이 송금한도의 제한이 없는 은행을 통해서만 이루어지게 되어 소액해외송금업자의 은행 의존도가 심화되었다.

따라서 신용카드회사도 소액해외송금업자의 정산용 자금 송금요청을 취급할 수 있도록 할 필요가 있었다. 정산용 자금 송금에 있어서는 신용카드회사가 소액송금 한도의 제한을 받지 않도록 외국환거래규정을 개정하였다. 그 결과 소액해외송금업자의 경쟁력 제고와 신용카드회사의 수익기회의 확대가 기대되고 있다.[35]

(4) 신용카드업자의 해외송금업무

외국환 신용카드업자의 해외송금업무의 경우에는 제2-31조 제3항부터 제5항의 규정을 준용한다(규정2-22③). 따라서 외국환 신용카드회사는 소액 해외송금업무를 할 수 있다.

(가) 자금의 건별 수령의무

소액해외송금업자는 고객으로부터 자금을 수령하는 경우 건별로 수령하여야 한다(규정 2-31③).

(나) 해외송금업무 대상행위

외국환 신용카드업자는 계좌를 통한 거래에 준하는 수준의 투명성 확보가 담보되는 것으로 ⅰ) 외국환업무를 등록한 금융회사등(다만, 한국해양진흥공사는 제외) 및 기타전문외국환업무

---

35) 기획재정부(2020a), 13쪽.

를 등록한 자[다만, 전자금융거래법에 따른 전자화폐의 발행 및 관리 업무 과정에서의 대외지급수단인 전자화폐의 발행과 이 업무와 관련한 대한민국과 외국 간의 지급·추심 및 수령(규정2-39②) 및 전자금융거래법에 따른 선불전자지급수단의 발행 및 관리 업무 과정에서의 대외지급수단인 선불전자지급수단의 발행과 이 업무와 관련한 대한민국과 외국 간의 지급·추심 및 수령(규정2-39③) 업무를 영위하는 자에 한한다]를 통하여 고객에게 자금을 지급하거나 고객으로부터 자금을 수령하는 경우(제1호), ⅱ) 무인환전기기 환전영업자 및 전자금융보조업자를 통하여 고객에게 자금을 지급하거나 고객으로부터 자금을 수령하는 경우(소액해외송금업자가 무인환전기기 환전업무를 등록한 경우 보유하고 있는 무인환전기기를 통하여 고객에게 자금을 지급하거나 고객으로부터 자금을 수령하는 경우를 포함)(제2호)에는 해외송금업무를 할 수 있다(규정2-31④).

(다) 지급등의 내역 기록·보관·통보의무

해외송금업무를 하는 외국환 신용카드업자는 국내의 지급인 및 수령인별로 지급등의 내역을 기록하고 5년간 보관하여야 하며, 지급등의 내역을 매월별로 익월 10일까지 외환정보집중기관을 통하여 금융정보분석원장, 국세청장, 관세청장, 금융감독원장에게 통보하여야 한다(규정2-31⑤).

5. 외국환 상호저축은행 등의 외국환업무

(1) 외국환업무의 범위

상호저축은행, 신용협동조합과 중앙회, 새마을금고와 중앙회 및 한국해양진흥공사는 상호저축은행법에 따른 상호저축은행, 신용협동조합법에 따른 신용협동조합과 중앙회, 새마을금고법에 따른 새마을금고와 중앙회, 한국해양진흥공사법에 따른 한국해양진흥공사의 업무와 직접 관련된 외국환업무를 영위할 수 있다(규정2-21① 본문). 다만, ⅰ) 대한민국과 외국 간의 지급·추심 및 수령, ⅱ) 거주자와 비거주자간의 금전대차의 중개 업무는 제외한다(규정2-21① 단서). 따라서 상호저축은행 등은 외화예금은 할 수 있으나 외국과의 지급·추심 및 수령과 금전대차 중개는 할 수 없다.

(2) 신용협동조합 중앙회와 새마을금고 중앙회의 외국환업무

신용협동조합 중앙회와 새마을금고 중앙회가 영위할 수 있는 외국환업무는 해외용 직불카드의 발행으로 한한다(규정2-21②). 이로 인해 해외결제가 더욱 편리해질 수 있을 것이다.

(3) 상호저축은행의 지급 및 수령 한도

직전 분기말 총자산이 1조원 이상인 경우 상호저축은행은 대한민국과 외국 간의 지급·추심 및 수령 업무를 건당 각각 미화 5천불의 지급 및 수령 한도, 동일인당 각각 미화 5만불의 연간 지급 및 수령 누계 한도 범위 내에서 할 수 있다(규정2-21③ 본문). 다만, 상호저축은행이 소액해외송금업자에게 소액해외송금업무에 사용할 계좌(소액해외송금업무의 등록을 하려는 자의 명의로 금융회사등에 개설된 계좌로 한정)를 개설하여 준 경우 소액해외송금업무를 위하여 사용된 금액은 그 한도에 포함되지 아니한다(규정2-21③ 단서).

자산 1조원 이상인 저축은행이 건당 5천불, 동일인당 연간 누계 5만불 범위 내에서 해외송금·수금업무를 할 수 있다. 따라서 저축은행 고객의 송금 편의가 제고되며, 해외 송금시장 내 경쟁 확산으로 송금 수수료 하락 및 서비스 다양화 등의 긍정적 효과가 기대된다.[36) 저축은행의 해외 송금·수금업무 허용되기 전에는 저축은행 계좌를 가지고 있어도 저축은행 계좌에 입금되어 있는 돈을 해외로 송금하려면 해외 송금업무가 허용되는 은행 또는 소액해외송금업체를 거쳐야만 하는 불편이 있었다.

(4) 상호저축은행의 해외송금업무

외국환 상호저축은행의 해외송금업무에는 제2-31조 제3항부터 제5항의 규정을 준용한다(규정2-21④). 따라서 외국환 상호저축은행은 소액 해외송금업무를 할 수 있다.

(가) 자금의 건별 수령의무

소액해외송금업자는 고객으로부터 자금을 수령하는 경우 건별로 수령하여야 한다(규정2-31③).

(나) 해외송금업무 대상행위

외국환 상호저축은행은 계좌를 통한 거래에 준하는 수준의 투명성 확보가 담보되는 것으로 ⅰ) 외국환업무를 등록한 금융회사등(다만, 한국해양진흥공사는 제외) 및 기타전문외국환업무를 등록한 자[다만, 전자금융거래법에 따른 전자화폐의 발행 및 관리 업무 과정에서의 대외지급수단인 전자화폐의 발행과 이 업무와 관련한 대한민국과 외국 간의 지급·추심 및 수령(규정2-39②) 및 전자금융거래법에 따른 선불전자지급수단의 발행 및 관리 업무 과정에서의 대외지급수단인 선불전자지급수단의 발행과 이 업무와 관련한 대한민국과 외국 간의 지급·추심 및 수령(규정2-39③) 업무를 영위하는 자에 한한다]를 통하여 고객에게 자금을 지급하거나 고객으로부터 자금을 수령하는 경우(제1호), ⅱ) 무인환전기기 환전영업자 및 전자금융보조업자를 통하여 고객에게 자금을 지급하거나 고객으로부터 자금을 수령하는 경우(소액해외송금업자가 무인환전기기 환전업무를 등록한 경우 보유하고 있는 무인환전기기를 통하여 고객에게 자금을 지급하거나 고객으로부터 자금을 수령하는 경우를 포함)(제2호)에는 해외송금업무를 할 수 있다(규정2-31④).

(다) 지급등의 내역 기록·보관·통보의무

해외송금업무를 하는 외국환 상호저축은행은 국내의 지급인 및 수령인별로 지급등의 내역

---

36) 기획재정부(2019a), "규제입증책임전환제 실시에 따른 외국환거래규정 개정 – 외환거래 관련 신산업 촉진, 금융업 경쟁력 강화와 함께 일반국민의 외환거래 편의 증대 기대 –", 기획재정부(2019. 5. 2) 보도자료, 6쪽.

을 기록하고 5년간 보관하여야 하며, 지급등의 내역을 매월별로 익월 10일까지 외환정보집중기관을 통하여 금융정보분석원장, 국세청장, 관세청장, 금융감독원장에게 통보하여야 한다(규정2-31⑤).

6. 외국환 종합금융회사의 외국환업무

(1) 외국환업무의 범위

외국환 종합금융회사는 자본시장법에 따른 종합금융회사의 업무와 직접 관련된 외국환업무를 영위할 수 있다(규정2-23① 본문). 다만, ⅰ) 거주자와의 외국통화로 표시되거나 지급받을 수 있는 예금·금전의 대차 또는 보증 업무 중 예금업무는 다른 외국환업무취급기관과의 외국통화로 표시되거나 지급되는 예금업무로 한정하고, ⅱ) 비거주자와의 예금·금전의 대차 또는 보증 업무 중 예금업무는 외국금융기관의 외국통화로 표시되거나 지급되는 예금업무로 한정한다(규정2-23① 단서). 따라서 종합금융회사는 외국과의 지급·추심 및 수령, 금전대차 중개를 할 수 있다.

(2) 외국환은행 관련 규정 준용

외국환 종합금융회사가 외국환업무를 영위하는 경우 규정 제2-1조부터 제2-10조의2의 규정에 따른다(규정2-23②). 따라서 외국환은행의 업무범위와 대체로 동일하다.

(3) 종합금융회사와 합병한 투자매매업자·투자중개업자의 외국환업무 영위 기간

금융산업구조개선법에 의하여 종합금융회사와 합병한 투자매매업자·투자중개업자는 합병전 종합금융회사의 외국환업무를 합병일부터 10년 동안 영위할 수 있다(규정2-23③).

7. 외국환 체신관서의 외국환업무

(1) 체신관서의 업무

「우정사업 운영에 관한 특례법」에 따른 체신관서의 업무는 우편, 우편환, 우편대체, 우체국예금, 우체국보험, 「수입인지에 관한 법률」 제3조에 따른 수입인지의 판매, 외국환거래법 제8조에 따른 외국환업무, 전자금융거래법 제28조에 따른 전자자금이체업무, 직불 및 선불전자지급수단의 발행 및 관리, 전자지급결제대행 등, 금융위원회의 인가를 받은 투자매매업, 투자중개업 등을 말한다(우정사업 운영에 관한 특례법2(1)).

(2) 체신관서의 외국환업무

외국환 체신관서는 「우정사업 운영에 관한 특례법」에 따른 체신관서의 업무와 직접 관련된 외국환업무를 영위할 수 있다(영14(3)). 따라서 체신관서는 외국과의 지급·추심 및 수령, 외화예금, 금전대차 중개를 할 수 있다.

우체국의 외국인 대상 해외송금 업무가 허용된다. A는 농촌에서 일하는 외국인 근로자로서 월급을 해외에 있는 가족에게 송금하려고 했으나, 마을에는 우체국밖에 없어서 송금을 하려면 은행이 있는 읍내까지 가야 했다. 우체국의 외국인노동자 등 외국인 거주자에 대한 송금업무가 허용되어 농어촌 외국인 근로자, 다문화 가정 등의 외환거래 편의를 제고하는 한편, 해외송금 시장 내 경쟁 확산으로 송금 수수료 하락 및 서비스 다양화 등의 긍정적 효과도 기대된다.[37]

(3) 한국은행 통보

미래창조과학부장관은 체신관서의 외국통화표시 외국환업무취급실적을 매연도별로 한국은행총재에게 통보하여야 한다(규정2-13③).

8. 기타 외국환업무취급기관의 신고

(1) 외화대출 또는 지급보증 한도

기타 외국환업무취급기관이 외화로 표시된 금전대출 또는 지급보증 업무를 영위하는 경우에는 직전 분기말 기준 자기자본의 50%를 한도로 한다(규정2-23의2① 본문). 다만, 외화대출의 한도는 투자매매업자, 투자중개업자의 경우에 한한다(규정2-23의2① 단서).

(2) 신고등 회피 목적 투자일임 등 거절의무

기타 외국환업무취급기관은 고객이 법 및 영에 따른 신고등을 회피하기 위한 목적으로 투자를 일임하거나 자산을 신탁하고자 하는 경우 이에 응하여서는 아니된다(규정2-23의2②).

(3) 한국은행 신고

기타 외국환업무취급기관이 다음의 업무나 그 중개업무를 할 경우에는 한국은행총재에게 신고하여야 한다(규정2-23의2③). 다음의 업무는 ⅰ) 신용파생결합증권의 매매(발행 및 인수를 포함) 또는 신용을 기초자산으로 하는 파생상품매매로서 보장매도거래를 하려는 경우(제1호), ⅱ) 자연적·환경적·경제적 현상 등을 기초자산으로 하는 파생상품매매(제2호), ⅲ) 증권, 파생상품, 부동산, 외화대출 및 외화대출채권 매매 등을 제외한 자산의 성격을 특정할 수 없는 그 밖의 유·무형자산의 매매(신탁업자가 집합투자업자의 운용지시에 따라 하는 경우 제외)(제3호) 업무를 말한다.

(4) 거래실적의 한국은행 및 금융감독원 보고

기타 외국환업무취급기관이 다음의 업무나 그 중개업무를 하는 경우에는 그 거래실적을 매월별로 다음 달 10일까지 한국은행총재 및 금융감독원장에게 보고하여야 한다(규정2-23의2④). 다음의 업무는 ⅰ) 외화로 표시된 금전대출 또는 지급보증을 하는 경우(제1호), ⅱ) 신탁 또는 투자일임을 받은 자산으로 해외부동산을 취득하는 경우(제2호)를 말한다.

---

37) 기획재정부(2019a), 6쪽.

9. 준용규정

외국환업무의 등록 및 변경(규정2-1), 지급 및 수령(규정2-1의2), 외국환의 매입(규정2-2), 외국환의 매각(규정2-3), 대출(규정2-6), 대출채권등의 매매(규정2-7), 대외지급수단의 발행(규정2-7의2), 보증(규정2-8), 파생상품거래(규정2-10의2) 및 제2-11조의2(비예금성외화부채등) 제2-11조의2 제2항부터 제4 5항의 규정은 기타 외국환업무취급기관이 해당 외국환업무를 함에 있어서 준용한다(규정2-24).

(1) 외국환업무의 등록 및 변경

(가) 등록신청

외국환업무의 등록을 하고자 하는 자는 [별지 제2-1호 서식]의 외국환업무등록신청서에 ⅰ) 당해 금융회사등의 설립인가서(외국에 본점을 둔 금융회사등의 경우 본국정부의 설립인가서) 사본 또는 이에 갈음하는 서류, ⅱ) 당해 금융회사등의 최근 대차대조표 및 손익계산서, ⅲ) 외국환업무를 취급하고자 하는 국내영업소 내역을 첨부하여 기획재정부장관에게 제출하여야 한다(규정2-1①).

(나) 등록요건 사전검토 요청

등록요건의 사전검토를 요청하고자 하는 자는 사전검토를 요청하는 내용을 적은 [별지 제2-1호 서식]의 외국환업무등록신청서에 ⅰ) 당해 금융회사등의 설립인가서(외국에 본점을 둔 금융회사등의 경우 본국정부의 설립인가서) 사본 또는 이에 갈음하는 서류, ⅱ) 당해 금융회사등의 최근 대차대조표 및 손익계산서, ⅲ) 외국환업무를 취급하고자 하는 국내영업소 내역을 첨부하여 기획재정부장관에게 제출하여야 한다(영13④, 규정2-1①). 구체적인 첨부서류는 ⅰ) 관계법령에 의한 설립인가서 사본(외국금융기관 국내지점의 경우 본국 정부의 설립인가서 사본 또는 이에 갈음하는 서류 사본) 또는 이에 갈음하는 서류, ⅱ) 최근 대차대조표 및 손익계산서, ⅲ) 외국환업무를 취급하고자 하는 국내영업소 명세(영업소명·소재지), ⅳ) 임원의 이력서 및 경력증명서, ⅴ) 그 밖에 기획재정부장관이 필요하다고 인정하는 서류이다(규정2-1①).

(다) 등록내용의 변경 신고

외국환업무의 등록내용을 변경(국내영업소의 신설·폐지 및 소재지 변경은 제외)하거나 외국환업무를 폐지하려는 경우에는 [별지 제2-2호 서식]의 외국환업무등록내용변경신고서를 기획재정부장관에게 제출하여야 한다(규정2-1② 본문). 다만, 외국환업무취급기관의 본점이 이전할 때에는 이전한 날로부터 30일 이내에 변경신고서를 기획재정부장관에게 제출한다(규정2-1② 단서).

변경신고 제도는 업자가 주요 등록사항을 변경할 경우 감독당국에 사전에 신고토록하여 감독상의 공백이 없게 하고, 외환거래 안정성 확보 및 소비자 보호를 위한 제도로서 감독당국이 사전에 인지하지 못할 경우 감독, 소비자 보호, 거래 안정성에 문제가 발생하는 사항에 국한하고 있다. 변경신고는 심사 및 수리를 요하지 않는 절차로서 업자의 행정적 부담은 발생하지 않는다. 따라서 변경이 자주 발생하고, 변경신고 실효성이 낮은 등록사항(자본, 시설, 인력 등)은 변경신고 대상에서 제외하고 있다.

(2) 지급 및 수령

(가) 지급등의 절차 준수

기타 외국환업무취급기관이 외국환거래규정의 적용을 받는 지급 또는 수령을 요청받은 경우에는 지급과 수령(규정 제4장)에서 정한 지급등의 절차에 따라 거래하여야 한다(규정2-1의2①).

(나) 신고등 대상 확인과 확인서류 보관의무

1) 신고등의 대상 확인의무

기타 외국환업무취급기관의 장은 건당 미화 5천불을 초과하는 지급등에 대해서는 당해 지급등이 법·영 및 이 규정에 의한 신고등의 대상인지 확인하여야 하며, 지급신청서 및 동일자·동일인 기준 미화 5만불을 초과하는 수령의 경우로서 서면에 의하여 기타 외국환업무취급기관의 장으로부터 수령사유를 확인받아야 하는 경우 확인절차를 이행하였음을 입증하는 서류를 5년간 보관하여야 한다(규정2-1의2②).

2) 신고등 확인절차 예외

수령하고자 하는 자의 소재불명으로 인하여 수령사유를 확인할 수 없는 경우에는 확인절차를 이행하지 아니할 수 있다(규정2-1의2③).

(다) 증빙서류 반환의무

기타 외국환업무취급기관의 장은 지급 및 수령(규정 제4장)의 규정에 의하여 제출받은 지급등의 증빙서류 및 취득경위 입증서류를 확인한 후 반환하여야 한다(규정2-1의2④).

(3) 외국환의 매입

(가) 신고등의 대상 여부 확인의무

기타 외국환업무취급기관이 외국환을 매입하고자 하는 경우에는 매각하고자 하는 자의 당해 외국환의 취득이 신고등의 대상인지 여부를 확인하여야 한다(규정2-2① 본문).

(나) 신고등의 대상 여부 확인 제외거래

기타 외국환업무취급기관이 외국환을 매입하고자 하는 경우, 즉 ⅰ) 미화 2만불 이하인 대외지급수단을 매입하는 경우(다만, 동일자에 동일인으로부터 2회 이상 매입하는 경우에는 이를 합산한 금액이 미화 2만불 이하인 경우에 한한다)(제1호), ⅱ) 정부, 지방자치단체, 외국환업무취급기관, 환전영업자 및 소액해외송금업자로부터 외국통화를 매입하는 경우(제2호), ⅲ) 거주자로부터 당해 거주자의 거주자계정 및 거주자외화신탁계정에 예치된 외국환을 매입하는 경우(제3호), ⅳ) 국내에 있는 외국정부의 공관과 국제기구, 미합중국군대 및 이에 준하는 국제연합군("미합중국군대등"), 미합중국군대등의 구성원·군속·초청계약자와 미합중국군대등의 비세출자금기관·군사우편국 및 군용은행시설 및 국내에 있는 외국정부의 공관 또는 국제기구에서 근무하는 외교관·영사 또는 그 수행원이나 사용인 및 외국정부 또는 국제기구의 공무로 입국하는 자로부터 대외지급수단을 매입하는 경우(제4호)에는 매각하고자 하는 자의 당해 외국환의 취득이 신고등의 대상인지 여부를 확인할 필요가 없다(규정2-2① 단서).

(다) 매입 관련사항의 국세청장 및 관세청장 통보

기타 외국환업무취급기관은 외국환을 매입한 경우에는 매월별로 익월 10일 이내에 매입에 관한 사항을 국세청장 및 관세청장에게 통보한다(규정2-2②).

그러나 다음의 경우에는 통보대상에서 제외된다. 즉 ⅰ) 동일자·동일인 기준 미화 1만불 이하인 대외지급수단을 매입하는 경우, ⅱ) 정부, 지방자치단체, 외국환업무취급기관, 환전영업자 및 소액해외송금업자로부터 외국통화를 매입하는 경우, ⅲ) 거주자로부터 당해 거주자의 거주자계정 및 거주자외화신탁계정에 예치된 외국환을 매입하는 경우, ⅳ) 국내에 있는 외국정부의 공관과 국제기구, 미합중국군대 및 이에 준하는 국제연합군("미합중국군대등"), 미합중국군대등의 구성원·군속·초청계약자와 미합중국군대등의 비세출자금기관·군사우편국 및 군용은행시설 및 국내에 있는 외국정부의 공관 또는 국제기구에서 근무하는 외교관·영사 또는 그 수행원이나 사용인 및 외국정부 또는 국제기구의 공무로 입국하는 자로부터 대외지급수단을 매입하는 경우, ⅴ) 외국에 있는 금융기관으로부터 매입하는 경우, 그리고 ⅵ) 외화표시 내국신용장어음을 매입하는 경우(규정2-2②).

(라) 기타 외국환업무취급기관의 한국은행 신고

기타 외국환업무취급기관이 외국인거주자 또는 비거주자로부터 취득경위를 입증하는 서류를 제출하지 않는 대외지급수단을 매입하는 경우에는 당해 매각을 하고자 하는 자가 [별지 제7-4호 서식]의 대외지급수단매매신고서에 계약서, 신청인 및 거래상대방의 실체를 확인하는 서류, 기타 한국은행총재가 필요하다고 인정하는 서류를 첨부하여 한국은행총재에게 신고하여야 한다(규정2-2③).

그러나 다음의 경우에는 신고대상에서 제외된다. 즉 위의 신고등의 대상 여부 확인 제외 거래 중 ⅰ) 미화 2만불 이하인 대외지급수단을 매입하는 경우(다만, 동일자에 동일인으로부터 2회 이상 매입하는 경우에는 이를 합산한 금액이 미화 2만불 이하인 경우에 한한다), ⅱ) 국내에 있는 외국정부의 공관과 국제기구, 미합중국군대 및 이에 준하는 국제연합군("미합중국군대등"), 미합중국군대등의 구성원·군속·초청계약자와 미합중국군대등의 비세출자금기관·군사우편국 및

군용은행시설 및 국내에 있는 외국정부의 공관 또는 국제기구에서 근무하는 외교관·영사 또는
그 수행원이나 사용인 및 외국정부 또는 국제기구의 공무로 입국하는 자로부터 대외지급수단
을 매입하는 경우를 제외된다(규정2-2③).

(마) 외국환 매입증명서류 발행·교부

기타 외국환업무취급기관은 외국인거주자 또는 비거주자로부터 외국환을 매입하는 경우
에는 1회에 한하여 외국환매입증명서·영수증·계산서 등 외국환의 매입을 증명할 수 있는 서
류를 발행·교부하여야 한다(규정2-2④).

(4) 외국환의 매각

(가) 거주자에게 내국지급수단을 대가로 외국환을 매각하는 경우

기타 외국환업무취급기관은 거주자에 대한 매각으로서 다음의 경우에 한하여 내국지급수
단(대외지급수단 외의 지급수단)을 대가로 외국환을 매각할 수 있다(규정2-3①(1)).

ⅰ) 외국환을 매입하고자 하는 자가 당해 외국환을 인정된 거래 또는 지급에 사용하기 위
한 경우(가목), 거주자는 인정된 거래임을 입증하는 서류[환급창구운영사업자: 환급창구운영사업자
지정증(관할 지방국세청장 발급)], 여권(외국인거주자의 경우), 외국인거주자의 경우 외국환매각 사
실을 입증할 수 있는 서류[외국환매입증명서·영수증·계산서, 외국환신고(확인)필증 등]를 제출해야
한다.

ⅱ) 외국인거주자에게 매각하는 경우에는 외국환의 매각금액이 최근 입국일 이후 미화 1
만불 이내 또는 제4-4조(비거주자 또는 외국인거주자의 지급)의 규정에 의한 금액범위 내인 경우
(나목). 이 경우 기타 외국환업무취급기관의 장은 미화 1만불 이내의 외국환을 매각한 경우에는
당해 거래자의 여권에 매각금액을 표시하여야 한다(규정2-3② 본문). 다만, 1백만원 이하에 상
당하는 외국통화를 매각하는 경우에는 그러하지 아니하다(규정2-3② 단서).

ⅲ) 외국인거주자를 제외한 거주자가 외국통화, 여행자수표를 소지할 목적으로 매입하는
경우(다목), 거주자는 실명확인증표(주민등록증, 사업자등록증 등)를 제출해야 한다.

ⅳ) 내국지급수단으로 거주자계정 및 거주자외화신탁계정에의 예치를 위하여 매각하는 경
우(라목), 거주자계정(거주자외화신탁계정 포함)에 예치된 대외지급수단의 처분에는 제한을 두지
아니한다. 다만, 대외지급(대외계정 및 비거주자외화신탁계정으로의 이체 포함)을 하고자 하는 경우
에는 인정된 거래에 의한 지급증빙서류를 제출해야 한다.

ⅴ) 다른 기타 외국환업무취급기관으로 이체하기 위하여 외국환을 매각하는 경우. 다만,
내외계정 및 비거주자외화신탁계정으로 이체하고자 하는 경우에는 인정된 거래에 따른 지급에
한한다(마목). 단서의 경우 인정된 거래임을 입증하는 서류를 제출해야 한다.

ⅵ) 소액해외송금업자는 기타 외국환업무취급기관을 상대로 외국통화를 매입 또는 매각할

수 있는데, 이에 따라 소액해외송금업자에게 외국통화를 매각하는 경우(바목)

vii) 환전영업자는 외국통화등의 기타 외국환업무취급기관에 대한 매각 및 예치, 기타 외국환업무취급기관으로부터의 외국통화 매입을 위해서는 거래 기타 외국환업무취급기관을 지정해야 하는데(규정2-29⑥), 이에 따라 환전영업자에게 외국통화를 매각하는 경우(사목).

(나) 내국지급수단을 대가로 비거주자에게 외국환을 매각하는 경우

기타 외국환업무취급기관은 비거주자에 대한 매각으로서 다음의 경우에 한하여 내국지급수단을 대가로 외국환을 매각할 수 있다(규정2-3①(2)).

ⅰ) 비거주자가 최근 입국일 이후 당해 체류기간 중 외국환업무취급기관 또는 환전영업자에게 내국통화 및 원화표시 여행자수표를 대가로 외국환을 매각한 실적 범위 내에서 매각하는 경우(가목), 이 경우 비거주자는 여권과 외국환매각 사실을 입증할 수 있는 서류(외국환매입증명서·영수증·계산서, 외국환신고(확인)필증 등)를 제출해야 한다. 다만, 영 제10조 제2항 제1호[38] 및 제6호 가목 및 나목[39]에서 정한 비거주자에 대하여는 본인의 확인서로 갈음한다.[40]

비거주자에게 최근 입국일 이후 외국환매입증명서, 영수증 또는 계산서의 외화 금액 범위 내에서 외국통화 또는 외화표시여행자수표를 재매각(일부매각 포함)하는 경우에는 동 외국환매입증명서, 영수증, 계산서에 일자, 금액, 매각기관명을 기재한 후 교부하여야 한다.[41]

ⅱ) 비거주자가 기타 외국환업무취급기관 해외지점, 현지법인금융기관 및 외국금융기관에 내국통화 및 원화표시 여행자수표를 대가로 외국환을 매각한 실적 범위 내(나목).

ⅲ) 외국에서 발행된 신용카드 또는 직불카드를 소지한 비거주자가 국내에서 원화현금서비스를 받거나 직불카드로 원화를 인출한 경우에는 그 금액 범위 내(다목).

ⅳ) 위의 가목 내지 다목의 매각실적 등이 없는 비거주자의 경우에는 미화 1만불 이내(라목), 이 경우 기타 외국환업무취급기관의 장은 외국환을 매각한 경우에는 당해 거래자의 여권에 매각금액을 표시하여야 한다(규정2-3② 본문). 다만, 1백만원 이하에 상당하는 외국통화를 매각하는 경우에는 그러하지 아니하다(규정2-3② 단서).

ⅴ) 인정된 거래에 따른 대외지급을 위한 경우(마목), 비거주자는 인정된 거래임을 입증하는 서류를 제출해야 한다.

ⅵ) 기타 외국환업무취급기관의 장에게 자금의 취득경위 입증서류를 제출하여 확인을 받은 국내소득 등의 대외지급(규정4-4)을 위한 금액 범위 내(바목), 이 경우 비거주자는 취득경위

---

38) 1. 국내에 있는 외국정부의 공관과 국제기구
39) 가. 국내에 있는 외국정부의 공관 또는 국제기구에서 근무하는 외교관·영사 또는 그 수행원이나 사용인
　　나. 외국정부 또는 국제기구의 공무로 입국하는 자
40) 취급지침 17쪽.
41) 취급지침 17쪽.

입증서류를 제출해야 한다.

(다) 한국은행에 대한 대외지급수단매매신고서 제출대상

거주자에 대한 매각으로서 외국인거주자에게 매각하는 경우에는 외국환의 매각금액이 최근 입국일 이후 미화 1만불 이내 또는 규정 제4-4조(비거주자 또는 외국인거주자의 지급)의 규정에 의한 금액범위 내인 경우(규정2-3①(1) 나목) 및 비거주자에 대한 매각으로서 인정된 거래에 따른 대외지급을 위한 경우(규정2-3①(2) 마목)에 불구하고 다음에 해당하는 지급을 위하여 매각하는 경우에는 당해 매입을 하고자 하는 자가 [별지 제7-4호 서식]의 대외지급수단매매신고서에 의하여 한국은행총재에게 신고하여야 한다(규정2-3①(3)). 따라서 외국인거주자 또는 비거주자가 다음의 경우로 대외지급하고자 하는 경우에는 한국은행에 대외지급수단매매신고를 한 후 기타 외국환업무취급기관을 통하여 대외지급할 수 있다

1) 국민인 비거주자가(재외동포제외) 국내에서 사용하기 위하여 내국통화로 예금거래 및 신탁거래를 함에 따른 관련 원리금의 지급

국민인 비거주자가 국내에서 사용하기 위하여 내국통화로 예금거래 및 신탁거래를 하는 경우에는 신고를 요하지 아니하지만(규정7-6①(2)), 이에 의한 국내원화예금·신탁계정 관련 원리금의 지급은 신고하여야 한다(가목 전단). 이 경우 대외지급수단매매신고필증(규정 서식 제7-4호)을 제출해야 한다.

다만, 재외동포의 국내재산 반출의 경우에는 재외동포의 국내재산 반출절차(규정4-7)를 적용한다(가목 후단).

2) 외국인거주자의 국내부동산 매각대금 지급

외국인거주자의 국내부동산 매각대금의 지급은 신고하여야 한다(나목 전단). 다만, 외국으로부터 휴대수입 또는 송금(대외계정에 예치된 자금을 포함)된 자금으로 국내부동산을 취득한 후 해당 부동산을 매각하여 매각대금을 지급하고자 하는 경우로서 [별지 제4-2호 서식]에 의한 부동산소재지 또는 신청자의 최종주소지 관할세무서장이 발행한 부동산매각자금확인서를 제출하는 경우에는 그러하지 아니하다(나목 후단).

3) 비거주자간 거래와 관련한 비거주자의 담보·보증 제공 후 국내재산 처분대금 지급

비거주자간의 거래와 관련하여 비거주자가 담보·보증 제공 후 국내재산 처분대금의 지급은 신고하여야 한다(다목). 그러나 "교포등에 대한 여신"과 관련하여 담보제공 또는 보증에 따른 대지급의 경우 및 거주가가 비거주자로부터 국내재산을 담보로 제공받아 보증(담보관리 승낙 포함)하는 경우는 제외한다(다목).

4) 비거주자가 거주자와의 부동산임대, 금전차입 등을 통해 취득한 원화자금 지급

ⅰ) 기타 외국환업무취급기관의 비거주자에 대한 원화자금 대출로 거주자가 담보 또는 보

증을 제공한 경우(규정2-6), ⅱ) 국민인 거주자와 국민인 비거주자간에 국내에서 내국통화로 표시되고 지급되는 금전의 대차계약을 하는 경우(규정7-13(4)), ⅲ) 거주자의 비거주자에 대한 원화자금 대출(규정7-16), ⅳ) 국민인 거주자와 국민인 비거주자간에 다른 거주자를 위하여 내국통화로 표시되고 지급되는 채무의 보증계약을 하는 경우(규정7-17(9)), ⅴ) 거주자와 국민인 비거주자간에 내국통화로 표시되는 기타 자본거래(규정7-45(11)), ⅵ) 거주자가 임차보증금을 내국통화로 지급하고 비거주자로부터 국내부동산을 임차하는 경우(규정7-45(18) 단서) 비거주자가 취득한 원화자금의 대외지급은 신고하여야 한다(라목 본문).

다만, 재외동포가 ⅰ) 기타 외국환업무취급기관의 비거주자에 대한 원화자금 대출로 거주자가 담보 또는 보증을 제공한 경우(규정2-6), ⅱ) 거주자와 국민인 비거주자간에 내국통화로 표시되는 기타 자본거래(규정7-45(11)), ⅲ) 거주자가 임차보증금을 내국통화로 지급하고 비거주자로부터 국내부동산을 임차하는 경우(규정7-45(18) 단서), 그리고 ⅳ) 비거주자가 거주자로부터 상속·유증을 받는 경우(규정7-45(23))에 의하여 취득한 원화자금을 대외지급하는 경우에는 재외동포의 국내재산 반출절차(규정4-7)에 따른다(라목 단서).

5) 외국인거주자 및 비거주자의 일정 범위를 초과(예: 국내에서의 환전실적을 초과하는 재환전 등)하는 내국지급수단을 대가로 한 자금의 지급

외국인거주자에게 매각하는 경우에는 외국환의 매각금액이 최근 입국일 이후 미화 1만불 이내 또는 규정 제4-4조의 규정에 의한 금액범위 내인 경우(제1호 나목) 및 내국지급수단을 대가로 비거주자에게 외국환을 매각하는 경우(제2호)의 범위를 초과하여 내국지급수단을 대가로 지급하고자 하는 경우는 신고하여야 한다(마목)

(라) 거주자 및 비거주자에 대한 외국환을 대가로 한 다른 외국통화표시 외국환의 매각

기타 외국환업무취급기관은 거주자 또는 비거주자에게 취득 또는 보유가 인정된 외국환을 대가로 다른 외국통화표시 외국환을 매각할 수 있다(규정2-3③ 본문). 이는 인정된 거래에 따라 취득 또는 보유하고 있는 외국환을 대가로 다른 외국통화표시 외국환을 매각하는 경우이다. 이 경우 인정된 거래로 취득했음을 입증하는 서류(외국환신고(확인)필증 등)를 제출해야 한다. 다만 미화 2만불 이하의 매각인 경우에는 제출서류를 면제한다.

다만, 기타 외국환업무취급기관이 외국인거주자 또는 비거주자에게 취득경위를 입증하는 서류를 제출하지 않는 외국환을 대가로 다른 외국통화표시 외국환을 매각하고자 하는 경우에는 [별지 제7-4호 서식]의 대외지급수단매매신고서에 의하여 한국은행총재에게 신고하여야 한다(규정2-3③ 단서). 따라서 외국인거주자 또는 비거주자가 외국환신고(확인)필증을 제출하지 아니하고 휴대하고 있던 대외지급수단의 매입을 의뢰하는 경우 당해 매입을 의뢰하는 자가 한국은행총재에게 대외지급수단매매 신고를 하여야 한다. 이 경우 대외지급수단매매신고필증(규정

서식 제7-4호)을 제출해야 한다.

(마) 외국인거주자 등에 대한 매각

기타 외국환업무취급기관은 국내 거주기간이 5년 미만인 외국인거주자 또는 비거주자에게 외국환을 매각하는 경우에는 매각실적 등을 증빙하는 서류를 제출받아 당해 외국환의 매각일자·금액 기타 필요한 사항을 기재하여야 한다(규정2-3④ 본문). 다만, 국내에 있는 외국정부의 공관과 국제기구 및 국내에 있는 외국정부의 공관 또는 국제기구에서 근무하는 외교관·영사 또는 그 수행원이나 사용인 및 외국정부 또는 국제기구의 공무로 입국하는 자에 본인의 확인서로 증빙서류에 갈음할 수 있다(규정2-3④ 단서).

(바) 국세청 및 관세청 통보

기타 외국환업무취급기관은 거주자에게 내국지급수단을 대가로 외국환을 매각하는 경우(규정2-3①(1))에 의하여 거주자에게 동일자, 동일인 기준 미화 1만불을 초과하는 외국통화, 여행자카드 및 여행자수표를 매각한 경우에는 동 사실을 매월별로 익월 10일 이내에 국세청장 및 관세청장에게 통보하여야 한다(규정2-3⑤ 본문). 다만, 정부, 지방자치단체, 외국환업무취급기관, 외국인거주자 및 비거주자에게 재환전하기 위한 기타 외국환업무취급기관으로부터의 외국통화를 매입하고자 하는 환전영업자(규정2-29⑥(2))에게 매각한 경우에는 그러하지 아니하다(규정2-3⑤ 단서).

(5) 대출

(가) 외화대출

1) 거주자

가) 신고예외

기타 외국환업무취급기관이 거주자에게 외화대출을 하고자 하는 경우에는 신고를 요하지 아니한다(규정2-6① 본문). 따라서 원칙상 금액 및 용도에 대한 제한 없이 외화대출이 가능하다.

나) 외화대출의 용도제한

그런데 한국은행총재에게 위탁된 외국환거래업무등에 관한 사항을 정하고 있는 「외국환거래업무 취급세칙」("취급세칙")은 외화대출의 용도에 관하여 규정하고 있다. 즉 기타 외국환업무취급기관은 ⅰ) 원화로 환전하여 사용할 목적으로 제공하는 자금, 또는 ⅱ) 기타 해외에서 사용함을 목적으로 하지 않는 자금의 지원을 위한 외화대출을 제공하여서는 아니된다(취급세칙2-9①). 그러나 기타 외국환업무취급기관은 2010년 6월 30일자 중소제조업체에 대한 해당 기타 외국환업무취급기관의 국내 시설자금 대출잔액을 한도로 중소제조업체에 대하여 국내 시설자금 용도의 외화대출을 제공할 수 있다(취급세칙2-9②).

2) 비거주자

가) 비거주자 외화대출: 신고예외

기타 외국환업무취급기관이 비거주자에게 외화대출을 하고자 하는 경우에는 신고를 요하지 아니한다(규정2-6① 본문). 따라서 원칙상 금액 및 용도에 대한 제한 없이 외화대출이 가능하다.

나) 비거주자 외화대출: 한국은행 신고대상

기타 외국환업무취급기관이 거주자로부터 보증 또는 담보를 제공받아 비거주자에게 외화대출을 하는 경우에는 대출을 받고자 하는 비거주자가 한국은행총재에게 신고하여야 하며, 한국은행총재는 필요시 동 신고내용을 국세청장에게 열람하도록 하여야 한다(규정2-6① 단서). 그러나 다음에 해당하는 경우, 즉 ⅰ) 한국수출입은행장이 기획재정부장관의 승인을 받은 업무계획범위 내에서 한국수출입은행법에 의해 지원하는 외국법인에 대한 사업자금 대출 및 외국정부 등에 대한 대출, ⅱ) 한국무역보험공사사장이 산업통상자원부장관의 승인을 받은 업무계획범위 내에서 무역보험법에 의해 지원하는 수출보험에 부보한 외국법인에 대한 사업자금 대출 및 외국정부 등에 대한 대출의 경우에는 신고를 요하지 아니한다(규정2-6②).

(나) 비거주자에 대한 원화대출: 신고예외

기타 외국환업무취급기관이 국내에서 비거주자에게 ⅰ) 국내에 있는 외국정부의 공관과 국제기구, 국내에 있는 외국정부의 공관 또는 국제기구에서 근무하는 외교관·영사 또는 그 수행원이나 사용인, 그리고 외국정부 또는 국제기구의 공무로 입국하는 자에 대한 원화자금 대출(제1호), ⅱ) 비거주자자유원계정(당좌예금에 한함)을 개설한 비거주자에 대한 2영업일 이내의 결제자금을 위한 당좌대출(제2호), ⅲ) 국민인 비거주자에 대한 원화자금 대출(제3호), ⅳ) 앞의 3가지에 해당하지 않는 자에 대한 동일인 기준 10억원 이하(다른 기타 외국환업무취급기관의 대출 포함)의 원화자금 대출(제4호)을 하고자 하는 경우에는 신고를 요하지 아니한다(규정2-6③).

(다) 비거주자에 대한 원화대출: 기타 외국환업무취급기관 및 한국은행 신고대상

기타 외국환업무취급기관이 국내에서 동일인 기준 10억원 초과 300억원 이하(다른 기타 외국환업무취급기관의 대출 포함)의 원화자금을 비거주자에게 대출하고자 하는 경우에는 당해 비거주자가 기타 외국환업무취급기관의 장에게 신고하여야 한다(규정2-6④ 본문). 다만, 거주자의 보증 또는 담보제공을 받아 대출하는 경우에는 당해 비거주자가 한국은행총재에게 신고하여야 한다(규정2-6④ 단서).

국민인 비거주자는 금액에 관계없이 신고예외 사항이므로 본 항목 적용대상에서 제외된다. 동 대출금액은 비거주자의 자유원계정에 예치 가능하다. 다만, 거주자로부터 보증 또는 담보를 제공받은 대출의 경우에는 제외된다.

(라) 비거주자에 대한 원화대출: 한국은행 신고대상

기타 외국환업무취급기관이 비거주자에 대하여 300억원을 초과하여 원화자금을 대출하고자 하는 경우에는 대출을 받고자 하는 비거주자가 차입자금의 용도 등을 명기하여 한국은행총재에게 신고하여야 한다(규정2-6⑤).

(6) 대출채권등의 매매: 신고예외

기타 외국환업무취급기관이 거주자 또는 비거주자와 대출채권, 대출어음, 대출채권의 원리금 수취권, 외화증권 및 외화채권을 매매하는 경우에는 신고를 요하지 아니한다(규정2-7).

(7) 대외지급수단의 발행 제한

기타 외국환업무취급기관이 발행하는 전자금융거래법상 전자화폐, 선불전자지급수단 등 전자적 방법에 따른 대외지급수단은 다른 전자지급수단이나 주식·채권·파생상품 등 자산 등이 아닌 재화 및 용역 구입에 사용되는 것으로 한정하며, 금융실명법 제2조 제4호에 따른 실지명의로 발행되거나 예금계좌와 연결되어 발행된 것만 보유할 수 있으며, 타인으로부터 양도받는 것은 보유할 수 없다(규정2-7의2).

(8) 보증

(가) 신고예외

기타 외국환업무취급기관이 다음에 해당하는 보증을 하고자 하는 경우에는 신고를 요하지 아니한다(규정2-8①).

ⅰ) 거주자간의 거래에 관하여 보증을 하는 경우(제1호), ⅱ) 거주자(채권자)와 비거주자(채무자)의 인정된 거래에 관하여 채권자인 거주자에 대하여 보증을 하는 경우로서 비거주자가 기타 외국환업무취급기관에 보증 또는 담보를 제공하는 경우(제2호), ⅲ) 거주자(채무자)와 비거주자(채권자)의 인정된 거래에 관하여 채권자인 비거주자에 대하여 보증을 하는 경우(제3호), ⅳ) 교포등에 대한 여신과 관련하여 당해 여신을 받는 동일인당 미화 50만불 이내에서 보증(담보관리승낙을 포함)하는 경우(제4호)

ⅴ) 비거주자간의 거래에 관하여 보증을 하는 경우로서 ㉠ 현지금융(규정8-2)에 해당하는 보증, ㉡ 해외건설 및 용역사업에 있어 거주자가 비거주자와 합작하여 수주·시공 등을 하는 공사계약과 관련한 입찰보증등을 위한 보증금의 지급에 갈음하는 보증, ㉢ 국내기업의 현지법인 또는 해외지점이 체결하는 해외건설 및 용역사업, 수출, 기타 외화획득을 위한 계약과 관련한 입찰보증등을 위한 보증금의 지급에 갈음하는 보증, ㉣ 거주자가 기타 외국환업무취급기관에 보증 또는 담보를 제공하지 않은 경우[다만, 비거주자로부터 국내재산을 담보로 제공받아 보증(담보관리승낙을 포함)하는 경우 제외](제5호)

(나) 한국은행 신고

위의 신고예외 사항을 제외하고 기타 외국환업무취급기관이 보증(담보관리승낙을 포함)을 하고자 하는 경우에는 보증을 의뢰하는 당사자가 한국은행총재에게 신고하여야 하며, 한국은행총재는 필요시 동 신고내용을 국세청장에게 열람하도록 하여야 한다(규정2-8②).

(9) 파생상품거래

(가) 외국환의 결제

기타 외국환업무취급기관이 거주자 및 비거주자와 외환파생상품거래를 체결하고 결제일에 계약금액의 전부 또는 일부를 실제 인수도하고자 할 경우, 동 외국환의 결제는 외국환의 매입(규정2-2), 외국환의 매각(규정2-3) 및 기타 외국환업무취급기관 등과의 외국환매매(규정2-4) 규정을 준용한다(규정2-10의2①).

(나) 파생상품거래실적 등의 한국은행 보고

기타 외국환업무취급기관은 매월 파생상품거래실적(파생상품매매의 중개를 포함)을 한국은행총재에게 보고하여야 한다(규정2-10의2② 본문). 다만, 신용파생상품거래(신용파생결합증권을 포함)의 경우 거래일로부터 5영업일 이내에 한국은행총재에게 거래내역을 보고하여야 한다(규정2-10의2② 단서).

(다) 파생상품거래실적 등의 보고내역의 기획재정부 보고

한국은행총재는 파생상품거래실적 등의 보고내역을 종합하여 기획재정부장관에게 보고하여야 한다(규정2-10의2③).

Ⅲ. 한국은행의 외국환업무 등

1. 외국환업무취급기관으로서의 업무

한국은행은 ⅰ) 외국환의 매매 및 파생상품거래, ⅱ) 외화자금 및 외국환의 보유와 운용, ⅲ) 정부 및 그 대행기관, 국내금융기관으로부터의 외화예금의 수입, ⅳ) 외국의 금융기관, 국제금융기구, 외국정부와 그 대행기관 또는 국제연합기구로부터의 예금의 수입, ⅴ) 외국에 있는 금융기관 또는 외국정부로부터의 외화자금의 차입, ⅵ) 채무의 인수 및 보증, ⅶ) 국제금융기구에 대한 출자 및 융자, ⅷ) 외국환은행에 대한 외화자금의 융자, ⅸ) 귀금속의 매매, ⅹ) 외국 중앙은행으로부터의 원화예금의 수입, ⅺ) 대외환거래 계약 체결, ⅻ) 앞에서 열거한 11가지 업무에 부대되는 업무를 영위할 수 있다(규정2-25).

2. 외국환관리 업무

(1) 한국은행의 외국환업무 중계의뢰

한국은행은 외국환업무취급기관으로서의 업무를 영위함에 있어서 필요한 경우 외국환은행에 대하여 당해 외국환업무의 중계를 의뢰하거나 사무의 처리를 위탁할 수 있다(규정2-26).

(2) 한국은행의 외환시장 개입 및 보유외환의 운용

한국은행총재는 외환시장의 안정을 위하여 필요하다고 인정될 때에는 한국은행 및 외국환평형기금의 자금으로 외환시장에 개입할 수 있으며 기획재정부장관은 외환시장 개입, 외화자금의 조달 및 운용에 대하여 필요한 지시를 할 수 있다(규정2-27).

제3장

전문외국환업무
취급업자

전문외국환업무취급업자란 환전영업자, 소액해외송금업자, 기타전문외국환업무취급업자를 말한다.

제1절 환전영업자

Ⅰ. 해외 송금 · 환전 수수료 공시 개선

과거에는 소비자에 대한 해외 송금·환전 서비스 수수료, 금융기관의 외환 서비스 질 등에 대한 정보제공이 미흡하여 소비자의 선택권이 제약을 받았다. 예를 들어 소비자들이 자주 이용하는 공항 소재 은행의 환전수수료 정보제공이 미흡하였고, 소액해외송금업체별 송금 수수료 비교 정보가 제공되지 않았다. 제도 개선으로 현재는 송금·환전 수수료의 비교공시를 확대하고, 은행이 제공하는 외환 서비스의 질과 외환거래 관련 유의사항 등의 정보제공을 강화하였다.[1]

1. 해외송금 수수료 공시 개선

과거에는 금융감독원 금융소비자정보포탈(FINE) 등을 통해 소액해외송금업체, 증권사, 카

---

1) 관계부처합동(2018), 12쪽.

드사별 송금 수수료를 비교공시하였다. 즉 소액해외송금업 관련 법규, 등록요건, 각 등록업체 현황 등만 공시하였다.

현재 은행연합회 홈페이지(외환길잡이)를 통해 은행별 신규 해외송금 서비스 정보제공을 강화하였다. 외환길잡이는 금융감독원과 은행연합회가 공동으로 제공하는 인터넷환전 및 외환 거래법규 통합 안내서비스(http://exchange.kfb.or.kr)이다. 신규 해외송금 서비스는 수취인 계좌 번호가 필요 없고 송금 즉시 수취가 가능한 송금 서비스로 필리핀, 베트남 등 특정 국가로의 송금에 특화된 서비스이다. 따라서 은행연합회 홈페이지(외환길잡이)를 통해 시중 은행별 매매 기준율, 매입·매도시 환율 및 수수료율 등의 정보를 한눈에 비교하여 선택할 수 있게 되었다.

2. 환전수수료 공시 개선

외환길잡이의 환율 비교·게시 방법을 통화별 비교 등 소비자들이 이해하기 쉽도록 개선 하였다. 외환길잡이의 공항 입점 은행(우리·하나·신한 등) 영업점의 환전수수료 공시방법을 개 선하였다. 과거에는 인천공항 입점 은행에 대해 환전수수료율 정보만 제공하였으나 현재는 국 제선 취항 공항 입점 은행에 대해 매매기준율, 매입·매도시 환율 등 정보를 추가하였다.

Ⅱ. 환전업무의 등록

1. 환전업무의 의의

환전영업자란 법 제8조 제3항에 따라 환전업무의 등록을 한 자를 말한다. 환전업무란 "외 국통화의 매입 또는 매도, 외국에서 발행한 여행자수표의 매입"에 해당하는 외국환업무를 말한 다(법8③(1), 영15①). 환전업무를 행하는 것이라 함은 영리적, 계속적인 외국통화의 매매 및 외 국에서 발행한 여행자수표의 매입을 뜻한다 할 것이므로 그 환전행위에 영리성이 없으면 환전 상 업무라고 볼 수는 없다.[2]

외국환거래법 제20조(보고·검사), 제23조(권한의 위임·위탁 등), 외국환거래법 시행령 제35 조(검사), 제37조(권한의 위임·위탁)에서 관세청장에게 위임한 환전영업자 관리 등에 관한 사항 을 정하기 위해 관세청 고시인 「환전영업자 관리에 관한 고시」("환전고시")를 두고 있다.

2023년 1월 말 기준 환전영업자는 전국기준 총 1,431개가 등록되어 영업 중이다. 법인환 전업 138개, 개인환전업 613개, 카지노업 17개, 판매업 88개, 호텔·숙박업 474개, 기타 101개 이다(관세청 홈페이지).

---

2) 대법원 1987. 11. 24. 선고 87도558 판결.

2. 등록신청

(1) 개요

금융회사등이 아닌 자가 환전업무를 업으로 하려는 경우에는 해당 업무에 필요한 자본·시설 및 전문인력 등 등록요건을 갖추어 미리 기획재정부장관에게 등록하여야 한다(법8③ 전단). 이에 따라 환전업무를 업으로 하려는 자는 ⅰ) 명칭, ⅱ) 영업소의 소재지, ⅲ) 환전업무의 취급 범위, ⅳ) 임원에 관한 사항(등록신청인이 법인인 경우로 한정)을 적은 신청서에 기획재정부장관이 정하여 고시하는 서류를 첨부하여 등록을 신청하여야 한다(영15①).

환전업무의 등록 신청, 변경 또는 폐지 신고를 하려는 자는 자신의 영업장 소재지를 관할하는 세관의 장("관할세관장")에게 하여야 한다(환전고시3① 본문). 다만, 무인환전기기 환전영업자와 온라인 환전영업자에 대해서는 본사가 서울특별시에 소재하는 경우 관할세관장은 서울세관장으로 한다(환전고시3① 단서).

그러나 하나의 법인 또는 사업자등록번호로 관할세관이 상이한 다수의 환전영업장을 운영하려는 자는 본사 소재지 관할세관장에게 일괄적으로 환전업무의 등록, 변경 또는 폐지신고를 할 수 있다(환전고시3② 본문). 다만, 본사 소재지 관할세관장에게 각 영업장에 대한 규정 [별지 제3-1호 서식]의 환전업무등록신청서와 [별지 제2호 서식]의 환전영업자 일괄 등록·변경·폐지신청서를 제출한 경우로 한정한다(환전고시3② 단서).

(2) 환전업무등록신청서 제출

환전업무의 등록을 하고자 하는 자는 [별지 제3-1호 서식]의 환전업무등록신청서에 일반, 무인환전기기, 또는 온라인의 환전업무 방식 중 영위하고자 하는 방식을 선택(복수 선택 가능)하여 환전업무를 하는 데에 필요한 영업장과 환전업무 및 그에 따른 사후관리를 원활하게 수행하기 위한 전산설비를 갖추었음을 입증하는 건물등기부등본 등의 증빙서류를 첨부하여 관세청장에게 제출하여야 한다(규정2-28①).

(3) 첨부서류

구체적인 첨부서류는 ⅰ) 외국환거래법 시행령 제15조 제2항의 규정에 의한 건물등기부등본, 임대차계약서 등 영업장(도면포함) 및 전산설비 구비에 관한 증빙자료, ⅱ) 신분증 사본, ⅲ) 법인등기부등본(법인인 경우에 한한다) 또는 사업자등록증(개인사업자인 경우에 한한다), ⅳ) 위임장(대리인이 신고하는 경우에 한한다), ⅴ) 지방세법에 따른 면허세 납부영수증(사본)(추후 제출), ⅵ) 임원의 이력서 및 경력증명서(법인인 경우에 한한다), ⅶ) 고객센터 운용, 긴급복구체계 운영 등 관련서류(무인환전기기 환전영업자의 경우에 한한다), ⅷ) 이행보증금(보증보험증권등), 약관, 손해배상절차 등 요건 구비에 대한 증빙자료(온라인 환전영업자인 경우에 한한다)이다. 행정정보 공동이용에 동의한 경우 해당 첨부서류는 제출 생략 가능하다(규정2-28①).

(4) 관할세관장의 등록의무 등

관할세관장은 환전업무등록신청서를 제출받은 경우에는 해당 신청이 등록 결격사유(영15③)의 어느 하나에 해당하는 경우를 제외하고는 등록을 해 주어야 한다(환전고시4① 본문). 다만, 제출서류가 불충분하거나 현장확인이 필요한 경우에는 서류보완 요구 또는 영업장에 대한 현장확인을 실시한 후 등록을 해 주어야 한다(환전고시4① 단서).

(5) 관세청장의 등록 전산자료 통보

관세청장은 지방세법 제38조의2[3] 제2항에 따라 환전업무 등록에 관한 전산자료를 영업장의 소재지 관할 시장·군수에게 통보하여야 한다(환전고시4④ 전단). 이 경우 관세청장이 행정안전부장관에게 통보하는 환전업 등록자료로써 이에 갈음한다(환전고시4④ 후단).

3. 등록요건

(1) 개요

과거에는 영업장 주소만 있으면 환전업 등록이 가능하여 환전 내역을 기록·관리할 체계를 갖추지 않은 환전영업자가 난립하고 있었고, 환전영업자는 고객 확인, 환전장부 기재 등의 의무를 이행하지 않는 경우가 많고, 이에 따라 환치기·자금세탁 등 불법 외환거래의 장소로 악용되고 있었다. 또한 전국적으로 영세 환전영업자가 산재해 있고, 협회 등이 조직되어 있지 않은 상황으로 업계의 자율적 규제는 현실적 이행가능성이 낮은 상황이었다.[4]

관세청의 환전영업자 실태 점검결과 상당수 업자가 환전장부 허위기록, 누락 등 불법 외환거래 우려가 커서 영업장, 컴퓨터(환전내역 기록용) 등 최소한의 등록요건을 부과할 필요가 있었다. 또한 환전영업자의 인터뷰에 의하면 외국인 관광객을 상대로 적법하게 영업하는 곳도 많지만 불법 송금 등을 목적으로 영위하는 곳도 있는 상황이었다.

환전업자의 영업장 및 컴퓨터 구비는 영업질서 확립 및 불법 외환거래 방지를 위한 필수불가결한 등록요건으로 판단되어 규정을 신설하였다.

---

3) 지방세법 제38조의2(면허에 관한 통보) ① 면허부여기관은 면허를 부여·변경·취소 또는 정지하였을 때에는 면허증서를 교부 또는 송달하기 전에 행정안전부령으로 정하는 바에 따라 그 사실을 관할 특별자치시장·특별자치도지사·시장·군수 또는 구청장에게 통보하여야 한다.
② 면허부여기관은 제1항에 따른 면허의 부여·변경·취소 또는 정지에 관한 사항을 전산처리하는 경우에는 그 전산자료를 특별자치시장·특별자치도지사·시장·군수 또는 구청장에게 통보함으로써 제1항에 따른 통보를 갈음할 수 있다.
4) 기획재정부(2017), "외국환거래법 시행령 및 외국환거래규정 개정안 입법예고 – 규제영향분석서 –", 기획재정부(2017. 2. 23), 5쪽.

(2) 영업장 요건

환전업무를 등록하려는 자는 환전업무를 하는 데에 필요한 영업장을 갖추어야 한다(영15②(1)).

(3) 전산설비 요건

환전업무를 등록하려는 자는 환전업무 및 그에 따른 사후관리를 원활하게 수행하기 위하여 기획재정부장관이 정하여 고시하는 전산설비를 갖추어야 한다(영15②(2)).

여기서 "기획재정부장관이 정하여 고시하는 전산설비"란 보고 및 자료제출을 원활하게 할 수 있는 컴퓨터 등의 전산설비를 말한다(규정2-28② 본문). 다만, 무인환전기기 방식으로 환전업무를 영위하는 자("무인환전기기 환전영업자")와 온라인 방식으로 환전업무를 영위하는 자("온라인 환전영업자")의 경우에는 환전업무의 안정성과 신뢰성을 확보할 수 있는 정보처리 및 정보보호 시스템으로서 관세청장이 인정하는 전산설비를 말한다(규정2-28② 단서).

이에 따라 환전영업자는 환전거래내용 기록 및 반기보고 등을 원활하게 수행하기 위해 전산설비를 구비하여야 한다(환전고시8③ 본문). 다만, 무인환전기기 환전영업자와 온라인 환전영업자로 등록한 경우 고객정보 보호 등을 위해 다음의 요건을 갖춘 전산설비를 구비하여야 한다(환전고시8③). 즉 ⅰ) 환전영업을 원활히 영위하는데 필요한 소프트웨어, 서버, 데이터베이스 등 정보처리시스템을 보유하고, ⅱ) 전자적 침해사고 및 재해 등으로부터 시스템 및 업무정보 등을 보호하기 위한 정보보호 시스템을 보유하며, ⅲ) 환전영업에 관한 정보처리 및 정보보호를 위한 내부통제 체계를 확보하여야 한다.

(4) 등록신청서 등의 전산 제출

환전업무의 등록신청, 등록내용의 변경 또는 환전업무의 폐지신고를 하려는 자는 해당 신청서 및 신고서, 관련 서류 등을 환전업 관리시스템("시스템")을 통해 전산으로 제출할 수 있다(환전고시7①). 이에 따라 관할세관장은 환전업무의 등록신청, 변경 또는 폐지신고가 시스템을 통해 된 경우 심사절차를 진행하고 그 결과를 시스템에 등록하여야 한다(환전고시7② 본문). 다만, 방문, 우편, FAX, 전자메일 등으로 신청 또는 신고가 된 경우에는 제출된 모든 서류를 스캔 등 전자화문서로 변경하여 시스템에 등재하고, 해당 내역을 시스템에 입력하여 관리하여야 한다(환전고시7② 단서).

4. 등록 결격사유

기획재정부장관은 등록 신청이 ⅰ) 영업장 및 전산설비를 갖추지 못한 경우, ⅱ) 제출받은 서류에 흠이 있다고 인정되는 경우, ⅲ) 등록을 신청한 자(등록을 신청한 자가 법인인 경우 그 임원을 포함)가 등록이 취소된 자(등록이 취소된 자의 임직원이었던 자로서 그 취소 사유의 발생에 직접 또는 이에 상응하는 책임이 있는 자를 포함)로서 등록이 취소된 날로부터 3년이 경과하지 아니하여 등록할 수 없는 자에 해당하는 경우, iv) 그 밖에 외국환거래법 또는 다른 법령에 따른 제한에 위반되는 경우를 제외하고는 등록을 해 주어야 한다(영15③).

5. 등록 처리기간

환전영업자의 등록사무에 대한 처리기간은 등록신청일부터 20일 이내에 하여야 한다(규정 1-4①(2)). 처리기간의 계산에 있어서는 초일을 산입하되 공휴일과 보완에 소요되는 기간은 산입하지 아니한다(규정1-4②). 등록사무 처리에 대해 외국환거래규정(권한을 위탁받은 자가 정하는 규정 등을 포함)에서 별도로 정한 사항이 없는 경우에는 민원사무처리에 관한 법령 및 행정절차 법령의 규정을 준용한다(규정1-4③).

6. 등록증 발급

기획재정부장관은 등록을 한 경우에는 신청인에게 등록증을 발급하여야 한다(영15④). 이에 따라 관할세관장은 등록을 한 경우 신청인에게 업무 구분에 따라 [별지 제1호 서식]의 등록 증을 발급하여야 한다(환전고시4② 본문). 다만, 등록 결격사유 중 어느 하나에 해당하여 등록신청일로부터 20일 이내에 등록을 해주지 않을 경우에는 해당 사유 등 처리결과에 대하여 즉시 신청인에게 통지하여야 한다(환전고시4② 단서).

관할세관장은 등록증을 발급하기 전에 「지방세법」에 따른 등록면허세 납부 영수증(사본)을 신청인으로부터 제출받아 확인하여야 한다(환전고시4③).

7. 등록내용 변경 또는 환전업무 폐지 신고

환전업무의 등록을 한 자가 그 등록사항 중 명칭, 영업소의 소재지, 환전업무의 취급 범위를 변경하려 하거나 외국환업무를 폐지하려는 경우에는 기획재정부장관에게 미리 그 사실을 신고하여야 한다(법8④). 이에 따라 환전업무의 등록내용을 변경하거나 환전업무를 폐지하고자 하는 경우에는 다음과 같은 절차에 의한다(규정2-28③).

변경신고 제도는 업자가 주요 등록사항을 변경할 경우 감독당국에 사전에 신고토록하여 감독상의 공백이 없게 하고, 외환거래 안정성 확보 및 소비자 보호를 위한 제도로서 감독당국이 사전에 인지하지 못할 경우 감독, 소비자 보호, 거래 안정성에 문제가 발생하는 사항에 국한하고 있다. 변경신고는 심사 및 수리를 요하지 않는 절차로서 업자의 행정적 부담은 발생하지 않는다. 따라서 변경이 자주 발생하고, 변경신고 실효성이 낮은 등록사항(자본, 시설, 인력 등)은 변경신고 대상에서 제외하고 있다.

(1) 명칭 및 소재지 변경 신고

명칭 및 소재지를 변경하고자 하는 자는 [별지 제3-2호 서식]의 환전업무등록내용변경신고서에 ⅰ) 환전영업자 등록필증, ⅱ) 신분증 사본, ⅲ) 변경사항을 증명하는 서류를 첨부하여 관세청장에게 제출하여야 한다(규정2-28③(1)). 행정정보 공동이용에 동의한 경우 해당 첨부서류는 제출 생략 가능하다(규정2-28③(1)).

관할세관장은 환전업무등록 내용변경 신고서를 제출받은 경우 제출서류를 검토하고 필요한 경우 서류보완 요구, 영업장에 대한 현장확인을 실시한 후 이상이 없는 경우 신고인에게 변경된 내용의 등록증을 발급하여야 한다(환전고시5).

(2) 환전업무 폐지 신고

환전업무를 폐지하고자 하는 자는 [별지 제3-3호 서식]의 환전업무폐지신고서에 ⅰ) 환전영업자 등록필증, ⅱ) 보유 외국환잔액(외화예금을 포함)의 지정거래 외국환은행에의 매각증명서, ⅲ) 미사용환전증명서(외국환매각신청서와 외국환매입증명서) 및 폐기환전증명서에 대한 지정거래 외국환은행에의 반납확인서, ⅳ) 환전장부 사본을 제출하지 않은 경우 해당 환전장부 사본을 첨부하여 관세청장에게 제출하여야 한다(규정2-28③(2)).

관할세관장은 환전업무폐지 신고서를 제출받은 경우 직전 반기보고(온라인 환전영업자가 이행보증금을 예탁하거나 보증보험에 가입한 경우는 직전 분기보고) 이후부터 폐지신고서 제출시점까지의 환전장부사본 제출 여부 등을 확인하여 이상 없을시 폐지 신고를 처리하고, 신고인에게 그 결과를 통지하여야 한다(환전고시6).

8. 등록요건 유지 확인

(1) 증빙자료 제출요구와 현장 확인

관세청장은 등록요건 유지 여부를 확인하기 위하여 환전영업자에게 등록요건을 유지하고 있음에 대한 증빙서류 제시 등을 요구할 수 있다(규정2-28④ 전단). 이 경우 환전영업자는 관세청장의 요구에 따라야 한다(규정2-28④ 후단).

이에 따라 관할세관장은 환전영업자가 등록요건을 유지하고 있음을 확인하기 위해 해당 환전영업자에게 이를 증빙하는 자료의 제출을 요구하거나 현장 확인할 수 있다(환전고시6의2①). 이에 따른 증빙자료 제출을 요구받은 환전영업자는 기한 내에 제출하여야 하며, 기한 내 증빙자료 제출이 곤란한 경우 해당 사유를 즉시 관할세관장에게 통보하여야 한다(환전고시6의2②).

(2) 업무정지 또는 등록취소

관할세관장은 제출된 증빙자료의 검토 또는 현장확인 결과 환전영업자가 등록요건을 유지하고 있지 않음이 확인된 경우 업무정지 또는 환전업 등록을 취소할 수 있다(환전고시6의2③).

Ⅲ. 환전영업자의 외국환업무

1. 환전업무 영업방식 다양화

직불·선불 등 전자지급수단을 통해 환전이 가능하도록 허용되었다. 기획재정부는 외국환거래규정에 대한 유권해석을 통해 전자금융거래법상 전자지급수단과 외국통화간 환전을 허용하였다.

온라인(O2O: Online to Offline) 환전과 무인환전을 접목한 새로운 환전서비스가 도입되었다. ⅰ) 온라인 환전신청 및 원화 입금 후 무인환전기기에서 외화를 수령할 수 있으며, ⅱ) 무인환전기기에서 환전신청 및 원화 입금 후 대면하여 외화를 수령할 수 있다.

O2O 환전업자가 무인환전기기로 고객에게 외화를 전달할 수 있도록 신분증 스캔을 통한 인적사항의 확인이 인정된다. 과거에는 O2O 환전시 대면 인적사항 확인이 필요하였다(2천불 한도). 하지만 현재는 신분증 스캔을 통한 인적사항의 확인도 인정된다(단, 1천불 한도). O2O 환전시 무인환전기기를 통한 환전신청 접수도 허용된다.[5]

해외여행 이후 남은 잔돈을 공항 무인환전기에서 국내 선불카드 포인트로 환전할 수 있다. 또한 환전 입출금을 보관 등이 불편한 현금이 아닌 전자지급수단으로 대신하거나, 온라인으로 환전 신청하여 무인환전기에서 수령하는 등 새로운 방식의 환전서비스를 통해 보다 편리하게 환전을 할 수 있다.[6]

i) 무인환전기를 통한 외화 잔돈 환전 예시

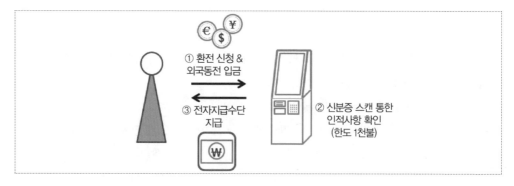

---

5) 관계부처합동(2018), 8-9쪽.
6) 기획재정부(2018), "2019년 1월 1일 개정 외국환거래규정 시행 - 증권사·카드사 소액송금 허용 등 외환산업 內 업권간 장벽 해소 등 핵심 규제를 혁신하고, 외환 소비자 거래 편의 증대 및 기업 활동 지원을 강화 - ", 기획재정부(2018. 12. 26) 보도자료, 6-7쪽.

ii) 무인환전시 전자지급수단 활용 예시

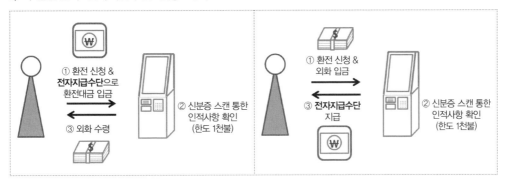

iii) 온라인 환전시 무인환전기기를 통한 외화 수령 예시

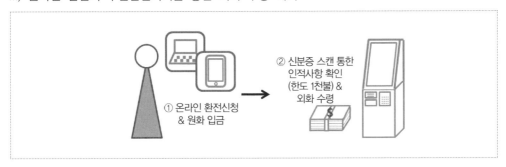

2. 외국통화등의 매입

환전영업자는 다음에서 정하는 바에 의하여 거주자 또는 비거주자로부터 내국지급수단을 대가로 외국통화 및 여행자수표("외국통화등")를 매입할 수 있다(규정2-29②).

(1) 인적사항 확인

외국통화등을 매입하는 경우에는 [별지 제3-4호 서식]의 외국환매각신청서를 제출받아 주민등록증, 여권, 사업자등록증, 납세번호증 등 실명확인증표에 의하여 인적사항을 확인하여야 한다(규정2-29②(1) 본문). 다만, 환전영업자가 자동동전교환기를 설치하여 외국통화를 매입하는 경우에는 그러하지 아니하다(규정2－29②(1) 단서).

(2) 신고등 대상 여부 확인 등

외국통화등을 매입하는 경우에는 당해 외국통화등의 취득이 신고등의 대상인지 여부를 확인(동일자, 동일인 기준 미화 2만불을 초과하는 경우에 한한다)하여야 하며, 외국환매각신청서 사본을 익월 10일 이내에 국세청장 및 관세청장에게 통보하여야 한다(규정2-29②(2) 본문). 다만, 제

1호 단서에 해당하는 경우 및 동일자에 동일인으로부터 미화 1만불 이하의 외국통화등을 매입하는 경우에는 그러하지 아니하다(규정2-29②(2) 단서).

(3) 외국환매입증명서를 발행·교부

외국인거주자 또는 비거주자로부터 외국통화등을 매입하는 경우에는 1회에 한하여 [별지 제3-5호 서식]의 외국환매입증명서를 발행·교부하여야 한다(규정2-29②(3) 본문). 다만, 환전영업자가 자동동전교환기를 설치하여 외국통화를 매입하는 경우에는 그러하지 아니하다(규정 2-29②(3) 단서).

3. 외국통화 매각(재환전)

(1) 재환전 대상

환전영업자는 ⅰ) 비거주자가 최근 입국일 이후 당해 체류기간 중 외국환업무취급기관 또는 환전영업자에게 내국지급수단을 대가로 대외지급수단을 매각한 실적 범위 내에서 재환전하는 경우(제1호), ⅱ) 비거주자 및 외국인거주자가 당해 환전영업자의 카지노에서 획득한 금액 또는 미사용한 금액에 대하여 재환전하는 경우(제2호)에 재환전할 수 있다(규정2-29③).

(2) 재환전 신청서 등 제출 및 인적사항 확인

비거주자 및 외국인거주자로부터 재환전 신청을 받은 환전영업자는 [별지 제3-6호 서식]의 재환전신청서, [별지 제3-5호 서식]의 외국환매입증명서 및 여권을 제출받아야 한다(규정 2-29④ 본문). 다만, 미합중국군대 및 이에 준하는 국제연합군("미합중국군대등"), 미합중국군대 등의 구성원·군속·초청계약자와 미합중국군대등의 비세출자금기관·군사우편국 및 군용은행시설 및 국내에 있는 외국정부의 공관 또는 국제기구에서 근무하는 외교관·영사 또는 그 수행원이나 사용인 및 외국정부 또는 국제기구의 공무로 입국하는 자에 해당하는 비거주자 및 외국인거주자로부터 재환전 신청을 받은 경우에는 여권 이외에 신분증, 외국인등록증 등의 실명확인증표에 의하여 인적사항을 확인할 수 있다(규정2-29④ 단서).

4. 외국통화등의 매입 및 외국통화 매각(재환전)의 예외

환전영업자는 동일자·동일인 기준 미화 2천불(단, 환전장부 전산관리업자의 경우 미화4천불) 이하의 외국통화등을 외국환매각신청서 및 외국환매입증명서 없이 매입하거나 매각할 수 있다(규정2-29⑤).

여기서 "환전장부 전산관리업자"란 규정 제2-28조 제1항 제1호의 일반 환전영업자 중 규정 [별지 제3-3호의2 서식]의 "환전장부"와 [별지 제4호 서식]의 "환전업무현황"을 제7조의 환전영업자관리시스템을 통해 전자적 방법으로 제출하는 환전영업자를 말한다(환전고시2(5)).

5. 무인환전기기 환전영업자의 환전업무

(1) 의의

무인환전기기 환전영업자란 무인환전기기 방식으로 환전업무를 영위하는 자를 말한다. 무인기기를 통한 환전은 무인기기를 통해 24시간 환전할 수 있어 환전의 시간적 제약을 완화해주는 효과가 있다.

(2) 환전업무의 범위

무인환전기기환전영업자는 동일자, 동일인 기준 미화 2천불(단, 환전장부 전산관리 업자의 경우 미화4천불) 이하의 범위에서 외국통화등을 매입하거나 매각할 수 있다(규정2-29⑧ 전단). A는 해외 배낭여행 출국 날 공항에서 무인환전기기를 통해 환전을 하려 했으나 2019년 5월 3일 외국환거래규정 개정 전에는 환전 한도가 1천불밖에 되지 않아 은행을 방문하여 환전할 수밖에 없었다. 2019년 5월 3일 개정으로 무인환전기기 환전영업자의 환전 한도를 동일자, 동일인 기준 2천불로 상향하여 환전거래가 더욱 편리해졌다. 이는 핀테크 기반 무인 환전업을 활성화할 수도 있을 것으로 보인다.[7]

(3) 준수사항

환전업무를 영위함에 있어 다음의 사항을 준수하여야 한다(규정2-29⑧ 후단). 즉 ⅰ) 고객의 주민등록증, 여권, 사업자등록증, 납세번호증, 외국인등록증 등의 실명확인증표를 스캔하여 인식하는 방식으로 인적사항을 확인하여야 하고, ⅱ) 고객 보호 및 불편해소를 위한 고객지원센터를 운영하여야 한다.

무인환전기기 환전영업자는 환전업무를 수행함에 있어 고객보호 및 불편해소를 위해 고객에게 공표된 무인환전기기 영업시간 동안 고객 상담 등이 가능하고, 무인환전기기 고장 등에 대비한 긴급 복구체계를 갖춘 고객지원센터를 운영하여야 한다(환전고시8⑦).

6. 온라인 환전영업자의 환전업무

(1) 의의

온라인 환전영업자란 온라인 방식으로 환전업무를 영위하는 자를 말한다. 온라인(O2O: Online to Offline) 환전은 온라인 신청·입금 후 원하는 장소에서 환전대금을 수령할 수 있어 장소적 제약을 완화해주는 효과가 있다.

(2) 환전업무의 범위

온라인환전영업자는 동일자, 동일인 기준 미화 2천불(단, 환전장부 전산관리 업자의 경우 미

7) 기획재정부(2019a), 5쪽.

화4천불) 이하의 범위에서 외국통화등을 매입하거나 매각할 수 있고, 이 경우 영업소 이외의 장소 또는 금융회사등에 개설된 계좌를 통해서 고객으로부터 외국통화등을 수령하거나 고객에게 외국통화등을 지급할 수 있다(규정2-29⑨ 전단).

온라인 환전영업자가 동일자·동일인 기준 미화 2천불 이하의 범위에서 외국통화를 매입할 수 있기 때문에 해외여행 이후 남은 잔돈을 온라인 환전업자로부터 쉽게 환전할 수 있어 온라인환전업자의 사업을 활성화하고 소비자의 외화 매각 선택권이 확대될 것으로 기대되고 있다.8)

〈온라인 환전업자의 외화 매입 거래 예시〉

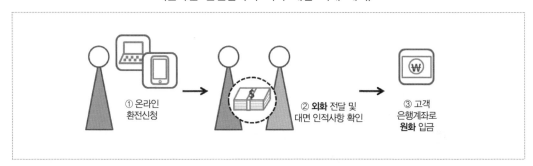

(3) 준수사항: 온라인환전영업자의 인적사항 확인 등

환전업무를 영위함에 있어 다음의 사항을 준수하여야 한다(규정2-29⑨ 후단). 즉 ⅰ) 온라인 환전계약 체결시 고객의 주민등록번호, 여권번호 등의 고유식별정보를 확인한 후 고객으로부터 외국통화등을 수령하거나 고객에게 외국통화등을 지급할 때 주민등록증, 여권 등 실명확인증표에 의하여 해당 정보를 확인하거나 관세청장이 인정하는 방식으로 인적사항을 확인하여야 하고, ⅱ) 온라인 환전계약을 체결함에 있어 약관의 명시, 제정 및 변경과 관련하여 관세청장이 정한 절차를 준수하여야 하며, ⅲ) 고객이 제기하는 정당한 의견이나 불만을 반영하고 고객이 환전업무와 관련하여 입은 손해를 배상하기 위한 절차를 마련하여야 하고, ⅳ) 고객이 환전에 따른 자금을 외국통화등을 수령할 때까지 제3자에게 결제대금을 예치하거나 관할세관장에게 1억원 이상의 이행보증금을 현금으로 예탁하여야 하며(다만, 이행보증금의 경우 관할세관장을 피보험자로 하고 국내보증보험회사가 발행하는 인허가보증보험에 가입하는 경우에는 보장금액에 해당하는 범위에서 이행보증금의 일부 또는 전부를 예탁하지 아니할 수 있다), ⅴ) 계좌를 통해서 고객

---

8) 기획재정부(2019b), "해외에서도 스마트폰으로 간편하게 결제한다 – 외국환거래법 시행령 및 외국환거래 규정 개정안 시행 – ", 기획재정부(2019. 5. 21) 보도자료.

으로부터 외국통화등을 수령하거나 고객에게 외국통화등을 지급할 경우 온라인환전영업자 명의로 지정외국환은행에 개설된 환전업무용 외화계좌를 사용하여야 한다.

규정 제2-29조 제9항 제1호에서 "관세청장이 인정하는 방식"이라 함은 온라인환전영업자가 온라인 환전계약 체결 시 ⅰ) 실명확인증표 사본 제출(제1호), ⅱ) 영상통화(제2호), ⅲ) 접근매체 전달과정에서 확인(제3호), ⅳ) 기존 계좌 활용(제4호), ⅴ) 그 밖에 이에 준하는 방법(지문인식 등 생체정보를 등록한 경우에는 사전에 대면·비대면 등으로 등록한 정보와 비교를 통해 확인한다)(제5호) 중 2가지 이상의 방법으로 고객의 인적사항을 확인하는 것을 말한다(환전고시10①).

이에 따라 고객의 인적사항을 확인한 온라인환전영업자는 환전대금 지급 또는 수령 시에 ⅰ) 여권 등의 실명확인증표 스캔(제1호), ⅱ) 그 밖에 환전계약 체결 시 부여받은 인증번호 또는 주민등록번호의 입력 등(제2호)의 간소한 방법으로 계약체결 고객과 일치 여부를 확인할 수 있다(환전고시10②).

7. 무인환전기기 방식과 온라인 방식을 결합한 환전업무

(1) 준수사항

환전영업자가 무인환전기기 방식과 온라인 방식을 결합하여 환전업무를 영위하고자 하는 경우 ⅰ) 고객 보호 및 불편해소를 위한 고객지원센터를 운영하여야 하고, ⅱ) 온라인 환전계약을 체결함에 있어 약관의 명시, 제정 및 변경과 관련하여 관세청장이 정한 절차를 준수하여야 하며, ⅲ) 고객이 제기하는 정당한 의견이나 불만을 반영하고 고객이 환전업무와 관련하여 입은 손해를 배상하기 위한 절차를 마련하여야 하고, ⅳ) 고객이 환전에 따른 자금을 외국통화 등을 수령할 때까지 제3자에게 결제대금을 예치하거나 관할세관장에게 1억원 이상의 이행보증금을 현금으로 예탁하여야 한다. 다만, 이행보증금의 경우 관할세관장을 피보험자로 하고 국내 보증보험회사가 발행하는 인허가보증보험에 가입하는 경우에는 보장금액에 해당하는 범위에서 이행보증금의 일부 또는 전부를 예탁하지 아니할 수 있다(규정2-29⑩ 전단).

(2) 인적사항 확인방식과 매각 외국통화등의 범위

인적사항 확인방식에 따라 매각할 수 있는 외국통화등의 범위는 ⅰ) 고객의 주민등록증, 여권, 사업자등록증, 납세번호증, 외국인등록증 등의 실명확인증표를 스캔하여 인식하는 방식으로 인적사항을 확인하는 경우 동일자, 동일인 기준 미화 2천불(단, 환전장부 전산관리 업자의 경우 미화4천불) 이하이고, ⅱ) 온라인 환전계약 체결시 고객의 주민등록번호, 여권번호 등의 고유식별정보를 확인한 후 고객으로부터 외국통화등을 수령하거나 고객에게 외국통화등을 지급할 때 주민등록증, 여권 등 실명확인증표에 의하여 해당 정보를 확인하거나 관세청장이 인정하는 방식으로 인적사항을 확인하는 경우 동일자, 동일인 기준 미화 2천불(단, 환전장부 전산관리업자의 경우 미화4천불) 이하이다(규정2-29⑩ 후단).

Ⅳ. 환전영업자의 의무

1. 환전장부 기록 및 환전장부 사본 제출의무

환전영업자는 환전일자, 매각자(매입자)의 성명 및 주민등록번호·여권번호 등 인적사항, 환전금액, 적용환율, 거래내용을 [별지 제3-3호의2 서식]의 환전장부에 기록하여야 하며, 매반기별로 다음 달 10일까지 환전장부(전자문서를 포함)의 사본을 관세청장에게 제출하여야 한다 (규정2-29① 본문). 다만, 온라인 환전영업자가 이행보증금을 예탁하거나 보증보험에 가입한 경우에는 매분기 다음 달 10일까지 제출하여야 한다(규정2-29① 단서).

한 영업자가 다수의 환전영업소 지점을 운영하는 경우 영업소 소재지별 관할 세관에 등록 및 거래 내역을 보고하게 되어 있었다. 관세청 유권해석을 변경하여 본사 소재지 관할세관에 환전영업소 본사와 지점을 일괄 등록하고 보고 가능하도록 개선하였다.9)

(1) 거래내용 등 환전장부 기록의무

환전영업자는 거래내용 등을 환전장부에 기록하고 해당 거래를 취급한 담당자 및 확인자가 서명하여야 한다(환전고시11① 전단). 환전증명서 없이 외국통화등을 매입하거나 매각한 경우에도 환전장부에 기록하여야 한다(환전고시11① 후단).

(2) 환전장부 사본과 환전업무 현황의 지정외국환은행 제출의무

환전영업자는 환전장부 사본과 지정거래 외국환은행의 장의 확인을 받은 [별지 제4호 서식]의 환전업무현황을 매 반기별의 다음 달 10일까지(온라인환전영업자의 경우에는 매 분기별의 다음 달 10일로 한다) 관할세관장에게 제출하여야 한다(환전고시11② 전단). 이 경우 전자적으로 제출하는 것을 원칙으로 하되, 종이서류 제출을 허용한다(환전고시11② 후단).

(3) 지정외국환은행의 확인과 관할세관장 제출의무

환전영업자로부터 확인을 요청받은 지정거래 외국환은행의 장은 해당 반기 동안 환전영업자와의 환전거래내역과 환전영업자가 작성한 환전업무 현황에 기록된 지정거래 외국은행과의 거래 내역의 일치 여부를 확인하고, 일치하는 경우 환전업무 현황의 작성자/확인란에 서명한 후 환전영업자에게 교부해야 한다(환전고시11③). 관할세관장은 이에 따라 우편, FAX, 전자메일 등을 이용한 파일 또는 출력물 형태로 제출 받는 경우 그 자료를 시스템에 등재하여야 한다(환전고시11④).

---

9) 기획재정부(2020a), 18쪽.

(4) 온라인 환전영업자의 전자적 제출방법에 의한 제출의무

이행보증금을 예탁하거나 보증보험에 가입한 온라인 환전영업자는 분기별 발생한 환전거래에 대한 환전장부 사본과 "환전업무 현황"을 전자적 제출방법(시스템 등재 또는 전산파일 전송 등)을 통해 매분기 다음 달 10일까지 관할세관장에게 제출하여야 한다(환전고시11⑤).

2. 거래외국환은행 지정의무

(1) 거래외국환은행 지정대상 거래

환전영업자는 ⅰ) 외국통화등의 외국환은행에 대한 매각 및 예치(제1호), ⅱ) 재환전 및 동일자·동일인 기준 미화 2천불(단 환전장부 전산관리업자의 경우 미화 4천불) 이하의 외국통화등 매각을 위한 외국환은행으로부터의 외국통화 매입(제2호)을 위하여 거래외국환은행을 지정하여야 한다(규정2-29⑥).

(2) 지정외국환은행의 거래내역 한국은행 보고

지정거래 외국환은행의 장은 환전영업자와의 거래내역을 거래한 날의 다음 영업일까지 한국은행총재에게 보고하여야 한다(규정2-29⑪).

(3) 한국은행의 관세청 통보

한국은행총재는 지정거래 외국환은행의 장으로부터 보고받은 내용을 즉시 관세청장에게 통보하여야 한다(규정2-29⑫).

3. 환전장부 등 보관의무

환전영업자는 환전장부, 외국환매각신청서, 외국환매입증명서 등 환전관계 서류를 해당 연도 이후 5년간 보관하여야 한다(규정2-29⑦). 환전영업자는 규정 [별지 제3-3호의2 서식]의 환전장부, 규정 [별지 제3-4호 서식]의 외국환매각신청서와 규정 [별지 제3-5호 서식]의 외국환매입증명서, 고객확인기록 등 환전관계 서류를 해당 연도 이후 5년간 보관하여야 한다(환전고시8⑥).

4. 기타 의무

(1) 확인 및 보고의무

환전영업자는 외국인관광객 등 고객에게 환전의 편의를 제공하여야 하며 환전업무를 영위함에 따른 확인 및 보고의 의무를 성실히 이행하여야 한다(환전고시8①).

(2) 영업공간 확보의무

환전영업자는 환전업무를 원활하게 수행할 수 있는 충분한 영업공간을 확보하고 등록된 영업장소에서 영업을 하여야 한다(환전고시8②).

(3) 외국환매매율 영업장 게시의무

환전영업자는 한글 및 외국어로 표시된 환전업무 영위 표지를 하여야 하며 매영업일 당일의 외국환매매율을 영업장에 게시하거나, 게시할 수 없는 경우 고객이 매매율 정보를 확인할 수 있도록 조치를 하여야 한다(환전고시8④).

(4) 업무 구분의무

환전영업자는 환전업무와 그 밖의 업무를 겸영하는 경우에는 환전업무와 다른 업무를 구분하여 관리하여야 한다(환전고시8⑤).

Ⅴ. 온라인 환전영업자의 약관 명시의무 등

온라인 환전영업자는 환전업무를 수행함에 있어 고객 보호 등을 위해 다음의 사항을 준수하여야 한다(환전고시8⑧).

1. 손해배상절차 마련 및 이행보증금 예탁 의무

온라인 환전영업자는 환전업무와 관련하여 고객이 불이익 또는 손해가 발생한 경우 이를 배상하기 위한 절차를 마련해야 하며, 고객 보호를 위해 고객이 외국통화 등을 수령할 때까지 제3자에게 결제대금을 예치하거나 1억원 이상의 이행보증금을 관할세관장에게 예탁하여야 한다. 다만, 이행보증금의 경우 기획재정부장관이 인정하는 보증보험에 가입하는 경우에는 보장금액에 해당하는 범위에서 이행보증금의 일부 또는 전부를 예탁하지 아니할 수 있다(환전고시8⑧(1)).

2. 약관 교부 및 설명의무

온라인 환전영업자는 온라인 환전업무를 하려는 경우 전자문서(전자우편을 포함), 팩스, 우편 또는 직접 교부의 방식으로 약관의 사본을 고객에게 교부하여야 하며, 고객이 약관의 내용에 대한 설명을 요청하는 경우 ⅰ) 약관의 중요내용을 고객에게 직접 설명(가목), ⅱ) 약관의 중요내용에 대한 설명을 전자적 장치를 통하여 고객으로부터 해당 내용을 충분히 인지하였다는 의사 표시를 전자적 장치를 통하여 수령(나목) 중 어느 하나의 방법으로 고객에게 약관의 중요 내용을 설명하여야 한다(환전고시8⑧(2)).

3. 약관변경과 관할세관장 제출의무

온라인 환전영업자는 약관을 변경하고자 하는 경우에는 해당 약관과 약관 내용을 이해하는데 필요한 관련 서류를 시행 예정일 30일 전까지 관할세관장에게 제출하여야 한다. 온라인 환전영업을 등록하려는 경우 환전업무등록신청서 제출시에 제출하여야 한다(환전고시8⑧(3)).

4. 관할세관장의 약관 변경권고

관할세관장은 제출받은 약관을 심사하고 고객 보호 등을 위해 필요한 경우 약관의 변경을 권고할 수 있으며, 변경 권고를 받은 온라인 환전영업자는 권고의 수락 여부를 관할세관장에게 통보하여야 한다(환전고시8⑧(4)).

Ⅵ. 온라인 환전영업자의 이행보증금

1. 이행보증금의 예탁신청 등

(1) 이행보증금 예탁 및 유지의무

온라인 환전영업자는 이행보증금예탁기관("관할세관장")에게 등록심사 완료 전까지 이행보증금을 [별지 제5호 서식]의 이행보증금 예탁신청서에 따라 예탁하고, 등록기간 동안 이를 유지하여야 한다(환전고시8의2① 본문). 다만, 이에 상응하는 보증보험에 가입하는 경우에는 보장금액에 해당하는 범위에서 이행보증금의 일부 또는 전부를 예탁하지 아니할 수 있다(환전고시8의2① 단서).

(2) 이행보증금의 산식

온라인 환전영업자의 이행보증금은 영업개시일로부터 그 다음 달의 말일까지는 1억원으로 하고, 그 기간이 지난 후부터는 매월마다 산정한 금액 이상으로 한다(환전고시8의2② 본문). 다만, 다음의 계산식에 따라 산정한 금액이 1억원보다 작은 경우 1억원으로 한다(환전고시8의2② 단서).

$$최소이행보증금 = \frac{직전월\ 대고객\ 매각액의\ 합계}{직전월의\ 전체일수} \times 환전예약을\ 받을\ 수\ 있는\ 날$$

(3) 이행보증금의 추가 예탁

온라인 환전영업자는 예탁하거나 보장되는 금액이 제2항에 따른 금액에 미치지 못할 경우 다음달 7일까지 그 부족한 금액을 추가로 예탁하여야 한다(환전고시8의2③).

(4) 이행보증금 산정내역 등 제출

온라인 환전영업자는 매분기 마지막 날로부터 10일 이내에 [별지 제6호 서식]의 이행보증금산정보고서에 따라 직전 3개월간의 이행보증금 산정, 예탁 근거 및 내역을 이행보증금예탁 기관에 제출하여야 한다(환전고시8의2④).

(5) 이행보증금예탁기관의 조치

이행보증금예탁기관은 분기별로 온라인 환전영업자가 제출한 이행보증금 산정내역 등의 적정성을 검토하여 필요한 조치를 취할 수 있다(환전고시8의2⑤).

2. 이행보증금의 지급 등

(1) 고객의 이행보증금 지급신청

온라인 환전영업자에게 환전을 요청한 고객은 ⅰ) 온라인 환전영업자의 파산, 업무정지, 등록취소 또는 이에 준하는 사유로 고객의 환전 요청을 수행하지 못하는 경우, ⅱ) 온라인 환전영업자가 고객의 환전 요청을 수행하지 아니하였거나 수행하는 과정에서 고객에게 손해가 발생한 경우(다만, 손해배상합의, 화해, 법원의 확정 판결, 그 밖에 이에 준하는 효력의 결정이 있는 경우로 한정)에는 [별지 제7호 서식]의 이행보증금 지급신청서에 따라 그 온라인 환전영업자의 이행보증금의 한도에서 이행보증금예탁기관에 이행보증금의 지급을 신청할 수 있다(환전고시8의3①). 구체적인 첨부서류는 ⅰ) 신청인 본인임을 확인할 수 있는 서류(신분증 사본 등)와, ⅱ) 외국환거래법 시행령 제17조의3(이행보증금의 지급) 제1항 각 호의 해당사유가 발생하였음을 입증하는 서류이다.

(2) 지급신청 사실의 통지 및 조사실시

이행보증금예탁기관은 온라인 환전영업자의 고객으로부터 이행보증금의 지급신청을 받은 경우에는 그 사실을 해당 온라인 환전영업자에게 지체 없이 통지하고 사실관계에 대한 조사를 하여야 한다(환전고시8의3②).

(3) 증거제출 및 의견진술 기회 부여

이행보증금예탁기관은 조사실시와 관련하여 관계 당사자에게 증거제출 및 의견진술의 기회를 주어야 한다(환전고시8의3③).

(4) 지급신청과 공시

이행보증금예탁기관은 조사결과 이행보증금 지급신청에 타당한 이유가 있다고 인정되는 경우에는 60일 이상의 기간을 정하여 해당 온라인 환전영업자에게 환전 요청을 하였으나 환전 요청이 수행되지 아니한 고객들에 대하여 이행보증금 지급을 신청할 것과 그 기간에 신청하지 아니하는 경우에는 해당 온라인 환전영업자의 이행보증금 배분 절차에서 제외된다는 뜻을 일간신문 또는 인터넷 등에 공시하여야 한다(환전고시8의3④).

이에 따른 공시에 따라 이행보증금 지급을 신청한 자에 대한 처리절차에 관해서는 제2항 및 제3항을 준용한다(환전고시8의3⑤). 따라서 이행보증금예탁기관은 온라인 환전영업자의 고객으로부터 이행보증금의 지급신청을 받은 경우에는 그 사실을 해당 온라인 환전영업자에게 지체 없이 통지하고 사실관계에 대한 조사를 하여야 하며(환전고시8의3②), 조사실시와 관련하여 관계 당사자에게 증거제출 및 의견진술의 기회를 주어야 한다(환전고시8의3③).

(5) 이행보증금 배분표 작성과 관계 당사자에 대한 통지

이행보증금예탁기관은 절차의 진행 결과 이행보증금 지급이 인정되는 신청인에 대해서는 신청인별로 이행보증금 배분표를 작성하여 관계 당사자에게 알리고, 배분액에 관하여 이의가 있는 자는 14일 이내에 이의를 제기할 수 있음을 알려야 한다(환전고시8의3⑥). 이행보증금예탁기관은 이에 따른 통지 결과 관계 당사자로부터 이의가 없는 경우에는 배분표에 따라 이행보증금을 배분한다(환전고시8의3⑦).

3. 이행보증금의 반환 등

(1) 이행보증금의 반환사유

이행보증금예탁기관은 ⅰ) 온라인 환전영업자가 온라인 환전영업 업무를 폐지한 경우(제1호), ⅱ) 온라인 환전영업자인 법인이 파산 또는 해산하거나 합병으로 소멸한 경우(제2호), ⅲ) 온라인 환전영업자의 등록이 취소된 경우(제3호), ⅳ) 온라인 환전영업자가 이미 예탁한 이행보증금이 예탁해야 할 이행보증금을 초과하여 반환 요청한 경우(제4호) 이행보증금의 전부 또는 일부를 온라인 환전영업자에게 반환하여야 한다(환전고시8의4①).

(2) 이행보증금의 반환신청

온라인 환전영업자는 이행보증금을 반환받으려고 하는 경우 위의 4가지 반환사유 중 어느 하나에 해당하는 사유가 발생하였다는 사실을 입증할 수 있는 서류를 첨부하여 [별지 제8호 서식]의 이행보증금 반환신청서에 따라 이행보증금예탁기관에 신청하여야 한다(환전고시8의4②).

(3) 이행보증금의 반환신청과 공시

이행보증금예탁기관은 ⅰ) 온라인 환전영업자가 온라인 환전영업 업무를 폐지한 경우, ⅱ) 온라인 환전영업자인 법인이 파산 또는 해산하거나 합병으로 소멸한 경우, ⅲ) 온라인 환전영업자의 등록이 취소된 경우에 이행보증금 반환신청을 하는 경우에는 ⅰ) 해당 온라인 환전영업자의 이행보증금 반환신청 사실 및 그 사유, ⅱ) 해당 온라인 환전영업자에게 환전을 요청하였으나 환전 요청이 수행되지 아니한 고객들의 경우 공시일로부터 6개월 이내에 이행보증금의 지급을 신청하지 않은 경우 해당 온라인 환전영업자가 예탁한 이행보증금을 배분받을 수 없다는 내용을 일간신문 또는 인터넷 등에 공시하여야 한다(환전고시8의4③).

(4) 이행보증금의 지급신청과 처리절차

공시 결과 이행보증금의 지급신청이 있는 경우 그 처리절차에 관하여는 제8조의3 제2항, 제3항, 제6항 및 제7항 규정을 준용한다(환전고시8의4④).

(가) 지급신청 사실의 통지 및 공시

이행보증금예탁기관은 온라인 환전영업자의 고객으로부터 이행보증금의 지급신청을 받은 경우에는 그 사실을 해당 온라인 환전영업자에게 지체 없이 통지하고 사실관계에 대한 조사를 하여야 한다(환전고시8의3②).

(나) 증거제출 및 의견진술 기회 부여

이행보증금예탁기관은 조사실시와 관련하여 관계 당사자에게 증거제출 및 의견진술의 기회를 주어야 한다(환전고시8의3③).

(다) 이행보증금 배분표 작성과 관계 당사자에 대한 통지

이행보증금예탁기관은 절차의 진행 결과 이행보증금 지급이 인정되는 신청인에 대해서는 신청인별로 이행보증금 배분표를 작성하여 관계 당사자에게 알리고, 배분액에 관하여 이의가 있는 자는 14일 이내에 이의를 제기할 수 있음을 알려야 한다(환전고시8의3⑥). 이행보증금예탁기관은 이에 따른 통지 결과 관계 당사자로부터 이의가 없는 경우에는 배분표에 따라 이행보증금을 배분한다(환전고시8의3⑦).

(5) 이행보증금의 남은 금액 반환

이행보증금예탁기관은 절차를 진행한 결과 해당 온라인 환전영업자가 예탁한 이행보증금에 남은 금액이 있는 경우에는 고객 보호에 지장이 없다고 인정될 때에만 남은 금액을 반환하여야 한다(환전고시8의4⑤).

(6) 이행보증금의 공탁

이행보증금예탁기관은 소재불명 등으로 인하여 이행보증금의 전부 또는 일부를 고객에게 지급하거나 온라인 환전영업자에게 반환하기 어려운 경우 이를 공탁할 수 있다(환전고시8의4⑥).

Ⅶ. 환전증명서의 사용

1. 환전영업자의 환전증명서 사용의무

환전영업자는 외국환매각신청서와 외국환매입증명서("환전증명서") 용지를 지정거래 외국환은행으로부터 공급받아 해당 환전영업자의 상호와 대표자명을 표시하여야 하며, 환전시 이를 사용하여야 한다(환전고시9① 본문). 다만, 환전증명서 사용이 생략되는 범위 내에서 환전업무를 영위하는 무인환전기기 환전영업자 및 온라인 환전영업자는 환전증명서를 사용하지 않을 수 있다(환전고시9① 단서).

2. 지정거래 외국환은행의 환전증명서 공급의무

지정거래 외국환은행의 장은 일련번호가 기재되고 "환전영업자용"이 표시된 환전증명서를 거래환전영업자에게 공급하여야 한다(환전고시9②).

3. 환전영업자의 환전증명서 사용방법

환전영업자는 환전증명서를 다음과 같이 사용하여야 한다(환전고시9③). 즉 ⅰ) 환전업무취급 시 같은 번호의 환전증명서 1조를 사용하며, 환전증명서 중 1장이 멸실 또는 훼손 등으로 사용할 수 없게 된 때에는 해당 조의 환전증명서는 폐기하여야 한다. ⅱ) 환전증명서의 금액은 정정할 수 없으며 정정이 필요한 경우에는 해당 환전증명서를 폐기하고 다음 번호의 환전증명서를 사용하여야 한다. ⅲ) 오기 또는 파손 등으로 폐기된 환전증명서는 별도로 보관 후 지정거래 외국환은행의 장에게 환전증명서 교부신청시 반납하고 반납확인서를 발급받아 보관하여야 한다. ⅳ) 환전영업자가 지정거래 외국환은행을 변경할 경우에는 현재 지정되어 있는 거래 외국환은행에 미사용환전증명서 및 폐기환전증명서를 반납하고 반납확인서를 발급받아 보관하여야 한다.

4. 지정거래 외국환은행의 환전증명서 관리방법

지정거래 외국환은행의 장은 환전증명서를 다음과 같이 관리하여야 한다(환전고시9④). 즉 ⅰ) 환전영업자에게 환전증명서 용지를 공급하거나 환전영업자로부터 폐기환전증명서를 반납받은 경우에는 [별지 제3호 서식]의 "환전증명서 관리대장"에 동 사항을 기재하여야 하며, 폐기환전증명서에 대하여는 그 명세를 확인한 후 반납확인서를 교부하여야 한다. ⅱ) 환전영업자로부터 미사용환전증명서 및 폐기환전증명서를 반납받은 경우에는 그 명세를 확인한 후 반납확인서를 교부하고 거래은행지정을 취소하여야 한다.

Ⅷ. 위반시 제재

1. 형사제재

법 제8조 제3항에 따른 등록을 하지 아니하거나, 거짓이나 그 밖의 부정한 방법으로 등록

을 하고 외국환업무를 한 자(제8조 제4항에 따른 폐지신고를 거짓으로 하고 외국환업무를 한 자 포함)
는 3년 이하의 징역 또는 3억원 이하의 벌금에 처한다(법27의2①(1)). 다만, 위반행위의 목적물
가액의 3배가 3억원을 초과하는 경우에는 그 벌금을 목적물 가액의 3배 이하로 한다(법27의2①
단서). 이 경우 징역과 벌금은 병과할 수 있다(법27의2②).

2. 과태료

법 제8조 제4항에 따른 변경신고를 하지 아니하거나 거짓으로 변경신고를 하고 외국환업
무를 한 자에게는 1억원 이하의 과태료를 부과한다(법32①(1)). 다만, 제29조(벌칙)에 해당하는
경우는 제외한다(법32① 단서).

법 제8조 제4항에 따른 폐지신고를 하지 아니한 자에게는 1천만원 이하의 과태료를 부과
한다(법32④(1)).

제2절 소액해외송금업자

Ⅰ. 서설

1. 소액해외송금업제도

2017년 7월 외국환거래법 개정을 통해 소액해외송금업제도가 도입되었다. 소액해외송금
업은 대외거래 증가, 금융업 발전 등 대내외 여건 변화를 고려하여 외환거래의 편의성을 제고
하고 금융업 경쟁력을 강화하기 위해 비금융회사들도 소액해외송금업을 영위할 수 있도록 기
존 금융회사에 한정했던 외국환거래의 자격을 일정 요건 확보하고 독자형 송금 서비스를 제공
하는 핀테크 업체로 확대하기 위해 도입되었다. 소액해외송금업은 금융회사가 아닌 핀테크업
체 등 상법상 회사를 통해 동일인당 일정금액(현재 건당 5천불, 연간 5만불) 이하의 해외송금을
허용하는 제도이다.

기존 은행의 소액해외송금은 국제결제시스템망(SWIFT)을 활용해 송금, 중개, 수취은행 등
의 단계를 거치며 이루어져 왔다. 이용자들은 송금 수수료, 전신료, 중개수수료 등 몇 단계에
걸친 수수료 부담을 지게 되고 4-5일이 걸리는 처리시간 탓에 불편을 겪어왔다. 하지만 현지
은행과 직접 거래하는 핀테크 기업 중심의 소액해외송금은 비용과 시간을 크게 줄일 수 있다.
따라서 건실한 비금융회사가 소액해외송금업에 진출함으로써 건전한 거래질서를 확립하는 한

편, 고객의 송금 수수료 절감 및 금융업 경쟁력 강화에 기여할 것으로 보인다.

시중은행과 비교해 상대적으로 저렴한 수수료 및 신속한 송금처리 등을 장점으로 강조하고 있는 소액해외송금업은 국내 거주 중인 외국인 노동자, 국내외 유학생 및 소액송금 수요가 있는 내국인 등을 중심으로 영업을 확장 중이다.

소액해외송금업제도 도입 당시 4개에 불과했던 소액해외송금업자는 2020년 12월 현재 28개 업체가 기획재정부에 소액해외송금업자로 등록되어 있다.

2019년 5월 금융감독원이 한국은행 외환전산망을 통해 소액해외송금업자의 송금내역을 분석한 결과 분기별 당발·타발 송금액은 본격적으로 영업을 개시한 2017년 4/4분기 14백만달러에 불과하였으나, 2019년 1/4분기 365백만달러로 크게 증가하였다. 당발송금은 국내에서 해외로의 외화송금을 말하고, 타발송금은 해외에서 들어오는 외화송금을 말한다.[10]

2. 거래 관련 주요 현황

2017년 8월 최초 등록(4개 업체) 이후 2019년 5월 현재 등록업체는 25개이며 이중 일반업자가 16개, 소규모 전업사는 9개 업체이다. 일반업자는 전자금융업 등 타업무 겸영이 가능하며 분기별 취급한도 제한이 없다. 소규모 전업사는 소액해외송금업만을 영위(타업무 겸영 금지)하고 분기별 거래 취급한도가 150억원으로 제한되어 있다.

2018년 중 전체 당발·타발 송금액(854백만달러) 중 국내에서 해외로 송금하는 당발송금(815백만달러)이 95.4%로 대부분을 차지하였다.

2018년 중 당발 송금액 및 송금건수 기준으로 상위 5개 국가의 비중이 각각 70%, 74% 수준으로 송금액은 네팔(24%), 필리핀(19%), 베트남(12%) 등이 많은 비중을 차지하며 송금건수 기준으로는 필리핀(35%), 네팔(14%), 캄보디아(10%) 등이 많은 비중을 차지하고 있었다.

Ⅱ. 소액해외송금업무의 등록

1. 소액해외송금업무의 의의

소액해외송금업무란 "대한민국과 외국 간의 지급 및 수령과 이에 수반되는 외국통화의 매입 또는 매도"에 해당하는 외국환업무를 말한다(영15의2①). 소액해외송금업무를 등록한 자를 소액해외송금업자라 한다.

---

10) 금융감독원(2019a), "소액해외송금업 영업 현황", 금융감독원(2019. 5. 30) 보도자료.

2. 등록신청

금융회사등이 아닌 자가 소액해외송금업무를 업으로 하려는 경우에는 해당 업무에 필요한 자본·시설 및 전문인력 등 등록요건을 갖추어 미리 기획재정부장관에게 등록하여야 한다(법8 ③ 전단).

외국환거래법 제23조(권한의 위임·위탁 등), 같은 법 시행령 제37조(권한의 위임·위탁) 등에 따라 금융감독원장("감독원장")에게 위탁된 소액해외송금업자의 감독업무에 필요한 사항을 정하고, 법 제20조(보고·검사) 및 영 제35조(검사)에 따라 금융감독원장에게 위탁된 검사업무의 공정하고 효율적인 수행을 위해 검사의 기준, 방법, 절차 그 밖에 검사업무에 필요한 사항을 정하기 위해 외국환감독업무시행세칙("세칙")을 두고 있다.

(1) 등록신청서 제출

소액해외송금업무를 업으로 하려는 자는 ⅰ) 명칭, ⅱ) 본점 및 영업소의 소재지, ⅲ) 소액해외송금업무 대상국가 및 취급통화 등을 포함한 취급 범위에 관한 사항, ⅳ) 소액해외송금업무의 수행 방식에 관한 사항, ⅴ) 소액해외송금업무에 사용할 계좌(소액해외송금업무의 등록을 하려는 자의 명의로 금융회사등에 개설된 계좌로 한정)의 정보, ⅵ) 소액해외송금업무 과정에서 관여하는 외국 협력업자에 관한 사항, ⅶ) 자본·시설 및 전문인력에 관한 사항, ⅷ) 임원에 관한 사항을 적은 신청서에 정관 등 기획재정부장관이 정하여 고시하는 서류를 첨부하여 기획재정부장관에게 등록을 신청하여야 한다(영15의2①).

(2) 첨부서류 제출

소액해외송금업무의 등록을 하고자 하는 자는 [별지 제3-7호 서식]의 소액해외송금업무등록신청서에 ⅰ) 정관, ⅱ) 법인등기부등본, ⅲ) 소액해외송금업무 취급 범위 및 수행 방식에 대한 설명 자료, ⅳ) 소액해외송금업무에 사용할 계좌의 통장 사본, ⅴ) 외국 협력업자의 본국 정부가 발행한 설립인가서 사본 등 외국 협력업자가 본국에서 합법적으로 해당 업무를 영위할 수 있음을 입증하는 서류(한글 번역본 포함), ⅵ) 소액해외송금업무 수행에 필요한 자기자본, 재무건전성 기준, 전산시설 및 전문인력 요건을 충족하였음을 입증하는 서류, ⅶ) 임원의 이력서, ⅷ) 약관을 첨부하여 금융감독원장을 경유하여 기획재정부장관에게 제출하여야 한다(규정2-30①).

3. 등록요건

(1) 개요

외국환거래법은 소액해외송금업무의 적절한 수행을 담보해야 할 공익적 필요성을 고려하여 일정한 자본·시설·인력 등의 등록요건을 부과하고 있다. 특히 소액해외송금업은 국경간 자금이동 등을 다루는 주요 업무이기 때문에 외환전산망 보고, 금융사고 방지 등을 위한 최소한의 자본금 및 시설요건 등을 요구하고 있다.

고객의 자금을 수취하여 제3자에게 이전하는 서비스를 제공하는 금융업의 특성상 거래 안전성 확보 및 소비자 보호 등을 위한 전산설비 및 인력 확보가 필수적이다. 한번의 사고가 우리나라 송금시장 전체의 신뢰 저하로 이어지는 등 막대한 피해발생이 가능하기 때문이다. 해외송금업무는 외환유출입, 자금세탁 등 민감한 이슈와 직접 관련되는 업종으로 업의 수행에 있어 각별한 주의가 요구되는 산업인바, 동 업무수행에 따르는 책임과 의무를 이행할 충분한 체계 구축이 필수적이며, 소액해외송금업의 안전성 담보를 통해 우리나라 소액해외송금 산업에 대한 대외 신뢰성을 확보할 필요가 있으며, 소액해외송금업에 있어서 금융사고 방지를 위한 최소한의 체계를 갖춤에 따라 소비자를 보호할 필요가 있다. 따라서 소액해외송금업자는 해외로의 자금 유출입에 관여하기 때문에 자금세탁방지 체계 구축, 외환전산망 연결 및 외환전문인력 등을 갖출 필요가 있다.

(2) 자기자본 요건

소액해외송금업무를 등록하려는 자는 상행위나 그 밖의 영리를 목적으로 하여 설립한 법인으로서 자기자본이 10억원 이상이어야 한다(영15의2②(1)). 2019년 10월 8일 시행령 개정 전에는 20억원과 10억원으로 이원화되어 있었는데, 외국환거래 관련 스타트업의 창업을 활성화하고 경쟁을 촉진하기 위해 소액해외송금업 자본금 요건을 10억원으로 일원화하였다.

(3) 재무건전성 요건

소액해외송금업무를 등록하려는 자는 기획재정부장관이 정하여 고시하는 재무건전성 기준을 충족하여야 한다(영15의2②(2)). "기획재정부장관이 정하여 고시하는 재무건전성 기준"은 자기자본 대비 부채총액의 비율이 200% 이내일 것을 말한다(규정2-30③).

여기서 부채비율은 신청일이 속하는 사업연도의 직전 사업연도말 재무상태표(최근 재무상태표를 사용하고자 하는 경우에는 회계법인의 확인을 받은 신청일 최근 분기말 또는 월말 재무상태표)상의 자기자본 및 부채총액을 이용하여 산출한다(규정2-30④ 전단). 이 경우 고객으로부터 지급등을 요청받아 일시 보관하는 금액은 부채총액에서 차감한다(규정2-30④ 후단).

(4) 외산전망 연결 요건

소액해외송금업무를 등록하려는 자는 외환정보집중기관과 전산망이 연결되어 있어야 한다(영15의2②(3)). 외환전산망 연결 요건은 한국은행의 외환전산망으로 보고할 수 있는 연결을 말하며, 외환전산망 보고자료를 불법 자금유출, 탈세 방지 등에 활용할 수 있다.

(5) 전산설비 및 전산전문인력 요건

소액해외송금업무를 등록하려는 자는 소액해외송금업무 및 그에 따른 사후관리를 원활하게 수행할 수 있는 기획재정부장관이 정하여 고시하는 전산설비 및 전산 전문인력을 갖추고 있어야 한다(영15의2②(4)).

이에 따라 소액해외송금업자의 전산설비 및 전산전문인력 요건은 다음과 같다(세칙3①). 즉 ⅰ) 소액해외송금업을 원활히 영위하는데 필요한 소프트웨어, 서버, 데이터베이스 등 정보처리 시스템을 보유하여야 하고, ⅱ) 전자적 침해사고 및 재해 등으로부터 시스템 및 업무정보 등을 보호하기 위한 정보보호 시스템을 보유하여야 하며, ⅲ) 소액해외송금업에 관한 정보처리 및 정보보호를 위한 내부통제 체계를 확보하여야 하고, ⅳ) 신청 당시 전산업무 종사 경력이 2년 이상인 임직원을 5명 이상 확보하여야 한다.

(6) 외환전문인력 요건

소액해외송금업무를 등록하려는 자는 외국환업무에 2년 이상 종사한 경력이 있는 사람 또는 기획재정부장관이 정하는 교육을 이수한 사람을 2명 이상 확보하여야 한다(영15의2②(5)). 외환전문인력 확보로 외국환거래의 안정성을 담보할 수 있다.

(7) 임원 요건

소액해외송금업무를 등록하려는 자는 임원이 금융회사지배구조법 제5조 제1항 각 호[11]에 따른 결격사유에 해당하지 아니하여야 한다(영15의2②(6)).

(8) 등록유지요건

소액해외송금업자는 10억원의 자기자본의 70%에 해당하는 금액("최저자기자본")에 미달하

---

11) 금융회사지배구조법 제5조(임원의 자격요건) ① 다음의 어느 하나에 해당하는 사람은 금융회사의 임원이 되지 못한다.
  1. 미성년자·피성년후견인 또는 피한정후견인
  2. 파산선고를 받고 복권되지 아니한 사람
  3. 금고 이상의 실형을 선고받고 그 집행이 끝나거나(집행이 끝난 것으로 보는 경우를 포함) 집행이 면제된 날부터 5년이 지나지 아니한 사람
  4. 금고 이상의 형의 집행유예를 선고받고 그 유예기간 중에 있는 사람
  5. 이 법 또는 금융관계법령에 따라 벌금 이상의 형을 선고받고 그 집행이 끝나거나(집행이 끝난 것으로 보는 경우를 포함) 집행이 면제된 날부터 5년이 지나지 아니한 사람
  6. 다음의 어느 하나에 해당하는 조치를 받은 금융회사의 임직원 또는 임직원이었던 사람(그 조치를 받게 된 원인에 대하여 직접 또는 이에 상응하는 책임이 있는 사람으로서 대통령령으로 정하는 사람으로 한정)으로서 해당 조치가 있었던 날부터 5년이 지나지 아니한 사람
    가. 금융관계법령에 따른 영업의 허가·인가·등록 등의 취소
    나. 금융산업구조개선법 제10조 제1항에 따른 적기시정조치
    다. 금융산업구조개선법 제14조 제2항에 따른 행정처분
  7. 이 법 또는 금융관계법령에 따라 임직원 제재조치(퇴임 또는 퇴직한 임직원의 경우 해당 조치에 상응하는 통보를 포함한다)를 받은 사람으로서 조치의 종류별로 5년을 초과하지 아니하는 범위에서 대통령령으로 정하는 기간이 지나지 아니한 사람
  8. 해당 금융회사의 공익성 및 건전경영과 신용질서를 해칠 우려가 있는 경우로서 대통령령으로 정하는 사람

지 아니하도록 운용하여야 한다(영15의2⑥). 각 회계연도 말을 기준으로 최저자기자본을 충족하지 못한 소액해외송금업자는 다음 회계연도 말까지 10억원의 자기자본 요건을 충족하여야 한다(영15의2⑦).

4. 등록요건 구비 여부 확인 요청

기획재정부장관은 등록 신청을 받은 때에는 금융감독원장 및 외환정보집중기관의 장에게 등록요건을 갖추었는지 여부에 대한 확인을 요청할 수 있다(영15의2③).

금융감독원장은 소액해외송금업무등록신청서를 접수한 경우 외환정보집중기관의 장이 전산망 연결 여부를 확인할 수 있도록 관련 사실을 외환정보집중기관의 장에게 통보하여야 하며, 금융감독원장 및 외환정보집중기관의 장은 등록신청서의 내용과 등록요건의 충족 여부를 확인하여 기획재정부장관에게 그 결과를 통보하여야 한다(규정2-30⑤).

5. 등록 결격사유

기획재정부장관은 등록 신청이 ⅰ) 등록요건을 갖추지 못한 경우, ⅱ) 제출받은 서류에 흠이 있다고 인정되는 경우, ⅲ) 등록을 신청한 자(등록을 신청한 자의 임원을 포함)가 등록이 취소된 자(등록이 취소된 자의 임직원이었던 자로서 그 취소 사유의 발생에 직접 또는 이에 상응하는 책임이 있는 자를 포함)는 등록이 취소된 날부터 3년이 경과하지 아니한 경우에 해당하여 등록할 수 없는 자에 해당하는 경우, ⅳ) 그 밖에 이 법 또는 다른 법령에 따른 제한에 해당하는 경우를 제외하고는 등록을 해주어야 한다(영15의2④).

6. 등록 처리기간

소액해외송금업자의 등록사무에 대한 처리기간은 등록신청일부터 20일 이내에 하여야 한다(규정1-4①(2)). 처리기간의 계산에 있어서는 초일을 산입하되 공휴일과 보완에 소요되는 기간은 산입하지 아니한다(규정1-4②). 등록사무 처리에 대해 외국환거래규정(권한을 위탁받은 자가 정하는 규정 등을 포함)에서 별도로 정한 사항이 없는 경우에는 민원사무처리에 관한 법령 및 행정절차법령의 규정을 준용한다(규정1-4③).

7. 등록증 발급

기획재정부장관은 등록을 한 경우 신청인에게 등록증을 발급하여야 한다(영15의2⑤).

8. 등록내용 변경 또는 소액해외송금업무 폐지

변경신고 제도는 업자가 주요 등록사항을 변경할 경우 감독당국에 사전에 신고토록하여 감독상의 공백이 없게 하고, 외환거래 안정성 확보 및 소비자 보호를 위한 제도로서 감독당국이 사전에 인지하지 못할 경우 감독, 소비자 보호, 거래 안정성에 문제가 발생하는 사항에 국한하고 있다. 변경신고는 심사 및 수리를 요하지 않는 절차로서 업자의 행정적 부담은 발생하지 않는다. 따라서 변경이 자주 발생하고, 변경신고 실효성이 낮은 등록사항(자본, 시설, 인력 등)은 변경신고 대상에서 제외하고 있다.

(1) 사전신고

소액해외송금업자는 등록사항 중 ⅰ) 명칭, ⅱ) 본점 및 영업소의 소재지, ⅲ) 소액해외송금업무 대상국가 및 취급통화 등을 포함한 취급 범위에 관한 사항, ⅳ) 소액해외송금업무의 수행 방식에 관한 사항, ⅴ) 소액해외송금업무에 사용할 계좌(소액해외송금업무의 등록을 하려는 자의 명의로 금융회사등에 개설된 계좌로 한정)의 정보, ⅵ) 소액해외송금업무 과정에서 관여하는 외국 협력업자에 관한 사항, ⅶ) 자본·시설 및 전문인력에 관한 사항, ⅷ) 임원에 관한 사항을 변경하려 하거나 외국환업무를 폐지하려는 경우에는 기획재정부장관에게 미리 그 사실을 신고하여야 한다(법8④, 영15의2①).

소액해외송금업무의 등록내용을 변경하거나 소액해외송금업무를 폐지하고자 하는 경우에는 다음에서 정하는 바에 의한다(규정2-30⑥).

(2) 등록내용 변경

등록내용을 변경하고자 하는 자는 [별지 제3-8호 서식]의 소액해외송금업무등록내용변경(폐지)신고서에 ⅰ) 소액해외송금업무 등록필증, ⅱ) 변경사항을 증명하는 서류를 첨부하여 금융감독원장에게 제출하여야 한다(규정2-30⑥(1)).

(3) 소액해외송금업무 폐지

소액송금업무를 폐지하고자 하는 자는 [별지 제3-8호 서식]의 소액해외송금업무등록내용변경(폐지)신고서에 ⅰ) 소액해외송금업무 등록필증, ⅱ) 소액해외송금업무와 관련하여 고객에게 부담하는 채무의 이행을 완료하였음을 입증하는 서류를 첨부하여 금융감독원장에게 제출하여야 한다(규정2-30⑥(2)).

(4) 신고의 처리기간

신고등에 대한 처리기간은 신고등 신청일부터 20일 이내에 이내에 하여야 한다(규정1-4①(2)). 처리기간의 계산에 있어서는 초일을 산입하되 공휴일과 보완에 소요되는 기간은 산입하지 아니한다(규정1-4②). 신고등 사무처리에 대해 외국환거래규정(권한을 위탁받은 자가 정하는 규정 등을 포함)에서 별도로 정한 사항이 없는 경우에는 민원사무처리에 관한 법령 및 행정절차법령의 규정을 준용한다(규정1-4③).

9. 등록요건 유지 확인

금융감독원장은 등록요건 유지 여부를 확인하기 위하여 소액해외송금업자에게 등록요건을 유지하고 있음에 대한 증빙서류 제시 등을 요구할 수 있다(규정2-30⑧ 전단). 이 경우 소액해외송금업자는 금융감독원장의 요구에 따라야 한다(규정2-30⑧ 후단).

Ⅲ. 소액해외송금업자의 업무

1. 지급 및 수령 한도(송금 및 수금 한도)

소액해외송금업자가 취급할 수 있는 소액해외송금업무의 건당 지급 및 수령 한도는 각각 건당 미화 5천불로 하며, 동일인당 연간 지급 및 수령 누계 한도는 각각 미화 5만불로 한다(영15의3①, 규정2-31①).

2019년 10월 8일 시행령 개정 전에는 미화 3천불로 하고 있었는데, 외국환거래 관련 스타트업의 창업을 활성화하고 고객의 송금 편의를 제고하기 위해 소액해외송금업체의 건당 송금·수금 한도를 5천불로 상향하였으며, 외국환거래규정 개정으로 연간 한도는 미화 5만불로 상향하였다.

2. 외국통화의 매입 및 매도

소액해외송금업자는 건당 지급 및 수령 한도 각각 건당 미화 5천불, 동일인당 연간 지급 및 수령 누계 한도 각각 미화 5만불로 하는 업무를 수행하기 위해 외국환은행을 상대로 외국통화를 매입 또는 매도할 수 있다(규정2-31②).

3. 자금의 건별 수령의무

소액해외송금업자는 고객으로부터 자금을 수령하는 경우 건별로 수령하여야 한다(규정2-31③).

4. 소액해외송금업무의 방식

(1) 개요

소액해외송금업자는 고객과 대금을 수납하거나 전달함에 있어 계좌를 통한 거래만 가능하였다. 즉 고객명의 계좌 ↔ 핀테크기업 명의 계좌로만 거래할 수 있었는데, 이는 거래투명성 확보를 위한 규제였다. 이는 외환서비스 내 대표적 비대면 사업자인 소액해외송금업자의 영업 방식과 이용고객 확대를 제약하는 측면이 있었다. 소액해외송금업자는 계좌거래 외 ATM 등 비대면 방법 활용이 불가능하였다.

2020년 10월 30일 외국환거래규정 제2-31조 제3항 개정을 통해 소액해외송금업자와 고객 간 거래방법 제한을 완화하였다. 따라서 소액해외송금업자가 계좌간 거래 이외에도 무인기기, 창구거래를 통해 고객으로부터 대금을 받거나 외국에서 송금된 대금을 고객에게 지급할 수 있도록 허용되었다. 예를 들어 온라인 서비스에 익숙하지 않은 고령층이 자택 인근의 새마을금고 등에서 ATM 또는 창구거래를 통해 소액해외송금서비스를 이용할 수 있다.[12]

(2) 사용계좌 한정

소액해외송금업자는 소액해외송금업무에 사용할 계좌(소액해외송금업무의 등록을 하려는 자의 명의로 금융회사등에 개설된 계좌로 한정)를 통해서만 고객에게 자금을 지급하거나 고객으로부터 자금을 수령하여야 한다(영15의3② 본문).

외국환거래의 투명성을 확보하기 위하여 소액해외송금업자는 지정계좌를 통해서만 국내 소비자와 자금을 지급 및 수령하도록 규정하고 있다.

(3) 사용계좌 한정의 예외

계좌를 통한 거래에 준하는 수준의 투명성 확보가 담보되는 것으로 기획재정부장관이 인정하는 방식으로 자금을 지급 또는 수령하는 경우, 즉 ⅰ) 외국환업무를 등록한 금융회사등(다만, 한국해양진흥공사는 제외) 및 기타전문외국환업무를 등록한 자[다만, 전자금융거래법에 따른 전자화폐의 발행 및 관리 업무 과정에서의 대외지급수단인 전자화폐의 발행과 이 업무와 관련한 대한민국과 외국 간의 지급·추심 및 수령(규정2-39②) 및 전자금융거래법에 따른 선불전자지급수단의 발행 및 관리 업무 과정에서의 대외지급수단인 선불전자지급수단의 발행과 이 업무와 관련한 대한민국과 외국 간의 지급·추심 및 수령(규정2-39③) 업무를 영위하는 자에 한한다]를 통하여 고객에게 자금을 지급하거나 고객으로부터 자금을 수령하는 경우(제1호), ⅱ) 무인환전기기 환전영업자 및 전자금융보조업자를 통하여 고객에게 자금을 지급하거나 고객으로부터 자금을 수령하는 경우(소액해외송금업자가 무인환전기기 환전업무를 등록한 경우 보유하고 있는 무인환전기기를 통하여 고객에게 자금을 지급하거나 고객으로부터 자금을 수령하는 경우를 포함)(제2호)에는 소액해외송금업무에 사용할 계좌(소액해외송금업무의 등록을 하려는 자의 명의로 금융회사등에 개설된 계좌로 한정)를 통하지 아니할 수 있다(영15의3② 단서, 규정2-31④).

---

12) 기획재정부(2020a), 9쪽.

5. 계좌 사용용도 제한

소액해외송금업자는 소액해외송금업무에 사용할 계좌(소액해외송금업무의 등록을 하려는 자의 명의로 금융회사등에 개설된 계좌로 한정)를 고객에게 자금을 지급하거나 고객으로부터 자금을 수령하는 지급·수령의 용도로만 사용하여야 한다(영15의3③).

6. 자산의 구분 회계처리

소액해외송금업자는 소액해외송금업무에 사용할 계좌(소액해외송금업무의 등록을 하려는 자의 명의로 금융회사등에 개설된 계좌로 한정)의 자산을 다른 자산과 구분하여 회계처리하여야 한다(영15의3④).

7. 지급등의 내역 기록 · 보관 및 통보의무

소액해외송금업자는 국내의 지급인 및 수령인 별로 지급등의 내역을 기록하고 5년간 보관하여야 하며, 지급등의 내역을 매월별로 익월 10일까지 외환정보집중기관을 통하여 금융정보분석원장, 국세청장, 관세청장, 금융감독원장에게 통보하여야 한다(규정2-31⑤).

8. 정산 및 거래내역 기록 · 보관 및 제출의무

소액해외송금업자는 소액해외송금업무 수행 과정에서의 정산 및 거래 내역(외국 협력업자와의 지급등 또는 상계 내역, 그 밖에 소액해외송금업무를 완결하기 위한 거래 또는 행위를 모두 포함)을 기록하고 5년간 보관해야 하며, 금융감독원장이 요구할 경우 이를 제출해야 한다(규정2-31⑥).

9. 지정거래 외국환은행을 통한 지급규정 미적용

소액해외송금업자의 업무에 따른 지급의 경우에는 지정거래 외국환은행을 통하여 지급하도록 하는 제4-3조(거주자의 지급등 절차 예외) 제3항, 제4-4조(비거주자 또는 외국인거주자의 지급) 제1항 제3호 및 같은 조 제2항, 제4-5조(해외여행경비 지급절차)의 규정은 적용하지 아니할 수 있다(규정2-31⑦).

따라서 ⅰ) 연간 누계금액이 미화 5만불 이내(건당 지급금액이 미화 5천불 초과 5만불 이내이고, 연간 지급누계액이 5만불을 초과하지 않는 거래에 따른 지급금액을 포함)인 경우(가목), ⅱ) 연간 누계금액이 미화 5만불을 초과하는 지급으로서 당해 거래의 내용과 금액을 서류를 통해 외국환은행의 장이 확인할 수 있는 경우(나목)에 따른 지급(규정4-3①(1))을 하고자 하는 자는 거래 외국환은행을 지정하여야 한다(규정4-3③)는 규정은 적용하지 아니할 수 있다.

국내에서의 고용, 근무에 따라 취득한 국내보수 또는 자유업 영위에 따른 소득 및 국내로부터 지급받는 사회보험 및 보장급부 또는 연금 기타 이와 유사한 소득범위 이내에서 지정거래 외국환은행을 통해 지급하는 경우에는 자금의 취득경위를 입증하는 서류를 제출하여 외국환은행 장의 확인을 받은 경우에 한하여 지급할 수 있다(규정4-4①(3) 본문). 다만, 외국인근로자의 고용등에 관한 법률에 따른 출국만기보험 수령은 지정거래 외국환은행을 통하지 아니하여도 된다(규정4-4①(3) 단서)는 규정은 적용하지 아니할 수 있다.

자금의 취득경위 입증서류 제출대상이 아닌 경우 비거주자 또는 외국인거주자는 연간 미화 5만불(해외여행경비를 신용카드등으로 지정거래 외국환은행을 통해 지급한 금액을 포함) 범위 내에서 지정거래 외국환은행을 통해 지급할 수 있다(규정4-4②)는 규정은 적용하지 아니할 수 있다.

Ⅳ. 소액해외송금업무의 안전성 기준

1. 개요

소액해외송금업자가 소비자와 비대면으로 전자적인 방식 등으로 영업하는 경우 업자와 소비자간 법률관계 및 관련 의무를 규정할 필요가 있다. 전자금융거래의 기본적인 법률관계, 이용자 보호와 관련된 사항을 규율하는 전자금융거래법의 주요 내용이 적용될 필요가 있으며, 소비자와 대면하여 의사소통하지 않는 경우 일반 민법 원칙 적용이 곤란할 수 있으며, 강화된 소비자 보호가 요구되므로 아래와 같은 규정을 두고 있다.

ⅰ) 전자금융거래의 안전성 확보를 위해 전자금융거래법의 일부 의무를 준수하여야 하고, ⅱ) 일정 자격요건을 충족하는 자를 정보보호최고책임자로 지정하여야 하며, ⅲ) 약관 제·개정시 금융감독원에 신고하고 고객에게 약관을 설명하여야 하며, ⅳ) 고객의 의견·불만 접수, 손해배상 등 분쟁처리절차를 마련하여야 하고, ⅴ) 고객에게 송금수수료, 환율 등 소액 해외송금업무와 관련한 중요정보를 제공하여야 한다.

외국환거래법 시행령은 소액해외송금업 관련 업무 범위와 기준을 설정함으로써 건전한 송금거래 질서를 확립하고 문제 발생시 소비자 권리를 보호하고 있다.

이에 관하여 Ⅳ.와 Ⅴ.에서 구체적으로 살펴본다.

2. 정보기술부문 및 인증방법 관련 기준 준수의무

소액해외송금업자는 소액해외송금업무의 안전성과 신뢰성을 확보할 수 있도록 전자적 전송이나 처리를 위한 인력, 시설, 전자적 장치, 소요경비 등의 정보기술부문 및 인증방법에 관하여 기획재정부장관이 정하는 기준을 준수하여야 한다(영15의4①).

　"기획재정부장관이 정하는 기준"은 전자금융감독규정 제8조부터 제18조 및 제19조의2부터 제37조에서 정하는 기준을 준용한다. 이 경우 "금융회사 또는 전자금융업자"는 "소액해외송금업자"로, "전자금융업무"는 "전자적 장치를 통한 소액해외송금업무"로, "전자금융거래"는 "전자적 장치를 통한 소액해외송금업무를 고객이 소액해외송금업자의 종사자와 대면하지 않고 이용하는 거래"로 보며, "금융위원회"는 "금융감독원장"으로 본다(규정2-32①).

3. 정보보호최고책임자 지정

　소액해외송금업자는 전자금융거래법 시행령 [별표 1][13] 정보보호최고책임자의 자격요건을 갖춘 사람을 소액해외송금업무의 기반이 되는 정보기술부문 보안을 총괄하여 책임질 정보

---

13) [별표 1] 정보보호최고책임자의 자격
　1. 정보보호 또는 정보기술(IT) 분야의 학력 또는 기술자격을 가진 사람으로서 다음 각 목의 어느 하나에 해당하는 사람은 정보보호최고책임자의 자격을 가진다.
　　가. 정보보호 또는 정보기술(IT) 분야의 전문학사학위를 취득한 후 4년 이상 정보보호 분야 업무 또는 5년 이상 정보기술(IT) 분야 업무를 수행한 경력이 있는 사람
　　나. 정보보호 또는 정보기술(IT) 분야의 학사학위 또는 다음 전문자격을 취득한 후 2년 이상 정보보호 분야 또는 3년 이상 정보기술(IT) 분야 업무를 수행한 경력이 있는 사람
　　　1) 전자정부법 제2조 제15호에 따른 감리원
　　　2) 정보통신망법 제47조 제5항에 따른 정보보호 관리체계 인증기관의 인증 심사원
　　　3) 자격기본법에 따라 공인을 받은 정보보호전문가(Specialist for Information Security)
　　　4) 국제정보시스템감사통제협회(Information Systems Audit and Control Association)의 정보시스템감사사(Certified Information Systems Auditor)
　　　5) 국제정보시스템보안자격협회(International Information System Security Certification Consortium)의 정보시스템보호전문가(Certified Information System Security Professional)
　　다. 정보보호 또는 정보기술(IT) 분야의 석사학위를 취득한 후 1년 이상 정보보호 분야 업무 또는 2년 이상 정보기술(IT) 분야 업무를 수행한 경력이 있는 사람
　2. 다음 각 목의 어느 하나에 해당하는 사람은 정보보호최고책임자의 자격을 가진다.
　　가. 8년 이상 정보보호 분야 업무 또는 10년 이상 정보기술(IT) 분야 업무를 수행한 경력이 있는 사람
　　나. 전문학사학위를 취득한 후 6년 이상 정보보호 분야 업무 또는 7년 이상 정보기술(IT) 분야 업무를 수행한 경력이 있는 사람
　　다. 학사학위를 취득한 후 4년 이상 정보보호 분야 업무 또는 5년 이상 정보기술(IT) 분야 업무를 수행한 경력이 있는 사람
　　라. 석사학위를 취득한 후 2년 이상 정보보호 분야 업무 또는 3년 이상 정보기술(IT) 분야 업무를 수행한 경력이 있는 사람
　3. 농업협동조합법에 따른 조합, 수산업협동조합법에 따른 조합, 산림조합법에 따른 조합, 신용협동조합법에 따른 신용협동조합 및 새마을금고법에 따른 지역금고의 경우에는 제1호 및 제2호에도 불구하고 다음 각 목의 어느 하나에 해당하는 사람도 정보보호최고책임자의 자격을 가진다.
　　가. 정보보호 또는 정보기술(IT) 분야의 학력 또는 기술자격을 가진 사람으로서 6년 이상 금융업에 종사한 사람
　　나. 금융위원회가 정하여 고시하는 교육을 이수한 사람으로서 조합·신용협동조합·지역금고의 장이나 그 장이 지정한 사람. 다만, 상시 종업원 수(금융위원회가 정하여 고시하는 산정방식에 따라 계산된 상시 종업원 수)가 20명 이하인 조합·신용협동조합·지역금고의 경우로 한정한다.

보호최고책임자로 지정하여야 한다(영15의4②, 규정2-32②).

4. 정보보호최고책임자의 업무

정보보호최고책임자의 업무는 ⅰ) 소액해외송금업무의 안정성 확보 및 고객 보호를 위한 전략 및 계획의 수립, ⅱ) 정보기술부문의 보호, ⅲ) 정보기술부문의 보안에 필요한 인력관리 및 예산편성, ⅳ) 전자적 장치를 통한 업무 수행과 관련한 사고 예방 및 조치, ⅴ) 정보기술부문 보안을 위한 자체심의에 관한 사항, ⅵ) 정보기술부문 보안에 관한 임직원 교육에 관한 사항이다(규정2-32③).

5. 손해배상절차 마련의무

소액해외송금업자는 업무와 관련하여 고객이 제기하는 정당한 의견이나 불만을 반영하고 고객이 소액해외송금업무와 관련하여 입은 손해를 배상하기 위한 절차를 마련하여야 한다(영15의4⑥).

6. 주요 정보 제공의무

소액해외송금업자는 소액해외송금업무와 관련된 주요 정보, 즉 ⅰ) 지급·수령에 소요되는 예상 기간, ⅱ) 고객이 지불해야 하는 수수료 금액, ⅲ) 고객이 지급·수령하는 자금의 원화표시 및 외화표시 금액과 적용 환율, ⅳ) 분쟁처리절차 및 관련 연락처를 고객에게 제공하여야 한다(영15의4⑦, 규정2-32④).

Ⅴ. 소액해외송금업자의 약관 명시 등

1. 약관의 제정 또는 변경의 사전신고

소액해외송금업자는 소액해외송금업무의 수행과 관련하여 약관을 정하거나 변경하려는 경우 미리 기획재정부장관에게 신고하여야 한다(영15의4③).

이에 따라 소액해외송금업자가 약관을 제정 또는 변경하고자 하는 경우에는 해당 약관 및 약관 내용을 이해하는데 필요한 관련서류를 시행 예정일 45일 전까지 금융감독원장에게 제출하여야 한다. 약관 변경 권고 및 수락여부 보고에 소요되는 기간은 산입하지 아니하며, 소액해외송금업무를 등록하려는 경우에는 소액해외송금업무등록신청서 제출시에 제출하여야 한다. 이 경우 약관 및 관련서류는 전자문서로 제출할 수 있다(규정2-34①).

2. 약관 마련 및 교부의무

소액해외송금업자는 소액해외송금업무와 관련한 약관을 마련하여야 하고(규정2-33①), 소액해외송금업무를 하려는 경우 고객에게 전자문서의 전송(전자우편을 이용한 전송을 포함), 모사전송, 우편 또는 직접 교부의 방식으로 약관의 사본을 고객에게 교부하여야 한다(규정2-33②).

3. 약관설명의무

소액해외송금업자는 고객이 약관의 내용에 대한 설명을 요청하는 경우 ⅰ) 약관의 중요내용을 고객에게 직접 설명하는 방법, 또는 ⅱ) 약관의 중요내용에 대한 설명을 전자적 장치를 통하여 고객이 알기 쉽게 표시하고 고객으로부터 해당 내용을 충분히 인지하였다는 의사표시를 전자적 장치를 통하여 수령하는 방법으로 고객에게 약관의 중요내용을 설명하여야 한다(규정2-33③).

4. 약관 변경권고 및 보고

기획재정부장관은 건전한 외환거래 질서를 유지하기 위하여 필요한 경우 소액해외송금업자에게 약관의 변경을 권고할 수 있다(영15의4④).

이에 따라 금융감독원장은 제출받은 약관을 심사하고 건전한 외환거래 질서의 유지를 위하여 약관내용의 변경이 필요하다고 인정하는 경우 해당 소액해외송금업자에 대하여 약관의 변경을 권고할 수 있다(규정2-34②). 변경권고를 받은 소액해외송금업자는 권고의 수락 여부를 금융감독원장에게 보고하여야 한다(규정2-34③)

Ⅵ. 소액해외송금업자의 이행보증금

1. 이행보증금의 의의 및 제도적 취지

(1) 의의

기획재정부장관은 외국환업무의 성실한 이행을 위하여 소액해외송금업자에게 금융감독원에 보증금을 예탁하게 하거나 보험 또는 공제에 가입하게 하는 등 필요한 조치를 할 수 있다(법8⑦, 규정2-35①). 이 경우 소액해외송금업자가 예탁하여야 하는 보증금을 이행보증금이라 한다(영17의2①).

(2) 제도적 취지

고객의 자금을 수취하여 제3자에게 이전하는 서비스를 제공하는 금융업으로서의 특성상 거래 안전성 확보 및 소비자 보호를 위해 비금융회사의 소액해외송금업 영위 과정에서 소비자 피해 발생을 막기 위해 이행보증금 예탁 등 안전장치를 마련할 필요가 있었다. 소액해외송금업자는 소비자 피해 발생에 대비하여 기획재정부장관이 지정하는 기관(금융감독원)에 이행보증금을 납부하여야 한다. 다만, 업자가 보험회사의 보증보험에 가입하는 경우 해당 보험에 따른 보장금액만큼 이행보증금의 예탁을 면제하도록 하여 부담이 적은 방향으로 선택할 수 있도록 하였다.

예탁금액은 직전 1개월간 고객에게 지급을 요청받은 일평균 금액의 3배로 산정하고, 동금액이 3억원 미만인 경우 3억원을 예탁하여야 한다. 금융사고 발생시 하루만에 사고가 인지되지 않고, 수일간 고객의 입금이 지속될 있는 점, 일별로 거래금액의 편차가 클 수 있는 점 등을 고려하여 일평균 지급금액의 3배로 규정하였다.

국내 소비자가 수령하는 경우는 업자 또는 외국 협력업자가 해외 소비자에 대해 채무를 부담하는 경우이므로 국내 소비자를 위한 이행보증금 산정에서 제외하였다. 이행보증금 예탁 명령 등 조치 위반시 업무정지 2개월의 제재를 받는다.

2. 이행보증금의 산정

(1) 이행보증금의 예탁 한도

소액해외송금업자의 이행보증금은 영업개시일로부터 그 다음 월의 말일까지는 3억원 이상으로 하고, 그 기간이 지난 후부터는 다음의 계산식에 따라 산정한 금액 이상으로 한다(규정 2-35② 본문). 다만, 다음의 계산식에 따라 산정한 금액이 3억원보다 작은 경우에는 3억원으로 한다(규정2-35② 단서).

$$최소이행보증금 = \frac{직전월\ 고객에게\ 지급을\ 요청받은\ 총액}{직전월의\ 전체일수} \times 3$$

(2) 이행보증금의 예탁 및 유지의무

소액해외송금업자는 기획재정부장관이 지정하는 기관("이행보증금예탁기관")에 이행보증금을 현금으로 예탁하고 등록기간 동안 이를 유지하여야 한다(영17의2② 본문). 다만, 금융감독원장을 피보험자로 하고 국내 보증보험회사가 발행하는 인허가보증보험에 가입하는 경우에는 보장금액에 해당하는 범위에서 이행보증금의 일부 또는 전부를 예탁하지 아니할 수 있다(영17의2② 단서, 규정2-35③).

소액해외송금업자가 금융감독원에 이행보증금을 예탁할 때에는 [별지 제5호 서식]의 이행보증금 예탁신청서를 제출하여야 한다(세칙6). 이행보증금의 일부 또는 전부를 인허가보증보험증권으로 예탁할 경우 당해 인허가보증보험증권 사본을 첨부하여야 한다(세칙6).

(3) 이행보증금의 추가 예탁

소액해외송금업자는 예탁하거나 보장되는 금액이 이행보증금의 예탁 한도 금액에 미치지 못할 경우 매월 7일 이내에 그 부족한 금액을 다시 예탁하여야 한다(영17의2③, 규정2-35④).

(4) 이행보증금 산정내역 등 제출

소액해외송금업자는 이행보증금의 산정, 예탁 근거 및 내역을 기록하고 기획재정부장관에게 보고하여야 한다(영17의2④). 소액해외송금업자의 이행보증금 산정 등에 관한 보고의 수령에 관한 기획재정부장관의 권한은 금융감독원장에게 위탁되어(영37④(9)), 소액해외송금업자가 금융감독원장에게 보고해야 하는 구체적인 내용, 절차 및 이에 대한 점검주기에 관한 사항은 금융감독원장이 정한다(규정2-35⑤).

이에 따라 소액해외송금업자는 매분기 마지막 날로부터 15일 이내에 [별지 제4호 서식] 이행보증금 산정보고서에 따라 직전 3개월간의 이행보증금 산정, 예탁 근거 및 내역을 금융감독원장에게 제출하여야 한다(세칙5①).

(5) 금융감독원장의 조치

금융감독원장은 분기별로 이행보증금 산정 등의 적정성을 점검하여 위반이 발견될 경우 필요한 조치를 취할 수 있다(세칙5②).

3. 이행보증금의 지급

(1) 고객의 이행보증금의 지급신청

소액해외송금업자에게 대한민국에서 외국으로 지급을 요청한 고객은 ⅰ) 소액해외송금업자의 파산, 업무정지, 등록취소 또는 이에 준하는 사유로 고객의 지급 요청을 수행하지 못하는 경우(제1호), ⅱ) 소액해외송금업자가 고객의 지급 요청을 수행하지 아니하였거나 수행하는 과정에서 고객에게 손해가 발생한 경우(손해배상합의, 화해, 법원의 확정 판결, 그 밖에 이에 준하는 효력의 결정이 있는 경우로 한정)(제2호) 그 소액해외송금업자의 이행보증금의 한도에서 이행보증금 예탁기관에 이행보증금의 지급을 신청할 수 있다(영17의3①).

이에 따라 고객이 이행보증금의 지급을 신청할 경우에는 [별지 제6호 서식] 이행보증금 지급신청서에 따라 ⅰ) 소액해외송금업자의 파산, 업무정지, 등록취소 또는 이에 준하는 사유로 고객의 지급 요청을 수행하지 못하는 경우, ⅱ) 소액해외송금업자가 고객의 지급 요청을 수행하지 아니하였거나 수행하는 과정에서 고객에게 손해가 발생한 경우(손해배상합의, 화해, 법원의 확정 판결, 그 밖에 이에 준하는 효력의 결정이 있는 경우로 한정)(영17의3①) 중 어느 하나에 해당하는 사유가 발생하였다는 사실을 입증할 수 있는 서류를 첨부하여 감독원장에게 제출하여야 한다(세칙7). 첨부서류는 ⅰ) 신청인 본인임을 확인할 수 있는 서류(신분증 사본 등), ⅱ) 외국환거래법 시행령 제17조의3 제1항 각 호의 해당사유가 발생하였음을 입증하는 서류이다(세칙7).

(2) 지급신청 사실의 통지 및 조사실시

금융감독원장은 소액해외송금업자의 고객(대한민국에서 외국으로 지급을 요청한 고객에 한정)으로부터 이행보증금의 지급신청을 받은 경우에는 그 사실을 해당 소액해외송금업자에게 지체 없이 통지하고 사실관계에 대한 조사를 하여야 한다(규정2-36①).

(3) 증거제출 및 의견진술 기회 부여

금융감독원장은 조사실시와 관련하여 관계 당사자에게 증거제출 및 의견 진술의 기회를 주어야 한다(규정2-36②).

(4) 지급신청과 공시

금융감독원장은 조사결과 고객의 이행보증금 지급신청에 타당한 이유가 있다고 인정하는 경우에는 60일 이상의 기간을 정하여 해당 소액해외송금업자에게 외국으로의 지급 요청을 하였으나 지급 요청이 수행되지 아니한 고객들에 대하여 이행보증금의 지급을 신청할 것과 그 기간에 신청하지 아니하는 경우에는 해당 소액해외송금업자의 이행보증금 배분 절차에서 제외된다는 뜻을 일간신문 또는 인터넷 등에 공시하여야 한다(규정2-36③).

공시에 따라 이행보증금 지급을 신청한 자에 대한 처리절차에 관하여는 제1항 및 제2항을 준용한다(규정2-36④). 따라서 금융감독원장은 소액해외송금업자의 고객(대한민국에서 외국으로 지급을 요청한 고객에 한정)으로부터 이행보증금의 지급신청을 받은 경우에는 그 사실을 해당 소액해외송금업자에게 지체 없이 통지하고 사실관계에 대한 조사를 하여야 하며(규정2-36①), 조사실시와 관련하여 관계 당사자에게 증거제출 및 의견 진술의 기회를 주어야 한다(규정2-36②).

(5) 이행보증금 배분표 작성과 관계 당사자에 대한 통지

금융감독원장은 절차의 진행결과 이행보증금 지급이 인정되는 신청인에 대해서는 신청인별로 이행보증금 배분표를 작성하여 관계 당사자에게 알리고, 배분액에 관하여 이의가 있는 자는 14일 이내에 이의를 제기할 수 있음을 알려야 한다(규정2-36⑤). 금융감독원장은 통지 결과 관계 당사자로부터 이의가 없는 경우에는 배분표에 따라 배분을 한다(규정2-36⑥).

4. 이행보증금의 반환

(1) 이행보증금의 반환사유

이행보증금예탁기관의 장은 ⅰ) 소액해외송금업자가 소액해외송금업무를 폐지한 경우,

ii) 소액해외송금업자인 법인이 파산 또는 해산하거나 합병으로 소멸한 경우, iii) 소액해외송금업자의 등록이 취소된 경우, iv) 3개월 연속의 기간 동안 소액해외송금업자가 이미 예탁한 이행보증금이 예탁하여야 할 이행보증금을 초과한 경우 기획재정부장관이 정하는 바에 따라 이행보증금의 전부 또는 일부를 소액해외송금업자에게 반환하여야 한다(영17의4, 규정2-37②).

(2) 이행보증금의 반환신청

소액해외송금업자가 이행보증금을 반환받으려는 경우에는 위의 4가지 반환사유 중 어느 하나에 해당하는 사유가 발생하였다는 사실을 입증할 수 있는 서류를 첨부하여 금융감독원장에게 신청하여야 한다(규정2-37① 전단). 이 경우 반환신청서의 서식 및 첨부서류는 금융감독원장이 정한다(규정2-37① 후단).

이에 따라 소액해외송금업자가 이행보증금을 반환받으려는 경우에는 [별지 제7호 서식] 이행보증금 반환신청서에 따라 i) 소액해외송금업자가 소액해외송금업무를 폐지한 경우, ii) 소액해외송금업자인 법인이 파산 또는 해산하거나 합병으로 소멸한 경우, iii) 소액해외송금업자의 등록이 취소된 경우, iv) 기획재정부장관이 정하는 기간 동안 소액해외송금업자가 이미 예탁한 이행보증금이 예탁하여야 할 이행보증금을 초과한 경우(영17의4) 중 어느 하나에 해당하는 사유가 발생하였다는 사실을 입증할 수 있는 서류를 첨부하여 금융감독원장에게 신청하여야 한다(세칙8).

(3) 이행보증금의 반환신청과 공시

금융감독원장은 i) 소액해외송금업자가 소액해외송금업무를 폐지한 경우, ii) 소액해외송금업자인 법인이 파산 또는 해산하거나 합병으로 소멸한 경우, iii) 소액해외송금업자의 등록이 취소된 경우의 사유로 이행보증금 반환신청을 하는 경우에는 i) 해당 소액해외송금업자의 이행보증금 반환신청 사실 및 그 사유, ii) 해당 소액해외송금업자에게 외국으로의 지급 요청을 하였으나 지급 요청이 수행되지 아니한 고객들의 경우 공시일부터 6개월 이내에 이행보증금의 지급을 신청하여야 하며, 해당 기간에 이행보증금의 지급을 신청하지 아니하는 경우에는 해당 소액해외송금업자가 예탁한 이행보증금에서 배분을 받을 수 없다는 내용을 일간신문 또는 인터넷 등에 공시하여야 한다(규정2-37③).

(4) 이행보증금의 지급신청과 처리절차

공시 결과 이행보증금의 지급신청이 있는 경우 그 처리절차에 관하여는 이행보증금의 지급절차에 관한 제2-36조(이행보증금의 지급절차) 제1항, 제2항, 제5항 및 제6항까지의 규정을 준용한다(규정2-37④).

(가) 지급신청 사실의 통지 및 조사실시

금융감독원장은 소액해외송금업자의 고객(대한민국에서 외국으로 지급을 요청한 고객에 한정)

으로부터 이행보증금의 지급신청을 받은 경우에는 그 사실을 해당 소액해외송금업자에게 지체 없이 통지하고 사실관계에 대한 조사를 하여야 한다(규정2-36①).

(나) 증거제출 및 의견진술 기회 부여

금융감독원장은 조사실시와 관련하여 관계 당사자에게 증거제출 및 의견 진술의 기회를 주어야 한다(규정2-36②).

(다) 이행보증금 배분표 작성과 관계 당사자에 대한 통지

금융감독원장은 절차의 진행결과 이행보증금 지급이 인정되는 신청인에 대해서는 신청인 별로 이행보증금 배분표를 작성하여 관계 당사자에게 알리고, 배분액에 관하여 이의가 있는 자는 14일 이내에 이의를 제기할 수 있음을 알려야 한다(규정2-36⑤). 금융감독원장은 통지 결과 관계 당사자로부터 이의가 없는 경우에는 배분표에 따라 배분을 한다(규정2-36⑥).

(5) 이행보증금의 남은 금액 반환

금융감독원장은 절차를 진행한 결과 해당 소액해외송금업자가 예탁한 이행보증금의 남은 금액이 있는 경우에는 고객 보호에 지장이 없다고 인정될 때에만 남은 금액을 반환하여야 한다(규정2-37⑤).

(6) 이행보증금의 공탁

소재불명 등으로 인하여 이행보증금의 전부 또는 일부를 고객에게 지급하거나 소액해외송금업자에게 반환하기 어려운 경우 금융감독원장은 이를 공탁할 수 있다(세칙9).

Ⅶ. 영업현황 보고서 제출

소액해외송금업자는 매월의 영업현황을 기술한 영업현황 보고서를 다음 달 말일까지 [별지 제8호 서식] 영업현황 보고서에 따라 금융감독원장에게 제출하여야 한다(세칙10).

Ⅷ. 위반시 제재

1. 형사제재

법 제8조 제3항에 따른 등록을 하지 아니하거나, 거짓이나 그 밖의 부정한 방법으로 등록을 하고 외국환업무를 한 자(제8조 제4항에 따른 폐지신고를 거짓으로 하고 외국환업무를 한 자 포함)는 3년 이하의 징역 또는 3억원 이하의 벌금에 처한다(법27의2①(1)). 다만, 위반행위의 목적물 가액의 3배가 3억원을 초과하는 경우에는 그 벌금을 목적물 가액의 3배 이하로 한다(법27의2①

단서). 이 경우 징역과 벌금은 병과할 수 있다(법27의2②).

2. 과태료

법 제8조 제4항에 따른 변경신고를 하지 아니하거나 거짓으로 변경신고를 하고 외국환업무를 한 자에게는 1억원 이하의 과태료를 부과한다(법32①(1)). 다만, 제29조(벌칙)에 해당하는 경우는 제외한다(법32① 단서).

법 제8조 제4항에 따른 폐지신고를 하지 아니한 자에게는 1천만원 이하의 과태료를 부과한다(법32④(1)).

제3절 기타전문외국환업무취급업자

Ⅰ. 서설

1. 전자지급결제대행업자에게 외국환업무 허용

인터넷쇼핑을 통한 국경간 거래가 비약적으로 증가하고 있으며, 외국환업무인 거주자·비거주자간 지급·결제업무를 은행만 영위할 수 있었고, 국내에서 온라인상 지급·결제를 대행하는 전자금융거래법에 따른 전자지급결제대행업자("PG사")들은 국경간 재화의 구입 또는 용역의 이용과 관련된 지급·결제를 할 수 없었다. 2015년 7월 1일 외국환거래법 시행령 개정으로 국내 PG사들도 국경간 지급·결제 대행 업무를 영위할 수 있게 되었다.

국내 PG사들도 국경간 거래에 참여할 수 있게 됨에 따라 국민들의 해외 온라인 쇼핑(直購) 및 국내 기업의 해외 온라인 판매(逆直購)에 있어 간편성과 효율성이 높아지고, 국내 PG사들이 알리페이(Alipay)·페이팔(Paypal) 같은 글로벌 대형 PG사로 성장할 수 있는 기회가 제공되는 등 국내 핀테크 산업이 활성화되는 단초를 제공할 것으로 기대되고 있다.

특히 국내 중소 인터넷쇼핑몰의 입장에서 해외 판매(역직구)가 보다 활성화되는 등 수출 확대에 기여할 것으로 예상되고 있다. 일례로 현재 중국 소비자들의 경우 중국계 대형 PG사인 Alipay와 직거래 계약이 체결된 국내 대형 쇼핑몰에서만 물품을 구매할 수 있으나, 국내 PG사들이 역직구 결제를 대행할 경우에는 국내 PG사가 대표 가맹점으로써 국내 중소 쇼핑몰에서의 해외 역직구가 가능해진다.[14]

---

14) 기획재정부(2015), "2015년 7월 1일 개정 외국환거래법 시행령 시행: 전자지급결제대행업자(PG)의 외국환

한편 국내 PG사들이 국경간 거래를 대행할 수 있게 되어 국내 전용 신용카드를 이용한 해외 구매(직구)가 가능해짐에 따라 비자(Visa), 마스터(Master) 등과 같은 글로벌 카드사에 지급하는 수수료 부담도 절감할 수 있을 것으로 예상된다. 과거에는 국내 소비자가 신용카드를 통해 해외물품을 구매할 경우에는 해외결제가 가능한 글로벌 카드를 통해서만 가능했다.

비금융회사가 영위할 수 있는 외국환업무 범위에 외국환의 발행이 포함되지 않아, 전자금융거래법상 전자금융업자가 발행한 전자지급수단을 통한 해외결제 서비스 제공이 불가능하였다. 이에 2019년 5월 28일 외국환거래법 시행령 개정으로 비금융회사가 전자지급수단을 통한 해외결제 서비스 제공을 할 수 있도록 비금융회사가 영위할 수 있는 외국환업무에 전자화폐의 발행 및 관리 업무, 선불전자지급수단의 발행 및 관리 업무를 추가하였다. 이는 국민들의 해외결제 편의를 높일 것으로 예상된다.

2. 전자지급수단을 통한 해외결제 허용

해외지급·결제가 가능한 금융회사는 전자지급수단을 활용하여 해외결제를 할 수 있다. 외국환거래법상 "지급수단"에 전자금융거래법상 전자화폐, 선불전자지급수단 등 전자적 방법에 따른 지급수단 등이 포함된다(규정1-2(34)). 은행의 QR코드, 카드사의 선불전자지급수단(예: ○○머니) 등을 통한 해외결제가 가능하도록, 지급수단의 범위에 "전자금융거래법상 선불전자지급수단 등 전자적 방법에 따른 지급수단"을 규정하였다.

전자지급수단을 활용한 해외결제서비스의 예시를 들어보면, ⅰ) A카드사가 해외 제휴 매장에서 자사 선불전자지급수단인 A머니를 통해 결제할 수 있는 서비스 제공, ⅱ) B은행이 해외 제휴 매장에서 직불전자지급수단인 QR코드 결제방식을 통해 결제할 수 있는 서비스 제공을 들 수 있다.[15]

따라서 과거에는 해외여행을 가서 쇼핑을 즐겨하지만, 해외에서는 국내에서 사용하는 QR코드결제(직불전자지급수단)나 ○○머니(선불전자지급수단) 등 편리한 결제수단을 사용할 수 없었다. 이제 우리나라 국민이 국내 금융회사와 제휴된 해외매장에서 전자지급수단을 통해 더 저렴한 수수료로 결제할 수 있고, 신용카드 발급이 힘든 소비자도 편리하게 해외결제를 할 수 있다. 플라스틱 신용카드를 통해 해외결제시 VISA, MASTER 등에 수수료(결제금액의 1% 수준)를 납부하나, 은행 QR코드, 카드사 ○○머니 결제시 동 수수료를 납부하지 않아도 된다(단, 외국환업무가 허용된 은행, 카드사 등 금융회사의 전자지급수단에 한정).

전자지급수단을 외국환거래법상 지급수단으로 인정함으로써 이를 활용한 다양한 해외결

업무 수행", 기획재정부(2015. 6. 25) 보도자료.
15) 관계부처합동(2018), 8쪽.

제 서비스가 출시될 것으로 예상된다.

Ⅱ. 기타전문외국환업무의 등록

1. 기타전문외국환업무의 의의

"기타전문외국환업무"란 전자금융거래법에 따른 전자화폐의 발행·관리업무, 선불전자지급수단의 발행·관리업무 또는 전자지급결제대행에 관한 업무와 직접 관련된 외국환업무로서 기획재정부장관이 정하여 고시하는 업무를 말한다(영15의5①). 법 제8조 제3항에 따라 기타전문외국환업무를 등록한 자를 "기타전문외국환업무취급업자"라 한다.

2019년 5월 28일 시행령 개정 전에는 비금융회사가 영위할 수 있는 외국환업무 범위에 외국환의 발행이 포함되지 않아, 전자금융거래법상 전자금융업자가 발행한 전자지급수단을 통한 해외결제 서비스 제공이 불가능하였는데, 비금융회사가 전자지급수단을 통한 해외결제 서비스 제공을 할 수 있도록 핀테크 업체 등 비금융회사가 영위할 수 있는 외국환업무에 전자화폐의 발행 및 관리 업무, 선불전자지급수단의 발행 및 관리 업무를 2019년 5월 28일 시행령 개정으로 추가하였다.

따라서 과거에 A는 해외여행을 가서 쇼핑을 할 때, 현금이나 신용카드로만 결제가 가능하고 국내 ○○머니 등 비금융회사의 QR코드결제 방식 같은 선불전자결제수단을 이용할 수 없어서 불편했다. 하지만 시행령 개정으로 ○○페이와 제휴가 되어있는 해외(일본·동남아 등) 매장에서 핸드폰을 사용하여 간편하게 결제할 수 있다. 이를 통해 수수료를 절감하고 핀테크 산업의 경쟁력을 강화할 수 있을 것으로 기대된다. 신용카드를 통해 해외결제시 VISA, MASTER 등에 수수료(결제금액의 1% 수준)를 납부하나, ○○머니와 같은 선불전자지급수단으로 결제시 수수료를 납부하지 않는다.[16]

(1) 전자화폐

전자금융거래법상 전자화폐라 함은 이전 가능한 금전적 가치가 전자적 방법으로 저장되어 발행된 증표 또는 그 증표에 관한 정보로서 ⅰ) 2개 이상의 광역지방자치단체(특별시, 광역시, 특별자치시, 도, 특별자치도) 및 500개 이상의 가맹점[17]에 이용되어야 하고(전자금융거래법 시행령4①), ⅱ) 발행인(대통령령이 정하는 특수관계인[18]을 포함) 외의 제3자로부터 재화 또는 용역을 구

---

16) 기획재정부(2019b), 보도자료.
17) "가맹점"이라 함은 금융회사 또는 전자금융업자와의 계약에 따라 직불전자지급수단이나 선불전자지급수단 또는 전자화폐에 의한 거래에 있어서 이용자에게 재화 또는 용역을 제공하는 자로서 금융회사 또는 전자금융업자가 아닌 자를 말한다(전자금융거래법2(20)).
18) "대통령령이 정하는 특수관계인"이라 함은 발행인과 다음의 어느 하나에 해당하는 관계에 있는 자를 말한

입하고 그 대가를 지급하는데 사용되어야 하며, iii) 구입할 수 있는 재화 또는 용역의 범위가 5개 업종 이상이어야 하고(전자금융거래법 시행령4②), iv) 현금 또는 예금과 동일한 가치로 교환되어 발행되어야 하며, ⅴ) 발행자에 의하여 현금 또는 예금으로 교환이 보장되어야 한다는 요건을 모두 갖춘 것을 말한다(전자금융거래법2(15)).

(2) 선불전자지급수단

전자금융거래법상 선불전자지급수단이라 함은 이전 가능한 금전적 가치가 전자적 방법으로 저장되어 발행된 증표 또는 그 증표에 관한 정보로서 ⅰ) 발행인(대통령령이 정하는 특수관계인을 포함) 외의 제3자로부터 재화 또는 용역을 구입하고 그 대가를 지급하는데 사용될 수 있어야 하고, ⅱ) 구입할 수 있는 재화 또는 용역의 범위가 2개 업종(통계법 제22조 제1항의 규정에 따라 통계청장이 고시하는 한국표준산업분류의 중분류상의 업종) 이상이어야 한다는 요건을 모두 갖춘 것을 말한다(전자금융거래법2(14) 본문). 다만, 전자화폐를 제외한다(전자금융거래법2(14) 단서).

(3) 전자지급결제대행

전자금융거래법상 전자지급결제대행이라 함은 전자적 방법으로 재화의 구입 또는 용역의 이용에 있어서 지급결제정보를 송신하거나 수신하는 것 또는 그 대가의 정산을 대행하거나 매개하는 것을 말한다(전자금융거래법2(19)).

2. 등록 자격

기타전문외국환업무를 등록할 수 있는 자는 전자금융거래법 제28조(전자금융업의 허가와 등록)에 따라 전자화폐의 발행·관리업무를 허가받은 자, 선불전자지급수단의 발행·관리업무를 등록한 자 또는 전자지급결제대행에 관한 업무를 등록한 자로 한정한다(영15의5②).

기타전문외국환업무를 등록하려는 자의 등록 요건 및 절차에 관하여는 제13조(제7항 제1호는 제외)를 준용한다(영15의5③ 전단). 이 경우 제13조 제1항 본문에서 "법 제8조 제1항 본문에 따라 외국환업무"는 "기타전문외국환업무"로, 같은 조 제2항 제1호에서 "해당 금융회사등"은 "전자금융거래법에 따라 전자화폐의 발행·관리업무를 허가받은 자, 선불전자지급수단의 발행·관리업무를 등록한 자 또는 전자지급결제대행에 관한 업무를 등록한 자"로 본다(영15의5③ 후단).

다(전자금융거래법 시행령4).
1. 상법 제342조의2에 따른 모회사 또는 자회사
2. 공정거래법 제2조 제1호의2 또는 제1호의3에 따른 지주회사 또는 자회사
3. 금융지주회사법 제2조 제1항 제1호에 따른 금융지주회사 또는 동항 제2호에 따른 자회사

3. 등록신청

(1) 등록신청서 제출

금융회사등이 아닌 자가 "그 밖에 외국환거래의 편의 증진을 위하여 필요하다고 인정하여 대통령령으로 정하는 외국환업무"를 업으로 하려는 경우에는 해당 업무에 필요한 자본·시설 및 전문인력 등 등록요건을 갖추어 미리 기획재정부장관에게 등록하여야 한다(법8③ 전단).

기타전문외국환업무를 업으로 하려는 자는 ⅰ) 명칭, ⅱ) 본점 및 국내영업소의 소재지, ⅲ) 기타전문외국환업무의 취급 범위, ⅳ) 자본·시설 및 전문인력에 관한 사항, ⅴ) 임원에 관한 사항을 적은 신청서에 대차대조표·손익계산서 등 기획재정부장관이 정하여 고시하는 서류를 첨부하여 기획재정부장관에게 등록을 신청하여야 한다(영13①).

따라서 기타전문외국환업무의 등록을 하고자 하는 자는 [별지 제3-9호 서식]의 기타전문외국환업무등록신청서에 ⅰ) 당해 전자금융업자의 전자지급결제대행에 관한 업무 등록필증 사본 또는 전자화폐의 발행 및 관리 업무 허가필증 사본 또는 선불전자지급수단의 발행 및 관리 업무 등록필증 사본, ⅱ) 당해 전자금융업자의 최근 대차대조표 및 손익계산서, ⅲ) 외국환업무를 취급하고자 하는 국내영업소 내역을 첨부하여 기획재정부장관에게 제출하여야 한다(규정2-38①).

(2) 첨부서류 제출

구체적인 첨부서류는 ⅰ) 전자금융거래법에 따른 전자화폐의 발행 및 관리 업무 허가필증 사본 또는 선불전자지급수단의 발행 및 관리 업무 등록필증 사본 또는 전자지급결제대행에 관한 업무 등록필증 사본, ⅱ) 최근 대차대조표 및 손익계산서, ⅲ) 외국환업무를 취급하고자 하는 국내영업소 명세(영업소명·소재지), ⅳ) 임원의 이력서 및 경력증명서이다(규정2-38①).

4. 등록요건

등록을 하려는 자는 다음의 요건을 갖추어야 한다(영13②).

(1) 재무건전성 요건

"전자금융거래법에 따라 전자화폐의 발행·관리업무를 허가받은 자, 선불전자지급수단의 발행·관리업무를 등록한 자 또는 전자지급결제대행에 관한 업무를 등록한 자"에 대하여 금융위원회가 정하는 재무건전성 기준에 비추어 자본 규모와 재무구조가 적정하여야 한다(영13②(1)).

(2) 외환전산망 연결 요건

외국환거래, 지급 또는 수령에 관한 자료를 중계·집중·교환하는 기관으로 지정된 기관인 외환정보집중기관과 전산망이 연결되어 있어야 한다(영13②(2)). 외환전산망 연결 요건은 한국은행의 외환전산망으로 보고할 수 있는 연결을 말하며, 외환전산망 보고자료를 불법 자금유출, 탈세 방지 등에 활용할 수 있다.

(3) 물적시설 요건

기타전문외국환업무 및 그에 따른 사후관리를 원활하게 수행할 수 있는 전산설비를 갖추어야 한다(영13②(3)).

(4) 외환전문인력 요건

기타전문외국환업무에 2년 이상 종사한 경력이 있는 자 또는 기획재정부장관이 정하는 교육을 이수한 자를 영업소별로 2명 이상 확보하고 있어야 한다(영13②(4)). 외환전문인력 확보로 외국환거래의 안정성을 담보할 수 있다.

은행과 달리 업무범위와 보고의무가 제한적인 핀테크 기업에 외환업 등록을 위한 전문인력 요건을 은행과 동일하게 적용하고 있다. 외국환은행의 경우 금액에 관계없이 모든 외환업무를 취급할 수 있으며 신고 여부를 확인하고 거래내역을 보고하여야 한다. 반면 핀테크 기업은 특정업무만을 취급할 수 있으며, 확인의무가 면제되는 금액 한도 내에서 영업할 수 있다.

은행 등 금융회사와 동일한 2명의 외환전문인력 요건을 요구하고 있다. 즉 2년 이상 외국환업무 종사자 또는 기재부장관이 인정하는 전문교육 과정 이수자를 필요로 한다. 외환업무 교육과정 이수자를 전문인력으로 인정하고 있으나, 금융연수원과 금융투자업협회에만 교육과정이 개설 중이었다.

따라서 핀테크 기업의 외환업무 및 모니터링 의무 범위 등 업무 여건에 부합하도록 전문인력 인정 요건을 개선할 필요가 있어 핀테크 회사의 외환전문인력으로 본사 파견인력을 인정하는 기획재정부의 유권해석이 있었다. 현실은 전자결제대행업 및 선불전자지급수단 발행·관리업 등의 경우 IT 기업인 본사가 해당 업무만을 수행하는 자회사를 통해 외환업무를 영위하는 사례가 다수 있는 점을 감안하여 1명에 한하며, 본사의 외환전문인력으로 기등록된 인력은 제외하기로 하였다.

또한 핀테크 업무에 특화된 전문인력 육성을 위해 금융연수원(핀테크 외환과정)과 여신전문금융업협회에 교육과정을 추가 개설하기로 하였다. 금융연수원의 핀테크 외환과정은 기존 외환전문인력 교육과정과 교육내용, 기간·비용을 차별화하기로 하였다. 이는 핀테크 기업의 외환업 등록요건을 일부 완화하여 진입장벽을 완화하는 동시에, 외환업무 전문성을 제고할 것으로 기대된다.[19)]

---

19) 기획재정부(2020a), 14쪽.

5. 등록요건 사전검토 요청

(1) 등록 신청 전 요청

기타전문외국환업무를 업으로 하려는 자는 등록을 신청하기 전에 기획재정부장관에게 등록요건 중 일부 또는 전부에 대한 사전검토를 요청할 수 있다(영13③).

(2) 사전검토 요청서 제출

사전검토를 요청하려는 자는 사전검토를 요청하는 내용을 적은 요청서에 기획재정부장관이 정해 고시하는 서류를 첨부해 기획재정부장관에게 제출해야 한다(영13④).

(3) 사전검토 결과 처리기간

기획재정부장관은 사전검토 요청을 받은 경우 사전검토 요청을 받은 날부터 20일(토요일 및 공휴일은 기간에 산입하지 않는다) 이내에 사전검토를 요청한 자에게 검토 결과를 통보해야 한다(영13⑥ 본문). 다만, 사전검토 요청에 대한 검토 결과를 통보하기 전에 사전검토를 요청한 자가 등록신청을 한 경우에는 등록신청에 대한 검토 결과 통보로 사전검토 요청에 대한 검토 결과 통보를 갈음할 수 있다(영13⑥ 단서).

6. 등록요건의 구비여부 확인 요청

기획재정부장관은 등록신청이나 사전검토 요청을 받은 때에는 금융감독원장 및 외환정보집중기관의 장에게 등록요건(사전검토 요청의 경우에는 사전검토를 요청한 요건에 한정)을 갖췄는지에 대한 확인을 요청할 수 있다(영13⑤ 전단). 이 경우 금융감독원장 및 외환정보집중기관의 장은 확인 요청을 받은 날부터 10일(토요일 및 공휴일은 기간에 산입하지 않는다) 이내에 기획재정부장관에게 확인 결과를 통보해야 한다(영13⑤ 후단).

7. 등록 결격사유

기획재정부장관은 등록신청이 ⅰ) 등록요건을 갖추지 못한 경우, ⅱ) 제출받은 서류에 흠이 있다고 인정되는 경우, ⅲ) 등록을 신청한 자(등록을 신청한 자가 법인인 경우 그 임원을 포함)가 등록이 취소된 자(등록이 취소된 자의 임직원이었던 자로서 그 취소 사유의 발생에 직접 또는 이에 상응하는 책임이 있는 자를 포함)는 등록이 취소된 날부터 3년이 경과하지 아니한 경우에는 해당 외국환업무를 다시 등록할 수 없는 규정(법12④)에 따라 등록할 수 없는 자인 경우, ⅳ) 그 밖에 외국환거래법 또는 다른 법령에 따른 제한에 위반되는 경우를 제외하고는 등록을 해주어야 한다(영13⑦).

8. 등록 처리기간

기타전문외국환업무취급업자의 등록사무에 대한 처리기간은 등록신청일부터 20일 이내에 하여야 한다(규정1-4①(2)). 처리기간의 계산에 있어서는 초일을 산입하되 공휴일과 보완에 소요되는 기간은 산입하지 아니한다(규정1-4②). 등록사무 처리에 대해 외국환거래규정(권한을 위탁받은 자가 정하는 규정 등을 포함)에서 별도로 정한 사항이 없는 경우에는 민원사무처리에 관한 법령 및 행정절차법령의 규정을 준용한다(규정1-4③).

9. 등록증 발급

기획재정부장관은 등록을 한 경우에는 신청인에게 등록증을 발급해야 한다(영13⑧).

10. 등록내용 변경 또는 업무 폐지의 신고

변경신고 제도는 업자가 주요 등록사항을 변경할 경우 감독당국에 사전에 신고토록 하여 감독상의 공백이 없게 하고, 외환거래 안정성 확보 및 소비자 보호를 위한 제도로서 감독당국이 사전에 인지하지 못할 경우 감독, 소비자 보호, 거래 안정성에 문제가 발생하는 사항에 국한하고 있다. 변경신고는 심사 및 수리를 요하지 않는 절차로서 업자의 행정적 부담은 발생하지 않는다. 따라서 변경이 자주 발생하고, 변경신고 실효성이 낮은 등록사항(자본, 시설, 인력 등)은 변경신고 대상에서 제외하고 있다.

(1) 사전신고

기타전문외국환업무취급업자가 그 등록사항 중 명칭, 본점, 외국환업무의 취급 범위를 변경하려 하거나 외국환업무를 폐지하려는 경우에는 기획재정부장관에게 미리 그 사실을 신고하여야 한다(법8④, 영16①(4)).

(2) 서류제출

등록사항의 변경이나 외국환업무의 폐지를 신고하려는 기타전문외국환업무취급업자는 기획재정부장관이 정하여 고시하는 서류를 변경 또는 폐지하려는 날의 7일 전까지 기획재정부장관에게 제출하여야 한다(영16②).

이에 따라 기타전문외국환업무의 등록내용을 변경하거나 기타전문외국환업무를 폐지하고자 하는 경우에는 [별지 제3-10호 서식]의 기타전문외국환업무변경(폐지)신고서를 기획재정부장관에게 제출하여야 한다(규정2-38②). 구체적인 첨부서류는 ⅰ) 기타전문외국환업무 등록필증, ⅱ) 변경사항을 증명하는 서류이다(규정2-38②).

(3) 신고처리 기간

신고등에 대한 처리기간은 신고등 신청일부터 20일 이내에 이내에 하여야 한다(규정1-4①
(2)). 처리기간의 계산에 있어서는 초일을 산입하되 공휴일과 보완에 소요되는 기간은 산입하
지 아니한다(규정1-4②). 신고등 사무처리에 대해 외국환거래규정(권한을 위탁받은 자가 정하는 규
정 등을 포함)에서 별도로 정한 사항이 없는 경우에는 민원사무처리에 관한 법령 및 행정절차법
령의 규정을 준용한다(규정1-4③).

Ⅲ. 기타전문외국환업무의 범위

기타전문외국환업무란 전자금융거래법에 따른 전자화폐의 발행·관리업무, 선불전자지급
수단의 발행·관리업무 또는 전자지급결제대행에 관한 업무와 직접 관련된 외국환업무로서 기
획재정부장관이 정하여 고시하는 업무를 말한다(영15의5①).

1. 개요

전자지급결제대행업체(PG: Payment Gateway)는 거주자와 비거주자간 지급, 결제 업무를
수행하면서 외국환업무를 수행하고 있다. 국내 PG사들이 국경간 거래에 참여하면서 해외 온라
인 쇼핑이나 우리 기업의 해외 온라인 판매가 쉬워지고 있다. 예를 들어 현재 중국 소비자들이
국내 기업의 물건을 사려면 중국계 대형 PG사인 알리페이 등과 직거래 계약이 체결된 국내 대
형 쇼핑몰에서만 물품을 구매할 수 있다. 그러나 국내 PG사들이 역직구 결제를 대행하면 외국
소비자들이 국내 중소 쇼핑몰에서도 물건을 살 수 있다.[20]

또한 국내 PG사들이 국경간 거래를 대행할 수 있게 되면서 국내 전용 신용카드를 이용한
해외 직접 구매도 가능하다. 과거에는 국내 소비자가 신용카드로 해외 물품을 구매하려면 해외
결제가 가능한 글로벌 카드를 이용해야 하였다. 또한 국내 전용 신용카드를 이용하면 비자나
마스터 같은 글로벌 카드사에 지급하는 수수료 부담도 줄어든다.

2019년 5월 외국환거래법 시행령 개정으로 핀테크 기업의 선불전자지급수단을 통한 해외
결제가 허용되었다. 해외결제 수단이 현금·신용카드에서 → "○○페이의 ○○머니"까지 확대
되며 현금 소지부담 및 분실위험이 감소하고, 신용카드 수수료 부담도 축소되었다. 네이버페이,
토스 등 5개 업체가 일본을 중심으로 서비스를 제공 중(2019년 6월-12월간 약 45억원 결제)이며
향후 동남아로 확대할 계획이라고 한다.[21]

---

20) 조선비즈(2015), "7월부터 PG사에도 외국환업무 허용"(2015. 6. 25).
21) 기획재정부(2020a), 2쪽.

2. 업무의 범위

(1) 전자지급결제대행에 관한 업무와 직접 관련된 외국환업무

"전자금융거래법에 따른 전자지급결제대행에 관한 업무와 직접 관련된 외국환업무로서 기획재정부장관이 정하여 고시하는 업무"란 ⅰ) 전자지급결제대행 업무 과정에서의 대한민국과 외국 간의 지급·추심 및 수령, ⅱ) 앞의 업무와 관련한 외화채권의 매매를 말한다(규정2-39①).

(2) 전자화폐의 발행 및 관리 업무와 직접 관련된 외국환업무

"전자금융거래법에 따른 전자화폐의 발행 및 관리 업무와 직접 관련된 외국환업무로서 기획재정부장관이 정하여 고시하는 업무"란 ⅰ) 전자금융거래법에 따른 전자화폐의 발행 및 관리 업무 과정에서의 대외지급수단인 전자화폐의 발행, ⅱ) 앞의 업무와 관련한 대한민국과 외국 간의 지급·추심 및 수령을 말한다(규정2-39②).

(3) 선불전자지급수단의 발행 및 관리 업무와 직접 관련된 외국환업무

"전자금융거래법에 따른 선불전자지급수단의 발행 및 관리 업무와 직접 관련된 외국환업무로서 기획재정부장관이 정하여 고시하는 업무"란 ⅰ) 전자금융거래법에 따른 선불전자지급수단의 발행 및 관리 업무 과정에서의 대외지급수단인 선불전자지급수단의 발행, ⅱ) 앞의 업무와 관련한 대한민국과 외국 간의 지급·추심 및 수령을 말한다(규정2-39③).

3. 전자화폐와 선불전자지급수단의 용도 제한

전자화폐와 선불전자지급수단은 다른 전자지급수단이나 주식·채권·파생상품 등 자산 등이 아닌 재화 및 용역 구입에만 사용되는 것으로 한정한다(규정2-39④).

4. 전자화폐와 선불전자지급수단의 보유 제한

전자화폐와 선불전자지급수단은 금융실명법 제2조 제4호에 따른 실지명의로 발행되거나 예금계좌와 연결되어 발행된 것만 보유할 수 있으며, 타인으로부터 양도받는 것은 보유할 수 없다(규정2-39⑤).

5. 주요 정보의 국세청장 등 통보

기타전문외국환업무를 등록한 자, 즉 ⅰ) 전자금융거래법에 따른 전자지급결제대행 업무와 직접 관련된 외국환업무를 하는 자는 전자적 방법으로 재화의 구입 또는 용역의 이용에 따른 대가의 정산과 관련된 거래내역 등을(제1호), ⅱ) 전자금융거래법에 따른 전자화폐의 발행 및 관리 업무와 직접 관련된 외국환업무를 하는 자는 대외지급수단인 전자화폐를 이용한 외국에서의 재화 또는 용역 구입 내역과 이와 관련된 대한민국과 외국 간의 지급·추심 및 수령 내역 등을(제2호), ⅲ) 전자금융거래법에 따른 선불전자지급수단의 발행 및 관리 업무와 직접 관련된 외국환업무를 하는 자는 대외지급수단인 선불전자지급수단을 이용한 외국에서의 재화 또는 용역 구입 내역과 이와 관련된 대한민국과 외국 간의 지급·추심 및 수령 내역 등(제3호)의 정보를 매분기 종료 후 다음 분기의 첫째달 10일까지 국세청장, 관세청장 및 금융감독원장에게 통보하여야 한다(규정2-39⑥).

Ⅳ. 위반시 제재

1. 형사제재

법 제8조 제3항에 따른 등록을 하지 아니하거나, 거짓이나 그 밖의 부정한 방법으로 등록을 하고 외국환업무를 한 자(제8조 제4항에 따른 폐지신고를 거짓으로 하고 외국환업무를 한 자 포함)는 3년 이하의 징역 또는 3억원 이하의 벌금에 처한다(법27의2①(1)). 다만, 위반행위의 목적물 가액의 3배가 3억원을 초과하는 경우에는 그 벌금을 목적물 가액의 3배 이하로 한다(법27의2① 단서). 이 경우 징역과 벌금은 병과할 수 있다(법27의2②).

2. 과태료

법 제8조 제4항에 따른 변경신고를 하지 아니하거나 거짓으로 변경신고를 하고 외국환업무를 한 자에게는 1억원 이하의 과태료를 부과한다(법32①(1)). 다만, 제29조(벌칙)에 해당하는 경우는 제외한다(법32① 단서). 법 제8조 제4항에 따른 폐지신고를 하지 아니한 자에게는 1천만원 이하의 과태료를 부과한다(법32④(1)).

제4절 환전업무 등의 겸영

　환전업무, 소액해외송금업무 또는 기타전문외국환업무를 겸영하려는 자는 업무별로 각각 등록해야 한다(영15의6 전단). 이 경우 기타전문외국환업무 중 2개 이상의 업무를 겸영하려는 자도 그 업무별로 각각 등록해야 한다(영15의6 후단).

제4장

외국환중개회사

제1절 외국환중개업무 등

Ⅰ. 서설

1. 외국환중개회사의 의의

외국환중개회사란 외국환중개업무를 인가받은 자를 말한다(법9②). 우리나라의 외국환중개회사는 2020년 12월말 현재 국내 중개회사 4개, 외국계 중개회사 5개 등 총 9개 기관이 있다. 국내 외국환중개회사로는 서울외국환중개, 한국자금중개, KIDB 자금중개, IPS 외국환중개가 있고, 외국계 회사로는 Tullett Prebon, BGC, Nittan Capital, GFI, Tradition이 있다.

2. 외국환중개업무의 종류

외국환중개업무란 ⅰ) 외국통화의 매매·교환·대여의 중개, ⅱ) 외국통화를 기초자산으로 하는 파생상품거래의 중개, ⅲ) 그 밖에 ⅰ)의 업무 및 ⅱ)의 업무와 관련된 업무를 말한다(법9①). 외국환중개 업무의 종류에는 미국달러화, 일본엔화, 유로화 및 영국파운드화 등 현물환중개업무, 현물환의 매매와 동시에 이에 대응하여 반대방향으로 동액의 선물환 매매를 중개하는 외환스왑중개 업무 및 이자율선도거래, 이자율스왑, 통화스왑거래를 중개하는 파생상품중개 업무가 있다.

(1) 현물환 중개

미국달러화, 일본엔화, 유로화 및 영국파운드화 등 주요국 통화를 대상으로 한 매매거래를 중개하는 것을 말한다.

(2) 외환스왑 중개

현물환의 매매와 동시에 이에 대응하여 반대 방향으로 동액의 선물환 매매를 실시하는 거래를 중개하는 것을 말한다.

(3) 외화 콜자금거래 중개

딜러가 전화를 이용하여 거래상품별로 구분하여 자금중개회사(브로커)에 주문을 내면, 브로커는 신청내용을 기록 후 수작업으로 체결하고 거래체결 내역을 해당 딜러에게 통지하는 방법으로 중개하는 것을 말한다.

(4) NDF 중개

선물환 계약체결 후 결제일에 외환의 인수도 없이 계약시의 선물환율과 결제일의 정산환율간의 차이만 차액 정산하는 선물환 거래를 중개하는 것을 말한다.

(5) 파생상품 중개

(가) 이자율선도거래(FRA)

미래의 금리움직임에 대하여 헤징하거나 투기하려는 의사를 가진 당사자간의 금리계약으로 일정량의 명목원금을 약속한 고정금리로 미래의 특정일로부터 정해진 기간 동안 매입자는 차입하고 매도자는 대여하기로 합의하는 계약을 중개하는 것을 말한다.

(나) 이자율스왑거래(IRS)

거래 쌍방이 일정기간 동안 동일 명목원금에 대하여 서로 상이한 금리지표를 이용한 계산이자를 교환하는 계약으로, 변동금리와 고정금리간 또는 기간상이한 변동금리간 교환을 중개하는 것을 말한다.

(다) 통화스왑거래(CRS)

당사자간 일정시점에서 서로 다른 통화간의 교환을 행하고, 일정기간 후 원금을 다시 교환하면서 스왑기간중 해당 통화에 대한 이자를 주고받는 거래를 중개하는 것을 말한다.

Ⅱ. 외국환중개업무의 상대방

외국환중개회사가 외국환중개업무를 할 수 있는 거래의 상대방은 외국환거래 관련 전문성을 갖춘 ⅰ) 한국은행, ⅱ) 정부(외국환평형기금을 운용·관리하는 경우에 한정), ⅲ) 은행, 농협은행, 수협은행, 한국산업은행, 한국수출입은행, 중소기업은행 및 종합금융회사, ⅳ) 투자매매업자 및 투자중개업자, ⅴ) 보험회사, ⅵ) 외국 금융기관(내국지급수단과 대외지급수단의 매매에 대한 중개는 제외)으로 한다(법9②, 영18④).

제2절 외국환중개업무 인가 등

Ⅰ. 외국환중개업무의 인가

외국환중개업무를 업으로 하려는 자는 자본·시설 및 전문인력을 갖추어 기획재정부장관의 인가를 받아야 한다(법9① 전단).

1. 인가신청

(1) 기재사항

외국환중개업무의 인가를 받고자 하는 자는 ⅰ) 명칭, ⅱ) 영업소의 소재지, ⅲ) 인가요건 중 자본·시설 및 전문인력에 관한 사항, ⅳ) 임원에 관한 사항을 적은 [별지 제3-11호 서식]의 외국환중개업무인가신청서에 기획재정부장관이 정하여 고시하는 서류를 첨부하여 기획재정부장관에게 인가를 신청하여야 한다(영18①, 규정2-40①).

(2) 첨부서류

기획재정부장관이 정하여 고시하는 첨부서류는 ⅰ) 정관, ⅱ) 자본금 납입 증빙서류, ⅲ) 외국환 중개업무 및 이에 관한 보고 등을 수행할 수 있는 전산시설을 구비하였음을 입증하는 서류, ⅳ) 외국환중개업무에 대한 지식·경험 등 업무수행에 필요한 능력을 가진 전문인력을 확보하였음을 입증하는 서류, ⅴ) 업무개시 후 3년간 사업계획서(추정재무제표, 인력 및 조직운영 계획, 업무범위 및 영업전략 등)와 예상수지계산서, ⅵ) 임원의 이력서, ⅶ) 예비인가사항의 이행을 입증하는 서류, ⅷ) 기타 기획재정부장관이 필요하다고 인정하는 서류이다(규정2-40①).

(3) 예비인가

인가("본인가")를 신청하고자 하는 자는 기획재정부장관에게 예비인가를 신청할 수 있으며, 이 경우 예비인가를 신청하고자 하는 자는 [별지 제3-12호 서식]의 외국환중개업무예비인가신청서를 기획재정부장관에게 제출하여야 한다(규정2-40②).

기재사항은 인가신청의 경우와 동일하다. 첨부서류는 ⅰ) 예비인가 신청에 대한 발기인 전원의 서명날인, ⅱ) 정관(안), ⅲ) 발기인총회 의사록 사본 1부, ⅳ) 임원 또는 발기인의 이력서, ⅴ) 주주구성 및 자본금 조달 계획서, ⅵ) 업무개시 후 3년간 사업연도별 사업계획서(안)(추정재무제표, 인력 및 조직운영계획, 전문인력 확보 및 전산설비 구비 계획, 업무범위 및 영업전략 등)와 예상수지계산서, ⅶ) 외국인과의 합작의 경우 합작계약서 또는 이에 준하는 서류, ⅷ) 기타 기획재정부장관이 필요하다고 인정하는 서류이다(규정2-40②).

2. 인가요건

외국환중개업무의 인가를 받으려는 자는 다음의 요건을 갖추어야 한다(영18②). 다음의 요건은 ⅰ) 납입자본금이 40억원 이상이어야 한다. 다만, 외국통화의 매매(선물환은 제외)의 중개 및 그와 관련된 업무를 수행하려는 자는 50억원 이상이어야 한다. ⅱ) 외국환중개업무 및 이에 관한 보고 등을 수행할 수 있는 전산시설을 갖추어야 하고, ⅲ) 외국환중개업무에 관한 지식ㆍ경험 등 업무 수행에 필요한 능력을 가진 전문인력을 2명 이상 갖추어야 하며, ⅳ) 인가를 신청한 자(인가를 신청한 자의 임원을 포함)가 "인가가 취소된 자(인가가 취소된 자의 임직원이었던 자로서 그 취소 사유의 발생에 직접 또는 이에 상응하는 책임이 있는 자를 포함)는 인가가 취소된 날로부터 3년이 경과하지 아니한 경우에 해당하여" 인가를 받을 수 없는 자에 해당하지 아니하여야 한다.

3. 인가유지 요건

외국환중개회사는 인가를 받은 후 자본금이 인가요건에서 정한 납입자본금 기준의 70%에 미달하지 아니하도록 운용하여야 하며, 이를 충족하지 못하는 경우 기획재정부장관은 다음 회계연도 말일까지 자본금을 확충하도록 요구할 수 있다(영18③ 전단). 이 경우 자본금 기준은 매 회계연도 말일을 기준으로 적용한다(영18③ 후단).

4. 인가 여부 결정의 신청인 통지

기획재정부장관은 인가신청을 받은 때에는 신청일부터 30일 이내에 인가 여부를 결정하고 신청인에게 알려야 한다(영18⑥).

이에 따라 기획재정부장관은 인가신청 또는 예비인가신청을 받은 때에는 신청일부터 30일 이내에 인가 또는 예비인가 여부를 결정하고 이를 신청인에게 통지하여야 하며, 예비인가를 받은 자는 예비인가를 받은 날부터 6월 이내에 본인가를 신청하여야 한다(규정2-40⑥ 본문). 다만, 기획재정부장관은 신청에 흠결이 있을 경우 보완을 요구할 수 있으며, 이 경우 보완에 소요되는 기간은 인가여부 결정 및 통지기간에 포함되지 않는다(규정2-40⑥ 단서).

Ⅱ. 외국환중개회사의 합병 또는 영업양수도

1. 인가신청

외국환중개회사가 합병, 영업의 전부 또는 일부를 양도·양수하고자 하는 때에는 [별지 제3-13호 서식]의 외국환중개회사 합병(영업양도·양수)인가신청서에 대차대조표·손익계산서 등 기획재정부장관이 정하여 고시하는 서류를 첨부하여 기획재정부장관에게 인가를 신청하여야 한다(법9③, 영18⑤, 규정2-40③).

기획재정부장관이 정하여 고시하는 첨부서류는 ⅰ) 합병 또는 양도·양수의 목적 기술서, ⅱ) 합병 또는 양도·양수에 관한 계약서, ⅲ) 양도·양수하는 영업의 세부내역서, ⅳ) 최근의 대차대조표, 손익계산서 및 재산목록, ⅴ) 합병(양도, 양수) 후 3년간 사업계획서(추정재무제표, 인력 및 조직운영계획, 업무범위 및 영업전략 등)와 예상수지계산서, ⅵ) 이해관계인의 권익보호계획, 자산 및 부채에 대한 조치 내역 및 계획, ⅶ) 기타 기획재정부장관이 필요하다고 인정하는 서류이다(규정2-40③).

2. 인가 여부 결정의 신청인 통지

기획재정부장관은 인가신청을 받은 때에는 신청일부터 30일 이내에 인가 여부를 결정하고 신청인에게 알려야 한다(영18⑥).

기획재정부장관은 인가신청을 받은 때에는 신청일부터 30일 이내에 인가 또는 예비인가 여부를 결정하고 이를 신청인에게 통지하여야 한다(규정2-40⑥ 본문). 다만, 기획재정부장관은 신청에 흠결이 있을 경우 보완을 요구할 수 있으며, 이 경우 보완에 소요되는 기간은 인가여부 결정 및 통지기간에 포함되지 않는다(규정2-40⑥ 단서).

Ⅲ. 외국환중개회사의 인가사항변경, 해산 또는 영업 폐지

1. 신고서 제출

외국환중개회사는 명칭 등의 인가사항을 변경하거나, 해산 또는 영업의 전부나 일부를 폐지하려는 경우에는 7일 전까지 기획재정부장관이 정하여 고시하는 신고 서류를 기획재정부장관에게 제출하여야 한다(법9③, 영18⑦).

이에 따라 외국환중개회사가 해산, 영업의 전부 또는 일부를 폐지하거나 명칭 등의 인가사항을 변경하고자 하는 때에는 당해 해산·폐지 또는 변경예정일 7일 전까지 각각 [별지 제

3-14호 서식]의 외국환중개회사 해산(영업폐지)신고서와 [별지 제3-15호 서식]의 외국환중개업무 인가내용 변경신고서를 기획재정부장관에게 제출하여야 한다(규정2-40④).

2. 첨부서류

외국환중개회사 해산(영업폐지)신고서의 첨부서류는 ⅰ) 최근의 대차대조표, 손익계산서 및 재산목록, ⅱ) 직원과 자산 및 부채에 대한 조치 계획, ⅲ) 해산 및 폐지 절차에 관한 일정, ⅳ) 기타 기획재정부장관이 필요하다고 인정하는 서류이다(규정2-40④)

외국환중개업무 인가내용 변경신고서의 첨부서류는 ⅰ) 변경내용과 관련된 증빙서류, ⅱ) 기타 기획재정부장관이 필요하다고 인정하는 서류이다(규정2-40④).

Ⅳ. 외국환중개 보증금 예탁

1. 보증금 예탁

기획재정부장관은 외국환중개업무의 성실한 이행을 위하여 외국환중개회사에 대하여 기획재정부장관이 지정하는 기관에 보증금을 예탁하게 할 수 있다(법9④).

이에 따라 기획재정부장관은 외국환중개회사로 하여금 납입자본금의 20%의 범위에서 기획재정부장관이 정하여 고시하는 비율에 해당하는 금액을 기획재정부장관이 지정하는 금융회사등에 예탁하게 할 수 있다(영18⑧ 전단). 이 경우 예탁절차, 예탁금의 운용 및 관리방법 등은 기획재정부장관이 정한다(영18⑧ 후단).

2. 보증금 반환

외국환중개회사가 ⅰ) 외국환중개업무를 폐지한 경우, 또는 ⅱ) 인가가 취소되어 그 잔무를 종결한 경우에는 외국환중개회사의 신청에 의하여 예탁한 보증금을 반환한다(영18⑨).

Ⅴ. 외국환중개회사의 외국환업무취급기관 등록 의제

금융위원회로부터 ⅰ) 채무증권(제1호), ⅱ) 환매조건부매매(제2호), ⅲ) 이자율을 기초자산으로 하는 파생상품(제3호)에 따른 중개업무를 인가받은 외국환중개회사는 그 업무에 대하여 외국환거래규정에 따른 외국환업무취급기관 등록을 한 것으로 본다(규정2-41).

제3절 외국에서의 외국환중개업무의 인가

외국환중개회사가 외국에서 외국환중개업무를 하려는 경우에는 기획재정부장관의 인가를 받아야 한다(법9⑤).

I. 인가신청 및 인가내용 변경

1. 신청서 제출

외국환중개회사는 외국에서 외국환중개업무를 하기 위하여 인가를 받으려는 경우에는 기획재정부장관이 정하여 고시하는 신청서류를 첨부하여 기획재정부장관에게 제출하여야 한다(영19① 전단). 인가받은 내용을 변경하려는 경우에도 또한 같다(영19① 후단).

이에 따라 외국에서 외국환중개업무를 영위하기 위하여 인가를 받고자 하거나 인가받은 내용을 변경하고자 하는 외국환중개회사는 각각 [별지 제3-16호 서식]의 외국에서의 외국환중개업무 인가신청서와 [별지 제3-17호 서식]의 외국에서의 외국환중개업무 내용변경 인가신청서를 기획재정부장관에게 제출하여야 한다(규정2-40⑤).

2. 첨부서류

외국에서의 외국환중개업무 인가신청서의 첨부서류는 i) 외국에서의 외국환중개업무 관련 사업계획서(지점 및 사무소 운영 및 영업계획, 외국법인에 대한 주식 및 출자지분 취득 및 경영참여 계획 등), ii) 외국내 지점 및 사무소 설치가 소재지 국가의 관련 법규 등에 저촉되지 않음을 증명하는 서류, iii) 주식 또는 출자지분의 취득 대상이 되는 외국법인의 3년간 영업현황 및 연차보고서, iv) 기타 기획재정부장관이 필요하다고 인정하는 서류이다(규정2-40⑤).

외국에서의 외국환중개업무 내용변경 인가신청서의 첨부서류는 i) 변경내용과 관련된 증빙서류, ii) 기타 기획재정부장관이 필요하다고 인정하는 서류이다(규정2-40⑤).

II. 인가 여부 결정의 신청인 통지

기획재정부장관은 인가신청을 받은 때에는 신청일부터 30일 이내에 인가 여부를 결정하고 이를 신청인에게 통지하여야 한다(규정2-40⑥ 본문). 다만, 기획재정부장관은 신청에 흠결이 있을 경우 보완을 요구할 수 있으며, 이 경우 보완에 소요되는 기간은 인가여부 결정 및 통지 기간에 포함되지 않는다(규정2-40⑥ 단서).

Ⅲ. 업무방법

외국에서의 외국환중개업무는 ⅰ) 지점 및 사무소를 설치하는 방법, ⅱ) 외국환중개업무를 하는 외국법인의 주식 또는 출자지분을 취득하여 해당 법인의 경영에 참가하는 방법, ⅲ) 해당 외국환중개회사가 사실상 경영권을 지배하고 있는 외국법인으로 하여금 외국환중개업무를 하는 다른 외국법인의 주식 또는 출자지분을 취득하게 하여 그 경영에 참가하는 방법 중 어느 하나에 해당하는 방법에 따른다(영19②).

제4절 외국환중개회사의 업무수행

Ⅰ. 자본시장법 적용 여부

외국환거래법에 따른 외국환중개업무에 관하여는 자본시장법 및 금융소비자보호법을 적용하지 아니한다(법9⑥ 본문). 다만, 자본시장법 제37조(신의성실의무 등), 제39조(명의대여의 금지), 제44조(이해상충의 관리), 제54조(직무관련 정보의 이용 금지) 및 그 밖에 투자자 보호를 위하여 대통령령으로 정하는 바에 따라 자본시장법을 준용할 수 있다(법9⑥ 단서). 이 경우 "금융투자업자"는 "외국환중개회사"로, "금융투자업"은 "외국환중개업무"로 본다(법9⑥ 후단).

이에 따라 외국환중개회사가 외국환중개업무 중 외국통화를 기초자산으로 하는 파생상품 거래의 중개업무를 할 때에는 자본시장법 제38조(상호), 제55조(손실보전 등의 금지) 및 제71조(불건전 영업행위의 금지)를 준용한다(영20①).

Ⅱ. 업무수행 기준

외국환중개회사의 업무수행에 관하여는 외국환업무취급기관과 전문외국환업무취급업자의 업무 수행에 관한 기준인 제17조 제1호 및 제2호를 준용한다(영20②). 따라서 외국환중개회사는 거래내용을 기록하고 관련 서류를 보존하여야 하며(영17(1)), 외국환업무와 그 밖의 업무를

겸영하는 경우에는 해당 외국환업무와 다른 업무를 구분하여 관리(회계처리를 포함)하여야 한다
(영17(2)).

제5절 위반시 제재

Ⅰ. 형사제재

법 제9조 제1항 전단, 같은 조 제3항 또는 제5항에 따른 인가를 받지 아니하거나, 거짓이
나 그 밖의 부정한 방법으로 인가를 받고 외국환중개업무를 한 자(제9조 제3항에 따른 신고를 거
짓으로 하고 외국환중개업무를 한 자를 포함)는 3년 이하의 징역 또는 3억원 이하의 벌금에 처한다
(법27의2①(2)). 다만, 위반행위의 목적물 가액의 3배가 3억원을 초과하는 경우에는 그 벌금을
목적물 가액의 3배 이하로 한다(법27의2① 단서). 징역과 벌금은 병과할 수 있다(법27의2②).

Ⅱ. 과태료

법 제9조 제1항 후단에 따른 변경신고를 하지 아니하거나 거짓으로 변경신고를 하고 외국
환중개업무를 한 자 또는 같은 조 제2항을 위반하여 거래한 자에게는 1억원 이하의 과태료를
부과한다(법32①(2)). 법 제9조 제3항에 따른 신고를 하지 아니한 자에게는 1천만원 이하의 과
태료를 부과한다9법32④(2)).

제5장

위탁 및 중개,
신사업 규제
신속확인·면제 제도

제1절 외국환매매의 위탁, 지급등 사무의 위탁 및 중개

Ⅰ. 외국환 매매와 관련한 사무의 위탁

1. 개요

2020년 10월 30일 외국환거래규정으로 외국환매매와 관련한 사무의 위탁을 신설하기 전에는 은행·환전영업자만 환전업 수행이 가능하여 고객은 환전 신청, 대금 수령 모두 은행이나 환전영업자를 거쳐야만 가능하였다. 이 개정으로 환전사무 위·수탁이 허용되어 고객이 은행·환전영업자 외의 금융회사, 항공사·면세점·택배 등 다양한 경로로 환전을 신청하고 대금을 받을 수 있게 되었다. 은행과 환전영업자들이 편의점이나 택배회사, 주차장, 항공사 등에 환전 및 송금을 위탁하는 게 가능해진다. 예를 들어 고객이 모바일 애플리케이션(앱)으로 환전을 신청하고 돈을 찾아갈 날짜와 편의점을 선택하면 환전영업자가 해당 날짜에 밀봉 봉투에 환전한 돈을 담아 편의점에 맡기는 방식이다. 이후 고객이 문자메시지 인증 등을 거쳐 편의점에서 외화를 찾아가면 된다.

신청 접수부터 대금수납, 대금전달까지 고객과 이루어지는 모든 환전사무의 위·수탁이 허용되고, 은행, 환전업자는 증권·카드사 등 외국환업무취급기관(산업 내)은 물론, 상법상 회사(산업간)와도 위·수탁 계약이 가능하게 되었다.

따라서 고객이 시간 · 장소에 구애받지 않고 서비스 이용이 가능해져 우리 국민, 방한 외국인 등의 환전 편의를 제고하게 되었고, 은행 · 환전업자는 융 · 복합 서비스를 통해 비대면 등 새로운 영업기회를 창출할 수 있으며, 소상공인 등 수탁기관의 수익 증대에도 기여할 것으로 예상된다.[1]

〈새롭게 가능한 융 · 복합 환전 서비스 예시〉

2. 제도적 취지

환전 · 송금 등 외국환거래와 관련한 산업이 확대되고 새로운 사업자들의 유입 수요가 증가하면서 2020년 5월 22일 정부는 환전 · 송금관련 사무의 위탁범위 확대, 무인기기 등을 통한 대금 지급 등을 내용으로 하는 "융복합 · 비대면 확산과 경쟁촉진을 통한 외환서비스 혁신 방안"을 발표하였다.

그러나 외환서비스 관련 업무를 수행하는 사업자가 증가하고 지급수단이 다양해짐에 따라 외환거래 시 발생할 수 있는 사고의 위험을 대비하기 위하여 외환서비스 관련 사업자의 책임을 강화하여 고객의 권리를 보호할 필요가 있었다.

이에 외국환업무에 필요한 일부 사무의 위탁에 관한 법률적 근거를 명확히 하고, 외국환거래 관련 업무를 위탁할 경우 위탁기관으로 하여금 수탁기관의 의무 준수 여부 등을 감독하도록 하며, 수탁기관의 법률 위반 시 수탁기관을 위탁기관의 소속 직원으로 간주하여 위탁기관의 책임전가를 방지하는 한편, 법령 위반 시 제재수단의 위임근거를 법률에 명확히 규정하여

---

1) 기획재정부(2020a), 5쪽.

국민의 권익을 보호하기 위하여 2021년 6월 15일 제10조의2를 신설하였다.

3. 위탁(수탁)사무

(1) 의의

외국환업무취급기관등("위탁기관")은 ⅰ) 외국환 매매 또는 지급·수령 신청의 접수(제1호), ⅱ) 외국환 매매 또는 지급·수령을 신청하는 자에 대한 실명확인 또는 실명확인의 지원(제2호), ⅲ) 외국환 매매 또는 지급·수령 대금의 수납 및 전달(제3호), ⅳ) 앞의 제1호부터 제3호까지의 사무에 딸린 사무(제4호), ⅴ) 고객 보호 및 불편해소를 위한 고객지원센터(규정2-29⑧(2)) 운영(다만, 이 사무를 위탁받을 수 있는 수탁기관은 무인환전기기의 방식(규정2-28①(2))으로 환전업무를 등록한 자로 한정)(제5호) 사무를 다른 외국환업무취급기관등 또는 수탁기관에게 위탁할 수 있다(법10의2① 전단, 영20의3①).

(2) 외국환은행 및 환전영업자의 위탁사무의 범위

외국환은행 및 환전영업자는 동일자·동일인 기준 미화 2천불 이하의 외국환 매매와 관련한 사무의 일부를 다른 외국환은행, 기타 외국환업무취급기관, 소액해외송금업자, 기타전문외국환업무를 등록한 자, 환전영업자 또는 영 제20조의3 제2항 제1호 각목의 요건을 갖춘 상법 169조에 따라 국내에 설립된 회사 및 같은 법 제614조에 따른 외국회사의 국내영업소("수탁기관")에게 위탁할 수 있다(규정3-1① 본문). 다만, 위탁기관이 규정 제2-28조 제1항 제1호의 일반 환전영업자인 경우에는 제2-29 제5항 단서의 환전장부 전산관리 업자로 한정한다(규정3-1① 단서).

(3) 회사, 외국회사의 국내영업소 또는 환전영업자의 수탁사무

상법 169조에 따라 국내에 설립된 회사, 상법 제614조에 따른 외국회사의 국내영업소 또는 환전영업자가 수탁기관인 경우 수탁사무 중 실명확인은 수탁사무에서 제외한다(규정3-1②).

4. 수탁기관의 자격

위탁기관은 위탁사무를 다른 위탁기관 또는 수탁기관에게 위탁할 수 있다(법10의2① 전단). 여기서 수탁기관은 ⅰ) 상법 제169조[2]에 따른 회사로서 국내에 설립된 회사 또는 같은 법 제614조[3]에 따른 외국회사의 영업소로서 ㉠ 직전 사업연도의 자기자본(직전 사업연도가 없는 경우에는

---

[2] 제169조(회사의 의의) 상법 "회사"란 상행위나 그 밖의 영리를 목적으로 하여 설립한 법인을 말한다.

[3] 제614조(대표자, 영업소의 설정과 등기) ① 외국회사가 대한민국에서 영업을 하려면 대한민국에서의 대표자를 정하고 대한민국 내에 영업소를 설치하거나 대표자 중 1명 이상이 대한민국에 그 주소를 두어야 한다. ② 전항의 경우에는 외국회사는 그 영업소의 설치에 관하여 대한민국에서 설립되는 동종의 회사 또는 가장 유사한 회사의 지점과 동일한 등기를 하여야 한다.

자본금) 또는 영업기금이 3억원 이상이고(가목), ㉡ 위탁받은 사무의 처리에 필요한 인력과 전산설비를 갖추고(나목), ㉢ 회사·영업소 또는 그 임원(영업소의 경우 대표자)이 법 제12조 제4항에 따라 등록하거나 인가받을 수 없는 자에 해당하지 않아야 하며(다목), ㉣ 발기인 또는 임원이 금융회사지배구조법 제5조 제1항 각 호[4]에 해당하지 않아야 한다(라목)의 요건을 모두 갖춘 자(제1호), ⅱ) 전자금융거래법 제2조 제5호[5]에 따른 전자금융보조업자 중 정보처리시스템을 통하여 은행의 자금인출업무 및 환업무를 지원하는 사업자(제2호)를 말한다(법10의2① 전단, 영20의3②).

5. 외국환은행의 위탁시 적용제외

외국환은행의 장이 외국환 매매와 관련한 사무를 위탁하는 경우 제2-2조 제4항, 제2-3조 제2항 본문 및 제2-3조 제4항은 적용하지 아니한다(규정3-1④).

따라서 외국환은행은 외국인거주자 또는 비거주자로부터 외국환을 매입하는 경우에는 1회에 한하여 외국환매입증명서·영수증·계산서 등 외국환의 매입을 증명할 수 있는 서류를 발행·교부하여야 한다(규정2-2④)는 규정이 적용되지 않는다. 환전사무의 위탁은 환전증명서 사용의무(2천불)가 면제되는 범위 내로 위탁 한도를 제한한다. 이는 수탁기관의 외환업무 인력 및 전문성이 상대적으로 부족함을 고려한 것이다.[6]

---

③ 전항의 등기에서는 회사설립의 준거법과 대한민국에서의 대표자의 성명과 그 주소를 등기하여야 한다.
④ 제209조와 제210조의 규정은 외국회사의 대표자에게 준용한다.
4) 제5조(임원의 자격요건) ① 다음의 어느 하나에 해당하는 사람은 금융회사의 임원이 되지 못한다.
 1. 미성년자·피성년후견인 또는 피한정후견인
 2. 파산선고를 받고 복권되지 아니한 사람
 3. 금고 이상의 실형을 선고받고 그 집행이 끝나거나(집행이 끝난 것으로 보는 경우를 포함) 집행이 면제된 날부터 5년이 지나지 아니한 사람
 4. 금고 이상의 형의 집행유예를 선고받고 그 유예기간 중에 있는 사람
 5. 금융회사지배구조법 또는 금융관계법령에 따라 벌금 이상의 형을 선고받고 그 집행이 끝나거나(집행이 끝난 것으로 보는 경우를 포함) 집행이 면제된 날부터 5년이 지나지 아니한 사람
 6. 다음의 어느 하나에 해당하는 조치를 받은 금융회사의 임직원 또는 임직원이었던 사람(그 조치를 받게 된 원인에 대하여 직접 또는 이에 상응하는 책임이 있는 사람으로서 대통령령으로 정하는 사람으로 한정)으로서 해당 조치가 있었던 날부터 5년이 지나지 아니한 사람
  가. 금융관계법령에 따른 영업의 허가·인가·등록 등의 취소
  나. 금융산업구조개선법 제10조 제1항에 따른 적기시정조치
  다. 금융산업구조개선법 제14조 제2항에 따른 행정처분
 7. 금융회사지배구조법 또는 금융관계법령에 따라 임직원 제재조치(퇴임 또는 퇴직한 임직원의 경우 해당 조치에 상응하는 통보를 포함)를 받은 사람으로서 조치의 종류별로 5년을 초과하지 아니하는 범위에서 대통령령으로 정하는 기간이 지나지 아니한 사람
 8. 해당 금융회사의 공익성 및 건전경영과 신용질서를 해칠 우려가 있는 경우로서 대통령령으로 정하는 사람
5) 5. "전자금융보조업자"라 함은 금융회사 또는 전자금융업자를 위하여 전자금융거래를 보조하거나 그 일부를 대행하는 업무를 행하는 자 또는 결제중계시스템의 운영자로서 금융위원회가 정하는 자를 말한다.
6) 기획재정부(2020a), 8쪽.

외국환은행의 장은 거주자에 대한 매각으로서 외국인거주자에게 매각하는 경우에는 외국환의 매각금액이 최근 입국일 이후 미화 1만불 이내(규정2-3①(1) 나목) 및 비거주자에 대한 매각으로서 매각실적 등이 없는 비거주자의 경우에는 미화 1만불 이내(규정2-3①(2) 라목)의 규정에 의해 외국환을 매각한 경우에는 당해 거래자의 여권에 매각금액을 표시하여야 한다(규정2-3②)는 규정이 적용되지 않는다.

외국환은행은 국내거주기간이 5년 미만인 외국인거주자 또는 비거주자에게 외국환을 매각하는 경우에는 매각실적 등을 증빙하는 서류를 제출받아 당해 외국환의 매각일자·금액 기타 필요한 사항을 기재하여야 한다(규정2-3④)는 규정이 적용되지 않는다.

6. 위·수탁사무 처리기준 제정

외국환은행 및 환전영업자가 수탁사무를 위탁하는 경우 ⅰ) 수탁사무 중 구체적인 사항(수탁기관의 일일 외국환의 매매 총한도 포함)(제1호), ⅱ) 위탁기관과 수탁기관 간의 책임 소재가 명확한 업무처리절차(제2호), ⅲ) 고객의 신청 철회 시 취소 및 반환절차와 수탁기관의 이행보증금의 공탁 또는 이에 갈음하는 보증보험증권의 교부 등 금융소비자 보호에 관한 사항(제3호), ⅳ) 수탁기관의 수탁사무 처리와 관련한 내부통제에 관한 사항과 수탁기관의 수탁사무 처리에 대한 위탁기관의 관리·감독에 관한 사항(제4호), ⅴ) 그 밖의 수탁사무와 관련된 사항(제5호)을 포함한 위·수탁사무 처리기준을 정하여야 한다(규정3-1⑤ 본문). 다만, 위탁사무 중 외국환 매매 또는 지급·수령 신청의 접수(영20의3①(1))의 사무만 위탁할 때에는 제3호의 금융소비자 보호에 관한 사항 중 수탁기관의 이행보증금의 공탁 또는 이에 갈음하는 보증보험증권 교부에 관한 사항은 제외한다(규정3-1⑤ 단서).

위탁기관과 수탁기관 간의 책임 소재가 분명한 계약체결을 하도록 한 것은 금융감독원 또는 관세청(환전영업자의 환전 위탁시)의 위·수탁 계약의 적절성 검토 및 사무처리 검사를 위한 것이다. 수탁기관의 이행보증금 공탁 또는 이에 갈음하는 보증보험 가입을 규정한 것은 기관간 분쟁발생시 소비자 보호 지연 우려가 있는 점을 고려한 것이다.[7]

7. 수탁기관 및 위탁기관의 의무

수탁기관은 업무상의 의무(법10)를 준수하여야 하며, 위탁기관은 이를 감독하여야 한다(법10의2① 후단).

---

7) 기획재정부(2020a), 8쪽.

8. 위탁보고서 첨부서류와 기획재정부 보고

외국환은행 및 환전영업자는 사무를 위탁하려는 경우 위탁계약 체결 예정일을 기준으로 15영업일 전까지 [별지 제2-3호 서식]의 외국환 매매 및 지급등 사무의 위탁보고서에 ⅰ) 위·수탁 관련 계약서(안) 사본(제1호), ⅱ) 수탁기관의 자격에 관한 사항(제2호), ⅲ) 위·수탁사무 처리기준(제3호), ⅳ) 금융소비자 피해발생 및 건전한 외국환거래 질서 저해 가능성 및 금융실명법, 특정금융정보법 등 관계법령의 저촉 여부와 수탁기관의 적정한 업무처리 능력에 대한 검토의견(제4호), ⅴ) 위·수탁의 필요성 및 기대효과(제5호)에 관한 서류를 첨부하여 기획재정부장관에게 보고하여야 하며, 기획재정부장관은 외국환은행의 장의 사무 위탁에 대하여는 금융감독원장, 환전영업자의 사무 위탁에 대하여는 관세청장에게 각각 위탁보고서에 대한 검토를 요청할 수 있다(영20의3③ 본문, 규정3-1⑥). 다만, 체결하려는 계약이 종전의 위탁계약을 동일한 내용으로 갱신하는 것인 경우에는 계약 갱신 후 1개월 이내에 보고할 수 있다(영20의3③ 단서).

9. 위·수탁계약의 내용변경·종료 보고

위·수탁계약의 내용을 변경하거나 위·수탁계약을 종료하려는 경우에 변경계약 체결 예정일 또는 계약 종료일을 기준으로 7영업일 전까지 외국환은행 및 환전영업자는 [별지 제2-3호의 2의 서식]의 외국환 매매 및 지급등 사무의 위탁 변경(종료) 보고서에 ⅰ) 변경계약서 사본 또는 계약종료 확인서 사본 등 위·수탁 변경·종료에 대한 증빙서류(제1호), ⅱ) 위·수탁 계약의 변경·종료에 대한 주요 내용(제2호), ⅲ) 외국환거래규정 제3-1조 제7항, 제3-2조 제7항에 따른 보고 내역 및 보고 결과(제3호), ⅳ) 그 밖에 기획재정부장관이 필요하다고 인정하는 서류(제4호)를 첨부하여 기획재정부장관에게 보고해야 한다(영20의3④, 규정3-1⑦).

10. 손해배상책임과 수탁기관의 위탁기관 소속 직원 의제

수탁기관이 위탁받은 사무를 처리하는 과정에서 그 사무와 관련한 법률의 규정을 위반하여 발생한 손해배상책임에 대하여는 수탁기관을 위탁기관의 소속 직원으로 본다(법10의2②).

11. 수탁기관의 고객별 외국환 매매내역 보고

수탁기관의 장은 다음에서 정하는 바에 따라 위탁기관을 경유하여 고객별 외국환 매매의 내역을 보고하여야 한다(규정3-1⑦). 즉 ⅰ) 외국환은행의 장으로부터 위탁받은 경우 매월별로 익월 10일까지 한국은행총재 및 금융감독원장에게 보고하여야 하고, ⅱ) 환전영업자(온라인 환전영업자는 제외)로부터 위탁받은 경우 매반기 종료 후 다음 반기의 첫째 달 10일까지 관세청장에게 보고하여야 하며, iii) 온라인 환전영업자로부터 위탁받은 경우 매분기 종료 후 다음 분기의 첫째 달 10일까지 관세청장에게 보고하여야 한다.

12. 기획재정부장관의 위탁제한 및 시정요구

기획재정부장관은 위·수탁계약 체결 또는 수탁사무처리 과정에서 금융실명법, 특정금융정보법 등 관계법령을 위반하거나 불법외환거래 가능성이 있는 경우, 외국환 매매 내역에 대한 투명한 관리·감독이 곤란하거나 손해발생 가능성이 있는 경우, 이 밖에 수탁기관의 자격 또는 사무 처리기준이 부적절하거나 금융소비자 피해발생 및 건전한 외국환거래 질서 저해 가능성 등으로 외국환 매매와 관련한 사무의 수행이 어렵다고 인정되는 경우 등에는 위탁기관의 위탁을 제한하거나 시정하도록 요구할 수 있다(규정3-1⑧ 전단). 이 경우 위탁기관은 이에 응하여야 한다(규정3-1⑧ 후단).

13. 금융감독원장의 검사 및 시정명령 등 조치

금융감독원장은 위·수탁계약을 체결한 외국환은행의 장과 수탁기관의 수탁사무 처리에 관하여 검사할 수 있으며, 검사결과 위법한 사실을 발견하였을 때에는 위·수탁계약을 체결한 외국환은행과 수탁기관에게 그 시정을 명하거나 그 밖에 필요한 조치를 할 수 있다(규정3-1⑨).

14. 관세청장의 검사 및 시정명령 등 조치

관세청장은 위·수탁계약을 체결한 환전영업자와 수탁기관의 수탁사무 처리에 관하여 검사할 수 있으며, 검사결과 위법한 사실을 발견하였을 때에는 위·수탁계약을 체결한 환전영업자와 수탁기관에게 시정을 명하거나 그 밖에 필요한 조치를 할 수 있다(규정3-1⑩).

Ⅱ. 지급등과 관련한 사무의 위탁

1. 개요

지급등과 관련한 사무의 위탁 규정 신설로 해외송금 사무의 위·수탁이 확대되었다. 2020년 10월 30일 외국환거래규정으로 지급등과 관련한 사무의 위탁을 신설하기 전에는 증권회사(투자매매·중개업자), 신용카드사, 상호저축은행 또는 소액해외송금업자는 은행과 달리 해당 송금업자 플랫폼을 통해서만 고객에게 송금 서비스를 제공하고 있었다. 증권회사, 신용카드사, 상호저축은행 또는 소액송금업자는 송금사무 위탁이 불가능한 반면, 은행은 다른 외국환업무취급기관과 일정 요건을 갖춘 상법상 회사에 신청접수·한도관리 등 일부 송금사무의 위탁이 가능하였다. 또한 증권회사, 신용카드사, 상호저축은행 또는 소액송금업자는 해당 송금업자의 플랫폼을 통해서, 즉 A업체의 소액송금서비스는 A사 앱으로 신청하고, A사 계좌로 입금해야 이용이 가능하였다.[8]

지급등과 관련한 사무의 위탁의 신설로 고객이 자택 인근 금융회사, ATM 등 다양한 플랫폼을 통해 소액송금서비스를 이용(송금신청, 대금입금·수령) 가능하도록 허용되었다. 은행의 기존 위·수탁 가능 송금사무의 범위도 동일하게 확대되었다. 송금사무 전반의 위·수탁이 가능하도록 외국환거래규정의 개정이 있었는데, 자금세탁방지법령, 금융실명법령상 의무이행을 저해하지 않는 범위 내로 제한된다.

주요 내용은 신청접수부터 송금대금 수납·전달, 해외협력업체와 지급지시 교환까지 고객과 이루어지는 모든 송금사무의 위·수탁이 허용되고, 은행, 증권회사, 신용카드사, 상호저축은행 또는 소액송금업자는 외국환업무취급기관, 전자금융보조업자(ATM운영업자)와 위·수탁 계약이 가능하게 되었다.

따라서 ⅰ) 기존에는 증권회사, 신용카드사, 상호저축은행 또는 소액송금업자 계좌로 온라인 입금을 통해 송금을 했으나, 제도 개선으로 우체국 등 금융회사에서의 오프라인 거래, ATM을 통한 입·출금도 가능하게 되어 송금고객의 편의가 개선되었으며, ⅱ) 증권회사, 신용카드사, 상호저축은행 또는 소액송금업자는 핀테크 소외계층, 방한 외국인 등으로 영업대상의 확대가 가능해졌으며, ⅲ) ATM 등 비대면 사업자, 서민금융기관 등 플랫폼 제공자의 새로운 수익 기회 창출도 가능해졌다.

〈새롭게 가능한 송금 플랫폼 예시〉

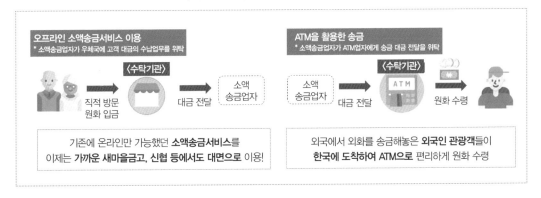

---

8) 기획재정부(2020a), 6쪽.

2. 위탁기관 및 수탁기관의 자격

외국환은행의 장, 대한민국과 외국 간의 지급·추심 및 수령 업무를 영위하는 투자매매업자·투자중개업자 및 직전 분기말 총자산이 1조원 이상인 상호저축은행·신용카드업자 또는 소액해외송금업자("위탁기관")는 지급등과 관련한 사무의 일부를 다른 외국환은행, 기타 외국환업무취급기관, 기타전문외국환업무를 등록한 자, 환전영업자 또는 전자금융거래법 제2조 제5호9)의 전자금융보조업자에게 위탁할 수 있다(규정3-2① 본문). 다만, 기타 전문외국환업무를 등록한 자에 대한 위탁은 제2-39조 제2항 및 제3항10)의 업무를 영위하는 자에 한하고, 환전영업자에 대한 위탁은 무인환전기기 환전영업자에 한하며 전자금융보조업자에 대한 위탁은 전자금융감독규정 제3조 제2호11)에서 정하는 사업자에 대한 위탁으로 한정한다(규정3-2① 단서).

3. 수탁사무

앞의 규정 제3-2조 제1항 단서의 수탁기관에 대해서는 수탁사무인 i) 외국환 매매 또는 지급·수령 신청의 접수(제1호), ii) 외국환 매매 또는 지급·수령을 신청하는 자에 대한 실명확인 또는 실명확인의 지원(제2호), iii) 외국환 매매 또는 지급·수령 대금의 수납 및 전달(제3호), iv) 앞의 제1호부터 제3호까지의 사무에 딸린 사무(제4호), v) 고객 보호 및 불편해소를 위한 고객지원센터(규정2-29⑧(2)) 운영(다만, 이 사무를 위탁받을 수 있는 수탁기관은 무인환전기기의 방식(규정2-28①(2))으로 환전업무를 등록한 자로 한정)(제5호) 사무(영20의3①) 중 실명확인을 수탁사무에서 제외한다(규정3-2②).

---

9) 5. "전자금융보조업자"라 함은 금융회사 또는 전자금융업자를 위하여 전자금융거래를 보조하거나 그 일부를 대행하는 업무를 행하는 자 또는 결제중계시스템의 운영자로서 금융위원회가 정하는 자를 말한다.
10) ② 영 제15조의5 제1항에서 "전자금융거래법에 따른 전자화폐의 발행 및 관리 업무와 직접 관련된 외국환업무로서 기획재정부장관이 정하여 고시하는 업무"란 다음을 말한다.
  1. 전자금융거래법에 따른 전자화폐의 발행 및 관리 업무 과정에서의 대외지급수단인 전자화폐의 발행
  2. 제1호의 업무와 관련한 대한민국과 외국 간의 지급·추심 및 수령
  ③ 영 제15조의5 제1항에서 "전자금융거래법에 따른 선불전자지급수단의 발행 및 관리 업무와 직접 관련된 외국환업무로서 기획재정부장관이 정하여 고시하는 업무"란 다음을 말한다.
  1. 전자금융거래법에 따른 선불전자지급수단의 발행 및 관리 업무 과정에서의 대외지급수단인 선불전자지급수단의 발행
  2. 제1호의 업무와 관련한 대한민국과 외국 간의 지급·추심 및 수령
11) 2. 정보처리시스템을 통하여 은행업을 영위하는 자의 자금인출업무, 환업무 및 그 밖의 업무를 지원하는 사업자

4. 위탁 한도 및 수탁사무 제외대상

위탁은 지급 및 수령별로 건당 미화 5천불 이내로 하며, 동일인당 연간 지급 및 수령 누계 한도는 각각 미화 5만불로 한다(규정3-2③ 본문). 다만, 외국환거래규정에 따라 지정거래 외국 환은행을 통하여 지급등을 하여야 하는 경우에는 수탁사무에서 제외한다(규정3-2③ 단서).

해외 송금사무의 위탁은 송금 관련 은행의 확인·증빙(1회 5천불) 의무가 면제되는 범위 내 로 위탁 한도를 제한하고, 거래외국환은행 지정 필요거래(예: 해외이주비 등)의 위탁은 배제된다. 이는 수탁기관의 외환업무 인력 및 전문성이 상대적으로 부족함을 고려한 것이다.[12]

5. 위·수탁사무 처리기준 제정

위탁기관은 수탁사무를 위탁하는 경우 ⅰ) 수탁사무 중 구체적인 사항(수탁기관의 일일 지급등의 총한도를 포함)(제1호), ⅱ) 위탁기관과 수탁기관 간의 책임 소재가 명확한 업무처리절차 (제2호), ⅲ) 고객의 신청 철회시 취소 및 반환절차와 수탁기관의 이행보증금의 공탁 또는 이에 갈음하는 보험증권의 교부 등 금융소비자 보호에 관한 사항(제3호), ⅳ) 수탁기관의 수탁사무 처리와 관련한 내부통제에 관한 사항과 수탁기관의 수탁사무 처리에 대한 위탁기관의 관리·감독에 관한 사항(제4호), ⅴ) 그 밖의 수탁사무와 관련된 사항(제5호)을 포함한 위·수탁사무 처리기준을 정하여야 한다(규정3-2④ 본문). 다만, 위탁사무 중 외국환 매매 또는 지급·수령 신청의 접수(영20의3①(1))의 사무만 위탁할 때에는 제3호의 금융소비자 보호에 관한 사항 중 수탁기관의 이행보증금의 공탁 또는 이에 갈음하는 보증보험증권 교부에 관한 사항은 제외한다(규정3-2④ 단서).

위탁기관과 수탁기관 간의 책임 소재가 분명한 계약체결을 하도록 한 것은 금융감독원 또는 관세청(환전영업자의 환전 위탁시)의 위·수탁 계약의 적절성 검토 및 사무처리 검사를 위한 것이다. 수탁기관의 이행보증금 공탁 또는 이에 갈음하는 보증보험 가입을 규정한 것은 기관간 분쟁발생시 소비자 보호 지연 우려가 있는 점을 고려한 것이다.[13]

6. 위탁보고서 첨부서류와 기획재정부 보고

위탁기관이 수탁사무를 위탁하려는 경우 위탁계약 체결 예정일을 기준으로 15영업일 전까지 [별지 제2-3호 서식]의 외국환 매매 및 지급등 사무의 위탁보고서에 ⅰ) 위·수탁 관련 계약서(안) 사본(제1호), ⅱ) 수탁기관의 자격에 관한 사항(제2호), ⅲ) 위·수탁사무 처리기준(제

---

12) 기획재정부(2020a), 8쪽.
13) 기획재정부(2020a), 8쪽.

3호), iv) 금융소비자 피해발생 및 건전한 외국환거래 질서 저해 가능성 및 금융실명법, 특정금
융정보법 등 관계법령의 저촉 여부와 수탁기관의 적정한 업무처리 능력에 대한 검토의견(제4
호), v) 위·수탁의 필요성 및 기대효과(제5호)에 관한 서류를 첨부하여 기획재정부장관에게 보
고하여야 하며, 기획재정부장관은 금융감독원장에게 위탁보고서에 대한 검토를 요청할 수 있
다(영20의3③, 규정3-2⑤). 다만, 체결하려는 계약이 종전의 위탁계약을 동일한 내용으로 갱신하
는 것인 경우에는 계약 갱신 후 1개월 이내에 보고할 수 있다(영20의3③ 단서).

7. 위·수탁계약의 내용변경·종료 보고

위·수탁계약의 내용을 변경하거나 위·수탁계약을 종료하려는 경우에 변경계약 체결 예
정일 또는 계약 종료일을 기준으로 7영업일 전까지 위탁기관은 [별지 제2-3호의 2의 서식]의
외국환 매매 및 지급등 사무의 위탁 변경(종료) 보고서에 i) 변경계약서 사본 또는 계약종료
확인서 사본 등 위·수탁 변경·종료에 대한 증빙서류(제1호), ii) 위·수탁 계약의 변경·종료
에 대한 주요 내용(제2호), iii) 외국환거래규정 제3-1조 제7항, 제3-2조 제7항에 따른 보고 내
역 및 보고 결과(제3호), iv) 그 밖에 기획재정부장관이 필요하다고 인정하는 서류(제4호)를 첨
부하여 기획재정부장관에게 보고해야 한다(영20의3④, 규정3-2⑥).

8. 월별 지급등의 내역과 연간 지급등의 실적의 보고

수탁기관의 장은 국내의 지급인 및 수령인별로 월별 지급등의 내역을 위·수탁계약을 체
결한 위탁기관을 경유하여 매월 종료 후 다음 달 10일까지 한국은행총재 및 금융감독원장에게
보고하여야 한다(규정3-2⑦ 전단). 또한 연간 지급등의 실적은 사업연도 종료 후 다음 연도 첫
째 달 20일까지 한국은행총재 및 금융감독원장에게 보고하여야 한다(규정3-2⑦ 후단).

9. 기획재정부장관의 위탁제한 및 시정요구

기획재정부장관은 위·수탁계약 체결 또는 수탁사무처리 과정에서 금융실명법, 특정금융
정보법 등 관계법령을 위반하거나 불법외환거래 가능성이 있는 경우, 지급등 내역에 대한 투명
한 관리·감독이 곤란하거나 손해발생 가능성이 있는 경우, 이 밖에 수탁기관의 자격 또는 사
무 처리기준이 부적절하거나 금융소비자 피해발생 및 건전한 외국환 거래질서 저해 가능성 등
으로 지급등과 관련한 사무의 수행이 어렵다고 인정되는 경우 등에는 위탁기관의 위탁을 제한
하거나 시정하도록 요구할 수 있다(규정3-2⑧ 전단). 이 경우 위탁기관은 이에 응하여야 한다(규
정3-2⑧ 후단).

10. 금융감독원장의 검사 및 시정명령 등 조치

금융감독원장은 위·수탁계약을 체결한 위탁기관과 수탁기관의 수탁사무 처리에 관하여 검사할 수 있으며, 검사결과 위법한 사실을 발견하였을 때에는 그 시정을 명하거나 그 밖에 필요한 조치를 할 수 있다(규정3-2⑨).

Ⅲ. 외국환은행의 비금융회사에 대한 지급등과 관련한 일부 사무의 위탁

1. 일반 또는 온라인 환전영업자 등에 대한 위탁

외국환은행의 장은 지급등의 신청 접수 및 지급등을 신청하는 자에 대한 실명거래 확인의 지원과 이에 따른 부대 사무에 한하여 환전영업자(무인환전기기 방식으로 업무를 영위하는 자는 제외) 또는 상법 169조에 따라 국내에 설립된 회사 및 상법 제614조에 따른 외국회사의 국내영업소(다만, 영 제13조 제2항 제4호14)에 따른 외국환업무 등록에 필요한 전문인력을 1명 이상 확보하고, 영 제20조의3 제2항 제1호 각목15)의 요건을 갖춘 자에 한한다)에게 위탁할 수 있다(규정3-2의2①).

1. 직전 사업연도 현재 자기자본(개별재무제표의 자본총계) 자본금(직전 사업연도가 없는 경우에 한한다) 또는 영업기금이 3억원 이상일 것
2. 외국환은행의 장으로부터 위탁받은 사무의 처리에 필요한 이체정보처리시스템 등 전산설비 및 관련 운영조직을 갖추고 있을 것
3. 외국환업무 등록에 필요한 전문인력을 1명 이상 확보할 것
4. 수탁기관(법인인 경우 그 임원을 포함)이 등록이 취소된 자(등록이 취소된 자의 임직원이었던 자로서 그 취소 사유의 발생에 직접 또는 이에 상응하는 책임이 있는 자를 포함)는 등록이 취소된 날부터 3년이 경과하지 아니한 경우에는 해당 외국환업무를 다시 등록할 수 없는 자에 해당하지 아니하고, 발기인 및 임원이 금융회사지배구조법 제5조 제1항 각 호에 따른 결격사유에 해당하지 아니할 것

---

14) 4. 외국환업무에 2년 이상 종사한 경력이 있는 자 또는 기획재정부장관이 정하는 교육을 이수한 자를 영업소별로 2명 이상 확보할 것
15) 가. 직전 사업연도의 자기자본(직전 사업연도가 없는 경우에는 자본금) 또는 영업기금이 3억원 이상일 것
　나. 위탁받은 사무의 처리에 필요한 인력과 전산설비를 갖출 것
　다. 회사·영업소 또는 그 임원(영업소의 경우 대표자)이 법 제12조 제4항에 따라 등록하거나 인가받을 수 없는 자에 해당하지 않을 것
　라. 발기인 또는 임원이 금융회사지배구조법 제5조 제1항 각 호에 해당하지 않을 것

2. 준용규정

여기서의 위탁에는 제3-2조 제3항 내지 제9항 규정을 준용한다(규정3-2의2②). 따라서 지급등과 관련한 사무의 위탁에서 살펴본 위탁 한도 및 수탁사무 제외대상, 위탁기관의 위·수탁사무 처리기준 제정, 위탁보고서 첨부서류와 보고 및 위탁보고서 검토요청, 위·수탁계약의 내용변경 및 종료 보고, 수탁기관의 장의 지급인 또는 수령인별 월별 지급등의 내역 보고, 기획재정부 장관의 위탁제한 및 시정요구 사유, 금융감독원장의 검사 및 시정명령 등 조치가 그대로 해당한다.

Ⅳ. 농협은행과 수협은행에 대한 지급등과 관련한 사무의 위탁

1. 신용협동조합에 대한 위탁

농협은행과 수협은행의 외국환은행의 장은 지급등과 관련한 일부 사무를 농업협동조합법 및 수산업협동조합법에 따라 설립된 외국환업무취급기관인 신용협동조합에 위탁할 수 있다(규정3-2의3①).

2. 위탁사무

신용협동조합에 위탁할 수 있는 사무는 ⅰ) 실명확인, ⅱ) 지급등 신청서(거래외국환은행지정 신청서 포함) 접수, ⅲ) 지급등 대금의 수납, ⅳ) 앞의 3가지 사무의 부대사무이다(규정3-2의3②).

3. 위탁한도

위탁은 ⅰ) 건당 미화 5천불 이하의 지급등(제1호), ⅱ) 연간 누계금액이 미화 5만불 이내(제7-2조 제8호의 거래에 따른 지급금액을 포함)인 지급등(규정4-3①(1) 가목)(제2호), ⅲ) 비거주자 또는 외국인거주자의 지급등(규정4-4)(제3호)의 범위 내로 하며, 각 호의 어느 하나의 금액을 합산하여 동일인당 연간 미화 5만불 이내로 한다(규정3-2의3③).

4. 수탁사무 위탁시 고려사항

농협은행과 수협은행의 외국환은행의 장이 수탁사무를 위탁하는 경우 ⅰ) 업무위탁 또는 수탁에 따른 비용·편익분석, ⅱ) 금융이용자 피해발생 및 금융·외국환거래 질서 문란 여부,

iii) 신용협동조합이 수탁업무를 적절히 수행할 수 있는지 여부, iv) 금융실명법 등 관계법령의 저촉 여부를 고려하여 업무가 적정하게 처리될 수 있도록 하여야 한다(규정3-2의3④).

5. 기획재정부장관 보고 및 위탁보고서 검토요청

농협은행과 수협은행의 외국환은행의 장이 수탁사무를 위탁하려는 경우 계약체결 예정일로부터 7영업일 이전에 [별지 제2-3호 서식]의 지급등과 관련한 사무 위탁보고서에 따라 ⅰ) 위탁 관련 계약서(안) 사본(제1호), ⅱ) 위의 수탁사무 위탁시 고려사항에 대한 준법감시인(준법감시인이 없는 경우에는 감사 등 이에 준하는 자) 검토의견 및 관련자료 사본(제2호), ⅲ) 위탁 또는 수탁의 필요성 및 기대효과(제3호), ⅳ) 위탁 또는 수탁에 따른 업무처리절차, 수탁자에 대한 관리·감독 등에 대한 업무위탁 운영기준(제4호)을 첨부하여 기획재정부장관에게 보고하여야 하며, 기획재정부장관은 금융감독원장에게 위탁보고서에 대한 검토를 요청할 수 있다(규정3-2의3⑤ 본문). 다만, 체결하려는 계약이 종전의 위탁계약을 동일한 내용으로 갱신하는 것인 경우에는 계약 갱신 후 1개월 이내에 보고할 수 있다(규정3-2의3⑤ 단서).

6. 기획재정부장관의 위탁제한 및 시정요구

기획재정부장관은 위·수탁계약 체결 또는 수탁사무처리 과정에서 금융실명법, 특정금융정보법 등 관계법령을 위반하거나 불법외환거래 가능성이 있는 경우, 지급등 내역에 대한 투명한 관리·감독이 곤란하거나 손해발생 가능성이 있는 경우, 이 밖에 수탁기관의 자격 또는 사무 처리기준이 부적절하거나 금융소비자 피해발생 및 건전한 외국환 거래질서 저해 가능성 등으로 지급등과 관련한 사무의 수행이 어렵다고 인정되는 경우 등에는 위탁기관의 위탁을 제한하거나 시정하도록 요구할 수 있다(규정3-2의3⑥ 전단). 이 경우 위탁기관은 이에 응하여야 한다(규정3-2의3⑥ 후단).

7. 금융감독원장의 검사 및 시정명령 등 조치

금융감독원장은 위·수탁계약을 체결한 위탁기관과 수탁기관의 수탁사무 처리에 관하여 검사할 수 있으며, 검사결과 위법한 사실을 발견하였을 때에는 그 시정을 명하거나 그 밖에 필요한 조치를 할 수 있다(규정3-2의3⑦).

Ⅴ. 지급등과 관련한 사무의 중개

1. 개요

지급등과 관련한 사무의 중개 규정 신설로 증권회사(투자매매·중개업자), 신용카드사, 저축은행 및 소액해외송금업자간 송금 네트워크 공유가 허용되었다. 2020년 10월 30일 외국환거래규정으로 지급등과 관련한 사무의 중개 규정을 신설하기 전에는 증권회사, 신용카드사, 상호저축은행 및 소액해외송금업자는 고객이 송금하려는 국가에 협력 네트워크가 없는 경우 서비스를 거절하거나, 외국 송금업체의 네트워크 활용할 수밖에 없었다.[16]

즉 증권회사, 신용카드사, 저축은행 및 소액해외송금업자는 외국 협력업체와 계약을 맺고 사전에 자금을 송금(pre-funding)한 후, 고객의 송금 요청시 외국 협력업체에 수취인에게 지급할 것을 지시하거나, 또는 다수의 증권회사, 신용카드사, 저축은행 및 소액해외송금업자는 건별 $2~$6의 수수료로 외국 업체의 네트워크를 이용하고 있었다.

반면 증권회사, 신용카드사, 저축은행 및 소액해외송금업자에게 국내 송금업자가 해외협력 네트워크를 제공(송금 중개행위)하는 것은 현행법상 근거가 없어 곤란하였다. 이러한 문제점을 개선하여 특정국에 협력사가 없는 증권회사, 신용카드사, 저축은행 및 소액해외송금업자도 국내 다른 소액송금업자의 해외협력 네트워크를 공유하여 서비스를 제공할 수 있도록 제도가 개선되었다. 즉 증권회사, 신용카드사, 저축은행 및 소액해외송금업자간 송금 건별 지급지시, 자금의 사전·사후정산에 대한 중개 요청 및 수행을 허용하였다.

따라서 i) 네트워크 구축비용 절감과 송금서비스 국가의 확대로 후발 송금업체의 시장 연착륙 제고가 기대된다. ii) 비대면 송금서비스 이용고객의 편의가 제고, 즉 고객은 증권회사, 신용카드사, 저축은행 및 소액해외송금업자 A가 B국에 송금 네트워크가 없더라도, B국 송금이 가능한 다른 업체를 찾을 필요 없이 증권회사, 신용카드사, 저축은행 및 소액해외송금업자 A를 통해 송금이 가능해졌다. iii) 네트워크 이용을 위해 외국 송금업체에 지급하는 수수료도 국내 선도 송금업체의 수익으로 전환될 것으로 기대된다.

---

16) 기획재정부(2020a), 7쪽.

소액송금 중개 허용 전·후 비교

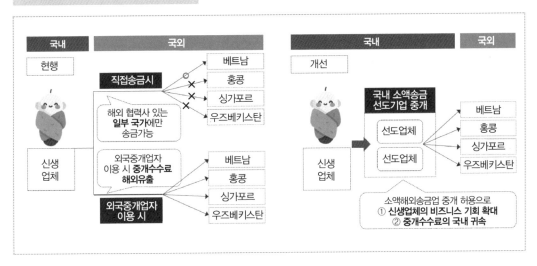

2. 중개요청기관의 중개수행기관에 대한 사무 중개 요청

대한민국과 외국 간의 지급·추심 및 수령 업무를 영위하는 투자매매업자·투자중개업자, 직전 분기말 총자산이 1조원 이상인 상호저축은행·신용카드업자 및 소액해외송금업자("중개요청기관")는 지급등 업무수행을 위하여 대한민국과 외국 간의 지급·추심 및 수령 업무를 영위하는 투자매매업자·투자중개업자·직전 분기말 총자산이 1조원 이상인 상호저축은행·신용카드업자 또는 또는 다른 소액해외송금업자("중개수행기관")에게 지급등과 관련한 사무의 중개를 요청할 수 있다(규정3-3①).

3. 중개 요청할 수 있는 사무

중개요청기관이 중개수행기관에게 요청할 수 있는 지급등과 관련한 사무는 ⅰ) 중개요청기관이 지급등을 하고자 하는 자로부터 신청받은 각각 미화 5천불의 건당 지급 및 수령 한도 이내의 지급등을 위한 외국 협력업자와 지급지시의 교환(제1호), ⅱ) 앞의 지급지시의 교환에 따른 자금의 정산(제2호)을 말한다(규정3-3②).

4. 교환 금액의 한도

중개수행기관이 중개 가능한 지급지시의 교환 금액의 한도는 분기별 150억원으로 한다(규정3-3③). 중개회사별로 분기별 송·수금 합계 150억원 이내로 중개 수행이 가능한 규모를 제한한 것은 과도한 시장지배력 확대를 방지하기 위한 것이다. 150억원으로 한 것은 2019년 금융샌드박스 과제를 통한 소액송금중개업 특례 부여시 부과조건(2019년 1분기 소액해외송금업자의 평균 송·수금 금액)을 반영한 것이다.[17]

5. 중개사무 처리기준 포함사항

중개수행기관이 지급등과 관련한 사무의 중개를 하고자 하는 경우 ⅰ) 중개사무 중 구체적인 사항(중개수행기관의 일일 중개 총한도를 포함), ⅱ) 중개수행기관과 중개요청기관간의 책임소재가 명확한 업무처리절차, ⅲ) 고객의 신청 철회시 취소 및 반환절차와 중개수행기관의 이행보증금의 공탁 또는 이에 갈음하는 보험증권의 교부 등 금융소비자 보호에 관한 사항, ⅳ) 중개수행기관의 지급등과 관련한 사무의 중개와 관련한 내부통제에 관한 사항과 중개수행기관의 지급등과 관련한 사무의 중개에 대한 중개요청기관의 관리·감독에 관한 사항, ⅴ) 그 밖의 지급등과 관련한 사무의 중개와 관련된 사항을 포함한 중개사무 처리기준을 정하여야 한다(규정3-3④).

중개기관간 책임 소재가 분명한 계약체결을 규정한 것은 금융감독원의 중개계약의 적절성 검토 및 사무처리 검사를 위한 것이다. 수탁기관의 이행보증금 공탁 또는 이에 갈음하는 보증보험 가입을 규정한 것은 기관간 분쟁발생시 소비자 보호 지연 우려가 있는 점을 고려한 것이다.[18]

6. 소액해외송금업자의 중개와 계좌등록 및 구분 회계처리

중개회사는 중개계좌를 별도 등록하고 기존 등록계좌와 분리운용하여야 한다. 소액해외송금업자가 지급등과 관련한 사무의 중개를 하는 경우 소액해외송금업무에 사용할 계좌(소액해외송금업무의 등록을 하려는 자의 명의로 금융회사등에 개설된 계좌로 한정)가 아닌 별도의 계좌를 기획재정부장관에게 등록하고 다른 자산과 구분하여 회계처리하여야 한다(규정3-3⑤).

7. 기획재정부 보고 및 중개보고서 검토요청

중개요청기관과 중개수행기관이 지급등과 관련한 사무의 중개 계약을 체결하려는 경우 계약체결 예정일을 기준으로 15영업일 전까지 [별지 제2-4호 서식]의 지급등과 관련된 사무의 중개보고서에 따라 ⅰ) 지급등과 관련한 사무의 중개 관련 계약서(안) 사본(제1호), ⅱ) 중개수행기관의 자격에 관한 사항(제2호), ⅲ) 지급등과 관련한 사무의 중개 처리기준(제3호), ⅳ) 금

---

17) 기획재정부(2020a), 8쪽.
18) 기획재정부(2020a), 8쪽.

융소비자 피해발생 및 건전한 외국환거래 질서 저해 가능성 및 금융실명법, 특정금융정보법 등 관계법령의 저촉 여부와 중개 수행기관의 적정한 업무처리 능력에 대한 검토의견(제4호), ⅴ) 지급등과 관련한 사무의 중개 필요성 및 기대효과(제5호)에 관한 서류를 첨부하여 기획재정부 장관에게 보고하여야 하며, 기획재정부장관은 금융감독원장에게 중개보고서에 대한 검토를 요 청할 수 있다(규정3-3⑥ 본문). 다만, 체결하려는 계약이 종전의 중개계약을 동일한 내용으로 갱 신하는 것인 경우에는 계약 갱신 후 1개월 이내에 보고할 수 있다(규정3-3⑥ 단서).

8. 중개계약의 내용변경 및 종료 보고

중개계약의 내용을 변경하거나 중개계약을 종료하려는 경우에 중개수행기관과 중개요청 기관은 변경계약 체결 예정일 또는 계약 종료일을 기준으로 7영업일 전까지 [별지 제2-4호의 2 서식]의 지급등 사무의 중개계약 변경(종료) 보고서에 따라 기획재정부장관에게 보고하여야 한다(규정3-3⑦). 첨부서류는 ⅰ) 변경계약서 사본 또는 계약 종료확인서 사본 등 위·수탁 변 경·종료에 대한 증빙서류(제1호), ⅱ) 중개계약의 변경·종료에 대한 주요 내용(제2호), ⅲ) 외 국환거래규정 제3-3조 제8항에 따른 보고 내역 및 보고 결과(제3호), ⅳ) 그 밖에 기획재정부장 관이 필요하다고 인정하는 서류이다(규정3-3⑦).

9. 중개수행기관의 중개 내역의 기록, 보관 및 통보

중개수행기관은 국내의 지급인 및 수령인별로 지급등과 관련한 사무의 중개 내역을 기록 하고 5년간 보관하여야 하며, 일일 중개 내역을 외환정보집중기관을 통하여 금융정보분석원장, 국세청장, 관세청장, 금융감독원장에게 통보하여야 한다(규정3-3⑧).

10. 기획재정부장관의 중개 제한 및 시정요구

기획재정부장관은 지급등과 관련한 사무의 중개계약 체결 또는 중개 과정에서 금융실명법, 특정금융정보법 등 관계법령을 위반하거나 불법외환거래 가능성이 있는 경우, 지급등과 관련한 사무의 중개 내역에 대한 투명한 관리·감독이 곤란하거나 손해발생 가능성이 있는 경우, 이 밖 에 중개수행기관의 자격 또는 중개 처리기준이 부적절하거나 금융소비자 피해발생 및 건전한 외국환 거래질서 저해 가능성 등으로 지급등과 관련한 사무의 중개가 어렵다고 인정되는 경우 등에는 중개요청기관과 중개수행기관에게 중개를 제한하거나 시정하도록 요구할 수 있다(규정 3-3⑨ 전단). 이 경우 중개요청기관과 중개수행기관은 이에 응하여야 한다(규정3-3⑨ 후단).

11. 금융감독원장의 검사 및 시정명령 등 조치

금융감독원장은 중개계약을 체결한 중개요청기관과 중개수행기관을 검사할 수 있으며, 검사결과 위법한 사실을 발견하였을 때에는 그 시정을 명하거나 그 밖에 필요한 조치를 할 수 있다(규정3-3⑩).

제2절 외환분야 신사업 규제 신속확인 및 면제

I. 서설

1. 제도 도입시 현황

핀테크 기업은 전문성, 비용 등으로 새로운 송금·환전 서비스의 출시가능 여부(외환규제 해당 여부 등) 판단에 한계가 있었다. 규제 해당 여부가 불분명함에 따라 서비스 출시의 지연 또는 기(旣)출시 서비스 제공 중단도 우려되는 상황이었다.

2. 개선방안

새로운 송금·환전 서비스의 외국환거래법령상 규제 해당 여부를 신속히 확인하고 필요시 업계전반에 걸쳐 규제를 면제하는 신사업 규제 신속확인·면제 제도를 도입할 필요가 있었다. 유권해석은 규제 면제가 불가능하고, 규제 샌드박스는 신청기업에 한해서만 규제가 면제되는 측면을 보완할 필요도 있었다.

3. 조치사항

신사업 규제 신속확인·면제 제도의 운영근거를 외국환거래규정에 신설하고, 구체적 운영지침을 제정하였다.

첫째, 송금·환전 사무의 위·수탁, 소액송금업의 대금수납 및 전달 방식, 송금 네트워크 공유 등 외국환거래법령 해석 사항에 대해 적용한다. 외국환거래법령상 규제 적용 여부가 명확하지 않거나, 적용할 규제에 공백이 있어 특정 서비스의 출시가 어렵다고 판단되는 경우이다.

둘째, 원칙적으로 30일 내에 규제 여부 및 향후 규제 가능성을 회신하게 된다. 다만, 심층검토가 필요하거나 금융감독원, 관세청, 금융정보분석원(FIU) 등 관계기관 의견수렴으로 검토

기간이 추가로 요구되는 과제의 경우 분기별로 국제금융발전심의회 외환제도 분과회의를 개최해 심의·회신한다.

셋째, 필요시, 통첩으로 신속히 규제 면제를 시행하여 업계 전반에 적용한다. 외국환거래규정 제10-15조에 의하여 기재부장관은 법과 시행령의 범위 내에서 외국환거래규정과 다른 내용을 별도의 규정으로 시행 가능하다.

4. 기대효과

새로운 외환 서비스 기획단계에서 핀테크 기업의 규제 불확실성 해소를 통해 혁신적 실험을 뒷받침할 수 있으며, 신청 기업뿐만 아니라 업계 전반에 규제면제를 제도화하여 혁신적 시도를 빠르게 전파할 수 있을 것이다.

Ⅱ. 신속확인 및 면제 신청

외국환매매와 관련한 사무의 위탁(규정3-1), 지급등과 관련한 사무의 위탁(규정3-2), 외국환은행의 비금융회사에 대한 지급등과 관련한 일부 사무의 위탁(규정3-2의2), 농협은행과 수협은행에 대한 지급등과 관련한 사무의 위탁(규정3-2의3), 지급등과 관련한 사무의 중개(규정3-3) 및 영 제15조의3 제2항[19] 단서 규정의 기획재정부장관이 인정하는 방식과 관련하여 외국환업무취급기관등이 제공하는 기존 서비스와 제공 내용·방식·형태 등에서 차별성이 인정되는 서비스("신사업")를 제공하고자 하는 자는 기획재정부장관에게 법·영 및 이 규정("외국환거래법령등")의 적용 여부의 확인("신속확인")을 신청할 수 있으며, 이 규정에 신사업을 영위할 수 있는 근거가 없는 경우 해당 근거의 신설 또는 이 규정의 기준·요건 적용이 적합하지 아니한 경우 해당 기준·요건의 적용 면제("면제등")를 신청할 수 있다(규정3-4①).

Ⅲ. 확인 결과와 면제등 계획 회신

기획재정부장관은 신속확인 및 면제 신청이 있는 경우 외국환거래법령등 적용 여부의 확인 결과와 면제등의 계획을 회신하여야 한다(규정3-4②).

---

19) ② 소액해외송금업자는 제15조의2 제1항 제5호에 따른 계좌를 통해서만 고객에게 자금을 지급하거나 고객으로부터 자금을 수령하여야 한다. 다만, 계좌를 통한 거래에 준하는 수준의 투명성 확보가 담보되는 것으로 기획재정부장관이 인정하는 방식으로 자금을 지급 또는 수령하는 경우에는 제15조의2 제1항 제5호에 따른 계좌를 통하지 아니할 수 있다.

Ⅳ. 별도규정에 따른 조치

기획재정부장관은 면제등을 위하여 법 및 영에서 부여된 권한의 범위 내에서 제10-15조 (별도규정)에 따른 조치를 할 수 있다(규정3-4③). 기획재정부장관이 법 및 영에서 부여된 권한의 범위 내에서 이 규정에 규정된 사항 또는 규정되지 아니한 사항에 관하여 별도로 정하는 경우에는 이 규정에 우선하여 이를 적용한다(규정10-15).

Ⅴ. 신청내용 통보 및 의견요청

신속확인 및 면제 신청과 관련하여 다른 행정기관의 검토가 필요한 경우 해당 행정기관의 장에게 신청내용을 통보하고 일정한 기간을 정하여 의견을 요청할 수 있다(규정3-4④).

Ⅵ. 외환분야 신사업 규제 신속확인·면제 제도 운영에 관한 지침

신사업 규제 신속확인·면제 제도의 세부 운영을 위하여 필요한 사항은 기획재정부장관이 별도로 정한다(규정3-4⑤). 외국환거래규정 제3-4조 제5항의 규정에 따른 신사업 규제의 신속확인 및 면제 제도의 세부 운영을 위하여 필요한 사항을 정하기 위해「외환분야 신사업 규제 신속확인·면제 제도 운영에 관한 지침」("운영지침")을 두고 있다.

1. 외환분야 신사업의 의의

외환분야 신사업이란 외국환거래규정 제3-1조 내지 제3-3조 및 외국환거래법 시행령 제15조의3 제2항 단서 규정의 기획재정부장관이 인정하는 방식과 관련하여 외국환업무취급기관 등이 제공하는 기존 서비스와 제공 내용·방식·형태 등에서 차별성이 인정되는 서비스를 말한다(운영지침2(1)).

2. 대상 및 회신

(1) 대상

외환분야 신사업을 하고자 하는 자는 다음 각 호 중 제1호 또는 제2호에 해당하는 경우 기획재정부장관에게 외국환거래법, 동법 시행령 및 외국환거래규정("외국환거래법령 등")의 적용 여부의 확인("신속확인")을 신청할 수 있으며, 제1호 내지 제3호에 해당하는 경우 외국환거래규정의 근거 신설 또는 적용 면제("면제등")를 신청할 수 있다(운영지침3).

1. 외환분야 신사업의 허용 여부가 불명확한 경우
2. 외환분야 신사업을 영위할 수 있는 근거가 외국환거래법령 등에 없는 경우
3. 외환분야 신사업에 대한 외국환거래규정의 기준·요건 적용이 적합하지 아니한 경우

(2) 회신

기획재정부장관은 신속확인의 신청에 대한 확인 결과를 회신하여야 하며, 면제등의 신청이 있는 경우에는 면제등의 계획도 함께 회신하여야 한다(운영지침4①). 그러나 기획재정부장관은 신속확인의 신청이 있는 경우 면제등의 신청이 없더라도 면제등이 필요하다고 인정할 때에는 면제등의 계획을 회신할 수 있다(운영지침4②).

3. 외환분야 신사업 규제 신속확인·면제 절차

(1) 신청절차

신속확인 및 면제등을 신청하는 자는 전산시스템을 통해 ⅰ) 신속확인 및 면제등의 대상이 되는 외환분야 신산업의 주요내용, ⅱ) 신속확인 및 면제등의 대상이 되는 외국환거래법령 등의 조문과 신속확인 및 면제등의 필요성을 구체적으로 명시한 신청서와 관련 자료를 제출하여야 한다(운영지침5① 전단). 여기서 "전산시스템"이란 규제 신속확인·면제등의 요청부터 그 결과의 회신까지 업무를 신속하고 효율적으로 처리하기 위해 기획재정부 홈페이지에 구축한 시스템을 말한다(운영지침2(2)). 이 경우 신청서의 서식은 기획재정부 장관이 정한다(운영지침5① 후단). 기획재정부장관은 신청 접수기간을 분기별로 운영할 수 있다(운영지침5②).

(2) 처리절차

기획재정부장관은 신속확인 및 면제등의 신청에 대해 신청서 접수기간 종료 후 원칙적으로 30일 이내에 회신하여야 한다(운영지침6① 본문). 다만, 기획재정부장관이 신청서 등의 보완을 요청한 경우 보완에 소요되는 기간은 해당 기간에 산입하지 아니한다(운영지침6① 단서).

기획재정부장관은 신속확인 및 면제등의 신청에 대한 회신을 위해 다른 행정기관의 검토가 필요한 경우 해당 행정기관의 장에게 통보하고 의견을 요청할 수 있다(운영지침6②). 그러나 기획재정부장관은 다른 행정기관에 의견을 요청하거나 심층적인 검토가 필요한 경우 「국제금융발전심의회 설치 및 운영에 관한 규정」에 따라 설치된 국제금융발전심의회 외환제도 분과를 분기별로 개최하여 심의·회신할 수 있다(운영지침6③).

(3) 회신절차

기획재정부장관은 신속확인 및 면제등의 신청에 대하여 전산시스템을 통해 회신한다(운영지침7①). 다른 행정기관의 의견을 받은 경우 기획재정부장관은 해당 행정기관의 의견을 함께 회신하여야 한다(운영지침7②).

기획재정부장관은 신청에 대하여 검토한 결과, 관련 법령 등에 따라 인·허가, 등록 또는 신고등("인허가등")이 필요하다고 판단할 경우에는 인허가등에 요구되는 조건과 절차 등을 함께 회신하여야 한다(운영지침7③).

(4) 신청반려

기획재정부장관은 신속확인 및 면제등의 신청 사항이 ⅰ) 장기간에 걸친 광범위한 조사 또는 현장검사 등이 수반되어야만 사실관계가 정확하게 파악될 수 있다고 판단되는 경우, ⅱ) 법령해석 요청내용과 관련하여 해당 신청인이 당사자인 행정심판이나 소송이 계속 중이거나 그 절차가 끝난 경우, ⅲ) 이미 행해진 구체적인 처분의 위법·부당 여부에 관한 사항인 경우, ⅳ) 법령 등이 헌법 또는 상위 법령에 위반되는지에 관한 사항인 경우, ⅴ) 검토에 필요한 자료를 신청인이 제출하지 아니하거나 허위자료를 제출한 경우, ⅵ) 신청인이 요청을 철회한 경우, ⅶ) 그 밖에 회신이 곤란하거나 바람직하지 않다고 판단되는 합리적인 사유가 있는 경우 회신하지 아니할 수 있다(운영지침8①). 이에 따라 회신하지 아니하는 경우 신청인에게 그 사유를 설명하여야 한다(운영지침8②).

Ⅶ. 신청과제별 신사업 규제 신속확인·면제 검토결과

1. 제1차 신사업 규제 신속확인·면제 시행 결과

(1) 개요

기획재정부는 신사업 규제 신속확인·면제 제도를 외국환거래규정 개정 및 운영지침 제정이 마무리되는 즉시 신속히 시행하기 위해 2020년 9월 10일부터 30일간 사전 접수를 실시하였다. 그 결과 5건의 규제확인 및 규제 요청에 대하여 관련부처 의견수렴을 거쳐 다음과 같이 조치하였다.[20]

ⅰ) 편의점을 통한 환전대금 수령과, ⅱ) 외국인 관광객의 ATM을 통한 송금대금 수령 등 2건은 "규제가 없음"을 신청인에게 회신하였다.

ⅲ) 보험사 앱을 통한 은행의 환전서비스 신청, ⅳ) 무인환전기기 대여 및 고객지원센터 운영 대행 서비스, ⅴ) 무인환전기기를 통한 송금서비스 제공 및 송금 네트워크 공유 서비스 이용 등 3건은 "규제가 있음"을 신청인에게 회신하였으며, 해당 "규제의 면제"를 추진할 계획이다.

---

20) 기획재정부(2020d), "「융복합·비대면 확산과 경쟁촉진을 통한 외환서비스 혁신 방안」(6.4일) 시행을 위한 외국환거래규정 개정 및 제1차 新사업 규제 신속확인·면제 시행 결과", 기획재정부(2020. 11. 2) 보도자료, 3쪽.

(2) 편의점을 통한 환전대금 수령

(가) 사업내용

고객이 온라인(앱)을 통해 환전을 신청하고, 자택 인근 편의점에서 환전대금을 수령하는 서비스로 대금수령시 모바일 운전면허증, SMS인증 등을 통해 환전신청 고객과 대금수령 고객의 일치 여부를 확인하는 것이다.[21]

〈신청 서비스 주요내용〉

(나) 신청사항

환전대금 전달의 편의점 위탁, 환전대금 수령시 본인확인 방법(모바일 운전면허, SMS)에 대한 규제 확인 및 규제 면제 여부이었다.

(다) 검토결과 및 조치사항

"규제 없음"을 신청인에게 회신하였다. ⅰ) 외국환거래규정 개정·시행(2020년 10월 30일)으로 가능해진 환전사무의 위탁에 따른 위탁 범위 및 위·수탁 가능 기관에 해당하며, ⅱ) 외국환거래법령, 환전영업자 관리에 관한 고시(관세청)에 따라 고객이 대금 수령시 비대면·간소한 방법으로 본인확인 가능하다. 신청인은 편의점과의 협의를 거쳐 2021년 3월 중 출시 추진하고 있다.

(3) 외국인 관광객의 ATM을 통한 송금대금 수령

(가) 사업내용

외국인 관광객이 해외에서 국내로 송금(외화)하고, 방한하여 관광지 인근 ATM 등에서 수령(원화)하는 서비스로 외국인 관광객은 신청업체의 외국 협력업체를 통해 국내로 송금하고, 100만원 / 1회 이하의 범위 내에서 서비스를 제공하게 된다.

---

21) 기획재정부(2020d), 5-8쪽.

〈신청 서비스 주요내용〉

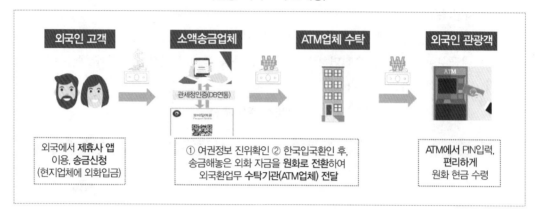

(나) 신청사항

송금대금 전달의 ATM회사 위탁, 대금수령시 간소한 실명확인 방법(PIN 입력)에 대한 규제 확인 및 규제 면제 여부를 신청하였다.

(다) 검토결과 및 조치사항

"규제 없음"을 신청인에게 회신하였다. ⅰ) 외국환거래규정 개정·시행(2020년 10월 30일)으로 가능해진 송금사무의 위탁에 따른 위탁 범위 및 위·수탁 가능 기관에 해당하고, ⅱ) 금융회사등은 거래자의 실지명의로 거래하여야 함이 원칙이나 "100만원 이하 송금" 등 법령이 정한 일정한 경우에는 예외적으로 실명을 확인하지 아니할 수 있다(금융실명법 제3조 제2항 및 동법 시행령 제4조 제1항 제3호). 신청인은 ATM 업체와의 계약 등을 거쳐 2021년 3월 출시 추진 중에 있다.

(4) 보험사를 통한 은행의 환전서비스 신청

(가) 사업내용

고객이 보험사(앱)을 통해 은행에 환전을 신청(100만원/1일 한도)하고, 은행 지점에서 수령하는 서비스로서 환전신청만 위탁하고, 실명확인·자금세탁방지, 환전대금 수납 및 환전대금 전달, 외환전산망 보고 등 다른 환전업무는 은행이 수행한다.

(나) 신청사항

환전신청 위탁에 대한 규제 확인이었다.

(다) 검토결과 및 조치사항

환전위탁에 대한 "규제 없음"을 회신하고 수탁기관의 이행보증금 적립의무에 관한 "규제 면제" 예정 조치하였다. ⅰ) 외국환거래규정 개정·시행(2020년 10월 30일)으로 가능해진 환전사무의 위탁에 따른 위탁 범위 및 위·수탁 가능 기관에 해당하며, ⅱ) 위·수탁 사무가 소비자 피해가 우려되는 대금의 수납·전달이 아닌 단순 환전신청 접수 → 수탁기관의 이행보증금 적립의무는 면제된다.

개정(2020년 10월 30일) 외국환거래규정 제3-1조 제4항 제3호에 따라 이행보증금 공탁, 보증보험증권 교부 등 소비자 보호에 관한 사항을 마련할 필요가 있다. 신청인은 보험사와 협의를 거쳐 2021년 2분기 출시를 추진 중이다.

(5) 무인환전기기 대여 및 고객지원센터 운영 대행

(가) 사업내용

환전영업자에게 무인환전기기를 대여하고, 무인환전영업자의 업무상 의무인 "고객지원센터" 운영을 대행하는 서비스이다.

(나) 신청사항

무인환전기기 "대여"를 통한 무인환전업 등록 요건 구비, 고객지원센터 운영 대행에 대한 규제 확인 및 규제 면제 여부이었다.

(다) 검토결과 및 조치사항

무인환전기기 대여는 "규제 없음"을 회신하고 고객지원센터 운영의 위탁 관련 "규제 면제" 예정임을 회신하였다. ⅰ) 외국환거래법, 환전영업자 관리에 관한 고시는 무인환전업 등록 요건으로 전산설비를 정하고 있으나, 보유 방법 제한은 없으며, ⅱ) 다른 무인환전영업자에 대한 고객지원센터 운영 위탁이 허용된다. 신청인은 전산 프로그램 개발 등을 거쳐 2021년 2분기 출시를 추진중이다.

(6) 무인환전기기를 통한 송금신청 접수 및 대금 수납·전달 등

무인환전기기를 통한 송금신청 접수 및 대금 수납·전달 + 다른 소액해외송금업자의 송금 네트워크 공유 서비스 이용에 관한 사업이다.

(가) 사업내용

고객이 신청업체의 무인환전기기로 송금을 신청하고 송금대금을 납입 → 신청업체는 다른 소액해외송금업체의 송금중개를 통해 해외송금(송금 네트워크 공유)하는 것이다. 국내 → 해외로의 송금뿐 아니라, 해외 → 국내로의 송금도 서비스를 제공한다.

(나) 신청사항

신청업체 소유 무인환전기기를 통한 고객과 송금거래, 송금 네트워크 공유에 대한 규제 확인 및 규제 면제 여부이었다.

(다) 검토결과 및 조치사항

무인환전기기 송금은 "규제 면제" 예정 + 송금 네트워크 공유는 "규제 없음"을 신청인에게 회신하였다.

ⅰ) 소액해외송금업자가 직접 보유한 무인환전기기를 통해서도 고객과 거래할 수 있도록 허용한다. 개정 외국환거래규정(2020년 10월 30일)은 소액해외송금업자가 무인환전영업자에게 송금대금전달·수납을 위탁하는 것을 허용하고 있으나, 소액송금업자가 무인환전기기를 직접 소유한 경우에 대해서는 송금대금을 무인기기로 전달·수납할 수 있는지는 규정하고 있지 않다. ⅱ) 외국환거래규정 개정·시행(2020년 10월 30일)으로 가능해진 송금 네트워크 공유(송금중개)에 따른 중개 범위 및 중개 제공 기관에 해당한다. 신청인은 소액해외송금업자 계약 등을 거쳐 2021년 3월 출시를 추진중이다.

2. 제2차 신사업 규제 신속확인·면제 시행 결과

(1) 서설

(가) 경과

기획재정부는 새로운 외환 서비스의 규제 불확실성 해소를 통한 외환서비스 혁신을 위해 제2차 신사업 규제 신속 확인·면제 제도를 시행하였다. 2020. 12. 10 - 31일 간 접수 기간을 운영하여 5개 과제를 접수했으며, 금융위원회·관세청 등 관계기관 의견 수렴(1.20-2.3일)을 거쳐 다음과 같이 조치하였다.[22]

ⅰ) 은행에서의 소액해외송금업자 서비스[23] 이용, ⅱ) 글로벌 송금업체와의 제휴를 통한 은행의 송금서비스, ⅲ) 은행의 송금 지급지시 방법 다양화,[24] ⅳ) 해외방문 관광객에 대한 핀테크 업체의 간편결제 서비스[25] 제공 등 4개 과제에 대해서는 "규제 없음"을 회신하였다(2.8일)

ⅴ) 온라인 환전영업자가 고객계좌를 통해 외화를 전달하는 것을 허용해 달라는 신청에 대해서는 "규제가 있음"[26]을 회신(2.5일)하였으며, "규제를 면제"할 계획임을 회신하였다.

(나) 평가

신사업 규제 신속확인·면제 제도를 통해 새로운 서비스 관련 불확실성이 완화되며 핀테크 기업은 물론 은행의 혁신적 외환서비스 시도가 확대될 것을 보인다. 5건의 과제 중 3건의

---

22) 기획재정부(2021a), "제2차 신사업 규제 신속 확인·면제 제도 시행 결과 – 규제 불확실성 해소를 통한 새로운 외환서비스 창출 뒷받침 – ", 기획재정부(2021. 2. 9) 보도자료, 1-2쪽.

23) 고객이 은행 창구 또는 은행 모바일(앱)을 통해 소액해외송금업자의 서비스를 이용하는 서비스를 말한다.

24) 고객이 송금을 요청하면 은행은 SWIFT망이 아닌 글로벌 송금업체의 통신망을 통해 해외은행에 지급지시 하는 것을 말한다. 지급지시는 고객의 해외송금 요청시 국내은행은 해외은행에 수취인에게 지급해 줄 것을 지시하며, 통상 국제은행간통신협회가 제공하는 SWIFT망을 이용한다.

25) 국내 관광객이 해외를 방문하여 상품을 구매하고 신청업체의 QR코드를 통해 간편하게 결제할 수 있는 서비스를 말한다.

26) 현재 온라인환전영업자는 온라인으로 환전을 신청받고 고객이 지정하는 장소(오프라인)에서 환전대금(외화·원화)을 지급할 수 있다.

과제를 은행에서 신청하였다.

환전·송금 위·수탁 허용으로 협업 기반이 마련되며, 그간 서비스 공급에 있어 경쟁 관계였던 은행과 핀테크 기업이 협업을 시도하고 있는 것도 긍정적 성과로 보인다.

소액해외송금, 온라인 환전 등 혁신적 서비스 접근성 제고, 송금비용 절감 등 고객편의가 제고될 것으로 기대된다.

(2) 은행에서의 소액해외송금업자 서비스 이용

(가) 사업내용

고객이 은행 창구 또는 모바일(앱)을 통해 소액해외송금업자의 서비스를 이용할 수 있는 서비스이다. 은행은 송금신청 접수, 실명확인, 송금대금 수납 + 소액해외송금업자에 송금정보 전달, 소액해외송금업자는 해외 협력업체에 지급지시, 송금내역의 외환전산망 보고 이행을 하게 된다.[27]

〈신청 서비스 주요내용〉

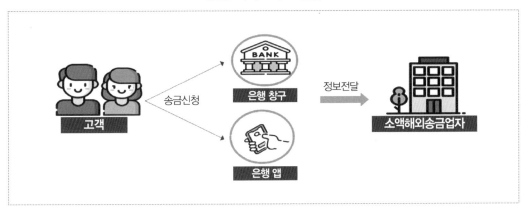

(나) 신청사항

은행을 통한 소액해외송금 서비스 이용 관련 규제 확인이었다. 질의 주요내용은 ⅰ) 위 모델의 외국환거래규정 제3-2조(송금 위·수탁), 제3-3조(송금 중개) 해당 여부, ⅱ) 제3-2조 제4항 제3호의 소비자보호 조치, 제7항의 한국은행 보고 의무이행 주체 등이었다.

(다) 검토결과 및 조치사항

"규제 없음"을 신청인에게 회신하였다.

외국환거래규정 제3-2조에 따른 송금사무 위·수탁으로 소액해외송금업자, 은행간 위·수탁계약 체결 등을 거쳐 수행가능하다. 위·수탁계약은 소액해외송금업자(위탁기관)가 송금사무

---

27) 기획재정부(2021a), 4-7쪽.

중 일부를 은행(수탁기관)에 위탁하게 된다.

외국환거래규정 제3-2조 제4항 제3호(소비자보호 조치), 제7항(수탁사무 수행 내역에 대한 한은 보고)은 수탁기관(은행)이 수행해야 한다.

신청인은 규제확인 결과를 바탕으로 향후 사업추진을 검토할 계획이다.

(3) 글로벌 송금업체와의 제휴를 통한 은행의 송금 서비스

(가) 사업내용

고객의 송금요청에 대하여 국내 은행이 외국 은행이 아닌 글로벌 송금업체와 제휴를 통해 서비스를 제공한다는 내용이다. 송금신청 접수, 실명확인 및 자금세탁방지 의무이행, 송금대금 수납·전달 및 외환전산망 보고는 기존과 동일하게 은행이 직접 수행하고, 해외 수취인에게 지급할 것을 외국 은행이 아닌 글로벌 송금업체에게 지시한다.

(나) 신청사항

글로벌 송금업체와 제휴를 통한 송금 관련 규제 확인이었다. 질의 주요 내용은 ⅰ) 위 모델의 외국환거래규정 제3-2조 송금사무 위·수탁 해당 여부, ⅱ) 위 사업수행 관련, 글로벌 송금업체가 구비해야 하는 최소 요건 존재 여부 및 감독기관 신고의무 존재 여부 등이었다.

(다) 검토결과 및 조치사항

"규제 없음"을 신청인에게 회신하였다.

외국환거래규정 제3-2조는 "은행, 소액송금업자"가 직접 수행해야 하는 송금사무 일부를 위·수탁하는 경우에 적용되며, 위 사업은 "은행"이 신청 접수, 실명확인 등 송금사무 일체를 직접 수행하는 것으로 위·수탁에 해당하지 않는다.

외국환거래법은 은행의 송금업무를 위한 외국 상대기관(외국 금융기관 등)을 제한하고 있지 않으나 불법거래 방지, 소비자 보호 등을 충분히 고려할 필요가 있다. 예를 들면 해당 국가에서 해외송금을 적법하게 수행할 수 있는 인가·등록업체와 제휴 등이 필요하다.

신청인은 규제확인 결과를 바탕으로 향후 사업추진을 검토할 계획이다.

(4) 은행의 송금 지급지시 방법 다양화

(가) 사업내용

고객이 송금을 신청하면 은행은 외국 은행에 SWIFT망[28])이 아닌 별도 통신망을 통해 수취인에게 지급할 것을 지시한다. 별도 통신망의 경우 신청인은 글로벌 핀테크 송금업체의 통신망을 이용할 계획이며, 지급지시 외 송금절차(실명확인, 자금세탁 방지, 외환전산망 보고) 등은 기존과 동일하다.

---

28) Society for Worldwide Interbank Financial Telecommunication(국제은행간통신협회).

〈신청 서비스 주요내용〉

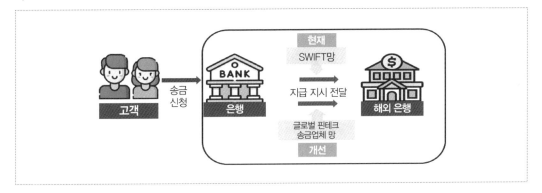

(나) 신청사항

SWIFT망이 아닌 통신망을 지급지시에 이용하는 것과 관련한 규제 확인이었다. 질의 주요 내용은 ⅰ) 금융회사의 정보처리 업무 위탁에 관한 규정」 제2조 제6항의 "정보처리의 위탁" 해당 여부, ⅱ) 외국환거래규정 제3-2조의 "위탁" 해당 여부이었다.

(다) 검토결과 및 조치사항

"규제 없음"을 신청인에게 회신하였다.

전산설비·통신규약 변경과 상관없이 업무를 수행하는 것은 「금융회사의 정보처리 업무 위탁에 관한 규정」 제2조 제6항의 위탁에 해당하지 않는다. 은행이 지급지시를 직접 수행하는 것으로 외국환거래규정 제3-2조의 위탁에도 해당하지 않는다.

신청인은 글로벌 송금업체와 협의를 거쳐 2021년3월 출시를 추진 중이다.

(5) 해외 방문 관광객에 대한 간편결제 서비스 제공

(가) 사업내용

국내 관광객이 해외를 방문해 상품을 구매하고 신청업체의 QR코드를 통해 간편하게 결제할 수 있는 서비스이다.

상품 구매 → 상점은 결제정보가 담긴 QR(신청업체 QR)을 제시 → 고객은 신용카드사 앱을 통해 QR을 스캔 → 결제정보가 신청업체를 거쳐 신용카드사에 전달한다는 내용이다.

(나) 신청사항

ⅰ) 외국환업무 등록 전자지급결제대행업자(PG사)의 위 사업 가능 여부, ⅱ) 신청인의 가맹점 모집 관련 규제 확인이었다. 관련 규제 확인은 외국환거래법 및 전자금융거래법상 규제 여부이다.

(다) 검토결과 및 조치사항

전자금융거래법, 외국환거래법상 PG사에 기(旣)허용된 업무로 "규제 없음"을 회신하였다. 다만, 전자금융업자가 전자지급결제대행 등 전자금융업 영위를 위해 가맹점 모집 시 전자금융 거래법 제38조를 준수할 필요가 있음을 회신(외국환거래법상 규제는 없음)하였다.

신청인은 해외 가맹점 모집 등을 거쳐 2021년 상반기 출시를 추진 중이다.

(6) 온라인환전영업자의 환전대금 수납·전달방법 확대

(가) 사업내용

온라인환전영업자의 환전서비스 제공방법의 다양화이다.

고객이 외화 → 원화 환전을 요청하는 경우, 고객 명의의 계좌에서 온라인환전영업자 계좌로 외화를 수납하고, 고객이 원화 → 외화 환전을 요청하는 경우, 온라인환전영업자 명의 계좌에서 고객 명의의 계좌로 외화를 전달한다는 내용이다.

(나) 신청사항

온라인환전영업자가 고객과 거래함에 있어 계좌로 외화를 수납하고 전달하는 것 관련 규제 확인 및 규제 면제이었다. 수납은 환전영업자가 고객으로부터 외화를 매입시, 전달은 고객에게 외화를 매각시에 한다.

(다) 검토결과 및 조치사항

온라인환전영업자의 외화수납은 "규제 없음"을, 외화전달은 "규제 면제" 계획을 회신하였다.

외국환거래법, 환전영업자 관리에 관한 고시에 따라 온라인환전영업자가 고객으로부터 환전 신청을 받고 계좌를 통해 대금을 수납하는 것은 이미 허용되어 있다.

고객명의 계좌로 외화를 전달하는 경우 외환거래 투명성이 제고되고 불법거래 우려도 축소 → 계좌를 통한 외화지급이 허용된다. 기존에 환전영업자는 주로 관광객을 대상으로 환전서비스를 제공한바, 온라인으로 환전을 신청받고 오프라인(지하철역 등)에서 지급하는 방식으로 제도를 도입하였다.

신청인은 시스템 개발, 관련업계 협의를 거쳐 2021년 10월 출시를 추진 중이다.

3. 2021년 외환분야 신사업 규제 신속 확인·면제 제도 운영 결과

(1) 개요

2021년 제도를 운영한 결과, 온라인환전업의 대금 수령·전달 방식, 온라인환전서비스 거래한도, 대환대출금의 해외송금 등 3개 과제에 대해 규제를 확인하고 이를 면제하였다.[29]

---

29) 기획재정부(2021b), "'21년 외환분야 신사업 규제 신속 확인·면제 제도 운영 결과 ─ 편의점을 통한 환전 대금 수령 등 새로운 외환서비스 창출 ─", 기획재정부(2021. 11. 2) 보도자료, 1-3쪽.

(2) 온라인환전업

코로나 이후 비대면 금융거래가 확대됨에 따라 온라인환전업에 대한 규제를 개선하여 국민 편의를 제고하였다. 온라인환전업이란 온라인으로 환전신청을 받고 환전영업소·공항·면세점 등 약속된 장소에서 직접 대면하여 환전대금을 지급하는 환전방식(2018년 5월 도입)을 말한다.

(가) 외화전달방식 확대

기존에는 환전서비스 이용 고객들이 온라인환전영업자와 직접 대면하여 외화를 수령하거나 지급해야 했다. 개선된 점은 직접 대면하지 않더라도 은행 등에 개설된 고객 계좌를 통해 외화를 수령하거나 지급할 수 있도록 규정을 개정(2021년 9월)하였다. 즉 외국환거래규정 제2-29조 제9항을 개정하여 온라인환전영업자는 영업소 이외의 장소 또는 금융회사등에 개설된 계좌를 통해서 고객으로부터 외국통화를 수령하거나 고객에게 외국통화를 지급할 수 있도록 한 것이다.

(나) 거래한도 상향

기존에는 온라인 환전서비스의 일일(一日) 거래한도가 미화 2천불로 제한되어 있었다. 개선된 점은 관세청의 전자신고시스템(Unipass)에 환전장부를 제출하는 업체는, 서비스 한도를 미화 4천불로 상향 조정(2021년 9월)하여 고객들의 환전가능 금액을 확대한 것이다. 즉 외국환거래규정 제2-29조 제9항을 개정하여 온라인환전영업자는 동일자·동일인 기준 미화 2천불(단, 환전장부 전산관리업자의 경우 미화 4천불) 이하의 범위에서 외국통화등을 매입하거나 매각할 수 있도록 하였다.

(3) 소액해외송금업

소액해외송금업자와 캐피털사 등 금융회사간 위·수탁 방식을 확대하여 새로운 해외송금 서비스를 제공하게 되었다. 소액해외송금업이란 금융회사가 아닌 핀테크 기업 등이 건당 미화 5천불 한도 내에서 외국과의 지급·수령 업무를 수행(2017년 6월 도입)하는 것을 말한다.

기존에는 외국인 근로자가 본국의 고금리 대출을 상환하기 위해 국내 캐피털사 등에 대환대출을 신청하더라도 타용도 사용 가능성 등을 사유로 대출을 받지 못했다. 즉 거래의 투명성 확보를 위해 소액해외송금업자는 고객 계좌를 통한 거래만 원칙적으로 허용되었다.

이에 개선된 점은 캐피털사 등 금융회사가 직접 소액해외송금업자에게 대환대출금 송부가 가능하다고 유권해석함으로써 외국인 근로자의 대환대출·본국 송금 등 국내 금융서비스 이용 기회를 확대시킨 것이다. 즉 외국환거래규정 제2-31조 제4항 제1호에서 "계좌를 통한 거래에 준하는 투명성 확보가 담보되는 방식"이란 외국환업무를 등록한 금융회사를 통하여 고객에게 자금을 지급하거나 고객으로부터 자금을 수령하는 경우를 말한다. 여기서 "외국환업무를 등록한 금융회사를 통하여"라는 문구를 금융회사 계좌를 통하여 자금을 지급·수령하는 경우도 포함된다고 해석하였다.

제6장

외국환업무취급기관등의 업무행위 규제

제1절 외국환업무취급기관 및 전문외국환업취급업자의 업무수행기준

외국환업무취급기관 및 전문외국환업무취급업자의 업무 수행에 필요한 사항은 대통령령으로 정한다(법8⑥). 이에 따라 외국환업무취급기관과 전문외국환업무취급업자는 다음에 해당하는 기준에 따라 업무를 수행해야 한다(영17). 이 규정은 외국환업무취급기관등의 업무수행기준 준수를 유도하여 외국환업무 질서 확립, 외환거래 안정성 확보 등을 위한 규정이다.

Ⅰ. 거래내용 기록 의무

외국환업무취급기관 및 전문외국환업무취급업자는 거래내용을 기록하고 관련 서류를 보존하여야 한다(영17(1)).

Ⅱ. 외국환업무의 구분관리의무

외국환업무취급기관 및 전문외국환업무취급업자는 외국환업무와 그 밖의 업무를 겸영하는 경우에는 해당 외국환업무와 다른 업무를 구분하여 관리(회계처리를 포함)하여야 한다(영17(2) 전단). 이 경우 전문외국환업무취급업자가 환전영업자, 소액해외송금업자, 그리고 기타전문외국환업무취급업자의 업무를 겸영하거나 기타전문외국환업무를 2개 이상 겸영하는 경우에는 다음의 구분에 따라 관리해야 한다. ⅰ) 환전영업자, 소액해외송금업자, 그리고 기타전문외국환업무취급업자의 업무를 겸영하는 경우에는 각각의 업무별로 구분하여 관리하여야 하고, ⅱ) 기타전문외국환업무를 2개 이상 겸영하는 경우에는 해당 기타전문외국환업무별로 구분하여 관리하여야 한다(영17(2) 후단).

Ⅲ. 위험관리체계 구축 · 운용의무

외국환업무취급기관은 외국환업무취급 관련 위험을 효율적으로 관리하기 위하여 종합적인 위험관리 체제를 구축 · 운용하여야 한다(영17(3)).

Ⅳ. 기타 의무

그 밖에 외국환업무의 원활한 수행과 안정성 확보를 위하여 기획재정부장관이 정하여 고시하는 기준을 따라야 한다(영17(4)).

제2절 외국환업무취급기관등의 업무상의 의무

Ⅰ. 허가 또는 신고 확인의무

외국환업무취급기관, 전문외국환업무취급업자 및 외국환중개회사("외국환업무취급기관등")는 그 고객과 외국환거래법을 적용받는 거래를 할 때에는 고객의 거래나 지급 또는 수령이 외국환거래법에 따른 허가를 받았거나 신고를 한 것인지를 확인하여야 한다(법10① 본문). 다만, 외국환수급 안정과 대외거래 원활화를 위하여 기획재정부장관이 정하여 고시하는 경우에는 그러하지 아니하다 (법10① 단서).

Ⅱ. 위반시 제재

법 제10조 제1항을 위반하여 확인하지 아니한 자는 1년 이하의 징역 또는 1억원 이하의 벌금에 처한다(법29①(2)). 다만, 위반행위의 목적물 가액의 3배가 1억원을 초과하는 경우에는 그 벌금을 목적물 가액의 3배 이하로 한다(법29① 단서).

제3절 외국환업무취급기관등의 외환시세조종 등 불공정거래 규제

Ⅰ. 의의

국제결제은행(BIS)은 2013년 글로벌 투자은행 환율조작 사건 이후 외환시장 신뢰회복 및 청렴성 제고를 위해 글로벌 외환시장 규범을 마련하였다. BIS「글로벌 외환규범」상 미확인정보 생산·유포, 기밀정보 유출, 시세조작, 담합 등을 질서위반 행위로 구분된다.

2007년-2013년간 10여개 글로벌은행 딜러들이 런던 등 유로-달러 현물외환시장에서 온라인 채팅으로 특정시간 집중거래를 통해 환율을 변동시키기로 담합한 사실이 2013년 밝혀지면서 광범위한 피해가 발생하였다. 이러한 교란행위를 막기 위해 제도화한 것으로 외환거래 질서 확립의 효과 및 우리 외환시장에 대한 신뢰도를 제고할 수 있을 것이다.

Ⅱ. 불공정거래 유형

외국환업무취급기관등은 외국환업무와 관련하여 부당한 이익을 얻거나 제3자에게 부당한 이익을 얻게 할 목적으로 다음의 어느 하나에 해당하는 행위를 하여서는 아니 된다(법10②, 20의2①).

1. 시세 변동 또는 고정행위의 금지

외국환업무취급기관등은 외국환의 시세를 변동 또는 고정시키는 행위를 할 수 없다(법10②(1)).

2. 통정거래행위 금지

외국환업무취급기관등은 다른 외국환업무취급기관, 전문외국환업무취급업자 및 외국환중개회사("외국환업무취급기관등")와 같은 시기에 같은 가격 또는 약정수치로 거래할 것을 사전에 서로 모의한 후 거래하여 외국환의 시세에 부당한 영향을 주거나 영향을 줄 우려가 있는 행위는 금지된다(영20의2①(1)).

3. 시세조종행위 금지

외국환업무취급기관등은 풍문을 유포하거나 거짓으로 계책을 꾸미는 등의 방법으로 외국환의 수요·공급 상황이나 그 가격에 대하여 타인에게 잘못된 판단이나 오해를 유발함으로써 외국환의 시세에 부당한 영향을 주거나 영향을 줄 우려가 있는 행위는 금지된다(영20의2①(2)).[1]

Ⅲ. 위반시 제재

1. 형사제재

법 제10조 제2항을 위반하여 외국환업무를 한 자는 5년 이하의 징역 또는 5억원 이하의 벌금에 처한다(법27①(6)). 다만, 위반행위의 목적물 가액(價額)의 3배가 5억원을 초과하는 경우에는 그 벌금을 목적물 가액의 3배 이하로 한다(법27① 단서).

2. 업무정지 3개월

위반시 행정제재의 경우 외환시장 교란행위의 위반의 중대성을 감안하여 업무정지 3개월로 규정하고 있다(영22 별표 2 제2호).

외국환업무취급기관등은 외국환업무와 관련하여 부당한 이익을 얻거나 제3자에게 부당한 이익을 얻게 할 목적으로 외국환의 시세를 변동 또는 고정시키는 행위, 다른 외국환업무취급기관등과 같은 시기에 같은 가격 또는 약정 수치로 거래할 것을 사전에 서로 모의한 후 거래하여 외국환의 시세에 부당한 영향을 주거나 영향을 줄 우려가 있는 행위, 또는 풍문을 유포하거나 거짓으로 계책을 꾸미는 등의 방법으로 외국환의 수요·공급 상황이나 그 가격에 대하여 타인에게 잘못된 판단이나 오해를 유발함으로써 외국환의 시세에 부당한 영향을 주거나 영향을 줄 우려가 있는 행위를 하여서는 아니 되는데(법10②), 이에 해당하는 행위를 한 경우(법12①(7))에는 업무정지 3개월에 해당한다(별표 2 제2호).

---

[1] 2013년 전세계 금융시장을 뒤흔든 대규모 외환시세조종 사건이 적발되었다. 2013년 6월 12일 블룸버그 통신의 보도로 불거진 글로벌 대형은행들의 환율조작 사건은 그동안 국제외환시장에서 쉬쉬하며 암암리에 이루어져 오던 오랜 불공정거래 관행에 경각심을 불러일으켰다. 2013년 영국 금융행위감독청(FCA)을 필두로 EU집행위원회, 스위스 금융당국(Finma)과 공정거래위원회(Weko), 미국 법무부(DOJ), 홍콩 통화청(HKMA) 등 주요 감독기구들이 일제히 조사에 착수하였고, 씨티(Citi), 바클에이즈(Barclays), 도이치(Deutsche), JP모건, HSBC 등 연루된 은행들은 모두 천문학적인 벌금(도합 약 100억달러로 추정)을 부과받은 것은 물론 관련 임직원을 상당수 해고하였다. 그리고 이 과정에서 영란은행(BOE) 직원이 환율조작의 공모와 고객 비밀정보 누설 등 의혹으로 정직 처분되는 사태가 발생하기도 하였다(강민우(2020), 30쪽).

제7장

외국환업무취급기관등의
외환건전성 규제

제1절 서설

I. 외환건전성 규제의 취지

기획재정부장관은 외환시장의 안정과 외국환업무취급기관등의 건전성을 유지하기 위하여
필요하다고 인정되는 경우에는 외국환업무취급기관등의 외국통화 자산·부채비율을 정하는 등
외국통화의 조달·운용에 필요한 제한을 할 수 있다(법11② 전단).

II. 외환건전성 규제와 업무제한

기획재정부장관은 외국환업무취급기관등의 업무에 대하여 필요한 제한을 하려는 경우에
는 다음의 기준에 따른다(법11②, 영21).

ⅰ) 특정 외화부채에 대한 지급준비금의 최저한도를 설정하는 경우에는 외화부채의 범위,
지급준비금의 대상통화·적립시기 및 최저한도를 정해야 한다(제1호). ⅱ) 외국환매입초과액과
매각초과액의 한도를 설정하는 경우에는 외국환의 매입초과액과 매각초과액의 구분 및 한도,
그 산정기준이 되는 자산 및 부채의 범위, 산정방법, 시기 및 기간을 정해야 한다(제2호).

ⅲ) 외화자금의 조달 및 운용방법을 지정하는 경우에는 조달·운용항목과 항목별 조달·운
용방법을 정해야 한다(제3호). ⅳ) 외화자산 및 외화부채의 비율을 설정하는 경우에는 만기별

자금의 조달 및 운용방법과 자산 및 부채의 범위 및 기준을 정해야 한다(제4호).

v) 비거주자로부터 자금을 조달하여 비거주자를 대상으로 운용하는 계정을 설정하게 하는 경우에는 설치대상 외국환업무취급기관의 범위, 자금의 조달·운용방법과 회계처리방법의 기준을 정해야 한다(제5호). vi) 외국환업무취급기관의 외국환계정의 회계처리기준을 정하는 경우에는 계정과목과 회계처리방법을 정해야 한다(제6호).

vii) 외국환업무에 따른 위험관리기준을 설정하는 경우에는 대상 업무 및 기준을 정해야 한다(제7호). viii) 외국환중개업무에 대한 기준을 설정하는 경우에는 대상 업무 및 운용방법을 정해야 한다(제8호). ix) 환전영업자에 대한 환전업무기준을 설정하는 경우에는 외국통화의 매도에 대한 제한 대상 및 기준을 정해야 한다(제9호). x) 소액해외송금업무에 대한 기준을 설정하는 경우에는 외국환 매입초과액 또는 매도초과액의 구분 및 한도, 그 산정기준이 되는 자산 및 부채의 범위, 산정방법, 시기 및 기간을 정해야 한다(제10호).

제2절 외환건전성 규제의 주요 수단과 내용

Ⅰ. 외환건전성 규제의 주요 수단

1. 개요

우리나라의 외화유동성은 외국환업무취급기관에 집중될 수밖에 없기 때문에 외화유동성 사정은 외국환업무취급기관의 외화유동성 사정에 좌우된다. 외국환업무취급기관의 외환건전성이란 외국환업무취급기관이 조달한 외화자금을 큰 문제 없이 만기연장하거나 유동성이 높고 건전성이 양호한 외화자산으로 운용함으로써 외화자금 조달 및 운용에 큰 문제가 없는 상황을 의미한다. 이를 가계·기업 등 외환 실수요자의 관점에서 살펴보면 외환 실수요자가 언제든지 외국환업무취급기관을 통해 외환을 안정적으로 조달 내지는 환전할 수 있다는 것을 의미한다.

2008년 금융위기 이후 외환정책당국은 과도한 자본유입으로 인한 외화유동성 위기의 재발을 방지하고 외환시장의 안정적 운용을 위해 외국환업무취급기관에 대한 외환건전성 규제수단을 새롭게 도입하고 규제수단을 크게 강화하였다. 외환건전성 규제수단은 크게 거시건전성 규제수단과 미시건전성 규제수단으로 구분된다. 거시건전성 규제수단과 미시건전성 규제수단의 구분은 2008년 금융위기 교훈에서 출발한다. 개별 금융기관에 대한 미시건전성 규제만으로

는 금융시스템 리스크 내지는 거시건전성을 유지할 수 없었기 때문이다.[1]

거시건전성 규제수단이란 개별 금융기관의 건전성 위기에서 발생한 위기가 금융시스템 위기와 실물위기로 확산되는 것을 방지하기 위한 목적의 규제수단을 의미한다. 실제 규제의 운용에 있어 미시건전성 규제수단과 거시건전성 규제수단을 명확하게 구분하는 것이 쉽지 않기 때문에 규제의 목적이 개별 금융기관의 미시건전성보다는 거시건전성 내지는 금융시스템 리스크를 관리하기 위한 것을 거시건전성 규제라고 말할 수 있다.

이와 같은 거시건전성 규제에 대한 논의를 외환건전성 규제에도 적용하여 우리나라에서는 외화차입에 대한 외환건전성부담금, 외국환업무취급기관에 대한 선물환포지션 규제, 외국인 채권투자자에 대한 과세조치 환원 등을 외환 부문의 거시건전성 규제수단이라고 부른다.[2] 이 밖에도 외국환거래법에 근거한 외국환업무취급기관에 대한 다양한 미시건전성 규제수단이 존재하는데 실질적인 내용을 살펴보면 개별 금융기관의 미시건전성 유지뿐 아니라 외환부문의 거시건전성 달성을 목적으로 하는 경우가 많아 개념의 명확한 구분이 쉽지 않다.

2. 거시건전성 규제수단

(1) 외환건전성부담금

외환건전성부담금은 외화자금의 급격한 유입·유출에 따른 금융시장의 불안을 최소화하기 위해 도입된 제도이다. 외국환은행, 외국환 금융투자업자, 외국환 보험회사, 외국환 여신전문금융회사의 외화예금을 제외한 비핵심부채에 대해 세금의 일종이라고 할 수 있는 부담금을 부과함으로써 외국환은행 등의 과도한 외화차입을 줄이자는 데에 그 목적이 있다.

부과대상은 모든 금융기관의 외화예금을 제외한 비핵심 외화부채이나 우선적으로 외국환은행의 예금을 제외한 비핵심 외화채무에 적용된다(법11의2②). 징수한 부담금은 외국환평형기금에 귀속되며 외화유동성 위기시 외화유동성 공급을 위한 재원으로 사용된다. 부담금 요율은 외화차입의 장기화를 유도함으로써 안정적 외화자금 조달수단을 마련하고자 장기로 갈수록 부담금 요율이 낮고 단기로 갈수록 부담금 요율이 높다(영21의3).

(2) 외국환포지션 규제

외국환포지션이란 외화자산과 외화부채의 규모 또는 잔액을 의미하는 것으로 외화자산포지션과 외화부채포지션을 일치시킨다면 환변동위험을 제거할 수 있다. 외국환포지션 규제란 이와 같이 외화자산포지션과 외화부채포지션이 일치하지 않음으로써 발생할 수 있는 환변동위

---

1) 김기원(2012), 167-168쪽.
2) 기획재정부·금융위원회·한국은행·금융감독원(2010), "거시건전성부담금 도입 방안"(2010. 12. 19) 보도자료.

험을 제거하기 위한 가장 기본적인 외환건전성 규제수단이다.

외국환포지션에는 현물환포지션과 외환파생상품이라고 할 수 있는 선물환포지션으로 구분된다(규정2-9). 2008년 글로벌 금융위기 발생 전까지는 이와 같은 외국환은행의 환변동위험을 제거하기 위해 현·선물 종합포지션 제도를 운영하여 현·선물 종합포지션을 자산초과(매입초과) 및 부채초과(매도초과)를 자기자본의 50% 이내로 제한해 왔다(규정2-9의2①(1)).

그러나 글로벌 금융위기 이후 외환스왑 등 외환파생상품 거래를 통한 과도한 외화자금 유입이 우리나라 외환시장을 교란시킨다는 정책적 판단에 따라 선물환포지션 규제를 신설하였다(규정2-9의2②). 이 규정에 따라 선물환, 스왑, 차액결제선물환(NDF) 등 외환파생상품인 선물환자산·부채 초과포지션을 국내은행은 자기자본의 50%, 외국은행 국내지점은 250% 이내로 제한하고(규정2-9의2②(1)), 기획재정부장관은 자본유출입의 변동성이 확대되는 등 외환시장 안정 등을 위하여 긴급히 필요한 경우 50% 이내에서 가감하여 정할 수 있다(규정2-9의2②(2)). 이와 같이 외국은행 국내지점과 국내은행의 규제비율이 다른 것은 외국은행 국내지점의 경우 본지점을 통해 조달한 외화자금을 국내 외환시장에 외환스왑을 통해 공급함으로써 국내지점과 같은 규제비율을 지킬 수 없다는 현실을 반영한 것이라고 할 수 있다.[3]

(3) 외국인 채권투자 과세

외국인 채권투자 과세제도의 경우 앞에서 살펴본 규제들과 달리 본래 존재하던 정책이었으나 2009년 5월을 기점으로 면세결정(비과세)되었다가 외국인 투자자의 국내 채권투자에 대한 과세 환원 조치를 실시하였다(2010년 12월 세법 개정). 이러한 정책적 변화에는 다음과 같은 배경이 있다.

2008년 글로벌 금융위기를 계기로 외국인의 국내 채권 보유 잔액이 약 60조원에서 2009년 상반기 40조원까지 감소하였다. 이에 외환당국은 외국인 채권자금 유입 활성화를 유도하기 위해 국고채 및 통화안정증권에 대해 원천징수를 면제하여 과세하지 않는 조치를 취하였다. 그후 외국인 채권자금 유입이 재차 활성화되어 2010년 채권잔액이 80조원을 상회(보유잔액 통안채 60%, 국채 140% 증가)하게 됨에 따라 과도한 자본유입을 관리하기 위해 2011년말 기존의 외국인 채권투자 과세제도를 부활하게 되었다.

당시 우리나라의 채권투자 과세제도는 글로벌 차원의 흐름과 동조를 이루는 것이었다. 특히 신흥국에서 외국인 포트폴리오 투자자금 유입을 관리하려는 움직임이 점차 활성화되고 있었다. 브라질은 2010년 중 외국인 채권매입의 거래세를 상향 조정하는 추세에 있었으며, 대만

---

3) 기획재정부 장관의 통첩에 의거 2012년 4월말 현재 외은지점은 200%, 국내은행은 40% 이내로 동 한도가 낮아졌다. 기획재정부(2011), "외국환은행의 선물환포지션 한도를 20%씩 축소", 기획재정부(2011. 5. 19) 보도자료.

의 경우 2009년 말 주식 관련 정기예금의 외국인 신규 가입을 금지하였다. 인도네시아는 2010년 중순 외국인의 국채 매입시 최소 보유의무 기간을 설정하였으며, 태국은 2010년 말 외국인의 국공채 및 준 국공채 투자시 이자소득세를 부과하였다.

당시 부활된 외국인 채권투자 과세제도는 국고채 및 통화안정증권에 대해 외국법인 및 비거주자에 대한 이자소득 및 양도소득에 대한 법인세 및 소득세 원천징수를 면제하던 것을 종료하였으며, 향후 금융시장 변동성이 급격히 확대될 경우 탄력세율을 적용하는 것이다.[4]

외환건전성부담금제도와 선물환포지션제도가 외환부문에서의 자본유출입 변동성을 완화하기 위한 방안이라면 외국인 채권투자 과세제도는 채권 영역에서의 급격한 유출입 변동성을 관리하기 위한 방안이다.

3. 미시건전성 규제수단

(1) 개요

외국환은행에 대한 미시건전성 규제는 개별 외국환은행의 외환건전성을 유지하기 위한 규제로 과거부터 존재해 왔던 규제이나 2008년 리먼 브라더스 사태 이후 외화유동성 경색을 계기로 2009년 11월과 2010년 6월에 동 규제가 크게 강화된 바 있다.[5] 앞서 본 바와 같이 규제 강화의 목적 및 그 내용을 살펴보면 반드시 외국환은행의 개별 미시건전성만을 목적으로 하는 것은 아니고 자본유출입 통제의 간접규제 수단 중의 하나로 외환시장의 안정 등 거시건전성 목적을 동시에 추구한다고 할 수 있다.

외환건전성 규제는 외국환거래법상 기획재정부장관에게 최종 책임과 권한이 있으나, 개별 건전성 규제 및 감독 권한은 금융위원회(금융감독원) 및 한국은행에 위임·위탁되어 있다.

세부 규제수단에는 외국환은행의 외화예금에 대한 지급준비금 규제, 외화대출용도 규제, 외화유동성 규제, 중장기 외화자금 조달비율 규제, 원화사용목적 외화채권 발행을 제한하는 규제 등이 있다.

(2) 외화예금에 대한 지급준비금 규제

외화예금에 대한 지급준비금 규제는 원화 지급준비금 규제와 마찬가지로 외화예금자의 갑작스러운 인출요구에 대비하여 외화유동성을 확보하기 위한 규제로서 외화예금의 일정비율(2-7%)을 중앙은행의 지준계정에 예치하도록 하는 규제를 말한다(외화예금지급준비규정2).

외국환은행이 한국은행에 예치하여야 할 외화예금지급준비금의 최저율은 다음과 같다(외

---

4) 기획재정부·금융위원회·한국은행(2009), "국제금융시장 불안 장기화에 따른 우리경제 위험요인 해소를 위한 정책적 대응 방안"(2009. 2. 26) 보도자료.

5) 금융위원회·금융감독원(2009), "금융회사의 외환건전성 제고 및 감독강화 방안"(2009. 11. 19) 보도자료; 기획재정부·금융위원회·한국은행·금융감독원(2010b), "자본유출입 변동 완화방안"(2010. 6. 21) 보도자료.

화예금지급준비규정2). 즉 ⅰ) 만기 1개월 이상 외화정기예금, 만기 30일 이상 외화양도성예금증서 및 만기 6개월 이상 외화정기적금은 2%, ⅱ) 기타예금은 7%, ⅲ) 앞의 2가지의 경우에도 불구하고 대외계정, 해외이주자계정 및 외국환은행이 개설한 거주자계정 예금과 동 계정 개설대상 해당자의 외화양도성예금증서는 1%이다. 지급준비금의 예치통화는 한국은행 총재가 지정하는 통화로 한다(외화예금지급준비규정3). 외국환은행은 최저 예금지급준비금을 한국은행 외화당좌예금으로 예치하여야 한다(외화예금지급준비규정4②).

(3) 외화대출 용도 규제

외화대출 용도 규제는 외국환은행의 외화대출 취급시 외화대출의 용도가 국내사용이 아닌 해외사용으로 제한하는 것을 말한다(외국환거래업무 취급세칙2-9). 외화대출규제는 1997년 외환위기 이전 자본자유화가 완전히 이루어지기 전부터 존재했던 규제였으나 자본자유화 조치의 일환으로 2001년 폐지되었다가 2007년 8월 외국환은행 외화차입 증가의 주요 요인이 외화대출 확대 때문이라는 정책적 판단에 의해 다시 도입되었다.

외화대출 용도제한은 외국환은행, 외국환 금융투자회사, 외국환 보험회사, 외국환 종합금융회사, 외국환 여신전문금융회사 등 외국환업무취급기관에 적용되고 있다(외국환거래업무 취급세칙2-12). 외화대출에 관한 상세한 내용은 앞에서 살펴보았다.

(4) 외화유동성 규제

외화유동성 규제란 외국환업무취급기관의 외화유동성 관리 및 확보를 위한 것으로 외화예금의 인출 또는 외화부채의 만기연장 위험에 대비하기 위한 것이다.

(5) 중장기 외화자금 조달비율 규제

중장기 외화대출 재원조달 비율규제는 외화조달의 장기화를 유도하기 위한 것이다.

Ⅱ. 외환건전성 규제의 주요 내용

1. 개요

우리나라와 같은 소규모 개방경제하에서 통화의 국제화가 이루어지지 않은 경우에는 금융위기 발생시 외화유동성 위기에 직면할 가능성이 높다. 또한 급격한 환율변동으로 외화자산 또는 외화부채의 가치가 크게 변동할 경우 금융기관의 재무건전성이 크게 훼손될 수 있다. 따라서 외국환업무취급기관은 외화유동성과 환리스크를 체계적으로 관리하여야 한다.

외화유동성을 관리하기 위한 외환건전성 규제로는 외화 유동성커버리지비율(LCR), 외화유동성 비율(3개월 외화유동성 비율, 1개월 만기불일치 비율), 중장기 외화자금 조달비율이, 환리스크를 관

리하기 위한 외환건전성 규제로는 외국환포지션 한도(종합포지션 한도, 선물환포지션한도)가 있다.[6]

2. 외환건전성부담금제도

외환건전성부담금에 관하여는 제2편에서 상세히 살펴보았다. 여기서는 외환건전성 규제 측면에서 간략히 살펴본다.

(1) 외환건전성부담금의 논의배경

외환건전성부담금제도는 선물환포지션제도와 마찬가지로 과도한 자본유출입 변동성을 경감하고자 하는 제도의 일환이다. 외환건전성부담금제도는 시계열 리스크를 완화하기 위한 개별 국가 차원의 정책으로 비예금성외화부채에 대한 은행부과금(bank levy) 범주에 속한다고 볼 수 있다.

은행부과금에 대한 글로벌 논의는 2008년 금융위기 이후 지속적으로 제기되어 왔다. 특히 금융권이 글로벌 금융위기 전이의 큰 축이었던 점을 감안하여 위기로 발생한 손실의 축소 및 리스크에 대응하기 위한 재원을 은행 등 금융권에서 분담해야 한다는 논의가 G20 2009년 피츠버그 회의, 2010년 토론토 회의에서 제기되었다. 특히 토론토 회의에서는 은행부과금이 ⅰ) 납세자를 보호해야 하고, ⅱ) 금융시스템 리스크를 축소해야 하며, ⅲ) 신용흐름을 보호하고, ⅳ) 개별 국가의 상황에 맞는 정책을 시행해야 하며, ⅴ) 금융권의 공정한 경쟁을 저해하지 않아야 한다는 은행부과금에 대한 일반원칙에 대한 합의가 이루어졌다.[7]

이에 따라 유럽 선진국들을 중심으로 개별 국가의 상황에 맞는 은행부과금 도입 방침이 마련되었다. 영국은 2010년 12월 세법개정안을 발표하면서 은행 및 은행그룹에 대해 비예금부채를 대상으로 2011년 0.05%, 2012년 이후 0.075%의 은행부과금을 징수하며, 독일은 2010년 12월 은행구조조정법안이 통과되면서 2011년부터 은행에 대하여 비예금부채를 대상으로 0.02%-0.04%의 탄력적 부과금을 징수하였다. 프랑스는 은행에 대해 은행부과금을 징수하고 있으며 부과요율은 0.25%로 높은 편이나, 대상이 위험가중자산으로 한정되기 때문에 실제적인 부과 규모는 영국이나 독일보다 작은 편이다. 이와 같이 은행부과금의 경우 금융기관들의 과도한 자산 증가를 제한하여 시계열 리스크를 통제하며, 이에 따라 부과된 자금은 향후 위기시 사용될 수 있는 재정의 확충 및 정리기금 설립목적으로 사용되었다.[8]

(2) 정책 목적 및 효과

우리나라의 경우 은행부과금제도의 도입이 단순히 금융기관의 전체 자산 증가 억제 및 재

---

6) 금융감독원(2020), 「금융감독개론」(2020. 3), 192쪽.
7) 기획재정부·금융위원회·한국은행·금융감독원(2010b), 보도자료.
8) 김익주(2016). "외환부문 거시건전성 정책이 차입구조 및 환율변동성에 미치는 효과분석", 경기대학교 대학원 박사학위논문(2016. 12), 28-30쪽.

원 확충의 목적에 있지는 않다고 볼 수 있다. 이는 2008년 금융위기나 2010년 유럽 재정위기와 같이 위기국면에서 직접적인 재정손실이 발생하지 않았으며, 이미 금융기관의 부실리스크에 활용하기 위한 기금이 존재했기 때문이다.9) 국내에서 은행부과금제도의 주된 목적은 앞서 본 바와 같이 자본유출입 변동성을 줄이기 위함이었는데, 외화부채에 대해 기간별로 부과율을 차등화했던 점에서 그 의의를 확인할 수 있다.

2010년 당시 외환건전성부담금제도의 도입으로 목표했던 정책의 효과는 다음과 같다. ⅰ) 가장 우선적인 목적은 자본유출입 변동성 감소를 통한 거시건전성 제고이다. ⅱ) 단기 외화차입의 감소를 통해 차입구조의 장기화를 실현하여 부채구조를 개선하는데 있다. ⅲ) 기존의 리스크 대비용 기금에 추가적인 재원을 마련함으로써 위기시에 외화유동성의 공급 방안을 마련하는 것이었다.

(3) 부과대상

외환건전성부담금제도의 공식적 부과대상은 전체 외화부채에서 외화예수금을 차감한 비예금외화부채 잔액이었다. 앞서 본 바와 같이 대부분의 국가에서 부담금 제도의 대상이 "비예금" 부문에 한정되는데, 이는 예금의 경우 예금보험제도의 대상이 되므로 전체 외화부채를 대상으로 할 경우 동일 자산에 이중 부담금을 부과하게 되기 때문이다. 한편 우리나라의 경우 유럽 선진국과 달리 그 대상을 "외화"에 한정했는데, 이는 앞에서 본 바와 같이 자본유출입 변동성 완화가 주목적이었기 때문이다. 한편 금융기관의 외환거래 절차상 일시적으로 발생하는 부채 항목은 차입 성격이 아니므로 부과 대상에서 제외하였다. 이에 대응하는 항목으로는 지급 및 결제가 되지 않은 현물환, 파생상품부채 등이 있다.10)

외환건전성부담금의 공식적인 부과대상은 모든 금융기관으로 설정되었으나 우선적으로 은행권에 적용되었다. 비은행 금융기관의 경우 2015년 제도 개편까지 부과대상에서 제외되었다. 다만 개편 이후에도 비은행 금융기관의 부담을 고려하여 일정 규모 이상의 부과대상 외채 보유 기관에 우선 적용하기로 하였다.11) 이러한 개편의 이유는 금융기관 내에서도 업종간 형평성이 떨어진다는 지적이 제기되었기 때문이다. 또한 여타 금융기관의 단기외채가 증가추세를 지속하였기 때문에 이를 제한해야 할 필요성이 발생하기도 하였다. 은행권의 단기외채는 2011년말 1029억 달러에서 2012년말 854억 달러, 2013년말 779억 달러로 제도 도입 이후 크게 감소하였으나, 비은행권 단기외채는 2010년말 79억 달러에서 2014년 중순 102억 달러로 규모는 작으나 비율로는 빠른 증가추세를 보였기 때문이다.

---

9) 기획재정부·금융위원회·한국은행·금융감독원(2010b), 보도자료.
10) 김익주(2016). 31-32쪽.
11) 기획재정부·금융위원회·한국은행·금융감독원(2015), "외환건전성부담금 제도개편 방안"(2015. 2. 6) 보도자료.

(4) 부과요율

부과요율의 경우 2010년 12월 처음 외환건전성부담금제도 도입방안이 발표되었을 때 확정되지 않았으며, 2011년 8월 제도 시행시에는 예정했던 대로 만기에 따라 단기채에 더 많은 요율을 부과하는 차등방식이 결정되었다. 구체적으로는 계약만기 1년 이하 비예금성외화부채에 20bp, 만기 1-3년에 대해서는 10bp, 3-5년에 대해서는 5bp, 5년 이상에 대해서는 2bp를 부과하였다.

다만 부과요율은 2015년 제도 개편시 변화를 겪게 되는데, 구체적으로 부과대상 및 부과요율 기준의 변화였다. 첫째, 부과대상은 기존에 모든 비예금성외화부채에 대해 부과하던 것을 잔존만기 1년 미만의 비예금성외화부채에만 부과하기로 하였다. 또한 납부 방식을 기존에 부채 만기 중 매년 납부하던 것을 잔존만기 1년이 도래하는 시점에 한 번만 납부하는 방식으로 변경하였다. 둘째, 부과요율은 납부 대상이 만기 1년 이내의 외화부채로 제한된 만큼 단일 요율인 10bp로 변경하였다. 또한 금융기관별로 외화부채의 가중평균이 장기화될 경우 인센티브 차원에서 요율을 할인해 주는 방안이 고려되었다.

이러한 2015년 제도 개편의 이유는 다음과 같다. ⅰ) 기존 계약만기 기준 방식이 부과금을 납부하는 데는 편리했으나 차입구조를 장기화하고자 하는 제도의 본래 취지와는 다소 맞지 않았기 때문이다. 즉 금융기관의 차입리스크는 잔존만기로 평가되는데, 계약만기는 다르지만 잔존만기가 같은 외화부채가 동일한 요율이 부과되는 문제가 있었기 때문이다. 계약만기 기준으로 부과할 경우 차입만기를 365일이 아닌 366일로 설정하여 부담금을 줄이려는 문제 또한 발생할 수 있었다. ⅱ) 부과 대상기관이 비은행권으로 늘어나면서 해당 비은행 금융기관들이 은행권보다 부과금 납부 여력이 부족한 경우가 있어 부과율을 경감시켰다. 재원의 경우 연간 2억달러 수준이 여전히 마련되는 상황에서 부과요율을 경감시켜 금융시장 경쟁력을 유지할 수 있도록 한 조치였다.

2016년 외환건전성제도 개편과정에서, 외환건전성부담금제도는 요율의 추가 변화는 없었으나 급격한 자금유출 등 유사시에 대비하여 일시적으로 요율을 하향 조정할 수 있는 근거를 마련하였다(법11의2③).12)

3. 선물환포지션제도

(1) 외국환포지션의 개념

환율이 그 외국환의 가격을 말한다면, 환포지션은 그 외국환의 재고량을 말한다. 외국환포지션 또는 외환포지션(foreign exchange position)이란 각 통화별 외환의 차감 잔액으로 정의할

---

12) 기획재정부·금융위원회·한국은행·금융감독원(2016), "외환건전성 제도 개편 방안"(2016. 6. 16) 보도자료.

수 있다. 외국환포지션은 일정시점에 있어서 은행 및 기업 등이 보유하고 있는 외화표시 자산과 부채와의 차액을 말한다. 외환시장에서 포지션이라고 하면 일반적으로 외환거래에 따른 일정 외환의 매도액과 매입액의 차액으로서 환위험에 노출된 정도(부분)를 말한다. 포지션은 각 통화별로 환위험 관리를 위한 기초자료가 되고, 외환매매 손익을 정확히 산출하거나 통화별 외화자금의 과부족의 조정을 위한 자료로 사용된다.

일반적으로 포지션의 형태는 매입액이 매도액을 초과하는 매입초과포지션(overbought position)과 매도액이 매입액을 초과하는 매도초과포지션(oversold position)의 형태를 갖게 되는데, 전자를 롱포지션(long position), 후자를 숏포지션(short position)이라고도 한다. 외환의 매입액과 매도액이 동일하여 외화자산과 부채가 균형을 이룬 상태를 균형포지션(square position)이라고 하는데, 이를 플랫포지션(flat position)이라고도 한다. 딜러들(dealers)에게 있어서 외환포지션은 대단히 중요한 조작대상이 되고 있는데, 이는 외화자산·부채의 관리상태와 환위험에 노출되어있는 정도를 나타내기 때문이다.

(2) 외국환포지션의 관리

포지션관리제도는 은행의 건전경영 등을 유도하기 위하여 은행이 보유하는 외국환포지션을 일정 한도 내로 규제하는 것을 말한다. 외국환포지션은 외화자산(매입)과 외화부채(매도)의 차액을 말하며, 현물과 선물의 외화자산·부채의 차액을 산정하는 것을 종합포지션, 선물 외화자산·부채의 차액만을 산정하는 것을 선물환포지션이라고 한다. 은행·종합금융회사·금융투자업자는 종합포지션과 선물환포지션 한도가 모두 적용되고, 보험회사의 경우 종합포지션만 적용되며, 여신전문금융회사는 적용대상이 아니다.

외국환은행의 경우 종합포지션은 전월말 자기자본의 50%, 선물환포지션은 전월말 자기자본의 50%(외은지점의 경우 전월말 자기자본의 250%)의 한도를 넘지 않도록 포지션을 관리하여야 한다. 외국환 금융투자업자의 경우 종합포지션과 선물환포지션은 각각 전월말 자기자본의 50%의 한도로 외국환은행과 같으며, 외국환 보험회사의 경우 종합포지션 한도는 전분기말 지급여력금액의 20%만 적용되며, 외국환 여신전문금융회사는 종합포지션과 선물환포지션 한도가 모두 적용되지 않는다.

외국환업무취급기관의 외화자산과 외화부채가 일치하지 않을 경우 환율변동 위험에 노출되어 이에 따른 손익이 발생한다. 예를 들면 외국환업무취급기관이 매입초과포지션인 상황에서 환율이 상승하면 이익을 보게 되나 환율이 하락하면 손실을 입게 된다. 반대로 매도초과포지션에서는 환율상승시 손실을, 환율하락시 이익을 보게 된다. 또한 외국환업무취급기관의 외국환포지션이 과도할 경우 경영이 부실화되고 외환시장이 교란될 위험이 높아진다. 이에 따라 우리나라는 외국환업무취급기관의 건전경영을 유도하고, 외국환의 집중 및 환투기를 방지하며,

국내 유동성을 조절하고, 외환시장 교란을 사전에 방지하기 위하여 외환매입초과포지션 또는 외환매도초과포지션의 한도를 설정하는 외국환포지션 관리제도를 운영하고 있다.

(3) 외국환포지션의 구분

환포지션은 자금화의 완급 정도, 즉 결제기일에 따라 현물환포지션과 선물환포지션으로 구분된다. ⅰ) 현물환포지션은 현금포지션과 Actual포지션으로 구분되는데, 현금포지션은 이미 결제가 완료되어 거래자의 은행잔고로 남아 있는 잔액으로서 외화가 완전히 자금화된 포지션을 말하고, Actual포지션은 현금포지션 이외에 일방의 거래만 완결되고 상대방측 거래는 미완결 중인 외국환을 말한다. 즉 아직 자금화되지 않은 외국환까지도 환포지션으로 포함시킨 것을 말한다. ⅱ) 선물환포지션은 선물환거래에 의한 매입액과 매도액의 차이를 말한다. ⅲ) 종합포지션은 현물환포지션과 선물환포지션을 모두 합산한 전체 포지션을 말한다. 외환거래자의 모든 외환거래 상황을 나타내는 포지션이다.

외국환포지션은 일정시점에서 외국환업무취급기관 및 기업 등이 보유하고 있는 외화표시 자산과 부채의 차액을 말하며 다음과 같이 구분된다.

ⅰ) 매입초과포지션(over-bought position 또는 long position): 외화자산 > 외화부채

ⅱ) 매도초과포지션(over-sold position 또는 short position): 외화자산 < 외화부채

ⅲ) 스퀘어포지션(square position): 외화자산 = 외화부채

(4) 선물환거래의 메커니즘

조선사와 같은 수출기업 및 자산운용사 등은 계약시점(또는 투자자금 수취시점)과 향후 인도시점(투자 종료시점) 사이의 환율 하락에 따른 손실 가능성을 회피하고자 미래에 수취할 수출대금(또는 입금된 투자자금)을 미리 은행에 매도하는 선물환거래를 실시하게 된다.

이 경우 선물환거래의 상대방인 은행의 경우 선물환 매입포지션을 취한 것이 되며, 실제 선물환계약이 종료되는 시점에 환율이 하락하여 달러 가치가 하락하게 되면 손실이 발생하므로 은행은 포지션 노출을 헤지하기 위해 외국은행 국내지점에서 달러를 차입하고, 현물환을 매도하여 스퀘어포지션을 유지하게 되고, 향후 달러를 수취하는 시점에 외국은행 국내지점에 달러 차입금을 상환하는 형태를 취하게 된다. 실제로 2006-2007년 대외부문 외채 증가액 약 2,000억달러의 50% 가량이 외국환은행의 선물환 매입 등에 기인한 것으로 추정되는 등 해당 형태의 금융거래가 활발하게 진행되었다.13)

당시 규제는 선물환포지션의 규모에 상관없이 현물환과 선물환 포지션의 합산이 자기자본의 50% 수준을 유지해야 했기 때문에, 선물환포지션을 대규모로 매수하는 은행 등 금융기관들은 그에 상응하는 달러를 차입하여 현물환매도를 시행한다면 규제를 피해갈 수 있었다. 따라서

---

13) 기획재정부·금융위원회·한국은행·금융감독원(2010a), "자본유출입 변동 완화 방안"(2010. 6. 14) 보도자료.

이러한 메커니즘에 따른 단기외채 증가가 큰 폭으로 발생하면서 거시건전성을 악화시키는 리스크 요인으로 작용하였고, 2008년 글로벌 금융위기가 발생했을 때 실제로 차입 부문은 위기의 발생과 함께 자금이 회수되는 모습을 보였는데, 이를 관리하기 위한 부담은 전체 국민이 져야 하는 상황이 발생하였다.

이러한 메커니즘을 쉽게 정리하면, 조선사 등 수출기업이나 자산운용사의 선물환매도를 우선 국내은행이 담당하게 되면, 포지션 헤지를 위해 외은지점을 통해 달러를 차입하면서 평시의 외채가 증가하고, 이를 현물시장에 매도하게 되면서 평시에도 환율 변동성이 확대된다. 위기시에는 해외은행이 달러를 회수함에 따라 외화유출이 일어나며, 국내은행은 우선 현물환시장에서 상환을 위한 달러를 매입하면서 환율 변동성이 확대되고, 차입한 달러를 상환함으로써 은행 차원의 외화유동성이 악화되는 부작용이 있다. 선물환 매입의 주체가 국내은행인지 외은지점인지에 따라 거래 프로세스에서 약간의 차이가 있을 수 있으나 핵심적인 메커니즘은 동일하다.

(5) 선물환포지션 한도 설정 방안 발표

선물환포지션 한도는 선물환포지션(＝선물외화자산 −선물외화부채)에 자기자본 대비 상한을 설정하는 제도이다. 우리나라는 2010년 6월 은행 등 금융기관에 대해 선물환포지션 한도를 설정하는 방안을 발표하였다. 선물환포지션은 실제로 외채가 늘어날 가능성이 있는 부분에 한정하기 위해 통화별로 매입초과포지션에서 매도초과포지션을 차감한 순(net) 포지션으로 산정하였다. 또한 선물환포지션을 계산하는 데 있어서 사용되는 선물외화 자산과 부채의 범위는 운영상 구조적으로 발생하는 일부 예외를 제외한 모든 파생상품을 포함하였다.[14]

구체적인 선물환포지션 한도는 국내은행의 경우 전월말 자기자본의 50%를 적용하며, 외은지점의 경우 250%를 한도로 설정하였다. 증권사 및 종금사는 국내은행과 동일한 50%를 선물환포지션 한도로 적용하였다. 외은지점의 한도를 국내은행보다 큰 폭으로 설정한 것은 제도 도입 당시 선물환포지션이 300%를 상회하여 오히려 제도 도입이 시장에 충격을 주는 부정적 효과를 고려하였기 때문이다.

외환당국은 당시 제도 도입에 따라 외화유동성 여건이 일시적으로 나빠지는 경우 당국에 의한 유동성 공급 등 필요시 보완조치를 시행하겠다고 밝히면서 원활한 제도 도입이 이루어질 수 있도록 대책을 수립하며 제도를 시행한 바 있다.

(6) 선물환포지션 한도의 조정

선물환포지션제도는 제도 시행 과정에서 한도가 지속적으로 조정되었다.

---

14) 김익주(2016). 26−28쪽.

ⅰ) 2010년 10월: 과도한 자본유입과 단기차입 억제를 위해 선물환포지션 한도를 도입하였다. 당시 국내은행 50%, 외은지점 250%였다.

ⅱ) 2011년 6월 한도축소: 역외로부터의 NDF 매입 증가로 은행의 선물환매입포지션이 빠르게 증가하였고 단기외채도 확대되고 있었다. 국내은행 50%→40%, 외은지점 250%→200%로 한도를 축소하였다.

ⅲ) 2012년 12월 한도축소: 향후 해외 자금 유출입의 확대 가능성에 대응하기 위해 국내은행 40%→30%, 외은지점 200%→150%로 한도를 축소하였다.

ⅳ) 2016년 7월 한도확대: 미국의 통화정책 기조가 긴축으로 전환되면서 2015년 하반기부터 외화자금 유입 흐름이 약화되었고, 외화 유동성커버리지비율(외화LCR) 규제 도입으로 여타 외환 관련 건전성 규제를 조정할 필요성에서 국내은행 30% → 40%, 외은지점 150% → 200%로 한도를 확대하였다.

ⅴ) 2020년 3월 한도확대: 코로나19 확산에 따른 글로벌 경기둔화가 우려되고, 위험회피 심화 등으로 국제금융시장의 불안이 지속되어 현금(달러) 선호현상이 심화되면서 글로벌 달러 경색 우려도 제기되는 상황에서 외화유동성 악화 가능성에 대비하여 선제적으로 조정할 필요에서 국내은행 40% → 50%, 외은지점 200% → 250%로 한도를 확대하였다.

선물환포지션 한도가 축소되었다가 재차 확대된 데에는 다음과 같은 배경이 작용한다. 우선 외환건전성 제도는 자금유입이 상당했던 환경에서 단기외채를 관리하기 위해 시행된 제도였으며, 한도가 축소되던 시기에는 포트폴리오 및 차입자금이 지속적으로 유입되는 시기였다. 그러나 2013년 6월 미국의 테이퍼 텐트럼(taper tantrum, 긴축 발작)15) 이후 자본유출입이 이전과 같은 유입 일변도에서 다소 변모하는 양상을 보이기 시작하였다. 이에 따라 당국은 향후 자금유출의 가능성이 증대되는 상황에서 기존의 선물환포지션 제도의 한도를 다소 확대시킬 필요성을 느꼈기 때문이다.

(7) 정책적 효과

선물환포지션제도를 통해서 당국이 기대했던 효과는 다음과 같다. ⅰ) 단기외채 급증 제한이다. 앞서 본 바와 같이 선물환거래 및 외화 단기차입 등이 과도하지 않도록 관리하면서 총단기외채가 통제가능하도록 제한한다. ⅱ) 위기시의 자금유출 감소이다. 자금유입 규모를 제도 시행 이전보다 제한함에 따라 금융위기 발생에 따른 단기성 차입자금의 유출 규모 또한 감소한다. ⅲ) 외환건전성 제고이다. 개별 금융기관들의 선물환거래를 관리하고 은행 및 금융권의

---

15) 2013년 5월 미국 연준이 양적완화 규모를 축소(테이퍼링)하겠다고 발표한 여파로 신흥국 환율이 출렁이고 미국채 금리가 치솟는 등 금융시장이 혼란에 빠지자 발작 또는 짜증을 뜻하는 의학용어인 "텐트럼"에 빗대 "테이퍼 텐트럼"이란 신조어가 생겼다.

외화유동성 또한 철저하게 감독하면서 국내 외환건전성을 이전보다 높은 수준으로 끌어 올릴 수 있다. iv) 거시경제 안정성 제고이다. 제도 시행 이전보다 자본유출입의 변동성이 완화될 경우 기본적인 국내 경제·외환·통화정책 등의 수립 및 실행에 있어서 부담이 줄어들게 되는 효과가 있다.

따라서 선물환포지션제도는 횡단면 리스크와 시계열 리스크 양자를 모두 관리하고자 하는 정책이라 볼 수 있다. 개별 금융기관의 선물환거래를 감독하면서 해당 리스크가 타 부문으로 전이되지 않도록 하는 것뿐만 아니라, 특정 시기의 과도한 차입 등을 제한하면서 위기 발생시의 부정적 영향력을 줄이려는 목표를 동시에 가지고 있다.

4. 외화 유동성커버리지비율(LCR) 규제

(1) 의의

외화 유동성커버리지비율(외화LCR)은 강한 스트레스 상황하에서도 생존할 수 있을 정도의 충분한 외화유동성을 보유할 수 있도록, 향후 30일간 외화 순현금유출액에 대비하여 일정 비율 이상의 외화 고유동성자산을 보유하도록 하는 단기 외화유동성 규제이다. 즉 위기상황하에서 향후 30일간 순외화유출액을 감내할 수 있는 고유동성 외화자산을 보유하도록 의무화하는 규제를 말한다.

고유동성자산은 유동성 위기상황에서도 큰 가치하락 없이 현금화가 용이한 처분제한이 없는 자산으로 현금, 중앙은행 지급준비금, 국가·중앙은행·공공기관 발행채권 및 일정 등급 이상의 회사채 등으로 구성되며, 현금화 정도에 따라 가중치를 차등 적용하여 산출한다.

순현금유출액은 유동성 위기상황에서 향후 30일간 예상되는 총현금유출액에서 현금유입액을 차감한 값을 말한다. 총현금유출액은 예금, 차입금, 미사용약정 등 부채 및 난외항목 유형별로 예상 현금이탈률을 곱한 값의 합계액으로 산출되며, 소매예금이 법인예금 등 도매 자금조달보다 안정적이라고 가정한다. 현금유입액은 잔존만기 30일 이내 정상 대출, 예치금 등으로부터의 계약상 현금유입액을 유형별로 현금유입비율을 곱한 값의 합계액으로 산출한다.[16]

현재 은행의 외화 유동성커버리지비율(LCR) 규제비율은 80%이며, 월평균 80% 이상을 유지해야 하며, 산업은행의 경우 정책금융기관의 특수성을 고려하여 규제비율을 20%p 완화하였다. 산업은행은 2008년 금융위기시 자체적 외화조달 여력 및 국내은행 외화공급 역할, 외환부문 정책금융기능(PF, PEF, 국내기업 외화채권 발행 주관 등)을 수행하였다.

(2) 도입취지

바젤위원회(BCBS)는 외화유동성 리스크 관리의 중요성을 감안하여 중요 통화별 유동성커

---

16) 금융감독원(2020), 191-192쪽.

버리지비율(LCR)을 산출하여 모니터링할 것을 권고하였다. 여기서 중요 통화는 특정통화로 표시된 부채가 은행 전체 부채의 5% 이상인 경우(수출입은행을 제외한 모든 국내은행의 경우 미달러화만 중요통화에 해당)를 말한다. 우리나라는 바젤위원회(BCBS) 권고에 따라 2015년 1월부터 외화 유동성커버리지비율(외화LCR)을 산출하여 2015년 7월부터 국내은행을 대상으로 모니터링하였으며, 2017년 1월부터 외화 유동성커버리지비율(LCR)을 외화유동성 규제로 시행하고 있다. 기존의 외화유동성 규제가 평상시 외화자산 및 외화부채의 만기불일치 위험 완화에 초점을 두고 있었던 반면, 외화 유동성커버리지비율(외화LCR)은 외화유동성 위기 발생시 국내은행들의 대응여력 제고를 목적으로 한다.

(3) 적용대상

적용대상은 외화부채가 적은 은행과 수출입은행, 외국은행 국내지점을 제외한 모든 은행에 적용된다. 외화부채가 적은 은행(외채규모)은 총부채 중 외화부채가 5% 미만이고 외화부채 규모(난외 포함)가 $5억 미만인 은행의 경우 외화LCR 규제가 적용되지 않는다. 2019년 말 기준으로 제주은행과 광주은행 및 K뱅크, 카카오은행이 해당된다. 수출입은행의 경우 수출신용기관(ECA: Export Credit Agency)에 해외 규제 사례 및 정책금융기관의 특성, 외화조달 구조 등을 감안하여 외화 LCR 규제적용을 면제하고 있다. 외국은행 국내지점의 경우 본지점 유동성 지원 확약서 징구, 본점에 대한 자국의 LCR 규제 등을 감안하여 외화 LCR 적용이 면제되고 있다.

외화 유동성커버리지비율(외화LCR) 규제는 2017년부터 단계적으로 상향 적용되었으며 2019년부터 국내은행은 모두 80% 이상을 유지하여야 한다. 다만, 산업은행은 정책금융기관의 특수성 등을 고려하여 60% 이상을 유지하여야 한다.

외화 유동성커버리지비율(외화LCR) 규제를 받는 은행은 3개월 외화유동성비율 및 1개월 만기불일치비율(갭비율) 적용이 면제된다. 외화 유동성커버리지비율(외화LCR) 규제 도입과 함께 기존 외화유동성 규제 중 실효성이 낮은 외화 안전자산보유비율을 폐지하였으며, 7일 만기불일치비율(갭비율)은 폐지 후 자율관리하도록 해 은행의 불필요한 부담을 해소하였다.

(4) 외화 유동성커버리지비율 규제의 도입 의미

외화 유동성커버리지비율은 특정 금융기관이 보유한 외화자산을 통해 향후 1개월간의 자금유출을 얼마나 감수할 수 있는지 평가하는 지표이다. 구체적으로는 향후 1개월간 외화순유출 예상금액 대비 은행이 보유한 유동성이 높은 외화자산의 비율로 계산된다.[17]

외화 유동성커버리지비율 규제의 도입은 다음과 같은 의미를 지닌다. 앞서 도입된 외환건전성 제도들이 주로 과도한 유입을 관리하기 위한 성격을 지녔으며 소기의 성과를 달성하였다. 하지만 기존 외환건전성제도들이 도입되었던 시기와 그 이후의 글로벌 자금흐름 국면이 달라

---

17) 기획재정부·금융위원회·한국은행·금융감독원(2016), 보도자료.

졌던 것에 주목해야 한다. 즉 글로벌 저성장 기조가 심화되고 주요국의 불확실성이 지속적으로 제기되면서 점차 신흥국에서의 자금유출 가능성이 부각되는 상황으로 변모하였으며 과거와 같이 자금의 일방적 유입 상황이 아니었다.[18]

다만 OECD 규정에 따라 개별 국가들은 자본의 유출을 규제하는 정책이 금지되어 있으므로, 외화 유동성커버리지비율(LCR) 규제와 같은 유동성 정책을 통해 유사시의 유출에 대비하고 위기대응능력을 강화하는 방안을 강구하는 것으로 보인다.

5. 외화유동성 비율

금융시장 불안이 심화되어 금융회사가 외화유동성 문제에 직면하는 것을 방지하기 위해 외화유동성 비율을 일정 수준 이상으로 유지하여야 한다. 외화유동성 비율 규제에는 잔존만기 3개월 이내 외화부채 대비 외화자산 비율을 나타내는 3개월 외화유동성 비율과 잔존만기 1개월 이내 외화 자산과 부채의 만기불일치 정도를 나타내는 1개월 만기불일치 비율(갭비율)이 있다.

외은지점 및 외화 유동성커버리지비율(외화LCR) 적용 은행에 대해서는 외화유동성 비율 규제가 적용되지 않는다. 따라서 외국환 금융투자업자, 외국환 보험회사, 외국환 여신전문금융회사에만 적용된다. 세 기관 모두 3개월 외화유동성 비율은 85% 이상으로 잔존만기 3개월 이내 외화자산을 잔존만기 3개월 이내 외화부채로 나누어 계산한다. 1개월 만기불일치 비율은 10% 이내로 잔존만기 1개월 이내의 [외화자산 – 외화부채]를 총 외화자산으로 나누어 계산한다.

6. 중장기 외화자금 조달비율

외국환은행의 과도한 단기차입을 억제하고 외화자금 조달만기의 중장기화를 유도하여 만기불일치 문제를 해소하기 위해 외국환은행의 중장기 외화자금 조달비율을 규제하고 있다. 이에 따라 국내은행은 상환기간이 1년 이상인 외화대출의 100% 이상을 상환기간이 1년 초과인 외화자금으로 조달하여야 한다. 다만, 외화대출잔액이 5천만달러 미만인 금융회사는 적용대상에서 제외되며, 수출입은행은 90% 이상으로 관리하여야 한다.

---

18) 김익주(2016). 35–36쪽.

제3절 금융기관별 외환건전성 규제

Ⅰ. 은행의 외환건전성 규제

1. 외환건전성 관리

외국환거래법 제11조, 같은 법 시행령 제21조 및 위 법령의 위임을 받아 제정된 외국환거래규정(2010. 8. 20. 시행 기획재정부고시 제2010-17호) 제2-9조의 2에서는 외국환거래를 수행하는 은행에 대하여 외국환포지션의 보유한도를 제한하고, 은행이 별도한도를 인정받고자 하는 경우 한국은행총재의 인정을 받아야 하며, 매월 외국환포지션 상황을 한국은행총재에 보고하도록 규정하고 있다. 또한 금융위원회에서 제정한 은행업감독규정은 외국환업무취급기관으로 하여금 외국환포지션 한도 준수 여부를 매영업일 잔액을 기준으로 확인하도록 하고(제63조 제1항), 위 외국환포지션 한도를 위반한 경우 금융감독원장에 보고하도록 하고 있으며(제63조 제2항), 외국환포지션 한도 위반시 금융감독원장이 각종 제재를 가할 수 있음을 규정하고 있다(제69조). 이러한 외환거래 관련 법령 및 규정들은 외국환업무취급기관의 외국환포지션 보유로 인한 환위험을 통제함으로써 해당 금융기관의 건전성을 확보하기 위한 것이다.19)

(1) 외국환포지션

(가) 외국환포지션의 구분

1) 외국통화별 외국환포지션의 구분

외국환포지션이란 외국환은행의 외국환 매입초과액과 매각초과액을 말하는데, 외국환포지션은 현물환포지션, 선물환포지션, 종합포지션으로 구분한다(외국환거래규정2-9). 즉 ⅰ) 현물환포지션은 현물외화자산잔액과 현물외화부채잔액과의 차액에 상당하는 금액을 말하고(제1호), ⅱ) 선물환포지션은 선물외화자산잔액과 선물외화부채잔액과의 차액에 상당하는 금액을 말하며(제2호), ⅲ) 종합포지션은 현물외화자산잔액 및 선물외화자산잔액의 합계액과 현물외화부채잔액 및 선물외화부채잔액의 합계액과의 차액에 상당하는 금액을 말한다(제3호).

2) 외국환포지션의 내용

외국환은행의 종합포지션은 각 외국통화별 종합매입초과포지션의 합계와 종합매각초과포지션의 합계 중 큰 것으로 산정하며, 선물환포지션은 각 외국통화별 선물환매입초과포지션의 합계에서 각 외국통화별 선물환매각초과포지션의 합계를 차감하여 산정한다(외국환거래업무 취급세칙2-1②, 이하 "취급세칙").

---

19) 서울고등법원 2016. 2. 4. 선고 2014나2033138 판결.

3) 외화자산 및 부채의 범위

외화자산 및 부채의 구체적인 범위는 한국은행 국제국장이 따로 정하는「금융기관 외화대차대조표 작성요령」을 기준으로 국제국장이 정하는 바에 따른다(취급세칙2-2).[20]

(나) 외국환포지션 한도

외국환포지션 한도는 자기자본을 미달러화로 환산한 금액을 기준으로 한다(취급세칙2-3④). 이 때 자기자본은 ⅰ) 외국환은행의 경우에는 납입자본금·적립금 및 이월이익잉여금의 합계액을 말하며 ⅱ) 외국은행 국내지점의 경우에는 갑기금·을기금·적립금 및 이월이익잉여금의 합계액을 말한다(규정2-9의2④).

대미달러환율은 전년도 외국환포지션 한도산정시 적용환율과 전년도 평균매매기준율을 평균한 환율로 한다(외국환거래업무 취급절차3①)..

1) 종합포지션의 한도

종합포지션의 한도는 다음과 같다(외국환거래규정2-9의2①). 즉 ⅰ) 종합매입초과포지션은 각 외국통화별 매입초과액의 합계액 기준으로 전월말 자기자본의 50%에 상당하는 금액으로 한다. 다만, 한국수출입은행의 경우 외화자금 대출잔액의 150%에 해당하는 금액으로 한다(제1호). ⅱ) 종합매각초과포지션은 각 외국통화별 매각초과액의 합계액 기준으로 전월말 자기자본의 50%에 상당하는 금액으로 한다.

종합매입초과포지션은 각 외국통화의 현물자산잔액 및 선물자산잔액의 합계액이 현물부채잔액 및 선물부채잔액의 합계액을 초과하는 경우 그 차액을 말하며, 종합매각초과포지션은 각 외국통화의 현물부채잔액 및 선물부채잔액의 합계액이 현물자산잔액 및 선물자산잔액의 합계액을 초과하는 경우 그 차액을 말한다(취급세칙2-1①(1)).

종합포지션 한도는 매영업일 잔액을 기준으로 관리한다(취급세칙2-3② 본문). 다만, 토요일

---

20) 외국환거래업무 취급절차 제2조(외화자산 및 부채의 범위)「외국환거래업무 취급세칙」제2-2조에 따른 현물외화자산 및 부채와 선물외화자산 및 부채의 범위는 다음과 같다.
  1. 현물외화자산 및 부채의 범위는 <별표 1>「금융기관 외화대차대조표 작성요령」의 외화자산과 부채로 한다. 다만, 리스관련 외화자산과 부채는 1998.7.1. 이후 취득한 것에 한한다.
  2. 선물외화자산 및 부채의 범위는 <별표 1>「금융기관 외화대차대조표 작성요령」의 외국환계정과목을 기준으로 다음에서 정하는 바에 따른다.
    가. 선물외화자산은 통화관련 파생금융상품거래 매입분, 신용 및 기타 파생금융상품거래중 통화관련 매입분으로 한다.
    나. 선물외화부채는 통화관련 파생금융상품거래 매도분, 신용 및 기타 파생금융상품거래중 통화관련 매도분으로 한다.
  3. 제2호에도 불구하고 통화옵션거래의 외국환포지션 산정은 다음에서 정하는 바에 따른다.
    가. 콜옵션 매입분 및 풋옵션 매도분은 선물외화자산으로, 콜옵션 매도분 및 풋옵션 매입분은 선물외화부채로 한다.
    나. 동일날짜에 동일만기의 여러 개 통화옵션거래가 합성된 통화옵션거래를 동일한 상대방과 거래하는 경우 실제로 발생하는 최대 외국환포지션만 계상한다.

및 뉴욕외환시장이 휴일인 날의 외국환포지션이 한도를 초과한 경우에는 그다음 영업일의 외국환포지션과 합산한 평균잔액을 기준으로 관리한다(취급세칙2-3② 단서).

2) 선물환포지션의 한도

선물환포지션의 한도는 다음과 같다(외국환거래규정2-9의2②). 즉 i) 외국환은행의 매입초과포지션 또는 매각초과포지션을 기준으로 전월말 자기자본의 50%에 상당하는 금액으로 한다. 다만, 외국금융기관의 국내지점의 경우는 전월말 자기자본의 250%에 상당하는 금액으로 한다(제1호), ii) 제1호에도 불구하고 기획재정부장관은 자본유출입의 변동성이 확대되는 등 외환시장 안정 등을 위하여 긴급히 필요한 경우에는 제10-15조[21])에 따라 제1호에서 정한 한도를 50% 범위 내에서 가감하여 정할 수 있다(제2호).

선물환매입초과포지션은 각 외국통화의 선물자산잔액이 선물부채잔액을 초과하는 경우 그 차액을 말하며, 선물환매각초과포지션은 각 외국통화의 선물부채잔액이 선물자산잔액을 초과하는 경우 그 차액을 말한다(취급세칙2-1①(2)).

선물환포지션 한도는 직전영업일로부터 과거 1개월 동안의 일별 선물환포지션잔액의 산술평균을 기준으로 매영업일별로 관리한다(취급세칙2-3③).

(다) 외국환포지션의 별도한도의 인정

1) 별도한도 인정대상

한국은행총재는 이월이익잉여금의 환리스크 헤지를 위한 외국환매입분에 대하여 별도한도를 인정받고자 하는 외국은행 국내지점과 외국환포지션 한도의 초과가 필요하다고 인정되는 외국환은행에 대하여는 외국환포지션 한도 외에 별도한도를 인정할 수 있다(외국환거래규정2-9의2③).

2) 별도한도 인정기간

이월이익잉여금의 환리스크 헤지를 위한 외국환매입분에 대한 별도한도 인정기간은 1년 이내로 하며, 외국환포지션 한도의 초과가 필요하다고 인정되는 외국환은행에 대한 별도한도 인정기간은 2년 이내로 하되 필요시 연장할 수 있다(취급세칙2-4①).

3) 별도한도의 인정신청

외국환포지션 별도한도 인정신청을 하고자 하는 외국환은행은 [별지 제3호 서식] 제4-1호 "종합포지션 별도한도 인정신청서" 및 제4-2호 "선물환포지션 별도한도 인정신청서"를 한국은행 국제국장에게 제출하여야 한다(외국환거래업무 취급절차4①). 별도한도 인정신청 중 이월이익

---

21) 외국환거래규정 제10-15조(별도규정) 기획재정부장관이 법 및 영에서 부여된 권한의 범위 내에서 이 규정에 규정된 사항 또는 규정되지 아니한 사항에 관하여 별도로 정하는 경우에는 이 규정에 우선하여 이를 적용한다.

잉여금 환리스크헤지를 위해 별도한도를 인정받고자 하는 외국은행 국내지점의 경우에는 매년 결산일 1개월전까지 신청하여야 하며, 국제국장은 별도한도의 인정여부를 해당 회계연도 개시 직전 영업일까지 통지한다(외국환거래업무 취급절차4②).

(라) 외국환포지션 한도관리

1) 외국환포지션 한도 준수 여부 확인의무

외국환은행은 외국환 매입초과액과 매각초과액의 한도("외국환포지션 한도") 준수 여부를 매 영업일 잔액을 기준으로 확인하여야 한다(은행업감독규정63① 본문, 이하 "감독규정"). 다만 토요일 및 뉴욕외환시장이 휴일인 날의 외국환포지션은 다음 영업일의 외국환포지션과 합산한 평균잔액을 기준으로 한다(감독규정63① 단서).

2) 외국환포지션 한도 위반의 금융감독원 보고

외국환은행이 외국환포지션 한도를 위반한 경우에는 위반한 날로부터 3영업일 이내에 금융감독원장에게 이를 보고하여야 한다(감독규정63②). 이에 따른 보고는 별책 서식으로 한다(감독규정 시행세칙42①), 이하 "시행세칙")

3) 외국환포지션 상황의 한국은행 보고

외국환은행의 장은 외국환포지션 한도와 관련하여 한국은행총재에게 매월 외국환포지션 상황을 보고하여야 하며, 한국은행총재는 이를 금융감독원장에게 통보하여야 한다(외국환거래규정2-9의2⑤).

(마) 외국환포지션 한도관리 제외대상

1) 종합포지션 한도관리 제외대상

외국환은행의 구조적 요인에 따라 발생하는 종합포지션으로서 다음의 어느 하나에 해당하는 외국환매입분 및 외국환매각분은 종합포지션 한도관리대상에서 제외한다(취급세칙2-5①).

1. 자본금 또는 영업기금(외국은행 국내지점의 갑기금 및 제 적립금)의 환리스크 헤지를 위한 외국환매입분
2. 외국은행 국내지점이 국내에서의 영업에 충당하기 위하여 외화자금을 환매조건부로 한국은행에 내국지급수단을 대가로 매각함에 따라 발생하는 외국환매각분 및 외국환매입분
3. 외국은행 국내지점이 이월이익잉여금 환리스크헤지를 위해 별도한도로 인정받은 외국환매입분
4. 외국환은행이 통화옵션거래에 따라 발생하는 외국환포지션을 델타헤징 방식으로 자체 관리하는 경우 통화옵션거래 및 델타헤징 방식에 의해 발생하는 외국환매입분 또는 외국환매각분

2) 선물환포지션 한도관리 제외대상

외국환은행의 구조적 요인에 따라 발생하는 선물환포지션으로서 다음의 어느 하나에 해당하

는 선물환매입분 및 선물환매각분은 선물환포지션 한도관리대상에서 제외한다(취급세칙2-5②).

1. 자본금 또는 영업기금(외국은행 국내지점의 갑기금 및 제 적립금)의 환리스크 헤지를 위한 선물환매입분
2. 외국은행 국내지점이 국내에서의 영업에 충당하기 위하여 외화자금을 환매조건부로 한국은행에 내국지급수단을 대가로 매각함에 따라 발생하는 선물환매입분
3. 외국은행 국내지점이 이월이익잉여금 환리스크헤지를 위해 별도한도로 인정받은 선물환매입분과 외국환은행이 선물환포지션 제도 도입전 거래에 대해 별도한도로 인정받은 선물환매입분 또는 선물환매각분
4. 외국환은행이 통화옵션거래에 따라 발생하는 외국환포지션을 델타헤징방식으로 자체 관리하는 경우 델타헤징 금액에 상응하지 않는 통화옵션거래

(2) 외화 유동성커버리지비율(외화LCR)

(가) 유지의무

외국환은행은 외화자산과 외화부채에 대하여 향후 30일간 순현금 유출액에 대한 고유동성자산의 비율("외화 유동성커버리지비율")을 80% 이상으로 유지하여야 한다(감독규정63의2① 본문). 다만, 직전 반기 종료일 현재 외화부채 규모가 5억 달러 미만이고 총부채 대비 외화부채 비중이 5% 미만인 경우에는 그러하지 아니하다(감독규정63의2① 단서).

(나) 산정기준

외화자산과 외화부채의 범위 및 외화 유동성커버리지비율의 구체적인 산정기준은 금융감독원장이 정한다(감독규정63의2②). 이에 관하여는 「은행업감독업무시행세칙」("시행세칙") [별표 3-6] 및 [별표 14]에서 규정하고 있다(시행세칙39①). [별표 3-6]은 유동성커버리지비율 산출기준을 정하고 있고, [별표 14]는 외화유동성비율 등 산정방법을 정하고 있다.

(다) 유지의무의 예외

금융위원회는 급격한 경제여건의 변화 또는 국민생활 안정 목적 등 불가피한 사유가 있는 경우에 기획재정부장관과 협의를 거쳐 6개월 이내의 기간을 정하여 80% 미만의 범위 내에서 제1항에서 정한 비율을 변경할 수 있다(감독규정63의2③).

(라) 매월 보고의무

외국환은행은 외화 유동성커버리지비율을 매월 평잔 기준으로 산정하여 그 결과를 업무보고서를 통하여 금융감독원장에게 보고하여야 한다(시행세칙39②).

(3) 외화유동성 비율(유동성위험관리)

(가) 외화LCR이 적용되지 않는 외국환은행의 유지의무: 외화유동성 자산/외화유동성 부채

외화 유동성커버리지비율이 적용되지 않는 외국환은행은 외화자산 및 외화부채를 각각 잔

존만기별로 구분하여 관리하고 ⅰ) 잔존만기 3개월 이내 부채에 대한 잔존만기 3개월 이내 자산의 비율은 85% 이상을 유지하여야 하고, ⅱ) 외화자산 및 부채의 만기 불일치비율의 경우 잔존만기 1개월 이내의 경우에는 부채가 자산을 초과하는 비율 10% 이내의 비율을 유지하여야 한다(감독규정64①).

(나) 잔존만기의 산정방법

잔존만기의 구분방법, 자산·부채의 범위 및 비율의 산정방법은 금융감독원장이 정하는 바에 의한다(감독규정64②). 이에 관하여는 「은행업감독업무시행세칙」("시행세칙") [별표 3-6] 및 [별표 14]에서 규정하고 있다(시행세칙39①).

(다) 자산의 비율 등 산정방법

ⅰ) 잔존만기 3개월 이내 부채에 대한 잔존만기 3개월 이내 자산의 비율과, ⅱ) 외화자산 및 부채의 만기 불일치비율의 경우 잔존만기 1개월 이내의 경우에는 부채가 자산을 초과하는 비율을(감독규정64① 각 호) 산정할 경우 자산은 [별표 7] 유동화 가중치에 따른 각각의 자산 유형별 유동화 가중치를 곱하여 산출한다(감독규정64③).

(4) 중장기 외화자금관리

(가) 중장기 외화자금 조달비율: 1년 초과 외화조달잔액/ 1년 이상 외화대출잔액

외국환은행은 상환기간이 1년 이상인 외화대출(외화 상각 후 원가측정 유가증권을 포함)의 100% 이상을 상환기간이 1년 초과인 외화자금으로 조달하여야 한다(감독규정65① 본문). 다만, 외화대출잔액이 미화 50백만불 미만인 경우에는 그러하지 아니하다(감독규정65① 단서).

(나) 중장기 외화대출 및 외화자금조달의 범위

중장기 외화대출 및 외화자금조달의 범위는 금융감독원장이 정하는 바에 의한다(감독규정65②). 이에 관하여는 「은행업감독업무시행세칙」("시행세칙") [별표 3-6] 및 [별표 14]에서 규정하고 있다(시행세칙39①).

(5) 역외계정의 설치·운영

(가) 역외계정의 설치 및 구분계리의무

외국환은행이 비거주자(다른 역외계정을 포함)로부터 외화자금을 조달하여 비거주자(다른 역외계정을 포함)를 상대로 운용하는 역외계정을 설치한 경우에는 이를 일반계정과 구분계리하여야 한다(외국환거래규정2-10①).

외국환은행은 비거주자로부터 자금을 조달하여 비거주자를 대상으로 이를 운용("역외금융")하는 경우에는 역외금융계정을 설치하여 다른 거래와 구분하여 계리하여야 한다(감독규정66①).

(나) 계정간 자금이체의 기획재정부 허가

역외계정과 일반계정간의 자금이체는 기획재정부장관의 허가를 받아야 한다(외국환거래규

정2-10② 본문). 다만, 직전 회계연도 중 역외외화자산평잔(월말 잔액을 기준으로 한 평잔)의 10%
범위 내에서의 자금이체는 그러하지 아니하다(외국환거래규정2-10② 단서).

(다) 예치목적 외화증권 발행과 기획재정부 신고

외국환은행이 역외계정에의 예치목적으로 미화 5천만불을 초과하는 외화증권을 상환기간
1년 초과의 조건으로 발행하고자 하는 경우에는 기획재정부장관에게 신고하여야 한다(외국환거
래규정2-10③).

(라) 자산 및 부채상황의 한국은행 및 금융감독원 보고

외국환은행의 장은 당해 법인의 당월 중 역외계정의 자산 및 부채상황을 익월 10일까지
한국은행총재 및 금융감독원장에게 보고하여야 하며, 한국은행총재는 그 내용을 종합하여 매
분기별로 기획재정부장관에게 제출하여야 한다(외국환거래규정2-10④).

(마) 역외금융계정의 자금조달 · 운용방법

역외금융계정의 ⅰ) 자금조달 방법은 비거주자 또는 다른 역외금융계정으로부터의 차입
및 예수, 외국에서의 외화증권발행, 또는 비거주자에 대한 외화채권의 매각에 의하고, ⅱ) 자금
운용 방법은 비거주자 또는 다른 역외금융계정에 대한 대출 및 예치 또는 비거주자가 발행한
외화증권의 인수 및 매입에 의한다(감독규정66②).

(6) 위험관리

(가) 외화유동성 위험 관리기준 설정 · 운영의무

외국환은행은 국가별 위험, 거액신용위험, 외화유동성 위험, 시장위험 등 외국환거래에 따
르는 위험의 종류별로 관리기준을 자체적으로 설정 · 운영하여야 한다(감독규정67①).

(나) 내부위험관리기구의 결의사항

외국환은행은 위험관리기준을 설정 · 변경하거나 동 기준을 초과하여 외국환거래를 취급하
고자 할 경우에는 내부위험관리기구의 결의를 거쳐야 한다(감독규정67②).

(다) 위험 종류별 예시기준 설정 및 시정요구

금융감독원장은 위험의 종류별로 예시기준을 정하여야 하며 외국환은행의 위험관리기준
이 부적절하다고 판단될 경우에는 이의 시정을 요구할 수 있다(감독규정67③).

외국환은행은 [별표 15] 국가별 · 거액신용 · 시장리스크 관리기준, [별표 15의1] 외화 유동
성 리스크 관리기준, [별표 15의3] 외국은행지점의 외화유동성 리스크 관리기준에 따른 자체적
인 위험관리기준을 설정 · 운영하여야 한다(시행세칙41).

(7) 외환파생상품 거래 위험관리기준

(가) 위험관리기준 설정 · 운영의무

외국환은행은 외환파생상품 거래에 따르는 위험을 관리하기 위한 기준("위험관리기준")을

자체적으로 설정·운영하여야 한다(감독규정67의2①).

(나) 위험관리기준 포함사항

위험관리기준은 금융감독원장이 다음의 사항을 고려하여 정하는 사항을 포함하여야 한다(감독규정67의2②). 즉 ⅰ) 외국환은행은 외환파생상품(외국환거래규정 제1-2조 제20-2호[22])의 외환파생상품 중 통화선도, 통화옵션 및 이에 준하는 외환파생상품으로서 감독원장이 정하는 외환파생상품에 한한다. 이하 "외환파생상품") 거래를 체결할 경우 거래의 상대방(다만, 자본시장법 제9조 제5항 제1호부터 제3호[23])까지의 자 및 이에 준하는 거래의 상대방으로서 금융감독원장이 정하는 자는 제외한다. 이하 "거래상대방")에 대하여 그 거래가 자본시장법 시행령 제186조의2(위험회피목적 거래) 제1호 (= 위험회피대상을 보유하고 있거나 보유할 예정일 것)에 따른 위험회피 목적인지 여부를 확인하여야 하고, ⅱ) 외국환은행은 거래상대방별로 거래한도를 설정하여야 하며 다른 외국환은행과 이미 체결된 외환파생상품 거래액을 감안하여 운영하여야 한다.

(다) 위험관리기준의 변경 및 시정 요구

금융감독원장은 외국환은행의 건전성을 위하여 필요한 경우 외국환은행에 대하여 위험관리기준의 변경 및 시정을 요구할 수 있다(감독규정67의2③).

외국환은행은 [별표 15의2] 외환파생상품거래 리스크 관리기준을 설정·운영하여야 한다(시행세칙41).

(8) 적용 배제

외국환은행의 신탁계정 등 위탁계정에 대하여는 외환건전성 감독에 관한 규정을 적용하지 아니한다(감독규정68①). 외국은행 국내지점에 대하여는 제63조의2(외화 유동성커버리지비율), 제64조(유동성위험관리), 제65조(중장기외화자금관리) 제67조(금융기관의 내부관리: 외화유동성 위험에 대한 관리기준은 제외)를 적용하지 아니한다(감독규정68②).

2. 외환건전성규제 위반에 대한 제재

(1) 외국환포지션 한도 위반에 대한 제재 등

(가) 금융감독원장의 조치: 주의 또는 한도감축

외국환은행이 외국환포지션 한도를 위반한 경우에 금융감독원장은 ⅰ) 한도 위반일로부터 과거 1년간 1회 위반시에는 주의 조치, ⅱ) 한도 위반일로부터 과거 1년간 2회 위반시에는 일평균 한도 위반금액을 한도 위반일 수만큼 외국환포지션 한도에서 감축하는 조치를 해야 한다

---

22) 20-2. "외환파생상품"이라 함은 자본시장법 제5조의 파생상품 중 외국통화를 기초자산으로 하는 파생상품을 말한다.
23) 1. 국가, 2. 한국은행, 3. 대통령령으로 정하는 금융기관

(감독규정69①).

(나) 외국환포지션 한도 2배 감축

외국환은행이 ⅰ) 한도 위반일로부터 과거 1년간 3회 이상 위반시, ⅱ) 한도를 고의로 위반한 경우, ⅲ) 최초 한도 위반일로부터 3영업일 이내에 보고를 하지 않은 경우에는 외국환포지션 한도 감축금액을 2배로 한다(감독규정69②).

(다) 제재 등의 감면, 유예 또는 해제

금융감독원장은 조치를 함에 있어서 자기자본의 감소 등 한도 초과사유가 부득이 하다고 인정되는 경우 당해 제재 등을 감면, 유예 또는 해제할 수 있다(감독규정69③).

(라) 보고의무 불이행 및 허위보고시의 조치

금융감독원장은 외국환은행이 보고의무를 이행하지 않거나 허위로 보고한 경우 주의, 시정명령 및 외국환포지션 한도의 일정기간 감축 등의 조치를 할 수 있다(감독규정69④).

(2) 외화 유동성커버리지비율 등 위반에 대한 제재 등

(가) 위반 횟수가 과거 1년 동안 2회 이하인 경우: 사유서 및 달성계획서 제출

외국환은행이 제63조의2(외화 유동성커버리지비율), 제64조(유동성위험관리) 및 제65조(중장기 외화자금관리)에서 정하는 비율 또는 금액을 위반하여 위반 횟수가 과거 1년 동안 2회 이하인 경우에는 사유서 및 달성계획서를 매 위반시마다 금융감독원장에게 제출하여야 한다(감독규정 70①). 위반사유서 및 달성계획은 다음 달 말일 이내에 제출하여야 한다(시행세칙40).

(나) 위반 횟수가 과거 1년 동안 3회 이상인 경우: 비율 상향

외국환은행이 제63조의2, 제64조 및 제65조에서 정하는 비율 또는 금액을 위반하여 위반 횟수가 과거 1년 동안 3회 이상일 경우에는 동 비율을 다음과 같이 상향하여 당해 외국환은행에 적용한다(감독규정70②).

ⅰ) 제63조의2 제1항 본문에서 정하는 비율인 80%에 ㉠ 과거 1년 동안 3회 위반한 경우 5%를 가산한 비율을 적용하고, ㉡ 과거 1년 동안 4회 위반한 경우 10%를 가산한 비율을 적용한다(감독규정70②(1)).

ⅱ) 제64조 제1항 제1호에서 정하는 비율인 85% 이상을 ㉠ 과거 1년 동안 3회 위반한 경우 90% 이상으로 상향하여 적용하고, ㉡ 과거 1년 동안 4회 위반한 경우 95% 이상으로 상향하여 적용한다(감독규정70②(2)).

ⅲ) 제64조 제1항 제2호 나목에서 정하는 비율인 10% 이내를 ㉠ 과거 1년 동안 3회 위반한 경우 5% 이내로, ㉡ 과거 1년 동안 4회 위반한 경우 0% 이내로 상향하여 적용한다(감독규정 70②(3)).

ⅳ) 제65조 제1항에서 정하는 비율 100% 이상을 위반시 위반 횟수가 과거 1년 동안 3회

일 경우 105% 이상으로 상향하여 적용한다(감독규정70②(4)).

(다) 외화자금 차입 및 신규 외화대출 정지 등

외국환은행이 다음 각 호 중 제1호 내지 제3호에 해당하는 경우에는 외국환거래법 제12조(인가의 취소) 제1항 및 같은 법 시행령 제22조(인가의 취소)에 따라 계약만기 3개월 이내 신규 외화자금 차입(만기 30일 이내 콜머니 제외)을, 제4호에 해당하는 경우에는 계약만기 1년 이상 신규 외화대출을 동호에 따른 비율을 달성할 때까지(2개월 이내로 한다) 정지하여야 한다(감독규정70③ 전단). 이 경우 외국환거래법 시행령 [별표 2] 제1호 가목 가중사유[24])에 따라 업무정지 기간을 50%의 범위 내에서 가중할 수 있다(감독규정70③ 후단).

ⅰ) 과거 1년 동안 3회 위반한 경우 5%를 가산한 비율 및 과거 1년 동안 4회 위반한 경우 10%를 가산한 비율 위반시 또는 제63조의2 제1항 본문에서 정하는 비율인 80% 위반시 위반 횟수가 과거 1년 동안 5회 이상일 경우 90%(제1호)

ⅱ) 과거 1년 동안 3회 위반한 경우 90% 이상으로 상향한 비율 및 과거 1년 동안 4회 위반한 경우 95% 이상으로 상향한 비율 또는 제64조 제1항 제1호에서 정하는 비율인 85% 이상을 위반시 위반 횟수가 과거 1년 동안 5회 이상일 경우 95% 이상(제2호)

ⅲ) 과거 1년 동안 3회 위반한 경우 5% 이내 및 과거 1년 동안 4회 위반한 경우 0% 이내의 비율 또는 제64조 제1항 제2호 나목에서 정하는 비율인 10% 이내의 비율을 위반시 위반 횟수가 과거 1년 동안 5회 이상일 경우 0% 이내(제3호)

ⅳ) 제65조 제1항에서 정하는 비율 100% 이상을 위반시 위반 횟수가 과거 1년 동안 3회일 경우 105% 이상의 비율 또는 제65조 제1항에서 정하는 비율 100% 이상의 비율을 위반시 위반 횟수가 과거 1년 동안 4회 이상일 경우 105% 이상(제4호)

(라) 제재 등의 면제, 유예 또는 해제 건의

금융감독원장은 국내외 금융·경제여건 악화 등 불가피하다고 인정하는 경우에는 금융위원회에 제재 등의 면제, 유예 또는 기조치한 제재 등에 대하여 해제를 건의할 수 있다(감독규정70④ 본문). 다만, 제재 등의 면제의 경우에는 당해 면제대상을 위반 횟수에 산입하지 아니한다(감독규정70④ 단서).

(마) 외환 관련 보고의 주기 단축 등 조치 병행

외국환은행이 규정 제63조의2, 제64조 및 제65조에 따른 비율을 과거 1년 동안 2회 이상 위반한 경우 금융감독원장은 당해 외국환은행에 대하여 외환 관련 보고의 주기를 단축하는 등

---

24) 가. 가중 사유
   1) 1년에 2회 이상 위반한 경우 각각의 위반행위에 해당하는 업무정지 기간을 합산하여 총업무 정지기간을 계산하되, 동일한 사항을 위반한 경우에는 총업무정지기간을 기준으로 가중 처분할 수 있다.
   2) 위반행위가 고의나 중대한 과실에 의한 경우에는 30% 범위에서 가중할 수 있다.

기타 필요한 조치를 병행할 수 있다(감독규정70⑤).

(3) 제재 현황 보고

금융감독원장은 외국환은행에 대해 제재 등을 한 경우에는 그 현황을 매분기말 종료 후 1개월 이내에 금융위원회에 보고하여야 한다(감독규정71).

3. 외환 관련 보고

(1) 외국환은행의 필요적 보고사항

외국환은행은 ⅰ) 매영업일 기준 외화 유동성커버리지비율, ⅱ) 매월말 기준 잔존만기별 외화자산 및 부채 현황, 외화유동성 비율 현황, ⅲ) 매월말 기준 외화차입금의 만기도래 현황, ⅳ) 매월말 기준 외화자금의 조달 및 운용 현황, ⅴ) 그 밖에 외국환은행의 건전성을 위하여 금융감독원장이 정하는 사항을 매월마다 금융감독원장에게 보고하여야 한다(감독규정72①).

(2) 외국환은행의 재량적 보고사항

금융감독원장은 외국환은행의 건전성을 위하여 필요한 경우 외국환은행이 매영업일 기준 잔존만기별 외화자산 및 외화부채 현황, 그 밖에 금융감독원장이 정하는 현황을 금융감독원장에게 보고토록 할 수 있다(감독규정72②).

이에 따라 외국환은행이 보고한 현황은 제69조(외국환포지션한도 위반에 대한 제재 등) 및 제70조(외화 유동성커버리지비율 등 위반에 대한 제재 등)를 적용하지 아니한다(감독규정72③).

(3) 보고기한

보고는 별책 서식에 따라 월보는 다음 달 말일 이내에 제출하여야 하고, 분기보는 분기가 속한 달의 다음 달 말일 이내에 제출하여야 한다(시행세칙42②).

Ⅱ. 금융투자업자의 외환건전성 규제

1. 외환건전성 관리

(1) 외국환포지션

(가) 외국환포지션의 구분

1) 외국통화별 외국환포지션의 구분

외국환 금융투자업자의 각 외국통화별 외국환포지션은 다음과 같이 구분한다(금융투자업규정3-47①). 즉 ⅰ) 종합매입초과포지션은 해당 외국통화의 현물자산잔액 및 선물자산잔액의 합계액이 현물부채잔액 및 선물부채잔액의 합계액을 초과하는 경우 동 차액을 말한다. ⅱ) 종합매각초과포지션은 해당 외국통화의 현물부채잔액 및 선물부채잔액의 합계액이 현물자산잔액 및 선물자산잔액의 합계액을 초과하는 경우 동 차액을 말한다. iii) 선물환매입초과포지션은 해당 외국통화의 선물자산잔액이 선물부채잔액을 초과하는 경우 동 차액을 말한다. iv) 선물환매각초과포지션은 해당 외국통화의 선물부채잔액이 선물자산잔액을 초과하는 경우 동 차액을 말한다.

2) 외국환포지션의 내용

외국환 금융투자업자의 외국환포지션은 다음과 같다(금융투자업규정3-47②). 즉 i) 종합포지션은 각 외국통화별 종합매입초과포지션의 합계액과 종합매각초과포지션의 합계액 중 큰 것으로 한다. ii) 선물환포지션은 각 외국통화별 선물환매입초과포지션의 합계에서 선물환매각초과포지션의 합계를 차감하여 산정한다.

3) 외화자산 및 부채의 범위

외화자산 및 부채의 구체적인 범위는 금융감독원장이 정한다(금융투자업규정3-47③).[25]

(나) 외국환포지션의 한도와 산정

1) 종합포지션 한도

외국환 금융투자업자의 종합포지션 한도는 i) 종합매입초과포지션은 각 외국통화별 종합매입초과포지션의 합계액 기준으로 전월 말 자기자본의 50%에 상당하는 금액이고, ii) 종합매각초과포지션은 각 외국통화별 종합매각초과포지션의 합계액 기준으로 전월 말 자기자본의 50%에 상당하는 금액이다(금융투자업규정3-48①).

---

25) 금융투자업규정 시행세칙 제2-14조(외화자산 및 부채의 범위) 규정 제3-47조 제3항에 따른 외화자산 및 부채의 구체적인 범위는 다음 각 호와 같다.
  1. 현물외화자산 및 부채의 범위는 별책서식 1 제18호 「외국환업무현황 보고서」상 외화자금상황의 대차대조표난내계정 외화자산과 부채로 한다. 다만, 외화표시자산 또는 부채 중 해당 외국통화와 원화간 환율의 변동에 관계없이 원화환산금액이 정해지는 외화자산 또는 부채는 제외하며 리스관련 외화자산과 부채는 1998년 7월 1일 이후 취득한 것에 한하여 포함한다.
  2. 선물외화자산 및 부채의 범위는 별책서식 1 제18호 「외국환업무현황 보고서」상 외화자금상황의 파생금융거래관련 계정과목을 기준으로 다음 각 목에서 정하는 바에 따른다.
    가. 선물외화자산은 통화관련 파생상품거래 매입분, 신용 및 기타 파생상품거래 중 통화관련 매입분으로 한다. 다만, 통화옵션의 경우 매수옵션(콜옵션)의 매입분 및 매도옵션(풋옵션)의 매도분을 통화관련 매입분으로 한다.
    나. 선물외화부채는 통화관련 파생상품거래 매도분, 신용 및 기타 파생상품거래 중 통화관련 매도분으로 한다. 다만, 통화옵션의 경우 매수옵션(콜옵션)의 매도분 및 매도옵션(풋옵션)의 매입분을 통화관련 매도분으로 한다.
  3. 제1호 및 제2호에도 불구하고 외국환 금융투자업자가 통화옵션거래의 환율위험을 환율변동에 따른 옵션가치의 변화도(델타)를 사용하여 관리할 경우, 자체적으로 산출한 위험노출액(명목금액×델타)을 선물외화자산 또는 부채금액으로 계산할 수 있다.

2) 선물환포지션 한도

외국환 금융투자업자의 선물환포지션 한도는 ⅰ) 선물환매입초과포지션은 각 외국통화별 선물환매입초과포지션의 합계액 기준으로 전월 말 자기자본의 50%에 상당하는 금액이고, ⅱ) 선물환매각초과포지션은 각 외국통화별 선물환매각초과포지션의 합계액 기준으로 전월 말 자기자본의 50%에 상당하는 금액이다(금융투자업규정3-48②).

3) 자기자본의 내용과 기준

위의 종합포지션 한도 및 선물환포지션 한도의 자기자본은 다음과 같으며 미 달러화로 환산한 금액을 기준으로 한다. 즉 자기자본은 ⅰ) 법 제12조 제2항 제1호 가목26)에 해당하는 금융투자업자의 경우는 납입자본금·적립금 및 이월이익잉여금의 합계액을 말하고, ⅱ) 외국 금융투자업자 지점의 경우는 영업기금·적립금 및 이월이익잉여금의 합계액을 말한다(금융투자업규정3-48③ 전단). 이 경우 적용되는 대미달러환율은 금융감독원장이 정한다(금융투자업규정3-48③ 후단).

대미달러환율은 전년도 외국환포지션한도 산정시 적용환율과 전년도 평균매매기준율을 평균한 환율로 한다(시행세칙2-15② 본문). 다만, 전년도 외국환포지션 한도를 산정하지 아니한 경우에는 전년도 평균매매기준율을 적용한다(시행세칙2-15② 단서). 외국환포지션 한도 산정시 미달러화 1천불 미만은 절상한다(시행세칙2-15③).

4) 외국환포지션 한도의 산정

외국환포지션 산정을 위하여 미 달러화 이외 외국통화를 미 달러화로 환산할 경우 당해 외국통화의 대미달러환율은 매영업일 외국환중개회사의 장이 산출·통보하는 환율을 적용한다(시행세칙2-15①).

(다) 외국환포지션 별도한도의 인정

1) 별도한도의 인정대상

금융감독원장은 이월이익잉여금의 환위험을 회피하기 위한 외국환매입분에 대하여 별도한도를 인정받고자 하는 외국 금융투자업자의 지점과 외국환포지션 한도의 초과가 필요하다고 인정되는 외국환 금융투자업자에 대하여는 제3-48조에서 정한 외국환포지션 한도 외에 별도한도를 인정할 수 있다(금융투자업규정3-49①).

2) 별도한도의 인정기간

별도한도의 인정기간은 2년 이내로 하며, 그 밖에 별도한도의 인정에 관한 구체적인 사항

---

26) 상법에 따른 주식회사이거나 한국산업은행, 중소기업은행, 한국수출입은행, 농업협동조합중앙회 및 농협은행, 수산업협동조합중앙회 및 수협은행, 외국은행의 국내지점, 외국보험회사의 국내지점, 그 밖에 금융위원회가 정하여 고시하는 금융기관을 말한다(자본시장법12②(1) 가목 및 동법 시행령16①).

은 금융감독원장이 정한다(금융투자업규정3-49②).

3) 별도한도의 인정신청

외국환포지션 별도한도를 인정받고자 하는 외국환 금융투자업자는 ⅰ) 다음 연도의 별도한도를 인정받고자 하는 경우 매년 11월말까지, ⅱ) 이월이익잉여금 환위험혜지를 위해 별도한도를 인정받고자 하는 외국금융투자업자 지점의 경우 매년 결산일 1개월 전까지 종합(선물환)포지션 별도한도 인정신청서를 금융감독원장에게 제출하여야 한다(시행세칙2-16①). 금융감독원장은 신청에 대한 별도한도의 인정 여부를 당해 연도 및 당해 회계연도 개시 전일까지 통지한다(시행세칙2-16②).

(라) 외국환포지션 한도관리

1) 외국환포지션 한도 준수 여부 확인의무

외국환 금융투자업자는 ⅰ) 종합포지션 한도는 매영업일 잔액(다만, 토요일 및 뉴욕외환시장이 휴일인 날의 종합포지션이 한도를 초과한 경우에는 그다음 영업일의 종합포지션과 합산한 평균잔액을 기준으로 한다), ⅱ) 선물환포지션한도는 직전 영업일로부터 과거 1개월 동안의 일별 선물환포지션잔액의 산술평균으로 외국환포지션 한도 준수 여부를 매영업일마다 확인하여야 한다(금융투자업규정3-50①).

2) 외국환포지션 한도 위반의 보고

외국환 금융투자업자가 외국환포지션 한도를 위반한 경우에는 위반한 날로부터 3영업일 이내에 금융감독원장에게 이를 보고하여야 한다(금융투자업규정3-50②).

3) 일별 외국환포지션 상황 보고

외국환 금융투자업자는 금융감독원장이 정하는 바에 따라 일별 외국환포지션 상황을 매월 금융감독원장에게 보고하여야 한다(금융투자업규정3-50③).

4) 증빙자료 제출요구 등

금융감독원장은 외국환 금융투자업자에 대하여 외국환포지션 한도 관리에 필요한 증빙자료의 제출을 요구하거나 관계 장부 및 서류의 열람을 요구할 수 있다(금융투자업규정3-50④).

(마) 외국환포지션 한도관리 제외대상

외국환 금융투자업자의 구조적 요인에 의해 발생하는 외국환포지션으로서 ⅰ) 자본금 또는 영업기금의 환위험을 회피하기 위한 외국환 매입분, ⅱ) 외국 금융투자업자 지점이 이월이익잉여금 환위험을 회피하기 위해 별도한도로 인정받은 외국환 매입분, 또는 ⅲ) 2종 금융투자업자가 "해외 현지법인"으로서 외국에서 집합투자업에 상당하는 영업을 영위하는 법인에 대해 출자한 금액의 50%에 상당하는 금액 중 어느 하나에 해당하는 경우는 외국환포지션 한도 관리 대상에서 제외한다(금융투자업규정3-51).

위에서 "해외 현지법인"이란 ⅰ) 외국에서 법인의 발행주식총수 또는 출자총액의 50% 이상을 소유 또는 출자하거나 사실상 경영권을 지배하는 방법이나, ⅱ) 앞의 법인으로 하여금 외국에서 금융투자업을 영위하는 다른 법인의 발행주식총수 또는 출자총액의 50% 이상을 소유 또는 출자하게 하거나 사실상 경영권을 지배하게 하는 방법 중 어느 하나에 해당하는 방법으로 외국에서 금융투자업을 영위하는 법인을 말한다(금융투자업규정3-65(4)).

(2) 외화유동성비율

(가) 유지의무: 외화유동성 자산/외화유동성 부채

외국환 금융투자업자는 외화자산 및 외화부채를 각각 잔존만기별로 구분하여 관리하고 ⅰ) 잔존만기 3개월 이내 부채에 대한 잔존만기 3개월 이내 자산의 비율은 80% 이상 유지하여야 하고, ⅱ) 외화자산 및 외화부채의 만기 불일치비율의 경우 잔존만기 7일 이내의 경우에는 자산이 부채를 초과하는 비율 0% 이상을 유지하여야 하고, 잔존만기 1개월 이내의 경우에는 부채가 자산을 초과하는 비율 10% 이내의 비율을 유지하여야 한다(금융투자업규정3-46①).

(나) 잔존만기의 산정방법

잔존만기의 구분방법, 자산·부채의 범위 및 비율의 산정방법 등은 금융감독원장이 정한다(금융투자업규정3-46②). 이에 따라 잔존만기의 구분방법, 자산·부채의 범위 및 비율의 산정방법은 [별표 15] 외화유동성 관리와 같다(금융투자업규정시행세칙2-13, 이하 "시행세칙").

(다) 유지의무의 예외

총자산에 대한 외화부채의 비율이 1%에 미달하는 외국환 금융투자업자에 대하여는 외화유동성비율 유지의무가 없다(금융투자업규정3-46③).

(3) 위험관리

(가) 위험관리기준의 설정·운용의무

외국환 금융투자업자는 국가별위험, 거액신용위험, 시장위험 등 외국환거래에 따르는 위험의 종류별로 관리기준을 자체적으로 설정·운용하여야 한다(금융투자업규정3-45①).

(나) 위험관리기준 설정 등에 대한 위험관리조직의 결정

외국환 금융투자업자는 위험관리기준을 설정·변경하거나 동 기준을 초과하여 외국환거래를 취급하고자 할 경우에는 위험관리조직의 결정을 거쳐야 한다(금융투자업규정3-45②).

(다) 위험관리기준의 예시기준 설정 및 시정요구

금융감독원장은 위험의 종류별로 예시기준을 정할 수 있으며 외국환 금융투자업자의 위험관리기준이 부적절하다고 판단될 경우에는 이의 시정을 요구할 수 있다(금융투자업규정3-45③).

(4) 외환파생상품 거래 위험관리

(가) 위험관리기준의 설정·운영의무

외국환 금융투자업자는 외환파생상품 거래에 따르는 위험을 관리하기 위한 기준("위험관리기준")을 자체적으로 설정·운영하여야 한다(금융투자업규정3-45의2①).

(나) 위험관리기준 포함사항

위험관리기준은 금융감독원장이 다음의 사항을 고려하여 정하는 사항을 포함하여야 한다(금융투자업규정3-45의2②). 즉 ⅰ) 외국환 금융투자업자는 외환파생상품(외국환거래규정 제1-2조제20-2호의 외환파생상품 중 통화선도, 통화옵션 및 이에 준하는 외환파생상품으로서 금융감독원장이 정하는 외환파생상품에 한한다. 이하 "외환파생상품") 거래를 체결할 경우 거래의 상대방(다만, 법 제9조 제5항 제1호부터 제3호까지의 자 및 이에 준하는 거래의 상대방으로서 금융감독원장이 정하는 자는 제외한다. 이하 "거래상대방")에 대하여 그 거래가 자본시장법 시행령 제186조의2 제1호에 따른 위험회피 목적인지 여부를 확인하여야 하고, ⅱ) 외국환 금융투자업자는 거래상대방별로 거래한도를 설정하여야 하며 다른 외국환업무취급기관과 이미 체결된 외환파생상품 거래잔액을 감안하여 운영하여야 한다는 요건을 포함하여야 한다.

(다) 위험관리기준의 변경 및 시정요구

금융감독원장은 외국환 금융투자업자의 건전성을 위하여 필요한 경우 외국환 금융투자업자에 대하여 위험관리기준의 변경 및 시정을 요구할 수 있다(금융투자업규정3-45의2③).

(5) 적용 배제

본점이 외국에 소재하는 외국환 금융투자업자에 대하여는 본점의 유동성 지원 확약서를 금융감독원장에게 제출한 경우 제3-45조(외국환 금융투자업자의 위험관리), 제3-45의2(외환파생상품 거래 위험관리), 제3-46조(외화유동성비율)를 적용하지 아니한다(금융투자업규정3-51의2①).

외국환 금융투자업자의 신탁계정 등 위탁계정에 대하여는 외환건전성에 관한 규정을 적용하지 아니한다(금융투자업규정3-51의2②).

2. 외환건전성 규제 위반에 대한 제재

(1) 외국환포지션 한도 위반에 대한 제재

(가) 금융감독원장의 조치: 주의 또는 한도감축

외국환 금융투자업자가 외국환포지션 한도를 확인한 결과 위반한 경우에는 ⅰ) 한도 위반일로부터 과거 1년간 1회 위반시에는 주의 조치를 취하고, ⅱ) 한도 위반일로부터 과거 1년간 2회 위반시에는 일평균 한도 위반액을 한도 위반일수만큼 외국환포지션 한도에서 감축한다(금융투자업규정3-53①).

(나) 외국환포지션 한도 2배 감축

외국환 금융투자업자가 외국환포지션 한도를 확인한 결과 위반한 경우에는 ⅰ) 한도 위반일로부터 과거 1년간 1회 위반시에는 주의 조치를 취하고, ⅱ) 한도 위반일로부터 과거 1년간 2회 위반시에는 일평균 한도 위반금액을 한도 위반일수만큼 외국환포지션 한도에서 감축한다 (금융투자업규정3-53②).

(다) 제재의 면제, 유예 또는 해제

금융감독원장은 제재를 함에 있어서 자기자본의 감소 등 한도초과사유가 부득이 하다고 인정되는 경우 당해 제재를 면제, 유예 또는 기조치한 제재에 대하여 해제할 수 있다(금융투자업규정3-53③ 전단). 제재면제의 경우에는 당해 면제대상을 위반 횟수에 산입하지 아니한다(금융투자업규정3-53③ 후단).

(라) 보고의무 불이행 또는 허위보고시의 조치

금융감독원장은 외국환 금융투자업자가 보고의무를 이행하지 않거나 허위로 보고한 경우 주의, 시정명령 및 외국환포지션 한도의 일정기간 감축 등의 조치를 할 수 있다(금융투자업규정 3-53④).

(2) 외화유동성 비율 위반에 대한 제재

(가) 위반 횟수가 과거 1년 동안 2회 또는 3회 이하: 사유서 및 달성계획서 제출

외국환 금융투자업자가 ⅰ) 잔존만기 3개월 이내 부채에 대한 잔존만기 3개월 이내 자산의 비율 80% 이상, 또는 외화자산 및 외화부채의 만기 불일치비율의 경우 잔존만기 1개월 이내의 경우에는 부채가 자산을 초과하는 비율 10% 이내의 비율을 위반하여 위반 횟수가 과거 1년 동안 2회 이하인 경우, ⅱ) 외화자산 및 외화부채의 만기 불일치비율의 경우 잔존만기 7일 이내의 경우에는 자산이 부채를 초과하는 비율 0% 이상의 비율을 위반하여 위반 횟수가 과거 1년 동안 3회 이하인 경우에는 금융감독원장이 정하는 바에 따라 사유서 및 달성계획서를 위반할 때마다 금융감독원장에게 제출하여야 한다(금융투자업규정3-52①).

외국환 금융투자업자는 사유서 및 달성계획서를 위반사유 발생일부터 20일 이내에 제출하여야 한다(시행세칙2-17).

(나) 위반 횟수가 과거 1년 동안 3회: 비율 상향

외국환 금융투자업자가 ⅰ) 잔존만기 3개월 이내 부채에 대한 잔존만기 3개월 이내 자산의 비율 80% 이상을 위반하거나, ⅱ) 외화자산 및 외화부채의 만기 불일치비율의 경우 ㉠ 잔존만기 7일 이내의 경우에는 자산이 부채를 초과하는 비율 0% 이상을 위반하거나, ㉡ 잔존만기 1개월 이내의 경우에는 부채가 자산을 초과하는 비율 10% 이내의 비율을 위반하여 위반 횟수가 과거 1년 동안 3회일 경우에는 제3-46조(외화유동성비율)에 불구하고 동 비율을 다음과 같이 상향하여 당해 외국환 금융투자업자에 적용한다(금융투자업규정3-52②).

ⅰ) 잔존만기 3개월 이내 부채에 대한 잔존만기 3개월 이내 자산의 비율 80% 이상은 85% 이상으로 상향하여 적용하고, ⅱ) 외화자산 및 외화부채의 만기 불일치비율의 경우 잔존만기 1개월 이내의 경우에는 부채가 자산을 초과하는 비율 10% 이내는 5%로 상향하여 적용한다.

(다) 신규 외화자금 차입 정지

외국환 금융투자업자가 다음의 어느 하나에 해당하는 경우에는 계약만기 3개월 이내 신규 외화자금 차입(만기 30일 이내 콜머니 제외)을 다음에 따른 비율을 달성할 때까지 정지하여야 한다(금융투자업규정3-52③).

ⅰ) 잔존만기 3개월 이내 부채에 대한 잔존만기 3개월 이내 자산의 비율 80% 이상은 85% 이상으로 상향한 비율을 위반시 또는 잔존만기 3개월 이내 부채에 대한 잔존만기 3개월 이내 자산의 비율 80% 이상의 비율을 위반시 위반 횟수가 과거 1년 동안 4회 이상일 경우 85% 이상(제1호)

ⅱ) 외화자산 및 외화부채의 만기 불일치비율의 경우 잔존만기 7일 이내의 경우에는 자산이 부채를 초과하는 비율 0% 이상의 비율을 위반시 위반 횟수가 과거 1년 동안 4회 이상일 경우 5% 이상(제2호)

ⅲ) 외화자산 및 외화부채의 만기 불일치비율의 경우 잔존만기 1개월 이내의 경우에는 부채가 자산을 초과하는 비율 10% 이내는 5%로 상향하여 적용한 비율을 위반시 또는 외화자산 및 외화부채의 만기 불일치비율의 경우 잔존만기 1개월 이내의 경우에는 부채가 자산을 초과하는 비율 10% 이내의 비율을 위반시 위반 횟수가 과거 1년 동안 4회 이상일 경우 5% 이내(제3호)

(라) 제재의 면제, 유예 또는 해제 건의

금융감독원장은 국내외 금융·경제여건 악화 등 불가피하다고 인정하는 경우에는 금융위원회에 제재의 면제, 유예 또는 기조치한 제재에 대하여 해제를 건의할 수 있다(금융투자업규정3-52④ 본문). 다만, 제재면제의 경우에는 당해 면제대상을 위반 횟수에 산입하지 아니한다(금융투자업규정3-52④ 단서).

(마) 외국환업무현황 보고주기 단축 등 조치 병행

외국환 금융투자업자가 제3-46조 제1항에서 정한 외화유동성비율을 과거 1년 동안 2회 이상 위반한 경우 금융감독원장은 당해 외국환 금융투자업자에 대하여 외국환업무현황 보고의 주기를 단축하는 등, 그 밖에 필요한 조치를 병행할 수 있다(금융투자업규정3-52⑤).

(3) 제재 현황 보고

금융감독원장은 외국환 금융투자업자에 대하여 제재한 경우에는 그 현황을 매분기 종료 후 1개월 이내에 금융위원회에 보고하여야 한다(금융투자업규정3-54).

3. 외환 관련 보고

외국환 금융투자업자는 외화자산 및 외화부채 현황, 만기별 외화자금조달·운용 현황, 그 밖에 제3-46조(외화유동성비율) 및 제3-50조(외국환포지션 한도관리)의 시행에 필요한 사항을 금융감독원장이 정하는 바에 따라 서면이나 전산자료 형태로 보고하여야 한다(금융투자업규정 3-68). 이에 따라 외국환 금융투자업자는 월 보고사항은 다음 달 말일 이내에, 분기 보고사항은 매분기 종료 후 말일 이내에 외국환업무 현황을 보고하여야 한다(시행세칙2-18).

III. 보험회사의 외환건전성 규제

1. 외환건전성 관리

(1) 외국환포지션

(가) 외국환포지션의 구분

1) 외국통화별 종합포지션의 구분

외국환 보험회사의 각 외국통화별 종합포지션은 다음과 같이 구분한다(감독규정5-20① 전단). 즉 i) 외국환 매입초과포지션은 해당 외국통화의 현물자산잔액 및 선물자산잔액의 합계액이 현물부채잔액 및 선물부채잔액의 합계액을 초과하는 경우 동 차액을 말한다. ii) 외국환 매각 초과포지션은 해당 외국통화의 현물부채잔액 및 선물부채잔액의 합계액이 현물자산잔액 및 선물자산잔액의 합계액을 초과하는 경우 동 차액을 말한다.

이 경우 외화로 발행된 신종자본증권은 회계처리와는 별도로 외국환포지션 계산시 외화부채에 포함한다(감독규정5-20① 후단).

2) 외국환포지션의 선택

외국환 보험회사의 외국환포지션은 각 외국통화별 종합매입초과포지션의 합계액과 종합매각초과포지션의 합계액 중 큰 것으로 한다(감독규정5-20②).

3) 외화 자산 및 부채의 범위

외화 자산 및 부채의 구체적인 범위는 감독원장이 정하는 바에 따른다(감독규정5-20③).[27]

---

27) 보험업감독업무시행세칙 제3-5조(외화자산 및 부채의 범위) 감독규정 제5-20조 제3항의 규정에 의한 현물외화자산 및 부채와 선물외화자산 및 부채의 범위는 다음과 같다.
   1. 현물외화자산 및 부채의 범위는 [별지 제24호 서식] 「외국환업무현황보고서」상 외화자금 상황의 대차대조표난내계정 외화자산과 부채로 한다. 다만, 외화표시자산 또는 부채 중 해당 외국통화와 원화 환율의 변동에 관계없이 원화환산금액이 정하여지는 외화자산 또는 부채는 제외한다.
   2. 선물외화자산 및 부채의 범위는 [별지 제24호 서식] 「외국환업무현황보고서」상 외화자금 상황의 파생금융거래관련 계정과목을 기준으로 다음에서 정하는 바에 따른다.

(나) 외국환포지션 한도와 산정

1) 외국환포지션 한도의 구분

외국환 보험회사의 외국환포지션 한도는 ⅰ) 외국환매입 초과포지션은 각 외국통화별 종합매입초과포지션의 합계액 기준으로 전분기말 지급여력금액의 20%에 상당하는 금액이고, ⅱ) 외국환매각 초과포지션은 각 외국통화별 종합매각초과포지션의 합계액 기준으로 전분기말 지급여력금액의 20%에 상당하는 금액이다(감독규정5-21①).

2) 지급여력금액의 산출

지급여력금액은 제7-1조(지급여력금액)의 규정에 의하여 산출한 것을 말하며, 미달러화로 환산한 금액을 기준으로 한다(감독규정5-21② 전단). 이 경우 적용되는 대미달러환율은 금융감독원장이 정하는 바에 따른다(감독규정5-21① 후단).

대미달러환율은 전년도 외국환포지션 한도 산정시 적용환율과 전년도 평균매매기준율을 평균한 환율로 한다(시행세칙3-6② 본문). 다만, 전년도 외국환포지션 한도를 산정하지 아니한 경우는 전년도 평균매매기준율을 적용한다(시행세칙3-6② 단서). 외국환포지션 한도산정시 미달러화 1천불 미만은 절상한다(시행세칙3-6③).

3) 외국환포지션의 산정

감독규정 제5-20조의 규정에 의한 외국환포지션 산정을 위하여 미달러화 이외 외국통화를 미달러화로 환산할 경우 당해 외국통화의 대미달러환율은 매영업일 외국환중개회사의 장이 산출·통보하는 환율을 적용한다(시행세칙3-6①).

(다) 외국환포지션 별도한도의 인정

1) 별도한도의 인정대상

금융감독원장은 이월이익잉여금의 환리스크 헤지를 위한 외국환매입분에 대하여 별도한도를 인정받고자 하는 외국보험회사의 국내지점과 외국환포지션 한도의 초과가 필요하다고 인정되는 외국환 보험회사에 대하여는 외국환포지션 한도 외에 별도한도를 인정할 수 있다(감독규정5-22①).

가. 선물외화자산은 통화 관련 파생금융상품거래 매입분, 신용 및 그 밖의 파생금융상품거래 중 통화관련 매입분으로 한다. 다만, 통화옵션의 경우 매수옵션(콜옵션)의 매입분 및 매도옵션(풋옵션)의 매도분을 통화 관련 매입분으로 한다.

나. 선물외화부채는 통화 관련 파생금융상품거래 매도분, 신용 및 그 밖의 파생금융상품거래 중 통화 관련 매도분으로 한다. 다만, 통화옵션의 경우 매수옵션(콜옵션)의 매도분 및 매도옵션(풋옵션)의 매입분을 통화 관련 매도분으로 한다.

3. 제1호 및 제2호에도 불구하고 외국환업무취급기관이 통화옵션거래의 환율위험을 환율변동에 따른 옵션가치의 변화도(델타)를 사용하여 관리할 경우, 자체적으로 산출한 위험노출액(명목금액×델타)을 선물외화자산 또는 부채금액으로 계산할 수 있다.

2) 별도한도의 인정기간

별도한도의 인정기간은 1년 이내로 하며, 그 밖에 별도한도 인정에 관한 구체적인 사항은 금융감독원장이 정한다(감독규정5-22②).

3) 별도한도의 인정신청

외국환포지션 별도한도 인정신청을 하고자 하는 외국환 보험회사는 ⅰ) 익년도의 별도한도를 인정받고자 하는 경우 매년 11월 말까지, ⅱ) 이월이익잉여금 환리스크 헤지를 위해 별도한도를 인정받고자 하는 외국보험회사의 국내지점의 경우 매년 결산일 1개월 전까지 [별지 제23호 서식]의 외국환포지션 별도한도 인정신청서를 금융감독원장에게 제출하여야 한다(시행세칙3-7①).

금융감독원장은 별도한도 인정신청에 대한 별도한도의 인정 여부를 당해 연도 및 당해 회계년도 개시 전일까지 통지한다(시행세칙3-7②).

(라) 외국환포지션 한도관리

1) 외국환포지션 한도 준수 여부 확인의무

외국환 보험회사는 외국환포지션 한도 준수 여부를 매영업일 잔액을 기준으로 확인하여야 한다(감독규정5-23① 본문). 다만, 토요일 및 뉴욕 외환시장이 휴일인 날의 외국환포지션은 다음 영업일의 외국환포지션과 합산한 평균잔액을 기준으로 한다(감독규정5-23① 단서).

2) 외국환포지션 한도 위반의 보고

외국환 보험회사가 외국환포지션 한도를 위반한 경우에는 위반한 날로부터 3영업일 이내에 금융감독원장에게 이를 보고하여야 한다(감독규정5-23②).

3) 일별 외국환포지션 상황의 매월 보고

외국환 보험회사는 금융감독원장이 정하는 바에 따라 일별 외국환포지션 상황을 매월 금융감독원장에게 보고하여야 한다(감독규정5-23③).

4) 증빙자료 제출요구

금융감독원장은 외국환 보험회사에 대하여 외국환포지션 한도 관리에 필요한 증빙자료의 제출을 요구하거나 관계 장부 및 서류의 열람을 요구할 수 있다(감독규정5-23④).

(마) 외국환포지션 한도 관리 제외대상

외국환 보험회사의 구조적 요인에 의해 발생하는 외국환포지션으로서 ⅰ) 자본금 또는 영업기금의 환리스크 헤지를 위한 외국환매입분과, ⅱ) 외국보험회사의 국내지점이 이월이익잉여금 환리스크 헤지를 위해 별도한도로 인정받은 외국환매입분의 경우는 외국환포지션 한도 관리대상에서 제외한다(감독규정5-24).

(2) 외화유동성 비율(유동성 위험관리)

(가) 유지의무: 외화유동성 자산/외화유동성 부채

외국환 보험회사는 외화자산 및 외화부채를 각각 잔존만기별로 구분하여 관리하고 ⅰ) 잔존만기 3개월 이내 부채에 대한 잔존만기 3개월 이내 자산의 비율은 80% 이상을 유지하여야 하고, ⅱ) 외화자산 및 부채의 만기 불일치비율의 경우, 잔존만기 7일 이내의 경우 자산이 부채를 초과하는 비율은 0% 이상의 비율을 유지하여야 하고, 잔존만기 1개월 이내의 경우 부채가 자산을 초과하는 비율은 10% 이내의 비율을 유지하여야 한다(보험업감독규정5-19① 본문, 이하 "감독규정"). 다만, 총자산에 대한 외화부채의 비율이 1%에 미달하는 경우에는 이를 적용하지 아니한다(감독규정5-19① 단서).

(나) 잔존만기의 산정방법

잔존만기의 구분, 범위 및 비율의 산정방법은 금융감독원장이 정하는 바에 의한다(감독규정5-19②). 이에 따라 외화유동성비율 등의 산정방법과 관련 잔존만기의 구분방법, 범위 및 비율의 산정방법은 [별표 1] 외화유동성 관리와 같다(시행세칙3-4).

(3) 위험관리

(가) 내부관리기준 설정 · 운용의무

외국환 보험회사는 국가별 위험, 거액신용위험, 파생금융상품거래위험, 시장위험 등 외국환거래에 따르는 위험의 종류별로 관리기준을 설정 · 운용하여야 한다(감독규정5-25①).

(나) 내부관리기준 설정 · 변경 등과 위험관리위원회의 승인

외국환 보험회사는 내부관리기준을 설정 · 변경하거나 동 기준을 초과하여 외국환거래를 취급하고자 할 경우에 위험관리위원회의 승인을 받아야 한다(감독규정5-25②).

(다) 위험 종류별 예시기준 설정과 시정요구

금융감독원장은 위험의 종류별로 예시기준을 정하여야 하며 외국환 보험회사의 위험관리기준이 부적절하다고 판단될 경우에는 그 시정을 요구할 수 있다(감독규정5-25③). 외국환 보험회사로 등록한 보험회사는 [별표 2]에서 정하는 외국환 위험관리 예시기준을 참고로 하여 자체적인 위험관리기준을 설정 · 운용하여야 한다(시행세칙3-8).

(4) 적용 배제

본점이 외국에 소재하는 외국환 보험회사에 대하여는 제5-19조(유동성위험관리) 및 제5-25조(외국환 보험회사의 내부관리)의 규정을 적용하지 아니한다(감독규정5-26①)

2. 외환건전성 규제의 위반에 대한 제재

(1) 외국환포지션 한도 위반에 대한 제재
(가) 금융감독원장의 제재: 주의 또는 한도감축

외국환 보험회사가 외국환포지션 한도를 확인한 결과 위반한 경우에는 ⅰ) 한도 위반일로부터 과거 1년간 1회 위반시에는 주의 조치를 취하고, ⅱ) 한도 위반일로부터 과거 1년간 2회 위반시에는 일평균 한도 위반금액을 한도 위반일수만큼 외국환포지션 한도에서 감축하는 제재 조치를 취한다(감독규정5-28①).

(나) 외국환포지션 한도 2배 감축

외국환 보험회사가 ⅰ) 한도 위반일로부터 과거 1년간 3회 이상 위반시, ⅱ) 한도를 고의로 위반한 경우, 또는 ⅲ) 최초 한도 위반일로부터 3영업일 이내에 외국환포지션 한도를 위반한 경우의 보고를 하지 않은 경우에는 외국환포지션 한도 감축금액을 2배로 한다(감독규정5-28②).

(다) 제재의 면제, 유예 또는 해제

금융감독원장은 제재를 함에 있어서 자기자본의 감소 등 한도초과사유가 부득이 하다고 인정되는 경우 당해 제재를 면제, 유예 또는 기조치한 제재에 대하여 해제할 수 있다(감독규정5-28③ 전단). 제재면제의 경우에는 당해 면제대상을 위반 횟수에 산입하지 아니한다(감독규정5-28③ 후단).

(라) 보고 불이행과 허위보고시 조치

금융감독원장은 외국환 보험회사가 보고의무를 이행하지 않거나 허위로 보고한 경우 주의, 시정명령 및 외국환포지션 한도의 일정기간 감축 등의 조치를 할 수 있다(감독규정5-28④).

(2) 외화유동성 비율 위반에 대한 제재
(가) 위반 횟수가 과거 1년 동안 2회 또는 3회 이하: 사유서 및 달성계획서 제출

외국환 보험회사가 ⅰ) 잔존만기 3개월 이내 부채에 대한 잔존만기 3개월 이내 자산의 비율 80% 이상의 비율 및 외화자산 및 부채의 만기 불일치비율의 경우 잔존만기 1개월 이내의 경우 부채가 자산을 초과하는 비율 10% 이내의 비율을 위반하여 위반 횟수가 과거 1년 동안 2회 이하의 비율인 경우, ⅱ) 외화자산 및 부채의 만기 불일치비율의 경우 잔존만기 7일 이내의 경우 자산이 부채를 초과하는 비율 0% 이상의 비율을 위반하여 위반 횟수가 과거 1년 동안 3회 이하인 경우에는 매위반시마다 위반사유가 발생한 날로부터 20일 이내에 사유서 빛 달성계획서를 감독원장에게 제출하여야 한다(감독규정5-27①).

(나) 위반 횟수가 과거 1년 동안 3회: 비율 상향

외국환 보험회사가 제5-19조에서 정하는 외화유동성 비율을 위반하여 위반 횟수가 과거 1년 동안 3회일 경우에는 동 비율을 ⅰ) 잔존만기 3개월 이내 부채에 대한 잔존만기 3개월 이내 자산의 비율 80% 이상은 85% 이상으로 상향하여 적용하고, ⅱ) 외화자산 및 부채의 만기 불일치비율의 경우 잔존만기 1개월 이내의 경우 부채가 자산을 초과하는 비율 10% 이내는 5% 이내의 비율로 상향하여 당해 외국환 보험회사에 적용한다(감독규정5-27②).

(다) 신규 외화자금 차입 정지

외국환 보험회사가 다음에 해당하는 경우에는 계약만기 3개월 이내 신규 외화자금 차입을 달성할 때까지 정지하여야 한다(감독규정5-27③).

ⅰ) 잔존만기 3개월 이내 부채에 대한 잔존만기 3개월 이내 자산의 비율 80% 이상은 85% 이상으로 상향하여 적용하는 비율 위반시 또는 잔존만기 3개월 이내 부채에 대한 잔존만기 3개월 이내 자산의 비율 80% 이상의 비율을 위반시 위반 횟수가 과거 1년 동안 4회 이상일 경우 85% 이상(제1호)

ⅱ) 외화자산 및 부채의 만기 불일치비율의 경우 잔존만기 7일 이내의 경우 자산이 부채를 초과하는 비율 0% 이상의 비율을 위반시 위반 횟수가 과거 1년 동안 4회 이상일 경우 5% 이상(제2호)

ⅲ) 외화자산 및 부채의 만기 불일치비율의 경우 잔존만기 1개월 이내의 경우 부채가 자산을 초과하는 비율 10% 이내는 5% 이내의 비율로 상향하여 적용하는 비율을 위반시 또는 외화자산 및 부채의 만기 불일치비율의 경우 잔존만기 1개월 이내의 경우 부채가 자산을 초과하는 비율 10% 이내의 비율을 위반시 위반 횟수가 과거 1년 동안 4회 이상일 경우 5% 이내(제3호)

(라) 제재의 면제, 유예 또는 해제 건의

금융감독원장은 국내외 금융·경제여건 악화 등 불가피하다고 인정하는 경우에는 금융위원회에 제재의 면제, 유예 또는 기조치한 제재에 대하여 해제를 건의할 수 있다(감독규정5-27④ 본문). 다만, 제재면제의 경우에는 당해 면제대상을 위반 횟수에 산입하지 아니한다(감독규정5-27④ 단서).

(마) 외국환업무 현황 보고주기 단축 등 조치 병행

외국환 보험회사가 외화유동성 비율을 과거 1년 동안 2회 이상 위반한 경우 금융감독원장은 당해 외국환 보험회사에 대하여 외국환업무 현황 보고의 주기 단축 등 그 밖에 필요한 조치를 병행할 수 있다(감독규정5-27⑤).

(3) 제재 현황 보고

금융감독원장은 외국환 보험회사에 대하여 제재한 경우에는 그 현황을 매분기말 종료 후

1월 이내에 금융위원회에 보고하여야 한다(감독규정5-29)

3. 외환 관련 보고

외국환 보험회사는 외화 자산 및 부채 현황, 만기별 외화자금조달·운용현황 그 밖에 필요한 사항을 금융감독원장이 정하는 바에 따라 금융감독원장에게 보고하여야 한다(감독규정5-30). 이에 따른 보고는 [별지 제24호 서식]의 외국환업무 현황보고서로 한다(시행세칙3-9①).

외국환업무 현황보고서는 월보는 다음달 20일 이내에 제출하여야 하고, 분기보는 분기가 속한 달의 다음 달 20일 이내에 제출하여야 한다(시행세칙3-9②).

Ⅳ. 여신전문금융회사의 외환건전성 규제

1. 외환건전성 관리

(1) 외화유동성 비율(유동성 위험관리)

(가) 유지의무: 외화유동성 자산/외화유동성 부채

외국환 여신전문금융회사는 외화자산 및 외화부채를 각각 잔존만기별로 구분하여 관리하고 ⅰ) 잔존만기 3개월 이내 부채에 대한 잔존만기 3개월 이내 자산의 비율 80% 이상을 유지하여야 하고, ⅱ) 외화자산 및 부채의 만기 불일치비율의 경우, 잔존만기 7일 이내의 경우에는 자산이 부채를 초과하는 비율 0% 이상을 유지하여야 하고, 잔존만기 1개월 이내의 경우에는 부채가 자산을 초과하는 비율 10% 이내의 비율을 유지하여야 한다(여신전문금융업감독규정30① 본문, 이하 "감독규정"). 다만, 총자산에 대한 외화부채의 비율이 1%에 미달하는 경우에는 이를 적용하지 아니한다(감독규정30① 단서).

(나) 잔존만기의 산정방법

잔존만기의 구분방법, 범위 및 비율의 산정방법은 감독원장이 정하는 바에 의한다(감독규정30②). 이에 따라 잔존만기 구분방법, 자산·부채의 범위 및 비율의 산정방법은 [별표 6] 외화유동성위험관리와 같다(여신전문금융업감독규정시행세칙12, 이하 "시행세칙").

(2) 외국환 여신전문금융회사의 내부관리

(가) 내부관리기준 설정·운용의무

외국환 여신전문금융회사는 국가별 위험, 거액신용위험, 파생금융거래위험, 시장위험, 환율변동위험 등 외국환거래에 따르는 위험의 종류별로 관리기준을 자체적으로 설정·운영하여야 한다(감독규정31①). 외국환 여신전문금융회사는 [별표 7]에서 정하는 외국환위험관리 예시

기준을 참고로 하여 자체적인 위험관리기준을 설정·운영하여야 한다(시행세칙14).

(나) 내부관리기준 설정·변경 등과 내부위험관리기구 결의

외국환 여신전문금융회사는 내부관리기준을 설정·변경하거나 동 기준을 초과하여 외국환 거래를 취급하고자 할 경우에는 내부위험관리기구의 결의를 거쳐야 한다(감독규정31②).

(다) 위험 종류별 예시기준 설정과 시정요구

금융감독원장은 위험의 종류별로 예시기준을 정하여야 하며 외국환 여신전문금융회사의 위험관리기준이 부적절하다고 판단될 경우에는 이의 시정을 요구할 수 있다(감독규정31③).

(3) 적용 배제

외국환 여신전문금융회사의 신탁계정 등 위탁계정에 대하여는 외환건전성 감독에 관한 규정을 적용하지 아니한다(감독규정32①). 본점이 외국에 소재하는 외국환 여신전문금융회사에 대하여는 외환건전성 관리, 외환건전성 규제의 위반에 대한 제재, 외환 관련 보고의 규정을 적용하지 아니한다(감독규정32②).

2. 외환건전성 규제의 위반에 대한 제재

(1) 외화유동성 비율 위반에 대한 제재

(가) 위반 횟수가 과거 1년 동안 2회 또는 3회 이하: 사유서 및 달성계획서 제출

외국환 여신전문금융회사가 ⅰ) 잔존만기 3개월 이내 부채에 대한 잔존만기 3개월 이내 자산의 비율 80% 이상의 비율, 또는 외화자산 및 부채의 만기 불일치비율의 경우 잔존만기 1개월 이내의 경우에는 부채가 자산을 초과하는 비율 10% 이내의 비율을 위반하여 위반 횟수가 과거 1년 동안 2회 이하인 경우, ⅱ) 외화자산 및 부채의 만기 불일치비율의 경우 잔존만기 7일 이내의 경우에는 자산이 부채를 초과하는 비율 0% 이상의 비율을 위반하여 위반 횟수가 과거 1년 동안 3회 이하인 경우에는 금융감독원장이 정하는 바에 따라 사유서 및 달성계획서를 매 위반시마다 금융감독원장에게 제출하여야 한다(감독규정33①). 위반사유서 및 달성계획은 분기별로 분기가 속한 달의 다음 달 말일 이내 제출하여야 한다(시행세칙13).

(나) 위반 횟수가 과거 1년 동안 3회: 비율 상향

외국환 여신전문금융회사가 외화유동성 비율을 위반하여 위반 횟수가 과거 1년 동안 3회일 경우에는 동 비율을 ⅰ) 잔존만기 3개월 이내 부채에 대한 잔존만기 3개월 이내 자산의 비율 80% 이상은 85% 이상으로 상향하여 적용하고, ⅱ) 외화자산 및 부채의 만기 불일치비율의 경우 잔존만기 1개월 이내의 경우에는 부채가 자산을 초과하는 비율 10% 이내는 5% 이내로 상향하여 당해 외국환 여신전문금융회사에 적용한다(감독규정33②).

(다) 신규 외화자금 차입 정지

외국환 여신전문금융회사가 다음에 해당하는 경우에는 계약만기 3개월 이내 신규 외화자금 차입을 동호에 따른 비율을 달성할 때까지 정지하여야 한다(감독규정33③).

ⅰ) 잔존만기 3개월 이내 부채에 대한 잔존만기 3개월 이내 자산의 비율 80% 이상은 85% 이상으로 상향하여 적용하는 비율을 위반시 또는 잔존만기 3개월 이내 부채에 대한 잔존만기 3개월 이내 자산의 비율 80% 이상의 비율을 위반시 위반 횟수가 과거 1년 동안 4회 이상일 경우 85% 이상(제1호)

ⅱ) 외화자산 및 부채의 만기 불일치비율의 경우 잔존만기 7일 이내의 경우에는 자산이 부채를 초과하는 비율 0% 이상의 비율을 위반시 위반 횟수가 과거 1년 동안 4회 이상일 경우 5% 이상(제2호)

ⅲ) 외화자산 및 부채의 만기 불일치비율의 경우 잔존만기 1개월 이내의 경우에는 부채가 자산을 초과하는 비율 10% 이내는 5% 이내로 상향하여 적용하는 비율 위반시 또는 외화자산 및 부채의 만기 불일치비율의 경우 잔존만기 1개월 이내의 경우에는 부채가 자산을 초과하는 비율 10% 이내의 비율을 위반시 위반 횟수가 과거 1년 동안 4회 이상일 경우 5% 이내(제3호)

(라) 제재의 면제, 유예 또는 해제 건의

금융감독원장은 국내외 금융·경제여건 악화 등 불가피하다고 인정하는 경우에는 금융위원회에 제재의 면제, 유예 또는 기조치한 제재에 대하여 해제를 건의할 수 있다(감독규정33④ 본문).다만, 제재면제의 경우에는 당해 면제대상을 위반 횟수에 산입하지 아니한다(감독규정33④ 단서).

(마) 외국환업무 현황 보고주기 단축 등 조치 병행

외국환 여신전문금융회사가 규정 제30조에서 정한 외화유동성 비율을 과거 1년 동안 2회 이상 위반한 경우 금융감독원장은 당해 외국환 여신전문금융회사에 대하여 외환 관련 보고의 주기를 단축하는 등 기타 필요한 조치를 병행할 수 있다(감독규정33⑤).

(2) 제재 현황 보고

금융감독원장은 외국환 여신전문금융회사에 대해 제재한 경우에는 그 현황을 매분기말 종료 후 1개월 이내에 금융위원회에 보고하여야 한다(감독규정34).

3. 외환 관련 보고

외국환 여신전문금융회사는 외화 자산 및 부채 현황, 만기별 외화자금조달·운용현황 기타 이 규정의 시행에 필요한 사항을 금융감독원장이 정하는 바에 따라 보고하여야 한다(감독규정35). 이에 따른 보고는 [별지 제5호 서식] 외국환업무 현황보고서(여신전문금융회사)로 한다(시행세칙15①).

외국환업무 현황보고서는 분기별로 분기가 속한 달의 다음 달 말일 이내 제출하여야 한다
(시행세칙15②).

제4편

외국환거래
(지급과 거래)

제1장

서론

제1절 외국환거래의 규제절차

외국환거래법상 외국환거래의 규제절차는 원인행위, 지급 및 수령 행위, 그리고 지급 및 수령 방법에서 각각 이루어지고 있는데, "자본거래"에 대하여는 원인행위를 중심으로, "경상거래"에 대하여는 지급 및 수령 행위를 중심으로 각 규제하고 있으며, 자본거래를 제한하는 일반조항은 외국환거래법 제18조(자본거래의 신고등)이고, 지급 및 수령 행위를 제한하는 일반조항은 외국환거래법 제15조(지급절차 등)라고 할 수 있다.

외국환거래법은 외국환거래와 그 밖의 대외거래의 자유를 보장하고 시장기능을 활성화하여 대외거래의 원활화 및 국제수지의 균형과 통화가치의 안정을 도모함으로써 국민경제의 건전한 발전에 이바지함을 목적으로 한다(법1). 이와 같은 목적을 달성하기 위하여 외국환거래법은 외국환거래 그 밖의 대외거래를 합리적으로 조정·관리하기 위한 장치를 두고 있는데, 모든 외국환거래행위에 대하여 "원인행위", "지급 및 수령 행위", 그리고 "지급 및 수령 방법" 등 3가지 측면에서 절차를 정하고 있고, 이 중 "지급 및 수령 행위"가 그 기본이 된다고 할 수 있다.

외국환거래(외환거래)의 흐름도는 다음과 같다.[1]

---

1) 임영진(2018), 3쪽.

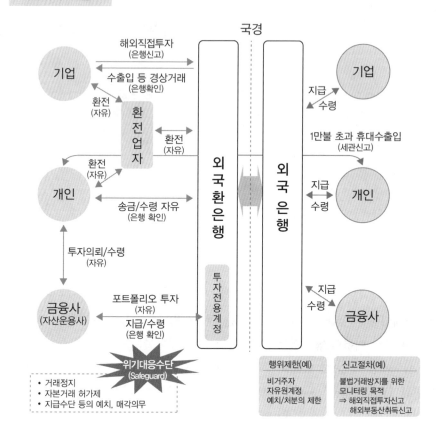

외환거래 흐름도

제2절 외국환거래행위의 구조와 종류

Ⅰ. 개요

　　외국환거래란 통화를 달리하는 국가간의 결제수단인 대외지급수단, 외화증권, 외화파생상품 및 외화채권을 거래하는 것으로, 경제주체들 사이에 행하여지는 모든 양태의 교환행위를 말한다.

　　외국환거래행위는 크게 원인행위와 결제행위로 구성되고, 원인행위는 그 성질에 따라 다시 무역거래, 무역외거래 및 자본거래로 구분된다. 무역거래의 경우 대외무역법, 관세법 등이 적용되고, 무역외거래·자본거래는 외국환거래법이 적용된다.

Ⅱ. 채권·채무 발생의 원인행위: 외국환거래

1. 무역거래

수출입거래, 비거주자와의 용역거래 등이 해당된다.

2. 무역외거래

여행, 운수, 보험, 투자수익, 정부거래, 기타 서비스거래, 이전거래 등이 해당된다

3. 자본거래

예금·신탁, 금전대차·보증, 증권발행, 증권취득, 파생상품거래, 기타 자본거래 등이 협의의 자본거래에 해당하고, 현지금융, 해외직접투자. 해외지사 설치, 부동산 취득 등이 직접투자 등에 해당한다.

Ⅲ. 외국환거래에 따른 결제행위: 지급 및 수령

결제행위는 지급 및 수령("지급등")을 말한다. 무역외거래는 외국환거래법이 적용되어 지급증빙서류 확인 후 지급 및 수령을 하게 된다. 자본거래는 외국환거래법이 적용되어 인정된 거래로 확인되면 지급증빙서류 확인 후 지급 및 수령을 하게 된다.

Ⅳ. 외국환거래 신고기관

1. 의의

외국환거래는 경상거래 지급을 제외하고는 거래원인에 대한 규제가 있으므로 사전에 관련 기관에 허가, 신고등의 절차를 거쳐야 한다. 허가, 신고등의 업무는 기획재정부와 기획재정부의 위탁·위임에 따라 한국은행, 외국환은행, 금융위원회·금융감독원, 관세청 등이 처리하고 있으며 외국환거래에 대한 검사는 한국은행, 관세청, 금융감독원이 담당하고 있다.

2. 기관별 외국환거래 신고사항 등 업무

(1) 기획재정부

외화자금 차입 신고(미화 3천만불 초과), 국내·외 증권발행 등의 경우에는 기획재정부장관

에게 신고하여야 한다.

(2) 금융위원회·금융감독원

금융업의 해외직접투자 신고수리 및 신고, 금융기관의 해외지사 설치 신고등은 금융위원회·금융감독원에 하여야 한다.

(3) 한국은행

지급등의 방법 신고, 각종 자본거래의 신고, 금융제재대상자와의 지급등에 대한 허가 등은 한국은행에 하여야 한다.

(4) 외국환은행

대외지급 등 외국환업무, 지급등의 방법 신고, 해외예금 신고(동일자, 동일인 기준 미화 5만 달러 이하), 외화자금 차입 신고(영리법인 등), 채무보증 신고, 외국부동산·시설물 등의 이용권·회원권 취득 신고, 비거주자의 국내증권 취득신고, 현지금융 신고, 해외직접투자 신고, 비금융기관의 해외지사 설치 신고, 외국기업등의 국내지사 설치 신고, 비거주자의 국내부동산 취득 신고, 거주자의 외국부동산 취득 신고수리 등은 외국환은행에 하여야 한다.

(5) 관세청

지급수단 수출입 신고, 환전영업자 등록 등은 관세청에 하여야 한다.

제3절 외국환거래법상 규제(지급등 절차적 규제수단)

외국환거래법은 제18조에서 자본거래에 대하여 사전신고의무를 규정하고 있으나 경상거래에 대하여는 원칙적으로 별도의 규제 없이 자유를 부여하고 예외적으로 제16조에서 그 경상거래에 따른 지급 또는 수령의 방법이 일정한 요건에 해당되는 경우 그 지급 또는 수령의 방법을 신고하도록 규정하고 있다.

외국환거래법상 거래의 당사자는 단계별로 법이 정한 각종 절차상 의무를 이행하게 되는데, 당해 지급등(지급·수령)에 앞서 거래 및 행위 내용에 대한 신고(수리)를 완료하여야 한다(규정4-2②).

먼저 원인행위 단계에서 자본거래(예금·신탁, 금전대차·보증, 증권발행 및 취득, 파생상품거래 등)를 하려는 자는 외환당국이나 그 권한의 일부를 위탁받은 외국환은행 등에 신고를 마쳐야 하며,[2] 해외부동산의 취득 또는 직접투자와 같은 일부 자본거래는 당국의 실질적 심사를 요하

---

2) 경상(무역·무역외)거래는 현재 완전 자유화되어 별도 신고등 의무를 부과하지 않으며, 거래의 사유와 금

는 신고수리의 과정을 거치게 된다. 거주자의 해외직접투자와 해외부동산 또는 이에 관한 권리의 취득의 경우에는 투자자 적격성 여부, 투자가격 적정성 여부 등의 타당성을 검토하여 신고수리 여부를 결정할 수 있다(법18③).

다음으로 결제행위 단계에서는 일단 지급등 방법이 정상적이지 않은 결제방식(상계, 제3자 지급, 외국환은행을 통하지 아니한 지급등)인 경우 당국에 별도 신고를 요한다(법16). 이는 외국환거래법이 "당사자 앞 외국환은행을 통한 총액 지급"을 결제의 기본 원칙으로 삼고 있기 때문으로, 이들 비정상적 방식의 결제가 만연할 경우 외환당국이 자금이동의 규모와 대상을 적시에 정확히 파악하고 추적하는데 어려움이 가중될 수 있기에 상대적으로 엄격히 제한하는 편이다. 예컨대 국내에서 경제활동을 하는 외국인 근로자가 본국에 송금하고자 할 때 보다 저렴한 송금 수수료를 이유로 은행이 아닌 사실 "환치기"3) 업자를 이용하는 경우가 종종 있는데, 이는 명백히 불법이다. 즉 환치기 업자는 무등록 외국환업무를 영위한 것이기 때문에 외국환거래법 제8조 제1항 위반으로 형사처벌의 대상이 되고, 송금을 의뢰한 자는 외국환은행을 통하지 아니한 지급등 신고의무 위반으로 경고나 거래정지 등 행정처분은 물론 위반액수에 따라서는 형사처벌도 가능하다.4)

이와는 별도로 미화 1만불 초과의 지급수단 또는 증권을 직접 휴대 반출입하고자 할 때 원칙적으로 세관에 사전 신고하도록 하는데(규정6-2②), 이는 앞서 외국환은행을 통하지 아니한 지급등의 경우와 마찬가지로 외환당국의 정확한 거래실태 파악을 위하여 의무화된 규정이다.5)

실제 지급등 단계에 이르러서는 외국환은행에 거래의 사유와 금액을 입증하는 증빙서류를 제출하고, 지급등 신청을 받은 은행이 해당 거래 및 행위가 인정된 거래6)인지를 확인하는 절차르 따르게 된다(규정2-1의2). 건당 미화 5천불(연간 누적 5만불)을 초과하는 지급이 규제대상이며,7) 수령은 동일자·동일인 기준 미화 5만불로 그 기준을 완화하여 적용하고 있다. 만일 당해

액을 입증하는 서류만 제출하면 은행이 이를 확인하여 지급등 결제를 완료하는 절차를 밟게 된다.
3) 환치기는 법률용어는 아니지만 실무 현장에서는 일반화된 용어이다. 송금 의뢰인이 국내 환치기 업자 계좌에 입금하면, 국외 환치기 업자가 입금사실을 확인한 후 해당 금액을 송금 목적인에게 이체·전달하는 방식이 그 전형이다. 차명계좌를 이용한 불법·변칙 송금행위가 절반 가량 차지하며, 도박과 세금포탈, 재산 해외도피 등 범죄수단으로 많이 활용되기 때문에 형사처벌 대상이다.
4) 외국환거래법 제29조 제1항 제3호, 동법 시행령 제40조 제1항 제1호에 의해 위반금액이 25억원 이상인 경우 1년 이하의 징역 또는 1억원 이하의 벌금(다만, 위반행위의 목적물 가액의 3배가 1억원을 초과하는 경우에는 그 벌금을 목적물 가액의 3배 이하로 한다)에 처한다.
5) 다만 앞서 자본거래 신고나 지급등 방법 신고시 고지한 내용에 따라 지급수단등을 수출입하는 경우라면 별도 신고의무를 면하고 있다.
6) "인정된 거래"라 함은 법 및 영과 이 규정에 의하여 신고등을 하였거나 신고등을 요하지 아니하는 거래를 말한다(규정1-2(25)).
7) 건당 미화 5천불 이하 거래는 신고 및 확인을 요하지 않으며, 연간 누적 5만불까지는 외국환은행의 구두확

지급등에 앞서 신고 미이행 등 법령 위반시에는 위반사실을 제재기관(금융감독원 포함)에 보고하고, 필요한 신고절차를 사후적으로 완료한 후에 지급등을 할 수 있다. 다만, 수령을 하고자 하는 경우에는 외국환은행을 경유하여 위반사실을 제재기관의 장에게 보고한 후 수령할 수 있다(규정4-2).

또한 최초 거래 후에도 지속적인 경제관계를 유지하게 되는 일부 자본거래(해외부동산 취득, 직접투자 등)의 경우 사후보고 의무가 부과되는데, 당초 신고한 내용대로 거래가 실제로 이행되었는지 또는 중도 변경된 사항은 없는지 확인 및 사후관리하기 위함이다. 대부분 지정거래 외국환은행이 징구하는 보고서를 정기적으로 제출하는 형태로 의무가 이행된다.[8]

인만으로 지급이 가능하다.
8) 강민우(2020), 68-70쪽

제2장

지급 및 수령과
지급수단등의 수출입

제1절 지급 및 수령 행위

Ⅰ. 서설

1. 의의

(1) 외국환거래규정의 적용범위

외국환거래법상 외국환의 지급 및 수령("지급등")은 원칙적으로 외국환은행을 통하여 이루어져야 하며 조약 및 일반적으로 승인된 국제법규와 국내법령에 반하는 행위와 관련된 지급 및 수령은 할 수 없다(규정4-1②).

외국환거래규정 제4-1조 제2항은 "조약 및 일반적으로 승인된 국제법규와 국내법령에 반하는 행위와 관련된 지급등을 하여서는 아니 된다"고 규정하고 있기는 하나, 이는 기획재정부장관이 우리나라가 체결한 조약 및 일반적으로 승인된 국제법규를 성실하게 이행하기 위하여 불가피한 경우, 또는 국제 평화 및 안전을 유지하기 위한 국제적 노력에 특히 기여할 필요가 있는 경우에 지급등의 허가를 받도록 할 수 있게 한 외국환거래법 제15조와 관련된 것으로서 조약 및 일반적으로 승인된 국제법규와 국내법령에 반하는 행위와 관련된 지급등을 금지하는 일반적인 규정일 뿐이다. 따라서 이 규정에 의하여 경상거래 자체에 대하여 신고의무가 발생한다고 볼 수 없다.[1]

---

1) 대법원 2008. 3. 14. 선고 2007도9027 판결.

(2) 주요 내용

경상거래에 대한 지급 및 수령은 1992년 9월 외국환관리법이 전면 개정되면서 "원칙자유·예외규제 체계"(negative system)로 전환되었다. 1999년 4월에는 외국환거래법 시행으로 기업의 대외활동 관련 경상거래의 지급 및 수령이 상당 부분 자유화된 데 이어 2001년 1월부터는 여행경비, 유학생경비, 해외이주비 및 재외동포의 국내재산 반출 등 개인의 경상거래 관련 대외지급 한도도 폐지되는 등 대부분의 외국환거래 지급 및 수령 행위가 자유화되었다. 또한 2002년 6월 발표된 외환제도 선진화 계획에서는 개인의 고액 대외송금(증여성 송금은 건당 5만달러, 해외체재·유학비는 건당 10만달러)에 대한 한국은행 확인제도를 폐지하여 개인의 대외지급을 전면 자유화하였다. 다만 외국환거래 동향 및 내역을 모니터링하고 거래의 투명성을 높이기 위해 일부 지급방법에 대해서는 한국은행에 신고등을 거치도록 하거나 국세청, 관세청 및 금융감독원에 지급내용이 통보되도록 하는 등 최소한의 제한을 유지하고 있다.[2]

한편 외국환거래법상 기업의 수출입거래나 용역거래 등 영업활동을 위한 계약체결에는 제한이 없으나 특수한 결제방법에 대해서는 거주자와 비거주자간의 채권·채무를 소멸시키거나 불법적인 외화유출입 수단으로 이용될 가능성이 있기 때문에 한국은행 등에 신고등을 하여야 한다. 이 같은 비정상적 결제방법으로는 상계, 일정기간을 초과하는 지급, 제3자 지급, 외국환은행을 통하지 아니하는 지급등이 있다.

2. 외국환거래와 지급·수령

외국환거래는 크게 수출입거래, 용역거래 등 경상거래와 금전대차, 증권취득, 파생상품거래 등 자본거래로 구분할 수 있으며, 각각의 거래는 채권·채무를 발생시킨 원인행위와 이에 따른 결제행위로 구분할 수 있다.

원인행위의 경우 거주자와 비거주자간의 경상거래에 대해서는 대외무역법이나 관세법 등의 적용을 받고 자본거래에 대해서는 외국환거래법의 적용을 받게 된다. 결제행위에 있어서는 외국환거래 법규에 의해 신고등을 하였거나 신고등을 필요로 하지 않는 거래(인정된 거래)의 경우 지급 및 수령 시 별도의 신고등이 필요없다. 다만 결제는 사후관리의 효율성을 도모하기 위해 외국환은행을 통해 정상적인 방법(정형적인 방법)으로 결제하는 것이 원칙이다. "신고등"이라 함은 외국환거래법 및 외국환거래법 시행령과 외국환거래규정에 의한 허가·신고수리·신고·확인·인정을 말한다(규정1-2(13)).

---

2) 한국은행(2016), 33-34쪽.

3. 지급과 수령의 범위

기획재정부장관은 외국환거래법을 적용받는 지급 또는 수령과 관련하여 환전절차, 송금절차, 재산반출절차 등 필요한 사항을 정할 수 있다(법15①). 지급 또는 수령의 허가 및 지급 또는 수령의 절차에 관하여는 외국환거래규정 제4장에서 정하는 바에 의한다(규정4-1①).

4. 정상 결제방법과 정상외 결제방법

결제방법을 구분하면 다음과 같다.[3]

정상 결제방법과 정상외 결제방법

정상적인 결제방법	정상외 결제방법
거래대금 총액 지급등	상계, 상호계산 후 잔액만 지급등
수출입 전후 일정기간 내에 지급등	일정기간을 초과하는 지급등
거래당사자간 지급등	거래당사자가 아닌 제3자와의 지급등
외국환은행을 통한 지급등	외국환은행을 통하지 아니하는 지급등

→ 정상외 결제방법은 거주자와 비거주자간 채권·채무를 소멸시키거나 불법적인 외화유출입 수단으로 이용될 가능성이 있기 때문에 원칙적으로 외국환은행 또는 한국은행에 신고해야 함

<참고> 지급수단 및 증권의 수출입: 세관 신고

Ⅱ. 지급 및 수령의 기본절차

1. 지급등의 허가

(1) 허가사유

기획재정부장관은 ⅰ) 우리나라가 체결한 조약 및 일반적으로 승인된 국제법규를 성실하게 이행하기 위하여 불가피한 경우, ⅱ) 국제 평화 및 안전을 유지하기 위한 국제적 노력에 특히 기여할 필요가 있는 경우에는 국내로부터 외국에 지급하려는 거주자·비거주자, 비거주자에게 지급하거나 비거주자로부터 수령하려는 거주자에게 그 지급 또는 수령을 할 때 대통령령으로 정하는 바에 따라 허가를 받도록 할 수 있다(법15②).

---

3) 임영진(2018), Ⅲ-1쪽.

(2) 지급 또는 수령의 종류 및 범위 고시

기획재정부장관은 지급 또는 수령의 허가를 받도록 하는 경우에는 허가를 받아야 하는 사유와 지급 또는 수령의 종류 및 범위를 정하여 고시하여야 한다(영29①).

(3) 허가신청 서류의 기획재정부 제출

지급 또는 수령의 허가를 받으려는 자는 기획재정부장관이 정하여 고시하는 허가신청 서류를 기획재정부장관에게 제출하여야 한다(영29②)

(4) 허가 여부 결정과 통지

기획재정부장관은 지급 또는 수령의 허가신청을 받은 때에는 i) 해당 지급 또는 수령이 허가 대상인지의 여부, ii) 해당 지급 또는 수령의 사유와 금액, iii) 해당 지급 또는 수령의 원인이 되는 거래 또는 행위의 내용을 심사하여 허가 여부를 결정하고 신청인에게 통지하여야 한다(영29③)

(5) 허가조치 사유 소멸과 조치 해제

기획재정부장관은 지급 또는 수령에 대하여 허가를 받도록 조치한 사유가 소멸하게 된 때에는 해당 조치를 지체 없이 해제하여야 한다(영29④)

2. 지급등의 절차

(1) 지급등의 증빙서류 제출의무

건당 미화 5천불을 초과하는 지급등을 하고자 하는 자는 외국환은행의 장에게 지급등의 사유와 금액을 입증하는 서류("지급등의 증빙서류")를 제출하여야 한다(규정4-2① 본문). 다만, 외국환거래규정에 따른 신고를 요하지 않는 거래로서 비거주자 또는 외국인거주자가 외국에 있는 자금을 국내로 반입하기 위하여 수령하는 경우에는 그러하지 아니하다(규정4-2① 단서).

이와 관련하여 건당 미화 5만불을 초과하는 지급등에 대해서는 당해 지급등이 외국환거래법령에 의한 신고등의 대상인지 외국환은행의 장은 확인하여야 하며(규정2-1의2②), 동일자·동일인 기준 미화 5만불을 초과하는 수령에 대하여 외국환은행의 장이 서면에 의해 수령사유를 확인받아야 한다(규정4-3①(2) 나목).

(2) 지급등 증빙서류 제출방법

지급등을 하고자 하는 자는 지급등의 증빙서류를 전자적 방법을 통해 제출할 수 있다(규정4-2⑥). 따라서 해외로 자금을 송금하거나, 해외로부터 송금받을 경우, 전자적 방법(Fax, PDF 등)을 통한 서류제출이 허용된다.

(3) 지급등을 하기 전 신고등의 의무이행

지급등을 하고자 하는 자는 당해 지급등을 하기에 앞서 당해 지급등 또는 그 원인이 되는 거래, 행위가 법, 영, 이 규정 및 타법령 등에 의하여 신고등을 하여야 하는 경우에는 그 신고등을 먼저 하여야 한다(규정4-2②).

(4) 위규거래 지급등을 위한 사후신고

지급등을 하고자 하는 자가 당해 지급등과 관련하여 필요한 신고등을 이행하지 않는 등 법, 영 및 이 규정을 위반한 경우에는 당해 위반사실을 제재기관의 장(금융감독원장을 포함)에게 외국환은행을 경유하여 보고하고 필요한 신고절차를 사후적으로 완료한 후 지급등을 할 수 있다(규정4-2③ 본문).

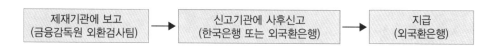

다만, 수령를 하고자 하는 경우에는 위반사실을 제재기관의 장에게 보고한 후 수령할 수 있다(규정4-2③ 단서).

(5) 제재처분 확정시까지 지급등 중단

기획재정부장관은 외국환거래법을 적용받는 자의 거래 또는 행위가 신고등의 의무를 5년 이내에 2회 이상 위반한 경우에는 각각의 위반행위에 대하여 1년 이내의 범위에서 관련 외국환거래 또는 행위를 정지·제한하거나 허가를 취소("거래정지 등")할 수 있는데(법19②), 제재기관의 장은 위반한 당사자가 거래정지 등의 제재를 받을 우려가 있거나 기타 제재의 실효성 확보를 위하여 필요하다고 인정되는 경우 제재처분 확정시까지 지급등을 중단시킬 수 있다(규정4-2④).

(6) 지정외국환은행을 통한 지급등의 의무

외국환거래규정에 따라 거래외국환은행을 지정한 경우에는 당해 외국환은행을 통하여 지급등(휴대수출입을 위한 환전을 포함)을 하여야 한다(규정4-2⑤). "지정거래외국환은행"이라 함은 외국환거래규정의 적용을 받는 행위 또는 거래의 당사자가 대외거래 및 사후관리를 위하여 지정한 외국환은행을 말한다(규정1-2(35)).

(7) 외국환은행의 신고등 의무이행 여부 확인

외국환은행의 장은 건당 미화 5천불을 초과하는 지급등에 대해서는 당해 지급등이 법·영 및 이 규정에 의한 신고등의 대상인지 확인하여야 하며, 지급신청서 및 동일자·동일인 기준 미화 5만불을 초과하는 수령의 경우 확인절차를 이행하였음을 입증하는 서류를 5년간 보관하여야 한다(규정2-1의2②). 수령하고자 하는 자의 소재불명으로 인하여 수령사유를 확인할 수 없는 경우에는 확인절차를 이행하지 아니할 수 있다(규정2-1의2③).

(8) 외국환은행의 증빙서류 등 반환의무

외국환은행의 장은 제출받은 지급등의 증빙서류 및 취득경위 입증서류를 확인한 후 반환하여야 한다(규정2-1의2④).

Ⅲ. 거주자(외국인거주자 제외)의 지급등 절차 예외

거주자(외국인거주자는 제외)는 다음에 해당하는 경우 지급등의 증빙서류를 제출하지 아니하고 지급등을 할 수 있다(규정4-3①).

1. 신고예외 사항

(1) 신고를 필요로 하지 않는 거래로서, 지급증빙서류를 제출하지 아니하는 지급

외국환거래규정에 따른 신고를 필요로 하지 않는 거래로서 ⅰ) 연간 누계금액이 미화 5만불 이내(건당 지급금액이 미화 5천불 초과 5만불 이내이고, 연간 지급누계액이 5만불을 초과하지 않는 거래에 따른 지급금액을 포함)인 경우(가목), ⅱ) 연간 누계금액이 미화 5만불을 초과하는 지급으로서 당해 거래의 내용과 금액을 서류를 통해 외국환은행의 장이 확인할 수 있는 경우(나목)에는 증빙서류를 제출하지 아니하고 지급등을 할 수 있다(규정4-3①(1)).

(가) 연간 누계금액이 미화 5만불 이내의 지급

위 규정 제4-3 제1항 제1호 가목의 경우인 건당 미화 5천불을 초과하는 지급으로서 연간 지급누계금액 미화 5만불 이하의 지급은 거주자(외국인거주자 제외)의 당해 지급의 사유와 금액을 입증하는 서류를 제출하지 아니하는 연간 지급누계금액 미화 5만불 이하의 지급을 말한다. 건당 미화 5천불 이하의 지급은 거래외국환은행 지정, 연간 지급한도 관리대상에서 제외된다.[4]

이 경우 ⅰ) 지급신청서, ⅱ) 사업자등록증사본, 주민등록증 또는 운전면허증 등을 제출해야 한다.

(나) 연간 누계금액이 미화 5만불을 초과하는 지급

규정 제4-3조 제1항 제1호 나목의 경우인 건당 미화 5천불을 초과하는 지급으로서 연간 지급누계금액 미화 5만불 초과의 지급은 거주자(외국인거주자 제외)의 당해 지급의 사유와 금액을 입증하는 서류를 제출하지 아니하는 연간 지급누계금액 미화 5만불 초과의 지급을 말한다.[5]

이 경우 ⅰ) 지급신청서, ⅱ) 지급확인서, ⅲ) 거래 또는 행위 사실을 확인할 수 있는 서류, ⅳ) 거주자의 관할세무서장이 발급한 납세증명서, ⅴ) 수취인의 실체를 확인할 수 있는 서

---

4) 취급지침 28쪽.
5) 취급지침 29쪽.

류(다만, 거주자가 외국정부, 국제기구, 국제단체에 의연금 또는 기부금을 지급하는 경우는 제외), vi) 사업자등록증사본, 주민등록증 또는 운전면허증 등을 제출해야 한다.

제출서류는 매 지급신청시마다 제출하여야 한다(분할지급 불가). 그러나 신청인이 종교단체인 경우 거주자의 관할세무서장이 발급한 납세증명서는 매년 최초 신청시 1회에 한하여 제출할 수 있다.

종교단체가 해외에 선교자금을 지급하는 경우(규정 제7-45조 제21호) 또는 비영리법인이 해외에서의 구호활동에 필요한 자금을 지급하는 경우(당해 법인의 설립취지에 부합하는 경우에 한함)(규정 제7-45조 제22호)에는 증빙서류를 제출하는 경우에도 지급확인서에 의한 지급확인을 받아야 한다.

거주자가 외국정부, 국제기구, 국제단체에 의연금 또는 기부금을 지급하는 경우(규정 제7-45조 제24호) 본 항목에 의한 절차를 따라야 한다. 국제기구, 국제단체는 UN과 그 산하단체에 준하는 기관(국제적십자사연맹 포함)에 한한다.

(2) 외국환은행의 확인의무

증빙서류를 제출하지 않는 경우에도 지급등을 하고자 하는 자는 외국환은행의 장에게 당해 거래의 내용을 설명하고 규정 제2-1조의2(지급 및 수령)의 절차에 따라 확인을 받아야 한다(규정4-3②). 이에 따라 외국환은행의 장은 건당 미화 5천불을 초과하는 지급등에 대해서는 당해 지급등이 법·영 및 이 규정에 의한 신고등의 대상인지 확인하여야 하며, 지급신청서 및 동일자·동일인 기준 미화 5만불을 초과하는 수령의 경우 확인절차를 이행하였음을 입증하는 서류를 5년간 보관하여야 한다(규정2-1의2②). 수령하고자 하는 자의 소재불명으로 인하여 수령사유를 확인할 수 없는 경우에는 확인절차를 이행하지 아니할 수 있다(규정2-1의2③).

(3) 거래외국환은행 지정

지급을 하고자 하는 자는 거래외국환은행을 지정하여야 한다(규정4-3③).

2. 신고예외 수령

(1) 증빙서류 제출면제

외국환거래규정에 따른 신고를 필요로 하지 않는 수령의 경우는 증빙서류를 제출하지 아니하고 수령할 수 있다(규정4-3①(2) 본문).

(2) 외국환은행의 수령사유 확인대상

동일자·동일인 기준 미화 5만불을 초과하는 경우에는 서면에 의하여 외국환은행의 장으로부터 수령사유를 확인받아야 한다(규정4-3①(2) 단서).

(3) 외국환은행의 확인 · 보관의무

증빙서류를 제출하지 않는 경우에도 지급등을 하고자 하는 자는 외국환은행의 장에게 당해 거래의 내용을 설명하고 규정 제2-1조의2의 절차에 따라 확인을 받아야 한다(규정4-3②). 이에 따라 외국환은행의 장은 건당 미화 5천불을 초과하는 지급등에 대해서는 당해 지급등이 법·영 및 이 규정에 의한 신고등의 대상인지 확인하여야 하며, 지급신청서 및 동일자·동일인 기준 미화 5만불을 초과하는 수령의 경우 확인절차를 이행하였음을 입증하는 서류를 5년간 보관하여야 한다(규정2-1의2②). 수령하고자 하는 자의 소재불명으로 인하여 수령사유를 확인할 수 없는 경우에는 확인절차를 이행하지 아니할 수 있다(규정2-1의2③).

3. 정부 또는 지방자치단체의 지급등

정부 또는 지방자치단체의 지급등의 경우는 지급등의 증빙서류를 제출하지 아니하고 지급등을 할 수 있다(규정4-3①(3)).

4. 거래 또는 행위의 발생 전 지급(사전지급)

해외여행경비, 해외이주비, 재외동포의 국내재산 반출 관련 거래의 지급을 제외하고 거래 또는 행위가 발생하기 전에 하는 지급의 경우 증빙서류를 제출하지 아니하고 지급할 수 있다(규정4-3①(4) 전단). 이 경우 거래 또는 행위 발생 후 일정한 기간 내에 지급 증빙서류를 제출하여 정산하여야 한다(규정4-3①(4) 후단). 다만, 그 지급금액의 10% 이내에서는 정산의무를 면제할 수 있다(규정4-3①(4) 단서).

기획재정부로부터 위탁받은 외국환은행의 외국환거래업무에 관한 세부업무처리 기준 및 절차를 정하고 있는 「외국환거래업무 취급지침」("취급지침")에 따르면 사전지급에는 외국에서 영화, 음반, 방송물 및 광고물 등을 제작하거나 전시회 개최에 필요한 경비를 지급하는 경우 등이 해당한다.[6]

외국환은행은 지급신청일로부터 60일 이내에 지급금액을 증빙하는 서류 등을 징구하여 정산하여야 하며 부득이 하다고 인정되는 경우에는 그 지급금액의 10% 이내에서 정산의무를 면제할 수 있다. 위의 정산기간에도 불구하고 외국환은행의 장이 인정하는 경우에는 사후관리에 필요한 적정기간을 부여할 수 있다.

5. 수출입실적이 미화 3천만불 이상인 기업의 지급등

전년도 수출실직이 미화 3천만불 이상인 기업의 송금방식 수출대금의 수령 및 전년도 수

---

6) 취급지침 27쪽.

입실적이 미화 3천만불 이상인 기업의 송금방식 수입대금의 지급의 경우는 증빙서류를 제출하지 아니하고 지급등을 할 수 있다(규정4-3①(5)). 이 경우「새만금사업 추진 및 지원에 관한 특별법」제2조 제1호[7])에 따른 새만금사업지역 내에 소재한 기업의 경우 전년도 수출 또는 수입실적이 미화 1천만불 이상인 경우로 한다. 다만, 지급등의 증빙서류 제출을 면제받은 기업은 관련 지급등의 증빙서류를 5년간 보관하여야 한다(규정4-3①(5) 단서).

6. 외국인투자기업 설립 관련 지급등

외국인투자촉진법상 외국인투자기업 및 외국기업 국내지사의 설립을 위하여 비거주자가 지출한 비용의 반환을 위한 지급과 해외직접투자 및 해외지사 설립을 위하여 거주자가 지출한 비용의 회수를 위한 수령의 경우는 지급등의 증빙서류를 제출하지 아니하고 지급등을 할 수 있다(규정4-3①(6) 본문). 다만, 지출비용을 수령 또는 지급한 외국환은행을 통하여 지급등을 하여야 한다(규정4-3①(6) 단서).

외국인투자촉진법상 외국인투자기업 및 외국기업국내지사의 설립을 위하여 비거주자가 지출한 비용의 반환을 위한 지급의 경우 영수 관련 증빙서류(외화매입증명서등)와 지출 관련 증빙서류를 제출해야 한다.[8])

설립자금의 반환은 당초 영수금액 범위 내에서 지출 관련 증빙서류에 해당하는 금액으로 지급하여야 한다. 동 지급은 지출비용을 영수한 외국환은행을 통하여 이루어져야 한다. 반환기일은 설립완료 후 1년 이내까지이다.

외국인투자촉진법상 외국인투자기업 및 외국기업국내지사의 설립을 위하여 비거주자가 지출한 비용의 예를 들면 ⅰ) 부동산임대차보증금, ⅱ) 자본재(동산, 집기류) 구입비용, ⅲ) 사무실 인테리어 비용, ⅳ) 기타 기업회계기준에서 정한 창업관련 비용 등(설립관련 등기비용, 공증료, 검사인 및 감정인 보수, 기타 설립 준비기간 중에 사업 인·허가를 획득하기 위하여 발생한 비용) 등이다.

7. 해외여행경비 지급등

해외여행경비 지급, 해외이주비의 지급, 재외동포의 국내재산 반출과 관련된 거래의 지급등의 증빙서류를 제출하지 않고 지급할 수 있도록 별도로 정한 자금의 지급의 경우 지급등의 증빙서류를 제출하지 아니하고 지급등을 할 수 있다(규정4-3①(7)).

---

7) 1. "새만금사업지역"이란 새만금방조제의 완성으로 형성되는 방조제와 방조제 안쪽 토지, 호소(湖沼), 그 밖에 대통령령으로 정하는 지역을 말한다.
8) 취급지침 35쪽.

Ⅳ. 비거주자 또는 외국인거주자의 지급

비거주자 및 외국인거주자는 다음에 해당하는 자금의 취득경위를 입증하는 서류("취득경위 입증서류")를 제출하여 외국환은행 장의 확인을 받은 경우에 한하여 지급할 수 있다(규정4-4①). 수령은 앞에서 살펴본 규정 제4-2조(지급등의 절차)에 따른다.

1. 자금의 취득경위 입증서류 제출대상: 외국환은행 확인대상

(1) 휴대수입한 대외지급수단 범위 이내의 경우 등

비거주자 또는 외국인거주자(배우자와 직계존비속을 포함)가 외국으로부터 외국환거래규정에서 정한 바에 따라 수령 또는 휴대수입한 대외지급수단 범위 이내의 경우에는 자금의 취득경위를 입증하는 서류를 제출하여 외국환은행 장의 확인을 받은 경우에 한하여 지급할 수 있다(규정4-4①(1) 본문). 다만, 비거주자의 경우 최근 입국일 이후 수령 또는 휴대수입한 대외지급수단에 한한다(규정4-4①(1) 단서).

(2) 한국은행에 신고한 범위 이내의 경우

국내원화예금·신탁계정 관련 원리금의 지급, 외국인거주자의 국내부동산 매각대금의 지급, 그리고 비거주자간의 거래와 관련하여 비거주자가 담보·보증 제공 후 국내재산 처분대금의 지급을 위하여 매각하는 경우에는 당해 매입을 하고자 하는 자가 대외지급수단매매신고서에 의하여 한국은행총재에게 신고해야 하는데(규정2-3①(3)), 이 경우 한국은행총재에게 신고한 범위 이내의 경우 자금의 취득경위를 입증하는 서류를 제출하여 외국환은행 장의 확인을 받은 경우에 한하여 지급할 수 있다(규정4-4①(2)).

(3) 국내에서의 고용 등에 따른 소득 등의 지급

국내에서의 고용, 근무에 따라 취득한 국내보수 또는 자유업 영위에 따른 소득 및 국내로부터 지급받는 사회보험 및 보장급부 또는 연금 기타 이와 유사한 소득범위 이내에서 지정거래외국환은행을 통해 지급하는 경우에는 자금의 취득경위를 입증하는 서류를 제출하여 외국환은행 장의 확인을 받은 경우에 한하여 지급할 수 있다(규정4-4①(3) 본문).

이 경우 지급신청서와 여권(또는 그 사본)을 제출하여야 하며, 국내보수의 경우는 고용주가 확인한 급여명세표 등 급여임을 입증할 수 있는 서류를 제출해야 하고, 자유업 영위에 따른 소득의 경우 소득금액증명 및 납세증명서를 제출하여야 하며, 사회보험 및 보장급부 또는 연금 등의 경우 보험금·연금수령증 등 취득경위 입증서류를 제출해야 한다.[9]

고용주가 외국인 근로자를 대리하여 지급 신청하는 경우 사업자등록증과 외국인 근로자

---

9) 취급지침 30쪽.

각각의 급여명세표 등 급여 입증서류를 제출한 경우에 한하여 지급신청인(피고용인)의 인적사항, 지급금액, 지급사유, 수취인 등 지급신청서의 기재내용을 일괄로 작성하여 신청할 수 있다.

다만, 「외국인근로자의 고용등에 관한 법률」에 따른 출국만기보험 수령은 지정거래외국환은행을 통하지 아니하여도 된다(규정4-4①(3) 단서).

(4) 주한 외교기관이 징수한 영사수입 기타 수수료의 지급

주한 외교기관이 징수한 영사수입 기타 수수료를 지급하는 경우에는 자금의 취득경위를 입증하는 서류를 제출하여 외국환은행 장의 확인을 받은 경우에 한하여 지급할 수 있다(규정 4-4①(4)).

(5) 매각실적 범위 내의 지급

국내에 있는 외국정부의 공관과 국제기구, 미합중국군대 및 이에 준하는 국제연합군("미합중국군대등"), 미합중국군대등의 구성원·군속·초청계약자와 미합중국군대등의 비세출자금기관·군사우편국 및 군용은행시설 및 국내에 있는 외국정부의 공관 또는 국제기구에서 근무하는 외교관·영사 또는 그 수행원이나 사용인 및 외국정부 또는 국제기구의 공무로 입국하는 자로부터 대외지급수단을 매입하는 경우(규정2-2①(4)) 매각실적 범위내의 지급의 경우에는 자금의 취득경위를 입증하는 서류를 제출하여 외국환은행 장의 확인을 받은 경우에 한하여 지급할 수 있다(규정4-4①(5)).

(6) 국내 소재 외국정부의 공관 등 비거주자의 지급

국내에 있는 외국정부의 공관과 국제기구 및 국내에 있는 외국정부의 공관 또는 국제기구에서 근무하는 외교관·영사 또는 그 수행원이나 사용인 및 외국정부 또는 국제기구의 공무로 입국하는 자(규정2-3④ 단서)인 비거주자의 지급의 경우에는 자금의 취득경위를 입증하는 서류를 제출하여 외국환은행 장의 확인을 받은 경우에 한하여 지급할 수 있다(규정4-4①(6)).

(7) 자본거래 등에 따른 대외지급이 인정된 자금의 지급

자본거래, 현지금융, 직접투자 및 부동산 취득 등의 규정에 따라 대외지급이 인정된 자금의 지급의 경우에는 자금의 취득경위를 입증하는 서류를 제출하여 외국환은행 장의 확인을 받은 경우에 한하여 지급할 수 있다(규정4-4①(7)).

2. 연간 미화 5만불 이하 지급: 지정외국환은행을 통한 지급

자금의 취득경위 입증서류 제출대상이 아닌 경우 비거주자 또는 외국인거주자는 연간 미화 5만불(해외여행경비를 신용카드등으로 지정거래외국환은행을 통해 지급한 금액을 포함) 범위 내에서 지정거래외국환은행을 통해 지급할 수 있다(규정4-4②). 이 경우 지급신청서와 여권(또는 그 사본)을 제출해야 한다.

지급누계금액이 연간(매년도 1월 1일 - 12월 31일) 5만불 이하인 경우 규정 제4-4조 제1항에 의한 취득경위 입증서류 없이 지급할 수 있다. 여기서 연간 미화 5만불 이하의 지급은 외국으로의 송금, 대외계정 예치, 또는 신용카드등을 통한 대외지급에 한하며, 휴대수출을 위한 외국통화 또는 외화표시(여행자)수표의 환전은 할 수 없다.[10]

연간 미화 5만불 이하의 지급은 ⅰ) 취득경위 입증서류를 제출하지 않은 내국지급수단을 대가로 한 외국으로의 송금 또는 대외계정에의 예치, ⅱ) 외국환신고(확인)필증을 제출하지 않고 미화 2만불 이내의 외국통화 또는 외화표시(여행자)수표를 대가로 한 외국으로의 송금 또는 대외계정에의 예치, ⅲ) 외국인거주자의 경우로서 신용카드등을 통한 대외지급을 합산하여 관리한다.

연간 지급누계금액 미화 5만불 범위 내의 지급은 국내보수 또는 소득 관련 증빙서류 금액 범위 내의 지급과 별도로 추가 지급할 수 있다.

3. 자금의 취득경위 입증서류 제출대상의 예외

비거주자와 외국인거주자는 다음의 금액을 지급할 수 있다(규정4-4③).

(1) 매입한 외화

외국환은행은 비거주자에 대한 매각으로서 매각실적 등이 없는 비거주자의 경우에는 미화 1만불 이내에 해당하는 경우에 한해 내국지급수단을 대가로 외국환을 매각할 수 있는데(규정 2-3①(2) 라목), 이에 따라 매입한 외화 금액을 지급할 수 있다(규정4-4③(1)). 이 경우 지급신청서와 여권을 제출해야 한다.

여기서 비거주자의 지급은 최근 입국일 이후 미화 1만불 금액범위 내에서 지급이 가능하다. 미화 1만불의 범위는 송금 및 환전금액을 합산한 금액이다. 당해 지급의 경우 여권에 매각사실을 기록하여야 한다.[11]

(2) 외국인거주자의 미화 1만불 이내의 해외여행경비 지급

외국인거주자의 미화 1만불 이내의 해외여행경비 지급금액을 지급할 수 있다(규정4-4③ (2)). 이 경우 지급신청서와 여권을 제출해야 한다.

여기서 외국인거주자의 해외여행경비 지급은 최근 입국일 이후 미화 1만불 금액범위 내에서 지급이 가능하다. 미화 1만불의 범위는 송금 및 환전금액을 합산한 금액이다. 당해 지급의 경우 여권에 매각사실을 기록하여야 한다.[12]

---

10) 취급지침 31쪽.
11) 취급지침 31쪽.
12) 취급지침 31쪽.

(3) 외국인거주자의 국내에서의 고용 등에 따른 지급

외국인거주자가 국내에서의 고용, 근무에 따라 취득한 국내보수 또는 자유업 영위에 따른 소득 및 국내로부터 지급받는 사회보험 및 보장급부 또는 연금 기타 이와 유사한 소득범위 이내에서 지정거래외국환은행을 통해 지급하는 경우에 해당하는 자금의 취득경위를 입증하는 서류를 제출하여 외국환업무취급기관인 체신관서를 통하여 하는 지급금액을 지급할 수 있다(규정 4-4③(3)).

Ⅴ. 해외여행경비 지급

1. 해외여행경비의 의의

해외여행경비라 함은 해외여행자가 지급할 수 있는 해외여행에 필요한 경비를 말한다(규정1-2(39)).

2. 해외여행자의 구분

해외여행자라 함은 다음의 구분에 의한다(규정1-2(40)). 해외여행자는 해외체재자, 해외유학생, 일반해외여행자로 구분하며 국내거주기간이 5년 이상인 외국인거주자를 포함한다.

(1) 해외체재자

해외체재자는 다음에 해당하는 자로서 체재기간이 30일을 초과하여 외국에 체재하는 자를 말한다(규정1-2(40) 가목). 즉 ⅰ) 상용, 문화, 공무, 기술훈련, 국외연수(6월 미만의 경우에 한한다)를 목적으로 외국에 체재하는 자를 말한다. 다만, 국내거주기간이 5년 미만인 외국인거주자는 제외한다. ⅱ) 국내기업 및 연구기관 등에 근무하는 자로서 그 근무기관의 업무를 위하여 외국에 체재하는 국내거주기간 5년 미만인 외국인거주자와 외국의 영주권 또는 장기체류자격을 취득한 재외국민을 말한다.

(2) 해외유학생

해외유학생은 다음의 어느 하나에 해당하는 자로서 외국의 교육기관·연구기관 또는 연수기관에서 6월 이상의 기간에 걸쳐 수학하거나 학문·기술을 연구 또는 연수할 목적으로 외국에 체재하는 자를 말한다(규정1-2(40) 나목). 즉 ⅰ) 영주권자가 아닌 국민 또는 국내 거주기간 5년 이상인 외국인인 경우를 말하고, ⅱ) 앞의 ⅰ)에 해당되지 않은 자로서, 유학경비를 지급하는 부 또는 모가 영주권자가 아닌 국민인 거주자인 경우를 말한다.

(3) 일반해외여행자

일반해외여행자는 앞의 해외체재자와 해외유학생에 해당하지 아니하는 거주자인 해외여행자를 말한다(규정1-2(40) 다목).

3. 해외여행자의 여행경비 지급방법(실수요 증빙서류가 없는 경우)

실수요 증빙서류가 없는 경우로서 휴대수출이 가능하며 금액 제한이 없으나, 국민인 거주자의 경우 송금을 할 수 없다. 다만, 외국인거주자는 최근 입국일 이후 미화 1만불 이내로 제한된다.[13]

해외여행자는 해외여행경비를 외국환은행을 통하여 지급하거나 휴대수출할 수 있으며(규정4-5① 본문), 해외여행경비를 신용카드등(여행자카드 포함)으로 지급(현지에서의 외국통화 인출을 포함)할 수 있다(규정4-5⑥ 본문). 다만, 외국인거주자의 경우 연간 미화 5만불(해외여행경비를 신용카드등으로 지정거래외국환은행을 통해 지급한 금액을 포함) 범위 이내에서 해외여행경비를 신용카드등으로 지정거래외국환은행을 통하여 지급할 수 있다(규정4-5⑥ 단서).

따라서 해외여행경비는 다음과 같은 방법으로 지급할 수 있다. ⅰ) 해외여행경비는 외국환은행을 통하여 지급하거나 휴대수출하여 지급할 수 있으며 북한지역 관광객 및 남북한 이산가족 방문여행자는 미화 2천불 이내의 경비를 휴대수출하여 지급할 수 있다. ⅱ) 해외여행자는 신용카드, 직불카드(체크카드), 선불카드, 외국환은행이 발급한 현금인출기능이 포함된 카드("신용카드등") 또는 여행자카드를 이용하여 해외여행경비를 지급(현지에서 외국통화 인출을 포함)할 수 있다. ⅲ) 외국인거주자의 경우 미화 5만불의 금액범위 이내에서 해외여행경비를 신용카드등으로 규정 제4-4조 제1항 제3호의 지정거래외국환은행을 통하여 지급할 수 있다.[14]

이 경우 ⅰ) 여권(외국인거주자에 한함), ⅱ) 대외지급수단매매신고필증(규정 별지 제7-4호 서식)을 제출해야 한다.

미화 1만불 이하의 금액만을 휴대수출하기 위하여 외국환은행이 외국인거주자에게 매각하는 경우에 한하여 여권에 매각사실을 표시(단, 1백만원상당 이하 외국통화를 매각한 경우는 제외)하여야 하며, 이 경우 휴대수출 또는 해외송금할 수 있다.[15]

4. 일반해외여행자의 여행경비 지급제한(실수요 증빙서류가 있는 경우)

이 경우는 실수요 증빙서류가 있는 경우로서 휴대수출 및 송금이 가능하다. 일반해외여행

---

13) 취급지침 46쪽.
14) 취급지침 44쪽.
15) 취급지침 46쪽.

자가 외국환은행을 통하여 외국에 지급할 수 있는 경우는 다음에 한한다(규정4-5① 단서).

　i) 정부, 지방자치단체, 공공기관운영법에 따라 지정된 공공기관, 한국은행, 외국환은행, 한국무역협회·중소기업협동조합중앙회·언론기관(국내 신문사, 통신사, 방송국에 한함)·대한체육회·전국경제인연합회·대한상공회의소의 예산으로 지급되는 금액, 이 경우 당해기관의 경비지급확인서를 제출해야 한다.16)

　ii) 수출·해외건설 등 외화획득을 위한 여행자, 방위산업체 근무자, 기술·연구목적 여행자에 대하여 주무부장관 또는 한국무역협회의 장이 필요성을 인정하여 추천하는 금액, 이 경우 주무부장관 또는 한국무역협회의 장의 추천서(추천금액 표시요)를 제출해야 한다. 주무부장관의 추천서는 주무부장관이 "행정권한의 위임 및 위탁에 관한 규정"에 의거 신청인의 지도·감독기관인 하부기관에 동 추천업무를 위임한 경우 동 기관의 추천서로 갈음할 수 있다.

　iii) 외국에서의 치료비, 이 경우 국·공립병원장 또는 종합병원장의 추천서(금액 표시요), 외국의 의료기관이 발급한 질병 진단서(금액 표시요) 또는 치료비 금액을 입증하는 서류, 또는 치료비 발생사실을 확인할 수 있는 외국 의료기관의 장, 외국 행정관서의 장 또는 현지공관장 등의 전문(긴급을 요하는 치료비 지급의 경우)을 제출해야 한다.

　iv) 기술훈련생·연수생 등이 외국의 학교 또는 수탁교육기관에 지급하는 등록금, 연수비 등 교육관련 경비(당해 수학기관에 지급하는 등록금, 연수비와 교재대금 등 교육관련 경비), 이 경우 수학기관의 입학허가서 또는 초청장 등 해외여행 목적을 입증할 수 있는 서류, 수학기관이 발급한 등록기간 및 등록금 실비에 관한 서류 또는 경비내역을 입증할 수 있는 서류를 제출해야 한다.

　v) 외국에 소재한 여행업자, 숙박업자, 운수업자에 대한 해외여행경비의 지급(소속 임직원의 일반해외여행경비에 대해서 당해 법인이 지급하는 경우 및 해외여행자의 관광상품권 비용을 여행업자가 일괄지급하는 경우를 포함), 이 경우 외국의 여행업자, 숙박업자, 운수업자가 발행한 해외여행경비임을 입증하는 서류를 제출해야 한다.

5. 해외체재자 및 해외유학생의 여행경비 지급

해외체재자 및 해외유학생이 해외여행경비를 지급하는 경우에는 금액제한이 없다. 해외체재자 및 해외유학생의 연간 해외여행경비 지급금액(송금액과 외국환신고(확인)필증 발행금액의 합계)이 미화 10만불을 초과하는 경우에는 국세청장 및 금융감독원장 앞 통보사항이다. 국세청장 통보대상 금액은 신용카드, 직불카드, 선불카드, 여행자카드를 통하여 해외에서 지급하거나 외국통화로 인출한 금액을 포함한 금액이다.17)

---

16) 취급지침 46–48쪽.

해외체재자 및 해외유학생이 해외여행경비를 지급하고자 하는 경우에는 거래외국환은행을 지정하여야 하며, 해외체재 또는 해외유학을 입증할 수 있는 서류를 제출하여야 한다(규정 4-5② 본문). 다만, 해외유학생은 이후에도 매 연도별로 외국교육기관의 장이 발급하는 재학증명서 등 재학사실을 입증할 수 있는 서류를 제출하여야 한다(규정4-5② 단서).

ⅰ) 해외체재자의 경우 소속 법인(단체)의 장의 출장·파견증명서, ⅱ) 해외유학생의 경우 당해 수학기관의 입학허가서 등, ⅲ) 기술훈련 관련 해외체재자의 경우 훈련출장명령서 또는 국외 훈련기관의 훈련초청서 등 여행목적을 입증하는 서류, ⅳ) 문화 관련 해외체재자의 경우 문화체육관광부장관, 대한체육회장 등 체육 관련 단체의 장, 학교장 또는 소속 종단 등의 해외여행확인서, ⅴ) 국외연수 관련 해외체재자의 경우 소속단체의 장 또는 국외 연수기관의 장이 발급한 국외연수를 입증하는 서류를 제출하여야 한다.[18]

해외유학생은 유학사실 입증서류를 첨부하여 신청하여야 하며, 신청 후에도 매 연도별로 외국교육기관의 장이 발급하는 재학증명서, 등록금 관련 서류 또는 직전 학기 성적증명서 등 재학사실을 입증하는 서류를 제출하여야 한다.[19]

6. 여행업자등의 단체 해외여행경비

(1) 여행업자를 통한 단체 해외여행자의 해외여행경비 지급

여행업자가 단체 해외여행을 위하여 외국의 숙박업자나 여행사 등에게 지급하는 해외여행경비를 말한다(규정4-5③④).

여행업자를 통한 단체 해외여행경비의 지급은 1인의 해외여행경비도 가능하다. 여행업자는 단체 해외여행경비를 외국환은행을 통하여 외국의 숙박업자나 여행사 등에게 지급하거나 휴대수출하여 외국에서 지급할 수 있다. 여행업자가 단체 해외여행경비를 환전하는 경우 환전금액은 단체 해외여행자별 필요외화소요경비 범위 내이어야 하며, 외국인거주자에 한하여 해당 해외여행자별 여권에 환전한 사실과 금액을 표시하여야 한다. 외국인거주자의 외국통화 환전신청금액이 1백만원 상당 이하인 경우 여권 기재를 생략할 수 있다.[20]

여행업자를 통한 단체 해외여행자의 해외여행경비 지급의 경우에는 ⅰ) 지급신청서, ⅱ) 사업자등록증, ⅲ) 지급사유 및 금액을 입증할 수 있는 서류(여행업자가 확인한 단체 해외여행자 명단 및 단체 해외여행 필요 외화소요 경비확인서 등), ⅳ) 여권(외국인거주자에 한함)을 제출해야 한다.

---

17) 취급지침 48쪽.
18) 취급지침 43쪽.
19) 취급지침 48쪽.
20) 취급지침 49쪽.

(2) 교육기관등을 통한 단체 해외연수경비 지급

교육기관등이 단체 해외연수를 위하여 외국의 교육기관등에게 지급하는 해외여행경비를 말한다(규정4-5③④). 교육기관등이라 함은 학교, 학원, 유학알선업체등 기타 교육관련기관을 말한다.

교육기관등을 통한 단체 해외연수를 위한 지급인 경우에만 이 규정이 적용되고, 1인의 연수경비를 지급 또는 환전하는 경우는 해외여행경비의 일반지급절차에 따라야 한다. 교육기관등은 단체 해외연수경비를 외국환은행을 통하여 외국의 교육기관등에게 지급하거나 휴대 수출하여 외국에서 지급할 수 있다. 교육기관등이 단체 해외연수경비를 환전하는 경우 환전금액은 단체 해외연수자별 필요외화소요경비 범위 내이어야 하며, 외국인거주자에 한하여 해당 해외연수자별 여권에 환전한 사실과 금액을 표시하여야 한다. 외국인거주자의 외국통화 환전신청 금액이 1백만원 상당 이하인 경우 여권 기재를 생략할 수 있다.[21]

교육기관등을 통한 단체 해외연수경비 지급의 경우에는 ⅰ) 지급신청서, ⅱ) 사업자등록증, ⅲ) 지급사유 및 금액을 입증할 수 있는 서류(교육기관등이 확인한 단체 해외연수자 명단 및 단체 해외연수 필요 외화소요 경비확인서 등), ⅳ) 여권(외국인거주자에 한함)을 제출해야 한다.

(3) 북한지역 관광객이 북한지역 관광사업자를 통하여 북한에 지급하는 기타 경비

북한지역 관광사업자가 북한지역 관광객으로부터 받은 관광비용을 북한에 지급하는 경우(재경부 고시 외관 41271-270, '98.11.12)이다. 이 경우 지정거래외국환은행을 통하여 송금하거나 휴대 수출하여 지급할 수 있다.[22]

이 경우 ⅰ) 지급신청서, ⅱ) 통일부장관으로부터 북한지역 관광 관련 남북협력사업의 승인을 받았음을 증명하는 서류, ⅲ) 북한지역 관광자별 필요 소요 경비확인서를 제출해야 한다.

7. 외국인거주자의 해외여행경비 매각금액 표시

지정거래외국환은행의 장은 해외여행경비를 매각하는 경우로서 해외여행자가 외국인거주자인 경우에는 당해 해외여행자의 여권에 매각금액을 표시하여야 한다(규정4-5⑤ 본문). 다만, 1백만원 이하에 상당하는 외국통화를 매각하는 경우에는 그러하지 아니하다(규정4-5⑤ 단서).

미화 1만불 이하의 금액만을 휴대수출하기 위하여 외국환은행이 외국인거주자에게 매각하는 경우에 한하여 여권에 매각사실을 표시(단, 1백만원 상당 이하 외국통화를 매각한 경우는 제외)하여야 하며, 이 경우 휴대수출 또는 해외송금할 수 있다.[23]

---

21) 취급지침 50쪽.
22) 취급지침 51쪽.
23) 취급지침 46쪽.

8. 법인명의의 일반해외여행경비 지급

이는 법인소속 해외여행자를 위한 법인명의의 일반해외여행경비 지급의 경우이다. 법인은 당해 법인의 예산으로 소속 임직원(일반해외여행자에 한함)에게 해외여행경비를 지급할 경우 법인명의로 환전하여 지급하거나, 법인명의의 신용카드등(여행자카드 포함)으로 지급할 수 있다(규정4-5⑦).

법인명의로 환전한 일반해외여행경비는 당해 법인 소속의 일반해외여행자가 휴대수출하여 지급하거나, 법인카드로 지급할 수 있다. 미화 1만불 상당액을 초과하여 휴대수출하고자 하는 경우에는 관할세관의 장에게 신고하여야 한다. 외국의 여행업자, 숙박업자, 운수업자가 발행한 해외여행경비임을 입증하는 서류를 제출하는 경우에 한하여 법인명의로 송금할 수 있다.[24]

외국인거주자에 한하여 해당 해외여행자별 여권에 환전한 사실과 금액을 표시하여야 한다(단, 1백만원 상당 이하 외국통화를 매각한 경우는 제외). 본 항목에 의거 일반해외여행경비를 매각한 외국환은행의 장은 외국환신고(확인)필증을 발행하지 않는다.

Ⅵ. 해외이주비의 지급

1. 해외이주자(해외이주예정자 포함)의 해외이주비

해외이주비라 함은 해외이주자 및 해외이주예정자가 지급할 수 있는 경비를 말한다(규정1-2(41)).

(1) 해외이주자가 지급할 수 있는 경비

이는 해외이주법 등 관련법규에 의하여 인정된 해외이주자에 대한 해외이주비를 지급하는 경우을 말한다. 해외이주자란 해외이주법[25] 등 관련 법령에 의하여 해외이주가 인정된 자를 말한다(규정1-2(41)).

이 경우 ⅰ) 지급신청서, ⅱ) 여권 또는 여권사본(인적사항 부분), ⅲ) VISA 사본 또는 영주권 사본, ⅳ) 해외이주신고확인서(이주비 환전용): 국내로부터 이주 또는 현지 이주하는 경우, ⅴ) 이주자의 관할 세무서장이 발급한 자금출처 확인서(해외이주예정자의 해외이주비를 포함한 세

---

24) 취급지침 51쪽.
25) 해외이주법상 해외이주자란 생업에 종사하기 위하여 외국에 이주하는 사람과 그 가족(민법 제779조에 따른 관계에 있는 사람) 또는 외국인과의 혼인(외국에서 영주권을 취득한 대한민국 국민과 혼인하는 경우를 포함) 및 연고(緣故) 관계로 인하여 이주하는 사람을 말한다(해외이주법2).

대별 해외이주비 지급총액이 미화 10만불을 초과하는 경우)를 제출해야 한다.[26]

현지국의 법령 등에 의하여 해외이주비 전부 또는 일부를 지급한 후에 VISA가 발급되는 경우에는 VISA사본을 사후 보완할 수 있다. 전가족 이주로서 해외이주신고확인서 등에 명단이 있는 세대주 및 세대원에 대하여 개별적으로 해외이주비를 지급할 수 있다.

(2) 해외이주예정자가 지급할 수 있는 경비

이는 해외이주예정자가 외국의 영주권등을 취득하기 위한 자금을 지급하는 경우를 말한다. 해외이주예정자란 영주권등을 취득하려고 하는 자를 말한다(규정1-2(41)). 여기서 "영주권 등"이라 함은 외국의 영주권, 시민권, 비이민투자비자, 은퇴비자를 말한다(규정1-2(15-1)).

이 경우 ⅰ) 지급신청서, ⅱ) 여권 또는 여권사본(인적사항 부분), ⅲ) 현지기관 또는 영주권등의 취득업무를 대행하는 자가 발급한 이주예정자임을 입증할 수 있는 서류, ⅳ) 해외이주예정자의 관할 세무서장이 발급한 자금출처확인서(해외이주자의 해외이주비를 포함한 세대별 해외이주비 지급 총액이 미화 10만불을 초과하는 경우), ⅴ) 주민등록등본을 제출해야 한다.[27]

2. 해외이주비의 송금기간 및 송금기간 제한 적용유예

해외이주비는 외국통화, 여행자수표 등 대외지급수단으로 휴대 반출할 수 있다. 해외이주자는 해외여행경비를 지급할 수 없다. 해외이주신고 확인서를 발급받고 1년 이내에 이주하지 아니한 경우 동 신고서는 무효이며 이주사실 확인은 여권상 출입국사실 또는 출입국관리사무소 발행 출입국사실증명원으로 확인한다.[28]

(1) 송금기간 제한

해외이주자 및 해외이주예정자가 해외이주비를 지급하고자 하는 경우에는 ⅰ) 해외이주자는 외교부로부터 해외이주신고확인서를 발급받은 날부터, ⅱ) 해외이주예정자는 거래외국환은행을 지정한 날부터 3년 이내에 지정거래외국환은행을 통하여 지급하거나 휴대수출할 수 있다(규정4-6① 본문).

따라서 해외이주자 및 해외이주예정자가 관련법규에 의하여 해외이주자 및 해외이주예정자로 인정받은 날로부터 3년 이내에 지정거래외국환은행의 장에게 신청하여 해외이주비를 지급하여야 한다. 해외이주자로 "인정받은 날"이라 함은 ⅰ) 국내로부터 이주하는 자는 외교부로부터 해외이주신고 확인서를 발급받은 날을 말하고, ⅱ) 해외이주예정자는 외국환거래은행을 지정한 날을 말한다.[29]

---

26) 취급지침 52쪽.
27) 취급지침 54쪽.
28) 취급지침 52-53쪽.
29) 취급지침 53쪽.

(2) 송금기간 제한 적용유예

해외이주자 및 해외이주예정자가 이주기간이 지연되는 상황에 대해 소명한 후 대외송금 기한을 연장할 수 있다(규정4-6① 단서). 따라서 해외이주자 및 해외이주예정자가 이주절차 지연 상황 소명시 3년 이내에서 대외송금 기한을 연장할 수 있다.[30]

A는 미국으로 이민을 가기 위해서 해외이주신고확인서를 발급받은 후 3년 이내에 이주비를 송금하여야 하나, 해외이주신고서 발급 이후 3년이 지나서도 이주절차를 마무리하지 못해서 이주비 송금 자체를 못하게 됐다. 이러한 점을 고려하여 이주절차를 3년 이내에 마무리하지 못하는 정당한 사유를 입증하는 경우 송금기간 제한의 적용을 유예할 수 있게 된다. 해외로의 재산반출 통로로 악용 가능성을 감안하여 기한 규제는 존속하되, 이주자가 이주기간이 지연되는 상황에 대해 소명시 유예해 줌으로써 국민들의 불편을 줄일 수 있을 것으로 기대된다.[31]

3. 해외이주예정자에 대한 사후관리 등

해외이주예정자가 영주권등을 취득하기 위한 자금을 지급하고자 하는 경우에는 지정거래 외국환은행을 통하여 지급하거나 휴대수출할 수 있다(규정4-6②).

해외이주예정자는 해외이주비의 지급 후 1년 이내에 당해 국가에서 발급된 영주권, 시민권, 비이민투자비자 또는 은퇴비자를 취득하였음을 입증하는 서류를 제출하거나, 동 서류의 제출이 불가능할 경우 지급한 자금을 국내로 회수하여야 한다(규정4-6④ 본문). 다만, 영주권등을 1년 이내에 취득하는 것이 불가능하다는 사실을 입증할 경우, 영주권등을 취득하였음을 입증하는 서류의 제출기한을 연장할 수 있으며, 이 경우 해외이주예정자는 매년 영주권 등 취득현황을 통보하여야 한다(규정4-6④ 단서).

해외이주예정자가 사후관리 서류를 기일 내 제출한 경우에는 해외이주예정자로 거래외국환은행을 지정한 날로부터 3년 이내까지 해외이주비를 지급할 수 있다.[32]

4. 자금출처확인서의 제출

해외이주자(해외이주예정자를 포함)는 세대별 해외이주비 지급누계 금액이 미화 10만불을 초과하는 경우에는 해외이주자의 관할세무서장이 발급하는 해외이주비 전체금액에 대한 자금출처확인서를 지정거래외국환은행의 장에게 제출하여야 한다(규정4-6③).

---

30) 취급지침 52쪽.
31) 기획재정부(2019a), 7쪽.
32) 취급지침 54쪽.

5. 재외동포 국내재산 반출 중복적용 금지

해외이주비의 지급에 해당하는 경우에는 재외동포의 국내재산 반출을 적용하지 아니한다(규정4-6⑤). 따라서 해외이주비의 지급은 재외동포의 국내재산반출과 중복하여 적용할 수 없다.

Ⅶ. 재외동포의 국내재산 반출

1. 의의

재외동포의 국내재산 반출은 해외이주자 중 외국 국적 취득자 또는 외국의 영주권 취득자의 국내재산 반출을 말한다. 다시 말하면 해외이주법에 의한 해외이주자로서 외국 국적을 취득한 자(규정1-2(29)) 또는 대한민국 국민으로서 외국의 영주권 또는 이에 준하는 자격을 취득한 자(규정1-2(29))가 본인 명의 부동산 처분대금 및 본인 명의 국내재산을 반출하는 경우이다.

2. 반출대상 국내재산

재외동포가 본인 명의로 보유하고 있는 ⅰ) 부동산 처분대금(부동산을 매각하여 금융자산으로 보유하고 있는 경우를 포함), ⅱ) 국내예금·신탁계정관련 원리금, 증권매각대금, ⅲ) 본인명의 예금 또는 부동산을 담보로 하여 외국환은행으로부터 취득한 원화대출금, ⅳ) 본인명의 부동산의 임대보증금에 해당하는 국내재산(재외동포 자격 취득 후 형성된 재산을 포함)을 국외로 반출하고자 하는 경우에는 거래외국환은행을 지정하여야 한다(규정4-7①).

국내에서의 고용, 근무에 따른 국내보수 또는 자유업 영위에 따른 소득 및 국내로부터 지급받은 사회보험 및 보장급부 등도 반출대상 국내재산에 포함된다(규정4-7②(2) 단서).

3. 반출절차와 외국환은행 지정

재외동포가 반출대상 국내재산을 반출하고자 하는 경우에는 거래외국환은행을 지정하여야 하며, 다음에 해당하는 취득경위 입증서류를 지정거래외국환은행의 장에게 제출하여야 한다(규정4-7②). 재외동포의 국내재산은 외국통화, 여행자수표 등 대외지급수단으로 휴대반출할 수 있다.

(1) 부동산처분대금의 경우: 부동산 매각자금 확인서 제출

부동산처분대금의 경우 [별지 제4-2호 서식]에 의한 부동산소재지 또는 신청자의 최종주소지 관할세무서장이 발행한 부동산 매각자금 확인서를 지정거래외국환은행의 장에게 제출하여야 한다(규정4-7②(1) 본문). 다만, 확인서 신청일 현재 부동산 처분일로부터 5년이 경과하지 아니한 부동산 처분대금에 한한다(규정4-7②(1) 단서). 첨부서류는 ⅰ) 등기부등본, ⅱ) 건축물관리대장 및 토지대장 각 1부, ⅲ) 양도 당시 실지거래가액을 확인할 수 있는 서류이다.

이 경우 부동산처분대금은 부동산매각자금확인서 신청일 현재 부동산처분일로부터 5년이 경과하지 아니한 본인명의 부동산에 한하며 부동산을 매각(해외이주 전에 매각한 경우 포함)하여 금융자산으로 보유하고 있는 경우도 포함하되 반출금액은 당초 부동산매각대금에 한한다.[33]

(2) 부동산처분대금 이외의 국내재산의 경우

(가) 자금출처확인서 제출

ⅰ) 국내예금·신탁계정관련 원리금, 증권매각대금, ⅱ) 본인명의 예금 또는 부동산을 담보로 하여 외국환은행으로부터 취득한 원화대출금, ⅲ) 본인명의 부동산의 임대보증금에 해당하는 국내재산(재외동포 자격 취득 후 형성된 재산을 포함)(규정4-7①(2)(3)(4))의 지급누계금액이 미화 10만불을 초과하는 경우 지정거래외국환은행의 주소지 또는 신청자의 최종주소지 관할세무서장이 발행한 전체 금액에 대한 자금출처확인서 등을 지정거래외국환은행의 장에게 제출하여야 한다(규정4-7②(2) 본문).

국내예금·신탁계정관련 원리금의 재원이 부동산매각대금인 경우에는 "예금등 자금출처확인서"를 발급받을 수 없다. 다만, 원리금의 재원이 부동산 처분일로부터 5년이 경과한 부동산 매각대금인 경우에는 그러하지 아니하다.[34]

(나) 취득경위 입증서류 제출

반출월로부터 과거 3월간 취득한 국내에서의 고용, 근무에 따른 국내보수 또는 자유업 영위에 따른 소득 및 국내로부터 지급받는 사회보험 및 보장급부 또는 기타 이와 유사한 소득범위 이내에 대하여는 취득경위 입증서류 제출로 갈음한다(규정4-7②(2) 단서).

재외동포가 국내 취득재산을 10만불을 초과하여 해외로 반출하려면 세무서로부터 자금출처확인서를 발급하여 은행에 제출해야 한다. 이로 인해 재외동포가 아닌 비거주자의 해외송금은 취득경위 입증서류만으로 가능함에 반하여 재외동포에 대한 차별이라는 민원이 발생하였다. 이에 따라 재외동포가 국내 "고용에 따른 보수" 등을 송금할 경우 급여명세서 등 취득경위 입증서류 제출로 갈음할 수 있도록 2020년 8월 4일 외국환거래규정 개정이 있었다.

(3) 제출서류

제출서류를 정리하면 ⅰ) 여권(또는 그 사본), ⅱ) 외국국적취득확인서류 또는 영주권이나 이에 준하는 자격취득확인서류, ⅲ) 부동산매각자금확인서(부동산소재지 또는 신청자의 최종주소

---

33) 취급지침 56쪽.
34) 취급지침 57쪽.

지 관할세무서장 발행), ⅳ) 부동산등기부등본 등 상속·유증에 의하여 취득하였음을 입증할 수 있는 서류(외국인비거주자가 외국국적 취득 후 국내부동산을 상속·유증에 의하여 취득한 경우), ⅴ) 예금등 자금출처확인서(부동산 이외의 본인명의 국내재산 지급의 경우) 등이다.[35]

외국국적을 취득한 자의 외국국적취득확인서류는 당해 취득국가(한국대사관, 영사관 포함) 관공서에서 확인한 국적취득확인서, 국적 취득국에서 발행한 여권(출생지는 대한민국) 또는 가족관계등록 폐쇄로 인한 폐쇄등록부 등으로 가능하다. 영주권 또는 이에 준하는 자격취득확인서류는 한국대사관이나 영사관 등 대한민국 관공서가 발행한 영주권취득확인서 등에 의하거나, 영주 사실을 확인할 수 있는 VISA사본, 영주권사본 등으로 가능하다.

(4) 외국에 거주하는 국민의 국내재산 반출절차

외국에 거주하는 우리나라 국민(비거주자)은 재외동포와 재외동포가 아닌 비거주자로 분류되고 이에 따라 국내재산을 반출하는 절차가 달라진다.

ⅰ) 재외동포가 국내 본인명의 재산을 외국으로 반출하고자 하는 경우 "재외동포 재산반출 절차"를 취하면 된다. 따라서 재외동포에 해당되는 비거주자가 국내재산을 국외로 반출하고자 하는 경우 지정거래외국환은행을 통하여 반출할 수 있다. ⅱ) 위의 ⅰ) 이외의 경우에는 한국은행에서 대외지급수단매매 신고절차를 통해 국내에 있는 본인 재산의 대외지급이 가능하다.

영주권이나 시민권이 없어 재외동포에 해당되지 않는 국민인 비거주자가 미화 1만달러를 초과하는 국내재산을 반출하고자 하는 경우에는 한국은행에 대외지급수단 매매 신고를 하여야 한다. 외국에 2년 이상 체재하고 있거나 외국에서 자영업 영위 또는 현지취업 중인 자 등 실질적인 경제활동의 기반이 외국에 있다고 인정될 수 있는 자가 이에 해당된다.

예를 들면 홍길동씨는 2010년 취업비자를 받아 미국 실리콘밸리 소재 다국적기업에 취업하여 계속 거주하고 있는 자(대한민국 국적을 보유)로서 현지에서의 생활비 등으로 사용하기 위해 국내은행에 예금형태로 보유하고 있는 재산 2억원을 해외로 반출하기 위해 한국은행에 대외지급수단매매 신고를 하였다.[36]

대외지급수단매매 신고 후 반출할 수 있는 자금의 규모는 출처가 확인되는 본인재산 범위 내에서 가능하며, 한국은행으로부터 교부받은 대외지급수단매매 신고필증을 제시하여 외국환은행에서 외화를 매입한 후 송금이 가능하다.

4. 자본거래절차 미적용

재외동포의 국내재산 반출로 대외지급을 하고자 하는 경우 규정 제7-11조(해외예금 및 해

---

35) 취급지침 55쪽.
36) 한국은행(2019), 28-29쪽.

외신탁 관련 거래절차 등), 제9장 제1절(해외직접투자) 및 제4절(거주자의 외국부동산 취득)의 규정에 따른 자본거래절차를 적용하지 아니한다(규정4-7③).

5. 반출자금의 지정외국환은행을 통한 지급

재외동포의 국내재산은 외국통화, 여행자수표 등 대외지급수단으로 휴대반출할 수 있다. 또한 재외동포의 국내재산 반출에 의한 자금은 지정거래외국환은행을 통하여 지급하거나 휴대수출할 수 있으며, 해외이주자계정에 예치할 경우에는 담보활용이 가능하다(규정4-7④ 본문). 다만, 담보권실행에 의한 예치금의 해외지급은 당해 신청자의 국내재산이 반출된 것으로 간주한다(규정4-7④ 단서).

Ⅷ. 국세청장 등에 대한 통보

1. 국세청 통보

외국환은행의 장은 ⅰ) 거주자의 지급등 절차 예외(규정4-3①(1)(2))에 의한 지급등의 금액이 지급인 및 수령인별로 연간 미화 1만불을 초과하는 경우 및 거주자의 비거주자에 대한 외화예금거래(규정7-11②)에 의한 지급금액이 지급인별로 연간 미화 1만불을 초과하는 경우, ⅱ) 해외여행경비 지급절차(규정4-5)에 의한 해외유학생 및 해외체재자의 해외여행경비 지급금액이 연간 미화 10만불을 초과하는 경우, ⅲ) 앞의 2가지의 경우를 제외하고 건당 미화 1만불을 초과하는 금액을 외국환은행을 통하여 지급등(송금수표에 의한 지급등을 포함)을 하는 경우에는 매월별로 익월 10일 이내에 지급등의 내용을 국세청장에게 통보하여야 한다(규정4-8① 본문). 다만, 정부 또는 지방자치단체의 지급등은 제외한다(규정4-8① 단서).

2. 관세청 통보

외국환은행의 장은 ⅰ) 수출입대금의 지급 또는 수령, ⅱ) 외국환은행을 통한 용역대가의 지급 또는 수령, ⅲ) 외국환거래규정에 따른 신고를 필요로 하지 않는 거래로서 ㉠ 연간 누계금액이 미화 5만불 이내(제7-2조 제8호의 거래에 따른 지급금액을 포함)인 경우에 해당하는 지급, ㉡ 연간 누계금액이 미화 5만불을 초과하는 지급으로서 당해 거래의 내용과 금액을 서류를 통해 외국환은행의 장이 확인할 수 있는 경우에 해당하는 지급, ㉢ 외국환거래규정에 따른 신고를 필요로 하지 않는 수령(다만, 동일자·동일인 기준 미화 5만불을 초과하는 경우에는 서면에 의하여 외국환은행의 장으로부터 수령사유를 확인받아야 한다), ⅳ) 건당 미화 1만불을 초과하는 해외이주비의 지급, ⅴ) 앞의 4가지의 경우를 제외하고 건당 미화 1만불을 초과하는 금액을 외국환은행을 통하여 지급등(송금수표에 의한 지급을 포함)을 하는 경우에는 지급등의 내용을 매월별로 익월 10일까지 관세청장에게 통보하여야 한다(규정4-8② 본문). 다만, 정부 또는 지방자치단체의 지급은 제외한다(규정4-8② 단서).

3. 금융감독원 통보

외국환은행의 장은 ⅰ) 외국환거래규정에 따른 신고를 필요로 하지 않는 거래로서 ㉠ 연간 누계금액이 미화 5만불 이내(제7-2조 제8호의 거래에 따른 지급금액을 포함)인 경우에 해당하는 지급, ㉡ 연간 누계금액이 미화 5만불을 초과하는 지급으로서 당해 거래의 내용과 금액을 서류를 통해 외국환은행의 장이 확인할 수 있는 경우에 해당하는 지급, ㉢ 거주자에 비거주자에 대한 외화예금거래(규정7-11②)에 의한 지급금액이 지급인별로 연간 미화 1만불을 초과하는 경우, ⅱ) 해외여행경비 지급절차(규정4-5)에 의한 해외유학생 및 해외체재자의 해외여행경비 지급금액이 연간 미화 10만불을 초과하는 경우, ⅲ) 앞의 2가지의 경우를 제외하고 건당 미화 1만불을 초과하는 금액을 외국환은행을 통하여 지급등(송금수표에 의한 지급을 포함)을 하는 경우에는 지급등의 내용을 매월별로 익월 10일까지 금융감독원장에게 통보하여야 한다(규정4-8③ 본문). 다만, 정부 또는 지방자치단체의 지급은 제외한다(규정4-8③ 단서).

Ⅸ. 위반시 제재

1. 형사제재

법 제15조 제2항에 따른 허가를 받지 아니하거나, 거짓이나 그 밖의 부정한 방법으로 허가를 받고 지급 또는 수령을 한 자는 3년 이하의 징역 또는 3억원 이하의 벌금에 처한다(법27의2①(3)). 다만, 위반행위의 목적물 가액의 3배가 3억원을 초과하는 경우에는 그 벌금을 목적물 가액의 3배 이하로 한다(법27의2① 단서). 징역과 벌금은 병과할 수 있다(법27의2②).

2. 과태료

법 제15조 제1항에 따른 지급절차 등을 위반하여 지급·수령을 하거나 자금을 이동시킨 자에게는 5천만원 이하의 과태료를 부과한다(법32②(2)).

제2절 지급 및 수령 방법

Ⅰ. 서설

1. 의의

외국환거래법상 모든 외국환거래는 원인행위와 결제행위로 각각 관리되고 있다. 경상거래의 경우 수출입거래나 용역거래 등의 계약체결에는 제한이 없다. 그러나 지급 및 수령 시 정상적인 방법에 의한 경우는 자유롭게 결제할 수 있으나 그렇지 않은 경우에는 외국환은행의 장이나 한국은행총재에게 신고등을 하여야 한다.[37]

이와 관련하여 외국환거래법에서는 국제적으로 가장 보편적으로 사용되는 결제방법을 정상적인 것으로 인정하고 있다. 이처럼 외국환거래에 대하여 정상적인 결제방법을 장려하는 것은 ⅰ) 수출대가의 신속하고 정확한 회수, ⅱ) 과도한 연지급방식에 의한 수입 및 수출의 제한, ⅲ) 국내업체간의 과당경쟁 방지와 유리한 거래조건의 확보, ⅳ) 결제시점의 고의적인 변경에 의한 투기적 자본이동 방지, ⅴ) 대외지급의 확실한 이행, ⅵ) 국제상관습의 적용 등을 위해서이다.

결제방법은 사후관리의 효율성을 도모하기 위하여 외국환은행을 통한 결제를 원칙으로 한다. 외국으로의 지급 및 수령을 하고자 하는 자는 원칙적으로 외국환은행에 그 사유와 금액을 입증하는 지급 증빙서류를 제출하여야 한다. 이때 해당 지급 또는 그 원인이 되는 거래에 대해 신고등을 하여야 하는 경우에는 먼저 그 절차를 거쳐야 한다. 즉 외국환은행은 해당 지급 및 수령을 하기에 앞서 고객의 지급 및 수령이 허가를 받았거나 신고를 하였는지 여부를 확인하여야 한다.

이러한 외국환은행의 확인절차는 현행 외국환거래 체계에서 중요한 의미를 갖는다. 즉 행정당국에 의한 허가·신고등의 규제는 가급적 폐지하는 대신 외국환은행에 확인의무를 부여하여 정당한 자금인 경우에만 결제가 가능하도록 하는 것이다. 다만 외국환은행의 확인이 용이하지 않아 거주자와 비거주자간의 채권·채무를 소멸시키거나 불법적인 외화유출입 수단으로 이용될 가능성이 있는 특수한 결제방법인 상계에 의한 지급 및 수령, 기획재정부장관이 정하는 기간을 초과하는 지급 및 수령, 제3자 지급 및 수령, 외국환은행을 통하지 아니하는 지급 및 수령에 대해서는 별도로 신고등을 하도록 규정하고 있다.

---

37) 한국은행(2016), 39-40쪽.

2. 지급 또는 수령 방법의 신고

(1) 신고대상

거주자간, 거주자와 비거주자간 또는 비거주자 상호간의 거래나 행위에 따른 채권·채무를 결제할 때 거주자가 ⅰ) 상계 등의 방법으로 채권·채무를 소멸시키거나 상쇄시키는 방법으로 결제하는 경우(제1호), ⅱ) 기획재정부장관이 정하는 기간을 넘겨 결제하는 경우(제2호), ⅲ) 거주자가 해당 거래의 당사자가 아닌 자와 지급 또는 수령을 하거나 해당 거래의 당사자가 아닌 거주자가 그 거래의 당사자인 비거주자와 지급 또는 수령을 하는 경우(제3호), ⅳ) 외국환업무취급기관등을 통하지 아니하고 지급 또는 수령을 하는 경우(제4호)에 해당하면(제18조에 따라 신고를 한 자가 그 신고된 방법으로 지급 또는 수령을 하는 경우는 제외) 대통령령으로 정하는 바에 따라 그 지급 또는 수령의 방법을 기획재정부장관에게 미리 신고하여야 한다(법16 본문).

외국환거래법이 상계 등의 결제방법에 대하여 신고의무를 규정한 취지는 허위의 채권·채무를 내세우는 등의 방법으로 외국환을 불법적으로 유출하거나 유입하는 것을 막고자 하는 데 있으므로, 어떠한 거래가 외국환거래법 제16조 제1호의 "상계 등의 방법"에 해당하는지 여부를 판단할 때 거래로 인하여 외환의 불법적인 유출 또는 유입의 가능성이 있는지도 함께 고려하여야 한다.[38] 외국환거래법 제16조 제1호에서 정한 "상계 등"이란 채권·채무를 소멸시키거나 상쇄시키는 결제방법 중에서 법률적으로 상계와 일치하지는 아니하지만 상계와 유사한 개념으로서 상계와 동일한 법적 평가를 받거나 적어도 상계라는 표현으로 충분히 예측가능할 만큼 유사한 행위유형이 되어야 하는 것으로 해석하여야 한다.[39]

(2) 신고방법

지급 또는 수령의 방법을 신고하려는 자는 기획재정부장관이 정하여 고시하는 신고서류를 기획재정부장관에게 제출하여야 한다(영30①).

---

[38] 대법원 2014. 8. 28. 선고 2013도9374 판결. 이러한 대법원의 판단은 외국환거래법의 특정 조항에 국한된 것이라 볼 수 없고, 기본적으로 외국환거래법은 외환의 불법적 유출입을 막는 입법목적을 가지고 있다고 보아야 한다.

[39] 대법원 2012. 9. 27. 선고, 2011도11064 판결(원심이 인정한 위와 같은 거래의 내용 및 기록에 의하면, 공소외 1 회사는 공소외 2 회사에 대하여 해외 광고매체사의 광고료를 청구하고 지급받을 권리가 있지만 공소외 1 회사에 귀속될 수수료는 해외 광고매체사에 대해서만 청구할 수 있을 뿐 공소외 2 회사에 대해서 청구할 권리는 없다 할 것이다. 따라서 공소외 1 회사가 공소외 2 회사로부터 지급받은 광고료에서 해외 광고매체사로부터 수령할 수수료를 공제한 잔액만을 송금하고 그 수수료를 지급받은 것으로 처리하는 것은, 그것이 원심 판시와 같이 반드시 상계에 해당한다고 할 것은 아니라 하더라도 적어도 외국환거래법 제16조 제1호에 규정된 "상계 등의 방법으로 채권·채무를 소멸시키거나 상쇄시키는 방법으로 결제하는 경우"에는 해당하는 것으로 봄이 상당하다. 따라서 그에 따른 신고의무를 위반한 것으로 본 원심판결에 상고이유의 주장과 같이 외국환거래법의 신고대상에 관한 법리를 오해하는 등으로 판결에 영향을 미친 위법은 없다).

(3) 환치기

(가) 환치기 개념

환치기란 외국환은행을 거치지 않고도 외화를 해외로 유출입한 것과 같은 효과를 나타내는 방법으로 해외로 송금하려는 거주자가 국내 환치기 업자(거주자)의 계좌에 돈을 입금하면, 국외 환치기 업자(비거주자)가 입금사실을 확인한 후, 현지에서 동 금액을 해외 수취인(비거주자)에게 지급하는 형태를 말한다(한국은행 홈페이지).

환치기는 국제적으로 통용되는 용어이지만(인도에서는 hawala, 파키스탄에서는 hundi 등으로 표기), 현행 외국환거래법상 규정된 개념은 아니다.

환치기는 제도권 밖에서 이루어지는 거래 특성상 탈세 및 기타 불법자금거래에 이용될 소지가 크다. 외국환은행을 통한 송금과 달리, 거래 증빙서류 제출 또는 관련 신고절차 생략에 따른 자금 원천 파악이 불가능하고, 국내에서 거주자간 원화지급 형태로 이루어지므로 관세청·국세청 등 관련기관에 거래내역이 통보되지 않아, 외환거래에 대한 사후모니터링을 불가능하게 한다.

(나) 거래형태(예시)

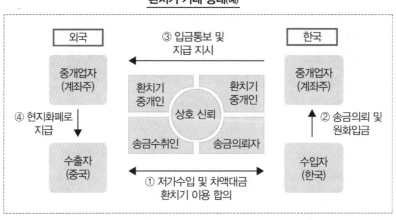

환치기 거래 형태(예)

등장인물은 한국수입자(송금 의뢰자), 한국 중개업자(환치기 중개인), 중국 수출자(송금 수취인), 외국 중개업자(환치기 중개인)이다.[40]

① 중국의 수출자가 한국의 수입자에게 저가수입 및 차액대금 환치기 이용합의 → ② 한국의 수입자가 한국 중개업자(계좌주)에게 송금의뢰 및 원화 입금 → ③ 한국의 중개업자(계좌주)는 외국 중개업자(계좌주)에게 입금 통보 및 지급 지시 → ④ 외국 중개업자(계좌주)는 중국 수출자에게 현지화폐로 지급한다.

---

40) 임영진(2018), 17쪽.

(다) 환치기 처벌조항

ⅰ) 환치기계좌 운영: 기획재정부장관에게 등록을 하지 않고 외국환업무를 영위하는 경우에 해당하므로 외국환거래법 제8조(외국환업무의 등록 등) 제1항, 제27조(벌칙)가 적용된다.

ⅱ) 환치기계좌를 통한 지급·수령: 환치기계좌를 통한 해외 지급등은 "외국환업무취급기관을 통하지 않는 지급등"에 해당하므로 외국환거래법 제16조(지급 또는 수령의 방법의 신고) 제3호·제4호, 제29조(벌칙), 제32조(과태료)가 적용된다.

3. 지급 또는 수령 방법의 신고예외

외국환수급 안정과 대외거래 원활화를 위하여 다음의 거래의 경우에는 사후에 보고하거나 신고하지 아니할 수 있다(법16 단서, 영30②, 규정5-2).

ⅰ) 거주자와 비거주자가 상계의 방법으로 결제할 때 기획재정부장관이 정하여 고시하는 방법으로 일정한 외국환은행을 통하여 주기적으로 결제하는 경우, ⅱ) 자본거래의 신고를 한 자가 기획재정부장관에게 신고한 방법에 따라 채권을 매매, 양도 또는 인수하는 경우, ⅲ) 계약 건당 미화 5만달러 이내의 수출대금을 기획재정부장관이 정하여 고시하는 기간을 초과하여 수령하는 경우, ⅳ) 거주자가 건당 미화 1만달러 이하의 경상거래에 따른 대가를 외국환업무취급기관등을 통하지 아니하고 직접 지급하는 경우

ⅴ) 그 밖에 다음, 즉 ㉠ 자본거래, 현지금융, 해외직접투자 및 부동산 취득(규정 제7장, 제8장, 제9장)에 의하여 자본거래의 신고를 한 자(외국환은행에 신고한 경우를 포함하나, 제5-11조에 따른 지급등은 제외)가 그 신고내용에 포함된 지급등의 방법으로 지급등을 하는 경우, ㉡ 한국은행, 외국환은행, 기타 외국환업무취급기관, 소액해외송금업자, 기타전문외국환업무를 등록한 자 및 종합금융회사가 외국환업무와 관련하여 지급등을 하는 경우, ㉢ 조약 또는 일반적으로 승인된 국제법규에서 정하는 지급등의 방법으로 지급등을 하는 경우, ㉣ 거래당사자의 일방이 신고한 경우에는 지급등의 방법(규정 제5장)에 의한 신고를 요하지 아니하며, ㉤ 정부 또는 지방자치단체가 지급등을 하는 경우, ㉥ 공공차관의 도입 및 관리에 관한 법률에 의한 차관자금으로 수입대금을 지급하는 경우, ㉦ 대외무역관리규정 [별표 3] 및 [별표 4]에서 정한 물품의 수출입대금을 지급 또는 수령하는 경우에는 기획재정부장관이 정하는 기간을 초과하는 지급등의 방법(규정 제5장 제3절)에 의한 신고를 요하지 아니한다. "물품"이라 함은 지급수단 및 증권 기타 채권을 표시하는 서류 이외의 동산을 말한다(규정1-2(6)).

4. 지급방법등의 신고절차

외국환거래규정 제5장 지급등의 방법에 의한 신고를 하고자 하는 자는 [별지 제5-1호 서

식]의 지급등의 방법(변경)신고(보고)서에 신고기관이 정하는 관계서류를 첨부하여 신고기관에 제출하여야 한다(규정5-3① 전단). 신고내용을 변경하고자 하는 경우에도 같다(규정5-3① 후단). 첨부서류는 사유서, 수출입계약서사본 1부, 지급등의 방법에 관한 입증서류 1부이다(규정5-3 ①).

규정 제5-2조(신고의 예외)에 해당하는 경우를 제외하고 제5장에 의한 신고(지급등의 방법) 등의 서류는 전자적 방법을 통해 실명확인을 받고 제출할 수 있다(규정5-3②).

5. 대외지급수단매매의 한국은행 신고

외국인거주자 또는 비거주자가 다음의 원화자금을 대외지급하고자 하는 경우에는 한국은행에 "대외지급수단매매신고"를 한 후 외화를 매입할 수 있으며, 신고한 금액 범위 내에서 외국환은행을 통하여 대외지급할 수 있다((규정2-3①(3)).

ⅰ) 국민인 비거주자의 국내원화예금·신탁계정관련 원리금

ⅱ) 외국인거주자의 국내부동산 매각대금(외국으로부터 휴대수입 및 송금된 자금으로 취득한 국내부동산 매각대금을 취득금액 범위 내에서 지급하고자 하는 경우로서 부동산소재지 또는 신청자의 최종주소지 관할세무서장이 발행한 부동산매각자금확인서를 외국환은행에 제출하는 경우는 제외)

ⅲ) 비거주자간 거래와 관련한 비거주자의 담보, 보증 제공 후 국내재산 처분대금(교포등에 대한 여신 대지급의 경우 제외)

ⅳ) 비거주자가 외국환은행으로부터 대출받은 원화자금(거주자의 담보·보증이 있는 경우)

ⅴ) 비거주자가 거주자와의 부동산임대, 금전차입 등을 통해 취득한 원화자금

ⅵ) 외국인거주자 및 비거주자의 일정 범위를 초과(국내에서의 환전실적을 초과하는 재환전 등)하는 내국지급수단을 대가로 한 자금 등

다만, ⅰ) 해외유학생 및 해외체재자의 지급절차, ⅱ) 해외이주비 절차 및 재외동포 국내재산 반출절차, ⅲ) 비거주자 또는 외국인거주자의 지급절차[41]를 이용할 수 있는 경우에는 해당 절차를 통해 대외지급하여야 한다.

---

41) 외국인거주자가 국내에서 고용, 근무에 따라 취득한 국내보수 범위 내에서의 대외지급 등을 말한다.

Ⅱ. 상계 및 상호계산

1. 서설

(1) 상계와 상호계산의 개념

상계는 거주자가 비거주자와 수출입, 용역거래, 자본거래 등 대외거래에 따른 채권·채무를 총액으로 결제하지 아니하고 채권과 채무를 서로 상쇄한 후 차액만 지급·수령하는 방법을 말한다. 상호계산은 거주자와 비거주자간의 거래가 지속적으로 이루어지고 향후 발생할 채권·채무를 정기적으로 차액 정산하여 지급·수령하는 것을 말한다.

상계와 상호계산은 당사자간의 채권·채무를 서로 상쇄한다는 점에서는 같으나 상계는 일회적이고 일정치 않은 채권·채무를 상쇄하는 것이고, 상호계산은 예상할 수 있는 규칙적인 장래의 채권·채무를 상쇄하는 것이라는 점에서 다르다. 또한 상호계산은 양당사자간에 이루어지지만 상계는 다수당사자간에도 이루어진다.

상계는 거주자가 비거주자와의 대외거래에 따른 채권·채무를 일정 시점에서 계정의 대기 및 차기에 의해 차액만 결제하는 것으로 상계대상 채권·채무는 어떤 종류의 대외거래(수출입거래, 용역거래, 자본거래)에 따라 발생한 것이라도 상관없다. 다만, 그 대외거래는 외국환거래법상 인정된 거래(신고등을 하였거나 신고등을 요하지 아니하는 거래)이어야 한다.

상계는 두 당사자간의 채권·채무만을 상계하는 양자간 상계(Bilateral netting)와 셋 이상의 당사자간의 채권·채무를 일괄하여 상계하는 다자간 상계(Multilateral netting)로 구분된다. 다자간 상계는 주로 다국적기업이 본사와 지사 또는 지사 상호간에 발생하는 채권·채무를 일괄적으로 결제하기 위해 이용하며 통상 그룹 내에 중앙집중적인 상계센터(Netting center)를 설립하여 동 센터에서 본·지사간의 채권·채무 상계금액을 총괄 관리하는 방식으로 운영된다. 한편 본사 또는 계열사가 아닌 기업들 간에도 3자 이상의 거주자와 비거주자간 채권·채무의 다자간 상계를 통해 일괄적으로 결제하는 것도 가능하다.

다자간 상계는 통상그룹내에 중앙 집중적인 상계센터(Netting center)를 설립하여 동 센터에서 자회사간의 채권·채무 상계금액을 총괄관리하는 방식으로 운영되며 다국적기업의 본·지사간 거래빈도 및 거래금액이 감소하는데 따른 비용절감, 환리스크 축소 등의 이점이 있다.

예를 들어 미국본사가 한·일 지사에 각각 미화 4천달러 및 3천달러의 채권이, 한·영 지사에 각각 미화 5천달러 및 7천달러의 채무가 있는 경우 이를 상계센터를 통하여 정산하면 채무 미화 5천달러를 지급하게 된다(한국은행 홈페이지).

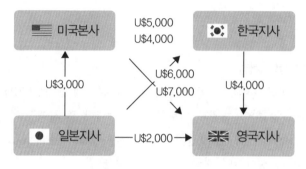

〈상계전〉 거래금액: U$31,000

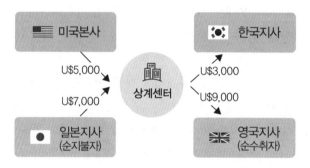

〈상계후〉 거래금액 : U$24,000

(2) 상계와 상호계산의 차이점

상계는 이미 거래를 통해 발생한 채권·채무를 차액결제한다는 점에서 장래 발생할 채권·채무를 차액결제하기 위해 이용하는 상호계산과 구분되며, 다자간 거래는 상호계산으로 채권·채무를 차액 정산하는 것은 불가능하며 상계를 이용해야 한다.

양자간 상계는 외국환은행의 장에게 신고하며, 여러 거래당사자간 채권·채무를 일괄처리하는 다자간 상계는 한국은행총재 신고대상으로 하여 불법적인 자금유출 수단으로 이용되는 것을 방지하고 있다. 한편 상호계산의 경우 지정거래외국환은행의 장에게 신고하도록 하고 있다.

한편 다자간의 거래에 대해서는 상호계산으로 채권·채무를 차액 정산하는 것은 불가능하고 한국은행에 상계신고를 하여야 한다.

2. 상계

(1) 신고예외 사항

다음에 해당하는 방법으로 지급등을 하고자 하는 경우에는 신고를 요하지 아니한다(규정 5-4①).

ⅰ) 일방의 금액(분할하여 지급등을 하는 경우에는 각각의 지급등의 금액을 합산한 금액)이 미화 5천불 이하인 채권 또는 채무를 상계하고자 하는 경우(제1호), ⅱ) 거주자가 거주자와 비거주자 간의 거래 또는 행위에 따른 채권 또는 채무를 상호계산계정을 통하여 당해 거래의 당사자인 비거주자에 대한 채무 또는 채권으로 상계하고자 하는 경우(제2호)

ⅲ) 신용카드발행업자가 외국에 있는 신용카드발행업자로부터 수령할 금액과 당해 외국에 있는 신용카드발행업자에게 지급할 금액(거주자의 신용카드 대외지급대금, 사용수수료 및 회비)을 상계하거나 그 상계한 잔액을 지급 또는 수령하는 경우(제3호), ⅳ) 보험업법에 의한 보험사업자 및 특정보험사업자[42](신용협동조합법, 수산업협동조합법 및 새마을금고법에 따른 공제사업자를 포함)가 외국의 보험사업자와의 재보험계약에 의하여 재보험료, 재보험금, 대행중개수수료, 대행 업무비용, 공탁금 및 공탁금 이자 등을 지급 또는 수령함에 있어서 그 대차를 차감한 잔액을 지급 또는 수령하는 경우(제4호)

ⅴ) 거주자가 파생상품거래에 의하여 취득하는 채권 또는 채무를 당해 거래상대방과의 반대거래 또는 당해 장내파생상품시장에서 동종의 파생상품거래에 의하여 취득하는 채무 또는 채권과 상계하거나 그 상계한 잔액을 지급 또는 수령하는 경우(제5호), ⅵ) 연계무역, 위탁가공무역 및 수탁가공무역에 의하여 수출대금과 관련 수입대금을 상계하고자 하는 경우(제6호)

ⅶ) 물품의 수출입대금과 당해 수출입거래에 직접 수반되는 중개 또는 대리점 수수료 등을 상계하고자 하는 경우(제7호), ⅷ) 외국항로에 취항하는 국내의 항공 또는 선박회사가 외국에서 취득하는 외국항로의 항공임 또는 선박임과 경상운항경비를 상계하거나 그 상계한 잔액을 지급 또는 수령하는 경우(제8호)

ⅸ) 외국항로에 취항하고 있는 국내선박회사가 외국선박회사와 공동운항계약을 체결하고 선복 및 장비의 상호사용에 따른 채권과 채무를 상계하고자 하는 경우(제9호), ⅹ) 국내외철도 승차권등(선박, 항공기 또는 교통수단등의 이용권을 포함한다)의 판매대금과 당해 거래에 직접 수반되는 수수료를 상계하고자 하는 경우(제10호)

ⅺ) 거주자간에 외화표시 채권 또는 채무를 상계하고자 하는 경우(제11호), ⅻ) 국내 통신

---

42) 특정보험사업자"라 함은 「무역보험법」 및 「산업재해보상보험법」의 규정에 의하여 보험업을 영위하는 자를 말한다(규정1-2(37)).

사업자가 외국에 있는 통신사업자로부터 수령할 통신망 사용대가와 당해 통신사업자에게 지급할 통신망 사용대가를 상계하거나 그 상계한 잔액을 지급 또는 수령하는 경우(제12호), xⅲ) 조세에 관한 법률등에 따라 거주자와 비거주자간 거래와 관련하여 발생한 소득에 대한 원천징수 후 잔액을 지급 또는 수령하는 경우(제13호)

(2) 신고대상

(가) 외국환은행 신고 및 보고 대상: 양자간 상계

거주자가 수출입, 용역거래, 자본거래 등 대외거래를 함에 있어서 계정의 대기 또는 차기에 의하여 결제하는 등 비거주자에 대한 채권 또는 채무를 비거주자에 대한 채무 또는 채권으로 상계를 하고자 하는 경우에는 외국환은행의 장에게 신고하거나, 상계처리 후 1개월 이내에 외국환은행의 장에게 사후보고를 하여야 한다(규정5-4②). 따라서 거주자가 수출입대금 수령시 비거주자가 임의로 상계하여 그 잔액을 수령하는 경우 사전신고 대신 상계처리 후 30일 이내 사후보고할 수 있다.

제출서류는 ⅰ) 지급등의 방법(변경) 신고(보고)서, ⅱ) 상계에 대한 당사자간 합의서 또는 상계통지서(채권 및 채무의 금액이 각각 표시되어야 함), ⅲ) 상계대상 채권·채무 입증서류(해당거래별 계약서 등) 등이다.[43]

과거에는 종종 다음과 같은 외국환거래규정 위반 사례가 있었다. 국내기업인 D는 외국기업인 E와 상시로 무역거래를 하는데, 얼마 전 E기업이 일방적으로 채권을 상계처리한 후 D기업에게 대금을 송금하여 D기업은 부득이하게 외국환거래규정을 위반하게 되었다(양자간 채권·채무 상계거래시 원칙적 사전신고 필요).

그런데 양자간 상계 거래시 사전신고 의무를 폐지하여 수출거래 등 기업들의 영업 여건상 불가피한 이유로 사전신고를 하지 못해 처벌받는 것을 방지할 수 있게 되었다. 다만 사후보고 의무는 유지함으로써 최소한의 모니터링을 통해 불법거래 가능성을 방지할 수 있을 것으로 기대된다.[44]

신고(보고)내용의 변경은 상계에 대한 신고 또는 사후보고 내용의 변경은 해당 신고 또는 사후보고를 한 외국환은행의 장에게 하여야 한다. 이 경우 ⅰ) 지급등의 방법(변경) 신고(보고)서(규정 별지 제5-1호 서식), ⅱ) 변경사실 입증서류, ⅲ) 당초 신고(보고)서 사본을 제출해야 한다.[45]

---

43) 취급지침 61쪽.
44) 기획재정부(2019a), 8쪽.
45) 취급지침 62쪽.

(나) 한국은행 신고대상: 다자간 상계

다국적기업의 상계센터를 통하여 상계하거나 다수의 당사자의 채권 또는 채무를 상계하고자 하는 경우에는 한국은행총재에게 신고하여야 한다(규정5-4③). 상계에 의한 지급등 방법 신고를 하는 경우 ⅰ) 신고서(규정 별지 제5-1호 서식), ⅱ) 다자간 상계의 경우 참여기업 목록, ⅲ) 상계대상 채권·채무 입증서류, ⅳ) 해당 지급등에 대한 당사자간 합의서를 제출해야 한다.[46]

예를 들어 미국에 본사를 둔 다국적기업 ABC Company가 한국에 설립한 법인인 ㈜ABC 통상은 ABC Company의 일본 및 영국법인에 각각 미화 50만달러 및 30만달러의 채권이, 미국 본사 및 일본법인에 각각 미화 50만달러 및 70만달러의 채무가 있는데, 이를 상계센터인 ABC Company를 통해 정산하는 다자간상계 방식으로 결제하기로 하였다. 이와 관련 ㈜ABC통상은 정산금액인 채무 미화 40만달러를 ABC Company로 지급하기 위하여 한국은행에 다자간 상계 신고를 한다.[47]

(다) 신고내용의 국세청 및 관세청 통보

상계의 신고 또는 사후보고를 받은 한국은행 총재 또는 외국환은행의 장은 신고 또는 사후보고 내용을 외환전산망을 통하여 다음 반기 첫째 달 말일까지 국세청장 및 관세청장에게 통보하여야 한다(규정5-4④). 변경신고 내용의 경우도 외환전산망을 통하여 다음 반기 첫째달 말일까지 국세청장 및 관세청장에게 통보하여야 한다.

(3) 입증서류 보관의무

상계를 실시하는 자는 상계대상 채권·채무 입증서류(해당 거래별 계약서 등)를 5년간 보관하여야 한다(규정5-4⑤).

3. 상호계산

(1) 지정외국환은행 신고

(가) 상호계산 및 상호계산계정 폐쇄 신고

상대방과의 거래가 빈번하여 상호계산방법으로 지급등을 하고자 하는 자는 [별지 제5-2호 서식]의 상호계산신고서를 지정거래외국환은행의 장에게 제출하여야 하며, 폐쇄하고자 하는 경우에도 신고하여야 한다(규정5-5①). 이 경우 ⅰ) 상호계산신고서, ⅱ) 등기부등본 또는 사업자등록증사본, ⅲ) 상호계산계정폐쇄신고서를 제출해야 한다.[48]

---

46) 취급절차 [별지 제1호 서식] 2. 신고, 나.
47) 한국은행(2019), 39쪽.
48) 취급지침 63쪽.

(나) 폐쇄된 계정의 대차기잔액 처리 신고

지정거래외국환은행의 장은 상호계산을 실시하는 자가 법·영·이 규정 및 기타 법령에 규정하는 사항을 위반하거나 그 거래실적·거래내용이나 기타 사정에 비추어 상호계산계정의 존속이 필요없다고 인정되는 경우에는 그 상호계산계정을 폐쇄할 수 있다(규정5-5②).

폐쇄된 계정의 대차기잔액 처리에 관하여는 제5-7조 제3항의 규정을 준용한다(규정5-5③). 따라서 대차기잔액 처리는 매 결산기간 종료 후 3월 이내에 지정거래외국환은행의 장에게 신고한 후 처리하여야 한다(규정5-7③).

(다) 신고사실의 국세청 및 관세청 통보

상호계산 신고 또는 상호계산계정 폐쇄신고를 받은 지정거래외국환은행의 장은 동 신고사실을 외환전산망을 통하여 익월 10일까지 국세청장 및 관세청장에게 통보하여야 한다(규정5-5④).

(2) 대차기 항목 및 기장시점

(가) 대차기 항목 및 신고

상호계산계정을 통하여 대기 또는 차기할 수 있는 항목은 상호계산 상대방과의 채권 또는 채무로 한다(규정5-6① 본문). 다만, 법·영 및 이 규정에 의하여 지급, 지급방법 및 자본거래에 있어 신고를 요하는 경우에는 신고하여야 한다(규정5-6① 단서).

(나) 상호계산계정의 기장 기한

상호계산계정의 기장은 당해 거래가 물품의 수출입 또는 용역의 제공을 수반하는 경우에는 그 수출입 또는 용역제공의 완료 후 30일 이내, 기타의 경우에는 당해 거래에 따른 채권·채무의 확정 후 30일 이내에 행하여야 한다(규정5-5②). "용역"이라 함은 기술원조, 뉴스나 정보의 제공, 흥행(필름상영권의 제공을 포함), 항만작업, 항만시설의 제공, 선박 및 항공기의 수리, 대리업무, 은행업무, 보험, 보관, 운수, 기타 타인을 위한 노무, 편의 또는 오락의 제공을 말한다(규정1-2(21)).

(3) 상호계산계정 잔액의 처분(결산)

(가) 결산주기

상호계산계정의 결산은 회계 기간의 범위 내에서 월 단위로 결산주기를 정하여 실시하여야 한다(규정5-7① 본문). 다만, 필요한 경우 회계 기간의 범위 내에서 결산주기를 달리 정할 수 있다(규정5-7① 단서).

(나) 결산의 대기 및 차기 잔액

상호계산계정의 결산에 있어서의 대기 및 차기 잔액은 각 상대방별 계정의 대차기 잔액을 합산한 금액으로 한다(규정5-7②).

(다) 대차기 잔액의 외국환은행 신고 후 지급 또는 수령

상호계산계정의 대차기 잔액은 매 결산기간 종료 후 3월 이내에 지정거래외국환은행의 장에게 신고한 후 지급하거나 수령하여야 한다(규정5-7③).

(라) 결산보고서의 외국환은행 제출

상호계산을 실시하는 자는 결산보고서(상호계산계정의 대차기 잔액이 건별로 명시되어야 함)등 지정거래외국환은행의 장이 정하는 보고서를 지정거래외국환은행의 장에게 제출하여야 한다(규정5-7④).

(4) 장부 및 증빙서류 보관의무

상호계산을 실시하는 자는 장부 및 관계 증빙서류를 5년간 보관하여야 한다(규정5-7⑤).

Ⅲ. 기간초과 지급 및 수령

1. 서설

(1) 의의

대부분의 수출입거래 대금 지급방법이 자유화되었으나 결제기간이 3년을 초과하는 본지사간 무신용장 인수인도 조건 방식에 의한 수출거래, 본지사간 물품의 선적 전 수출대금 수령, 본지사간이 아닌 수출거래로서 물품의 선적 전 1년을 초과하는 수출대금 수령, 선적서류 또는 물품의 수령 전 1년을 초과하는 수입대금의 지급등 예외적인 경우에는 한국은행총재에게 신고하여야 한다. 따라서 거주자가 물품을 수출입하고 동 수출입대금을 결제하는 데에는 원칙적으로 결제방식과 결제기간 등에 제한이 없으나, 일부 본지사간 수출거래 등은 한국은행에 신고하여야 한다.

기간초과 결제를 제한하는 이유는 본지사간에 무역거래를 빙자하여 불법적인 자금지원, 음성적 자본거래, 밀어내기식 수출을 방지하기 위한 것이다. 선급금은 불법적인 지원, 일종의 대출 성격이 있으며, 선수금은 해외법인의 자금을 선수금인 것처럼 반입한 후 변칙적으로 운용이 가능하다(사주 등 특정인의 특정한 목적에 유용 가능).

그리고 수출대금을 물품 선적 전에 수령한 자는 대응수출을 이행하여야 하며, 수입대금을 물품 수령 전에 지급한 자는 대응수입을 이행하여야 한다.

(2) 수출입대금 결제방식

국제무역거래에 있어서 대금을 결제하는 방식으로는 수입상이 수입대금을 수출상에게 송금하여 주는 송금방식(Remittance)과 수출상이 수출대금을 추심하는 추심방식(Collection)이 있으며 송금방식은 소액거래나 거래상대방과의 신용이 있는 경우에 이용되며 대부분은 추심방식을 이용하고 있다.

추심방식은 수출상이 환어음(Bill of Exchange)에 선하증권(Bill of Landing) 등의 운송서류(Transport Documents)를 첨부한 후 은행을 통하여 수입상에게 환어음을 추심하는 방식이며 추심방식에는 신용장에 의한 추심방식과 신용장에 의하지 아니하는 추심방식이 있다.[49]

(가) 송금방식

송금방식은 수입상이 수출상에게 은행 송금수표(Banker's Check) 또는 우편환(Mail Transfer: M/T)을 우송하거나 은행을 통한 전신송금방식(Telegraphic Transfer: T/T)으로 수입대금을 결제하는 방식을 말한다.

송금방식은 대금의 지급시기에 따라 물건을 수령하기 전에 먼저 수입대금을 지급하는 사전 송금방식과 물건을 받고 즉시 대금을 지급하는 COD(Cash on Delivery)방식, 물건을 받은 후 수입대금을 나중에 보내주는 CAD(Cash against Delivery)방식으로 구분된다.

(나) 추심방식

추심방식에는 신용장방식과 무신용장방식(D/P, D/A)이 있으며 신용장방식은 신용장 개설은행이 대금의 지급을 보장하는 반면 무신용장방식은 수입상의 지급능력에 따라 대금결제가 이루어지게 된다.

1) 신용장방식

신용장은 신용장 조건에 따라 일람출급 환어음을 발행할 수 있는 일람출급신용장(At sight L/C)과 기한부환어음을 발행할 수 있는 기한부신용장(Usance L/C)으로 나뉘며, 환어음의 기간에 따라 수출상이 수출대금을 회수할 수 있는 기간이 달라진다. 즉 일람출급신용장을 받은 경우에는 선적 후 즉시 수출대금을 회수할 수 있는 반면 기한부신용장을 받은 경우에는 원칙적으로 어음기간(90 days after sight 등) 이후에 대금을 받을 수 있다.

2) 무신용장방식

무신용장에 의한 추심방식에는 무신용장 지급인도조건방식(D/P)과 무신용장 인수인도 조건방식(D/A)이 있으며, D/P방식은 일람출급신용장과, D/A방식은 기한부신용장과 대금결제방법이 유사하다.

(다) 기타

위의 결제방식 이외에도 수출대금의 일부 또는 전부를 수출물품 선적 전에 수령하는 수출선수금에 의한 방식과 팩토링회사가 신용조사, 금융제공, 대금회수 등의 서비스를 제공하는 팩토링방식 등이 있다.

---

49) 한국은행(2019), 56-58쪽.

2. 신고대상

(1) 신고예외 사항

거주자가 수출입대금의 지급등을 하고자 하는 경우에는 신고를 요하지 아니한다(규정5-8 ① 본문). 또한 다음의 경우, 즉 ⅰ) 정부 또는 지방자치단체가 지급등을 하는 경우, ⅱ) 공공차관의 도입 및 관리에 관한 법률에 의한 차관자금으로 수입대금을 지급하는 경우, ⅲ) 대외무역관리규정 [별표 3] 및 [별표 4]에서 정한 물품의 수출입대금을 지급 또는 수령하는 경우에 해당하는 경우에는 신고를 요하지 아니한다(규정5-2(6)-(8)).

(2) 한국은행 신고

다음에 해당하는 방법으로 지급등을 하고자 하는 자는 한국은행총재에게 신고하여야 하며, 본지사간이 아닌 수출거래로서 수출대금을 물품의 선적 전 1년을 초과하여 수령하고자 하는 경우 및 계약 건당 미화 2만불을 초과하는 수입대금을 선적서류 또는 물품의 수령 전 1년을 초과하여 송금방식에 의하여 지급하고자 하는 경우 불가피한 사유로 인정되는 경우에는 1년을 초과한 날로부터 3월 이내에 사후신고를 할 수 있다(규정5-8① 단서). 이 경우 ⅰ) 신고서(규정 별지 제5-1호 서식), ⅱ) 해당 지급등 입증서류, ⅲ) 불가피한 사유로 사후신고하는 경우 당해 불가피성을 입증하는 서류를 제출해야 한다.[50]

(가) 계약건당 미화 5만불 초과 수출대금 수령(선수금 수령)

계약건당 미화 5만불을 초과하는 수출대금을 다음에 해당하는 방법으로 수령하고자 하는 경우에는 한국은행총재에게 신고하여야 한다(규정5-8①(1)). 즉 ⅰ) 본지사간의 수출거래로서 무신용장 인수인도 조건방식 또는 외상수출채권 매입방식에 의하여 결제기간이 물품의 선적 후 또는 수출환어음의 일람 후 3년을 초과하는 경우에는 사전 신고하여야 하고(가목), ⅱ) 본지사간의 수출거래로서 수출대금을 물품의 선적 전에 수령하고자 하는 경우에는 사전 신고하여야 하며(나목), ⅲ) 본지사간이 아닌 수출거래로서 수출대금을 물품의 선적 전 1년을 초과하여 수령하고자 하는 경우에도 사전 신고하여야 함이 원칙이나 불가피한 사유로 인정되는 경우에는 1년을 초과한 날로부터 3월 이내에 사후신고를 할 수 있다. 다만, 선박, 철도차량, 항공기, 대외무역법에 의한 산업설비의 경우는 신고에서 제외한다(다목).

(나) 수입대금 지급(선급금 지급)

다음에 해당하는 방법으로 수입대금을 지급하고자 하는 경우에는 한국은행총재에게 신고하여야 한다(규정5-8①(2)).

(주)가나다통상은 2019.8.5일 미국의 ABC사에 특수장비 U$1,000,000을 발주하고 장비제

[50] 취급절차 [별지 제1호 서식] 2. 신고, 다.

조에 소요되는 기간을 감안하여 장비 인수는 2020.8.9일에 하되, 수입대금은 2019.8.5일 착수금 조로 U$500,000을 송금하고 나머지 금액은 2020.8.1일 및 장비 인수시 각각 U$250,000를 송금하기로 하였다. 이와 관련하여 (주)가나다통상은 동 장비 수입을 위한 착수금 송금을 위해 한국은행에 지급등의 방법(기획재정부장관이 정하는 기간을 초과하는 지급등의 방법) 신고를 하여야 한다.[51]

1) 계약건당 미화 5만불 초과 미가공 재수출 금 수입: 30일 초과 지급

계약건당 미화 5만불을 초과하는 미가공 재수출할 목적으로 금을 수입하는 경우로서 수입대금을 선적서류 또는 물품의 수령일부터 30일을 초과하여 지급하거나 내수용으로 30일을 초과하여 연지급수입한 금을 미가공 재수출하고자 하는 경우에는 사전 신고하여야 한다(규정5-8①(2) 가목).

2) 계약 건당 미화 2만불 초과 물품: 수령전 1년 초과 송금방식 지급

계약건당 미화 2만불을 초과하는 수입대금을 선적서류 또는 물품의 수령 전 1년을 초과하여 송금방식에 의하여 지급하고자 하는 경우에는 사전 신고하여야 함(규정5-8①(2) 나목 본문)이 원칙이나 불가피한 사유로 인정되는 경우에는 1년을 초과한 날로부터 3월 이내에 사후신고를 할 수 있다. 다만, 선박, 철도차량, 항공기, 대외무역법에 따른 산업설비에 대한 미화 5백만불 이내의 수입대금을 지급하는 경우는 제외한다(규정5-8①(2) 나목 단서).

(3) 신고사실의 국세청 및 관세청 통보

신고를 받은 한국은행총재는 매월별로 익월 10일 이내에 신고사실을 국세청장 및 관세청장에게 통보하여야 한다(규정5-8②).

3. 대응수출입 이행의무

수출입대금을 수령(지급)한 자는 ⅰ) 건당 미화 5만불을 초과하는 수출대금을 물품의 선적 전에 수령한 경우, ⅱ) 건당 미화 2만불을 초과하는 수입대금을 선적서류 또는 물품의 수령 전에 송금방식에 의하여 지급한 경우 대응수출입을 이행하거나 동 대금을 반환하여야(받아야) 한다(대응수출입 이행기간이 1년 이내인 경우에 한함)(규정5-9).

대응수출입 이행(예정)기간이 계약서 등에 의해 확인하여 1년을 초과(연장할 경우 포함)할 경우에는 한국은행 신고사항이며(본지사간 3년 초과 D/A수출, 외상수출채권매입(O/A) 및 본지사간 수출선수금 수령은 기간에 관계없이 한국은행 신고대상임), 규정 제5-8조 제1항 제1호 다목 및 제2호 나목 중 불가피한 사유(원료수급 차질 발생 또는 노사분규 등)로 인정되는 경우에는 1년을 초과한 날로부터 3월 이내에 사후신고를 할 수 있다.

---

51) 한국은행(2019), 61쪽.

대응수출입 이행비율이 90%(FOB기준) 이상인 때에는 전액 이행한 것으로 간주한다.

Ⅳ. 제3자 지급 및 수령

1. 의의

　제3자 지급과 수령("지급등")이란 거주자간, 거주자와 비거주자간, 비거주자간 거래 또는 행위에 따른 채권, 채무의 결제에 있어서 거주자가 당해 거래의 당사자가 아닌 자와 지급등을 하거나, 당해 거래의 당사자가 아닌 거주자가 거래당사인 비거주자와 지급등을 하는 것을 말한다. 제3자 지급등은 거래의 당사자가 아닌 제3자가 거래의 당사자 일방과 지급과 수령을 하여 결제를 종결하는 것이다.

　외국환거래법에 의하면 거주자간, 거주자와 비거주자간 또는 비거주자 상호간의 거래나 행위에 따른 채권·채무를 결제할 때 거주자가 ⅰ) 거주자가 해당 거래의 당사자가 아닌 자와 지급 또는 수령을 하거나 ⅱ) 해당 거래의 당사자가 아닌 거주자가 그 거래의 당사자인 비거주자와 지급 또는 수령을 하는 경우 그 지급 또는 수령의 방법을 기획재정부장관에게 미리 신고하여야 한다(법16(3)).

　제3자 지급등을 제한하는 이유는 당사자가 아닌 제3자와의 지급등으로 거래를 종결하는 경우 불법적인 자본의 유출, 마약 등 불법자금의 세탁, 관세 등 조세회피의 수단으로 악용될 소지가 있기 때문에 일부 신고예외 사항을 제외하고는 외국환은행 또는 한국은행에 신고하여야 한다.

　"제3자 지급등" 가운데 거주자의 비거주자로부터의 제3자 수령이나 인정된 거래에 따른 제3자 지급을 제외한 일반 거주자의 제3자 지급등은 외국환은행 또는 한국은행 신고대상이다. 따라서 거주자가 거래당사자가 아닌 비거주자에게 수입대금을 지급하는 거래는 "제3자 지급등"에 해당되므로 사전에 외국환은행(미화 5천불 초과 1만불 이내) 또는 한국은행(미화 1만불 초과)에 신고하여야 한다.

　거래당사자는 계약서에 서명날인한 계약체결자를 의미한다. 다만, 계약서가 없거나, 불명확한 경우에는 주문서와 청구서 등 관련 서류에 명시된 청구자 또는 수익자, 해당 거래에서 발생하는 하자 등 분쟁의 책임자, 그 밖에 거래 관련 서류를 통해 정당한 절차를 거쳐 위임관계가 형성되어 있는 자가 누구인지를 종합적으로 고려하여 판단하여야 할 것이다.

2. 신고예외 사항

다음의 어느 하나에 해당하는 경우에는 제3자 지급등에 관한 신고를 요하지 아니한다(규정5-10①).

(1) 무역업체에 해당하는 신고예외

(가) 미화 5천불 이하의 금액 지급

미화 5천불 이하의 금액을 제3자 지급등을 하는 경우(분할하여 지급등을 하는 경우에는 각각의 지급등의 금액을 합산한 금액)(제1호), 이 경우 지급신청서를 외국환은행에 제출해야 한다.[52]

(나) 비거주자로부터 수령하는 경우

ⅰ) 거주자간 또는 거주자와 비거주자간 거래의 결제를 위하여 당해 거래의 당사자인 거주자가 당해 거래의 당사자가 아닌 비거주자로부터 수령하는 경우(제2호)

ⅱ) 비거주자간 또는 거주자와 비거주자간 거래의 결제를 위하여 당해 거래의 당사자가 아닌 거주자가 당해 거래의 당사자인 비거주자로부터 수령하는 경우 및 동 자금을 당해 거래의 당사자인 거주자가 당해 거래의 당사자가 아닌 거주자로부터 수령하는 경우(제3호)

(다) 인정된 거래에 따른 지급이나 수령

"인정된 거래"라 함은 외국환거래법 및 동법 시행령 외국환거래규정에 의하여 신고등을 하였거나 신고등을 요하지 아니하는 거래를 말한다(규정1-2(25)).

ⅰ) 거래당사자가 회원으로 가입된 국제적인 결제기구와 지급 또는 수령하는 경우(제6호), ⅱ) 인정된 거래에 따른 채권의 매매 및 양도, 채무의 인수가 이루어진 경우(비거주자간의 외화채권의 매매·양도 및 상속·유증 등 이전을 포함함)(제7호), 이 경우 지급신청서, 채권의 매매·양도계약서, 채무자에 대한 통지서를 외국환은행에 제출해야 한다.[53]

ⅲ) 인정된 거래에 따라 외국에서 외화증권을 발행한 거주자가 원리금상환 및 매입소각 등을 위하여 자금관리위탁계약을 맺은 자에게 지급하고자 하는 경우(제9호), ⅳ) 인정된 거래에 따라 외화증권을 취득하고자 하는 자가 관련자금을 예탁결제원에게 지급하는 경우(제10호)

ⅴ) 국제개발협력기본법에 따른 국제개발협력과 관련한 자금을 거래당사자가 아닌 자에게 지급하는 경우(제24호), ⅵ) 외국환거래규정 제5-4조 제3항에 따라 다국적기업의 상계센터를 통한 상계로서 한국은행총재에게 상계 신고를 이행한 후 상계잔액을 해당 센터에 지급하는 경우(제25호)

---

52) 취급지침 64쪽.
53) 취급지침 64쪽.

(라) 외국인투자기업 등의 본사 주식 등 취득대금의 지급

외국인투자촉진법에 의한 외국인투자기업(국내 자회사를 포함), 외국기업 국내지사, 외국은행 국내지점 또는 사무소가 본사(본사의 지주회사나 방계회사를 포함)의 주식 또는 지분을 취득하는 경우 동 취득대금을 본사에게 직접 지급하는 경우(제11호)

(마) 해외직접투자 및 부동산 취득 관련 지급

ⅰ) 인정된 거래에 따라 외국에 있는 부동산 또는 이에 관한 권리를 취득하고자 하는 거주자가 동 취득대금을 당해 부동산소재지 국가에서 부동산계약을 중개·대리하는 자(거주자 본인 또는 거주자의 배우자가 해외에서 체재할 목적으로 주거용 주택을 취득하는 경우에는 거주자의 배우자를 포함)에게 지급하는 경우(제8호)

ⅱ) 해외현지법인을 설립하거나 해외지사를 설치하고자 하는 거주자가 동 자금을 해외직접투자와 관련된 대리관계가 확인된 거주자 또는 비거주자에게 지급하는 경우(제12호)

(바) 수입거래 관계자에 대한 수입대금의 지급

ⅰ) 수입대행업체(거주자)에게 단순수입대행을 위탁한 거주자(납세의무자)가 수입대행계약시 미리 정한 바에 따라 수입대금을 수출자인 비거주자에게 지급하는 경우(제14호), 이 경우 지급신청서, 수입대행업체와 수출자간의 수입계약서, 수입대행업체와 수입위탁업체 간의 수입대행계약서를 외국환은행에 제출해야 한다.[54]

ⅱ) 거주자가 인터넷으로 물품 수입을 하고 수입대금은 국내 구매대행업체를 통하여 지급하는 경우 및 수입대금을 받은 구매대행업체가 수출자에게 지급하는 경우(제15호), 이 경우 지급신청서, 국내 구매대행업체와 수출자간의 대행계약서, 인터넷으로 물품수입을 한 거주자의 수입대금 입금 내역, 국내 구매대행업체의 사업자등록증 사본을 외국환은행에 제출해야 한다. 위 제출서류 중 인터넷으로 물품수입을 한 거주자의 수입대금 입금 내역에는 물품수입을 한 수입자(거주자)명, 수입물품명, 수입금액이 명시되어야 한다. 구매대행업체가 단순 결제대행업체이거나 수출자와 동일인인 경우에는 위 제출서류 중 국내 구매대행업체와 수출자간의 대행계약서는 적용할 수 없다.[55]

ⅲ) 비거주자가 인터넷으로 판매자인 다른 비거주자로부터 물품을 구매하고 구매대금을 거주자인 구매대행업체를 통하여 지급하는 경우 및 구매대금을 받은 거주자인 구매대행업체가 판매자인 다른 비거주자에게 지급하는 경우(제16호), 이 경우 지급신청서, 국내 구매대행업체와 판매자간의 대행계약서, 판매대금 거래 및 입금 내역, 국내 구매대행업체의 사업자등록증 사본을 외국환은행에 제출해야 한다. 위 제출서류 중 판매대금 거래 및 입금 내역에는 구매를 한

---

54) 취급지침 64쪽.
55) 취급지침 65쪽.

구매자명(비거주자), 판매물품명, 판매금액이 명시되어야 한다.56)

iv) 거주자인 정유회사 및 원유, 액화천연가스 또는 액화석유가스 수입업자가 외국정부 또는 외국정부가 운영하는 기업으로부터 원유, 액화천연가스 또는 액화석유가스를 수입함에 있어 당해 수출국의 법률이 정한 바에 따라 수입대금을 수출국의 중앙은행에 지급하는 경우(제17호)

(사) 기타

i) 해운대리점 또는 선박관리업자가 비거주자인 선주(운항사업자를 포함)로부터 수령한 자금으로 국내에 입항 또는 국내에서 건조 중인 선박("외항선박")의 외항선원 급여등 해상운항경비를 외항선박의 선장 등 관리책임자에게 지급하는 경우(제18호), ii) 거주자간 거래의 결제를 위하여 당해 거래의 당사자인 거주자가 당해 거래의 당사자가 아닌 거주자와 지급등을 하는 경우(제19호)

iii) 해외광고 및 선박관리 대리대행계약에 따라 동 업무를 대리·대행하는 자가 지급 또는 수령하는 경우(제23호), iv) 거주자인 「외국인관광객 등에 대한 부가가치세 및 개별소비세 특례규정」에 따른 환급창구운영사업자가 지급 업무의 대행에 대한 협약을 맺은 업체를 통해 비거주자에게 환급금을 지급하는 경우(제26호)

(2) 금융기관 등을 대상으로 하는 신고예외

i) 외국환은행이 당해 외국환은행의 해외지점 및 현지법인57)의 여신과 관련하여 차주, 담보제공자 또는 보증인으로부터 여신원리금을 회수하여 지급하고자 하는 경우(제4호), ii) 거주자인 예탁결제원이 예탁기관으로서 법·영 및 이 규정에서 정하는 바에 따라 비거주자가 발행한 주식예탁증서의 권리행사 및 의무이행과 관련된 내국지급수단 또는 대외지급수단을 지급 또는 수령하는 경우(제5호)

iii) 외교통상부의 「신속 해외송금 지원제도 운영지침」58)에 따라 대한민국 재외공관이 국민인 비거주자에게 긴급경비를 지급하는 경우(제13호), iv) 거주자인 통신사업자와 비거주자인 통신사업자간 통신망 사용대가의 결제를 위하여 당해 거래의 당사자인 거주자가 당사자가 아닌 비거주자와 지급등을 하는 경우(제20호)

v) 정보통신망법에 따라 등록된 통신과금서비스제공자59)가 거주자 또는 비거주자의 전

---

56) 취급지침 65쪽.
57) "현지법인"이란 외국환거래규정에 의하여 신고등을 하여 설립한 외국에 있는 법인을 말한다(규정1-2(43)).
58) "신속 해외송금 지원제도"라 함은 해외에서 소지품 분실, 도난 등으로 긴급 상황에 처한 대한민국 국민에게 긴급 경비를 신속히 지원하는데 목적이 있다(신속 해외송금 지원제도 운영지침1).
59) "통신과금서비스제공자"란 등록을 하고 통신과금서비스를 제공하는 자를 말하고(정보통신망법2①(11)), "통신과금서비스이용자"란 통신과금서비스제공자로부터 통신과금서비스를 이용하여 재화등을 구입·이용하는 자를 말한다(정보통신망법2①(12)). "통신과금서비스"란 정보통신서비스로서 i) 타인이 판매·제공

자적 방법에 의한 재화의 구입 또는 용역의 이용에 있어 그 대가의 정산을 대행하기 위해 지급등을 하는 경우(제21호), vi) 거주자가 외국환은행 또는 이에 상응하는 금융기관에 개설된 에스크로 계좌(상거래의 안정성을 확보하기 위하여 중립적인 제3자로 하여금 거래대금을 일시적으로 예치하였다가 일정 조건이 충족되면 당초 약정한 대로 자금의 집행이 이루어지는 계좌)를 통해 비거주자와 지급등을 하는 경우(제22호)

vii) 거주자가 외국에 있는 과세당국에 세금을 납부하기 위해 비거주자인 납세대리인을 지정하고, 당해 대리인에게 지급하는 경우(제27호), viii) 「선주상호보험조합법」에 따른 선주상호보험조합이 선주상호보험사업과 관련한 자금을 거래당사자가 아닌 자에게 지급등을 하는 경우 (제28호)

3. 외국환은행 신고: 미화 5천불 초과 1만불 이내

위의 신고예외 사항에 해당하는 경우를 제외하고 거주자가 미화 5천불을 초과하고 미화 1만불 이내의 금액(분할하여 지급등을 하는 경우에는 각각의 지급등의 금액을 합산한 금액)을 제3자와 지급등을 하려는 경우에는 외국환은행의 장에게 신고하여야 한다(규정5-10②).

제출서류는 i) 지급등의 방법(변경) 신고(보고)서, ii) 거래 당사자간 계약서, iii) 제3자 지급등을 입증하는 서류(당사자간 합의서 등) 등이다. 거래 당사자간 계약서에 제3자 지급을 입증하는 내용이 포함되어 있는 경우에는 제3자 지급등을 입증하는 서류의 제출은 생략할 수 있다. 또한 제3자 지급등을 입증하는 서류는 e-mail 또는 fax 형태의 것도 가능하다.[60]

4, 한국은행 신고

(1) 미화 1만불 초과 제3자 지급등 신고

위의 신고예외 사항 및 외국환은행 신고사항에 해당하는 경우를 제외하고 거주자가 제3자와 지급등을 하려는 경우에는 한국은행총재에게 신고하여야 한다(규정5-10③). 즉 미화 1만불 초과 금액을 제3자와 지급등을 하려는 경우에는 한국은행총재에게 신고하여야 한다. 이 경우 i) 신고서(규정 별지 제5-1호 서식), ii) 제3자 지급등 대상 채권·채무 확인서류, iii) 해당 지급등에 대한 당사자간 합의서, iv) 제3자 지급등의 사유에 대한 입증서류를 제출해야 한다.[61]

하는 재화 또는 용역("재화등")의 대가를 자신이 제공하는 전기통신역무의 요금과 함께 청구·징수하는 업무와 ii) 타인이 판매·제공하는 재화등의 대가가 가목의 업무를 제공하는 자의 전기통신역무의 요금과 함께 청구·징수되도록 거래정보를 전자적으로 송수신하는 것 또는 그 대가의 정산을 대행하거나 매개하는 업무를 말한다(정보통신망법2①(10)).

60) 취급지침 64쪽.
61) 취급절차 [별지 제1호 서식] 2. 신고, 라.

예를 들어 (주)가나다통상은 미국 DEF사에게 수입채무 U$1,000,000가 있으나 DEF사의 요청에 의해 수입채무 중 U$550,000을 미국 ABC사에게 지급하기 위해 한국은행에 제3자 지급신고를 한다.[62)]

(2) 제3자 지급 및 수령 유형에 따른 신고 필요 여부

(가) 거주자(A, B) 상호간 거래 또는 행위(한국은행 홈페이지)

– 거주자(A)의 당해 거래당사자가 아닌 비거주자(C)와의 지급·수령

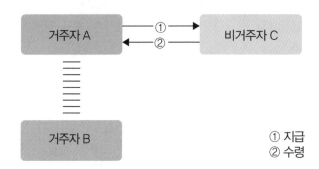

* 위의 "제3자 지급등" 중 ②는 신고 불필요(규정 제5-10조)

(나) 거주자(A)와 비거주자(B) 간 거래 또는 행위

1) 거주자(A)의 당해 거래 당사자가 아닌 자(C,D)와의 지급·수령

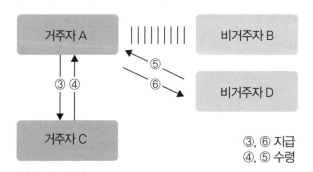

* 위의 "제3자 지급등" 중 ⑤는 신고 불필요(규정 제5-10조)

---

62) 한국은행(2019), 49쪽.

2) 당해 거래 당사자가 아닌 거주자(C)와 당해 거래 당사자인 비거주자(B)와 지급·수령

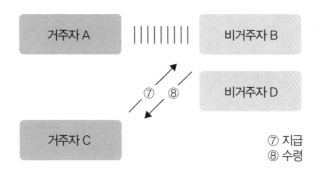

* 위의 "제3자 지급등" 중 ⑧은 신고 불필요(규정 제5-10조)

(다) 비거주자(B,D) 상호간 거래 또는 행위

- 당해 거래 당사자가 아닌 거주자(C)와 당해 거래 당사자인 비거주자(D)와의 지급·수령

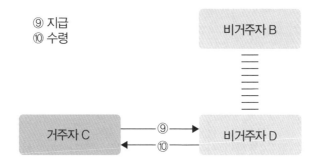

* 위의 "제3자 지급등" 중 ⑩은 신고 불필요(규정 제5-10조)

5. 사후보고

거주자와 다국적회사인 비거주자와의 거래의 결제를 위하여 당해 거래의 당사자가 아닌 다국적회사의 자금관리전문회사로 지정된 자에게 지급하는 경우에는 지급일로부터 1개월 이내에 위의 외국환은행장 신고 또는 한국은행총재 신고를 사후보고할 수 있다(규정5-10④).

6. 국세청 및 관세청 통보

신고 또는 사후보고를 받은 외국환은행의 장 또는 한국은행총재는 외환전산망을 통하여 매월별로 익월 10일까지 신고 또는 보고 사실을 국세청장 및 관세청장에게 통보하여야 한다(규정5-10⑤).

Ⅴ. 외국환은행을 통하지 아니하는 지급 및 수령

1. 의의

거주자간, 거주자와 비거주자간 또는 비거주자 상호간의 거래나 행위에 따른 채권·채무를 결제할 때 거주자가 외국환업무취급기관등을 통하지 아니하고 지급 또는 수령을 하는 경우 그 지급 또는 수령의 방법을 기획재정부장관에게 미리 신고하여야 한다(법16(4)). 이에 따라 외국환거래규정은 외국환은행을 통하지 아니하는 지급 및 수령을 규정하고 있다(규정 제5절).

"외국환은행을 통한 지급등"이라 함은 외국환은행을 통하여 지급·추심 또는 수령을 하거나 외국환은행에 개설된 계정간의 이체에 의한 방법으로 지급등을 하는 것을 말한다(규정 1-2(17)). 외국환거래는 외국환은행을 통하는 것이 원칙이며, 뒤에서 살펴볼 신고예외 사항을 제외하고 거주자가 외국환은행을 통하지 아니하고 지급하는 경우에는 한국은행총재에게 신고하여야 한다.

외국환은행을 통하지 않은 지급등의 방법을 제한하는 이유는 외국환은행을 통하지 아니하고 지급등을 하는 경우 효율적인 외국환(신고등)관리 및 통계수집 등이 곤란해질 우려가 있기 때문이다. 따라서 당해 지급 및 수령 또는 그 원인이 되는 거래가 신고등을 필요로 하는 경우 먼저 그 절차를 거쳐야 하며 이를 외국환은행이 확인하도록 절차를 두고 있다.

2. 신고예외 사항

거주자가 외국환은행을 통하지 아니하고 지급수단을 수령하고자 하는 경우 및 다음에 해당하는 방법으로 지급을 하고자 하는 경우에는 신고를 요하지 아니한다(규정5-11①).

외국환거래규정 제5-11조 제1항 각 호의 사유들은 외국환은행을 통하지 아니하고 지급등을 하더라도 신고를 요하지 아니하는 사유를 열거한 것으로서, 그 중 어느 하나에 해당하는 한 제5-11조 제1항 각 호 중 다른 조항에 의하여 신고의무가 면제되는 것인지 여부를 따질 필요는 없다.[63]

(1) 물품대금을 직접 지급 또는 수령하는 경우

외항운송업자와 승객간에 외국항로에 취항하는 항공기 또는 선박안에서 매입, 매각한 물품대금을 직접 지급 또는 수령하는 경우에는 신고를 요하지 아니한다(규정5-11①(1)). 여기서

---

[63] 대법원 2006. 9. 28. 선고 2004도8435 판결(외국환거래규정 제5-11조 제1항 각 호의 사유들은 외국환업무취급기관을 통하지 아니하고 지급등을 하더라도 신고를 요하지 아니하는 사유를 열거한 것으로서, 그 중 어느 하나에 해당하는 한 제5-11조 제1항 각 호 중 다른 조항에 의하여 신고의무가 면제되는 것인지 여부를 따질 필요는 없으므로, 외국환거래규정 제5-11조 제1항 제4호에 의하여 신고의무가 면제된 이상 같은 항 제8호의 반대해석에 의하여 신고의무가 있다고 해석할 수는 없다).

"외항운송업자"라 함은 해운법, 항공법 또는 화물유통촉진법의 규정에 의하여 허가 또는 면허를 받거나 신고 또는 등록을 한 ⅰ) 외국항로에 취항하고 있는 국내의 항공 또는 선박회사, ⅱ) 외국의 선박 또는 항공회사의 대리업무를 영위하는 해운대리점업자와 항공화물운송대리점업자 및 항공운송 총대리점업자(외국의 선박 또는 항공회사의 국내에 있는 지사를 포함), ⅲ) 복합운송주선업자, ⅳ) 선박관리업자를 말한다(규정1-2(18)).

(2) 해외여행경비, 해외이주비 및 국내재산을 외국에서 직접 지급하는 경우

해외여행자(여행업자 및 교육기관등을 포함) 또는 해외이주자(해외이주예정자를 포함) 및 재외동포가 해외여행경비, 해외이주비 및 국내재산을 외국에서 직접 지급하는 경우에는 신고를 요하지 아니한다(규정5-11①(2) 본문). 다만, 미화 1만불을 초과하는 대외지급수단을 휴대수출하여 지급하는 경우는 다음에 한하여 신고를 요하지 아니한다(규정5-11①(2) 단서).

ⅰ) 해외체재자, 해외유학생이 대외지급수단을 휴대수출하여 지급하는 경우와 해외이주자, 해외이주예정자 및 재외동포가 대외지급수단을 휴대수출하여 지급하는 경우로 지정거래외국환은행의 장의 확인을 받은 경우(가목)

ⅱ) 일반해외여행자(외국인거주자는 제외)가 대외지급수단을 관할세관의 장에게 신고한 후 휴대수출하여 지급하는 경우(나목)

ⅲ) 정부, 지방자치단체, 공공기관운영법에 따라 지정된 공공기관, 한국은행, 외국환은행, 한국무역협회·중소기업협동조합중앙회·언론기관(국내 신문사, 통신사, 방송국에 한함)·대한체육회·전국경제인연합회·대한상공회의소의 예산으로 지급되는 해외여행경비를 휴대수출하여 지급하는 경우(다목)

ⅳ) 해외체재자 및 해외유학생이 지정거래외국환은행의 장이 확인한 금액을 초과하여 관할세관의 장에게 신고한 후 휴대수출하여 지급하는 경우. 다만, 초과금액이 미화 1만불 이하의 경우에는 신고를 요하지 아니한다(라목)

ⅴ) 여행업자(교육기관등을 포함)가 외국환은행의 장의 확인을 받은 대외지급수단을 휴대수출하여 지급하는 경우(마목)

(3) 인정된 거래 등

ⅰ) 거주자가 인정된 거래에 따른 지급을 위하여 송금수표, 우편환 또는 유네스코쿠폰으로 지급하는 경우(제3호),

ⅱ) 거주자가 외국에서 보유가 인정된 대외지급수단으로 인정된 거래에 따른 대가를 외국에서 직접 지급하는 경우(제4호)[64]

---

64) 대법원 2008. 4. 24. 선고 2008도136 판결(거주자가 미화 1만 달러 이하의 외국통화 등 대외지급수단을 소지하고 외국으로 출국하여 외국에서 물품을 구입하는 등 경상거래를 하고 그에 따른 대가를 외국환업무취

거주자가 "외국에서 보유가 인정된 대외지급수단"으로 "인정된 거래"에 따른 대가를 외국환업무취급기관을 통하지 아니하고 외국에서 직접 지급하는 경우에는 외국환거래법 제16조에 의한 신고를 할 의무가 없다.[65]

일본으로 출국할 때마다 미화 1만 달러 이하에 해당하는 일본국 엔화를 소지하여, 일본에서 물품을 구입하고 엔화로 그 대가를 지급한 다음, 귀국시 관세를 납부하고 위 물품을 반입하여 판매한 경우, 각 지급행위는 외국환거래규정 제5-11조 제1항 제4호에 해당하여 외국환거래법 제16조에 의한 신고의무가 없다.[66] 중국으로 출국할 때마다 미화 1만 달러 이하를 소지하고 출국하여 수입물품에 대한 착수금을 각 지급한 경우, 각 지급행위는 외국환거래규정 제5-11조 제1항 제4호에 해당하여 외국환거래법 제16조에 의한 신고의무가 없다.[67]

외국환거래법 제17조, 같은 법 시행령 제29조 제2항 및 외국환거래규정 제6-2조 제1항 제3호 등을 종합하여 보면, 거주자가 미화 1만 달러 이하의 외국통화 등 대외지급수단을 소지하고 외국으로 출국하는 경우에는 외국환거래법 제17조에 의한 허가를 받거나 신고를 할 의무가 없으므로 위 규정에 따라 적법하게 수출된 대외지급수단은 외국환거래규정 제5-11조 제1항 제4호 소정의 "외국에서 보유가 인정된 대외지급수단"에 해당한다고 해석된다. 또한 외국환거래규정 제1-2조 제25호는 "인정된 거래"에 관하여 외국환거래법 및 같은 법 시행령과 외국환거래규정에 의하여 신고등을 하였거나 신고등을 요하지 아니하는 거래라고 규정하고 있는바, 외국환거래법 및 같은 법 시행령과 외국환거래규정상 이 사건과 같은 경상거래를 신고할 의무가 있다고 볼 근거를 찾아볼 수 없으므로, 피고인이 미화 1만 달러 이하의 대외지급수단을 소지하고 중국으로 출국하여 중국에서 물품을 구입하는 등 경상거래를 한 다음 그에 따른 대가를 외국환업무취급기관을 통하지 아니하고 직접 지급한 부분은 외국환거래규정 제5-11조 제1항 제4호에 해당하여 외국환거래법 제16조 제4호에 의한 신고의무가 있다고 볼 수 없다.[68]

iii) 거주자와 비거주자간에 국내에서 내국통화로 표시된 거래를 함에 따라 내국지급수단으로 지급하고자 하는 경우(제5호)[69]

급기관을 통하지 아니하고 외국에서 직접 지급하더라도 이는 외국환거래규정 제5-11조 제1항 제4호 소정의 "거주자가 외국에서 보유가 인정된 대외지급수단으로 인정된 거래에 따른 대가를 외국에서 직접 지급하는 경우"에 해당하므로, 외국환거래법 제16조에 의한 신고의무가 없다(대법원 2006. 9. 28. 선고 2004도8435 판결, 2006. 10. 28. 선고 2004도7428 판결 등 참조)).

65) 대법원 2006. 9. 28. 선고 2004도8435 판결.
66) 대법원 2006. 9. 28. 선고 2004도8435 판결.
67) 대법원 2007. 2. 23. 선고 2005도9823 판결.
68) 대법원 2008. 3. 14. 선고 2007도9027 판결.
69) 대법원 2005. 12. 9. 선고 2005도6234 판결(외국환거래규정 제5-11조 제1항 제5호는 "거주자와 비거주자간에 국내에서 내국통화로 표시된 거래를 함에 따라 내국지급수단으로 지급하고자 하는 경우"에는 거주자가 외국환은행을 통하지 아니하고 지급을 하더라도 신고를 요하지 아니한다고 규정하고 있는바, 이 사건 거래는 국내 여행사로부터 여행객을 위한 괌 현지의 호텔 및 식당의 예약 등에 관한 여행수속의 알선의뢰

(4) 지급절차를 거친 후 외국환은행의 확인을 받은 경우

지급절차를 거친 후 당해 외국환은행의 장의 확인을 받은 다음에 해당하는 경우에는 신고를 요하지 아니한다(제6호).

ⅰ) 대외무역관리규정 [별표 3] 및 [별표 4]에서 정한 물품을 외국에서 수리 또는 검사를 위하여 출국하는 자가 외국통화 및 여행자수표를 휴대수출하여 당해 수리 또는 검사비를 외국에서 직접 지급하는 경우(가목), ⅱ) 외국항로에 취항하는 항공 또는 선박회사가 외국통화를 휴대수출하여 외국에서 운항경비를 직접 지급하는 경우(나목)

ⅲ) 원양어업자70)가 어업규정준수 여부 확인 등을 위하여 승선하는 상대국의 감독관 등에게 지급하여야 할 경비를 휴대수출하여 지급하는 경우(다목), ⅳ) 영화, 음반, 방송물 및 광고물을 외국에서 제작함에 필요한 경비를 당해 거주자가 대외지급수단을 휴대수출하여 외국에서 직접 지급하는 경우(라목)

ⅴ) 스포츠경기, 현상광고, 국제학술대회 등과 관련한 상금을 당해 입상자에게 직접 지급하는 경우(마목), ⅵ) 외국인거주자(비거주자를 포함)가 국내에서의 고용, 근무에 따라 취득한 국내보수 또는 자유업 영위에 따른 소득 및 국내로부터 지급받는 사회보험 및 보장급부 또는 연금 등을 대가로 지정거래외국환은행으로부터 매입한 대외지급수단을 휴대수출하여 지급하는 경우(바목)

ⅶ) 수출·해외건설 등 외화획득을 위한 여행자, 방위산업체 근무자, 또는 기술·연구목적 여행자에 대하여 주무부장관 또는 한국무역협회의 장이 필요성을 인정하여 추천하는 금액, 외국에서의 치료비, 당해 수학기관에 지급하는 등록금, 연수비와 교재대금 등 교육관련 경비(규정 4-5①(2)-(4))에 의한 해외여행경비를 휴대수출하여 지급하는 경우(사목)

ⅷ) 외국인거주자(비거주자를 포함)가 한국은행에 대외지급수단매매신고(규정2-3①(3))를 하고 취득한 대외지급수단을 휴대수출하여 지급하는 경우(아목)

ⅸ) 해운대리점 또는 선박관리업자가 비거주자인 선주(운항사업자를 포함)로부터 수령한 자금으로 국내에 입항 또는 국내에서 건조 중인 선박("외항선박")의 외항선원 급여등 해상운항경비를 외항선박의 선장 등 관리책임자에게 지급하는 경우(자목)

를 받은 피고인이 괌에서 여행업을 하는 공소외인에게 위 여행수속을 다시 의뢰한 후, 성사되는 경우 그에 필요한 경비를 국내에 개설되어 있는 공소외인의 원화계좌에 입금하여 지급하는 거래로서, 거주자가 외국에 거주하는 비거주자에게 여행수속을 의뢰하여 거래가 이루어지는 것이므로, 이를 국내에서 이루어진 거래라고 할 수 없고, 따라서 이 사건 거래에 의한 지급이 위외국환거래규정이 정하고 있는 신고의 예외사유에 해당한다고 할 수 없다).

70) "원양어업자"라 함은 외국의 항구를 주로 어업의 근거지로 하거나 모선식어업 또는 국내항구를 근거지로 하는 독항식어업 등을 영위하는 자로서 수산업법에 의하여 해양수산부장관이 인정하는 자를 말한다(규정 1-2(22)).

(5) 본인명의 신용카드등으로 지급을 하고자 하는 경우

"신용카드등"이라 함은 여신전문금융업법에 의한 신용카드, 직불카드, 선불카드, 여행자카드 또는 외국환은행이 발급한 현금인출기능이 포함된 카드를 말한다(규정1-2(13-3)). 본인명의의 신용카드등(여행자카드 포함)으로 ⅰ) 외국에서의 해외여행경비 지급(외국통화를 인출하여 지급하는 것을 포함)(가목), ⅱ) 거주자가 국제기구, 국제단체, 국제회의에 대한 가입비, 회비 및 분담금을 지급하는 경우(나목), ⅲ) 거주자의 외국간행물에 연구논문, 창작작품 등의 발표, 기고에 따른 게재료 및 별책대금 등 제경비 지급(다목), ⅳ) 기타 비거주자와의 인정된 거래(자본거래를 제외)에 따른 결제대금을 국내에서 지급(국내계정에서 지급하는 것)하는 경우(라목)에는 신고를 요하지 아니한다(제9호).

(6) 기타 신고예외 지급대상

다음에 해당하는 방법으로 지급을 하고자 하는 경우에는 신고를 요하지 아니한다.

ⅰ) 국내 및 해외예금으로 인정된 외화자금을 직접 예치·처분하는 경우 및 인정된 거래에 따른 대가를 당해 예금기관이 발행한 외화수표 또는 신용카드등으로 국내에서 직접 지급하는 경우(제7호), ⅱ) 거주자와 비거주자간 또는 거주자와 다른 거주자간의 건당 미화 1만불 이하(단, 「경제자유구역의 지정 및 운영에 관한 특별법」에 따른 경제자유구역에서는 10만불 이하)의 경상거래에 따른 대가를 대외지급수단으로 직접 지급하는 경우(제8호)[71]

ⅲ) 외국인 관광객 등에 대한 부가가치세 및 개별소비세 특례규정에 의한 환급창구운영사업자가 환급금을 직접 지급하는 경우(제10호), ⅳ) 법인의 예산으로 해외여행을 하고자 하는 법인소속의 해외여행자(일반해외여행자에 한함)가 당해 법인명의로 환전한 해외여행경비를 휴대수출하여 지급하는 경우(제11호)

ⅴ) 거주자가 해외직접투자, 외국부동산 취득에 의한 건당 미화 1만불 이하 대외지급수단을 직접 지급하는 경우(제12호), ⅵ) 원양어업자가 원양어로자금 조달을 위한 현지금융의 원리금 또는 어로경비 및 해외지사의 유지활동비를 외국에서 직접 수출하는 어획물의 판매대금으

---

71) 대법원 2007. 2. 23. 선고 2005도9823 판결(외국환거래규정 제5-11조 제1항 제8호는 "거주자와 비거주자간 또는 거주자와 다른 거주자간의 건당 미화 1천 달러 이하의 경상거래에 따른 대가를 대외지급수단으로 직접 지급하는 경우"에 외국환거래법 제16조에 의한 신고의무가 면제되는 것으로 규정하고 있으므로, 거주자가 비거주자와 사이에 건당 미화 1천 달러가 넘는 경상거래에 따른 대가를 외국환업무취급기관을 통하지 아니하고 외국통화 등 대외지급수단으로 직접 지급하는 경우에는 외국환거래법 제16조에 의한 신고를 하여야 할 의무를 부담하는 것이 원칙이나, 외국환거래규정 제5-11조 제1항 각 호의 사유들은 외국환업무취급기관을 통하지 아니하고 지급등을 하더라도 신고를 요하지 아니하는 사유를 열거한 것으로서 그 중 어느 하나에 해당하는 한, 제5-11조 제1항 각 호 중 다른 조항에 의하여 신고의무가 면제되는 것인지 여부를 따질 필요는 없는 것이므로, 외국환거래규정 제5-11조 제1항 제4호에 의하여 신고의무가 면제된 이상 같은 항 제8호의 반대해석에 의하여 신고의무가 있다고 해석할 수는 없다(대법원 2006. 9. 28. 선고 2004도8435 판결 등 참조)).

로 상환하거나 지급하는 경우(제13호)

3. 외국환신고(확인)필증 교부

지급절차를 거친 후 외국환은행의 확인을 받은 경우(규정5-11①(6))에는 확인 요청을 받은 외국환은행의 장은 지급수단의 취득사실을 확인하고 당해 거주자에게 [별지 제6-1호 서식]의 외국환신고(확인)필증을 발행·교부하여야 한다(규정5-11②). 이 서류는 원·외화 반출입시 소지하여 세관에 제시하여야 한다(This sheet must be submitted to Customs officer when you carry with the Currency or Monetary Instruments).

외국환신고(확인)필증을 분실하여 그 사실을 신고해왔을 경우 당해 외국환신고(확인)필증을 발행·교부한 외국환은행의 장은 1회에 한하여 이를 재발급할 수 있으며, 재발급시에는 그 외국환신고(확인)필증의 우측상단 여백에 "재발급" 사실을 표시하여야 한다.[72]

4. 한국은행 신고

신고예외 사항에 해당하는 경우를 제외하고 거주자가 외국환은행을 통하지 아니하고 지급 등을 하고자 하는 경우(물품 또는 용역의 제공, 권리의 이전 등으로 비거주자와의 채권·채무를 결제하는 경우를 포함)에는 한국은행총재에게 신고하여야 한다(규정5-11③).

따라서 거주자가 비거주자와 외국환은행을 통하지 않고 지급등을 하는 경우(물품 또는 용역의 제공, 권리의 이전 등으로 비거주자와 채권·채무를 결제하는 경우 포함)에는 신고예외 사항, 외국환은행 확인사항(규정5-11①(6)) 및 세관 신고사항(규정6-3①)을 제외하고는 한국은행에 신고하여야 한다. 이 경우 ⅰ) 신고서(규정 별지 제5-1호 서식), ⅱ) 해당 지급등 대상 채무 입증서류, ⅲ) 은행 송금이 불가능한 이유가 명시된 입증서류를 제출해야 한다.[73]

예를 들어 (주)가나다통상은 미국의 ABC사에 대한 수출채권 U$1,000,000가 있으나 ABC사가 자금사정이 어려운 관계로 U$1,000,000 중 U$500,000에 대하여 다른 물품을 제공함으로써 결제하고자 함에 따라 한국은행에 "외국환은행을 통하지 않는 지급등의 방법" 신고를 하였다.[74]

5. 국세청 및 관세청 통보

일반해외여행자(외국인거주자는 제외)가 대외지급수단을 휴대수출하여 지급하는 경우로 관

---

72) 취급지침 60쪽.
73) 취급절차 [별지 제1호 서식] 2. 신고, 마.
74) 한국은행(2019), 71쪽.

할세관의 장에게 신고한 경우 신고를 받은 관할세관의 장 및 지급등의 방법(변경)신고필증을 교부한 한국은행총재는 매월별로 익월 10일 이내에 신고사실을 국세청장 및 관세청장에게 통보하여야 한다(규정5-11④).

상계, 기간을 초과하는 지급, 제3자 지급, 외국환은행을 통하지 않은 지급의 국세청 및 관세청 통보기간을 정리하면 다음과 같다.[75]

지급등 방법 신고 내역의 유관기관 통보

통보내용	주기	통보처	관련조항
상계[1]	반기	국세청 관세청	제5-4조 ④
기간 초과 지급	월	국세청 관세청	제5-8조 ②
제3자 지급	월	국세청 관세청	제5-10조 ②
외국환은행을 통하지 않은 지급	월	국세청 관세	제5-11조 ④, ⑤

주 : 1) 상호계산 신고내역(외국환은행)도 국세청·관세청에 통보(제5-5조 ④)

Ⅵ. 위반시 제재

1. 형사제재

법 제16조에 따른 신고의무를 위반한 금액이 25억원을 초과하는 자는 1년 이하의 징역 또는 1억원 이하의 벌금에 처한다(법29①(3), 영40①(1)). 다만, 위반행위의 목적물 가액의 3배가 1억원을 초과하는 경우에는 그 벌금을 목적물 가액의 3배 이하로 한다(법29① 단서). 징역과 벌금은 병과할 수 있다(법29②).

2. 과태료

법 제16조에 따른 신고를 하지 아니하거나 거짓으로 신고를 하고 지급 또는 수령을 한 자에게는 1억원 이하의 과태료를 부과한다(법32①(3)). 다만, 제29조에 해당하는 경우는 제외한다(법32① 단서). 법 제16조를 위반하여 신고를 갈음하는 사후 보고를 하지 아니하거나 거짓으로 사후 보고를 한 자에게는 3천만원 이하의 과태료를 부과한다(법32③(1)).

75) 임영진(2018), Ⅲ-7쪽.

제3절 지급수단등의 수출입 신고

Ⅰ. 서설

1. 지급수단의 수출과 수입의 개념

기획재정부장관은 외국환거래법의 실효성을 확보하기 위하여 필요하다고 인정되어 대통령령으로 정하는 경우에는 지급수단 또는 증권을 수출 또는 수입하려는 거주자나 비거주자로 하여금 그 지급수단 또는 증권을 수출 또는 수입할 때 대통령령으로 정하는 바에 따라 신고하게 할 수 있다(법17). 여기서 "지급수단의 수출"이라 함은 지급수단을 외국으로 반출하는 것을 의미하고[76] "지급수단의 수입"은 외국에 있는 지급수단 또는 증권을 대한민국으로 들여오는 일체의 행위를 지칭하는 것이고 내국지급수단의 수입에 있어서는 그 내국지급수단이 외국에서 통용되거나 사용되어 외국물품으로 볼 수 있을 정도에 이르렀을 경우로 한정된다고 볼 수 없다.[77]

2. 적용범위

지급수단 또는 증권("지급수단등")의 수출 또는 수입에 대하여 신고를 하게 할 수 있는 경우는 ⅰ) 우리나라가 체결한 조약 및 일반적으로 승인된 국제법규의 성실한 이행을 위하여 필요한 경우(제1호), ⅱ) 자본의 불법적인 유출·유입을 방지하기 위하여 필요한 경우(제2호)이다(영31① 본문). 다만, 지급 또는 수령의 방법의 신고(법16) 및 자본거래의 신고(법18①)를 한 자가 신고내용에 따라 지급수단등을 수출 또는 수입하는 경우는 제외한다(영31① 단서).

---

76) 대법원 2008. 4. 10. 선고 2007도351 판결(이 사건 기록에 의하면, 미국 국적의 국내 거주자인 피고인이 2005. 4. 30. 김해국제공항 출국장에서 이 사건 지급수단(한화 9,252만 원과 일화 70만 엔)을 피고인의 손가방 안에 소지한 채 보안검색에서 적발되었고, 피고인이 외국환거래법 제17조에 규정된 지급수단의 수출에 관한 허가를 받지 아니한 사실을 알 수 있으나, 한편 피고인은 수사기관 이래 일관되게 자신이 김해국제공항에 있는 한국관광공사의 면세점에서 물품대금을 지급하기 위하여 이 사건 지급수단을 휴대한 것일 뿐 이를 외국에 반출할 의사는 없었다고 주장하고 있고, 수사기록에 첨부된 상업송장, 내·외국환 신고필증 등이 일응 피고인의 주장에 부합하는 자료들로 볼 수 있는바, 만약 피고인이 그 주장과 같이 국내 국제공항 내 면세점에 물품대금을 지급하기 위하여 이 사건 지급수단을 휴대한 것에 불과하다면, 피고인의 이와 같은 행위를 외국환거래법 제17조에서 규정하는 지급수단의 수출로 볼 수는 없고, 따라서 피고인에게 같은 조 소정의 허가를 받을 의무도 없다고 할 것이다. 그럼에도 원심은 피고인의 주장에 대한 충분한 심리를 거치지 아니한 채 피고인이 외국환거래법상 지급수단의 밀수출의 실행에 착수한 것으로 볼 수 있다는 이유만으로 이 사건 공소사실을 유죄로 인정한 제1심판결의 결론을 그대로 유지하였는바, 이러한 원심판결에는 외국환거래법 제17조에 관한 법리를 오해하거나 심리를 다하지 아니하여 판결 결과에 영향을 미친 위법이 있다).

77) 대법원 2014. 6. 12. 선고 2013도13187 판결.

시행령 제31조 제1항에서 "1. 우리나라가 체결한 조약 및 일반적으로 승인된 국제법규의 성실한 이행을 위하여 필요한 경우" 또는 "2. 자본의 불법적인 유출·유입을 방지하기 위하여 필요한 경우"에 법 제17조에 따라 지급수단등의 수출 또는 수입에 대하여 신고를 하게 할 수 있다고 규정하였더라도, 이는 기획재정부장관이 신고의 대상인 지급수단등의 수출 또는 수입의 범위와 기준 등을 정함에 있어 그 목적을 제한하는 규정으로서 형벌법규의 구성요건을 보충하는 요소에 해당하지 아니하기 때문에, 시행령 제31조 제1항이 죄형법정주의가 요구하는 형벌법규의 명확성의 원칙에 반한다고 할 수 없다.[78]

기획재정부장관은 지급수단등의 수출 또는 수입에 대하여 신고를 하게 하는 경우에는 신고를 하여야 하는 지급수단등의 수출 또는 수입의 범위와 기준, 그 밖에 필요한 사항을 정하여 고시하여야 한다(영31②). 법 제17조 및 영 제31조 제2항의 규정에 의하여 신고하여야 하는 지급수단 또는 증권("지급수단등")의 수출입의 범위와 기준은 외국환거래규정 제6장에서 정하는 바에 의한다(규정6-1).

지급수단등의 수출 또는 수입의 신고를 하려는 자는 기획재정부장관이 정하여 고시하는 신고 서류를 기획재정부장관에게 제출하여야 한다(영31③).

II. 관할세관의 신고등 확인

1. 관할세관 신고예외 사항

거주자 또는 비거주자가 다음에 해당하는 지급수단등을 수출입하는 경우에는 신고를 요하지 아니한다(규정6-2①).

(1) 주요 신고예외 사항

거주자 또는 비거주자가 ⅰ) 미화 1만불 이하의 지급수단등을 수입하는 경우(다만, 내국통화, 원화표시 여행자수표 및 원화표시 자기앞수표 이외의 내국지급수단은 제외)(제1호), ⅱ) 약속어음·환어음·신용장을 수입하는 경우(제2호), ⅲ) 미화 1만불 이하의 지급수단(대외지급수단, 내국통화, 원화표시 자기앞수표 및 원화표시 여행자수표) 및 미화 1만불을 초과하는 대외지급수단을 국내에서 취득하는 경우에는 당해 취득사실에 대하여 외국환은행의 장의 확인을 받아야 하는 절차를 거친 대외지급수단을 수출하는 경우(제3호), ⅳ) 국내에 있는 외국정부의 공관과 국제기구, 한미행정협정에 따른 미합중국군대 및 이에 준하는 국제연합군("미합중국군대등"), 미합중국군대등의 구성원·군속·초청계약자와 미합중국군대등의 비세출자금기관·군사우편국 및 군용은

---

78) 대법원 2014. 6. 12. 선고 2013도13187 판결.

행시설, 국내에 있는 외국정부의 공관 또는 국제기구에서 근무하는 외교관·영사 또는 그 수행원이나 사용인, 외국정부 또는 국제기구의 공무로 입국하는 자가 대외지급수단을 수출입하는 경우(제4호)에는 신고를 요하지 아니한다(규정6-2①(1)-(4)).

외국환거래규정 제6-2조 제1항 제2호가 지급수단등 가운데 약속어음이나 환어음을 수입하는 경우를 신고대상에서 제외하고 당좌수표는 신고대상에서 제외하지 아니하였다 하더라도, 어음과 수표의 법적 성질이나 기능에서의 차이 등에 비추어 이로 인하여 헌법상의 평등권이 침해되었다고 할 수도 없다.[79]

(2) 인정된 신고예외 사항

다음에 해당하는 지급수단등을 수출하는 경우에는 신고를 요하지 아니한다(규정6-2①(5)).

ⅰ) 외국환은행을 통하지 아니하는 지급등의 방법(규정5-11)에 의하여 인정된 대외지급수단을 수출하는 경우(가목)[80]

ⅱ) 비거주자가 다음에 해당하는 대외지급수단을 수출하는 경우(나목), 즉 ㉠ 인정된 거래에 따른 대외지급을 위하여 송금수표 또는 우편환을 수출하는 경우, ㉡ 최근 입국시 휴대수입한 범위 내 또는 국내에서 인정된 거래에 의하여 취득한 대외지급수단을 수출하는 경우, ㉢ 외국환거래법의 적용을 받지 않는 거래에 의하여 취득한 채권을 처분하고자 발행한 수표를 수출하는 경우, ㉣ 주한 미합중국 군대 및 이에 준하는 국제연합군이 한미행정협정과 관련한 근무

---

[79] 대법원 2014. 6. 12. 선고 2013도13187 판결.

[80] 대법원 2013. 10. 11. 선고 2011도13101 판결(외국환거래규정 제6-3조 제1항은 "제6-2조의 규정을 제외하고 거주자 또는 비거주자가 지급수단등을 수출입하고자 하는 경우에는 관할세관의 장에게 신고하여야 한다"고 규정하는데, 제6-2조 제1항 제5호 가목에 의하면, 비거주자가 제5-11조의 규정에 의하여 인정된 대외지급수단을 수출하는 경우에는 신고를 요하지 아니한다는 취지로 규정되어 있다. 따라서 비거주자가 대외지급수단을 수출하는 경우 원칙적으로 이를 관할세관의 장에게 신고하여야 하지만, 외국환거래규정 제5-11조의 규정에 의한 절차를 이행한 경우에는 그 신고의무가 없다.
나아가 외국환은행을 통하지 아니한 지급의 절차를 규정하는 외국환거래규정 제5-11조 제1항은 "다음 각호의 1에 해당하는 방법으로 지급을 하고자 하는 경우에는 신고를 요하지 아니한다"고 하면서 "재외동포가 해외여행경비, 해외이주비 및 국내재산을 외국에서 직접 지급하는 경우. 다만, 미화 1만 불을 초과하는 대외지급수단을 휴대수출하여 지급하는 경우는 다음 각목의 1에 한한다"(제2호)고 정하며, 이에 따른 "가목"에서는 "지정거래외국환은행의 장의 확인"을 규정하면서 "(2) 해외이주자, 해외이주예정자 및 재외동포가 대외지급수단을 휴대수출하여 지급하는 경우"를 들고 있다. 이 경우 "제1항의 규정에 의하여 확인 요청을 받은 외국환은행의 장은 지급수단의 취득사실을 확인하고 당해 거주자에게 [별지 제6-1호 서식]의 외국환신고(확인)필증을 발행·교부하여야 한다"(제2항). 한편 "재외동포의 국내재산 반출절차"를 규정한 외국환거래규정 제4-7조는 재외동포가 본인 명의로 보유하고 있는 국내예금을 국외로 반출하고자 하는 경우, 거래외국환은행을 지정하고(제1항) 재외동포재산반출신청서를 제출할 것(제2항)을 요구하는 이외에, 그 자금은 제5-11조의 규정에 의하여 휴대수출할 수 있다(제4항)는 취지로 규정하고 있다.
결국 위와 같은 법령 규정들의 문언 및 그 취지를 종합하여 보면, 비거주자인 재외동포가 미화 1만 불을 초과하는 국내재산 내지 대외지급수단을 휴대수출하여 지급하고자 하는 경우 원칙적으로 관할세관의 장에게 이를 신고하여야 할 의무가 있고, 다만 제5-11조가 규정하는 절차에 따라 지정거래외국환은행의 장의 확인이 담긴 외국환신고(확인)필증의 발행·교부가 있는 경우에는 그와 같은 신고를 요하지 아니한다고 해석하여야 할 것이다).

또는 고용에 따라 취득하거나 외국의 원천으로부터 취득한 대외지급수단 또는 당해 국가의 공금인 대외지급수단을 수출하는 경우

iii) 외국인거주자가 외국환거래법의 적용을 받지 않는 거래에 의하여 취득한 대외지급수단을 수출하는 경우(다목)

iv) 다음에 해당하는 내국지급수단을 수출하는 경우(라목), 즉 ㉠ 수출물품에 포함 또는 가공되어 대외무역법에서 정하는 바에 의해 내국지급수단을 수출하는 경우, ㉡ 비거주자가 입국시 휴대수입하거나 국내에서 매입한 원화표시 여행자수표를 수출하는 경우

(3) 한국은행 및 외국환업무취급기관의 업무 관련 신고예외 사항

ⅰ) 외국환은행이 외국환은행 해외지점, 외국환은행 현지법인 또는 외국금융기관(외국환전영업자를 포함)과 내국통화를 수출입하는 경우(제6호), ⅱ) 한국은행·외국환은행 또는 체신관서가 인정된 업무를 영위함에 있어 대외지급수단을 수출입하는 경우(제7호 라목)에는 신고를 요하지 아니한다(규정6-2①(6)(7) 라목).

(4) 기타 지급수단등의 수출입 신고예외 사항

다음에 해당하는 지급수단등을 수출입하는 경우에는 신고를 요하지 아니한다(규정6-2①(7)).

ⅰ) 다음에 해당하는 무기명식증권이나 기명식증권을 수출입하는 경우(나목), 즉 ㉠ 자본거래의 신고를 한 자가 신고한 바에 따라 기명식증권을 수출입하는 경우, ㉡ 외국인투자촉진법에 의하여 취득한 기명식증권을 수출입하는 경우, ㉢ 외국인투자촉진법에 의한 외국인투자기업(국내자회사를 포함), 외국기업 국내지사, 외국은행 국내지점 또는 사무소에 근무하는 자로서 본사(본사의 지주회사나 방계회사를 포함)의 주식 또는 지분을 취득한 거주자가 취득한 본사의 주식이나 국제수익증권 등을 수출입하는 경우

ⅱ) 거주자가 미화 5만불 상당액 이내의 외국통화 또는 내국통화를 지급수단으로 사용하지 아니하고 자가화폐수집용·기념용·자동판매기시험용·외국전시용 또는 화폐수집가 등에 대한 판매를 위하여 수출입하고자 하는 경우(다목)

ⅲ) 거주자가 수출대금 및 용역대금의 수령을 위하여 외국통화표시수표를 휴대수입 이외의 방법으로 수입하는 경우(마목)

2. 관할세관 신고대상: 1만불을 초과 지급수단 휴대수출입

앞에서 본 관할세관 신고예외 사항을 제외하고 ⅰ) 거주자 또는 비거주자가 미화 1만불을 초과하는 지급수단(대외지급수단과 내국통화, 원화표시 여행자수표 및 원화표시 자기앞수표)을 휴대수입하는 경우, ⅱ) 국민인 거주자가 미화 1만불을 초과하는 지급수단(대외지급수단, 내국통화, 원화표시 여행자수표 및 원화표시 자기앞수표)을 휴대수출하는 경우에는 관할세관의 장에게 신고

하여야 한다(규정6-2②).

따라서 미화 1만불 상당액을 초과하는 지급수단을 휴대수입하는 경우에는 관할세관에 신고하여야 한다. 여기서 미화 1만불에 상당하는 내국지급수단의 환산율은 거래 또는 행위 발생시점의 매매기준율로 한다.[81]

3. 외국환은행 확인대상

다음에 해당하는 자가 미화 1만불을 초과하는 대외지급수단을 국내에서 취득하는 경우에는 당해 취득사실에 대하여 외국환은행의 장의 확인을 받아야 한다(규정6-3③).

(1) 비거주자의 대외지급수단 취득 확인

(가) 미화 1만불 초과 취득

비거주자가 미화 1만불을 초과하는 대외지급수단(약속어음, 환어음, 신용장은 제외)을 국내에서 취득하는 경우, 즉 ⅰ) 대외지급수단을 대외계정 및 비거주자외화신탁계정의 인출 등으로 취득하거나 송금을 수령하는 경우(가목), ⅱ) 비거주자가 외국으로부터 수령 또는 휴대수입한 대외지급수단 범위 이내에서 취득하는 경우(나목)에는 당해 취득사실에 대하여 외국환은행의 장의 확인을 받아야 한다(규정6-2③(1)). 다만, 국내에 있는 외국정부의 공관과 국제기구, 한미행정협정에 따른 미합중국군대 및 이에 준하는 국제연합군("미합중국군대등"), 미합중국군대등의 구성원·군속·초청계약자와 미합중국군대등의 비세출자금기관·군사우편국 및 군용은행시설, 국내에 있는 외국정부의 공관 또는 국제기구에서 근무하는 외교관·영사 또는 그 수행원이나 사용인, 그리고 외국정부 또는 국제기구의 공무로 입국하는 자인 비거주자를 제외한다(영 제10조 제2항 제1호, 제2호 및 제6호 가목 및 나목).

이 경우 취득경위 입증서류(외국환신고(확인)필증, 외국환매입증명서, 영수증, 계산서 등)를 외국환은행에 제출해야 한다. 취득경위 입증서류 중 외국환매입증명서, 영수증, 계산서의 경우는 송금을 수령한 경우에 한한다.[82]

(나) 국내 고용등에 따른 소득 취득

비거주자가 국내에서의 고용 또는 자유업영위에 따른 국내보수 또는 소득 및 국내로부터 지급받는 사회보험 및 보장급부 또는 연금 기타 이와 유사한 소득을 대가로 대외지급수단을 취득하는 경우에도 외국환은행의 확인을 받아야 한다. 이 경우 취득경위 입증서류 등을 제출해야 한다.[83]

---

81) 취급지침 68쪽.
82) 취급지침 68쪽.
83) 취급지침 68쪽.

(2) 외국인거주자의 대외지급수단 취득 확인

(가) 미화 1만불 초과 취득

외국인거주자가 미화 1만불을 초과하는 대외지급수단을 국내에서 취득하는 경우, 즉 ⅰ) 대외지급수단을 대외계정 및 비거주자외화신탁계정의 인출 등으로 취득하거나 송금을 수령하는 경우(가목), ⅱ) 외국인거주자(배우자와 직계존비속을 포함)가 외국으로부터 수령 또는 휴대수입한 대외지급수단 범위 이내에서 취득하는 경우(나목), ⅲ) 일반해외여행자의 해외여행경비 지급을 위하여 취득하는 경우(다목)에는 당해 취득사실에 대하여 외국환은행의 장의 확인을 받아야 한다(규정6-2③(2)).

이 경우 취득경위 입증서류(외국환신고(확인)필증, 외국환매입증명서, 영수증, 계산서 등)를 외국환은행에 제출해야 한다. 취득경위 입증서류 중 외국환매입증명서, 영수증, 계산서의 경우는 송금을 수령한 경우에 한한다.[84)

(나) 국내 고용등에 따른 소득 취득

외국인거주자가 국내에서의 고용 또는 자유업영위에 따른 국내보수 또는 소득 및 국내로부터 지급받는 사회보험 및 보장급부 또는 연금 기타 이와 유사한 소득을 대가로 대외지급수단을 취득하는 경우에도 외국환은행의 확인을 받아야 한다. 이 경우 취득경위 입증서류 등을 제출해야 한다.[85)

4. 외국환신고(확인)필증 교부

관할세관장 신고대상으로 신고를 받거나 외국환은행의 확인대상으로 확인 요청을 받은 관할세관의 장 또는 외국환은행의 장은 지급수단의 신고 및 취득사실을 확인하고 당해 거주자 또는 비거주자에게 [별지 제6-1호 서식]의 외국환신고(확인)필증을 발행·교부하여야 한다(규정6-2④). 이 서류는 원·외화 반출입시 소지하여 세관에 제시하여야 한다(This sheet must be submitted to Customs officer when you carry with the Currency or Monetary Instruments).

취득경위 입증서류를 통하여 내용을 확인한 외국환은행의 장은 "외국환신고(확인)필증"을 당해 비거주자에게 발행·교부하여야 한다. 비거주자가 외국환신고(확인)필증을 분실하여 그 사실을 신고해왔을 경우 당해 외국환신고(확인)필증을 발행 교부한 외국환은행의 장은 1회에 한하여 이를 재발급할 수 있으며, 재발급시는 그 외국환신고(확인)필증의 우측상단 여백에 "재발급" 사실을 표시하여야 한다.[86)

---

84) 취급지침 69쪽.
85) 취급지침 69쪽.
86) 취급지침 68쪽.

5. 국세청 통보

외국환신고(확인)필증을 발행·교부한 세관의 장은 매월별로 익월 10일 이내에 동 신고사실을 국세청장에게 통보하여야 한다(규정6-2⑤).

6. 한국은행 보고

외국환은행 해외지점, 외국환은행 현지법인 또는 외국금융기관(외국환전영업자를 포함)과 내국통화를 수출입한 외국환은행의 장은 매 분기 내국통화수출입실적을 종합하여 다음 분기 첫째 달 10일까지 한국은행총재에게 보고하여야 한다(규정6-2⑥).

Ⅲ. 관할세관 신고

1. 지급수단등의 수출입시 관할세관 신고 및 보고

앞서 살펴본 관할세관 신고예외 사항, 외국환신고(확인)필증을 받은 경우(규정6-2)를 제외하고 거주자 또는 비거주자가 지급수단등을 수출입하고자 하는 경우에는 관할세관의 장에게 신고하여야 하며, 국제우편물로 수입되어 수입된 사실을 알지 못하는 등 불가피한 사유로 인정되는 경우에는 지급수단이 수입된 날로부터 30일 이내에 사후 보고를 할 수 있다(규정6-3①).

외국환거래법과 같은 법 시행령 및 외국환거래규정의 전반적인 체계와 취지 및 목적, 당해 위임조항과 관련조항의 규정 형식 및 내용 등과 아울러 효율적인 입법목적 달성을 위하여 대내외 시장환경의 급격한 변화와 다양하고 유동적인 형태의 외국환거래에 탄력적으로 대응할 필요가 있는 외국환거래 규제의 특수성 등을 종합하여 살펴보면, 법 제17조의 위임에 따라 제정된 시행령 제31조에서 제1항을 통하여 기획재정부장관이 지급수단등의 수출 또는 수입에 대하여 신고를 하도록 규제하는 것을 일정한 필요성이 있는 경우로 제한하면서 제2항을 통하여 기획재정부장관에게 신고를 하여야 하는 지급수단등의 수출 또는 수입의 범위와 기준, 그 밖에 필요한 사항을 정하여 고시하도록 위임하고, 이에 따라 기획재정부장관이 외국환거래규정 제6-3조 제1항을 통하여 제6-2조에서 규정한 경우를 제외하고는 거주자 또는 비거주자가 지급수단등을 수출입하고자 하는 경우 관할세관의 장에게 신고하도록 고시한 것을 들어, 백지재위임금지의 원칙에 반하는 등 위임입법의 한계를 벗어나 죄형법정주의를 위반하였다고 할 수 없다.[87]

---

87) 대법원 2014. 6. 12. 선고 2013도13187 판결.

2. 지급수단등의 수출입(변경) 신고서 제출

관할세관의 장에 대한 신고를 하고자 하는 자는 [별지 제6-2호 서식]의 지급수단등의 수출입(변경) 신고서에 ⅰ) 당해 지급수단등의 수출입사유나 원인이 되는 거래 또는 행위의 증빙서류, ⅱ) 정상적인 거래관행에 부합하는지 여부 등 수출입의 필요성을 입증하는 서류를 첨부하여 당해 신고기관에 제출하여야 한다(규정6-3② 전단). 신고한 내용을 변경하고자 하는 경우에도 같다(규정6-3② 후단).

구체적인 첨부서류는 ⅰ) 사유서, ⅱ) 거래당사자의 실체확인서류, ⅲ) 원인거래 입증서류(계약서, 신고서 등), ⅳ) 수출입 소요량 입증서류, ⅴ) 지급수단 사본(필요시), ⅵ) 기타 세관의 장이 필요하다고 인정하는 서류이다.

Ⅳ. 세관장의 수출입제한 조치 등

세관의 장은 입출국하는 자가 지급수단등을 수출입할 때에는 질문, 증빙서류 제시요구 등을 통하여 지급수단등의 수출입 신고를 하였는지 여부를 확인하여야 하며, 신고를 하여야 하는 수출입으로서 신고를 하지 아니하고 수출입하는 경우에 대하여는 제6-3조(관할세관의 장에 대한 신고)의 규정에 의한 신고를 하게 하거나 당해 지급수단등의 수출 또는 수입을 제한하는 등 필요한 조치를 할 수 있다(규정6-4).

Ⅴ. 위반시 제재

1. 형사제재

법 제17조에 따른 신고를 하지 아니하거나 거짓으로 신고를 하고 지급수단 또는 증권을 수출하거나 수입한 자(신고의무를 위반한 금액이 미화 3만달러를 초과하는 경우로 한정)는 1년 이하의 징역 또는 1억원 이하의 벌금에 처한다(법29①(4), 영30②). 다만, 위반행위의 목적물 가액의 3배가 1억원을 초과하는 경우에는 그 벌금을 목적물 가액의 3배 이하로 한다(법29① 단서). 미수범은 처벌하고(법29②), 징역과 벌금은 병과할 수 있다(법29③).

2. 과태료

법 제17조에 따른 신고를 하지 아니하거나 거짓으로 신고를 하고 지급수단 또는 증권을 수출입하거나 수출입하려 한 자에게는 5천만원 이하의 과태료를 부과한다(법32②(3)). 다만, 제29조(벌칙)에 해당하는 경우는 제외한다(법32② 단서).

제4절 금융제재대상자 등과의 지급 및 수령

Ⅰ. 개관

기획재정부장관은 국제 평화 및 안전을 유지하기 위한 국제적 노력에 특히 기여할 필요가 있는 경우에는 국내로부터 외국에 지급하려는 거주자·비거주자, 비거주자에게 지급하거나 비거주자로부터 수령하려는 거주자에게 그 지급 또는 수령을 할 때 허가를 받도록 할 수 있다(법15②(2)).

기획재정부 고시인「국제평화 및 안전유지 등의 의무이행을 위한 지급 및 영수허가지침」("허가지침")은 외국환거래법 제15조(지급절차 등) 제2항 및 동법 시행령 제29조(지급 또는 수령의 허가) 제1항에 의거 대한민국이 국제사회의 일원으로 우리나라가 체결한 조약 및 일반적으로 승인된 국제법규의 성실한 이행과 국제평화 및 안전유지를 위한 국제적 노력에 기여하기 위하여 제2조 제1항에 의한 금융제재대상자 등과 같은 조 제2항에 규정된 자에 대한 지급 및 수령의 제한에 관한 사항을 규정함을 목적으로 한다(허가지침1).

외국환거래법에 따르면 상계 등 특수한 결제방법을 제외한 대부분 외국환거래의 지급 및 수령행위가 자유화되었으나 국제공조를 통한 세계평화 도모 등을 위해 정부가 지정한 금융제재대상자 등과의 지급 및 수령에 대해서는 한국은행총재의 허가 등을 받도록 하고 있다.

금융제재대상자 등과 지급 및 수령을 함에 있어 한국은행총재의 허가 등 정당한 절차를 거치지 않은 경우에는 외국환거래법에 따른 제재는 물론 국제사회로부터 불이익을 받을 수 있는 만큼 각별한 주의가 요구된다.[88]

Ⅱ. 적용범위

허가지침은 이 지침 제2조 제1항 제1호부터 제19호까지에 해당하는 금융제재대상자 등과 제2조 제2항의 금융제재대상자 등을 제외하고 이란에 거주하는 개인 또는 이란에 소재하는 단

---

88) 한국은행(2016), 144쪽.

체에 해당하는 개인 및 단체등과 거주자 및 비거주자간의 지급 및 영수에 대하여 적용한다(허가지침2).

1. 국제연합 안전보장이사회 결의 제751호 및 제1907호(각 1992년, 2009년: 소말리아 및 에리트리아의 평화와 안전에 위협이 되는 자에 대한 제재)에 의거 국제연합 안전보장이사회 또는 동 이사회 결의 제751호(1992년) 및 제1907호(2009년)에 의하여 구성된 위원회(Security Council Committee)가 지명한 자

2. 국제연합 안전보장이사회 결의 제1267호, 1989호 및 2253호(각 1999년, 2011년 및 2015년: ISIL, 알카에다 관계자 등에 관한 제재)에 의거 국제연합 안전보장이사회 또는 동 이사회 결의 제1267호(1999년), 제1989호(2011년) 및 제2253호(2015년)에 의하여 구성된 위원회가 지명한 자

3. 국제연합 안전보장이사회 결의 제1518호(2003년: 후세인 정권 관계자 등에 대한 제재)에 의거 국제연합 안전보장이사회 또는 동 이사회 결의 제1518호(2003년)에 의하여 구성된 위원회가 지명한 자

4. 국제연합 안전보장이사회 결의 제1521호(2003년: 라이베리아 평화와 안전에 위협이 되는 자에 대한 제재)에 의거 국제연합 안전보장이사회 또는 동 이사회 결의 제1521호(2003년)에 의하여 구성된 위원회가 지명한 자

5. 국제연합 안전보장이사회 결의 제1533호(2004년: 민주콩고공화국 내전 관련자에 대한 제재)에 의거 국제연합 안전보장이사회 또는 동 이사회 결의 제1533호(2004년)에 의하여 구성된 위원회가 지명한 자

6. 국제연합 안전보장이사회 결의 제1572호(2004년: 코트디부아르 평화와 안전에 위협이 되는 자에 대한 제재)에 의거 국제연합 안전보장이사회 또는 동 이사회 결의 제1572호(2004년)에 의하여 구성된 위원회가 지명한 자

7. 국제연합안전보장이사회 결의 제1591호(2005년: 수단의 평화와 안전에 위협이 되는 자에 대한 제재)에 의거 국제연합 안전보장이사회 또는 동 이사회 결의 제1591호(2005년)에 의하여 구성된 위원회가 지명한 자

8. 국제연합 안전보장이사회 결의 제1718호(2006년: 북한 미사일·핵·대량살상무기 관련자에 대한 제재)에 의거 국제연합 안전보장이사회 또는 동 이사회 결의 제1718호(2006년)에 의하여 구성된 위원회가 지명한 자

9. 국제연합 안전보장이사회 결의 제2231호(2015년: 이란의 핵확산 민감활동 또는 핵무기 운반체계 개발 중단 합의 등과 관련한 이사회 의결)에 의거 국제연합 안전보장이사회 또는 동 이사회 결의 제2231호(2015년)에 의하여 구성된 위원회가 지명한 자

10. 국제연합 안전보장이사회 결의 제1970호(2011년: 카다피 정권에 대한 제재)에 의거 국제
    연합 안전보장이사회 또는 동 이사회 결의 제1970호(2011년)에 의하여 구성된 위원회
    가 지명한 자

11. 국제연합 안전보장이사회 결의 제1988호(2011년: 아프가니스탄의 평화와 안전에 위협이 되
    는 탈리반 관계자 등에 대한 제재)에 의거 국제연합 안전보장이사회 또는 동 이사회 결의
    제1988호(2011년)에 의하여 구성된 위원회가 지명한 자

12. 국제연합 안전보장이사회 결의 제2127호(2013년: 중앙아프리카공화국 평화와 안전에 위협
    이 되는 자에 대한 제재)에 의거 국제연합 안전보장이사회 또는 동이사회 결의 제2127
    호(2013년)에 의하여 구성된 위원회가 지명한 자

13. 국제연합 안전보장이사회 결의 제2140호(2014년: 예멘 평화와 안전에 위협이 되는 자에 대
    한 제재)에 의거 국제연합 안전보장이사회 또는 동 이사회 결의 제2140호(2014년)에 의
    하여 구성된 위원회가 지명한 자

14. 국제연합 안전보장이사회 결의 제2206호(2015년: 남수단의 평화와 안전에 위협이 되는 자
    에 대한 제재)에 의거 국제연합 안전보장 이사회 또는 동 이사회 결의 제2206호(2015)
    에 의하여 구성된 위원회가 지명한 자

15. 미합중국이 대통령명령(Executive Order) 제13224호에 따라 지명한 자 중 기획재정부
    장관이 동 지침에 따라 지정한 자

16. 미합중국이 대통령명령(Executive Order) 제13382호 및 이란금융제재규정(IFSR)에 따라
    지명한 자 중 기획재정부장관이 동 지침에 따라 지정한 자

17. 미합중국이 대통령명령(Executive Order) 제13573호 및 제13582호에 따라 지명한 자
    중 기획재정부장관이 동 지침에 따라 지정한 자

18. 유럽연합이사회(The Council of the European Union)가 지명한 자 중 기획재정부장관이
    동 지침에 따라 지정한 자

19. 그 밖에 국가의 안전 및 국민의 생명을 보호하기 위해 외교부장관, 통일부장관, 산업
    통상자원부장관 및 금융위원회위원장을 포함한 관계중앙행정기관의 장과 협의를 거쳐
    기획재정부장관이 동 지침에 따라 지정한 자

Ⅲ. 금융제재대상자 등에 대한 지급 및 수령의 허가

거주자 및 비거주자가 금융제재대상자등에게 지급하고자 하거나 금융제재대상자등으로부
터 수령하고자 하는 경우(금융제재대상자 등의 예금·신탁 및 금전대차 등 자본거래와 관련하여 발생

하는 금융기관과의 지급 및 수령을 포함) 및 금융제재대상자등이 국내에서 외국에 지급하고자 하거나 외국으로부터 수령하고자 하는 경우에는 외국환거래규정에도 불구하고 한국은행총재의 허가를 받아야 한다(허가지침3).

한국은행은 금융제재대상자 등과의 지급 및 수령에 대해 정부의 지침, 국제사회의 제재취지 등 국내외 법령 등에 저촉되지 않는 선에서 거래의 내용 등 제반 사정을 고려하여 불가피하다고 인정되는 예외적인 경우에만 허가하고 있다. 특히 이란 관련 개인 및 단체 등과의 지급 및 수령은 의약품, 식료품 또는 인도적 목적의 거래 등을 제외하고는 건당 1만유로 이상 4만유로 미만의 경우 한국은행에 신고하여야 하며 건당 4만유로 이상의 경우에는 한국은행총재의 허가를 받아야 한다.

Ⅳ. 이란 관련 개인 및 단체 등에 대한 지급 및 수령의 허가

거주자가 금융제재대상자 등을 제외하고 이란에 거주하는 개인 또는 이란에 소재하는 단체에게 지급하고자 하거나 금융제재대상자 등을 제외하고 이란에 거주하는 개인 또는 이란에 소재하는 단체로부터 수령하고자 하는 경우 거래외국환은행의 장은 해당 금융거래상대방, 선적물품 입항항구 및 운송 선사 등 지급·영수와 관련된 사항을 확인하여야 한다(허가지침4①).

거래외국환은행의 장은 확인을 위하여 제출받은 서류가 허위 또는 위조·변조되거나 금융제재대상자등과의 거래임을 확인한 경우에는 해당 거주자와의 지급 또는 수령을 거부할 수 있으며, 제재기관의 장에게 보고하여야 한다(허가지침4②).

제3장

자본거래

제1절 서설

I. 자본거래의 종류

1. 자본거래의 개요

일반적으로 자본거래는 한 국가의 경제발전 및 금융시장의 발전 정도 등 경제의 성숙도에 따라 자유화의 정도가 결정되는데 경상거래에 비해서는 자유화가 늦게 이루어지는 경향이 있다.[1] 우리나라 자본거래의 자유화는 1980년대부터 추진되기 시작하였으며, 1992년 주식시장의 부분적인 개방으로 본격화되었고, 1996년 OECD 가입과 1997년 외환위기를 계기로 그 속도가 빨라졌다. 특히 외환위기 이후 외국자본의 유치 필요성이 높아지면서 주식, 채권 및 단기금융시장(＝자금시장)이 점진적으로 개방되었고, 1999년 4월 외국환거래법 시행과 함께 자유화의 기본틀이 확립되어 국내기업 및 금융기관뿐만 아니라 개인의 외환 및 자본거래도 대폭 자유화되었다.[2]

외국환거래법 시행과 동시에 실시된 제1단계 외환 및 자본 자유화 조치에 따라 외국환거래에 대한 규제방식이 자본거래를 포함한 모든 외국환거래에 대해 "원칙자유·예외규제체

---

1) 외국환거래법상 경상거래에 관한 규제는 존재하지 않는다. 다만 경상거래의 대금결제 과정에서 특수한 지급방법(상계, 기간초과 지급, 제3자 지급등)의 경우 신고사항이 발생할 수 있다.
2) 한국은행(2016), 46쪽.

계"(negative system)로 전환되었으며, 이를 구체화하는 외국환거래 자유화정책이 꾸준히 추진되었다.

이에 따라 종전 한국은행 허가사항은 점차 폐지되거나 신고사항으로 전환되었으며, 2006년 1월부터는 외국환거래법 부칙의 일몰조항에 따라 자본거래 허가제 적용시한이 만료되면서 남아 있던 자본거래 허가사항이 신고사항으로 전환되었다. 또한 종전 한국은행 신고 또는 신고수리 사항도 단계적으로 외국환은행으로 업무가 이관되거나 신고(신고수리) 대상에서 제외됨에 따라 신고(신고수리) 대상 거래종류는 지속적으로 축소되었다.

2. 자본거래의 유형

현행 규정상 자본거래의 유형은 OECD의 「자본이동 자유화 규약」(Code of Liberalization of Capital Movement)[3]과 기존 자본거래 규제체제를 고려하여 예금, 금전대차, 증권거래, 부동산 등 12개 유형으로 분류되며 외국환거래법, 외국인투자촉진법」, 「공공차관의 도입 및 관리에 관한 법률」, 대외경제협력기금법, 자본시장법 등에 의해 규정되고 있다.

자본거래 유형별 관련 법규는 다음과 같다.

외국환거래규정 제7장~제9장

유형	관련규정
예금 및 신탁거래	외국환거래규정 제7장 제2절
금전대차 및 채무의 보증거래	외국환거래규정 제7장 제3절 공공차관의 도입 및 관리에 관한 법률 대외경제협력기금법
대외지급수단, 채권 기타의 매매 및 용역계약에 따른 자본거래	외국환거래규정 제7장 제4절
증권의 발행	외국환거래규정 제7장 제5절
증권의 취득	외국환거래규정 제7장 제6절
파생금융거래	외국환거래규정 제7장 제7절
기타 자본거래	외국환거래규정 제7장 제8절
현지금융	외국환거래규정 제8장

---

3) OECD의 「자본이동 자유화 규약」(Code of Liberalization of Capital Movement)에 따르면 가맹국은 자유화 대상항목을 점진적으로 자유화하는 동시에 규제조치의 차별적 적용을 금지해야 하는 의무를 지게 된다. 또한 경제여건상 필요한 경우 일정기간 동안 특정 항목에 대한 자유화 의무를 유보(reservation)할 수 있으나 그 사유와 제한조치의 내용을 OECD에 통보한 뒤 정기심사를 받아야 한다. 이러한 점에서 OECD의 자본거래 자유화에 대한 평가는 일국의 외환자유화 정도를 나타내는 지표역할을 하고 있다.

해외직접투자	외국환거래규정 제9장 제1절
해외지사 및 국내지사 설치	외국환거래규정 제9장 제2-3절
외국부동산 및 국내부동산 취득	외국환거래규정 제9장 제4-5절
외국인 직접투자	외국인투자촉진법

Ⅱ. 자본거래의 범위

1. 일반적 형태의 자본거래

일반적인 자본거래란 다음의 어느 하나에 해당하는 거래 또는 행위를 말한다(법3①(19) 가목-마목, 영9①(1)-(3)).

일반적인 자본거래는 ⅰ) 예금계약, 신탁계약, 금전대차계약, 채무보증계약, 대외지급수단·채권 등의 매매계약(파생상품거래는 제외)에 따른 채권의 발생·변경 또는 소멸에 관한 거래(거주자간 거래는 외국환과 관련된 경우로 한정)(가목), ⅱ) 증권의 발행·모집, 증권 또는 이에 관한 권리의 취득(파생상품거래는 제외하며, 거주자간 거래는 외국환과 관련된 경우로 한정)(나목), ⅲ) 파생상품거래(거주자간의 파생상품거래는 외국환과 관련된 경우로 한정)(다목), ⅳ) 거주자에 의한 외국에 있는 부동산이나 이에 관한 권리의 취득 또는 비거주자에 의한 국내에 있는 부동산이나 이에 관한 권리의 취득(라목), ⅴ) 가목의 예금계약 등의 경우를 제외하고 법인의 국내에 있는 본점, 지점, 출장소, 그 밖의 사무소("사무소")와 외국에 있는 사무소 사이에 이루어지는 사무소의 설치·확장 또는 운영 등과 관련된 행위와 그에 따른 자금의 수수(마목)를 말한다. 그러나 ⅴ)에서는 사무소를 유지하는 데에 필요한 경비나 경상적 거래와 관련된 자금의 수수로서 ㉠ 집기구매대금, 사무실 임대비용 등 사무소를 유지하는 데에 직접 필요한 경비의 지급 또는 수령, ㉡ 물품의 수출입대금과 이에 직접 딸린 운임·보험료, 그 밖의 비용의 지급 또는 수령, ㉢ 용역거래의 대가와 이에 직접 딸린 비용의 지급 또는 수령은 제외한다.

외국환거래법 제18조 제1항, 제3조 제1항 제19호 (라)목에 의하여 기획재정부장관에게 신고를 요하는 "거주자에 의한 외국에 있는 부동산이나 이에 관한 권리의 취득"에는 거주자가 외국에 있는 부동산에 관한 임차권이나 영업권을 취득하는 경우도 포함된다고 할 것이고, 또 그 "취득"은 거주자가 그 부동산에 관한 사실상의 소유권 내지 처분권을 취득하거나 그 부동산에 관한 임차권 등을 취득하는 정도로서 충분하며, 그 권리 취득의 목적이 거주자의 채권을 담보하기 위한 것이라고 하여 달리 볼 것은 아니다.[4]

---

4) 대법원 2009. 5. 14. 선고 2009도552 판결(이러한 법리와 기록에 비추어 보면, 원심이 적법하게 조사, 채택

2. 유사한 형태의 자본거래

유사한 형태의 자본거래는 앞에서 살펴본 일반적인 자본거래와 유사한 형태로서 다음의 거래 또는 행위를 말한다(법3①(19) 바목, 영9②).

유사한 형태의 자본거래는 ⅰ) 일반적인 자본거래에 해당하지 아니하는 거래로서 거주자와 비거주자간 또는 거주자간의 임대차·담보제공·보험·조합, 그 밖에 이와 유사한 계약에 따른 채권의 발생·변경 또는 소멸에 관한 거래(다만, 거주자간의 거래인 경우에는 외국통화로 표시되거나 지급받을 수 있는 채권의 발생·변경 또는 소멸에 관한 거래에 한정)(제1호), ⅱ) 거주자와 비거주자간 또는 거주자간의 상속·유증 또는 증여에 따른 채권의 발생·변경 또는 소멸에 관한 거래(다만, 거주자간의 거래인 경우에는 외국통화로 표시되거나 지급받을 수 있는 채권의 발생·변경 또는 소멸에 관한 거래에 한정)(제2호), ⅲ) 비거주자간의 거래로서 내국통화로 표시되거나 지급받을 수 있는 채권의 발생·변경 또는 소멸에 관한 거래(제3호), ⅳ) 거주자에 의한 다른 거주자로부터의 외화증권 또는 이에 관한 권리의 취득(제4호), ⅴ) 비거주자에 의한 다른 비거주자로부터의 내국통화로 표시되거나 지급받을 수 있는 증권 또는 이에 관한 권리의 취득(제5호), ⅵ) 개인의 국내에 있는 영업소 및 그 밖의 사무소와 외국에 있는 영업소 및 그 밖의 사무소간에 이루어지는 사무소의 설치·확장 또는 운영 등과 관련된 행위 및 자금의 수수(제6호), ⅶ) 거주자와 외국에 있는 학교 또는 병원간의 학교 또는 병원의 설립·운영 등과 관련된 행위 및 그에 따른 자금의 수수(제7호), ⅷ) 그 밖에 거주자와 비거주자간의 채권의 발생·변경 또는 소멸에 관한 거래(물품의 수출·수입 및 용역거래는 제외)나 거주자간의 외국통화로 표시되거나 지급받을 수 있는 채권의 발생·변경 또는 소멸에 관한 거래로서 기획재정부장관이 인정하는 거래(제8호)를 말한다.

Ⅲ. 자본거래의 신고등

1. 적용범위

자본거래의 신고등에 관하여는 외국환거래규정 제8장(현지금융) 및 제9장(직접투자 및 부동산 취득)의 규정에서 정한 경우를 제외하고는 제7장(자본거래)에서 정하는 바에 의한다(규정7-1).

자본거래는 거래유형에 따라 처리절차를 규정하고 있다. 특히 현지금융(제8장)과 해외직접

한 증거들을 종합하여 피고인이 이○○로부터 프랑스국 파리시에 위치한 이 사건 식당의 임차권을 포함한 영업상의 권리 일체를 유로화 39만 유로에 인수하였음에도 이를 기획재정부장관에게 신고하지 않았다는 이 사건 공소사실을 인정할 수 있다고 하여 피고인을 유죄로 인정한 제1심판결을 유지한 것은 정당하고, 거기에 상고이유 주장과 같은 법리오해, 채증법칙 위배 등의 위법이 없다).

투자 및 외국부동산 취득(제9장) 업무는 자본거래에 해당하지만 그 절차가 복잡하고 다양하여 제7장에서 규정하지 않고 별도의 장을 두고 있다. 따라서 자본거래의 신고등에 관하여는 제8장과 제9장이 우선 적용되며, 제8장과 제9장에서 규정하지 않은 사항은 제7장을 적용하게 된다.

기획재정부장관은 자본거래 신고 접수 권한을 대부분 한국은행총재 또는 외국환은행의 장에게 위탁하였다. 신고의무 위반자에 대한 검사·제재 권한은 금융위원회 및 금융감독원에 위탁하였다.

2. 신고의무대상

자본거래를 하려는 자는 대통령령으로 정하는 바에 따라 기획재정부장관에게 신고하여야 한다(법18① 본문). 이에 따라 자본거래의 신고를 하려는 자는 기획재정부장관이 정하여 고시하는 신고 서류를 기획재정부장관에게 제출하여야 한다(영32① 전단). 이 경우 신고의 절차 및 방법 등에 관한 세부사항은 기획재정부장관이 정하여 고시한다(영32① 후단). 따라서 외관상으로만 중계무역 형식을 취하고 있을 뿐 실질적으로는 자본거래에 해당하는 경우에도 외국환거래법 제18조 제1항 본문의 "신고의무"의 대상이 되고, 위 거래과정에서 신용장이 개설되고 외화차입금이 지정 거래은행에 입금되었다고 하여 이와 달리 볼 수 없다.[5]

신고와 신고수리는 자본거래 대금의 지급 및 수령 절차 이전에 완료하여야 한다(법18②). 이는 자본거래에 대한 신고와 신고수리가 자본거래 지급과 수령 이전에 완료되어야 함을 의미한다. 따라서 자본거래의 신고는 자본거래에 따른 대금을 지급하거나 수령하기 위한 전제요건이 된다.

외국환거래법상 이와 같은 신고의무가 발생하는 자본거래의 유형은 ⅰ) 예금, 신탁계약에 따른 자본거래, ⅱ) 금전의 대차, 채무의 보증계약에 따른 자본거래, ⅲ) 대외지급수단, 채권 기타의 매매 및 용역계약에 따른 자본거래, ⅳ) 증권의 발행 및 취득, ⅴ) 파생상품거래 등과 같은 일반적인 자본거래, ⅵ) 현지금융, ⅶ) 해외직접투자, ⅷ) 해외부동산취득이다.

---

5) 대법원 2010. 5. 27. 선고 2009도4311 판결(원심은, 피고인 1이 지정거래외국환은행의 장에게 신고를 하지 아니하고 2005. 12. 21.부터 2007. 12. 18까지 6회에 걸쳐, 사실은 피고인 회사가 싱가포르 소재 ○○사로부터 달러화 및 유로화를 차입하는 것임에도 형식적으로는 위 회사에 콩을 수출하고 그 대금을 수령하는 것처럼 처리하여 위 회사로부터 판시 기재 선이자를 공제한 달러화와 유로화를 피고인 회사 명의의 계좌로 입금받은 사실을 인정한 다음, 이와 같이 외관상으로만 중계무역 형식을 취하고 있을 뿐 실질적으로는 자본거래에 해당하는 경우에도 구 외국환거래법(2008. 2. 29. 법률 제8863호로 개정되기 전의 것) 제18조 제1항 본문의 "신고의무"의 대상이 된다고 할 것이고, 비록 위 거래과정에서 신용장이 개설되고 외화 차입금이 지정 거래은행에 입금되었다고 하더라도 이를 들어 지정거래외국환은행의 장에게 신고된 것과 동일시하거나 신고의무가 면제된 것으로 볼 수 없다는 이유를 들어, 판시 각 범죄사실을 유죄로 인정한 제1심 판결의 결론을 그대로 유지하였다. 관계 법령과 기록에 비추어 살펴보면, 원심의 사실인정 및 판단은 정당하여 수긍이 가고, 거기에 상고이유로 주장하는 바와 같은 채증법칙 위반, 법리오해 등의 위법이 없다).

3. 신고등의 예외거래

외국환수급 안정과 대외거래 원활화를 위하여 대통령령으로 정하는 자본거래는 사후에 보고하거나 신고하지 아니할 수 있다(법18① 단서). 여기서 "대통령령으로 정하는 자본거래"란 다음의 거래를 말하고(영32②), 외국환거래규정 제7-2조에 따라 다음에 해당하는 자본거래를 하고자 하는 경우에는 신고등을 요하지 아니한다(규정7-2).

(1) 외국환업무취급기관이 외국환업무로서 수행하는 거래

ⅰ) 한국은행이 외국환업무로서 행하는 거래(제1호), ⅱ) 외국환업무취급기관이 외국환업무로서 행하는 거래 및 동 외국환업무취급기관을 거래상대방으로 하는 거래[외국환업무취급기관규정(제2장) 및 자본거래규정(제7장)에서 신고하도록 규정되어 있는 경우에는 신고한 경우에 한한다](제2호), ⅲ) 환전영업자가 환전업무로서 행하는 거래(제3호), ⅳ) 소액해외송금업자가 소액해외송금업무로서 행하는 거래(제3의2호), ⅴ) 외국환평형기금이 법·영 및 이 규정에 의하여 행하는 거래(제4호)의 경우에는 신고등을 요하지 않는다(규정7-2).

다만, 외환거래질서를 해할 우려가 있거나 급격한 외환유출입을 야기할 위험이 있는 거래로서 기획재정부장관이 고시하는 경우에는 신고하도록 할 수 있다(영32②(1)).

(2) 소액 자본거래

기획재정부장관이 정하여 고시하는 금액 미만의 소액 자본거래에 해당하는 자본거래로서 거래 건당 지급등의 금액(분할하여 지급등을 하는 경우에는 각각의 지급등의 금액을 합산한 금액)이 미화 5천불 이내인 경우에는 신고등을 요하지 아니한다(규정7-2(7)).

(3) 해외체재자의 비거주자와의 예금거래

해외에서 체재 중인 자의 비거주자와의 예금거래의 경우에는 신고등을 요하지 않는다(영32②(3)).

(4) 추가적인 자금유출입이 발생하지 않는 경미한 거래

추가적인 자금유출입이 발생하지 아니하는 계약의 변경 등으로서 기획재정부장관이 경미한 사항으로 인정하는 거래는 신고하지 않는다(영32②(4)). 이에 따라 다음에 해당하는 자본거래를 하고자 하는 경우에는 신고등을 요하지 아니한다(규정7-2(8)(9)).

즉 ⅰ) 자본거래로서 거주자(외국인거주자를 제외)의 거래 건당 지급금액이 미화 5천불 초과 5만불 이내이고, 연간 지급누계금액이 미화 5만불을 초과하지 않는 경우(다만, 지급시 제4-3조 제3항의 지정거래외국환은행의 장으로부터 거래의 내용을 확인받아야 한다)(제8호), ⅱ) 자본거래로서 거주자의 거래 건당 수령금액이 미화 5천불 초과 5민불 이내이고, 연간 수령누계금액이 미화 5만불을 초과하지 않는 경우(다만, 지정거래외국환은행의 장으로부터 거래내용을 확인받아야 하며

제4-3조의 절차에 따라 수령하여야 한다)(제9호)

(5) 신고등을 한 거래

그 밖에 기획재정부장관이 정하여 고시하는 거래는 신고하지 않는다(영32②(5)). 이에 따라 다음에 해당하는 자본거래를 하고자 하는 경우에는 신고등을 요하지 아니한다(규정7-2(5)(6)).

즉 ⅰ) 거래당사자의 일방이 신고등을 한 거래(다만, 신고인이 정해진 경우 해당 신고인이 신고등을 한 거래)(제5호), ⅱ) 규정 제7-46조 제2항에 따라 한국은행총재에게 신고한 거주자가 자금통합관리를 위하여 미화 5천만불 이내에서 지정거래외국환은행을 통하여 비거주자와 행하는 해외예금, 금전대차, 담보제공거래 및 외국환은행에 대한 담보제공(제6호)에는 신고등을 요하지 아니한다.

Ⅳ. 신고등의 절차

1. 신고 신청

(1) 신고(수리)서 제출

자본거래의 신고수리를 받고자 하거나 신고를 하고자 하는 자는 다음에서 정하는 신고(수리)서를 당해 자본거래의 신고(수리)기관에 제출하여야 한다(규정7-4① 본문 전단). 또한 신고내용을 변경하고자 하는 경우에는 변경사항을 첨부하여 당해 신고(수리)기관에 제출하여야 한다(규정7-4① 본문 후단).

다만, 기존 신고인·대리인·거래상대방에 관한 정보 변경에 대해서는 사후보고할 수 있다(규정7-4① 단서). 이에 따라 추가적인 채권·채무의 발생이 없는 기존 거래내용의 단순 변경사항에 대해서는 사후보고를 할 수 있다.

(가) 예금, 신탁계약에 따른 채권의 발생등에 관한 거래

"채권의 발생등"이라 함은 채권 또는 채무의 발생·변경·변제·소멸이나 직접 또는 간접의 이전 기타의 처분을 말한다(규정1-2(36)).

예금, 신탁계약에 따른 채권의 발생등에 관한 거래는 [별지 제7-1호 서식]의 예금, 신탁거래신고서를 신고(수리)기관에 제출하여야 한다(규정7-4①(1)). 구체적인 첨부서류는 ⅰ) 거래 또는 행위 증빙서류와 ⅱ) 기타 신고기관의 장이 필요하다고 인정하는 서류이다.

다음의 사항을 유의하여야 한다. ⅰ) 해외에서 입금한 경우에는 입금일로부터 30일 이내에 해외입금보고서를 지정거래외국환은행의 장에게 제출하여야 하며, ⅱ) ㉠ 법인은 연간 입금액 또는 연말 잔액이 미화 50만불을 초과하는 경우, ㉡ 법인 이외의 자는 연간입금액 또는 연말 잔액이 미화 10만불을 초과하는 경우에는 다음 연도 첫째 달 말일까지 잔액현황보고서를 지정거래외국환은행의 장에게 제출하여야 한다.

(나) 금전의 대차계약에 따른 채권의 발생등에 관한 거래

금전의 대차계약에 따른 채권의 발생등에 관한 거래는 [별지 제7-2호 서식]의 금전의 대차계약신고서를 신고(수리)기관에 제출하여야 한다(규정7-4①(2)). 구체적인 첨부서류는 ⅰ) 거래 사유서, ⅱ) 금전대차 계약서, ⅲ) 대주 및 차주의 실체확인서류(법인등기부등본, 사업자등록증, 주민등록등본 등), ⅳ) 보증 또는 담보 제공시 해당 신고서, ⅴ) 기타 신고기관의 장이 필요하다고 인정하는 서류이다.

(다) 채무의 보증계약에 따른 채권의 발생등에 관한 거래

채무의 보증계약에 따른 채권의 발생등에 관한 거래는 [별지 제7-3호 서식]의 보증계약신고서를 신고(수리)기관에 제출하여야 한다(규정7-4①(3)). 구체적인 첨부서류는 ⅰ) 보증 사유서, ⅱ) 보증관련 계약서, ⅲ) 신고인 및 거래관계인의 실체확인서류(법인등기부등본, 사업자등록증 등), ⅳ) 보증채무 이행에 따른 구상채권 회수방안, ⅴ) 기타 신고기관의 장이 필요하다고 인정하는 서류이다.

(라) 대외지급수단, 채권 기타의 매매계약에 따른 채권의 발생등에 관한 거래

대외지급수단, 채권 기타의 매매계약에 따른 채권의 발생등에 관한 거래는 [별지 제7-4호 서식]의 매매신고서를 신고(수리)기관에 제출하여야 한다(규정7-4①(4)). 구체적인 첨부서류는 ⅰ) 계약서, ⅵ) 신청인 및 거래상대방의 실체를 확인하는 서류, ⅲ) 기타 한국은행총재가 필요하다고 인정하는 서류이다.

(마) 증권의 발행 또는 모집

증권의 발행 또는 모집은 [별지 제7-5호 서식]의 증권발행신고서를 신고(수리)기관에 제출하여야 한다(규정7-4①(5)). 구체적인 첨부서류는 ⅰ) 발행계획서 또는 제7-23조의2의 규정에 의한 복수 거래소간 동시상장 계획서, ⅱ) 기타 신고기관의 장이 필요하다고 인정하는 서류이다.

(바) 증권취득

증권취득은 [별지 제7-6호 서식]의 증권취득신고서를 신고(수리)기관에 제출하여야 한다(규정7-4①(6)). 구체적인 첨부서류는 ⅰ) 증권취득 사유서, ⅱ) 증권취득 계약서, ⅲ) 신고인 및 거래관계인의 실체확인서류(법인등기부등본, 사업자등록증 등), ⅳ) 기타 신고기관의 장이 필요하다고 인정하는 서류이다.

(사) 파생상품거래

파생상품거래는 [별지 제7-7호 서식]의 파생상품거래 신고서를 신고(수리)기관에 제출하여야 한다(규정7-4①(7)). 구체적인 첨부서류는 ⅰ) 파생상품거래 사유서, ⅱ) 파생상품거래 계약서, ⅲ) 신고인 및 거래관계인의 실체확인서류(법인등기부등본, 사업자등록증 등), ⅳ) 다른 자본거래와 관련 있는 파생상품거래의 경우 동 자본거래 관련 서류, ⅴ) 기타 한국은행총재가 필요하다고 인정하는 서류이다.

(아) 담보계약에 따른 채권의 발생등에 관한 거래

담보계약에 따른 채권의 발생등에 관한 거래는 [별지 제7-8호 서식]의 담보제공 신고서를 신고(수리)기관에 제출하여야 한다(규정7-4①(8)). 구체적인 첨부서류는 ⅰ) 담보제공 사유서, ⅱ) 담보제공 계약서, ⅲ) 신고인 및 거래관계인의 실체확인서류(법인등기부등본, 사업자등록증 등), ⅳ) 담보물 입증서류, ⅴ) 기타 신고기관의 장이 필요하다고 인정하는 서류이다.

(자) 임대차계약에 따른 채권의 발생등에 관한 거래

임대차계약에 따른 채권의 발생등에 관한 거래는 [별지 제7-9호 서식]의 임대차계약 신고서를 신고(수리)기관에 제출하여야 한다(규정7-4①(9)). 구체적인 첨부서류는 ⅰ) 임대차계약서, ⅱ) 임대차물 증빙서류, ⅲ) 임대차사유 증빙서류, ⅳ) 기타 신고기관의 장이 필요하다고 인정하는 서류이다.

(차) 증권대차계약에 따른 채권의 발생등에 관한 거래

증권대차계약에 따른 채권의 발생등에 관한 거래는 [별지 제7-11호 서식]의 증권대차계약 신고서를 신고(수리)기관에 제출하여야 한다(규정7-4①(10)). 구체적인 첨부서류는 ⅰ) 증권대차 사유서, ⅱ) 증권대차 계약서, ⅲ) 신고인 및 거래관계인의 실체확인서류(법인등기부등본, 사업자등록증 등), ⅳ) 기타 신고기관의 장이 필요하다고 인정하는 서류이다.

(2) 신고등의 서류 제출방법

신고등의 예외거래(규정7-2)에 해당하는 경우를 제외하고 자본거래(제7장)에 의한 신고등의 서류는 전자적 방법을 통해 실명확인을 받고 제출할 수 있다(규정7-4②).

고객은 은행에 자본거래 신고서를 온라인 시스템으로 제출하고 은행은 각종 지급증빙서류를 블록체인 기반 기술로 처리할 수 있다. 이에 따라 은행의 비대면 업무 수행을 위한 규제 불확실성 해소 및 일반 국민과 기업의 거래 편의를 제고할 것으로 예상된다.[6]

2. 신고수리 여부 심사

기획재정부장관은 신고하도록 정한 사항 중 거주자의 해외직접투자와 해외부동산 또는 이에 관한 권리의 취득의 경우에는 투자자 적격성 여부, 투자가격 적정성 여부 등의 타당성을 검토하여 신고수리 여부를 결정할 수 있다(법18③). 이에 따라 기획재정부장관은 신고수리 여부를

---

6) 기획재정부(2020a), 15쪽.

결정할 때에는 30일의 처리기간에 신고수리, 거부 또는 거래 내용의 변경권고 여부를 정하여 신고인에게 통지하여야 한다(영32③ 전단). 이 경우 투자 업종, 투자 유형, 투자 규모 등을 고려하여 정형화된 해외직접투자로 인정되는 것으로 미리 고시한 경우에 해당하면 요건심사를 생략할 수 있다(영32③ 후단).

3. 신고내용의 보완 요구

기획재정부장관은 신고수리 여부 심사를 할 때 신고내용이 불명확하여 심사가 곤란하다고 인정되는 경우에는 지체 없이 상당한 기간을 정하여 보완을 요구할 수 있으며, 신고인이 이 기간에 보완을 하지 아니하면 신고 서류를 반려할 수 있다(영32④).

4. 신고수리 여부의 결정 통지

기획재정부장관은 신고에 대하여 30일의 처리기간 내에 ⅰ) 신고의 수리, ⅱ) 신고의 수리 거부, 또는 ⅲ) 거래내용의 변경권고 중 어느 하나에 해당하는 결정을 하여 신고인에게 통지하여야 한다(법18④, 영32⑦ 전단). 이 경우 신고내용의 보완에 걸리는 기간은 처리기간에 산입하지 아니한다(영32⑦ 후단).

5. 신고수리의 거부 결정

기획재정부장관이 신고의 수리 거부 결정을 한 경우 그 신고를 한 거주자는 해당 거래를 하여서는 아니 된다(법18⑤).

6. 거래내용의 변경권고

거래내용의 변경권고에 해당하는 통지를 받은 자가 해당 권고를 수락한 경우에는 그 수락한 바에 따라 그 거래를 할 수 있으며, 수락하지 아니한 경우에는 그 거래를 하여서는 아니 된다(법18⑥).

7. 변경권고의 수락 여부 통지

거래내용의 변경권고를 받은 자는 변경권고를 받은 날부터 10일 이내에 해당 변경권고에 대한 수락 여부를 기획재정부장관에게 알려야 하며, 그 기간에 수락 여부를 알리지 아니하면 수락하지 아니한 것으로 본다(영32⑤).

기획재정부장관은 수락하지 아니한다는 통지를 받은 때에는 통지를 받은 날(통지가 없는 경우에는 신고인이 변경권고를 받은 날부터 10일이 지난 날)부터 10일 이내에 해당 자본거래의 변경 또는 중지를 명할 것인지의 여부를 결정하여 신고인에게 알려야 한다(영32⑥).

8. 신고수리의 의제

자본거래 신고의 처리기간(30일)에 기획재정부장관의 통지가 없으면 그 기간이 지난 날에 해당 신고가 수리된 것으로 본다(법18⑦).

Ⅴ. 자본거래의 내신고수리

신고등의 절차(규정7-4)의 규정에 의한 자본거래의 신고수리를 함에 있어서 자본거래의 신고수리기관은 내신고수리를 하여 일정기간의 준비기간이 경과한 후에 본신고수리를 할 수 있으며(규정7-5①), 여기서 "일정기간의 준비기간"이라 함은 당해 자본거래에 관한 당사자간의 합의, 예약, 가계약 등 이후 본계약 체결 전까지의 기간을 말하며 그 기간은 1년을 초과할 수 없다(규정7-5②)

Ⅵ. 지급절차

1. 외국환은행을 통한 지급 · 수령의 원칙

별도로 정한 경우를 제외하고 거주자간 자본거래 또는 행위에 따른 대금의 지급등은 외국환은행을 통하여 지급 · 수령하여야 한다(규정7-3① 본문).

2. 외국환은행을 통한 지급 · 수령의 예외

건당 지급 · 수령금액이 미화 5천불 이하인 경우와 ⅰ) 외국에 체재하고 있는 거주자간 금전대차거래의 경우, ⅱ) 특정보험사업자가 국내의 거주자와 외국통화표시 보험계약을 체결하는 경우, ⅲ) 거주자가 해외여행경비의 지급에 충당하기 위하여 외국인거주자로부터 대외지급수단을 증여받는 경우(외국에서 발행된 항공권, 선표, 여객운임선급통지서(P.T.A), 항공권교환증을 포함), ⅳ) 거주자가 다른 거주자로부터 증권시장에 상장된 외화증권을 한국거래소를 통하여 취득하는 경우에는 예외로 한다(규정7-3① 단서).

3. 외국환은행을 통하지 않은 지급 · 수령의 한국은행 신고

외국환은행을 통하지 아니하고 대금을 지급 · 수령하고자 하는 경우에는 외국환은행을 통하지 아니하는 지급등의 방법의 신고등(규정5-11)에 따라 한국은행총재에게 신고하여야 한다(규정7-3②). 이 경우 ⅰ) 신고서(규정 별지 제5-1호 서식), ⅱ) 해당 지급등 대상 채무 입증서류, ⅲ) 은행 송금이 불가능한 이유가 명시된 입증서류를 제출해야 한다.[7]

Ⅶ. 신고의무 위반시 제재

1. 형사제재

법 제18조에 따른 신고의무를 위반한 금액이 10억원을 초과하는 자는 1년 이하의 징역 또는 1억원 이하의 벌금에 처한다(법29①(3), 영40①(3)). 다만, 위반행위의 목적물 가액의 3배가 1억원을 초과하는 경우에는 그 벌금을 목적물 가액의 3배 이하로 한다(법29① 단서). 징역과 벌금은 병과할 수 있다(법29③).

2. 과태료

법 제18조 제1항에 따른 신고를 하지 아니하거나 거짓으로 신고를 하고 자본거래를 한 자, 법 제18조 제5항을 위반하여 신고수리가 거부되었음에도 그 신고에 해당하는 자본거래를 한 자, 또는 법 제18조 제6항을 위반하여 거래내용의 변경권고의 권고내용과 달리 자본거래를 한 자에게는 1억원 이하의 과태료를 부과한다(법32①(4)(5)(6)). 다만, 제29조(벌칙)에 해당하는 경우는 제외한다(법32① 단서).

제2절 예금 및 신탁계약에 따른 자본거래

Ⅰ. 서설

1. 외화예금

외화예금은 금융기관에 미달러화, 위안화, 유로화 등 외화로 예치되어 있는 예금을 말하며 보통·정기예금, 부금, 예치금 등을 포함하고 은행뿐만 아니라 체신관서 등 비은행금융기관에 금전을 맡기는 일체의 계약이 포함된다. 또한 원화예금과는 달리 환율의 움직임에 따라 원화표

---

7) 취급절차 [별지 제1호 서식] 2. 신고, 마.

시 예금잔액이 변동된다. 외화예금은 계좌를 개설하는 주체에 따라 거주자의 해외예금과 거주자 및 비거주자의 국내예금으로 구분된다.

거주자의 해외예금은 1995년 2월 처음으로 허용되었다. 당시 기관투자가는 1억달러 이하, 일반법인은 1백만달러 이하, 개인은 연간 3만달러 이하에서 해외예금이 가능하였다. 이후 해외예금 한도와 해외예금 대상기관이 지속적으로 확대되다가 2001년 1월 대부분 자유화되었다. 현재 거주자의 해외예금은 지정거래외국환은행의 장에게 신고하고 동 은행을 통해 송금하도록 되어 있다. 다만 일반거주자[8]가 해외예금을 하기 위하여 건당 5만달러를 초과하여 송금하고자 하는 경우 한국은행총재에게 신고하여야 한다.

거주자 및 비거주자의 국내 외화예금 제도는 1964년 11월 최초로 도입된 이후 예금 수취 대상 통화, 예금개설자의 자격요건, 적용금리 등에 대한 제한이 점차 완화되었다. 외화예금 수취대상 통화는 1973년 1월 미달러화에서 15개 지정통화로 확대되었으며 거주자 외화예금의 개설 대상도 해운대리업자 등으로 한정되었다가 1978년 12월 모든 거주자로 확대되었다. 외화예금 금리는 LIBOR에 일정률을 가산한 범위 내에서 예금만기에 따라 차이를 두었으나 1997년 12월 완전 자유화되어 금융기관이 자율적으로 정하고 있다.[9]

2. 적용범위 등

(1) 예금계약

예금계약은 "예금자가 은행 기타 수신을 업으로 하는 금융기관에게 금전의 보관을 위탁하되 금융기관에게 그 금전의 소유권을 이전하기로 하고, 금융기관은 예금자에게 같은 통화와 금액의 금전을 반환할 것을 약정하는 계약"이다. 예금계약은 민법의 계약유형 중 소비임치의 성격을 가진다. 소비임치는 임치를 받은 사람이 임치물을 소비할 수 있고 동종·동량의 물건을 반환할 의무만 진다는 점에서 대차한 물건을 차주가 소비하고 동종·동량의 물건을 반환할 의무를 부담하는 소비대차와 사법(私法)적인 법률관계에서는 실질적으로 큰 차이가 없다. 민법도 이러한 점을 반영하여 소비임치에 소비대차에 관한 규정을 준용하고 있다(민법702). 거주자와 비거주자간의 예금계약에는 원화예금과 외화예금이 모두 포함된다.

(2) 신탁계약

신탁법 제2조에 의하면 "신탁"이란 ⅰ) 신탁을 설정하는 자(=위탁자)와 신탁을 인수하는 자(=수탁자)간의 신임관계에 기하여, ⅱ) 위탁자가 수탁자에게 특정의 재산(영업이나 저작재산권

---

8) 기관투자가, 전년도 수출입실적이 5백만달러 이상인 자, 해외 건설업자, 원양어업자, 외국항로에 취항하고 있는 국내 항공·선박회사를 제외한 거주자를 말한다.
9) 한국은행(2016), 68-69쪽.

의 일부를 포함)을 이전하거나 담보권의 설정 또는 그 밖의 처분을 하고, ⅲ) 수탁자로 하여금
일정한 자(＝수익자)의 이익 또는 특정의 목적을 위하여 그 재산의 관리, 처분, 운용, 개발, 그
밖의 신탁 목적의 달성을 위하여 필요한 행위를 하는 법률관계를 말한다(신탁법2). 즉 신탁은
위탁자가 타인(수탁자)에게 사무처리를 부탁하는 형태로, 형식적인 재산권 귀속자인 관리자(관
리권자)와 실질적인 이익향유자(수익자)를 분리하면서 이익향유자를 위한 재산의 안전지대를 구
축하는 제도이다. 신탁의 주된 구성요소는 위탁자, 수익자, 신탁의 목적, 신탁설정 행위 및 신
탁재산이다. 수익자가 없는 특정의 목적을 위한 신탁(목적신탁)도 인정된다. 거주자와 비거주자
간의 신탁계약에는 외화신탁과 원화신탁이 모두 포함된다.

(3) 적용범위

외국환거래규정은 예금과 신탁거래를 자산의 국내외 원천에 따라 국내거래와 해외거래로
구분하고, 거래자의 거주성을 기준으로 계정을 구분하여 규정하고 있다. 외화예금은 계좌개설
주체에 따라 거주자의 해외예금과 거주자 및 비거주자의 국내예금으로 구분된다.

현재 거주자 또는 비거주자가 개설하는 국내 외화예금의 종류는 거주자가 개설하는 거주
자계정,[10] 비거주자가 개설하는 대외계정,[11] 해외이주자가 개설하는 해외이주자계정[12]으로 구
분된다. 거주자계정과 대외계정에는 당좌예금, 보통예금, 통지예금, 정기예금, 정기적금, 별단
예금 등이 해당되며 해외이주자계정에는 이 중 정기적금이 제외된다.

거주자 또는 비거주자는 국내 또는 해외에서 예금 및 신탁거래를 하고자 하는 경우 신고
예외 사항을 제외하고는 지정거래외국환은행이나 한국은행에 신고하여야 한다.

Ⅱ. 국내예금 및 국내신탁

1. 예금 및 신탁 계정의 종류

외국환은행이 거주자 또는 비거주자를 위하여 개설할 수 있는 예금계정 및 금전신탁계정
의 종류는 다음과 같다(규정2-6의2①).

ⅰ) 거주자계정 및 거주자외화신탁계정

외화자금을 예치할 수 있고, 예치할 수 있는 자는 개인인 외국인거주자(개인사업자인 외국인

---

10) 거주자계정은 취득 또는 보유가 인정된 대외지급수단이나 외국환은행으로부터 보유목적으로 매입한 대외
지급수단에 한해 예치가 가능한 반면 처분에는 제한을 두지 않는다.
11) 대외계정은 외국으로부터 송금되었거나 취득 또는 보유가 인정된 대외지급수단 등을 예치할 수 있으며 처
분시에는 해외송금이 자유롭다.
12) 해외이주자계정은 해외이주자 및 재외동포가 국내재산 처분자금을 일시 예치하기 위해 개설하며 대외송금
을 할 경우 인출한다.

거주자는 제외) 및 대한민국정부의 재외공관 근무자 및 그 동거가족을 제외한 거주자이다(제1호).

ⅱ) 대외계정 및 비거주자외화신탁계정

외화자금을 유치할 수 있고, 예치할 수 있는 자는 비거주자, 개인인 외국인거주자, 대한민국정부의 재외공관 근무자 및 그 동거가족이다(제2호).

ⅲ) 비거주자원화계정

국내에서 사용하기 위한 목적의 원화자금을 예치할 수 있고, 예치할 수 있는 자는 비거주자이다(제3호).

ⅳ) 비거주자자유원계정 및 비거주자원화신탁계정

대외지급이 자유로운 원화자금을 예치할 수 있고, 예치할 수 있는 자는 비거주자(외국인거주자 포함)이다(제4호).

ⅴ) 해외이주자계정

국내재산 반출용 외화자금을 예치할 수 있고, 예치할 수 있는 자는 해외이주자, 해외이주예정자 또는 재외동포이다(제5호).

ⅵ) 외화증권투자전용외화계정

외화증권 투자용 외화자금을 예치할 수 있고, 예치할 수 있는 자는 거주자이다(제6호).

ⅶ) 투자전용비거주자원화계정 및 투자전용대외계정

국내원화증권·장내파생상품 투자용 원화자금 및 외화자금을 각각 예치할 수 있고, 예치할 수 있는 자는 비거주자 또는 외국인거주자이다(제7호).

ⅷ) 투자전용비거주자원화계정 및 투자전용대외계정

장외파생상품의 청산(장외파생상품의 거래를 함에 따라 발생하는 채무를 채무인수, 경개. 그 밖의 방법으로 부담하는 것)을 위한 원화자금 및 외화자금을 각각 예치할 수 있고, 예치할 수 있는 자는 비거주자 또는 외국인거주자이다(제7의2호).

ⅸ) 투자전용외화계정

증권·장내파생상품의 투자자금 관리를 위하여 외화자금을 예치할 수 있고, 예치할 수 있는 자는 투자매매업자·투자중개업자·한국거래소 및 증권금융회사(비거주자 또는 외국인거주자의 자금)이다(제8호).

ⅹ) 투자전용외화계정

비거주자 또는 외국인거주자의 장외파생상품의 청산을 위하여 외화자금을 예치할 수 있고, 예치할 수 있는 자는 청산회사(금융투자상품거래청산회사)이다(제8의2호).

ⅺ) 원화증권전용외화계정

비거주자의 주식예탁증서 발행 관련 자금을 관리하기 위하여 외화자금을 예치할 수 있고,

예치할 수 있는 자는 예탁결제원이다(제9호).

2. 신고등 절차

(1) 신고예외 사항

거주자 또는 비거주자가 국내에서 ⅰ) 거주자 또는 비거주자가 외국환거래규정에서 규정된 예치 및 처분 사유에 따라 외국환은행 및 종합금융회사("외국환은행등")와 예금거래 및 금전신탁거래를 하는 경우, ⅱ) 국민인 비거주자가 국내에서 사용하기 위하여 내국통화로 예금거래 및 신탁거래를 하는 경우에는 신고를 요하지 아니한다(규정7-6①).

국민인 비거주자로서 국내은행에 정기예금 형태로 예치하고자 하는데 가능한지를 살펴본다. 외국환은행등에서는 신고 없이 비거주자와 예금거래를 할 수 있고, 외국환은행등을 제외하고는 국민인 비거주자가 국내에서 사용하기 위한 원화예금거래는 별도 신고 없이 가능하지만 국내에서 사용하기 위한 것이 아닌 경우에는 한국은행에 신고하여야 한다.

(2) 한국은행 신고

위의 신고예외 사항을 제외하고 거주자 또는 비거주자가 거주자와 국내에서 예금거래 및 신탁거래를 하고자 하는 경우에는 한국은행총재에게 신고하여야 한다(규정7-6②). 이 경우 ⅰ) 신고서(규정 별지 제7-1호 서식), ⅱ) 예금(신탁)거래 계약서(예치기간 및 금액 등 명시), ⅲ) 신고사유를 입증하는 서류, ⅳ) 재원증빙서류, ⅴ) 법인의 경우 이사회 결의서 또는 내부품의문서를 제출해야 한다.[13]

따라서 거주자가 건당(동일자, 동일인 기준) 미화 5만불을 초과하여 국내에서 송금한 자금으로 예치하는 경우에는 한국은행에 신고하여야 한다. 기관투자가, 전년도 수출입실적 미화 5백만불 이상인 자, 해외건설업자, 외국항로에 취항하고 있는 국내의 항공·선박회사, 원양어업자는 제외한다(단, 지정거래외국환은행을 통한 송금 필요).

(3) 신탁계약의 만료와 자산 또는 권리 취득의 경우

거주자와 국내에서 신탁거래(거주자간의 원화신탁거래를 포함)를 하는 자가 신탁계약이 만료됨에 따라 금전이 아닌 자산 또는 이에 대한 권리를 취득하고자 하는 경우에는 신고등을 하여야 한다(규정7-6③).

3. 예금 및 신탁 계정의 예치 및 처분

외국환은행이 거주자 또는 비거주자를 위하여 개설할 수 있는 예금계정 및 금전신탁계정의 종류는 규정 제2-6조의2(예금 및 신탁)에서, 계정에 예치할 수 있는 지급수단은 규정 제7-8

---

13) 취급절차 [별지 제1호 서식] 2. 신고, 사.

조(계정에의 예치)에서, 계정의 처분사유는 규정 제7-9조(계정의 처분)에서 각각 규정하고 있다.

(1) 거주자계정 및 거주자외화신탁계정

(가) 예치할 수 있는 자

거주자(개인사업자인 외국인거주자는 제외) 및 재외공관근무자이다. 개인사업자인 외국인거주자가 개인사업자 자격으로 예금거래를 하고자 하는 경우 거주자계정을 개설하여야 하며, 순수 개인 자격의 경우에는 대외계정으로 개설하여야 한다.[14]

(나) 예치 가능 지급수단

1) 개요

거주자계정 및 거주자외화신탁계정에 예치할 수 있는 지급수단은 ⅰ) 취득 또는 보유가 인정된 대외지급수단(제1호), ⅱ) 내국지급수단을 대가로 하여 외국환은행등으로부터 매입한 대외지급수단(제2호)으로 한다(규정7-8①).

이 경우 ⅰ) 취득경위를 입증할 수 있는 서류(외국환신고(확인)필증, 계약서 등)와, ⅱ) 영수확인서를 제출해야 한다.

제출서류 중 영수확인서는 외국으로부터 송금된 미화 5만불 초과(동일자, 동일인, 동일점포를 기준으로 하며 2회 이상 매입하는 경우에는 이를 합산한 금액임)의 대외지급수단을 예치하는 경우로서 취득경위를 입증하는 서류를 제출하지 않은 경우에 한한다. 다만 수취인의 소재불명으로 인하여 송금된 날로부터 3영업일 이내에 영수사유를 알 수 없는 경우에는 익영업일 이후 영수확인서 징구를 생략하고 "이전거래"로 간주하여 예치 가능하다.[15]

거주자가 신탁계약이 만료됨에 따라 금전이 아닌 자산 또는 이에 대한 권리를 취득하고자 하는 경우로서 규정에서 취득에 따른 절차를 정한 경우에는 그에 따라 신고등을 하여야 한다.

2) 거주자 계정 예치

거주자계정은 당좌예금, 보통예금, 통지예금, 정기예금, 정기적금에 한한다. 거주자계정은 거주자로부터 취득 또는 보유가 인정된 대외지급수단을 예수하는 경우(내국지급수단을 대가로 외국환은행으로부터 매입한 대외지급수단을 예수하는 경우 제외)에 예치할 수 있다.[16]

3) 거주자외화신탁계정 예치 및 처분

거주자외화신탁계정 예치 및 처분은 거주자로부터 취득 또는 보유가 인정된 대외지급수단을 수탁하는 경우 및 거주자외화신탁계정을 처분하는 경우이다.[17]

---

14) 취급지침 73쪽.
15) 취급지침 73쪽.
16) 취급지침 73쪽.
17) 취급지침 77쪽.

(다) 처분 가능 사유

거주자계정 및 거주자외화신탁계정의 처분에는 제한을 두지 아니한다(규정7-9① 본문). 다만, 대외지급(대외계정 및 비거주자외화신탁계정으로의 이체를 포함)을 하고자 하는 경우에는 지급과 수령에 관한 규정(규정 4장)에서 정하는 바에 따른다(규정7-9① 단서).

따라서 거주자계정 처분은 ⅰ) 대외지급(대외계정 및 비거주자외화신탁계정으로의 이체를 포함)을 하고자 하는 경우와, ⅱ) 대외지급수단으로 인출하는 경우에 할 수 있다.

(2) 대외계정 및 비거주자외화신탁계정

(가) 예치할 수 있는 자

비거주자, 개인인 외국인거주자, 대한민국정부의 재외공관 근무자 및 동거가족이다.

(나) 예치 가능 지급수단

1) 개요

대외계정 및 비거주자외화신탁계정에 예치할 수 있는 지급수단은 ⅰ) 외국으로부터 송금되어 온 대외지급수단(제1호), ⅱ) 인정된 거래에 따라 대외지급이 인정된 대외지급수단(제2호), ⅲ) 국내금융기관과 외국환은행 해외지점, 외국환은행 현지법인, 외국금융기관("외국환은행 해외지점등")간 또는 외국환은행 해외지점등간 외화결제에 따라 취득한 대외지급수단(제3호), ⅳ) 증권의 발행(규정 제5절 제2관)의 규정에 따라 국내에서 증권의 발행으로 조달한 자금(제4호)으로 한다(규정7-8②).

이 경우 취득경위입증서류, 외국환신고(확인)필증(규정 별지 제6-1호 서식) 또는 지급수단 등의 수출입(변경)신고서(규정 별지 제6-2호 서식)를 제출해야 한다.[18]

2) 대외계정 예치

대외계정은 당좌예금, 보통예금, 통지예금, 정기예금, 정기적금에 한한다. 대외계정은 인정된 거래에 따라 대외지급이 허용된 대외지급수단을 예수하는 경우에 주로 예치할 수 있다.[19]

3) 비거주자외화신탁계정 예치 및 처분

비거주자외화신탁계정 예치 및 처분은 외국인거주자 또는 비거주자로부터 취득 또는 보유가 인정된 대외지급수단을 수탁하는 경우 및 비거주자외화신탁계정을 처분하는 경우이다.[20]

(다) 처분 가능 사유

대외계정 및 비거주자외화신탁계정은 ⅰ) 외국에 대한 송금(제1호), ⅱ) 다른 외화예금계정 및 외화신탁계정에의 이체(제2호), ⅲ) 대외지급수단으로의 인출 또는 외국환은행등으로부

---

18) 취급지침 74쪽.
19) 취급지침 74쪽.
20) 취급지침 77쪽.

터의 다른 대외지급수단의 매입(제3호), ⅳ) 외국환은행등에 내국지급수단을 대가로 한 매각(제4호), ⅴ) 기타 인정된 거래에 따른 지급(제5호), ⅵ) 국내금융기관과 외국환은행 해외지점, 외국환은행 현지법인, 외국금융기관("외국환은행 해외지점등")간 또는 외국환은행 해외지점등간 외화결제에 따른 지급(제6호)에 해당하는 용도로 처분할 수 있다(규정7-9②).

대외계정은 ⅰ) 대외지급수단으로의 인출을 위하여 처분하는 경우와, ⅱ) 내국지급수단을 대가로 대외계정을 처분하는 경우에 처분할 수 있다.

외국인거주자 또는 비거주자가 신탁계약이 만료됨에 따라 금전이 아닌 자산 또는 이에 대한 권리를 취득하고자 하는 경우로서 규정에서 취득에 따른 절차를 정한 경우에는 그에 따라 신고등을 하여야 한다.[21]

(3) 해외이주자계정

(가) 예치할 수 있는 자

해외이주자, 해외이주예정자 또는 재외동포이다.

(나) 예치 가능 지급수단

해외이주자계정에 예치할 수 있는 지급수단은 ⅰ) 해외이주자 및 해외이주예정자의 자기명의 재산(제1호), ⅱ) 재외동포의 자기명의 국내재산(제2호)을 처분하여 취득한 내국지급수단을 대가로 외국환은행등으로부터 매입한 대외지급수단으로 한다(규정7-8③).

해외이주자계정은 당좌예금, 보통예금, 통지예금, 정기예금에 한한다. 해외이주자계정은 ⅰ) 해외이주(예정)자가 자기명의 재산을 처분하여 취득한 내국지급수단을 대가로 외국환은행으로부터 매입한 대외지급수단을 예수하고자 하는 경우와, ⅱ) 재외동포가 자기명의 부동산 및 국내예금·신탁계정 원리금 등 국내재산을 처분하여 취득한 내국지급수단을 대가로 외국환은행으로부터 매입한 대외지급수단을 예수하고자 하는 경우에 예치할 수 있다.[22]

(다) 처분 가능 사유

해외이주자계정은 ⅰ) 해외이주비의 지급절차(규정4-6)의 규정에 의하여 인정된 해외이주비 송금(송금수표 및 여행자수표 인출을 포함) 및 재외동포의 국내재산 반출절차(규정4-7)의 규정에 의하여 인정된 국내재산의 송금(제1호), ⅱ) 외국환은행등에 내국지급수단을 대가로 한 매각(제2호)에 해당하는 용도로 처분할 수 있다(규정7-9③).

해외이주자계정은 ⅰ) 해외이주(예정)자의 자기명의 재산처분대전을 송금(송금수표 및 여행자수표인출을 포함)하고자 하는 경우와, ⅱ) 재외동포의 자기명의 부동산처분대금 및 국내예금·신탁계정 원리금 등 국내재산을 송금하고자 하는 경우에 처분할 수 있다.[23]

---

21) 취급지침 77쪽.
22) 취급지침 76쪽.

(4) 비거주자원화계정

(가) 예치할 수 있는 자

비거주자이다.

(나) 예치 가능 지급수단

비거주자원화계정에 예치할 수 있는 지급수단은 ⅰ) 비거주자가 국내에서 취득한 내국지급수단(외국으로부터 수입 또는 수령한 대외지급수단을 대가로 하여 취득한 내국지급수단을 포함)(제1호), ⅱ) 비거주자가 「대외경제협력기금법」 시행령에 의한 차관공여계약서에 따라 지급받은 내국지급수단(제2호)으로 한다(규정7-8④).

(다) 처분 가능 사유

비거주자원화계정은 ⅰ) 내국지급수단으로의 인출 또는 거주자원화계정 및 다른 비거주자원화계정으로의 이체(제1호), ⅱ) 「대외경제협력기금법」 시행령에 의한 차관공여계약서에서 정하는 바에 따라 지급된 비거주자원화계정 예치금으로 비거주자가 외국환을 매입하거나 매입한 외국환을 외국환은행을 통한 외국으로의 송금 기타 인정된 거래에 사용하는 경우(제2호), ⅲ) 외국에 대한 비거주자원화계정으로 발생한 이자송금을 위하여 외국환은행등에 대외지급수단을 대가로 한 매각(제3호)에 해당하는 용도로 처분할 수 있다(규정7-9④).

(5) 비거주자자유원계정 및 비거주자원화신탁계정

(가) 예치할 수 있는 자

비거주자(외국인거주자 포함)이다.

(나) 예치 가능 지급수단

비거주자자유원계정 및 비거주자원화신탁계정에 예치할 수 있는 지급수단은 다음에 해당하는 내국지급수단으로 한다(규정7-8⑤)

ⅰ) 비거주자(외국인거주자를 포함하며, 제2호를 제외하고 이하 이 항에서 같다)가 외국으로부터 송금하거나 휴대반입한 외화자금 또는 본인 명의의 대외계정 및 비거주자외화신탁계정에 예치된 외화자금을 내국지급수단을 대가로 매각한 자금(제1호), ⅱ) 비거주자(경상거래대금의 추심·결제업무를 수행하는 외국환은행 해외지점, 외국환은행 현지법인, 외국금융기관을 포함)가 내국통화표시 경상거래대금(수출입거래와 관련된 운임, 보험료를 포함) 또는 내국통화표시 재보험거래대금으로 취득한 내국지급수단(제2호)

ⅲ) 비거주자 본인 명의의 다른 비거주자자유원계정, 투자전용비거주자원화계정 및 비거주자원화신탁계정으로부터의 이체(제3호), ⅳ) 국제금융기구의 경우 한국은행 내에 있는 본인 명의의 비거주자원화계정으로부터의 이체(대외지급이 인정된 자금에 한한다)(제4호)

---

23) 취급지침 76쪽.

ⅴ) 인정된 자본거래에 따라 국내에서 취득한 자금으로서 대외지급이 인정된 자금(제5호), ⅵ) 비거주자(자금의 수령을 지시받은 외국에 있는 금융기관 포함)가 외환동시결제시스템24)을 통한 결제 또는 이와 관련된 거래에 따라 취득한 내국지급수단(제6호)

ⅶ) 외화대출규정(규정2-6) 및 청산업무규정(규정10-21)에 의하여 차입한 원화자금(다만, 거주자로부터 보증 또는 담보제공을 받아 차입한 원화자금은 제외)(제7호), ⅷ) 외국에 소재한 공인된 거래소에서 거래되는 증권·장내파생상품의 원화결제에 따라 취득한 자금(제8호)

ⅸ) 증권의 발행(규정 제5절 제2관)의 규정에 따라 국내에서 증권의 발행으로 조달한 자금(제9호), ⅹ) 외국인투자자가 국채 또는 한국은행법 제69조에 따른 통화안정증권의 매매를 국제예탁결제기구에 위탁하여 투자하는 경우로서, 국제예탁결제기구 명의의 투자전용비거주자원화계정으로부터 이체되어온 자금(다만, 국제예탁결제기구 명의의 투자전용비거주자원화계정내 본인 명의의 고객계좌에 예치된 자금에 한한다)(제10호)

ⅺ) 한국은행과 외국 중앙은행간 통화스왑자금을 활용한 비거주자간 내국통화표시 금전대차 계약과 관련하여 취득한 내국지급수단(외국환은행 해외지점, 외국환은행 현지법인 명의의 계정의 경우 당해 외국환은행 해외지점 및 현지법인이 금전대차 관련 대금의 결제업무를 수행하는 경우를 포함)(제11호), ⅻ) 외국환은행 해외지점, 외국환은행 현지법인 또는 외국금융기관이 제6-2조 제1항 제6호의 규정에 따라 외국환은행에 내국통화를 수출한 대가로 취득한 내국지급수단(외국환은행 해외지점, 외국환은행 현지법인 명의의 계정의 경우 당해 외국환은행 해외지점 및 현지법인이 내국통화 수출 관련 대금의 결제업무를 수행하는 경우를 포함)(제12호)

ⅹⅲ) 한국거래소가 개설한 금현물시장에서 거래되는 금현물의 매매와 관련하여 취득한 내국지급수단(제13호), ⅹⅳ) 청산은행이 다른 청산은행 명의의 비거주자자유원계정으로부터 지급받은 내국지급수단(제14호).

(다) 처분 가능 사유

비거주자자유원계정 및 비거주자원화신탁계정은 다음에 해당하는 용도로 처분할 수 있다(규정7-9⑤).

ⅰ) 외국환은행등에 대외지급수단을 대가로 한 매각(제1호), ⅱ) 내국통화표시 경상거래대금 또는 내국통화표시 재보험거래대금 지급(지급을 하는 자는 경상거래 대금의 추심·결제업무를 수행하는 외국환은행 해외지점, 외국환은행 현지법인, 외국금융기관을 포함하며, 지급방법은 계좌간 이체방식에 한한다)(제2호)

---

24) "외환동시결제시스템"이라 함은 매도통화와 매입통화의 동시결제를 통한 외환결제리스크의 감축을 목적으로 설립된 외환결제전문기관인 CLS은행(CLS Bank International)이 운영하는 결제시스템을 말한다(규정 1-2(20)).

iii) 비거주자(외국인거주자를 포함) 본인 명의의 다른 비거주자자유원계정, 투자전용 비거주자원화계정 및 비거주자원화신탁계정으로의 이체(제3호), iv) 국제금융기구의 경우 한국은행 내에 있는 본인 명의의 비거주자원화계정으로의 이체(제4호)

v) 거주자의 원화자금 차입(규정7-15) 및 청산업무(규정10-21)에 의하여 인정된 거주자에 대한 원화자금 대출(제5호), vi) 외국에서 국내로 지급의뢰된 건당(동일자, 동일인 기준) 미화 2만 불 상당 이하 원화자금의 지급(외국환은행 해외지점, 외국환은행 현지법인, 외국금융기관 명의의 계정에 한한다)(제6호)

vii) 외환동시결제시스템을 통한 결제 또는 이와 관련된 거래를 위한 자금의 이체(자금의 지급을 지시받은 외국에 있는 금융기관의 처분을 포함)(제7호), viii) 외화대출규정(규정2-6) 및 청산업무(규정10-21)에 의하여 차입한 원화자금의 원리금 상환(제8호)

ix) 외국에 소재한 공인된 거래소에서 거래되는 증권·장내파생상품의 원화결제를 위한 자금의 지급(제9호), x) 증권의 발행(규정 제5절 제2관)의 규정에 따라 발행한 증권의 원리금상환, 증권의 매입 및 증권발행 수수료 등 발행비용의 지급(제10호),

xi) 신용카드등의 사용에 따른 대금 지급(카드사용대금 결제 및 현금 인출에 한한다)(제11호), xii) 외국환은행이 비거주자자유원계정의 예치금을 담보로 제공받아 원화대출한 경우, 담보권의 행사를 위한 외국환은행의 예치금 처분(제12호),

xiii) 외국인투자자가 국채 또는 한국은행법 제69조에 따른 통화안정증권의 매매를 국제예탁결제기구에 위탁하고자 하는 경우, 국제예탁결제기구 명의의 투자전용비거주자원화계정내 본인 명의의 고객계좌로의 이체(제13호), xiv) 한국은행과 외국중앙은행간 통화스왑 자금을 활용한 비거주자간 내국통화표시 금전대차 계약(규정7-48①(13))과 관련된 내국지급수단의 지급 (외국환은행 해외지점, 외국환은행 현지법인 명의의 계정의 경우 당해 외국환은행 해외지점 및 현지법인이 금전대차 관련 대금의 결제업무를 수행하는 경우를 포함)(제14호)

xv) 외국환은행 해외지점, 외국환은행 현지법인 또는 외국금융기관이 외국환은행으로부터 내국통화를 수입한 대가의 지급(외국환은행 해외지점, 외국환은행 현지법인 명의의 계정의 경우 당해 외국환은행 해외지점 및 현지법인이 내국통화 수입 관련 대금의 결제업무를 수행하는 경우를 포함)(제15호), xvi) 한국거래소가 개설한 금현물시장에서 거래되는 금현물의 매매와 관련한 내국지급수단의 지급(제16호), xvii) 청산업무(규정10-21)와 관련하여 청산은행 명의의 비거주자자유원계정으로부터 다른 청산은행 명의의 비거주자자유원계정으로의 이체(제17호)

4. 외국환업무취급기관등의 확인

(1) 거주자계정 · 거주자외화신탁계정 예치 및 대외계정 · 비거주자외화신탁계정 처분

다음에 해당하는 경우, 즉 ⅰ) 취득 또는 보유가 인정된 대외지급수단(규정7-8①(1))에 의하여 거주자계정 및 거주자외화신탁계정에 예금 및 신탁을 예수 또는 수탁하는 경우(다만, 다른 거주자계정 및 거주자외화신탁계정으로부터의 이체는 제외)(제1호), ⅱ) 외국환은행등에 내국지급수단을 대가로 매각(규정7-9②(4))에 의한 용도로 대외계정 및 비거주자외화신탁계정을 처분하는 경우(제2호)의 외국환은행등의 확인 등에 관하여는 제2-1조의2, 제2-2조 제1항, 제3항 및 제4항의 규정을 준용한다(규정7-10①). 이를 살펴보면 다음과 같다.

(가) 지급 또는 수령 준수 규정

외국환은행이 ⅰ) 거주자계정 및 거주자외화신탁계정에 예금 및 신탁을 예수 또는 수탁하는 경우와, ⅱ) 대외계정 및 비거주자외화신탁계정을 처분하는 경우에는 지급과 수령(규정 제4장)에서 정한 지급등의 절차에 따라 거래하여야 한다(규정2-1의2①).

(나) 신고등 확인절차 이행과 입증서류 보관의무

1) 확인절차 이행과 입증서류 보관

외국환은행의 장은 건당 미화 5천불을 초과하는 ⅰ) 거주자계정 및 거주자외화신탁계정에 예금 및 신탁을 예수 또는 수탁하는 경우와, ⅱ) 대외계정 및 비거주자외화신탁계정을 처분하는 경우에 대해서는 신고등의 대상인지 확인하여야 하며, 확인절차를 이행하였음을 입증하는 서류를 5년간 보관하여야 한다(규정2-1의2②).

2) 확인절차 이행의 예외

수령하고자 하는 자의 소재불명으로 인하여 수령사유를 확인할 수 없는 경우에는 확인절차를 이행하지 아니할 수 있다(규정2-1의2③).

(다) 증빙서류 등 확인 후 반환의무

외국환은행의 장은 제출받은 증빙서류 및 취득경위 입증서류를 확인한 후 반환하여야 한다(규정2-1의2④).

(라) 외국환의 매입

1) 신고등의 대상 여부 확인

외국환은행이 ⅰ) 거주자계정 및 거주자외화신탁계정에 예금 및 신탁을 예수 또는 수탁하는 경우와, ⅱ) 대외계정 및 비거주자외화신탁계정을 처분하는 경우를 위하여 외국환을 매입하고자 하는 경우에는 매각하고자 하는 자의 당해 외국환의 취득이 신고등의 대상인지 여부를 확인하여야 한다(규정2-2① 본문).

2) 신고등의 대상 여부 확인 제외거래

외국환은행이 외국환을 매입하고자 하는 경우, 다음의 경우 ⅰ) 미화 2만불 이하인 대외지급수단을 매입하는 경우(다만, 동일자에 동일인으로부터 2회 이상 매입하는 경우에는 이를 합산한 금액이 미화 2만불 이하인 경우에 한한다), ⅱ) 정부, 지방자치단체, 외국환업무취급기관, 환전영업자 및 소액해외송금업자로부터 외국통화를 매입하는 경우, ⅲ) 거주자로부터 당해 거주자의 거주자계정 및 거주자외화신탁계정에 예치된 외국환을 매입하는 경우, ⅳ) 국내에 있는 외국정부의 공관과 국제기구, 미합중국군대 및 이에 준하는 국제연합군("미합중국군대등"), 미합중국군대등의 구성원·군속·초청계약자와 미합중국군대등의 비세출자금기관·군사우편국 및 군용은행시설 및 국내에 있는 외국정부의 공관 또는 국제기구에서 근무하는 외교관·영사 또는 그 수행원이나 사용인 및 외국정부 또는 국제기구의 공무로 입국하는 자로부터 대외지급수단을 매입하는 경우에는 매각하고자 하는 자의 당해 외국환의 취득이 신고등의 대상인지 여부를 확인할 필요가 없다(규정2-2① 단서).

3) 한국은행 신고

위의 신고등의 대상 여부 확인 제외거래 중 ⅰ) 및 ⅳ)를 제외하고 외국환은행이 외국인거주자 또는 비거주자로부터 취득경위를 입증하는 서류를 제출하지 않는 대외지급수단을 매입하는 경우에는 당해 매각을 하고자 하는 자가 [별지 제7-4호 서식]의 대외지급수단매매신고서에 의하여 한국은행총재에게 신고하여야 한다(규정2-2③). 첨부서류는 ⅰ) 계약서, ⅱ) 신청인 및 거래상대방의 실체를 확인하는 서류, ⅲ) 기타 한국은행총재가 필요하다고 인정하는 서류이다(규정2-2③).

4) 외국환 매입증명서류의 교부

외국환은행은 외국인거주자 또는 비거주자로부터 외국환을 매입하는 경우에는 1회에 한하여 외국환매입증명서·영수증·계산서 등 외국환의 매입을 증명할 수 있는 서류를 발행·교부하여야 한다(규정2-2④).

(2) 대외계정 및 비거주자외화신탁계정 예치: 외국환은행의 확인

인정된 거래에 따라 대외지급이 인정된 대외지급수단(규정7-8②(2))에 해당하는 대외지급수단의 대외계정 및 비거주자외화신탁계정에 예치와 관련하여 외국환은행등은 제4-4조 제1항 및 제2항에 해당하는지 여부를 확인하여야 한다(규정7-10②). 이를 살펴보면 다음과 같다.

(가) 건당 미화 5천불 초과 지급등: 자금의 취득경위 입증서류 제출 확인

건당 미화 5천불을 초과하는 지급등을 하고자 하는 자는 외국환은행의 장에게 지급등의 증빙서류를 제출하여야 함에도 불구하고 비거주자 및 외국인거주자는 일정한 사유에 해당하는 자금의 취득경위를 입증하는 서류("취득경위 입증서류")를 제출하여 외국환은행 장의 확인을 받은 경우에 한하여 지급할 수 있다(규정4-4①).

(나) 연간 미화 5만불 범위 내 지급: 지정거래외국환은행 통한 지급

자금의 취득경위 입증서류 제출 사유에 해당되지 않는 경우 비거주자등은 연간 미화 5만 불(해외여행경비를 신용카드등으로 지정거래외국환은행을 통해 지급한 금액을 포함) 범위 내에서 지정 거래외국환은행을 통해 지급할 수 있다(규정4-4②).

Ⅲ. 해외예금 및 해외신탁

1. 신고예외 사항

거주자가 비거주자와 해외에서 다음에 해당하는 예금거래 및 신탁거래를 하고자 하는 경우에는 신고를 요하지 아니한다(규정7-11①).

ⅰ) 외국에 체재하고 있는 거주자가 외화예금 또는 외화신탁거래를 하는 경우(제1호), ⅱ) 거주자가 「공공차관의 도입 및 관리에 관한 법률」 또는 외국환거래규정에 의한 비거주자로부터의 외화자금차입과 관련하여 외화예금거래를 하는 경우(제2호)

ⅲ) 외국환거래규정 중 파생상품거래 규정 및 관계법령에서 정하는 바에 의하여 해외장내 파생상품거래를 하고자 하는 거주자가 당해 거래와 관련하여 외국에 있는 금융기관과 외화예금거래를 하는 경우(제3호), ⅳ) 국민인 거주자가 거주자가 되기 이전에 외국에 있는 금융기관에 예치한 외화예금 또는 외화신탁계정을 처분하는 경우(제4호)

ⅴ) 거주자가 외국환거래규정 중 증권의 발행(제7장 제5절) 규정에 의한 외국에서의 증권발행과 관련하여 예금거래를 하는 경우(제5호), ⅵ) 거주자가 외국환거래규정 중 증권의 취득 (제7장 제6절) 규정에 의한 증권투자, 현지금융(제8장) 규정, 직접투자 및 부동산 취득(제9장)의 규정에 의한 해외직접투자 및 해외지사와 관련하여 외화예금거래를 하는 경우(제6호)

ⅶ) 예탁결제원이 외국환거래규정 중 증권의 취득 규정 중 거주자의 외화증권 투자절차 (제6절 제2관) 규정에 의하여 거주자가 취득한 외화증권을 외국에 있는 증권예탁기관 또는 금융기관에 예탁·보관하고 동 예탁·보관증권의 권리행사를 위하여 외화예금거래를 하는 경우(제7호), ⅷ) 인정된 거래에 따른 지급을 위하여 외화예금 및 외화신탁계정을 처분하는 경우(제8호)

ⅸ) 외환동시결제시스템을 통한 결제와 관련하여 외국환업무취급기관이 CLS은행25) 또는

---

25) CLS은행은 외환결제리스크 감축을 위한 BIS 권고에 따라 국제적인 외환거래의 동시결제 구현을 위해 1999년 미국에 설립된 국제 외환결제전문은행이다. CLS은행이 운영하는 CLS시스템(Continuous Linked Settlement System)을 통해 외환거래를 결제하는 경우, 결제대상인 통화별로 해당 통화의 발행국 중앙은행에 개설된 계좌를 통해 동시결제가 이루어지고 실제 결제시에는 다자간 차감계산(multilateral netting)에 따른 차액만 지급하면 되므로 결제를 위한 유동성이 절감될 수 있다. 우리나라의 경우 현재 국민은행과

외환동시결제시스템의 비거주자 회원은행과 복수통화(원화 포함)예금 또는 원화예금거래를 하는 경우(제9호), x) 인정된 거래에 따라 직접투자 및 부동산 취득(제9장) 규정 중 거주자의 외국부동산 취득(제4절) 규정의 외국에 있는 부동산 또는 이에 관한 권리를 취득하고자 하거나 이미 취득한 거주자가 신고한 내용에 따라 당해 부동산 취득과 관련하여 국내에서 송금한 자금으로 외화예금거래를 하는 경우(제10호)

xi) 예탁결제원, 증권금융회사 또는 증권대차거래의 중개업무를 영위하는 투자매매업자 또는 투자중개업자가 규정 제7-45조 제1항 제16호 및 제7-48조 제1항 제6호의 규정에 의한 증권대차거래와 관련하여 외화예금거래를 하는 경우(제11호), xii) 비거주자와 지정거래외국환은행의 장 신고대상(규정7-11②) 외화예금거래 신고를 한 거주자가 인정된 거래에 따라 해외에서 취득한 자금을 예치하는 경우(제12호)

xiii) 규정 제7-14조 제8항 단서의 규정에 따라 국내에 본점을 둔 외국환은행 해외지점 또는 현지법인 금융기관, 외국 금융기관에 예치하는 경우(제13호), xiv) 거주자인 채무자회생법에 따른 파산관재인이 해외에서 채권을 회수하여 취득한 자금으로 비거주자와 외화예금거래를 하고자 하는 경우(제14호)

2. 거주자의 외화예금 및 신탁거래 신고

(1) 지정거래외국환은행 신고

(가) 규정

앞의 신고예외 사항에 해당하는 경우를 제외하고 거주자가 해외에서 비거주자와 외화예금거래를 하고자 하는 경우에는 지정거래외국환은행의 장에게 신고하여야 한다(규정7-11② 본문). 다만, 국내에서 송금한 자금으로 예치하고자 하는 경우에는 지정거래외국환은행을 통하여 송금하여야 한다(규정7-11② 단서).

(나) 거주자의 해외예금

거주자가 외국에 있는 금융기관과 외화예금거래를 하는 경우이다. 이 경우 i) 예금거래신고서(규정 별지 제7-1호 서식) 및 동 서식 첨부서류, ii) 등기부등본(법인의 경우), iii) 기관투자가 등을 입증할 수 있는 서류를 제출해야 한다.

예금 재원, 예치기관에 대한 제한은 없으며, 인정된 거래에 따른 처분은 신고를 요하지 아니한다. 국내에서 송금하는 경우에는 지정거래외국환은행을 통하여 송금하여야 한다.

KEB하나은행, 신한은행이 CLS시스템에 참가하고 있고, 국제적 외환결제를 위하여 한국은행에 CLS은행의 당좌계좌가 개설되어 있다. 국내은행간 외국자금이체업무의 경우에는 이를 이용하고자 하는 국내 외국환은행은 결제은행에 통화별로 예수금계좌를 개설하고 결제은행은 계좌간 대체를 통해 은행간의 외화자금이체를 처리한다.

거주자가 건당(동일자, 동일인 기준) 미화 5만불을 초과하여 국내에서 송금한 자금으로 예치하고자 하는 경우에는 한국은행총재에게 예금거래 신고를 하였는지 여부를 확인하여야 한다. 다만, ⅰ) 기관투자가, ⅱ) 전년도 수출입실적이 미화 5백만불 이상인 자, ⅲ) 해외건설촉진법에 의한 해외건설업자, ⅳ) 외국항로에 취항하고 있는 국내의 항공 또는 선박회사, ⅴ) 원양어업자의 경우에는 외국환은행의 장에게 신고하여야 한다.[26]

(다) 거주자의 해외신탁

거주자가 해외에서 비거주자와 외화신탁거래를 하는 경우이다. 이 경우 신탁거래신고필증(규정 별지 제7-1호 서식)을 제출해야 한다. 해외신탁은 지정거래외국환은행 지정거래대상이 아니다.[27]

(2) 한국은행 신고

거주자가 해외에서 비거주자와 ⅰ) 지정거래외국환은행 신고 또는 송금에도 불구하고 기관투자가, 전년도 수출입실적이 미화 5백만불 이상인 자, 「해외건설촉진법」에 의한 해외건설업자, 외국항로에 취항하고 있는 국내의 항공 또는 선박회사, 그리고 원양어업자를 제외한 거주자가 건당(동일자, 동일인 기준) 미화 5만불을 초과하여 국내에서 송금한 자금으로 예치하고자 하는 경우(이 경우에도 지정거래외국환은행을 통하여 송금하여야 한다)(제1호)와, ⅱ) 위의 신고예외사항 중 외국에 체재하고 있는 거주자가 외화예금 또는 외화신탁거래를 하는 경우, 국민인 거주자가 거주자가 되기 이전에 외국에 있는 금융기관에 예치한 외화예금 또는 외화신탁계정을 처분하는 경우 및 인정된 거래에 따른 지급을 위하여 외화예금 및 외화신탁계정을 처분하는 경우(규정7-11①(1)(4)(8))를 제외하고 거주자가 해외에서 비거주자와 신탁거래를 하고자 하는 경우(제2호)에 해당하는 예금거래 및 신탁거래를 하고자 하는 경우에는 한국은행총재에게 신고하여야 한다(규정7-11③). 이 경우 ⅰ) 신고서(규정 별지 제7-1호 서식), ⅱ) 예금(신탁)거래 계약서(예치기간 및 금액 등 명시), ⅲ) 신고사유를 입증하는 서류, ⅳ) 재원증빙서류, ⅴ) 법인의 경우 이사회 결의서 또는 내부품의문서를 제출해야 한다.[28]

따라서 거주자[기관투자가, 전년도 수출입실적 미화 5백만불 이상인 자, 해외건설업자, 외국항로에 취항하고 있는 국내의 항공·선박회사, 원양어업자 제외(단, 지정거래외국환은행을 통한 송금 필요)]가 건당(동일자, 동일인 기준) 미화 5만불을 초과하여 국내에서 송금한 자금으로 예치하는 경우, 거주자가 해외신탁거래를 하고자 하는 경우(외국체재 거주자의 신탁, 국민인 거주자가 거주자가 되기 이전에 외국에 있는 금융기관에 예치한 외화신탁계정의 처분, 인정된 거래에 따른 지급을 위한 외화신탁

---

26) 취급지침 77쪽.
27) 취급지침 79쪽.
28) 취급절차 [별지 제1호 서식] 2. 신고, 사.

계정의 처분은 신고가 필요 없음)는 한국은행 신고사항이다.

예를 들면 유동화사채발행회사인 유한회사 가나다는 유로화 정기예금의 반환채권을 기초자산으로 하는 유동화전자단기사채를 발행하고자 현지은행인 ABC Bank에 예금계좌를 개설하고 EUR100,000,000을 국내에서 송금하기 위해 한국은행에 해외예금 거래 신고를 하였다.[29]

(3) 신탁계약 만료와 거주자의 자산 또는 권리 취득 신고

앞에서 살펴본 신고예외 사항 및 한국은행 신고대상 규정에 따라 해외에서 비거주자와 신탁거래를 하는 거주자가 신탁계약기간이 만료됨에 따라 금전이 아닌 자산 또는 이에 대한 권리를 취득하고자 하는 경우에는 외국환거래규정에서 정하는 바에 따라 신고등을 하여야 한다(규정7-11④).

해외예금 및 신탁거래(제7-11조)

종류	주체	신고 기관
예금	기관투자가, 전년 수출입 실적 5백만불 이상인 자, 해외건설업자, 외국항로 취항 국내 항공·선박고회사, 원양어업자, 5만불 이내(동일자, 동일인 기준)	• 지정거래외국환은행 신고
	5만불 초과(동일자, 동일인 기준)	• 한국은행 신고
신탁		• 한국은행 선고

3. 보고의무

(1) 해외입금보고: 지정거래외국환은행

해외에서 예금거래를 하는 자(기관투자가는 제7-35조에 의한 보고로 갈음)가 해외에서 건당 미화 1만불을 초과하여 입금한 경우에는 입금일부터 30일 이내에 해외입금보고서를 지정거래외국환은행의 장에게 제출하여야 하며, 지정거래외국환은행의 장은 다음 연도 첫째 달 말일까지 한국은행총재에게 보고하여야 한다(규정7-12①).

해외예금입금보고서는 해외에서 입금(예치)한 경우에 한하며, 국내에서 송금한 자금으로 입금하는 경우는 제출대상이 아니다.[30]

(2) 잔액현황보고: 한국은행

해외에서 예금거래를 하는 자 및 신탁거래를 하는 자(기관투자가는 제7-35조에 의한 보고로 갈음) 중 다음에 해당하는 자는 지정거래외국환은행을 경유하여 다음 연노 첫째 달 말일까지

---

29) 한국은행(2019), 81쪽.
30) 취급지침 78쪽.

잔액현황보고서를 한국은행총재에게 제출하여야 한다(규정7-12②). 즉 ⅰ) 법인은 연간 입금액 또는 연말 잔액이 미화 50만불을 초과하는 경우에 해당하여야 하고, ⅱ) 법인 이외의 자는 연간 입금액 또는 연말 잔액이 미화 10만불을 초과하는 경우이어야 한다.

(3) 국세청 및 관세청 통보

한국은행총재는 해외입금보고서 및 잔액현황보고서를 국세청장 및 관세청장에게 통보하여야 한다(규정7-12③).

제3절 금전의 대차, 채무의 보증계약에 따른 자본거래

Ⅰ. 개관

금전대차거래는 거주자간 또는 거주자와 비거주자간 이루어지는 금전의 차입 및 대출 거래를 말하며 유가증권 등 금전 이외 물건의 대차는 제외된다. 거주자와 비거주자의 금전대차는 외국통화뿐만 아니라 원화의 대차도 포함된다. 금전의 수수 없는 계약체결도 금전의 대차에 해당되며 외국환은행의 해외수입자에 대한 은행신용방식(banker's usance) 제공, 국내 수입업자의 해외은행으로부터 받는 은행신용방식 공여도 금전의 대차에 포함된다.[31] 금전의 대차에 해당하는지를 판단함에 있어서는 당사자가 현실적으로 교부받은 물건의 종류만에 의하여 결정할 것이 아니라 당사자의 의사 등까지도 종합하여 판단하여야 한다.[32]

채무의 보증은 채무자의 채무에 대하여 제3자가 채무의 이행을 부담하는 것을 말하며 외국환거래법에서는 통상적으로 지급보증을 지칭한다. 지급보증은 표시통화에 따라 원화표시 지급보증과 외화표시 지급보증으로 구분할 수 있으며, 보증의 효력이 국내에 한정되느냐 또는 외국에까지 미치느냐에 따라 대내지급보증과 대외지급보증으로 구분된다. 우리나라의 경우 원화가 국제화되지 않아 대외지급보증은 대부분 외화표시로 이루어지고 있다. 담보에 관한 거래는 보증에 관한 거래를 준용한다.

---

31) 한국은행(2016), 76, 89쪽.
32) 대법원 2004. 4. 23. 선고 2002도2518 판결(외국 호텔의 카지노에서 신용으로 도박을 하기 위하여 호텔로부터 현금 대신 "칩"을 교부받은 것이 실질적으로는 금전을 차용하고, 그 금전에 갈음하여 "칩"을 받거나, 차용한 금전을 "칩"으로 교환하여 받은 것으로서 구 외국환관리법(1998. 9. 16. 법률 제5550호 외국환거래법 부칙 제3조로 폐지)에 규정한 금전의 대차에 해당한다).

Ⅱ. 금전의 대차계약

1. 거주자의 외화자금차입의 신고예외 사항

거주자가 금전의 대차계약에 따른 채권의 발생등에 관한 거래를 하고자 하는 경우로서 다음에 해당하는 경우에는 신고를 요하지 아니한다(규정7-13).

ⅰ) 거주자가 다른 거주자와 금전의 대차계약에 따른 외국통화로 표시되거나 지급을 받을 수 있는 채권의 발생등에 관한 거래를 하고자 하는 경우(제1호), ⅱ) 거주자가 비거주자와 「외국인투자촉진법」에 의한 차관계약을 체결하거나 「공공차관의 도입 및 관리에 관한 법률」에 의한 공공차관협약을 체결하는 경우(제2호)

ⅲ) 거주자가 비거주자와 「대외경제협력기금법」에 의한 차관공여계약을 체결하는 경우(제3호), ⅳ) 국민인 거주자와 국민인 비거주자간에 국내에서 내국통화로 표시되고 지급되는 금전의 대차계약을 하는 경우(제4호)

ⅴ) 대한민국정부의 재외공관근무자, 그 동거가족 또는 해외체재자 및 해외유학생이 그 체재함에 필요한 생활비 및 학자금 등의 지급을 위하여 비거주자와 금전의 대차계약을 하는 경우(제5호), ⅵ) 국제유가증권결제기구에 가입한 거주자가 유가증권거래의 결제와 관련하여 비거주자로부터 일중대출(intra-day credit) 또는 일일대출(over-night credit)을 받는 경우(제6호)

ⅶ) 인정된 거래에 따라 제9-39조 제2항의 부동산을 취득하면서 취득자금에 충당하기 위해 취득부동산을 담보로 비거주자로부터 외화자금을 차입하는 경우(제7호), ⅷ) 외환동시결제시스템을 통한 결제와 관련하여 거주자 회원은행이 CLS은행으로부터 CLS은행이 정한 일정 한도의 원화 지급포지션(Short Position)을 받거나 비거주자에게 일중 원화신용공여(Intra-day Credit) 또는 일일 원화신용공여(Over-night Credit)를 하는 경우(제8호)

ⅸ) 외환동시결제시스템을 통한 결제와 관련하여 외국환업무취급기관이 비거주자 회원은행으로부터 일중 신용공여(Intra-day Credit) 또는 일일 신용공여(Over-night Credit)를 받는 경우(제9호)

2. 거주자의 비거주자로부터의 외화자금차입 신고

(1) 개요

거주자가 외화자금을 차입하는 경우 신고예외 사항을 제외하고 개인 및 비영리법인은 한국은행에 신고하여야 하며, 영리법인 등은 연간 누적차입금액 기준으로 미화 3천만불 이하인 경우에는 지정거래외국환은행에, 미화 3천만불을 초과하는 경우에는 기획재정부에 신고하여야 한다.

거주자와 비거주자간의 금전대차계약의 경우에는 외국환은행이나 한국은행에 신고가 필요하나 거주자간의 외화표시 금전대차계약은 외국환거래법령상 신고 없이 할 수 있다. 즉 외국환은행이 거주자에게 외화대출을 할 경우 신고를 요하지 않으며, 외국환은행이 아닌 거주자간에 외화표시 금전대차계약을 할 경우에도 신고를 요하지 않는다.

(2) 지정거래외국환은행 신고

거주자의 외화자금차입의 신고예외 사항에 해당하는 경우를 제외하고 ⅰ) 지방자치단체, 공공기관(제1호), ⅱ) 공공목적의 달성을 위해 정부 또는 지방자치단체·공공기관이 설립하거나 출자·출연한 법인 또는 정부업무수탁법인(제2호), ⅲ) 영리법인(제3호)에 해당하는 거주자가 비거주자로부터 미화 3천만불(차입신고시점으로부터 과거 1년간의 누적차입금액 포함) 이하의 외화자금을 차입(외화증권 및 원화연계외화증권 발행을 포함)하고자 하는 경우에는 지정거래외국환은행의 장에게 신고하여야 한다(규정7-14① 본문).

이 경우 ⅰ) 금전의 대차계약 신고서 또는 증권발행신고서, ⅱ) 외화자금차입계약서 또는 융자의향서(증권발행의 경우 생략 가능), ⅲ) 증권발행계획서등(증권발행의 경우), ⅳ) 금융기관보증서(금융기관 보증시에 한함), ⅴ) 보증계약신고서(차입에 관한 신고를 하는 자가 보증인을 대신하여 신고하는 경우에)를 제출해야 한다.[33]

(3) 기획재정부 신고

지방자치단체, 공공기관, 정부출자·출연법인, 정부업무수탁법인 및 영리법인이 미화 3천만불(차입신고시점으로부터 과거 1년간의 누적차입금액을 포함)을 초과하여 차입하고자 하는 경우에는 지정거래외국환은행을 경유하여 기획재정부장관에게 신고하여야 한다(규정7-14① 단서).

다만 지방자치단체, 공공기관, 정부출연법인, 정부업무수탁법인의 경우에는 기획재정부장관과 사전협의 후 신고하여야 한다(규정7-14⑥).

(4) 투자매매업자 또는 투자중개업자의 외화차입
(가) 미화 5천만불 초과 차입의 기획재정부 신고

직전 분기말 자기자본이 1조원 이상인 투자매매업자 또는 투자중개업자가 비거주자로부터 외화자금을 차입하는 경우에는 외국환은행의 외화자금차입 및 증권발행 규정(규정2-5)에 따른다(규정7-14④ 전단).

따라서 직전 분기말 자기자본이 1조원 이상인 투자매매업자 또는 투자중개업자가 비거주자로부터 미화 5천만불 초과의 외화자금을 상환기간(거치기간을 포함) 1년 초과의 조건으로 차입(외화증권발행 포함)하고자 하는 경우에는 기획재정부장관에게 신고하여야 하며, 이를 제외한

---

33) 취급지침 80쪽.

외화자금의 차입(외화증권발행 포함)은 신고를 요하지 않는다(규정2-5).

(나) 외화자금 차입현황의 한국은행 및 금융감독원 보고

직전 분기말 자기자본 1조원 이상인 투자매매업자 또는 투자중개업자는 외화자금 차입현황을 매월별로 다음달 10일까지 한국은행총재 및 금융감독원장에게 보고하여야 한다(규정7-14④ 후단).

(5) 한국은행 신고

개인 및 비영리법인이 비거주자로부터 외화자금을 차입하고자 하는 경우에는 지정거래외국환은행을 경유하여 한국은행총재에게 신고하여야 한다(규정7-14⑤). 이 경우 ⅰ) 신고서(규정 별지 제7-2호 또는 제7-5호 서식), ⅱ) 대주가 개인일 경우 비거주자임을 입증하는 서류, ⅲ) 금전대차 계약서(증권발행계획서)(안), ⅳ) 지정거래외국환은행 지정 신청서 또는 지정거래외국환은행 경유 필, ⅴ) 거주자의 보증, 담보제공시 외국환은행 거래신청서 및 담보제공계약서(근질권설정서), 보증계약서, 대출의향서(LOI), 담보물 입증서류 등 관련서류를 제출해야 한다.[34]

개인사업자인 가나다 상회 홍길동은 2019.8.1. 거래관계가 있는 미국 ABC.Co.Ltd로부터 기계설비 구입을 위해 U$500,000을 연5.5%의 금리로 1년간 차입 후 만기시에 원금과 이자를 상환하기로 하고 한국은행에 금전대차계약을 신고하였다.[35]

(6) 외화자금의 용도 명기: 금전대차계약신고서 제출

지정거래외국환은행, 기획재정부장관 신고(규정7-14①) 및 한국은행총재 신고(규정7-14⑤) 규정에 의하여 신고를 하고자 하는 자는 차입시 [별지 제7-2호 서식]의 금전의 대차계약 신고서[증권발행의 경우에는 별지 제7-5호 서식의 증권발행신고서]에 차입자금의 용도를 명기하여 신고기관 등에 제출하여야 한다(규정7-14⑦). 사용용도의 변경이 필요한 경우에는 지정거래외국환은행의 장에게 변경신고하여야 한다.[36]

(7) 예치, 사용 및 보고
(가) 거주자계정 예치 및 사용제한

외화를 차입한 거주자는 조달한 외화자금(인정된 거래에 따라 제9-39조 제2항의 부동산을 취득하면서 취득자금에 충당하기 위해 취득부동산을 담보로 비거주자로부터 외화자금을 차입하여 조달한 외화자금은 제외)을 지정거래외국환은행에 개설된 거주자계정에 예치한 후 신고시 명기한 용도로 사용하여야 한다(규정7-14⑧ 본문). 다만, 경상거래대금의 대외지급, 해외직접투자를 위해 조달한 자금은 국내에 본점을 둔 외국환은행의 해외지점·현지법인 또는 외국 금융기관에 예치후

---

[34] 취급절차 [별지 제1호 서식] 2. 신고, 아.
[35] 한국은행(2019), 89쪽.
[36] 취급지침 80쪽.

지급하거나 비거주자에게 직접 지급할 수 있으며, 외화증권발행에 의하여 조달한 자금은 국내에 본점을 둔 외국환은행의 해외지점·현지법인에 예치할 수 있다(규정7-14⑧ 단서).

따라서 외화자금을 차입한 자는 차입자금을 지정거래외국환은행에 개설된 거주자계정에 예치한 후 인출·사용하여야 한다. 다만, 경상거래 대금의 대외지급, 해외직접투자를 위해 조달한 자금은 국내에 본점을 둔 외국환은행의 해외지점·현지법인 또는 외국금융기관에 예치 후 지급하거나 비거주자에게 직접 지급할 수 있고, 외화증권발행에 의하여 조달한 자금은 국내에 본점을 둔 외국환은행의 해외지점 또는 현지법인 금융기관에 예치할 수 있다.[37]

(나) 지정거래외국환은행 보고

제8항 단서의 규정에 의하여 외화자금을 예치하거나 지급한 자는 동 계정의 예치·인출 및 상환상황을 지정거래외국환은행의 장에게 보고하여야 한다(규정7-14⑨).

(다) 한국은행 보고

지정거래외국환은행의 장은 거주자의 외화자금 차입 및 상환현황 및 거주자의 해외증권발행 및 상환현황을 매분기별로 다음 분기 첫째 달 15일까지 한국은행총재에게 보고하여야 하며, 한국은행총재는 이를 종합하여 다음 분기 첫째 달 20일 이내에 기획재정부장관에게 보고하여야 한다(규정7-14⑩).

(8) 기획재정부의 지도

기획재정부장관은 지정거래외국환은행 신고 또는 투자매매업자 또는 투자중개업자의 외화차입의 경우의 신고를 하는 자 중 원화조달목적으로 외화자금을 차입한 거주자에 대하여 환율변동위험 방지를 위해 필요한 조치를 취하도록 지도할 수 있다(규정7-14⑪).

(9) 국세청의 열람

외국환은행의 장 및 한국은행 총재는 필요시 제1항 내지 제5항의 신고내용을 국세청장에게 열람하도록 하여야 한다(규정7-14⑫).

3. 외국인투자기업 및 정유회사 등의 단기외화차입 신고

(1) 단기외화자금

"단기외화자금"이라 함은 ⅰ) 상환기간이 자금인출일로부터 기산하여 1년 이내인 외화자금(증권발행의 경우에는 1년 미만을 말하며, 주식예탁증서는 제외), ⅱ) 상환기간이 1년을 초과하는 외화자금차입 중 자금인출일로부터 1년 이내에 분할·중도상환하거나 조기상환할 수 있는 권리가 있는 외화자금(평균차입기간이 1년을 초과하고 1년 이내의 상환금액이 총차입금액의 20% 이하인 경우는 제외)을 말한다(규정1-2(5)).

---

37) 취급지침 80쪽.

평균차입기간은 분할(조기)상환 조건부 차입의 경우 총차입금액 기준으로 환산한 차입기간을 말한다.[38]

(2) 외국인투자기업 등의 지정거래외국환은행 신고

외국인투자촉진법에 의하여 일반제조업을 영위하는 업체("일반제조업체") 또는 기획재정부장관으로부터 조세감면 결정을 받은 외국인투자기업으로서 고도의 기술을 수반하는 사업 및 산업지원서비스업을 영위하는 업체("고도기술업체")가 ⅰ) 고도기술업체의 경우 외국인투자금액(외화금액 기준으로서 외국인투자기업등록증명서상의 투자금액과 등록되지 않은 주금납입액) 이내. 다만, 고도기술업체 중 외국인투자비율이 3분의 1 미만인 기업은 외국인투자금액의 75% 이내(제1호), ⅱ) 일반제조업체의 경우 외국인투자금액의 50%(제2호)에 해당하는 한도 범위 내에서 비거주자로부터 상환기간이 1년 이하(자금인출일부터 기산)인 단기외화자금을 차입하고자 하는 경우에는 지정거래외국환은행의 장에게 신고하여야 한다(규정7-14②).

따라서 이 경우는 외국인투자촉진법에 의하여 고도기술업체와 일반제조업체가 비거주자로부터 1년(자금인출일부터 기산하여 1년) 이하의 미화 3천만불을 초과하는 단기외화자금을 차입하는 경우를 말한다.

이 경우 ⅰ) 금전의 대차계약 신고서 또는 증권발행신고서, ⅱ) 외화자금차입계약서 또는 융자의향서(증권발행의 경우 생략 가능), ⅲ) 증권발행계획서등(증권발행의 경우), ⅳ) 금융기관보증서(금융기관 보증시에 한함), ⅴ) 보증계약신고서(차입에 관한 신고를 하는 자가 보증인을 대신하여 신고하는 경우), ⅵ) 조세감면 결정 통보서 사본(고도기술업체에 한함), ⅶ) 외국인 투자기업 등록증명서 또는 주금납입보관증명서(동 인가서) 사본을 제출해야 한다.[39]

비거주자로부터 외화자금을 차입한 거주자가 당초 신고한 내용을 변경하고자 하는 경우에는 ⅰ) [ ]변경신고(수리)/보고서, ⅱ) 내용변경 입증서류(변경계약서 등), ⅲ) 금전의 대차계약 신고필증 사본을 제출해야 한다.[40]

내용변경 신고대상은 차입기간, 차입금리, 상환방법, 차입용도, 신고금액의 감액, 합병으로 인한 차주 변경, 채권인수로 인한 대주 변경이다. 증액 또는 차주(합병으로 인한 차주 변경 제외) 및 대주의 변경(채권인수로 인한 대주 변경은 제외)은 신규 신고대상이다.

(3) 정유회사 등의 지정거래외국환은행 신고

정유회사 및 원유, 액화천연가스 또는 액화석유가스 수입업자가 원유, 액화천연가스 또는 액화석유가스의 일람불방식, 수출자신용방식(Shipper's Usance) 또는 사후송금방식 수입대금 결

---

38) 취급지침 82쪽.
39) 취급지침 81쪽.
40) 취급지침 81쪽.

제를 위하여 상환기간이 1년 이하의 단기외화자금을 차입하는 경우에는 거래외국환은행의 장 (L/C 방식인 경우에는 L/C 개설은행을 말하며, D/P·D/A 방식[41]인 경우에는 수입환어음 추심은행, 사후 송금방식인 경우에는 수입대금 결제를 위한 송금은행)에게 신고하여야 한다(규정7-14③).

　이 경우 ⅰ) 금전의 대차계약신고서, ⅱ) 외화자금 차입계약서 또는 융자의향서(L/I), ⅲ) 수입계약서 또는 신용장 사본을 제출해야 한다. 정유회사 이외의 자가 수입한 원유, 액화천연 가스 또는 액화석유가스를 정유회사에 판매하는 경우에는 그 판매와 관련하여 수입자가 정유 회사 등에 공여하는 신용공여기간을 초과하지 않아야 한다. 또한 중계무역방식에 의한 수입이 아니어야 한다.[42]

4. 거주자의 비거주자로부터의 원화자금차입 신고

(1) 개요

　거주자가 비거주자로부터 원화자금을 차입할 수 있는 경우는 비거주자의 비거주자자유원 계정에 예치된 원화자금에 한하여 차입할 수 있다. 이 경우 지정거래외국환은행(10억원 이하) 또는 기획재정부(10억원 초과)에 신고하여야 한다. 다만, 국민인 거주자와 국민인 비거주자간에 국내에서 원화로 표시되고 지급되는 금전의 대차계약을 하는 경우에는 별도의 신고 없이 자유 롭게 할 수 있다.

　원화자금차입 신고를 하는 자는 차입신고시에 차입자금의 사용용도를 명기하여 신고하여 야 한다. 차입자금은 차입신고시 명기한 사용용도로만 사용되어야 한다.

(2) 지정거래외국환은행 신고

　앞에서 살펴본 신고예외 사항에 해당하는 경우(규정7-13)를 제외하고 거주자가 비거주자 로부터 10억원(차입신고시점으로부터 과거 1년간의 누적차입금액을 포함) 이하의 원화자금을 차입 하고자 하는 경우에는 지정거래외국환은행의 장에게 신고하여야 한다(규정7-15① 본문). 이 경 우 ⅰ) 금전의 대차계약 신고서, ⅱ) 원화자금차입계약서 또는 융자의향서, ⅲ) 금융기관보증 서(금융기관 보증시에 한함)를 제출해야 한다.

　비거주자로부터 원화자금을 차입한 거주자가 당초 신고한 내용을 변경하고자 하는 경우 지정거래외국환은행의 장에게 변경신고를 하여야 한다. 내용변경 신고대상은 차입기간, 차입금 리, 상환방법, 차입용도, 신고금액의 감액, 합병으로 인한 차주 변경, 채권인수로 인한 대주 변 경 등이다. 증액 또는 차주(합병으로 인한 차주 변경 제외) 및 대주의 변경(채권인수로 인한 대주변

---

41) D/P·D/A방식은 수출입 당사자의 매매계약에 근거하여 작성된 서류를 은행을 통하여 추심하는 방법으로 수출입대금의 결제가 이루어지는 거래를 말한다.
42) 취급지침 82쪽.

경은 제외)은 신규 신고대상이다. 이 경우 ⅰ) [ ]변경신고(수리)/보고서, ⅱ) 내용변경 입증서류
(변경계약서 등), ⅲ) 금전의 대차계약 신고필증 사본을 제출해야 한다.[43]

(3) 기획재정부 신고

10억원(차입신고시점으로부터 과거 1년간의 누적차입금액을 포함)을 초과하여 차입하고자 하는 경
우에는 지정거래외국환은행을 경유하여 기획재정부장관에게 신고하여야 한다(규정7-15① 단서).

(4) 내국지급수단 제한

거주자가 비거주자로부터 원화자금을 차입하는 경우에는 비거주자자유원계정에 예치된
내국지급수단에 한한다(규정7-15②). 원화자금을 차입하고자 하는 자는 대주명의 비거주자자유
원계정을 통해서만 차입하여야 한다. 외국기업 국내지사의 경우 비거주자로부터의 원화자금차
입이 불가능하다.

앞에서 살펴본 거주자의 자금차입의 주요 내용을 정리하면 다음과 같다.[44]

거주자의 자금 차입(제7-14조~15조)

차입 통화	차입 주체	신고 기관
외화	영리법인, 지자체 등	• 지정거래외국환은행 신고(3천만불 이하) • 지정거래외국환은행 경유 기재부 신고(3천만불 초과)
	비영리법인, 개인	• 지정거래외국환은행 경유 한국은행 신고
원화		• 지정거래외국환은행 신고(10억원 이하) • 지정거래외국환은행 경유 기재부 신고(10억원 초과)

5. 거주자의 비거주자에 대한 대출 신고

(1) 개요

외국환은행이 거주자 또는 비거주자에게 외화대출을 하거나 국내에서 비거주자에게 다음
과 같은 원화대출, 즉 ⅰ) 국내소재 외국정부의 공관과 국제기구 및 이에 근무하는 외국인에게
원화대출을 하는 경우, ⅱ) 비거주자자유원계정(당좌예금에 한함)을 개설한 비거주자에게 2영업
일 이내의 결제자금을 위한 당좌대출을 하는 경우, ⅲ) 국민인 비거주자에게 원화대출을 하는
경우, ⅳ) 동일인당 10억원 이하(다른 외국환은행의 대출 포함)의 원화대출을 하는 경우에는 별도
의 신고가 필요 없다(규정2-6③).

개인자격으로 비거주자에게 외화대출을 하고자 하는 경우에는 한국은행에 신고를 하여야

---

43) 취급지침 83쪽.
44) 임영진(2018), Ⅳ-4쪽.

하며, 국내 일반기업이 비거주자에게 외화자금을 대출하고자 할 경우에는 한국은행에 신고하여야 한다. 그러나 거주자로부터 보증 또는 담보를 제공받아 비거주자에게 외화대출을 하는 경우에는 외화대출금액과 관계없이 대출을 받고자 하는 비거주자가 신고하여야 한다. 한편 거주자가 해외 현지법인에 대하여 1년 이상으로 자금을 대여하는 경우는 대부투자에 의한 해외직접투자에 해당되어 지정거래외국환은행에 신고하여야 하며, 1년 미만으로 자금을 대여하는 경우에도 지정거래외국환은행에 신고하여야 한다. 그리고 외국인투자기업이 해외 본사에 외화대출을 하고자 하는 경우에는 한국은행에 신고하여야 한다.

거주자와 비거주자 사이에 "금전의 대차계약"이 성립하였는지 여부는 계약의 형식이 아닌 계약의 내용으로 판단하여야 할 것인바, 거주자와 비거주자가 대차계약이 아닌 다른 계약의 형식을 빌렸다 하더라도 그 계약 내용이 일방이 금전을 대여하고 타방이 이를 반환하기로 하는 것이라면 이는 "금전의 대차계약"에 해당한다.[45]

(2) 지정거래외국환은행 신고

앞에서 살펴본 신고예외 사항(규정7-13)에 해당하는 경우를 제외하고 ⅰ) 외국 법령에 따라 설립된 법인(설립 중인 법인을 포함한다. 이하 "외국법인"이라 한다)의 경영에 참가하기 위하여 취득한 주식 또는 출자지분이 해당 외국법인의 발행주식총수 또는 출자총액에서 차지하는 비율(주식 또는 출자지분을 공동으로 취득하는 경우에는 그 주식 또는 출자지분 전체의 비율을 말한다. 이하 "투자비율"이라 한다)이 10% 이상인 투자(제1호), ⅱ) 투자비율이 10% 미만인 경우로서 해당 외국법인과 ㉠ 임원의 파견, ㉡ 계약기간이 1년 이상인 원자재 또는 제품의 매매계약의 체결, ㉢ 기술의 제공·도입 또는 공동연구개발계약의 체결, ㉣ 해외건설 및 산업설비공사를 수주하는 계약의 체결에 해당하는 관계를 수립하는 것(제2호), ⅲ) 앞의 제1호 또는 제2호에 따라 이미 투자한 외국법인의 주식 또는 출자지분을 추가로 취득하는 것(제3호)(영8①)에 따라 외국법인에 투자한 거주자가 해당 외국법인에 대하여 상환기간을 1년 미만으로 하여 금전을 대여하는 경우에는 지정거래외국환은행의 장에게 신고하여야 한다(규정7-16①).

따라서 ⅰ) 외국환은행의 대출의 경우 신고예외 사항을 제외하고 외국환은행이 국내에서 동일인 기준 300억원 이하(다른 외국환은행의 대출 포함)의 원화자금을 거주자의 보증 또는 담보 없이 비거주자에게 대출하는 경우(신고주체: 차주인 비거주자) 지정거래외국환은행의 장에게 신고하여야 한다. ⅱ) 외국환은행을 제외한 거주자의 대출의 경우 외국환거래법령에 따라 해외직접투자를 한 거주자가 해당 외국법인에 대출하는 경우 지정거래외국환은행의 장에게 신고하여야 한다.

거주자의 현지법인에 대한 상환기간 1년 미만의 대출의 경우 ⅰ) 금전의 대차계약 신고서,

---

45) 대법원 2010. 5. 27. 선고 2007도10056 판결.

ⅱ) 금전대차계약서 등, ⅲ) 해외직접투자신고(수리)서 사본 등을 제출해야 한다.

거주자의 현지법인에 대한 상환기간 1년 미만의 대출을 신고한 자가 당초 신고한 내용을 변경하고자 하는 경우 ⅰ) [ ]변경신고(수리)/보고서, ⅱ) 내용변경 입증서류(변경계약서 등), ⅲ) 금전의 대차계약 신고필증 사본을 제출해야 한다. 내용변경 신고대상은 대출기간, 대출금리, 상환방법, 대출용도, 신고금액의 감액, 합병으로 인한 차주 혹은 대주 변경 등이다. 다만, 상환기간 연장 등으로 인하여 해외직접투자의 요건을 충족하게 된 경우에는 제9장의 규정을 따른다.[46]

(3) 한국은행 신고

앞에서 살펴본 신고예외 사항에 해당하는 경우(규정7-13)와 외국환은행 신고사항의 경우를 제외하고 거주자가 비거주자에게 대출을 하고자 하는 경우(제2장에서 외국환업무취급기관의 외국환업무로서 허용된 경우 제외)에는 한국은행총재에게 신고하여야 한다(규정7-16② 본문). 다만, 이 항에 의한 신고사항 중 다른 거주자의 보증 또는 담보를 제공받아 대출하는 경우 및 10억원을 초과하는 원화자금을 대출하고자 하는 경우에는 대출을 받고자 하는 비거주자가 신고하여야 한다(규정7-16② 단서).

이 경우 ⅰ) 신고서(규정 별지 제7-2호 서식), ⅱ) 차주가 개인일 경우 비거주자임을 입증하는 서류, ⅲ) 금전대차 계약서(안), ⅳ) 거주자의 보증 또는 담보 제공시 외국환은행 거래신청서 및 담보제공계약서(근질권설정서), 보증계약서, 대출의향서(LOI), 담보물 입증서류 등 관련서류, ⅴ) 재원증빙서류, ⅵ) 법인의 경우 이사회 결의서 또는 내부품의문서를 제출해야 한다.[47]

따라서 ⅰ) 외국환은행의 대출의 경우, 외국환은행이 거주자로부터 보증 또는 담보를 제공받아 비거주자에게 외화대출을 하는 경우(신고주체: 차주인 비거주자), 외국환은행이 국내에서 동일인 기준 300억원을 초과(다른 외국환은행의 대출 포함)하거나 300억원을 초과하지 않더라도 거주자로부터 보증 또는 담보를 제공받아 비거주자에게 원화대출을 하는 경우(신고주체: 차주인 비거주자)는 한국은행 신고사항이다. 또한 ⅱ) 외국환은행을 제외한 거주자의 대출의 경우, 신고예외 사항(거주자간에 외화대출을 하는 경우, 국민인 거주자와 국민인 비거주자간에 국내에서 원화대출을 하는 경우 등) 및 외국환은행 신고사항을 제외하고 거주자가 비거주자에게 대출하는 경우는 한국은행 신고사항이다. 다만, 다른 거주자의 보증 또는 담보를 제공받아 대출하는 경우 및 10억원을 초과하는 원화대출을 하는 경우에는 대출을 받고자 하는 비거주자가 신고하여야 한다.

(주)가나다통상은 미국에 있는 ABC Co. Ltd에 운영자금 용도로 U$500,000을 연5.5%의 금리로 1년간 대여해 주기로 하고 한국은행에 비거주자에 대한 금전대차계약을 신고하였다. ABC

---

46) 취급지침 84쪽.
47) 취급절차 [별지 제1호 서식] 2. 신고, 자.

Co. Ltd는 ㈜가나다통상이 해외직접투자한 현지법인이 아니다(거주자의 현지법인에 대한 금전대차는 외국환은행 신고사항임).[48]

(4) 국세청 통보

지정거래외국환은행의 장과 한국은행총재는 각각 제1항과 제2항에 의한 신고 중 법인이 아닌 거주자의 비거주자에 대한 대출에 대해서는 동 신고내용을 매월별로 익월 20일까지 국세청장에게 통보하여야 한다(규정7-16③).

비거주자에 대한 대출을 정리하면 다음과 같다.[49]

비거주자에 대한 대출(제2-6조 및 제7-16조)

대출 주체	대출 통화	신고 기관
외국환은행	외화	• 신고를 요하지 않음 • 거주자의 보증·담보 → 비거주자가 한국은행 신고
	원화	• 비거주자자유원계정 당좌대출, 국민인 비거주자, 10억원 이하 대출 등 → 신고 불요 • 10억원 초과 ~ 300억원 이하 → 외국환은행 신고 • 300억원 초과 → 한국은행 신고
거주자	외화	• 한국은행 신고 ※ 다른 거주자의 보증·담보 → 비거주자가 한국은행 신고
	원화	• 한국은행 신고 ※ 다른 거주자의 보증·담보, 10억원 초과 → 비거주자가 한국은행 신고

Ⅲ. 채무의 보증계약

1. 신고예외 사항

다음에 해당하는 채무의 보증계약에 따른 채권의 발생등에 관한 거래를 하고자 하는 경우에는 신고를 요하지 아니한다(규정7-17).

ⅰ) 거주자(채권자)와 거주자(채무자)의 거래에 대하여 거주자가 외국통화표시 보증을 하는 경우(제1호), ⅱ) 거주자의 수출거래와 관련하여 외국의 수입업자가 외국환은행으로부터 역외금융대출을 받음에 있어 당해 거주자가 그 역외금융대출에 대하여 당해 외국환은행에 외국통화표시 보증을 하는 경우(당해 외국환은행은 수출관련 역외금융대출보증에 관한 보고서를 매분기별로 익월 20일까지 한국은행총재에게 제출하여야 한다)(제2호)

---

48) 한국은행(2019), 99쪽.
49) 임영진(2018), Ⅳ-5쪽.

iii) 국내에 본점을 둔 시설대여회사가 당해 시설대여회사 현지법인에 대한 외국환은행의 역외금융대출에 대하여 본사의 출자금액 범위내에서 외국통화표시 보증을 하는 경우(제3호), iv) 거주자가 이 규정에 의해 인정된 거래를 함에 따라 비거주자로부터 보증을 받는 경우(제4호)

ⅴ) 거주자가 다음에 해당하는 보증을 하는 경우(제5호), 즉 ㉠ 거주자의 외화자금차입(규정7-14) 및 거주자의 원화자금차입(규정7-15)의 규정에 의한 자금차입계약에 관하여 거주자가 비거주자에게 보증을 하는 경우. 다만, 주채무계열 소속 상위 30대 계열기업체의 외화자금차입계약에 관하여 동 계열 소속 다른 기업체가 보증하고자 하는 경우에는 그러하지 아니하다(가목). ㉡ 거주자가 제4장에서 규정한 지급(해외여행경비·해외이주비·재외동포의 국내재산 반출의 경우는 제외)을 위한 외국통화표시 보증을 하는 경우(나목), ㉢ 거주자가 제7장 제8절 제2관(채무의 보증계약)의 규정에 의하여 인정된 임차계약을 함에 따라 국내의 다른 거주자가 외국통화표시 보증을 하거나 시설대여회사가 외국의 시설대여회사와 국내의 실수요자간의 인정된 시설대여계약에 대하여 외국통화표시 보증을 하는 경우(다목), ㉣ 거주자의 국내외 부동산·시설물 등의 이용·사용과 관련된 비거주가 발행한 약속어음 매각과 관련하여 당해 거주자의 계열기업이 외국통화표시 대외보증을 하는 경우(라목), ㉤ 외국환은행이 거주자로부터 보증 또는 담보를 제공받아 비거주자에게 외화대출을 하는 경우 대출을 받고자 하는 비거주자가 한국은행총재에게 신고하고(제2-6조 제2항에 의해 신고가 면제되는 경우를 포함) 외국환은행으로부터 대출을 받음에 있어, 거주자가 보증 또는 담보를 제공하는 경우(마목)

vi) 거주자가 비거주자와 물품의 수출·수입 또는 용역거래를 함에 있어서 보증을 하는 경우(제6호), vii) 거주자 및 거주자의 현지법인이나 해외지점의 수출, 해외건설 및 용역사업[50] 등 외화획득을 위한 국제입찰 또는 계약과 관련한 입찰보증등[51]을 위하여 비거주자가 보증금을 지급하거나 이에 갈음하는 보증을 함에 있어서 보증 등을 하는 비거주자가 부담하는 채무의 이행을 당해 거주자 또는 계열관계에 있는 거주자가 보증 또는 부담하는 계약을 체결하는 경우(제7호)

viii) 거주자의 해외 장내파생상품거래에 필요한 자금의 지급에 갈음하여 비거주자가 지급 또는 보증을 함에 있어서 지급 또는 보증을 하는 비거주자가 부담하는 채무의 이행을 당해 거주자 또는 당해 거주자의 계열기업이 보증 또는 부담하는 계약을 체결하는 경우(제8호), ix) 국

---

50) "해외건설 및 용역사업"이라 함은 외국에서의 건설공사 및 건설용역·항만용역·운송·기타 이와 직접 관련된 용역으로서 당해 사업과 관련하여 현지에서 경비지출이 필요한 사업(당해 사업의 전부 또는 일부에 대하여 하도급계약을 체결하는 경우를 포함)과 대외무역법에서 정하는 일괄수주방식에 의한 수출을 말한다(규정1-2(38)).

51) "입찰보증등"이라 함은 입찰보증·계약이행보증·하자보증·착수금 및 선수금의 환급보증 기타 보증금의 지급에 갈음하는 보증을 말한다(규정1-2(26)).

민인 거주자와 국민인 비거주자간에 다른 거주자를 위하여 내국통화로 표시되고 지급되는 채무의 보증계약을 하는 경우(제9호)

x) 거주자와 비거주자가 예탁결제원, 증권금융회사 또는 증권대차거래의 중개업무를 영위하는 투자매매업자 또는 투자중개업자를 통하여 원화증권 및 원화연계외화증권을 차입·대여하거나 이와 관련하여 원화증권, 외화증권 또는 현금(외국통화를 포함)을 담보로 제공하는 경우(규정7-45①(16)) 및 비거주자간에 예탁결제원, 증권금융회사 또는 자본시장법 시행령상 인정된 증권대차거래의 중개업무를 영위하는 투자매매업자 또는 투자중개업자를 통하여 원화증권을 차입·대여하거나 이와 관련하여 원화증권 또는 현금(외국통화를 포함)을 담보로 제공하는 경우(규정7-48①(6))와 관련하여 증권금융회사가 비거주자에게 보증하는 경우(제10호)

xi) 거주자 및 거주자의 현지법인이나 해외지점이 비거주자와 해외건설 및 용역사업, 물품수출거래를 함에 있어 당해 비거주자(입찰대행기관 및 수입대행기관을 포함)와 보증등을 하는 경우(제11호), xii) 제7-40조 제2항의 규정에 의한 파생상품거래에 관하여 거주자가 비거주자에게 보증을 하는 경우(제12호)

2. 외국환은행 신고

(1) 투자매매·중개업자 현지차입에 대한 보증

국내에 본점을 둔 투자매매·중개업자가 당해 회사 현지법인의 인정된 업무에 수반되는 현지차입에 대하여 보증을 하는 경우에는 외국환은행의 장에게 신고하여야 한다. 다만, 보증금액은 당해 현지법인에 대한 본사의 출자금액의 300% 이내에 한한다(규정7-18①(1)).

이 경우 i) 보증계약신고서, ii) 금융위원회(금융감독원장)의 현지법인금융기관 투자신고 수리서, iii) 현지 여신공여기관과의 금융계약서 또는 L/I(융자의향서)를 제출해야 한다. 대지급을 할 경우 보증계약신고서에 채무이행 청구서(원리금 및 부대비용 포함)와 지급보증서 사본을 첨부하여야 한다. 제출서류 중 금융위원회(금융감독원장)의 현지법인금융기관 투자신고 수리서와 관련하여 투자매매·중개업을 영위하는 현지법인의 차입에 대한 보증에 한한다.[52]

(2) 거주자의 현지법인의 해외리스에 대한 국내본사 등의 보증

거주자의 현지법인이 외국의 시설대여회사로부터 인정된 사업수행에 필요한 시설재를 임차함에 있어서 당해 현지법인이 부담하는 채무의 이행을 당해 거주자 또는 당해 거주자와 계열관계에 있는 거주자가 보증을 하는 경우에는 외국환은행의 장에게 신고하여야 한다(규정7-18①(2)).

이 경우 i) 보증계약신고서, ii) 거주자의 현지법인임을 입증하는 서류(해외직접투자신고

---

52) 취급지침 85쪽.

수리서), iii) 원인행위에 대한 계약서(리스계약서)를 제출해야 한다. 대지급을 할 경우 보증계약신고서에 채무이행 청구서(원리금 및 부대비용 포함)와 지급보증서 사본을 첨부하여야 한다.[53]

(3) 국내 시설대여회사 현지법인의 현지차입에 대한 본사의 보증

국내에 본점을 둔 시설대여회사가 당해 시설대여회사 현지법인의 인정된 업무에 수반되는 현지차입에 대하여 본사의 출자금액 범위 내에서 보증을 하는 경우에는 외국환은행의 장에게 신고하여야 한다(규정7-18①(3)). 다만, 보증금액은 당해 현지법인에 대한 본사의 출자금액 범위 내에 한한다.

이 경우 i) 보증계약신고서, ii) 국내 시설대여회사의 현지법인임을 입증하는 서류(현지법인금융기관투자신고수리서), iii) 차입계약서 원본 및 사본(원본은 확인 후 반환함)을 제출해야 한다. 대지급을 할 경우 보증계약신고서에 채무이행 청구서(원리금 및 부대비용 포함)와 지급보증서 사본을 첨부하여야 한다.[54]

(4) 주채무계열 소속 상위 30대 계열기업체의 장기차입에 대한 보증

주채무계열 소속 상위 30대 계열기업체의 상환기간이 1년을 초과하는 장기외화자금차입계약과 관련하여 동 계열 소속 다른 기업체가 보증하고자 하는 경우에는 보증하고자 하는 자가 차입자의 지정거래외국환은행의 장에게 신고하여야 한다(규정7-18② 전단). 이 경우 차입에 관한 신고를 하는 자가 보증하는 자를 대신하여 신고할 수 있다(규정7-18② 후단).

이 경우 i) 보증계약신고서, ii) 차입계약서 원본 및 사본(원본은 확인 후 반환함)을 제출해야 한다. 대지급을 할 경우 보증계약신고서에 채무이행 청구서(원리금 및 부대비용 포함)와 지급보증서 사본을 첨부하여야 한다.[55]

국내기업이 비거주자로부터 외화자금을 차입할 때 국내 거주자가 보증 또는 담보("보증등")를 제공하는 것은 신고대상이 아니다. 그러나 주채무계열 소속 30대계열기업체의 장기(1년 초과) 외화자금 차입시 동계열 소속 다른 기업체가 보증등을 할 경우에는 지정거래외국환은행에 신고하여야 하며, 단기(1년 이하) 외화자금 차입시 동 업체의 보증등의 행위는 한국은행에 신고하여야 한다.

(5) 해외교포등에 대한 여신과 관련한 원리금 상환보증 등

외국환은행 해외지점 및 현지법인금융기관등의 외국에 있는 국민인 거주자(일반여행자는 제외), 국민인 비거주자 또는 국민인 비거주자가 전액 출자하여 설립한 법인에 대한 여신과 관련하여 i) 당해 여신을 받는 국민인 비거주자가 국내금융기관에 국내에 있는 재산(부동산 포

---

53) 취급지침 85쪽.
54) 취급지침 85쪽.
55) 취급지침 86쪽.

함)을 담보로 제공하는 경우, ⅱ) 국내에 있는 거주자가 국내에 있는 국내금융기관에 미화 50만불 이내에서 원리금 상환의 보증 또는 담보(부동산 포함)를 제공하는 경우에는 지정거래외국환은행의 장에게 신고하여야 한다(규정7-18③ 전단).

이 경우 거래외국환은행의 지정은 여신을 받는 자의 명의로 하고, 해외에서도 하나의 외국환은행 해외지점 또는 현지법인금융기관등을 거래금융기관으로 지정하여야 한다(규정7-18③ 후단). 이와 관련하여 보증을 제공한 자가 대지급을 하고자 하는 경우에는 지정거래외국환은행을 통하여 송금하여야 한다(규정7-18④ 본문). 다만, 외국환은행이 대지급 하는 경우에는 그러하지 아니하다(규정7-18④ 단서).

이 경우 ⅰ) 보증계약신고서: 원리금 상환보증의 경우, ⅱ) 담보제공신고서: 담보제공의 경우, ⅲ) 당해 여신취급기관의 장의 담보취득 및 관리의뢰사실 입증서류(담보취득기관의 장의 담보취득 및 관리승낙 여부), ⅳ) 당해 여신을 받는 국민인 비거주자 등의 여권번호 또는 납세번호 등을 확인할 수 있는 서류(현지 여신취급 해외지점 등이 확인한 서류에 의함)를 제출해야 한다.

외국환은행이 동 여신과 관련하여 담보제공자 또는 보증인으로부터 당해 여신의 원리금을 회수하여 지급하는 경우에는 당해 보증 등을 취급한 지정거래외국환은행을 통하여 지급할 수 있다.[56]

지정거래외국환은행의 장은 신고를 받는 경우에 한하여 동일인당 미화 50만불 이내에서 보증(담보관리승낙 포함)을 할 수 있다(규정2-8①(4)). 외국환은행이 여신을 받는 비거주자로부터 담보를 제공받아 미화 50만불을 초과하여 보증(담보관리승낙 포함)하는 경우에는 비거주자가 한국은행총재에게 신고하여야 한다(규정2-8②). 외국환은행이 거주자로부터 보증 또는 담보를 제공받아 미화 50만불을 초과하여 보증(담보관리승낙 포함)하는 경우에는 거주자가 한국은행총재에게 신고하여야 한다(규정2-8②).

당초 신고한 내용을 변경하고자 하는 경우 ⅰ) [ ]변경신고(수리)/보고서, ⅱ) 내용변경 입증서류(변경계약서, 융자의향서 등), ⅲ) 당초 신고서 사본을 제출해야 한다. 내용변경 신고대상은 담보종류, 상환방법, 대출금리, 기한연장 등이며, 차주 또는 보증인(담보제공자) 변경, 증액 등은 신규신고 대상이다.

3. 한국은행 신고

앞의 신고예외 사항 및 외국환은행 신고사항을 제외하고 거주자와 비거주자의 거래 또는 비거주자간 거래에 관하여 거주자가 채권자인 거주자 또는 비거주자와 채무의 보증계약(외국환은행에 보증 또는 담보를 제공하는 행위를 포함)에 따른 채권의 발생등에 관한 거래를 하고자 하는

---

56) 취급지침 86-87쪽.

경우에는 한국은행총재에게 신고하여야 하며, 한국은행총재는 필요시 동 신고내용을 국세청장에게 열람하도록 하여야 한다(규정7-19).

보증의 경우 ⅰ) 신고서(규정 별지 제7-3호 서식), ⅱ) 보증계약서(안), ⅲ) 피보증채무 입증서류, ⅳ) 보증채무 이행에 따른 구상채권 회수방안, ⅴ) 재원증빙서류, ⅵ) 법인의 경우 이사회 결의서 또는 내부품의문서, ⅶ) 거주자가 외국환은행에 보증을 의뢰하는 경우 지급보증약정서, 은행보증 증서, 담보물 입증서류 등 관련서류를 제출하여야 하고, 담보의 경우 ⅰ) 신고서(규정 별지 제7-3호 서식), ⅱ) 담보제공계약서(안), ⅲ) 피담보채무 입증서류, ⅳ) 담보물 입증서류, ⅴ) 법인의 경우 이사회 결의서 또는 내부품의문서를 제출해야 한다.[57]

다만 외국환은행이 국내에서 국민인 비거주자에 대한 원화자금을 대출하거나 동일인 기준 10억원 이하(다른 외국환은행의 대출 포함)의 원화자금을 대출하는 경우(규정2-6③(3)(4))에는 외국환은행에 보증 또는 담보를 제공하더라도 신고를 할 필요가 없다(규정7-19).

따라서 신고예외 사항 및 외국환은행 신고사항을 제외하고 거주자가 비거주자에게 보증을 하는 경우에는 한국은행에 신고하여야 한다. 또한 외국환은행의 보증과 관련하여 ⅰ) 교포등에 대한 여신과 관련하여 당해 여신을 받는 동일인당 미화 50만달러를 초과하는 보증(담보관리승낙 포함), ⅱ) 거주자로부터 보증 또는 담보를 제공받고 비거주자간 거래에 대하여 보증을 하는 경우, ⅲ) 비거주자로부터 국내재산을 담보로 제공받고 비거주자간 거래에 대하여 보증(담보관리승낙 포함)을 하는 경우 등은 보증을 의뢰하는 당사자가 한국은행에 신고하여야 한다. 다만, 외국환은행이 국내에서 국민인 비거주자에게 원화대출을 하는 경우 및 동일인 기준 10억원 이하의 원화대출을 하는 경우의 보증·담보제공은 제외된다.

[사례 1]

(주)가나다통상은 거래회사인 Ganada Company가 외국소재 금융기관인 ABC Bank와 체결한 금전대차계약의 이행을 보증하기 위해 외국환은행인 대한은행에 Standby L/C 개설을 의뢰하며 한국은행에 보증계약 신고를 하였다. 이 사안은 외국환은행이 비거주자간 거래에 대하여 보증을 함에 있어 거주자가 외국환은행에 보증을 의뢰하는 것으로 외국환거래규정 제2-8조 제2항에 따라 외국환은행에 보증을 의뢰하는 당사자가 한국은행에 신고하여야 한다.[58]

한편 Ganada Company가 거주자의 현지법인 또는 현지법인이 50% 이상 출자한 자회사일 경우 현지금융에 해당하여 이에 대한 보증은 외국환거래규정 제8-2조(신고등)에 따라 지정거래외국환은행에 신고해야 함을 유의할 필요가 있다.

---

57) 취급절차 [별지 제1호 서식] 2. 신고, 차.
58) 한국은행(2019), 113쪽.

[사례 2]

Ganada Corporation은 (주)가나다통상의 미국내 업체로 미국의 ABC사와 합작투자계약을 체결하였으며 이 과정에서 ABC사는 Ganada Corporation의 투자계약상의 의무이행을 담보(피담보채무액 ₩500,000,000)하기 위하여 본사인 (주)가나다통상에 담보제공을 요구하였다. 이에 따라 (주)가나다통상은 ○○은행에 예치되어있는 정기예금을 담보로 제공하고자 한국은행에 담보제공 신고를 하였다.[59)]

4. 비거주자간의 거래와 국내 거주자의 보증

비거주자간의 거래에 있어서 국내 거주자가 보증할 때 어떤 절차를 밟아야 하는지를 살펴본다. 비거주자간 거래에 있어서 거주자가 보증하는 경우는 세 가지로 나누어 생각해 볼 수 있다. 첫째는 외국환은행이 보증하는 경우, 둘째는 외국환은행 이외의 자가 보증하는 경우, 셋째는 비거주자간 거래에 대한 보증이 현지금융에 해당되는 경우이다.[60)]

ⅰ) 외국환은행이 비거주자간 거래에 대해 보증하는 경우이다. 거주자가 외국환은행에 보증 또는 담보를 제공하지 않는 경우라면 신고할 필요가 없다. 비거주자간 거래에 대하여 보증시 비거주자의 국내 재산을 담보로 제공받아서 보증할 경우에는 한국은행 신고사항이다. 또한 비거주자간 거래에 대하여 거주자의 담보등을 제공받고 보증할 경우에도 한국은행 신고사항이다.

ⅱ) 외국환은행 이외의 거주자가 비거주자간 거래에 대하여 보증하는 것은 한국은행 신고사항이다.

ⅲ) 한편 외국환은행(또는 외국환은행 이외의 거주자)이 비거주자간 거래에 대하여 보증을 해 주는 경우라도 그것이 외국환거래법령상의 현지금융에 해당되는 경우에는 거래외국환은행 신고사항이다. 현지금융이란 거주자, 거주자의 해외지점 또는 거주자의 현지법인이 외국에서 사용하기 위하여 외국에서 자금을 차입(증권발행에 의한 경우를 포함)하거나 지급보증을 받는 것을 말한다.

5. 비거주자의 국내재산 담보와 국내은행 해외지점에서 자금차입 여부

비거주자가 국내재산을 담보로 국내은행 해외지점에서 자금을 차입할 수 있는지를 살펴본다. 비거주자가 국내은행의 해외지점 또는 해외 현지법인으로부터 자금을 차입하면서 국내은행에 국내부동산, 주식 등을 담보로 제공하기 위해서는 차주 및 담보제공자 구분에 따라 다음의 신고절차를 이행하여야 한다.[61)]

---

59) 한국은행(2019), 119쪽.
60) 한국은행(2019), 110-111쪽.

ⅰ) 비거주자인 차주가 자기 소유 국내재산을 담보로 제공하는 경우에는 한국은행에 신고하여야 한다. 다만, 비거주자가 국민이거나 국민인 비거주자가 전액 출자하여 현지에 설립한 법인인 경우에는 담보제공 금액이 미화 50만불을 초과할 경우에만 한국은행에 신고하여야 한다.

ⅱ) 차주 이외의 비거주자가 자기 소유 재산을 담보로 제공할 경우에는 금액에 상관없이 한국은행에 신고하여야 한다.

ⅲ) 비거주자가 국내 재산을 담보로 제공하는 방식에는 대주은행의 본점인 국내은행이 담보관리를 맡는 경우와 국내은행이 비거주자의 국내재산을 담보로 제공받고 보증서를 발급하는 경우가 있으며 양자의 신고절차는 동일하다.

제4절 대외지급수단, 채권 기타의 매매 및 용역계약에 따른 자본거래

Ⅰ. 개관

대외지급수단이란 외국통화, 외국통화로 표시된 지급수단, 그 밖에 표시통화에 관계없이 외국에서 사용할 수 있는 지급수단을 말한다(법3①(4)). 여기서 지급수단이라 함은 정부지폐·은행권·주화·수표·우편환·신용장과 환어음·약속어음·상품권·기타 지급받을 수 있는 내용이 표시된 우편 또는 전신에 의한 지급지시 및 전자금융거래법상 전자화폐, 선불전자지급수단 등 전자적 방법에 따른 지급수단을 말한다(규정1-2(34) 본문). 다만, 액면가격을 초과하여 매매되는 금화 등은 주화에서 제외한다(법3①(3), 영3②, 규정1-2(34) 단서).

채권이란 모든 종류의 예금·신탁·보증·대차(貸借) 등으로 생기는 금전 등의 지급을 청구할 수 있는 권리로서 내국통화, 외국통화, 지급수단, 대외지급수단, 내국지급수단, 귀금속, 증권, 외화증권, 파생상품, 외화파생상품에 해당되지 아니하는 것을 말한다(법3①11).

용역이라 함은 기술원조, 뉴스나 정보의 제공, 흥행(필름상영권의 제공을 포함), 항만작업, 항만시설의 제공, 선박 및 항공기의 수리, 대리업무, 은행업무, 보험, 보관, 운수, 기타 타인을 위한 노무, 편의 또는 오락의 제공을 말한다(규정1-2(21)).

거주자가 다른 거주자 또는 비거주자와 대외지급수단, 채권의 매매 및 용역계약 등에 따라 외국통화로 표시되거나 지급받을 수 있는 채권의 발생등에 관한 거래를 하는 경우에는 신고예외 사항을 제외하고는 한국은행 또는 외국환은행에 신고하여야 한다.

---

61) 한국은행(2019), 111-112쪽.

Ⅱ. 거주자간의 거래

1. 신고예외 사항

거주자가 다른 거주자와 대외지급수단, 채권 기타의 매매 및 용역계약에 따른 외국통화로 표시되거나 지급을 받을 수 있는 채권의 발생등에 관한 거래를 하고자 하는 경우로서 다음에 해당하는 경우에는 신고를 요하지 아니한다(규정7-20①). 다만 아래 제1호 및 제5호의 규정에 따른 대금은 외국환은행을 통하여 지급 또는 수령하여야 한다(규정7-20③).

ⅰ) 거주자와 다른 거주자간 물품 기타의 매매, 용역계약에 따른 외국통화로 지급받을 수 있는 채권의 발생등에 관한 거래(제1호),[62] ⅱ) 거주자간에 지급수단으로 사용 목적이 아닌 화폐수집용 및 기념용으로 외국통화를 매매하는 거래(제2호)

ⅲ) 해외건설 및 용역사업자와 면세용 물품제조자간에 해외취업 근로자에 대한 면세쿠폰을 매매하는 거래(제3호), ⅳ) 외국환은행이 거주자의 수입대금의 지급을 위하여 유네스코쿠폰을 당해 거주자에게 매각하는 거래(제4호)

ⅴ) 거주자간 인정된 거래로 취득한 채권의 매매계약에 따른 외국통화로 표시되거나 지급받을 수 있는 채권의 발생등에 관한 거래(제5호), ⅵ) 거주자간 매매차익을 목적으로 하지 않는 거래로서 동일자에 미화 5천불 이내에서 대외지급수단을 매매하는 거래(제6호)

2. 한국은행 신고

위의 신고예외 사항에 해당하는 경우를 제외하고 거주자가 다른 거주자와 대외지급수단의 매매계약에 따른 외국통화로 표시되거나 지급받을 수 있는 채권의 발생등에 관한 거래를 하고자 하는 경우에는 한국은행총재에게 신고하여야 한다(규정7-20②).

대외지급수단 매매의 경우 ⅰ) 신고서(규정 별지 제7-4호 서식), ⅱ) 신고인이 비거주자임을 입증하는 서류, ⅲ) 체납여부 및 신용불량여부 확인: 납세증명서, 신용정보조회서, ⅳ) 예금잔액을 증명하는 서류, ⅴ) 재원증빙서류를 제출해야 하고, 채권매매의 경우 ⅰ) 신고서(규정 별지 제7-4호 서식), ⅱ) 채권매매계약서(안), ⅲ) 채권양도 대상 원인계약서를 제출해야 한다.[63]

---

[62] 국내에 거주하는 개인끼리 물건을 사고 파는 데 외화로 주고받을 수 있는지를 살펴본다. 거주자와 다른 거주자간 물품 기타의 매매, 용역계약에 따른 외국통화로 지급받을 수 있는 채권의 발생등에 관한 거래는 외국환거래법령상 신고없이 할 수 있다. 따라서 거주자간 외화표시 물품 공급계약을 맺고 동 물품 대금을 외화로 받는 것은 가능하다. 다만, 미화 5천달러를 넘는 외화를 지급하고 수령하는 경우에는 외국환은행을 통해서 지급·수령하여야 한다.

[63] 취급절차 [별지 제1호 서식] 2. 신고, 카.

Ⅲ. 거주자와 비거주자간의 거래

1. 신고예외 사항

거주자가 비거주자와 대외지급수단, 채권의 매매계약에 따른 채권의 발생등에 관한 거래를 하고자 하는 경우로서 다음에 해당하는 경우에는 신고를 요하지 아니한다(규정7-21①).

ⅰ) 외국환은행 해외지점, 외국환은행 현지법인, 외국금융기관(외국환전영업자를 포함)이 해외에 체재하는 거주자와 원화표시 여행자수표, 원화표시 자기앞수표 또는 내국통화의 매매거래를 하는 경우(제1호), ⅱ) 외국에 체재하는 거주자(재외공관근무자 또는 그 동거가족, 해외체재자를 포함)가 비거주자와 체재에 직접 필요한 대외지급수단, 채권의 매매거래를 하는 경우(제2호)

ⅲ) 거주자가 외국에서 보유가 인정된 대외지급수단 또는 외화채권으로 다른 외국통화표시 대외지급수단 또는 외화채권을 매입하는 경우(제3호), ⅳ) 거주자가 수출 관련 외화채권을 비거주자에게 매각하고 동 매각자금 전액을 외국환은행을 통하여 국내로 회수하는 경우(제4호)

ⅴ) 거주자가 국내외 부동산·시설물 등의 이용·사용과 관련된 회원권, 비거주자가 발행한 약속어음 및 비거주자에 대한 외화채권 등을 비거주자에게 매각하고 동 매각자금을 외국환은행을 통하여 국내로 회수하는 경우(제5호), ⅵ) 거주자가 비거주자에게 매각한 국내의 부동산·시설물 등의 이용·사용과 관련된 회원권 등을 비거주자로부터 재매입하는 경우(제6호)

2. 외국환은행 신고

거주자가 ⅰ) 거주자 또는 비거주자와 외국의 부동산·시설물 등의 이용·사용 또는 이에 관한 권리의 취득에 따른 회원권의 매입거래를 하고자 하는 경우, ⅱ) 외국의 부동산·시설물 등의 이용·사용 또는 이에 관한 권리의 취득에 따른 회원권을 앞의 ⅰ)에 의하여 취득한 거주자로부터 다른 거주자가 취득하는 경우에는 외국환은행의 장에게 신고하여야 한다(규정7-21②).

ⅰ)의 경우 [ ]매매신고서, 매매계약서 또는 분양계약서, 매매대상물 증빙서류를 제출해야 한다. 이에 대하여 신고를 받은 외국환은행의 장은 건당 미화 5만불을 초과하는 경우에는 금융감독원장, 건당 미화 10만불을 초과하는 경우에는 국세청장 및 관세청장에게 익월 10일까지 회원권 등의 매매내용을 통보(전산통보)해야 한다. 분양계약서와 관련하여 최초 분양인 경우에는 매매대상물 증빙서류를 사후에 보완할 수 있다.[64]

거주자가 외국에 있는 부동산 또는 이에 관한 물권·임차권 기타 이와 유사한 권리를 취득하고자 하는 경우에는 거주자의 외국부동산취득에 관한 규정(제9-38조 및 제9-39조)에 의거

---

64) 취급지침 88쪽.

외국환은행의 장 또는 한국은행총재의 신고수리 사항이다.

ii)의 경우 [ ]매매신고서, 거주자간(양수도)계약서 등, 매매대상물 취득 증빙서류, 양도인의 매매신고필증을 제출해야 한다. 여기서 [ ]매매신고서는 외국의 부동산·시설물 등의 이용·사용 또는 이에 관한 권리의 취득에 따른 회원권을 내용 i)에 의하여 취득한 거주자가 매매신고를 하였는지 여부를 확인하기 위함이다.[65]

국내기업이 해외골프장 회원권을 거주자를 대상으로 판매할 수 있는지를 살펴본다. 거주자가 해외골프장 회원권(이용권 포함)을 매입하기 위해서는 거래상대방에 따라 다음의 절차를 이행하여야 한다. 즉 i) 비거주자로부터 매입하는 경우에는 외국환은행에 신고하여야 한다. 다만, 비거주자가 거주자로부터 매입한 회원권을 재매입하는 경우에는 신고가 필요 없다. ii) 거주자로부터 매입할 경우에는 외국골프장 회원권을 판매하는 거주자가 비거주자로부터 회원권 매입시 외국환은행에 신고를 한 경우에는 거주자간 인정된 거래이므로 신고가 불필요하나 동 신고가 없을 경우에는 인정된 거래로 취득한 회원권의 매매에 해당되지 않으므로 이를 반드시 확인할 필요가 있다.[66]

3. 한국은행 신고

신고예외 사항 및 외국환은행 신고사항에 해당하는 경우를 제외하고 거주자가 비거주자와 대외지급수단 및 채권의 매매계약에 따른 채권의 발생등에 관한 거래를 하고자 하는 경우에는 한국은행총재에게 신고하여야 한다(규정7-21③). 대외지급수단 매매의 경우 i) 신고서(규정 별지 제7-4호 서식), ii) 신고인이 비거주자임을 입증하는 서류, iii) 체납여부 및 신용불량여부 확인: 납세증명서, 신용정보조회서, iv) 예금잔액을 증명하는 서류, v) 재원증빙서류를 제출해야 하고, 채권매매의 경우 i) 신고서(규정 별지 제7-4호 서식), ii) 채권매매계약서(안), iii) 채권양도 대상 원인계약서를 제출해야 한다.[67]

국내에 거주하는 개인간에 대외지급수단을 매매하는 행위를 할 경우 외국환거래규정상 문제가 되지는 않는지를 살펴본다. 거주자간에 외국통화를 화폐수집용 및 기념용으로 매매하거나 매매차익을 목적으로 하지 않는 거래로서 동일자에 미화 5천달러 이내의 대외지급수단매매 거래를 할 경우에는 신고를 요하지 아니하나 그 이외의 경우에는 한국은행에 신고하여야 한다.[68]

(주)가나다통상은 미국 ABC사가 부실기업인 미국 XYZ사에 대하여 가지고 있는 매출채권 (액면 U$1,000,000)을 U$500,000에 매입하고자 한국은행에 채권매매 신고를 하였다.[69]

---

65) 취급지침 88쪽.
66) 한국은행(2019), 128쪽.
67) 취급절차 [별지 제1호 서식] 2. 신고, 카.
68) 한국은행(2019), 128쪽.
69) 한국은행(2019), 130쪽.

4. 외국환은행의 국세청 및 관세청, 금융감독원 통보

신고를 받은 외국환은행의 장은 취득금액이 건당 미화 10만불을 초과하는 경우 국세청장 및 관세청장에게, 건당 미화 5만불을 초과하는 경우 금융감독원장에게 회원권 등의 매매내용을 익월 10일까지 통보하여야 한다(규정7-21④).

제5절 증권의 발행

I. 개관

금융기관이나 기업이 외화자금을 차입하는 방법은 크게 금융기관으로부터 차입하는 간접금융과 외화증권발행에 의한 직접금융이 있다. 이 중 외화증권발행에 의한 차입은 주로 장기자금조달을 목적으로 이루어진다.

외국환거래법에서 외화증권은 외국통화로 표시된 증권 또는 외국에서 지급받을 수 있는 증권을 말한다. 이때 증권은 국채, 지방채 등 모든 종류의 채권, 주식 및 출자지분, 수익증권, 무기명 양도성예금증서, 유동화증권 등을 포함한다. 국내기업의 외화증권발행에 의한 차입은 보통사채, 전환사채, 신주인수권부사채, 교환사채 및 주식예탁증서 등을 통해 이루어지며 최근에는 유동화증권 발행이 증가하고 있다.

거주자의 외화증권발행에 의한 차입은 1985년 11월 허용되었다. 초기에는 외화증권의 발행주체, 발행가능 외화증권의 종류, 발행용도, 발행한도, 발행방법 등을 제한하고 기획재정부장관의 승인을 받도록 하는 등 엄격히 관리되었다. 이후 외환자유화가 진전되면서 외화증권발행은 1999년 4월 전면 자유화되었다. 또한 2007년 12월 증권발행 전용대외계정 및 증권발행 전용 비거주자원화계정을 대외계정과 비거주자자유원계정으로 통합하여 비거주자의 국내 증권발행절차를 간소화하였다.

2012년 4월에는 국내 증권사에 대해 해외증권발행 등 대외업무 역량을 확충할 수 있도록 투자은행 업무 관련 대고객 현물환거래를 허용하였다. 이에 따라 국내 증권사는 외화증권발행의 주선·인수, 인수계약을 체결한 펀드의 운용자금·상환대금, M&A의 중개·주선 및 대리업무 수행 등과 관련한 환전업무가 가능하게 되었다.[70]

---

70) 한국은행(2016), 79쪽.

외국환거래법상 증권거래에는 증권의 취득 이외에 증권의 발행도 포함되며 증권의 발행은 발행주체(거주자 또는 비거주자), 발행증권의 통화(원화 또는 외화) 및 발행장소(국내 또는 국외)에 따라 제한내용이 다르다. 이 중 거주자의 국내 원화 및 외화증권 발행은 별도 신고를 요하지 않는다. 반면 증권발행에 대하여 기획재정부장관 신고가 필요한 경우는 비거주자의 국내 증권발행, 외국에서의 거주자 또는 비거주자의 원화증권발행 등이다.

Ⅱ. 통칙

1. 거주자의 증권발행

(1) 신고예외 사항

거주자가 국내에서 외화증권을 발행 또는 모집("발행")하고자 하는 경우에는 허가 및 신고를 요하지 아니한다(규정7-22①).

(2) 지정거래외국환은행 신고

거주자가 외국에서 외화증권을 발행하고자 하는 경우(거주자가 국내에서 발행한 외화증권을 비거주자가 사모로 취득하는 경우를 포함)에는 지정거래외국환은행의 장 등에게 신고등을 하여야 하며, 규정 제7-14조의 거주자의 외화자금차입 규정을 준용한다(규정7-22②). 따라서 한국은행에도 신고하여야 한다.

이 경우 ⅰ) 신고서(규정 별지 제7-2호 또는 제7-5호 서식), ⅱ) 대주가 개인일 경우 비거주자임을 입증하는 서류, ⅲ) 금전대차 계약서(증권발행계획서)(안), ⅳ) 지정거래외국환은행 지정신청서 또는 지정거래외국환은행 경유 필, ⅴ) 거주자의 보증, 담보제공시 외국환은행 거래신청서 및 담보제공계약서(근질권설정서), 보증계약서, 대출의향서(LOI), 담보물 입증서류 등 관련 서류를 제출해야 한다.[71]

(3) 기획재정부 신고

거주자(외국환업무취급기관을 포함)가 외국에서 원화증권의 발행절차에 따라 외국에서 원화증권을 발행하고자 하는 경우에는 기획재정부장관에게 신고하여야 한다(규정7-22③).

(4) 증권발행보고서 제출

증권발행을 한 자가 납입을 완료했을 경우에는 지체 없이 [별지 제7-10호 서식]의 증권발행보고서를 신고기관의 장에게 제출하여야 한다(규정7-22④). 첨부서류는 ⅰ) 계약서 사본 각 1부, ⅱ) 발행조건 및 비용명세서, ⅲ) 발행된 증권 견본 1매, ⅳ) 기타 기획재정부장관이 필요

---

71) 취급절차 [별지 제1호 서식] 2. 신고, 아.

하다고 인정하는 서류이다(규정7-22④).

2. 비거주자의 증권발행

(1) 기획재정부 신고

비거주자가 ⅰ) 국내에서 증권의 발행절차에 따라 외화증권 또는 원화연계외화증권을 발행(외국에서 기발행된 외화증권을 증권시장에 상장하는 경우를 포함)하고자 하거나 원화증권을 발행하고자 하는 경우(제1호), ⅱ) 외국에서 원화증권의 발행절차에 따라 외국에서 원화증권 또는 원화연계외화증권을 발행하고자 하는 경우(제2호)에는 기획재정부장관에게 신고하여야 한다(규정7-23① 본문).

(2) 증권발행자금의 사용용도 제한

비거주자가 국내에서 외화증권 또는 원화연계외화증권을 발행(외국에서 기발행된 외화증권을 증권시장에 상장하는 경우를 포함)하거나 외국에서 원화증권 또는 원화연계외화증권을 발행하여 조달한 자금은 신고시 명기한 용도로 사용하여야 한다(규정7-23① 단서).

3. 상장증권의 거래소간 이동(교차상장)

(1) 기획재정부 신고

국내증권시장과 해외증권시장간에 증권의 이동이 이루어지는 방식으로 증권을 상장하고자 하는 경우에는 최초 상장시점에 1회에 한하여 기획재정부장관에게 신고하여야 한다(규정7-23의2①).

(2) 기획재정부 보고

신고를 한 자는 시장간 유가증권의 이동 또는 전체 증권발행 수량의 변동이 발생한 경우 매월별로 다음 달 말까지 기획재정부장관에게 보고하여야 한다(규정7-23의2②).

Ⅲ. 비거주자의 국내에서 증권의 발행

1. 증권발행신고서의 기획재정부 제출

증권을 발행하고자 하는 비거주자는 [별지 제7-5호 서식]의 증권발행신고서에 발행자금의 용도를 기재한 발행계획서를 첨부하여 기획재정부장관에게 제출하여야 한다(규정7-24①). 첨부서류는 ⅰ) 발행계획서 또는 제7-23조의2의 규정에 의한 복수 거래소간 동시상장 계획서, ⅱ) 기타 신고기관의 장이 필요하다고 인정하는 서류이다(규정7-24①).

(1) 증권발행에 따른 비거주자자유원계정(규정 제7-8조, 제7-9조, 제7-24조)

비거주자가 국내에서 증권발행으로 조달·예치한 자금을 인정된 거래에 따른 지급을 위하여 처분을 하는 경우이다.

이 경우 i) 증권발행신고서 사본(최초 계좌 개설시, 규정 별지 제7-5호 서식), ii) 인정된 거래임을 입증할 수 있는 신고서 등을 제출해야 한다. 대외지급수단을 매입하기 위한 처분의 경우에는 그 처분으로 매입한 대외지급수단이 당해 비거주자 명의의 대외계정에 예치되어야 한다.[72]

(2) 증권발행에 따른 대외계정(규정 제7-8조, 제7-9조, 제7-24조)

비거주자가 국내에서 증권발행으로 조달·예치한 자금을 인정된 거래에 따른 지급을 위하여 처분을 하는 경우이다.

이 경우 i) 증권발행신고서 사본(최초 계좌 개설시, 규정 별지 제7-5호 서식), ii) 인정된 거래임을 입증할 수 있는 신고서 등을 제출해야 한다.[73]

2. 증권납입대금 예치

비거주자가 국내에서 증권을 발행한 경우, 원화증권인 경우에는 비거주자자유원계정을, 외화증권인 경우에는 대외계정을 개설하여 증권납입대금을 예치하여야 한다(규정7-24③).

3 주식예탁증서: 원화증권전용외화계정 개설

주식예탁증서를 발행하고자 하는 자는 주식예탁증서의 신주인수권 행사에 따른 증권납입대금 및 배당금지급 등 주식예탁증서의 권리행사 및 의무이행에 관련된 자금의 예치 및 처분을 위하여 예탁결제원에 예탁결제원 명의의 원화증권전용외화계정(발행자 명의도 부기함)을 지정거래외국환은행에 개설하도록 요청하여야 하며, 요청받은 예탁결제원은 지정거래외국환은행에 예탁결제원 명의의 원화증권전용외화계정을 개설하여야 한다(규정7-24②).

4. 보고

(1) 증권발행보고서의 기획재정부 제출

증권발행신고를 한 자가 납입을 완료하였을 경우에는 지체없이 [별지 제7-10호 서식] 증권발행보고서에 발행조건 및 비용명세서, 인수기관별 인수내역을 첨부하여 기획재정부장관에게 제출하여야 한다(규정7-27①).

---

72) 취급지침 88쪽.
73) 취급지침 88쪽.

(2) 원화증권전용외화계정의 지급 및 수령상황 통보

예탁결제원은 예탁결제원 명의의 원화증권전용외화계정의 지급 및 수령상황을 매월 외화계정이 개설된 지정거래외국환은행의 장에게 통보하여야 한다(규정7-27②).

(3) 원화증권전용외화계정의 예치 및 처분현황 보고

지정거래외국환은행의 장은 예탁결제원 명의의 원화증권전용외화계정의 예치 및 처분상황을 매월 한국은행총재에게 보고하여야 한다(규정7-27③). 한국은행총재는 예치 및 처분상황을 종합하여 매월 기획재정부장관에게 보고하여야 한다(규정7-27④).

5. 해외판매채권의 매매 등

(1) 해외판매채권 예탁

발행채권의 일부를 해외에서 판매하고자 하는 자는 해외에서의 해외판매채권의 매매(외화결제에 한한다)를 위해 국제적으로 인정되는 결제기구 또는 예탁기관에 해외판매채권을 예탁할 수 있다(규정7-28①).

(2) 기획재정부 신고

해외판매채권을 예탁하고자 하는 자는 발행신고시에 기획재정부장관에게 신고하여야 한다(규정7-28②).

Ⅳ. 외국에서 원화증권의 발행

1. 거주자의 원화증권 발행

(1) 증권발행신고서의 기획재정부 제출

거주자가 외국에서 원화증권을 발행하고자 하는 경우에는 [별지 제7-5호 서식] 증권발행신고서에 발행자금의 용도를 기재한 발행계획서를 첨부하여 기획재정부장관에게 제출하여야 한다(규정7-29①).

(2) 증권발행보고서의 기획재정부 제출

원화증권발행을 신고한 자가 납입을 완료하였을 경우에는 지체없이 [별지 제7-10호 서식]의 증권발행보고서를 기획재정부장관에게 제출하여야 한다(규정7-29②).

2. 비거주자의 원화증권 발행

(1) 증권발행신고서의 기획재정부 제출

비거주자가 외국에서 원화증권(원화연계외화증권을 포함)을 발행하고자 하는 경우에는 [별지 제7-5호 서식]의 증권발행신고서에 발행자금의 용도를 기재한 발행계획서를 첨부하여 기획재정부장관에게 제출하여야 한다(규정7-30①).

(2) 증권발행보고서의 기획재정부 제출

원화증권발행신고를 한 자가 납입을 완료하였을 경우에는 지체없이 [별지 제7-10호 서식]의 증권발행보고서를 기획재정부장관에게 제출하여야 한다(규정7-30②).

제6절 증권의 취득

Ⅰ. 서설

1. 증권투자의 의의

증권의 취득이라 함은 증권 또는 증권에 부여된 전환권, 신주인수권, 교환권 등의 권리(담보권은 제외)의 취득을 말한다(규정1-2(33)). 이 경우는 외국법인의 경영에 참여하는 것을 목적으로 하지 않는 것이다. 즉 증권투자라 할 수 있다. 거주자가 외국법인의 경영에 참가하기 위하여 당해 법인의 주식 또는 출자지분을 취득하는 것은 해외직접투자로서 외국환거래법 제9장의 규정에 의한다(규정7-31① 단서).

증권투자란 국제적인 자본이동의 한 형태로서 경영참여 없이 시세차익, 이자소득, 배당소득 등을 목적으로 주식이나 채권 등에 투자하는 것을 말한다. 증권이란 내국인 또는 외국인이 발행한 금융투자상품(지급수단 제외)으로서 투자자가 취득과 동시에 지급한 금전 외에 어떠한 명목으로든지 추가로 지급의무를 부담하지 아니하는 것을 말한다. 증권은 국채·지방채 등의 채무증권, 주권·출자증권 등의 지분증권, 수익증권, 투자계약증권, 파생결합증권, 증권예탁증권으로 구분된다.

증권투자는 직접투자에 비해 투자기간이 비교적 단기이고 대내외 경제여건 변화에 따른 급격한 자본이동 가능성이 있어 일부 국가에서는 필요시 자본규제 조치를 취할 수 있는 법적 장치를 마련하고 있다. 우리나라의 경우에도 자본의 급격한 유출입 등 유사시에 대비하기 위하여 외국환거래법에 의해 가변예치의무제도 및 자본거래허가제도 등 안전장치(safeguard)를 운영할 수 있는 제도적 장치를 갖추고 있다. 이에 관하여는 제2편에서 살펴보았다.

한편 증권투자자금의 유출입은 국제수지에 영향을 미쳐 해외부문을 통한 통화량 증감을 유발할 뿐만 아니라 단기적으로 환율, 금리, 주가 등에도 영향을 미치게 된다. 특히 경제규모가 작고 대외의존도가 높은 소규모 개방경제일수록 증권투자자금의 유출입이 국가경제에 미치는 영향은 더욱 크다.[74]

2. 비거주자의 국내증권투자

비거주자의 국내증권투자는 1981년 10월 투자신탁회사의 외국인전용 수익증권 발행이 허용되면서 시작되었다. 1984년 7월에는 외국투자전용회사에 의한 국내증권 매매를 위해 Korea Fund가 설립되었으며, 1992년 1월에는 국내주식시장이 개방되어 비거주자의 국내상장주식 투자가 가능해졌다.

이후 1994년 6월 증권관리위원회(현 증권선물위원회)가 지정한 국공채에 대해서도 비거주자의 투자가 허용되고, 1996년 5월에는 주가지수 선물거래가 허용되는 등 비거주자의 국내증권투자에 대한 자유화가 지속되었다. 1999년 외국인투자 업종개방이 확대되고, 2001년 2월 외국인투자 출자목적물에 외국인보유 주식이 추가되었으며, 2007년 12월에는 비거주자의 증권투자계정이 통합되어 비거주자의 국내증권투자 절차가 간소화되었다.

한편 2008년 글로벌 금융위기 이후 외국인 증권투자자금의 변동성이 커지고 외국인투자자의 주식·채권 매매의 탈동조화(decoupling)가 심화됨에 따라 2013년 4월부터 외국인 증권투자자금의 유출입을 투자상품별로 보고하도록 개선하는 등 외국인 증권투자에 대한 모니터링을 강화하였다.

외국인의 국내증권 투자자금은 1992년 주식시장 개방 이후 대체로 순유입세를 지속하였다. 2008년 글로벌 금융위기 당시 외국인의 주식투자자금 회수가 있었으나 미국 등 선진국의 양적완화 정책 실시 이후 글로벌 유동성이 확대되면서 2012년 외국인 주식투자와 채권투자가 크게 증가하였다. 다만 2013년 이후에는 미 연준의 양적완화 축소 등으로 주식 및 채권 투자자금의 순유입 규모가 감소하였다.[75]

3. 거주자의 해외증권투자

거주자의 해외증권투자는 1985년 9월 증권사의 외화증권 인수단 참여와 관련한 규정이

---

74) 한국은행(2016), 56–57쪽.
75) 한국은행(2016), 62쪽.

신설되면서 시작되었다. 동 규정에 따라 국내 증권사는 국내법인이 외국에서 발행하는 외화표시 채권 및 주식예탁증서(DR)의 인수가 가능해졌다. 당시 증권사별 인수한도는 총발행액의 1% 이내 또는 1백만달러 이하였다. 1987년 9월에는 국내 증권사의 인수단 참여한도를 3백만달러-1천만 달러로 확대하였으며, 1988년 7월 투자기관을 증권사에서 투자신탁회사, 보험사 등의 기관투자 가로 확대하고 투자금액 한도도 증권사는 3천만달러, 기타 기관투자가는 1천만달러로 확대하 였다.

1994년 7월에는 개인 1억원, 법인은 3억원 내에서 일반투자가의 외화증권투자가 허용되었 다. 또한 1995년 3월에는 투자잔액의 10% 이내에서 기관투자가의 비상장증권투자가 허용되었 으며, 1996년 4월에는 일반투자가의 해외증권투자 한도가 폐지되고 투자가능 대상증권도 확대 되는 등 일반투자가의 해외증권투자가 대폭 자유화되었다. 1999년 4월에는 역외펀드 설립이 가능해지고 기관투자가의 외화증권투자 대상제한 및 외화증권투자전용 거주자계정에 대한 예 치제한이 폐지되었다.

2006년 3월에는 일반투자가의 해외증권 투자대상 제한이 폐지되어 모든 해외증권에 대한 투자가 가능해졌고, 2007년 2월에는 기관투자가의 범위를 증권거래법상 전문투자자의 개념으 로 확대하였다. 이어 2009년 2월에는 자본시장법 시행에 따라 기관투자가의 범위를 동 법률에 기초하여 변경하였으며, 2014년 1월에는 체신관서를 기관투자가에 포함시켜 체신관서가 증권 사를 통하지 않고도 해외증권을 취득할 수 있게 되었다.

Ⅱ. 거주자의 증권취득

1. 신고예외 사항

거주자가 비거주자로부터 증권을 취득하고자 하는 경우로서 다음에 해당하는 경우에는 신 고를 요하지 아니한다(규정7-31① 본문).

ⅰ) 투자중개업자에게 위탁하여 외화증권에 투자하는 경우(제1호), ⅱ) 비거주자로부터 상 속·유증·증여로 인하여 증권을 취득하는 경우(제2호)

ⅲ) 거주자가 발행한 증권의 만기 전 상환 및 매입소각 등을 위하여 증권을 취득하는 경 우(증권발행일로부터 1년 이후의 취득에 한함)(제3호), ⅳ) 거주자가 인정된 거래에 따라 취득한 주 식 또는 지분에 대신하여 합병 후 존속·신설된 법인의 주식 또는 지분을 비거주자로부터 취득 하는 경우(제4호)

ⅴ) 거주자가 외국의 법령에 의한 의무를 이행하기 위하여 비거주자로부터 외화증권을 취 득하는 경우(제5호), ⅵ) 거주자가 국민인 비거주자로부터 국내에서 원화증권을 내국통화로 취

득하는 경우(제6호)

vii) 거주자가 인정된 거래에 따른 대부금의 대물변제, 담보권의 행사와 관련하여 비거주자로부터 외화증권을 취득하는 경우(제7호), viii) 거주자가 증권의 발행 규정(제7장 제5절)에 의하여 비거주자가 국내 또는 국외에서 발행한 만기 1년 이상인 원화증권을 취득하거나 비거주자가 발행한 해외판매채권을 자본시장법 및 시행령이 정하는 바에 따라 비거주자에게 매각할 목적으로 국내인수회사가 취득하는 경우. 다만, 거주자가 원주를 취득하는 경우에는 거주자의 외화증권 투자절차 규정을 준용한다(제8호)

ix) 국내기업이 사업활동과 관련하여 외국기업과의 거래관계의 유지 또는 원활화를 위하여 미화 5만불 이하의 당해 외국기업의 주식 또는 지분을 취득하는 경우(제9호), x) 외국인투자촉진법에 의한 외국인투자기업(국내자회사를 포함), 외국기업 국내지사, 외국은행 국내지점 또는 사무소에 근무하는 자가 본사(본사의 지주회사나 방계회사를 포함)의 주식 또는 지분을 취득하는 경우(제10호)

xi) 거주자가 국내유가증권시장에 상장 또는 등록된 외화증권을 비거주자로부터 취득하거나 부여된 권리행사에 따른 주식 또는 지분을 취득하는 경우(제11호), xii) 외국인투자가가 취득한 국내원화증권을 거주자가 다시 취득하는 경우(규정7-32①(1)), 외국인투자촉진법의 규정에 의하여 인정된 외국인투자를 위하여 비거주자가 거주자로부터 증권을 취득하는 경우(규정7-32①(2)) 및 비거주자가 거주자로부터 취득한 증권을 거주자가 다시 취득하는 경우(규정7-32①(11)), 비거주자가 거주자로부터 국내법인의 비상장·비등록 내국통화표시 주식 또는 지분을 외국인투자촉진법에서 정한 출자목적물에 의해 취득하는 경우(규정7-32②) 및 기타 증권을 취득하고 신고한(규정7-32③) 비거주자로부터 동 증권을 취득하는 경우(제12호)

2. 한국은행 신고

앞의 신고예외 사항에 해당하는 경우를 제외하고 거주자가 비거주자로부터 증권을 취득하고자 하는 경우에는 한국은행총재에게 신고하여야 하며, 한국은행총재는 필요시 동 신고내용을 국세청장에게 열람하도록 하여야 한다(규정7-31② 본문). 다만, 거주자가 보유증권을 대가로 하여 비거주자로부터 증권을 취득하고자 하는 경우에는 교환대상증권의 가격 적정성을 입증하여야 한다(규정7-31② 단서).

한국은행총재에게 신고하는 경우 i) 신고서(규정 별지 제7-6호 서식), ii) 증권취득 계약서(안), iii) 재원증빙서류, iv) 법인의 경우 이사회 결의서 또는 내부품의문서, v) 보유증권 교환방식에 의한 경우 교환가격의 적정성 입증서류, vi) 투자개요서를 제출해야 한다.[76]

---

76) 취급절차 [별지 제1호 서식] 2. 신고, 타.

(주)가나다벤처투자는 미국의 첨단 벤처기업인 ABC사에 대한 투자목적으로 ABC사가 발행하는 우선주를 장외에서 주당 U$1,000의 가격으로 3,000주를 직접 취득하기 위해 한국은행에 증권취득 신고를 하였다.[77]

3. 기획재정부 보고

한국은행총재는 연도별 증권취득현황 등을 다음 연도 둘째달 말일까지 기획재정부장관에게 보고하여야 한다(규정7-31③).

Ⅲ. 비거주자의 증권취득

1. 신고예외 사항

비거주자가 거주자로부터 증권을 취득하고자 하는 경우로서 다음에 해당하는 경우에는 신고를 요하지 아니한다(규정7-32①).

ⅰ) 외국인투자자가 국내원화증권 발행절차 규정에 의하여 원화증권을 취득하는 경우. 다만, 인정된 증권대차거래를 위하여 외국금융기관에 개설한 계좌에 외화담보를 예치 및 처분하는 경우에는 국내원화증권 발행절차에 의한 거래로 간주한다(제1호), ⅱ) 외국인투자촉진법의 규정에 의하여 인정된 외국인투자를 위하여 비거주자가 거주자로부터 증권을 취득하는 경우(제2호)

ⅲ) 비거주자가 거주자로부터 상속·유증으로 증권을 취득하는 경우(제3호), ⅳ) 비거주자가 국내법령에 정하는 의무의 이행을 위하여 국공채를 매입하는 경우(제4호), ⅴ) 외국인투자촉진법에 의한 외국인투자기업(국내자회사를 포함), 외국기업 국내지사, 외국은행 국내지점 또는 사무소에 근무하는 거주자가 취득한 본사의 주식(지분 포함)을 비거주자가 당해 거주자로부터 매입하는 경우(제5호)

ⅵ) 비거주자가 제2-5조(외화자금차입 및 증권발행), 제2-10조(역외계정의 설치·운영) 및 제7-22조(거주자의 증권발행)의 규정에 의하여 거주자가 외국에서 발행한 외화증권을 취득하거나 부여된 권리행사에 따른 주식 또는 지분을 취득하는 경우(제6호), ⅶ) 국민인 비거주자가 거주자로부터 국내에서 원화증권을 취득하는 경우(제7호)

ⅷ) 국내에서 원화증권 및 원화연계외화증권을 발행한 비거주자가 당초 허가를 받거나 신고된 바에 따라 만기 전 상환 등을 위하여 증권을 취득하는 경우, 비거주자가 발행한 주식예탁

---

77) 한국은행(2019), 143쪽.

증서를 자본시장법 및 시행령이 정하는 바에 따라 거주자로부터 취득하거나 비거주자가 주식
예탁증서의 원주를 거주자로부터 취득하는 경우 또는 규정에서 정하는 바에 따라 발행되는 해
외판매채권을 자본시장법 및 시행령이 정하는 바에 따라 인수한 국내 인수회사로부터 취득하
는 경우. 다만, 비거주자가 규정에서 정하는 바에 따라 비거주자가 발행한 주식예탁증서를 거
주자로부터 취득하는 경우에는 투자전용계정(규정7-37)의 규정을 준용한다. 또한 규정에서 정
하는 바에 따라 주식예탁증서를 발행한 비거주자가 당해 주식예탁증서를 취득하는 경우에는
비거주자의 국내에서 증권발행 신고 및 발행자금의 사용(규정7-24)의 규정을 준용한다(제8호).

ix) 비거주자가 인정된 거래에 따른 대부금의 대물변제, 담보권의 행사 및 채권의 출자전
환(금융산업구조개선법, 기업구조조정촉진법, 채무자회생법에 따른 출자전환)과 관련하여 거주자로부
터 증권을 취득하는 경우(제9호), x) 비거주자가 국내유가증권시장에 상장 또는 등록된 외화증
권 또는 국내 외국환은행이 발행한 외화 양도성예금증서를 취득하는 경우. 다만, 절차 등은 외
국인투자자의 국내원화증권 투자절차의 규정을 준용한다(제10호). xi) 규정 제7-31조 제1항 제
1호 및 제12호, 제7-31조 제2항의 규정에 의해 증권을 취득한 거주자로부터 동 증권을 취득하
는 경우(제11호)

2. 외국환은행 신고

(1) 투자전용대외계정(규정 제7-37조, 제7-42조)

투자전용대외계정의 예치와 처분은 ⅰ) 외국인투자자로부터 규정 제7-36조에 의한 국내
증권(선물, 옵션거래를 포함)투자를 하기 위하여 투자전용대외계정의 개설 및 규정 제7-37조 제2
항 및 제7-42조에서 정하는 외화자금을 동 계정에 예수하는 경우, ⅱ) 앞의 투자전용대외계정
에 예치된 외화자금을 ㉠ 증권취득을 위하여 내국지급수단을 대가로 한 매각, ㉡ 취득증권에
관련한 유상청약(무상증자에 따른 세금납부액 포함) 및 증권취득에 따른 제수수료 지급을 위한 내
국지급 수단을 대가로 한 매각의 용도로 처분을 하는 경우이다.[78]

ⅰ)의 경우 ㉠ 취득자의 실명확인증표(투자등록증 사본, 여권사본, 법인등기부 등본(당해 국가
에 설립되어 있음을 입증할 수 있는 서류) 등), ㉡ 위임장[상임대리인이 최초 계좌를 개설할 경우. 전문
(Telex)도 가능함], ㉢ 외국환신고(확인)필증(투자자금을 휴대 반입한 경우)을 제출해야 한다.

투자전용대외계정은 투자자의 다른 대외계정과 구분 계리하여야 하며, 외국환은행의 장은
투자전용대외계정 현황을 다음 영업일까지 한국은행총재에게 보고하여야 한다. 비거주자(국민
인 비거주자 제외)로서 상장유가증권에 투자하는 경우에는 금융감독원장 앞 투자등록 절차를 필
하여야 한다.

---

78) 취급지침 89쪽.

ii) 경우 투자매매업자·투자중개업자·예탁결제원·종합금융회사·상호저축은행 또는 체신관서의 원화계정으로의 이체인지 여부(외국인투자자의 대외계정 개설 외국환은행이 동시에 상임대리인 경우 및 증권을 외국환은행이 보관하고 있어 직접청약 등을 하는 경우 제외)를 확인한다.

(2) 비거주자의 비상장·비등록 주식(지분) 취득 및 처분(규정 제7-32조 제2항)

(가) 취득

비거주자가 거주자로부터 국내법인의 비상장·비등록 내국통화표시 주식(지분)을 외국인투자촉진법에서 정한 출자목적물에 의해 취득하는 경우로서 외국인투자촉진법에서 정한 외국인투자에 해당하지 아니하는 경우에는 외국환은행의 장에게 신고하여야 한다(규정7-32②).

외국인투자촉진법에서 정한 출자목적물이라 함은 대외지급수단 또는 이의 교환으로 생기는 내국지급수단, 자본재, 외국인투자촉진법에 따라 취득한 주식등으로부터 생긴 과실을 말한다.

이 경우 i) 증권취득신고서, ii) 재원증빙서류, iii) 주식(지분)취득 입증 서류(주식매매계약서 등), iv) 취득자의 신분을 확인할 수 있는 여권사본 또는 법인등기부등본 등(당해 국가에 설립되어 있음을 입증할 수 있는 서류), v) 위임장(대리신고의 경우), vi) 지분관계를 입증할 수 있는 서류를 제출해야 한다. 제출서류 중 재원증빙서류는 외국환신고(확인)필증, 외화예치증명서 등을 말한다(사후보완 가능). 국민인 비거주자인 경우에는 신고불요사항으로 본 항목 적용대상이 아니나, 본인이 요청하는 경우 신고할 수 있다.[79]

(나) 처분

비거주자의 비상장·비등록 주식(지분) 처분대금을 지급하는 경우에는 외국환은행의 장에게 신고하여야 한다. 이 경우 i) 지급신청서, ii) 증권취득신고필증, iii) 양수도계약서 등 매각사실을 입증할 수 있는 서류를 제출해야 한다.

주식(지분) 취득자금이 외국으로부터 휴대수입되었거나 송금된 대외지급수단 등 외국인투자촉진법에서 정한 출자목적물이었는지의 여부를 확인한다. 증권취득 당시의 거주성이 처분시에 전환된 경우 및 국민인 비거주자가 증권취득신고를 한 경우에는 주식(지분) 처분대금을 지급할 수 있다.[80]

(다) 신고

신고예외 사항을 제외하고 비거주자가 거주자로부터 국내법인의 비상장·비등록 원화표시 주식 또는 지분을 취득하는 경우에는 외국환은행의 장에게 신고하여야 한다. 다만, 외국인투자촉진법에서 정한 외국인투자에 해당하지 아니하는 경우(지분율 10% 미만 등)에 한한다.

거주자가 외국법인의 경영에 참가하기 위해 비거주자로부터 증권을 취득하는 경우에는 해

---

79) 취급지침 90쪽.
80) 취급지침 90쪽.

외직접투자 절차를 취하여야 한다. 즉 경영참여 목적의 10% 이상의 주식 또는 출자지분 취득, 투자비율이 10% 미만이더라도 임원 파견, 기술제공 계약을 체결하는 경우 등이 이에 해당한다.

3. 한국은행 신고

위의 신고예외 사항(제1항) 및 외국환은행장 신고사항(제2항)에 해당하는 경우를 제외하고 비거주자가 거주자로부터 증권을 취득하고자 하는 경우에는 한국은행총재에게 신고하여야 한다(규정7-32③). 이 경우 ⅰ) 신고서(규정 별지 제7-6호 서식), ⅱ) 증권취득 계약서(안)를 제출해야 한다.[81]

따라서 신고예외 사항 및 외국환은행 신고사항을 제외하고 거주자가 비거주자로부터 또는 비거주자가 거주자로부터 증권을 취득하고자 하는 경우에는 한국은행에 신고하여야 한다. 국내법인 및 개인이 해외 비상장 법인의 주식(우선주), 전환사채 등을 취득하는 경우, 거주자와 비거주자가 주식을 교환하는 경우 및 비거주자가 전환사채를 취득하는 경우 등이 이에 해당한다. 거주자가 보유증권을 대가로 하여 비거주자로부터 증권을 취득하는 경우 교환대상 증권의 가격 적정성을 입증하여야 한다.

미국의 첨단 벤처기업인 비상장 ABC사의 주주 Smith는 본인이 보유중인 ABC사 주식 500,000주를 거주자 홍길동이 보유중인 ㈜가나다통상의 주식 300,000주와 교환함으로써 ㈜가나다통상의 주식을 취득하기 위해 한국은행에 증권취득 신고를 하였다.[82]

비거주자가 해외 비상장주를 출자목적물로하여 거주자법인의 주식을 취득하는 경우 외국인투자촉진법상 출자목적물에 의한 투자에 해당하지 않아 한국은행에 증권취득 신고를 하여야 한다. 거주자의 경우 취득비율 등에 따라 한국은행에 증권취득 신고 또는 외국환은행에 해외직접투자 신고를 하여야 하며, 거주자가 외국환은행을 통하지 아니하고 권리의 이전 등으로 비거주자와 채권·채무를 결제하는 경우에 해당하여 외국환은행을 통하지 않는 지급신고(규정5-11③)를 함께 하여야 한다.

Ⅳ. 거주자의 외화증권 투자절차

1. 투자대상 등

(1) 원칙

거주자가 거주자의 외화증권 투자절차 규정에 의하여 투자를 할 수 있는 외화증권은 제한

---

81) 취급절차 [별지 제1호 서식] 2. 신고, 파.
82) 한국은행(2019), 153쪽.

을 두지 아니한다(규정7-33①).

(2) 기관투자가

(가) 신고예외

기관투자가가 외화증권을 매매하고자 하는 경우에는 신고를 요하지 아니한다(규정7-33②
본문). 다만, 제7-35조(보고 등)에 의한 보고의무를 준수하여야 한다(규정7-33② 단서).

(나) 한국은행 신고

기관투자자가 신용파생결합증권을 매매하고자 하는 경우에는 한국은행총재에게 신고하여
야 한다(규정7-33③ 본문). 다만, 외국환업무취급기관이 외국환업무로서 행하는 거래는 제2장(외
국환업무취급기관 등)에서 정한 절차에 따른다(규정7-33③ 단서).

(3) 일반투자가

(가) 직접투자의 제한

일반투자가가 외화증권을 매매하고자 하는 경우에는 투자중개업자를 통하여 외화증권의
매매를 위탁하여야 한다(규정7-33④ 본문). 다만, 자본시장법이 정하는 바에 의하여 외국집합투
자증권을 매매하고자 하는 경우에는 투자매매업자 또는 투자중개업자를 상대방으로 하여 외국
집합투자증권을 매매할 수 있다(규정7-33④ 단서).

거주자의 해외주식 취득절차는 기관투자가가 아닌 거주자의 투자목적 해외주식(비등록·비
상장주) 취득은 투자중개업자 등을 통한 위탁매매방식이 아니라면 한국은행에 신고하여야 한다.

(나) 외화증권투자전용외화계정을 통한 송금 및 회수

일반투자가로부터 외화증권의 매매를 위탁받은 투자중개업자는 외국환은행에 개설된 일
반투자가 명의(투자중개업자의 명의를 부기함) 또는 투자중개업자 명의의 외화증권투자전용외화
계정을 통하여 투자 관련 자금을 송금하거나 회수하여야 한다(규정7-34①). 거주자가 외화증권
을 매매하고자 할 경우, 투자매매업자 또는 투자중개업자는 증권금융회사 명의의 외화증권투
자전용계정에 투자자예탁금(자본시장법 제74조 제1항에 따른 투자자예탁금=투자자로부터 금융투자
상품의 매매, 그 밖의 거래와 관련하여 예탁받은 금전)을 예치하여야 한다(규정7-34②).

외국회사의 주식 등을 국내에서 취득할 수 있는지를 살펴본다. 일반투자자의 경우 투자중
개업자 등을 통하여 외화증권의 매매를 위탁하여 외국 유가증권시장에 상장되어 있는 증권이
나 외국정부 등이 발행한 국공채 등에 투자할 수 있다. 구체적 투자절차는 외국환은행에 일반
투자자 명의 또는 투자중개업자 등 명의의 외화증권투자전용외화계정을 만들고 이 계정을 통
하여 투자관련 자금을 송금하거나 회수하여야 한다.

2. 보고 및 통보

(1) 기관투자가: 한국은행 보고

기관투자가는 외화증권 투자자금의 원천에 따라 구분하여 매 분기별 외화증권의 인수, 매매, 보유, 대여 및 외화예금의 보유, 운영실적과 투자자금의 대외지급 및 국내회수실적(국민연금법에 따라 국민연금기금의 관리·운용에 관한 업무를 위탁받은 법인의 경우에는 6개월 전 거래실적에 한한다)을 다음 분기 첫째 달 10일까지 한국은행총재에게 보고하여야 한다(규정7-35①). 한국은행총재는 보고받은 외화증권투자현황을 종합하여 기획재정부장관에게 통보하여야 한다(규정7-35③).

(2) 투자중개업자 · 투자매매업자: 한국은행 및 금융감독원 보고

투자중개업자 및 외국집합투자증권을 매매하는 투자매매업자는 일반투자가의 매분기별 외화증권의 투자현황, 매매실적 등("외화증권투자현황")을 다음 분기 첫째달 10일까지 한국은행 총재 및 금융감독원장에게 보고하여야 한다(규정7-35②).

Ⅴ. 외국인투자자의 국내원화증권 투자절차

1. 서설

(1) 외국인 증권투자자금 환전서비스

국내증권에 투자하려는 외국인은 주로 본인 계좌가 개설된 은행에서 투자자금을 환전(외화 → 원화)하고 있다. 현재 외국환거래규정은 은행뿐만 아니라 증권사를 통해서도 환전할 수 있도록 허용하고 있으나, 외국인투자자 및 증권사의 인지 부족으로 활성화되지 않고 있다. 기획재정부는 외국인투자자가 은행 대신 증권사를 통해 환전하는 "제3자 환전"이 활성화되도록 지원하는 외국환거래규정 유권해석을 내놓았다. 이는 외국인투자자가 은행에 개설된 증권사 명의 "투자전용외화계정"에 외화를 송금하면 증권사가 원화로 환전하여 국내증권에 투자하도록 한 현행 규정의 해석을 명확히 하는 것이다.

이로 인해 국내 증권사는 외국계 은행이 과점 중인 외국인 증권투자자금 환전시장에 적극적으로 참여하여 수익성과 경쟁력을 제고할 수 있고, 외국인투자자에게는 환전 편의 및 간소화된 거래절차를 통해 국내 증권시장 투자 유인을 확대할 수 있다. 즉 은행뿐 아니라 증권사에서도 환전이 가능하므로 유리한 가격을 선택할 수 있으며, 은행에 본인 명의 계좌를 개설하지 않고도 환전 및 국내증권시장에 투자할 수 있다.[83]

---

83) 기획재정부(2020a), 11쪽.

〈외국인 증권투자자금 환전 활성화〉

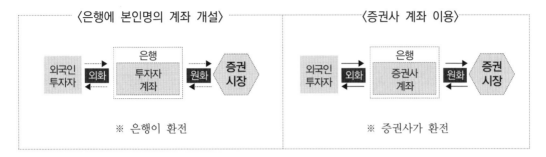

(2) 적용범위

외국인투자자라 함은 비거주자(국민인 경우에는 해외영주권을 가진 자에 한한다) 또는 증권투자자금의 대외송금을 보장받고자 하는 외국인거주자를 말한다(규정7-36①).

외국인투자자가 증권, 기업어음, 상업어음, 무역어음, 양도성예금증서, 표지어음, 종합금융회사 발행어음에 해당하는 국내원화증권을 취득하거나 그 취득증권을 국내에서 매각 또는 인정된 증권대차거래 또는 금융투자업규정의 환매조건부매매를 하는 경우에는 외국인투자자의 국내원화증권 투자절차 규정에 따른다(규정7-36①). 또한 이에 의하여 취득한 증권에 부여된 권리행사 및 상속·유증에 따른 승계취득으로 인하여 국내원화증권을 취득하거나 그 취득증권을 국내에서 매각하는 경우에도 외국인투자자의 국내원화증권 투자절차 규정에 따른다(규정7-36②).

(3) 외국인비거주자의 국내 비상장주식 취득절차

외국인비거주자가 국내법인의 비상장주식 또는 전환사채를 취득하고자 하는 경우 어떠한 절차를 밟아야 하는지를 살펴본다. 외국인비거주자가 국내법인의 비상장, 비등록 주식 또는 지분("주식 등")을 취득하고자 하는 경우에는 외국인투자촉진법상 출자목적물 및 외국인투자 해당여부에 따라 다른 절차를 거치게 된다.[84]

먼저, 외국인비거주자가 국내법인의 비상장주식 등을 10% 이상 취득하고 외국인투자촉진법상의 외국인투자에 해당되는 경우에는 외국인투자촉진법에 의해 외국인투자 신고만 하면 된다. 외국환거래규정상의 신고절차는 거칠 필요 없다. 한편 비거주자가 거주자로부터 국내법인의 비상장주식 등을 외국인투자촉진법에서 정한 출자목적물에 의해 취득하는 경우로서 외국인투자촉진법에서 정한 외국인투자에 해당되지 않는 경우에는 외국환거래규정에 따라 외국환은행에 증권취득 신고를 해야 한다. 그러나 외국인비거주자가 국내법인의 주식이나 지분이 아니

---

84) 한국은행(2019), 140쪽.

고, (전환)사채 등을 장외에서 취득하는 경우에는 한국은행에 신고하여야 한다.

2. 투자전용계정을 통한 투자절차

(1) 투자전용계정 사용

외국인투자자는 국내원화증권에 투자(증권매각대금의 외국으로 송금을 포함)하거나 인정된 증권대차거래 및 환매조건부매매와 관련된 자금의 지급등을 위해 외국환은행에 본인 명의 투자전용대외계정 및 투자전용비거주자원화계정("투자전용계정")을 통해 관련 자금을 예치·처분할 수 있다(규정7-37① 본문). 다만, 국제예탁결제기구가 외국인투자자의 위탁을 받아 국채 또는 한국은행법 제69조에 따른 통화안정증권을 매매하기 위한 경우에는 당해 국제예탁결제기구 명의의 투자전용계정을 개설하여 관련자금을 예치 및 처분할 수 있다(규정7-37① 단서).

(2) 투자전용계정의 예치 및 처분

(가) 투자전용대외계정

1) 예치자금

외국인투자자가 투자전용대외계정에 예치할 수 있는 외화자금은 다음에 한한다(규정7-37②).

ⅰ) 외국인투자자가 외국으로부터 송금 또는 휴대반입한 외화자금(제1호), ⅱ) 본인 명의의 다른 투자전용대외계정·대외계정·비거주자외화신탁계정 및 투자중개업자·투자매매업자("투자중개업자등")의 투자전용외화계정, 한국거래소·예탁결제원·증권금융회사·청산회사의 투자전용외화계정에서 이체되어 온 외화자금(제2호)

ⅲ) 외국인투자자가 국내원화증권 투자절차(규정7-36)의 규정에 의하여 취득한 증권의 매각대금·배당금·이자 및 인정된 증권대차거래·환매조건부매매와 관련된 자금 등을 대가로 매입한 외화자금. 다만, 외국환의 매각(규정2-3)의 규정에도 불구하고 외국환은행은 외화를 매각한 다음 날로부터 3영업일 이내에 관련 거래내역을 확인할 수 있다(제3호). ⅳ) 본인 명의의 투자전용비거주자원화계정·비거주자자유원계정·비거주자원화신탁계정에 예치자금을 대가로 매입한 외화자금(제4호)

2) 처분사유

외국인투자자가 투자전용대외계정을 처분할 수 있는 경우는 다음에 한한다(규정7-37③).

ⅰ) 내국지급수단을 대가로 한 매각. 다만, 제1항의 원화계정에 예치하거나, 제7-36조의 규정에 의한 증권의 취득 및 인정된 증권대차거래·환매조건부매매를 위하여 외국환은행·투자중개업자등·예탁결제원·증권금융회사·종합금융회사·상호저축은행 또는 체신관서의 원화계정으로 이체하는 경우에 한한다(제1호). ⅱ) 외국에 대한 송금(제2호)

iii) 본인 명의의 다른 투자전용대외계정·대외계정·비거주자외화신탁계정 및 투자중개업자등의 투자전용외화계정, 한국거래소·예탁결제원·증권금융회사·청산회사의 투자전용외화계정으로의 이체(제3호), iv) 대외지급수단으로의 인출 또는 다른 대외지급수단의 매입(제4호)

(나) 투자전용비거주자원화계정

1) 예치자금

외국인투자자가 투자전용비거주자원화계정에 예치할 수 있는 자금은 다음에 한한다(규정 7-37④).

ⅰ) 제7-36조의 규정에 의한 증권의 매각대금·배당금·이자 및 인정된 증권대차거래·환매조건부매매와 관련된 자금 등. 다만, 외국환은행·투자중개업자등·예탁결제원·증권금융회사·종합금융회사·상호저축은행 또는 체신관서의 원화계정으로부터 이체하는 방법에 의한다(제1호). ⅱ) 본인 명의의 다른 투자전용비거주자원화계정·비거주자자유원계정·비거주자원화신탁계정으로부터 이체되어 온 자금(제2호)

iii) 증권매매와 관련한 위탁증거금(제3호), iv) 본인 명의의 투자전용대외계정에 예치된 외화자금을 내국지급수단을 대가로 매각한 자금(제4호), ⅴ) 외국인투자자가 국채 또는 한국은행법 제69조에 따른 통화안정증권의 매매를 국제예탁결제기구에 위탁하여 투자하는 경우로서, 국제예탁결제기구 명의의 투자전용비거주자원화계정으로부터 이체되어 온 자금. 다만, 국제예탁결제기구 명의의 투자전용비거주자원화계정내 본인 명의의 고객계좌에 예치된 자금에 한한다(제5호).

2) 처분사유

투자전용비거주자원화계정을 처분할 수 있는 경우는 다음에 한한다(규정7-37⑤).

ⅰ) 제2항의 본인 명의 투자전용대외계정으로 이체(제1호), ⅱ) 제7-36조의 규정에 의한 증권취득 관련 자금 또는 인정된 증권대차거래·환매조건부매매와 관련된 자금의 지급을 위한 외국환은행·투자중개업자등·예탁결제원·증권금융회사·종합금융회사·상호저축은행 또는 체신관서의 원화계정으로의 이체(제2호)

iii) 본인명의의 다른 투자전용비거주자원화계정·비거주자자유원계정·비거주자원화신탁계정으로의 이체(제3호), iv) 외국인투자자가 국내에서 체재함에 수반하는 생활비, 일상품 또는 용역의 구입 등을 위한 내국지급수단으로의 인출(제4호)

ⅴ) 외국환은행으로부터의 상업어음, 무역어음, 양도성예금증서, 표지어음에 해당하는 증권의 매수(제5호), vi) 외국인투자자가 국채 또는 한국은행법 제69조에 따른 통화안정증권의 매매를 국제예탁결제기구에 위탁하고자 하는 경우, 국제예탁결제기구 명의의 투자전용비거주자원화계정내 본인 명의의 고객계좌로의 이체(제6호)

(3) 금융감독원 통보

외국인투자자가 국내에서 체재함에 수반하는 생활비, 일상품 또는 용역의 구입 등을 위한 내국지급수단으로의 인출하는 경우로서 동일자, 동일인 기준 미화 1만불 상당액을 초과하는 내국지급수단을 인출하는 경우에는 금융감독원장에게 통보하여야 한다(규정7-37⑥).

(4) 외국보관기관 명의의 계정 개설

외국보관기관은 배당금수령 등 보관증권의 권리행사(매매거래는 제외)를 위하여 외국환은행에 보관기관 명의의 대외계정 및 비거주자원화계정을 개설할 수 있다(규정7-37⑦ 본문). 다만, 외국보관기관의 대외계정 및 원화계정의 예치 및 처분은 외국인투자자의 투자전용대외계정 및 투자전용비거주자원화계정간에 상호이체하는 방법에 의하거나 외국예탁기관이 외국인투자자에게 권리를 배분하기 위하여 외국에 개설한 외국예탁기관의 계좌로 이체하는 방법에 의한다(규정7-37⑦ 단서).

3. 투자중개업자등 명의의 투자전용외화계정

투자중개업자등은 외국인투자자의 국내원화증권 취득 및 매각 또는 인정된 증권대차거래 또는 환매조건부매매를 위하여 외국환은행에 투자중개업자등의 명의로 투자전용외화계정을 개설할 수 있다(규정7-38①).

투자전용외화계정의 예치 및 처분은 투자전용대외계정 규정(규정7-37②③)을 각각 준용한다(규정7-38②).

4. 보고 및 통보

(1) 외국환은행: 투자전용계정 현황 제출

외국환은행의 장은 투자전용계정 현황을 증권종류별로 분리하여 다음 영업일까지 한국은행총재에게 제출하여야 한다(규정7-39① 전단). 증권종류의 구분 및 세부 보고내역 등은 한국은행 총재가 정하는 바에 따른다(규정7-39① 후단).

(2) 투자매매업자·투자중개업자: 증권투자현황 제출

투자매매업자·투자중개업자는 증권투자현황(투자전용계정을 포함), 매매실적 등을 투자자별·증권종류별로 분리하여 다음 영업일까지 한국은행총재에게 제출하여야 하며, 한국은행총재는 제출받은 자료 중 통계형자료를 다음 분기 첫째 달 10일까지 금융감독원장에게 통보하여야 한다(규정7-39② 전단). 증권종류의 구분 및 세부 보고내역 등은 한국은행 총재가 정하는 바에 따른다(규정7-39② 후단).

(3) 한국은행의 기획재정부 종합보고

한국은행총재는 외국환은행의 투자전용계정 현황 제출 및 투자매매업자·투자중개업자의 증권투자현황 등 제출에 의하여 보고받은 투자전용계정 현황 및 증권종류별 매매현황을 종합하여 기획재정부장관에게 보고하여야 한다(규정7-39③).

(4) 국제예탁기구의 한국은행 보고

국제예탁결제기구가 외국인투자자의 위탁을 받아 국채 또는 한국은행법 제69조에 따른 통화안정증권을 매매하기 위한 경우에는 당해 국제예탁결제기구 명의의 투자전용계정을 개설하여 관련자금을 예치 및 처분할 수 있는데(규정7-37① 단서), 이 경우 투자전용계정을 개설한 국제예탁결제기구는 매월별로 투자를 위탁한 외국인투자자별 거래 및 보유내역을 다음 달 10일까지 한국은행총재에게 보고하여야 한다(규정7-39④).

제7절 파생상품거래

I. 서설

1. 파생상품의 의의

파생상품이란 i) 자본시장법 제5조에 따라 기초자산의 가격을 기초로 손익(수익구조)이 결정되는 금융투자상품으로, 선도, 옵션, 스왑의 어느 하나에 해당하는 계약상의 권리(자본시장법5①)와, ii) 상품의 구성이 복잡하고 향후 수익을 예측하기 어려워 대규모 외환 유출입을 야기할 우려가 있는 금융상품으로서 기획재정부장관이 고시하는 것(영5)을 말한다(법3①(9)).

파생상품거래는 장내파생상품시장에서 행하여지는 거래와 장외파생상품시장에서 이루어지는 다음의 거래를 말한다.

i) 기초자산이나 기초자산의 가격·이자율·지표·단위 또는 이를 기초로 하는 지수 등에 의하여 산출된 금전 등을 장래의 특정시점에 인도할 것을 약정하는 계약(선도), ii) 당사자 어느 한쪽의 의사표시에 의하여 기초자산이나 기초자산의 가격·이자율·지표·단위 또는 이를 기초로 하는 지수 등에 의하여 산출된 금전 등을 수수하는 거래를 성립시킬 수 있는 권리를 부여하는 것을 약정하는 계약(옵션), iii) 장래의 일정기간 동안 미리 정한 가격으로 기초자산이나 기초자산의 가격·이자율·지표·단위 또는 이를 기초로 하는 지수 등에 의하여 산출된 금전 등을 교환할 것을 약정하는 계약(스왑)

2. 파생상품거래의 특징

일반적으로 외환, 주식, 채권과 같은 금융상품은 거래당시의 시장가격으로 매매계약이 체결되고 즉시 대금결제가 이루어진다. 그러나 이러한 통상적 거래와는 다르게 거래자산의 미래가치를 미리 결정하여 매매하기로 약정한 후 일정기간이 경과한 뒤 계약조건에 따라 결제가 일어나는 금융계약을 파생상품거래라고 한다. 외국환거래법에서 파생상품은 자본시장법상의 파생상품의 정의를 따르도록 규정되어 있다.

파생상품거래는 헤지수단 또는 투기수단으로 이용[85]되면서 현물환시장의 유동성과 가격 적정성을 높여주고 궁극적으로는 자원배분의 효율성을 촉진하는 기능을 한다. 반면에 선물환시장과 현물환시장, 장내시장과 장외시장 또는 지역별 금융시장간의 연계가 강화되어 특정 시장에서 금융위기가 발생할 경우 그 충격과 영향이 광범위하게 여타 금융시장으로 파급될 수 있다.[86]

우리나라 파생상품거래는 국내 금융시장의 미발달로 기초금융자산의 가격이 경직적이었던 데다 파생상품거래에 잠재된 위험을 고려하여 실수요원칙[87]을 적용함에 따라 1990년대 중반까지 크게 활발하지 못하였다. 그러나 1999년 4월 이후 실수요원칙 폐지로 본격적인 자유화가 시작된 이후 주식과 채권 등의 금융상품을 주요 기초자산으로 하는 파생상품거래가 크게 늘어났다. 또한 2012년부터 일반상품 또는 자연적·환경적·경제적 현상을 기초자산으로 하는 파생상품거래도 허용되었다.

현재 외국환은행 등 외국환업무취급기관은 파생상품거래를 자유롭게 할 수 있지만 투자매매업자, 집합투자업자, 투자일임업자 및 신탁업자가 신용 관련 파생상품거래, 자연적·환경적·경제적 현상 관련 파생상품거래 등을 행할 경우 한국은행총재에게 신고를 하여야 한다.

한편 일반기업 등은 원칙적으로 외국환은행을 거래상대방으로 하여 파생상품거래를 하여야 하며 불가피하게 비거주자와 직접 파생상품거래를 하는 경우 한국은행총재에게 신고하여야 한다. 또한 액면금액의 20% 이상을 옵션프리미엄 등 선급수수료로 지급하는 거래, 기체결된 거래에서 발생한 손실을 새로운 파생상품거래의 가격에 반영하는 거래(historical rate rollover), 자금유출입·거주자의 비거주자에 대한 원화대출·거주자의 비거주자로부터의 자금조달 등의 거래에 있어 외국환거래법령상에서 정한 신고등의 절차를 회피하기 위한 파생상품거래 등의

---

85) 헤지거래란 현물환포지션과 반대되는 방향으로 선물환포지션을 조정하여 현물환포지션에서 손실이 발생하더라도 선물환포지션에서 이익이 발생하도록 하여 손실과 이익이 상쇄되도록 하는 것이고, 투기적 거래는 장래가격에 대한 예측에 따라 적극적인 매입 또는 매도로 포지션 전략을 구사하는 것을 말한다.

86) 한국은행(2016), 86-87쪽.

87) 실수요원칙이란 경상거래 등의 결과로 외국환 채권이나 채무를 보유한 경우에 한하여 위험 헤지목적의 파생상품거래를 할 수 있도록 하는 것을 의미한다.

경우에는 한국은행총재에게 신고하여야 한다.

Ⅱ. 파생상품거래의 신고

1. 신고예외

거주자간 또는 거주자와 비거주자간 파생상품거래로서 외국환업무취급기관이 외국환업무로서 행하는 거래는 신고를 요하지 아니한다(규정7-40①).

2. 한국은행 신고

(1) 제출서류

거주자간 또는 거주자와 비거주자간 다음에 해당하는 파생상품거래(아래 (2)부터 (4)까지)를 하고자 하는 경우에는 한국은행에 신고하여야 한다(신고주체: 거주자)(규정7-40② 전단). 이 경우 ⅰ) 신고서(규정 별지 제7-7호 서식), ⅱ) 파생상품계약서(안), ⅲ) 재원증빙서류, ⅳ) 법인의 경우 이사회 결의서 또는 내부품의문서를 제출하여야 하며, 추가적으로 ⅰ) 통화파생상품거래–손실반영 거래의 경우에는 ㉠ 기존 파생상품거래 계약서, ㉡ 해당 파생상품거래의 필요성 및 가격적정성 입증서류, ㉢ 현재까지의 손실액 규모, ㉣ 실수요 목적임을 입증할 수 있는 서류를 제출하여야 하고, ⅱ) 통화파생상품거래–일반 선물환거래의 경우에는 실수요 목적임을 입증할 수 있는 서류를 제출하여야 하며, ⅲ) 파생상품거래–상품, 신용 등의 경우에는 ㉠ 가격적정성 입증서류, ㉡ 실수요 목적임을 입증할 수 있는 서류를 제출하여야 하고, ⅳ) 파생상품거래–주주간 옵션보유거래의 경우에는 관련 자본거래 입증서류(주주간 옵션의 경우 주식인수계약서 등을 제출해야 한다.[88]

(2) 외국환업무취급기관이 외국환업무로서 행하는 거래 이외의 거래

외국환업무취급기관이 외국환업무로서 행하는 거래 이외의 거래를 하는 경우에는 거주자가 한국은행총재에게 신고하여야 하며, 한국은행총재는 필요시 동 신고내용을 국세청장에게 열람하도록 하여야 한다(규정7-40② 전단). 예를 들면 외국환업무취급기관이 아닌 일반 거주자가 파생상품거래를 하는 경우이다.

국내 일반기업이 해외금융기관과 파생상품거래를 하고자 하는 경우에는 어떤 절차를 거쳐야 하는지를 살펴본다. 외국환거래법령에 의할 경우 외국환업무취급기관이 아닌 일반기업이 비거주자와 직접 파생상품거래를 할 경우에는 한국은행에 신고하여야 한다.[89]

88) 취급절차 [별지 제1호 서식] 2. 신고, 하.
89) 한국은행(2019), 161-162쪽.

이에 따라 국내 일반기업이 해외에 있는 은행과 직접 선물환계약 등을 하고자 하는 경우에는 한국은행에 신고하여야 한다. 그러나 국내 일반기업이 국내 외국환은행과 선물환계약 등을 맺는 경우에는 국내 외국환은행이 신고 없이 파생상품거래가 가능하므로 별도의 신고절차가 필요 없다.

(3) 외국환업무취급기관이 파생상품거래를 하는 경우

외국환업무취급기관이 외국환업무로서 행하는 거래 중 ⅰ) 액면금액의 20% 이상을 옵션 프리미엄 등 선급수수료로 지급하는 거래를 하는 경우(제1호), ⅱ) 기체결된 파생상품거래를 변경·취소 및 종료할 경우에 기체결된 파생상품거래에서 발생한 손실을 새로운 파생상품거래의 가격에 반영하는 거래를 하고자 하는 경우(제2호), ⅲ) 파생상품거래를 자금유출입·거주자의 비거주자에 대한 원화대출·거주자의 비거주자로부터의 자금조달 등의 거래에 있어 이 법·영 및 규정에서 정한 신고등의 절차를 회피하기 위하여 행하는 경우(제3호)에는 거주자가 한국은행총재에게 신고하여야 하며, 한국은행총재는 필요시 동 신고내용을 국세청장에게 열람하도록 하여야 한다(규정7-40② 전단).

(4) 외국환은행 이외의 기타 외국환업무취급기관이 한국은행에 신고하여야 한다고 규정된 경우

외국환은행 이외의 기타 외국환업무취급기관이 한국은행총재에게 신고해야 한다고 규정된 경우(제4호)에는 거주자가 한국은행총재에게 신고하여야 하며, 한국은행총재는 필요시 동 신고내용을 국세청장에게 열람하도록 하여야 한다(규정7-40② 전단).

투자매매업자·투자중개업자 및 집합투자업자가 외국환업무로 허용된 일부 파생상품거래를 하고자 하는 경우 한국은행에 신고해야 한다. 따라서 투자매매업자·투자중개업자는 신용을 기초자산으로 하는 파생상품매매(직전 분기말 기준 자기자본 3천억원 이상인 투자매매업자·투자중개업자의 보장매입거래는 신고면제)를 신고하여야 하고, 집합투자업자는 신용을 기초자산으로 하는 파생상품매매(보장매입인 경우에는 신용파생상품거래 신고면제)를 신고하여야 한다. 예를 들면 (주)가나다증권은 미국의 ABC Bank와 신용부도스왑(Credit Default Swap) 거래를 하기 위해 한국은행에 파생상품거래 신고를 하여야 한다.[90]

자연적·환경적·경제적 현상 등을 기초자산으로 하는 파생상품 매매거래를 하는 경우에는 한국은행에 신고하여야 한다. 농산물, 광산물 등 금융상품이 아닌 상품을 대상으로 하는 파생상품거래의 경우와 차입, 증권발행 및 취득, 기타의 자본거래시 해당 자본거래와 직접 관련되는 파생상품거래를 해당 자본거래의 당사자와 하는 경우에는 한국은행에 신고하여야 한다.

---

90) 한국은행(2019), 162쪽.

3. 거래타당성 입증자료 제출

위의 한국은행 신고사항 중 ⅰ) 액면금액의 20% 이상을 옵션프리미엄 등 선급수수료로 지급하는 거래를 하는 경우(제1호), ⅱ) 파생상품거래를 자금유출입·거주자의 비거주자에 대한 원화대출·거주자의 비거주자로부터의 자금조달 등의 거래에 있어 이 법·영 및 규정에서 정한 신고등의 절차를 회피하기 위하여 행하는 경우(제3호)에 해당하는 거래를 하고자 하는 경우에는 한국은행총재가 인정하는 거래타당성 입증서류를 제출하여야 한다(규정7-40② 후단).

Ⅲ. 한국거래소의 거래실적 보고

한국거래소는 매월 파생상품거래실적을 한국은행총재에게 보고하여야 하며, 한국은행총재는 파생상품거래 신고 및 보고 내역을 종합하여 기획재정부장관에게 보고하여야 한다(규정7-41)

Ⅳ. 투자절차

1. 투자전용계정을 통한 투자 및 청산

비거주자 또는 투자자금의 대외송금을 보장받고자 하는 외국인거주자가 장내파생상품에 투자하거나 장외파생상품을 청산회사를 통하여 청산하고자 하는 경우에는 외국환은행에 투자자 명의의 투자전용대외계정과 투자전용비거주자원화계정을 개설하여 투자관련자금 또는 청산관련자금을 송금하거나 회수하여야 한다(규정7-42① 전단). 이 경우 계정의 예치·처분은 제7-37조(투자전용계정 등)를 준용한다(규정7-42① 후단).

2. 투자중개업자 등 명의의 투자전용외화계정을 통한 거래

투자중개업자 또는 한국거래소·증권금융회사 또는 청산회사는 비거주자 또는 투자자금의 대외송금을 보장받고자 하는 외국인거주자의 장내파생상품의 투자 또는 장외파생상품의 청산을 위해 투자중개업자 명의의 투자전용외화계정 또는 한국거래소·증권금융회사·청산회사 명의의 투자전용외화계정을 개설할 수 있다(규정7-42② 전단). 이 경우 투자전용외화계정의 예치·처분은 제7-38조(투자중개업자 등 투자전용외화계정)를 준용한다(규정7-42② 후단).

3. 투자중개업자 등의 보고

투자중개업자·한국거래소·증권금융회사·청산회사 명의의 투자전용외화계정의 현황, 장내파생상품 투자현황, 장외파생상품 청산 현황 및 매매실적 등의 보고 등은 제7-39조(보고 등)를 준용한다(규정7-42④).

4. 투자중개업자의 결제자금 확인

투자중개업자는 비거주자의 장내파생상품 투자 및 장외파생상품 청산을 위한 계정을 관리함에 있어 투자자의 결제자금이 외국환거래규정에 의한 인정된 거래에 의한 것인지를 확인하여야 한다(규정7-42③).

제8절 기타 자본거래

Ⅰ. 개관

외국환거래규정 제7장 제2절부터 제7절까지 규정하고 있는 자본거래인 예금 및 신탁계약에 따른 자본거래, 금전의 대차, 채무의 보증계약에 따른 자본거래, 대외지급수단, 채권 기타의 매매 및 용역계약에 따른 자본거래, 증권의 발행, 증권의 취득, 파생상품거래를 제외한 나머지 자본거래 전체를 제8절에서 "기타 자본거래"로 규정하여 포괄적으로 적용하고 있다.

거주자간 또는 거주자와 비거주자간의 외국통화로 표시되거나 지급받을 수 있는 임대차계약(비거주자의 국내부동산 임차 제외)·담보·보증·보험(보험사업자의 보험거래 제외)·조합·사용대차·채무의 인수·기타 이와 유사한 계약 또는 상속·유증·증여에 따른 채권 또는 채무의 발생·변경·변제·소멸("채권의 발생 등")에 관한 거래 및 자금통합관리 등을 기타자본거래라고 하며 신고예외 사항을 제외하고는 외국환은행이나 한국은행에 신고하여야 한다.

비거주자간 원화로 표시되거나 지급받을 수 있는 채권의 발생등이나 원화증권에 관한 거래도 신고예외 사항을 제외하고는 한국은행에 신고하여야 한다.

Ⅱ. 거주자와 다른 거주자간 외국통화표시 기타 자본거래

1. 적용범위

거주자가 다른 거주자와 다음에 해당하는 거래 또는 행위를 하는 경우에 적용한다(규정 7-43①).

ⅰ) 예금계약, 신탁계약, 금전대차계약, 채무보증계약, 대외지급수단·채권 등의 매매계약에 따른 채권의 발생·변경 또는 소멸에 관한 거래(거주자간 거래는 외국환과 관련된 경우로 한정)(법3①(19) 가목)에 해당하는 경우를 제외하고 거주자가 다른 거주자와 외국통화로 표시되거나 지급을 받을 수 있는 임대차계약·담보·보증·보험(보험업법에 의한 보험사업자의 보험거래는 제외)·조합·사용대차·채무의 인수 기타 이와 유사한 계약에 따른 채권의 발생등에 관한 거래(제1호), ⅱ) 거주자간의 상속·유증·증여에 따른 외국통화로 지급을 받을 수 있는 채권의 발생등에 관한 거래(제2호), ⅲ) 거주자가 다른 거주자로부터 외화증권 또는 이에 관한 권리의 취득(제3호 본문). 다만, 당해 외화증권의 취득으로 인하여 해외직접투자의 요건을 충족하게 된 경우에는 제9장의 해외직접투자 규정에 따른다(제3호 단서).

2. 신고예외

거주자가 다른 거주자와 위의 적용범위에 해당하는 거래 또는 행위를 하고자 하는 경우에는 신고를 요하지 아니한다(규정7-43② 본문).

3. 준용규정

예금계약, 신탁계약, 금전대차계약, 채무보증계약, 대외지급수단·채권 등의 매매계약에 따른 채권의 발생·변경 또는 소멸에 관한 거래(거주자간 거래는 외국환과 관련된 경우로 한정)(법3①(19) 가목)에 해당하는 경우를 제외하고 거주자가 다른 거주자와 외국통화로 표시되거나 지급을 받을 수 있는 임대차계약·담보·보증·보험(보험업법에 의한 보험사업자의 보험거래는 제외)·조합·사용대차·채무의 인수 기타 이와 유사한 계약에 따른 채권의 발생등에 관한 거래(규정7-43①(1)) 중 담보·보증계약에 따른 채권의 발생등에 관한 거래에 관하여는 채무의 보증계약에 관한 규정(규정 제7-17조 내지 제7-19조)을 준용한다(규정7-43② 단서).

이는 해당 담보·보증계약으로 자본유출의 위험이 있기 때문에 채무의 보증계약 규정을 준용하는 것이다.

Ⅲ. 거주자와 비거주자간 기타 자본거래

1. 적용범위

거주자와 비거주자간의 다음에 해당하는 거래 또는 행위를 하는 경우에 적용한다(규정 7-44①).

ⅰ) 예금계약, 신탁계약, 금전대차계약, 채무보증계약, 대외지급수단·채권 등의 매매계약에 따른 채권의 발생·변경 또는 소멸에 관한 거래(거주자간 거래는 외국환과 관련된 경우로 한정)(법3①(19) 가목)에 해당하는 경우를 제외하고 거주자와 비거주자간의 임대차계약(비거주자의 국내부동산 임차는 제외)·담보·보증·보험(보험업법에 의한 보험사업자의 보험거래는 제외)·조합·채무의 인수·화해 기타 이와 유사한 계약에 따른 채권의 발생등에 관한 거래(제1호), ⅱ) 거주자와 비거주자간 상속·유증·증여에 따른 채권의 발생등에 관한 거래(제2호), ⅲ) 거주자가 해외에서 학교 또는 병원의 설립·운영 등과 관련된 행위 및 그에 따른 자금의 수수(제3호), ⅳ) 거주자의 자금통합관리 및 그와 관련된 행위(제4호)

2. 준용규정

예금계약, 신탁계약, 금전대차계약, 채무보증계약, 대외지급수단·채권 등의 매매계약에 따른 채권의 발생·변경 또는 소멸에 관한 거래(거주자간 거래는 외국환과 관련된 경우로 한정)(법3①(19) 가목)에 해당하는 경우를 제외하고 거주자와 비거주자간의 임대차계약(비거주자의 국내부동산 임차는 제외)·담보·보증·보험(보험업법에 의한 보험사업자의 보험거래는 제외)·조합·사용대차·채무의 인수·화해 기타 이와 유사한 계약에 따른 채권의 발생등에 관한 거래(규정7-44①(1)) 중 담보 및 보증계약에 따른 채권의 발생등에 관한 거래에 관하여는 채무의 보증계약에 관한 규정(규정 제7-17조 내지 제7-19조)을 준용한다(규정7-44② 본문). 다만, 비거주자가 부동산 담보를 취득하는 경우에는 채무의 보증계약에 관한 규정 및 제9장 제5절의 비거주자의 국내부동산 취득 규정을 준용하여야 한다(규정7-44② 단서).

예금계약, 신탁계약, 금전대차계약, 채무보증계약, 대외지급수단·채권 등의 매매계약에 따른 채권의 발생·변경 또는 소멸에 관한 거래(거주자간 거래는 외국환과 관련된 경우로 한정)(법3①(19) 가목)에 해당하는 경우를 제외하고 거주자와 비거주자간의 임대차계약(비거주자의 국내부동산 임차는 제외)·담보·보증·보험(보험업법에 의한 보험사업자의 보험거래는 제외)·조합·사용대차·채무의 인수·화해 기타 이와 유사한 계약에 따른 채권의 발생등에 관한 거래(규정7-44①(1)) 중 조합 기타 이와 유사한 계약에 따른 채권의 발생등에 관한 거래로서 해외직접투자에 해당하는 경우에는 제9장의 해외직접투자 규정에서 정하는 바에 의한다(규정7-44③).

3. 신고예외 거래

(1) 신고예외 사항

거주자와 비거주자간의 다음에 해당하는 거래 또는 행위를 하고자 하는 자는 허가 및 신고를 요하지 아니한다(규정7-45①).

ⅰ) 한국은행, 외국환업무취급기관이 외국환업무를 영위함에 따라 비거주자에게 담보를 제공하는 경우(제1호), ⅱ) 신용카드에 의한 현금서비스거래(제2호), ⅲ) 거주자가 물품의 수출과 관련하여 외국에 있는 금융기관이 발행한 신용장을 그 신용장 조건에 따라 비거주자에게 양도하는 경우(제3호)

ⅳ) 소유권 이전의 경우를 제외하고 국내의 외항운송업자와 비거주자간의 선박이나 항공기(항공기엔진 및 외국환거래업무취급지침에서 정하는 관련 주요부품을 포함)를 임대차기간이 1년 미만인 조건으로 외화표시 임대차계약을 체결하는 경우(제4호), ⅴ) 거주자가 거주자의 외국부동산 취득(규정 제9장 제4절)의 규정에 의하여 신고수리를 받아 취득한 외국에 있는 부동산을 비거주자에게 취득신고 수리시 인정된 범위 내에서 외국통화표시 임대를 하는 경우(제5호), ⅵ) 거주자가 비거주자로부터 부동산 이외의 물품을 무상으로 임차하는 경우(제6호)

ⅶ) 비거주자가 외국환거래규정에 의하여 외국으로의 원리금 송금이 허용되는 예금·신탁·증권 등을 금융기관의 자기여신에 관련된 담보로 제공하거나 제3자를 위해 담보로 제공하는 경우(제7호), ⅷ) 비거주자가 국내에서의 법적 절차를 위해 필요한 예치금을 납입하거나 예치금에 갈음하여 내국법인이 발행한 외화증권을 제공하는 경우(제8호), ⅸ) 보험에 관한 법령의 규정에 의하여 인정된 바에 따라 국내의 거주자가 비거주자와 외국통화표시 보험계약을 체결하거나 외국에 있는 보험사업자와 재보험계약을 체결하는 경우(제9호)

ⅹ) 해외건설 및 용역사업자가 해외건설 및 용역사업과 관련하여 현지에서 비거주자로부터 장비를 임차하는 계약을 체결하는 경우(제10호), ⅺ) 거주자와 국민인 비거주자간에 국내에서 내국통화로 표시되고 지급되는 제7-44조 제1항 제1호 및 제2호의 거래 또는 행위를 하는 경우(제11호), ⅻ) 거주자가 비거주자로부터 상속·유증·증여에 의한 채권의 발생등의 당사자가 되는 경우(제12호)

ⅹⅲ) 국제유가증권결제기구에 가입한 거주자가 제7-13조 제6호의 일중대출과 관련하여 담보를 제공하는 경우(제13호), ⅹⅳ) 기관투자가가 인정된 거래에 따라 보유한 외화증권을 외국증권대여기관(Securities Lending Agent)을 통하여 대여하는 경우(제14호), ⅹⅴ) 직전 분기말 기준 자기자본 1조원 이상의 투자매매업자 또는 투자중개업자가 외화증권을 차입·대여하는 경우(제

14-1호)

  xvi) 거주자와 비거주자간에 계약 건당 미화 3천만불 이하인 경우로서 부동산 이외의 물품임대차 계약을(소유권 이전하는 경우를 포함) 체결하는 경우(규정7-46①(1))에 해당하는 경우로서 임차계약 만료 전에 수출자유지역 내에서 당해 수출자유지역 관리소장의 허가를 받아 폐기처분하는 경우(제15호), xvii) 거주자와 비거주자가 예탁결제원, 증권금융회사 또는 증권대차거래의 중개업무를 영위하는 투자매매업자 또는 투자중개업자를 통하여 원화증권 및 원화연계외화증권을 차입·대여하거나 이와 관련하여 원화증권, 외화증권 또는 현금(외국통화를 포함)을 담보로 제공하는 경우(제16호)

  xviii) 거주자의 현지법인이 거주자의 보증·담보제공이 수반된 현지금융을 상환하기 위하여 증권의 발행 규정에서 정하는 바에 따라 국내에서 원화증권을 발행하는 경우로서 현지법인을 위하여 당해 거주자(계열회사를 포함)가 보증 및 담보를 제공하는 경우(제17호), xix) 거주자가 비거주자로부터 국내부동산을 임차하는 경우. 다만, 내국통화로 지급하는 경우에 한한다(제18호), xx) 외환동시결제시스템을 통한 결제와 관련하여 거주자 회원은행이 CLS은행과 결제관련 약정(손실부담약정 포함)을 체결하고 동 약정에 따라 자금을 지급 또는 수령하는 경우(제19호)

  xxi) 외환동시결제시스템을 통한 결제와 관련하여 외국환업무취급기관이 비거주자와 결제관련 약정(손실부담에 관한 합의 포함)을 체결하고 동 약정에 따라 자금을 지급 또는 수령하는 경우(제20호), xxii) 종교단체가 해외에 선교자금을 지급하는 경우(제21호), xxiii) 비영리법인이 해외에서의 구호활동에 필요한 자금을 지급하는 경우. 다만, 당해법인의 설립취지에 부합하여야 한다(제22호),

  xxiv) 비거주자가 거주자로부터 상속·유증을 받는 경우(제23호), xxv) 거주자가 국제기구, 국제단체 또는 외국정부에 대해 의연금, 기부금을 지급 하는 경우(제24호)

(2) 한국은행 보고

  거주자와 비거주자가 예탁결제원, 증권금융회사 또는 증권대차거래의 중개업무를 영위하는 투자매매업자 또는 투자중개업자를 통하여 원화증권 및 원화연계외화증권을 차입·대여하거나 이와 관련하여 원화증권, 외화증권 또는 현금(외국통화를 포함)을 담보로 제공하는 경우(규정7-45①(16))에도 불구하고 비거주자는 차입잔액이 300억원을 초과한 경우 최초로 초과한 날로부터 3영업일 이내에 한국은행총재에게 이를 보고하여야 하며, 차입잔액 300억원을 초과하는 경우의 그 차입 변동내역은 매월별로 다음 달 10일까지 한국은행총재에게 보고하여야 한다(규정7-45②).

(3) 한국은행 및 금융감독원 보고

  직전 분기말 기준 자기자본 1조원 이상의 투자매매업자 또는 투자중개업자가 외화증권을 차입·대여하는 경우(규정7-45①(14-1))에도 불구하고 직전 분기말 기준 자기자본 1조원 이상의 투자매매업자 또는 투자중개업자는 외화증권의 차입·대여 내역을 매월별로 다음날 10일까지 한국은행총재 및 금융감독원장에게 보고하여야 한다(규정7-45③).

여기서 외화증권의 차입·대여 내역에는 소유권 이전의 경우를 제외하고 국내의 외항운송업자와 비거주자간의 선박이나 항공기(항공기엔진 및 외국환거래업무취급지침에서 정하는 관련 주요 부품을 포함하며 이하 이 관에서 같다)를 임대차기간이 1년 미만인 조건으로 외화표시 임대차계약을 체결하는 경우에 의한 대여 내역(규정7-45①(4))을 포함한다(규정7-45③).

4. 신고 및 보고

(1) 외국환은행 신고

비거주자와 ⅰ) 거주자와 비거주자간에 계약 건당 미화 3천만불 이하인 경우로서 부동산 이외의 물품임대차 계약을(소유권 이전하는 경우를 포함) 체결하는 경우(제1호), ⅱ) 소유권 이전의 경우를 제외하고 국내의 외항운송업자와 비거주자간의 선박이나 항공기를 임대차기간이 1년 이상인 조건으로 외국통화표시 임대차계약을 체결하는 경우(소유권 이전 조건이 있는 경우 제외)(제2호)에 해당하는 거래 또는 행위를 하고자 하는 거주자는 외국환은행의 장에게 신고하여야 한다(규정7-46①).

이 경우 ⅰ) 임대차계약신고서, ⅱ) 임대차계약서 원본 및 동 사본(원본은 확인 후 반환함)을 제출해야 한다. 임대차계약은 계약상의 목적물의 현재가격과 임대차계약기간 중에 적용되는 이자율 및 이자부담액이 있는 경우 별도 명시되어야 한다. 임대차물 및 임대차사유 증빙서류는 제출에서 제외된다. 임차료 및 임대료에는 운송비, 수수료 등 기타비용을 포함하지 않는다.[91]

(2) 한국은행 신고

거주자와 비거주자간에 외국환은행 신고사항 및 신고예외 사항에 해당하는 경우를 제외하고 적용범위(규정7-44)에 해당하는 거래 또는 행위를 하는 경우에는 당해 거주자가 한국은행총재에게 신고하여야 한다(규정7-46②). 따라서 거주자와 비거주자간 기타자본거래의 경우 거주자가 비거주자와 신고예외 사항 및 외국환은행 신고사항을 제외하고 기타자본거래를 하는 경우 한국은행에 신고하여야 한다.

(가) 제출서류

보증의 경우 ⅰ) 신고서(규정 별지 제7-3호 서식), ⅱ) 보증계약서(안), ⅲ) 피보증채무 입증서류, ⅳ) 보증채무 이행에 따른 구상채권 회수방안, ⅴ) 재원증빙서류, ⅵ) 법인의 경우 이사

---

91) 취급지침 91쪽.

회 결의서 또는 내부품의문서, vii) 거주자가 외국환은행에 보증을 의뢰하는 경우 지급보증약정서, 은행보증 증서, 담보물 입증서류 등 관련서류를 제출하여야 하고, 담보의 경우 ⅰ) 신고서(규정 별지 제7-3호 서식), ⅱ) 담보제공계약서(안), ⅲ) 피담보채무 입증서류, ⅳ) 담보물 입증서류, ⅴ) 법인의 경우 이사회 결의서 또는 내부품의문서를 제출해야 한다.[92]

또한 ⅰ) 신고서(규정 별지 제7-8호, 제7-9호 서식외), ⅱ) 자본거래 계약서(안), ⅲ) 재원증빙서류, ⅳ) 법인의 경우 이사회 결의서 또는 내부품의문서를 제출하여야 하며, 추가적으로 ⅰ) 증여의 경우에는 ㉠ 수증자가 개인일 경우 비거주자임을 입증하는 서류, ㉡ 체납여부 및 신용불량여부 확인: 증여자의 납세증명서, 신용정보조회서, ㉢ 예금잔액을 증명하는 서류를 제출하여야 하고, ⅱ) 사적화해의 경우에는 ㉠ 화해대상 원인거래 입증서류, ㉡ 가액적정성 입증서류를 제출하여야 하며, ⅲ) 조합유사의 경우에는 투자개요 및 타당성 입증서류를 제출하여야 하며, ⅳ) 임대차 및 사용대차의 경우에는 대상 물건 입증서류(가격 확인증빙 포함)를 제출해야 한다.[93]

(나) 주요 신고유형

ⅰ) 거주자가 비거주자에게 연간 5만달러를 초과하여 증여하는 경우(예: 국내 거주 부모가 해외 거주 자녀에게 여유자금을 증여), ⅱ) 거주자가 비거주자에게 물품을 무상대여하는 경우(예: 국내기업이 해외현지법인과 기계설비 등에 대한 사용대차계약을 체결), ⅲ) 거주자가 비거주자와 임대차계약을 하는 경우(예: 국내 해운사·항공사가 소유권 이전 조건이 있는 임대차계약을 체결), ⅳ) 거주자가 비거주자와 조합(유사) 계약을 하는 경우(예: 국내기업이 영화제작 등 특정 사업에 공동투자하여 수익금을 투자비율에 따라 배분하는 계약을 체결), ⅴ) 거주자가 비거주자와 사적 화해 계약을 하는 경우(예: 국내기업이 외국기업의 특허권 침해 등으로 외국법원에 피소된 경우 소취하를 조건으로 합의금을 지급하기로 하는 계약을 체결), ⅵ) 거주자가 비거주자와 자금통합관리 계약을 하는 경우 등이다.[94]

(다) 주요 신고사례

거주자가 해외에서 영화제작 관련 투자조합에 투자하려면 어떻게 해야 하는지는 살펴본다. 거주자가 외국환거래법령상 특정된 자본거래(예: 금전대차, 증권취득 등) 이외의 자본거래를 비거주자와 하는 경우에는 신고예외 사항 및 외국환은행 신고사항을 제외하고는 한국은행에 기타자본거래 신고를 하여야 한다.

거주자가 해외에서 영화제작 관련 투자조합에 투자를 하는 조합계약 역시 외국환거래법령

---

92) 취급절차 [별지 제1호 서식] 2. 신고, 차.
93) 취급절차 [별지 제1호 서식] 2. 신고, 너.
94) 한국은행(2019), 171-172쪽.

상 기타자본거래에 해당되므로 한국은행에 기타자본거래 신고를 하여야 한다. 이와 같은 조합계약 이외에도 외국환거래법령상 특정되지 않은 사용대차, 채무의 인수, 기타 이와 유사한 계약에 따른 채권의 발생등에 관한 거래를 하고자 하는 경우에도 한국은행에 기타자본거래 신고를 하여야 한다.

[사례 1] 기타자본거래(조합)
(주)가나다 엔터테인먼트는 미국의 ABC Production사가 제작 예정인 영화프로젝트와 관련하여 총 제작비 U$2,000,000 가운데 U$100,000을 투자함으로서 영화수입의 5%에 해당하는 배당이익과 아시아지역 판권을 소유하는 계약을 체결하기 위하여 한국은행에 기타자본거래(조합계약) 신고를 하였다.[95]

[사례 2] 기타자본거래(임대차)
(주)가나다해운은 파나마소재 SPC인 ABC와 U$100,000,000 상당의 운항용 선박을 소유권이전부로 10년간 임차하는 계약을 체결하고자 한국은행에 기타자본거래(임대차계약) 신고를 하였다.[96]

[사례 3] 기타자본거래(증여)
거주자인 홍길동은 미국에서 생활중인 비거주자 Hong Gil Sun에게 생활비 등의 명목으로 U$100,000을 증여하기 위하여 한국은행에 기타자본거래(증여계약) 신고를 하였다.[97]

[사례 4] 기타자본거래(자금통합관리)
외국인투자촉진법에 따라 설립된 외국인투자기업인 (주)ABC KOREA는 외국 본사와 자금공유계약을 체결하여 수시로 잉여·부족 자금을 대출 및 차입하기 위하여 한국은행에 자금통합관리 신고를 하였다.[98]

(3) 자금통합관리
(가) 자금통합관리의 의의
"자금통합관리"라 함은 국내기업 또는 외국인투자촉진법에 의한 외국인투자기업이 현지법인 또는 외국본사(그 계열회사를 포함)와 수시로 대출이나 차입 등이 가능한 자금공유계약을 맺고 그 계약내용에 따라 국내외 금융기관과 외화예금, 외화차입, 담보제공거래를 하거나 현지

---

95) 한국은행(2019), 176-177쪽.
96) 한국은행(2019), 181쪽.
97) 한국은행(2019), 185쪽.
98) 한국은행(2019), 189쪽.

530 제 4 편 외국환거래(지급과 거래)

법인 또는 외국본사와 외화대차거래를 함으로써 참여기업간에 잉여·부족자금을 통합관리하는 것을 말한다(규정1-2(27)).

(나) 한국은행 신고 및 보고

자금통합관리를 하고자 하는 자는 자금통합관리 참여법인 및 대출차입 한도 등을 자금통합관리 개시 전에 지정거래외국환은행을 경유하여 한국은행총재에게 신고하여야 하며, 자금통합관리 신고를 한 자는 그 운영현황을 매분기 별로 익월 20일까지 한국은행총재에게 보고하여야 한다(규정7-46③).

자금통합관리에 따른 자본거래 신고의 경우 ⅰ) 신고서, ⅱ) 참여법인목록 등 참여법인 관련 서류, ⅲ) 자금통합관리계약서(안), ⅳ) 재무제표 등 대출 및 차입 신청한도 관련 서류, ⅴ) 자금소요계획서류(대출, 차입 등 예상내역 기재), ⅵ) 법인의 경우 이사회 결의서 또는 내부품의 문서, ⅶ) 지정거래외국환은행 지정 신청서 또는 지정거래외국환은행을 경유하였음을 입증하는 서류를 제출해야 한다.[99]

자금통합관리 신고시 계약내용은 참여법인간 유·무형의 경제적 이득이 있으며, 이득을 골고루 공유하되, 일방적으로 한 법인에게만 유리하지 않아야 한다. 대출한도는 전년말 기준 재무제표의 이익잉여금 범위 내(원칙)이어야 하며, 또한 자금대출 및 차입만기는 최대 1년까지로, 대출 및 차입한도도 각각 미화 5천만불 이내이어야 한다. 거주자가 대출 또는 차입거래만을 할 목적으로 자금통합관리를 신청하는 경우에는 개별 대출신고 또는 차입신고를 함이 원칙이다.[100]

자금통합관리 신고를 한 경우 "거주자의 자금통합관리 운영현황 보고서"를 매분기 익월 20일까지 한국은행에 제출하여야 하는데, 신고 내용과 보고서 내용이 다른 경우 "거래정지" 등 행정제재 대상이 될 수 있다.

(4) 해외에서 학교·병원의 설립·운영 등 한국은행 보고

해외에서 학교 또는 병원의 설립·운영 등과 관련된 행위 및 그에 따른 자금의 수수를 위하여 한국은행총재에게 신고한 거주자는 학교 또는 병원의 설립·운영 등과 관련된 자금운영현황 등을 다음 연도 첫째 달 20일까지 한국은행총재에게 보고하여야 한다(규정7-46④).

(5) 계약 타당성 입증자료 한국은행 제출

예금계약, 신탁계약, 금전대차계약, 채무보증계약, 대외지급수단·채권 등의 매매계약에 따른 채권의 발생·변경 또는 소멸에 관한 거래(거주자간 거래는 외국환과 관련된 경우로 한정)(법3 ①(19) 가목)에 해당하는 경우를 제외하고 거주자와 비거주자간의 임대차계약(비거주자의 국내부

---

99) 취급절차 [별지 제1호 서식] 2. 신고, 바.
100) 한국은행(2019), 175-176쪽.

531 제 3 장 자본거래

동산 임차는 제외)·담보·보증·보험(보험업법에 의한 보험사업자의 보험거래는 제외)·조합·사용대차·채무의 인수·화해 기타 이와 유사한 계약에 따른 채권의 발생등에 관한 거래(규정7-44①(1)) 중 화해 기타 이와 유사한 계약에 따른 채권의 발생등에 관한 거래를 신고하는 자는 신고시 한국은행총재가 요구하는 계약 타당성을 입증할 수 있는 서류를 제출하여야 하며, 지급일로부터 1개월 이내에 실제 계약과 관련된 자료와 지급등 내역을 제출하여야 한다(규정7-46⑥).

Ⅳ. 비거주자와 다른 비거주자간 내국통화표시 기타 자본거래

1. 적용범위

비거주자가 다른 비거주자와 ⅰ) 비거주자간 내국통화로 표시되거나 지급받을 수 있는 채권의 발생등에 관한 거래(제1호), ⅱ) 비거주자가 다른 비거주자로부터 원화증권 또는 이에 관한 권리를 취득하는 경우(제2호)에 해당하는 거래 또는 행위를 하는 경우에 적용한다(규정7-47).

2. 신고예외 사항

비거주자가 다른 비거주자와 다음에 해당하는 거래 또는 행위를 하고자 하는 경우에는 신고를 요하지 아니한다(규정7-48①).

ⅰ) 외국환은행 해외지점, 외국환은행 현지법인이 비거주자와 내국통화표시 거래(비거주자와의 내국통화, 원화표시 여행자수표 및 원화표시 자기앞수표의 매매에 한한다)를 하는 경우(제1호), ⅱ) 국민인 비거주자간에 국내에서 내국통화표시거래(자본거래를 포함)를 하는 경우(제2호)

ⅲ) 비거주자가 대한민국 내에 체재함에 수반하는 생활비, 일상품 또는 용역의 구입 등과 관련하여 다른 비거주자와 내국통화표시거래를 하거나 비거주자가 대한민국 내에서 허용되는 사업의 영위와 관련하여 다른 비거주자와 내국통화표시거래를 하는 경우(제3호), ⅳ) 비거주자가 다른 비거주자로부터 인정된 거래에 따라 취득한 원화증권을 취득하는 경우(제4호)

ⅴ) 비거주자가 외국에 있는 금융기관과 내국통화표시예금거래를 하는 경우(제5호), ⅵ) 비거주자간에 예탁결제원, 증권금융회사 또는 자본시장법 시행령상 인정된 증권대차거래의 중개업무를 영위하는 투자매매업자 또는 투자중개업자를 통하여 원화증권을 차입·대여하거나 이와 관련하여 원화증권 또는 현금(외국통화를 포함)을 담보로 제공하는 경우(제6호)

ⅶ) 외국인투자자가 외국인투자촉진법 또는 외국인투자자의 국내원화증권 투자절차(규정 제7장 제6절 제3관)에서 정하는 바에 따라 취득한 증권을 비거주자에게 담보로 제공하는 경우(제7호), ⅷ) 외국금융기관 및 외국환전영업자가 비거주자와 내국통화, 원화표시 여행자수표 및 원

화표시 자기앞수표의 매매를 하는 경우(제8호)

ix) 비거주자간 상속·유증에 따른 내국통화로 표시되거나 지급받을 수 있는 채권의 발생 등에 관한 거래(제9호), x) 비거주자간 해외에서 행하는 내국통화표시 파생상품거래로서 결제차액을 외화로 지급하는 경우(제10호)

xi) 외환동시결제시스템을 통한 결제와 관련하여 비거주자와 다른 비거주자간의 원화가 개재된 다음에 해당하는 거래를 하는 경우(제11호), 즉 ㉠ CLS은행과 외환동시결제시스템의 비거주자 회원은행간 또는 비거주자 회원은행과 다른 비거주자간의 결제관련 약정(가목), ㉡ 외환동시결제시스템의 비거주자 회원은행이 CLS은행으로부터 CLS은행이 정한 일정 한도의 원화지급포지션(Short Position)을 받거나 고객인 비거주자가 비거주자 회원은행으로부터 일중(Intra-day) 또는 일일(Over-night) 원화신용공여를 받는 거래(나목), ㉢ 외환동시결제시스템의 비거주자 회원은행간의 결제유동성 감축을 목적으로 하는 In/Out Swap 또는 이와 유사한 거래(다목), ㉣ 유동성공급약정에 따른 CLS은행과 비거주자(Liquidity Provider)간의 현물환, 선물환 또는 스왑거래(라목), ㉤ 외환동시결제시스템의 비거주자가 CLS은행 또는 회원은행으로부터 당초 약정한 통화와 다른 통화로 수령하는 거래(마목), ㉥ CLS은행과 외환동시결제시스템의 비거주자 회원은행간의 손실부담약정 체결(바목), ㉦ 외환동시결제시스템의 비거주자 회원은행과 고객인 비거주자와의 손실부담에 관한 합의(사목)

xii) 비거주자가 외국으로의 원리금 송금이 자유로운 원화예금 및 원화신탁을 다른 비거주자에게 담보로 제공하는 경우(제12호), xiii) 한국은행과 외국 중앙은행간의 통화스왑 자금을 활용하여 비거주자간 내국통화표시 금전대차 계약을 하는 경우(제13호), xiv) 청산은행 및 청산은행이 지정된 국가의 외환시장에서 청산은행에 내국통화 계좌를 둔 외국금융기관(은행, 농협은행, 수협은행, 한국산업은행, 한국수출입은행, 중소기업은행에 준하는 금융기관으로 한정)간의 현지통화와 내국통화간 매매 및 파생상품거래와 내국통화표시 대차거래(제14호)

xv) 청산은행이 지정된 국가의 외환시장에서 청산은행에 내국통화 계좌를 둔 외국금융기관(은행, 농협은행, 수협은행, 한국산업은행, 한국수출입은행, 중소기업은행에 준하는 금융기관으로 한정함)과 비거주자로서 해당국에 주소 또는 거소를 둔 자간의 무역관련 현지통화와 내국통화간 파생상품거래 또는 내국통화표시 대차거래(무역금융)를 하는 경우(단, 확인된 무역거래 대금 범위 내로 한정)(제15호)

3. 한국은행 신고

비거주자가 다른 비거주자와 신고예외 사항에 해당하는 경우를 제외하고 적용범위(규정 7-47)에 해당하는 거래 또는 행위를 하고자 하는 경우에는 한국은행총재에게 신고를 하여야 한다(규정7-48②). 따라서 비거주자와 다른 비거주자간 원화표시 기타자본거래의 경우 비거주자 간에 신고예외 사항을 제외하고 원화로 표시되거나 지급받을 수 있는 채권의 발생등 기타자본 거래를 하고자 하는 경우에는 한국은행에 신고하여야 한다.

(1) 제출서류

이 경우 ⅰ) 신고서(규정 별지 제7-8호, 제7-9호 서식외), ⅱ) 자본거래 계약서(안), ⅲ) 재원 증빙서류, ⅳ) 법인의 경우 이사회 결의서 또는 내부품의문서, ⅴ) 그 밖의 원인거래 입증서류 를 제출해야 한다.[101]

(2) 주요 신고유형

주요 신고유형은 ⅰ) 비거주자가 다른 비거주자에게 국내부동산을 증여하는 경우, ⅱ) 비 거주자가 거주자와의 원화표시 계약을 통해 보유하고 있는 계약상 지위를 다른 비거주자에게 이전하는 경우, ⅲ) 비거주자가 다른 비거주자에게 원화표시 증권(전환사채, 수익권 등)을 담보 로 제공하는 경우, ⅳ) 국내법인의 주식을 가지고 있는 비거주자가 다른 비거주자와 동 주식 매매계약을 체결하면서 일정한 상황 발생시 동 주식을 특정한 가격으로 매매할 수 있는 주주 간 옵션계약을 하는 경우 등이다.[102]

---

101) 취급절차 [별지 제1호 서식] 2. 신고, 더.
102) 한국은행(2019), 173-174쪽.

제4장

현지금융

제1절 개관

현지금융이란 개인이 아닌 거주자, 그 거주자의 해외지점 및 거주자의 현지법인이 외국에서 사용하기 위하여 외국에서 자금을 차입(증권발행에 의한 경우를 포함)하거나 지급보증[1]을 받는 것을 말한다(규정1-2(42)).

현지금융은 해외직접투자를 하고자 하는 국내기업, 해외건설업자, 원양어업자 등이 주로 이용하고 있으며, 외국에 있는 금융기관으로부터 자금을 차입하는 경우가 대부분이지만 외국회사 등 금융기관이 아닌 자로부터 자금을 차입하거나 지급보증을 받는 경우도 현지금융에 포함된다.

현지금융으로 조달된 자금은 해외에서 사용하는 것을 원칙으로 하므로 거주자의 해외지점 및 현지법인이 국내 거주자에게 경상거래에 따른 결제자금을 지급하는 경우를 제외하고는 이를 국내 금융기관에 예치하거나 국내로 유입할 수 없다.

현지금융제도는 1950년 6월 국내은행 중 유일한 해외점포였던 한국은행 동경지점이 현지 여신업무를 취급함으로써 시작되었는데 당초 해외진출기업에 대한 여신지원을 강화하기 위한 목적으로 도입되었다. 이후 1980년대까지 여신지원 측면보다는 현지금융 차입기업의 경영부실화 방지, 국내 본사의 대지급 방지, 현지금융 차입자금의 국내 유입 및 전용 방지 등을 관리하

---

[1] 국내기업의 대외신인도가 아직은 낮은 수준이기 때문에 현지금융 차입시 국내 외국환은행 또는 국내 본사 및 계열사 등이 담보 또는 보증을 제공하는 경우가 절반 이상을 차지하고 있다.

는 차원에서 운영되었다. 1990년대 이후부터는 기업의 국제경쟁력 강화를 위해 현지금융 한도 및 용도제한을 완화하거나 폐지하는 등 규제를 지속적으로 완화하였다.[2]

한편 현지금융에 대한 우리나라 기업들의 지나친 의존을 억제하기 위해 기획재정부장관 허가대상으로 규제해 오던 30대 계열기업체 관련 현지금융에 대한 보증 및 담보제공은 2006년 1월 기획재정부장관 신고대상으로 변경된 후 2008년 1월 외국환은행장 신고대상으로 완화되었다.

제2절 적용범위

Ⅰ. 현지금융 규정 적용제외자

금융기관, 그 금융기관의 현지법인 및 비금융기관이 설립한 현지법인금융기관은 현지금융 규정 적용에서 제외된다(규정8-1①). 여기서 금융기관은 금융회사등을 말하며 그 해외지점을 포함하는데, "금융회사등"이란 은행, 금융투자업자, 증권금융회사, 종합금융회사 및 명의개서대행회사, 보험회사, 상호저축은행과 그 중앙회, 신용협동조합 및 그 중앙회, 여신전문금융회사 및 겸영여신업자, 농협은행, 수협은행, 한국산업은행, 한국수출입은행, 중소기업은행, 체신관서, 새마을금고 및 중앙회, 한국해양진흥공사를 말한다(법3①(17), 영7). 또한 "현지법인금융기관"이라 함은 금융위원회의 「금융기관의 해외진출에 관한 규정」에 따라 신고등을 하여 설립한 금융·보험업을 영위하는 외국법인을 말한다(규정1-2(44)).

Ⅱ. 현지금융 규정 적용대상자

다음에 해당하는 자가 현지금융을 받고자 하는 경우에는 제8장 현지금융 규정에서 정하는 바에 의한다(규정8-1①).

1. 거주자(개인의 경우 제외)

현지금융은 거주자의 해외지점이나 현지법인을 대상으로 하며, 개인(개인사업자 포함)은 현지금융을 받을 수 없다(규정8-1①(1)).

---

2) 한국은행(2016), 82쪽.

2. 거주자의 해외지점

거주자의 독립채산제 해외지점은 현지금융을 받을 수 있다. 그러나 제9-19조의 규정에서 정한 비독립채산제 해외지점을 제외한다. 따라서 비독립채산제 해외지점인 ⅰ) 외항운송업자 및 원양어업자, ⅱ) 해외건설 및 용역사업자는 현지금융을 받을 수 없다(규정8-1①(2)). 또한 해외사무소는 영리활동을 하지 않기 때문에 현지금융을 받을 수 없다

3. 거주자의 현지법인

거주자의 현지법인은 현지금융을 받을 수 있다. 여기에는 거주자의 현지법인이 50% 이상 출자한 자회사를 포함한다(규정8-1①(3)).

Ⅲ. 역외금융대출

개인이 아닌 거주자의 해외지점 및 현지법인("현지법인등")이 외국환거래규정 제2-10조의 역외계정의 설치·운영 규정에 의하여 역외금융대출을 받는 경우에도 현지금융의 적용범위에 포함된다(규정8-1②). 외국환거래규정 제2-10조는 외국환은행이 비거주자(다른 역외계정을 포함) 로부터 외화자금을 조달하여 비거주자(다른 역외계정을 포함)를 상대로 운용하는 역외계정을 설치·운용할 수 있도록 하고 있다.

Ⅳ. 현지금융의 사용제한

현지금융으로 조달한 자금은 현지법인등과 국내 거주자간의 인정된 경상거래에 따른 결제자금의 국내 유입의 경우를 제외하고는 국내에 예치하거나 국내로 유입할 수 없다(규정8-1③).

제3절 신고절차

Ⅰ. 현지금융신고인과 현지금융에 대한 신고

거주자 또는 해외지점 및 현지법인("현지법인등")이 현지금융을 받고자 하는 경우에는 다음

의 구분에 따라 신고하여야 한다(규정8-2① 전단). 이 경우 주채무계열소속 기업체의 경우에는 부득이한 경우를 제외하고 주채권은행을 현지금융 관련 거래외국환은행으로 지정하여야 한다 (규정8-2① 후단).

1. 거주자의 현지금융

현지금융을 받는 거주자 이외의 다른 거주자의 보증 및 담보("보증 등") 제공이 있는 경우에는 보증 등을 제공하는 다른 거주자가 신고인이고, 앞의 경우 이외의 경우에는 당해 현지금융을 받는 거주자가 신고인이다. 개인(개인사업자 포함) 및 개인(개인사업자 포함)의 현지법인은 외국환거래규정 제8장 현지금융에 의한 현지금융을 받을 수 없다.

거주자가 현지금융을 받고자 하는 경우에는 ⅰ) 다른 거주자의 보증 및 담보("보증등")제공이 없거나 당해 거주자가 본인의 담보를 제공하는 경우 또는 외국환은행(종합금융회사를 포함)이 보증을 하는 경우에는 당해 거주자가 지정거래외국환은행의 장에게 신고하여야 하고(가목), ⅱ) 다른 거주자가 보증등을 하는 경우에는 다른 거주자가 현지금융을 받는 거주자의 지정거래외국환은행에 신고하여야 하며(나목), ⅲ) 외화증권발행방식에 의하여 미화 3천만불을 초과하는 현지금융을 받고자 하는 경우에는 지정거래외국환은행을 경유하여 기획재정부장관에게 신고(다목)하여야 한다(규정8-2①(1)).

2. 거주자의 해외지점 및 현지법인의 현지금융

해외지점 및 현지법인("현지법인등")을 설치한 거주자 또는 다른 거주자의 보증 등이 있는 경우에는 보증 등의 제공자가 신고인이다. 이 경우 동일 신용공여한도 제공은행으로부터 총액보증한도를 정하여 사전에 포괄신고를 할 수 있다. 다만, 보증한도 제공은행으로부터 신용공여를 받는 현지법인의 현지금융 가능 금액은 보증한도총액을 신용공여수혜 현지법인의 수로 나눈 금액의 2배 이내로 한다. 앞의 경우 이외의 경우에는 당해 현지법인등을 설치한 거주자가 신고인이다.[3]

현지법인등이 현지금융을 받고자 하는 경우에는 ⅰ) 외국환은행의 보증이 있는 경우에는 그 현지법인등을 설치한 거주자(국내 다른 기업과 공동출자하여 현지법인 등을 설치한 경우에는 출자지분이 가장 많은 기업, 출자지분이 같은 경우에는 자기자본이 가장 큰 기업으로 하며, 이하 이 장에서 같다)가 지정거래외국환은행의 장에게 신고하여야 하고(가목), ⅱ) 당해 현지법인등을 설치한 거주자 또는 다른 거주자가 보증등을 하는 경우에는 보증등의 제공자가 당해 현지법인등을 설치한 거주자의 지정거래외국환은행의 장에게 신고하여야 한다. 이 경우 동일 신용공여한도 제

---

3) 취급지침 84쪽.

공은행으로부터 총액보증한도를 정하여 사전에 포괄신고를 할 수 있지만, 보증한도 제공은행으로부터 신용공여를 받는 현지법인의 현지금융 가능금액은 보증한도총액을 신용공여수혜 현지법인의 수로 나눈 금액의 2배 이내(나목)로 한다(규정8-2①(2)).

　외국환거래규정 제8장에서 "거주자의 해외지점"은 규정 제9-19조에서 정한 비독립채산제 해외지점의 경우는 제외하며, "거주자의 현지법인"은 당해 현지법인이 50% 이상 출자한 자회사를 포함한다. 현지법인등이 규정 제2-10조의 규정에 의하여 역외금융대출을 받는 경우에도 제8장을 적용한다.

Ⅱ. 신고등의 서류제출

　신고등의 서류는 전자적 방법을 통해 실명확인을 받고 제출할 수 있다(규정8-2②). 고객은 은행에 자본거래 신고서를 온라인 시스템으로 제출하고 은행은 각종 지급증빙서류를 블록체인 기반 기술로 처리할 수 있다. 이에 따라 은행의 비대면 업무 수행을 위한 규제 불확실성 해소 및 일반 국민과 기업의 거래 편의를 제고할 것으로 예상된다.

　제출서류는 다음과 같다.4) ⅰ) 금전의 대차계약신고서: 거주자가 현지금융을 받고자 하는 경우(외국환은행의 보증이 있는 경우 포함), ⅱ) 보증계약신고서: 현지법인등이 현지금융을 받는 경우로 당해 현지법인등을 설치한 거주자 또는 다른 거주자(외국환은행 포함)가 보증을 제공하는 경우와 거주자가 현지금융을 받는 경우로 다른 거주자(외국환은행 제외)가 보증을 제공하는 경우, ⅲ) 담보제공신고서: 현지법인등이 현지금융을 받는 경우로 당해 현지법인등을 설치한 거주자 또는 다른 거주자가 담보를 제공하는 경우와 거주자가 현지금융을 받는 경우로 다른 거주자가 담보를 제공하는 경우, ⅳ) 현지 여신공여자와의 금융계약서 또는 융자의향서 (L/I), ⅴ) 해외지점 설치신고필증 사본 및 영업활동 입증서류(주기·주석사항이 명시된 재무제표 포함): 해외지점이 현지금융을 받는 경우, ⅵ) 해외직접투자신고수리서 사본 및 영업활동입증서류(주기·주석사항이 명시된 재무제표 포함): 현지법인이 현지금융을 받는 경우. ⅶ) 해외부동산 취득신고(수리)서: 해외부동산 취득자금의 경우, ⅷ) 항공기 또는 선박도입계약서 및 착수금내역을 입증할 수 있는 서류: 항공기 또는 선박 등의 도입에 따른 착수금의 경우

　해외지점 설치신고필증 및 해외직접투자신고수리서는 해당 외국환은행에서 해외지점 및 현지법인별로 최초 신고시에만 제출하며 그 이후에는 해외지점설치신고 및 해외직접투자신고 수리 내용의 변경이 있는 경우 제출하고, 영업활동 입증서류인 재무제표 등은 해외지점 및 현지법인별로 동일 회계연도분이 기제출된 경우 및 전년도 결산자료가 없는 신설해외지점 및 현

───────────

4) 취급지침 96쪽.

지법인의 경우에는 이의 제출을 생략할 수 있다.[5]

Ⅲ. 현지법인등의 현지금융 차입 및 상환 보고

현지법인등이 거주자의 보증등을 받지 아니하고 현지금융을 받고자 하는 경우에는 이 장의 규정에 의한 신고를 요하지 아니한다(규정8-2③ 본문). 다만, 해외지점 및 거주자의 투자비율이 50% 이상인 현지법인, 거주자의 투자비율이 50% 이상인 현지법인이 50% 이상 출자한 자회사의 경우에는 현지법인등을 설치한 거주자가 당해 현지법인등의 현지금융 차입 및 상환 반기보를 다음 반기 첫째 달 말일까지 지정거래외국환은행의 장에게 보고하여야 한다(규정8-2③ 단서).

Ⅳ. 자금의 사용 용도 제한

현지금융을 신고한 후 차입한 자금은 그 신고한 바에 따라 사용되어야 한다(규정8-2④).

Ⅴ. 신고내용 변경신고 및 사후보고

거주자 또는 현지법인등이 현지금융에 대하여 신고한 내용을 변경하고자 하는 경우 당해 신고기관의 장에게 변경신고를 하여야 한다(규정8-2⑤ 본문). 다만, 기존 신고인·대리인·거래 상대방에 관한 정보 변경에 대해서는 사후보고할 수 있다(규정8-2⑤ 단서). 이에 따라 추가적인 채권·채무의 발생이 없는 기존 거래내용의 단순 변경사항에 대해서는 사후보고를 할 수 있다.

이 경우 ⅰ) [ ]변경신고(수리)/보고서, ⅱ) 내용변경 입증서류(변경계약서, 융자의향서 등), ⅲ) 당초 신고서 사본을 제출해야 한다. 내용변경 신고대상은 담보종류, 상환방법, 대출금리, 합병으로 인한 차주 또는 보증인(담보제공자) 변경, 기한연장 등이며, 합병 이외의 차주 또는 보증인(담보제공자) 변경, 증액 등은 신규신고 대상이다.[6]

---

5) 취급지침 95쪽.
6) 취급지침 96쪽.

제4절 차입 및 상환 보고

I. 지정거래외국환은행 보고

현지금융을 받은 자(현지법인등의 현지금융인 경우에는 당해 현지법인등을 설치한 거주자를 포함)는 현지금융의 차입·상환 반기보를 당해 거주자의 지정거래외국환은행의 장에게 다음 반기 첫째 달 말일까지 보고하여야 한다(규정8-4①).

II. 한국은행 보고 및 국세청 등 통보

보고서를 제출받은 지정거래외국환은행의 장은 현지금융 차입 및 상환상황 반기보를 다음 반기 둘째 달 말일까지 한국은행총재에게 보고하여야 하며, 한국은행총재는 현지금융 차입 및 상환상황을 국세청장 및 금융감독원장에게 통보하여야 한다(규정8-4②).

제5절 현지금융 원리금 상환

I. 지정거래외국환은행을 통한 송금

현지금융을 받은 자 또는 현지금융 관련 보증등을 제공한 자가 그 원금 및 이자와 부대비용을 국내에서 외국에 지급하고자 하는 경우에는 지정거래외국환은행을 통하여 송금하여야 한다(규정8-5① 본문).

이 경우 i) 지급신청서, ii) 현지금융을 수혜 받았음을 입증하는 서류(금전의 대차 계약신고필증 또는 보증계약 신고필증 등), iii) 자금공여자의 채무이행 청구서(대지급의 경우), iv) 제공된 지급보증서 사본(지급보증의 경우) 또는 차입계약서 사본(신용차입의 경우)을 제출해야 한다.[7]

---

7) 취급지침 97쪽.

Ⅱ. 대지급과 보증은행의 직접 지급

외국환은행이 보증과 관련하여 대지급하는 경우에는 지정거래외국환은행을 통하지 않고 보증은행이 직접 지급할 수 있다(규정8-5① 단서).

제5장

직접투자 및
부동산 취득

제1절 서설

Ⅰ. 직접투자

1. 직접투자의 의의

직접투자는 한 나라의 기업이 해외 현지법인의 경영에 직접 참여하여 영업이익을 목적으로 보유하고 있는 자본, 기술 및 인력 등 생산요소를 해외로 이전하는 대외거래 행위를 말한다. 직접투자는 해외 현지법인과 지속적인 경제적 관계 수립을 목적으로 한다는 점에서 배당금, 이자 또는 자본이득(capital gain) 등을 목적으로 하는 증권투자와는 구분된다. 또한 자금흐름 및 투자주체에 따라 외국인(비거주자)의 국내직접투자와 거주자의 해외직접투자로 나눌 수 있다.[1]

해외직접투자의 경우 투자형태에 따라 국가경제에 미치는 영향이 상이하지만 일반적으로 국제수지, 생산 및 고용 등에 영향을 준다. 해외 현지법인이 자국에 있는 모기업으로부터 원부자재를 수입할 경우 해외 투자국의 수출이 증가하여 국제수지가 개선되는 반면 해외 현지법인이 생산한 제품이 본국으로 역수입될 경우에는 국제수지가 악화된다. 또한 해외직접투자가 크게 늘어 날 경우 국내투자가 위축되고 자국 산업의 공동화 현상을 초래하는 부정적 측면이 있는 반면 해외직접투자를 통해 생산원가 절감, 선진국의 경영기법 습득 및 자국 산업의 구조조정이라는 긍정적 효과를 얻을 수 있다.

---

1) 한국은행(2016), 48쪽.

직접투자의 유형은 경영참여를 목적으로 하는 현지법인에 대한 지분매입, 금전대여 등이 있으며, 지분매입 방법으로는 신규로 해외 현지법인을 설립하는 공장설립형 투자와 인수합병 (M&A) 투자가 있다. 금전대여의 경우에는 통상적으로 장기차관을 대부하는 경우에만 직접투자로 인정된다.

직접투자는 양자간 및 다자간 투자보장협정 등에 의해 대외송금이 보장되고, 자국민과 동등한 대우를 받을 수 있으며, 해외투자기업의 이중과세를 방지하기 위하여 국제적으로 이중과세방지협정이 체결되어 있다.

2. 외국인의 국내직접투자

우리나라의 외국인투자제도는 1960년 1월 외국인투자에 대한 각종 조세감면 혜택 부여, 원금의 회수 및 과실 송금 보장 등을 주요 내용으로 하는 외자도입촉진법이 제정되면서 공식적으로 도입되었다. 제도 도입 초기에는 외국인직접투자가 국내산업을 지배하고 외국자본에 대한 의존도를 심화시킨다는 부정적인 인식 때문에 활발하지 못하였다. 그러나 1980년대 이후 경제의 효율성 제고를 위해 개방정책을 본격적으로 추진하면서 1984년 7월에는 외국인투자 허용 업종을 "원칙규제·예외허용 체계"(positive system)에서 "원칙자유·예외규제 체계"(negative system)로 전환하였다.[2]

또한 1997년 외환위기 이후 외국인투자의 업종개방 등 외국인직접투자를 촉진하는 정책을 실시하였는데, 특히 1998년 5월에는 외국인에 의한 국내기업의 적대적 M&A도 허용되었다. 이에 더해 1998년 9월 외국인투자촉진법을 제정하여 외국인직접투자를 단순 신고제로 전환하는 한편 외국인투자지역 제도를 도입하고 조세감면 대상을 확대하는 등 외국인직접투자의 적극적인 유치를 위한 제도적 기반을 마련하였다.

한편 외국인투자촉진법에 따라 비거주자가 우리나라 기업과 지속적인 경제 관계를 수립할 목적으로 해당 기업의 의결권이 있는 주식총수 또는 출자총액의 10% 이상을 소유하거나 해외 모기업 등이 해당 외국인투자기업(자회사)에 5년 이상의 장기차관을 대부하는 경우 외국인직접투자로 인정된다. 또한 주식총수 또는 출자총액의 10% 미만을 소유하는 경우에도 임원 파견 또는 선임, 1년 이상의 기간 동안 원자재 또는 제품을 납품하거나 구매하는 계약체결, 기술도입 및 공동연구개발 계약 등을 체결하는 경우 외국인직접투자로 인정된다.

외국인직접투자는 투자형태에 따라 신주 등의 취득, 기존주식 등의 취득, 합병 등에 의한 주식 등의 취득 및 장기차관방식으로 구분되는데 투자금액은 1억원 이상이고 투자금액의 상한은 없다. 또한 투자 관련 내용에 따라 수탁기관(대한무역투자진흥공사 또는 외국환은행)의 장 또는

2) 한국은행(2016), 49-50쪽.

산업통상자원부장관에게 신고해야 하며, 특히 방위산업에 투자하는 경우에는 산업통상자원부
장관의 허가를 얻어야 한다.

신주취득에 의한 외국인직접투자는 고도기술수반사업 및 산업지원서비스업을 영위하거나
외국인투자지역에 입주한 기업 또는 자유무역지역 및 경제자유구역에 입주한 기업의 경우 조
세특례제한법 등에 의해서 세금감면을 받을 수 있다. 또한 단지형 외국인투자지역, 개별형 외
국인투자지역 등에 입주한 외국인투자기업의 경우 임대료 등도 감면받을 수 있다. 아울러 신주
취득에 의한 외국인직접투자의 경우 외국투자자로부터 직접 출자받은 자본재 또는 대내외 지
급수단 등은 도입시 관세감면 혜택을 받을 수 있다.

외국인직접투자의 투자절차는 내국인의 법인설립 절차와 비교할 때 외국인투자 신고 및
외국인투자기업 등록만 추가될 뿐 나머지는 동일하다. 다만 한국표준산업분류상 공공행정, 외
무, 국방 등 60개 업종에 대해서는 외국인투자 제외업종으로 정하고 있으며 나머지 투자대상업
종 중 31개 업종은 외국인투자가 가능하나 투자비율 등에 제한을 두고 있다. 투자제한 업종 중
원자력 발전업, 지상파 방송업, 라디오 방송업의 3개 업종은 미개방 중이고 항공업, 은행업, 기
간통신업 등은 외국인투자 비중을 제한하고 있다.

한편 외국환거래법상 천재지변·전시 등에 취해지는 외환거래의 정지 또는 지급수단의 예
치·매각의무 등은 외국인직접투자에는 적용되지 않는다.

3. 거주자의 해외직접투자

거주자의 해외직접투자에 대해서는 외국환거래법 시행령 제8조에 그 범위가 구체적으로
명시되어 있는데 외국법인과 지속적인 경제 관계를 수립하기 위하여 행하는 거래뿐만 아니라
지점, 사무소 등 해외 영업소를 설치·확장·운영하거나 해외 사업활동을 위한 자금지급 등도
포함된다.[3]

이를 구체적으로 살펴보면 거주자가 해외법인의 경영에 참여하기 위하여 취득한 주식 또
는 출자지분이 해당 해외법인의 발행주식총수 또는 출자총액에서 차지하는 비율이 10% 이상
이거나 상환기간 1년 이상의 금전을 대여할 경우 거주자의 해외직접투자로 인정된다. 또한 투
자비율이 10% 미만일 경우에도 임원 파견, 1년 이상의 원자재나 제품의 매매계약 체결, 기술제
공·도입이나 공동 연구개발, 해외건설 및 산업설비공사 수주계약 체결시 해외직접투자로 인정
된다. 이외에 이미 투자한 외국법인의 주식 또는 출자지분을 추가로 취득하거나 해외지점 및
사무소의 설치비 및 영업자금을 지급하는 경우 등도 거주자의 해외직접투자에 포함된다.

거주자의 해외직접투자는 지급수단뿐만 아니라 현지법인의 이익유보금·자본잉여금, 자

---

3) 한국은행(2016), 52-53쪽.

본재, 산업재산권, 주식 등을 통해서도 가능하다. 거주자가 해외직접투자를 하기 위해서는 관련 내용에 따라 외국환은행의 장⁴⁾ 또는 금융위원회(금융감독원장)⁵⁾의 신고(수리)절차를 거쳐야 한다.

해외직접투자 절차는 해외사업의 구상 및 관련 정보를 수집하는 사업준비단계, 사업계획서 및 계약서를 입안하는 사업구체화단계, 본계약 체결 및 각종 인허가를 취득하는 사업추진단계와 사업운영 및 회수단계로 구분할 수 있다. 사업준비단계에서는 투자대상국, 투자형태(단독, 합작, 합자) 및 투자방법(출자, 대부)을 결정하고 사업의 타당성을 검토한다. 이후 사업구체화단계에서는 자금의 소요 및 조달계획을 수립하고 계약서를 작성하는 한편 필요시 유관기관과 해외투자 관련 금융지원 협의를 한다.

한편 해외직접투자자가 투자금을 회수할 경우 해당 신고내용에 따라 투자원금과 과실을 현금으로 국내에 회수해야 하나 외국환거래규정에서 인정된 자본거래를 하고자 하는 경우에는 동 자금을 국내로 회수하지 아니할 수 있다.

거주자의 해외직접투자는 1968년 12월 외국환관리규정에 "대외투자" 관련 조항이 신설되면서 공식적인 법적 장치가 마련되었으나 도입 초기에는 국내의 자본 및 기술의 유출 우려 등으로 선별적으로 허용되었다. 1980년대 중반 이후에는 국제수지 흑자를 바탕으로 해외투자 요건이 완화되고 절차도 간소화되었다. 1990년대 들어서면서 자유화 조치가 더욱 확대되었는데 1999년 4월 제1단계 외환자유화 조치 시행과 함께 해외직접투자와 관련된 허가제도가 대부분 신고수리제로 변경되는 등 해외직접투자 요건이 대폭 완화되었다. 2003년 1월에는 금융기관을 제외한 거주자의 금융·보험업에 대한 해외직접투자 한도가 1억달러 이내에서 3억달러 이내로 상향조정되었으며 2005년 7월에는 비금융기관의 금융·보험업에 대한 건별 투자한도가 폐지되었다. 개인의 해외직접투자 경우에도 투자한도가 1백만달러에서 3백만달러로 증액되었고 2006년 1월에는 1천만달러로 확대되었다. 2007년 12월에는 비금융업 해외직접투자에 대한 신고수리제가 폐지되고 신고제로 전환되었다. 2008년 8월에는 「금융기관의 해외진출에 관한 규정」이 제정되어 금융기관의 해외진출 절차를 간소화하고 금융기관의 해외직접투자에 대한 관리·감독 주체를 금융위원회로 일원화하였다.

4. 대북직접투자

대북직접투자는 거주자 또는 거주자가 설립한 해외 현지법인이 북한지역에 투자 또는 사

---

4) 금융기관이 아닌 거주자가 해외직접투자를 하는 경우에는 외국환은행의 장에게 신고하여야 한다.
5) 금융기관이 금융·보험업에 대한 해외직접투자를 하고자 하는 경우에는 금융위원회에서 신고하여 수리를 받아야 하고 금융기관이 금융·보험업 이외의 업종에 대한 해외직접투자 시에는 금융감독원장에게 신고하여야 한다.

무소를 설치·운영하는 경우를 말하며 「남북교류협력에 관한 법률」, 「대북투자 등에 관한 외국환거래지침」의 적용을 받는다. 다만 거주자 또는 현지법인이 금융·보험업을 영위하는 경우와 대북투자업종이 금융·보험업인 경우는 제외된다. 대북직접투자는 북한의 법령에 의하여 설립된 법인의 증권 또는 출자지분의 취득, 상환기간 1년 이상의 자금대부 및 북한지역에 지점을 설치 또는 확장하기 위한 자금지급을 통해서 이루어진다. 그 외에 북한지역에서 사업을 영위하기 위해 자금을 지급하는 경우에도 대북직접투자로 인정된다.

북한에 현지법인을 설립하기 위해서는 「남북교류협력에 관한 법률」에 의거 통일부장관의 협력사업 승인 또는 신고수리를 받은 후 지정거래외국환은행의 장에게 신고하여야 한다. 북한에 지사를 설치하고자 하는 경우에도 통일부장관의 북한지사 설치승인 또는 신고수리를 받은 후 지정거래외국환은행의 장에게 신고하여야 한다. 한편 북한지점의 설치신고를 한 자가 협력사업 승인 또는 신고수리된 바에 따라 북한지점에 영업기금을 지급하고자 하는 경우에는 지정거래외국환은행의 장에게 신고하여야 한다. 북한사무소의 유지활동비는 기본경비와 기타경비로 나누어지는데 기타경비는 사무소당 월 2만달러, 주재원 1인당 월 1만달러 지급이 가능하다.

거주자, 북한현지법인 또는 북한지점이 협력사업의 수행을 위하여 현지금융을 받고자 하는 경우 지급보증이 있으면 지급보증은행의 장, 지급보증이 없으면 지정거래외국환은행장의 인증을 받아야 한다. 다만 북한현지법인 또는 북한지점이 거주자의 보증 또는 담보제공 없이 현지금융을 받고자 하는 경우는 제외된다. 현지금융 한도는 전년도 매출실적(전년도 매출실적이 없는 경우 사업계획서상 사업초년도 예상매출액)의 40% 이내인 경우에 한하여 인증이 가능하며 동 한도를 초과하는 경우에는 기획재정부장관의 허가를 받아야 한다.

Ⅱ. 직접투자 및 부동산 취득의 신고등

1. 적용범위

거주자 또는 비거주자가 직접투자, 지사설치, 부동산취득("직접투자등")을 하고자 하는 경우에는 제9장 직접투자 및 부동산 취득에서 정한 바에 따라 신고등을 하여야 한다(규정9-1① 본문). 다만, 비거주자가 외국인투자촉진법의 규정에 따라 국내에 직접투자를 하고자 하는 경우에는 제7장 자본거래에서 정한 바에 따른다(규정9-1① 단서).

그러나 거주자가 해외에 직접투자등을 하고자 하는 경우에는 제9장 직접투자 및 부동산 취득 각 절에서 정한 신고등의 절차를 이행하기 전에 미화 1만불 범위 내에서 지급할 수 있다(규정9-1② 전단). 이 경우 당해 거래의 계약이 성립한 날로부터 1년 이내에 제9장에 따른 신고

등의 절차를 이행하여야 한다(규정9-1② 후단).

2. 신고내용 변경신고 및 사후보고

제9장에 의해 직접투자등 신고를 하거나 신고수리를 받은 자가 신고내용을 변경하고자 하는 경우에는 변경사항을 첨부하여 당해 신고(수리)기관에 제출하여야 한다(규정9-1③ 본문). 다만, 기존 신고인·대리인·거래상대방에 관한 정보 변경에 대해서는 사후보고할 수 있다(규정9-1③ 단서). 이에 따라 추가적인 채권·채무의 발생이 없는 기존 거래내용의 단순 변경사항에 대해서는 사후보고할 수 있다.

3. 금융기관의 금융위원회 신고등

(1) 해외직접투자 및 해외지사 설치

금융기관(법 제3조 제1항 제17호에 규정된 금융회사등)의 제9장 제1절의 해외직접투자 및 제2절의 해외지사 설치와 관련된 사항은 금융위원회가 정한다(규정9-1④). 이에 따라 금융기관의 해외직접투자 및 해외지사 설치 신고등에 관한 금융위원회 소관업무의 시행에 필요한 사항을 정하기 위해 「금융기관의 해외진출에 관한 규정」을 두고 있다. 이에 관하여는 후술한다.

(2) 금융위원회의 신고내용의 기획재정부 제출

신고를 받은 금융위원회는 동 신고내용을 매분기별로 기획재정부장관에게 제출하여야 한다(규정9-1⑤).

4. 신고등의 서류 제출방법

신고등의 서류는 전자적 방법을 통해 실명확인을 받고 제출할 수 있다(규정9-1⑥). 고객은 은행에 자본거래 신고서를 온라인 시스템으로 제출하고 은행은 각종 지급증빙서류를 블록체인 기반 기술로 처리할 수 있다. 이에 따라 은행의 비대면 업무 수행을 위한 규제 불확실성 해소 및 일반 국민과 기업의 거래 편의를 제고할 것으로 예상된다.

제2절 해외직접투자

Ⅰ. 통칙

1. 해외직접투자의 정의

"해외직접투자"란 거주자가 하는 다음의 어느 하나에 해당하는 거래·행위 또는 지급을 말한다(법3①(18)). 외국환거래법 제18조 제1항에 의하여 신고의 대상이 되는 해외직접투자는 거주자가 직접 외국 법령에 따라 설립된 법인(설립 중인 법인을 포함, 이하 "외국법인"이라 한다)이 발행한 증권을 취득하거나 외국법인에 대한 금전의 대여 등을 통하여 외국법인과 지속적인 경제관계를 맺기 위하여 하는 거래 또는 행위를 의미하며, 외국법인이 외국에서 다른 외국법인이 발행한 증권을 취득하여 자회사 또는 손자회사를 설립하는 것은 여기에 포함되지 아니한다고 해석함이 타당하다.[6]

(1) 거래 및 행위에 따른 해외직접투자

거주자가 외국 법령에 따라 설립된 법인(설립 중인 법인을 포함)이 발행한 증권을 취득하거나 그 법인에 대한 금전의 대여 등을 통하여 그 법인과 지속적인 경제관계를 맺기 위하여 하는 거래 또는 행위[7]로서 ⅰ) 외국 법령에 따라 설립된 법인(설립 중인 법인을 포함. 이하 "외국법인")의 경영에 참가하기 위하여 취득한 주식 또는 출자지분이 해당 외국법인의 발행주식총수 또는 출자총액에서 차지하는 비율(주식 또는 출자지분을 공동으로 취득하는 경우에는 그 주식 또는 출자지분 전체의 비율을 말한다. 이하 "투자비율"이라 한다)이 10% 이상인 투자(제1호), ⅱ) 투자비율이 10% 미만인 경우로서 해당 외국법인과 ㉠ 임원의 파견, ㉡ 계약기간이 1년 이상인 원자재 또는 제품의 매매계약의 체결, ㉢ 기술의 제공·도입 또는 공동연구개발계약의 체결, ㉣ 해외건설 및 산업설비공사를 수주하는 계약의 체결에 해당하는 관계를 수립하는 것(제2호), ⅲ) 앞의 제1

---

6) 대법원 2017. 6. 15. 선고 2015도5312 판결.

7) 대법원 2017. 6. 15. 선고 2016도9991 판결(구 외국환거래법(2016. 3. 2. 법률 제14047호로 개정되기 전의 것, 이하 "구 외국환거래법"이라 한다) 제3조 제1항 제18호에서 외국법령에 따라 설립된 법인이 발행한 증권의 "취득"만을 해외직접투자로 정의하고 있을 뿐 취득한 증권의 "처분"을 해외직접투자의 개념에 포함하지 않고 있고, 같은 항 제19호 (나)목도 증권 또는 이에 관한 권리의 "취득"만을 자본거래로 정의하고 있을 뿐 취득한 증권 또는 이에 관한 권리의 "처분"을 자본거래의 개념에 포함하지 않고 있으며, 그 밖에 자본거래의 개념에 관한 구 외국환거래법의 규정 또는 그 위임에 따른 구 외국환거래법 시행령(2012. 12. 12. 대통령령 제24225호로 개정되기 전의 것)의 규정을 보더라도 증권의 "취득행위"가 아닌 취득한 증권의 "처분행위"가 해외직접투자 또는 자본거래의 개념에 포함된다고 할 수 없다. 이는 이미 취득한 증권을 처분하는 행위도 그 실질이 자본에 관한 거래에 해당하고 그것이 국민경제에 미치는 영향이 증권의 취득행위와 다를 바 없어 이에 대하여도 신고의무를 부과할 현실적인 필요가 있다고 하더라도 달리 볼 수 없다).

호 또는 제2호에 따라 이미 투자한 외국법인의 주식 또는 출자지분을 추가로 취득하는 것(제3호), iv) 앞의 제1호부터 제3호까지의 규정에 따라 외국법인에 투자한 거주자가 해당 외국법인에 대하여 상환기간을 1년 이상으로 하여 금전을 대여하는 것(제4호)을 말한다(법3①(18) 가목, 영8①).

(2) 자금의 지급에 따른 해외직접투자

거주자가 외국에서 영업소를 설치 · 확장 · 운영하거나 해외사업 활동을 하기 위하여 자금을 지급하는 행위로서 ⅰ) 지점 또는 사무소의 설치비 및 영업기금(제1호), ⅱ) 거주자가 외국에서 법인 형태가 아닌 기업을 설치 · 운영하기 위한 자금(제2호), ⅲ)「해외자원개발 사업법」제2조에 따른 해외자원개발사업 또는 사회간접자본개발사업을 위한 자금(다만, 해외자원개발을 위한 조사자금 및 해외자원의 구매자금은 제외)(제3호)을 지급하는 것을 말한다(법3①(18) 가목, 영8②).

2. 해외직접투자의 수단

해외직접투자의 수단은 ⅰ) 지급수단, ⅱ) 현지법인의 이익유보금 및 자본잉여금, ⅲ) 자본재, ⅳ) 산업재산권 기타 이에 준하는 기술과 이의 사용에 관한 권리, ⅴ) 해외법인 또는 해외지점 · 사무소를 청산한 경우의 그 잔여재산, ⅵ) 대외채권, ⅶ) 주식, ⅷ) 기타 그 가치와 금액의 적정성을 입증할 수 있는 자산으로 한다(규정9-1의2).

위 ⅲ)에서 "자본재"란 산업시설(선박, 차량, 항공기 등을 포함)로서의 기계, 기자재, 시설품, 기구, 부분품, 부속품 및 농업 · 임업 · 수산업의 발전에 필요한 가축, 종자, 수목(樹木), 어패류, 그 밖에 주무부장관(해당 사업을 관장하는 중앙행정기관의 장)이 해당 시설의 첫 시험운전(시험사업을 포함)에 필요하다고 인정하는 원료 · 예비품 및 이의 도입에 따르는 운임 · 보험료와 시설을 하거나 조언을 하는 기술 또는 용역을 말한다(외국인투자촉진법2①(9)).

3. 한국수출입은행장의 보고서 제출의무

한국수출입은행장은 해외직접투자자 또는 신고기관으로부터 제출받은 각종 통계 · 보고서 등을 종합관리하고, ⅰ) 해외직접투자 신고 및 투자실적(월보) 보고서를 작성하여 매 익월 말일 이내(제1호), ⅱ) 해외직접투자 동향분석(분기보 및 연보) 보고서를 작성하여 매 분기 익익월 10일 이내 및 매 익년도 3월 이내(제2호), ⅲ) 해외직접투자 경영분석보고서를 작성하여 매 익년도 10월 이내(제3호)에 기획재정부장관에게 제출하여야 한다(규정9-2의2).

4. 해외직접투자의 지원

기획재정부장관은 해외직접투자가 국내산업 · 국제수지 · 대외관계 등에 미치는 영향을 고려하여 투자유형·업종 또는 지역 등에 따라 투자 및 이에 대한 각종 지원을 제한하거나 우대하게 할 수 있다(규정9-3).

5. 해외직접투자 투자금 회수

해외직접투자자는 당해 신고의 내용에 따라 투자원금과 과실을 국내에 회수하여야 하지만 (규정9-4①), 해외에서 인정된 자본거래를 하고자 하는 경우에는 국내에 회수하지 않아도 된다 (규정9-4②).

Ⅱ. 금융기관을 제외한 거주자의 해외직접투자

1. 해외직접투자의 신고등

(1) 외국환은행 신고 및 보고
(가) 신고 및 보고

거주자(해외이주 수속 중이거나 영주권등을 취득할 목적으로 지급하고자 하는 개인 또는 개인사업자는 제외)가 해외직접투자(증액투자 포함)를 하고자 하는 경우 또는 거주자가 해외직접투자를 한 거주자로부터 당해 주식 또는 지분을 양수받아 해외직접투자를 하고자 하는 경우에는 다음에서 정하는 외국환은행의 장에게 신고하여야 한다(규정9-5① 본문). 즉 ⅰ) 주채무계열 소속 기업체인 경우에는 당해 기업의 주채권은행(제1호), ⅱ) 거주자가 주채무계열 소속 기업체가 아닌 경우에는 여신최다은행(제2호), ⅲ) 앞의 2가지에 해당하지 않는 거주자의 경우 거주자가 지정하는 은행(제3호)에 신고하여야 한다. 다만, 이미 투자한 외국법인이 자체이익유보금 또는 자본잉여금으로 증액투자하는 경우에는 사후에 보고할 수 있으며, 누적 투자금액이 미화 50만불 이내에서의 투자의 경우에는 투자금의 지급이 있는 날로부터 1개월 이내에 사후보고할 수 있다(규정9-5① 단서).

(나) 제출서류

이 경우 ⅰ) 해외직접투자신고서(보고서), ⅱ) 사업계획서, ⅲ) 사업자등록증사본 등, 이 경우 투자자가 법인인 경우에는 사업자등록증 사본, 납세증명서(관할세무서장 발행)을 제출하고, 투자자가 개인사업자인 경우에는 사업자등록증 사본, 주민등록등본, 납세증명서(관할세무서장 발행)를 제출해야 하며, 투자자가 개인인 경우에는 주민등록등본, 납세증명서(관할세무서장 발행)를 제출한다. 위 서류 중 사업자등록증사본은 최근 1년 이내 제출한 사실이 있을 경우 그 징구를 생략할 수 있다.

또한 추가적으로 ⅰ) 상환기간 1년 이상인 금전대여에 의한 해외직접투자인 경우 금전대차계약서, ⅱ) 외국자본과 합작인 경우 당해 사업에 관한 계약서, ⅲ) 현물투자명세표 2부(현물투자의 경우), ⅳ) 주식을 통한 해외직접투자인 경우에는 공인회계사법에 의한 회계법인의 주식평가에 관한 의견서, ⅴ) 관련기관으로부터 제재를 받은 후 사후신고를 하는 경우에는 신고기관의 장은 제재조치에 대한 관련 서류를 추가 징구할 수 있다. 이 경우 제재조치 완료 후 신규에 준하여 사후신고를 한다. ⅵ) 취득예정인 현지법인 주식 또는 지분의 액면가액과 취득가액이 상이한 해외직접투자의 경우 차액의 적정성을 확인하기 위하여 전문평가기관, 공인회계사 등의 의견(평가서, 의견서)을 제출받아야 한다. 다만 인수하고자 하는 법인이 상장법인으로 동 취득가액이 거래시세와 크게 차이가 없을 경우 거래시세 관련 자료 첨부로 갈음할 수 있다. ⅶ) 해외직접투자관련 매 송금시 납세증명서(관할세무서장 발행) 1부, 다만, 기 징구한 납세증명서의 유효기간이 경과하지 아니한 경우 추가징구를 생략한다. ⅷ) 금전의 대차계약신고필증, ⅸ) 기타 외국환은행의 장이 필요하다고 인정하는 서류를 제출해야 한다.[8]

(다) 판례

거주자의 현지법인이 해외에서 외국법인의 주식을 취득한 행위라 하더라도, 거주자의 현지법인이 명목상으로만 존재하는 형해화된 법인이라거나, 거주자가 외국환거래법 등의 규제를 피하기 위해 형식적으로만 현지법인을 통하여 외국법인의 주식을 취득한 것이라고 볼 만한 사정이 있는 등, 실질적으로는 거주자가 해당 외국법인의 주식을 취득한 것으로 평가할 수 있는 경우에는 거주자는 외국환거래법 제18조 제1항에 따라 해외직접투자에 관한 신고의무를 부담한다.[9]

(2) 내용변경의 보고

(가) 보고 기간

거주자가 외국환은행 신고 및 보고 규정(규정9-5①)에 의하여 신고하거나 보고한 내용을 변경하는 경우 또는 해외직접투자를 한 거주자가 다른 거주자에게 당해 주식 또는 지분을 매각하는 경우에는 변경사유가 발생한 후 3개월 이내에 당해 신고기관의 장에게 보고를 하여야 한다(규정9-5②).

(나) 변경신고의 내용

변경신고의 내용에는 현지법인의 거래 및 행위에 따른 해외직접투자 요건(영8①)에 해당하는 자회사 또는 자회사의 거래 및 행위에 따른 해외직접투자 요건(영8①)에 해당하는 손자회사의 설립·투자금액 변경·청산 및 외국법인에 투자한 거주자가 해당 외국법인에 대하여 상환기

---

8) 취급지침 100쪽.
9) 서울중앙지방법원 2015. 4. 3. 선고 2014노4498 판결.

간을 1년 이상으로 하여 금전을 대여(영8①(4))했으나 1년 이내에 회수하는 경우를 포함한다(규정9-5②).

거주자의 해외직접투자 내용변경 등은 ⅰ) 거주자간 투자지분을 양·수도하는 경우와, ⅱ) 거주자간 양수도가 아닌 내용변경인 경우(비거주자 앞 지분 일부 양도, 현지법인의 자회사 및 손자회사의 설립·투자금액변경 등)로 나눌 수 있다.

ⅰ)의 경우 거주자간 해외직접투자 양수도신고(보고)서, 양수도계약서(거주자의 투자지분을 다른 거주자에게 양도하는 경우), 당초 신고(보고)서 사본을 제출해야 한다. 양도자와 양수자가 양도자의 지정거래외국환은행에 함께 신청하여야 하며 신고 및 보고 후 양도자의 지정거래외국환은행은 당해 사업에 관한 일체의 서류를 양수자의 지정거래외국환은행 앞으로 이관하여야 한다(일부 양도인 경우 사본 송부). 투자자의 합병·분할의 경우 변경사유가 발생한 후 3개월 이내에 사후보고할 수 있다. 양수도계약서에 첨부해야 할 서류는 양수인의 사업자등록증 또는 주민등록증 등 실명확인증표, 양수인의 납세증명서, 신용정보조회표(법인의 경우 대표자를 포함. 단, 고용대표자임을 입증할 수 있는 서류를 제출하는 경우 대표자 생략가능), 3영업일 이내에 발급된 주민등록등본(개인에 한함)이며, 양수자는 지정거래외국환은행에 제출서류 해외직접투자신고서(보고서)를 제출해야 한다. 양도인의 신청시 양수인은 해외직접투자의 거래외국환은행을 지정하여야 한다. 해외직접투자 유효기간 연장, 대부투자기한 연장, 대부투자 상환방법·금리변경 등의 경우에는 내용변경 보고가 아닌 내용변경 신고대상이다.[10]

ⅱ)의 경우 해외직접투자내용변경신고(보고)서, 당초 신고서, 자(손자)회사 사업계획서를 제출해야 한다. 변경사유가 발생한 후 3개월 이내에 당해 신고기관의 장에게 보고하여야 한다. 내용변경 사유를 예를 들면, 투자자의 상호·대표자·소재지, 현지법인명·현지법인의 소재지 변경, 현지법인의 자회사 또는 손자회사의 지분율이 변경된 경우, 현지의 예상치 못한 사정이나 경영상 급박한 사정 등으로 사전에 제출한 사업계획을 사전신고 후 변경하는 것이 적절치 않은 경우로서 추가 투자금액을 필요로 하지 않는 경우, 대부투자신고 후 1년 이내 자금 회수 등이다.[11]

(다) 판례

외국환거래규정(2012. 4. 16. 개정 기획재정부 고시 제2012-5호) 제9-5조 제1항은 "거주자가 해외직접투자(증액투자 포함)를 하고자 하는 경우에는 다음 각 호의 1에서 정하는 외국환은행의 장에게 신고하여야 한다"라고 규정하고 있고, 같은 조 제2항은 "거주자가 제1항의 규정에 의하여 신고한 내용을 변경하고자 하는 경우 당해 신고기관의 장에게 변경신고를 하여야 한다"라

---

10) 취급지침 104쪽.
11) 취급지침 105쪽.

고 규정하고 있으나, 위임법령인 구 외국환거래법과 동법 시행령의 해석상 자본거래 또는 해외
직접투자가 아닌 행위에 대하여 행정기관 고시로 신고의무를 새로이 부과하여 그 위반행위를
형사처벌할 수는 없으므로, 위 고시 제9-5조 제2항을 신고에 따라 외국법인의 증권 등을 취득
한 이후 증권을 처분하는 경우에까지 신고의무를 부과하는 규정으로 해석할 수 없다.[12]

(3) 투자신고시 제출서류

(가) 해외직접투자신고서(보고서) 제출

해외직접투자를 하고자 하는 자는 [별지 제9-1호 서식]의 해외직접투자신고서(보고서)에
ⅰ) 사업계획서(자금조달 및 운용계획 포함), ⅱ) 주식을 통한 해외직접투자인 경우에는 공인회계
사법에 의한 회계법인의 주식평가에 관한 의견서, ⅲ) 해외직접투자를 하고자 하는 자가 신용
정보법에 의한 금융거래 등 상거래에 있어서 약정한 기일 내에 채무를 변제하지 아니한 자로
서 종합신용정보집중기관에 등록되어 있지 않음을 입증하는 서류, ⅳ) 조세체납이 없음을 입증
하는 서류, ⅴ) 기타 신고기관의 장이 필요하다고 인정하는 서류를 첨부하여 당해 신고기관에
제출하여야 한다(규정9-5③ 전단). 누적 투자금액이 미화 50만불 이내에서의 투자의 경우로서
사후에 보고하는 경우에도 같다(규정9-5③ 후단). 다만, 사전송금에 따라 이미 제출한 서류는 제
출하지 아니할 수 있다(규정9-5③ 단서).

(나) 첨부서류 제출

구체적인 첨부서류는 ⅰ) 사업계획서(자금조달 및 운영계획 포함), ⅱ) 합작인 경우 당해 사
업에 관한 계약서, ⅲ) 외국환거래법 시행령 제8조 제1항 제4호에 규정한 금전의 대여에 의한
해외직접투자인 경우에는 금전대차계약서, ⅳ) 해외투자수단이 해외주식인 경우, 당해 해외주
식의 가격적정성을 입증할 수 있는 서류이다(규정9-5③ 별지 제9-1호 서식).

(다) 유의사항

유의사항은 다음과 같다. 신고금액은 외국환은행의 장의 확인을 받아 투자(송금)하되 투자
(송금)후 즉시 동 사실을 관계증빙 첨부하여 외국환은행에 보고하여야 한다. 신고(보고) 내용을
변경하는 경우에는 외국환거래규정 제9-5조 제2항에 의거 변경사유가 발생한 후 3개월 이내에
피신고(보고)기관에 해외직접투자 내용변경 보고를 하여야 한다. 다만 해외직접투자를 한 거주
자가 다른 거주자에게 당해 주식 또는 지분을 매각하는 경우에는 즉시 당해 신고기관의 장에
게 보고하여야 한다(규정9-5③ 별지 제9-1호 서식).

외국환거래규정 제9-9조에 의거 ⅰ) 외화증권(채권)취득보고서(현지법인 및 개인기업 설립보
고서 포함)를 투자금액 납입 또는 대여자금 제공 후 6월 이내, ⅱ) 연간 사업실적보고서를 회계
기간 종료 후 5월 이내에 외국환은행에 제출하여야 한다. 투자금액이 미화 100만불 이하인 경

---

12) 대법원 2017. 6. 15. 선고 2016도9991 판결.

우 연간 사업실적보고서는 현지법인 투자현황표로 대신할 수 있다(규정9-5③ 별지 제9-1호 서식).

　　결산 후 배당금은 전액 현금으로 국내로 회수하거나 인정된 자본거래로 전환할 수 있다. 다른 법령에 의하여 허가 등을 요하는 경우에는 그 허가 등을 받아야 한다. 본 신고 후 신용정보법에 의한 금융거래 등 상거래에 있어서 약정한 기일 내에 채무를 변제하지 아니한 자로서 종합신용정보집중기관에 등록된 자로 규제될 경우 또는 조세체납의 경우 신고금액 중 미송금액은 그 효력을 상실한다(규정9-5③ 별지 제9-1호 서식).

(4) 사전송금

　　누적 투자금액이 미화 50만불 이내에서의 투자의 경우에는 ⅰ) 해외직접투자를 하고자 하는 자가 신용정보법에 의한 금융거래 등 상거래에 있어서 약정한 기일 내에 채무를 변제하지 아니한 자로서 종합신용정보집중기관에 등록되어 있지 않음을 입증하는 서류와, ⅱ) 조세체납이 없음을 입증하는 서류를 제출하여 투자자금을 사전에 송금할 수 있다(규정9-5④).

(5) 위반사실 보고 및 사후신고

　　거주자가 신고를 하지 아니하거나 신고된 내용과 다르게 해외직접투자를 한 경우에는 당해 위반사실을 제재기관의 장에게 보고하고 당해 투자에 대하여 신고기관의 장에게 사후신고를 할 수 있다(규정9-5⑤).

(6) 개인투자자가 영주권·시민권 취득한 경우

　　개인투자자가 영주권, 시민권을 취득한 경우에는 제9-4조(투자금의 회수) 및 제9-6조(해외직접투자의 청산) 내지 제9-9조(사후관리)의 규정은 적용하지 아니한다(규정9-5⑥ 본문). 다만, 영주권을 취득한 개인투자자가 이후 국내에 체재하여 거주자가 된 경우에는 그러하지 아니하다(규정9-5⑥ 단서).

2. 해외직접투자사업의 청산 보고

　　해외직접투자자가 투자사업을 청산할 때에는 분배잔여재산을 투자금의 회수(규정9-4) 규정에 따라 즉시 국내로 회수하고 청산 관련 서류를 신고기관에 보고하여야 한다(규정9-6①). 그러나 청산 보고 후 해외에서 외국환거래규정에 의해 인정된 자본거래를 하고자 하는 경우에는 청산자금을 국내로 회수하지 아니할 수 있다(규정9-6②).

3. 현지공관장에 대한 조사의뢰 등

　　기획재정부장관은 현지공관의 장에게 투자환경의 조사를 의뢰할 수 있으며, 현지공관의 장으로 하여금 현지국 정부의 외국인투자 관련 조치 및 투자환경의 변화내용을 보고하게 할 수 있다(규정9-8③).

4. 보고서 등의 제출

(1) 해외직접투자자의 신고기관 제출

해외직접투자자는 다음의 보고서 또는 서류를 다음에서 정한 기일 내에 당해 신고기관의 장에게 제출하여야 한다(규정9-9① 본문). 다만, 해외직접투자자 또는 투자한 현지법인의 휴·폐업, 현지의 재난·재해 등 불가피한 사유로 해외직접투자자가 보고서 등을 제출하는 것이 불가능하다고 신고기관의 장이 인정하는 경우에는 당해 불가피한 사유가 해소되기 전까지 다음의 보고서 또는 서류를 제출하지 아니할 수 있다(규정9-9① 단서).

(가) 외화증권(채권)취득보고서

외화증권(채권)취득보고서(법인 및 개인기업 설립보고서 포함)는 투자금액 납입 또는 대여자금 제공 후 6월 이내에 제출하여야 한다. 다만, 자금의 지급에 따른 해외직접투자 중 해외자원개발사업 및 사회간접자본개발사업으로서 법인 형태가 아닌 투자의 경우에는 외화증권(채권)취득보고서 제출을 면제한다(규정9-9①(1)).

(나) 송금(투자)보고서

송금(투자)보고서는 송금 또는 투자 즉시 제출하여야 하고, 투자금액을 현지금융으로 현지에서 조달하는 경우 투자시점에 제출하여야 한다(규정9-9①(4)).

(다) 연간사업실적보고서

연간사업실적보고서(해외자원개발사업 및 사회간접자본개발사업으로서 법인 형태가 아닌 투자의 경우는 제외)는 회계기간 종료 후 5월 이내에 제출하여야 한다. 신고기관의 장은 부동산관련업 이외의 투자사업으로서 투자금액의 합계가 미화 200만불 이하인 경우에는 연간사업실적보고서의 제출을 면제할 수 있으며, 미화 300만불 이하인 경우에는 현지법인 투자현황표로 갈음할 수 있다(규정9-9①(5)). 여기서 부동산 관련업이라 함은 부동산 임대업, 부동산분양공급업, 골프장 운영업을 말한다(규정1-2(10)).

(라) 청산보고서

청산보고서는 청산자금 수령 또는 원리금 회수 후 즉시 제출하여야 한다. 금전대여의 경우 원리금회수내용을 포함한다(규정9-9①(6)).

(마) 기타 서류

기타 신고기관의 장이 해외직접투자의 사후관리에 필요하다고 인정하여 요구하는 서류도 제출하여야 한다(규정9-9①(8)).

(2) 신고기관의 한국수출입은행 제출

신고기관의 장은 신고를 받은 해외직접투자사업에 대한 사후관리를 위하여 해외직접투자

관리대장을 작성하여야 하며, ⅰ) 해외직접투자신고서 사본(내용변경보고서 포함), 해외직접투자 신고 및 투자실적(월보)은 매 익월 15일 이내(제1호), ⅱ) 연간사업실적보고서(현지법인 투자현황 표)는 해외직접투자자로부터 제출받은 즉시(제2호), ⅲ) 사후관리종합내역 등 기타 통계 또는 사후관리에 필요한 서류는 기일 내(제3호)에 한국수출입은행장에게 제출하여야 한다(규정9-9② 본문). 다만, 해외직접투자자 또는 투자한 현지법인의 휴·폐업, 현지의 재난·재해 등 불가피한 사유로 신고기관의 장이 해외직접투자자 및 투자한 현지법인으로부터 관련 보고서나 서류를 제출받는 것이 불가능한 것으로 인정되는 경우에는 그러하지 아니하며 이 경우 신고기관의 장 은 보고서 제출 곤란 등의 사실을 한국수출입은행장에게 보고하여야 한다(규정9-9② 단서).

(3) 신고기관의 서류제출 의제

신고기관의 장이 신고, 송금, 사후관리(회수, 지분매각, 청산 등), 사업실적 내역을 한국수출입 은행 해외직접투자 통계시스템에 입력하는 경우 제2항에 의한 서류를 제출한 것으로 본다(규정 9-9③ 본문). 다만, 본문의 규정에 의한 입력기일은 제2항의 규정을 준용한다(규정9-9③ 단서).

(4) 한국수출입은행의 해외직접투자기업 현황 기획재정부 송부

한국수출입은행장은 매년 해외직접투자기업 현황을 작성하여 기획재정부장관 및 해외공 관의 장에게 송부하여야 한다(규정9-9⑤ 전단). 이 경우 기획재정부장관은 사실 확인 등을 위하 여 추가적인 자료의 요청 및 실태 점검 등을 실시할 수 있다(규정9-9⑤ 후단).

(5) 신고기관의 국세청, 관세청 및 금융감독원 통보

신고기관의 장은 개인, 개인사업자 또는 법인의 투자, 부동산 관련업에 대한 투자 및 주식 을 출자한 투자에 대하여는 ⅰ) 해외직접투자 신고내용, 송금(투자)보고 내용, 해외직접투자사 업 청산 및 대부채권 회수보고 내용, 해외직접투자자 또는 투자한 현지법인의 휴·폐업, 소재불 명 및 시민권의 취득 등의 사실은 매 익월 25일 이내(제1호), ⅱ) 연간사업실적보고서(현지법인 투자현황표)는 매 익년도 9월 말일 이내(제2호)에 한국수출입은행을 경유하여 국세청장, 관세청 장 및 금융감독원장에게 통보하여야 한다(규정9-9⑦).

(6) 전자적 방법 통한 실명확인 후 제출

외화증권(채권)취득보고서(법인 및 개인기업 설립보고서 포함), 송금(투자)보고서, 연간사업실 적보고서(해외자원개발사업 및 사회간접자본개발사업으로서 법인 형태가 아닌 투자의 경우는 제외), 청 산보고서(금전대여의 경우 원리금회수내용을 포함), 또는 기타 신고기관의 장이 해외직접투자의 사 후관리에 필요하다고 인정하여 요구하는 서류(규정9-9①)는 전자적 방법을 통해 실명확인을 받 고 제출할 수 있다(규정9-9⑧).

Ⅲ. 역외금융회사 등에 대한 해외직접투자

1. 역외금융회사의 정의

역외금융회사라 함은 직접 또는 자회사 등을 통하여 증권, 채권 및 파생상품에 투자하여 수익을 얻는 것을 주된 목적으로 외국법에 따라 설립된 회사(설립 중인 회사 및 계약형태를 포함)로서 설립준거법령 지역에 실질적인 경영활동을 위한 영업소를 설치하지 않은 회사를 말하며 (규정1-2(15)), 금융기관을 제외한 거주자(개인은 제외)가 역외금융회사에 해외직접투자를 할 경우 한국은행에 신고하여야 한다.

비금융기관인 거주자의 현지법인(역외금융회사 포함) 및 그 자회사·손회사 또는 해외지점이 역외금융회사에 위와 같은 투자를 하는 경우에는 투자일로부터 1개월 이내에 한국은행에 보고하여야 한다. 또한 역외금융회사 등에 대한 해외직접투자 신고를 한 자가 당해 신고내용을 변경하거나 역외금융회사를 폐지하는 경우에는 변경·폐지 사유 발생 후 1개월 이내에 한국은행에 보고하여야 한다. 다른 거주자에게 당해 주식 또는 지분을 매각하는 경우에는 변경·폐지 사유가 발생한 즉시 보고하여야 한다. 투자금을 회수한 경우 회수일로부터 1개월 이내에 한국은행에 회수내역을 보고하여야 하나 위와 같이 변경·폐지 보고를 한 경우에는 회수내역 보고는 하지 않아도 된다.

금융기관의 역외금융회사 등에 대한 해외직접투자는 금융위원회에 신고하여야 한다.

2. 적용범위

역외금융회사 등에 대한 해외직접투자는 다음의 거래 또는 행위를 말한다(규정9-15의2②).

ⅰ) 거래 및 행위에 따른 해외직접투자(영8①)에 준하는 투자의 경우(제1호), ⅱ) 제1호에 의한 투자금액을 포함하여 역외금융회사에 대하여 투자(부채성증권 매입, 제7장의 자본거래 규정에서 정한 절차를 거친 대출·보증 및 담보제공)한 총투자금액이 당해 역외금융회사 총자산의 10% 이상인 경우(외국환업무취급기관이 투자목적이 아닌 업무로서 행하는 거래의 경우는 제외)(제2호), ⅲ) 역외금융회사에 대한 투자(제1호 또는 제2호에 준하는 경우)를 목적으로 외국금융기관에 대하여 제2호에 해당하는 투자를 하는 경우(제3호), ⅳ) 역외금융회사 또는 외국금융기관에 소속된 자금운용단위에 대한 제1호 내지 제3호에 해당하는 투자인 경우(제4호)

따라서 역외금융회사에 해당되는 경우는 ⅰ) 역외금융회사의 경영에 참가하기 위하여 취득한 주식 또는 출자지분이 당해 역외금융회사의 발행주식총수 또는 출자총액에서 차지하는 비율이 10% 이상인 경우, ⅱ) 투자비율이 10% 미만인 경우로서 당해 역외금융회사에 임원 등을 파견하는 경우, iii) 주식 및 지분취득을 포함하여 역외금융회사에 대하여 투자(부채성 증권 매입, 대출, 보증 및 담보제공)한 총투자금액이 당해 역외금융회사 총자산의 10% 이상인 경우, 여기의 투자는 외국환업무취급기관이 투자목적이 아닌 업무로서 하는 거래는 제외된다. iv) 역외금융회사에 대한 투자를 목적으로 외국금융기관에 대하여 역외금융회사 총자산의 10% 이상 투자(부채성 증권 매입, 대출, 보증 및 담보제공)하는 경우, ⅴ) 역외금융회사 또는 외국금융기관에 소속된 자금운용단위(예: 투자펀드 등)에 대하여 위와 같은 투자를 하는 경우이다.

3. 한국은행 신고

금융기관을 제외한 거주자(개인 및 개인사업자는 제외)가 역외금융회사 등에 대한 해외직접투자를 하고자 하는 경우에는 한국은행총재에게 신고하여야 하며(규정9-15의2①), 거주자(공동으로 동일한 역외금융회사 등에 대하여 투자하고자 하는 경우에는 투자비율이 가장 높은 자)가 [별지 제9-2호 서식]의 역외금융회사(현지법인금융기관)투자 신고서를 한국은행총재에게 제출하여야 한다(규정9-15의2②). 첨부서류는 ⅰ) 현지법인의 향후 3년간의 사업계획서·예상수지계산서 및 배당계획서, ⅱ) 투자에 소요될 외화경비명세서 및 경비조달계획서, ⅲ) 현지법인의 최근 대차대조표·손익계산서 및 이사회의사록이다(규정9-15의2②).

따라서 ⅰ) 신고서(규정 별지 제9-2호 서식), ⅱ) 투자목적 확인서류, ⅲ) 투자비율을 명시한 투자계약서(안), iv) 현지 설립절차가 별도로 필요한 경우의 입증서류, ⅴ) 역외금융회사 운용 관련 입증서류, ⅵ) 투자자 및 역외금융회사의 최근 재무상태를 확인할 수 있는 서류, ⅶ) 향후 예상 수지 내역, ⅷ) 법인의 경우 이사회 결의서 또는 내부품의문서를 제출해야 한다.[13]

거주자가 역외금융회사에 해외직접투자에 준하는 투자를 하는 경우 및 역외금융회사에 대하여 투자(부채성증권 매입, 대출, 보증 및 담보제공 등)한 총투자금액이 당해 역외금융회사 총자산의 10% 이상인 경우 등에는 한국은행에 역외금융회사(현지법인금융기관) 투자 신고를 하여야 한다.

㈜가나다는 금리, 환율, 주가 관련 파생상품 투자를 주된 목적으로 미국법령에 따라 설립된 SPC인 ABC Capital에 Limited Partnership 형태로 U\$14,000,000을 투자하며 20%의 지분을 취득하기 위해 한국은행에 역외금융회사에 대한 해외직접투자 신고를 하였다.[14]

한편 금융기관이 역외금융회사 등에 해외직접투자를 하는 경우에는 금융감독원에 신고하여야 한다. 이에 관하여는 후술한다.

---

13) 취급절차 [별지 제1호 서식] 2. 신고, 러.
14) 한국은행(2019), 197쪽.

4. 자회사, 손회사 등 설립의 한국은행 보고

거주자의 현지법인(역외금융회사를 포함) 및 그 자회사, 손회사 또는 해외지점이 역외금융회사 등에 대한 투자를 하는 경우에는 [별지 제9-3호 서식]의 역외금융회사(현지법인금융기관)지점(자회사·손회사) 설립보고서를 투자일로부터 1개월 이내에 한국은행총재에게 보고하여야 한다(규정9-15의2③). 구체적인 첨부서류는 ⅰ) 향후 3년간의 사업계획서 및 예상수지계산서(지점·자회사 또는 손회사의 설치 또는 설립의 경우에 한함), ⅱ) 당해 자회사 또는 손회사의 향후 3년간의 배당계획서, ⅲ) 지점의 설치 자회사 또는 손회사에의 투자에 소요될 외화경비명세서 및 동 경비조달 계획서, ⅳ) 당해 자회사 또는 손회사의 최근 대차대조표·손익계산서 및 이사회 의사록이다(규정9-15의2③).

(주)가나다는 금리, 환율, 주가 관련 파생상품 투자를 주된 목적으로 미국에 설립한 역외금융회사인 Ganada Investment Limited가 동일 목적의 역외금융회사인 ABC Investment Limited를 미국에 설립한 것과 관련하여 한국은행에 역외금융회사의 자회사 설립 보고를 하였다.[15]

5. 내용변경 또는 폐지의 한국은행 보고

역외금융회사 등에 대한 해외직접투자 신고를 한 자가 당해 신고내용을 변경하거나 역외금융회사를 폐지하는 경우에는 [별지 제9-4호 서식]의 역외금융회사(현지법인금융기관) 등의 변경(폐지)보고서를 변경(폐지)사유가 발생한 후 1개월 이내에 한국은행총재에게 보고하여야 한다(규정9-15의2④ 본문). 다만, 역외금융회사 등에 대한 해외직접투자를 한 거주자가 다른 거주자에게 당해 주식 또는 지분을 매각하는 경우에는 변경(폐지)보고서를 변경(폐지)사유가 발생한 즉시 한국은행총재에게 보고하여야 한다(규정9-15의2④ 단서). 첨부서류는 ⅰ) 당해 현지법인금융기관등의 최근 대차대조표 및 손익계산서, ⅱ) 폐지사유에 관한 증빙서류이다(규정9-15의2④).

(주)가나다는 미국내 기술주에 대한 투자를 주된 목적으로 하는 역외금융회사인 ABC Capital을 해산, 투자분을 전부 회수하고 한국은행에 역외금융회사 폐지 보고를 하였다.[16]

6. 설립 및 운영현황의 한국은행 및 금융감독원 보고

역외금융회사 등에 대한 해외직접투자 신고(보고)를 한 자는 매반기별 역외금융회사의 설립 및 운영 현황 등을 다음 반기 첫째달 말일까지 한국은행총재에게 보고하여야 하며, 한국은

---

15) 한국은행(2019), 203쪽.
16) 한국은행(2019), 207쪽.

행총재는 역외금융회사의 신고(수리)서 및 보고서 사본, 설립 및 운영현황 등을 종합하여 다음 반기 둘째달 말일(역외금융회사 신고(수리)서 또는 보고서 사본의 경우에는 매 익월 10일)까지 기획재정부장관에게 보고하고, 국세청장 및 금융감독원장에게 통보하여야 한다(규정9-15의2⑤).

7. 자본거래(증권취득) 신고 의제

거주자가 역외금융회사 등에 대한 해외직접투자 신고 후 1년간 투자금액(또는 해외직접투자 변경보고 후 6개월간 투자금액)이 역외금융회사의 총 출자액 또는 총자산의 10% 미만인 경우에는 그 역외금융회사 등에 대한 해외직접투자 신고는 제7-31조 제2항(거주자가 비거주자로부터 증권을 취득하는 경우의 한국은행 신고)에 따른 신고를 한 것으로 본다(규정9-15의2⑥).

8. 한국은행의 폐지보고 권고

역외금융회사가 자본잠식 또는 투자금을 전액 회수한 상태에서 6개월 이상 존속하는 경우 한국은행 총재는 해당 거주자에 대하여 역외금융회사에 대한 폐지보고를 권고할 수 있다(규정 9-15의2⑦ 전단). 한국은행총재의 폐지보고 권고 이후 1개월 이내에 투자 지속 의사를 밝히지 않은 역외금융회사는 폐지보고를 한 것으로 본다(규정9-15의2⑦ 후단).

9. 투자금 회수내역의 한국은행 보고

거주자가 역외금융회사 등에 대한 투자금을 회수한 경우 회수일로부터 1개월 이내에 한국은행총재에게 회수내역을 보고하여야 한다(규정9-15의2⑧ 본문). 다만, 역외금융회사 등의 변경(폐지) 보고를 한 경우에는 그러하지 아니한다(규정9-15의2⑧ 단서).

제3절 국내기업 등의 해외지사, 외국기업 등의 국내지사

Ⅰ. 서설

1. 의의

국내기업 등은 외국에서의 사업활동을 영위하기 위해 영업활동 범위, 외국법률의 제약 및 외국환거래법에서의 설치자격 요건 등에 따라 해외직접투자 외에 해외지사를 설치할 수 있다. 또한 외국기업 등도 우리나라에서의 사업활동을 영위하기 위해 외국인직접투자 외에 국내지사

를 설치할 수 있다.[17)

해외지사에 대한 관리는 1980년대 이전에는 해외지사 경비를 절약한다는 관점에서 규제를 원칙으로 하였으나 1980년대 이후에는 해외지사를 해외진출의 전진기지로 육성할 필요성이 대두되면서 해외지사에 대한 일방적인 규제에서 벗어나 지원이라는 측면이 고려되기 시작하였다. 이의 일환으로 해외지사 설치 승인기관이 재무부에서 한국은행 그리고 다시 외국환은행으로 변경되었으며, 경비의 지급제한 한도도 증액되다가 현재는 제한이 없어지는 등 완화되었다.

2. 국내기업의 해외지사

국내기업의 해외지사는 금융업 영위 여부, 지점 또는 사무소 여부에 따라 설치요건을 달리하고 있으며 영업기금, 설치비 등의 송금, 해외지점 결산순이익금의 처분, 해외지사의 폐쇄 등에 관한 절차를 별도로 정하고 있다. 또한 해외지사가 해외에서 부동산거래, 증권거래 및 비거주자에 대한 대부 등을 하고자 하는 경우 한국은행총재의 신고수리 등 제한을 두어 해외지사의 설치목적 외의 영업활동을 제한하고 있다. 다만 국내 항공·선박회사의 해외지사에 대해서는 유지활동비가 많이 소요되고 세계 곳곳에 지점망을 설치해야 사업목적을 효과적으로 달성할 수 있다는 특수성을 고려하여 일반업체보다 주재원급여, 설치비 및 유지활동비의 지급에 있어 특례가 인정되고 있다.

3. 외국기업의 국내지사

외국기업의 국내지사에 대해서는 1978년 이전까지 별도의 관리수단이 없었으나 외국기업의 국내지사 설치가 활발해짐에 따라 1978년에 처음으로 관리제도를 마련하였다. 이후 1979년 9월 「외국기업 국내지사 등에 관한 규정」을 별도로 제정하여 외국기업 국내지사 관리제도를 구체화하였으며 이후 지속적으로 규제를 완화하여 현재는 대부분의 활동이 자유화되었다.

현행 외국환거래법상 외국기업 국내지사 제도의 적용범위는 비거주자가 국내에 지점, 지사, 출장소 및 사무소 등을 설치하여 운영하는 경우이고, 외국은행의 국내지점 및 사무소는 외국환업무취급기관에 준해서 관리를 받고 있다.

외국기업이 국내지사를 설치하고자 하는 경우에는 외국환은행을 지정하여 신고하고 폐쇄 시에도 지정거래외국환은행의 장에게 신고하면 된다. 다만 외국기업 국내지사가 국내에서 금융, 증권 및 보험 관련 업무나 외국인투자촉진법 등 다른 법령의 규정에 의하여 허용되지 않는 업무를 하고자 할 때에는 기획재정부장관에게 신고하여야 한다.

외국기업 국내지사의 대외자금 수수는 자금흐름을 효율적으로 파악하기 위해 외국 본사로

---

17) 한국은행(2016), 93-94쪽.

부터 영업자금을 도입하고자 하는 경우 지정거래외국환은행을 통하도록 하고 있으며, 결산순이익금이나 폐쇄시 잔여 국내보유자산 처분대금도 지정거래외국환은행을 통하여 해외로 송금하도록 하고 있다.

Ⅱ. 국내기업 등의 해외지사(비금융기관의 해외지사)

1. 적용범위

거주자가 외국에 당해 거주자의 지점 또는 사무소("해외지사")를 설치·운용하기 위하여 다음의 행위 및 그에 따른 자금의 수수를 하고자 하는 경우에 적용한다(규정9-16).

ⅰ) 법인의 국내에 있는 본점, 지점, 출장소, 그 밖의 사무소("사무소")와 외국에 있는 사무소 사이에 이루어지는 사무소의 설치·확장 또는 운영 등과 관련된 행위와 그에 따른 자금의 수수(授受)(법3①(19) 마목)

ⅱ) 해외지사의 유지에 필요한 경비나 경상적 거래와 관련된 자금의 수수, 즉 ㉠ 집기구매대금, 사무실 임대비용 등 사무소를 유지하는 데에 직접 필요한 경비의 지급 또는 수령, ㉡ 물품의 수출입대금과 이에 직접 딸린 운임·보험료, 그 밖의 비용의 지급 또는 수령, ㉢ 용역거래의 대가와 이에 직접 딸린 비용의 지급 또는 수령(영9①)

ⅲ) 개인의 국내에 있는 영업소 및 그 밖의 사무소와 외국에 있는 영업소 및 그 밖의 사무소 간의 법 제3조 제1항 제19호 마목에 해당하는 행위 및 그에 따른 자금의 수수(영9②(6))

2. 해외지사의 구분

해외지사는 다음과 같이 구분한다(규정9-17).

(1) 해외지점

해외지점은 독립채산제를 원칙으로 하여 외국에서 영업활동을 영위하고자 설치하는 지점을 말한다(규정9-17(1)).

(2) 해외사무소

해외사무소는 외국에서 영업활동을 영위하지 아니하고 업무연락, 시장조사, 연구개발활동 등의 비영업적 기능만을 수행하거나 비영리단체(종교단체를 포함)가 국외에서 당해 단체의 설립목적에 부합하는 활동을 수행하기 위하여 설치하는 사무소를 말한다(규정9-17(2)).

3. 해외지사 설치 자격 및 설치신고

(1) 해외지점 설치자격

해외지점은 ⅰ) 과거 1년간의 외화획득실적이 미화 1백만불 이상인 자(가목), 또는 ⅱ) 기타 주무부장관 또는 중소벤처기업부장관 또는 한국무역협회장이 외화획득의 전망 등을 고려하여 해외지점의 설치가 필요하다고 인정한 자(나목)인 비금융기관이어야 한다(규정9-18①(1)).

"외화획득실적"이라 함은 ⅰ) 대외무역법에서 정하는 바에 의하여 인정된 수출실적(가목), ⅱ) 주한국제연합군 기타 외국군기관에 대한 물품의 매각, 공사의 수급 및 용역의 제공에 의한 외화획득실적(나목), ⅲ) 관광진흥법에서 규정하고 있는 관광사업으로 인한 외화획득실적(다목), ⅳ) 해외건설 및 용역사업에 의한 외화획득실적(라목), ⅴ) 외항운송사업에 의한 외화획득실적(마목), ⅵ) 기타 인정된 거래에 의한 외화획득실적(바목)을 말한다(규정1-2(19)).

(2) 해외사무소 설치자격

해외사무소는 ⅰ) 공공기관(가목), ⅱ) 금융감독원(나목), ⅲ) 과거 1년간 외화획득실적이 미화 30만불 이상인 자(다목), ⅳ) 과거 1년간 유치한 관광객수가 8천명 이상인 국제여행 알선업자(라목), ⅴ) 2인 이상이 공동으로 하나의 해외사무소를 설치하고자 하는 자로서 공동으로 과거 1년간 외화획득실적이 미화 30만불 이상이거나 또는 과거 1년간 유치한 관광객수가 8천명 이상인 국제여행 알선업자인 경우(마목), ⅵ) 외화획득업자나 수출품 또는 군납품 생산업자로 구성된 협회 또는 조합 등의 법인(바목), ⅶ) 중소기업협동조합(사목), ⅷ) 국내의 신문사·통신사 및 방송국(아목), ⅸ) 산업기술혁신촉진법령에 의하여 산업통상자원부장관으로부터 국외에 기업부설연구소의 설치가 필요하다고 인정받은 자(자목), ⅹ) 대외무역법에서 정하는 바에 의하여 무역업을 영위하는 법인으로서 설립 후 1년을 경과한 자(차목), ⅺ) 기타 주무부장관 또는 중소벤처기업부장관 또는 한국무역협회장이 해외사무소의 설치가 불가피하다고 인정한 자(비영리단체를 포함)(카목)인 비금융기관이어야 한다(규정9-18①(2)).

(3) 해외지사 설치신고의 지정외국환은행 신고

설치자격을 갖춘 비금융기관이 해외지사를 설치하고자 하는 경우에는 지정거래외국환은행의 장에게 신고하여야 한다(규정9-18①).

(가) 비금융기관인 거주자의 해외지점 설치

이 경우 ⅰ) 해외지점설치(변경)신고서, ⅱ) 지점설치자격요건확인서류인 ㉠ 외국환은행의 장 또는 한국무역협회장이 발급한 외화획득실적증명서(과거 1년간)(과거 1년간의 외화획득실적이 미화 1백만불 이상인 자의 경우), ㉡ 주무부장관, 중소벤처기업부장관 또는 무역협회장의 추천서(기타 주무부장관, 중소벤처기업부장관 또는 한국무역협회장이 외화획득의 전망 등을 고려하여 해외지점

의 설치가 필요하다고 인정한 자의 경우)를 제출해야 한다.[18]

(나) 비금융기관인 거주자의 해외사무소 설치

이 경우 ⅰ) 해외사무소설치(변경)신고서, ⅱ) 사무소설치자격요건확인서류인 ㉠ 외국환은행의 장 또는 한국무역협회장이 발급한 외화획득실적증명서(과거 1년간)(과거 1년간의 외화획득실적이 미화 30만불 이상인 자와 2인 이상이 공동으로 하나의 해외사무소를 설치하고자 하는 자로서 공동으로 과거 1년간의 외화획득실적이 미화 30만불 이상인 자 또는 과거 1년간 유치한 관광객 수가 8천명 이상인 국제여행 알선업자의 경우), ㉡ 주무부장관, 중소벤처기업부장관 또는 무역협회장의 추천서[기타 주무부장관, 중소벤처기업부장관 또는 한국무역협회장이 해외사무소의 설치가 불가피하다고 인정한 자(비영리단체 포함)], ㉢ 기타 자격을 확인할 수 있는 서류(과거 1년간 유치한 관광객 수가 8천명 이상인 국제여행 알선업자, 외화획득업자나 수출품 또는 군납품 생산업자로 구성된 협회, 조합 등의 법인, 산업기술혁신촉진법령에 의하여 산업통상자원부장관으로부터 국외에 기업부설연구소의 설치가 필요하다고 인정받은 자, 또는 대외무역법에서 정하는 바에 의하여 무역업을 영위하는 법인으로서 설립 후 1년이 경과한 자의 경우)를 제출해야 한다.[19]

4. 해외지점의 영업기금

(1) 지정외국환은행을 통한 지급

해외지점을 설치한 자가 해외지점 설치신고시 신고한 금액범위 내에서 당해 해외지점에 영업기금(당해 해외지점의 설치비·유지운영비 및 영업활동을 위한 운전자금을 포함하고 현지금융차입에 의한 자금을 제외)을 지급하고자 하는 경우에는 지정거래외국환은행을 통하여 지급하여야 한다(규정9-19①). 해외지점 설치신고와 동시에 영업기금 지급신고를 할 경우 일괄신고할 수 있다. 독립채산제지점 설치경비는 영업기금에 포함하여 지급한다. 해외지점 설치 신고시 신고한 영업기금의 지급은 별도 신고를 요하지 않는다.

이 경우 ⅰ) 해외지사경비 지급신고서, ⅱ) 해외지점 설치사실 입증서류(해외지점설치신고필증)를 제출해야 한다.[20]

(2) 영업기금 초과 송금시 지정외국환은행 신고

해외지점 설치신고시 신고한 영업기금을 초과하여 영업기금을 송금하고자 하는 경우에는 지정거래외국환은행의 장에게 신고하여야 한다(규정9-19②).

---

18) 취급지침 107쪽.
19) 취급지침 107-108쪽.
20) 취급지침 110쪽.

(3) 비독립채산제 해외지점에 대한 영업기금 송금 제한 및 한국은행 보고

외항운송업자 및 원양어업자(제1호), 해외건설 및 용역사업자(제2호)에 해당하는 자의 해외지점은 독립채산제를 적용하지 아니하며, 이 경우 영업기금(제9-20조 해외사무소의 경비 규정에 의한 설치비 및 유지활동비 제외)을 지급할 수 없다(규정9-19③ 본문).

다만, 부득이한 경우 한국은행총재에게 신고하여 수리를 받은 건에 한하여 독립채산제를 적용할 수 있으며, 매분기마다 해외지점으로의 지급내역등에 대해 한국은행총재에게 보고하여야 한다(규정9-19③ 단서). 해외지점에 대한 예외적 영업기금 지급 신고수리의 경우 ⅰ) 신청서, ⅱ) 국내본사의 재무제표 등 영업기금 조달 재원 입증서류, ⅲ) 영업기금 지급이 부득이 함을 입증하는 서류, ⅳ) 영업 계획서, ⅴ) 영업계획에 따른 송금액 적정성 입증서류를 제출해야 한다.[21]

따라서 독립채산제의 예외적용을 받는 해외지점(비독립채산제)의 경우에는 영업기금을 지급할 수 없다. 다만, 부득이한 경우에 한하여 한국은행총재에게 신고수리를 받은 건에 한하여 독립채산제 적용 및 영업기금을 지급할 수 있다. 이 경우 신고인(본사)은 매분기마다 해외지점으로의 지급내역 등에 대해 한국은행총재에게 보고하여야 한다. 대상은 외항운송업자 및 원양어업자, 해외건설 및 용역사업자이다.[22]

5. 해외사무소의 경비지급

(1) 지정외국환은행을 통한 지급

해외사무소의 설치비 및 유지활동비는 지정거래외국환은행을 통하여 지급하여야 한다(규정9-20①). 해외지사의 유지활동비 지급은 해외사무소 및 비금융기관의 비독립채산제 해외지점의 활동 및 유지운영(현지 채용인력에 대한 급여 포함)에 필요한 제경비를 지급하는 것이다. 해외건설 및 용역사업자가 설치한 해외지사의 유지활동비는 지정거래외국환은행의 장에게 신고한 후 현지보유 외화자금으로 직접 지급할 수 있다. 이 경우 지급신청서을 제출해야 한다.[23]

(2) 해외사무소 확장에 따른 경비의 지정외국은행 신고

해외사무소의 확장에 따른 경비를 지급하고자 하는 경우에는 지정거래외국환은행의 장에게 신고하여야 한다(규정9-20②).

따라서 해외사무소 및 비금융기관의 비독립채산제 해외지점의 설치 또는 확장에 따른 경비 지급은 지정외국환은행에 신고해야 한다. 다만, 해외지사 설치 신고시 신고한 설치비지급은

---

21) 취급절차 [별지 제1호 서식] 1. 허가·신고수리, 다.
22) 취급지침 110쪽.
23) 취급지침 111쪽.

별도 신고를 요하지 않는다. 해외지사 설치신고와 동시에 설치비 지급신고를 할 경우 일괄신고할 수 있다. 설치비 항목은 해외활동에 필요한 부동산 또는 동산 구입비(임차보증금 포함), 수리비, 통신 및 전산관련 설치비 등이다.[24]

　이 경우 ⅰ) 해외지사경비 지급신고서, ⅱ) 해외지사 입증서류인 해외사무소 설치 신고필증 또는 해외지점설치 신고필증을 제출해야 한다.

(3) 설치비의 미사용잔액의 전용과 합산관리

지정거래외국환은행의 장은 설치비의 정산결과 미사용잔액이 있는 경우에는 이를 유지활동비로 전용하게 할 수 있으며, 그 전용금액은 당해 사무소의 유지활동비 지급총액에 합산하여 관리하여야 한다(규정9-20④). 설치비의 정산결과 미사용잔액이 유지활동비로 전용된 경우에는 그 전용금액을 포함한다는 것이다.

6. 국내항공 또는 선박회사의 해외지점 운영경비

(1) 당해 연도 수입금의 사용 범위

외국항로에 취항하는 국내항공 또는 선박회사는 제4-5조(해외여행경비 지급절차) 및 제9-20조(해외사무소의 경비)의 규정에 불구하고 그 항공 또는 선박회사의 해외지점의 주재원급여·설치비 및 유지활동비를 그 항공 또는 선박회사의 전 해외지점의 당해 연도 수입금의 30% 범위내에서 직접 사용할 수 있다(규정9-21①).

국내항공 또는 선박회사의 해외지점이 주재원 급여, 설치비 및 유지활동비를 그 항공 또는 선박회사의 전 해외지점의 당해연도 수입금의 30% 범위 내에서 직접 사용에 따른 사후관리를 하여야 한다.

동일 국가 내에 수개 지사가 설치되어 있는 경우에는 수입금 및 활동비 사용액 산정에 있어서 당해 국가의 모든 지사 수지상황을 1개 지사분으로 통합계산할 수 있다. 주재원에 대한 체재비는 본 항목의 현지보유 외화자금으로 직접 지급할 수 있다.[25]

(2) 현지수입금 등의 지정외국환은행 제출

국내항공 또는 선박회사는 매 연도별로 각 해외지점의 현지수입금 및 현지수입금 사용명세서를 당해 연도 종료일부터 2월 이내에 지정거래외국환은행의 장에게 제출하고 사후관리를 받아야 한다(규정9-21②).

---

24) 취급지침 110쪽.
25) 취급지침 111쪽.

7. 해외지점의 영업활동 제한과 한국은행 신고수리

해외지점이 다음에 해당하는 거래 또는 행위를 하고자 하는 경우에는 한국은행총재에게 신고하여 수리를 받아야 한다(규정9-22①). 해외지점의 제한된 영업활동 신고수리의 경우 ⅰ) 신청서, ⅱ) 해외지점의 재무상태 관련 서류, ⅲ) 제한된 영업활동의 불가피성 입증서류를 제출해야 한다.[26]

(1) 부동산 취득 제한

부동산에 관한 거래 또는 행위는 한국은행총재에게 신고하여 수리를 받아야 한다. 다만, 당해 해외지점의 영업기금과 이익금유보액 범위내(독립채산제의 예외적용을 받는 해외지점의 경우에는 인정된 설치비 및 유지활동비 범위내)에서 사무실 및 주재원의 주거용 부동산 등 해외에서의 영업활동에 필요한 외국에 있는 부동산의 취득 등과 관련하여 행하는 부동산거래는 그러하지 아니하다(제1호).

(2) 증권에 관한 거래 또는 행위

증권에 관한 거래 또는 행위는 한국은행총재에게 신고하여 수리를 받아야 한다. 다만, 당해 해외지점의 영업활동과 관련하여 당해 주재국 법령에 의한 의무를 이행하기 위한 경우와 당해 주재국 내의 정부기관 또는 금융기관이 발행한 증권으로서 즉시 환금이 가능하며 시장성이 있는 증권에 대한 거래는 그러하지 아니하다(제2호).

(3) 금전대여의 제한

비거주자에 대한 상환기한이 1년을 초과하는 대부는 한국은행총재에게 신고하여 수리를 받아야 한다. 다만, 제8-2조의 현지금융 규정에 의한 경우를 제외한다(제3호).

(4) 부동산 취득과 거주자의 외국부동산 취득규정 준용

한국은행총재는 부동산의 거래 또는 행위에 대하여 신고수리함에 있어서는 제9장 제4절의 거주자의 외국부동산 취득 규정을 준용하여야 한다(규정9-22②).

8. 해외지점의 결산순이익금의 처분

(1) 결산재무제표 등 순이익금 처분내역의 지정외국환은행 제출

독립채산을 하는 해외지점을 설치한 자는 당해 거주자의 매 회계기간별로 각 해외지점의 결산재무제표 및 그 부속서류와 결산결과 발생한 순이익금의 처분내역을 회계기간 종료후 5월 이내에 지정거래외국환은행의 장에게 제출하여야 한다(규정9-23①).

---

26) 취급절차 [별지 제1호 서식] 1. 허가·신고수리, 라.

(2) 결산이익금의 처분방법

결산이익금의 처분은 ⅰ) 전기이월 결손에의 충당(제1호), ⅱ) 국내에 회수한 후 외국환은행에 내국지급수단을 대가로 매각하거나 거주자계정에의 예치(제2호), ⅲ) 당해 해외지점의 영업기금으로의 운용(제3호)에 해당하는 방법에 의하여야 한다(규정9-23②).

9. 해외지사의 폐쇄

(1) 명칭 또는 위치 변경의 지정외국환은행 보고

해외지사의 명칭 또는 위치를 변경한 자는 지정거래외국환은행의 장에게 그 변경내용을 사후보고할 수 있다(규정9-24①).

(2) 잔여재산 회수와 지정외국환은행 보고

해외지사를 폐쇄할 때는 잔여재산을 국내로 즉시 회수하고 당해 해외지사의 재산목록, 대차대조표, 재산처분명세서, 외국환매각증명서류를 지정거래외국환은행의 장에게 제출하여야 한다(규정9-24② 본문). 다만, 해외에서 외국환거래규정에 의해 인정된 자본거래를 하고자 하는 경우에는 국내로 회수하지 아니할 수 있다(규정9-24② 단서).

10. 해외지사에 관한 사후관리

(1) 설치 완료내용의 지정외국환은행 보고

해외지사의 설치에 관한 신고를 한 자는 설치신고를 한 날부터 6월 이내에 현지법규에 의한 등록증 등 지사설치를 확인할 수 있는 서류를 첨부하여 그 설치신고를 한 지정거래외국환은행의 장에게 설치행위의 완료내용을 보고하여야 한다(규정9-25①).

(2) 부동산 취득 및 처분의 지정외국환은행 보고

외국환거래 규정 제9-19조의 해외지점의 영업기금, 제9-20조의 해외사무소의 경비 및 제9-22조의 해외지점의 영업활동 규정에 의하여 해외지사가 부동산을 취득 또는 처분하는 경우에는 그 취득 또는 처분일부터 6월 이내에 지정거래외국환은행의 장에게 그 취득 또는 처분내용을 보고하여야 한다(규정9-25②).

(3) 연도별 영업활동 상황의 지정외국환은행 제출

해외지점(비독립채산제 해외지점을 제외)을 설치한 자는 당해 해외지점의 연도별 영업활동 상황(외화자금의 차입 및 대여명세표를 포함)을 회계기간 종료 후 5월 이내에 지정거래외국환은행의 장에게 제출하여야 한다(규정9-25③ 본문). 다만, 해외지점을 설치한 자가 휴·폐업 등으로 인해 보고서를 제출하는 것이 불가능하다고 신고기관의 장이 인정하는 경우에는 당해 휴·폐업의 기간에 보고서를 제출하지 아니할 수 있다(규정9-25③ 단서).

(4) 지정외국환은행의 종합관리카드 작성 비치 등 사후관리

영업기금, 설치비, 유지활동비의 지급은 해외지사의 설치신고를 한 지정거래외국환은행을 통하여 이루어져야 하며 동 지정거래외국환은행은 부동산의 취득 및 처분, 결산, 자금의 차입 및 대여 등에 대하여 해외지사별로 종합관리카드를 작성 비치하거나 전자적 방법으로 사후관리를 하여야 한다(규정9-25④).

(5) 지정외국환은행의 보고서 작성과 한국은행, 국세청 및 관세청 통보

지정거래외국환은행의 장(한국은행총재 신고내용을 포함)은 ⅰ) 해외지사 설치(변경·폐지)신고(수리)서 사본, 해외지사 설치·현황보고서(분기보)을 작성하여 매 분기 익익월 10일 이내(제1호), ⅱ) 연간영업활동보고서(해외사무소와 비독립채산제 해외지점은 제외)를 작성하여 매 익년도 9월말일 이내(제2호), ⅲ) 사후관리종합내역 등 기타 통계 또는 사후관리에 필요한 서류(해외지사별 영업기금·유지활동비 지급 현황 및 부동산 취득·처분 현황 포함)를 작성하여 기일 내(제3호)에 한국수출입은행을 경유하여 한국은행총재, 국세청장 및 관세청장에게 통보하여야 한다(규정9-25⑤ 본문). 다만, 해외지사를 설치한 자가 휴·폐업의 상태에 있어 신고기관의 장이 해외지사를 설치한 자로부터 보고서를 제출받는 것이 불가능한 것으로 인정되는 경우에는 그러하지 아니하며 이 경우 신고기관의 장은 휴·폐업의 사실을 한국수출입은행장에게 보고하여야 한다(규정9-25⑤ 단서).

(6) 서류제출 의제와 입력기일

지정거래외국환은행의 장이 신고(수리), 송금, 사후관리(회수, 청산, 폐지 등), 사업실적 내역을 한국수출입은행 해외직접투자 통계시스템에 입력하는 경우 제5항 본문에 의한 서류를 제출한 것으로 본다(규정9-25⑥ 본문). 다만, 본문의 규정에 의한 입력기일은 제5항의 규정을 준용한다(규정9-25⑥ 단서).

Ⅲ. 외국기업 등의 국내지사

1. 적용범위

비거주자가 국내에 지점 및 사무소("국내지사")를 설치·운영하기 위하여 국내에 있는 본점, 지점, 출장소, 그 밖의 사무소와 외국에 있는 사무소 사이에 이루어지는 사무소의 설치·확장 또는 운영 등과 관련된 행위와 그에 따른 자금의 수수(법3①(19) 마목) 및 지급절차 등(법15)의 규정에 의한 자금의 수수를 하고자 하는 경우에 적용한다(규정9-32① 본문). 다만, 외국은행 국내지점 및 사무소는 제2장의 외국환업무취급기관 등의 규정에서 정하는 바에 의한다(규정

9-32① 단서).

2. 국내지사의 구분

비거주자의 국내지사는 다음과 같이 구분한다(규정9-32②).

(1) 국내지점

국내지점은 국내에서 수익을 발생시키는 영업활동을 영위하는 지점을 말한다(규정9-32②(1)).

(2) 국내사무소

국내사무소는 국내에서 수익을 발생시키는 영업활동을 영위하지 아니하고 업무연락, 시장조사, 연구개발활동 등 비영업적 기능만을 수행하는 사무소를 말한다(규정9-32②(2)).

3. 국내지사 설치신고 및 변경신고 등

(1) 지정외국환은행 신고

비거주자가 국내지사를 설치하고자 하는 경우에는 지정거래외국환은행의 장에게 신고하여야 한다(규정9-33①).

이 경우 i) 외국기업국내지사설치 신고서, ii) 국내지사장 임명장, iii) 본사의 등기부등본 또는 영업허가서 등(당해 국가에 설립되어 있음을 증명할 수 있는 서류), iv) 위임장(지사설치업무를 지사장이 아닌 타인에게 위임하는 경우)을 제출해야 한다.

다음에 해당하는 업종을 영위하고자 하는 경우에는 국내지사를 설치할 수 없다. 즉 i) 국내지점의 경우에는 외국인투자촉진법에 의한 "외국인투자에 관한 규정"상 허용되지 아니하는 업종[외국인투자에 관한 규정 별표1, 별표2 참조: 예를 들면 정부행정, 교육기관, (신설)공공성격 관련업(방송업 등)], ii) 국내사무소의 경우에는 당해 사무소설치만으로 지점과 동일하게 업무를 영위할 수 있는 알선업(유학알선업, 고용알선업 등)이다.[27]

(2) 기획재정부 신고

비거주자가 i) 자금의 융자, 해외금융의 알선 및 중개, 카드업무, 할부금융 등 은행업 이외의 금융 관련 업무(제1호), ii) 증권업무 및 보험업무와 관련된 업무(제2호), iii) 외국인투자촉진법 등 다른 법령의 규정에 의하여 허용되지 아니하는 업무(제3호)에 해당하는 업무 또는 이와 관련된 업무의 영위를 목적으로 하는 국내지사를 설치하고자 하는 경우에는 기획재정부장관에게 신고하여야 한다(규정9-33②).

(3) 설치신고시 제출서류

지정거래외국환은행이나 기획재정부에 신고를 하고자 하는 자는 [별지 제9-8호 서식]의

---

27) 취급지침 112쪽.

외국기업 국내지사 설치신고서에 ⅰ) 본점인 외국법인의 명칭·소재지 및 주된 영위업무의 내용을 증빙하는 서류(제1호), ⅱ) 다른 법령의 규정에 의하여 그 설치에 관한 허가 등을 요하는 경우에는 그 사실을 증빙하는 서류사본(제2호), ⅲ) 국내에서 영위하고자 하는 업무의 내용과 범위에 관한 명세서(제3호)를 첨부하여 기획재정부장관 또는 지정거래외국환은행의 장에게 제출하여야 한다(규정9-33③).

(4) 변경신고 및 제출서류

국내지사를 설치한 자가 신고한 내용 중 ⅰ) 지사의 경우에는 대표자, 소재지, 영위업무내용, 지사명, ⅱ) 본사의 경우에는 본사 상호 및 국적을 변경하고자 하는 경우에는 외국기업 국내지사변경신고서를 제출해야 한다.[28]

국내지사 설치신고를 한 자가 신고한 내용을 변경하고자 하는 경우에는 [별지 제9-9호 서식]의 외국기업 국내지사 변경신고서에 ⅰ) 외국기업 국내지사 설치신고서 사본, ⅱ) 변경사유서(변경사실 입증서류)와, ⅲ) 사업계획서(지사의 업무내용 변경시)를 서류를 첨부하여 해당 설치신고를 받은 자에게 제출하여야 한다(규정9-33④).

4. 영업기금의 도입 등

(1) 영업기금의 지정외국환은행을 통한 도입

국내지사가 외국의 본사로부터 영업기금을 도입하고자 하는 경우에는 지정거래외국환은행을 통하여 도입하여야 한다(규정9-34①). 외국기업 국내지사가 외국의 본사로부터 영업기금을 도입하는 경우에는 외국기업국내지사설치신고서 사본을 제출해야 한다.

다음의 방법으로 수령한 자금은 영업기금으로 인정하지 아니한다. 즉 ⅰ) 지정거래외국환은행 이외의 은행을 통하여 자금을 수령한 경우, ⅱ) 휴대수입한 자금인 경우, ⅲ) 원화자금인 경우, ⅳ) 송금처가 본사가 아닌 경우(다만, 본사를 대신하여 자금집중센터 등이 송금한 자금 제외), ⅴ) 자금용도가 영업기금에 해당되지 않는 경우(물품대금, 용역 대가, 법인세 등과 본사를 대신하여 경비 및 본사가 국내거주자와의 계약이행을 위하여 송금한 자금 등)이다.[29]

(2) 영업기금 도입의 금융감독원 통보

한국은행총재는 도입된 영업기금을 매 연도별로 다음 연도 2월 말까지 금융감독원장에게 통보하여야 한다(규정9-34②).

---

28) 취급지침 112쪽.
29) 취급지침 113쪽.

5. 결산순이익금의 대외송금

(1) 지정외국환은행을 통한 송금

설치신고를 한 지점이 결산순이익금을 외국에 송금하고자 하는 경우에는 지정거래외국환은행을 통하여 송금하여야 한다(규정9-35①). 외국은행의 국내지점을 제외하고 기획재정부장관 또는 외국환은행의 장 앞 설치신고를 한 외국기업의 국내지점이 결산순이익금을 외국에 송금하고자 하는 경우에는 지정거래외국환은행을 통하여 송금하여야 한다.

외국은행의 국내지점의 결산순이익금의 대본점 송금은 금융감독원장의 승인사항이며, 외국 금융기관 국내지점의 감액된 영업기금(규정9-36)은 관계법령에서 정한 절차에 따라 지급할 수 있다.[30]

(2) 결산순이익금 송금신청서의 지정외국환은행 제출

지정거래외국환은행을 통하여 송금을 하고자 하는 자는 [별지 제9-10호 서식]의 외국기업 국내지사 결산순이익금 송금신청서에 ⅰ) 당해 지점의 대차대조표 및 손익계산서(제1호), ⅱ) 납세증명(제2호), ⅲ) 당해 회계기간의 순이익금의 영업기금도입액에 대한 비율이 100% 이상이거나 순이익금이 1억원을 초과할 경우에는 공인회계사의 감사증명서(제3호)를 첨부하여 지정거래외국환은행의 장에게 제출하여야 한다(규정9-35② 본문). 다만, 제9-33조 제2항의 규정에 의하여 기획재정부장관에게 설치신고를 한 지점의 경우에는 결산순이익금 대외처분에 관한 관계법령에 의한 허가서 등으로 이를 갈음할 수 있다(규정9-35② 단서).

6. 감액된 영업기금의 송금

설치신고를 한 지점(금융기관에 한함)이 관계 법령에서 정한 절차에 따라 감액된 영업기금을 외국에 송금하고자 하는 경우에는 송금신청서의 지정외국환은행 제출에 관한 제9-35조 제2항을 준용한다(규정9-36).

7. 국내지사의 폐쇄

(1) 국내지사의 폐쇄신고

설치신고를 한 자가 국내지사를 폐쇄하고자 하는 경우에는 [별지 제9-11호 서식]의 외국기업 국내지사 폐쇄신고서를 해당 설치신고를 받은 자에게 제출하여야 한다(규정9-37①). 첨부서류는 ⅰ) 국내지사 설치신고서 원본과, ⅱ) 폐쇄사유에 관한 증빙서류이다.

외국기업 국내지사를 폐쇄하고자 하는 경우에는 ⅰ) 외국기업국내지사폐쇄신고서, ⅱ) 폐

---

30) 취급지침 114쪽.

쇄입증서류(본사 발행), ⅲ) 외국기업국내지사설치신고서 원본을 제출해야 한다. 본사의 파산 등으로 "폐쇄입증서류"를 본사로부터 받을 수 없는 경우에는 세무서발행 "폐업증명서"를 제출할 수 있다. 기획재정부장관에게 신고를 한 후 설치한 국내지사의 경우에는 본 항목의 적용대상이 아니다.[31]

(2) 처분대금 송금과 납세증명의 지정외국환은행 제출

폐쇄신고를 한 자가 국내보유자산의 처분대금을 외국으로 송금하고자 하는 경우에는 지정거래 외국환은행의 장에게 당해 국내지사의 관할세무서장이 발급한 납세증명을 제출하여야 한다(규정9-37②).

(3) 청산대금의 회수

외국기업국내지사를 폐쇄신고한 자가 국내보유자산의 처분대금을 외국으로 회수하고자 하는 경우에는 ⅰ) 외국기업국내지사폐쇄신고서 사본, ⅱ) 공인회계사감사필 청산보고서 등(사무소의 경우에는 국내 보유자산의 처분대금임을 확인할 수 있는 서류), ⅲ) 납세증명서(관할세무서장 발급), ⅳ) 영업기금도입액(국내지점에 한함), 이익잉여금 및 기타 적립금명세표, ⅴ) 예금잔액증명서, ⅵ) 청산종결등기부등본(미등기 지사의 경우, 폐업증명서 등 청산종결을 확인할 수 있는 증빙서류)을 제출해야 한다.[32]

제4절 금융회사등의 해외진출에 관한 규정

외국환거래법, 외국환거래법 시행령 및 외국환거래규정에서 정하는 금융기관의 해외직접투자 및 해외지사 설치 신고등에 관한 금융위원회 소관업무의 시행에 필요한 사항을 정하기 위해 금융위원회 고시인 「금융회사등의 해외진출에 관한 규정」("해외진출규정")을 두고 있다. 이 규정에서의 "금융회사등", "해외직접투자", "현지법인금융기관", "현지법인", "해외지사", "역외금융회사", "신고등" 등 용어의 정의는 외국환거래법 및 외국환거래법 시행령, 외국환거래규정에 따른다(해외진출규정2).

"금융·보험업"이라 함은 통계청에서 고시하는 한국표준산업분류표상의 금융 및 보험업을 말한다(외국환거래규정1-2(3-1)).

---

31) 취급지침 114쪽.
32) 취급지침 115쪽.

Ⅰ. 해외직접투자

1. 해외직접투자의 신고

(1) 금융위원회(금융감독원) 신고 및 보고

금융회사등(자본시장법에 따른 "투자신탁"의 경우 그 투자신탁의 집합투자업자)이 금융·보험업에 대한 해외직접투자(증액투자 포함)를 하고자 하는 경우에는 금융위원회에 신고하여 수리를 받아야 하고 금융·보험업 이외의 업종에 대한 해외직접투자를 하고자 하는 경우에는 금융감독원장("감독원장")에게 신고하여야 한다(해외진출규정3① 본문). 다만, 이미 투자한 외국법인이 자체이익유보금 또는 자본잉여금으로 증액투자하는 경우 또는 미화 3,000만불(투자금 지급시점으로부터 과거 1년간의 누적투자금액을 포함) 이내의 투자의 경우에는 투자금의 지급이 있은 날로부터 1개월 이내에 사후보고할 수 있다(해외진출규정3① 단서).

(가) 금융·보험업에 대한 해외직접투자

금융·보험업에 대한 해외직접투자를 하고자 하는 금융회사등은 [별지 제2호]의 현지법인금융기관(역외금융회사)등 투자신고(수리)서를 금융감독원장에게 제출하여야 한다(해외진출규정 시행세칙2③ 전단, 이하 "시행세칙"). 금융감독원장은 접수한 신고서를 금융위원회 위원장에게 송부한다(시행세칙2③ 후단). 첨부서류는 ⅰ) 현지법인의 향후 3년간의 사업계획서·예상수지계산서 및 배당계획서, ⅱ) 투자에 소요될 외화경비명세서 및 경비조달계획서, ⅲ) 현지법인의 최근 대차대조표·손익계산서 및 이사회의사록이다(시행세칙2③).

(나) 금융·보험업 이외의 해외직접투자

금융·보험업 이외의 해외직접투자를 하고자 하는 금융회사등은 [별지 제1호]의 해외직접투자 신고서(보고서)를 금융감독원장에게 제출하여야 한다(시행세칙2①). 구체적인 첨부서류는 ⅰ) 사업계획서(자금조달 및 운영계획 포함), ⅱ) 합작인 경우 당해 사업에 관한 계약서, ⅲ) 외국환거래법 시행령 제7조 제1항 제4호에 규정한 금전의 대여에 의한 해외직접투자인 경우에는 금전대차계약서, ⅳ) 해외투자목적물이 해외주식인 경우, 당해 해외주식의 가격적정성을 입증할 수 있는 서류, ⅴ) 해외진출규정 제3조 제1항 단서에 의하여 보고하는 경우 이를 입증하는 서류이다(시행세칙2①).

(2) 주식 또는 출자지분 취득의 금융감독원 보고

금융회사등이 설립한 현지법인 또는 현지법인금융기관이 거래 및 행위에 따른 해외직접투자(영8①)의 요건에 해당하는 다른 외국법인(당해 현지법인의 손회사 포함)의 주식 또는 출자지분을 취득하는 경우 취득 후 3개월 이내에 현지법인 또는 현지법인금융기관을 설립한 금융기관이 ⅰ) 당해 외국법인의 향후 3년간의 사업계획서 및 예상수지계산서(제1호), ⅱ) 당해 외국법인의 향후 3년간의 배당계획서(제2호), ⅲ) 당해 외국법인에의 투자에 소요될 외화경비명세서 및 동 경비조달계획서(제3호), ⅳ) 당해 외국법인의 직전 사업연도 대차대조표·손익계산서 및 이사회 의사록(제4호)을 첨부하여 감독원장에게 보고하여야 한다(해외진출규정3②).

(가) 현지법인의 해외직접투자: 현지법인 변경 등 보고서 제출

금융회사등이 설립한 현지법인이 타 회사에 대한 해외직접투자를 하고자 하는 경우 금융기관은 [별지 제3호]의 현지법인(변경 등, 지점(자·손회사) 설립, 지점(자·손회사) 변경, 지점(자·손회사) 청산) 보고서를 금융감독원장에게 제출하여야 한다(시행세칙2④). 첨부서류는 ⅰ) 당초 신고(보고)서 사본, ⅱ) 현지법인 신고내용 변경사유서 및 필요한 사본, ⅲ) 자회사 설립시는 자회사 사업계획서, ⅳ) 지점(자·손회사) 변경 또는 청산사유에 관한 증빙서류이다(시행세칙2④).

(나) 현지금융기관의 해외직접투자: 현지법인금융기관 설립보고서 제출

현지법인금융기관이 타 회사에 대한 해외직접투자를 하고자 하는 경우 금융회사등은 [별지 제4호]의 현지법인금융기관(역외금융회사)(지점, 자회사, 손회사) 설립보고서를 금융감독원장에게 제출하여야 한다(시행세칙2⑤). 구체적인 첨부서류는 ⅰ) 향후 3년간의 사업계획서 및 예상수지계산서(지점·자회사 또는 손회사의 설치 또는 설립의 경우에 한함), ⅱ) 당해 자회사 또는 손회사의 향후 3년간의 배당계획서, ⅲ) 지점의 설치 자회사 또는 손회사에의 투자에 소요될 외화경비명세서 및 동 경비조달 계획서, ⅳ) 당해 자회사 또는 손회사의 최근 대차대조표·손익계산서 및 이사회의사록이다(시행세칙2⑤).

(3) 투자신고(보고)서 금융감독원(금융위원회) 제출

해외직접투자를 하고자 하는 금융회사등(제2호의 경우에는 금융지주회사법에 의한 금융지주회사 및 자본시장법 제249조의7 제5항 각호의 방법으로 운용되는 사모집합투자기구)은 각 투자신고(보고)서에 다음의 서류를 첨부하여 금융감독원장에게 제출하여야 한다(다만 금융회사등의 금융·보험업에 대한 해외직접투자인 경우 감독원장을 경유하여 금융위원회에 제출한다)(해외진출규정3④).

(가) 금융·보험업 이외의 해외직접투자를 하고자 하는 경우

이 경우 ⅰ) 사업계획서(자금조달 및 운용계획 포함)(가목), ⅱ) 주식을 통한 해외직접투자인 경우에는 공인회계사법에 의한 회계법인의 주식평가에 관한 의견서(나목 본문). 다만, 해외상장법인의 경우에는 주식평가에 관한 의견서 제출을 면제하되, ㉠ 국제적으로 인정받는 신용평가기관에 의한 신용평가등급이 투자부적격인 경우, ㉡ 중대한 소송사건의 발생, 소재지국의 법령위반으로 인한 감독당국이나 사법기관으로부터 제재조치를 받은 경우, ㉢ 합병 및 최대주주의 변경, 영업양수도 등 경영관리상 중대한 변경사항이 예정된 경우 중 어느 하나의 사유가 인정되는 경우 감독원장은 이를 요청할 수 있다(나목 단서), ⅲ) 해외직접투자를 하고자 하는 금융회사등이 신용정보법에 의한 금융거래 등 상거래에 있어서 약정한 기일 내에 채무를 변제하지 아니한 자로서 종합신용정보집중기관에 등록되어 있지 않음을 입증하는 서류 및 조세체납이 없음을 입증하는 서류(다목), iv) 기타 감독원장이 필요하다고 인정하는 서류(라목)33)를 제출하여야 한다(해외진출규정3④(1)).

(나) 금융 · 보험업에 대한 해외직접투자를 하고자 하는 경우

이 경우 i) 당해 현지법인의 향후 3년간의 사업계획서 · 예상수지계산서 및 배당계획서, ii) 당해 투자에 소요될 외화경비명세서 및 동 경비조달계획서, iii) 당해 외국법인의 최근 대차대조표 · 손익계산서 및 이사회 의사록을 제출하여야 한다(해외진출규정3④(2)).

(4) 신고 · 보고 내용변경 및 현지법인 또는 현지법인금융기관 청산의 금융감독원 보고

(가) 보고기간

제1항에 따라 신고하거나 사후 보고한 자가 해당 신고 또는 보고 내용을 변경하거나 신고한 현지법인 또는 현지법인금융기관을 청산하는 경우에는 변경(청산) 사유가 발생한 후 3개월 이내에 금융감독원장에게 보고하여야 한다(해외진출규정3⑤ 본문). 다만, 금융회사등이 현지법인금융기관으로 하여금 자회사 · 손회사에 투자하도록 하기 위하여 증자할 목적으로 현지법인금융기관에 지분투자를 신고한 경우에는 그러하지 아니하다(해외진출규정3⑤ 단서).

(나) 현지법인 변경 등 보고서 제출

신고 또는 보고내용을 변경하거나 신고한 현지법인 또는 현지법인금융기관을 청산하고자 하는 금융회사등은 [별지 제3호] 현지법인(변경 등, 지점(자 · 손회사) 설립, 지점(자 · 손회사) 변경, 지점(자 · 손회사) 청산) 보고서, [별지 제5호] 현지법인금융기관(역외금융회사)등의 (변경보고서, 청산보고서), [별지 제6호] 거주자간 해외직접투자 양수도 신고(보고)서를 감독원장에게 제출하여야 한다(시행세칙3①). [별지 제3호] 보고서의 첨부서류는 앞에서 보았으며, [별지 제5호] 보고서의 첨부서류는 i) 당해 현지법인금융기관등의 최근 대차대조표 및 손익계산서, ii) 변경 또는 폐지 사유에 관한 증빙서류이며, [별지 제6호] 보고서의 첨부서류는 i) 양수도계약서, ii) 양수인 사업자등록증 또는 주민등록증 등 실명확인증표, iii) 양수인의 납세증명서, 신용정보조회표(법인의 경우 대표자 포함), iv) 3영업일 이내에 발급된 주민등록등본(개인에 한함)이다(시행세칙3①).

(5) 지점 · 자회사 또는 손회사의 보고내용 변경 및 청산시 금융감독원 보고

(가) 보고기간

금융회사등이 보고한 외국법인의 보고 내용을 변경하거나 이들을 청산하는 경우에는 변경

---

33) 감독원장이 필요하다고 인정하는 서류는 다음과 같다(시행세칙2②).
  1. 금전대여에 의한 해외직접투자인 경우 금전대차계약서
  2. 외국자본과 합작인 경우 당해 사업에 관한 계약서
  3. 현물투자의 경우 현물투자명세표

(청산) 사유가 발생한 후 3개월 이내에 금융감독원장에게 변경(청산) 보고를 하여야 한다(해외진출규정3⑥).

(나) 현지법인 지점(자 · 손회사) 변경 등 보고서 제출

현지법인 또는 현지법인금융기관의 지점 · 자회사 또는 손회사에 대한 보고내용을 변경하거나 이들을 청산하고자 하는 금융회사등은 [별지 제3호] 또는 [별지 제5호]의 신고서를 금융감독원장에게 제출하여야 한다(시행세칙3②). 첨부서류는 앞에서 살펴보았다.

(6) 신고 미이행 등 제재와 사후신고

금융회사등이 신고를 하지 아니하거나, 신고된 내용과 다르게 해외직접투자를 한 후 관련기관으로부터 이에 대한 제재를 받은 경우에는 당해 투자에 대하여 금융감독원장에게 사후신고를 할 수 있다(해외진출규정3⑦).

(7) 미화 3,000만불 이내의 투자자금 사전송금

제1항 단서에 따른 미화 3,000만불 이내의 투자의 경우에는 외국환거래규정 제4-2조(지급등의 절차) 및 제4-3조(거주자의 지급등 절차 예외)에도 불구하고 해외직접투자를 하고자 하는 금융기관이 신용정보법에 의한 금융거래 등 상거래에 있어서 약정한 기일 내에 채무를 변제하지 아니한 자로서 종합신용정보집중기관에 등록되어 있지 않음을 입증하는 서류 및 조세체납이 없음을 입증하는 서류(해외진출규정3④(1) 다목)를 제출하여 투자자금을 사전에 송금할 수 있다(해외진출규정3⑧).

2. 해외직접투자 청산의 금융감독원 보고

금융회사등이 해외직접투자사업을 청산할 때에는 분배잔여재산을 국내로 회수하고 청산 관련 서류를 금융감독원장에게 보고하여야 한다(해외진출규정4①). 그러나 청산 보고 후 해외에서 해외진출규정 및 외국환거래규정에 의하여 인정된 자본거래를 하고자 하는 경우에는 청산자금을 국내로 회수하지 아니할 수 있다(해외진출규정4②).

3. 신고기관의 사후관리

금융감독원장은 신고를 받은 해외직접투자사업에 대하여 ⅰ) 해외직접투자 관리대장 작성, ⅱ) 신고내용의 이행 여부 확인의 방법으로 사후관리를 하여야 하며(해외진출규정5①), 이와 관련한 서식을 정할 수 있다(해외진출규정5②). 해외진출규정 제5조 제2항에 의하여 금융감독원장이 정하는 서식은 [별지 제7호] 해외직접투자 관리대장이다(시행세칙4).

4. 보고서 등의 제출

(1) 금융회사등의 보고서 또는 서류 제출

해외직접투자를 하고자 하는 금융회사등은 다음의 보고서 또는 서류를 다음에서 정한 기일 내에 금융감독원장에게 제출하여야 한다(해외진출규정6① 본문). 다만, 해외직접투자 금융회사등 또는 금융회사등이 투자한 현지법인이 휴·폐업, 소재불명 등으로 인해 보고서 등을 제출하는 것이 불가능하다고 금융감독원장이 인정하는 경우에는 당해 휴·폐업 또는 소재불명 등의 기간에 다음의 보고서 또는 서류를 제출하지 아니할 수 있다(해외진출규정6① 단서).

(가) 외화증권(채권)취득보고서

외화증권(채권)취득보고서(법인 및 개인기업 설립보고서 포함)는 투자금액 납입 또는 대여자금 제공 후 6월 이내에 제출하여야 한다. 다만, 해외자원개발사업 및 사회간접자본개발사업으로서 법인 형태가 아닌 투자의 경우에는 외화증권(채권)취득보고서 제출을 면제한다(제1호).

외화증권(채권)취득보고서는 [별지 제8호]에 따른다(시행세칙5). [별지 제8호] 외화증권(채권)취득보고서(현지법인 설립보고서 포함)의 첨부서류는 ⅰ) 투자금액(대여자금) 납입(제공) 후 6월 이내에 제출하여야 하며, ⅱ) 외화증권취득인 경우, 현지법인 설립인 경우는 등기부 등본 또는 공증서류, 증권 사본[증권발행이 없는 경우 출자내용을 입증할 수 있는 서류(출자증명서 등)], 개인기업 영위인 경우는 사업영위 사실을 입증(당해 현물출자 이행사항 포함)할 수 있는 공증서류, ⅲ) 외화채권 취득인 경우(대부투자) 대부 상대방의 대부금 영수증명서 또는 약속어음이다.

(나) 송금(투자)보고서

송금(투자)보고서는 송금 또는 투자 즉시(투자금액을 현지금융으로 현지에서 조달하는 경우 투자시점) 제출하여야 한다(제2호).

송금(투자)보고서는 [별지 제9호]에 따른다(시행세칙5). [별지 제9호] 송금(투자)보고서의 첨부서류는 ⅰ) 투자(송금)사실을 증명할 수 있는 서류(송금 CABLE, 송금확인서 등), ⅱ) 수출신고필증(현물출자인 경우), ⅲ) 본 보고서는 투자(송금)후 즉시 제출하여야 하며, ⅳ) 해외투자 신고서 원본의 여백에 송금은행의 송금확인을 받아야 한다.

(다) 연간사업실적보고서

연간사업실적보고서(해외자원개발사업 및 사회간접자본개발사업으로서 법인 형태가 아닌 투자의 경우는 제외)는 회계기간 종료 후 5월 이내에 제출하여야 한다. 신고기관의 장은 부동산관련업 이외의 투자사업으로서 투자금액의 합계가 미화 100만불 이하인 경우에는 연간사업실적보고서의 제출을 면제할 수 있으며, 미화 200만불 이하인 경우에는 현지법인 투자현황표로 갈음할 수 있다(제3호).

연간사업실적보고서는 [별지 제10호]에 따른다(시행세칙5). [별지 제10호] 연간사업실적보고서의 첨부서류는 현지법인 감사보고서(결산서) 또는 세무보고서이다.

(라) 청산보고서

청산보고서(금전대여의 경우 원리금회수내용을 포함)는 청산자금 영수 또는 원리금회수 후 즉시 제출하여야 한다(제4호).

청산보고서는 [별지 제11호]에 따른다(시행세칙5). [별지 제11호] 청산보고서의 첨부서류는 ⅰ) 등기부등본 등 청산 종료를 입증할 수 있는 서류, ⅱ) 청산손익계산서 및 잔여재산 분배 전의 대차대조표, ⅲ) 잔여재산(증권의 전부 양도인 경우에는 양도대금) 회수에 대한 외국환은행의 외화매입 증명서(송금처 명기), 또는 현물회수의 경우 세관의 수입신고필증이다.

(마) 기타 서류

기타 감독원장이 해외직접투자의 사후관리에 필요하다고 인정하여 요구하는 서류도 제출하여야 한다(제5호).

(2) 금융감독원의 보고서 또는 서류 작성 및 한국수출입은행 통보

(가) 통보서류와 통보기간

금융감독원장은 다음의 보고서 또는 서류를 작성하여 다음에서 정한 기일 내에 한국수출입은행장에게 통보하여야 한다(해외진출규정6② 본문). 즉 ⅰ) 해외직접투자 신고서 사본(내용변경보고서 및 제3조 제2항·제6항에 따른 보고서 포함), 해외직접투자 신고 및 투자실적(월보)의 경우는 매익월 15일 이내에 통보하여야 하고, ⅱ) 연간사업실적보고서(현지법인 투자현황표)는 해외직접투자자로부터 제출받은 즉시 통보하여야 하며, ⅲ) 사후관리종합내역 등 기타 통계 또는 사후관리에 필요한 서류도 통보하여야 한다.

(나) 예외: 휴·폐업 또는 소재불명 등의 사실의 통보

해외직접투자 금융회사등 또는 금융회사등이 투자한 현지법인이 휴·폐업 또는 소재불명 등의 상태에 있어 금융감독원장이 해외직접투자 금융회사등 또는 금융회사등이 투자한 현지법인으로부터 관련 보고서나 서류를 제출받는 것이 불가능한 것으로 인정되는 경우에는 그러하지 아니하며, 이 경우 금융감독원장은 휴·폐업 또는 소재불명 등의 사실을 한국수출입은행장에게 통보하여야 한다(해외진출규정6② 단서).

(3) 한국수출입은행의 보고서 작성 및 제출

한국수출입은행장은 금융감독원장으로부터 통보받은 자료를 종합·관리하고, 다음의 보고서를 작성하여 다음에서 정한 기일 내에 금융위원회와 기획재정부장관 및 금융감독원장에게 제출하여야 한다(해외진출규정6③). 즉 ⅰ) 해외직접투자 신고(보고) 및 투자실적은 매익월 25일 이내에 제출하여야 하고, ⅱ) 해외직접투자 동향분석(분기보 및 연보)은 매분기 익월 20일 이내 및 익년도 3월 이내에 제출하여야 하며, iii) 해외직접투자 경영분석보고서는 매익년도 9월 이내에 제출하여야 한다.

(4) 연간사업실적보고서와 청산보고서의 공인회계사 감사

제1항에 규정한 보고서 중 연간사업실적보고서와 청산보고서는 현지 공인회계사의 감사를 받아 제출하거나 현지공인회계사가 확인한 결산서 또는 현지 세무사의 세무보고서로 갈음할 수 있다(해외진출규정6④)

(5) 투자 신고내용 등의 국세청 및 관세청 통보

금융감독원장은 금융회사등의 부동산 관련업에 대한 투자 및 주식을 출자한 투자에 대한 신고내용과 투자한 현지법인의 청산, 휴·폐업 또는 소재불명 등의 사실을 한국수출입은행장을 경유하여 매익월 25일 이내에 국세청장 및 관세청장에게 통보하여야 한다(해외진출규정6⑤).

(6) 신고·보고 내용의 금융위원회 및 기획재정부 제출

금융회사등의 해외직접투자와 관련하여 신고나 보고를 받은 금융감독원장은 신고나 보고 내용을 매 분기별로 금융위원회와 기획재정부장관에게 제출하여야 한다(해외진출규정6⑥).

5. 역외금융회사 등에 대한 해외직접투자

(1) 금융감독원 신고 또는 사후보고

금융회사등이 역외금융회사 등에 대한 해외직접투자를 하고자 하는 경우 금융감독원장에게 신고하여야 한다(해외진출규정7① 본문). 다만, 미화 2,000만불(투자금 지급시점으로부터 과거 1년간의 누적투자 금액을 포함) 이내의 경우에는 투자금의 지급이 있은 날로부터 1개월 이내에 사후보고 할 수 있다(해외진출규정7① 단서).

(2) 투자신고(수리)서 금융감독원 제출

금융회사등(공동으로 동일한 역외금융회사 등에 대하여 투자하고자 하는 경우에는 투자비율이 가장 높은 자)이 역외금융회사 등에 대하여 다음에 해당하는 해외직접투자를 하고자 하는 경우에는 현지법인 또는 현지법인금융기관(역외금융회사) 투자신고(수리)서를 금융감독원장에게 제출하여야 한다(해외진출규정7②).

1. 거래 및 행위에 따른 해외직접투자(영8①)에 준하는 투자의 경우
2. 지분투자금액을 포함하여 역외금융회사에 대하여 투자(부채성 증권 매입, 외국환거래규정 제7장 자본거래의 규정에서 정한 절차를 거친 대출·보증 및 담보제공)한 총투자금액이 당해 역외금융회사 총자산의 10% 이상인 경우(외국환업무취급기관이 투자목적이 아닌 업무로서 행하는 거래의 경우는 제외)
3. 역외금융회사에 대한 투자(제1호 또는 제2호에 준하는 경우)를 목적으로 외국금융기관에

대하여 제2호에 해당하는 투자를 하는 경우

4. 역외금융회사 또는 외국금융기관에 소속된 자금운용 단위에 대한 제1호 내지 제3호에 해당하는 투자인 경우

(3) 지점(자회사 · 손회사) 설립보고서의 금융감독원 제출

금융회사등의 현지법인 또는 현지법인금융기관(역외금융회사를 포함) 및 그 자회사, 손회사 또는 해외지점이 제2항 각 호의 1에 해당하는 투자를 하는 경우에는 현지법인 또는 현지법인금융기관(역외금융회사) 지점(자회사 · 손회사) 설립보고서를 투자일로부터 1개월 이내에 금융감독원장에게 제출하여야 한다(해외진출규정7③).

(4) 내용변경(청산)보고서의 금융감독원 제출과 면제

역외금융회사 등에 대한 해외직접투자 신고(보고)를 한 자가 당해 신고(보고) 내용을 변경하거나 역외금융회사를 청산하는 경우에는 현지법인 또는 현지법인금융기관(역외금융회사)등 변경(청산)보고서를 변경(청산) 사유가 발생한 후 1개월 이내에 금융감독원장에게 제출하여야 한다(해외진출규정7④ 본문). 다만, 역외집합투자기구 투자시, 금융회사등의 투자금 변동없이 발생한 지분율 변동의 경우에는 보고의무를 면한다(해외진출규정7④ 단서).

해외진출규정 제7조 제2항의 현지법인 또는 현지법인금융기관(역외금융회사) 투자신고(수리)서, 동조 제3항의 현지법인 또는 현지법인금융기관(역외금융회사) 지점(자회사 · 손회사) 설립보고서 및 동조 제4항의 현지법인 또는 현지법인금융기관(역외금융회사)등의 변경(청산)보고서는 [별지 제2호], [별지 제3호], [별지 제4호], [별지 제5호]에 따른다(시행세칙5).

(5) 설립 및 운영현황 등 금융감독원 보고

역외금융회사 등에 대한 해외직접투자 신고(보고)를 한 금융회사등은 매 연도별 역외금융회사의 설립 및 운영현황 등을 다음해 4월 말일까지 금융감독원장에게 보고하여야 한다(해외진출규정7⑤).

(6) 신고 · 보고 내용의 한국수출입은행 통보

금융감독원장은 제1항 내지 제5항, 제10항의 규정에 따라 신고나 보고받은 내용을 한국수출입은행장에게 통보하여야 한다(해외진출규정7⑥).

(7) 한국수출입은행의 자료 관리 및 보고서 제출

한국수출입은행장은 금융감독원장으로부터 통보받은 자료를 종합 · 관리하고, ⅰ) 역외금융회사 신고(보고) 및 투자실적을 작성하여 매 익월 25일 이내(제1호), ⅱ) 역외금융회사 동향분석(연보)을 작성하여 익년도 5월 이내(제2호)에 금융위원회와 기획재정부장관, 감독원장 및 한국은행총재에게 제출하여야 한다(해외진출규정7⑦).

(8) 자본거래(증권취득) 신고 의제

금융회사등이 역외금융회사 등에 대한 해외직접투자 신고 후 1년간 투자금액(또는 해외직접투자 변경보고 후 6개월간 투자금액)이 역외금융회사의 총 출자액 또는 총자산의 10% 미만인 경우에는 그 역외금융회사 등에 대한 해외직접투자 신고는 외국환거래규정 제7-31조 제2항(거주자가 비거주자로부터 증권취득시 한국은행 신고)에 따른 신고를 한 것으로 본다(해외진출규정7⑧).

(9) 금융감독원의 청산보고 권고

역외금융회사가 자본잠식 또는 투자금 전액을 회수한 상태에서 6개월 이상 존속하는 경우 금융감독원장은 해당 금융회사등에 대하여 역외금융회사에 대한 청산보고를 권고할 수 있다(해외진출규정7⑨ 전단). 금융감독원장의 청산보고 권고 이후 1개월 이내에 투자지속의사를 밝히지 않은 역외금융회사는 청산보고를 한 것으로 본다(해외진출규정7⑨ 후단).

(10) 투자금의 회수내역 금융감독원 보고

금융회사등이 역외금융회사 등에 대한 투자금을 회수한 경우 회수일로부터 1개월 이내에 금융감독원장에게 회수내역을 보고하여야 한다(해외진출규정7⑩).

(11) 신고·보고 내용의 금융위원회 등 제출

금융회사등의 역외금융회사에 대한 해외직접투자와 관련하여 신고나 보고를 받은 금융감독원장은 신고나 보고내용을 매 분기별로 금융위원회와 기획재정부장관에게 제출하여야 한다(해외진출규정7⑪).

Ⅱ. 해외지사

1. 해외지사 설치신고 등

(1) 해외지사 설치신고 및 수리

국내에 본점을 둔 금융회사등이 해외지점을 설치하고자 하는 경우에는 금융회사등의 해외지사 설치신고(수리)서에 ⅰ) 관계법령에 의한 당해 금융회사등의 설립인가서 사본(다만, 금융위원회로부터 인가받은 금융회사등은 제출 생략 가능)(제1호), ⅱ) 당해 해외지점의 향후 3년간의 사업계획서 및 예상수지계산서, 설치에 소요될 외화경비명세서(제2호)를 첨부하여 금융감독원장에게 신고하여 수리를 받아야 한다(해외진출규정8①).

따라서 국내에 본점을 둔 금융회사등이 해외지점 또는 해외사무소를 설치하고자 하는 경우에는 [별지 제12호] 금융회사등 해외지사설치 신고(수리)서를 금융감독원장에게 제출하여야 한다(시행세칙7). 첨부서류는 ⅰ) 관계법령에 의한 당해 기업의 설립인가서 사본, ⅱ) 해외지점 설치의 경우 향후 3년간의 사업계획서 및 예상수지계산서, 설치에 소요될 외화 경비명세서, iii) 해외사무소 설치의 경우 당해 해외사무소의 업무활동계획서, 설치에 소요될 외화경비(주재원의 보수 포함) 명세서이다.

(2) 해외사무소 설치신고

국내에 본점을 둔 금융회사등이 해외사무소를 설치하고자 하는 경우에는 금융회사등의 해외지사 설치신고(수리)서에 ⅰ) 관계법령에 의한 당해 금융회사등의 설립인가서 사본(다만, 금융위원회로부터 인가받은 금융회사등은 제출 생략 가능)(제1호), ⅱ) 당해 해외사무소의 업무활동계획서, 설치에 소요될 외화경비(주재원의 보수 포함)명세서(제2호)를 첨부하여 금융감독원장에게 신고하여야 한다(해외진출규정8②).

(3) 사전협의와 심사 생략

금융회사등이 다른 법령에 의하여 해외지사 설치와 관련하여 제1항 또는 제2항의 요건 전부 또는 일부에 대하여 사전협의를 거친 경우에는 이와 관련된 심사를 생략한다(해외진출규정8③).

(4) 신고수리 기간 또는 내신고수리

금융감독원장은 해외지사 설치신고를 받은 경우에는 진출상대국과의 교섭, 신청서류의 보정 등 특별한 사유가 없는 한 신청서 접수 후 20일 이내에 신고수리를 하거나 내신고수리제도를 활용하여 일정기간의 준비기간이 경과한 후에 본신고수리를 할 수 있다(해외진출규정8④).

(5) 신고·보고 내용의 한국수출입은행 통보

금융감독원장은 신고나 보고받은 내용을 한국수출입은행장에게 통보하여야 한다(해외진출규정8⑥).

(6) 한국수출입은행의 통보자료 관리 및 보고서 제출

한국수출입은행장은 금융감독원장으로부터 통보받은 자료를 종합·관리하고, 해외지사 신고 및 투자실적 보고서를 작성하여 매 익월 25일 이내에 금융위원회와 기획재정부장관 및 금융감독원장에게 제출하여야 한다(해외진출규정8⑦).

(7) 신고·보고 내용의 금융위원회 등 보고

금융회사등의 해외지사 설치와 관련하여 신고나 보고를 받은 금융감독원장은 신고나 보고 내용을 매 분기별로 금융위원회와 기획재정부장관에게 제출하여야 한다(해외진출규정8⑧).

2. 해외지점 영업기금의 변경신고

(1) 인정범위내 공급

해외지점을 설치신고에 의하여 해외지점의 설치신고수리를 받은 금융회사등은 신고수리시 인정된 범위 내에서 영업기금을 당해 해외지점에 공급할 수 있으며, 외국환은행은 외국환은행의 해외지점과의 거래 규정(해외진출규정10)에서 정한 바에 따라 공급할 수 있다(해외진출규정9①).

(2) 영업기금 변경과 금융감독원 신고

국내에 본점을 둔 비은행금융기관등이 영업기금을 변경하고자 하는 경우에는 금융감독원장에게 신고하여야 한다(해외진출규정9②). 해외지점의 영업기금을 변경하고자 하는 금융회사등은 [별지 제13호]의 해외지사 경비 등 지급신고서를 금융감독원장에게 제출하여야 한다(시행세칙8).

3. 외국환은행의 해외지점과의 거래

(1) 갑계정과 을계정 구분 계리

본점인 외국환은행이 당해 은행의 해외지점과 거래하거나 자금의 지급·수령 또는 결제를 하는 경우에는 갑계정과 을계정으로 구분하여 계리하여야 한다(해외진출규정10①).

(2) 갑계정과 을계정 구분 계리 대상 자본거래 등

ⅰ) 영업자금, 창업비, 기타 이에 준하는 영업소 설치자금(제1호), ⅱ) 운영자금 및 비용에 충당하기 위한 자금(제2호), ⅲ) 기타 금융위원회가 정하는 자본거래(제3호)에 해당하는 거래나 자금의 지급·수령 또는 결제는 갑계정으로 계리하며 이에 해당되지 않는 거래나 자금의 지급·수령 또는 결제는 을계정으로 계리하여야 한다(해외진출규정10②).

(3) 신고예외 자본거래

본점인 외국환은행이 제2항의 규정에 해당하는 자금을 해외지점에 공급하거나 해외지점으로부터 공급받는 경우에는 자본거래의 허가나 신고를 요하지 아니한다(해외진출규정10③).

4. 해외사무소의 경비

(1) 설치비 및 유지활동비의 지정외국환은행을 통한 지급

금융회사등의 해외사무소의 설치비 및 유지활동비는 지정거래외국환은행을 통하여 지급하여야 한다(해외진출규정11①).

(2) 해외사무소 확장 경비의 금융감독원 신고

금융회사등이 해외사무소의 확장에 따른 경비를 지급하고자 하는 경우에는 금융감독원장에게 신고하여야 한다(해외진출규정11②). 해외사무소 확장에 따른 경비를 지급하고자 하는 금융기관은 [별지 제13호]의 해외지사 경비 등 지급신고서를 금융감독원장에게 제출하여야 한다(시행세칙8).

(3) 사전개산 지급과 증빙서류 제출

금융회사등이 설치비 지급을 함에 있어서 증빙서류에 의한 지급이 곤란한 경우에는 해외사무소의 설치계획서에 의하여 사전개산 지급을 할 수 있으며, 이 경우 설치신고일로부터 1년 이내에 당해 지급을 증빙하는 서류 등을 금융감독원장에게 제출하여 정산하여야 한다(해외진출규정11③).

(4) 설치비 정산결과와 유지활동비 전용

금융감독원장은 설치비의 정산결과 미사용잔액이 있는 경우에는 이를 유지활동비로 전용하게 할 수 있으며, 그 전용금액은 당해 사무소의 유지활동비 지급총액에 합산하여 관리하여야 한다(해외진출규정11④).

5. 해외지점의 영업활동 제한

(1) 영업활동 범위

금융회사등의 해외지점은 당해 지점설치 국가의 법령과 설치신고에 따라 신고한 범위 내에서 영업활동을 할 수 있다(해외진출규정12①).

(2) 금융감독원 신고사항

해외지점이 다음에 해당하는 거래 또는 행위를 한 경우에는 해당 행위 후 1개월 이내에 감독원장에게 보고하여야 한다(해외진출규정12②).

(가) 부동산취득 제한

부동산에 관한 거래 또는 행위는 신고하여 수리를 받아야 한다. 다만, 당해 해외지점의 영업기금과 이익금 유보액 범위 내(해외지점의 경우에는 인정된 설치비 및 유지활동비 범위 내)에서 사무실 및 주재원의 주거용 부동산 등 해외에서의 영업활동에 필요한 외국에 있는 부동산의 취득 등과 관련하여 행하는 부동산거래는 그러하지 아니하다(제1호).

(나) 증권취득 제한

증권에 관한 거래 또는 행위는 신고하여 수리를 받아야 한다. 다만, 당해 해외지점의 영업활동과 관련하여 당해 주재국 법령에 의한 의무를 이행하기 위한 경우와 당해 주재국 내의 정부기관 또는 금융회사등이 발행한 증권으로서 즉시 환금이 가능하며 시장성이 있는 증권에 대한 거래는 그러하지 아니하다(제2호).

(다) 금전대여의 제한

비거주자에 대한 상환기한이 1년을 초과하는 대부는 신고하여 수리를 받아야 한다. 다만, 외국환거래규정 제8-2조(현지금융의 신고등)의 규정에 의한 경우를 제외한다(제3호).

(3) 부동산 거래 또는 행위 신고와 준용규정

금융감독원장은 제2항 제1호의 규정에 의한 부동산의 거래 또는 행위에 대하여 신고수리함에 있어서는 외국환거래규정 제9장 제4절의 거주자의 외국부동산 취득 규정을 준용하여야 한다(해외진출규정12③).

6. 해외지점의 결산순이익금의 처분 등

(1) 결산재무제표 등 순이익금 처분내역의 금융감독원 제출

해외지점을 설치한 금융회사등은 당해 금융회사등의 매 회계기간별로 각 해외지점의 결산재무제표 및 그 부속서류와 결산결과 발생한 순이익금의 처분내역을 그 결산일부터 6월 이내에 금융감독원장에게 제출하여야 한다(해외진출규정13①).

(2) 결산이익금의 처분방법

결산이익금의 처분은 ⅰ) 전기이월 결손에의 충당, ⅱ) 국내에 회수한 후 외국환은행에 내국지급수단을 대가로 매각하거나 거주자계정에의 예치, ⅲ) 당해 해외지점의 영업기금으로의 운용 중 어느 하나에 해당하는 방법에 의하여야 한다(해외진출규정13②).

7. 청산절차 등

(1) 청산자금의 회수와 금융감독원 보고

금융회사등이 해외지사를 청산할 때에는 분배잔여재산을 국내로 즉시 회수하고 ⅰ) 청산종료를 입증할 수 있는 서류(제1호), ⅱ) 당해 해외지사의 재산목록, 대차대조표(제2호), ⅲ) 잔여재산 처분에 대한 증빙서류(재산처분명세서, 외국환매각증명서류 등)(제3호)를 첨부하여 금융감독원장에게 보고하여야 한다(해외진출규정14① 본문). 다만, 해외에서 해외진출규정 및 외국환거래규정에 의해 인정된 자본거래를 하고자 하는 경우에는 청산자금을 국내로 회수하지 아니할 수 있으며 이 경우에는 청산사유가 발생한 후 1개월 이내에 금융감독원장에게 보고하여야 한다(해외진출규정14① 단서).

(2) 신고내용 변경의 금융감독원 신고

해외지사의 설치신고를 한 금융회사등이 신고한 내용을 변경하는 경우에는 변경사유가 발생한 후 1개월 이내에 금융감독원장에게 보고하여야 한다(해외진출규정14②).

(3) 해외지점·사무소의 청산 등의 한국은행 및 국세청 통보

금융감독원장은 금융회사등의 해외지점·사무소의 청산, 휴·폐업 또는 소재불명 등의 사실을 한국수출입은행을 경유하여 매익월 25일 이내에 한국은행총재 및 국세청장에게 통보하여야 한다(해외진출규정14④).

(4) 신고·보고내용의 금융위원회 등 제출

금융회사등의 해외지사의 청산 또는 변경 등과 관련하여 신고나 보고를 받은 금융감독원장은 신고나 보고내용을 매 분기별로 금융위원회와 기획재정부장관에게 제출하여야 한다(해외진출규정14⑤).

Ⅲ. 심사기준 등

1. 해외직접투자의 심사 등

(1) 심사사항 및 심사 생략 대상

금융회사등의 해외직접투자의 신고가 있는 경우에는 ⅰ) 투자금액이 당해 사업 영위에 실제로 소요되는 금액 이내인지 여부(제1호), ⅱ) 현물출자가 있는 경우에는 현물투자가격이 적정하게 평가되었는지 여부(제2호), ⅲ) 투자계획이 시설규모, 시장규모, 국내 동일업종의 수익률·자본비용 등에 비추어 적정한지 여부(제3호), ⅳ) 자금조달 계획이 해외직접투자를 하고자 하는 재무 및 경영상태 등에 비추어 적정한지 여부(제4호), ⅴ) 이미 투자한 현지법인이 있는 경우 해외직접투자 사업실적이 적정한지 여부(제5호)의 사항을 심사하여 수리 여부를 결정한다(해외진출규정15① 본문). 다만, 은행법 제13조[34](국외현지법인 등의 신설)에 따라 금융위원회의 신고수리를 받은 국외현지법인 또는 국외지점 신설계획에 따른 해외직접투자인 경우 심사를 생략할 수 있다(해외진출규정15① 단서).

(2) 신고수리 기간

신고를 받은 경우 신청서류의 보정 등 특별한 사유가 없는 한 신청서 접수 후 20일 이내에 신고수리를 하여야 한다(해외진출규정15②).

2. 해외직접투자 신고수리 기준

금융회사등이 금융·보험업에 대한 해외직접투자 신고수리를 받거나 보고를 하고자 하는

---

34) 은행법 제13조(국외현지법인 등의 신설) ① 은행이 대한민국 외에 소재하는 제37조 제2항에 따른 자회사등("국외현지법인") 또는 지점("국외지점")을 신설하려는 경우에는 신설계획을 수립하여야 한다.
② 제1항에 따른 신설계획을 수립한 은행 중 다음의 사항 등을 고려하여 대통령령으로 정하는 경우에는 그 계획을 미리 금융위원회에 신고하여야 한다.
1. 해당 은행, 그 국외현지법인 및 국외지점의 경영건전성
2. 해당 은행의 국외현지법인 및 국외지점의 진출방식
3. 해당 은행의 국외현지법인 및 국외지점의 업무범위
4. 해당 은행의 국외현지법인 및 국외지점이 소재할 국가의 특성
③ 금융위원회는 제2항에 따라 신고받은 내용이 은행의 경영건전성 및 금융시장의 안정성을 해칠 우려가 있는 경우 신설계획의 보완, 변경 및 제한을 명할 수 있다.

경우에는 다음의 요건을 갖추어야 한다(해외진출규정16).

(1) 재무건전성 기준

신청 금융회사등이 다음의 기준에 따른 재무건전성 기준을 충족하여야 한다(해외진출규정 16(1)). 즉 ⅰ) 은행 및 종합금융회사는 BIS기준 자기자본비율이 8% 이상이어야 하고, ⅱ) 1종 금융투자업자는 순자본비율이 100% 이상이어야 하며, ⅲ) 보험회사는 금융위원회가 정하는 지급여력확보기준을 충족하여야 하고, ⅳ) 기타 금융회사등은 당해 금융회사등에 적용되는 금융위원회의 재무건전성 기준을 충족하여야 하며, ⅴ) 금융회사등의 자회사 출자요건 등 관련법령에서 정한 요건을 충족하여야 한다.

(2) 별도 개별심사

금융회사등의 해외직접투자와 관련하여 현지정부 또는 감독당국으로부터 투자자제 요청 등 투자대상국의 수용정책상 제한이 있는 경우나 국가간 경제협력의 필요상 심사·조정을 요하는 경우에는 별도의 개별심사를 통하여 신고수리 여부를 결정할 수 있다(해외진출규정16(2)).

3. 해외지점 설치 신고수리 기준

금융회사등이 해외지점을 설치하고자 하는 경우에는 다음의 요건을 갖추어야 한다(해외진출규정17).

(1) 재무건전성 기준

신청 금융회사등이 다음의 기준에 따른 재무건전성 기준을 충족하여야 한다(해외진출규정 17(1)). 즉 ⅰ) 은행 및 종합금융회사는 BIS기준 자기자본비율이 8% 이상이어야 하고, ⅱ) 1종 금융투자업자는 순자본비율이 100% 이상이어야 하며, ⅲ) 보험회사는 금융위원회가 정하는 지급여력확보기준을 충족하여야 하고, ⅳ) 기타 금융회사등은 당해 금융회사등에 적용되는 금융위원회의 재무건전성 기준을 충족하여야 하며, ⅴ) 금융회사등의 자회사 출자요건 등 관련법령에서 정한 요건을 충족하여야 한다.

(2) 적기시정조치와 경영실태평가

국내은행이 해외지점을 설치하고자 하는 경우에는 은행업감독규정상의 적기시정조치를 받지 않고 있으며, 경영실태평가 결과 종합평가등급이 3등급 이상이어야 한다(해외진출규정 17(2)).

Ⅳ. 보칙

「금융회사등의 해외진출에 관한 규정」에 의한 신고(수리), 보고 및 통보 등을 위하여 필요한 세부절차와 신청서·보고서 기타 서식은 금융감독원장이 정한다(해외진출규정18①).

금융감독원장은 금융기관의 해외현지법인 및 해외지사 설치 신고등에 대한 위탁업무 처리 상황을 매 반기별로 금융위원회에 보고하여야 한다(해외진출규정18②).

이 규정에서 정하지 않은 사항은 외국환거래규정이 정하는 바에 따른다(해외진출규정18③).

제5절 부동산취득

Ⅰ. 서설

1. 의의

거주자가 외국부동산(부동산에 관한 물권, 임차권, 기타 이와 유사한 권리를 포함)을 취득하거나 비거주자가 국내부동산을 취득하는 거래는 외국환거래법상 자본거래로 분류된다. 1991년 12월 제정된 OECD의 「자본이동 자유화 규약」에서 부동산거래 등을 자본거래 항목으로 분류하였으며, 이에 따라 우리나라도 종전까지 해외투자(거주자의 해외부동산 취득)나 경상적인 외국인투자(비거주자의 국내부동산 취득)로 간주하였던 부동산거래를 1992년 9월 자본거래로 분류하였다.

2. 거주자의 외국부동산 취득

국내 개인 및 법인의 해외부동산 취득은 1990년대 초까지 생산성 제고나 해외에서의 사업 목적에 비추어 타당한 것으로 인정되지 않는 한 원칙적으로 금지되었다. 이는 부동산 취득금액이 상대적으로 큰 데다 자본회수기간이 장기이며 부동산투기 등을 위한 외국환의 불법적인 유출경로로서 이용될 가능성을 차단하기 위함이었다. 그러나 외환·자본자유화의 진전에 따라 정부는 1992년 9월 「해외부동산 취득지침」을 별도로 제정하고, 이를 수차례 개정하여 거주자의 해외부동산 거래에 대한 규제를 완화하였으며 1999년 4월 외국환거래규정 제정시 해외부동산 취득지침을 동 규정에 반영하였다.[35]

현재 국내 개인이 외국의 비거주자로부터 상속·유증·증여에 의해 해외부동산을 취득하거나 외국환업무취급기관이 해외지사의 설치 및 운영에 직접 필요한 해외부동산(담보 포함)을 취득하는 것은 자유롭다. 또한 정부도 비거주자로부터 해외부동산을 취득하는데 제약이 없다.

---

35) 한국은행(2016), 91-92쪽.

그러나 거주자가 위와 같은 허용된 거래를 제외하고 해외부동산을 취득하고자 하는 경우 외국환은행의 장 또는 한국은행총재에게 신고하여 수리를 받아야 하며, 신고 후에도 해외부동산의 취득 및 처분에 대해 보고서를 제출하는 등 사후관리를 받아야 한다. 거주자가 주거 이외의 목적으로 외국에 있는 부동산을 취득하는 경우, 거주자 본인 또는 거주자의 배우자가 해외에서 체재할 목적으로 주거용 주택을 취득하는 경우(거주자의 배우자 명의 취득 포함) 또는 거주자가 외국에 있는 부동산을 임차하는 경우(임차보증금이 있는 경우에 한함)에는 지정거래외국환은행의 장에게 신고하여 수리를 받아야 하며 그 외의 경우에는 한국은행총재에게 신고하여 수리를 받아야 한다.

3. 비거주자의 국내부동산 취득

한편 외국에 있는 비거주자가 국내부동산 또는 임차권 등 부동산에 대한 권리를 취득하는 것 또한 1990년대 초까지 규제가 많았다. 이는 국내부동산이 외국인에 의해 투기 등 정당하지 않은 방법으로 이전되는 것을 방지하는 데 그 목적이 있었다.[36] 그러나 1990년대 중반 이후 외국인투자를 촉진하기 위한 외국인주식투자 한도확대, 외국인직접투자 업종의 자유화 등 일련의 자유화 조치에 맞추어 1998년에는 외국인의 주거용 또는 비주거용 건물임대업, 분양공급업, 기타 부동산임대업, 토지개발공급업 등이 허용되었다. 또한 외국인이 해외로부터 송금된 자금으로 취득한 부동산을 처분한 이후 동 처분대금의 해외송금도 외국환은행장 앞 신고로 가능하게 되었다. 현재 비거주자의 국내부동산 취득은 대부분 허용되었으며 비거주자의 본인·친족·종업원 거주용 부동산 임차, 비거주자 중 대한민국 국민의 국내부동산 취득, 비거주자의 상속 또는 유증에 의한 부동산 취득 등에 대해서는 별도의 신고가 필요 없다.

비거주자가 외국으로부터 송금 또는 휴대수입된 자금으로 국내부동산을 취득하거나 거주자와의 인정된 거래에 따른 담보권 및 해당 담보권 실행으로 국내부동산을 취득하는 경우 등에는 외국환은행의 장에게 신고하면 된다. 다만 비거주자가 국내 재원으로 부동산을 취득할 때에는 한국은행총재에게 신고하여야 한다.

이와 더불어 부동산 매각대금의 해외송금도 자유롭다. 재외동포(시민권자 또는 영주권자 등)가 해외이주 전부터 소유하던 부동산을 처분하여 해외로 송금하는 경우 관할세무서의 증빙만 있으면 외국환은행을 통해 자유롭게 할 수 있다. 또한 비거주자가 해외에서 송금하여 취득하였거나 상속이나 유증에 의해 취득한 부동산을 매각하였을 경우에도 외국환은행을 통한 해외송금이 가능하다. 그 외 특수한 경우는 한국은행총재에게 신고하고 부동산 처분대금을 해외로 송

---

36) 일본도 이와 같은 이유로 1998년 「신외환법」의 도입 전까지 외국인의 일본내 부동산 취득에 대해 엄격히 규제하였다.

금할 수 있다.

한편 외국인의 국내토지 취득은 외국환거래법의 적용에 앞서 「부동산 거래신고 등에 관한 법률」37)상의 절차를 우선적으로 거쳐야 하며 이후 외국환거래법상의 신고등을 하여야만 등기 등 소유권 이전절차가 이루어질 수 있다.

Ⅱ. 거주자의 외국부동산 취득

1. 신고예외 사항

거주자가 외국에 있는 부동산 또는 이에 관한 권리를 취득하고자 하는 경우로서 다음에 해당하는 경우에는 신고를 요하지 아니한다(규정9-39①).

ⅰ) 외국환업무취급기관이 해외지사의 설치 및 운영에 직접 필요한 부동산의 소유권 또는 임차권을 취득하는 경우(당해 해외지점의 여신회수를 위한 담보권의 실행으로 인한 취득을 포함)(제1호), ⅱ) 거주자가 비거주자로부터 상속·유증·증여로 인하여 부동산에 관한 권리를 취득하는 경우(제2호)

ⅲ) 정부가 외국에 있는 비거주자로부터 부동산 또는 이에 관한 권리를 취득하는 경우(제3호), ⅳ) 외국인거주자와 법 제3조 제1항 제15호 단서의 규정(비거주자의 대한민국에 있는 지점, 출장소, 그 밖의 사무소는 법률상 대리권의 유무에 상관없이 거주자로 본다는 규정)에 해당하는 거주자가 법 또는 영의 적용을 받는 거래 이외의 거래에 의하여 외국에 있는 부동산 또는 이에 관한 권리를 취득하는 경우(제4호)

ⅴ) 외국환업무취급기관이 외국환업무를 영위함에 따라 해외소재 부동산을 담보로 취득하는 경우(제5호), ⅵ) 부동산투자회사법에 의한 부동산투자회사, 금융투자업자가 당해 법령이 정한 바에 의하여 외국에 있는 부동산 또는 이에 관한 권리를 취득하는 경우(제6호)

ⅶ) 법률에 따라 설립된 기금을 관리·운용하는 법인 및 국민연금법에 따라 국민연금기금의 관리·운용에 관한 업무를 위탁받은 법인이 당해 법령에 따라 해외자산운용목적으로 부동산

---

37) 외국인의 대한민국 영토 안의 토지취득 등에 관한 법률은 과거에는 「외국인의 토지취득 및 관리에 관한 법률」이었으나 1998년 5월 「외국인토지법」으로 바뀌었다. 외국인토지법은 2017년 1월 20일부터 시행되는 「부동산 거래신고 등에 관한 법률」에 흡수되었다. 「부동산 거래신고 등에 관한 법률」은 「부동산 거래신고에 관한 법률」상 부동산 거래신고, 「외국인토지법」상 외국인의 토지취득 신고·허가, 「국토의 계획 및 이용에 관한 법률」상 토지거래허가 등 부동산거래 관련 인·허가 제도의 근거 법률을 일원화한 법이다. 이 법률에 의하면 외국인등이 대한민국 안의 부동산등을 취득하는 계약을 체결하였을 때에는 계약체결일부터 60일 이내에 신고하여야 하고, 외국인등이 상속·경매, 그 밖에 계약 외의 원인으로 대한민국 안의 부동산 등을 취득한 때에는 부동산등을 취득한 날부터 6개월 이내에 신고하여야 한다(부동산 거래신고 등에 관한 법률8①②).

을 매매 또는 임대하기 위한 경우(제7호), ⅷ) 은행, 보험회사, 종합금융회사가 해외자산 운용목적으로 부동산을 매매 또는 임대하기 위한 경우로서 당해기관의 관련 법령이나 규정 등에서 정한 범위 내에서 외국에 있는 부동산 또는 이에 관한 권리를 취득하는 경우(제8호)

ⅸ) 해외체재자 및 해외유학생이 본인 거주 목적으로 외국에 있는 부동산을 임차하는 경우(제9호), ⅹ) 외국에 있는 부동산을 임차하는 경우(임차보증금이 미화 1만불 이하인 경우에 한한다)(제10호)

2. 지정외국환은행 신고수리 사항

(1) 신고대상 부동산

거주자가 다음에 해당하는 외국에 있는 부동산 또는 이에 관한 권리를 취득하고자 하는 경우에는 [별지 제9-12호 서식]의 부동산취득신고(수리)서를 작성하여 지정거래외국환은행의 장에게 신고하여 수리를 받아야 한다(규정9-39②).[38] 첨부서류는 ⅰ) 부동산매매계약서, ⅱ) 부동산감정서, ⅲ) 기타 부동산 취득신고수리시 필요한 서류이다.

ⅰ) 거주자가 주거 이외의 목적으로 외국에 있는 부동산("주거 이외 목적 부동산": 건물, 상가, 토지, 주택 등)을 취득하는 경우(제1호), ⅱ) 거주자 본인 또는 거주자의 배우자가 해외에서 체재할 목적으로 주거용 주택("주거용 주택")을 취득하는 경우(거주자의 배우자 명의의 취득을 포함)(제2호), ⅲ) 외국에 있는 부동산을 임차("부동산 임차권")하는 경우(임차보증금이 미화 1만불 초과인 경우로 한한다)(제3호)

주거 이외 목적 부동산 취득으로서 소유권 이전을 전제로 하지 않는 경우에는 신고수리가 불가능하다. 전매차익 등을 목적으로 해외부동산을 취득하는 경우가 이에 해당된다.[39] 부동산 임차는 부동산 임차보증금이 포함된 임차권 취득의 경우에 한하며, 부동산 임차보증금이 없거나 미화 1만불 이하의 임차권 취득인 경우에는 신고예외 사항이며, 이 경우 무역외거래의 부동산 임차료 항목으로 지급하여야 한다. 또한 분양계약에 의한 부동산의 취득은 주거 이외 목적

---

38) 대법원 1998. 5. 12. 선고 96도2850 판결(부동산의 "취득"은 거주자가 그 부동산에 관한 사실상의 소유권 내지 처분권을 취득하는 정도로서 충분하고, 그 소유권이나 처분권을 자신의 명의로 또는 사법상 유효하게 취득할 것을 요하는 것은 아니라고 할 것인데, 원심판결이 들고 있는 증거에 의하면 피고인이 앞서 본 바와 같은 방법으로 프랑스에 거주하는 언니인 공소외 1 부부에게 외화자금을 송금한 다음, 그들의 명의를 빌어 이 사건 아파트를 매수하고 그 이전등기를 마친 사실을 알 수 있는바, 위 사실에 의하면 공소외인들은 피고인의 자금으로 피고인을 위하여 이 사건 아파트를 구입하면서 단지 그 명의만을 빌려 준 것에 불과하다 할 것이므로, 피고인이 이 사건 아파트의 실질적인 소유자로서 이를 취득하였다 할 것이고, 또한 이 사건 아파트의 매매가 형식적으로는 공소외인들과 비거주자의 사이에 이루어진 것이라고 하더라도 공소외인들의 행위는 피고인의 행위로 취급되는 것이므로, 피고인은 공소외인들이 이 사건 아파트를 매수한 행위에 대한 죄책을 면할 수 없다).

39) 취급지침 118쪽.

에 한한다.[40)

(2) 외국부동산 취득 내신고수리

거주자가 외국부동산 매매계약이 확정되기 이전에 지정거래외국환은행의 장으로부터 내신고수리를 받은 경우에는 취득 예정금액의 10% 이내에서 외국부동산 취득대금을 지급할 수 있다(규정9-39③ 전단). 이 경우 내신고수리를 받은 날로부터 3개월 이내에 제2항의 규정에 의하여 신고하여 수리를 받거나, 지급한 자금을 국내로 회수하여야 한다(규정9-39③ 후단).

과거 기업 B는 해외부동산 취득금액 제한이 폐지(2008년)됨에 따라 해외에 있는 대형 건물을 투자목적으로 매입하려고 했으나, 계약금이 송금한도 20만불을 초과하여 송금을 하지 못했다. 해외부동산 취득을 위한 계약금 송금한도 규제를 폐지하여 국민들의 불편을 해소하였다. 해외부동산 취득금액 제한이 전면 폐지(2008년)되었음을 감안하여, 국민 편의를 제고하는 한편, 비율한도(취득금액의 10%)는 존치하여 탈세·재산도피를 방지할 수 있을 것으로 기대된다.[41)

내신고수리 대상은 ⅰ) 분양과 관련한 청약대금을 사전에 송금하여야 하는 경우와, ⅱ) 매매물건이 확정되었으나, 계약금 등의 사전지급이 이루어지지 않으면 매매계약의 체결이 불가능한 경우에 한한다.[42)

내신고수리와 관련된 지급은 분할지급이 불가능하며, 내신고수리시 제출받은 서류는 본신고수리시 징구 생략할 수 있으며, 해외부동산취득의 본신고(수리)서를 제출하여 수리를 받아야 하며 내신고(수리)서는 회수한다.

(3) 신고인: 거주자(외국인거주자 및 영주권자 제외)

ⅰ) 주거 이외 목적 부동산의 경우에는 당해 부동산 소유권을 취득하고자 하는 자가 신고해야 하고, ⅱ) 주거용 주택의 경우에는 ㉠ 거주자가 본인 명의로 해외 주택을 취득하는 경우에는 본인이 신고하여야 하고, ㉡ 거주자가 "해외에 체재하는 배우자" 명의로 주거용 주택을 취득하고자 하는 경우는 거주자(취득자금 보유자)가 지정거래외국환은행에 신고하여야 한다. 비거주자인 배우자 또는 자녀는 동 주택에서 실제 거주 여부와 관계없이 신고인이 될 수 없다. 비거주자가 본인 명의로 해외 주택을 취득하고자 하는 경우에는 한국은행에 "대외지급수단매매신고"를 하고 해당 자금을 반출하여 취득(부동산취득신고 대상 아님)하여야 한다. ⅲ) 부동산 임차권의 경우에는 외국에 있는 부동산을 임차하고자 하는 자가 신고하여야 한다.[43)

(4) 부동산 취득명의인

ⅰ) 주거 이외 목적 부동산의 경우에는 신고인 본인이 부동산 취득명의인이고, ⅱ) 주거용

40) 취급지침 116쪽.
41) 기획재정부(2019a), 7쪽.
42) 취급지침 120쪽.
43) 취급지침 116쪽.

주택의 경우에는 신고인 본인 또는 신고인의 배우자(비거주자 포함, 영주권·시민권자 제외)가 부동산 취득명의인이다. 신고인과 주택 취득 명의인이 다른 경우 신고인이 사후관리자료 제출, 주택 처분 및 매각대금 국내회수 등의 의무자이다. iii) 부동산 임차권의 경우에는 신고인 본인이 부동산 취득명의인이다.[44]

공동명의 부동산 취득인 경우 주거 이외 목적 취득은 공동명의로 취득할 수 없으며, 주거 목적 취득은 신고인과 그의 배우자 공동명의로만 가능하다. 거주자(또는 거주자의 배우자)와 동거하지 않는 자녀의 주거를 목적으로 거주자의 주거용 부동산 취득은 할 수 없다.[45]

(5) 부동산 취득 명의인 변경

거주자가 다른 거주자에게 취득 부동산 소유권을 양도(증여, 상속, 유증 포함)하는 경우, 양도인은 매매계약서 등을 첨부하여 해외부동산처분(변경)보고서를 지정거래외국환은행의 장에게 제출하여야 하며, 양수인은 신규로 신고수리 절차에 준하여 신고하여야 한다.[46]

신고인이 신고서상 취득명의인(배우자)으로부터 거주자인 신고인 본인명으로 변경하고자 하는 경우에는 관련 서류를 첨부하여 지정거래외국환은행의 장에게 보고하여야 한다.

취득부동산을 비거주자에게 증여하고자 하는 경우 한국은행총재에게 기타자본거래 신고 후에 지정거래외국환은행의 장에게 해외부동산처분(변경)보고서를 제출하여야 한다.

해외부동산 취득신고 후 취득하고자 하는 부동산의 목적물이 변경된 경우 신규 신고수리 절차를 이행하여야 한다(외국에 있는 부동산을 임차하는 경우도 동일하게 적용).

(6) 제출서류

i) 해외부동산 취득 신고(수리)서, ii) 신고인 실명확인증표 사본 각 1부, iii) 부동산매매(임대차)계약서(매매조건이 명시된 가계약서 포함) 또는 분양계약서 등 분양계약을 입증할 수 있는 서류 1부, iv) 거래상대방의 실체확인서류 각 1부(단, 매매계약서 또는 임대차계약서상에 거래상대방이 표시되어 있는 경우 징구 생략 가능), v) 부동산 감정평가서(현지의 금융기관 또는 감정기관의 평가서를 원칙으로 하되, 발급이 어려울 경우 현지 부동산중개업소 또는 부동산가격정보 사이트의 자료도 인정) 또는 분양가격을 확인할 수 있는 서류 1부(부동산임차권 취득의 경우는 제외함), 주거 목적의 경우에는 부동산 감정평가서에 한하며 분양가격을 확인할 수 있는 서류는 해당되지 않는다. vi) 납세증명서 1부(관할 세무서장 발행), vii) 신고수리 신청일로부터 과거 3영업일 이내 발급된 주민등록등본 1부(개인에 한함)를 제출해야 한다.[47]

또한 추가적으로 i) 거주예정자의 실명확인증표 사본 1부(주거용 주택 취득의 경우로서 신

---

44) 취급지침 116쪽.
45) 취급지침 119쪽.
46) 취급지침 118쪽.
47) 취급지침 116-117쪽.

고인과 거주예정자가 상이한 경우), ⅱ) 체재 목적임을 입증할 수 있는 서류(해외장기체류비자 등) 1부. 다만, 부득이하게 입증서류를 제출하지 못할 경우 서약서 1부(주거용 주택 취득에 한함), ⅲ) 부동산담보대출(모기지론) 관련 서류(취득자금의 일부를 현지 금융기관으로부터 모기지론을 받아 충당하는 경우), ⅳ) 해외에서 인정된 거래에 따른 자금으로 취득하고자 하는 경우 관련 서류, ⅴ) 부동산 매매계약서(취득한 부동산을 처분하여 새로운 부동산을 취득하는 경우로서 "처분하는 부동산"의 매도계약서를 말함), ⅵ) 배우자의 납세증명서 1부(주거목적 부동산 취득으로서 배우자 명의 또는 배우자와 공동으로 취득하는 경우에 한함), ⅶ) 기타 신고수리권자가 필요하다고 인정하는 서류를 제출해야 한다.

3. 한국은행 신고수리 사항

신고예외 사항 및 지정거래외국환은행 신고수리 대상을 제외하고 거주자가 외국에 있는 부동산 또는 이에 관한 권리를 취득하고자 하는 경우에는 [별지 제9-12호 서식]의 부동산취득 신고(수리)서를 작성하여 한국은행총재에게 신고하여 수리를 받아야 한다(규정9-39④). 이 경우 ⅰ) 신청서(규정 별지 제9-12호 서식), ⅱ) 부동산가격 및 실체확인서류, ⅲ) 신청인의 신용정보 조회서, 납세증명서, ⅳ) 취득자금 재원 확인서류, ⅴ) 부동산 취득의 실사용목적 적합 여부 입증서류를 제출해야 한다.[48]

외국부동산에 관한 소유권 및 임차권 이외의 물권, 기타 이와 유사한 권리를 취득하고자 하는 경우에는 한국은행총재 신고대상이다. 다만, 외국인에 대한 토지 등의 소유권을 인정하지 아니하는 국가의 경우로서 특정기간 해당 부동산에 대한 장기 사용권을 허용함으로써 부동산 취득과 동일한 권리를 부여하는 경우 부동산 임차권이 아닌 소유권 취득으로 신고하여야 한다 (예: 중국 등).

4. 외국부동산 취득자금의 대외지급

외국부동산 취득자금의 대외지급은 신고자 본인 명의로 하여야 한다. 부동산 취득을 목적으로 비거주자로부터 외화자금을 차입한 경우의 원리금 상환 및 부동산 취득시점에서 발생하는 제비용은 지정거래 외국환은행을 통하여 지급하여야 하며, 외환수급 통계상 지급사유는 부동산거래 항목으로 분류하여 처리하여야 한다. 지정거래 외국환은행은 부동산취득 이후 발생하는 비용(예: 수리비, 관리비, 세금, 수수료 등)은 해외부동산취득신고(수리)필증 및 지급증빙서류를 징구하여 무역외용역대가로 처리하여야 한다. 외국부동산 취득자금은 모기지론 상환 및 부동산 취득시점에 발생하는 제비용을 모두 포함한다.

---

48) 외국환거래업무 취급절차("취급절차") [별지 제1호 서식] 1. 허가·신고수리, 나.

5. 거주자의 외국부동산 취득과 관련한 내용변경

외국부동산 취득으로 신고수리를 받은 자가 신고수리 받은 내용을 변경하고자 하는 경우에는 변경사항을 첨부하여 당해 신고기관에 제출하여야 한다(규정9-1③). 이 경우 ⅰ) [ ]변경신고(수리)/보고서, ⅱ) 당초 신고(수리)서 사본, ⅲ) 매매계약서 등 입증서류를 제출해야 한다.

내용변경 신고(수리)대상은 ⅰ) 부동산 취득 또는 건물의 증·개축으로 인한 금액 변경, ⅱ) 토지취득 후 건물을 신축하기 위한 금액 변경, ⅲ) 모기지론 상환 등 국내송금액 변경, ⅳ) 주거용의 부동산 취득 후 이를 주거 이외 목적 부동산 취득으로의 내용변경, ⅴ) 주거 이외 목적의 부동산 취득 후 이를 주거용 부동산 취득으로의 내용변경[체재 목적임을 입증할 수 있는 서류(해외장기체류비자 등) 1부 제출] 등이다.[49]

외국부동산 취득과 관련 내용변경 신고수리 후 해당 목적물에 대한 소유권이 추가된 경우 3개월 이내(소유권 추가 취득일 기준)에 부동산 취득(변경) 보고를 하여야 한다. 투자대상 부동산의 목적물의 변경은 내용변경 신고수리 사항이 아니다.

6. 부동산 취득 및 처분 시 조치

거주자의 외국부동산 취득 규정에 의한 부동산 또는 이에 관한 권리의 취득에 관하여는 거주자의 외국부동산 취득 규정에서 별도로 규정한 경우를 제외하고는 제9-4조(투자금의 회수) 및 제9-6조(해외직접투자의 청산)를 준용한다(규정9-39⑤).

따라서 거주자가 취득한 외국부동산을 처분하는 경우 신고의 내용에 따라 투자원금과 과실을 국내에 회수하여야 한다(규정9-4①). 다만 인정된 자본거래를 하고자 하는 경우에는 국내로 회수하지 아니할 수 있다(규정9-4②). 또한 부동산 처분 시 관련 서류를 신고기관에 보고하여야 한다(규정9-6①).

그러나 개인투자자가 영주권, 시민권을 취득한 경우에는 제9-4조(투자금의 회수), 제9-6조(해외직접투자의 청산) 및 제9-40조(사후관리)의 규정은 적용하지 아니한다(규정9-39⑥ 본문). 다만, 영주권을 취득한 개인투자자가 이후 국내에 체재하여 거주자가 된 경우에는 그러하지 아니하다(규정9-39⑥ 단서).

7. 신고수리 요건의 심사

거주자의 외국에 있는 부동산 또는 이에 관한 권리의 취득과 관련하여 한국은행총재 또는 지정거래외국환은행의 장은 외국부동산 취득 신고가 있는 경우에는 ⅰ) 외국에 있는 부동산

---

49) 취급지침 121쪽.

또는 이에 관한 물권·임차권 기타 이와 유사한 권리("권리")를 취득하고자 하는 자가 신용정보법에 의한 금융거래 등 상거래에 있어서 약정한 기일 내에 채무를 변제하지 아니한 자로서 종합신용정보집중기관에 등록된 자, 조세체납자, 또는 해외이주 수속 중인 개인 또는 개인사업자에 해당하는 자가 아닌지 여부(제1호), ii) 부동산취득금액이 현지금융기관 및 감정기관 등에서 적당하다고 인정하는 수준인지 여부(제2호), iii) 부동산취득이 해외사업활동 및 거주목적 등 실제 사용목적에 적합한지 여부(제3호)를 심사하여 수리 여부를 결정하여야 한다(규정9-38).

8. 사후관리

(1) 외국부동산 취득사실의 국세청, 관세청 및 금융감독원 통보

한국은행총재 또는 지정거래외국환은행의 장은 거주자의 외국에 있는 부동산 또는 이에 관한 권리 취득에 대한 신고수리 내용을 매 익월 20일까지 국세청장, 관세청장 및 금융감독원장에게 통보하여야 한다(규정9-40①).

(2) 취득·처분(변경) 보고서의 한국은행 또는 지정외국환은행 제출

(가) 부동산 취득자의 한국은행 또는 지정외국환은행 보고서 제출

한국은행 또는 지정거래 외국은행의 신고수리를 받아 외국에 있는 부동산 또는 이에 관한 권리를 취득한 자는 i) 해외부동산 취득보고서는 부동산 취득대금 송금 후 3월 이내(제1호), ii) 해외부동산 처분(변경)보고서는 부동산 처분(변경) 후 3월 이내. 다만, 3월 이내에 처분대금을 수령하는 경우에는 수령하는 시점(제2호), iii) 수시보고서는 한국은행총재 또는 지정거래외국환은행의 장이 취득부동산의 계속 보유 여부의 증명 등 사후관리에 필요하다고 인정하여 요구하는 경우(제3호)에 한국은행총재 또는 지정거래외국환은행의 장에게 제출하여야 한다(규정9-40② 본문 전단).

따라서 i) 해외부동산 취득보고서의 경우에는 부동산 취득자금 송금 후 3월 이내(다만, 분할하여 송금하는 경우 최종 취득자금 송금 후 3월 이내), ii) 해외부동산 처분(변경)보고서의 경우에는 부동산 처분 또는 명의 변경 후 3월 이내(다만, 3월 이내에 처분대금을 수령하는 경우에는 수령하는 시점), iii) 부동산의 계속 보유사실 입증서류(부동산 등기부 등본 등)의 경우에는 신고수리일 기준 매 2년마다 제출하여야 한다. 외국에 있는 부동산을 임차하는 경우 iii)의 보고서는 제외된다.[50]

(나) 한국은행 또는 지정외국환은행의 보고서 등 제출

한국은행총재 또는 지정거래외국환은행의 장은 해외부동산 취득보고서 및 해외부동산 처분(변경)보고서를 제출받은 날이 속하는 달의 익월 말일까지 국세청장, 관세청장 및 금융감독

---

50) 취급지침 118쪽.

원장에게 제출하여야 한다(규정9-40② 본문 후단). 다만, 현지의 재난·재해 등 불가피한 사유로 인해 부동산 또는 이에 관한 권리를 취득한 자가 보고서를 제출하는 것이 불가능한 것으로 한국은행총재 또는 지정거래외국환은행의 장이 인정하는 경우에는 그 사유가 해소될 때까지 해외부동산 취득보고서, 해외부동산 처분(변경)보고서, 수시보고서, 또는 서류를 제출하지 아니할 수 있으며, 이 경우 한국은행총재 또는 지정거래외국환은행의 장은 국세청장, 관세청장 및 금융감독원장에게 그 사실을 통보하여야 한다(규정 9-40② 단서).

따라서 지정거래외국환은행의 장이 해외부동산취득보고서 또는 해외부동산처분(변경)보고서를 제출받은 경우 보고서를 제출받은 날이 속하는 달의 익월 말일까지 전산 통보하여야 한다. 다만, 현지의 재난·재해 등 불가피한 사유 등으로 해외부동산 취득보고서, 해외부동산 처분(변경)보고서, 부동산의 계속 보유사실 입증서류(부동산 등기부 등본 등)를 제출받는 것이 불가능할 경우에는 예외로 하며, 이 경우 지정거래외국환은행의 장은 국세청장·관세청장 및 금융감독원장에게 현지의 재난·재해 등 불가피한 사유 등의 사실을 통보(해외직접투자·해외부동산 사후관리의무면제 보고서, 지침서식 제9-24호)하여야 한다. 여기서 불가피한 사유 등이란 소재불명, 시민권 또는 영주권 취득, 투자자(법인)의 휴·폐업, 현지 법적 분쟁으로 인한 소송 등을 말한다.[51]

(3) 전자적 방법 통한 실명확인 후 제출

해외부동산 취득보고서, 해외부동산 처분(변경)보고서, 수시보고서, 또는 서류는 전자적 방법을 통해 실명확인을 받고 제출할 수 있다(규정 9-40③).

Ⅲ. 비거주자의 국내부동산 취득

1. 신고예외 사항

비거주자가 국내에 있는 부동산 또는 이에 관한 물권·임차권 기타 이와 유사한 권리("권리")를 취득하고자 하는 경우로서 다음에 해당하는 경우에는 신고를 요하지 아니한다(규정9-42①).

ⅰ) 해저광물자원개발법의 규정에 의하여 인정된 바에 따라 비거주자인 조광권자가 국내에 있는 부동산 또는 이에 관한 권리를 취득하는 경우(제1호), ⅱ) 비거주자가 본인, 친족, 종업원의 거주용으로 국내에 있는 부동산을 임차하는 경우(제2호), ⅲ) 국민인 비거주자가 국내에 있는 부동산 또는 이에 관한 권리를 취득하는 경우(제3호), ⅳ) 비거주자가 국내에 있는 비거주

---

51) 취급지침 118쪽.

자로부터 토지 이외의 부동산 또는 이에 관한 권리를 취득하는 경우(제4호), ⅴ) 외국인비거주
자가 상속 또는 유증으로 인하여 국내에 있는 부동산 또는 이에 관한 권리를 취득하는 경우(제
5호)

2. 외국환은행 신고

(1) 신고사항

신고예외 사항을 제외하고 비거주자가 국내부동산 또는 이에 관한 권리를 취득하고자 하
는 경우로서 다음에 해당하는 경우에는 [별지 제9-12호 서식]의 부동산취득신고(수리)서에 당
해 부동산거래를 입증할 수 있는 서류 또는 담보취득을 입증할 수 있는 서류를 첨부하여 외국
환은행의 장에게 신고하여야 한다(규정9-42②).

ⅰ) 외국으로부터 휴대수입 또는 송금(대외계정에 예치된 자금을 포함)된 자금으로 취득하는
경우(제1호), ⅱ) 거주자와의 인정된 거래에 따른 담보권을 취득하는 경우(제2호), ⅲ) 외국으로
부터 휴대수입 또는 송금(대외계정에 예치된 자금을 포함)에 의한 자금(외국에서 직접 결제하는 경우
를 포함) 또는 신고예외 사항 및 거주자와의 인정된 거래에 따른 담보권을 취득의 방법으로 부
동산 또는 이에 관한 권리를 취득한 비거주자로부터 부동산 또는 이에 관한 권리를 취득하는
경우(제3호)

위의 3가지 경우를 제외하고 비거주자의 국내부동산 또는 이에 관한 권리("국내부동산등")
의 취득자금은 외국으로부터 휴대수입 또는 송금(대외계정에 예치된 자금을 포함)된 자금에 한한
다.[52]

(2) 제출서류

비거주자가 국내부동산 또는 이에 관한 권리를 취득하고자 하는 경우 ⅰ) 부동산취득신고
서(규정 별지 제9-12호 서식) 및 동 서식 첨부서류, ⅱ) 임대차계약신고서(임대차인 경우)(규정 별
지 제7-9호 서식), ⅲ) 담보제공신고서(거주자가 비거주자에게 담보제공시), ⅳ) 부동산매매계약서
등, ⅴ) 담보취득의 경우로서 원인행위가 허가 또는 신고가 필요한 거래인 경우에는 원인행위
를 입증할 수 있는 서류 및 근저당권 설정계약서 등 담보취득을 입증할 수 있는 서류를 제출해
야 한다.[53]

(3) 외국환은행의 부동산취득신고필증 교부 등

비거주자의 국내부동산등의 취득신고를 받은 외국환은행은 부동산취득신고필증, 임대차
계약신고필증 또는 담보제공신고필증을 교부하여야 한다.[54]

---

52) 취급지침 122쪽.
53) 취급지침 122쪽.

비거주자의 국내부동산 담보권 취득의 경우에는 비거주자가 부동산취득신고를 하거나, 담보제공자인 당해 거주자가 담보제공신고를 할 수 있다. 비거주자가 국내부동산등을 취득한 다른 비거주자로부터 당해 국내부동산등을 취득한 경우(담보권 취득은 제외)에는 부동산취득신고필증 또는 임대차계약신고필증에 당해 부동산의 권리이전을 입증할 수 있는 서류를 첨부하여 최초 부동산등의 취득신고를 한 외국환은행의 장에게 소유권 등 권리의 이전신고를 하여야 한다.

3. 한국은행 신고

앞의 신고예외 사항 및 외국환은행 신고사항을 제외하고 비거주자가 국내에 있는 부동산 또는 이에 관한 권리를 취득하고자 하는 경우에는 한국은행총재에게 신고하여야 한다(규정9-42 ③). 이 경우 ⅰ) 신고서(규정 별지 제9-12호 서식), ⅱ) 부동산 취득 관련 계약서(안), ⅲ) 부동산 가격 및 실체확인서류, ⅳ) 재원증빙서류를 제출해야 한다.[55]

외국인비거주자인 Smith는 투자목적으로 국내부동산을 취득함에 있어 취득대금 전액을 외국에서 송금하지 않고 일부를 국내은행으로부터 대출받아 취득하기 위해 한국은행에 부동산 취득 신고를 하였다.[56]

4. 비거주자의 국내부동산 매각대금의 송금

(1) 외국환은행 확인 후 송금

(가) 신고사항

비거주자가 다음에 해당하는 방법으로 취득한 국내에 있는 부동산 또는 이에 관한 권리의 매각대금을 외국으로 지급하고자 하는 경우에는 당해 부동산 또는 이에 관한 권리의 취득 및 매각을 입증할 수 있는 서류를 외국환은행의 장에게 제출하여야 한다(규정9-43① 본문). 다만, 재외동포의 국내재산 반출의 경우에는 재외동포의 국내재산 반출절차(규정4-7)의 규정을 적용한다(규정9-43① 단서).

ⅰ) 외국으로부터 휴대수입 또는 송금(대외계정에 예치된 자금을 포함)된 자금으로 ㉠ 해저광물자원개발법의 규정에 의하여 인정된 바에 따라 비거주자인 조광권자가 국내에 있는 부동산 또는 이에 관한 권리를 취득하는 경우, ㉡ 비거주자가 본인, 친족, 종업원의 거주용으로 국내에 있는 부동산을 임차하는 경우, ㉢ 국민인 비거주자가 국내에 있는 부동산 또는 이에 관한 권리를 취득하는 경우, ㉣ 비거주자가 국내에 있는 비거주자로부터 토지 이외의 부동산 또는 이에 관한

---

54) 취급지침 122쪽.
55) 취급절차 [별지 제1호 서식] 2. 신고, 거.
56) 한국은행(2019), 220쪽.

이에 관한 권리를 취득하는 경우(규정9-42①(1)-(4))에 의하여 국내에 있는 부동산 또는 이에 관한 권리를 취득한 경우(제1호)

ⅱ) 외국환은행의 장에게 신고를 한 후(규정9-42②) 국내에 있는 부동산 또는 이에 관한 권리를 취득한 경우. 다만, 국민인 거주자와 국민인 비거주자간에 국내에서 내국통화로 표시되고 지급되는 금전의 대차계약(규정7-13(4))에 의하여 국내부동산 또는 이에 관한 권리를 취득한 경우를 제외한다(제2호).

ⅲ) 외국인비거주자가 상속 또는 유증으로 인하여 국내에 있는 부동산 또는 이에 관한 권리를 취득하는 경우(규정9-42①(5)) 및 한국은행총재 신고대상으로 취득시 신고절차를 거치고(규정9-42③) 국내에 있는 부동산 또는 이에 관한 권리를 취득한 경우(제3호)

비거주자가 규정 제9-42조 제1항 제5호에 의거 상속 또는 유증으로 인하여 취득한 국내부동산 등의 매각대금을 지급하거나, 규정 제9-42조 제3항에 의거 한국은행총재에게 신고한 후 취득한 국내부동산 등의 매각대금을 지급하고자 하는 경우에는 외국환은행의 장의 확인절차를 거친 후 송금할 수 있다.

(나) 제출서류

외국환은행 제출서류는 ⅰ) 지급신청서, ⅱ) 부동산등을 취득하였음을 입증하는 서류(부동산취득신고필증 등), ⅲ) 매각사실을 입증하는 서류(매매계약서 등), ⅳ) 부동산매각자금확인서 또는 양도소득세신고납부확인(신청)서(관할세무서장 발행) 등이다.[57]

(2) 한국은행 신고

앞의 외국환은행의 확인을 통한 지급의 경우를 제외하고 비거주자가 국내에 있는 부동산 또는 이에 관한 권리의 매각대금을 외국으로 지급하기 위하여 대외지급수단을 매입하는 경우에는 거주자가 비거주자와 대외지급수단 및 채권의 매매계약에 따른 채권의 발생들에 관한 거래에 따라(규정7-21③) [별지 제7-4호 서식]의 대외지급수단매매신고서에 의하여 한국은행총재에게 신고하여야 한다(규정9-43②).

대외지급수단 매매의 경우 ⅰ) 신고서(규정 별지 제7-4호 서식), ⅱ) 신고인이 비거주자임을 입증하는 서류, ⅲ) 체납여부 및 신용불량여부 확인: 납세증명서, 신용정보조회서, ⅳ) 예금잔액을 증명하는 서류, ⅴ) 재원증빙서류를 제출해야 하고, 채권매매의 경우 ⅰ) 신고서(규정 별지 제7-4호 서식), ⅱ) 채권매매계약서(안), ⅲ) 채권양도 대상 원인계약서를 제출해야 한다.[58]

---

[57] 취급지침 123쪽.
[58] 취급절차 [별지 제1호 서식] 2. 신고, 카.

<h1 style="text-align: center;">제6절 대북투자 등</h1>

Ⅰ. 서설

1. 대북투자 등에 관한 외국환 거래지침

기획재정부 고시인 「대북투자 등에 관한 외국환 거래지침」("대북투자지침")은 남북교류협력에 관한 법률 제26조 제4항의 규정에 의거, 거주자 또는 거주자가 외국환거래규정에 의하여 설립한 해외현지법인이 북한에 투자를 목적으로 수행하는 행위 또는 거래(북한지역 사무소 설치를 포함)에 관하여 외국환거래법을 준용함에 있어 그 특례를 정함을 목적으로 한다(대북투자지침1).

2. 적용범위

대북투자지침은 거주자와 외국환거래규정 제9장 제1절에 따라 신고하여 설립한 현지법인의 북한지역에의 투자 및 북한지역 사무소의 설치·운영에 대하여 적용한다(대북투자지침3 본문). 다만, 거주자 또는 현지법인이 금융·보험업을 영위하는 경우와 대북투자 업종이 금융·보험업인 경우는 제외한다(대북투자지침3 단서).

3. 투자방법

거주자와 현지법인의 북한지역에의 투자("대북투자")는 ⅰ) 북한의 법령에 의하여 설립된 법인(설립 중인 법인을 포함)의 증권 또는 출자지분 등을 취득하는 방법(제1호), ⅱ) 제1호의 법인에 대하여 투자사업 수행에 필요한 자금(상환기간 1년 이상에 한함)을 대부하는 방법(제2호), ⅲ) 북한지역에 지점을 설치 또는 확장하기 위하여 그 지점에 자금을 지급하는 방법(제3호), ⅳ) 제1호 내지 제3호의 방법에 의하지 아니하고 북한지역에서 사업을 영위하기 위한 자금을 지급하는 방법(제4호)으로 할 수 있다(대북투자지침4).

4. 제3자 지급에 대한 특례

거주자가 비거주자에게 지급등을 할 목적으로 북한지역에서 영업 중인 외국환은행 북한지점이 개설한 대외계정으로 지급등을 하는 경우, 인정된 거래에 한하여 외국환거래규정 제5-10조(신고 등)에 불구하고 한국은행총재 신고를 면제할 수 있다(대북투자지침13-1).

5. 신고의 예외거래

거주자가 대북투자 활성화를 위하여 설립된 투자관리기관과 금전대차계약에 따른 채권의 발생 등에 관한 거래를 하고자 하는 경우 외국환거래규정 제7-16조(거주자의 비거주자에 대한 대출)에 불구하고 한국은행 총재에 신고를 요하지 아니한다(대북투자지침13-4).

Ⅱ. 대북투자

1. 대북투자의 요건

남북교류협력에 관한 법률 제17조 제2항에 의하여 통일부장관은 협력사업이 다음의 요건에 합치하는지 여부에 대하여 기획재정부장관과 협의한다(대북투자지침6). 협의를 함에 있어 기획재정부장관은 필요시 관계행정기관의 장 및 한국은행총재, 외국환은행의 장등에 대하여 사업계획서에 대한 평가를 요청할 수 있다(대북투자지침8).

ⅰ) 대북투자를 하고자 하는 자가 신용정보법에 의한 금융거래 등 상거래에 있어서 약정한 기일 내에 채무를 변제하지 아니한 자로서 종합신용정보집중기관에 등록된 자가 아니어야 하고, ⅱ) 투자자가 대북투자를 하고자 하는 분야에서 투자수행능력이 있어야 하며, ⅲ) 시설투자의 금액, 부동산취득, 소요운전자금 등 자금운용계획과 소요자금의 조달방법이 적정하여야 하고, ⅳ) 생산 및 매출계획이 시설규모와 시장수요 등에 비추어 적정하여야 하며, ⅴ) 투자원금 및 과실의 회수가 가능하고 이익계획이 적정하여야 한다.

2. 대북투자의 신고

(1) 대북투자(변경)신고서 지정거래외국환은행 신고

대북투자를 하고자 하는 자(현지법인의 경우에는 그 현지법인의 설립허가를 받은 거주자)는 남북교류협력에 관한 법률에 의한 협력사업 승인 또는 신고수리 후 [별지 제1호의 서식]의 대북투자(변경)신고서를 지정거래외국환은행의 장에게 신고를 하여야 한다(대북투자지침7① 전단). 신고한 내용을 변경하고자 하는 경우에도 또한 같다(대북투자지침7① 후단).

(2) 첨부서류

대북투자신고를 하고자 하는 자는 대북투자신고서에 다음의 서류를 첨부하여 지정거래외국환은행의 장에게 제출하여야 한다(대북투자지침7③). ⅰ) 남북교류협력에 관한 법률 시행규칙 제13조(협력사업 승인신청서 등)의 규정에 의한 통일부장관의 협력사업 승인서 사본 또는 동법 시행규칙 제14조(협력사업 신고서)의 규정에 의한 통일부 장관의 협력사업 신고수리서 사본(제1호), ⅱ) 투자에 관한 최종합의서 사본. 다만, 외국환은행의 장이 부득이 하다고 인정하는 경우에는 생략할 수 있다(제2호). ⅲ) 자금조달 및 운용계획을 포함한 사업계획서(부속명세서가 있는 경우 그 부속명세서). 다만, 협력사업 신고수리를 받은 경우는 협력사업 업종이 한국표준산업분류에 따른 제조업인 경우에만 해당한다(제3호). ⅳ) 신고한 내용을 변경하고자 하는 경우에는 통일부장관의 변경승인서 또는 변경신고수리서 사본(제4호), ⅴ) 제7조의2 제2항에 의한 대부투자를 하는 경우에는 비거주자원화계정 개설 증빙서류(제5호)

(3) 신고불이행 등으로 인한 행정처분과 사후 신고

신고의무자가 대북투자 신고를 하지 아니하거나 신고된 내용과 다르게 투자를 한 후 자진신고를 통해 관련기관의 확인 등 행정처분이 진행 중인 경우 신고기관의 장은 당해투자에 대하여 사후에 신고를 받을 수 있다(대북투자지침7④).

(4) 개성공단 등 특구지역의 투자의 신고

개성공단 등 특구지역에 제4조(투자의 방법)의 규정에 의한 대북투자를 하고자 하는 경우에도 제7조(투자의 신고)의 규정을 따른다(대북투자지침7의2①).

특구지역 투자자가 북한의 법령에 의하여 설립된 법인(설립 중인 법인을 포함)에 대하여 투자사업 수행에 필요한 자금(상환기간 1년 이상에 한함)을 대부하는 방법((대북투자지침4(2))에 의한 투자를 할 때 ⅰ) 북한 현지법인이 건설공사비를 국내에서 지급하고자 하는 경우(제1호), ⅱ) 기타 북한 현지법인이 시설계약 또는 물품구입 등의 대가를 국내에서 지급하고자 하는 경우(제2호)에 대부투자를 위한 자금을 국내에서 지급하고자 하는 경우에는 지정거래외국환은행에 북한 현지법인 명의로 개설한 비거주자원화계정을 이용하여야 한다(대북투자지침7의2② 전단). 이 경우 비거주자원화계정으로 자금 송금 및 해당 자금 지급시 지정거래 외국환거래은행의 장에게 신고하여야 한다(대북투자지침7의2② 후단).

특구지역 투자자는 통일부 협력사업승인 이전에 개성공업지구 토지이용권을 분양받은 경우 지정거래외국환은행의 장에게 당해 투자에 대하여 제7조 제1항에 의한 투자의 신고 시점에 신고할 수 있다(대북투자지침7의2③).

3. 투자금의 송금과 투자금 등의 회수

(1) 투자금의 송금 신고

대북투자신고를 한 자("대북투자자")가 협력사업의 승인 또는 신고수리된 바에 따라 북한에 송금 또는 투자를 하는 경우에는 지정거래외국환은행의 장에게 신고하여야 한다(대북투자지침9①).

(2) 투자금 등의 회수

(가) 현금 또는 현물로 회수

대북투자자는 승인받은 사업계획 또는 신고수리된 사업계획(한국표준산업분류에 따른 제조업인 경우에만 해당한다)에 따라 당해 투자의 원금 또는 과실을 현금 또는 현물로 남한에 회수하여야 한다(대북투자지침10① 본문).

(나) 재투자 신고

과실의 일부 또는 전부를 회수하지 않고 재투자하는 경우에는 지정거래외국환은행의 장에게 신고하여야 한다(대북투자지침10① 단서).

(다) 청산 및 투자금액 감액 신고

대북투자자가 신고한 사업을 청산하거나 투자금액을 감액하고자 하는 경우에는 이를 미리 지정거래외국환은행의 장에게 신고하여야 한다(대북투자지침10②).

(라) 협력사업 승인취소 등과 투자사업 청산

대북투자자는 협력사업 승인의 취소 또는 남북교류협력에 관한 법률 제18조에 따른 통일부장관의 조정명령 등으로 협력사업 시행이 곤란한 경우에는 당해 투자사업을 즉시 청산하여야 한다(대북투자지침10③).

(마) 투자금액 감액 및 투자사업 종료와 투자금등 회수

대북투자자가 투자금액을 감액하거나 ⅰ) 사업기간의 종료, ⅱ) 협력사업 승인의 취소 또는 남북교류협력에 관한 법률 제18조(협력사업에 관한 조정명령 등)에 따른 통일부장관의 조정명령 등으로 협력사업 시행이 곤란한 경우, ⅲ) 증권, 지분 및 사업 등의 양도, ⅳ) 북한지역에서 사업을 영위하기 위한 자금을 지급하는 방법으로 투자하는 경우(대북투자지침4(4)) 사업목적의 달성 등, ⅴ) 기타 사유로 인하여 투자사업을 청산하는 경우 중 어느 하나에 해당하는 사유로 투자사업을 종료한 경우에는 감액한 투자금 또는 잔여재산을 즉시 남한에 회수하여야 한다(대북투자지침10④).

4. 대북투자 사후관리

기획재정부장관은 지정거래외국환은행의 장으로 하여금 대북투자사업의 실태를 파악하고 대북투자사업 실적을 분석·검토하며 관리대장을 기록·비치하게 하는 등 대북투자에 대한 적절한 관리를 실시하게 할 수 있다(대북투자지침11).

5. 보고서의 제출 등

(1) 보고서 종류와 제출기간

대북투자자는 다음의 보고서를 다음에서 정한 기일 내에 지정거래외국환은행의 장에게 제출하여야 한다(대북투자지침12① 본문). 다만, 대북투자자 또는 북한 현지법인이 휴·폐업, 소재불명 등으로 인해 보고서 등을 제출하는 것이 불가능하다고 지정거래외국환은행의 장이 인정하는 경우에는 당해 휴·폐업 또는 소재불명 등의 기간에 다음의 보고서 또는 서류를 제출하지 아니할 수 있다(대북투자지침12① 단서).

(가) 증권(채권)취득보고서

증권(채권)취득보고서는 투자금액 납입 또는 대여자금 제공 후 6월 이내에 제출하여야 한다(제1호).

(나) 송금(투자)보고서

송금(투자)보고서는 송금(투자) 즉시(투자금액을 현지금융으로 조달하는 경우 투자시점), 제7조의2 제2항에 의한 자금의 송금 및 지급 즉시 제출하여야 한다(제2호).

(다) 연간 사업실적 및 결산보고서

연간 사업실적 및 결산보고서는 회계기간 종료 후 5월 이내에 제출하여야 한다. 다만, 지정거래외국환은행의 장은 부동산관련업 이외의 투자사업으로서 투자금액의 합계가 미화 50만불 이하인 경우에는 연간사업실적 및 결산보고서의 제출을 면제할 수 있으며, 미화 100만불 이하인 경우에는 결산보고서 대신 소재지, 대표자, 매출액, 인원 현황 등 기본적 사항만 기재한 약식보고서를 제출할 수 있다(제3호).

(라) 청산보고서

청산보고서(금전대여의 경우 원리금 회수내용을 포함)는 청산자금 수령 또는 원리금회수 후 즉시 제출하여야 한다(제4호).

(마) 기타 서류

기타 지정거래외국환은행의 장이 대북투자의 사후관리에 필요하다고 인정하여 요구하는 서류를 제출하여야 한다(제5호).

(2) 지정거래외국환은행의 서류제출 요구 등

지정거래외국환은행의 장은 대북투자의 사후관리 등을 위하여 대북투자자에 대하여 필요한 서류의 제출을 요구할 수 있으며, 사실관계 등 필요한 사항을 관계기관에 조회하거나 협조를 요청할 수 있다(대북투자지침12②).

(3) 보고서 서식

보고서는 다음에서 정하는 서식에 따라 제출한다(대북투자지침12③). 즉 ⅰ) 증권(채권) 취득 보고서는 [별지 제2호 서식], ⅱ) 송금(투자) 보고서는 [별지 제3호 또는 제4호 서식], ⅲ) 청산 보고서(금전 대여의 경우 원리금 회수내용을 포함)는 [별지 제5호 서식]에 따라 제출한다.

(4) 지정거래외국환은행의 위반사실 기획재정부 및 통일부 보고

지정거래외국환은행의 장은 대북투자자가 대북투자와 관련하여 대북투자지침에 위반한 사실이 있는 경우에는 즉시 그 내용을 기획재정부장관 및 통일부장관에게 보고하여야 한다.

Ⅲ. 북한지사

1. 북한지사의 구분

북한지사는 북한지점과 북한사무소로 구분되는데, 북한지점은 북한의 고정된 장소에서 영업활동을 영위하고자 설치하는 지점을 말하고, 북한사무소는 북한에서 영업활동을 영위하지 아니하고 업무연락, 시장조사, 연구개발활동 등의 비영업적 기능만을 수행하는 사무소를 말한다(대북투자지침14).

2. 북한지사의 설치신고

(1) 기획재정부장관 협의

남북교류협력에 관한 법률 제17조 제2항에 의하여 통일부장관은 북한지사 설치의 경제적 타당성 등에 대하여 기획재정부장관과 협의한다(대북투자지침15①).

(2) 북한지점 설치 및 설치내용의 변경 신고

북한지점을 설치하고자 하는 자는 남북교류협력에 관한 법률에 의한 승인 또는 신고수리를 받은 후 [별지 제6호의 서식]에 따라 지정거래외국환은행의 장에게 신고를 하여야 한다(대북투자지침15② 전단). 신고한 내용을 변경하고자 하는 경우에도 또한 같다(대북투자지침15② 후단).

(3) 북한사무소 설치신고

북한사무소를 설치하고자 하는 자는 국내기업 및 경제단체의 북한지역사무소 설치에 관한 지침(통일부고시)에 따른 사무소설치 인증을 얻은 후 지정거래외국환은행의 장에게 신고하여야 한다(대북투자지침15③).

3. 북한지점의 영업기금 송금

(1) 지정거래외국환은행 신고

북한지점을 설치한 자가 협력사업 승인 또는 신고수리된 바에 따라 북한지점에 영업기금 (당해 북한지점의 설치비·유지운영비 및 영업활동을 위한 운전자금을 포함하고 현지 금융차입에 의한 자금을 제외)을 지급하고자 하는 경우에는 지정거래외국환은행의 장에게 신고하여야 한다(대북 투자지침16①).

(2) 비독립채산 운영과 설치비 및 유지활동비 지급

지정거래외국환은행의 장은 독립채산으로 운영되는 것이 불가능하다고 인정된 북한지점 에 대하여는 영업기금 대신 제17조 및 제18조의 규정을 준용하여 설치비 및 유지활동비를 지 급할 수 있다(대북투자지침16②).

(3) 운용제한

북한지점의 영업기금은 당해 지점의 인정된 영업활동을 위하여 운용하여야 한다(대북투자 지침16③).

4. 북한사무소의 설치비 신고

(1) 지정거래외국환은행 신고

북한사무소의 설치비를 지급하고자 하는 자는 지정거래외국환은행의 장에게 신고하여야 한다(대북투자지침17①).

(2) 설치비의 내용

북한사무소의 설치비는 북한사무소의 설치 또는 확장에 따르는 ⅰ) 사무실 및 주재원의 주거용 부동산등 북한에서의 활동에 필요한 부동산에 대한 구입비 또는 임차료(장기임대계약에 의하여 일시에 지불하는 자본적 지출에 해당되는 비용), ⅱ) 동산 집기류(자동차 포함) 구입비 및 임 차보증금, ⅲ) 영선비(사무소의 수리비 또는 원상복구비를 포함), ⅳ) 전화, 텔렉스 등 통신관계 설 치비, ⅴ) 기타 지정거래외국환은행의 장이 필요하다고 인정하는 자본적 지출비용을 말한다(대 북투자지침17②).

(3) 사전개산 지급과 증빙서류 제출

설치비 지급을 함에 있어서 증빙서류에 의한 지급이 곤란한 경우에는 북한사무소의 설치 계획서에 의하여 사전개산 지급을 할 수 있으며, 이 경우 설치비 지급신고일로부터 3월 이내에 당해 지급을 증빙하는 서류 등을 지정거래외국환은행의 장에게 제출하여 정산하여야 한다(대북 투자지침17③).

(4) 설치비의 사전정산 결과와 유지활동비 전용

지정거래외국환은행의 장은 설치비의 사전정산 결과 미사용 잔액이 있는 경우에는 이를 제18조의 유지활동비로 전용하게 할 수 있으며, 그 전용금액은 당해 사무소의 유지활동비 지급 신고시 이를 차감하여야 한다(대북투자지침17④).

5. 북한사무소의 유지활동비 신고

(1) 지정거래외국환은행 신고

북한사무소의 유지활동비(북한사무소의 활동 및 유지운영에 필요한 제경비)를 지급하고자 하는 자는 지정거래외국환은행의 장에게 신고하여야 한다(대북투자지침18①).

(2) 유지활동비의 구분: 기본경비와 기타경비

북한사무소의 유지활동비는 기본경비와 기타경비로 구분한다(대북투자지침18②).

(3) 기본경비의 내용과 지정거래외국환은행의 사후관리

기본경비는 ⅰ) 전기, 가스 및 수도료, ⅱ) 전신전화료, ⅲ) 동산임차료, 부동산 사용료 및 주택수당을 받지 않는 주재원의 주거용 주택임차료(기간단위로 지급하는 수익적 지출에 해당되는 비용), ⅳ) 제세공과금, ⅴ) 현지인력의 고용에 따른 보수, ⅵ) 기타 북한사무소의 운영에 정기적, 필수적으로 소요된다고 지정거래외국환은행의 장이 인정하는 경비로서 실제 소요되는 경비전액을 지급하되 지정거래외국환은행의 장의 사후관리를 받아야 한다(대북투자지침18③).

(4) 기타경비의 지급한도

기타경비는 기본경비 이외의 경비로서 그 지급한도는 사무소당 월 미화 2만불 및 주재원 1인당 월 미화 1만불로 하며 경비용도에 관한 확인 및 사후관리를 요하지 아니한다(대북투자지침18④).

(5) 기타경비의 지급한도 초과 지급과 지정거래외국환은행 신고수리

기타경비의 지급한도를 초과하여 기타경비를 지급하고자 하는 경우에는 지정거래외국환은행의 장에게 신고하여 수리를 받아야 한다(대북투자지침18⑤).

(6) 지급 증빙서류의 지정거래외국환은행 제출과 정산

제3항 또는 제5항의 규정에 의한 유지활동비를 지급하는 자는 지급신고일부터 180일 이내에 당해 지급을 증명하는 증빙서류 등을 지정거래외국환은행의 장에게 제출하여 정산하여야 한다(대북투자지침18⑥ 본문). 다만, 제5항의 규정에 의한 기타경비를 지급하는 경우에는 제4항의 기타경비 지급을 포함하여 정산하여야 한다(대북투자지침18⑥ 단서).

6. 북한지점의 결산순이익금의 처분 등

(1) 결산재무제표 등 순이익금의 처분내역 제출 · 확인

북한지점을 설치한 자(독립채산제의 예외적용을 받는 북한지점은 제외)는 당해 거주자의 매 회계기간별로 북한지점의 결산재무제표 및 그 부속서류와 결산결과 발생할 순이익금의 처분내역을 그 결산일부터 5월 이내에 지정거래외국환은행의 장에게 제출하여 확인을 받아야 한다(대북투자지침19①).

(2) 결산순이익금의 처분 방법

결산순이익금의 처분은 ⅰ) 전기이월 결손에의 충당, ⅱ) 남한에 회수, ⅲ) 당해 북한지점의 영업기금으로의 운용에 해당하는 방법에 의하여야 한다(대북투자지침19②).

7. 북한지사의 경비사용에 관한 유지관리의무

북한지사는 동 지사의 영업기금, 설치비, 유지활동비 및 기타자금을 보유 · 사용함에 있어서 각 지사별로 독립장부를 비치하여 그 보유 · 사용 · 차입 및 대부내용을 유지, 관리하여야 한다(대북투자지침20).

8. 북한지사에 관한 사후관리 등

(1) 설치결과의 지정거래외국환은행 보고

북한지사의 설치에 관한 승인을 받은 자는 지사 설치를 완료한 후 20일 이내에 현지법규에 의한 등록증 사본을 첨부하여 지정거래외국환은행의 장에게 설치결과를 보고하여야 한다(대북투자지침21①).

(2) 부동산 및 증권 취득 · 처분 내용 보고

북한지사가 토지이용권 등 부동산에 대한 권리 또는 증권을 취득 또는 처분하는 경우에는 그 취득 또는 처분일부터 20일 이내에 지정거래외국환은행의 장에게 그 취득 또는 처분내용을 보고하여야 한다(대북투자지침21②).

(3) 반기별 영업활동상황의 지정거래외국환은행 제출

북한지사를 설치한 자는 당해 북한지사의 반기별 영업활동상황을 반기 종료 후 20일 이내에 지정거래외국환은행의 장에게 제출하여야 한다(대북투자지침21③).

(4) 지정거래외국환은행의 지사별 종합관리카드 작성

지정거래외국환은행의 장은 북한지사의 토지이용권 등 부동산에 대한 권리의 취득 및 처분, 결산, 자금의 차입 및 대부, 주재원 수 등에 대하여 각 지사별로 종합관리카드를 작성, 비치하여 사후관리를 하여야 한다(대북투자지침21④).

9. 북한지사 폐지, 명칭 또는 위치 변경신고

(1) 지정거래외국환은행 신고

북한지사를 폐지하거나 그 명칭 또는 위치를 변경한 경우에는 지정거래외국환은행의 장에게 그 폐지 또는 변경내용을 신고하여야 한다(대북투자지침22①).

(2) 지정거래외국환은행의 북한지사 폐지의 건의

지정거래외국환은행의 장은 북한지사가 ⅰ) 당해 북한지사 또는 이를 설치한 자가 남북교류협력에 관한 법률 또는 이 지침을 위반한 경우, ⅱ) 북한지점의 결산결과 3회계연도 계속하여 순손실이 발생하고 향후 이익발생 전망이 불투명한 경우, ⅲ) 기타 당해 북한지사의 현지활동상황 및 영업실적 등에 비추어 이를 존치할 필요성이 없다고 인정되는 경우에는 당해 북한지사의 폐지를 기획재정부장관을 경유하여 통일부장관에게 건의할 수 있다(대북투자지침22②).

(3) 북한지사 폐지와 북한지사의 제자산처분대전 회수 등

제1항 또는 제2항의 규정에 의하여 북한지사의 폐지신고를 하거나 폐지지시를 받은 자는 당해 북한지사의 제자산처분대전을 지사를 폐지한 즉시(폐지지시를 받은 경우에는 폐지지시를 받은 날부터 3월 이내에) 남한에 회수하고 당해 북한지사의 재산목록, 대차대조표 및 제자산처분명세서와 그 처분대전의 외국환은행에 대한 매각증명서를 지정거래외국환은행의 장에게 제출하여야 한다(대북투자지침22③).

Ⅳ. 현지금융

1. 현지금융 대상자와 현지금융 인증

거주자 또는 남북교류협력에 관한 법률 제17조 또는 제17조의2에 의하여 통일부장관의 협력사업 승인 또는 신고수리를 받아 북한에 설치한 현지법인("북한 현지법인") 및 북한지점이 승인 또는 신고수리된 협력사업의 수행을 위하여 현지금융을 받고자 하는 경우에는 다음에서 정한 자가 당해 현지금융에 대하여 외국환은행의 보증이 있는 경우에는 지급보증은행의 장의 인증, 외국환은행의 보증이 없는 경우에는 지정거래외국환은행의 장의 인증을 받아야 한다(대북투자지침23① 본문). 다만, 북한 현지법인 또는 북한지점("북한 현지법인 등")이 거주자의 보증 또는 담보제공 없이 현지금융을 받고자 하는 경우에는 그러하지 아니한다(대북투자지침23① 단서).

(1) 거주자의 현지금융

거주자가 승인받은 대북투자자금 조달을 목적으로 북한 및 해외에서 외화자금을 차입하는 경우에는 그 거주자가 인증을 받아야 한다(제1호).

(2) 북한 현지법인 및 북한지점의 현지금융

북한 현지법인등이 현지금융을 받는 경우에는 당해 북한 현지법인등을 설치한 거주자가 인증을 받아야 한다. 다만, 북한 현지법인등을 설치한 거주자와 계열관계에 있는 기업이 보증 또는 담보를 제공하는 경우에는 그 계열기업이 인증을 받아야 한다(제2호)

2. 별도 시설투자와 변경승인 또는 변경신고 수리 후 인증

현지금융의 인증을 함에 있어 지급보증은행 또는 지정거래외국환은행의 장은 당해 현지금융이 승인 또는 신고수리된 협력사업의 범위를 벗어난 별도의 시설투자를 위한 것일 때에는 통일부장관의 변경승인 또는 변경신고 수리된 경우에 한하여 이를 인증할 수 있다(대북투자지침 23②).

3. 운영자금 조달을 위한 현지금융

현지금융의 인증을 함에 있어 지급보증은행 또는 지정거래외국환은행의 장은 당해 현지금융이 북한 현지법인 등의 운영자금 조달을 위한 것일 때에는 전년도 매출실적(전년도 매출실적이 없는 경우에는 사업계획서상의 사업초년도 예상매출액)의 40% 이내인 경우에 한하여 이를 인증할 수 있다(대북투자지침23③).

4. 한도 초과 운영자금 조달과 기획재정부 허가

북한 현지법인 등이 전년도 매출실적(전년도 매출실적이 없는 경우에는 사업계획서상의 사업초년도 예상매출액)의 40%의 한도를 초과하여 운영자금 조달을 위한 현지금융을 받고자 하는 경우에는 기획재정부장관의 허가를 받아야 한다(대북투자지침23④).

5. 차입자금의 용도 제한과 차입원리금 상환 여부의 사후관리

현지금융의 허가 또는 인증을 받아 차입한 자금은 그 허가 또는 인증받은 내용에 따라 사용되어야 하며, 그 사용 및 그 차입원리금의 정당한 상환 여부에 대하여 다음의 구분에 따라 당해 외국환은행의 장의 사후관리를 받아야 한다(대북투자지침23⑤).

1. 제1항의 본문의 규정에 의하여 지급보증은행의 장 또는 지정거래외국환은행의 장이 현지금

융의 인증을 한 경우에는 당해 인증을 한 외국환은행의 장

2. 제1항의 단서규정에 의하여 인증을 요하지 아니하는 현지금융의 경우에는 당해 북한 현지
법인 등을 설치한 거주자의 지정거래외국환은행의 장

3. 제5항의 규정에 의하여 기획재정부장관이 현지금융을 허가한 경우에는 지급보증은행의 장,
지급보증은행이 없는 경우에는 지정거래외국환은행의 장

6. 현지금융의 차입 및 상환분기보의 사후관리 외국환은행 제출

기획재정부장관의 현지금융 허가 또는 외국환은행의 장의 현지금융 인증을 받은 자 및 북
한 현지법인 등이 거주자의 보증없이 현지금융을 받은 경우 당해 북한 현지법인 등을 설치한
자(북한 현지법인 등을 설치한 자가 현지법인인 경우에는 당해 현지법인을 설치한 거주자)는 당해 현지
금융의 차입 및 상환분기보를 제5항의 규정에 의한 현지금융의 사후관리 외국환은행의 장에게
다음 분기 첫달 말일까지 제출하여야 한다(대북투자지침23⑥).

7. 현지금융 원리금 상환의 인증

현지금융의 허가 또는 인증을 받은 자가 그 허가 또는 인증받은 바에 따라 원금 및 이자
와 부대비용을 국내에서 북한 또는 해외로 지급하고자 하는 경우에는 지급보증은행의 장의 인
증, 지급보증은행이 없는 경우에는 지정거래외국환은행의 장의 인증을 받아야 한다(대북투자지
침23⑦).

8. 인증 및 보고의 지정거래외국환은행 통보

지급보증은행의 장이 제1항 및 제7항의 규정에 의하여 인증을 하거나 제6항의 규정에 의
하여 보고를 받은 경우에는 이를 지체없이 지정거래외국환은행의 장에게 통보하여야 한다(대북
투자지침23⑧).

제6장

외국환거래의
사후관리

제1절 사후관리절차 등

I. 한국은행 또는 외국환은행의 사후관리

권한의 위탁을 받아 외국환거래의 신고등을 받은 한국은행총재 또는 외국환은행의 장은 당해 외국환거래당사자가 한 외국환거래가 법령의 규정대로 실행되었는지 여부에 대하여 법·영 및 이 규정에서 정한 범위 내에서 사후관리를 하여야 한다(규정10-9① 본문). 다만, 거래당사자가 거래외국환은행을 지정하였거나 한국은행총재가 사후관리은행을 지정한 경우에는 그 지정된 외국환은행의 장이 사후관리를 하여야 한다(규정10-9① 단서).

II. 한국은행의 신고(수리)서 사본 및 계약서 사본 등 송부

한국은행총재가 외국환거래 또는 행위에 대하여 신고(수리)를 한 경우에는 신고(수리)를 신청한 자가 지정하는 대가지급은행 또는 사후관리은행으로 신고(수리)서 사본 및 계약서 사본 등을 송부하여야 한다(규정10-9②).

Ⅲ. 외국환은행의 이행 촉구 및 금융감독원 보고

외국환은행의 장은 사후관리 결과 외국환거래당사자가 신고등의 조건을 이행하지 아니한 경우에는 그 기한 만료일부터 30일 이내에 당해 조건의 이행을 독촉하여야 하며, 독촉일부터 60일 이내에도 그 의무를 이행하지 아니하거나 외국환거래당사자가 ⅰ) 법 제15조부터 제18조까지의 규정에 따라 허가를 받거나 신고를 한 경우 허가사항 또는 신고사항에 정하여진 기한이 지난 후에 거래 또는 행위를 한 경우, ⅱ) 대통령령으로 정하는 금액(거래 또는 행위 유형에 따라 금액을 달리 정할 수 있다) 이하의 거래 또는 행위로서 제15조부터 제18조까지의 규정에 따른 절차 준수, 허가 또는 신고("신고등")의 의무를 위반하여 거래 또는 행위를 한 경우(법19① 각호)에는 이를 금융감독원장에게 보고하여야 한다(규정10-9③). ⅱ)에서 "대통령령으로 정하는 금액"이란 법 제15조(지급절차 등), 제16조(지급 또는 수령의 방법의 신고) 및 제17조(지급수단 등의 수출입 신고) 위반은 미화 1만 달러, 법 제18조(자본거래의 신고 등) 위반은 미화 2만 달러를 말한다(영33①).

Ⅳ. 한국은행의 업무처리 기준 및 절차 제정

한국은행총재는 사후관리의 실효성을 확보하기 위하여 업무처리의 기준 및 절차 등을 정할 수 있다(규정10-9④).

제2절 자료의 제출 등

Ⅰ. 외국환거래당사자의 사후관리자료 제출

외국환거래당사자는 사후관리자가 정하는 바에 따라 사후관리자료를 한국은행총재·지정거래외국환은행의 장·한국은행총재가 지정하는 사후관리은행의 장 또는 당해 거래의 신고등을 한 외국환은행의 장에게 제출하여야 한다(규정10-10①).

Ⅱ. 외국환은행의 자료제출요구

외국환거래당사자에 대한 사후관리를 하는 외국환은행의 장은 필요한 경우에는 당해 외국환거래당사자에 대하여 사후관리에 필요한 자료의 제출을 요구할 수 있다(규정10-10②).

Ⅲ. 외국환은행의 한국은행에 대한 자료 송부

외국환거래당사자가 외국환거래규정에 의하여 한국은행총재 또는 외국환은행의 장에게 보고서를 제출하여야 할 경우에는 한국은행총재가 사후관리은행으로 지정한 영업소의 장 또는 당해 당사자가 거래외국환은행으로 지정한 영업소의 장에게 제출하여야 하며 보고서를 받은 외국환은행의 장은 그 보고서가 한국은행총재에게 제출하여야 하는 것일 경우에는 지체없이 한국은행총재에게 송부하여야 한다(규정10-10③).

제3절 거래외국환은행 지정 등

Ⅰ. 거래외국환은행 지정 사항

"지정거래외국환은행"이라 함은 외국환거래규정의 적용을 받는 행위 또는 거래의 당사자가 대외거래 및 사후관리를 위하여 지정한 외국환은행을 말한다(규정1-2(35)).

거래당사자는 외국환거래의 신고등 및 사후관리를 위하여 거래외국환은행을 지정하여야 한다(규정10-11①). 거래외국환은행을 지정하여야 하는 자는 ⅰ) 환전업무를 영위하는 자, ⅱ) 연간 누계금액이 미화 5만불 이내(자본거래에 따른 지급금액을 포함) 및 연간 누계금액이 미화 5만불을 초과하는 금액을 지급하고자 하는 자, ⅲ) 국내에서의 고용, 근무에 따라 취득한 국내 보수 또는 자유업 영위에 따른 소득 및 국내로부터 지급받는 사회보험 및 보장급부 또는 연금 기타 이와 유사한 소득 범위 이내에서 지정거래외국환은행을 통해 지급하고자 하는 자, 비거주자등이 연간 미화 5만불 범위 내에서 지정거래외국환은행을 통해 지급하고자 하는 자, 외국인 거주자의 경우 연간 미화 5만불의 범위 내에서 해외여행경비를 신용카드등으로 지정거래외국환은행을 통하여 지급하고자 하는 자, ⅳ) 해외여행경비를 지급하고자 하는 자, ⅴ) 해외이주비를 지급하고자 하는 자, ⅵ) 재외동포의 국내재산 반출절차에 따라 재산반출 신청을 하고자 하는 자, vii) 상호계산을 실시하고자 하는 자, viii) 해외예금을 하고자 하는 자, ix) 자금통합관리를 하고자 하는 자, x) 자본거래로서 거주자의 거래 건당 수령금액이 미화 5천불 초과 5만불 이내이고, 연간 수령누계금액이 미화 5만불을 초과하지 않는 금액을 수령하고자 하는 자, xi) 거주자의 외화자금 및 원화자금을 차입하고자 하는 자, xii) 교포등에 대한 여신과 관련하여 거주자 또는 당해 여신을 받는 비거주자가 국내에 있는 금융기관에 미화 50만불 이내에서 원리금의 상환을 보증하고자 하는 자, xiii) 증권을 발행하고자 하는 자, xiv) 외국에 있는 부동산을 취득하고자 하는 자, xv) 국내지사를 설치·운영하고자 하는 자, xvi) 현지금융을 받고자 하는 자, xvii) 해외직접투자를 하고자 하는 자, xviii) 해외지사를 설치·운영하고자 하는 자, xix) 기타 한국은행총재가 필요하다고 인정하는 자 등이다.

Ⅱ. 거래외국환은행의 지정 사실 확인 및 등록

거래외국환은행으로 지정신청을 받은 외국환은행은 거래외국환은행 지정 사실을 확인한 후 지정명부에 등록하여야 한다(규정10-11②).

Ⅲ. 지정 사실의 외환정보집중기관 보고

거래외국환은행으로 지정된 외국환은행의 장은 그 지정 사실을 외환정보집중기관의 장이 정하는 기간 내에 외환정보집중기관의 장에게 보고하여야 한다(규정10-11③).

Ⅳ. 외국환은행의 등록 여부 확인 및 신고

외국환은행의 장은 거래외국환은행을 지정하여야 하는 사항에 관하여 신고 또는 지급신청을 받은 경우에는 당해 외국환은행을 거래외국환은행으로 등록되었는지의 여부를 확인한 후 신고를 받거나 신고수리·지급을 하여야 하고 그 신고사항에 관하여 사후관리를 하여야 한다(규정10-11④).

Ⅴ. 거래외국환은행의 변경 사실 보고

거래외국환은행을 지정한 자가 지정된 거래외국환은행을 변경하고자 할 경우에는 현재 지정되어 있는 거래외국환은행을 경유하여 새로이 지정할 은행의 확인을 받아야 하며, 신규 지정

된 거래외국환은행이 그 변경 사실을 외환정보집중기관의 장에게 보고하여야 한다(규정10-11
⑤).

제4절 국세청장 등에게의 통보 등

Ⅰ. 기획재정부장관의 자료 통보 명령

기획재정부장관은 외국환거래법을 적용받는 거래, 지급, 수령, 자금의 이동 등에 관한 자
료를 국세청장, 관세청장, 금융감독원장 또는 한국수출입은행장에게 직접 통보하거나 한국은행
총재, 외국환업무취급기관등의 장, 세관의 장, 외환정보집중기관의 장, 여신전문금융업협회의
장으로 하여금 국세청장, 관세청장, 금융감독원장 또는 한국수출입은행장에게 통보하도록 할
수 있다(법21①, 영36①).

기획재정부장관은 한국은행총재, 외국환업무취급기관등의 장, 세관의 장, 외환정보집중기
관의 장과 여신전문금융업협회의 장으로 하여금 국세청장, 관세청장, 금융감독원장 또는 한국
수출입은행장에게 통보하도록 명하는 경우에는 통보대상거래, 통보시기 등 필요한 사항을 정
하여 고시하여야 한다(영36②).

Ⅱ. 국세청장에 대한 통보 및 열람

한국은행총재, 외국환업무취급기관의 장, 여신협회장 및 전문외국환업무취급업자가 외국환
거래규정에서 정하는 바에 의하여 국세청장에게 통보 또는 열람하도록 하여야 하는 거래 및 통
보시기는 다음과 같다(규정10-12① 본문). 단, 열람대상거래의 경우 국세청장은 조세탈루혐의의
확인을 위해 필요시 당해 신고기관에 제출된 신고서류를 열람만 할 수 있다(규정10-12① 단서).

1. 통보대상거래

통보대상거래는 외국환업무의 등록 및 변경 등(규정2-1), 지급 및 수령(규정2-1의2), 외국
환의 매입(규정2-2), 외국환의 매각(규정2-3), 대출(규정2-6), 대출채권등의 매매(규정2-7), 대외
지급수단의 발행(규정2-7의2), 보증(규정2-8), 파생상품거래(규정2-10의2), 환전영업자의 업무(규
정2-29), 소액해외송금업자의 업무(규정2-31), 기타전문외국환업무의 범위(규정2-39), 외국환은

행의 장이 지급등의 경우 매월별로 익월 10일 이내에 지급등의 내용을 국세청장에게 통보하는 경우(규정4-8①), 상계와 관련된 신고 등(규정5-4), 상호계산과 관련하여 지정거래외국환은행의 장에게 하는 신고 등(규정5-5), 기간을 초과하는 지급등의 방법의 신고 등(규정5-8), 제3자 지급 등에 의한 지급등의 방법의 신고 등(규정5-10), 외국환은행을 통하지 아니하는 지급등의 방법의 신고 등(규정5-11), 지급수단등의 수출입 신고 등(규정6-2), 해외예금 및 해외신탁의 보고 등(규정7-12), 금전의 대차계약에서 거주자의 비거주자에 대한 대출(규정7-16), 대외지급수단, 채권 기타의 매매 및 용역계약에 따른 자본거래에서 거주자와 비거주자간의 거래(규정7-21), 현지금융에서의 차입 및 상환 보고(규정8-4), 금융기관을 제외한 거주자의 해외직접투자에서 사후관리(규정9-9), 금융·보험업에 대한 해외직접투자에서 역외금융회사 등에 대한 해외직접투자(규정9-15의2), 비금융기관의 해외지사에서 해외지사에 관한 사후관리 등(규정9-25), 거주자의 외국부동산 취득에서 사후관리(규정9-40), 신고절차(규정9-42), 신용카드등에 대한 보고(규정10-6)에 의한 지급등 또는 거래 사실(인별·건별 내역을 포함)이다(규정10-12①(1)).

2. 통보시기

통보시기는 매월별로 익월 10일 이내이다. 다만 규정에서 따로 정하는 경우에는 그 정하는 바에 의한다(규정10-12①(2)).

3. 열람대상거래

열람대상거래는 외국환은행이 거주자로부터 보증 또는 담보를 제공받아 비거주자에게 외화대출을 하는 경우 대출을 받고자 하는 경우 비거주자가 한국은행총재에게 신고하여야 하는데, 이 경우의 국세청장의 열람(규정2-6①), 거주자간의 거래에 관하여 보증을 하는 경우 등은 외국환은행의 신고를 요하지 않는데, 이 경우는 열람대상이며(규정2-8), 금전의 대차계약에서 거주자의 외화자금차입(규정7-14), 채무의 보증계약에서 거주자와 비거주자간의 거래 또는 비거주자간 거래에 관하여 거주자가 채권자인 거주자 또는 비거주자의 채무의 보증계약에 따른 채권의 발생등에 관한 거래(규정7-19), 거주자의 증권취득(규정7-31), 파생상품거래에서의 거래절차(규정7-40)이다(규정10-12①(3)).

Ⅲ. 관세청장에 대한 통보

한국은행총재, 외국환업무취급기관의 장, 여신협회장 및 전문외국환업무취급업자가 외국환거래규정에서 정하는 바에 의하여 관세청장에게 통보하여야 하는 거래 및 통보시기는 다음과 같다(규정10-12②).

1. 통보대상거래

통보대상거래는 외국환의 매입(규정2-2), 외국환의 매각(규정2-3), 환전영업자의 업무(규정 2-29), 소액해외송금업자의 업무(규정2-31), 기타전문외국환업무의 범위(규정2-39), 지급과 수령 관련한 관세청장에 대한 통보사항(규정4-8②), 상계 관련한 신고 등(규정5-4), 상호계산 관련한 지정거래외국환은행의 장에게 신고 등(규정5-5), 기간을 초과하는 지급등의 방법 관련 신고 등 (규정5-8), 제3자 지급등에 의한 지급등의 방법 관련 신고 등(규정5-10), 외국환은행을 통하지 아니하는 지급등의 방법 관련 신고 등(규정5-11), 해외예금 및 해외신탁 관련 보고 등(규정 7-12), 대외지급수단, 채권 기타의 매매 및 용역계약에 따른 자본거래 관련 거주자와 비거주자 간의 거래(규정7-21), 금융기관을 제외한 거주자의 해외직접투자 관련 사후관리(규정9-9), 국내 기업 등 해외지사에서 비금융회사의 해외지사에 대한 사후관리 등(규정9-25), 거주자의 해외부 동산 취득 관련 사후관리(규정9-40), 신고절차(규정9-42), 신용카드등에 대한 보고(규정10-6)에 의한 지급등 또는 거래사실(인별·건별 내역을 포함)이다(규정10-12②(1)).

2. 통보시기

통보시기는 매월별로 익월 10일 이내이다. 다만, 규정에서 따로 정하는 경우에는 그 정하 는 바에 의한다(규정10-12②(2)).

Ⅳ. 금융감독원장에 대한 통보

한국은행총재, 외국환업무취급기관의 장 및 전문외국환업무취급업자가 외국환거래규정에 서 정하는 바에 의하여 금융감독원장에게 통보하여야 하는 거래 및 통보시기는 다음과 같다(규 정10-12③).

1. 통보대상거래

통보대상거래는 한국은행총재의 외국환포지션 한도 관련 외국환포지션 상황(규정2-9의2 ⑤), 소액해외송금업자의 업무(규정2-31), 기타전문외국환업무의 범위(규정2-39), 외국환은행의 장이 지급등의 내용을 매월별로 익월 10일까지 금융감독원장에게 통보해야 하는 사항(규정4-8 ③), 상계 관련 신고 등(규정5-4), 상호계산 관련 지정거래외국환은행의 장에게 신고 등(규정 5-5), 제3자 지급등에 의한 지급등의 방법 관련 신고 등(규정5-10), 대외지급수단, 채권 기타의 매매 및 용역계약에 따른 자본거래 관련 거주자와 비거주자간의 거래(규정7-21), 외국인투자자의 국내원화증권 투자절차 관련 투자전용계좌 등(규정7-37), 한국은행총재의 현지금융 관련 현지금융 차입 및 상환상황의 금융감독원장에 대한 통보(규정8-4②), 금융기관을 제외한 거주자의 해외직접투자 관련 사후관리(규정9-9), 외국기업등의 국내지사 관련 영업기금 등의 도입(규정9-34), 거주자의 외국부동산 취득 관련 사후관리(규정9-40), 거래외국환은행 지정 등(규정10-11)에 의한 지급등 또는 거래 사실과 제2-10조의2(파생상품거래) 제2항의 규정에 의한 파생상품거래실적 중 차액결제선물환거래 내역(인별·건별 내역을 포함)이다(규정10-12③(1)).

2. 통보시기

통보시기는 매월별로 익월 10일 이내이다. 다만 규정에서 따로 정하는 경우에는 그 정하는 바에 의한다(규정10-12③(2)).

Ⅴ. 국세청장 등의 자료 이용범위

국세청장, 관세청장 및 금융감독원장은 외국환거래규정에 의하여 통보받은 자료를 기획재정부장관으로부터 위임·위탁받은 업무처리의 필요한 범위 내에서 이용하여야 한다(규정10-12④).

Ⅵ. 외환정보집중기관의 신용정보집중기관에 대한 자료제공

기획재정부장관은 외환정보집중기관에게 외국환거래법을 적용받는 거래, 지급, 수령, 자금의 이동 등에 관한 자료를 신용정보법 제25조에 따른 신용정보집중기관에 제공하도록 할 수 있다(법21②, 영36③).

Ⅶ. 위반시 제재

법 제21조에 따른 기획재정부장관의 명령을 위반하여 통보 또는 제공을 하지 아니하거나 거짓으로 통보 또는 제공한 자에게는 3천만원 이하의 과태료를 부과한다(법32③(4)).

제5편

외국환거래
감독, 검사 및 제재

제1장

개관

제1절 감독 및 명령

외국환거래법에 따라 기획재정부장관은 외국환업무취급기관, 전문외국환업무취급업자 및 외국환중개회사["외국환업무취급기관등"(외국환업무취급기관등의 외국에 있는 영업소 포함)]의 업무를 감독하고 감독상 필요한 명령을 할 수 있다(법11①).

제2절 보고 및 검사 등

Ⅰ. 보고와 자료제출요구

1. 거래당사자 또는 관계인의 보고 등

(1) 거래당사자 또는 관계인의 보고

기획재정부장관은 외국환거래법의 실효성을 확보하기 위하여 거래당사자 또는 관계인으로 하여금 필요한 보고를 하게 할 수 있다(법20① 전단).

(2) 비거주자에 대한 보유채권 현황 보고

기획재정부장관은 비거주자에 대한 채권을 보유하고 있는 거주자로 하여금 그 보유채권의 현황을 기획재정부장관에게 보고하게 할 수 있다(법20① 후단). 비거주자에 대한 채권보유현황을 보고하여야 하는 대상은 미화 1만달러를 초과하는 채권으로 한다(영34① 후단). 이 경우 보고대상 채권의 범위, 보고 시기, 보고 시한, 그 밖에 필요한 사항은 기획재정부장관이 정하여 고시한다(영34① 후단).

외국인인 거주자와 비거주자의 대한민국에 있는 지점, 출장소, 그 밖의 사무소는 법률상 대리권의 유무에 상관없이 거주자로 보는 경우(법3①(15) 단서)의 거주자에 대하여는 외국환거래법 또는 동법 시행령의 적용을 받는 거래에 의하여 취득한 채권에 한정하여 영 제34조 제1항을 적용한다(영34②).

2. 자료 또는 정보 제출요구권

기획재정부장관은 외국환거래법을 시행하기 위하여 필요하다고 인정되는 경우에는 국세청, 한국은행, 금융감독원, 외국환업무취급기관등 외국환거래법을 적용받는 관계기관의 장에게 관련 자료 또는 정보의 제출을 요구할 수 있다(법20② 전단). 이 경우 관계기관의 장은 특별한 사유가 없으면 그 요구에 따라야 한다(법20② 후단).

3. 외국환업무취급기관의 장의 보고서 제출의무

외국환거래규정("규정")에 의하면 외국환업무취급기관의 장은 외국환거래규정이 정하는 보고서를 기획재정부장관에게 제출하여야 한다(규정10-1).

4. 한국은행총재의 보고서 제출의무

한국은행총재는 10일보고서("10일보"), 월별 보고서("월보"), 분기별 보고서("분기보"), 반기별 보고서("반기보"), 연도별 보고서("연보")를 기획재정부장관에게 제출하여야 한다(규정10-2). ⅰ) 10일보의 내용에는 주요외환지표(유선)가 해당하고(제1호), ⅱ) 월보에는 외국환포지션 상황, 종합외화자금 현황(외화자산 현황 첨부), 수출 및 수입상황(품목별, 결제방법별 내역 첨부), 보유외화자산 운용 현황, 무역외수입 및 지급상황, 외화대출상황, 수출선수금 취급상황, 월별·연간국제수지표, 기술도입대가 지급 및 수령상황, 외국투자가의 배당금 송금 및 출자금 회수실적, 대외 채권 및 채무 현황, 한국은행총재의 신고수리 현황, 파생상품거래실적이 해당하며(제2호), ⅲ) 분기보의 내용에는 외환의 매매(선물환거래, 금융선물거래 및 스왑금융거래 포함)상황, 수출 관련 역외금융대출상황, 외화차입자금의 인출 및 상환현황이 해당하고(제3호), ⅳ) 반기보의 내용에는 은행별 차관단 대출한도 운영현황과 현지금융 차입 및 상환 현황이 해당하며(제4호), ⅴ) 연보의 내용에는 해외예금 및 신탁 잔액 현황(제5호)이 해당한다(규정10-2).

5. 한국은행총재의 보고서 징구

(1) 보고서 자료 · 정보 제출 요구

한국은행총재는 ⅰ) 기획재정부장관에 대한 보고서를 작성함에 필요한 경우(제1호), ⅱ) 국제수지, 국제투자대조표(대외채권 및 대외채무를 포함) 및 외국환통계의 작성에 필요한 경우(제2호), ⅲ) 기타 한국은행총재에게 위탁한 업무를 수행하기 위하여 필요한 경우(제3호)에는 관계 행정기관의 장, 외국환업무취급기관의 장, 전문외국환업무취급업자 또는 외국환거래의 당사자나 이에 관련되는 자("보고당사자")에 대하여 보고서 자료 또는 정보의 제출을 요구하거나 질문할 수 있다(규정10-3①).

(2) 한국은행총재 지정자의 대외채권 및 채무 보유현황 제출의무

다음에 해당하는 거주자, 즉 ⅰ) 주권상장법인(제1호)과, ⅱ) 주권비상장법인으로서 주채무계열 소속 기업체 중 상위 30대 계열기업(제2호) 중 한국은행총재가 정하는 자는 반기말 현재 미화 5만불을 초과하는 비거주자에 대한 대외채권 및 채무 보유현황을 다음 반기 셋째 달 말일까지 한국은행총재에게 제출하여야 한다(규정10-3②).

6. 보고서의 제출기한

(1) 기획재정부 또는 한국은행에 대한 보고서의 제출기한

보고당사자의 기획재정부장관 또는 한국은행총재에 대한 보고서의 제출기한은 ⅰ) 연도별 보고서는 다음 해 2월까지(제1호), ⅱ) 반기별 보고서는 다음 반기 첫째 달 말일까지(제2호), ⅲ) 분기별 보고서는 다음 분기 첫째 달 20일까지(제3호), ⅳ) 월별 보고서는 다음 달 15일까지(제4호), ⅴ) 반월별 보고서는 다음 반월 7일까지(제5호), ⅵ) 10일 보고서는 그 다음 날까지(제6호), ⅶ) 일보는 2일 후까지(제7호), ⅷ) 기타 보고서는 제출요구시 기획재정부장관 또는 한국은행총재가 정한 기일(제8호)까지이다(규정10-4① 본문). 다만, 기획재정부장관 또는 한국은행총재는 동 기한 내 보고서 작성이 현실적으로 어렵다고 판단되는 경우 세부 보고서별로 제출기한을 따로 정할 수 있다(규정10-4① 단서).

(2) 한국은행의 기획재정부에 대한 보고서의 제출기한

한국은행총재의 기획재정부장관에 대한 보고서의 제출기한은 위의 보고당사자의 기획재정부장관 또는 한국은행총재에 대한 보고서의 제출기한을 준용한다(규정10-4② 본문). 다만, 기획재정부장관에 대한 보고서를 작성하기 위하여 보고당사자로부터 보고서 자료의 제출을 필요로 하는 경우에는 그러하지 아니하며, 이 경우 한국은행총재가 당해 보고당사자로부터 그 보고서 자료의 제출을 받은 때에는 지체 없이 기획재정부장관에게 보고하여야 한다(규정10-4② 단서).

(3) 제출기한 전 보고서 제출요구

기획재정부장관 또는 한국은행총재는 그 기한 전이라도 보고서의 제출을 요구할 수 있다 (규정10-4③).

7. 신용카드등에 대한 보고

(1) 신용카드등의 개념

"신용카드등"이라 함은 여신전문금융업법에 의한 신용카드, 직불카드, 선불카드, 여행자카드 또는 외국환은행이 발급한 현금인출기능이 포함된 카드를 말한다(규정1-2(13-3)). "여행자카드"라 함은 해외여행경비 지급을 위한 수단으로 외국환은행이 대금을 미리 받고 이에 상당하는 외화금액을 기록(전자 또는 자기적 방법에 의하여 개별카드 또는 중앙전산처리장치에서의 기록)하여 발행 또는 판매하는 증표로서 여행자카드 매입자가 그 기록된 범위 내에서 현금을 인출하거나 물품 또는 용역을 제공받을 수 있게 한 증표를 말한다(규정1-2(14)).

(2) 발행업자의 여신협회장에 대한 보고서 제출 등

대외지급에 사용될 신용카드등을 국내에서 발행 또는 발행을 대행하거나 외국에서 발행된 신용카드등의 사용대금의 지급 또는 지급의 대행업무를 영위하는 자("신용카드등의 발행업자")는 ⅰ) 거주자의 신용카드등의 대외지급 및 외국에서의 외국통화 인출 실적(월별)(제1호), ⅱ) 비거주자의 신용카드등의 국내사용 실적(월별)(제2호)에 관한 보고서 등을 매 분기별로 여신전문금융업협회장("여신협회장")에게 제출하여야 하고, 여신협회장은 개인별 및 법인별 신용카드등의 대외지급실적(외국에서의 외국통화 인출 실적을 포함)이 포함된 동 보고서를 종합하여 다음 분기 둘째 달 10일까지 한국은행총재에게 제출하여야 하며, 한국은행총재는 이를 다음 분기 둘째 달 20일까지 기획재정부장관에게 보고하여야 한다(규정10-6①).

월별 실적은 사용월의 초일부터 말일까지의 사용분으로 작성하여야 한다(규정10-6②).

(3) 발행업자의 여신협회장에 대한 통보 등

신용카드등의 발행업자는 개인별 및 법인별 연간 대외지급 및 외국에서의 외국통화 인출 내역을 여신협회장에게 통보하여야 하고, 여신협회장은 개인별 및 법인별 신용카드등의 대외지급 실적(외국에서의 외국통화 인출 실적 포함)이 연간 미화1만불을 초과하는 경우에는 국세청장 및 관세청장에게 다음 연도 둘째 달 20일까지 통보하여야 한다(규정10-6③).

(4) 여행자카드를 발행·판매한 자의 한국은행에 대한 판매 및 결제실적 등 제출

여행자카드를 발행 또는 판매한 자는 ⅰ) 여행자카드의 판매 및 결제실적(월별)(제1호), ⅱ) 개인별 및 법인별 여행자카드의 결제(미화 5천불 초과)실적(월별)(제2호)에 관한 보고서를 다음 분기 첫째 달 20일까지 한국은행총재에게 제출하여야 하며, 한국은행총재는 동 보고서를 종합하여 기획재정부장관에게 보고하여야 한다(규정10-6④).

(5) 한국은행의 국세청에 대한 통보

한국은행총재는 해외여행경비, 신용카드등의 대외지급실적(외국에서의 외국통화 인출 실적 포함) 및 여행자카드 결제실적의 합계가 연간 미화 10만불을 초과하는 경우 국세청장에게 다음 연도 3월 말일까지 통보하여야 한다(규정10-6⑤).

Ⅱ. 기획재정부장관의 검사권 등

1. 서설

(1) 업무검사

기획재정부장관은 외국환거래법을 시행하기 위하여 필요하다고 인정되는 경우에는 소속 공무원으로 하여금 외국환업무취급기관등이나 그 밖에 외국환거래법을 적용받는 거래당사자 또는 관계인의 업무에 관하여 검사하게 할 수 있다(법20③).

(2) 검사의 유형

검사는 서면검사 또는 실지검사로 구분하여 할 수 있다(영35①).

(3) 증표제시

검사를 하는 사람은 그 권한을 표시하는 증표를 지니고 이를 관계인에게 내보여야 한다(법20⑦).

2. 업무와 재산에 관한 자료제출요구

기획재정부장관은 효율적인 검사를 위하여 필요하다고 인정되는 경우에는 외국환업무취급기관등이나 그 밖에 외국환거래법을 적용받는 거래당사자 또는 관계인의 업무와 재산에 관한 자료의 제출을 요구할 수 있다(법20④).

3. 시정명령 등 조치

기획재정부장관은 검사결과 위법한 사실을 발견하였을 때에는 그 시정을 명하거나 그 밖에 대통령령으로 정하는 필요한 조치를 할 수 있다(법20⑤, 영35②). 여기서 "대통령령으로 정하는 필요한 조치"란 ⅰ) 업무방법의 개선 요구 및 개선 권고(제1호), ⅱ) 법령을 위반한 경우 관계 기관이나 수사기관에의 통보(제2호), ⅲ) 그 밖에 기획재정부장관이 외국환거래법, 외국환거래법 시행령 및 그 밖의 관련 법령 등에 따라 할 수 있는 조치(제3호)를 말한다(영35②).

4. 행정정보 공동이용

기획재정부장관(검사업무를 위탁받은 기관을 포함)은 검사업무 수행을 위해 필요한 경우 전자정부법 제36조 제1항[1])에 따라 출입국에 관한 사실증명, 외국인등록 사실증명, 국내거소신고 사실증명, 외국인의 부동산등기등록증명, 해외이주신고 확인서, 주민등록표 등·초본, 법인 등기사항증명서, 건물등기사항증명서, 토지등기사항증명서, 가족관계등록 전산정보, 사업자등록 증명, 폐업사실증명의 행정정보를 공동이용할 수 있다(영35의2).

외환 감독기관이 외환조사시 행정정보 공동이용 서비스를 활용할 수 있는 근거를 마련하여 행정력 절감을 기대할 수 있다.

5. 전자문서에 의한 허가 등

(1) 전자문서에 의한 허가·인가 등

기획재정부장관은 외국환거래법에 따른 허가·인가·통지·통보를 대통령령으로 정하는 바에 따라 전자문서(전산망 또는 전산처리설비를 이용한 자료의 제출을 포함)의 방법으로 할 수 있다(법24①). 이에 따라 기획재정부장관은 허가·인가·통지·통보를 외환정보집중기관의 전산망이나 그 밖에 기획재정부장관이 지정하는 전산망을 이용하여 전자문서의 방법으로 할 수 있다(영38① 전단).

(2) 전자문서에 의한 신고·신청 등

기획재정부장관은 외국환거래법의 실효성을 확보하기 위하여 필요하다고 인정되는 경우에는 외국환업무취급기관등이나 그 밖에 외국환거래법을 적용받는 거래당사자 또는 관계인으로 하여금 신고, 신청, 보고, 자료의 통보 및 제출을 전자문서의 방법으로 하도록 명할 수 있다(법24②). 이에 따라 기획재정부장관은 신고, 신청, 보고, 자료의 통보 및 제출을 전자문서의 방법으로 하도록 명할 수 있다(영38① 후단).

(3) 표준서식, 방법·절차 제정

기획재정부장관은 서류 또는 자료를 전자문서의 방법으로 제출할 때 필요한 표준서식, 방법, 절차 등에 관한 사항을 정할 수 있다(영38②).

(4) 전자문서의 효력 및 도달시기

허가 등의 서류 또는 자료가 전자문서의 방법으로 제출된 경우 그 전자문서의 효력, 도달

---

1) 전자정부법 제36조(행정정보의 효율적 관리 및 이용) ① 행정기관등의 장은 수집·보유하고 있는 행정정보를 필요로 하는 다른 행정기관등과 공동으로 이용하여야 하며, 다른 행정기관등으로부터 신뢰할 수 있는 행정정보를 제공받을 수 있는 경우에는 같은 내용의 정보를 따로 수집하여서는 아니 된다.

시기 등에 관한 사항은 정보통신망법에서 정하는 바에 따른다(영38③).

(5) 위반시 제재

기획재정부장관은 외국환거래법의 실효성을 확보하기 위하여 필요하다고 인정되는 경우에는 외국환업무취급기관등이나 그 밖에 외국환거래법을 적용받는 거래당사자 또는 관계인으로 하여금 신고, 신청, 보고, 자료의 통보 및 제출을 전자문서의 방법으로 하도록 명할 수 있는데(법24②), 이에 따른 기획재정부장관의 명령을 위반하여 신고, 신청, 보고, 자료의 통보 및 제출을 전자문서의 방법으로 하지 아니한 자에게는 1천만원 이하의 과태료를 부과한다(법32④(6)).

6. 고유식별정보의 처리

(1) 기획재정부장관 등의 처리

기획재정부장관(기획재정부장관의 권한을 위임·위탁받은 기관의 장을 포함)은 ⅰ) 비거주자에 대한 채권을 보유하고 있는 거주자로 하여금 그 채권을 추심하여 국내로 회수하도록 하는 의무의 부과(법6①(3))에 따른 채권의 회수명령에 관한 사무, ⅱ) 외국환업무의 등록, 변경·폐지 신고 및 외국금융기관과 계약체결의 인가에 관한 사무, ⅲ) 외국환중개업무의 인가에 관한 사무, ⅳ) 업무의 감독과 건전성 규제 등에 관한 사무, ⅴ) 지급절차 등에 관한 사무, ⅵ) 지급 또는 수령의 방법의 신고 사무, ⅶ) 지급수단 등의 수출입 신고 사무, ⅷ) 자본거래의 신고에 관한 사무, ⅸ) 경고 및 거래정지 등에 관한 사무, ⅹ) 보고·검사 사무, ⅺ) 국세청장 등에게의 통보 등에 따른 자료의 통보 등에 관한 사무, ⅻ) 몰수·추징에 관한 사무를 수행하기 위하여 불가피한 경우 주민등록번호, 여권번호 또는 외국인등록번호("주민등록번호등")가 포함된 자료를 처리할 수 있다(영39의2①).

(2) 외국환업무취급기관등의 처리

외국환업무취급기관등은 그 고객과 외국환거래법을 적용받는 거래를 할 때에는 고객의 거래나 지급 또는 수령이 외국환거래법에 따른 허가를 받았거나 신고를 한 것인지를 확인하여야 하는데(법10① 본문), 이에 따른 확인을 위하여 불가피한 경우 주민등록번호등이 포함된 자료를 처리할 수 있다(영39의2②).

7. 규제의 재검토

기획재정부장관은 외국환중개업무의 인가 등에 대하여 2014년 1월 1일을 기준으로 3년마다 (매 3년이 되는 해의 1월 1일 전까지) 그 타당성을 검토하여 개선 등의 조치를 해야 한다(영39의3).

Ⅲ. 검사 위탁

1. 의의

기획재정부장관은 필요하다고 인정되는 경우에는 한국은행총재, 금융감독원장, 관세청장에게 위탁하여 그 소속 직원으로 하여금 기획재정부장관의 검사권에 관한 업무를 수행하게 할 수 있다(법20⑥, 영35③). 검사를 하는 사람은 그 권한을 표시하는 증표를 지니고 이를 관계인에게 내보여야 한다(법20⑦).

2. 수탁기관과 검사대상 업무

기획재정부장관은 한국은행총재, 금융감독원장 또는 관세청장에게 다음 구분에 따라 검사업무를 위탁하여 그 소속 직원으로 하여금 수행하게 할 수 있다(영35④). 한국은행총재, 금융감독원장 및 관세청장은 다음의 구분에 따라 검사를 행한다(규정10-7).

(1) 한국은행총재

기획재정부장관은 한국은행총재에게 다음의 자, 즉 ⅰ) 외국환중개업무를 영위하는 자와 그 거래 당사자 및 관계인(가목), ⅱ) 한국은행총재가 위탁받아 수행하는 업무(영37③(3))의 대상인 외국환업무취급기관 중 은행과 은행지주회사(나목), ⅲ) 한국은행총재가 위탁받아 수행하는 업무(영37③(11))에 관련되는 보고대상자(다목), ⅳ) 한국은행총재가 위탁받아 수행하는 업무(영37③(13))의 대상인 부담금납부의무자(라목)에 대한 업무를 위탁하여 그 소속 직원으로 하여금 수행하게 할 수 있다(영35④(1) 본문). 다만, 나목의 자에 대해서는 금융감독원장에게 검사를 요구하거나 금융감독원장이 수행하는 검사에 공동으로 참여하는 방법으로 하여야 하고, 라목의 자에 대해서는 금융감독원장에게 검사를 요구하거나 금융감독원장이 수행하는 검사에 공동으로 참여하는 방법으로도 할 수 있다(영35④(1) 단서).

(2) 금융감독원장

기획재정부장관은 금융감독원장에게 다음의 자, 즉 ⅰ) 외국환업무를 취급하는 자와 그 거래당사자 및 관계인(가목), ⅱ) 소액해외송금업무를 영위하는 자와 그 거래당사자 및 관계인(나목), ⅲ) 기타전문외국환업무를 영위하는 자와 그 거래당사자 및 관계인(다목), ⅳ) 수출입거래와 관련되지 아니한 용역거래 또는 자본거래 당사자 등 제1호 각 목 및 제3호 각 목에 해당하지 아니하는 자(라목)에 대한 업무를 위탁하여 그 소속 직원으로 하여금 수행하게 할 수 있다(영35④(2) 본문). 다만, 제1호 각 목의 자에 대한 업무(제1호 단서에 따라 수행하는 업무는 제외) 및 제3호 각 목의 자에 대한 업무는 제외한다(영35④(2) 단서).

(3) 관세청장

기획재정부장관은 관세청장에게 다음의 자, 즉 ⅰ) 환전업무를 영위하는 자와 그 거래당사자 및 관계인(가목), ⅱ) 수출입거래나 용역거래·자본거래(용역거래·자본거래의 경우 수출입거래와 관련된 거래 또는 대체송금을 목적으로 법 제16조 제3호 및 제4호2)의 방법으로 지급하거나 수령하는 경우로 한정)의 당사자 및 관계인(나목)에 대한 업무를 위탁하여 그 소속 직원으로 하여금 수행하게 할 수 있다(영35④(3)).

3. 검사대상 위탁업무 명시

기획재정부장관은 검사업무를 수행하게 하는 경우에는 그 대상 업무를 명시하여야 한다(영35⑤).

4. 수탁자의 검사기준 등의 제정 등

검사업무를 위탁받은 자는 검사의 기준, 방법, 절차와 그 밖에 검사업무에 관한 사항을 정할 수 있다(영35⑥). 검사업무를 수행하는 자가 검사의 기준·방법·절차·제재 등을 제정 또는 개정한 경우에는 그 내용을 지체없이 기획재정부장관에게 통보하여야 한다(규정10-8①).

5. 한국은행총재의 권한과 의무

(1) 금융감독원장에 대한 검사 및 공동검사 요구

한국은행총재는 시행령 제35조 제3항 제2호 각 목의 어느 하나에 해당하는 자(금융감독원장의 검사대상자)의 행위가 외환시장의 안정에 지장을 초래하거나 초래할 우려가 있다고 인정하는 경우[외국환업무취급기관등이 외국환의 시세를 변동 또는 고정시키는 행위 등에 해당되거나 해당될 우려가 있다고 인정하는 경우를 포함]에는 금융감독원장에게 구체적 범위를 정하여 제3항 제2호에 해당하는 자(금융감독원장의 검사대상자)에 대한 검사를 요구할 수 있으며, 은행과 은행지주회사, 거래당사자 및 관계인에 대하여 금융감독원장이 수행하는 검사에 한국은행 소속 직원이 공동으로 참여할 수 있도록 요구할 수 있다(영35⑦).

(2) 사전 보고

한국은행총재는 검사를 요구하거나 그 소속 직원이 공동으로 참여하는 검사("공동검사")를 요구하는 경우에는 그 사실을 기획재정부장관에게 미리 보고하여야 한다(영35⑧).

---

2) 3. 거주자가 해당 거래의 당사자가 아닌 자와 지급 또는 수령을 하거나 해당 거래의 당사자가 아닌 거주자가 그 거래의 당사자인 비거주자와 지급 또는 수령을 하는 경우
4. 외국환업무취급기관등을 통하지 아니하고 지급 또는 수령을 하는 경우

(3) 검사결과 송부 및 시정조치 요구

한국은행총재는 금융감독원장에게 검사결과의 송부 또는 검사결과에 따른 시정조치를 요구할 수 있다(영35⑨).

6. 금융감독원장의 권한과 의무

(1) 관세청장에 대한 공동검사 요구

금융감독원장은 용역거래나 자본거래를 하는 자의 수출입거래와 관련된 행위가 외국환 거래질서에 위해를 초래하거나 초래할 우려가 있다고 인정되는 경우에는 관세청장에게 수출입거래의 당사자 및 관계인에 대한 공동검사를 요구할 수 있다(영35⑩ 전단). 이 경우 공동검사를 요구받은 관세청장은 특별한 사정이 없으면 그 요구에 따라야 한다(영35⑩ 후단).

(2) 검사 결과서 송부 및 시정요치 요구

금융감독원장은 공동검사를 하였을 때에는 관세청장에게 검사 결과서를 송부하여야 하며, 검사결과에 따른 시정조치를 요구할 수 있다(영35⑪).

7. 관세청장과 금융감독원장의 공동검사 등

(1) 환전업무, 소액해외송금업무 및 기타전문외국환업무에 대한 공동검사 요구 등

관세청장과 금융감독원장은 환전업무와 소액해외송금업무 및 기타전문외국환업무를 영위하는 자의 행위가 환전업무 또는 소액해외송금업무 및 기타전문외국환업무의 영업질서에 위해를 초래하거나 초래할 우려가 있다고 인정되는 경우에는 상대 기관의 장에게 공동검사를 요구할 수 있다(영35⑫ 전단). 이 경우 공동검사를 요구받은 관세청장 또는 금융감독원장은 특별한 사정이 없으면 그 요구에 따라야 한다(영35⑫ 후단). 그러나 외국환 거래질서에 위해를 초래할 우려가 명백한 경우에는 단독으로 검사 및 이에 따른 필요한 조치를 한 후에 상대 기관의 장에게 그 결과를 통보할 수 있다(영35⑬). 관세청장 또는 금융감독원장은 공동검사를 하였을 때에는 상대 기관의 장에게 검사 결과서를 송부하여야 하며, 검사결과에 따른 시정조치를 요구할 수 있다(영35⑭).

(2) 용역거래나 자본거래의 당사자 및 관계인에 대한 공동검사 요구 등

관세청장은 수출입업자의 용역거래나 자본거래와 관련된 행위가 외국환 거래질서에 위해를 초래하거나 초래할 우려가 있다고 인정되는 경우에는 금융감독원장에게 용역거래나 자본거래의 당사자 및 관계인에 대한 공동검사를 요구할 수 있다(영35⑮ 전단). 이 경우 공동검사를 요구받은 금융감독원장은 특별한 사정이 없으면 그 요구에 따라야 한다(영35⑮ 후단). 관세청장은 공동검사를 하였을 때에는 금융감독원장에게 검사 결과서를 송부하여야 하며, 검사결과에 따른 시정조치를 요구할 수 있다(영35⑯).

8. 한국은행총재, 금융감독원장 및 관세청장의 통지의무

한국은행총재, 금융감독원장 및 관세청장은 검사업무를 수행하는 과정에서 다른 기관의 검사업무와 관련된 사실을 알게 된 때에는 지체 없이 해당 기관에 알려야 한다(영35⑰).

검사업무를 수행하는 자는 검사결과 발견된 위규사항이 외환정책, 금융정책과 관련된 중요사항이라고 판단될 경우 그 내용을 기획재정부장관, 한국은행총재 등 관계기관에 통보하여야 한다(규정10-8②). 검사업무를 행하는 자는 검사를 행함에 따른 제재 등의 조치를 한 경우에는 그 내용을 상호간에 통보하여야 한다(규정10-8④).

Ⅳ. 외국환거래의 비밀보장

1. 내용

외국환거래법에 따른 허가·인가·등록·신고·보고·통보·중개(仲介)·중계(中繼)·집중(集中)·교환 등의 업무에 종사하는 사람은 그 업무와 관련하여 알게 된 정보를 금융실명법 제4조(금융거래의 비밀보장)에서 정하는 경우를 제외하고는 외국환거래법에서 정하는 용도가 아닌 용도로 사용하거나 다른 사람에게 누설하여서는 아니 된다(법22).

2. 위반시 제재

제22조를 위반하여 정보를 외국환거래법에서 정하는 용도가 아닌 용도로 사용하거나 다른 사람에게 누설한 사람은 2년 이하의 징역 또는 2억원 이하의 벌금에 처한다(법22①). 징역과 벌금은 병과할 수 있다.

제3절 제재

Ⅰ. 등록·인가취소 및 업무정지

1. 인가취소 등

기획재정부장관은 외국환업무취급기관등이 일정한 사유에 해당하는 경우에는 등록 또는 인가를 취소하거나 6개월 이내의 기간을 정하여 외국환업무취급기관등(영업소 포함)의 업무를 제한하거나 업무의 전부 또는 일부를 정지할 수 있다(법12①). 인가의 취소 등의 처분기준은 [별표 2]와 같다(영22). 아래서는 [별표 2]의 등록·인가취소 및 업무정지의 기준의 내용을 살펴본다.

2. 일반기준

기획재정부장관은 위반행위의 동기·내용 및 위반의 정도 등을 고려하여 다음 각 목에 따라 50% 범위에서 가중하거나 감경할 수 있다(별표 2 제1호 본문). 다만, 위반행위가 등록 또는 인가취소 대상인 경우(법 제12조 제1항 제3호에 따른 등록 또는 인가 취소인 경우는 제외)에는 3개월 이상의 업무정지처분으로 감경할 수 있고, 외국환업무취급기관등의 위반행위가 착오 또는 과실로 인한 것임이 인정되는 경우이거나 위반의 내용 정도가 경미한 위반행위자가 처음 해당 위반행위를 한 경우에는 경고로 처분을 갈음할 수 있다(별표 2 제1호 단서).

가. 가중 사유
   1) 1년에 2회 이상 위반한 경우 각각의 위반행위에 해당하는 업무정지 기간을 합산하여 총 업무정지기간을 계산하되, 동일한 사항을 위반한 경우에는 총업무정지기간을 기준으로 가중 처분할 수 있다.
   2) 위반행위가 고의나 중대한 과실에 의한 경우에는 30% 범위에서 가중할 수 있다.
나. 감경 사유
   1) 위반의 내용·정도가 경미하여 외환시장 및 금융기관 이용자에 미치는 피해가 적다고 인정되는 경우
   2) 위반행위자가 처음 해당 위반행위를 한 경우로서 5년 이상 해당 외국환업무를 모범적으로 수행한 사실이 인정되는 경우
   3) 위반행위로 인하여 취득한 이익이 5천만원 미만인 경우
   4) 위반 사유를 지체 없이 시정한 경우

3. 개별기준

여기서는 외국환거래법 제12조 제1항의 해당 행위와 [별표 2] 제2호의 처분기준을 살펴본다.
ⅰ) 거짓이나 그 밖의 부정한 방법으로 등록을 하거나 인가를 받은 경우(법12①(1))에는 등록 또는 인가 취소에 해당한다. ⅱ) 업무의 제한 또는 정지 기간에 그 업무를 한 경우(법12①(2))에는 등록 또는 인가 취소에 해당한다.
ⅲ) 등록 또는 인가의 내용이나 조건을 위반한 경우(법12①(3))에는 다음과 같이 구분하여

처분한다. 즉 등록 또는 인가의 내용이나 조건을 처음 위반한 경우에는 업무정지 3개월에 해당하고, 등록 또는 인가의 내용이나 조건을 위반하여 처분을 받은 자가 처분일부터 3개월 이내에 시정하지 않은 경우에는 등록 또는 인가 취소에 해당한다.

ⅳ) 외국환업무는 금융회사등만 할 수 있으며, 외국환업무를 하는 금융회사등은 그 금융회사등의 업무와 직접 관련되는 범위에서 외국환업무를 할 수 있는데(법8②), 이에 위반하여 외국환업무를 한 경우(법12①(4))에는 업무정지 2개월에 해당한다.

ⅴ) 외국환업무의 등록을 한 금융회사등과 외국환업무의 등록을 한 자("전문외국환업무취급업자")가 그 등록사항 중 외국환업무취급기관의 경우에는 명칭, 본점 및 국내영업소의 소재지, 외국환업무의 취급 범위(국내영업소의 소재지는 제외), 환전영업자의 경우에는 명칭, 영업소의 소재지, 환전업무의 취급 범위, 소액해외송금업자의 경우에는 명칭, 본점 및 영업소의 소재지, 소액해외송금업무 대상국가 및 취급통화 등을 포함한 취급 범위에 관한 사항, 소액해외송금업무의 수행 방식에 관한 사항, 소액해외송금업무에 사용할 계좌(소액해외송금업무의 등록을 하려는 자의 명의로 금융회사등에 개설된 계좌로 한정)의 정보, 소액해외송금업무 과정에서 관여하는 외국 협력업자에 관한 사항, 기타전문외국환업무를 등록한 자의 경우에는 명칭, 본점 및 국내영업소의 소재지, 외국환업무의 취급 범위(국내영업소의 소재지는 제외)를 변경하려 하거나 외국환업무를 폐지하려는 경우에는 기획재정부장관에게 미리 그 사실을 신고하여야 하는데(법8④), 신고를 하지 아니하거나 거짓으로 신고를 한 경우에는 업무정지 2개월에 해당한다. 또한 외국환중개회사가 합병 또는 해산, 영업의 전부 또는 일부의 폐지·양도·양수 행위를 하려는 경우에는 기획재정부장관의 인가를 받거나 기획재정부장관에게 신고하여야 하는데(법9③), 인가를 받지 아니한 경우 또는 신고를 하지 아니하거나 거짓으로 신고를 한 경우(법12①(5))에는 업무정지 2개월에 해당한다.

ⅵ) 외국환업무취급기관 및 전문외국환업무취급업자는 거래내용을 기록하고 관련 서류를 보존하여야 하며, 외국환업무와 그 밖의 업무를 겸영하는 경우에는 해당 외국환업무와 다른 업무를 구분하여 관리(회계처리를 포함)하여야 하는데(법8⑥), 이러한 업무 수행에 필요한 사항을 따르지 아니한 경우(법12①(5의2))에는 업무정지 2개월에 해당한다.

ⅶ) 기획재정부장관은 외국환업무의 성실한 이행을 위하여 소액해외송금업자에게 기획재정부장관이 지정하는 기관에 보증금을 예탁하게 하거나 보험 또는 공제에 가입하게 하는 등 필요한 조치를 할 수 있는데(법8⑦), 이에 위반하여 보증금 예탁 등 필요한 조치를 따르지 아니한 경우(법12①(5의3))에는 업무정지 2개월에 해당한다.

ⅷ) 소액해외송금업자에 대한 보증금 예탁 등 필요한 조치(법8⑦)에도 불구하고 전문외국환업무취급업자의 파산 또는 지급불능 우려 사유가 발생한 경우(법12①(5의4))에는 업무정지 2

개월에 해당한다.

ix) 외국환중개회사가 외국환중개업무를 할 수 있는 거래의 상대방은 한국은행, 정부(외국환평형기금을 운용·관리하는 경우에 한정), 은행, 농협은행, 수협은행, 한국산업은행, 한국수출입은행, 중소기업은행, 종합금융회사, 투자매매업자 및 투자중개업자, 보험회사, 외국 금융기관(내국지급수단과 대외지급수단의 매매에 대한 중개는 제외)이어야 하는데(법9②), 이에 위반하여 거래한 경우에는 업무정지 2개월에 해당하고, 또한 기획재정부장관은 외국환중개회사로 하여금 납입자본금의 20%의 범위에서 기획재정부장관이 정하여 고시하는 비율에 해당하는 금액을 기획재정부장관이 지정하는 금융회사등에 예탁하게 할 수 있는데(법9④), 이에 따른 보증금 예탁명령을 따르지 아니한 경우(법12①(6))에는 업무정지 2개월에 해당한다.

x) 외국환업무취급기관등은 그 고객과 외국환거래법을 적용받는 거래를 할 때에는 고객의 거래나 지급 또는 수령이 외국환거래법에 따른 허가를 받았거나 신고를 한 것인지를 확인하여야 하는데(법10①), 이에 따른 의무를 위반한 경우(법12①(7))에는 업무정지 2개월에 해당하고, 또한 외국환업무취급기관등은 외국환업무와 관련하여 부당한 이익을 얻거나 제3자에게 부당한 이익을 얻게 할 목적으로 외국환의 시세를 변동 또는 고정시키는 행위, 다른 외국환업무취급기관등과 같은 시기에 같은 가격 또는 약정 수치로 거래할 것을 사전에 서로 모의한 후 거래하여 외국환의 시세에 부당한 영향을 주거나 영향을 줄 우려가 있는 행위, 또는 풍문을 유포하거나 거짓으로 계책을 꾸미는 등의 방법으로 외국환의 수요·공급 상황이나 그 가격에 대하여 타인에게 잘못된 판단이나 오해를 유발함으로써 외국환의 시세에 부당한 영향을 주거나 영향을 줄 우려가 있는 행위를 하여서는 아니 되는데(법10②), 이에 해당하는 행위를 한 경우(법12①(7))에는 업무정지 3개월에 해당한다.

xi) 기획재정부장관은 외국환업무취급기관등(외국환업무취급기관등의 외국에 있는 영업소를 포함)의 업무를 감독하고 감독상 필요한 명령을 할 수 있는데(법11①), 이에 따른 감독상의 명령을 위반한 경우(법12①(8))에는 업무정지 2개월에 해당하고, 또한 기획재정부장관은 외환시장의 안정과 외국환업무취급기관등의 건전성을 유지하기 위하여 필요하다고 인정되는 경우에는 외국환업무취급기관등의 외국통화 자산·부채비율을 정하는 등 외국통화의 조달·운용에 필요한 제한을 할 수 있는데(법11②), 이에 따른 업무상 제한을 위반한 경우(법12①(8))에는 업무정지 2개월에 해당한다.

xii) 기획재정부장관은 외국환거래법의 실효성을 확보하기 위하여 거래 당사자 또는 관계인으로 하여금 필요한 보고를 하게 할 수 있으며, 비거주자에 대한 채권을 보유하고 있는 거주자로 하여금 그 보유채권의 현황을 기획재정부장관에게 보고하게 할 수 있고(법20①), 외국환거래법을 시행하기 위하여 필요하다고 인정되는 경우에는 국세청, 한국은행, 금융감독원, 외국환업무취급기관등 외국환거래법을 적용받는 관계기관의 장에게 관련 자료 또는 정보의 제출을 요구할 수 있는데(법20②), 이에 따른 보고 또는 자료·정보 제출을 하지 아니한 경우에는 업무정지 2개월에 해당하고, 거짓 보고 또는 거짓 자료·정보를 제출한 경우(법12①(9))에는 업무정지 2개월에 해당한다.

xiii) 기획재정부장관은 외국환거래법을 시행하기 위하여 필요하다고 인정되는 경우에는 소속 공무원으로 하여금 외국환업무취급기관등이나 그 밖에 외국환거래법을 적용받는 거래 당사자 또는 관계인의 업무에 관하여 검사하게 할 수 있고(법20③), 기획재정부장관은 필요하다고 인정되는 경우에는 한국은행총재, 금융감독원장, 관세청장에게 위탁하여 그 소속 직원으로 하여금 검사하게 할 수 있는데(법20⑥), 이에 따른 검사에 응하지 아니하거나 이 검사를 거부·방해 또는 기피한 경우(법12①(10))에는 업무정지 3개월에 해당한다.

xiv) 기획재정부장관은 효율적인 검사를 위하여 필요하다고 인정되는 경우에는 외국환업무취급기관등이나 그 밖에 외국환거래법을 적용받는 거래 당사자 또는 관계인의 업무와 재산에 관한 자료의 제출을 요구할 수 있고(법20④), 기획재정부장관은 필요하다고 인정되는 경우에는 한국은행총재, 금융감독원장, 관세청장에게 위탁하여 그 소속 직원으로 하여금 자료제출을 요구할 수 있는데(법20⑥), 이에 따른 자료의 제출을 거부하거나 거짓 자료를 제출한 경우(법12①(11))에는 업무정지 3개월에 해당한다.

xv) 기획재정부장관은 검사결과 위법한 사실을 발견하였을 때에는 그 시정을 명하거나 그 밖에 필요한 조치를 할 수 있고(법20⑤), 기획재정부장관은 필요하다고 인정되는 경우에는 한국은행총재, 금융감독원장, 관세청장에게 위탁하여 그 소속 직원으로 하여금 검사결과 위법한 사실을 발견하였을 때에는 그 시정을 명하거나 그 밖에 필요한 조치를 할 수 있는데(법20⑥), 이에 따른 시정명령에 따르지 아니한 경우(법12①(12))에는 업무정지 2개월에 해당한다.

xvi) 다른 법률에도 불구하고 기획재정부장관은 외국환거래법을 적용받는 거래, 지급, 수령, 자금의 이동 등에 관한 자료를 국세청장, 관세청장, 금융감독원장 또는 한국수출입은행장에게 직접 통보하거나 한국은행총재, 외국환업무취급기관등의 장, 세관의 장, 외환정보집중기관의 장과 여신전문금융업협회의 장으로 하여금 국세청장, 관세청장, 금융감독원장 또는 한국수출입은행장에게 통보하도록 할 수 있고(법21①), 기획재정부장관은 외환정보집중기관에게 외국환거래법을 적용받는 거래, 지급, 수령, 자금의 이동 등에 관한 자료를 신용정보법 제25조에 따른 신용정보집중기관에 제공하도록 할 수 있는데(법21②), 이에 따른 기획재정부장관의 명령을 위반하여 통보 또는 제공을 하지 아니하거나 거짓으로 통보 또는 제공한 경우(법12①(13))에는 업무정지 2개월에 해당한다.

xvii) 기획재정부장관은 외국환거래법의 실효성을 확보하기 위하여 필요하다고 인정되는 경우에는 외국환업무취급기관등이나 그 밖에 외국환거래법을 적용받는 거래 당사자 또는 관계인으로 하여금 신고, 신청, 보고, 자료의 통보 및 제출을 전자문서의 방법으로 하도록 명할 수 있는데(법24②), 이에 따른 기획재정부장관의 명령을 위반하여 신고, 신청, 보고, 자료의 통보 및 제출을 전자문서의 방법으로 하지 아니한 경우(법12①(14))에는 업무정지 1개월에 해당한다.

4. 청문

기획재정부장관은 등록 또는 인가를 취소하려는 경우에는 청문을 하여야 한다(법12③).

5. 등록 · 인가 제한

등록 또는 인가가 취소된 자(등록 또는 인가가 취소된 자의 임직원이었던 자로서 그 취소 사유의 발생에 직접 또는 이에 상응하는 책임이 있는 자를 포함)는 등록 또는 인가가 취소된 날부터 3년이 경과하지 아니한 경우에는 해당 외국환업무를 다시 제8조(외국환업무의 등록 등) 제1항 또는 제3항에 따라 등록하거나 제9조(외국환중개업무 등) 제1항에 따라 인가받을 수 없다(법12④).

Ⅱ. 과징금

1. 과징금 부과대상과 대체 과징금 부과

기획재정부장관은 위의 인가의 취소 등의 사유 중 어느 하나에 해당하는 위반행위를 한 자에 대하여 업무를 제한하거나 업무의 전부 또는 일부를 정지할 수 있는 경우에는 이를 갈음하여 그 위반행위로 취득한 이익의 범위에서 과징금을 부과할 수 있다(법12의2①). 과징금의 부과기준은 [별표 3]과 같다(영23).

2. 과징금의 부과기준

[별표 3]의 과징금의 부과기준은 다음과 같다(영23).

기획재정부장관은 업무정지처분을 갈음하여 과징금을 부과할 수 있으며, 위반행위로 취득한 이익에 업무정지 ⅰ) 1개월에 해당하는 경우 20%, ⅱ) 2개월에 해당하는 경우 40%, ⅲ) 3개월에 해당하는 경우 50%, ⅳ) 4개월에 해당하는 경우 70%의 부과비율을 곱한 금액을 상한으로 한다(별표 3 제1호).

그러나 위반행위가 1년 이상 지속되거나 최근 1년간 3회 이상 반복적으로 이루어진 경우, 또는 위반행위로 인하여 취득한 이익의 규모가 1억원 이상인 경우에는 위반행위로 인하여 취득한 이익의 50% 이상을 과징금으로 부과하여야 한다(별표 3 제2호 본문). 다만, ⅰ) 위반의 내용·정도가 경미하여 외환시장 및 금융기관 이용자에 미치는 피해가 적다고 인정되는 경우, ⅱ) 위반행위자가 처음 해당 위반행위를 한 경우로서 5년 이상 해당 외국환업무를 모범적으로 수행한 사실이 인정되는 경우, ⅲ) 위반행위로 인하여 취득한 이익이 5천만원 미만인 경우, ⅳ) 위반 사유를 지체 없이 시정한 경우에는 그러하지 아니하다(별표 3 제2호 단서).

3. 필요적 고려사항

과징금을 부과하는 경우에는 과징금의 부과기준에 따라 ⅰ) 위반행위의 내용 및 정도, ⅱ) 위반행위의 기간 및 횟수, ⅲ) 위반행위로 취득한 이익의 규모를 고려하여야 한다(법12의2②).

4. 납부기한의 연장과 분할납부

기획재정부장관은 과징금을 부과받은 자가 ⅰ) 재해 또는 도난 등으로 재산에 현저한 손실을 입은 경우, ⅱ) 사업여건의 악화로 사업이 중대한 위기에 처한 경우, ⅲ) 과징금의 일시납부에 따라 자금 사정에 현저한 어려움이 예상되는 경우, ⅳ) 그 밖에 기획재정부장관이 인정하는 사유가 있는 경우에 과징금 전액을 일시에 납부하기 어렵다고 인정되는 경우에는 그 납부기한을 연장하거나 분할납부하게 할 수 있다(법12의2③, 영24①).

5. 담보제공

기획재정부장관은 납부기한을 연장하거나 분할납부하도록 하는 경우 담보를 제공하게 할 수 있다(법12의2③, 영24②).

6. 납부기한의 연장 또는 분할납부 결정 취소

기획재정부장관은 납부기한이 연장되거나 분할납부가 허용된 자가 ⅰ) 분할납부 결정된 과징금을 그 납부기한까지 납부하지 아니한 경우, ⅱ) 담보의 변경, 그 밖에 담보 보전에 필요한 기획재정부장관의 명령을 이행하지 아니한 경우, ⅲ) 강제집행, 경매의 개시, 파산선고 등 과징금의 전부 또는 나머지를 징수할 수 없다고 인정되는 경우에는 그 납부기한의 연장 또는 분할납부 결정을 취소하고 과징금을 일시에 징수할 수 있다(법12의2③, 영24③).

7. 체납처분

기획재정부장관은 과징금 납부의무자가 납부기한까지 과징금을 납부하지 아니한 경우에는 국세 체납처분의 예에 따라 징수할 수 있다(법12의2④).

Ⅲ. 과태료

외국환거래법 제32조는 과태료를 규정하고 있는데, 제1항은 위반 사유에 따라 1억원 이하의 과태료, 제2항은 5천만원 이하의 과태료, 제3항은 3천만원 이하의 과태료, 제4항은 1천만원이하의 과태료를 부과하는 규정을 두고 있다. 과태료의 부과기준은 [별표 4]와 같다(영41).

1. 일반기준

부과권자는 벌칙 또는 과태료 처분을 받고 2년 이내에 과태료 사유에 해당하는 위반행위를 한 경우(제32조 제1항에 따른 과태료 처분을 받은 자가 해당 처분을 받은 날부터 2년 이내에 다시같은 항에 따른 위반행위를 한 경우는 제외)에는 [별표 4] 제2호 개별기준에 따른 과태료 금액의 40% 범위에서 가중할 수 있다(별표 4 제1호 가목 본문). 다만, 가중하는 경우에도 법 제32조 각항에서 정한 최고액을 넘을 수 없다(별표 4 제1호 가목 단서).

부과권자는 위반행위자가 ⅰ) 위반행위를 사전에 자진 신고한 경우, ⅱ) 질서위반행위규제법 시행령 제2조의2 제1항 각 호3)의 어느 하나에 해당하는 경우, ⅲ) 중소기업기본법 제2조에 따른 중소기업의 경우, ⅳ) 외국환거래법에 따른 신고 또는 허가를 받을 의무가 있는 자가과실로 잘못된 기관에 해당 절차를 이행한 경우, ⅴ) 법 제18조에 따른 자본거래 신고의무를위반하였으나 해당 거래에 따른 지급·수령이 이루어지지 않은 경우, ⅵ) 그 밖에 경미한 과실로 인한 위반행위로서 위반행위자의 위반정도와 경제적 사정 등에 비추어 감경이 필요하다고인정되는 경우에는 [별표 4] 제2호 개별기준에 따른 과태료 금액의 50% 범위에서 감경할 수있다(별표 4 제1호 나목 전단). 이 경우 감경 사유를 여러 개 적용하는 경우에도 총감경액은 그과태료 금액의 75%를 넘을 수 없다(별표 4 제1호 나목 후단).

2. 개별기준

(1) 1억원 이하의 과태료

다음의 어느 하나에 해당하는 자에게는 1억원 이하의 과태료를 부과한다(법32① 본문). 다

---

3) 질서위반행위규제법 시행령 제2조의2(과태료 감경) ① 행정청은 법 제16조에 따른 사전통지 및 의견 제출
결과 당사자가 다음의 어느 하나에 해당하는 경우에는 해당 과태료 금액의 50%의 범위에서 과태료를 감
경할 수 있다. 다만, 과태료를 체납하고 있는 당사자에 대해서는 그러하지 아니하다.
1. 「국민기초생활 보장법」 제2조에 따른 수급자
2. 「한부모가족 지원법」 제5조 및 제5조의2 제2항·제3항에 따른 보호대상자
3. 「장애인복지법」 제2조에 따른 장애인 중 장애의 정도가 심한 장애인
4. 「국가유공자 등 예우 및 지원에 관한 법률」 제6조의4에 따른 1급부터 3급까지의 상이등급 판정을 받은
   사람
5. 미성년자

만, 제29조(벌칙)에 해당하는 경우는 제외한다(법32①).

ⅰ) 외국환업무의 등록을 한 금융회사등과 전문외국환업무취급업자가 그 등록사항 중 외국환업무취급기관은 명칭, 본점 및 국내영업소의 소재지(국내영업소의 소재지는 제외), 외국환업무의 취급 범위, 환전영업자는 명칭, 영업소의 소재지, 환전업무의 취급 범위, 소액해외송금업자는 명칭, 본점 및 영업소의 소재지, 소액해외송금업무 대상국가 및 취급통화 등을 포함한 취급 범위에 관한 사항, 소액해외송금업무의 수행 방식에 관한 사항, 소액해외송금업무에 사용할 계좌(소액해외송금업무의 등록을 하려는 자의 명의로 금융회사등에 개설된 계좌로 한정)의 정보, 소액해외송금업무 과정에서 관여하는 외국 협력업자에 관한 사항, 기타전문외국환업무를 등록한 자는 명칭, 본점 및 국내영업소의 소재지(국내영업소의 소재지는 제외), 외국환업무의 취급 범위를 변경하려 하는 기획재정부장관에게 미리 그 사실을 신고하여야 하는데(법8④), 위에서 외국환업무의 취급 범위 및 소액해외송금업무 대상국가 및 취급통화 등을 포함한 취급 범위에 관한 사항, 소액해외송금업무의 수행 방식에 관한 사항, 소액해외송금업무에 사용할 계좌(소액해외송금업무의 등록을 하려는 자의 명의로 금융회사등에 개설된 계좌로 한정)의 정보, 소액해외송금업무 과정에서 관여하는 외국 협력업자에 관한 사항은 중대한 사항으로 이에 따른 변경신고를 하지 아니하거나 거짓으로 변경신고를 하고 외국환업무를 한 자에게는 5천만원의 과태료를 부과하고, 중대한 사항 이외의 사항에 대한 변경신고를 하지 아니하거나 거짓으로 변경신고를 하고 외국환업무를 한 자에게는 5천만원의 과태료를 부과한다(법32①(1) 및 별표 4 제2호 가목).

ⅱ) 외국환중개업무를 업으로 하려는 자는 명칭, 영업소의 소재지, 자본·시설 및 전문인력에 관한 사항, 임원에 관한 사항을 갖추어 기획재정부장관의 인가를 받아야 하고(법9① 전단), 이 경우 명칭 등 위 인가사항을 변경하려면 기획재정부장관에게 신고하여야 하는데(법9① 후단), 이에 따른 변경신고를 하지 아니하거나 거짓으로 변경신고를 하고 외국환중개업무를 한 자(법32①(2) 및 별표 4 제2호 다목)에게는 과태료 5천만원을 부과한다.

또한 외국환중개회사가 외국환중개업무를 할 수 있는 거래의 상대방은 한국은행, 정부(외국환평형기금을 운용·관리하는 경우에 한정), 은행, 농협은행, 수협은행, 한국산업은행, 한국수출입은행, 중소기업은행, 종합금융회사, 투자매매업자 및 투자중개업자, 보험회사, 외국 금융기관(내국지급수단과 대외지급수단의 매매에 대한 중개는 제외)이어야 하는데(법9②), 이에 위반하여 거래한 자(법32①(2) 및 별표 4 제2호 라목)에게는 과태료 5천만원을 부과한다.

ⅲ) 거주자간, 거주자와 비거주자간 또는 비거주자 상호간의 거래나 행위에 따른 채권·채무를 결제할 때 거주자가 상계 등의 방법으로 채권·채무를 소멸시키거나 상쇄시키는 방법으로 결제하는 경우, 기획재정부장관이 정하는 기간을 넘겨 결제하는 경우, 거주자가 해당 거래의 당사자가 아닌 자와 지급 또는 수령을 하거나 해당 거래의 당사자가 아닌 거주자가 그 거래의

당사자인 비거주자와 지급 또는 수령을 하는 경우, 또는 외국환업무취급기관등을 통하지 아니하고 지급 또는 수령을 하는 경우에 해당하면(자본거래의 신고 등에 따라 신고를 한 자가 그 신고된 방법으로 지급 또는 수령을 하는 경우는 제외) 그 지급 또는 수령의 방법을 기획재정부장관에게 미리 신고하여야 하는데(법16), 이에 따른 신고를 하지 아니하거나 거짓으로 신고를 하고 지급 또는 수령을 한 경우 외국환업무취급기관의 장에 대한 신고사항 위반은 100만원과 위반금액의 100분의 2 중 큰 금액의 과태료를 부과하고, 기획재정부장관, 한국은행총재에 대한 신고사항 위반은 200만원과 위반금액의 100분의 4 중 큰 금액의 과태료를 부과한다(법32①(3) 및 별표 4 제2호 자목).

iv) 자본거래를 하려는 자는 기획재정부장관에게 신고하여야 하는데(법18①), 이에 따른 신고를 하지 아니하거나 거짓으로 신고를 하고 자본거래를 한 경우 외국환업무취급기관의 장에 대한 신고사항 위반은 100만원과 위반금액의 100분의 2 중 큰 금액의 과태료를 부과하고, 기획재정부장관, 금융위원회, 금융감독원장, 한국은행총재에 대한 신고사항 위반은 200만원과 위반금액의 100분의 4 중 큰 금액의 과태료를 부과한다(법32①(4) 및 별표 4 제2호 타목).

v) 기획재정부장관이 신고의 수리 거부 결정을 한 경우 그 신고를 한 거주자는 해당 거래를 하여서는 아니 되는데(법18⑤), 이에 위반하여 신고수리가 거부되었음에도 그 신고에 해당하는 자본거래를 한 경우 외국환업무취급기관의 장에 대한 신고사항 위반은 100만원과 위반금액의 100분의 2 중 큰 금액의 과태료를 부과하고, 기획재정부장관, 금융위원회, 금융감독원장, 한국은행총재에 대한 신고사항 위반은 200만원과 위반금액의 100분의 4 중 큰 금액의 과태료를 부과한다(법32①(5) 및 별표 4 제2호 파목).

vi) 거래내용의 변경 권고 통지를 받은 자가 해당 권고를 수락한 경우에는 그 수락한 바에 따라 그 거래를 할 수 있으며, 수락하지 아니한 경우에는 그 거래를 하여서는 아니 되는데(법18⑥), 이에 위반하여 거래내용의 변경 권고내용과 달리 자본거래를 한 경우 외국환업무취급기관의 장에 대한 신고사항 위반은 100만원과 위반금액의 100분의 2 중 큰 금액의 과태료를 부과하고, 기획재정부장관, 금융위원회, 금융감독원장, 한국은행총재에 대한 신고사항 위반은 200만원과 위반금액의 100분의 4 중 큰 금액의 과태료를 부과한다(법32①(6) 및 별표 4 제2호 하목).

(2) 5천만원 이하의 과태료

다음의 어느 하나에 해당하는 자에게는 5천만원 이하의 과태료를 부과한다(법32② 본문). 다만, 제29조(벌칙)에 해당하는 경우는 제외한다(법32② 단서).

ⅰ) 기획재정부장관은 외환건전성부담금의 부과·징수를 위하여 필요하다고 인정되는 경우에는 해당 금융회사등에 관련 자료의 제출을 요구할 수 있는데(법11의3⑤), 이에 따른 자료를 제출하지 아니하거나 거짓으로 제출한 자에게는 3천만원의 과태료를 부과한다(법32②(1) 및 별

표 4 제2호 바목).

ⅱ) 기획재정부장관은 외국환거래법을 적용받는 지급 또는 수령과 관련하여 환전절차, 송금절차, 재산반출절차 등 필요한 사항을 정할 수 있는데(법15①), 이에 지급절차 등을 위반하여 지급·수령을 하거나 자금을 이동시킨 경우(아목의 경우는 제외)에는 100만원과 위반금액의 100분의 2 중 큰 금액의 과태료를 부과하고(법32②(2) 및 별표 4 제2호 사목), 지급절차 등을 위반하여 지급·수령을 하거나 자금을 이동시킨 경우(거짓으로 증명서류를 제출한 경우로 한정)에는 200만원과 위반금액의 100분의 4 중 큰 금액의 과태료를 부과한다(법32②(2) 및 별표 4 제2호 아목).

ⅲ) 기획재정부장관은 외국환거래법의 실효성을 확보하기 위하여 필요하다고 인정되어 우리나라가 체결한 조약 및 일반적으로 승인된 국제법규의 성실한 이행을 위하여 필요한 경우와 자본의 불법적인 유출·유입을 방지하기 위하여 필요한 경우에는 지급수단 또는 증권을 수출 또는 수입하려는 거주자나 비거주자로 하여금 그 지급수단 또는 증권을 수출 또는 수입할 때 신고하게 할 수 있는데(법17), 이에 신고를 하지 아니하거나 거짓으로 신고를 하고 지급수단 또는 증권을 수출입하거나 수출입하려 한 자에게는 위반금액의 100분의 5에 해당하는 금액의 과태료를 부과한다(법32②(3) 및 별표 4 제2호 카목).

(3) 3천만원 이하의 과태료

다음의 어느 하나에 해당하는 자에게는 3천만원 이하의 과태료를 부과한다(법32③).

ⅰ) 거주자간, 거주자와 비거주자간 또는 비거주자 상호간의 거래나 행위에 따른 채권·채무를 결제할 때 외국환수급 안정과 대외거래 원활화를 위하여 거주자와 비거주자가 상계의 방법으로 결제할 때 기획재정부장관이 정하여 고시하는 방법으로 일정한 외국환은행을 통하여 주기적으로 결제하는 경우, 자본거래의 신고에 따라 기획재정부장관에게 신고한 방법에 따라 채권을 매매, 양도 또는 인수하는 경우, 계약 건당 미화 5만달러 이내의 수출대금을 기획재정부장관이 정하여 고시하는 기간을 초과하여 수령하는 경우, 거주자가 건당 미화 1만달러 이하의 경상거래에 따른 대가를 외국환업무취급기관등을 통하지 아니하고 직접 지급하는 경우, 그 밖에 기획재정부장관이 정하여 고시하는 경우에는 사후에 보고할 수 있으며(법16), 자본거래를 하려는 자는 외국환수급 안정과 대외거래 원활화를 위하여 외국환업무취급기관이 외국환업무로서 수행하는 거래(다만, 외환거래질서를 해할 우려가 있거나 급격한 외환유출입을 야기할 위험이 있는 거래로서 기획재정부장관이 고시하는 경우에는 신고하도록 할 수 있다), 기획재정부장관이 정하여 고시하는 금액 미만의 소액 자본거래, 해외에서 체재 중인 자의 비거주자와의 예금거래, 추가적인 자금유출입이 발생하지 아니하는 계약의 변경 등으로서 기획재정부장관이 경미한 사항으로 인정하는 거래, 그 밖에 기획재정부장관이 정하여 고시하는 거래는 사후에 보고할 수 있는데(법18), 이에 위반하여 신고를 갈음하는 사후 보고를 하지 아니하거나 거짓으로 사후 보고를

한 자에게는 100만원과 위반금액의 100분의 2 중 큰 금액의 과태료를 부과한다(법32③(1) 및 별표 4 제2호 차목).

ii) 기획재정부장관은 외국환거래법을 시행하기 위하여 필요하다고 인정되는 경우에는 소속 공무원으로 하여금 외국환업무취급기관등이나 그 밖에 외국환거래법을 적용받는 거래 당사자 또는 관계인의 업무에 관하여 검사하게 할 수 있으며(법20③), 기획재정부장관은 필요하다고 인정되는 경우에는 한국은행총재, 금융감독원장, 관세청장에게 위탁하여 그 소속 직원으로 하여금 검사 업무를 수행하게 할 수 있는데(법20⑥), 이에 검사에 응하지 아니하거나 검사를 거부·방해 또는 기피한 자에게는 3천만원의 과태료를 부과한다(법32③(2) 및 별표 4 제2호 더목).

iii) 기획재정부장관은 검사결과 위법한 사실을 발견하였을 때에는 그 시정을 명하거나 그 밖에 필요한 조치를 할 수 있으며(법20⑤), 기획재정부장관은 필요하다고 인정되는 경우에는 한국은행총재, 금융감독원장, 관세청장에게 위탁하여 그 소속 직원으로 하여금 검사결과 위법한 사실을 발견하였을 때에는 그 시정을 명하거나 그 밖에 필요한 조치 업무를 수행하게 할 수 있는데(법20⑥), 이에 따른 시정명령에 따르지 아니한 자에게는 3천만원의 과태료를 부과한다(법32③(3) 및 별표 4 제2호 머목).

iv) 다른 법률에도 불구하고 기획재정부장관은 외국환거래법을 적용받는 거래, 지급, 수령, 자금의 이동 등에 관한 자료를 국세청장, 관세청장, 금융감독원장 또는 한국수출입은행장에게 직접 통보하거나 한국은행총재, 외국환업무취급기관등의 장, 세관의 장, 외환정보집중기관의 장과 여신전문금융업협회의 장으로 하여금 국세청장, 관세청장, 금융감독원장 또는 한국수출입은행장에게 통보하도록 할 수 있으며(법21①), 기획재정부장관은 외환정보집중기관에게 외국환거래법을 적용받는 거래, 지급, 수령, 자금의 이동 등에 관한 자료를 신용정보법 제25조에 따른 신용정보집중기관에 제공하도록 할 수 있는데(법21②), 이에 따른 기획재정부장관의 명령을 위반하여 통보 또는 제공을 하지 아니하거나 거짓으로 통보 또는 제공한 자에게는 2천만원의 과태료를 부과한다(법32③(4) 및 별표 4 제2호 버목).

(4) 1천만원 이하의 과태료

다음의 어느 하나에 해당하는 자에게는 1천만원 이하의 과태료를 부과한다(법32④).

ⅰ) 외국환업무의 등록을 한 금융회사등과 전문외국환업무취급업자가 외국환업무를 폐지하려는 경우에는 기획재정부장관에게 미리 그 사실을 신고하여야 하는데(법8④), 이에 따른 폐지신고를 하지 아니한 자에게는 700만원의 과태료를 부과한다(법32④(1) 및 별표 4 제2호 나목).

ⅱ) 외국환중개회사가 합병 또는 해산, 영업의 전부 또는 일부의 폐지·양도·양수 행위를 하려는 경우에는 기획재정부장관에게 신고하여야 하는데(법9③), 이에 따른 신고를 하지 아니한 자에게는 1천만원의 과태료를 부과한다(법32④(2) 및 별표 4 제2호 마목).

iii) 기획재정부장관은 외국환거래법을 적용받는 자가 지급절차 등(법15), 지급 또는 수령의 방법의 신고(법16), 지급수단 등의 수출입 신고(법17), 자본거래의 신고 등(법18)의 규정에 따라 허가를 받거나 신고를 한 경우 허가사항 또는 신고사항에 정하여진 기한이 지난 후에 거래 또는 행위를 한 경우, 또는 법 제15조 위반은 미화 1만달러, 법 제16조 위반은 미화 1만달러, 법 제17조 위반은 미화 1만달러, 법 제18조 위반은 미화 2만달러(거래 또는 행위 유형에 따라 금액을 달리 정할 수 있다) 이하의 거래 또는 행위로서 법 제15조부터 제18조까지의 규정에 따른 절차 준수, 허가 또는 신고("신고등")의 의무를 위반하여 거래 또는 행위를 한 경우에는 경고를 할 수 있는데(법19①), 이에 따른 경고를 받고 2년 이내에 경고 사유에 해당하는 위반행위를 한 자에게는 300만원의 과태료를 부과한다(법32④(3) 및 별표 4 제2호 거목).

iv) 기획재정부장관은 외국환거래법의 실효성을 확보하기 위하여 거래 당사자 또는 관계인으로 하여금 필요한 보고를 하게 할 수 있으며, 비거주자에 대한 채권을 보유하고 있는 거주자로 하여금 그 보유채권의 현황을 기획재정부장관에게 보고하게 할 수 있고(법20①), 외국환거래법을 시행하기 위하여 필요하다고 인정되는 경우에는 국세청, 한국은행, 금융감독원, 외국환업무취급기관등 외국환거래법을 적용받는 관계기관의 장에게 관련 자료 또는 정보의 제출을 요구할 수 있는데(법20②), 이에 따른 보고 또는 자료 제출을 하지 아니하거나 거짓으로 보고 또는 자료 제출을 한 자에게는 700만원의 과태료를 부과한다(법32④(4) 및 별표 4 제2호 너목).

v) 기획재정부장관은 효율적인 검사를 위하여 필요하다고 인정되는 경우에는 외국환업무취급기관등이나 그 밖에 외국환거래법을 적용받는 거래 당사자 또는 관계인의 업무와 재산에 관한 자료의 제출을 요구할 수 있고(법20④), 기획재정부장관은 필요하다고 인정되는 경우에는 한국은행총재, 금융감독원장, 관세청장에게 위탁하여 그 소속 직원으로 하여금 자료제출을 요구할 수 있는데(법20⑥), 이에 따른 자료를 제출하지 아니하거나 거짓으로 자료 제출을 한 자에게는 700만원의 과태료를 부과한다(법32④(5) 및 별표 4 제2호 러목).

vi) 기획재정부장관은 외국환거래법의 실효성을 확보하기 위하여 필요하다고 인정되는 경우에는 외국환업무취급기관등이나 그 밖에 외국환거래법을 적용받는 거래 당사자 또는 관계인으로 하여금 신고, 신청, 보고, 자료의 통보 및 제출을 전자문서의 방법으로 하도록 명할 수 있는데(법24②), 이에 따른 기획재정부장관의 명령을 위반하여 신고, 신청, 보고, 자료의 통보 및 제출을 전자문서의 방법으로 하지 아니한 자에게는 700만원의 과태료를 부과한다(법32④(6) 및 별표 4 제2호 서목).

Ⅳ. 경고 및 거래정지 등(행정처분)

1. 경고

기획재정부장관은 외국환거래법을 적용받는 자가 ⅰ) 법 제15조(지급절차 등), 제16조(지급 또는 수령의 방법의 신고), 제17조(지급수단 등의 수출입 신고), 제18조(자본거래의 신고 등)까지의 규정에 따라 허가를 받거나 신고를 한 경우 허가사항 또는 신고사항에 정하여진 기한이 지난 후에 거래 또는 행위를 한 경우, ⅱ) 법 제15조 위반은 미화 1만달러, 법 제16조 위반은 미화 1만달러, 법 제17조 위반은 미화 1만달러, 법 제18조 위반은 미화 2만달러(거래 또는 행위 유형에 따라 금액을 달리 정할 수 있다) 이하의 거래 또는 행위로서 법 제15조부터 제18조까지의 규정에 따른 절차 준수, 허가 또는 신고("신고등")의 의무를 위반하여 거래 또는 행위를 한 경우에는 경고를 할 수 있다(법19①, 영33①).

2. 거래 정지 · 제한 또는 허가취소

기획재정부장관은 외국환거래법을 적용받는 자의 거래 또는 행위가 법 제15조부터 제18조까지의 규정에 따른 신고등의 의무를 5년 이내에 2회 이상 위반한 경우에는 각각의 위반행위에 대하여 1년 이내의 범위에서 관련 외국환거래 또는 행위를 정지 · 제한하거나 허가를 취소할 수 있다(법19②).

3. 청문

기획재정부장관은 외국환거래 또는 행위를 정지 · 제한하거나 허가의 취소(법19②) 처분을 하려는 경우에는 청문을 하여야 한다(법19③).

4. 행정처분의 기준

법 제19조 제1항 및 제2항에 따른 행정처분의 기준은 [별표 3의2]와 같다(영33②). 이 기준은 외국환거래법상 신고등의 의무 위반시 부과되는 "거래정지 · 경고" 처분의 구체적인 기준은 제재의 탄력성과 수용성을 제고하고 있다. 즉 위반 정도가 경미하여 즉시 시정가능한 경우, 또는 고의 · 중과실이 아닌 단순 오류인 경우 등은 거래정지 기간의 2분의 1 범위에서 감경이 가능하며, 위반자의 사망, 폐업 등과 신고 접수기관의 안내 착오로 인한 신고의무 위반 등의 경우에는 제재를 면제할 수 있다. 여기서는 외국환거래법 시행령 [별표 3의2]의 행정처분의 기준을 살펴본다.

(1) 일반기준(제1호)

가. 위반행위의 횟수에 따른 행정처분의 기준은 최근 5년간 같은 위반행위로 행정처분을 받은 경우(법 제15조부터 제18조까지의 규정에 따른 신고 등의 의무를 위반하였으나 법 제19조 제1항 제2호에 따른 행정처분 요건에 해당하지 않은 경우를 포함하며, 마목에 따라 행정처분을 면제받은 경우는 제외)에 적용한다. 이 경우 기간의 계산은 같은 위반행위에 대해 행정처분을 받은 날(법 제15조부터 제18조까지의 규정에 따른 신고 등의 의무를 위반하였으나 법 제19조 제1항 제2호에 따른 행정처분 요건에 해당하지 않는 경우에는 과태료 부과처분을 받은 날)과 그 처분 후에 다시 같은 위반행위를 하여 적발된 날을 기준으로 하며, 위반 횟수 산정 시 같은 위반행위이면 제2호 나목에 따른 위반금액은 고려하지 않는다.

나. 가목에 따라 가중된 행정처분을 하는 경우 가중처분의 적용 차수는 그 위반행위 전 행정처분 차수(가목에 따른 기간 내에 행정처분이 둘 이상 있었던 경우에는 높은 차수)의 다음 차수로 한다.

다. 다음의 어느 하나에 해당하는 경우에는 제2호에 따른 거래정지(법 제19조에 따라 각각의 위반행위에 대해 1년 이내의 범위에서 관련 외국환거래 또는 행위를 정지·제한하는 것) 기간을 2분의 1의 범위에서 가중할 수 있다. 다만, 가중하는 경우에도 1년을 넘을 수 없다.

　1) 위반행위가 고의나 중대한 과실에 따른 것으로 인정되는 경우

　2) 법 제20조에 따른 검사에 응하지 않거나 검사를 거부·방해 또는 기피한 것으로 인정되는 경우

　3) 그 밖에 위반행위의 동기와 그 결과, 위반 정도 등에 비추어 가중이 필요하다고 인정되는 경우

라. 부과권자는 다음의 어느 하나에 해당하는 경우에는 제2호에 따른 거래정지 기간의 2분의 1의 범위에서 감경할 수 있다.

　1) 위반의 내용·정도가 경미하여 즉시 시정할 수 있다고 인정되는 경우

　2) 위반행위가 고의나 중대한 과실이 아닌 사소한 부주의나 단순한 오류에 따른 것으로 인정되는 경우

　3) 위반행위자가 해당 위반행위를 자진 신고하고 법 제20조에 따른 검사에 협조한 것으로 인정되는 경우

　4) 그 밖에 위반행위의 동기와 그 결과, 위반 정도 등에 비추어 감경이 필요하다고 인정되는 경우

마. 부과권자는 다음의 어느 하나에 해당하는 경우에는 경고 및 거래정지 등 행정처분을 면제할 수 있다.

　1) 신고기관의 착오로 인하여 이 법에 따른 신고 등의 의무가 있는 자가 잘못된 기관에 해당 절차를 이행한 경우

　2) 위반행위자의 사망, 폐업, 해산, 파산, 회생절차 개시 등으로 행정처분 부과의 실효성이

　　　없는 경우

　　3) 해당 위반행위가 종료된 날부터 5년이 경과한 경우

(2) 개별기준(제2호)

(가) 법 제19조 제1항에 해당하는 경우

1) 법 제19조 제1항 제1호(위반사항과 처분기준)

　법 제15조부터 제18조까지의 규정에 따라 허가를 받거나 신고를 한 경우 허가사항 또는 신고사항에 정해진 기한이 지난 후에 거래 또는 행위를 한 경우에는 경고를 한다.

2) 법 제19조 제1항 제2호(위반사항과 처분기준)

　영 제33조 제1항 각 호의 구분에 따른 금액 이하의 거래 또는 행위로서 법 제15조부터 제18조까지의 규정에 따른 절차 준수, 허가 또는 신고의 의무를 위반하여 거래 또는 행위를 한 경우(1회 위반의 경우에 한정한다)에는 경고를 한다.

(나) 법 제19조 제2항에 해당하는 경우

　법 제19조 제2항에 따른 행정처분의 기준은 위반사항, 다음 표의 위반사항란에 규정된 위반금액 및 위반 횟수에 따라 결정한다. 이 경우 위반금액이란 위반행위를 통해 지급·수령하거나 이동시킨 자금 등의 크기를 말한다.

위반사항	근거 법조문	위반 횟수별 처분기준	
		2회	3회 이상
1) 법 제15조 제1항에 따른 지급절차 등을 위반하여 지급·수령을 하거나 자금을 이동시킨 경우[2)의 경우는 제외한다]	법 제19조 제2항		
가) 1억원 이하		1개월	3개월
나) 1억원 초과 3억원 이하		1개월	3개월
다) 3억원 초과 5억원 이하		3개월	6개월
라) 5억원 초과		6개월	12개월
2) 법 제15조 제1항에 따른 지급절차 등을 위반하여 지급·수령을 하거나 자금을 이동시킨 경우(거짓으로 증명서류를 제출한 경우로 한정한다)	법 제19조 제2항		
가) 1억원 이하		1개월	3개월
나) 1억원 초과 3억원 이하		3개월	6개월
다) 3억원 초과 5억원 이하		3개월	6개월
라) 5억원 초과		6개월	12개월
3) 법 제16조에 따른 신고를 하지 않거나 거짓으로 신고를 하고 지급 또는 수령을 한 경우	법 제19조 제2항		

가) 외국환업무취급기관의 장에 대한 신고사항 위반			
(1) 1억원 이하		1개월	3개월
(2) 1억원 초과 3억원 이하		1개월	3개월
(3) 3억원 초과 5억원 이하		3개월	6개월
(4) 5억원 초과		6개월	12개월
나) 기획재정부장관, 한국은행총재에 대한 신고사항 위반			
(1) 1억원 이하		1개월	3개월
(2) 1억원 초과 3억원 이하		3개월	6개월
(3) 3억원 초과 5억원 이하		3개월	6개월
(4) 5억원 초과		6개월	12개월
4) 법 제16조 또는 제18조를 위반하여 신고를 갈음하는 사후 보고를 하지 않거나 거짓으로 사후 보고를 한 경우	법 제19조 제2항		
가) 1억원 이하		1개월	3개월
나) 1억원 초과 3억원 이하		1개월	3개월
다) 3억원 초과 5억원 이하		3개월	6개월
라) 5억원 초과		6개월	12개월
5) 법 제17조에 따른 신고를 하지 않거나 거짓으로 신고를 하고 지급수단 또는 증권을 수출입하거나 수출입하려 한 경우	법 제19조 제2항		
가) 1억원 이하		1개월	3개월
나) 1억원 초과 3억원 이하		3개월	6개월
다) 3억원 초과 5억원 이하		3개월	6개월
라) 5억원 초과		6개월	12개월
6) 법 제18조제1항에 따른 신고를 하지 않거나 거짓으로 신고를 하고 자본거래를 한 경우	법 제19조 제2항		
가) 외국환업무취급기관의 장에 대한 신고사항 위반			
(1) 1억원 이하		1개월	3개월
(2) 1억원 초과 3억원 이하		1개월	3개월
(3) 3억원 초과 5억원 이하		3개월	6개월
(4) 5억원 초과		6개월	12개월
나) 기획재정부장관, 금융위원회, 금융감독원장, 한국은행총재에 대한 신고사항 위반			
(1) 1억원 이하		1개월	3개월
(2) 1억원 초과 3억원 이하		3개월	6개월

(3) 3억원 초과 5억원 이하		3개월	6개월
(4) 5억원 초과		6개월	12개월
7) 법 제18조 제5항을 위반하여 신고수리가 거부되었음에도 그 신고에 해당하는 자본거래를 한 경우	법 제19조 제2항		
가) 외국환업무취급기관의 장에 대한 신고사항 위반			
(1) 1억원 이하		1개월	3개월
(2) 1억원 초과 3억원 이하		1개월	3개월
(3) 3억원 초과 5억원 이하		3개월	6개월
(4) 5억원 초과		6개월	12개월
나) 기획재정부장관, 금융위원회, 금융감독원장, 한국은행총재에 대한 신고사항 위반			
(1) 1억원 이하		1개월	3개월
(2) 1억원 초과 3억원 이하		3개월	6개월
(3) 3억원 초과 5억원 이하		3개월	6개월
(4) 5억원 초과		6개월	12개월
8) 법 제18조 제6항을 위반하여 같은 조 제4항 제3호의 권고내용과 달리 자본거래를 한 경우	법 제19조 제2항		
가) 외국환업무취급기관의 장에 대한 신고사항 위반			
(1) 1억원 이하		1개월	3개월
(2) 1억원 초과 3억원 이하		1개월	3개월
(3) 3억원 초과 5억원 이하		3개월	6개월
(4) 5억원 초과		6개월	12개월
나) 기획재정부장관, 금융위원회, 금융감독원장, 한국은행총재에 대한 신고사항 위반			
(1) 1억원 이하		1개월	3개월
(2) 1억원 초과 3억원 이하		3개월	6개월
(3) 3억원 초과 5억원 이하		3개월	6개월
(4) 5억원 초과		6개월	12개월

5. 위반시 제재

(1) 형사제재

법 제19조 제2항에 따른 거래 또는 행위의 정지·제한을 위반하여 거래 또는 행위를 한 자는 1년 이하의 징역 또는 1억원 이하의 벌금에 처한다(법29①(5) 본문). 다만, 위반행위의 목적물 가액의 3배가 1억원을 초과하는 경우에는 그 벌금을 목적물 가액의 3배 이하로 한다(법29①(5) 단서). 징역과 벌금은 병과할 수 있다(법29③).

(2) 과태료

법 제19조 제1항에 따른 경고를 받고 2년 이내에 경고 사유에 해당하는 위반행위를 한 자에게는 1천만원 이하의 과태료를 부과한다(법32④(3)).

제2장

외국환거래 검사 및 제재

제1절 한국은행총재의 검사 및 제재

Ⅰ. 외국환중개회사에 대한 검사 및 제재

한국은행총재는 외국환중개회사의 업무를 감독하고 업무감독에 필요한 명령을 할 수 있으며 외국환중개회사가 중대한 위반을 한 경우에는 기획재정부장관에게 인가취소를 건의할 수 있다(규정2-42①). 한국은행총재는 외국환중개업무의 보고, 검사, 사후관리 및 제재 등에 관하여 필요한 사항을 정할 수 있다(규정2-42②). 이에 따라 한국은행은 외국환거래업무 취급세칙("취급세칙")을 제정하여 시행하고 있다. 외국환거래업무 취급세칙 시행에 필요한 사항을 정하기위 위해 외국환거래업무 취급절차("취급절차")를 두고 있다.

1. 외국환중개회사의 의무와 업무 제한

외국환중개회사는 관계 법령을 준수하고 공정·신속·정확한 중개를 함으로써 외환시장의 거래질서를 유지하여야 하며(취급세칙4-1), 거래의 중개를 위탁받은 경우에는 해당 거래를 중개하지 않고 자기가 거래의 상대방이 되어 거래를 성립시켜서는 아니된다(취급세칙4-2).

2. 매매기준율 등 산출

기획재정부장관으로부터 환율고시업무 인가를 받은 외국환중개회사의 장은 매매기준율과 재정된 매매기준율을 산출하고 매일 영업개시 30분 전까지 기획재정부장관, 한국은행총재 및 각 외국환업무취급기관의 장에게 통보하여야 한다(취급세칙4-3).

3. 보고 및 자료제출

외국환중개회사의 장은 중개거래 현황 및 중개수수료 결정내용 등을 한국은행총재에게 보고하여야 한다(취급세칙4-4). 한국은행은 외국환중개회사에 대하여 필요한 자료의 제출을 요구할 수 있다(취급세칙4-5).

4. 검사

외국환중개회사의 업무에 대한 검사는 한국은행 국제국장이 행하며 연 1회 이상 실시할 수 있다(취급세칙4-6).

(1) 검사방식

외국환중개회사에 대한 검사는 실지검사 또는 서면검사로 할 수 있다(취급절차9①). 실지검사를 실시할 경우 [별지 제3호 서식] 제3-1호 "외국환중개회사 업무검사 실시명령서"를 검사원에게 발급하고 검사원은 이를 검사 착수 시점에 외국환중개회사 대표에게 교부하여야 한다(취급절차9②).

(2) 검사사항

외국환중개회사에 대하여 검사할 사항은 ⅰ) 납입자본금 충족 여부, ⅱ) 외국환중개업무 및 이에 관한 보고 등을 수행할 수 있는 전산시설을 갖추고 있는지 여부, ⅲ) 외국환중개업무에 대한 지식·경험 등 업무수행에 필요한 능력을 가진 전문인력을 갖추고 있는지 여부, ⅳ) 불공정 중개업무 여부, ⅴ) 자기명의 거래 여부, ⅵ) 매매기준율 및 재정된 매매기준율 고시의 적정 여부, ⅶ) 그 밖의 외국환거래법령, 외국환거래규정 및 취급세칙의 준수 여부이다(취급절차10).

(3) 검사일지 작성 및 확인서 등 징구

검사원은 검사기간 중 [별지 제3호 서식] 제3-2호 "검사일지"를 작성하여야 한다(취급절차11① 본문). 다만, 서면검사를 실시할 경우에는 검사일지 작성을 생략할 수 있다(취급절차11① 단서). 검사원은 검사에 필요한 경우 검사내용에 대한 [별지 제3호 서식] 제3-3호 "경위서", 제3-4호 "확인서" 등을 요구하여 제출받을 수 있다(취급절차11②).

(4) 검사결과 보고

검사원은 검사 실시 후 [별지 제3호 서식] 제3-5호 "외국환중개회사 업무검사 결과 보고서"를 작성하여 보고하여야 한다(취급절차12).

(5) 검사결과 등 통보

국제국장은 검사결과 및 제재 등 조치내용을 외국환중개회사에 통보하여야 한다(취급절차 12의4).

5. 제재

(1) 조치내용

외국환중개회사가 외국환거래규정 및 외국환중개회사에 관한 취급세칙에서 정한 사항을 이행하지 않거나 위반할 경우 국제국장은 ⅰ) 과거 1년간 1회 위반은 주의 환기, ⅱ) 과거 1년간 2회 위반은 경고의 제재를 할 수 있다(취급세칙4-7①). 위반내용이 중대하다고 판단되거나 과거 1년간 3회 위반에 해당되는 경우에는 기획재정부장관에게 업무의 제한 또는 업무의 정지와 인가취소 등을 건의할 수 있다(취급세칙4-7②).

(2) 제재심의위원회의 설치

제재 등의 조치를 할 때는 제재심의위원회의 의견을 들어 결정한다(취급절차12의2①). 제재심의위원회는 국제국 부국장, 외환시장팀장, 국제총괄팀장, 외환건전성조사팀장과 국제국장이 지정하는 직원으로 구성한다(취급절차12의2①).

(3) 제재심의위원회의 운영

제재심의위원회는 제재안을 심의할 때 위법행위의 중대성, 고의 및 과실의 정도, 시정조치를 위한 노력 여부, 징계의 형평성 등을 고려한다(취급절차12의3①). 외환시장팀장은 제재심의위원회 운영을 담당하며 심의내용을 기록·유지한다(취급절차12의3②).

Ⅱ. 외국환거래 검사

1. 자료제출요구

국제국장은 영 제39조 제7항 및 규정 제10-14조 제2항에 따라 외환거래 정보의 신속한 집중과 집중된 자료의 사실 여부 확인 등을 위해 외국환업무취급기관등에게 필요한 자료의 제출을 요구할 수 있다(취급세칙6-1①). 외국환업무취급기관등은 요구를 받은 경우에는 지체없이 서면 또는 전자문서로 제출하여야 하며(취급세칙6-1②), 제출을 요구받은 자료를 지체없이 제출할 수 없는 경우에는 그 사유 및 제출예정일자 등을 서면 또는 전자문서로 제출하여야 한다(취급세칙6-1③).

2. 검사 요구 및 공동검사 참여 요구

영 제35조 제3항 제1호 나목 및 라목, 같은 조 제6항에 따라 금융감독원장에게 검사를 요구하거나 금융감독원장의 검사에 한국은행 직원이 공동으로 참여할 수 있도록 요구하는 경우는 다음과 같다(취급세칙6-2①). 즉 ⅰ) 법, 영, 규정, 외환시장과 관련한 한국은행 규정 및 조치사항의 준수 여부를 점검할 필요가 있는 경우, ⅱ) 외화조달 및 운용의 불균형으로 외화유동성에 어려움이 있을 것으로 우려되는 금융기관 등의 외환건전성을 점검할 필요가 있는 경우, ⅲ) 외환시장의 과다한 수급 불균형, 환투기, 불공정·과당경쟁, 불·탈법거래 등으로 외환시장의 안정을 저해하거나 저해할 우려가 높은 경우, ⅳ) 비예금성외화부채등의 만기·계정별 잔액산정 정확성, 부담금 납부 정확성 등을 점검할 필요가 있는 경우, ⅴ) 그 밖에 외환정책 목적 달성을 위해 필요한 경우이다.

이에 따라 검사 요구 또는 공동검사 참여를 요구하는 경우에는 검사 목적, 기간, 대상자 등을 구체적으로 명시하여야 한다(취급세칙6-2②). 공동검사를 실시하는 경우에는 효과적으로 검사를 실시하기 위하여 해당 금융기관, 외국환거래 당사자 및 관계인에 대하여 최소한의 자료 제출을 요구할 수 있다(취급세칙6-2③). 국제국장은 영 제35조 제3항 제1호 나목에 해당하는 검사의 경우에는 「한국은행의 금융기관 검사요구등에 관한 규정」에 따른 검사에 위탁하여 실시할 수 있다(취급세칙6-2④).

3. 검사원의 선정 및 의무·권한

(1) 검사원의 선정

금융감독원장과의 공동검사에 참여하는 직원("검사원")은 국제국 및 공동검사 요구내용과 관련된 부서의 직원으로 하며, 검사원의 선정 및 검사반의 구성은 국제국장이 정한다(취급세칙 6-3①).

(2) 검사원의 의무

검사원은 그 직무를 수행할 때 다음의 사항을 준수하여야 한다(취급세칙6-3②). 즉 ⅰ) 친절·겸손한 자세로 검사업무를 수행하고 중앙은행 직원으로서의 품위를 유지하여야 한다. ⅱ) 직무상 알게 된 기밀을 누설하거나 다른 목적에 이용하여서는 안된다. ⅲ) 직무와 관련하여 청탁 등 직권을 남용하는 행위를 하거나 직접, 간접을 불문하고 사례·증여 또는 접대를 받을 수 없다.

(3) 검사원의 권한

검사원은 검사업무를 수행할 때 필요한 경우 ⅰ) 공동검사 과정에서 발견한 금융기관의 외환거래 내역 중 특이거래 및 외국환거래법령상 위규거래 등("중점 검사대상거래")에 대해 그 사실의 확인 및 거래 주체와 목적 파악 등을 위한 검사대상자 또는 검사대상기관 소속 임직원 등 관계자("피검사자")에 대한 관련 자료 제출 요구, ⅱ) 피검사자에 대한 출석 및 진술의 요구, ⅲ) 그 밖에 검사상 필요하다고 판단하는 조치를 할 수 있다(취급세칙6-3③).

4. 검사결과 보고 및 시정조치 요구

금융감독원장에게 검사 요구를 한 경우 국제국장은 그 검사결과를 금융감독원장으로부터 송부받아 한국은행 총재에게 보고하여야 한다(취급세칙6-4①). 한국은행 직원이 금융감독원장의 검사에 공동으로 참여한 경우 국제국장은 한국은행의 검사결과를 한국은행 총재에게 보고한 후 금융감독원장에게 통보하여야 하며, 금융감독원장으로부터 최종 검사결과를 송부받은 경우에는 필요시 보고할 수 있다(취급세칙6-4②). 국제국장은 검사결과에 따라 필요한 경우 한국은행 총재에게 보고한 후 금융감독원장에 대하여 해당 피검사자에 대한 시정조치를 요구할 수 있다(취급세칙6-4③).

5. 검사결과 사후관리

국제국장은 보고 후 금융감독원장의 조치내용 등을 점검하고 사후관리하여야 한다(취급세칙6-5①). 금융감독원장에게 검사결과에 따른 시정조치를 요구한 경우 국제국장은 금융감독원장의 시정조치 결과를 송부받아 한국은행 총재에게 보고하여야 한다(취급세칙6-5②).

Ⅲ. 외국환거래 보고대상자에 대한 검사

1. 검사

영 제35조 제3항 제1호 다목(한국은행총재가 위탁받아 수행하는 업무에 관련되는 보고대상자)에 규정된 자에 대한 규정 제10-7조 제1항에 따른 외국환거래 당사자 또는 관계인 및 금융기관("보고대상자")의 업무에 대한 검사는 한국은행 국제국장이 수행한다. 한국은행 국제국장은 검사를 위한 검사의 기준 등 필요한 사항을 정할 수 있다(취급세칙7-1).

2. 제재

영 제35조 제3항 제1호 다목에 규정된 자가 외국환거래법규를 위반한 경우 국제국장은 위규사항별 구분에 따라 ⅰ) 경고는 보고서를 제출기한 내에 제출하지 않거나 보고 요구에도 불구하고 계속 지연하는 경우에 취할 수 있고, ⅱ) 경위서 제출요구는 고의로 보고서를 제출하지 않거나 보고사항을 누락하는 경우, 또는 시정조치 요구에 불응하는 경우에 취할 수 있으며, ⅲ) 1년 이내의 범위에서 관련 외국환거래 또는 지급 등의 정지 또는 제한 조치는 관련서류의 허위작성, 위조·변조, 중복사용 또는 허위로 보고하는 경우, 또는 최근 1년간 2회 이상 경고를 받거나 경위서를 제출한 자가 제1호부터 제3호까지 각 목의 위반행위를 한 경우에 취할 수 있다(취급세칙7-2①).

제2절 금융감독원장의 검사 및 제재

Ⅰ. 개설

외국환거래법 제23조(권한의 위임·위탁 등), 같은 법 시행령 제37조(권한의 위임·위탁) 등에 따라 금융감독원장("감독원장")에게 위탁된 소액해외송금업자의 감독업무에 필요한 사항을 정하고, 법 제20조(보고·검사) 및 영 제35조(검사)에 따라 금융감독원장에게 위탁된 검사업무의 공정하고 효율적인 수행을 위해 검사의 기준, 방법, 절차 그 밖에 검사업무에 필요한 사항을 정하기 위해 외국환감독업무시행세칙("세칙")을 두고 있다.

또한 외국환거래법 제23조(권한의 위임·위탁 등) 제1항과 외국환거래법 시행령 제37조(권한의 위임·위탁) 제2항 제6호 및 제8호[1]의 규정에서 금융위원회("금융위")에 위탁한 행정처분 중 외국환거래당사자에 대한 사항을 정하기 위해 외국환거래당사자에 대한 제재규정("제재규정")을 두고 있다. 이 제재규정은 금융위원회 고시이다.

---

1) 6. 법 제19조에 따른 경고 및 거래정지 등 행정처분(제35조 제3항 제2호에 해당하는 자에 대한 처분에 한정하되, 소액해외송금업자와 그 거래당사자 및 관계인에 대한 처분과 제5항 제3호에 해당하는 경우는 제외)과 같은 조 제3항에 따른 청문
  8. 법 제32조 제1항부터 제4항까지(같은 조 제2항 제3호에 해당하는 경우는 제외)에 따른 과태료의 부과·징수(제35조 제3항 제2호에 해당하는 자에 한정하되, 소액해외송금업자와 그 거래 당사자 및 관계인에 대한 처분은 제외)

II. 검사

1. 검사의 의의 및 종류

(1) 검사의 의의

검사라 함은 영 제35조(검사) 제3항 제2호(금융감독원장의 검사업무)와 외국환거래규정 제10-7조 제1항(검사대상의 범위)에 따른 검사를 말한다(세칙2(4)).

(2) 검사의 종류

기관 검사라 함은 영 제35조 제3항 제2호(금융감독원장의 검사업무 대상자)의 외국환업무취급기관, 소액해외송금업자, 기타전문외국환업무취급업자(외국환업무를 수행하는 경우에 한정)와 그 관계인에 대해 실시하는 검사를 말하고(세칙2(8)), 당사자 검사라 함은 검사대상자 중 기관검사의 검사대상자 이외의 자에 대해 실시하는 검사를 말한다(세칙2(9)).

서면검사라 함은 검사원이 검사대상자로부터 필요한 서류나 장부 그밖에 자료를 제출받아 실시하는 검사를 말하고(세칙2(10)), 실지검사라 함은 검사원이 검사대상자의 거주지나 영업소 기타 관련 장소를 직접 방문하여 실시하는 검사를 말한다(세칙2(11)).

2. 검사 운영원칙

(1) 검사의 원칙

검사는 원활한 대외거래와 질서 유지, 거래자 보호에 중점을 두고 실시한다(세칙11①). 검사원은 검사업무를 실시함에 있어서 검사대상자의 대외거래에 발생하는 지장을 최소화하고 권익이 부당하게 침해되지 않도록 노력하여야 한다(세칙11②).

검사원이라 함은 금융감독원장의 명령과 지시에 의하여 검사업무를 수행하는 자를 말하고(세칙2(5)), 검사대상자라 함은 영 제35조 제3항 제2호(금융감독원장의 검사업무 대상자)에서 규정하는 검사대상자를 말한다(세칙2(7)).

(2) 검사방식

총괄외환검사부서의 검사는 서면검사와 실지검사로 구분되며, 서면검사를 원칙으로 한다(세칙12①). "총괄외환검사부서"라 함은 금융감독원장이 정하는 내규에 따라 이 세칙의 검사를 주요업무로 수행하는 부서를 말한다(세칙2(12)). 이에 반하여 "개별외환검사부서"라 함은 금융감독원장이 정하는 내규에 따라 외국환업무취급기관과 기타전문외국환업무취급업자에 대한 검사의 소관부서를 말한다(세칙2(13)). 또한 "배정담당자"라 함은 총괄외환검사부서 내 검사 사건의 수리 및 배정을 담당하는 검사원을 말한다(세칙2(14)).

금융감독원장은 i) 서면검사로서 충분히 검사목적을 달성하기 어렵다고 판단되는 경우,

ⅱ) 관세청 등 유관기관의 공동검사 요청이 있는 경우, ⅲ) 사안의 중대성, 사회적 물의의 발생 여부 등을 고려하여 필요하다고 인정하는 경우 실지검사를 개시할 수 있다(세칙12②).

총괄외환검사부서장은 실지검사의 경우 검사대상자의 규모, 검사 사건의 난이도 등을 감안하여 검사반을 편성하여 운영할 수 있다(세칙12③).

3. 검사의 구분

(1) 검사의 관할

본 세칙에 따른 검사의 관할은 다음과 같다(세칙13①). 즉 ⅰ) 총괄외환검사부서는 당사자 검사 및 기관 검사 중 소액해외송금업자와 그 관계인에 대한 검사를 수행한다(제1호). ⅱ) 개별 외환검사부서는 기관 검사(소액해외송금업자를 제외)를 수행한다(제2호).

그러나 총괄외환검사부서장은 외국환은행의 규정 준수 여부, 검사 사건의 중요성 기타 제반 사정을 고려하여 필요하다고 판단할 경우 기관 검사(소액해외송금업자를 제외)를 실시할 수 있다(세칙13②).

(2) 적용절차

당사자 검사 및 기관 검사 중 소액해외송금업자와 그 관계인에 대한 검사(세칙13①(1))는 원칙적으로 본 세칙을 따른다(세칙14①). 기관 검사(소액해외송금업자를 제외)는 본 세칙에도 불구하고 원칙적으로 「금융기관 검사 및 제재에 관한 규정」에 따른다(세칙14②).

4. 검사의 사전준비

(1) 검사의 단서

(가) 검사 착안 사항

금융감독원장은 다음의 경로를 통해 검사 착안 사항을 발굴할 수 있다(세칙15①). 즉 ⅰ) 외국환거래규정 제4-2조 제3항[2]에 따라 거래당사자가 외국환거래법상 의무 위반사실을 보고하면서 그에 상당한 관련 자료를 제출한 경우(제1호), ⅱ) 외국환거래규정 제10-9조 제3항[3]에 따라 외국환은행이 관련 절차를 거쳐 거래당사자의 외국환거래법 위반 사실을 확인하고 증빙

---

2) 외국환거래규정 제4-2조(지급등의 절차) ③ 지급등을 하고자 하는 자가 당해 지급등과 관련하여 필요한 신고등을 이행하지 않는 등 법, 영 및 이 규정을 위반한 경우에는 당해 위반사실을 제재기관의 장(금융감독원장을 포함)에게 외국환은행을 경유하여 보고하고 필요한 신고절차를 사후적으로 완료한 후 지급등을 할 수 있다. 다만, 수령을 하고자 하는 경우에는 위반사실을 제재기관의 장에게 보고한 후 수령할 수 있다.

3) 외국환거래규정 제10-9조(사후관리절차 등) ③ 외국환은행의 장은 사후관리 결과 외국환거래당사자가 신고등의 조건을 이행하지 아니한 경우에는 그 기한 만료일부터 30일 이내에 당해 조건의 이행을 독촉하여야 하며, 독촉일부터 60일 이내에도 그 의무를 이행하지 아니하거나 외국환거래당사자가 법 제19조 제1항 각호의 1에 해당하는 경우에는 이를 금융감독원장에게 보고하여야 한다.

서류를 첨부하여 금융감독원에 보고한 경우(제2호), iii) 민원 등을 통해 불법 외국환거래 혐의
가 제보된 경우(제3호), iv) 그 밖에 대내·외의 첩보 등을 통하여 외국환거래법령 위반의 혐의
가 있는 경우(제4호)를 통해 검사 착안 사항을 발굴할 수 있다.

(나) 보고 및 접수

위의 세칙 제15조 제1항 제1호 및 제2호의 보고에 대해 배정담당자는 [별지 제9호 및 제
10호 서식]에 따라 규정상 요건을 충족하였는지를 심사하고 요건을 충족한 보고는 접수한다(세
칙15②).

(다) 외국환은행 통보

위의 세칙 제15호 제1항 제1호 및 제2호의 보고에 대해서는 접수사실을 외국환은행에 통
보할 수 있다(세칙15③).

(2) 사건의 수리

금융감독원장은 다음의 어느 하나에 해당하는 경우에는 이를 검사대상 사건("사건")으로
수리할 수 있다(세칙16①). 즉 i) 제15조 제2항에 따라 접수된 경우(이 경우 사건의 범위는 원칙
적으로 보고된 위반사실에 한정), ii) 총괄외환검사부서장이 제15조 제1항 제3호 및 제4호에 따라
수집된 정보 및 자료 분석결과 검사가 필요하다고 인정한 경우에는 사건으로 수리할 수 있다.

사건을 수리하는 경우 사건번호, 접수 및 사건 수리 일자, 검사대상자 성명, 식별정보를
포함하는 사건수리부에 기록하여 관리하여야 한다(세칙16②). 배정담당자는 수리가 완료된 사
건을 검사원에게 배정한다(세칙16③).

5. 검사의 실시

(1) 검사 실시

금융감독원장은 수리된 사건의 검사를 실시할 수 있고(세칙17①), 수리된 사건은 사건번호
순서에 따라 처리한다(세칙17② 본문). 다만, 위반의 중대성, 위반금액, 사회적 물의 발생 여부,
위반행위 종료시기 등을 고려하여 검사 실시 시기를 조정할 수 있다(세칙17②). 형사처벌 대상
으로 판단되는 사건의 경우에는 검사 중 또는 검사종료 후 검찰에 이첩하는 등 필요한 조치를
할 수 있다(세칙17③).

(2) 자료제출요구 등

검사원은 검사업무 수행에 필요한 경우 i) 검사 관련 자료의 제출요구 및 제출된 자료의
확인과 검사, ii) 검사 수행에 필요한 서면질문 및 구두질문, iii) 기타 검사에 필요한 조지를
취할 수 있다(세칙18①). 자료제출은 정보통신망4)을 이용한 전자문서의 방법에 의할 수 있다(세

---

4) 정보통신망이란 전기통신사업법 제2조 제2호에 따른 전기통신설비를 이용하거나 전기통신설비와 컴퓨터

칙18②). 조치는 검사대상자의 업무수행에 지장이 되지 않도록 최소한의 범위에서 시행하여야 한다(세칙18③).

(3) 검사의 중지

(가) 검사의 중지 사유

금융감독원장은 ⅰ) 검사대상자가 소재불명인 경우, ⅱ) 검사대상자 또는 핵심관계인이 형사절차상 구속 중인 경우, ⅲ) 해당 사건과 사실적·법률적 연관성이 있는 사건이 재판 중인 경우, ⅳ) 해외 체류 등 기타의 사정으로 검사절차를 진행할 수 없는 경우 해당 검사대상자("검사중지자")에 대한 검사를 중지할 수 있다(세칙19①).

(나) 검사 재개

금융감독원장은 검사를 중지한 경우 그 중지 사유가 해소되면 검사를 재개할 수 있다(세칙19②).

(다) 검사중지자 내역 송부

외국환거래규정 제4-2조(지급등의 절차)의 조치를 위하여 검사중지자 내역을 [별지 서식 제11호] 검사중지자 결정 및 해소에 따른 외국환은행 통보 내역에 따라 외국환은행에 송부할 수 있다(세칙19③).

(라) 검사중지 사유 해소와 통보 내역 송부

외국환은행에 송부한 검사중지자에 대한 중지 사유가 해소될 경우 [별지 제11호 서식]의 내역을 외국환은행에 송부한다(세칙19④).

(4) 비조치 종결

금융감독원장은 ⅰ) 사건 내용이 불법 외국환거래와 관련이 없거나 처벌 근거가 없는 경우, ⅱ) 금융감독원장에게 검사의 권한이 없는 사건인 경우, ⅲ) 당해 위반행위에 대한 과태료 부과의 제척기간이 경과한 경우, ⅳ) 검사대상자가 사망, 해산하거나 폐업한 경우, ⅴ) 제보자 또는 민원인의 사적인 이해관계에서 당해 민원이 제기된 것으로 판단되는 등 공익과 직접적인 관련성이 적은 경우, ⅵ) 혐의내용이 경미하여 검사의 실익이 없다고 판단되는 경우, ⅶ) 기타 법률상 형평성 또는 법적 안정성 등을 고려하여 별도 조치의 필요성이 없다고 판단되는 경우 별도 조치 없이 종결 처리할 수 있다(세칙20).

및 컴퓨터의 이용기술을 활용하여 정보를 수집·가공·저장·검색·송신 또는 수신하는 정보통신체제를 말한다(정보통신망법2①(1)). 여기서 전기통신설비란 전기통신을 하기 위한 기계·기구·선로 또는 그 밖에 전기통신에 필요한 설비를 말한다(전기통신사업법2(2)).

6. 검사결과의 처리

(1) 외국환거래당사자에 대한 제재규정에 따른 처리

당사자 검사결과의 처리는 「외국환거래당사자에 대한 제재규정」에 따른다(세칙21①).

(2) 기획재정부장관에 대한 통지

금융감독원장은 소액해외송금업자에 대한 검사결과 외국환거래법에 따른 처분이 필요한 경우 그 검사결과를 기획재정부장관에게 통보할 수 있다(세칙21②).

Ⅲ. 외국환거래당사자에 대한 제재

1. 서설

(1) 외국환거래당사자에 대한 제재규정

외국환거래법 제23조(권한의 위임·위탁 등) 제1항과 외국환거래법 시행령 제37조 제2항 제6호 및 제8호의 규정에서 금융위원회에 위탁한 행정처분 중 외국환거래당사자에 대한 사항을 정하기 위해 금융위원회 고시인 「외국환거래당사자에 대한 제재규정」이 제정·시행되고 있다. 외국환거래당사자에 대한 행정처분에 대하여는 「금융기관 검사 및 제재에 관한 규정」에 의한 제재절차를 준용한다(동 규정8①).

(2) 외국환거래당사자의 의의

외국환거래당사자에 대한 제재규정("제재규정")에 의한 외국환거래당사자라 함은 ⅰ) 외국환업무를 취급하는 자와 그 거래당사자 및 관계인(가목), ⅱ) 소액해외송금업무를 영위하는 자와 그 거래 당사자 및 관계인(나목), ⅲ) 기타전문외국환업무를 영위하는 자와 그 거래당사자 및 관계인(다목), ⅳ) 수출입거래와 관련되지 아니한 용역거래 또는 자본거래 당사자 등 제1호 각 목(한국은행총재에게 위탁된 업무) 및 제3호 각 목(관세청장에게 위탁된 업무)에 해당하지 아니하는 자(라목)(영35③(2))를 말한다(제재규정2 본문).

다만, 외국환업무를 취급하는 자와 그 거래당사자 및 관계인(영35③(2) 가목) 중 외국환업무취급기관으로서 외국환업무를 수행한 금융기관, 소액해외송금업무를 영위하는 자와 그 거래 당사자 및 관계인(영35③(2) 나목), 기타전문외국환업무를 영위하는 자와 그 거래당사자 및 관계인(영35③(2) 다목) 중 기타전문외국환업무를 등록한 자로서 외국환업무를 수행한 전자지급결제대행업자는 제외한다(제재규정2 단서).

2. 행정처분 및 과태료 세부운용기준

(1) 경고

경고는 ⅰ) 허가사항 또는 신고수리사항에 정하여진 기한이 경과한 후에 거래 또는 행위를 한 경우, ⅱ) 법 제15조부터 제18조까지의 규정에 따른 절차 준수, 허가, 신고수리 또는 신고의무를 위반하여 거래 또는 행위를 한 경우로서 미화 1만달러 이하의 거래(다만 법 제18조 위반의 경우에는 2만달러 이하의 거래)에 대해 처분할 수 있다(제재규정3①).

(2) 과태료

과태료는 시행령 [별표 4]에서 정하는 바에 따른다. 이 경우 위반금액이란 법 제15조부터 법 제18조까지의 규정에 따른 절차 준수, 허가 또는 신고의무를 위반하여 신고 등을 하지 아니하고 지급·수령하거나 이동시킨 자금 등의 크기를 말한다(제재규정3② 본문). 다만, 법 제18조 위반행위를 하고 그에 따라 지급 또는 수령을 한 경우에는 하나의 위반행위로 보고 위반금액을 산정한다(제재규정3② 단서).

(3) 외국환거래 또는 행위 정지, 제한 및 허가취소

법 제15조부터 제18조까지의 규정에 의한 신고 등의 의무를 5년 이내에 2회 이상 위반한 경우에는 시행령 [별표 3의2]에 따라 관련 외국환거래 또는 행위 정지, 제한 및 허가취소 처분을 할 수 있다.

3. 사무분장

(1) 처분 담당과

처분 담당과라 함은 「금융위원회와 그 소속기관 직제」 제12조 제3항의 외국환업무 관련 기획재정부 등 관련 기관과의 협의를 담당하는 부서를 말한다(제재규정4①).

(2) 징수 담당과

징수 담당과라 함은 「금융위원회와 그 소속기관 직제」 제11조 제2항의 세외수입 등 사무를 담당하는 부서를 말한다(제재규정4②).

(3) 과태료 부과 고지

과태료의 부과 고지는 처분 담당과장이 처리하며 [별지 제3호 서식]에 의한 과태료 처분대장을 비치·관리한다(제재규정4③).

(4) 과태료 징수와 체납처분

과태료의 징수와 체납처분은 징수 담당과장이 처리한다(제재규정4④).

4. 과태료

(1) 의견진술 등

(가) 안내문 사전통지와 의견진술

과태료를 부과하고자 하는 때에는 [별지 제4호 서식]에 의한 안내문을 미리 당사자에게 통지하고, 15일간의 의견진술 기간을 부여하여야 한다(제재규정5① 전단). 안내문을 통지받은 날로부터 15일 이내에 의견진술이 없는 경우에는 의견이 없는 것으로 본다(제재규정5① 후단).

(나) 과태료 감경

과태료 부과 처분대상자가 의견진술 기간 이내에 과태료를 자진 납부하고자 하는 경우에는 부과될 과태료의 20%를 감경한다(제재규정5②).

(2) 과태료 부과 고지

(가) 과태료 부과 고지서 송부

과태료를 부과하여야 하는 위반사실이 있는 때에는 처분 담당과장은 [별지 제5호 서식]에 의한 "과태료 부과 고지서"를 작성하여 과태료 부과 처분대상자에게 송부하여야 한다(제재규정6① 본문). 다만, 과태료 부과금액을 정함에 있어 1만원 단위 미만의 금액은 절사한다(제재규정6① 단서).

(나) 세외수입 고지서 송부

처분 담당과장은 세외수입 고지서 겸 영수증서("세외수입 고지서")를 과태료 부과 고지서 및 [별지 제6호 서식]에 의한 과태료 부과에 대한 이의제기서를 동봉하여 과태료 처분대상자에게 송부하여야 한다(제재규정6②).

(다) 과태료의 납부기한

과태료의 납부기한은 과태료 부과 고지서를 받은 날로부터 30일로 한다(제재규정6③).

(라) 자진 납부와 세외수입 고지서

과태료 부과 처분대상자가 의견진술 기간 이내에 과태료를 자진 납부하고자 하는 경우에는 감경된 세외수입 고지서를 작성하여 송부한다(제재규정6④ 전단). 이때 납부기한은 의견진술 기간 종료일까지로 한다(제재규정6④ 후단). 이 경우 납부기한 내에 감경된 과태료를 납부하지 아니하는 경우에는 당해 세외수입 고지서를 취소하고 감경하지 아니한 과태료를 부과 고지한다(제재규정6⑤).

(3) 의견제출 등

(가) 이의제기

과태료 부과처분에 불복이 있는 자는 과태료 부과 고지서를 받은 날로부터 60일 이내에

[별지 제6호 서식]에 의한 이의제기를 할 수 있다(제재규정7①).

(나) 관할 지방법원 통보

이의제기를 받은 날로부터 14일 이내에 처분 담당과장은 [별지 제7호 서식]에 의하여 과태료 처분대상자의 주소지를 관할하는 지방법원에 통보하여야 한다(제재규정7②).

5. 제재심의절차 등

(1) 금융기관 검사 및 제재에 관한 규정 준용

외국환거래당사자에 대한 행정처분에 대하여는 「금융기관 검사 및 제재에 관한 규정」에 의한 제재절차를 준용한다(제재규정8①).

(2) 안내문 발송과 사전협의

금융감독원장은 과태료 부과 처분대상자에게 [별지 제4호 서식]의 안내문을 발송하는 경우에 처분 담당과와 사전협의하여야 한다(제재규정8②).

(3) 세외수입 고지서 발급 요청의 통보

감독원장은 조사·검사 과정에서 과태료 부과예정 대상자가 세외수입 고지서 발급을 요청하는 경우 즉시 처분 담당과로 통보하여야 한다(제재규정8③).

(4) 과태료 부과 및 징수절차의 종결

금융위원회 위원장은 납부기간 내에 감경된 과태료가 납부된 경우 과태료 부과 및 징수절차를 종결한다(제재규정8④).

(5) 심사·조정 및 심의 생략

제재규정 제3조 제1항 및 제10조 제2항 단서의 경고 처분을 할 때에 금융감독원장은 제재대상자의 의견진술이 없거나 의견진술에 상당한 이유 또는 새로운 사정이 발견되지 않은 경우 금융기관 검사 및 제재에 관한 규정 제33조 제1항에 따른 심사·조정 및 심의를 생략할 수 있다(제재규정8⑤).

6. 행정처분 통보

감독원장은 금융위원회가 외국환거래당사자에 대해 처분한 사항을 각 외국환은행 본점의 장에게 통보하여야 한다(제재규정9).

7. 기타 사항

(1) 질서위반행위규제법 적용

질서위반행위 성립요건, 과태료의 시효, 과태료 부과의 제척기간, 위반행위가 경합하는 경우의 조치방법, 공동위반자에 대한 조치방법, 가산금 징수 등 과태료 부과 및 징수에 관한 기타 사항은 질서위반행위규제법에 따른다(제재규정10①).

(2) 처분의 주체

제3조(행정처분 및 과태료 세부운용기준)의 처분은 이를 금융위원회 위원장이 한다(제재규정10② 본문). 다만, 경고처분은 감독원장이 한다(제제규정10② 단서).

제3절 관세청장의 검사 및 제재

Ⅰ. 개설

외국환거래법 제20조(보고·검사) 및 외국환거래법 시행령 제35조(검사)에 따라 기획재정부장관이 관세청장에게 위탁한 외국환거래에 대한 검사의 기준, 방법, 절차, 범위, 제재 및 검사 결과의 처리 등에 필요한 사항을 정하기 위해 관세청 훈령인 「외국환거래의 검사업무 운영에 관한 훈령」("검사훈령")을 두고 있다.

외국환거래법 제20조(보고·검사), 제23조(권한의 위임·위탁 등), 외국환거래법 시행령 제35조(검사), 제37조(권한의 위임·위탁)에서 관세청장에게 위임한 환전영업자 관리 등에 관한 사항을 정하기 위해 관세청 고시인 「환전영업자 관리에 관한 고시」("환전고시")를 두고 있다.

외국환거래법 제23조(권한의 위임·위탁 등) 및 외국환거래법 시행령 제37조(권한의 위임·위탁)에서 관세청장에게 위임한 행정처분과 과태료의 부과징수에 관하여 필요한 사항을 정하기 위해 관세청 훈령인 「외국환거래법에 따른 행정처분 및 과태료 부과징수에 관한 훈령」("행정처분훈령")을 두고 있다.

Ⅱ. 검사

1. 검사의 의의 및 종류

(1) 검사의 의의

검사란 외국환거래법 제20조 제3항[5] 및 제6항,[6] 외국환거래법 시행령 제35조 제3항 제3

---

5) ③ 기획재정부장관은 외국환거래법을 시행하기 위하여 필요하다고 인정되는 경우에는 소속 공무원으로 하여금 외국환업무취급기관등이나 그 밖에 외국환거래법을 적용받는 거래 당사자 또는 관계인의 업무에 관

호7) 및 외국환거래규정 제10-7조8)에 따른 검사를 말한다(검사훈령2(1)).

(2) 검사의 종류

서면검사란 이 훈령에서 정하는 사항의 확인과 점검을 위하여 검사대상자로부터 필요한 서류나 장부를 제출받아 세관에서 필요한 사항을 검사하는 것을 말하고(검사훈령2(5)), 실지검사란 이 훈령에서 정하는 사항의 확인과 점검을 위하여 검사대상자의 사업장이나 거주지를 직접 방문하여 검사하는 것을 말하며(검사훈령2(6)), 공동검사란 금융감독원장과의 공동검사를 말한다(검사훈령2(7)).

검사대상자란 영 제35조 제4항 제3호에 따른 개인이나 법인으로 ⅰ) 환전업무를 영위하는 자와 그 거래 당사자 및 관계인(가목), ⅱ) 수출입물품거래의 수출입신고인, 납세의무자, 수출자, 제조자, 수출입대행자, 물품매도확인서 발행자, 중개인, 수출입물품의 운송인, 운송주선업자, 수출입물품에 직접적·간접적으로 관련되는 도매상 및 소매상 등 국내외 유통에 관련되는 자(나목), ⅲ) 용역거래의 수입자, 수출자, 소개자, 용역의 국내 사용자 및 용역을 이용한 물품 제조자(다목), ⅳ) 자본거래의 채권자, 채무자, 보증인, 임대인, 임차인, 권리 취득자, 권리 양도자 및 자본거래에 따른 채권의 발생·변경 또는 소멸에 관한 거래와 관련되는 자(라목), ⅴ) 그 밖의 외국환거래 관계인(마목)을 말한다(검사훈령2(3)).

2. 검사의 범위와 관할

(1) 검사의 범위

검사의 범위는 검사대상자의 업무로 한다(검사훈령3).

(2) 검사의 관할

검사의 관할은 다음과 같다(검사훈령4①). 즉 ⅰ) 검사대상자의 사업장 소재지를 관할하는

하여 검사하게 할 수 있다.

6) ⑥ 기획재정부장관은 필요하다고 인정되는 경우에는 대통령령으로 정하는 바에 따라 한국은행총재, 금융감독원장, 그 밖에 대통령령으로 정하는 자에게 위탁하여 그 소속 직원으로 하여금 제3항부터 제5항까지의 규정에 따른 업무를 수행하게 할 수 있다.

7) ③ 기획재정부장관은 법 제20조 제6항에 따라 한국은행총재, 금융감독원장 또는 관세청장에게 다음 각 호의 구분에 따라 같은 조 제3항부터 제5항까지의 규정에 따른 업무를 위탁하여 그 소속 직원으로 하여금 수행하게 할 수 있다.
   3. 관세청장: 다음 각 목의 자에 대한 업무
      가. 환전업무를 영위하는 자와 그 거래 당사자 및 관계인
      나. 수출입거래나 용역거래·자본거래(용역거래·자본거래의 경우 수출입거래와 관련된 거래 또는 대체송금을 목적으로 법 제16조 제3호 및 제4호의 방법으로 지급하거나 수령하는 경우로 한정)의 당사자 및 관계인

8) 제10-7조(검사대상의 범위) 한국은행총재, 금융감독원장 및 관세청장은 영 제35조 제3항 각 호의 구분에 따라 법 제20조 제3항 및 영 제35조의 검사를 행한다.

본부세관장이 검사를 수행하는 것을 원칙으로 하고, ⅱ) 본부세관장은 산하 세관장으로 하여금 검사를 수행하게 할 수 있으며, 이 경우에는 관세청장의 승인을 받아야 한다. 또한 ⅲ) 검사대상자의 사업장이 2개 이상의 세관의 관할에 속하는 경우에는 본사 또는 주된 사업장 소재지를 관할하는 세관장이 검사를 수행한다. 그러나 관세청장은 검사 사안의 중요성, 검사의 신속성, 세관장의 요청 등을 고려하여 직접 검사하거나 검사의 관할을 조정할 수 있다(검사훈령4②).

기업심사를 하는 과정 중 검사를 하는 경우의 관할은 「수출입 안전관리 우수업체 공인 및 종합심사 운영에 관한 훈령」 및 「기업심사 운영에 관한 훈령」에 따른다(검사훈령4③). "기업심사"란 「수출입 안전관리 우수업체 공인 및 운영에 관한 고시」에 따른 종합심사와 「기업심사 운영에 관한 훈령」에 따른 기업심사를 말한다(검사훈열2(4)).

3. 조력을 받을 권리와 기업심사를 통한 검사절차

(1) 조력을 받을 권리

검사대상자가 검사를 받을 때에는 변호사 또는 관세사의 조력을 받을 수 있다(검사훈령5① 본문). 다만, 검사결과에 따라 범칙조사로 전환되는 경우에는 관세사의 조력 범위를 「세관공무원의 범칙조사에 관한 훈령」 제30조 제2항에 따른 범위로 한정한다(검사훈령5① 단서).

검사요원은 조력을 하는 자가 검사에 참여하거나 의견을 진술하려는 때에는 해당 조력자에게 그 권한이 있음을 증명하는 위임장 등을 제출받아 자격여부를 확인한 후 그 사실을 세관장에게 보고해야 한다(검사훈령5②). 여기서 검사요원이란 외국환거래 검사를 담당하는 세관공무원을 말한다(검사훈령2(2)).

(2) 기업심사를 통한 검사절차

세관장이 기업심사를 실시하는 과정에서 검사를 하는 경우에는 「수출입 안전관리 우수업체 공인 및 종합심사 운영에 관한 훈령」 및 「기업심사 운영에 관한 훈령」에서 정한 관련 절차를 이행하는 것으로 제8조부터 제21조까지의 절차를 갈음한다(검사훈령6 본문). 다만, 「수출입 안전관리 우수업체 공인 및 종합심사 운영에 관한 훈령」 및 「기업심사 운영에 관한 훈령」에서 정하지 않은 사항은 이 훈령에 따른다(검사훈령6 단서).

4. 검사의 실시

(1) 검사계획의 수립 및 승인

(가) 검사 실시 사유

세관장은 ⅰ) 관세청장이 외환자료 분석결과 등에 따라 검사를 지시하는 경우, ⅱ) 세관장이 자체 정보 및 자료 분석결과 검사가 필요하다고 인정한 경우, ⅲ) 그 밖에 첩보가 있거나 외국환거래법령 위반 혐의가 있는 경우에 검사를 실시할 수 있다(검사훈령8①).

(나) 검사계획의 수립시 포함사항

세관장은 검사를 실시하기 전에 검사대상자에 대해 충분한 정보를 수집하여 검토하고, ⅰ) 검사를 실시하는 기간, 검사장소 및 검사 수행 요원, ⅱ) 검사방법(서면검사와 실지검사 중에 선택하거나 병행할 수 있다) 및 실지검사가 필요한 경우에는 그 이유, ⅲ) 검사대상이 되는 업무 범위와 대상 기간, ⅳ) 검사를 실시하는 이유를 포함한 검사계획을 수립해야 한다(검사훈령8② 전단). 이 경우 검사대상이 되는 업무 범위와 대상 기간은 검사의 목적을 달성하기 위하여 필요한 최소한의 범위에서 계획을 수립해야 한다(검사훈령8② 후단).

(다) 검사계획의 등록과 관세청장의 승인

세관장은 검사계획을 수립한 경우에는 관세청 전자통관시스템에 등록하고 관세청장의 승인을 받아야 한다(검사훈령8③).

(라) 관세청장의 검사방법 등의 조정

관세청장은 세관장이 수립한 검사계획을 검토하여 필요한 경우에는 검사계획 수립시 포함사항을 조정할 수 있다(검사훈령8④).

(2) 검사반의 편성

세관장은 검사대상자의 업체 규모 및 외국환거래 실적 등을 감안하여 검사반을 편성하고, 효율적인 검사와 적법한 절차를 준수하기 위해 검사반장을 지정하여 검사요원을 지휘하게 할 수 있다(검사훈령9①). 본부세관장은 필요한 경우 산하 세관 소속 공무원을 검사요원으로 차출하여 검사반을 편성·운영할 수 있다(검사훈령9②).

(3) 검사실시계획의 통보

(가) 검사계획 통지와 검사계획서 통보

세관장은 검사를 실시하려는 경우에는 검사를 시작하는 날을 기준으로 15일 전까지 [별지 제1호 서식]의 외국환거래 검사계획 통지와 ⅰ) 검사사유, ⅱ) 검사방법, ⅲ) 검사를 하는 기간(실지검사를 실시하는 경우에는 실지검사 기간을 포함), ⅳ) 검사대상이 되는 업무 범위, 기간 및 주요 검사사항, ⅴ) 검사공무원의 명단을 기재한 [별지 제2호 서식]의 외국환거래 검사계획서를 검사대상자에게 서면으로 통보해야 한다(검사훈령10① 본문). 다만, 증거인멸 등의 우려가 있는 경우에는 검사를 시작하는 날에 검사계획을 통보할 수 있다(검사훈령10① 단서).

(나) 자율점검표 등 송부와 검사준비자료 제출 요청

세관장은 검사대상자에게 외국환거래 검사계획을 통지할 때에는 다음의 서식을 함께 송부하고, 검사준비자료의 제출을 요청할 수 있다(검사훈령10②).

1. [별지 제3호 서식]의 외국환거래 자율점검표
2. 외국환거래 자율점검표에 대한 검증을 할 수 있는 [별지 제4호 서식]의 외국환거래 자율점
   검 항목 상세 내역
3. 다음의 자료 중 검사에 필요한 자료를 기재한 [별지 제5호 서식]의 검사준비 목록표
   가. 회사조직도, 부서별 업무분장표, 사규집, 사업계획서 등 일반자료
   나. 송품장, 계약서, 상업서신철, L/C철, 물품매도확약서, 수입관리대장 등 무역관련 자료
   다. 결산보고서, 세무조정계산서, 매입·매출장, 계정과목 코드집, 그 밖의 전표 및 증명철
      등 회계 관련 자료
   라. 기술도입계약서, 로얄티 등에 대한 무역외지급인증서사본 등 용역비 지급 관련 자료
   마. 특수관계자와의 계약서, 자본거래내역서, 품목별 제조원가계산서 등 특수관계자간의 거
      래 관련 자료
4. [별지 제6호 서식]의 외국환거래 검사 연기 신청서 검사 연기 신청서(검사 당일 검사계획을
   통보하는 경우는 제외)

(4) 검사대상자의 연기신청
(가) 검사 연기신청 사유

세관장은 검사실시계획을 통보받은 검사대상자가 ⅰ) 천재지변·사회재난 등으로 검사를 받기가 곤란한 경우, ⅱ) 화재나 그 밖의 재해로 사업상 심한 어려움을 겪고 있는 경우, ⅲ) 검사대상자나 그 위임을 받은 자의 질병, 장기출장 등으로 검사가 곤란하다고 판단되는 경우, ⅳ) 권한 있는 기관에게 장부 및 증빙서류가 압수 또는 영치된 경우, ⅴ) 그 밖에 앞의 4가지 사유에 준하는 사유가 있는 경우에 해당하여 검사 연기를 요청하는 경우에는 검사를 연기할 수 있다(검사훈령11①).

(나) 검사 연기 신청서 제출과 검사 연기 여부 결정의 통보

검사대상자는 검사를 시작하는 날 전까지 [별지 제6호 서식]의 외국환거래 검사 연기 신청서를 검사계획을 통보한 세관장에게 제출하여 검사 연기를 요청할 수 있다(검사훈령11② 전단). 이 경우 세관장은 검사 연기 요청을 받은 날부터 7일 이내에 검사의 연기 여부를 결정하여 그 내용을 관세청장에게 보고한 후 검사대상자에게 서면으로 통보한다(검사훈령11② 후단).

(5) 실지검사의 장소
(가) 원칙

실지검사는 검사대상자의 주사무소, 주된 사업장 또는 주소지에서 실시함을 원칙으로 한다(검사훈령12①).

(나) 예외

세관장은 검사대상자가 ⅰ) 검사요원의 상시적 출입이 검사대상자의 정상적인 영업활동에

지장을 줄 수 있는 경우, ii) 사업장이 협소하여 검사장소를 마련하는 것이 곤란한 경우, iii) 전염병 예방 등을 위해 출입 통제가 필요한 경우, iv) 앞의 3가지 사유에 준하는 사유가 있는 경우에 해당하여 [별지 제7호 서식]의 사업장 외 장소에서의 외국환거래 검사 신청서를 제출하는 경우에는 검사대상자가 신청한 장소에서 검사를 실시할 수 있다(검사훈령12② 전단). 이 경우 세관장은 7일 이내에 그 사유가 타당하고 검사 장소로 적합한지를 판단하여 구두 또는 서면으로 그 결과를 검사대상자에게 통지해야 한다(검사훈령12② 후단).

(6) 검사대상자의 자율 점검

(가) 자율점검표 제공

세관장은 검사를 실시하기 전에 검사대상자에게 [별지 제3호 서식]의 외국환거래 자율점검표를 제공하여 스스로 외국환거래의 적정성을 점검하게 할 수 있다(검사훈령13①).

(나) 자율점검 결과 검토 후 검사 실시

세관장은 검사대상자가 자율점검 결과를 제출한 경우에는 그 점검결과를 검토한 후에 검사를 실시해야 한다(검사훈령13②).

(다) 자진신고와 행정처분 면제 · 감경 및 과태료 감경

세관장은 검사를 시작하는 날까지 검사대상자가 i) 검사대상자가 자율점검표에 위반사항을 작성하여 제출, ii) 검사대상자가 위반사항을 별도의 문서로 제출, iii) 검사대상자가 세관에 출석하여 구두로 진술하고 진술조서를 작성 중 어느 하나에 해당하는 방법으로 법 위반사항을 자진 신고하는 경우에는 영 [별표 3의2], [별표 4] 및 「외국환거래법에 따른 행정처분 및 과태료 부과징수에 관한 훈령」에 따라 법 제19조 제2항에 따른 행정처분을 면제 또는 감경하거나 법 제32조에 따른 과태료를 감경할 수 있다(검사훈령13③).

(7) 검사의 실시

(가) 검사계획 준수

세관장은 검사대상자에게 통보한 검사계획을 준수하여 검사를 실시해야 한다(검사훈령14①).

(나) 검사계획 변경의 보고와 재승인

세관장은 검사대상자에게 검사계획을 통보한 후에 i) 검사준비 자료 및 자율점검 결과를 검토한 결과, 검사방법을 변경할 필요가 있는 경우, ii) 검사대상 범위 이외의 사항에서 법규 위반 혐의가 발견되어 검사대상 기간 및 업무 등을 확대할 필요가 있는 경우 검사방법 또는 검사대상 범위를 사전 통보한 검사실시계획과 다르게 할 필요가 있는 경우에는 관세청장에게 검사계획을 변경하는 내용과 이유를 보고하고 다시 승인을 받아야 한다(검사훈령14②).

(다) 검사계획 변경 통보서의 통보

세관장은 관세청장에게 검사계획 변경을 승인받은 경우에는 즉시 [별지 제8호 서식]의 외

674   제5편 외국환거래 감독, 검사 및 제재

국환거래 검사계획 변경 통보서를 검사대상자에게 통보해야 한다(검사훈령14③).

(8) 실지검사 시간

검사요원은 검사대상자에 대해 실지검사를 하는 경우에는 공휴일 또는 토요일을 제외한 검사대상자의 근무시간 내에서만 실지검사를 해야 한다(검사훈령15 본문). 다만, 검사대상자의 요구나 동의가 있는 경우에는 공휴일, 토요일 또는 근무시간 외에 실지검사를 할 수 있다(검사훈령15 단서).

(9) 검사기간 및 연장

(가) 검사기간

세관장은 검사인원, 검사대상자의 규모 및 검사범위를 종합적으로 고려하여 120일 이내에서 필요한 최소한의 기간을 전체 검사기간으로 정한다(검사훈령16① 본문). 다만, 실지검사가 필요한 경우에는 실지검사 기간은 근무일 기준(공휴일과 토요일을 제외한 날) 20일 이내로 한다(검사훈령16① 단서).

(나) 실지검사 기간연장

세관장은 ⅰ) 검사대상자가 검사 또는 자료의 제출요구에 대해 정당한 사유 없이 거부·방해·기피하여 검사기간 내에 검사목적을 달성하기 곤란한 경우, ⅱ) 검사의 방법이 변경되거나, 검사의 범위를 확대할 필요가 있는 경우, ⅲ) 검사가 중지되는 경우, ⅳ) 그 밖에 앞의 3가지 사유에 준하는 경우로 사실관계의 확인이나 자료 확보 등을 위하여 검사기간을 연장할 필요가 있는 경우에는 한 차례만 근무일 기준 20일 이내에서 실지검사 기간을 연장할 수 있고, 실지검사 기간을 두 차례 이상 연장하고자 하는 경우에는 관세청장의 승인을 받아 각 차수별로 근무일 기준 20일 이내에서 연장할 수 있다(검사훈령16② 본문). 다만, 전체 검사기간은 120일을 초과할 수 없다(검사훈령16② 단서).

(다) 실지검사 기간연장 통지서 통보

세관장은 실지검사 기간을 연장하는 경우에는 [별지 제9호 서식]의 외국환거래 실지검사 기간 연장 통지서를 심사대상자에게 서면으로 통보해야 한다(검사훈령16③).

(라) 검사중지

세관장은 ⅰ) 검사연기 신청 사유에 해당하여 검사대상자가 검사중지를 요청한 경우, ⅱ) 검사대상자가 검사 또는 자료의 제출요구에 대해 정당한 사유 없이 거부·방해·기피하여 검사기간 내에 검사목적을 달성하기 곤란한 경우, ⅲ) 노사분규 등 검사대상자의 사정으로 검사를 정상적으로 진행하기 어려운 경우, ⅳ) 검사대상자가 관련 자료를 제출하는데 상당한 시간이 소요되는 것으로 인정되어 검사기간 내에 검사를 진행하기 어려운 경우, ⅴ) 중요 쟁점에 대해 상급기관의 유권해석이 요구되어 질의한 경우로 그 회신에 상당한 시간이 소요되어 검사를 진행하기 어려운 경우, vi) 그 밖에 앞의 5가지 사유에 준하는 검사를 중지해야 할 중대한 사유가 발생한 경우에는 관세청장에게 보고하고 승인을 받아 검사를 중지할 수 있다(검사훈령16④ 전단). 이 경우 [별지 제10호 서식]의 외국환거래 검사중지 통지서를 검사대상자에게 통보해야 한다(검사훈령16④ 후단).

(마) 검사중지 사유의 소멸과 검사 재개

세관장은 검사 중지기간이 종료되거나 검사 중지기간이 종료되기 전이라도 그 중지 사유가 소멸하면 관세청장에게 보고하고 즉시 검사를 재개한다(검사훈령16⑤ 전단). 이 경우 세관장은 [별지 제11호 서식]의 외국환거래 검사 재개 통지서를 검사대상자에게 서면으로 통보해야 한다(검사훈령16⑤ 후단).

(바) 검사기간의 계산

전체 검사기간은 검사를 시작한 날부터 종료한 날까지로 하고, 검사가 중지된 기간과 실지검사 기간 중의 공휴일과 토요일은 제외한다(검사훈령16⑥ 본문). 다만, 검사요원이 공휴일 또는 토요일에 실지검사를 실시한 경우에는 해당 검사일을 전체 검사기간에 산입한다(검사훈령16⑥ 단서).

(사) 서면검사 착수일

서면검사를 실시하는 경우에는 검사대상자가 세관장이 요청한 자료의 제출을 마친 다음 날을 검사를 시작한 날로 한다(검사훈령16⑦).

(10) 검사에 필요한 자료의 요구 등

(가) 요구사항

세관장은 검사의 효율적인 수행을 위하여 검사대상자에게 ⅰ) 검사준비 자료와 그 밖에 검사에 필요한 자료의 제출, ⅱ) 검사 수행에 필요한 서면질문, ⅲ) 검사대상자의 사무실에서 외국환거래 관련 장부 및 서류의 열람·확인 검사와 구두질문, ⅳ) 검사자료의 검토와 확인을 위한 관련자의 세관 출석요구를 할 수 있다(검사훈령17①).

(나) 자료요구 등의 범위

세관장이 검사에 필요한 자료의 요구 등을 할 때에는 검사대상자의 정상적인 업무수행에 지장이 없도록 최소한의 범위에서 요구해야 한다(검사훈령17②).

(다) 차량 이용과 비용

세관장이 제출받은 각종 자료나 장부를 운반할 때에는 검사대상자의 차량을 이용하지 않아야 하고, 부득이 검사대상자의 차량을 이용하는 때에는 이에 소요되는 비용을 지불해야 한다(검사훈령17③).

(라) 자료제출 거부의 보고

검사요원은 검사대상자가 정당한 사유 없이 검사 또는 검사에 필요한 자료의 요구 등을 거부·방해·기피하거나, 거짓으로 자료를 제출하는 것으로 인정되는 경우에는 즉시 세관장에게 보고해야 한다(검사훈령17④).

(마) 자료제출 거부와 검사중지 등 조치

세관장은 검사요원으로부터 자료제출 거부의 보고를 받은 경우에는 검사중지, 「세관공무원의 범칙조사에 관한 훈령」에 따른 범칙조사 또는 법 제32조에 따른 과태료 부과 등의 조치를 할 수 있다(검사훈령17⑤).

(11) 검사자료의 보관

(가) 검사자료등의 보관과 보관증 교부

세관장은 제출받은 검사자료와 물품("검사자료등")이 검사목적 달성에 필요한 경우에는 검사대상자로부터 [별지 제12호 서식]의 외국환거래 검사자료 보관 동의서를 받은 후 검사결과를 관세청장에게 보고하는 날까지 세관 관서에 보관할 수 있다(검사훈령18① 전단). 이 경우 세관장은 [별지 제13호 서식]의 외국환거래 검사자료·물품 보관 목록과 [별지 제14호 서식]의 외국환거래 검사자료·물품 보관증을 검사대상자에게 교부해야 한다(검사훈령18① 후단).

(나) 검사자료등의 반환

세관장은 검사결과를 관세청장에게 보고한 날부터 14일 이내에 보관한 검사자료등을 검사대상자에게 반환해야 한다(검사훈령18②).

(다) 검사자료등의 반환요구

세관장은 검사대상자가 검사자료등의 반환을 요구하는 경우에는 검사목적을 달성하는데 중대한 지장이 없으면 요청을 받은 즉시 검사대상자에게 반환해야 한다(검사훈령18③).

(라) 검사자료 반환 확인서와 반환물품 목록의 수령

세관장은 검사대상자에게 검사자료등을 반환할 때에는 검사대상자로부터 [별지 제15호 서식]의 외국환거래 검사자료 반환 확인서와 [별지 제16호 서식]의 외국환거래 검사자료 반환물품 목록을 받아야 한다(검사훈령18④).

(마) 중요자료의 사본 보관

세관장은 반환하는 자료 중 검사대상자와의 쟁점 사항 등 중요한 자료에 대해서는 검사대상자의 동의를 받아 원본과 같다는 사실이 확인된 사본을 보관할 수 있다(검사훈령18⑤).

(12) 검사대상자의 확대

검사반장은 검사 중 발견한 법 위반사항이 검사대상자 이외의 다른 검사대상자에게도 있을 수 있는 사안이라고 판단되는 경우에는 즉시 세관장을 거쳐 관세청장에게 보고해야 한다(검사훈령19①). 관세청장 또는 세관장은 보고를 받은 경우에는 다른 검사대상자에 대하여 검사를 확대하도록 할 수 있다(검사훈령19②). 세관장은 검사인력의 부족 등으로 확대검사가 곤란한 경우에는 검사관할의 변경을 요청할 수 있다(검사훈령19③).

(13) 진행상황의 보고

(가) 검사진행상황 보고 및 결제

검사요원은 검사가 종결될 때까지 검사진행상황 등 모든 활동사항을 [별지 제17호 서식]의 검사일일보고서에 기록하고, 검사반장을 경유하여 검사 담당과장에게 보고해야 한다(검사훈령20① 본문). 다만, 원격지 출장 등의 사유로 매일 보고할 수 없는 경우에는 검사반장이 검사진행상황을 유선으로 보고한 후 사후결재를 받아야 한다(검사훈령20① 단서).

(나) 보고 및 조치

검사 담당과장은 필요한 경우 검사의 주요사항을 세관장에게 보고해야 하고, 세관장은 보고내용을 검토하여 검사방향 지시 및 관세청장 보고 등 필요한 조치를 할 수 있다(검사훈령20②).

(14) 검사종결 및 결과보고

(가) 검사결과 등록 및 보고

세관장은 검사대상자에 대한 검사를 종료한 날부터 1개월 이내에 검사결과를 관세청 전자통관시스템에 등록하여 관세청장에게 보고해야 한다(검사훈령21① 본문). 다만, 범칙조사 전환으로 검사가 종결되는 건에 대해서는 범칙조사 전환보고로 검사결과 보고를 갈음할 수 있다(검사훈령21① 단서).

(나) 검사결과 등록기한 연장

세관장은 검사결과 ⅰ) 검사대상자의 소명기한이 종료된 날부터 1개월 이내에 법규위반 여부 등을 확정할 수 없어 추가 검토가 필요한 경우, ⅱ) 압수·수색영장 집행 등 시급한 범칙사건을 조사하는 경우, ⅲ) 그 밖에 앞의 2가지 사유에 준하는 부득이한 사유로 관세청장의 사전 승인을 받은 경우 중 어느 하나에 해당하는 사유로 검사결과 등록기한의 연장이 필요한 경우에는 관세청장에게 승인을 받아 2개월 이내의 기간을 연장할 수 있다(검사훈령21②).

(다) 검사 종결보고서의 검토와 재검사 등

관세청장은 외국환거래 검사 종결보고서를 검토한 결과 검사가 충분히 이루어지지 않았다고 판단되는 경우에는 세관장에게 재검사 등 필요한 조치를 지시할 수 있다(검사훈령21③).

5. 검사결과의 처리

(1) 범칙조사로의 전환

(가) 관세청장의 사전승인

세관장은 검사를 진행하는 과정 또는 검사결과에서 법 제27조부터 제29조까지의 규정(벌칙)에 해당하는 위반사항이 명백하게 발견되는 경우에는 관세청장의 사전승인을 받아 범칙조사로 전환할 수 있다(검사훈령22①).

(나) 조치

세관장은 범칙조사로 전환하는 경우에는 「세관공무원의 범칙조사에 관한 훈령」에 따라 조치해야 한다(검사훈령22②).

(2) 검사결과 처분

(가) 행정처분 및 과태료 부과

세관장은 검사결과 법 제19조(경고 및 거래정지 등) 또는 법 제32조(과태료)에 해당하는 사실을 적발한 경우에는 「외국환거래법에 따른 행정처분 및 과태료 부과징수에 관한 훈령」에 따라 처리해야 한다(검사훈령23①).

(나) 검사결과 통보

세관장은 검사결과 법규위반사실을 발견하지 못한 경우에는 관세청 전자통관시스템에 검사종결을 등록한 날부터 10일 이내에 검사대상자에게 검사종류, 검사실시기간, 검사대상기간, 검사대상 외국환거래, 검사결과를 공문으로 통보해야 한다(검사훈령23②).

6. 금융감독원장과의 공동검사

(1) 공동검사의 요구

(가) 공동검사 요구

관세청장은 영 제35조 제10항[9] 및 같은 조 제15항[10]에 따라 공동검사가 필요하다고 인정하는 경우에는 금융감독원장에게 공동검사를 요구 할 수 있다(검사훈령24①).

---

9) ⑩ 금융감독원장은 용역거래나 자본거래를 하는 자의 수출입거래와 관련된 행위가 외국환 거래질서에 위해를 초래하거나 초래할 우려가 있다고 인정되는 경우에는 관세청장에게 수출입거래의 당사자 및 관계인에 대한 공동검사를 요구할 수 있다. 이 경우 공동검사를 요구받은 관세청장은 특별한 사정이 없으면 그 요구에 따라야 한다.

10) ⑮ 관세청장은 수출입업자의 용역거래나 자본거래와 관련된 행위가 외국환 거래질서에 위해를 초래하거나 초래할 우려가 있다고 인정되는 경우에는 금융감독원장에게 용역거래나 자본거래의 당사자 및 관계인에 대한 공동검사를 요구할 수 있다. 이 경우 공동검사를 요구받은 금융감독원장은 특별한 사정이 없으면 그 요구에 따라야 한다.

(나) 공동검사 계획의 명시

관세청장은 공동검사를 요구하는 경우에는 ⅰ) 공동검사가 필요한 이유, ⅱ) 공동검사대상자, ⅲ) 공동검사할 대상 기간과 업무 범위, ⅳ) 공동검사기간을 포함한 공동검사 계획을 구체적으로 명시하여 금융감독원장에게 문서로 요구해야 한다(검사훈령24②).

(2) 금융감독원의 공동검사 요구에 대한 처리

관세청장은 금융감독원장으로부터 공동검사를 요구받은 경우에는 요구를 받은 날부터 근무일 기준 5일 이내에 공동검사의 실시 여부 등을 결정하여 금융감독원장에게 문서로 통보해야 한다(검사훈령25).

(3) 공동검사의 방법

(가) 검사반의 편성 등 사전 협의

관세청장은 공동검사를 실시하기 전에, 금융감독원장과 검사반의 편성, 공동검사 기간, 검사할 대상 기간 및 중점검사 분야 등 세부사항을 협의해야 한다(검사훈령26①).

(나) 검사계획의 수립과 검사 실시 지시

관세청장은 협의한 내용에 따라 공동검사를 수행할 세관장에게 검사계획의 수립과 검사 실시를 지시해야 한다(검사훈령26②).

(다) 절차 준수와 공동검사 실시 통보

공동검사를 지시받은 세관장은 제8조부터 제23조까지의 규정에 따른 절차에 따라 검사를 실시해야 한다(검사훈령26③ 전단). 이 경우 세관장은 검사대상자에게 검사계획을 통지할 때 금융감독원과 공동검사를 실시하는 사실을 알려야 한다(검사훈령26③ 후단).

(라) 협의 처리

세관장은 공동검사를 실시하는 과정에서 검사대상자가 ⅰ) 검사대상자가 검사연기를 신청한 경우, ⅱ) 검사대상자가 사업장 외 장소를 검사 장소로 신청한 경우에는 공동검사반에 편성된 금융감독원의 검사직원과 협의하여 처리해야 한다(검사훈령26④).

(4) 금융감독원장과의 정보교환

관세청장과 금융감독원장은 공동검사대상자에 대한 각종 등록 및 신고자료, 업무현황 자료 및 공동검사 과정에서 습득한 정보 등을 상호 공유할 수 있다(검사훈령27).

(5) 금융감독원장과의 공동검사 결과에 따른 조치

관세청장은 공동검사가 끝난 후 세관장에게 검사결과를 보고 받은 날부터 10일 이내에 금융감독원장에게 검사결과와 필요한 조치 등의 요구사항을 문서로 송부한다(검사훈령28).

7. 환전영업자에 대한 검사

검사대상자가 환전업무를 영위하는 자와 그 거래당사자 및 관계인인 경우에는 검사계획의 승인, 검사 실시방법 및 검사결과 보고 등에 대하여 「환전영업자 관리에 관한 고시」를 따른다. 다만, 「환전영업자 관리에 관한 고시」에서 정하지 않은 사항은 이 훈령에 따른다(검사훈령7).

외국환거래법 제20조(보고·검사), 제23조(권한의 위임·위탁 등), 외국환거래법 시행령 제35조(검사), 제37조(권한의 위임·위탁)에서 관세청장에게 위임한 환전영업자 관리 등에 관한 사항을 정하기 위해 관세청 고시인 「환전영업자 관리에 관한 고시」("환전고시")를 두고 있다.

(1) 검사업무 관할

환전영업자에 대한 검사업무는 관할세관의 「관세청장 권한의 위임 및 운영에 관한 훈령」 제3조에 따른 본부세관장 또는 직할세관장("본부세관장")이 수행하는 것을 원칙으로 한다(환전고시3③ 본문). 다만, 본부세관장은 권역 내 세관장으로 하여금 검사를 수행하게 할 수 있다(환전고시3③ 단서). 그러나 관세청장은 검사 사안의 중요성, 검사의 신속성, 세관장의 요청 등을 고려하여 직접 검사하거나 검사의 관할을 조정할 수 있다(환전고시3④).

(2) 검사의 범위

환전고시에 따른 검사의 범위는 ⅰ) 환전업무를 영위하는 자와 그 거래 당사자 및 관계인("환전업무를 영위하는 자 등")의 업무, ⅱ) 특정금융정보법 제4조, 제4조의2에 따른 보고의무, 제5조에 따른 조치, 제5조의2에 따른 고객 확인의무의 적정성 여부이다(환전고시12).

(3) 검사의 방법

검사는 실지검사를 원칙으로 한다(환전고시13 본문). 다만, ⅰ) 서면검사로도 검사목적을 충분히 달성할 수 있다고 판단되는 경우, ⅱ) 그 밖에 검사대상자의 상황, 사안의 경중 등을 고려하여 서면검사가 적합하다고 판단되는 경우에는 서면검사를 실시할 수 있다(환전고시13 단서).

(4) 검사계획의 승인 및 검사 실시

본부세관장 또는 본부세관장이 지정한 권역 내 세관장("세관장")은 ⅰ) 관세청장이 특별단속 등의 사유로 검사를 지시하는 경우, ⅱ) 세관장이 자체 정보 및 자료 분석결과 검사가 필요하다고 인정한 경우, ⅲ) 그 밖에 첩보가 있거나 환전업무를 영위하는 자 등의 행위가 환전영업질서에 위해를 초래하거나 초래할 우려가 있다고 인정되는 경우 등 환전업무를 영위하는 자 등의 업무 감독상 필요한 경우 규정 제10-7조 및 특정금융정보법 시행령 제15조에 따른 환전업무를 영위하는 자 등에 대한 검사를 실시한다(환전고시14①).

세관장이 검사를 실시하는 경우에는 검사계획을 시스템에 등록하여 관세청장의 승인을 받아야 하며, 승인받은 검사사항에 대하여 검사하여야 한다(환전고시14② 본문). 다만, 긴급을 요하는 등의 사유로 관세청장에게 사전에 검사계획의 승인을 받기가 곤란한 경우에는 검사를 실시한 이후에 관세청장에게 검사계획의 승인을 받을 수 있다(환전고시14② 단서).

(5) 검사실시계획의 통보 등

(가) 통보기간과 업무검사 통지서의 통보

세관장은 검사를 실시하려는 경우 검사 시작일 7일 전까지 ⅰ) 검사사유, ⅱ) 검사방법, ⅲ) 검사일정 및 검사대상기간, ⅳ) 검사공무원, ⅴ) 그 밖에 검사에 필요한 안내 및 협조 사항을 기재한 [별지 제9호 서식]의 환전영업자의 업무검사 통지서를 환전업무를 영위하는 자 등에게 서면으로 통보하여야 한다(환전고시15① 본문). 다만, 증거인멸 등의 우려가 있는 경우에는 검사 당일 검사실시계획을 통보할 수 있다(환전고시15① 단서).

(나) 환전업무 자율점검표 첨부 후 통보

세관장은 환전영업자에게 사전 통보를 하는 경우에는 ⅰ) 환전장부의 비치 및 기재 여부, ⅱ) 환전영업자 표지 및 외국환매매율 게시 여부, ⅲ) 환전증명서 사용 여부, ⅳ) 고객확인여부, ⅴ) 특정금융거래 보고 여부, ⅵ) 국세청장등에게 통보 여부의 점검사항을 기재한 [별지 제10호 서식]의 환전업무 자율점검표를 첨부하여 통보하여야 한다(환전고시15②).

(다) 검사 연기 사유

세관장은 검사실시계획을 통보받은 검사대상자가 ⅰ) 천재·지변·전염병 등으로 인하여 검사를 받기가 곤란한 경우, ⅱ) 화재, 그 밖의 재해로 사업상 심한 어려움을 겪고 있는 경우, ⅲ) 검사대상자나 그 위임을 받은 자의 질병, 장기출장 등으로 검사가 곤란하다고 판단되는 경우, ⅳ) 권한 있는 기관에 의하여 장부 및 증빙서류가 압수 또는 영치된 경우, ⅴ) 앞의 사유에 준하는 사유가 있는 경우에 해당하여 검사 연기를 요청하는 경우에는 검사를 연기할 수 있다(환전고시15③).

(라) 검사 연기 신청서 제출과 검사 연기 여부 결정

검사대상자는 검사를 시작하는 날 전까지 [별지 11호 서식]의 환전영업자 검사 연기 신청서를 검사계획을 통보한 세관장에게 제출하여 검사 연기를 요청할 수 있다(환전고시15④ 전단). 이 경우 세관장은 검사 연기를 요청받은 날로부터 7일 이내에 검사 연기 여부를 결정하여 그 내용을 관세청장에게 보고한 후 검사대상자에게 서면으로 통보해야 한다(환전고시15④ 후단).

(6) 검사결과 보고 등

세관장은 환전업무를 영위하는 자 등에 대한 검사결과를 검사 종료일로부터 10일 이내에 시스템에 등록하여 관세청장에게 보고하고, 업무정지 또는 등록의 취소에 해당하는 환전영업자의 위반 행위를 적발한 경우에는 해당 환전영업자의 관할세관장에게 검사결과를 통보하여야 한다(환전고시16①). 이에 따라 검사결과를 통보받은 관할세관장은 해당 조치를 취하고 검사결과를 통보한 세관장과 관세청장에게 통보 및 보고하여야 한다(환전고시16②).

(7) 검사결과 통보 등

(가) 통보기간과 검사결과 통지서의 통보

세관장은 검사대상자에 대한 검사를 종결한 날부터 20일 이내에 ⅰ) 검사결과 확인된 위법 사항 및 시정 필요 사항, ⅱ) 검사 종결 이후 추가 검토 필요 사항, ⅲ) 검사결과에 따른 처리 방향이 기재된 [별지 제12호 서식]의 환전영업자 검사결과 통지서를 서면으로 검사대상자에게 통보해야 한다(환전고시17①).

(나) 소명기회의 부여

세관장이 검사결과 통지를 할 때에는 10일 이상의 기한을 두어 검사대상자가 검사결과에 대해 소명할 수 있도록 해야 한다(환전고시17②).

(8) 준용규정

환전업무를 영위하는 자 등의 외국환거래의 적정성에 대한 검사는 이 고시에서 정한 것을 제외하고는 「외국환거래의 검사업무 운영에 관한 훈령」을 준용한다(환전고시18).

(9) 업무정지와 등록의 취소

(가) 처분의 기준

관할세관장은 법 제12조 제1항, 영 제22조에 따라 환전영업자의 등록을 취소하거나 업무정지할 수 있다(환전고시19① 전단). 이 경우 처분의 기준은 영 [별표 2]와 같다(환전고시19① 후단).

(나) 행정절차법 적용

관할세관장은 환전영업자의 등록취소, 업무정지에 관하여 환전고시에서 정하는 아니한 것은 행정절차법을 따른다(환전고시19②).

(다) 제재조치의 등록

관할세관장은 환전영업자의 위반사항에 대한 제재조치를 시스템에 등록하여야 한다(환전고시19③).

Ⅲ. 제재

1. 서설

(1) 규정

외국환거래법 제23조 및 외국환거래법 시행령 제37조에서 관세청장에게 위임한 외국환거래법 제19조에 따른 행정처분과 외국환거래법 제32조에 따른 과태료의 부과징수 업무를 수행할 때 필요한 세부적인 절차를 정하는 것을 목적으로 관세청 훈령인 「외국환거래법에 따른 행정처분 및 과태료 부과징수에 관한 훈령」("행정처분훈령")을 두고 있다.

(2) 사무분장
(가) 처분 담당부서의 업무

"처분 담당부서"란 ⅰ) 법 제17조 및 영 제37조 제1항 제4호에 따른 지급수단의 수출입신고 처리 업무, ⅱ) 법 제20조 제6항 및 영 제35조 제3항 제3호에 따른 검사업무, ⅲ) 법 제27조부터 제29조까지에 해당하는 위반행위에 대한 범칙조사 업무를 담당하는 부서를 말한다(행정처분훈령2(3)).

처분 담당부서는 ⅰ) 제7조 및 제16조에 따른 법 위반행위의 조사 및 확인, ⅱ) 제8조에 따른 경고 통지, ⅲ) 제9조에 따른 행정처분에 대한 의견진술안내·청문 예정 통지, ⅳ) 제10조에 따른 외국환거래법에 따른 행정처분 심의 요청, ⅴ) 제12조에 따른 외국환거래 또는 행위의 정지·제한 통지, ⅵ) 제17조부터 제20조까지의 규정에 따른 과태료 부과 예정통지·의견진술안내 및 부과 고지, ⅶ) 제21조에 따른 이의제기 사실의 법원 통보, ⅷ) 제22조에 따른 과태료 재판 결과에 따른 처분 업무를 담당한다(행정처분훈령3①).

(나) 징수 담당부서의 업무

"징수 담당부서"란 관세의 부과징수를 담당하는 부서를 말한다(행정처분훈령2(4)). 징수 담당부서는 과태료의 징수와 과태료의 체납처분 업무를 담당한다(행정처분훈령3②).

(3) 조력을 받을 권리

행정처분 대상자와 과태료처분 대상자는 청문과 의견진술 및 과태료 처분에 대한 의견진술과 관련하여 변호사 또는 관세사의 조력을 받을 수 있다(행정처분훈령4).

여기서 "행정처분 대상자"란 법 제19조(경고 및 거래정지 등) 제1항과 제2항에 해당하는 위반행위를 한 자를 말한다(행정처분훈령2(1)). "과태료 처분 대상자"란 법(과태료) 제32조 제1항부터 제4항까지에 해당하는 위반행위를 한 자를 말한다(행정처분훈령2(2)).

2. 행정처분

(1) 행정처분의 처분권자

이 훈령에 따른 행정처분의 권한은 세관장에게 위임한다(행정처분훈령5).

(2) 행정처분의 종류 및 기준
(가) 행정처분의 종류

세관장은 법 제19조에 해당하는 위반행위에 대하여 영 [별표 3의2]에 따라 ⅰ) 법 제19조

제1항[11])에 따른 경고, ⅱ) 법 제19조 제2항에 따른 외국환거래 또는 행위의 정지·제한을 할 수 있다(행정처분훈령6①).

(나) 자진보고와 행정처분의 예외

세관장은 행정처분 대상자가 「수출입 안전관리 우수업체 공인 및 운영에 관한 고시」 제18조의2[12])에 따른 정기수입세액 정산업체 정산보고를 통해 법 위반사항을 자진하여 보고하는 경우에는 법 제19조 제2항[13])에 따른 외국환거래 또는 행위의 정지·제한을 하지 않을 수 있다(행정처분훈령6②).

(3) 행정처분 대상 행위의 조사

세관장은 법 제19조에 해당하는 위반행위가 발생하였다는 합리적 의심이 있어 그에 대한 조사의 필요성이 있다고 인정할 때에는 위반자·위반사실·증거 등을 조사·확인한다(행정처분훈령7).

(4) 경고

세관장은 행정처분 대상자의 행위가 법 제19조 제1항에 해당하여 경고를 하려는 때에는 관세청 전자통관시스템에 행정처분 사항을 등록하고, [별지 제1호 서식]의 경고장을 행정처분 대상자에게 통지한다(행정처분훈령8).

(5) 청문

(가) 청문 주재자의 지정

세관장은 행정처분 대상자의 행위가 법 제19조 제2항에 해당하는 경우에는 처분 담당부서와 징수 담당부서를 제외한 부서의 부서장을 청문 주재자로 지정하고 청문을 실시해야 한다(행정처분훈령9①).

---

11) ① 기획재정부장관은 이 법을 적용받는 자가 다음 각 호의 어느 하나에 해당하는 경우에는 경고를 할 수 있다.
   1. 제15조부터 제18조까지의 규정에 따라 허가를 받거나 신고를 한 경우 허가사항 또는 신고사항에 정하여진 기한이 지난 후에 거래 또는 행위를 한 경우
   2. 대통령령으로 정하는 금액(거래 또는 행위 유형에 따라 금액을 달리 정할 수 있다) 이하의 거래 또는 행위로서 제15조부터 제18조까지의 규정에 따른 절차 준수, 허가 또는 신고("신고등")의 의무를 위반하여 거래 또는 행위를 한 경우
12) 제18조의2(정기 수입세액 정산) ① 관세청장은 수출입 안전관리 우수업체가 신고납부한 세액의 적정성 및 수출입 관련 법령 준수 여부 등을 스스로 점검하는 경우에는 정기 수입세액 정산업체("정산업체")로 지정하여 정산하게 할 수 있다.
   ② 제18조의3에 따라 정산업체로 지정받은 경우에는 제18조에 따른 정기 자체평가를 면제한다. 다만, 세관장은 필요한 경우에 공인기준 위반 여부를 점검할 수 있다.
   ③ 관세청장은 제18조의3에 따라 지정한 정산업체에게 별표 6의 혜택을 제공한다.
13) ② 기획재정부장관은 이 법을 적용받는 자의 거래 또는 행위가 제15조부터 제18조까지의 규정에 따른 신고등의 의무를 5년 이내에 2회 이상 위반한 경우에는 각각의 위반행위에 대하여 1년 이내의 범위에서 관련 외국환거래 또는 행위를 정지·제한하거나 허가를 취소할 수 있다.

(나) 청문 자료 통지와 청문일정 협의

처분 담당부서는 청문 주재자가 지정되면, 지체 없이 청문 주재자에게 위반행위의 조사결과 및 행정처분의 종류와 처분 기간 등 청문에 필요한 자료를 통지하고, 청문 일정을 협의한다(행정처분훈령9②).

(다) 행정처분 대상자에 대한 통지

세관장은 청문을 실시하려는 때에는 청문을 하려는 날부터 15일 전까지 ⅰ) [별지 제2호 서식]의 법에 따른 행정처분 예정 통지 및 청문실시 안내문, ⅱ) [별지 제3호 서식]의 행정처분에 대한 의견제출서를 행정처분 대상자에게 통지해야 한다(행정처분훈령9③).

(라) 청문 진행 방법

청문 주재자는 ⅰ) 청문을 하는 날에 행정처분 대상자에게 직접 말로 질문하여 답변을 듣는 방법, 또는 ⅱ) 청문을 하는 날까지 행정처분 대상자로부터 세관장의 처분 예정 내용에 대한 의견서를 제출 받는 방법으로 청문을 진행할 수 있다(행정처분훈령9④).

(마) 청문의 계속

청문 주재자는 ⅰ) 행정처분 대상자가 청문을 하는 날의 변경을 요청하는 경우, ⅱ) 추가적인 자료 제출이나 확인 등으로 2회 이상 청문을 실시할 필요가 있는 경우에는 행정처분 대상자에게 다음 청문을 하려는 날과 장소를 서면으로 통지하고 청문을 계속할 수 있다(행정처분훈령9⑤).

(바) 청문조서의 작성

청문 주재자는 청문을 하는 경우에는 [별지 제4호 서식]의 청문조서를 작성해야 한다(행정처분훈령9⑥ 본문). 다만, 행정처분 대상자가 정당한 이유 없이 청문을 하는 날까지 출석하지 않고, 의견서도 제출하지 않는 경우에는 청문조서의 작성을 생략할 수 있다(행정처분훈령9⑥ 단서).

(사) 청문조서의 열람 및 확인

청문 주재자는 작성한 청문조서를 행정처분 당사자에게 열람시키고 확인을 받아야 한다(행정처분훈령9⑦ 본문). 다만, 행정처분 당자사가 열람 또는 확인을 거부하는 경우에는 그 사유를 기재하는 것으로 갈음할 수 있다(행정처분훈령9⑦ 단서).

(아) 청문 주재자의 의견서 및 청문조서 등의 송부

청문 주재자는 청문을 마친 경우에는 [별지 제5호 서식]의 청문 주재자 의견서를 작성하여 청문조서와 그 밖의 관계 서류 등을 함께 처분 담당부서에 지체 없이 송부해야 한다(행정처분훈령9⑧).

(6) 외국환거래 제재 심의 요청

세관장은 조사결과와 청문결과를 검토하여 행정처분 대상자에게 법 제19조 제2항의 처분이 필요하다고 인정되는 경우에는 [별지 제6호 서식]에 따라 관세청장에게 법에 따른 행정처분

여부와 처분 정도 등에 대한 심의를 요청하고, 관세청장의 심의 결과에 따라 처리한다(행정처분훈령10).

(7) 외국환거래 제재 심의위원회

(가) 제재심의위원회의 설치

외국환거래 또는 행위의 정지·제한 여부와 그 기간을 결정하기 위하여 관세청에 외국환거래 제재 심의위원회("심의위원회")를 둔다(행정처분훈령11①).

(나) 심의위원의 위원장과 위원의 자격

심의위원회의 위원장은 관세청 조사감시국장으로 하고, 위원은 다음의 어느 하나에 해당하는 사람 중에서 위원장이 지명하는 10명 이상 20명 이내의 사람으로 하되 제2호에 해당하는 위원이 전체 위원 수의 2분의 1을 초과해야 한다(행정처분훈령11②).

1. 관세청 외환조사과장, 조사총괄과장, 법인심사과장, 기획심사팀장, 특수통관과장
2. 다음의 어느 하나에 해당하는 사람으로서 외국환거래 또는 관세행정에 관한 학식과 경험이 풍부한 사람으로 관세청장이 위촉하는 사람
   가. 변호사
   나. 대학교수
   다. 관세사
   라. 관세, 무역 및 형사 관련 전문연구기관 연구원

(다) 위원의 임기

제2항 제2호에 따른 위원의 임기는 2년으로 한다(행정처분훈령11③ 본문). 다만, 위원의 임기 중 결원이 생겨 위촉되는 위원의 임기는 전임자의 남은 임기로 한다(행정처분훈령11③ 단서).

(라) 심의위원회의 소집과 의결

심의위원회는 세관장의 심의 요청에 따라 위원장이 소집하고, 위원장을 포함한 재적 위원 과반수의 출석으로 개의하며, 출석위원 과반수의 찬성으로 의결한다(행정처분훈령11④).

(마) 제척

심의위원회의 위원장과 위원은 자기의 이해관계에 관한 안건의 심의에 참여하지 못한다(행정처분훈령11⑤).

(바) 출석 및 자료제출 요청

심의위원회는 행정처분을 건의한 세관의 처분담당부서 공무원, 청문 주재자, 행정처분 대상자에게 출석을 요청하여 의견을 들을 수 있고, 필요한 자료의 제출을 요청할 수 있다(행정처분훈령11⑥).

(사) 간사의 지정

심의위원회는 심의내용 및 결정 사항 등을 정리하기 위해 간사 1명을 두며, 간사는 관세청 외환조사과 6급 공무원 중에서 위원장이 지정한다(행정처분훈령11⑦).

(아) 심의위원회의 결과 반영과 처분사항 지시

관세청장은 심의위원회의 결과를 반영하여 세관장에게 행정처분 대상자에 대한 처분사항을 지시한다(행정처분훈령11⑧).

(8) 외국환거래 또는 행위의 정지·제한 통지

(가) 외국환거래·행위의 정지·제한 통지서의 통지

세관장은 행정처분 대상자의 외국환거래 또는 행위를 정지·제한할 때에는 관세청 전자통관시스템에 행정처분 사항을 등록하고, [별지 제7호 서식]의 외국환거래·행위의 정지·제한 통지서를 행정처분 대상자와 ⅰ) 법 제15조, 제16조, 제18조에 대한 정지·제한은 외국환은행의 본점, ⅱ) 법 제17조에 대한 정지·제한은 전국 공항만 세관장에 통지해야 한다(행정처분훈령12①).

(나) 제재하지 않는 경우의 통지

세관장은 행정처분 대상자에 대한 외국환거래를 제재하지 않는 경우에는 행정처분 대상자에게 그 결과를 문서로 통지해야 한다(행정처분훈령12②).

(다) 서류 송부의 방법

세관장이 서류를 행정처분 대상자에게 송부하는 때에는 행정처분 대상자에게 직접 주는 경우를 제외하고는 인편 또는 등기우편으로 발송한다(행정처분훈령12③).

(9) 행정처분에 대한 이의제기

행정처분 대상자는 외국환거래 또는 행위의 정지·제한 통지를 받은 날부터 90일 이내에 ⅰ) 행정심판법에 따라 국민권익위원회의 중앙행정심판위원회에 행정심판을 청구, ⅱ) 행정소송법에 따라 행정처분 대상자의 소재지 관할 행정법원에 취소소송을 제기하는 방법 중 어느 하나에 해당하는 방법으로 이의를 제기할 수 있다(행정처분훈령13).

(10) 행정처분 및 이의제기에 대한 절차 등

(가) 행정절차법의 적용

법 제19조에 따른 행정처분에 관하여 이 훈령에서 정하지 아니한 것은 행정절차법을 따른다(행정처분훈령14①).

(나) 행정심판법과 행정소송법의 적용

행정처분에 대한 이의제기 절차와 그 효과에 관하여는 행정심판법과 행정소송법에 따른다(행정처분훈령14②).

3. 과태료

(1) 과태료의 부과징수권자

이 훈령에 따른 과태료의 부과징수의 권한은 세관장에게 위임한다(행정처분훈령15).

(2) 과태료 대상 행위의 조사

세관장은 법 제32조(과태료)에 해당하는 위반행위가 발생하였다는 합리적 의심이 있어 그에 대한 조사의 필요성이 있다고 인정할 때에는 위반자·위반사실·증거 등을 조사·확인한다(행정처분훈령16).

(3) 의견진술 안내

(가) 과태료 부과예정 통지 및 의견 진술 안내문 통지

세관장은 법 제32조에 따라 과태료를 부과하려는 때에는 관세청 전자통관시스템에 과태료 부과 예정 사항을 등록하고, [별지 제8호 서식]의 과태료 부과예정 통지 및 의견 진술 안내문을 과태료 처분 대상자에게 통지해야 한다(행정처분훈령17①).

(나) 의견제출 기회 부여

세관장은 과태료 처분 대상자에게 통지할 때에는 통지하는 날부터 15일의 기간을 정하여 의견을 제출할 기회를 주어야 한다(행정처분훈령17② 전단). 이 경우 지정된 의견제출 기한까지 의견제출이 없으면 의견이 없는 것으로 본다(행정처분훈령17② 후단).

(다) 구두 의견진술의 확인절차

세관장은 과태료 처분 대상자가 의견제출을 말로 하는 경우에는 [별지 제8호 서식] 이면의 의견진술서란에 진술한 의견내용을 정리하여 본인으로 하여금 확인하게 한 후 서명 또는 날인하게 한다(행정처분훈령17③).

(라) 현장 의견진술안내문 통지와 확인절차

세관장은 공항만을 통해 출입국 하는 여행자가 법 제17조를 위반하여 즉시 과태료 납부를 원하는 경우에는 [별지 제9호 서식]의 현장 의견진술안내문을 통지하고, 위반사실 확인 및 의견진술란에 기재하게 한 후 서명 또는 날인하게 한다(행정처분훈령17④).

(마) 과태료 사건 조사보고서 작성과 보고

세관공무원은 조사확인과 제출의견에 대한 검토를 마쳤을 때에는 [별지 제10호 서식]의 과태료 사건 조사보고서를 작성하여 세관장에게 보고해야 한다(행정처분훈령17⑤).

(4) 부과기준

(가) 과태료 부과금액 산정

법 제32조(과태료)에 따른 위반행위별 과태료의 부과금액은 영 [별표 4] 제2호에 따라 산정한다(행정처분훈령18①).

(나) 위반금액의 산정기준

영 [별표 4] 제2호 사목부터 하목까지의 규정에 따른 위반금액은 다음에 따라 산정한다(행정처분훈령18② 본문). 다만, 법 제18조 위반행위를 하고 그에 따라 지급 또는 수령을 하면서 법 제15조 또는 제16조를 위반한 경우에는 법 제18조를 위반한 행위로만 보고 위반금액을 산정한다(행정처분훈령18② 단서).

1. 영 [별표 4] 제2호 사목 및 아목의 경우: 법 제15조 제1항에 따른 지급절차 등을 위반하여 지급·수령한 금액
2. 영 [별표 4] 제2호 자목의 경우: 법 제16조에 따라 신고해야 하는 금액
3. 영 [별표 4] 제2호 차목의 경우: 법 제16조 또는 법 제18조에 따라 사후보고해야 하는 거래금액
4. 영 [별표 4] 제2호 카목의 경우: 법 제17조에 따라 신고해야 하는 금액. 다만, 거짓신고한 경우에는 거짓 신고한 금액
5. 영 [별표 4] 제2호 타목의 경우: 법 제18조 제1항에 따라 신고해야 하는 거래금액
6. 영 [별표 4] 제2호 파목 및 하목의 경우: 법 제18조 제1항에 따라 신고한 거래금액

(다) 위반금액의 표시통화가 외국통화인 경우의 위반금액 산정

위반금액의 표시통화가 외국통화인 경우에는 다음 구분에 따른 환율을 적용하여 내국통화로 환산한 금액을 위반금액으로 하며, 이 경우 위반금액은 원미만 단위를 절사한다(행정처분훈령18③).

1. 환전증명서 등 증빙 서류에 의해 실거래 환율 및 내국통화로 환산한 위반금액이 분명하게 확인되는 경우: 증빙서류상 실거래 환율
2. 제1호에 따른 실거래 환율이 확인되지 않은 경우: 외국환거래규정 제1−2조 제7호에서 규정한 매매기준율 및 재정된 매매기준율

(5) 과태료의 가중 · 감경
(가) 의견진술 안내 전 가중 · 감경 사유 확인된 경우

세관장은 의견진술 안내 및 현장 의견진술 안내를 하기 전에 과태료 처분 대상자가 영 [별표 4] 제1호에 따른 가중·감경 사유에 해당하는 것으로 확인되는 경우에는 다음의 가중·감경된 비율을 적용하여 산정한 금액으로 안내해야 한다(행정처분훈령19①).

1. 영 [별표 4] 제1호 가목에 따른 가중: 100분의 40

2. 영 [별표 4] 제1호 나목에 따른 감경: 다음의 구분에 따른 비율

　가. 감경 사유 중 1개만 해당하는 경우: 100분의 50

　나. 감경 사유 중 2개 이상 해당하는 경우: 100분의 75. 다만, 2개 이상의 감경 사유 중 영 [별표 4] 제1호 나목 2)에 따른 감경 사유를 포함하여 감경하는 경우에는 100분의 50으로 한다.

(나) 의견진술 안내 후 가중·감경 사유 확인된 경우

세관장은 의견진술 안내 이후에 의견제출 기한 종료 전까지 과태료 처분 대상자가 영 [별표 4] 제1호에 따른 가중·감경 사유에 해당하는 것으로 확인되는 경우에는 그 가중·감경된 비율을 적용하여 산정한 금액으로 의견진술 안내 절차를 다시 이행한 후 부과고지해야 한다(행정처분훈령19② 본문). 다만, 과태료 처분 대상자가 감경사유의 증빙을 제출하여 확인된 경우에는 의견진술 안내를 다시 하지 아니하고, 감경된 금액으로 부과 고지할 수 있다(행정처분훈령19② 단서).

(다) 과태료 자진납부와 감경

세관장은 과태료 처분 대상자가 의견제출 기한 이내에 과태료를 자진하여 납부하려는 경우에는 제1항과 제2항에 따라 산정한 과태료 부과 예정금액에서 질서위반행위규제법 제18조에 따라 100분의 20을 감경한다(행정처분훈령19③).

(6) 과태료 부과 고지

(가) 과태료 부과 고지서 등 송부

세관장은 과태료 대상 행위의 조사결과 확인한 내용과 과태료 처분 대상자가 제출한 의견을 검토한 결과 과태료를 부과해야 하는 위반사실이 있을 때에는 관세청 전자통관시스템에 과태료 부과 사항을 등록하고, ⅰ) [별지 제11호 서식]의 과태료 부과 고지서, ⅱ) 세외수입 고지서겸 영수증서("세외수입 고지서"), ⅲ) [별지 제12호 서식]의 과태료 부과에 대한 이의제기서를 과태료 처분 대상자에게 송부해야 한다(행정처분훈령20①).

(나) 과태료 부과 고지서 등 송부방법

과태료 부과 고지서 등의 서류를 과태료 처분 대상자에게 송부하는 때에는 과태료 처분 대상자에게 직접 주는 경우를 제외하고는 인편 또는 등기우편으로 발송한다(행정처분훈령20②).

(다) 납부기한

과태료의 납부기한은 과태료처분 대상자가 과태료 부과 고지서를 받은 날부터 30일로 한다(행정처분훈령20③).

(라) 자진납부와 감경 세외수입 고지서 송부

세관장은 과태료 처분 대상자가 의견제출 기한 이내에 과태료를 자진하여 납부하려는 경

우에는 감경된 세외수입 고지서를 작성하여 송부한다. 이때 납부기한은 의견제출 기한 종료일까지로 한다(행정처분훈령20④).

(마) 감경 과태료 미납부와 감경 세외수입 고지서 취소

과태료 처분 대상자가 감경된 과태료를 납부기한까지 납부하지 아니하는 경우에는 해당 세외수입 고지서를 취소하고, 감경하지 아니한 과태료를 부과 고지한다(행정처분훈령20⑤).

(7) 이의제기와 법원에의 통보

(가) 이의제기 기간과 이의제기서 제출

과태료 처분 대상자는 과태료 처분에 대하여 불복이 있는 경우에는 과태료 부과고지를 받은 날부터 60일 이내에 [별지 제12호 서식]의 과태료 부과에 대한 이의제기서를 세관장에게 제출하여 이의를 제기할 수 있다(행정처분훈령21①).

(나) 이의제기 사항의 등록

세관장은 이의제기를 받는 경우 관세청 전자통관시스템에 이의제기 사항을 등록한다(행정처분훈령21②).

(다) 이의제기 통보서의 법원 송부

세관장은 이의제기를 받은 날부터 14일 이내에 [별지 제13호 서식]의 과태료 처분에 대한 이의제기 통보서를 작성하여 과태료 처분 대상자의 주소지를 관할하는 지방법원에 송부해야 한다(행정처분훈령21③).

(라) 법원 통보와 세외수입 고지서 취소

세관장은 법원에 과태료 처분에 대한 이의제기를 통보한 때에는 해당 과태료의 세외수입 고지서를 취소한다(행정처분훈령21④).

(8) 과태료 재판 결과 집행

(가) 재판결과의 처리

세관장은 관할 지방법원의 과태료 재판 결과를 통지받으면, 관세청 전자통관시스템 이의제기 결과 사항을 입력하고 재판 결과에 따라 처리해야 한다(행정처분훈령22①).

(나) 의견진술 안내 절차 생략과 부과고지

세관장은 과태료를 부과하는 경우에는 의견진술 안내 절차를 생략하고 부과고지할 수 있다(행정처분훈령22②).

(9) 과태료 체납 방지를 위한 조치

(가) 인적사항등의 징수 담담부서 통보

처분 담당부서는 과태료 부과 사안이 i) 과태료 부과금액이 5천만원을 초과하는 경우, ii) 과태료 부과금액이 5천만원 이하인 사안 중 체납 발생이 예상되는 경우에는 과태료 처분

대상자의 인적사항(업체의 경우 사업자등록번호 또는 법인등록번호) 등을 각 세관별 체납 처분 업무를 담당하는 징수 담당부서에 즉시 통보한다(행정처분훈령23①).

(나) 처분 담당부서의 협조

처분 담당부서는 징수 담당부서가 체납방지를 위하여 과태료 처분 대상자의 재산조사와 관련하여 협조요청이 있는 경우에는 적극 협조해야 한다(행정처분훈령23②).

(10) 과태료 처분에 대한 준용규정

과태료 부과징수에 관하여 이 훈령에서 정하지 아니한 것은 질서위반행위규제법과 외국환거래법, 관세법에 따른 부과징수의 예를 따른다(행정처분훈령24 본문). 다만, 외국환거래법 및 관세법이 질서위반행위규제법과 상충되는 때에는 질서위반행위규제법을 우선하여 적용한다(행정처분훈령24 단서).

4. 보칙

(1) 별도지침

관세청장은 필요하다고 인정하는 경우 이 훈령에 규정된 사항 또는 규정되지 아니한 사항에 관하여 별도의 지침을 정하여 운영할 수 있다(행정처분훈령25).

(2) 재검토기한

관세청장은 「훈령·예규 등의 발령 및 관리에 관한 규정」에 따라 이 훈령에 대하여 2021년 1월 1일을 기준으로 매 3년이 되는 시점(매 3년째의 12월 31일까지)마다 그 타당성을 검토하여 개선 등의 조치를 해야 한다(행정처분훈령26).

제6편

외국환거래 관련
형사제재

제1장

외국환거래법위반죄

제1절 외국환거래정지 등의 위반

다음의 어느 하나에 해당하는 자는 5년 이하의 징역 또는 5억원 이하의 벌금에 처한다(법 27① 본문). 다만, 위반행위의 목적물 가액의 3배가 5억원을 초과하는 경우에는 그 벌금을 목적물 가액의 3배 이하로 한다(법27① 단서). 징역과 벌금은 병과할 수 있다(법27②).

I. 기준환율등 준수의무 위반죄

거주자와 비거주자는 기획재정부장관이 기준환율등을 정한 경우에는 그 기준환율등에 따라 거래하여야 하는데(법5②), 이에 위반하여 기준환율등에 따르지 아니하고 거래한 자는 5년 이하의 징역 또는 5억원 이하의 벌금에 처한다(법27①(1)).

II. 지급·수령·거래의 정지의무 위반죄

기획재정부장관은 천재지변, 전시·사변, 국내외 경제사정의 중대하고도 급격한 변동, 그 밖에 이에 준하는 사태가 발생하여 부득이 하다고 인정되는 경우에 외국환거래법을 적용받는 지급 또는 수령, 거래의 전부 또는 일부에 대한 일시 정지를 할 수 있는데(법6①(1)), 이에 위반하여 지급 또는 수령이나 거래를 한 자는 5년 이하의 징역 또는 5억원 이하의 벌금에 처한다

(법27①(2)).

Ⅲ. 지급수단 · 귀금속의 예치 · 매각 의무 위반죄

기획재정부장관은 천재지변, 전시 · 사변, 국내외 경제사정의 중대하고도 급격한 변동, 그 밖에 이에 준하는 사태가 발생하여 부득이 하다고 인정되는 경우에 지급수단 또는 귀금속을 한국은행 · 정부기관 · 외국환평형기금 · 금융회사등에 보관 · 예치 또는 매각하도록 하는 의무의 부과의 조치를 할 수 있는데(법6①(2)), 이 조치에 따른 보관 · 예치 또는 매각 의무를 위반한 자는 5년 이하의 징역 또는 5억원 이하의 벌금에 처한다(법27①(3)).

Ⅳ. 대외채권 회수의무 위반죄

기획재정부장관은 천재지변, 전시 · 사변, 국내외 경제사정의 중대하고도 급격한 변동, 그 밖에 이에 준하는 사태가 발생하여 부득이 하다고 인정되는 경우에 비거주자에 대한 채권을 보유하고 있는 거주자로 하여금 그 채권을 추심하여 국내로 회수하도록 하는 의무의 부과 조치를 할 수 있는데(법6①(3)), 이 조치에 따른 회수의무를 위반한 자는 5년 이하의 징역 또는 5억원 이하의 벌금에 처한다(법27①(4)).

Ⅴ. 자본거래 허가 및 가변예치 의무 위반죄

기획재정부장관은 ⅰ) 국제수지 및 국제금융상 심각한 어려움에 처하거나 처할 우려가 있는 경우, ⅱ) 대한민국과 외국 간의 자본 이동으로 통화정책, 환율정책, 그 밖의 거시경제정책을 수행하는 데에 심각한 지장을 주거나 줄 우려가 있는 경우 중 어느 하나에 해당된다고 인정되는 경우에는 자본거래를 하려는 자에게 허가를 받도록 하는 의무를 부과하거나, 자본거래를 하는 자에게 그 거래와 관련하여 취득하는 지급수단의 일부를 한국은행 · 외국환평형기금 또는 금융회사등에 예치하도록 하는 의무를 부과하는 조치를 할 수 있는데(법6②), 이 조치에 따른 허가를 받지 아니하거나, 거짓이나 그 밖의 부정한 방법으로 허가를 받고 자본거래를 한 자 또는 예치의무를 위반한 자는 5년 이하의 징역 또는 5억원 이하의 벌금에 처한다(법27①(5)).

Ⅵ. 시세조종 등 불공정거래규제 위반죄

외국환업무취급기관등은 외국환업무와 관련하여 부당한 이익을 얻거나 제3자에게 부당한 이익을 얻게 할 목적으로 ⅰ) 외국환의 시세를 변동 또는 고정시키는 행위, ⅱ) 다른 외국환업무취급기관, 전문외국환업무취급업자 및 외국환중개회사("외국환업무취급기관등")와 같은 시기에 같은 가격 또는 약정수치로 거래할 것을 사전에 서로 모의한 후 거래하여 외국환의 시세에 부당한 영향을 주거나 영향을 줄 우려가 있는 행위, ⅲ) 풍문을 유포하거나 거짓으로 계책을 꾸미는 등의 방법으로 외국환의 수요·공급 상황이나 그 가격에 대하여 타인에게 잘못된 판단이나 오해를 유발함으로써 외국환의 시세에 부당한 영향을 주거나 영향을 줄 우려가 있는 행위를 하여서는 아니 되는데(법10②), 이에 위반하여 외국환업무를 한 자는 5년 이하의 징역 또는 5억원 이하의 벌금에 처한다(법27①(6)).

제2절 지급 허가 등의 위반

다음의 어느 하나에 해당하는 자는 3년 이하의 징역 또는 3억원 이하의 벌금에 처한다(법 27의2① 본문). 다만, 위반행위의 목적물 가액의 3배가 3억원을 초과하는 경우에는 그 벌금을 목적물 가액의 3배 이하로 한다(법27의2① 단서). 징역과 벌금은 병과할 수 있다(법27의2②).

Ⅰ. 무등록 등 외국환업무 영위죄

1. 외국환업무 등록의무 위반죄

(1) 관련 규정

외국환업무를 업으로 하려는 자는 외국환업무를 하는 데에 충분한 자본·시설 및 전문인력을 갖추어 미리 기획재정부장관에게 등록하여야 하며(법8① 본문),[1)2)] 이에 따른 등록을 하지

---

1) 대법원 2003. 8. 22 선고 2002도5341 판결(국내와 외국에 각각 법인을 설립한 다음 재정경제부장관에게 등록하지 아니하고 외국에서 국내로 송금한 행위와 국내 입금액을 국내에서 처리하고 외국으로부터의 송금액에서 공제함으로써 결국 국내에서 외국으로 송금한 것과 마찬가지의 결과를 초래한 행위는 동일 죄명에 해당하는 수개의 영업적 행위를 단일하고 계속된 범의하에 일정 기간 계속하여 행한 것으로서 그 피해법익도 동일하다고 보아야 할 것이므로, 이들 각 행위는 포괄하여 1개의 외국환거래법위반죄를 구성한다).
2) 대법원 2007. 12. 27. 선고 2006도185 판결(원심은, 그 설시의 증거를 종합하여 피고인 김○○은 일본국 동경 소재 인터렉스 크레딧(INTER-EX CREDIT) 회사의 업무를 총괄하는 자이고 피고인 심○○은 위 회

아니하거나, 거짓이나 그 밖의 부정한 방법으로 등록을 하고 외국환업무를 한 자는 3년 이하의 징역 또는 3억원 이하의 벌금에 처한다(법27의2①(1)).

　　외국환거래법 제27조의2 제1항 제1호는 외국환업무를 하는 데에 충분한 자본·시설 및 전문인력을 갖추어 미리 기획재정부장관에게 등록을 하지 아니하고 외국환업무를 한 자를 처벌하도록 규정하고 있다. 여기서 "외국환업무"에는 대한민국과 외국 간의 지급·추심·수령[법3①(16) (나)목] 및 그 업무에 딸린 업무[위 같은 호 (마)목, 외국환거래법 시행령6(4)]가 포함된다. 따라서 "대한민국과 외국 간의 지급·추심 및 수령"에 직접적으로 필요하고 밀접하게 관련된 부대업무는 외국환업무에 포함된다.[3] 한편 외국환업무 중 외국통화의 매입·매도 등 "환전업무"만을 업으로 하려는 자는 위 외국환업무에 필요한 등록기준보다 완화된 기준으로서 환전업무를 하는 데에 필요한 시설을 갖추어 미리 기획재정부장관에게 등록하면 충분한데(법8③), 환전영업자의 주요업무는 거주자 또는 비거주자로부터 내국지급수단을 대가로 외국통화를 매입하는 업무이고, 특수한 경우에 한하여 재환전을 위하여 외국통화를 매각하는 업무도 가능하다.[4]

(2) 무등록 외국환업무로 인한 외국환거래법위반죄의 성립요건

　　외국환거래법 제8조 제1항 본문 위반에 의한 무등록 외국환업무로 인한 외국환거래법위반죄는 적법하게 등록하지 아니하고 대한민국과 외국 간의 지급·추심·수령 업무를 영위하거나, 그 업무에 직접적으로 필요하고 밀접하게 관련된 부대업무를 수행함으로써 성립한다.[5]

　　피고인 등이 한화 10억 원을 마련하여 운반하는 등 일련의 행위는 "대한민국과 외국 간의 지급·추심 및 수령"에 직접적으로 필요하고 밀접하게 관련된 부대업무로서 외국환거래법 제3조 제1항 제16호 (마)목의 외국환업무에 해당하는 이상, 이로써 무등록 외국환업무로 인한 외국환거래법위반죄의 기수에 이르렀다. 설령 공소외인이 사실은 위안화를 송금할 의사가 없이 한화를 강취할 의사였고, 실제로 위안화를 지급함이 없이 강취하였다고 하더라도, 이 사건 범

사의 국내지사(2002. 11. 대부업 등록을 하였다)에서 업무를 담당하는 자로서 서로 공모하여 2002. 9. 18.경부터 2005. 4. 13.경까지 인터렉스 크레딧 본사가 일본에서 재일 한국인 등으로부터 대한민국으로 송금해 달라는 의뢰를 받은 엔화를 국내지사 영업자금 명목으로 송금하면 국내지사는 이를 원화로 환전하여 송금의뢰인이 지정한 국내 연고자들의 계좌로 입금해 준 사실을 인정한 다음, 이러한 피고인들의 행위를 전체적으로 보면 피고인들이 실제로는 재일 한국인 등의 의뢰에 따라 일본의 엔화를 국내로 송금하는 업무를 대행하면서 단속을 피하기 위하여 인터렉스 크레딧 본연의 환전업무를 수행하는 것과 같은 외양을 갖춘 데 불과하므로 외국환거래법 제8조 제1항의 규정에 따라 등록하지 아니하고 대한민국과 외국 간의 지급·추심 및 영수에 관한 외국환업무를 영위한 경우에 해당한다고 판단한 제1심판결을 그대로 유지하였다. 이러한 원심판결의 이유를 외국환거래법령과 기록에 비추어 자세히 살펴보아도 거기에 상고이유 제1 내지 3점의 주장과 같은 외국환거래법의 적용범위, 외국환업무와 환전업무의 구별, 거주자와 비거주자의 의미 등에 관한 법리오해, 판례위반 또는 채증법칙 위반, 심리미진 등의 위법이 없다).

3) 대법원 2009. 10. 15. 선고 2008도10912 판결 등.
4) 대법원 2016. 8. 29. 선고 2014도14364 판결.
5) 대법원 2016. 8. 29. 선고 2014도14364 판결.

죄의 성립에 영향이 없다.[6]

(3) 범의의 증명 방법과 판단기준

피고인이 등록된 환전영업자로서의 업무만을 수행하였을 뿐이라면서 외국환업무의 범의를 부인하는 경우에는 사물의 성질상 범의와 상당한 관련성이 있는 간접사실 또는 정황사실을 증명하는 방법에 의하여 입증할 수밖에 없고, 무엇이 상당한 관련성이 있는 간접사실에 해당할 것인가는 정상적인 경험칙에 바탕을 두고 치밀한 관찰력이나 분석력에 의하여 사실의 연결상태를 합리적으로 판단하는 방법에 의하여야 한다. 따라서 객관적으로 드러난 피고인의 구체적 업무태양과 통상적인 환전영업자의 업무태양 및 외국환거래법 위반으로 처벌받는 환치기 범행의 일반적인 수법과의 각 비교, 피고인과 관련된 주위 정황 등을 종합적으로 고려하여 피고인의 영업행위를 객관적으로 환전영업자의 정상적인 업무 범위 내의 행위로 평가할 수 있는지 아니면 외국에서 대한민국으로 외국환을 지급·수령하기 위한 목적을 가진 행위의 일환으로 볼 것인지 및 이에 대하여 피고인의 범의가 인정되는지를 판단하여야 한다.[7]

2. 환전업무, 소액해외송금업무 등 등록의무 위반죄

(1) 관련 규정

금융회사등이 아닌 자가 외국통화의 매입 또는 매도, 외국에서 발행한 여행자수표의 매입, 또는 대한민국과 외국 간의 지급 및 수령과 이에 수반되는 외국통화의 매입 또는 매도 등의 외국환업무를 업으로 하려는 경우에는 해당 업무에 필요한 자본·시설 및 전문인력 등 요건을 갖추어 미리 기획재정부장관에게 등록하여야 하는데(법8③),[8] 이에 따른 등록을 하지 아니하거나, 거짓이나 그 밖의 부정한 방법으로 등록을 하고 외국환업무를 한 자는 3년 이하의 징역 또는 3억원 이하의 벌금에 처한다(법27의2①(1)).

(2) 환전영업자의 등록의무 위반

앞서 본 법리에 비추어 위 사실관계를 살펴보면, 피고인 2가 업무를 영위한 구체적인 태양, 즉 관계 법령상 감독청에 대한 통보·보고 대상에 해당하는 거액의 외국환 현금을 소수의 특정 고객들로부터 주기적·반복적으로 교부받으면서 외국환매각신청서를 제출받지도 않고 고객의 인적사항을 확인하지도 않은 채 외국환을 피고인 2가 보유하고 있는 자금으로 환전하여 건네주는 대신 매번 외국환은행에 가서 환전한 후 고객이 가져온 송금리스트에 기재된 대로 다수 수령인들의 계좌로 분산하여 이체하며, 환전장부에는 고객의 인적사항이 아니라 송금받

---

6) 대법원 2017. 4. 26. 선고 2017도2134 판결.
7) 대법원 2016. 8. 29. 선고 2014도14364 판결.
8) 대법원 2001. 11. 27 선고 2001도4829 판결(이른바 암달러상이 미화 등의 외국환을 매입하거나 매도하는 경우, 그 행위는 무등록 환전업무를 영위한 것에 해당한다).

는 사람의 이름을 기재하는 방식 등은 통상적인 환전영업자의 영업형태에 비하여 매우 이례적인 방식에 해당하고, 나아가 피고인 2의 일본에서의 거주·생활 이력, 피고인 1과의 관계, 피고인 1의 영업방식과의 동일성 및 피고인 1의 진술에 나타난 피고인 2와 일본 송금업자와의 관련성, 피고인 1이 일본 송금업자로부터 의뢰받고 국내 수령인들에게 이체해준 계좌와 피고인 2가 고객의 요청대로 이체해준 계좌가 상당수 중복됨으로써 피고인 2의 행위가 일본에서 대한민국으로의 송금에 이용된 것이 확인되는 점 등 여러 가지 정황까지 보태어 보면, 피고인 2의 위와 같은 업무는 객관적으로 환전영업자의 "외국통화 매입"이라는 환전업무의 일환에 불과한 것으로 평가할 수는 없고, 대한민국과 일본 간의 지급 및 수령에 직접적으로 필요하고 밀접하게 관련된 부대업무에 해당하는 외국환업무를 영위하였다고 봄이 타당하며, 이러한 외국환업무의 영위에 대한 피고인 2의 범의도 위와 같은 간접사실들에 의하여 충분히 증명되었다고 볼 수 있다. 그럼에도 원심은, 그 판시와 같은 이유만으로 피고인 2의 행위가 환전업무의 범위를 넘어 대한민국과 외국 간의 지급, 추심 및 수령에 관한 외국환업무를 업으로 영위하였다고 볼 수 없다는 이유로 이 사건 공소사실에 대하여 무죄로 판단하였으니, 거기에는 외국환거래법상 외국환업무에 관한 법리를 오해하거나 논리와 경험의 법칙을 위반하여 자유심증주의의 한계를 벗어남으로써 판결에 영향을 미친 위법이 있다. 이 점을 지적하는 검사의 상고이유 주장은 이유 있다.[9]

(3) 관련 판례

외국환거래법 제3조 제1항 제16호 (나)목은 "대한민국과 외국 간의 지급·추심 및 수령"이, 같은 호 (마)목은 "위 (나)목 등과 유사한 업무로서 대통령령으로 정하는 업무"가 "외국환업무"에 해당하는 것으로 각 규정하고 있고, 외국환거래법 시행령 제6조 제4호는 "위 (나)목 등의 업무에 부대되는 업무"가 "위 대통령령이 정하는 업무"에 해당하는 것으로 규정하고 있는바, "대한민국과 외국 간의 지급·추심 및 수령"에 직접적으로 필요하고 밀접하게 관련된 부대업무는 위 (마)목의 외국환업무에 해당한다. 따라서 우리나라에서 소위 "환치기업"에 종사하는 사람이 등록 없이 미국으로 송금을 원하는 성명불상자로부터 환율 차이에 따른 이익 등을 포함한 수수료와 함께 돈을 전달받은 사안에서, 위 행위가 "대한민국과 외국 간의 지급·추심 및 수령"에 직접적으로 필요하고 밀접하게 관련된 부대업무로서, 외국환거래법 제3조 제1항 제16호 (마)목의 외국환업무에 해당한다고 보아 외국환거래법 위반죄로 처벌하였다.[10]

---

9) 대법원 2016. 8. 29. 선고 2014도14364 판결.

10) 대법원 2008. 5. 8. 선고 2005도1603 판결(피고인은 공소외 1, 공소외 2와 공모하여 재정경제부장관에게 등록하지 아니한 채 한국에서 미국으로 또는 미국에서 한국으로 송금을 원하는 사람들로부터 돈을 받아 송금하여 주는 것과 같은 효과를 발생시키면서 환율의 차이에 따른 이익을 취득하는 소위 "환치기업"에 종사하여 오던 중 한국에 있는 피고인이 미국에 있는 공범인 공소외 2의 지시에 따라 성명불상자로부터

원심판결과 원심이 유지한 제1심판결 이유를 원심과 제1심이 적법하게 채택한 증거들에 비추어 살펴보면, 원심이 그 판시와 같은 이유를 들어 외국환업무 등록을 하지 아니하고 속칭 "환치기"를 업으로 하는 피고인들이 제1심 판시 별지 범죄일람표(1) 연번 제11항 기재와 같이 이상택에게 10억 원을 전달한 행위는 "대한민국과 외국 간의 지급·추심 및 수령"에 직접적으로 필요하고 밀접하게 관련된 부대업무로서 외국환관리법 제3조 제1항 제16호 (마)목의 외국환업무에 해당하고, 설령 피고인들로부터 위 10억 원을 수령한 이상택이 사실은 중국 통화를 송금할 의사가 없이 이를 강취할 의사였고, 실제로 피고인들이 중국 통화를 지급받음이 없이 위 돈을 강취당하였다고 하더라도, 피고인들이 이미 행한 다른 외국환업무와 함께 포괄일죄를 구성하며, 위 행위에 제공된 10억 원에 대하여 몰수가 가능하다고 보아 같은 취지의 제1심판결을 유지한 것은 정당하고, 거기에 논리와 경험의 법칙에 반하여 자유심증주의의 한계를 벗어나 사실을 오인하거나 외국환업무에 관한 법리를 오해한 잘못이 없다.[11]

3. 전문외국환업무취급업자의 신고의무 위반죄

외국환업무의 등록을 한 금융회사등과 외국환업무의 등록을 한 자("전문외국환업무취급업자")가 그 등록사항 중 일정한 사항을 변경하려 하거나 외국환업무를 폐지하려는 경우에는 기획재정부장관에게 미리 그 사실을 신고하여야 하는데(법8④), 이에 따른 폐지신고를 거짓으로 하고 외국환업무를 한 자 및 기획재정부장관은 외국환업무취급기관등이 거짓이나 그 밖의 부정한 방법으로 등록을 하거나 인가를 받은 경우 등에 해당하는 경우에는 등록 또는 인가를 취소하거나 6개월 이내의 기간을 정하여 외국환업무취급기관등(영업소를 포함)의 업무를 제한하거나 업무의 전부 또는 일부를 정지할 수 있는데(법12①), 이에 따른 처분을 위반하여 외국환업무를 한 자는 3년 이하의 징역 또는 3억원 이하의 벌금에 처한다(법27의2①(1)).

Ⅱ. 무인가 등 외국환업무 영위죄

외국환중개업무를 업으로 하려는 자는 자본·시설 및 전문인력을 갖추어 기획재정부장관의 인가를 받아야 하며(법9① 전단), 외국환중개회사가 합병 또는 해산, 영업의 전부 또는 일부의 폐지·양도·양수에 해당하는 행위를 하려는 경우에는 기획재정부장관의 인가를 받거나 기

그가 미국에 있는 누군가에게 송금하고자 하는 제1심판시 별지 범죄일람표(1) 제761번 기재 돈 1억 2천만 원을 전달받았다는 것인바, 사실관계가 위와 같다면 피고인이 미국으로 송금을 원하는 성명불상자로부터 환율 차이에 따른 이익 등을 포함한 수수료와 함께 위 돈을 전달받은 것은 위 "대한민국과 외국 간의 지급·추심 및 수령"에 직접적으로 필요하고 밀접하게 관련된 부대업무로서 "외국환업무"에 해당한다).
11) 대법원 2016. 6. 23. 선고 2016도4602 판결.

획재정부장관에게 신고하여야 하며(법9③), 또는 외국환중개회사가 외국에서 외국환중개업무를 하려는 경우에는 기획재정부장관의 인가를 받아야 하는데(법9⑤), 이에 따른 인가를 받지 아니하거나, 거짓이나 그 밖의 부정한 방법으로 인가를 받고 외국환중개업무를 한 자는 3년 이하의 징역 또는 3억원 이하의 벌금에 처한다(법27의2①(2)).

또한 기획재정부장관은 외국환업무취급기관등이 거짓이나 그 밖의 부정한 방법으로 등록을 하거나 인가를 받은 경우 등에 해당하는 경우에는 등록 또는 인가를 취소하거나 6개월 이내의 기간을 정하여 외국환업무취급기관등(영업소를 포함)의 업무를 제한하거나 업무의 전부 또는 일부를 정지할 수 있는데(법12①), 이에 따른 처분을 위반하여 외국환중개업무를 한 자는 3년 이하의 징역 또는 3억원 이하의 벌금에 처한다(법27의2①(2)).

Ⅲ. 무허가 등 지급 또는 수령 행위 영위죄

기획재정부장관은 ⅰ) 우리나라가 체결한 조약 및 일반적으로 승인된 국제법규를 성실하게 이행하기 위하여 불가피한 경우, ⅱ) 국제 평화 및 안전을 유지하기 위한 국제적 노력에 특히 기여할 필요가 있는 경우에는 국내로부터 외국에 지급하려는 거주자·비거주자, 비거주자에게 지급하거나 비거주자로부터 수령하려는 거주자에게 그 지급 또는 수령을 할 때 허가를 받도록 할 수 있는데(법15②), 이에 허가를 받지 아니하거나, 거짓이나 그 밖의 부정한 방법으로 허가를 받고 지급 또는 수령을 한 자는 3년 이하의 징역 또는 3억원 이하의 벌금에 처한다(법27의2①(3)).

Ⅳ. 벌금액의 산정

위반행위의 목적물 가액의 3배가 3억원을 초과하는 경우에는 그 벌금을 목적물 가액의 3배 이하로 한다(법27의2① 단서).

피고인이 관할관청에 등록하지 아니하고 탈북자들이 북한 거주 가족의 탈북을 위한 비용 등 중국으로 송금하고자 하는 돈을 피고인 명의의 국내 계좌로 입금받은 다음 환치기 브로커가 지정한 계좌로 송금하였다고 하여 구 외국환거래법(2011. 4. 30. 법률 제10618호로 개정되기 전의 것) 위반으로 기소된 사안에서, 원심은 무등록 외국환업무 부대행위의 목적물 가액을 계산함에 있어 피고인이 송금의뢰인으로부터 입금받은 돈을 환치기 브로커가 지정한 통장으로 송금한 경우 그 입금된 금액과 송금한 금액을 단순합산하였는바, 위 각 행위가 동일한 법익침해를 향한 단계적 행위라는 점을 고려하면 위와 같은 경우에 목적물 가액은 피고인이 송금의뢰인으로부터 입금받은 금액만이 되고 이를 다시 환치기계좌로 송금한 금액까지 목적물의 가액에 합산하여서는 안 된다. 따라서 원심판결에는 무등록 외국환업무 부대행위의 목적물 가액 산정에 관한 법리를 오해한 잘못이 있고, 피고인에게 입금된 금액 중 환치기계좌로 송금한 금액의 규모 및 벌금형의 법정형이 위반행위의 목적물 가액의 3배 이하(법27조의2① 단서)인 점을 고려하면 위와 같은 잘못은 판결에 영향을 미쳤다고 봄이 상당하다.[12]

제3절 비밀준수의무 위반죄

외국환거래법에 따른 허가·인가·등록·신고·보고·통보·중개(仲介)·중계(中繼)·집중(集中)·교환 등의 업무에 종사하는 사람은 그 업무와 관련하여 알게 된 정보를 금융실명법 제4조에서 정하는 경우를 제외하고는 외국환거래법에서 정하는 용도가 아닌 용도로 사용하거나 다른 사람에게 누설하여서는 아니 되는데(법22), 이에 위반하여 정보를 외국환거래법에서 정하는 용도가 아닌 용도로 사용하거나 다른 사람에게 누설한 사람은 2년 이하의 징역 또는 2억원 이하의 벌금에 처한다(법28①). 징역과 벌금은 병과할 수 있다(법28②).

제4절 신고사항 등 위반

다음의 어느 하나에 해당하는 자는 1년 이하의 징역 또는 1억원 이하의 벌금에 처한다(법29① 본문). 다만, 위반행위의 목적물 가액의 3배가 1억원을 초과하는 경우에는 그 벌금을 목적물 가액의 3배 이하로 한다(법29① 단서). 징역과 벌금은 병과할 수 있다(법29③).

I. 무인가 또는 부정한 방법의 계약체결 등

외국환업무취급기관은 국민경제의 건전한 발전, 국제 평화와 안전의 유지 등을 위하여 필요하다고 인정하여 일정한 경우에는 외국환거래법을 적용받는 업무에 관하여 외국금융기관과 계약을 체결할 때 기획재정부장관의 인가를 받아야 하는데(법8⑤), 인가를 받지 아니하거나, 거

---

12) 대법원 2013. 11. 28. 선고 2011도13007 판결.

짓이나 그 밖의 부정한 방법으로 인가를 받고 계약을 체결한 자는 1년 이하의 징역 또는 1억원 이하의 벌금에 처한다(법29①(1)).

Ⅱ. 허가 또는 신고 확인의무 위반죄

외국환업무취급기관, 전문외국환업무취급업자 및 외국환중개회사("외국환업무취급기관등")는 그 고객과 외국환거래법을 적용받는 거래를 할 때에는 고객의 거래나 지급 또는 수령이 외국환거래법에 따른 허가를 받았거나 신고를 한 것인지를 확인하여야 하는데(법10①), 이에 위반하여 확인하지 아니한 자는 1년 이하의 징역 또는 1억원 이하의 벌금에 처한다(법29①(2)).

Ⅲ. 지급·수령 방법 및 자본거래 신고의무 위반죄

1. 지급·수령 방법 신고의무 위반죄

거주자간, 거주자와 비거주자간 또는 비거주자 상호간의 거래나 행위에 따른 채권·채무를 결제할 때 거주자가 ⅰ) 상계 등의 방법으로 채권·채무를 소멸시키거나 상쇄시키는 방법으로 결제하는 경우(제1호), ⅱ) 기획재정부장관이 정하는 기간을 넘겨 결제하는 경우(제2호), ⅲ) 거주자가 해당 거래의 당사자가 아닌 자와 지급 또는 수령을 하거나 해당 거래의 당사자가 아닌 거주자가 그 거래의 당사자인 비거주자와 지급 또는 수령을 하는 경우(제3호), ⅳ) 외국환업무취급기관등을 통하지 아니하고 지급 또는 수령을 하는 경우(제4호)에 해당하면(제18조에 따라 신고를 한 자가 그 신고된 방법으로 지급 또는 수령을 하는 경우는 제외) 그 지급 또는 수령의 방법을 기획재정부장관에게 미리 신고하여야 하는데(법16), 이에 따른 신고의무를 위반한 금액이 25억원(영40①(1))을 초과하는 자는 1년 이하의 징역 또는 1억원 이하의 벌금에 처한다(법29①(3)).

2. 자본거래 신고의무 위반죄

자본거래를 하려는 자는 기획재정부장관에게 신고하여야 하는데(법18), 이에 따른 신고의무를 위반한 금액이 10억원(영40①(2))을 초과하는 자는 1년 이하의 징역 또는 1억원 이하의 벌금에 처한다(법29①(3)).

미신고 자본거래로 인한 외국환거래법 위반죄는 신고의무를 이행하지 아니하였다는 것만으로 구성요건이 실현되는 것은 아니고, 나아가 자본거래까지 하였다는 요건을 충족하여야 비로소 구성요건이 실현되는 것이다.13)

3. 미신고 자본거래의 의미

외국환거래법 제29조 제1항 제3호, 제18조 제1항 본문에 의하여 처벌 대상이 되는 미신고 자본거래는, 금액을 일부러 나누어 거래하는 이른바 "분할거래 방식"의 자본거래에 해당한다는 등의 특별한 사정이 없는 한, 개별적으로 이루어지는 자본거래 금액이 10억 원 이상인 경우를 의미한다.[14]

피고인 갑 주식회사의 대표이사 피고인 을이 거주자로서 지정거래외국환은행의 장에게 신고하지 아니하고 해외에서 비거주자인 해외 금융기관과 예금거래계약을 체결한 후 총 31회에 걸쳐 미화 합계 4,555,785달러(한화 5,217,684,306원 상당)의 외화예금거래를 함으로써 미신고 자본거래를 하였다고 하여 외국환거래법 위반으로 기소되었는데, 미신고 외화예금거래 중 10억 원을 초과하는 거래는 한 건도 없고 일정 거래금액을 합하면 합계액이 10억 원을 초과하는 사안에서, 피고인들의 외화예금거래 당시 외국환거래법령 관련 규정에서 미신고 자본거래에 관하여 그 금액이 10억 원을 초과하는 경우 형사처벌 대상으로, 10억 원 이하인 경우에는 과태료 부과 대상으로 규정하고 있었고, 거래 건당 금액이 미화 2,000달러 또는 3,000달러 이하인 경우에는 신고의무 자체가 면제되었는데, 만약 관련 규정을 일정 기간 동안 이루어진 미신고 자본거래의 총액이 10억 원을 초과하는 경우 형사처벌의 대상이 된다고 해석할 경우, 신고의무 면제 대상 또는 과태료 부과 대상에 불과하던 자본거래가 누적되어 총액이 10억 원을 초과하게 되었다는 우연한 사정에 의하여 소급하여 신고대상 또는 형사처벌 대상이 되는 불합리한 결과를 야기하게 되고, 외국환거래법 제29조 제1항 제3호, 제18조 제1항 본문에 의하여 처벌 대상이 되는 미신고 자본거래는, 금액을 일부러 나누어 거래하는 이른바 "분할거래 방식"의 자본거래에 해당한다는 등의 특별한 사정이 없는 한, 개별적으로 이루어지는 자본거래 금액이 10억 원 이상인 경우를 의미하므로, 피고인들의 행위는 외국환거래법 제29조 제1항 제3호, 제18조 제1항 본문 위반죄의 구성요건을 충족하지 못한다.

ⅰ) 개별적인 미신고 자본거래가 외국환거래법 위반죄의 구성요건을 충족하지 못하는 이상 일정 거래금액을 합하면 그 구성요건을 충족하는 결과가 된다 하더라도 그 전체 행위를 포

---

13) 대법원 2019. 4. 11. 선고 2015도1230 판결(원심은 그 판시와 같은 이유를 들어, 피고인이 외국환거래법상 비거주자인 미국 공소외 회사(영문 명칭 생략)의 대리인으로서, 국내에서 적법한 신고 없이 거주자인 국내 회사들과 사이에 각 자본거래행위를 주관하여 진행하고 그로 인한 이익을 향유한 직접적인 행위자로서 처벌되어야 하는 형사책임의 주체라고 판단하였다. 원심판결 이유를 앞서 본 법리와 적법하게 채택한 증거에 비추어 살펴보면, 피고인이 외국환거래법상 신고의무를 부담하는 거주자의 미신고 자본거래에 가담하여 직접적인 행위를 하였다고 평가하거나 그에 대한 본질적인 기여를 통한 기능적 행위지배가 있었다고 할 수 있다. 원심의 이유 설시에 적절하지 아니한 부분이 있지만, 피고인이 미신고 자본거래로 인한 외국환거래법 위반죄의 공동정범에 해당한다고 판단한 것은 정당하다).
14) 대법원 2019. 3. 14. 선고 2018도14754 판결; 대법원 2019. 1. 31. 선고 2018도16474 판결.

괄일죄로 처단할 수 없다. 또한 외국환거래법 제18조 제1항 본문의 문언에 의하면 신고의무는 장래의 자본거래를 대상으로 하고 있음이 명백한데, 만약 개별적인 미신고 자본거래는 외국환 거래법 위반죄의 구성요건을 충족하지 못하지만 일정 거래금액을 합하면 그 구성요건을 충족 하는 경우 그 전체 행위를 포괄일죄로 처단할 수 있다면 과거의 자본거래에 대해서도 신고의 무를 부과하는 셈이 되고, 이는 위 조항의 문언에 반하거나 문언의 의미를 피고인들에게 불리 하게 확장 또는 유추하는 것으로 죄형법정주의 원칙에 반하여 허용될 수 없다.

ii) 외국환거래법 제1조는 "이 법은 외국환거래와 그 밖의 대외거래의 자유를 보장하고 시장기능을 활성화하여 대외거래의 원활화 및 국제수지의 균형과 통화가치의 안정을 도모함으 로써 국민경제의 건전한 발전에 이바지함을 목적으로 한다"라고 규정하고 있다. 외국환거래법 의 개별 규정을 해석할 때에는 외국환거래의 자유를 보장하고자 하는 위와 같은 입법 취지가 충분히 달성될 수 있도록 함이 바람직하다.

iii) 외국환거래법 제3조 제1항 제19호 (가)목에서는 자본거래의 일종으로 "예금계약, 신탁 계약, 금전대차계약, 채무보증계약, 대외지급수단ㆍ채권 등의 매매계약에 따른 채권의 발생ㆍ변 경 또는 소멸에 관한 거래"를 규정하고 있다. 예금계약 자체는 일반적으로 장래의 계속적 거래 를 예정하고 있지만, 위 규정에 비추어 보면 예금거래는 개별 예금거래를 지칭하는 것으로 보 아야 한다.

iv) 외국환거래규정에서는 개별 자본거래가 누적되어 일정 금액 이상이 되는 경우를 규율 할 필요가 있을 때에는 별도의 규정을 두고 있다. 예컨대 외국환거래규정 제7-2조 제8호 및 제 9호에서는 신고 등을 요하지 않는 자본거래로 "거주자의 거래 건당 지급금액 또는 수령금액이 미화 3,000달러 초과 50,000달러 이내이고, 연간 지급누계금액 또는 수령누계금액이 미화 50,000달러를 초과하지 않는 경우"를 규정하고 있으며, 제7-11조 제3항 제1호에서는 거주자가 해외에서 비거주자와 예금거래 등을 하는 경우 한국은행총재에게 신고하여야 하는 경우로 "거 주자가 건당(동일자, 동일인 기준) 미화 50,000달러를 초과하여 국내에서 송금한 자금으로 예치 하고자 하는 경우"를 규정하고 있다.

v) 외국환거래규정 제7-4조 제1호 별지 제7-1호는 예금에 따른 채권의 발생 등에 관한 거래를 신고할 경우 제출하여야 하는 신고서의 서식을 규정하고 있는데, 위 서식 중 신청내역 란에는 "예금 개설인", "예치금액", "예치 후 잔액", "예치사유", "지급상대방", "송금은행"을 각 기재하도록 되어 있어, 각 예금계좌에 대하여 하는 개별 예금행위가 신고대상 자본거래임을 전 제하고 있다.

4. 공동정범

이 사건 공소사실 중 외국환거래법 위반의 점의 요지는, 피고인이, 김○○가 중국에서 수입하는 고추 거래와 관련한 대금 등의 지급을 위해 김○○에게 이른바 "환치기계좌"를 알려주고, 김○○가 그 계좌로 원화를 입금하면 이를 인출하여 그 대금 등을 지급하기로 공모한 후 김○○가 2004. 3. 8.경부터 2004. 4. 30.경까지 6회에 걸쳐 합계 2,900만 원을 피고인이 알려준 환치기계좌에 입금하여 외국환업무취급기관을 통하지 아니하고, 관할관청에 신고하지 아니한 채 거래당사자가 아닌 환치기업자의 계좌에 지급하였다는 것이다. 비거주자인 피고인이 거주자인 김○○에게 환치기계좌를 알려주는 등으로 공모하여 김○○가 고추 수입대금 등의 지급을 위해 환치기업자의 계좌에 원화를 입금하여 중국으로 송금한 행위는 구 외국환거래법 제16조 제3호, 제4호 소정의 거주자와 비거주자간 거래 또는 행위에 따른 채권·채무의 결제에서 거주자가 외국환업무취급기관을 통하지 아니하고 당해 거래의 당사자가 아닌 자에게 지급하는 경우에 해당한다. 비록 피고인은 비거주자라 하더라도 거주자인 김○○가 외국환업무취급기관을 통하지 아니하고 당해 거래의 당사자가 아닌 환치기업자들에게 한 지급 행위에 공모하여 가담한 이상, 형법 제30조, 제33조에 의하여 김○○와 공동정범으로서의 죄책을 면할 수 없다.[15]

5. 관련 판례

** 대법원 2011. 7. 14. 선고 2011도2136 판결

법원은 중국 국적 선박을 구입한 피고인이 매도인인 중국 해운회사에 선박을 임대하여 받기로 한 용선료를 재정경제부장관에게 미리 신고하지 아니하고 선박 매매대금과 상계한 사안에서, 위 행위가 구 외국환거래법(2008. 2. 29. 법률 제8863호로 개정되기 전의 것) 제16조 제1호를 위반하여 구 외국환거래법 제28조 제1항 제2호(현행 제29조 제1항 제3호)에 해당한다고 본 원심 판단을 수긍하였다.

원심판결 이유에 의하면, 원심은 적법하게 채택한 증거들을 종합하여 그 판시와 같은 사실을 인정한 다음, 피고인 1이 2007. 12. 21.경부터 같은 해 12. 27.경까지 사이에 매도인인 광주신주해운유한공사에 2개월 동안 이 사건 선박을 임대하여 받기로 한 용선료 중국 통화 1,200,000위안에 상당하는 미화 162,162달러를 재정경제부장관에게 미리 신고하지 아니하고 이 사건 선박의 매매대금과 상계하였고, 피고인 1의 이러한 행위는 구 외국환거래법 위반죄에 해당한다고 판단하였다. 원심의 위와 같은 판단은 정당한 것으로서 수긍할 수 있고, 거기에 논리와 경험의 법칙에 위반하여 자유심증주의의 한계를 벗어났거나 구 외국환거래법 위반에 관

15) 대법원 2011. 6. 10. 선고 2011도2069 판결.

한 법리를 오해한 위법 등이 있다고 볼 수 없다.

** 대법원 2003. 10. 10 선고 2003도3516 판결

(1) 원심판결 이유에 의하면, 원심은 피고인 1은 1999. 9. 초순경 무역거래를 가장하여 인도네시아 소재 아스트라 인터내셔날(ASTRA INTERNATIONAL) 등의 증권을 취득하는 데 사용할 미화 200만 달러를 홍콩으로 송금하기로 마음먹고, 재정경제부장관의 허가를 받지 아니하고, 1999. 9. 3.경 보성인터내셔날이 보성인터내셔날 홍콩(Bosung International HK Ltd.)으로부터 면바지 20만 장을 수입하는 것으로 가장하여 그 선급금으로 미화 100만 달러를 송금하고, 같은 해 10. 27.경 주식회사 엘아이엠엠인터내셔날이 보성인터내셔날 홍콩으로부터 니트셔츠 10만 장을 수입하는 것으로 가장하여 그 선급금으로 미화 100만 달러를 송금하였다는 공소사실을 유죄로 인정한 제1심판결을 그대로 유지하였다.

(2) 기록에 의하면, 피고인 1이 증권취득에 사용할 목적으로 물건을 수입하는 것으로 가장하여 위 각 금원을 선급금 명목으로 송금한 사실은 이를 인정할 수 있다. 그러나 직권으로 살피건대, 이 사건 공소사실에 대하여 검사는 공소장에 그 적용법조를 구 외국환거래법(2000. 10. 23. 법률 제6277호로 개정되기 전의 것) 제27조 제1항 제10호, 제18조 제2항 제2호를 기재하였고 제1심 및 원심도 위 공소사실에 대하여 같은 법조를 적용하였는바, 위 조항은 거주자가 재정경제부장관의 허가를 받지 아니하고 비거주자에 대하여 금전의 대여 또는 채무의 보증계약을 한 경우의 처벌조항으로 이 사건 공소사실과 같이 재정경제부장관의 허가를 받지 아니하고 정상적인 무역대금을 가장하여 외화를 국외로 반출하는 경우에는 위 조항을 적용할 수 없다 할 것이므로, 원심판결에는 외국환거래법에 관한 법리를 오해하여 법령 적용을 잘못한 위법이 있다.

** 대법원 2004. 9. 24 선고 2004도214 판결

원심은, 피고인이 재정경제부장관의 허가를 받지 아니하고 2002. 4. 11.부터 2002. 7. 11. 까지 사이에 비거주자인 김상○으로부터 도박자금으로 미화 6만 불을 차용하였다는 이 사건 외국환거래법위반의 점에 관한 공소사실에 대하여, 그 채용 증거를 종합하여 판시와 같은 사실을 인정한 다음, 피고인은 필리핀 현지에서의 도박자금조달을 목적으로 금전을 차용하였고, 그 차용장소는 필리핀의 카지노 내였으며, 그 지급방법 역시 위 카지노에서 활동하던 장성○으로부터 위 카지노의 칩을 교부받는 방법으로 이루어졌을 뿐만 아니라, 그 차용금액 또한 미화로 표시되었던 점 등 피고인의 이 사건 금전차용의 전체적인 내용에 비추어 보면, 피고인이 김상○과 직접 대면하여 거래한 사실이 없다고 하더라도 피고인으로서는 비거주자로부터 금전을 차용한다는 인식은 있었다고 할 것이라고 판단하여 위 공소사실을 유죄로 인정하였는바, 기록에

비추어 살펴보면, 이러한 원심의 조치는 옳은 것으로 수긍이 가고, 거기에 상고이유의 주장과 같은 채증법칙 위배, 외국환거래법에 관한 법리오해 등의 위법이 있다고 할 수 없다.

＊＊ 대법원 2004. 11. 12 선고 2004도4044 판결

원심은 다음과 같이 판단하였다. 우리 헌법이 "대한민국의 영토는 한반도와 그 부속도서로 한다"는 영토조항을 두고 있는 이상 대한민국의 헌법은 북한지역을 포함한 한반도 전체에 그 효력이 미치므로 북한지역은 당연히 대한민국의 영토가 되는 이상 북한을 외국환거래법 소정의 "외국"으로, 북한의 법인격체를 "비거주자"로 바로 인정하기는 어렵지만, 개별 법률의 적용 내지 준용에 있어서는 남북한의 특수관계적 성격을 고려하여 북한지역을 외국에 준하는 지역으로, 북한주민 등을 외국인에 준하는 지위에 있는 자로 규정할 수 있고, 그러한 규정 내용이 우리 헌법의 영토조항이나 평화통일조항 등에 위배되지는 않는다 할 것이다.

남북교류협력에 관한 법률 제26조 제3항은 "남한과 북한간의 투자, 물품의 반출·반입 기타 경제에 관한 협력사업 및 이에 수반되는 거래에 대하여 대통령령이 정하는 바에 의하여 외국환거래법 등을 준용"하고, 동법 제26조 제4항은 "제1항 내지 제3항의 규정에 의하여 다른 법률을 준용함에 있어서는 대통령령으로 그에 대한 특례를 정할 수 있다"고 규정하고 있다. 그리고 동법 시행령 제50조 제6항에서는 "법 제26조 제4항의 규정에 의한 특례는 관계 행정기관의 장이 협의회의 의결을 거쳐 고시한다"고 규정하고 있으며, 그 규정에 따라 외국환거래법 소정의 거주자 등이 북한에 투자를 목적으로 수행하는 행위 또는 거래에 관하여 외국환거래법을 준용함에 있어 그 특례를 정할 목적으로 "대북투자 등에 관한 외국환관리지침(재정경제원 고시 1995-23호, 이하 "외국환관리지침"이라고 한다)"이 제정되어 있으므로 결국 외국환관리지침은 자본거래의 상대방이 북한 주민이나 법인격체일 경우에 외국환거래규정에 우선하여 적용할 특례규정으로 해석할 수 있다(외국환관리지침은 남북교류협력에 관한 법률과 그 시행령의 위임을 받아 그 특례를 구체적으로 정하고 있으므로 죄형법정주의에 반하지 않는다).

그렇다면 북한이 외국환거래법 소정의 "외국"에 해당하는지, 북한의 주민, 법인격체가 법 소정의 "거주자"인지 "비거주자"인지에 대한 헌법 및 법률 해석 여부와 상관없이 대북투자는 외국환거래법 제27조 제1항 제8호, 제15조 제3항, 제18조 제1항, 제3조 제1항 제18호 (자)목, 동법 시행령 제9조 제2항 제7호, 외국환관리지침의 각 규정에 따라 외국환거래법 소정의 자본거래로서 외국환관리지침에 따라 그 신고를 하여야 할 것이 요구된다고 할 것이다.

외국환관리지침에서 거주자의 북한지역에의 투자(대북투자)는 북한지역에서 사업을 영위하기 위한 자금을 지급하기 위한 방법 등으로 할 수 있고(제4조), 그러한 대북투자를 하고자 하는 자는 법에 의한 협력사업자 승인, 협력사업 승인을 받은 후 지정거래 외국환은행장에게 신고를 하여야 하고, 그 투자신고를 마친 후 협력사업의 승인을 받은 바에 따라 투자를 실행하기 위하여 북한에 송금을 하는 경우에는 지정거래외국환은행장의 확인을 받도록 각각 규정하고 있는바, 이 사건의 경우 외국환관리지침에서 정한 그와 같은 자본거래의 신고·확인절차를 거치지 않고 아태위원회가 지정하는 제3국 소재 외국 은행 계좌로 달러를 송금한 이상, 이는 결국 외국환거래법에서 금하는 "신고를 하여야 하는 자본거래에 있어서 그 신고를 하지 않고 한 지급"에 해당한다고 할 것이다.

　　관련 법령과 기록에 의하여 살펴보면, 원심의 판단은 정당하고, 거기에 상고이유의 주장과 같은 영토에 관한 헌법의 규정에 관한 법리오해나 외국환거래법 등 관련법령의 해석에 관한 법리오해의 위법이 없다.

Ⅳ. 지급수단 또는 증권 수출입 신고의무 위반죄

1. 구성요건

　　기획재정부장관은 외국환거래법의 실효성을 확보하기 위하여 필요하다고 인정되어 대통령령으로 정하는 경우에는 지급수단 또는 증권을 수출 또는 수입하려는 거주자나 비거주자로 하여금 그 지급수단 또는 증권을 수출 또는 수입할 때 신고하게 할 수 있는데(법17), 이에 따른 신고를 하지 아니하거나 거짓으로 신고를 하고 지급수단 또는 증권을 수출하거나 수입한 자(신고의무를 위반한 금액이 미화 3만달러(영40②)를 초과하는 경우로 한정)는 1년 이하의 징역 또는 1억원 이하의 벌금에 처한다(법29①(4)). 이 경우 미수범은 처벌한다(법29②).

2. 실행의 착수시기

　　신고를 하지 아니하거나 허위로 신고하고 지급수단 또는 증권을 수출하는 행위는 지급수단 등을 국외로 반출하기 위한 행위에 근접·밀착하는 행위가 행하여진 때에 그 실행의 착수가 있다고 할 것인데, 피고인이 일화 500만 ¥은 기탁화물로 부치고 일화 400만 ¥은 휴대용 가방에 넣어 국외로 반출하려고 하는 경우에, 500만 ¥에 대하여는 기탁화물로 부칠 때 이미 국외로 반출하기 위한 행위에 근접·밀착한 행위가 이루어졌다고 보아 실행의 착수가 있었다고 할 것이지만, 휴대용 가방에 넣어 비행기에 탑승하려고 한 나머지 400만 ¥에 대하여는 그 휴대용 가방을 보안검색대에 올려 놓거나 이를 휴대하고 통과하는 때에 비로소 실행의 착수가 있다고 볼 것이고, 피고인이 휴대용 가방을 가지고 보안검색대에 나아가지 않은 채 공항 내에서 탑승을 기다리고 있던 중에 체포되었다면 일화 400만 ¥에 대하여는 실행의 착수가 있다고 볼 수

없다.16)

3. 관세법상의 무신고 수출입죄와 외국환거래법상의 무허가 · 신고 수출입죄

관세법에서 무신고 수출입 행위를 처벌하는 주된 입법 목적은 수출입물품에 대한 적정한 통관절차의 이행을 확보하는 데에 있는 것이고, 관세수입의 확보는 그 부수적인 목적에 불과하다고 할 것이며,17) 한편 외국환거래법에서 허가 또는 신고 없이 귀금속 등을 수출입하는 행위를 처벌하는 것도 귀금속 등에 대한 적정한 통관절차의 이행을 확보함으로써 이를 통하여 국제수지의 균형과 통화가치의 안정을 도모하고자 함에 그 주된 입법목적이 있다고 할 것이어서, 결국 그 입법목적은 동일하다고 볼 수 있다.18)

따라서 관세법상의 무신고 수출입죄와 외국환거래법상의 무허가 · 신고 수출입죄의 입법목적, 그 대상 물품과 구성요건, 그 수출입 및 통관절차에 관한 규정 등을 비교 · 종합하여 보면, 귀금속 등의 수출입 및 통관에 관한 한 외국환거래법은 관세법의 특별법으로 보아야 할 것이므로, 통관에 필요한 절차를 거치지 않고 귀금속 등을 수출입한 행위에 대해서는 외국환거래법상 무허가 · 신고 수출입죄에 의하여 처벌할 수 있을 뿐, 관세법이나 그 가중처벌 규정인 특정범죄 가중처벌 등에 관한 법률 위반(관세)죄를 적용하여 처벌할 수는 없다고 할 것이다.19)

V. 외국환 거래 또는 행위 정지 · 제한 위반죄

기획재정부장관은 외국환거래법을 적용받는 자의 거래 또는 행위가 제15조부터 제18조까지의 규정에 따른 신고등의 의무를 5년 이내에 2회 이상 위반한 경우에는 각각의 위반행위에 대하여 1년 이내의 범위에서 관련 외국환거래 또는 행위를 정지 · 제한하거나 허가를 취소할 수 있는데(법19②), 이에 따른 거래 또는 행위의 정지 · 제한을 위반하여 거래 또는 행위를 한 자는 1년 이하의 징역 또는 1억원 이하의 벌금에 처한다(법29①(5)).

---

16) 대법원 2001. 7. 27. 선고 2000도4298 판결.
17) 대법원 1976. 6. 22. 선고 75도2718 판결; 1983. 3. 22. 선고 80도1591 판결 등 참조.
18) 대법원 2005. 12. 23. 선고 2005도6484 판결.
19) 대법원 2007. 7. 26. 선고 2006도637 판결; 대법원 2005. 12. 23. 선고 2005도6484 판결.

Ⅵ. 과태료 처분 위반 반복죄

1. 벌칙 규정

다음의 어느 하나에 해당하는 자 ⅰ) 법 제8조 제4항에 따른 변경신고를 하지 아니하거나 거짓으로 변경신고를 하고 외국환업무를 한 자, ⅱ) 법 제9조 제1항 후단에 따른 변경신고를 하지 아니하거나 거짓으로 변경신고를 하고 외국환중개업무를 한 자 또는 같은 조 제2항을 위반하여 거래한 자, ⅲ) 법 제16조에 따른 신고를 하지 아니하거나 거짓으로 신고를 하고 지급 또는 수령을 한 자, ⅳ) 법 제18조 제1항에 따른 신고를 하지 아니하거나 거짓으로 신고를 하고 자본거래를 한 자, ⅴ) 법 제18조 제5항을 위반하여 신고수리가 거부되었음에도 그 신고에 해당하는 자본거래를 한 자, ⅵ) 법 제18조 제6항을 위반하여 같은 조 제4항 제3호(=거래내용의 변경권고)의 권고내용과 달리 자본거래를 한 자에게는 1억원 이하의 과태료를 부과하는데(법32①), 이에 따른 과태료 처분을 받은 자가 해당 처분을 받은 날부터 2년 이내에 다시 같은 항에 따른 위반행위를 한 경우에는 1년 이하의 징역 또는 1억원 이하의 벌금에 처한다(법29①(6)).

아래서는 위의 벌칙과 관련된 과태료 규정을 살펴본다.

2. 과태료 규정

다음의 어느 하나에 해당하는 자에게는 1억원 이하의 과태료를 부과한다(법32① 본문). 다만, 제29조(벌칙)에 해당하는 경우는 제외한다(법32①).

(1) 등록사항 변경신고의무 위반

외국환업무의 등록을 한 금융회사등과 전문외국환업무취급업자가 그 등록사항 중 외국환업무취급기관은 명칭, 본점 및 국내영업소의 소재지(국내영업소의 소재지는 제외), 외국환업무의 취급 범위, 환전영업자는 명칭, 영업소의 소재지, 환전업무의 취급 범위, 소액해외송금업자는 명칭, 본점 및 영업소의 소재지, 소액해외송금업무 대상국가 및 취급통화 등을 포함한 취급 범위에 관한 사항, 소액해외송금업무의 수행 방식에 관한 사항, 소액해외송금업무에 사용할 계좌(소액해외송금업무의 등록을 하려는 자의 명의로 금융회사등에 개설된 계좌로 한정)의 정보, 소액해외송금업무 과정에서 관여하는 외국 협력업자에 관한 사항, 기타전문외국환업무를 등록한 자는 명칭, 본점 및 국내영업소의 소재지(국내영업소의 소재지는 제외), 외국환업무의 취급 범위를 변경하려 하는 기획재정부장관에게 미리 그 사실을 신고하여야 하는데(법8④), 위에서 외국환업무의 취급 범위 및 소액해외송금업무 대상국가 및 취급통화 등을 포함한 취급 범위에 관한 사항, 소액해외송금업무의 수행 방식에 관한 사항, 소액해외송금업무에 사용할 계좌(소액해외송금업무의 등록을 하려는 자의 명의로 금융회사등에 개설된 계좌로 한정)의 정보, 소액해외송금업무 과정에서 관여하는 외국 협력업자에 관한 사항은 중대한 사항으로 이에 따른 변경신고를 하지 아니하거나 거짓으로 변경신고를 하고 외국환업무를 한 자에게는 5천만원의 과태료를 부과하고, 중대한 사항 이외의 사항에 대한 경신고를 하지 아니하거나 거짓으로 변경신고를 하고 외국환업무를 한 자에게는 5천만원의 과태료를 부과한다(법32①(1) 및 별표 4 제2호 가목).

(2) 인가사항 변경신고의무 등 위반

외국환중개업무를 업으로 하려는 자는 명칭, 영업소의 소재지, 자본·시설 및 전문인력에 관한 사항, 임원에 관한 사항을 갖추어 기획재정부장관의 인가를 받아야 하고(법9① 전단), 이 경우 명칭 등 위 인가사항을 변경하려면 기획재정부장관에게 신고하여야 하는데(법9① 후단), 이에 따른 변경신고를 하지 아니하거나 거짓으로 변경신고를 하고 외국환중개업무를 한 자(법32①(2) 및 별표 4 제2호 다목)에게는 과태료 5천만원을 부과한다.

또한 외국환중개회사가 외국환중개업무를 할 수 있는 거래의 상대방은 한국은행, 정부(외국환평형기금을 운용·관리하는 경우에 한정), 은행, 농협은행, 수협은행, 한국산업은행, 한국수출입은행, 중소기업은행, 종합금융회사, 투자매매업자 및 투자중개업자, 보험회사, 외국 금융기관(내국지급수단과 대외지급수단의 매매에 대한 중개는 제외)이어야 하는데(법9②), 이에 위반하여 거래한 자(법32①(2) 및 별표 4 제2호 라목)에게는 과태료 5천만원을 부과한다.

(3) 지급 또는 수령 방법 신고의무 위반

거주자간, 거주자와 비거주자간 또는 비거주자 상호간의 거래나 행위에 따른 채권·채무를 결제할 때 거주자가 상계 등의 방법으로 채권·채무를 소멸시키거나 상쇄시키는 방법으로 결제하는 경우, 기획재정부장관이 정하는 기간을 넘겨 결제하는 경우, 거주자가 해당 거래의 당사자가 아닌 자와 지급 또는 수령을 하거나 해당 거래의 당사자가 아닌 거주자가 그 거래의 당사자인 비거주자와 지급 또는 수령을 하는 경우, 또는 외국환업무취급기관등을 통하지 아니하고 지급 또는 수령을 하는 경우에 해당하면(자본거래의 신고 등에 따라 신고를 한 자가 그 신고된 방법으로 지급 또는 수령을 하는 경우는 제외) 그 지급 또는 수령의 방법을 기획재정부장관에게 미리 신고하여야 하는데(법16), 이에 따른 신고를 하지 아니하거나 거짓으로 신고를 하고 지급 또는 수령을 한 경우 외국환업무취급기관의 장에 대한 신고사항 위반은 100만원과 위반금액의 100분의 2 중 큰 금액의 과태료를 부과하고, 기획재정부장관, 한국은행총재에 대한 신고사항 위반은 200만원과 위반금액의 100분의 4 중 큰 금액의 과태료를 부과한다(법32①(3) 및 별표 4 제2호 자목).

(4) 자본거래 신고의무 위반

자본거래를 하려는 자는 기획재정부장관에게 신고하여야 하는데(법18①), 이에 따른 신고를 하지 아니하거나 거짓으로 신고를 하고 자본거래를 한 경우 외국환업무취급기관의 장에 대한 신고사항 위반은 100만원과 위반금액의 100분의 2 중 큰 금액의 과태료를 부과하고, 기획재정부장관, 금융위원회, 금융감독원장, 한국은행총재에 대한 신고사항 위반은 200만원과 위반금액의 100분의 4 중 큰 금액의 과태료를 부과한다(법32①(4) 및 별표 4 제2호 타목).

(5) 신고수리 거부 위반

기획재정부장관이 신고의 수리 거부 결정을 한 경우 그 신고를 한 거주자는 해당 거래를 하여서는 아니 되는데(법18⑤), 이에 위반하여 신고수리가 거부되었음에도 그 신고에 해당하는 자본거래를 한 경우 외국환업무취급기관의 장에 대한 신고사항 위반은 100만원과 위반금액의 100분의 2 중 큰 금액의 과태료를 부과하고, 기획재정부장관, 금융위원회, 금융감독원장, 한국은행총재에 대한 신고사항 위반은 200만원과 위반금액의 100분의 4 중 큰 금액의 과태료를 부과한다(법32①(5) 및 별표 4 제2호 파목).

(6) 거래내용 변경권고 수락 위반

거래내용의 변경 권고 통지를 받은 자가 해당 권고를 수락한 경우에는 그 수락한 바에 따라 그 거래를 할 수 있으며, 수락하지 아니한 경우에는 그 거래를 하여서는 아니 되는데(법18⑥), 이에 위반하여 거래내용의 변경 권고내용과 달리 자본거래를 한 경우 외국환업무취급기관의 장에 대한 신고사항 위반은 100만원과 위반금액의 100분의 2 중 큰 금액의 과태료를 부과하고, 기획재정부장관, 금융위원회, 금융감독원장, 한국은행총재에 대한 신고사항 위반은 200만원과 위반금액의 100분의 4 중 큰 금액의 과태료를 부과한다(법32①(6) 및 별표 4 제2호 하목).

제5절 몰수 및 추징

Ⅰ. 의의

외국환거래법 제27조 제1항 각 호, 제27조의2 제1항 각 호 또는 제29조 제1항 각 호의 어느 하나에 해당하는 자가 해당 행위를 하여 취득한 외국환이나 그 밖에 증권, 귀금속, 부동산 및 내국지급수단은 몰수하며, 몰수할 수 없는 경우에는 그 가액을 추징한다(법30).

몰수는 범죄 반복의 방지나 범죄에 의한 이득의 금지를 목적으로 범죄행위와 관련된 재산을 박탈하는 것을 내용으로 하는 재산형이다. 원칙적으로 다른 형에 부가하여 과하는 부가형이다. 몰수에는 필요적 몰수와 임의적 몰수가 있다. 벌금형은 재산형이지만 일정한 금액의 지불의무를 부담하는데 그치며 재산권을 일방적으로 국가에 귀속시키는 효과를 가지지는 않는다는 점에서 몰수와 구별된다. 추징은 몰수의 대상인 물건을 몰수하기 불가능한 경우에 그 가액을 납부를 명령하는 처분이다.

Ⅱ. 몰수와 추징의 성격 및 취지

　　외국환거래법은 입법목적 달성을 위하여 취득한 이득나 외국환의 반환 여부에 상관 없이 징벌적으로 몰수·추징하도록 규정하고 있다. 구 외국환관리법(1998. 9. 16. 법률 제5550호로 폐지)상의 몰수와 추징은 일반 형사법의 경우와 달리 범죄사실에 대한 징벌적 제재의 성격을 띠고 있다고 할 것이므로, 여러 사람이 공모하여 범칙행위를 한 경우 몰수대상인 외국환이나 그 밖에 증권, 귀금속, 부동산 및 내국지급수단 등을 몰수할 수 없을 때에는 각 범칙자 전원에 대하여 그 취득한 외국환 등의 가액 전부의 추징을 명하여야 하고, 그중 한 사람이 추징금 전액을 납부하였을 때에는 다른 사람은 추징의 집행을 면할 것이나, 그 일부라도 납부되지 아니하였을 때에는 그 범위 내에서 각 범칙자는 추징의 집행을 면할 수 없다고 해석하여야 할 것이고, 이는 구 외국환관리법 폐지에 갈음하여 새로 제정된 외국환거래법상의 몰수와 추징에 대하여도 그대로 적용된다.[20]

　　외국환거래법 제30조가 규정하는 몰수·추징의 대상은 범인이 해당 행위로 인하여 취득한 외국환 기타 지급수단 등을 뜻하고, 이는 범인이 외국환거래법에서 규제하는 행위로 인하여 취득한 외국환 등이 있을 때 이를 몰수하거나 추징한다는 취지이다.[21]

Ⅲ. 취득의 의미

　　몰수·추징 규정에서 해당 행위를 하여 "취득한"에서 "취득"이란 해당 범죄행위로 인하여 결과적으로 이를 취득한 때를 말한다고 제한적으로 해석함이 타당하다.[22] 따라서 무등록 외국환업무 등을 영위하면서 환전을 위하여 받은 국내지급수단이나 외국환 자체는 외국환거래법상

---

20) 대법원 2005. 2. 22. 선고 2005도7299 판결.
21) 대법원 2013. 7. 12. 선고 2013도4721 판결(원심은, 무등록 외국환업무 등을 영위하면서 환전을 위하여 받은 국내지급수단이나 외국환 자체는 외국환거래법상 몰수·추징 대상이 아니고, 다만 수수료로 받은 금액에 대하여 몰수·추징할 수 있을 뿐이라고 판단한 후, 환전을 위하여 피고인 등이 받은 홍콩달러 합계액 전액을 피고인으로부터 추징한 제1심판결을 파기하고, 피고인으로부터 환전을 위하여 받은 한화 합계액 중 2%에 해당하는 수수료 146,792,470원만을 추징하였다. 앞서 본 법리와 기록에 비추어 살펴보면, 원심의 위와 같은 조치는 정당한 것으로 수긍이 가고, 거기에 상고이유로 주장하는 바와 같은 외국환거래법상 추징에 관한 법리오해의 위법이 없다).
22) 대법원 2017. 5. 31. 선고 2013도8389 판결.

몰수·추징 대상이 아니고, 다만 수수료로 받은 금액에 대하여 몰수·추징할 수 있다.23)

　　갑 재단법인의 이사 겸 사무총장으로서 자금관리 업무를 총괄하는 피고인이, 거주자인 갑 재단법인이 비거주자인 을 회사로부터 원화자금 및 외화자금을 차입하는 자본거래를 할 때 신고의무를 위반하였다는 내용으로 외국환거래법 위반죄가 인정된 사안에서, 금전대차계약의 차용 당사자는 갑 재단법인으로서, 비록 피고인이 금전대차 거래행위를 실제로 집행하였지만 갑 재단법인을 대표하는 지위에 있지 아니하여 갑 재단법인의 기관으로서 한 것이라고 볼 수 없는 점, 위 계약에 따른 차입금은 모두 대여자인 을 회사로부터 갑 재단법인 계좌로 입금되었다가 그 후 갑 재단법인으로부터 그 금액이 을 회사에 반환되었고, 피고인은 갑 재단법인 계좌로 직접 입금된 차입금을 교부받았다고 볼 수 없으며, 달리 차입금을 피고인이 개인적으로 분배받는 등으로 실질적으로 자신에게 귀속시켰다고 인정할 만한 자료가 없는 점 등의 사정에 비추어 보면, 피고인이 금전대차계약에 의하여 결과적으로 외국환거래법에서 규제하는 차입금을 취득하였다고 인정하기 어려워 피고인의 취득을 이유로 외국환거래법 제30조에 따라 피고인으로부터 차입금을 몰수하거나 그 가액을 추징할 수 없는데도, 이와 달리 본 원심판결은 외국환거래법 제30조에서 정한 추징에 관한 법리오해의 위법이 있다.24)

Ⅳ. 몰수·추징의 대상

1. 필요적 몰수·추징

　　원심판결은, 피고인 2가 1998. 1. 19.경 서울 양천구 목 2동 소재 국제우편물출장소를 통하여 국내에서 보관 중이던 피고인 소유 1㎏ 중량 금괴 22개(증제1호의 일부)를 한국은행총재의 허가 등을 받지 아니하고 국제우편의 방법으로 옷가방에 숨겨 홍콩으로 밀수출하려 하였으나 사전에 발각되어 미수에 그친 사실을 유죄로 인정하면서도 위 금괴 22개의 몰수와 관련하여 구 외국환관리법(1999. 4. 1. 외국환거래법이 시행됨에 따라 폐지되었다) 제33조가 규정하는 필요적 몰수, 추징의 대상은 범인이 당해 행위로 인하여 취득한 외국환 기타의 지급수단 등으로서 이는 범인이 구 외국환관리법에서 규제하는 당해 범죄행위로 인하여 취득한 것이 있을 때 이를

---

23) 대법원 2013. 7. 12. 선고 2013도4721 판결(원심은, 무등록 외국환업무 등을 영위하면서 환전을 위하여 받은 국내지급수단이나 외국환 자체는 외국환거래법상 몰수·추징 대상이 아니고, 다만 수수료로 받은 금액에 대하여 몰수·추징할 수 있을 뿐이라고 판단한 후, 환전을 위하여 피고인 등이 받은 홍콩달러 합계액 전액을 피고인으로부터 추징한 제1심판결을 파기하고, 피고인으로부터 환전을 위하여 받은 한화 합계액 중 2%에 해당하는 수수료 146,792,470원만을 추징하였다. 앞서 본 법리와 기록에 비추어 살펴보면, 원심의 위와 같은 조치는 정당한 것으로 수긍이 가고, 거기에 상고이유로 주장하는 바와 같은 외국환거래법상 추징에 관한 법리오해의 위법이 없다).
24) 대법원 2017. 5. 31. 선고 2013도8389 판결.

몰수하거나 추징한다는 취지이므로 이 사건 금괴밀수범죄에 있어서는 위 금괴가 위 범죄행위 자체에 의하여 취득한 것이라고 할 수 없으므로 이를 구 외국환관리법 제33조의 규정을 적용하여 몰수할 수 없다 할 것이고, 또 이는 범행에 제공되거나 제공하려고 한 물건으로 보기도 어려워서 결국 이는 몰수할 수 없는 것이라고 판단하였다. 피고인 2가 한국은행총재의 허가를 받지 아니하고 밀수출하려고 한 금괴 22개를 위 피고인이 그 범행으로 인하여 취득한 귀금속이라고 할 수는 없으므로 이를 구 외국환관리법 제33조에 의하여 몰수할 수 없다는 원심의 판단은 정당하다고 할 것이나, 이는 위 피고인이 밀수출미수 범행에 제공한 물건임이 명백하므로, 원심이 이를 형법 제48조 제1항 제1호 소정의 몰수의 대상이 되는 물건에 해당하지 않는다고 판단한 데에는 몰수에 관한 법리를 오해한 위법이 있다고 할 것이다.[25]

2. 형법상 몰수와 범죄행위에 제공하려고 한 물건의 의미

형법 제48조 제1항 제1호는 몰수할 수 있는 물건으로서 "범죄행위에 제공하였거나 제공하려고 한 물건"을 규정하고 있는데, 여기서 범죄행위에 제공하려고 한 물건이란 범죄행위에 사용하려고 준비하였으나 실제 사용하지 못한 물건을 의미하는바, 형법상의 몰수가 공소사실에 대하여 형사재판을 받는 피고인에 대한 유죄판결에서 다른 형에 부가하여 선고되는 형인 점에 비추어, 어떠한 물건을 "범죄행위에 제공하려고 한 물건"으로서 몰수하기 위하여는 그 물건이 유죄로 인정되는 당해 범죄행위에 제공하려고 한 물건임이 인정되어야 한다. 따라서 체포될 당시에 미처 송금하지 못하고 소지하고 있던 자기앞수표나 현금은 장차 실행하려고 한 외국환거래법 위반의 범행에 제공하려는 물건일 뿐, 그 이전에 범해진 외국환거래법 위반의 "범죄행위에 제공하려고 한 물건"으로는 볼 수 없으므로 몰수할 수 없다.[26]

일본국 엔화를 외국환거래법 제17조 소정의 허가나 신고 없이 휴대하여 외국으로 출국하

---

25) 대법원 1999. 12. 21. 선고 98도4262 판결.
26) 대법원 2008. 2. 14. 선고 2007도10034 판결(원심이 유죄로 인정한 이 사건 공소사실은 "피고인이 2007. 4. 20.경부터 같은 해 7. 24.경까지 46회에 걸쳐 재정경제부장관에게 신고하지 아니하고 판시 각 금원을 중국 교통은행의 계좌로 송금하여, 당해 거래의 당사자가 아닌 거주자의 명의를 이용하여 거래의 당사자인 비거주자에게 각 지급을 하였다"는 것인데, 이 사건 압수물은 피고인이 2007. 7. 24. 체포될 당시 위 각 외국환거래법위반의 범행과 같은 방법으로 중국 교통은행의 계좌로 송금하려고 하였으나 미처 송금하지 못하고 소지하고 있던 각 자기앞수표 또는 현금인 사실을 알 수 있고, 이 사건 압수물에 의한 동종의 범행이 실행되었다 하더라도 이는 유죄로 인정된 판시 각 외국환거래법위반의 범행과는 별개의 범죄이므로, 이 사건 압수물은 피고인이 장차 실행하려고 한 동종의 외국환거래법위반의 범행에 제공하려고 한 물건으로 볼 수 있을 뿐, 원심이 유죄로 인정한 판시 각 외국환거래법위반의 범행에 제공하려고 한 물건이라고는 볼 수 없고, 따라서 피고인으로부터 이 사건 압수물을 몰수할 수 없다. 그런데도 원심이 판시와 같은 이유로 이 사건 압수물을 몰수한 제1심판결을 그대로 유지하였으니, 원심판결에는 형법 제48조 제1항 제1호 소정의 "범죄행위에 제공하려고 한 물건"에 관한 법리를 오해하여 판결에 영향을 미친 위법이 있고, 이를 지적하는 상고이유의 주장은 이유 있다).

려다가 적발되어 미수에 그친 경우, 그 엔화는 허가 없는 수출미수행위로 인하여 비로소 취득하게 된 것에 해당한다고 할 수 없으므로 외국환거래법 제30조에 따라 이를 몰수하거나 그 가액을 추징할 수 없다고 할 것이나, 다만 그 엔화는 허가나 신고 없는 수출미수행위에 제공된 것에는 해당된다고 할 것이고, 따라서 형법 제48조 제1항 제1호에 의한 몰수의 대상이 된다고 할 것이다.[27]

수개의 무등록 외국환업무를 단일하고 계속된 범의 하에 일정기간 계속하여 행할 경우 그 각 행위는 포괄일죄를 구성하는바,[28] 이와 같이 포괄일죄를 구성하거나 구성할 수 있는 행위에 제공된 금원은 범죄행위에 제공하였거나 제공하려고 한 물건으로서 형법 제48조 제1항 제1호에 의한 몰수의 대상이 될 수 있다 할 것이다.[29]

V. 추징액의 산정방법

법원은 외국환을 몰수할 수 없게 되어 그 가액을 추징하면서 외국환에 대한 판결 선고 당시의 가액 상당으로 추징액을 산정하였다.[30]

---

27) 대법원 2008. 4. 24. 선고 2005도8174 판결; 대법원 2002. 9. 4. 선고 2000도515 판결 등 참조.
28) 대법원 2013. 11. 28. 선고 2011도13007 판결.
29) 대법원 2009. 10. 15. 선고 2008도10912 판결(원심이 적법한 증거조사를 거쳐 채택한 증거 등에 의하면 압수된 현금, 수표, 미화 등은 피고인이 외환송금자로부터 한국에서 금원을 수령하기로 되어 있는 자에게 교부하기 위해 소지하고 있었음을 알 수 있는바, 이와 같은 경위로 위 현금, 수표, 미화 등을 소지하는 것은 "대한민국과 외국 간의 지급·추심 및 수령"에 직접적으로 필요하고 밀접하게 관련된 부대업무로서 위 법률 제3조 제1항 제16호 (마)목의 외국환업무에 해당하여 피고인이 이미 행한 다른 외국환업무와 함께 포괄일죄를 구성할 수 있을 뿐만 아니라, 비록 이를 수령하기로 되어 있는 자에게 교부하기 전이어서 그 지급이 완료되지 않았다 하더라도 장차 이를 지급함으로써 역시 포괄일죄를 구성하는 행위가 될 수 있으므로, 결국 앞서 본 법리에 비추어 보면, 위 현금, 수표, 미화 등은 포괄일죄를 구성하는 범죄행위에 제공하였거나 제공하려고 한 물건으로서 형법 제48조 제1항 제1호에 의한 몰수의 대상이 된다고 할 것이다. 따라서 위 현금, 수표, 미화 등을 몰수한 원심의 조치는 정당하고, 거기에 상고이유와 같은 몰수에 관한 법리오해의 위법이 없다).
30) 대법원 2001. 11. 27 선고 2001도4829 판결(원심은, 피고인이 외국환거래법 제27조 제1항 제6호 소정의 무등록 환전업무를 영위하면서 미화 5만 달러를 매입하여 취득하였다가 이를 매도함으로써 몰수할 수 없게 된 것으로 보고 피고인에 대하여 외국환거래법 제30조를 적용하여 미화 5만 달러에 대한 원심판결 선고일 무렵의 가액 상당인 64,325,000원의 추징을 명하였는바, 관계 법령과 기록에 비추어 살펴보면, 원심의 위와 같은 조치는 정당하고 거기에 상고이유에서 주장하는 바와 같은 추징에 관한 법리오해의 위법이 없다).

제6절 양벌규정

Ⅰ. 의의

법인의 대표자나 법인 또는 개인의 대리인, 사용인, 그 밖의 종업원이 그 법인 또는 개인의 재산 또는 업무에 관하여 제27조, 제27조의2, 제28조 및 제29조의 어느 하나에 해당하는 위반행위를 하면 그 행위자를 벌하는 외에 그 법인 또는 개인에게도 해당 조문의 벌금형을 과(科)한다(법31 본문).

여기서 법인이란 대표자, 대리인, 사용인, 그 밖의 종업원의 사업주인 법인이고, 대표자란 당해 법인의 대표권한을 가지는 자를 말하며, 개인이란 대리인, 사용인, 그 밖의 종업원의 사업주인 개인을 말한다. 그리고 사용인, 그 밖의 종업원에 법인의 임원도 포함된다고 해석하여야 한다. 왜냐하면 법인의 임원이 외국환거래법 위반행위를 한 경우 제외할 이유가 없고, 제외한다면 사용인 그 밖의 종업원과 균형이 맞지 않기 때문이다.

Ⅱ. 재산 또는 업무 관련성

양벌규정에서 "그 법인 또는 개인의 재산 또는 업무에 관하여"라는 의미는 법인의 대표자, 법인 또는 개인의 대리인, 사용인, 그 밖의 종업원이 개인적으로 한 위반행위를 제외하는 취지이다. 즉 외국환거래법 위반행위가 그 법인 또는 개인의 재산 또는 업무에 관하여 이루어진 경우이다.

Ⅲ. 이익의 판단기준

법인에게 부과되는 벌금형은 법인이 대표자의 위반행위로 인하여 얻은 이익액을 기준으로 정하여야 한다.

Ⅳ. 면책

법인 또는 개인이 그 위반행위를 방지하기 위하여 해당 재산 또는 업무에 관하여 상당한 주의와 감독을 게을리하지 아니한 경우에는 그러하지 아니하다(법31 단서).

제2장

재산국외도피의 죄

제1절 특정경제범죄법 관련 규정

　　재산국외도피는 필연적으로 외국환거래법 위반의 결과로 나타나게 되는데, 특정경제범죄법과 외국환거래법은 동시에 적용되기 쉽다. 특정경제범죄법("법") 제4조는 "재산국외도피의 죄"를 규정한다. 법령을 위반하여 대한민국 또는 대한민국국민의 재산을 국외로 이동하거나 국내로 반입하여야 할 재산을 국외에서 은닉 또는 처분하여 도피시켰을 때에는 1년 이상의 유기징역 또는 해당 범죄행위의 목적물 가액("도피액")의 2배 이상 10배 이하에 상당하는 벌금에 처한다(법4①). 도피액이 5억원 이상일 때에는 ⅰ) 도피액이 50억원 이상일 때는 무기 또는 10년 이상의 징역, ⅱ) 도피액이 5억원 이상 50억원 미만일 때는 5년 이상의 유기징역으로 가중처벌한다(법4②).

　　미수범은 각 죄에 해당하는 형으로 처벌한다(법4③). 이 경우 범인이 도피시키거나 도피시키려고 한 재산은 몰수한다(법10①). 가중처벌(미수범을 포함) 규정에 유죄판결을 받은 사람은 ⅰ) 징역형의 집행이 종료되거나 집행을 받지 아니하기로 확정된 날부터 5년, ⅱ) 징역형의 집행유예기간이 종료된 날부터 2년, ⅲ) 징역형의 선고유예기간 동안 금융회사등, 국가·지방자치단체가 자본금의 전부 또는 일부를 출자한 기관 및 그 출연이나 보조를 받는 기관과 유죄판결된 범죄행위와 밀접한 관련이 있는 기업체에 취업할 수 없다(법14① 본문).

제2절 구성요건 등

I. 객관적 구성요건

1. 법령에 위반하여

"법령에 위반하여"라는 부분은 "외국환관리에 관한 법령에 위반하여"라고 해석할 수 있을 것이고, 좀 더 넓게 본다고 하더라도 "재산의 국외이동을 금지하는 법령에 위반하여"라는 의미로 한정하여 해석할 수 있을 것이므로 합헌적 법률해석론과 예측가능성 및 자의적 법집행 배제라는 측면에서 볼 때 죄형법정주의의 명확성원칙에 반한다고 할 수 없다.[1] 여기서 그 재산이 외국환인 경우에는 그 "법령"은 외국환의 국내외 이동을 금지하거나 규율하는 법령, 즉 "외국환 관리에 관한 법률과 법규명령"이라고 해석함이 상당하다.[2]

2. 대한민국 또는 대한민국 국민의 국내 재산을 국외로 이동

재산국외도피죄는 자신의 행위가 법령을 위반하여 국내 재산을 해외로 이동한다는 인식과 그 행위가 재산을 대한민국의 법률과 제도에 의한 규율과 관리를 받지 않고 자신이 해외에서 임의로 소비, 축적, 은닉 등 지배·관리할 수 있는 상태에 두는 행위라는 인식을 가지고 국내 재산을 해외로 이동하여 대한민국 또는 대한민국 국민의 재산이 유출될 위험이 있는 상태를 발생하게 한 때에 성립한다. 대한민국 또는 대한민국 국민의 국내 재산을 국외로 이동한 행위가 도피에 해당하려면 재산에 대한 지배·관리 상태를 국내에서 국외로 옮기는 경우여야 하고 이동으로 인하여 재산에 대한 지배·관리 상태를 상실하는 경우는 여기에 해당하지 않는다.[3]

"국내에 반입하여야 할 대한민국 또는 대한민국 국민의 재산"은 "거주자의 비거주자에 대한 채권 추심 및 국내회수의무"가 있는 경우와 그 밖에 거주자와 비거주자 사이의 계약관계 등에 기한 채권 추심 및 회수에 의하여 국내에 반입되어야 할 재산을 의미한다고 할 것이며,[4] 재산의 "은닉"은 재산의 발견을 불가능하게 하거나 곤란하게 만드는 것을 말하고, 재산의 소재를 불명하게 하는 경우뿐만 아니라 재산의 소유관계를 불명하게 하는 경우도 포함한다고 할 것이다.[5]

---

1) 헌법재판소 2007. 7. 26. 선고 2006헌바12 결정.
2) 서울고등법원 2013. 2. 21. 선고 2012노2333 판결.
3) 대법원 2019. 8. 29. 선고 2018도2738 전원합의체 판결.
4) 대법원 2003. 10. 10. 선고 2003도3516 판결.
5) 대법원 2005. 5. 13. 선고 2004도7354 판결(이러한 법리와 기록에 비추어 보면, 원심이, 피고인 2 주식회사

3. 국내에 반입하여야 할 재산

특정경제범죄법 제4조 제1항은 "법령에 위반하여 대한민국 또는 대한민국 국민의 재산을 국외에 이동하거나 국내에 반입하여야 할 재산을 국외에서 은닉 또는 처분하여 도피시킨 때"를 재산국외도피죄의 구성요건으로 규정하고 있는데, 그 문언상 "법령에 위반하여"는 재산국외도피의 행위태양인 "국외 이동 또는 국외에서의 은닉·처분"과 함께 "국내에 반입하여야 할 재산"도 수식하는 것으로 해석하여야 하므로, 제4조 제1항 후단의 국외에서의 은닉 또는 처분에 의한 재산국외도피죄는 법령에 의하여 국내로 반입하여야 할 재산을 이에 위반하여 은닉 또는 처분시킨 때에 성립한다. 그러므로 "국내에 반입하여야 할 재산"이란 법령에 의하여 국내에 반입하여야 할 의무를 부담하는 대한민국 또는 대한민국 국민의 재산을 의미한다.[6][7] 이와 달리

가 멀티링크 등 유령회사의 명의로 화물운송거래를 하고 그 운임도 실질적으로 피고인 2 주식회사에게 귀속되므로 화주들로부터 받은 운임은 이를 국내로 반입하여야 함에도 불구하고 피고인 2 주식회사는 단지 멀티링크 등의 대리점으로 수수료만 받는 것처럼 가장하여 운임을 위 각 유령회사 명의로 홍콩에 개설한 스탠다드 앤드 차터드 은행(Standard & Chartered Bank Ltd.)의 계좌에 직접 송금하게 하거나 피고인 2 주식회사가 이를 받아 위 계좌로 송금한 점, 또 그 판시와 같이 피고인 2 주식회사의 회계장부에 계상되지 아니하고 과세자료에도 반영되지 아니하는 예금구좌에 예치한 점 등에 비추어, 피고인 1이 국내에 반입하여야 할 운임을 멀티링크 등 유령회사 명의의 외국 은행계좌에 송금하는 방법으로 국외에서 은닉하여 도피시키는 재산국외도피 범행을 저지를 당시 위 피고인에게는 국내에 반입하여야 할 재산을 국외에서 은닉한다는 범의를 가지고 있었다고 인정되고, 또 그 인정사실과 같이 피고인 1이 피고인 2 주식회사의 업무에 관하여 멀티링크 등 유령회사의 대리점인 것처럼 가장하고 사실상 직접 해상화물운송사업을 하면서 화주들로부터 받은 운임을 유령회사의 외국 은행계좌로 송금하게 함으로써 재산국외도피죄가 성립한다고 할 것이고, 한편 피고인들의 주장과 같이 피고인 2 주식회사가 화주로부터 받은 운임 중 상당액을 용선비 등 비용으로 지출하였다고 하더라도 이는 사후적인 것에 불과하여 이미 성립한 재산국외도피죄에는 영향이 없다고 한 판단은 정당하고, 거기에 상고이유에서 주장하는 바와 같이 판결 결론에 영향을 미친 채증법칙 위배 또는 심리미진으로 인한 사실오인, 법리오해 등의 위법이 있다고 할 수 없다).

6) 대법원 2008. 2. 15. 선고 2006도7881 판결.

7) 대법원 2003. 10. 10. 선고 2003도3516 판결(원심판결 이유에 의하면, 원심은 피고인 1이 2000. 5. 초순경 위 피고인의 개인 투자업체인 미국 소재 멀티미디어 위즈사(Multimedia Wiz Ltd.)에서 미화 30만 달러 상당의 자금이 급히 필요하게 되자, 수입 선급금 명목으로 송금되었기 때문에 국내로 다시 반입되어야 하는 위 미화 200만 달러로 매입한 인도네시아 주식 매각대금 미화 195만 5,866달러 중 미화 30만 달러를 홍콩에서 미국으로 송금하기로 마음먹고, 재정경제부 장관의 허가를 받지 아니하고, 2000. 5. 초순경 보성인터내셔날 홍콩 명의로 개설된 외환은행 홍콩지점 계좌에 예치하고 있던 보성인터내셔날과 엘아이엠엠인터내셔날 소유의 수입 선급금 중 미화 30만 달러(원화 3억 3,288만 원 상당)를 미국 소재 위 멀티미디어 위즈사로 송금함으로써 그 회수를 곤란하게 하여 법령에 위반하여 국내에 반입되어야 할 대한민국 국민의 재산을 국외에서 처분하여 도피시켰다는 공소사실을 유죄로 인정한 제1심판결을 그대로 유지하였다. 그러나 특정경제범죄가중처벌등에관한법률 제4조 제1항에 의하면 "법령에 위반하여 대한민국 또는 대한민국국민의 재산을 국외에 이동하거나 국내에 반입하여야 할 재산을 국외에서 은익 또는 처분하여 도피시킨 때" 처벌하도록 규정하고 있는바, 위 규정의 "국내에 반입하여야 할 대한민국 또는 대한민국국민의 재산"이라 함은 법령에 의하여 거주자가 국내에 반입하여야 할 의무를 부담하는 대한민국 또는 대한민국국민의 재산만을 의미한다고 보아야 할 것인바, 위 공소사실 기재와 같이 위 피고인이 미국으로 송금한 미화 30만 달러가 위 피고인이 해외로 반출한 미화 200만 달러를 주식에 투자하여 조성한 재산 중 일부라면 위 주식 매각대금 또는 그 중 일부인 위 미화 30만 달러를 위 피고인이 법령에 의하여 국내에 반입하여야 할 의무

"국내에 반입하여야 할 재산"을 법령상 국내로의 반입의무 유무와 상관없이 국내로의 반입이 예정된 재산을 의미하는 것으로 확장하여 해석하는 것은 형벌법규를 지나치게 유추 또는 확장 해석하여 죄형법정주의의 원칙에 어긋나는 것으로서 허용될 수 없다.[8]

이 사건에서 선박매수인으로 되어 있는 펫첨네비게이션(Petchem Navigation Inc.)과 펫첨쉽 핑(Petchem Shipping Inc.)은 파나마 국적의 특수목적법인으로서 피고인 김○○, 오○○이 운영 하는 내국법인인 퍼스트쉽핑 주식회사("퍼스트쉽핑")가 편의치적을 위하여 설립한 회사에 불과 한 사실을 알 수 있는바, 피고인 김○○, 오○○이 선박 매매대금을 부풀리는 방법으로 되돌려 받은 매매대금 차익 상당액은 실질적으로 국내에 반입하여야 할 퍼스트쉽핑의 재산이라고 할 것이다. 따라서 피고인 김○○, 오○○이 자신들이 운영하는 마린엔터프라이즈 명의로 개설한 홍콩상하이은행(HSBC) 계좌로 위 매매대금 차액을 송금받은 행위는 외국환거래법령을 위반하 여 국내에 반입하여야 할 대한민국 국민의 재산을 국외에서 은닉하여 도피시킨 행위로서 재산 국외도피죄의 구성요건에 해당한다고 할 것이다.[9]

4. 재산의 은닉

재산국외도피죄에서 말하는 "재산의 은닉"은 재산의 발견을 불가능하게 하거나 곤란하게 만드는 것을 말하고, 재산의 소재를 불명하게 하는 경우뿐만 아니라 재산의 소유관계를 불명하 게 하는 경우도 포함한다.[10] 따라서 국내회사가 수출대금을 외국의 유령회사 명의로 개설한 비밀예금구좌에 예금한 후 다시 외국의 피고인 명의 계좌로 수출대금을 이전한 사안에서, 외국 의 유령회사 명의의 예금계약을 피고인 또는 국내회사의 행위로 보아 위 행위는 재산국외도피 죄의 구성요건에 해당한다.[11]

5. 재산국외도피에 해당하는지 여부의 판단기준

재산국외도피죄의 입법 취지가 국내의 재산을 해외에 도피시킴으로써 국부에 손실을 가져

를 부담하는 재산이라고 볼 수는 없다. 그럼에도 불구하고, 원심이 위 미화 30만 달러를 위 피고인이 법령 에 의하여 국내에 반입하여야 할 의무를 부담하는 재산이라고 보아 이 부분 공소사실에 관하여 유죄를 선 고한 것은 특정경제범죄가중처벌등에관한법률 제4조 제1항에 규정된 국내에 반입하여야 할 재산에 관한 법리를 오해하여 판결 결과에 영향을 미친 위법을 저지른 경우에 해당한다 할 것이므로, 이 점에 관한 위 피고인의 상고이유의 주장은 그 이유 있다).

8) 대법원 2010. 12. 9. 선고 2008도5743 판결; 대법원 2010. 9. 9. 선고 2007도3681 판결.
9) 대법원 2010. 9. 9. 선고 2010도7237 판결.
10) 대법원 2005. 5. 13. 선고 2004도7354 판결 참조.
11) 대법원 2008. 2. 15. 선고 2006도7881 판결(이러한 법리와 기록에 비추어 살펴보면, 피고인이 ○○인더스 트리스 명의 계좌에 예금하였던 공소외 1 ○○물산 주식회사의 수출대금 중 100만 달러를 인출하여 홍콩 소재 홍콩메릴린치사에 개설한 피고인 명의 계좌에 이를 예치해 둔 행위가 재산국외도피죄의 구성요건에 해당한다).

오는 행위를 처벌함으로써 국가재산을 보호하려는 데에 있다는 점을 고려하더라도, 그 법정형이 1년 이상의 유기징역 또는 당해 범죄행위의 목적물의 가액의 2배 이상 10배 이하에 상당하는 벌금으로 중하게 설정되어 있을 뿐만 아니라 특정경제범죄법 제10조에서 범행 대상인 재산을 필요적으로 몰수하고 그 몰수가 불능인 때에는 그 가액을 추징하도록 규정하고 있는 등 재산국외도피사범에 대한 징벌의 정도를 강화하고 있는 점이나 국가경제의 발전과 세계화 추세 등에 따라 외환거래에 관한 규제가 크게 완화된 점 등에 비추어 볼 때, 어떠한 행위가 특정경제범죄법 제4조 제1항 소정의 재산국외도피에 해당하는지를 판단함에 있어서는 당시 행위자가 처하였던 경제적 사정 내지 그 행위를 통하여 추구하고자 한 경제적 이익의 내용 등 그러한 행위에 이르게 된 동기, 행위의 방법 내지 수단이 은밀하고 탈법적인 것인지 여부, 행위 이후 행위자가 취한 조치 등 여러 사정을 두루 참작하여 엄격하고 신중하게 판단하여야 할 것이다.12)

Ⅱ. 주관적 구성요건(고의)

특정경제범죄법 제4조 제1항의 재산국외도피죄는, 자신의 행위가 법령에 위반하여 국내재산을 해외로 이동하거나 국내로 반입하여야 할 재산을 국외에서 은닉한다는 인식과, 그 행위가 재산을 대한민국의 법률과 제도에 의한 규율과 관리를 받지 않고 자신이 해외에서 임의로 소비, 축적, 은닉 등 지배·관리할 수 있는 상태에 두는 행위라는 인식을 가지고, 국내재산을 해외로 이동하거나 국내로 반입하여야 할 재산을 국외에서 은닉 또는 처분하여 대한민국 또는 대한민국 국민의 재산이 유출될 위험이 있는 상태를 발생하게 함으로써 성립한다.13)

특정경제범죄법 제4조 제1항의 재산국외도피죄는 국내재산을 해외로 이동하거나 국내로 반입하여야 할 재산을 국외에서 은닉한다는 인식을 가지고 재산을 해외로 이동하거나 국내에 반입하여야 할 재산을 국외에서 은닉 또는 처분하여 도피시켰다면 이미 그 범죄는 성립이 되고, 그 후 그 재산의 일부가 국내에 다시 반입된 여부나, 혹은 애초부터 그 은닉된 재산을 다시 국

---

12) 대법원 2010. 9. 9. 선고 2007도3681 판결.
13) 대법원 2016. 10. 13. 선고 2016도8130 판결(원심은 그 판시와 같은 이유를 들어, 피고인 박○○이 외국환거래법 제18조 제1항에 따른 신고를 하지 않은 채 해외에서 임의로 사용하기 위한 자금 마련의 취지에서 자신이 지배하는 해외 서류상 회사 명의로 해외에 개설한 계좌에 금원을 보낸 것은 법령을 위반하여 해당 금원을 언제든지 소비, 축적, 은닉 등 지배·관리할 수 있는 상태에 둔 것이고, 피고인 박홍석이 그러한 의도로 위와 같은 송금을 한 이상 재산국외도피의 고의가 인정된다고 보아, 피고인 박홍석에 대한 재산국외도피의 공소사실(제1심판결 별지 범죄일람표 1 중 순번 91, 111 제외)이 유죄로 인정된다고 판단하였다. 관련 법리와 원심이 적법하게 채택한 증거들에 비추어 살펴보면, 원심의 이러한 판단은 정당하고, 거기에 상고이유 주장과 같이 논리와 경험의 법칙을 위반하여 자유심증주의의 한계를 벗어나거나 재산국외도피죄의 고의, 외국환거래법 제18조의 적용 범위, 공소사실의 특정, 예금계약의 당사자 등에 관한 법리를 오해한 잘못이 없다).

내로 반입하여 소비할 의사가 있었는지 여부는 그 범죄의 성립에는 영향을 미치지 아니한다.[14)]

특정경제범죄법 제4조 후단 소정의 재산국외도피죄는 재산을 국외에서 은닉(또는 처분)하여 도피시킨다는 인식을 가지고 국내에 반입하여야 할 대한민국 또는 대한민국 국민의 재산을 국외에서 은닉(또는 처분)하여 도피시켰다면 이미 그 범죄는 성립이 되고, 그 후 그 재산의 일부가 국내에 다시 반입된 여부나, 혹은 애초부터 그 은닉된 재산을 다시 국내로 반입하여 소비할 의사가 있었는지 여부는 그 범죄의 성립에는 영향을 미치지 아니한다.[15)]

재산국외도피의 범의도 위 피고인들이 자백하지 않는 이상, 객관적 사실에 의하여 추론할 수밖에 없는 것인데, 위 피고인들이 소위 자금순환을 위하여 송금하였다고 주장하는 금액 중 즉시 국내로 반입되지 않은 부분은, 당시 공소외 1 주식회사가 처하였던 해외에서의 급박한 자금사정을 감안하면, 위 피고인들에게 미필적으로라도 도피의 범의가 있었다고 보아야 할 것이므로, 원심이, 위 피고인들이 공소외 2 등과 공모하여 BFC에 송금한 금액 중 해외법인, 지사에 대한 지원목적의 송금과 자금순환의 목적이라고 주장하는 부분 중 2-3일 이내로 국내로 재반입되지 않은 부분, 그리고 공소외 3 주식회사의 수출대금을 BFC로 송금한 부분에 관한 공소사실을 유죄로 인정한 것은 위와 같은 법리에 따른 것으로 옳고, 거기에 상고이유로 주장하는 바와 같은 위법이 없다.[16)]

국외재산도피에 의한 특경법위반의 죄는 재산을 국외에서 은닉한다는 인식을 가지고 국내

---

14) 대법원 2005. 4. 29 선고 2002도7262 판결(원심이 적법하게 조사·채택한 증거들을 종합하면, 위 피고인들은 공소외 2와 공모하여, 서류상의 회사로부터의 수입대금을 가장하여 공소외 1 주식회사의 영국 현지법인에서 근무하는 속칭 런던 자금팀이 관리하면서도, 회계법상 공소외 1 주식회사의 결산에 계좌의 존재가 현출되지 않는 부외계좌로 송금하여 도피시킨 사실을 인정할 수 있고, 그 해외송금의 목적이 공소외 1 주식회사가 지급보증을 한 해외 현지법인의 해외 금융기관들에 대한 차입금의 상환이나 해외법인이나 지사에 대한 자금지원을 위한 것이라고 하더라도 범죄 성립에는 영향이 없는 것이다).

15) 대법원 2005. 5. 13. 선고 2004도7354 판결(이러한 법리와 기록에 비추어 보면, 원심이, 피고인 2 주식회사가 멀티링크 등 유령회사의 명의로 화물운송거래를 하고 그 운임도 실질적으로 피고인 2 주식회사에게 귀속되므로 화주들로부터 받은 운임은 이를 국내로 반입하여야 함에도 불구하고 피고인 2 주식회사는 단지 멀티링크 등의 대리점으로 수수료만 받는 것처럼 가장하여 운임을 위 각 유령회사 명의로 홍콩에 개설한 스탠다드 앤드 차터드 은행(Standard & Chartered Bank Ltd.)의 계좌에 직접 송금하게 하거나 피고인 2 주식회사가 이를 받아 위 계좌로 송금한 점, 또 그 판시와 같이 피고인 2 주식회사의 회계장부에 계상되지 아니하고 과세자료에도 반영되지 아니하는 예금구좌에 예치한 점 등에 비추어, 피고인 1이 국내에 반입하여야 할 운임을 멀티링크 등 유령회사 명의의 외국 은행계좌에 송금하는 방법으로 국외에서 은닉하여 도피시키는 재산국외도피 범행을 저지를 당시 위 피고인에게는 국내에 반입하여야 할 재산을 국외에서 은닉한다는 범의를 가지고 있었다고 인정되고, 또 그 인정사실과 같이 피고인 1이 피고인 2 주식회사의 업무에 관하여 멀티링크 등 유령회사의 대리점인 것처럼 가장하고 사실상 직접 해상화물운송사업을 하면서 화주들로부터 받은 운임을 유령회사의 외국 은행계좌로 송금하게 함으로써 재산국외도피죄가 성립한다고 할 것이고, 한편 피고인들의 주장과 같이 피고인 2 주식회사가 화주로부터 받은 운임 중 상당액을 용선비 등 비용으로 지출하였다고 하더라도 이는 사후적인 것에 불과하여 이미 성립한 재산국외도피죄에는 영향이 없다고 한 판단은 정당하고, 거기에 상고이유에서 주장하는 바와 같이 판결 결론에 영향을 미친 채증법칙 위배 또는 심리미진으로 인한 사실오인, 법리오해 등의 위법이 있다고 할 수 없다).

16) 대법원 2005. 4. 29 선고 2002도7262 판결.

에 반입하여야 할 재산을 국외에서 은닉 또는 처분하여 도피시킴으로서 성립하는 것이지, 궁극으로 해외에서 처분할 의사나 목적이 필요없다. 외국환거래법에 위반하여 국내재산이 해외로 이동하는 "모든" 경우에 위 특정법위반(재산국외도피)죄가 성립한다고 볼 수 없음은 위 법조의 입법 취지나 법정형에 비추어 보아도 명백하고, 위 죄가 성립하는 경우와 그렇지 아니한 경우의 구분은 "국내의 재산을 국외에서 은닉한다"는 당사자의 인식에서 찾을 수밖에 없다.[17]

그러므로 살피건대, ⅰ) 오로지 해외에서 국내 계좌로 자금이 유입되는 "외관"을 갖추기 위한 의사로, ⅱ) 법인의 국내 직원과 그 법인의 해외 계좌를 관리하는 직원이 서로 연락하여 해외 계좌로 미리 예고한 금액을 송금하면 입금 즉시 혹은 지체 없이 곧바로 해당 계좌에서 국내의 계좌로 같은 금액을 재송금하기로 약속하고, ⅲ) 국내 근무자는 해외로 송금하면서 "재송금에 필요한 수입 서류와 명목, 사내 관리용 파일 번호" 등을 알려 주고 해외 근무자는 입금된 사실이 확인되고 위 서류와 파일 번호가 확보되는 즉시 같은 금액을 "그 서류와 파일 번호"를 이용하여 국내로 재송금해 주었다면, 비록 그 계좌가 다른 명목의 자금도 함께 입·출금되는 것이라 할지라도, 적어도 같은 회사의 직원들인 당사자들 사이에는 혼동의 여지가 전혀 없고, 장기간 일상의 업무로 되풀이하여 거액의 자금이 유출·입되었다 한들 그것이 국부의 손실로 이어질 위험성도 없으므로 (송금 수수료 등으로 지출될 비용은 재산의 "도피"와는 다른 문제이다) 그로 인하여 외국환거래법 위반죄가 성립하는 것은 별론으로 하고, 그러한 경우까지 당사자들에게 "국내의 재산을 해외로 도피하려는 인식"이 있었다고 보기는 어렵다고 할 것이다.

Ⅲ. 공동정범

공동정범에 있어서 공모는 공범자 전원이 같은 시각, 장소에서 의사의 합치에 이를 필요는 없는 것이고, 또 수출대금 회수의무와 구 외국환관리법 또는 구 외국환거래법상의 자본거래의 주체가 아닌 자도 외국환거래법위반 또는 재산국외도피죄의 공동정범이 될 수 있는 것이다.[18]

Ⅳ. 죄수 관계

특정경제범죄법 위반(재산국외도피)죄와 지급수단 미신고 수출의 점에 관한 외국환거래법 위반죄는 하나의 행위가 수개의 죄에 해당하는 경우로서 상상적 경합 관계에 있다.[19]

---

17) 서울고등법원 2002. 11. 29. 선고 2001노2063, 2002노1718(병합) 판결.
18) 대법원 2005. 4. 29 선고 2002도7262 판결.
19) 대법원 2010. 10. 14. 선고 2010도7954 판결.

제3장

범죄수익의 은닉,
가장, 수수의 죄

제1절 범죄수익은닉규제법 관련 규정

Ⅰ. 개요

　범죄수익은닉규제법("법")은 특정범죄와 관련된 범죄수익의 취득 등에 관한 사실을 가장하거나 특정범죄를 조장할 목적 또는 적법하게 취득한 재산으로 가장할 목적으로 범죄수익을 은닉하는 행위를 규제하고, 특정범죄와 관련된 범죄수익의 몰수 및 추징에 관한 특례를 규정함으로써 특정범죄를 조장하는 경제적 요인을 근원적으로 제거하여 건전한 사회질서의 유지에 이바지함을 목적으로 한다(법1). 그런데 여기의 특정범죄에는 특정경제범죄법상이 재산국외도피의 죄가 포함되고(법2(1)), 범죄수익에는 재산국외도피의 죄에 관계된 자금 또는 재산을 말한다(법2(2) 나목). 범죄행위 또는 그로부터 파생된 재산상 이익을 해외로 유출하여 은닉하고자 할 때에는 외국환거래가 수반되기 마련이다. 따라서 범죄수익은닉규제법을 적용할 때 외국환거래법규도 함께 적용될 가능성이 크다.

Ⅱ. 범죄수익등의 은닉 및 가장죄

　다음의 어느 하나에 해당하는 자, 즉 ⅰ) 범죄수익등의 취득 또는 처분에 관한 사실을 가장한 자, ⅱ) 범죄수익의 발생 원인에 관한 사실을 가장한 자, ⅲ) 특정범죄를 조장하거나 적법하게 취득한 재산으로 가장할 목적으로 범죄수익등을 은닉한 자는 5년 이하의 징역 또는 3천만원 이하의 벌금에 처한다(법3①). 미수범은 처벌한다(법3②). 제1항의 죄를 범할 목적으로 예비하거나 음모한 자는 2년 이하의 징역 또는 1천만원 이하의 벌금에 처한다(법3③). 징역과 벌금을 병과할 수 있다(법6).

Ⅲ. 범죄수익등의 수수죄

그 정황을 알면서 범죄수익등을 수수(收受)한 자는 3년 이하의 징역 또는 2천만원 이하의 벌금에 처한다(법4 본문). 다만, 법령에 따른 의무 이행으로서 제공된 것을 수수한 자 또는 계약(채권자가 상당한 재산상의 이익을 제공하는 것만 해당한다) 시에 그 계약에 관련된 채무의 이행이 범죄수익등에 의하여 행하여지는 것이라는 정황을 알지 못하고 그 계약과 관련된 채무의 이행으로서 제공된 것을 수수한 자의 경우에는 그러하지 아니하다(법4 단서). 징역과 벌금을 병과할 수 있다(법6).

Ⅳ. 양벌규정

법인의 대표자나 법인 또는 개인의 대리인, 사용인, 그 밖의 종업원이 그 법인 또는 개인의 업무에 관하여 제3조와 제4조의 어느 하나에 해당하는 위반행위를 하면 그 행위자를 벌하는 외에 그 법인 또는 개인에게도 해당 조문의 벌금형을 과한다(법7 본문). 다만, 법인 또는 개인이 그 위반행위를 방지하기 위하여 해당 업무에 관하여 상당한 주의와 감독을 게을리하지 아니한 경우에는 그러하지 아니하다(법7 단서).

Ⅴ. 국외범

제3조 및 제4조는 대한민국 영역 밖에서 해당 죄를 범한 내국인에게도 적용한다(법7의2).

Ⅵ. 몰수와 추징

1. 범죄수익등의 몰수

다음의 재산, 즉 ⅰ) 범죄수익(제1호), ⅱ) 범죄수익에서 유래한 재산(제2호), ⅲ) 제3조 또는 제4조의 범죄행위에 관계된 범죄수익등(제3호), ⅳ) 제3조 또는 제4조의 범죄행위에 의하여 생긴 재산 또는 그 범죄행위의 보수로 얻은 재산(제4호), ⅴ) 제3호 또는 제4호에 따른 재산의 과실 또는 대가로 얻은 재산 또는 이들 재산의 대가로 얻은 재산, 그 밖에 그 재산의 보유 또는 처분에 의하여 얻은 재산(제5호)은 몰수할 수 있다(법8①). 이에 따라 몰수할 수 있는 재산("몰수대상재산")이 몰수대상재산 외의 재산과 합쳐진 경우 그 몰수대상재산을 몰수하여야 할 때에는 합쳐짐으로써 생긴 재산(혼화재산) 중 몰수대상재산(합쳐지는 데에 관련된 부분만 해당한다)의 금액 또는 수량에 상당하는 부분을 몰수할 수 있다(법8②).

2. 몰수의 요건

몰수는 몰수대상재산 또는 혼화재산이 범인 외의 자에게 귀속되지 아니하는 경우에만 할 수 있다(법9① 본문). 다만, 범인 외의 자가 범죄 후 그 정황을 알면서 그 몰수대상재산 또는 혼화재산을 취득한 경우(그 몰수대상재산 또는 혼화재산의 취득이 제4조 단서에 해당하는 경우는 제외)에는 그 몰수대상재산 또는 혼화재산이 범인 외의 자에게 귀속된 경우에도 몰수할 수 있다(법9① 단서). 지상권·저당권 또는 그 밖의 권리가 설정된 재산을 몰수하는 경우 범인 외의 자가 범죄 전에 그 권리를 취득하였을 때 또는 범죄 후 그 정황을 알지 못하고 그 권리를 취득하였을 때에는 그 권리를 존속시킨다(법9②).

3. 추징

몰수할 재산을 몰수할 수 없거나 그 재산의 성질, 사용 상황, 그 재산에 관한 범인 외의 자의 권리 유무, 그 밖의 사정으로 인하여 그 재산을 몰수하는 것이 적절하지 아니하다고 인정될 때에는 그 가액을 범인으로부터 추징할 수 있다(법10①). 그러나 제8조 제1항의 재산이 범죄피해재산인 경우에는 그 가액을 추징할 수 없다(법10②).

다중인명피해사고 발생에 형사적 책임이 있는 개인, 법인 및 경영지배·경제적 연관 또는 의사결정에의 참여 등을 통해 그 법인을 실질적으로 지배하는 자에 대한 이 법에 따른 몰수대상재산에 관한 추징은 범인 외의 자가 그 정황을 알면서 취득한 몰수대상재산 및 그로부터 유래한 재산에 대하여 그 범인 외의 자를 상대로 집행할 수 있다(법10의2).

<h1 style="text-align:center">제2절 구성요건 등</h1>

Ⅰ. 구성요건

범죄수익은닉규제법 제3조 제1항 제1호는 "범죄수익 등의 취득 또는 처분에 관한 사실을 가장한 자"를 처벌하고 있는바, 여기서 말하는 "범죄수익 등의 가장행위"라 함은 범죄수익 등의 취득 또는 처분의 원인이나 범죄수익 등의 귀속에 관하여 존재하지 않는 사실을 존재하는 것처럼 위장하는 것을 의미한다. 따라서 재산국외도피죄의 범죄수익은 법령에 의하여 국내에 반입하여야 할 의무를 부담하는 재산이므로, 재산국외도피 범행에 관한 수사 도중 외국의 피고인 명의 계좌로 은닉한 자금을 국내회사 명의 계좌에 수출대금 명목으로 송금한 경우에는 피고인에게 범죄수익은닉규제법 제3조 제1항 제1호에 정한 범죄수익 등의 가장행위에 대한 범의가 있었다고 볼 수 없다.[1]

범죄수익은닉규제법 제3조 제1항 제2호에서 정한 "범죄수익의 발생 원인에 관한 사실을 가장"하는 행위는 범죄수익의 발생 원인에 관하여 존재하지 않는 사실을 존재하는 것처럼 가장하거나 존재하는 사실을 존재하지 않는 것처럼 가장하는 행위를 의미하는 것으로서, 시간적으로 범죄수익을 발생시키는 범죄행위의 기수 이전의 행위라도 해당할 수 있다.[2]

---

[1] 대법원 2008. 2. 15. 선고 2006도7881 판결(기록에 의하면, 피고인은 이 사건 재산국외도피의 범행에 의하여 공소외 1 ○○물산 주식회사의 수출대금 중 미화 100만 달러를 홍콩메릴린치사에 개설한 피고인 명의 계좌에 은닉하여 두었는데, 이 사건 수사과정에서 재산국외도피의 혐의로 조사를 받게 되자 위 피고인 명의 계좌에 예치하여 둔 자금의 잔액을 모두 인출하여 위 공소사실과 같이 이를 국내의 공소외 1 ○○물산 주식회사 명의 계좌에 수출대금 명목으로 송금한 다음 바로 수사기관에 그와 같은 자금의 예치 및 국내반입 경위를 사실대로 밝히고 그에 관한 자료도 제출한 사실을 알 수 있다. 이와 같이 이 사건 재산국외도피죄의 범죄수익은 원래 공소외 1 ○○물산 주식회사의 수출대금으로서 국내로 반입되어 공소외 1 ○○물산 주식회사에 귀속되어야 할 재산임이 분명하므로, 이를 공소외 1 ○○물산 주식회사의 국내 계좌에 수출대금 명목으로 송금하였다고 하여 이를 가지고 범죄수익 등의 취득 또는 처분원인이나 그 귀속에 관한 사실을 가장하였다고 보기 어렵고, 위와 같은 범죄수익 등의 국내반입 경위와 그 전후의 정황까지 더하여 보면 그 범죄수익 등의 가장행위를 인정하기 더욱 어려우며, 피고인에게 그에 관한 범의가 있었다고도 볼 수 없다. 또한 기록에 의하면, 피고인이 위와 같이 수사 도중에 이 사건 재산국외도피죄의 범죄수익을 국내로 반입한 이유는 이 사건 재산국외도피의 범죄사실이나 그 범죄수익을 숨기기 위함이 아니라 사후에라도 이를 국내로 반입하면 재산국외도피의 혐의를 벗어나거나 선처를 받을 수 있을 것으로 판단하였기 때문임을 알 수 있으므로, 피고인이 수사기관에서 위와 같이 범죄수익 등을 국내로 반입한 사정을 들어 재산국외도피 혐의를 일시 부인한 바 있다고 하여, 이로써 피고인에게 그 범죄수익 등 가장행위에 대한 범의가 있었다고 볼 수 없다. 따라서 이 사건 범죄수익규제법 위반의 공소사실을 유죄로 인정한 원심의 판단에는 범죄수익은닉규제법 제3조 제1항 제1호 소정의 범죄수익 등 가장행위의 구성요건과 그 범의에 관한 법리를 오해함으로써 판결 결과에 영향을 미친 위법이 있다고 할 것이다. 이를 지적하는 상고이유의 주장은 이유 있다).

[2] 대법원 2019. 8. 29. 선고 2018도2738 전원합의체 판결.

Ⅱ. 몰수의 대상이 되는 범죄수익의 의미 및 추징액의 산정방법

몰수의 대상이 되는 범죄수익은 범죄행위에 의하여 생긴 재산 또는 위 범죄행위의 보수로서 얻은 재산[위 법률 제2조 제2호 (가)목]으로서 범죄행위와 인과관계를 가지고 취득하게 된 재산 자체를 의미하고, 몰수가 불가능할 경우 추징해야 하는 재산의 가액은 몰수가 불가능할 당시의 목적물의 객관적 가액이다.[3]

Ⅲ. 추징의 성격

추징은 관세법, 마약류관리에 관한 법률 및 외국환거래법상의 징벌적 추징과는 달리, 부정한 이익의 박탈에 그치는 이익박탈적 성격의 추징으로 봄이 상당하다.[4]

---

3) 광주지법 2006. 11. 15. 선고 2006노1200 판결.
4) 광주지법 2006. 11. 15. 선고 2006노1200 판결.

부록: 서식

〔별지 제2-1호 서식〕

외 국 환 업 무 등 록 신 청 서주[1]			처 리 기 간	
① 상 호 (본 점)		② 설 립 연 월 일	년 월 일	
③ 대 표 자 (본 점)		④ 국 적 (대 표 자)		
⑤ 본 점 소 재 지주[2]				
⑥ 외 국 환 업 무 의 내 용				
⑦ 자 본 금	자 기 자 본	백만원	납 입 자 본	백만원
⑧ 시 설 현 황	영 업 점 수	개	국 내 :	개
	외국환업무취급점	개	해 외 :	개
	위 험 관 리 전 산 시 스 템 명		도 입 (개 발) 시 기 년	월
⑨ 인 력 현 황	임 원 명	직 원 명	외국환전문요원 명	

외국환거래법 제8조의 규정에 의하여 위와 같이 신청합니다.

년 월 일

신청인 ㉿

(전화)

기획재정부장관 귀하

210㎜×297㎜

〈첨부서류〉 1. 관계법령에 의한 설립인가서 사본(외국금융기관 국내지점의 경우 본국 정부의 설립인가서 사본 또는 이에 갈음하는 서류 사본) 또는 이에 갈음하는 서류
2. 최근 대차대조표 및 손익계산서
3. 외국환업무를 취급하고자 하는 국내영업소 명세 (영업소명·소재지)
4. 임원의 이력서 및 경력증명서
5. 그밖에 기획재정부장관이 필요하다고 인정하는 서류
주1) 영 제13조 제3항에 따라 외국환업무 등록요건의 사전검토를 요청하고자 하는 자는
별지 제2-1호 서식 및 첨부서류 중 기획재정부장관이 필요하다고 인정하는 서류
주2) 외국금융기관의 국내지점의 경우에는 대한민국에 소재하는 주된 영업소의 소재지

〔별지 제2-2호 서식〕

외 국 환 업 무 등 록 내 용 변 경 신 고 서				처 리 기 간	
				7 일	
① 상 호 (본 점)		② 설 립 연 월 일		년 월 일	
③ 대 표 자 (본 점)		④ 국 적 (대 표 자)			
⑤ 본 점 소 재 지^{주)}					
⑥ 자 본 금	자 기 자 본	백 만 원	납 입 자 본		백 만 원
⑦ 위험관리시스템명		도 입 (개 발) 시 기			
⑧ 인 력 현 황	임 원명	직 원명	외 국 환 전 문 요 원 명		
신 고 내 용					
변 경 항 목	변 경 전		변 경 후		
명 칭					
본 점 소 재 지					
외 국 환 업 무 의 내 용					
외국환거래법 제8조의 규정에 의하여 위와 같이 신고합니다. 년 월 일 신고인 ㉿ (전화) 기 획 재 정 부 장 관 귀 하					

210㎜ × 297㎜

주) 외국금융기관의 국내지점의 경우에는 대한민국에 소재하는 주된 영업소의 소재지

[별지 제2-3호 서식]

외국환 매매 및 지급등 사무의 위탁 보고서

신청인	상　　　　호	
	대　표　자	
	본 점 소 재 지	

보고내역	수탁자	상　　　　호	
		대　표　자	
		본 점 소 재 지	
	위　탁　사　무		

위탁형태	□ 규정 제3-1조에 따라 외국환 매매와 관련한 사무의 위탁
	□ 규정 제3-2조에 따라 지급등과 관련한 사무의 위탁
	□ 규정 제3-2조의 2에 따라 지급등과 관련한 일부 사무에 대한 위탁
	□ 규정 제3-2조의 3에 따라 지급등과 관련한 일부 사무에 대한 위탁

외국환거래규정 제3-1조 내지 제3-2조의 3에 따라 외국환업무 위탁을 위와 같이 보고합니다.

　　　　　　　　　　　　　　　　　　　　　년　　　　월　　　　일

　　　　　　　　　　　　　　신청인　　　　　　　　　㊞

　　　　　　　　　　　　　　(전화　　　　　　　　　)

기획재정부장관 귀하

210㎜ × 297㎜

〈첨부서류〉
1. 위탁 관련 계약서(안) 사본
2. 외국환거래규정 제3-1조제1항, 제3-2조제1항, 제3-2조의2제1항, 제3-2조의3제1항에 따른 수탁기관의 자격에 관한 사항 및 증빙서류
3. 외국환거래규정 제3-1조제4항, 제3-2조제4항 제3-2조의2제2항,제3-2조의3제4항에 따른 위·수탁사무 처리기준
4. 금융소비자 피해발생 및 건전한 외국환 거래 질서 저해가능성과 수탁기관의 적정한 업무처리 능력에 대한 검토의견 및 관련자료 사본
5. 위탁 또는 수탁의 필요성 및 기대효과
6. 그밖에 기획재정부장관이 필요하다고 인정하는 서류

[별지 제2-3호의 2 서식]

외국환 매매 및 지급등 사무의 위탁 변경(종료) 보고서

신청인	상 호		변경(종료)내용	☐ 규정 제3-1조에 따른 위탁의 변경(종료)
	대 표 자			☐ 규정 제3-2조에 따른 위탁의 변경(종료)
				☐ 규정 제3-2조의2에 따른 위탁의 변경(종료)
	소 재 지			☐ 규정 제3-2조의3에 따른 위탁의 변경(종료)
변경(종료)사유	☐ 계약기간 종료 ☐ 기획재정부, 금융감독원 등 외부기관의 요구 ☐ 기타			
변경(종료)주요내용				

  외국환거래규정 제3-1조 내지 제3-2조의 2에 따른 외국환업무 위탁의 변경(종료)를 위와 같이 보고합니다.

년   월   일

신청인   ㉑

(전화   )

기획재정부장관 귀하

210mm×297mm

〈첨부서류〉
  1. 변경계약서 사본 또는 계약종료 확인서 사본 등 위·수탁 변경·종료에 대한 증빙서류
  2. 위·수탁 계약의 변경·종료에 대한 주요내용
  3. 외국환거래규정 제3-1조제7항, 제3-2조제7항에 따른 보고 내역 및 보고 결과
  4. 그밖에 기획재정부장관이 필요하다고 인정하는 서류

[별지 제2-4호 서식]

지급등 사무의 중개 보고서

중개 요청 기관	상　　　　호	
	대　　표　　자	
	본 점 소 재 지	
중개 수행 기관	상　　　　호	
	대　　표　　자	
	본 점 소 재 지	
	중　개　사　무	

　외국환거래규정 제3-3조에 따라 지급등과 관련한 사무의 중개를 위와 같이 보고합니다.

　　　　　　　　　　　　　　　　　　　　　　　　　　　　　　　년　　　　월　　　　일

　　　　　　　　　　　　　　　　　　　신청인　　　　　　　　　㊞
　　　　　　　　　　　　　　　　　　　(전화　　　　　　　　　)

기획재정부장관　귀하

210㎜×297㎜

〈첨부서류〉
　1. 중개 관련 계약서(안) 사본
　2. 외국환거래규정 제3-3조제1항에 따른 중개수행기관의 자격에 관한 사항 및 증빙서류
　3. 외국환거래규정 제3-3조제4항에 따른 위·수탁사무 처리기준
　4. 금융소비자 피해발생 및 건전한 외국환 거래 질서 저해가능성과 중개수행기관의 적정한 업무처리 능력에
　　 대한 검토의견 및 관련자료 사본
　5. 중개요청 또는 중개수행의 필요성 및 기대효과
　6. 그밖에 기획재정부장관이 필요하다고 인정하는 서류

[별지 제2-4호의 2 서식]

지급등 사무의 중개 계약 변경(종료) 보고서

중개요청기관	상 호		중개수행기관	상 호	
	대 표 자			대 표 자	
	소 재 지			소 재 지	

변경(종료) 사유	☐ 계약기간 종료 ☐ 기획재정부, 금융감독원 등 외부기관의 요구 ☐ 기타
변경(종료) 주요내용	

외국환거래규정 제3-3조에 따른 지급등과 관련한 사무의 중개 계약의 변경(종료)를 위와 같이 보고합니다.

년   월   일

신청인   ㉑

(전화   )

기획재정부장관 귀하

210㎜ × 297㎜

〈첨부서류〉
1. 변경계약서 사본 또는 계약 종료확인서 사본 등 위·수탁 변경·종료에 대한 증빙서류
2. 중개 계약의 변경·종료에 대한 주요내용
3. 외국환거래규정 제3-3조제8항에 따른 보고 내역 및 보고 결과
4. 그밖에 기획재정부장관이 필요하다고 인정하는 서류

[별지 제3-1호 서식]

환 전 업 무 등 록 신 청 서		처 리 기 간	
① 상 호		② 환 전 업 시 작 일	
③ 대 표 자 (생 년 월 일)			(년 월 일)
④ 주 소			
⑤환 전 업 무 의 취 급 범 위	등 록 구 분	□ 일반 □ 무인환전기기 □ 온라인	
	기 타		
⑥행정정보 공동 이 용 동 의 * 근거법령: 「전자정부법」 제36조 제1항	공 동 이 용 행 정 정 보	동 의 여 부 (√)	
	•지방세납부확인서(등록면허세면허분) •사업자등록증명/ 휴·폐업사실증명 •건축물대장/ 건물등기사항증명서 •법인등기사항증명서	□ 동의함 □ 동의하지않음	

외국환거래법 제8조제3항 및 동법시행령 제15조제1항의 규정에 의하여
위와 같이 신청합니다.

년 월 일
신청인 ㉔
(전화)

세관장 귀하

210㎜ × 297㎜

〈첨부서류〉1. 외국환거래법시행령 제15조제2항의 규정에 의한 건물등기부등본, 임대차계약서 등 영업장(도면포
함) 및 전산설비 구비에 관한 증빙자료
2. 신분증 사본
3. 법인등기부등본(법인인 경우에 한한다) 또는 사업자등록증(개인사업자인 경우에 한한다)
4. 위임장(대리인이 신고하는 경우에 한한다)
5. 「지방세법」에 따른 면허세 납부영수증(사본) (추후 제출)
6. 임원의 이력서 및 경력증명서 (법인인 경우에 한한다)
7. 고객센터 운영, 긴급복구체계 운영 등 관련서류(무인환전기기환전영업자의 경우에 한한다)
8. 이행보증금(보증보험증권 등), 약관, 손해배상절차 등 요건 구비에 대한 증빙자료 (온라인환전영업
자인 경우에 한한다)
 * 행정정보 공동이용에 동의한 경우 해당 첨부서류는 제출 생략 가능

〔별지 제3-2호 서식〕

환 전 업 무 등 록 내 용 변 경 신 고 서		처 리 기 간	
①상 호		②설 립 연 월 일	년 월 일
③대 표 자			
④주 소			
신 고 내 용			
⑤ 변 경 전		⑥ 변 경 후	
⑦변 경 사 유			
⑧행정정보 공동 이 용 동 의 * 근거법령: 「전자정부법」 제36조 제1항	공 동 이 용 행 정 정 보 •지방세납부확인서(등록면허세면허분) •사업자등록증명/ 휴폐업사실증명 •건축물대장/ 건물등기사항증명서 •법인등기사항증명서	동 의 여 부 (✔) ☐ 동의함 ☐ 동의하지않음	

　　외국환거래법 제8조제4항 및 동법시행령 제16조제2항의 규정에 의하여
위와 같이 신고합니다.

년 　　　월 　　　일

신고인 　　　　　　　　　　㊞

(전화 　　　　　　　　　)

　세관장 귀하

210㎜×297㎜

〈첨부서류〉 1. 환전영업자 등록필증
　　　　　 2. 신분증 사본
　　　　　 3. 변경사항을 증명하는 서류
　　　　 * 행정정보 공동이용에 동의한 경우 해당 첨부서류는 제출 생략 가능

〔별지 제3－3호 서식〕

환 전 업 무 폐 지 신 고 서		처 리 기 간	
① 상　　　　호		② 설 립 연 월 일	년　　월　　일
③ 대　　표　　자			
④ 주　　　　소			
⑤ 폐 지 사 유			

　　　외국환거래법 제8조제4항 및 동법시행령 제16조제2항의 규정에 의하여
위와 같이 신고합니다.

　　　　　　　　　　　　　　　　　　　년　　　　월　　　　일
　　　　　　　　　　　　신고인　　　　　　　　　㉑
　　　　　　　　　　　　(전화　　　　　　　　　　)

　세관장 귀하

210㎜×297㎜

〈첨부서류〉　1. 환전영업자 등록필증
　　　　　　2. 보유외국환 잔액(외화예금 포함)에 대한 지정거래외국환은행에의 매각증명서
　　　　　　3. 미사용환전 증명서(외국환매각신청서와 외국환매입증명서를 말한다) 및 폐기 환전증명서에 대한
　　　　　　　지정거래외국환은행에의 반납확인서

[별지 제3-3호의 2 서식]

환 전 장 부

환전일자	매입자(매각자) 인적사항			매 입							매 각						확인 (날인 또는 서명)	
	성명	국적	실명확인번호*	구분*	통화의 종류					매입율 지급액 (원)	매입을 지급 구분*	통화의 종류					매각율 수령 원화액	담당자	확인자
					US$	¥	CNY	EUR	기타			US$	¥	CNY	EUR	기타			

* 주민등록번호 또는 여권번호를 기입. 다만, 국민인 거주자 이외의 자와의 미화 2천불 이하의 환전에 있어서는 부득이한 경우 정부가 발행하는 사진이 부착된 신분증(운전면허증, 외국인등록증, 주한미군ID 등) 등 실명을 확인할 수 대체수단의 번호로서 여권번호를 갈음할 수 있음

** 구분란에는 지폐, 주화, T/C 등을 기입

[별지 제3−4호 서식]

외 국 환 매 각 신 청 서
APPLICATION FOR SALE OF FOREIGN EXCHANGE
外 國 爲 替 賣 却 申 請 書

(은행지로코드)　(년도)　(일권번호)

환 전 영 업 자 용	매각자 성명 및 서명 (Name & Signature) : 姓名及び賣却者署名
	국적 및 여권번호 (Nationality & Passport No.) : (주민등록번호)　　國籍及び旅券番號

• 본인은 다음의 외국환을 외국환거래규정에 따라 원화로 매각코자 요청합니다.

• I(We) hereby request you to purchase the following foreign exchange for Won currency in accordance with your Foreign Exchange Transaction Regulations.

• 本人は次の外國爲替を外國爲替の取引規程によってウォン貨に賣却するようお願い致します。

일　　　자 DATE 日	외국환의 종류 및 금액 AMOUNT OF FOREIGN EXCHANGE 外國爲替の種類及び金額	적　용　환　율 EXCHANGE RATE 適用相場	원 화 환 가 액 WON EQUIVALENT ウォン貨

환전영업자 상호 및 취급자서명 (Authorized Signature & Name of Money Changer) :
換錢商名及び取扱者署名

지정거래 외국환은행 :　　　　　은행　　　　부(점)

[별지 제3-5호 서식]

(앞면)

환전영업자용

(은행지로코드) (넌도) (일련번호)

(일련번호)

외 국 환 매 입 증 명 서
CERTIFICATE OF FOREIGN EXCHANGE PURCHASED
外 國 爲 替 買 入 證 明 書

매각자 성명 및 서명 (Name & Signature) :
姓名及び賣却者署名

국적 및 여권번호 (Nationality & Passport No.) :
(주민등록번호) 國籍及び旅券番號

• 귀하로부터 다음과 같이 외국환을 매입하였음을 증명합니다.
• This is to certify that we have purchased foreign exchange from you as follows.
• お客様から次のように外國爲替を賣收したことを證明する。

일 자 DATE 日 付	외국환의 종류 및 금액 AMOUNT OF FOREIGN EXCHANGE 外國爲替の種類及び金額	적 용 환 율 EXCHANGE RATE 適用相場	원 화 환 가 액 WON EQUIVALENT ウォン貨

환전영업자 상호 및 취급자서명 (Authorized Signature & Name of Money Changer) :
換錢商名及び取扱者署名

지정거래 외국환은행 : 은 행   부(점)

(뒷면)

• 참　고 : 귀하가 미사용 원화를 외국통화로 재환전하고자 할 때에는 외국환은행이나 환전영업자에게 본 증서를 제시하여야 합니다.
• REMARKS : If you wish to reconvert any unused portion of your Won currency into foreign currency, please present this certificate to foreign exchange bank or authorized money changer
• 注　意 : お客様が未使用のウォン貨を外國通貨に再換錢する時には外國爲替銀行及び換錢商にこの證書を提示しなければならない.

재환전상황 (Reconversion / 再換錢狀況) :

매각자서명 (Signature / 賣却者署名) :

국적 및 여권번호 (Nationality & Passport No. / 國籍及び旅券番號) :

일 자 DATE 日 付	원 화 금 액 WON AMOUNT ウォン貨	적 용 환 율 EXCHANGE RATE 適 用 相 場	외국환의 종류 및 금액 AMOUNT OF FOREIGN EXCHANGE 外國爲替の種類及び金額

재환전영업자 또는 외국환은행명 (Name of Money changer or Foreign Exchange Bank / 換錢商名又は外國爲替銀行名) :

〔별지 제3-6호 서식〕

재 환 전 신 청 서
(APPLICATION FOR RE-EXCHANGE)

외국환거래규정 제3-2조에 따라 아래와 같이 재환전을 신청합니다.
(In compliance with Foreign Exchange Transaction Regulations Article
3-2, I hereby request you to exchange Korean Won into foreign currency)

아　　　　래

금　　　액(AMOUNT) : ₩

성　　　명(NAME) :

국　　　적(NATIONALITY)

여권번호(PASSPORT NUMBER) :

입국일자(ENTRANCE DATE INTO KOREA) :

———————————
서명(SIGNATURE)

210mm×297mm

[별지 제3-7호 서식]

소 액 해 외 송 금 업 무 등 록 신 청 서			처리기간	
① 상　　　　호		② 설 립 연 월 일	년　월　일	
③ 대　　표　　자		④ 국 적 (대 표 자)		
⑤ 본 점 소 재 지				
⑥소액해외송금업무 취 급 범 위	대상국가	취급통화	거래금액(한도)	
⑦소액해외송금업무 수 행 방 식				
⑧소액해외송금업무 계 좌 정 보	금융회사명	계좌번호		
⑨ 외 국 협 력 업 자 정　　　　보				
⑩등 록 구 분	□ 일 반		□ 소규모 전업자주)	
⑪자 본 금	자 기 자 본	백만원 납 입 자 본	백만원	
⑫시 설 현 황	위 험 관 리 전 산 시 스 템 명	도입(개발)시기	년　월	
⑬인 력 현 황	임 원　명	직 원　명	외환전문인력　명	전산전문인력　명

외국환거래법 제8조제3항 및 동법시행령 제15조의2 규정에 의하여
위와 같이 신청합니다.

년　　월　　일

신청인　　　　　㊞

(전화　　　　　)

기획재정부장관 귀하

210mm×297mm

〈첨부서류〉 1. 정관
2. 법인 등기부등본
3. 소액해외송금업무 취급 범위 및 수행 방식에 대한 설명 자료
4. 소액해외송금업무에 사용할 계좌의 통장 사본
5. 외국 협력업자의 본국 정부가 발행한 설립인가서 사본 등 외국 협력업자가 본국에서 합법적으로 해당 업무를 영위할 수 있음을 입증하는 서류
6. 소액해외송금업무 등록요건을 충족하였음을 입증하는 서류
7. 임원의 이력서 및 경력증명서
8. 약관
주) 소액해외송금업무만을 영위하고 분기별 지급 및 수령 금액 총액을 150억원 이하로 운영하고자 하는 자로서, 영 제15조의2제2항제1호 단서의 요건을 갖추어 등록하는 자

[별지 제3-8호 서식]

소 액 해 외 송 금 업 무 변 경(폐 지) 신 고 서				처리기간		
① 상 호			② 설 립 연 월 일	년	월	일
③ 대 표 자			④ 국 적 (대 표 자)			
⑤ 본 점 소 재 지						
⑥ 자 본 금	자 기 자 본	백만원	납 입 자 본			백만원
⑦ 위험관리시스템명			도 입 (개 발) 시 기			
⑧ 인 력 현 황	임 원 명	직 원 명	외환전문인력 명		전산전문인력 명	
신 고 내 용						
변 경 항 목	변 경 전		변 경 후			
명 칭						
본점 (영업소) 소재지						
소 액 해 외 송 금 업 무 취 급 범 위						
소 액 해 외 송 금 업 무 수 행 방 식						
소 액 해 외 송 금 업 계 좌 정 보						
외 국 협 력 업 자 명 칭 및 소 재 지						
등 록 구 분 (일반/소규모전업자)						

외국환거래법 제8조제4항 및 동법시행령 제16조제2항의 규정에 의하여
위와 같이 신고합니다.

                              년   월   일
                    신고인   ㉙
                    (전화   )

      금융감독원장 귀하

210mm×297mm

〈첨부서류〉1. 소액해외송금업무 등록필증

2. 변경사항을 증명하는 서류 (변경신고시)

3. 소액해외송금업무와 관련하여 고객에게 부담하는 채무의 이행을 완료하였음을 입증하는 서류 (폐 지신고시)

* 영 제16조제3항 및 제16조제4항에 따른 변경신고의 경우 자기자본 요건을 충족하였음을 입증하는 서 류 포함 (제16조제4항의 경우 사유발생일로부터 6개월내 제출)

[별지 제3-9호 서식]

기 타 전 문 외 국 환 업 무 등 록 신 청 서		처리기간	
① 상　호 (본　점)		② 설 립 연 월 일	년　　월　　일
③ 대　표　자(본　점)		④ 국　적 (대 표 자)	
⑤ 본　점　소　재　지			
⑥ 외 국 환 업 무 의 　　　　내　　　용			
⑦ 자　　　본　　　금	자　기　자　본	백만원 납 입 자 본	백만원
⑧ 시　설　현　황	영　업　점　수	개 국　　내　：	개
	외국환업무취급점	개 해　　외　：	개
	위　험　관　리 전 산 시 스 템 명	도입(개발)시기	년　　　월
⑨ 인　력　현　황	임　　원 　　　　명	직　　원 　　　　명	외국환전문인력 　　　　명

외국환거래법 제8조제3항 및 동법시행령 제15조의5 규정에 의하여
위와 같이 신청합니다

년　　　월　　　일

신청인　　　　　　　　㊞

(전화　　　　　　　　)

기획재정부장관 귀하

210㎜×297㎜

〈첨부서류〉　1. 「전자금융거래법」에 따른 전자화폐의 발행 및 관리 업무 허가필증 사본 또는 선불전자지급수단
　　　　　　　의 발행 및 관리 업무 등록필증 사본 또는 전자지급결제대행에 관한 업무 등록필증 사본

　　　　　　2. 최근 대차대조표 및 손익계산서

　　　　　　3. 외국환업무를 취급하고자 하는 국내영업소 명세 (영업소명·소재지)

　　　　　　4. 임원의 이력서 및 경력증명서

[별지 제3-10호 서식]

기 타 전 문 외 국 환 업 무 변 경(폐 지) 신 고 서			처리기간	
①상 호		②설 립 연 월 일	년 월 일	
③대 표 자		④국 적 (대표자)		
⑤본 점 소 재 지				
⑥ 자 본 금	자 기 자 본	백만원	납 입 자 본	백만원
⑦위험관리시스템명		도 입 (개 발) 시 기		
⑧ 인 력 현 황	임 원 명	직 원 명	외환전문인력 명	
신 고 내 용				
변 경 항 목	변 경 전	변 경 후		
명 칭				
본 점 소 재 지				
외 국 환 업 무 의 내 용				

외국환거래법 제8조제4항 및 동법시행령 제16조제2항의 규정에 의하여 위와 같이 신고합니다.

년   월   일

신고인   ㉑
(전화   )

기획재정부장관 귀하

210mm×297mm

〈첨부서류〉1. 기타전문외국환업무 등록필증

2. 변경사항을 증명하는 서류

[별지 제3-11호 서식]

외 국 환 중 개 업 무 인 가 신 청 서		처 리 기 간		
① 상　　　　호		② 설 립 연 월 일	년　　　　월　　　　일	
③ 대　표　자		④ 국 적(대 표 자)		
⑤ 소　재　지				
⑥ 외 국 환 중 개 업무의 내용				
⑦ 자　본　금	자 기 자 본	백만원	납 입 자 본	백만원
⑧ 인 력 현 황	임　원　　　명	직　원　　　명	외국환중개전문요원　명	

　　　외국환거래법 제9조의 규정에 의하여 인가를 위와 같이 신청합니다.

　　　　　　　　　　　　　　　　　　　　　　　　　년　　　월　　　일

　　　　　　　　　　　　　　　　　　　신청인　　　　　　　　㊞
　　　　　　　　　　　　　　　　　　　(전화　　　　　　　　)

기획재정부장관 귀하

210mm ×297mm

<첨부서류> 1. 정관
2. 자본금 납입 증빙서류
3. 외국환 중개업무 및 이에 관한 보고 등을 수행할 수 있는 전산시설을 구비하였음을 입증하는 서류
4. 외국환 중개업무에 대한 지식·경험 등 업무수행에 필요한 능력을 가진 전문인력을 확보하였음을 입증하는 서류
5. 업무개시후 3년간 사업계획서(추정재무제표, 인력 및 조직운영계획, 업무범위 및 영업전략 등)와 예상수지계산서
6. 임원의 이력서
7. 예비인가사항의 이행을 입증하는 서류
8. 기타 기획재정부장관이 필요하다고 인정하는 서류

[별지 제3 – 12호 서식]

외 국 환 중 개 업 무 예 비 인 가 신 청 서			처 리 기 간	
① 상 호		② 설 립 연 월 일	년 월 일	
③ 대 표 자		④ 국 적(대 표 자)		
⑤ 소 재 지				
⑥ 외 국 환 중 개 업 무 의 내 용				
⑦ 자 본 금	자 기 자 본	백만원	납 입 자 본	백만원
⑧ 인 력 현 황	임 원 명	직 원 명	외국환중개전문요원 명	

외국환거래규정 제3 – 3조의 규정에 의하여 예비 인가를 위와 같이 신청합니다.

년   월   일

신청인   ㉑
(전화   )

기획재정부장관 귀하

210mm × 297mm

<첨부서류> 1. 예비인가 신청에 대한 발기인 전원의 서명날인
2. 정관(안)
3. 발기인총회 의사록 사본 1부
4. 임원 또는 발기인의 이력서
5. 주주구성 및 자본금 조달 계획서
6. 업무개시후 3년간 사업연도별 사업계획서(안)(추정재무제표, 인력 및 조직운영계획, 전문인력
   확보 및 전산설비 구비 계획, 업무범위 및 영업전략 등)과 예상수지계산서
7. 외국인과의 합작의 경우 합작계약서 또는 이에 준하는 서류
8. 기타 기획재정부장관이 필요하다고 인정하는 서류

[별지 제3-13호 서식]

외국환중개회사합병(영업양도·양수)인가신청서			처 리 기 간	
합병자 (양수자)	① 성　명(대표자)	(인)		
	② 상　　　　호			
	③ 소　재　지		④ 자 본 금	
피 합병자 (양도자)	⑤ 성　명(대표자)	(인)		
	⑥ 상　　　　호			
	⑦ 소　재　지		⑧ 자 본 금	

외국환거래법 제9조에 의하여 인가를 위와 같이 신청합니다.

　　　　　　　　　　　　　　　　　　　　년　　　월　　　일

　　　　　　　　　　　신청인 :　　　　　　　　⑪
　　　　　　　　　　　(전화　　　　　　　　　)

기획재정부장관 귀하

210mm ×297mm

<첨부서류>　1. 합병 또는 양도·양수의 목적 기술서
　　　　　　2. 합병 또는 양도·양수에 관한 계약서
　　　　　　3. 양도·양수하는 영업의 세부내역서
　　　　　　4. 최근의 대차대조표, 손익계산서 및 재산목록
　　　　　　5. 합병(양도, 양수)후 3년간 사업계획서(추정재무제표, 인력 및 조직운영계획, 업무범위 및 영업
　　　　　　　 전략 등)와 예상수지계산서
　　　　　　6. 이해관계인의 권익보호계획, 자산 및 부채에 대한 조치 내역 및 계획
　　　　　　7. 기타 기획재정부장관이 필요하다고 인정하는 서류

[별지 제3-14호 서식]

외국환중개회사해산(업무폐지)신고서			처 리 기 간	
① 상 호		② 설 립 연 월 일	년 월 일	
③ 대 표 자		④ 국 적 (대 표 자)		
⑤ 소 재 지				
⑥ 해 산 및 폐 지 사 유				
외국환거래법 제9조의 규정에 의하여 위와 같이 신고합니다. 년 월 일 신청인 ㊞ (전화) 기획재정부장관 귀하				

210mm × 297mm

<첨부서류> 1. 최근의 대차대조표, 손익계산서 및 재산목록
2. 직원과 자산 및 부채에 대한 조치 계획
3. 해산 및 폐지 절차에 관한 일정
4. 기타 기획재정부장관이 필요하다고 인정하는 서류

[별지 제3 - 15호 서식]

외국환중개업무인가내용변경신고서		처 리 기 간	
① 상 호		② 설 립 연 월 일	년 월 일
③ 대 표 자		④ 국 적 (대 표 자)	
⑤ 소 재 지			
⑥ 외 국 환 중 개 업 무 의 내 용			

신 고 내 용		
변 경 항 목	변 경 전	변 경 후
명 칭		
소 재 지		
자본 · 시설 · 전문인력 사항		

외국환거래법 제9조의 규정에 의하여 위와 같이 신고합니다.

년   월   일

신고인   ㉮
(전화   )

기획재정부장관 귀하

210mm ×297mm

<첨부서류>   1. 변경내용과 관련된 증빙서류
                2. 기타 기획재정부장관이 필요하다고 인정하는 서류

[별지 제3-16호 서식]

외국에서의외국환중개업무인가신청서		처 리 기 간	
①상 호		② 설 립 연 월 일	년 월 일
③대 표 자		④ 국적(대표자)	
⑤소 재 지			
⑥ 외국에서의 외국환 중개업무 영위 방법			
⑦지점 또는 사무소 소재지, 상호, 대표자, 인력 및 시설 현황			
⑧주식 또는 출자지분 취득의 대상이 되는 외국법인 상호, 소재지, 인력 및 시설현황			

외국환거래법 제9조의 규정에 의하여 인가를 위와 같이 신청합니다.

년   월   일

신청인   ⑩
(전화   )

기획재정부장관 귀하

210mm ×297mm

<첨부서류> 1. 외국에서의 외국환중개업무 관련 사업계획서(지점 및 사무소 운영 및 영업계획, 외국법인에 대한 주식 및 출자지분 취득 및 경영참여 계획 등)
2. 외국내 지점 및 사무소 설치가 소재지 국가의 관련법규 등에 저촉되지 않음을 증명하는 서류
3. 주식 또는 출자지분의 취득 대상이 되는 외국법인의 3년간 영업현황 및 연차보고서
4. 기타 기획재정부장관이 필요하다고 인정하는 서류

[별지 제3-17호 서식]

외국에서의외국환중개업무변경인가신청서		처 리 기 간	
① 상 호		② 설 립 연 월 일	년 월 일
③ 대 표 자		④ 국 적 (대 표 자)	
⑤ 소 재 지			
⑥ 외 국 에 서 의 외 국 환 중 개 업 무 영 위 방 법			
⑦ 지점 또는 사무소 소재지, 상 호, 대 표 자, 인 력 및 시설현황			
⑧ 주식 또는 출자지분 취득의 대상이 되는 외국법인 상호, 소 재 지 , 인 력 및 시설현황			
⑨ 변 경 내 용			

외국환거래법 제9조의 규정에 의하여 인가를 위와 같이 신청합니다.

년   월   일

신청인   ㉙

(전화   )

기획재정부장관 귀하

210mm ×297mm

<첨부서류> 1. 변경내용과 관련된 증빙서류
          2. 기타 기획재정부장관이 필요하다고 인정하는 서류

[별지 제4-2호 서식]

발 급 번 호		**부동산 매각자금 확인서**		처리기간
신청인	성 명	주 민 등 록 번 호 (외 국 인 등 록 번 호)		국적 또는 영주권취득일
	국내거소		(연락처)	
		부 동 산 매 각 자 금 내 역		
부동산	소 재 지			
	지 목		면 적(㎡)	
	양 도 일 자		양도가액(원)	
	확인금액(원)			
양수인	성 명		주민등록번호	
	주 소			

  외국환거래규정 및 관련 지침 등에 의해 국내보유 부동산을 매각한 자금이
위와 같이 확인됨을 증명하여 주시기 바랍니다.

년   월   일

        신청인 :
        대리인 :
        신청인과의 관계 :
        대리인 주민등록번호 :   —
    세무서장 귀하

위와 같이 확인함
년   월   일
세무서장 (인)

첨부서류 1. 등기부등본
         2. 건축물관리대장 및 토지대장 각1부
         3. 양도당시 실지거래가액을 확인할 수 있는 서류
            (매매계약서 및 관련 금융자료 등)

☞ 작성요령
  1. "국내거소"란에는 국내체류지 및 연락 전화번호를 기재
  2. "지목"란에는 부동산의 종류(대지,전답,아파트 등)를 기재하고 부동산소재지별로 작성한다.
  3. "양도가액"란에는 세무서에 신고된 부동산 매각당시의 가액을 기재
     다만, 기준시가에 의한 양도소득세 신고의 경우 또는 양도소득세 비과세에 해당하는 경우 매
     매계약서 및 관련 금융자료등 제출된 증빙서류에 의하여 객관적으로 부동산매각대금이 확인
     된 경우에는 그 가액을 기재
  4. "확인금액"란에는 양도가액에서 당해 부동산의 채무액(전세보증금, 임차보증금 등)을 공제한
     가액을 기재
  5. 토지수용 등의 경우 사업시행소관부처장의 확인서를 첨부

210㎜×297㎜

〔별지 제5-1호 서식〕

지급등의 방법(변경)신고/보고서		처리기간	

신고인	상호	
	대표자성명	
	사업자등록번호	
	주소	

거래내용	거 래 종 류	□ 수출거래　　□ 수입거래　　□ 용역거래　　□ 자본거래		
	계 약 상 대 방	상호 및 대표자성명		
		주소, 전화번호		
	결 제 방 법	□ 신용장(L/C)　□ 추심(D/P, D/A)　□ 송금　□ 기타(　　　)		
	금　　　　액	계약금액	신고금액	

지급등의방법	(1)일정기간을 초과하는 지급 또는 영수	결제기간	당초기간		변경	
		결제시기	당초시기		변경	
		결제방법	□ 외국환은행을 통한 방법　□ 기타(　　　)			
	(2)상계에 의한 계정의대기,차기	계정의 구분 및 대차기금액	貸記		잔액	
			借記			
		결제방법	□ 외국환은행을 통한 방법　□ 기타(　　　)			
	(3)기　　　　타	구　　분	□ 제3자 지급 □ 외국환은행을 통하지 아니하는 지급			
		결제시기				

변경	

외국환거래법 제16조의 규정에 의하여 위와 같이 신고/보고합니다.

년　　　월　　　일

신고인　　　　　　　⑩

(전화　　　　　　　　)

한국은행총재 귀하
<외국환은행의 장>

210m×297mm

<첨부서류>　1. 사유서
　　　　　　2. 수출입계약서사본 1부
　　　　　　3. 지급등의 방법에 관한 입증서류 1부

〔별지 제5－2호 서식〕

상 호 계 산 신 고 서		처 리 기 간

① 신 청 인	상 호, 대 표 자 성 명	
	주 소 및 전 화 번 호	
	업 종	
	사 업 자 등 록 번 호	
② 상 호 계 산 상 대 방	상 호 및 대 표 자 (지 정)	
	주 소	
	업 종	
	자 본 금(영 업 기 금)	
	본 지 사 여 부	

③ 회 계 기 간		④ 지 사 설 치 유 효 기 간	
⑤ 변 경 내 용			

외국환거래규정 제5－5조의 규정에 의하여 위와 같이 신고합니다.

년   월   일

신고인   ㉑

외국환은행의 장   귀하

210㎜×297㎜

〔별지 제6-1호 서식〕

	반출입구분(Ex or Import)

외국환신고(확인)필증 (Declaration of Currency or Monetary Instruments)			
성 명 Name 　　　Last　　First　　Middle　　Initial	생년월일 Date of Birth	. . .	
	국 적 Nationality		
주민등록번호 : Passport No. :	체재기간 Expected Term of Stay	From To	

신고내역 및 금액 (Description and Amount of Declaration)						
신고사유 Reasons	통화종류 Code of Currency	형태 Form	통화별금액 Amount in each Currency	합계(미화상당) Sum (US$ equiv)	반출입 용도 Use	비 고(Note) (수표번호 등)
휴 대 (Carried)						
송 금 (Remitted)						
기 타 (From Other eligible sources)						

신고일자 :　　　.　　　　　　신고인 서명 (Signature)
확인자 성명:⋯⋯⋯⋯(전화번호 :　　　　　) 확인기관 :⋯⋯⋯⋯　직인

외국환매입장(Record of Foreign Exchange Sold) (official use only)			
일자 Date	금액 Amount	매 입 기 관 Bank Money Changer or Post Officer	확 인 Responsible Official

재반출 확인(Confirmation of Re-Export) (official use only)				
일자 Date	통화종류 Code of Currency	금액 Amount	확인기관 Confirmation Office	확인자 Signature

※ 이 서류는 원·외화 반출입 시 소지하여 세관에 제시하여야 합니다.(This sheet must be submitted to Customs officer when you carry with the Currency or Monetary Instruments.)

〔별지 제6-2호 서식〕

지급수단등의 수출입(변경) 신고서		처 리 기 간

지급수단등	① 종 류	
	② 수 량	
	③ 수 출 입 금 액	
	④ 대 가 결 제 방 법	
상대처	⑤ 상 호	
	⑥ 대 표 자	
	⑦ 소 재 지	
⑧ 기 타(또는 변 경 내 용)		

외국환거래법 제17조의 규정에 의하여 위와 같이 신고합니다.

년   월   일

신고인 주   소 :   (전화 :   )
                                         (E-mail :   )

상   호 :
대 표 자 :   ㉑
(전화   )

세관의 장 귀하

신 고 번 호	
신 고 금 액	
신 고 일 자	
유 효 기 간	

210㎜×297㎜

<첨부서류>   1. 사유서   2. 거래당사자의 실체확인서류
            3. 원인거래 입증서류(계약서, 신고서 등)   4. 수출입 소요량 입증서류
            5. 지급수단 사본(필요시)
            6. 기타 세관의 장이 필요하다고 인정하는 서류

〔별지 제7－1호 서식〕

〔 〕 〔예금 신탁〕 거래 신고서		처리기간

신 청 인	상 호 및 대 표 자 성 명	㉑		
	주 소 (소 재 지)	(전화번호)		
	업 종 (직 업)			
신 청 내 역	예 금 (신 탁) 개 설 인	(성명) (주소) (전화번호)		
	예 치 (처 분) 금 액			
	예 치 (처 분) 후 잔 액			
	예 치 (처 분) 사 유			
	지 급 상 대 방	(성명) (주소)		
	송 금 은 행			

외국환거래법 제18조의 규정에 의하여 위와 같이 신고합니다.

년   월   일

한국은행총재 귀하
(외국환은행의 장)

신 고 번 호	
신 고 금 액	
유 효 기 간	

신고기관 : 한국은행총재   ㉑
(외국환은행의 장)

210mm×297mm

〈첨부서류〉 1. 거래 또는 행위 증빙서류
          2. 기타 신고기관의 장이 필요하다고 인정하는 서류 〈신설〉

※ 유의사항 1. 해외에서 입금한 경우에는 입금일로부터 30일 이내에 해외입금보고서를 지정거래외국
          환은행의 장에게 제출하여야 함

          2. 다음의 1에 해당하는 경우에는 다음 연도 첫째달 말일까지 잔액현황보고서를 지정거래
          외국환은행의 장에게 제출하여야 함

          ① 법인 : 연간 입금액 또는 연말 잔액이 미화 50만불을 초과하는 경우

          ② 법인이외의 자 : 연간입금액 또는 연말 잔액이 미화 10만불을 초과하는 경우

〔별지 제7-2호 서식〕

금 전 의 대 차 계 약 신 고 서		처 리 기 간

신고인	상호 및 대표자 성명	㉙
	주 소 (소 재 지)	(전화번호 :) (E-mail :)
	업 종 (직 업)	

신고내역	차 주	(□기관투자가 □일반법인 □개인 □기타( ))
	대 주	(□기관투자가 □일반법인 □개인 □기타( ))
	통 화 및 금 액	□표시통화(①USD ②EUR ③JPY ④기타통화( )) □금 액( ) □외화(①미화 1천만달러 이하 ②미화 1천만달러 초과) □원화(①10억원 이하 ②10억원 초과)
	차 입 / 대 출 일	
	적 용 금 리	
	대 차 기 간	
	사 용 용 도	
	상 환 방 법	
	거 주 자 의 보 증 또 는 담 보 유 무	□ 보증·담보 없음 □ 보증제공 □담보제공

외국환거래법 제18조의 규정에 의하여 위와 같이 신고합니다.

년   월   일

기획재정부장관(한국은행총재 또는 외국환은행의 장) 귀하

신 고 번 호	
신 고 금 액	
신 고 일 자	
유 효 기 간	
기 타 참 고 사 항	

신 고 기 관 :

* 음영부분은 기재하지 마십시오.   210㎜×297㎜

<첨부서류> 1. 거래 사유서   2. 금전대차 계약서
3. 대주 및 차주의 실체확인서류(법인등기부등본, 사업자등록증, 주민등록등본 등)
4. 보증 또는 담보 제공시 해당 신고서
5. 기타 신고기관의 장이 필요하다고 인정하는 서류

〔별지 제7-3호 서식〕

보 증 계 약 신 고 서			처리기간

신고인	상호 및 대표자 성 명		㉑
	주 소(소재지)		(전화번호 : 　　　　　) (E-mail : 　　　　　)
	업 종(직 업)		

신고내역	보 증 채 권 자		(□거주자/□비거주자)
	보 증 채 무 자		(□거주자/□비거주자)
	보 증 수 혜 자		(□거주자/□비거주자)
	보 증 금 액		
	보 증 기 간		
	보 증 용 도	□ 주채무계열소속 30대 계열기업체의 단기외화차입에 대한 보증 □ 비거주자간 거래에 대한 보증 □ 역외금융회사의 거래 및 채무이행에 관한 직·간접적 보증 □ 기타(　　　　　　　　　　　　　　)	
	상 환 방 법		

외국환거래법 제18조의 규정에 의하여 위와 같이 신고합니다.

년　　월　　일

한국은행총재(외국환은행장) 귀하

	신 고 번 호	
	신 고 금 액	
	신 고 일 자	
	유 효 기 간	
	기 타 참고사항	
신 고 기 관　　:		

* 음영부분은 기재하지 마십시오.　　　　　　　　　210㎜×297㎜

<첨부서류> 1. 보증 사유서　　　　　　　　2. 보증관련 계약서
　　　　　　3. 신고인 및 거래관계인의 실체확인서류(법인등기부등본, 사업자등록증 등)
　　　　　　4. 보증채무 이행에 따른 구상채권 회수방안
　　　　　　5. 기타 신고기관의 장이 필요하다고 인정하는 서류

〔별지 제7-4호 서식〕

(　　　　)매매 신고서		처 리 기 간

신청인	상 호 및 대 표 자 성 명	㉑		
	주 소 (소 재 지)	(전화번호)		
	업 종 (직 업)			
신청내역	매　　　　각　　　　인	(성명)	(주소)	(전화번호)
	매　　　　입　　　　인	(성명)	(주소)	(전화번호)
	매 매 대 상 물 종 류			
	매　　매　　금　　액	(미불화 상당액)		
	원　　화　　금　　액	(원 화 환 율)		
	매　　매　　사　　유			

외국환거래법 제18조의 규정에 의하여 위와 같이 신고합니다.

년　　　월　　　일

한국은행총재 귀하

	신 고 번 호	
	신 고 금 액	
	유 효 기 간	

년　　　월　　　일

신고기관 : 한국은행총재　　㉑

210mm×297mm

〈첨부서류〉　1. 계약서
　　　　　　　2. 신청인 및 거래 상대방의 실체를 확인하는 서류
　　　　　　　3. 기타 한국은행총재가 필요하다고 인정하는 서류

〔별지 제7-5호 서식〕

증 권 발 행 신 고 서		처 리 기 간	
신청인	상호 및 대표자 성명	㉑	
	주 소(소 재 지)	(전화번호)	
	업 종(직 업)		
대리인	상 호 기 타 명 칭		
	주 소	(전화번호)	
신청내역	증 권 종 류		액 면 금 액 및 수 량	
	발 행 금 액		발 행 방 법	(공모, 사모)
	계약체결시기 및 장소		발 행 시 기 및 장 소	
	상 장 여 부		(상장시 : 증권거래소)	
	표 면 금 리		발 행 가 격	
	만 기		해 외 판 매 여 부	
	배당금지급시기 및 방법			
	원 리 금 상 환 방 법			
	발 행 비 용	(All-in Cost :)		
	자 금 용 도			
	발 행 관 련 기 관			

외국환거래법 제18조의 규정에 의하여 위와 같이 신고 합니다.

년   월   일

기획재정부장관 귀하

(한국은행총재 또는 외국환은행의 장)

신 고 번 호	
신 고 금 액	
유 효 기 간	

년   월   일

신고기관 :   ㉑

210mm×297mm

〈첨부서류〉 1. 발행계획서 또는 제7-23조의 2의 규정에 의한 복수 거래소간 동시상장 계획서
        2. 기타 신고기관의 장이 필요하다고 인정하는 서류

[별지 제7-6호 서식]

<table>
<tr><td colspan="4" align="center">**증 권 취 득 신 고 서**</td><td colspan="2">처리기간</td></tr>
<tr><td rowspan="3">신
고
인</td><td colspan="2">상호 및 대표자 성
명</td><td colspan="3" align="right">㊞</td></tr>
<tr><td colspan="2">주   소(소재지)</td><td colspan="3">(전화번호 :   )
(E-mail :   )</td></tr>
<tr><td colspan="2">업   종(직   업)</td><td colspan="3"></td></tr>
<tr><td rowspan="9">신

고

내

역</td><td colspan="2">증 권 취 득 자</td><td colspan="3"></td></tr>
<tr><td colspan="2">증 권 취 득 상 대 방</td><td colspan="3"></td></tr>
<tr><td colspan="2">증 권 취 득 방 법</td><td colspan="3">□보유증권대가 교환방식 (□상장·등록증권간 교환/□기타 교환)
□현금 매수방식   □기타(   )</td></tr>
<tr><td colspan="2">증 권 종 류</td><td colspan="3">□직접기재 (   )
□비거주자발행 1년미만 원화 또는 원화연계외화증권</td></tr>
<tr><td colspan="2">액 면 가 액</td><td colspan="3"></td></tr>
<tr><td colspan="2">수   량</td><td colspan="3"></td></tr>
<tr><td colspan="2">취 득 단 가</td><td colspan="3"></td></tr>
<tr><td colspan="2">취 득 가 액</td><td colspan="3"></td></tr>
<tr><td colspan="2">취 득 사 유</td><td colspan="3"></td></tr>
<tr><td colspan="6">외국환거래법 제18조의 규정에 의하여 위와 같이 신고합니다.
                                      년   월   일
   기획재정부장관(한국은행총재 또는 외국환은행의 장) 귀하</td></tr>
<tr><td colspan="3" rowspan="6"></td><td colspan="2">신 고 번 호</td><td></td></tr>
<tr><td colspan="2">신 고 금 액</td><td></td></tr>
<tr><td colspan="2">신 고 일 자</td><td></td></tr>
<tr><td colspan="2">유 효 기 간</td><td></td></tr>
<tr><td colspan="2">기 타 참 고 사 항</td><td></td></tr>
<tr><td colspan="3" align="center">신 고 기 관 :</td></tr>
</table>

            * 음영부분은 기재하지 마십시오.   210mm×297mm

<첨부서류> 1. 증권취득 사유서   2. 증권취득 계약서
            3. 신고인 및 거래관계인의 실체확인서류(법인등기부등본, 사업자등록증 등)
            4. 기타 신고기관의 장이 필요하다고 인정하는 서류

〔별지 제7−7호 서식〕

파 생 상 품 거 래 신 고 서			처 리 기 간	
신고인	상호 및 대표자 성명			㉘
	주 소(소 재 지)		(전화번호 :) (E−mail :)	
	업 종 (직 업)			
거래상대방	상호및대표자성명			
	주 소(소 재 지)		(전화번호 :) (E−mail :)	
	업 종 (직 업)			
거래내용	거 래 기 초 자 산	□신용 □통화 □이자율 □주식 □상품 □기타( )		
	거 래 종 류	□ 선도거래 □ 선물거래 □ 스왑거래 □ 옵션거래 □ 신용파생상품거래(□보장매입 □보장매도)		
	계 약 (명 목) 금 액			
	만 기			
	세 부 내 용			
	거 래 특 이 사 항	□ 자본거래시 해당자본거래와 직접 관련되는 파생상품거래를 해당자 본거래의 당사자와 하는 거래 □ 액면금액의 100분의 20이상을 선급수수료로 지급하는 거래 □ 기 체결된 파생상품거래의 변경·취소·종료시 발생한 손실을 새로 운 파생상품거래의 가격에 반영하는 거래 □ 자금유출입·거주자와 비거주자간 금전대차 거래 관련 신고등의 절 차를 회피하기 위한 파생상품거래		

외국환거래법 제18조의 규정에 의하여 위와 같이 신고합니다.

년   월   일

한국은행총재 귀하

신 고 번 호	
신 고 금 액	
신 고 일 자	
유 효 기 간	
기 타 참 고 사 항	
신 고 기 관 :	

* 음영부분은 기재하지 마십시오.   210㎜×297㎜

<첨부서류> 1. 파생상품거래 사유서   2. 파생상품거래 계약서
          3. 신고인 및 거래관계인의 실체확인서류(법인등기부등본, 사업자등록증 등)
          4. 다른 자본거래와 관련 있는 파생상품거래의 경우 동 자본거래 관련 서류
          5. 기타 한국은행총재가 필요하다고 인정하는 서류

〔별지 제7－8호 서식〕

담 보 제 공 신 고 서		처 리 기 간

신고인	상호 및 대표자 성명	㉑
	주 소(소재지)	(전화번호 :) (E－mail :)
	업 종(직 업)	

신고내역	담 보 제 공 자	(□거주자/□비거주자)
	담 보 취 득 자	(□거주자/□비거주자)
	담보제공 수혜자	(□거주자/□비거주자)
	담 보 물 종 류	□부동산 □동산 □증권 □예금(현금) □기타( )
	담 보 소 재 지	
	수 량	
	담 보 가 액	
	담 보 제 공 기 간	
	담 보 제 공 용 도	□ 주채무계열소속 30대 계열기업체의 단기외화차입에 대한 담보제공 □ 비거주자간 거래에 대한 담보제공 □ 역외금융회사의 거래 및 채무이행에 관한 직·간접적 담보제공 □ 기타( )

외국환거래법 제18조의 규정에 의하여 위와 같이 신고합니다.

년 월 일

한국은행총재(외국환은행의 장) 귀하

신 고 번 호	
신 고 금 액	
신 고 일 자	
유 효 기 간	
기 타 참 고 사 항	
신 고 기 관 :	

* 음영부분은 기재하지 마십시오.   210㎜×297㎜

<첨부서류> 1. 담보제공 사유서   2. 담보제공 계약서
             3. 신고인 및 거래관계인의 실체확인서류(법인등기부등본, 사업자등록증 등)
             4. 담보물 입증서류
             5. 기타 신고기관의 장이 필요하다고 인정하는 서류

〔별지 제7-9호 서식〕

임 대 차 계 약 신 고 서			처 리 기 간	

신청인	상호 및 대표자 성명	㉑		
	주　소 (소 재 지)	(전화번호)		
	업　종 (직　업)			

신청내역	임　대　인	(성명)	(주소)	(전화번호)
	임　차　인	(성명)	(주소)	(전화번호)
	임 대 차 물 종 류			
	소　재　지			
	수　량			
	임 대 차 물 가 액	(임대차료)		
	임 대 차 기 간			
	임 대 차 사 유			

외국환거래법 제18조의 규정에 의하여 위와 같이 신고합니다.

년　　월　　일

한국은행총재　귀하
(외국환은행의 장)

신 고 번 호	
신 고 일 자	

신고기관 : 한국은행총재
(외국환은행의 장)

210mm×297mm

〈첨부서류〉　1. 임대차계약서
　　　　　　 2. 임대차물 증빙서류
　　　　　　 3. 임대차사유 증빙서류
　　　　　　 4. 기타 신고기관의 장이 필요하다고 인정하는 서류

〔별지 제7-10호 서식〕

<table>
<tr><td colspan="4" align="center">증 권 발 행 보 고 서</td></tr>
<tr><td rowspan="3">신 청 인</td><td>명   칭</td><td colspan="2"></td></tr>
<tr><td>대 표 자 성 명</td><td colspan="2" align="center">(서명)</td></tr>
<tr><td>주 사 무 소 소 재 지</td><td colspan="2" align="center">(전화번호)</td></tr>
<tr><td rowspan="2">대 리 인</td><td>상 호 및 대 표 자 성 명</td><td colspan="2" align="center">(인)</td></tr>
<tr><td>주   소 (소 재 지)</td><td colspan="2" align="center">(전화번호)</td></tr>
<tr><td rowspan="13">보 고 내 역</td><td>증   권   종   류</td><td>액 면 금 액 및 수 량</td><td></td></tr>
<tr><td>발   행   금   액</td><td>발   행   방   법</td><td>(공모, 사모)</td></tr>
<tr><td>계약체결시기 및 장소</td><td>발 행 시 기 및 장소</td><td></td></tr>
<tr><td>상   장   여   부</td><td colspan="2" align="center">(상장시 :   증권거래소)</td></tr>
<tr><td>표   면   금   리</td><td>발   행   가   격</td><td></td></tr>
<tr><td>만   기</td><td>해 외 판 매 여 부</td><td></td></tr>
<tr><td>배당금지급시기 및 방법</td><td colspan="2"></td></tr>
<tr><td>원 리 금 상 환 방 법</td><td colspan="2"></td></tr>
<tr><td>발   행   비   용</td><td colspan="2">(All-in Cost :   )</td></tr>
<tr><td>자   금   용   도</td><td colspan="2"></td></tr>
<tr><td>발 행 관 련 기 관</td><td colspan="2"></td></tr>
<tr><td>기   타</td><td colspan="2"></td></tr>
<tr><td colspan="4">외국환거래규정 제7-27조, 제7-29조 및 제7-30조 규정에 의하여 위와 같이 보고합니다.

 년   월   일
기획재정부장관   귀하</td></tr>
</table>

210mm×297mm

〈첨부서류〉 1. 계약서 사본 각 1부
　　　　　　 2. 발행조건 및 비용명세서
　　　　　　 3. 발행된 증권 견본 1매
　　　　　　 4. 기타 기획재정부장관이 필요하다고 인정하는 서류

〔별지 제7-11호 서식〕

증 권 대 차 계 약 신 고 서		처 리 기 간	
신고인	상호 및 대표자 성명		㉙
	주　　소 (소 재 지)	(전화번호 :　　　　　) (E-mail :　　　　　)	
	업　　종 (직　　업)		
신고내역	차　　입　　자		
	대　　여　　자		
	대차대상 증권종류		
	차 입 (한 도) 금 액		
	차　　입　　수　　량		
	차　　입　　목　　적	□위험회피거래　　　□차익거래　　　□투기거래 □기타(　　　　　　　　　　　　　　　　)	
	차　　입　　기　　간		

외국환거래법 제18조의 규정에 의하여 위와 같이 신고합니다.

년　　월　　일

한국은행총재 귀하

	신　고　번　호	
	신　고　금　액	
	신　고　일　자	
	유　효　기　간	
	기 타　참 고 사 항	
	신 고 기 관　:	

* 음영부분은 기재하지 마십시오.　　　　　　210㎜×297㎜

<첨부서류> 1. 증권대차 사유서　　　　　　　2. 증권대차 계약서
　　　　　3. 신고인 및 거래관계인의 실체확인서류(법인등기부등본, 사업자등록증 등)
　　　　　 4. 기타 신고기관의 장이 필요하다고 인정하는 서류

〔별지 제9-1호 서식〕

<table>
<tr><td colspan="5" align="center">**해 외 직 접 투 자 신 고 서(보고서)**</td><td>처리기간</td></tr>
<tr><td rowspan="6">신
고
인
(보
고
인)</td><td colspan="2">상   호</td><td></td><td>사 업 자 등 록 번 호</td><td></td></tr>
<tr><td colspan="2" rowspan="2">대 표 자</td><td rowspan="2">(인)</td><td>법 인 등 록 번 호</td><td></td></tr>
<tr><td>주 민 등 록 번 호</td><td></td></tr>
<tr><td colspan="2">소   재   지</td><td colspan="3">전화번호 :</td></tr>
<tr><td colspan="2">업   종</td><td colspan="3"></td></tr>
<tr><td colspan="5"></td></tr>
</table>

<table>
<tr><td rowspan="8">해
외
직
접
투
자
내
용</td><td>투 자 국 명</td><td></td><td>소   재   지</td><td></td></tr>
<tr><td>투 자 방 법</td><td></td><td>자   금   조   달</td><td></td></tr>
<tr><td>투 자 업 종</td><td></td><td>주   요   제   품</td><td></td></tr>
<tr><td>투 자 금 액</td><td></td><td>출   자   금   액</td><td></td></tr>
<tr><td>투 자 비 율</td><td></td><td>결   산   월</td><td></td></tr>
<tr><td>투 자 목 적</td><td colspan="3"></td></tr>
<tr><td>현 지 법 인 명
(영   문)</td><td colspan="3">(자본금 :   )</td></tr>
</table>

외국환거래법 제18조의 규정에 의거 위와 같이 신고(보고)합니다.

년   월   일

외국환은행의 장 귀하

<table>
<tr><td rowspan="3">위와 같이 신고(보고)되었음을 확인함</td><td>신   고   번   호</td><td></td></tr>
<tr><td>신   고   금   액</td><td></td></tr>
<tr><td>유   효   기   간</td><td></td></tr>
</table>

피신고(보고)기관 : 외국환은행의 장

210㎜×297㎜

〈첨부서류〉 1. 사업계획서(자금조달 및 운영계획 포함)
            2. 합작인 경우 당해 사업에 관한 계약서
            3. 외국환거래법 시행령 제8조제1항제4호에 규정한 금전의 대여에 의한 해외직접투자인
               경우에는 금전대차계약서
            4. 해외투자수단이 해외주식인 경우, 당해 해외주식의 가격적정성을 입증할 수 있는 서류
            ※ 업종은 통계청 한국표준산업분류표상 세세분류코드(5자리) 및 업종명을 기재
            ※ 출자금액란에는 액면가액과 취득가액이 상이한 경우 액면가액을 기재

유 의 사 항

1. 본 신고 금액은 외국환은행의 장의 확인을 받아 투자(송금)하되 투자(송금)후 즉시 동 사실을 관계증빙 첨부하여 당행에 보고하여야 함

2. 본 신고(보고) 내용을 변경하는 경우에는 「외국환거래규정」 제9-5조제2항에 의거 변경사유가 발생한 후 3개월 이내에 피신고(보고)기관에 해외직접투자 내용변경 보고를 하여야 함. 다만, 해외직접투자를 한 거주자가 다른 거주자에게 당해 주식 또는 지분을 매각하는 경우에는 즉시 당해 신고기관의 장에게 보고하여야 함

3. 「외국환거래규정」 제9-9조에 의거 다음의 보고서를 당행에 제출할 것
   (1) 외화증권(채권)취득보고서(현지법인 및 개인기업 설립보고서 포함)
      : 투자금액 납입 또는 대여자금 제공 후 6월 이내
   (2) 연간 사업실적보고서 : 회계기간 종료 후 5월 이내
      · 투자금액이 미화 100만불 이하인 경우 연간 사업실적보고서는 현지법인 투자현황표로 대신할 수 있음

4. 결산 후 배당금은 전액 현금으로 국내로 회수하거나 인정된 자본거래로 전환할 수 있음

5. 다른 법령에 의하여 허가 등을 요하는 경우에는 그 허가 등을 받아야 함

6. 본 신고 후 「신용정보의이용및보호에관한법률」에 의한 금융거래 등 상거래에 있어서 약정한 기일 내에 채무를 변제하지 아니한 자로서 종합신용정보집중기관에 등록된 자로 규제될 경우 또는 조세체납의 경우 신고금액중 미송금액은 그 효력을 상실함

〔별지 제9－2호 서식〕

역외금융회사 [현지법인금융기관]투자 신고서	처 리 기 간

1. 투자자 현황

상 호 (대표자)	(	)	설 립 년 월 일	
소 재 지(주 소)				
투 자 자 규 모	□ 대기업 □ 중소기업			
총 자 산	백만원	자기자본(자본금)		( ) 백만원
업 종		담 당 자 및 연 락 처		

2. 현지법인 현황
(단위 : 미불)

법 인 명		설 립(예정)일	
대 표 자		업 종	
소 재 국(세부주소)	( )		
총 자 본 금		종 업 원 수	한국인 명, 현지인 명
투 자 형 태주1)	□ 단독투자 □ 공동투자 □ 합작투자(한국측 총지분율; %)		
주투자자 내역	상 호	사 업 자 번 호	
	대 표 자 명	법 인 등 록 번 호	
법 인 성 격	□ 실제 영업법인 □ 특수 목적회사(SPC) – 최종 투자 목적국 : – 최종 투자 업종 :	설 립 형 태	□ 신설법인 설립 □ 기존법인 지분인수 – 지분인수비율 : %
지 배 구 조	□ 비지주회사 □ 지주회사(자회사수: 개, 주된 매출 자회사 업종 :)		
투 자 목 적			

주1 "공동투자"라 함은 국내투자자와 공동으로 투자하는 경우를 의미하며 "합작투자"라 함은 비거주자와 합작으로 투자하는 경우를 의미함.

3. 투자 방법
① 지분투자
(단위 : 미불)

취득증권	증권종류	주수	액면		취득가액	
			주당액면	합계	주당가액	합계
	투 자 비 율(%)					
	취득가액이 액면과 상이할 경우 그 산출근거					

출 자 형 태	① 현　　　금		② 현　　　물	
	③ 주　　　식		④ 이익잉여금	
	⑤ 기 타(　　　)			
합　　　계	(①＋②＋③＋④＋⑤)			

출 자 자 명	출 자 전		금 회 출 자		출 자 후	
	금 액	비율(%)	금 액	비율(%)	금 액	비율(%)
한국측						
소 계(①)						
현지측 (②)						
제3국 (③)						
합 계(①＋②＋③)		100.0		100.0		100.0

② 대부투자　　　　　　　　　　　　　　　　　　　　　　(단위 : 미불)

대　　부　　액		자 금 용 도	
이　　　　율		기　　　　간	년 월 일 ~ 년 월 일
원 금 상 환 방 법		이자징수방법	
대 부 자 금 조 달 방 법	자 기 자 금		차　입　금	

外국환거래법 제18조의 규정에 의하여 위와 같이 신고합니다.
　　　　　　　　　년　　　　　월　　　　　일
　　　　　　　　　신고인　　　　　㊞　　(전화번호　　　　　　　)
　한국은행 총재(외국환은행의 장)　귀하

신 고 (수 리) 번 호	
신 고 (수 리) 금 액	
유　효　기　간	

　　　　　　　　　　　　　　　　　　　　　　년　　　　　월　　　　　일

　　　　　　　신고기관 : 한국은행총재(외국환은행의　　　　　　장)

(인)

210㎜×297㎜

〈첨부서류〉 : 1. 현지법인의 향후 3년간의 사업계획서·예상수지계산서 및 배당계획서
　　　　　　　 2. 투자에 소요될 외화경비명세서 및 경비조달계획서
　　　　　　　 3. 현지법인의 최근 대차대조표·손익계산서 및 이사회의사록

〔별지 제9-3호 서식〕

역외금융회사(현지법인금융기관) [지 점 자회사 손회사] 설립보고	처리기간

(담당자명 :   전화번호 :   )

1. 현지법인 현황

현 지 법 인 명		대 표 자	
소 재 지(주 소)			
총 자 산		자 본 금	
업 종(제 품)		설 립 등 기 일	

2. 자회사 현황

설 치 구 분	□ 지점 설립, □ 자회사 설립, □ 손회사 설립, □ 손자회사 설립		
자 회 사 명		대 표 자	
소 재 지(주 소)		설 립(예정)일	
자 본 금		종 업 원 수	한국인 명, 현지인 명
투 자 형 태	□ 단독투자 □ 합작투자(지분율 : %)	업 종	

법 인 성 격	□ 실제 영업법인
	□ 특수 목적회사(SPC)
	  - 최종 투자 목적국 :
	  - 최종 투자 업종 :
		설 립 형 태	□ 신설법인 설립
			□ 기존법인 지분인수
			  -
			      지분인수비율:
			      %

3. 투자 내용

(단위 : 미불)

취 득 증 권	증권종류	주수	액면		취득가액	
			주당액면	합계	주당가액	합계
	투 자 비 율(%)					
	취득가액이 액면과 상이할 경우 그 산출근거					

외국환거래규정 제9-15조의2제3항의 규정에 의하여 위와 같이 보고합니다.
                                    년   월   일
                  보고인   ㉑   (전화번호   )
      한국은행총재(외국환은행의 장) 귀하		

	신고(수리)번호	
	신고(수리)금액	
	유 효 기 간	
		년 월 일
신고기관 : 한국은행총재(외국환은행의 장) (인)		

210mm×297mm

〈첨부서류〉 : 1. 향후 3년간의 사업계획서 및 예상수지계산서(지점·자회사 또는 손회사의 설지 또는
        설립의 경우에 한함)
      2. 당해 자회사 또는 손회사의 향후 3년간의 배당계획서
      3. 지점의 설치 자회사 또는 손회사에의 투자에 소요될 외화경비명세서 및 동 경비조
        달 계획서
      4. 당해 자회사 또는 손회사의 최근 대차대조표·손익계산서 및 이사회의사록

〔별지 제9－4호 서식〕

역외금융회사(현지법인금융기관)등의 　〔 변경보고서 〕 폐지보고서					처리기간	
투 자 자	①상　　　　호(본점)					
	②대　표　자(본점)					
	③소　재　지(본점)					
설치(설립)내 역	④구　　　　　　분	□ 현지법인　　□ 지점　　□ 자회사 □ 손회사　　□ 손자회사				
	⑤상　　　　　　호		⑥설립연월일		년　월　일	
	⑦대　　표　　자		⑧국　　　　　적			
	⑨소　　재　　지					
	⑩자　　본　　금		⑪변　　　　　경 　(폐지)일　　자		년　월　일	
	⑫사　업　내　용					
신　　고　　내　　용						
⑬변　　경　　전			⑭변　　경　　후			
⑮변　경(폐　지)사　유						

외국환거래규정 제9－15조의2제4항의 규정에 의하여 위와 같이 보고합니다.

　　　　　　　　　　　　　　　　　　　　　　　　년　　　　월　　　　일

　　　　　　　　　　　　　　　　　보고인　　　　　　　　　　⑪
　　　　　　　　　　　　　　　　　(전화번호　　　　　　　　　)

　한국은행총재(외국환은행의 장)　귀하

	신 고 (수 리) 번 호	
	신 고 (수 리) 금 액	
	유　효　기　간	

　　　　　　　　　　　　　　　　　　　　　　　　년　　　　월　　　　일

　　　　신고기관 :　한국은행총재(외국환은행의 장)　　(인)

210㎜×297㎜

〈첨부서류〉 : 1. 당해 현지법인금융기관등의 최근 대차대조표 및 손익계산서
　　　　　　　2. 또는 폐지사유에 관한 증빙서류

〔별지 제9-8호 서식〕

외국기업국내지사설치신고서			처 리 기 간	
외국기업내용	① 상 호 (본점)		② 설 치 년 월 일	년 월 일
	③ 대 표 자(본점)			
	④ 소 재 지(본점)			
	⑤ 사 업 내 용			
	⑥ 자 본 금			
국내지사내용	⑦ 상 호			
	⑧ 대 표 자		주 민 등 록 번 호 (또 는 국 적)	
	⑨ 소 재 지			
	⑩ 영 위 업 종			
	⑪ 설 치 구 분	□ 지점	□ 사무소	

　　　외국환거래법 제3조제1항제19호마목 및 외국환거래법시행령 제9조
　　제2항제6호의 규정에 의하여 위와 같이 신고합니다.

년　　　월　　　일

신 고 인　　　　　　　㊞

기획재정부장관 귀하　　　　　　(또는 대리인)
(외국환은행의 장)

※ 이 신고서는 외국기업의 국내지사 설치에 관한 신고에 관한 것으로써, 해당 업종에 대한 영업
　　인 · 허가 등을 의미하지 않음을 알려드립니다.

	신 고 번 호	
	신 고 일 자	

신고기관 : 기획재정부장관
(외국환은행의 장)

210㎜×297㎜

〈첨부서류〉　1. 본점인 외국법인의 명칭·소재지 및 주된 영위업무의 내용을 증빙하는 서류
　　　　　　2. 다른 법령의 규정에 의하여 그 설치에 관한 허가·인가·특허·승인·신고·등록 등을 요하는
　　　　　　　　경우에는 그 사실을 증빙하는 서류
　　　　　　3. 국내에서 영위하고자 하는 업무의 내용과 범위에 관한 명세서

〔별지 제9-9호 서식〕

외 국 기 업 국 내 지 사 변 경 신 고 서		처 리 기 간

국 내 기 업	① 상 호	
	② 대 표 자	
	③ 소 재 지	
	④ 업 종	

변　　경　　내　　용	
⑤ 이미 신고된 사항	⑥ 변경하고자 하는 사항

변 경 사 유	

외국환거래규정 제9-33조의 규정에 의하여 위와 같이 신고합니다.

　　　　　　　　　　　　　년　　　　　월　　　　　일

　　　　　　　　　신 고 인　　　　　　　　㊞
　　　　　　　　　(또는 대리인)
　　　　　　　　　(전화번호　　　　　　　　)

기획재정부장관 귀하
(외국환은행의 장)

	신 고 번 호	
	신 고 일 자	

　　　　　　　　신고기관 : 기획재정부장관
　　　　　　　　　　　　　　(외국환은행의 장)

210㎜×297㎜

〈첨부서류〉　1. 외국기업국내지사설치신고서 사본
　　　　　　　2. 변경사유서
　　　　　　　3. 사업계획서(지사의 업무내용 변경시)

〔별지 제9－10호 서식〕

<table>
<tr><td colspan="2" rowspan="2">외국기업국내지사 결산순이익금 송금신청서</td><td>처 리 기 간</td></tr>
<tr><td></td></tr>
<tr><td>① 상　　　호 (본 점)</td><td colspan="2"></td></tr>
<tr><td>② 대　표　자 (본 점)</td><td colspan="2"></td></tr>
<tr><td>③ 본 점 소 재 지</td><td colspan="2"></td></tr>
<tr><td colspan="3" align="center">신　　　청　　　내　　　용</td></tr>
<tr><td>④ 송　　금　　액</td><td colspan="2">억원(U$　　　　상당)</td></tr>
<tr><td>⑤ 송 금 예 정 일 자</td><td colspan="2"></td></tr>
<tr><td>⑥ 송 금 액 산 출 근 거</td><td colspan="2"></td></tr>
<tr><td>⑦ 결　산　기　간</td><td colspan="2">년　　　월　　　일　～　　　년　　　월　　　일</td></tr>
<tr><td colspan="3">
　　　　외국환거래법 제18조 및 외국환거래규정 제9－35조의 규정에 의하여
위와 같이 신청합니다.

　　　　　　　　　　　　　　　　　　　　　　년　　　월　　　일

　　　　　　　　　주　　　소
　　　　　　　　　신 청 인　　　　　　⑩
　　　　　　　　　(전화　　　　　　　　　)

외국환은행의 장 귀하
</td></tr>
</table>

210mm×297mm

〈첨부서류〉 1. 당해 지점의 대차대조표 및 손익계산서
　　　　　　2. 납세증명
　　　　　　3. 당해 회계기간의 순이익금의 영업자금도입액에 대한 비율이 100분의 100 이상이거나
　　　　　　　 순이익금이 1억원을 초과하는 경우에는 공인회계사의 감사보고서

〔별지 제9－11호 서식〕

외 국 기 업 국 내 지 사 폐 쇄 신 고 서		처리기간	
국 내 기 업	① 상 호		
	② 대 표 자		
	③ 소 재 지		
	④ 업 종		
	⑤ 폐 쇄 구 분	□ 지점 □ 사무소	
폐 쇄 일 자			
폐 쇄 사 유			

외국환거래규정 제9－37조의 규정에 의하여 아래와 같이 폐쇄신고합니다

년   월   일

신 고 인   ㉑
(또는 대리인)

기획재정부장관 귀하
(외국환은행의 장)

위와 같이 신고되었음을 확인함	신 고 번 호	
	신 고 일 자	

신고기관 : 기획재정부장관
(외국환은행의 장)

210㎜×297㎜

〈첨부서류〉 1. 국내지사설치신고서 원본
            2. 폐쇄사유에 관한 증빙서류

〔별지 제9－12호 서식〕

<table>
<tr><td colspan="3" align="center">**부동산취득신고[수리]서**</td><td>처 리 기 간</td></tr>
<tr><td rowspan="3">신
청
인</td><td colspan="2">상호 및 대표자 성명</td><td align="center">㊞</td></tr>
<tr><td colspan="2">주　　소 (소 재 지)</td><td>(전화번호)</td></tr>
<tr><td colspan="2">업　종 (직　업)</td><td></td></tr>
<tr><td rowspan="8">신
청
내
역</td><td colspan="2">취　　　　　득　　　　　인</td><td>(성명)　　　(주소)　　　(전화번호)</td></tr>
<tr><td colspan="2">취　득　상　대　방</td><td>(성명)　　　(주소)　　　(전화번호)</td></tr>
<tr><td colspan="2">부 동 산 의 종 류</td><td></td></tr>
<tr><td colspan="2">소　　　재　　　지</td><td></td></tr>
<tr><td colspan="2">면　　　　　　　적</td><td></td></tr>
<tr><td colspan="2">취　득　가　액</td><td>(취득단가)</td></tr>
<tr><td colspan="2">취　득　기　간</td><td></td></tr>
<tr><td colspan="2">취　득　사　유</td><td></td></tr>
</table>

외국환거래법 제18조의 규정에 의하여 위와 같이 신고합니다.

년　　월　　일

한국은행총재 귀하
(외국환은행의 장)

신청(신고)인 귀하
위의 신고를 다음과 같이 신고수리함.

신고 (수 리) 번호	
신고 (수 리) 금액	
유 효 기 간	

신고수리 조건 :　　　　　　　　　　년　　월　　일
신고수리 기관 : 한국은행총재　㊞
(외국환은행의 장)

210mm×297mm

〈첨부서류〉　1. 부동산매매계약서
　　　　　　2. 부동산감정서
　　　　　　3. 기타 부동산 취득신고수리시 필요한 서류

부록 2. 환전영업자 관리에 관한 고시

[별지 제1호서식] 환전영업자 등록증

제   호

환전영업자 등록증

1. 환전영업자명 :

2. 대   표   자 :

3. 소   재   지 :

4. 개업(설립)일 :

5. 허 용 업 무

※ 환전업무 구분에 따라 허용업무는 변경될 수 있음.
   (뒷면「환전업무 구분 및 허용업무 범위」참조)

「외국환거래법」제8조, 같은 법 시행령 제15조 및 「외국환거래규정」
제2-28조에 따라 위와 같이 환전영업자로 등록하였음을 증명함

년   월   일

○ ○ 세 관 장

[뒷면]

환전업무 구분 및 허용업무 범위

☐ 환전업무별 구분 및 업무구분에 따른 허용업무는 다음과 같으며, 각 환전업무는 개별
적으로 수행 또는 겸업할 수 있다.

  1. 일반 환전영업자 : ①,②,④

  2. 카지노 환전영업자 : ①,②,③,④

  3. 무인환전기기 환전영업자 : ⑤

  4. 온라인 환전영업자 : ⑥

[환전영업자 허용 업무]

① 외국통화 및 외국에서 발행한 여행자수표의 매입

② 비거주자에 대한 재환전(최근 입국일이후 외국환 매각실적 범위내)

③ 비거주자 및 외국인에 대한 재환전(당해 환전영업자의 카지노에서 획득한 금액 또는 미사용
   금액)

④ 동일자·동일인 기준 미화 2천달러 이하의 외국통화 매각(환전장부를 전산관리하는 환전영
   업자는 미화 4천달러 이하)

⑤ 등록된 무인환전기기를 이용한 환전거래로서 동일자·동일인 기준 미화 2천달러 이하 외국
   통화 등의 매입 또는 매각

⑥ 온라인(인터넷, 앱 등)을 이용한 환전거래로서 동일자·동일인 기준 미화 2천달러 이하
   외국통화 등의 매입, 매각

☐ 환전업무 중 2가지 이상의 업무를 등록하는 경우에는 해당 업무별 허용업무를 모두 포함한
범위를 허용업무로 한다.

〈 예시 〉 일반 및 무인환전기기 환전영업자를 겸업하는 경우 허용업무 범위
: 일반 환전영업자 허용업무(①,②,④)와 무인환전기기 환전영업자 허용업무(⑤)를 합친 ①,②,④,
  ⑤가 된다.

[별지 제2호 서식] 본사 소재지 세관에 대한 일괄 등록·변경·폐지 신청서

환전영업자 일괄 등록·변경·폐지 신청서

1.신청인

상호	사업자번호 (법인등록번호)	환전영업자 등록번호	대표자

2. 환전영업자 본사 소재지 세관 일괄 등록·변경·폐지 신청내역

상호명	소재지	환전영업자 등록번호	본사 소재지 세관

  환전영업자 관리에 관한 고시 제4조 제3항의 규정에 따라 관할세관이 다른 상기 영업장에 대한 환전영업자 등록 · 변경 · 폐지를 본사 소재지 관할세관에 일괄 신청하고자 합니다.

년   월   일

신청인   ㊞

(전화   )

○ ○ 세 관 장 귀하

[별지 제3호 서식] 환전증명서 관리대장

환전증명서 관리대장

환전영업자명 :

교부 또는 반납일자	교부증명서번호	반납·폐기증명서 번호	확인 (날인 또는 서명)	
			환전영업자	은행 담당자

[별지 제4호 서식] 환전업무현황

환전영업자명			환전등록번호	
업무종류구분코드			작성기준일	
보고서종류			보고주기	반기
작성기관		*지정거래외국환은행(대리보고)*		
	소　속	직책	성　명	전화번호
작성자	은행　　　부(점)			
확인자	은행　　　부(점)			

환전영업자 업무현황보고서

(단위 : US 1$)

통화 종류별 ＼ 구분	전반기말 시재금 (A)	외국환 매입 (B)		외국환 매각 (C)		예치액		금반기말 시재금(E) (A+B−C −D)
		대고객 (환전)	대외국환 은 행	대고객 (환전· 재환전)	대외국환 은 행	반기중 증감(D)	예치 잔액	
USD								
JPY								
CNY								
EUR								
기타								
합계								

주 : 미「달러」이외의 이종통화에 대한 대미「달러」환산은 해당반기 말일 현재 외국환중개회사의 장이 고시하는 환산율을 적용

* 이 보고는 「환전영업자 관리에 관한 고시」제11조 제2항에 따른 보고로서 제출시한은 반기 익월 10일까지입니다.

〈참고〉

환전업영자 업무현황 보고서 작성시 확인사항

1. 합계란에 공란이 없어야 함

2. 미달러 이외의 이종통화는 해당 반기 말일 현재 외국환중개회사의 장이 고시하는 환산율(Cross rate) 적용

3. 환전영업자가 지정거래외국환은행을 방문하여 확인을 받을 것(지정거래외국환은행은 작성자란 및 확인자란 기입)

4. 환전영업자명과 환전등록번호를 반드시 기재

[별지 제5호 서식] 이행보증금 예탁신청서

이행보증금 예탁신청서

1.신청인

상호	환전영업자 등록번호	대 표 자

2. 예탁금 신청내역

일 금	원정
예 탁 방 법	① 전부 인허가보증보험
	② 전부 현금*
	③ 일부 인허가보증보험 및 일부 현금*

* 원칙적으로 계좌이체

　위 금액(현금, 인허가보증보험증권)을 외국환거래규정 제2-29조 제9항 제4호, 환전영업자 관리에 관한 고시 제8조 제8항 제1호 및 제8조의2 제1항의 규정에 의한 이행보증금으로 예탁합니다.

년　　　월　　　일

신청인　　　　　㉑

(전화　　　　　　)

○ ○ 세 관 장 귀하

〈첨부서류〉 이행보증금의 일부 또는 전부를 인허가보증보험증권으로 예탁할 경우 당해 인허가보증보험증권 사본

[별지 제6호 서식] 이행보증금 산정보고서

이행보증금 산정보고서

외국환거래규정 제2-29조 제9항 제4호 및 환전영업자 관리에 관한 고시 제8조의2 제4항에 따라 이행보증금 산정, 예탁 근거 및 내역을 다음과 같이 보고합니다.

1. 보고인

상호	환전영업자 등록번호	대 표 자	연락처(전화번호)
			사무실 : (휴대폰 :)
주소	(우편번호 : -)		비 고

2. 이행보증금 산정, 예탁 근거 및 내역

(단위 : 원)

해당 월	직전월 전체 일수 (a)	직전월 고객에게 매각을 요청받은 총액 (b)	최소 이행보증금 계산금액 ($\frac{b}{a} \times$ 예약가능일자[*])	실제			비고
				이행보증금 예탁총액 (=c+d)	예탁유형		
					보험보장금액 (c)	현금 (d)	

* 환전영업자가 환전예약을 받을 수 있는 예약가능 최대 일자

년   월   일

보고인   ㉺

(전화   )

○ ○ 세 관 장 귀하

[별지 제7호 서식] 이행보증금 지급신청서

이행보증금 지급신청서

외국환거래규정 제2-29조 제9항 제4호 및 환전영업자 관리에 관한 고시 제8조의3 제1항에 따라 아래와 같이 이행보증금의 지급을 신청합니다.

1. 신청대상 온라인 환전영업자

상호	온라인 환전영업자 등록번호	대표자	주 소	비 고
			(우편번호 : -) (전화번호 : - -)	

2. 신청내용
가. 신청인

성명 또는 상호	주민등록번호 또는 법인등록번호	주 소	비 고
		(우편번호 : -) (전화번호 : - -)	

나. 신청내용

1. 거래일자 및 신청금액	
2. 상세 신청사유	
3. 기타 참고사항	

다. 신청인 명의 이행보증금 입금계좌번호 :

년   월   일

신청인   ㉑

(전화   )

○ ○ 세 관 장 귀하

〈첨부서류〉 1. 신청인 본인임을 확인할 수 있는 서류(신분증 사본 등)
2. 외국환거래법 시행령 제17조의3 제1항 각 호의 해당사유가 발생하였음을 입증하는 서류

[별지 제8호 서식] 이행보증금 반환신청서

이행보증금 반환신청서

외국환거래규정 제2-29조 제9항 제4호 및 환전영업자 관리에 관한 고시 제8조의4 제2항에 따라 아래와 같이 이행보증금의 반환을 신청합니다.

1. 반환신청 온라인 환전영업자

상호	온라인 환전영업자 등록번호	대표자	주　　　　　　　소	비 고
			(우편번호 :　　　 -　　) (전화번호 :　　 -　　 -　　　)	

2. 신청내용

1. 신청금액	
2. 신청사유	①폐지 ②파산 ③해산 ④합병 소멸 ⑤등록취소 ⑥이행보증금 초과적립
3. 기타 참고사항	

3. 온라인 환전영업자 명의 이행보증금 입금계좌번호 :

년　　　월　　　일

신청인　　　　　　　　㉑

(전화　　　　　　　　)

○ ○ 세 관 장 귀하

〈첨부서류〉 환전영업자 관리에 관한 고시 제8조의4 제1항 각 호의 해당사유가 발생하였음을 입증하는 서류

[별지 제9호 _ 서식] 환전영업자의 업무 검사 통지서

![관세청] **세 관 명**   *UNI-PASS*

수신자

(경유)

제목   환전영업자의 업무 검사 통지서

「외국환거래법」 제20조와 같은 법 시행령 제35조 및 「환전영업자 관리에 관한 고시」 제15조, 특정 금융
거래정보의 보고 및 이용 등에 관한 법률 제15조 제6항, 같은 법 시행령 제15조 제3항에 따라 아래와
같이 환전영업자의 업무 검사계획을 통지합니다.

- 아   래 -

검사사유	
검사방법	※실지검사 또는 서면검사를 기재
검사일정	
검사대상기간	
검사공무원	

○ ○ 세 관 장

기안자	직위(직급) 서명	검토자	직위(직급) 서명	결재권자	직위(직급) 서명

협조자

시행   처리과-일련번호 (시행일자)   접수   처리과명-일련번호 (접수일자)

우 00000   (주소)   / 홈페이지 주소

전화 000-000-0000   전송 000-000-0000 /   기안자의 공식전자우편주소   / 공개구분

[별지 제10호 서식] 환전업무 자율점검표(환전영업자용)

환전업무 자율점검표

제출일자 : 20 . . .
환전영업자명 :
점검자명 :

점 검 항 목	점검결과	비 고
I. 등록 또는 신고사항		
□ 현재 영업소 명칭이 세관에 등록된 명칭과 동일한가?		
□ 현재 영업 중인 영업장이 세관에 등록한 영업장과 동일한 장소인가? 　－ [온라인 환전영업자] 사무실 또는 전산서버 소재지 　－ [무인환전기기 환전영업자] 무인환전기기 설치 장소		
□ 현재 전산설비(PC 등)가 구비되어 있고 정상 작동되고 있는가? 　－ [온라인/무인환전기기] 고시 제8조제3항에서 요구되는 전산설비 　　요건을 유지하고 있는가?		
□ 현재 환전업무가 허용된 업무 범위내에서 수행되고 있는가?		
○ 재환전 한도(비거주자의 외국환 매각실적 범위내) 초과		
○ <u>재환전을 제외한</u> 미화 2천불(동일자·동일인 기준, 환전장부전산관리업자의 경우 <u>미화 4천불</u>)을 초과한 외국통화 매각		
○ [온라인] 미화 2천불(동일자·동일인 기준) 초과한 매입·매각		
○ [무인환전기기] 미화 <u>2천불</u>(동일자·동일인 기준) 초과한 매입·매각		
○ 기타 법령상 불인정되는 방법으로 환전업무 수행		
□ (※ 온라인 환전영업자의 경우에 한함) 　1. 약관의 제정/변경시 적법한 절차대로 이행하였는가?		
○ 약관 제정 여부 및 관할세관의 심사 이행 여부		
○ 약관 변경(제정)시 관련서류의 제출 여부(시행예정 30일전까지)		
2. 이행보증금 예탁 등 환전거래의 안정성이 확보되었는가?		
○ 환전금액 고객 지급시까지 제3자에게 예치 여부(에스크로 등)		
○ 이행보증금 등 예치 여부 및 산정금액의 적정성		
○ 보증보험 가입 여부 및 산정금액의 적정성		
□ (※ 무인환전기기 환전영업자의 경우에 한함) 　고객 불편 해소를 위한 고객지원센터 등을 운영하고 있는가?		
○ 고객지원센터 운영방안의 적정 여부(운영시간 등)		
○ 무인환전기기 고장 등에 대비한 긴급복구체계 마련 여부		

* 점검결과란에 해당사실이 있거나 맞는 경우 'O', 없거나 틀린 경우 'X' 기재

점 검 항 목		점검결과	비고
☐ 현재 환전업무를 영위하지 않는 경우(세무서에 환전업 폐업 신고한 경우 포함) 세관에 폐지신고를 하였는가?			
○ 현재 환전영업 중으로 해당사항 없음			
○ 환전업무 비영위	－ 폐지신고 이행		
	－ 폐지신고 미이행		

Ⅱ. 업무내용

점 검 항 목		점검결과	비고
☐ 환전영업자의 표지, 당일의 외국환 매매율 등을 영업장에 게시하거나 고객이 쉽게 인지할 수 있는 형태로 제공하고 있는가 － [온라인/무인환전기기] 전자적 방식도 허용			
○ 환전영업자 등록증 비치			
○ 환전영업 영위 표시(한글 및 외국어)			
○ 당일의 외국환매매율 게시 또는 공지			
☐ 환전거래내역을 환전장부에 성실하게 기록(한글·영어)하고 있는가? － [온라인/무인환전기기] 전산서버 기록자료 확인			
○ 환전장부 비치(작성)하지 않음(전산서버에 기록되지 않음)			
○ 환전장부를 기록 (작성) 또는 전산 서버에 기록된 경 우	－ 항목 누락없이 성실하게 기재		
	－ 기재 안함		
	－ 환전일자·고객 인적사항·금액 등 허위기재		
	－ 항목 누락, 한글·영어외 사용 등 부실기재		
☐ 환전장부 및 기타 환전관련서류를 5년간 보존하고 있는가? ＊ 보존형태 : 출력물(　　), 엑셀 등 전산파일(　　)			
☐ 거래외국환은행을 통해서만 외국통화 등의 매입·매각업무를 수행하고 있는가?			
○ 거래외국환은행 지정 여부			
○ 거래외국환은행이 아닌 타은행 등을 통한 매입/매각거래			
☐ 환전증명서는 고시 규정에 맞게 사용하고 있는가?			
○ 환전증명서의 사용 여부 － [온라인/무인환전기기] 해당사항 없음			
○ 환전증명서 사용 규정 준수	－ 동일 번호의 환전증명서 1조 사용		
	－ 금액 정정 및 누락, 허위기재 여부		
	－ 미사용·폐기 환전증명서 반납 여부		

점 검 항 목	점검결과	비고
□ (※이행보증금 예탁/보증보험 가입한 온라인 환전영업자의 경우에 한함) 이행보증금 재산정시 절차대로 이행하였는가?		
○ 예탁(보증)금액이 부족한 경우 7일이내 부족분 충당 여부		
○ 이행보증금 재산정 내역 기한내 제출 여부 (매분기 마지막날로부터 10일 이내)		
○ 이행보증금 재산정 금액의 적정 여부		
□ (※ 온라인 환전영업자의 경우에 한함) 환전거래 시 고객 확인업무가 적법하게 수행되고 있는가?		
○ 환전계약 체결시 고객정보 확인 여부(확인방식 구분)		
① 고객의 고유 식별정보(여권번호, 주민등록번호 등) 확인		
② 제시된 비대면 실명인증방식 중 2개 이상의 인증방식을 통한 고객 실명 확인		
○ [①의 경우] 지급 시 대면 확인(실명확인증표)을 통한 고객 일치 여부 확인 여부		
○ [②의 경우] 지급 시 신분증 스캔, 인증번호 또는 주민등록번호 입력 등 간소한 방법을 통한 비대면 확인 여부		

Ⅲ. 보고의무 이행 등

점 검 항 목	점검결과	비고
□ 동일자·동일인 기준 매입금액이 미화 1만불을 초과한 경우 매각신청서 사본을 익월 10일 이내에 국세청장 및 관세청장에게 통보하고 있는가? (온라인/무인환전기기 환전영업자는 해당사항 없음)		
○ 미화 1만불 초과 매입건 발생 여부		
○ 1만불 초과매입 건 발생 − 국세청장 및 관세청장에게 모두 통보		
− 미통보 또는 1곳에만 통보		
□ 반기보고(환전장부 사본, 업무현황)를 기한(익월 10일)내에 제출하고 있는가? − [온라인 환전영업자가 이행보증금 예탁 또는 보증보험 가입한 경우] 분기 1회/ 세관 직접 제출 − [무인환전기기 환전영업자] 반기 1회 / 세관 직접 제출		
□ 동일자·동일인 기준 매입금액이 미화 2만불 초과하는 경우 당해 외국통화등의 취득이 신고대상인지 여부를 확인히고 있는가?		
○ 미화 2만불 초과매입건 발생 여부		
○ 2만불 초과매입 건 발생 − 신고등의 대상여부 확인		
− 미확인 또는 일부만 확인		

점 검 항 목	점검결과	비 고
IV. 자금세탁 관련 보고 (특정금융정보법*)		
☐ 환전거래와 관련하여 거래고객의 재산이 불법재산이라고 의심되는 합당한 근거가 있거나 거래고객이 자금세탁행위나 테러자금조달행위를 하고 있다고 의심되는 합당한 근거가 있는 경우 금융정보분석원에 지체없이 보고하고 있는가? (STR 보고)		
○ 관련사항 미발생으로 해당사항 없음		
○ 관련사항 발생 — 지체없이 보고		
— 보고 누락		
☐ 1거래일 동안의 현금거래 지급·영수 합산액이 2천만원 이상인 경우 30일 이내에 금융정보분석원에 보고하고 있는가? (CTR 보고)		
○ 관련사항 미발생으로 해당사항 없음		
○ 관련사항 발생 — 기한내 보고		
— 기한 미준수 또는 보고 누락		
☐ 외화표시 외국환거래의 경우 미화 1만달러이상의 일회성 금융거래에 대한 고객확인의무를 준수하고 있는가?		
☐ 금융정보분석원에 보고책임자를 통보*하였는가? * 금융정보분석원의 자금세탁방지 포털시스템 접속하여 등록 필요		
☐ 금융정보분석원 보고와 관련하여 거래상대방 또는 관계인에게 동 사실을 누설하지는 않았는가?		
○ 관련사항 미발생으로 해당사항 없음		
○ 관련사항 발생 — 관련자에게 누설하지 않음		
— 관련자에게 누설		
☐ 금융거래제한대상자를 포함한 요주의 인물과 환전거래를 한 적이 있는가?		
○ 관련사항 미발생으로 해당사항 없음		
○ 관련사항 발생 — 강화된 고객확인절차 이행		
— 강화된 고객확인 절차 미이행		

V. 기타

□ 자료제출 요구에 성실히 협조하고 있는가?			
○ 세관의 자료제출 요구 사실 없음			
○ 세관의 자료 제출 요구 있 는 경우	− 기한내 요구자료 모두 제출		
	− 자료 미제출(일부자료 제출누락 포함)		
□ 시정조치를 받은 경우 해당 조치를 완료하였는가?			
○ 시정조치(명령) 처분받은 사실 없음			
○ 시정조치(명령) 처분 받은 경우	− 시정조치 완료		
	− 기한 미도래로 시정조치 중		
	− 시정조치 미완료		

* 특정금융거래정보의 보고 및 이용 등에 관한 법률

[별지 제11호 서식] 환전영업자 검사 연기 신청서

환전영업자 검사 연기 신청서

신청인	환전영업자명		사업자등록번호	
	성명(대표자)		생년월일	
	주소(사업장)			

신청내용	1. 통보 받은 검사기간	년　월　일 ～　　년　월　일
	2. 검사연기 신청사유	환전영업자 관리에 관한 고시 제15조 제3항 ＿＿호
	3. 연기를 원하는 기간	년　월　일 ～　　년　월　일

「환전영업자 관리에 관한 고시」제15조에 따라 위와 같이 검사 연기를 신청합니다.

년　　월　　일

신청인　　　　　　(서명 또는 인)

○ ○ 세 관 장 　귀하

※ 구비 서류 : 검사연기 신청 사유(다음 각 호 중 하나)를 증명하는 자료
1. 천재·지변 / 2. 화재, 그 밖의 재해로 사업상 심한 어려움
3. 검사대상자나 그 위임을 받은 자의 질병, 장기출장
4. 권한 있는 기관에 의하여 장부 및 증빙서류가 압수 또는 영치된 경우
5. 그 밖에 제1호부터 제4호까지의 규정에 준하는 사유가 있는 경우

[별지 제12호 서식] 환전영업자 검사 결과 통지서

환전영업자 검사 결과 통지서

검사대상자	환전영업자명		등록번호	
	성명(대표자)		생년월일	
	주소(사업장)			

※검사결과

1. 외국환 거래법위반	○ (위반법조) 제 조제 항제 호
	○ (위반내용)
2. 기타법 위반	○ (위반법조) 법 제 조제 항제 호
	○ (위반내용)
3. 시정할 사항	
4. 추가로 검토할 사항	

※검사결과에 따른 조치 예정 사항

1. 과태료	○ (대상행위) . . . ~ . . . 동안의 …………은
	○ (근거법령)○○○법 제○○조제○○항
	○ (위반금액) 원
	○ (과태료 부과 예정금액) 원
2. 행정처분	○ (대상행위) . . . ~ . . . 동안의 …………은
	○ (근거법령)○○○법 제○○조제○○항
	○ (처분내용)
3. 타 기관 통보	○ (대상행위) . . . ~ . . . 동안의 …………은
	○ (근거법령)○○○법 제○○조제○○항

1. 「환전영업자 관리에 관한 고시」제17조 제1항에 따라 귀사에 대한 검사 결과를 위와 같이 통지합니다.
2. 검사대상자는 검사결과 통지서를 받은 날로부터 10일 이내에 검사결과에 대한 의견이나 소명할 자료를 제출할 수 있습니다.

20 년 월 일

○ ○ 세 관 장

<별지 제4호 서식> 이행보증금 산정보고서 서식

이행보증금 산정보고서

외국환거래법 제8조 제7항, 같은 법 시행령 제17조의2 제4항 및 제37조 제4항 제9호 등에 의거, 이행보증금 산정, 예탁 근거 및 내역을 다음과 같이 보고합니다.

1. 보고인

상호	소액해외송금업 등록번호	대표자	주 소	비 고
			(우편번호 : -)	
			(전화번호 : - -)	

2. 이행보증금 산정, 예탁 근거 및 내역1)

(단위 : 원)

해당월	직전월	직전월 전체일수 (a)	직전월 고객에게 지급을 요청받은 총액 (b)	최소 이행보증금 계산금액 ($\frac{b}{a} \times 3$)	실제			비고
					이행보증금 예탁총액 (=c+d)	예탁유형		
						보험보장금액 (c)	현금 (d)	

주1) 이행보증금 산정 근거자료 첨부(외환전산망 보고내역 등)

3. 이행보증금 보험가입 현황1)

(단위 : 원)

보험사	보험가입금액	가입일	만기일	연간 보험료

주1) 보증보험증권 첨부

년   월   일

보고인   ㊞

(전화   )

금융감독원장 귀하

<별지 제5호 서식> 이행보증금 예탁신청서 서식

이행보증금 예탁신청서

소액해외송금업

등 록 번 호 :

상   호 :

대 표 자 :

일   금 :   원정

예 탁 방 법 : ① 전부 인허가보증보험,   ② 전부 현금[*],
                    ③ 일부 인허가보증보험 및 일부 현금[*]

   * 원칙적으로 계좌이체

위 금액(현금, 인허가보증보험증권)을 외국환거래법 제8조 제7항 및 같은 법 시행령 제17조의2 제2항의 규정에 의한 이행보증금으로 예탁합니다.

             년   월   일

         신청인   ㊞

         (전화   )

금융감독원장 귀하

〈첨부서류〉 이행보증금의 일부 또는 전부를 인허가보증보험증권으로 예탁할 경우 당해 인허가보증보험증권 사본

<별지 제6호 서식> 이행보증금 지급신청서 서식

이행보증금 지급신청서

외국환거래법 제8조 제7항 및 같은 법 시행령 제17조의3 제1항에 따라 아래와 같이 이행보증금의 지급을 신청합니다.

1. 신청대상 소액해외송금업자

상호	소액해외송금업 등록번호	대 표 자	주　　　　　　소	비 고
			(우편번호 :　　　－　　　)	
			(전화번호 :　　－　　－　　　)	

2. 신청내용

가. 신청인

성명 또는 상호	주민등록번호 또는 법인등록번호	주　　　　　　소	비 고
		(우편번호 :　　　－　　　)	
		(전화번호 :　　－　　－　　　)	

나. 신청내용

1. 거래일자 및 신청금액	
2. 상세 신청사유	
3. 기타 참고사항	

다. 신청인 명의 이행보증금 입금계좌번호 :

년　　월　　일

신청인　　　　　　㊞

(전화　　　　　　　)

금융감독원장 귀하

〈첨부서류〉 1. 신청인 본인임을 확인할 수 있는 서류(신분증 사본 등)
　　　　　　 2. 외국환거래법 시행령 제17조의3 제1항 각 호의 해당사유가 발생하였음을 입증하는 서류

<별지 제7호 서식> 이행보증금 반환신청서 서식

이행보증금 반환신청서

외국환거래법 제8조 제7항 및 외국환거래법시행령 제17조의4에 따라 아래와 같이 이행보증금의 반환을 신청합니다.

1. 반환신청 소액해외송금업자

상호	소액해외송금업 등록번호	대표자	주　　　　　　소	비 고
			(우편번호 :　　　 －　　)	
			(전화번호 :　　 －　　 －　　)	

2. 신청내용

1. 신청금액	
2. 신청사유	①폐지 ②파산 ③해산 ④합병 소멸 ⑤등록취소 ⑥이행보증금 초과적립
3. 기타 참고사항	

3. 소액해외송금업자 명의 이행보증금 입금계좌번호 :

　　　　　　　　　　　　　　　　　　　　　　　　　　년　　　월　　　일

　　　　　　　　　　　　　　　　　　　　신청인　　　　　　　　㊞

　　　　　　　　　　　　　　　　　　　　(전화　　　　　　　　　)

금융감독원장 귀하

〈첨부서류〉외국환거래법 시행령 제17조의4 가 호의 해당사유가 발생하였음을 입증하는 서류

<별지 제8호 서식> 영업현황 보고서 서식

작성기준일 : 2000년 OO월말 기준

상 호 :   전화번호 :   대표자 :   (인)
작성자 :   전화번호 :   e-mail :

1. 일반현황

항 목	내 용	항 목	내 용
상 호 (대표자 성명)		설립일자	
등록일자		결산월1)	
법인등록번호		사업자등록번호	
최대주주명2)		최대주주지분율(%)	
전화번호		임직원수	
사업내용3)	☐ 전업	☐ 겸영(업종 :)	
본점 소재지			
영업계속여부	☐ 계속	☐ 중단4)(중단일 :)	

주 1) 회계연도 결산월 기재 (예) 1.1.~12.31.인 경우 12월, 4.1.~3.31.인 경우 3월

  2) 최대주주가 외국인(또는 외국법인)인 경우 최대주주명(국적 또는 본점소재국)을 표시하고 최대주주가 내국인이더라도 "외국환거래법"상 비거주자에 해당하는 경우 거주 국가를 표시하며 교포인 경우에는 해당 사항을 기재
    (예) ooo(미국), ooo(일본), ooo(재일동포)

  3) 사업내용을 기재(소액해외송금업만을 영위하는 경우 "전업" 기재, 소액해외송금업과 함께 제조업, 건설업 등 다른 사업을 영위하는 경우 "겸영(업종)" 기재   (예) 겸영(임대업)

  4) 별도 자료로 영업중단사유, 금융소비자 보호조치 및 고객에게 부담하는 채무이행완료 등과 관련된 내용을 기술하고, 해당 입증서류를 첨부

2. 영업소 현황

연번	주소	임직원수	전화번호	비고
1				
2				
3				

3. 자산·부채현황
1) 전체

(단위 : 백만원)

기 준	재무상태표1)				손익계산서1)			
	자산2)	부채	자기자본	납입 자본금	영업수익	영업비용	판매비와 관리비	당기 순이익
제출대상월말 기준								
직전사업연도말 기준								

주 1) 작성주기 : 재무상태표 항목(매월), 손익계산서 항목(매분기)

  2) 자산은 부채와 자기자본의 합계액과 일치

  3) 손익계산서 항목 작성대상기간 : 당해연도 1.1일 ~ 제출대상분기 말일

  4) 재무상태표 및 손익계산서 사본 서면 제출 (제출주기 : 재무상태표 매월, 손익계산서 매분기)

2) 소액해외송금업무 관련

(단위 : 백만원)

기 준	손익계산서[1]			
	영업수익	영업비용	판매비와 관리비	당기순이익
제출대상월말 기준				
직전사업연도말 기준				

주 1) 작성주기 : 매분기
　 2) 손익계산서 항목 작성대상기간 : 당해연도 1.1일 ~ 제출대상분기 말일

3) 수수료 관련

① 수수료수입 현황

(단위 : 백만원, %)

구분	고객으로부터 지급·수령을 요청받은 금액(a)	고객부담 수수료금액				수수료율 $(\frac{e}{a}\times100)$
		소액해외송금업자 귀속분(b)	외국 협력업자 귀속분(c)	기타(d)	고객부담 수수료 총액 (e=b+c+d)	
지급(당발송금)						
수령(타발송금)						

주 1) 작성주기 : 매분기
　 2) '수수료수입 현황' 항목 작성대상기간 : 당해연도 1.1일 ~ 제출대상분기 말일

② 수수료 부과기준 관련 (제출대상월말 기준)

구분	대고객 수수료부과 세부기준		외국 협력업자 등과의 수수료 지급·수령 관련 분담기준
	환전수수료	그 외 고객부담 수수료 일체	
지급(당발송금)			
수령(타발송금)			

4. 법규 준수 현황

(단위 : 백만원)

구 분	자기자본[1]	최저 자기자본 요건	충족여부
최저 자기자본 요건 충족여부		7억원	충족/미충족

주 1) 영업현황 보고서 제출대상월말 기준으로 기재

(단위 : 백만원, %)

구 분	자기자본(A)[1]	부채(B)[1]	고객자금 일시보관금액(C)[2]	부채비율 $(\frac{B-C}{A}\times100)$	충족여부
부채비율 충족여부					충족/미충족

주 1) 영업현황 보고서 제출대상월말 기준으로 기재
　 2) 고객으로부터 지급(당발송금) 및 수령(타발송금)을 요청받아 일시 보관하는 금액은 부채총액에서 차감

구 분	현재 인원수	충족여부		비고 (미충족 내역 등)
		충족	미충족	
전 산 설 비 요건	-			
전산전문인력 요건				
외환전문인력 요건				

구 분	성명	생년월일	직위	최초 선임일	현직 선임일	임기 만료일	임원 결격사유 해당여부[1]	결격사유 존재시 당해사유[2]
임원 결격여부							해당/미해당	
							해당/미해당	
							해당/미해당	
							해당/미해당	

주 1) 각 임원이「금융회사의 지배구조에 관한 법률」제5조 제1항 각 호에 따른 결격사유에 해당하는지 여부를 기재
　2) 각 임원이「금융회사의 지배구조에 관한 법률」제5조 제1항 각 호에 따른 결격사유에 해당할 경우, 그 사유를 기재

5. 소액해외송금업무 수행방식 관련

1) 제출대상월 중 지급업무 수행방식 (당발송금 : 국내 → 외국)

(단위 : 백만원)

지급방식[1]	대상국가명	취급통화[2]	송금 매개수단[3]	외국 협력업자	외국 협력업자 등과의 정산거래 내역	
					정산일자	정산금액

주 1) (지급방식) 네팅, 풀링, 페어링, 프리펀딩, 건별송금 등 제출대상월 중 사용된 지급방식을 각각 기재
　2) (취급통화) 수취인 앞 보내는 법정통화(달러, 엔, 유로 등)를 기재
　3) (매개수단) 지급업무 수행과정에서 취급통화 이외에 가상화폐(비트코인, 이더리움 등) 등 송금 매개수단이 존재하는 경우 그 송금 매개수단을 각각 기재

2) 제출대상월 중 수령업무 수행방식 (타발송금 : 외국 → 국내)

(단위 : 백만원)

수령방식[1]	대상국가명	취급통화[2]	송금 매개수단[3]	외국 협력업자	외국 협력업자 등과의 정산거래 내역	
					정산일자	정산금액

주 1) (수령방식) 네팅, 풀링, 페어링, 프리펀딩, 건별송금 등 제출대상월 중 사용된 수령방식을 각각 기재
　2) (취급통화) 법정통화(달러, 엔, 유로 등)
　3) (매개수단) 수령업무 수행과정에서 취급통화 이외에 가상화폐(비트코인, 이더리움 등) 등 송금 매개수단이 존재하는 경우 그 송금 매개수단을 각각 기재

<별지 제9호 서식> 거래당사자의 외국환거래법 위반사실 보고 서식

외국환거래규정 제4-2조 제3항에 따른 보고서

1. 보고내용

위반자	성 명		주민등록번호	
			여권번호 (비거주자인 경우)	
			법인실명번호	
			사업자등록번호	
	주 소			
	연 락 처	(전화번호)		(팩스)
		(이메일)	수신동의 여부	(O,X)
위반 거래 내용	거 래 종 류1)			
	거 래 일 자			
	거래통화 및 금액		미 화 환 산	
	거 래 상 대 방		국 적	
	관 련 법 규2)			
	거 래 내 용			

 1) 해외직접투자, 해외지사, 현지금융, 해외부동산취득, 금전대차, 외화증권취득, 해외예금, 비거주자 국내부동산 취득, 기타자본거래 등 중 택일(복수거래의 경우에는 복수기재 가능)
 2) 법·시행령·규정을 조·항·호까지 모두 기재

〈첨부서류〉1. 실명증표(주민등록사본, 사업자등록증 사본 등)
　　　　　2. 경위서(위반거래관련 사실관계 및 법규위반 경위를 자유롭게 기술)
　　　　　3. 관련 증빙서류(송금내역 등 '3. 보고요건 확인필요사항' 참조)

2. 외국환거래 위규내용

거래종류	(예) 해외직접투자
위규내용	
확인경위	
특이사항	

은행담당자 (영업점)	
은행담당자 (본점)	

3. 보고요건 확인필요사항

번호	확인필요사항	필수여부	제출서류	제출여부
1	**경위서 제출**	**M**	**경위서**	
2	**신고인 인적사항**	**M**	**주민등록등본**	
		M	**사업자등록증, 법인등기부등본**	
3	**신고서류 일체**	**M**	**해당거래관련 기 신고 및 보고서류, 당타발 송금거래내역 등사후관리서류일체(사후관리대장포함)**	
[해외직접투자 및 해외지사 설치]				
1	투자자금 이동경로	M	송금전문(해당신고건 관련 범위내, FX0012 FX0013 포함)	
		O	세관신고서(현물출자, 휴대수출시)	
		O	이사회의사록	
		O	금전대차계약서(현지조달시)	
2	외국법인 실체확인	M	법인등기부등본, 공증서류, 증권사본, 사업자등록증, 영업허가서, 현지법규에 의한 등록증 등 (택1)	
		O	회사정관	
		O	이사회의사록	
		O	최근 재무제표	
		O	감사보고서 (USD100만 초과 지분투자)	
		O	회계법인 주식평가보고서(USD100만 초과 지분투자)	
		M	주주명부, 주주변동내역서, 주금납입계좌 거래내역	
		M	지분양수도계약서, 양수대금 지급 증빙(해당사항 있을 경우)	
3	자(손)회사 설립 확인시 추가제출	M	자(손)회사 법인등기부등본, 공증서류, 증권사본, 사업자등록증, 영업허가서 등 (택1)	
		O	사업계획서	
		O	최근 재무제표	
		O	감사보고서 (USD100만 초과 지분투자)	
		O	회계법인 주식평가보고서 (USD100만 초과 지분투자)	
		M	주주명부, 주주변동내역서, 주금납입계좌 거래내역	
		M	지분양수도계약서, 양수대금 지급 증빙(해당사항 있을 경우)	
4	승권취득 보고 위반시 추가제출필요	O	법원제출 소장, 계약해제 통보 문서 등	
		O	투자자금 입금사실 증명서류	
5	청산보고 위반시 추가제출 필요	M	지분양수도계약서	
		M	청산입증서류	

번호	확인필요사항	필수여부	제출서류	제출여부
			(청산일, 청산사유 등 확인가능자료)	
		O	최근 재무제표	
		O	회계법인 주식평가보고서 (USD100만 초과 지분투자)	
		O	감사보고서 (USD100만 초과 지분투자)	
		M	대금수취 관련 증빙	
[해외부동산 투자]				
1	실제부동산 매매계약 확인	M	해외부동산 매매계약서	
		M	부동산 등기부등본, 부동산 등기부등본이 없는 경우 부동산에 관한 사용권한을 입증할 수 있는 서류 (세금납부 영수증, 전기·수도료 등 관리비 납부 영수증 등) 제출	
		O	부동산감정평가서, 분양가격 확인 가능 자료	
		M	금전대차계약서(해당사항 있을 경우)	
		M	송금보고서	
2	부동산 처분	M	처분 매매계약서	
		M	등기부 등본	

* M(Mandatory) : 필수제출자료, O(Optional): 자료징구 가능시 제출사항(필수제출자료 미제출시에는 반송할 수 있음)

4. 경유기관 및 위반자 확인

외국환 은행	보　고　번　호	
	확　인　자 (직　,　성 명)	
	연　락　처	
	외국환거래법 제15조 및 동 규정 제4-2조에 의거 위와같이 위반사실을 송부합니다. 년　　　월　　　일 경유기관 : 외국환은행의 장(인)	
위반자	위와 같이 외국환거래법규 위반사실이 있음을 확인하고 보고합니다. 위반자:　　　　　　　　　　　(인)	

<별지 제10호 서식> 외국환은행의 외국환거래법 위반사실 보고 서식

외국환거래규정 제10-9조 제3항에 따른 보고서

1. 보고내용[1]

거래당사자		주민등록번호 또는 사업자번호	
주소			
연락처		이메일	
1. 위반사항			
위반사항		기한만료일자	
30일 이내 독촉여부	(O, X)	30일 이내 독촉일자	
관련 독촉장 첨부여부	(O, X)		
독촉일로부터 60일 이내 제출여부	(O, X)	독촉일로부터 60일 이내 제출일자	
(해당사항 있는 경우)			
면제보고 대상여부	(O, X)	면제보고 사유	
면제보고 입증자료 첨부여부	(O, X)	외국환은행이 인정하는 당사자 면제 기산일자	
면제보고 수출입은행 통보여부	(O, X)	면제보고 수출입은행 통보일자	
2. 기타사항			
법 제19조제1항 해당여부	(O, X)	법 제19조 제1항 입증자료 여부	(O, X)
3. 외국환은행 담당자 확인			
구 분	은행명	담당자명	전화번호
은행담당자(영업점)			
은행담당자(본점)			

1) 해당 위규혐의가 2개 이상일 경우에는 "보고내용"은 위규혐의별 작성 필요

2. 외국환거래 위규내용

위반유형[1]	(예) 외화증권취득보고서 미제출				
위반 판단 근거규정[2]	(예) 외국환거래법 제OO조 외국환거래법시행령 제OO조 외국환거래규정 제OO조				
신고(수리) 일자			신고(수리) 금액		거래금액
미이행(위규) 발생일자			미제출 보고서		
미이행 상세내역					
확인경위					

1) 외화증권(채권)취득보고서 미제출, 연간사업실적보고서 미제출, 청산보고서 미제출, 해외부동산 취득보고서 미제출, 해외부동산 처분(변경)보고서 미제출, 해외지사 설치완료보고 미이행, 법 제19조제1항 해당 및 기타 중 택1 기재(복수혐의의 경우에는 복수기재 가능)
2) 법·시행령·규정을 조·항·호까지 모두 기재

3. 보고요건 확인필요사항

번호	확인필요사항	필수 여부	제출서류	제출 여부
1	경위서 제출	O	경위서	
2	신고인 인적사항	M	주민등록등본	
		M	사업장등록증	
		O	지사설치자격 확인서류(해당사항 있을 경우)	
[해외직접투자 및 해외지사 설치]				
1	신고(수리) 및 사후관리 내역	M	해외직접투자 신고(수리)서, 해외지사 설치신고서	
		M	해외직접투자 관리대장 (지침서식 제9-18호), 해외지사종합관리카드 (지침서식 제9-23호), 또는 이에 갈음하는 전산관리대장	
		O	사후관리 정상재개 또는 종결관련 증빙서류	
2	투자자금 이동경로	M	송금전문(해당신고건 관련 범위내)	
		O	세관신고서(현물출자, 휴대수출시)	
		O	이사회의사록	
		O	금전대차계약서(현지조달시)	
3	외국법인 실체확인	M	법인등기부등본, 공증서류, 증권사본, 사업자등록증, 영업허가서, 현지법규에 의한 등록증 등 (택1)	
		O	회사정관	
		O	이사회의사록	
		O	최근 재무제표	
		O	감사보고서 (USD100만 초과 지분투자)	
		O	회계법인 주식평가보고서(USD100만 초과 지분투자)	
		M	주주명부, 주주변동내역서, 주금납입계좌 거래내역	
		M	지분양수도계약서, 양수대금 지급 증빙(해당사항 있을 경우)	
4	증권취득 보고 위반시	O	법원제출 소장, 계약해제 통보 문서 등	
		O	투자자금 입금사실 증명서류	
5	청산보고 위반시	M	지분양수도계약서 (해당사항 있을 경우)	

번호	확인필요사항	필수 여부	제출서류	제출 여부
		M	청산입증서류 (청산일, 청산사유 등 확인가능자료)	
		O	최근 재무제표	
		O	회계법인 주식평가보고서 (USD100만 초과 지분투자)	
		O	감사보고서 (USD100만 초과 지분투자)	
		M	대금수취 관련 증빙	
[해외부동산 투자]				
1	신고수리 및 사후관리 내역	M	해외부동산취득 신고(수리)서	
		M	해외부동산 사후관리대장 또는 이에 갈음하는 전산관리대장	
		O	사후관리 정상재개 또는 종결관련 증빙서류	
2	취득대금 조달내역	M	송금전문(해당신고건 관련 범위내)	
		M	금전대차계약서(모기지론 현지조달 등 해당사항 있을 경우)	
3	실제부동산 매매·취득 내역 확인	M	해외부동산 매매계약서	
		M	부동산 등기부등본, 부동산 등기부등본이 없는 경우 부동산에 관한 사용권한을 입증할 수 있는 서류 (세금납부 영수증, 전기·수도료 등 관리비 납부 영수증 등) 제출	
		O	부동산감정평가서, 분양가격 확인 가능 자료	
4	부동산 처분	M	처분 매매계약서	
		O	등기부등본	
		M	현지은행 계좌거래내역 등 잔여재산 확인가능 자료	

* M(Mandatory) : 필수제출자료, O(Optional): 자료징구 가능시 제출사항(필수제출자료 미제출시에는 반송할 수 있음)

20○○년 ○○월 ○○일
보고기관 : 외국환은행의 장(인)

<별지 제11호 서식> 검사중지자 결정 및 해소에 따른 외국환은행 통보 내역

순번	이 름	식별번호	관련은행명

[별지 제1호서식]

○ ○ 세 관

수신자

(경유)

제목　　외국환거래 검사 계획 통지

1. 「외국환거래법」제20조와 같은 법 시행령 제35조 및 「외국환거래의 검사업무 운영에 관한 훈령」 제10조제1항에 따라 붙임 1과 같이 외국환거래 검사계획을 통지하오니, 붙임 2의 자율점검표에 따라 귀하(귀사)의 외국환거래 적정성을 자율 점검하시고, 붙임 3의 검사준비 목록표의 자료를 준비하여주시기 바랍니다.

2. 아울러 귀사가 사업상 심한 어려움에 처하거나 검사를 받기가 곤란한 타당한 사유가 있는 경우 「외국환거래의 검사업무 운영에 관한 훈령」제11조에 따라 붙임 5의 서식으로 검사의 연기를 신청할 수 있음을 함께 알려드립니다.

붙임 1. 외국환거래 검사 계획서.
　　　2. 외국환거래 자율점검표.
　　　3. 외국환거래 자율 점검항목 상세 거래내역 양식.
　　　4. 검사준비목록표.
　　　5. 외국환거래 검사 연기 신청서.　끝.

○ ○ 세 관 장

기안자	직위(직급) 서명	검토자	직위(직급) 서명	결재권자	직위(직급) 서명

협조자

시행　　　　처리과-일련번호 (시행일자)　　　　　접수　　　처리과명-일련번호 (접수일자)
우 000-000　　(주소)　　　　　　　　　　　　　　　　　/ 홈페이지 주소
전화 000-000-0000　　전송 000-000-0000　/　기안자의 공식전자우편주소　/ 공개구분

[별지 제2호서식]

외국환거래 검사 계획서

검사 대 상 자	상호(법인명)		사업자등록번호	
	성명(대표자)		생년월일	
	주소(사업장)			

1. 검사 사유	
2. 검사 방법	※ 서면검사, 실지검사 또는 병행 여부 기재
3. 검사기간 (실지검사기간)	년 월 일 ~ 년 월 일 (년 월 일 ~ 년 월 일)
4. 검사 범위	○ 검사 대상 업무 범위 ○ 검사 대상 업무 기간

5. 검사 공무원	세관	과	직급	성명	비고
					검사반장
					검사요원
					검사요원
	⋮	⋮	⋮	⋮	⋮

[별지 제3호서식]

외국환거래 자율점검표

구분	점 검 내 용	점 검 결 과		위반시 벌칙(과태료)
지급 등 의 방 법 （ 상 계 ）	**1** 수출입거래, 용역거래, 자본거래 등 대외거래를 함에 있어서 동일인에 대한 채권·채무가 발생하는 경우가 자주 있다.	① 그렇다	② 그렇지 않다	
		② **6** 번으로 이동		
	2 비거주자와의 대외거래로 발생한 채권·채무를 비거주자에 대한 다른 채무·채권으로 상계하고 잔액을 결제하고 있다. (잔액에 대하여 Debit·Credit note를 발행하거나, 현금으로 지급하고 있다.)	① 그렇다	② 그렇지 않다	
		② **5** 번(상호계산제도) 확인 후 **6** 번으로 이동		
	3 **2** 항에 따른 상계를 하면서, 외국환은행의 장에게 사전 신고 또는 상계 후 1개월내에 사후보고 하였다.	① 그렇다	② 그렇지 않다	＜ 건당위반금액 25억원 이하 ＞ 위반금액 2%와 100만원 중 큰 금액 ('17.7.17.이전 위반건은 위반금액 1%와 50만원 중 큰 금액)
		② 상계신고 위반 : 벌칙(과태료) 대상		
	4 **2** 항에 따른 상계를 다국적 기업의 상계센터를 통하여 상계하거나 다수의 당사자의 채권 또는 채무를 상계하면서 한국은행총재에게 사전 신고하였다.	① 그렇다	② 그렇지 않다	＜ 건당위반금액 25억원 이하 ＞ 위반금액 4%와 200만원 중 큰 금액 ('17.7.17.이전 위반건은 위반금액 2%와 100만원 중 큰 금액
		② 상계신고 위반 : 벌칙(과태료) 대상		
	5 비거주자와의 빈번한 채권·채무 결제에 따른 불편을 해소하고자 일정기간의 거래내역을 계정에 대기 또는 차기후 주기적(회계기간내)으로 결산하여 정산하는 방식으로 채권을 서로 상계하기 위해 지정거래 외국환은행에 상호계산 신고서를 제출 하였다.	※ 상호계산계정의 결산은 회계기간 범위내에서 월단위로 결산 주기를 정하여 실시하며, 적어도 1년에 1번이상 결산해야 합니다.		

* 벌칙 : 건당 위반금액이 25억원 초과인 경우, 1년이하의 징역 또는 1억원 이하의 벌금, 단, 위반행위 목적물 가액의 3배가 1억원을 초과하는 경우에는 목적물 가액의 3배 이하의 벌금

구분	점 검 내 용	점 검 결 과		위반시 벌칙 (과태료)
지 급 등 의 방 법 (기 간 초 과 지 급 등)	**6** 계약건당 미화 5만불 초과하는 수출거래가 있다.	① 그렇다	② 그렇지 않다	
		② **8**번으로 이동		
	7 **6**의 수출거래와 관련하여 아래 각 호에 해당하는 방법으로 대금을 수령하는 경우가 있다. 가. 본지사간의 수출거래로서 무신용장 인수인도조건방식 또는 외상수출채권매입방식에 의하여 결제기간이 물품의 선적 후 또는 수출환어음의 일람 후 3년을 초과하는 경우 나. 본지사간의 수출거래로서 수출대금을 물품의 선적 전에 수령하고자 하는 경우 다. 본지사간이 아닌 수출거래로서 수출대금을 물품의 선적 전 1년을 초과하여 수령하고자 하는 경우	① 그렇다	② 그렇지 않다	
		① **10**번 신고여부 확인		
	8 계약건당 미화 2만불 초과하는 수입거래가 있다	① 그렇다	② 그렇지 않다	
		② **9**번으로 이동		
	9 **8**의 수입거래와 관련하여 아래 각 호에 해당하는 방법으로 대금을 지급하는 경우가 있다. 가. 미가공 재수출할 목적으로 계약건당 미화 5만불을 초과하는 금을 수입하는 경우로서 수입대금을 선적서류 또는 물품의 수령일부터 30일을 초과하여 지급하거나 내수용으로 30일을 초과하여 연지급수입한 금을 미가공 재수출하고자 하는 경우 나. 계약건당 미화 2만불을 초과하는 수입대금을 선적서류 또는 물품의 수령 전 1년을 초과하여 송금방식에 의하여 지급하고자 하는 경우	① 그렇다	② 그렇지 않다	
		① **10**번 신고여부 확인		
	10 **7**,**9**에 해당하여 한국은행총재에게 사전신고를 하고 지급, 수령을 하였다.	① 그렇다	② 그렇지 않다	< 건당위반금액 25억원 이하 > 위반금액 4%와 200만원 중 큰 금액 ('17.7.17.이전 위반건은 위반금액 2%와 100만원 중 큰 금액
		② **기간초과지급 등 신고 위반 : 벌칙(과태료) 대상**		

* 벌칙 : 건당 위반금액이 25억원 초과인 경우, 1년이하의 징역 또는 1억원 이하의 벌금, 단, 위반행위 목적물 가액의 3배가 1억원을 초과하는 경우에는 목적물 가액의 3배 이하의 벌금

구분	점 검 내 용	점 검 결 과	위반시 벌칙'(과태료)
지 급 등 의 방 법 (3 자 지 급 등 의 방 법)	**11** 거주자간 또는 비거주자와의 거래 결제를 당사자가 아닌자에게 지급 하거나, 거래 당사자가 아님에도 거래당사인 비거주자에게 지급 하였다.	① 그렇다 ② 그렇지 않다 ② **16** 번으로 이동	
	12 아래 각 호에 해당하는 거래를 하고 있다 가. 인정된 거래에 따른 채권의 매매 및 양도, 채무의 인수가 이루어진 경우(비거주자간의 외화채권 이전 포함) 나. 인정된 거래에 따라 해외직접투자 또는 해외부동산 취득과 관련한 자금을 관계성이 확인된 중개·대리인에게 지급 다. 단순수입대행거래에서 위탁자인 거주자가 수입대금을 수출자인 비거주자에게 지급하는 경우 라. 거주자간 결제를 위해 거래 당사자가 아닌 거주자와 지급 등을 하는 경우 마. 외국환은행 또는 이에 상응하는 외국 금융기관명의로 개설된 에스크로 계좌를 통해 비거주자와 지급 등을 하는 경우	① 그렇다 ② 그렇지 않다 ① 제3자거래 신고예외 사항 **16** 번으로 이동 ② **14**,**15**번 신고여부 확인	
	13 외화 채무를 거래당사자가 아닌 비거주자에게 지급하거나, 국내 거주자를 대신하여 거주자의 외화 채무를 대신 비거주자에게 지급하고 있다. [사례] 비거주자와의 외화채무를 국내계좌(환치기계좌 등)에 입금하는 방식으로 지급	① 그렇다 ② 그렇지 않다 ① **14**,**15**번 신고여부 확인	
	14 **12**를 제외하고 미화 5천불을 초과하고 미화 1만불 이내의 금액(분할시 합산금액)을 **11**,**13**과 같이 지급 하면서 외국환은행의 장에게 사전 신고하였다. (다국적회사의 자금관리전문회사로 지정된자에게 지급하는 경우 1개월내 사후보고)	① 그렇다 ② 그렇지 않다 ② 3자지급 등의 방법 신고 위반 : 벌칙(과태료) 대상	< 건당위반금액 25억원 이하 > 위반금액 2%와 100만원 중 큰 금액 ('17.7.17.이전 위반건은 위반금액 1%와 50만원 중 큰 금액)
	15 **12**를 제외하고 미화 1만불을 초과하는 금액을 **11**,**13**과 같이 지급 하면서 한국은행총재에 사전 신고하였다. (다국적회사의 자금관리전문회사로 지정된자에게 지급하는 경우 1개월내 사후보고)	① 그렇다 ② 그렇지 않다 ② 3자지급 등의 방법 신고 위반 : 벌칙(과태료) 대상	< 건당위반금액 25억원 이하 > 위반금액 4%와 200만원 중 큰 금액 ('17.7.17.이전 위반건은 위반금액 2%와 100만원 중 큰 금액

* 벌칙 : 건당 위반금액이 25억원 초과인 경우, 1년이하의 징역 또는 1억원 이하의 벌금, 단, 위반행위 목적물 가액의 3배가 1억원을 초과하는 경우에는 목적물 가액의 3배 이하의 벌금

구분	점 검 내 용	점 검 결 과		위반시 벌칙(과태료)
지급 등 의 방 법 (외 국 환 은 행 을 통 하 지 않 은 지 급 등)	16 거주자간 또는 비거주자와의 거래 결제를 위해 외국환은행 등을 통하지 아니하고 수령하였다.	① 그렇다	② 그렇지 않다	
		① 수령은 신고 예외사항		
	17 아래 각 호에 해당하는 지급을 하고 있다. 　가. 인정된 거래에 따른 지급을 위하여 송금수표, 우편환 또는 유네스코 쿠폰으로 지급 　나. 외국에서 보유가 인정된 대외지급수단으로 인정된 거래에 따른 대가를 외국에서 직접 지급 　다. 국내에서 내국통화로 표시된 거래를 함에 따라 내국지급수단으로 지급하고자 하는 경우 　라. 법인의 예산으로 환전한 해외여행경비를 법인소속의 해외여행자가 휴대수출하여 지급하는 경우 　마. 본인명의 신용카드로 지급하거나 미화1만불 이하의 경우 경상거래에 따른 대가를 직접 지급하는 경우 　바. 대외 채무 결제, 해외직접투자, 해외지사 설치 및 해외부동산 취득을 위하여 휴대 반출하여 건당 미화 1만불 이하의 대외지급수단으로 직접 지급한 경우	① 그렇다	② 그렇지 않다	
		① 지급 신고 예외사항		
	18 상기 16, 17에 해당하지 아니한 경우로 외국환은행등을 통하지 아니하고 지급(물품 또는 용역의 제공, 권리의 이전 등으로 비거주자와의 채권·채무를 결제하는 경우 포함) 등을 하고자 한국은행총재에게 신고하였다	① 그렇다	② 그렇지 않다	< 건당위반금액 25억원 이하 > 위반금액 4%와 200만원 중 큰 금액 ('17.7.17.이전 위반건은 위반금액 2%와 100만원 중 큰 금액
		② 외국환은행을 통하지 않은 지급 신고 위반 : 벌칙(과태료) 대상		

* 벌칙 : 건당 위반금액이 25억원 초과인 경우, 1년이하의 징역 또는 1억원 이하의 벌금, 단, 위반행위 목적물 가액의 3배가 1억원을 초과하는 경우에는 목적물 가액의 3배 이하의 벌금

구분	점 검 내 용	점 검 결 과	위반시 벌칙(과태료)
자 본 거 래	19 비거주자와 예금·신탁거래, 금전대차거래, 채무보증거래, 대외지급수단·채권·기타의 매매 및 용역계약에 따른 자본거래, 증권발행, 증권취득, 파생상품거래, 부동산거래, 담보계약에 따른 채권의 발생 등 거래, 임대차계약에 따른 채권의 발생 등 거래에 따른 자본거래를 하고 있다.	① 그렇다　　② 그렇지 않다 ② 24번으로 이동	
	20 자본거래로서 거래 건당 지급 등의 금액(분할하여 지급한 경우 합산한 금액)이 <u>미화 5천불</u> 이내이다.('17.7.17.이전은 2천불)	① 그렇다　　② 그렇지 않다 ① 자본거래 신고 예외사항	
	21 자본거래로서 거래 건당 지급(수령)금액이 <u>미화 5천불 초과 5만불 이내</u>이고, 연간 지급(수령)누계금액이 5만불이내인 경우로서 지정 거래외국환은행의 장으로부터 거래의 내용을 확인받아 지급(수령) 하였다. 　　('17.7.17.이전은 2천불 초과 5만불이내)	① 그렇다　　② 그렇지 않다 ① 자본거래 신고 예외사항	
	22 20, 21의 자본거래를 제외하고 19의 자본거래를 위해 자본거래 신고(수리)기관[외국환은행장, 한국은행총재, 기획재정부장관]에 신고하여 신고수리를 받거나 신고를 하였다.	① 그렇다　　② 그렇지 않다 ② 자본거래 신고위반 : 벌칙(과태료) 처분 ※ 자본거래 거래 신고(신고수리) 대상 여부에 대하여는 자본거래 신고(수리)기관에 반드시 확인한 후 진행하여야 합니다.	< 건당위반금액 10억원 이하 > 1) 외국환은행장 신고 대상 : 위반금액 2%와 100만원 중 큰 금액 ('17.7.17.이전은 위반건은 위반금액 1%와 50만원 중 큰 금액)
	23 신고 내용에 변경이 있어 변경 사항 및 변경사유를 첨부하여 당해 신고(수리)기관에 자본거래 신고내용에 대한 변경신고를 하였다.	① 그렇다　　② 그렇지 않다 ② 자본거래 신고위반 : 벌칙(과태료) 처분	2) 기재부장관, 한은총재 신고 대상 : 위반금액 4%와 200만원 중 큰 금액 ('17.7.17.이전 위반건은 위반금액 2%와 100만원 중 큰 금액

* 벌칙 : 건당 위반금액이 10억원 초과인 경우, 1년이하의 징역 또는 1억원 이하의 벌금, 단, 위반행위 목적물 가액의 3배가 1억원을 초과하는 경우에는 목적물 가액의 3배 이하의 벌금

구분	점 검 내 용	점 검 결 과	위반시 벌칙(과태료)
해 외 직 접 투 자	**24** 아래 각 호에 해당하는 거래를 한 경우가 있다. 가. 외국법령에 의해 설립된(설립중) 법인의 주식 또는 출자지분의 10%이상을 취득하여 경영에 참여 나. 투자비율이 10%미만 이더라도 임원파견, 공동연구개발 등을 통하여 지속적인 경제관계를 맺기 위한 거래 유지 다. 현지법인 등을 설립 라. 기 설립법인에 대한 금전대여로 대부투자를 하고 있다.	① 그렇다 　　② 그렇지 않다 ② **26** 번으로 이동	
	25 24의 해외직접투자와 관련하여 지정거래외국환은행장에 사전 신고하고 절차를 진행하였다.	① 그렇다 　　② 그렇지 않다 ② 해외직접투자 신고위반 : 벌칙(과태료) 처분	
	26 투자지분감액, 투자지분양도, 유효기간연장, 현지법인의 자회사 또는 손회사(지분 10%이상 출자) 설립 등으로 **25**의 해외직접투자 내용이 변경되어 해외직접투자 신고 외국환은행장에 내용변경 신고를 하였다. (다만 기설립한 현지법인에 대한 대부투자 및 증액투자는 해외직접투자 신규신청 절차에 준함)	① 그렇다 　　② 그렇지 않다 ② 해외직접투자 신고위반 : 벌칙(과태료) 처분	< 건당위반금액 10억원 이하 > 위반금액 2%와 100만원 중 큰 금액 ('17.7.17.이전 위반건은 위반금액 1%와 50만원 중 큰 금액)
	26 독립채산제를 원칙으로 외국에서 영업활동을 위해 해외지점을 설치 및 업무연락, 시장조사, 연구개발 등 비영리적 기능을 수행하거나, 국외에서 업무수행을 위해 해외사무소를 설치하기 위해 지정거래외국환은행장에게 설치신고를 하였다. (해외지점의 영업기금은 해외지사경비지급 신고에 의해 지급, 해외사무소의 유지활동비는 송금신청서에 의해 지급)	① 그렇다 　　② 그렇지 않다 ② 해외직접투자 신고위반 : 벌칙(과태료) 처분 ※ 자율점검 절차를 모두 종료하였습니다.	

구분	점 검 내 용	점 검 결 과
수 출 입 실 적 및 외 국 환 거 래 내 역	1. 검사대상기간 수출입 및 외환 지급·영수 실적(세관 제공) 　－ 과지급 또는 미지급 사유(업체 제출) 　－ 과영수 또는 미영수 사유(업체 제출)	
	2. 검사대상기간 중계무역 수출입 및 외환 지급·영수 실적(세관 제공) 　－ 과지급 또는 미지급 사유(업체 제출) 　－ 과영수 또는 미영수 사유(업체 제출)	
	3. 해외직접투자 금액(세관 제공) 　－ 투자지역·내용·기간, 신고은행, 투자금액 회수여부 등 해외직접투자 관련 전반적인 내용(업체 제출)	
	4. 기타 검사대상자에 대한 정보분석 결과 업체 자율 점검이 필요한 사항	

ㅇ (작 성 자) 소속 :　　　　직책 :　　　　작성자 :　　　　(인)
ㅇ (작성일자) 20　　.　　.　　.

[별지 제4호서식]

외국환거래 자율 점검 항목 상세 거래 내역

1. 수출입거래 채권채무 내역

수출입거래 채권채무 내역

거래상대방	거래 계정과목	발생액(외화)	지급액(외화)	잔액(외화)	비 고
<예시1>	매입				유상수입
<예시2>	임차료				임차수입
<예시3>	외주용역비				위탁가공
<예시4>	건설중 자산				설비수입

ㅇ 대상 : 거래상대방별 연간 발생액 합계가 10억원 이상인 거래처 전체에 대하여 거래 건별로 작성 (수입거래
　　　는 외국인도 수입을 포함)
ㅇ 거래내용에 물품과 용역의 거래가 혼재되어 있는 경우 거래금액에 합산하여 기재

2. 용역거래 채권채무 내역

용역거래 채권채무 내역

거래상대방	거래 계정과목	지급액(외화)	잔액(외화)	지급근거(사유)
<예시1>	수수료수익			로열티
<예시2>	용역매출			서비스 Fee

ㅇ 대상 : 거래상대방별 연간 발생액 합계가 10억원 이상인 거래처 전체에 대하여 거래 건별로 작성
ㅇ 용역 구분 : 로열티, 서비스Fee, 경영자문 등
ㅇ 지급근거 : 계약서명, 지급사유 등 기재

3-1. 기타 채권 내역

기타 채권 내역

거래상대방	거래 계정과목	발생액(외화)	지급액(외화)	잔액(외화)	비 고
<예시>	매입(-)				이전가격 사후조정

ㅇ 대상 : 거래상대방별 연간 발생액 합계가 1억원 이상인 거래처 전체에 대하여 거래 건별로 작성

ㅇ 기타 사유 : 이전가격 사후정산 등

3-2. 기타 채무 내역

기타 채무 내역

거래상대방	거래 계정과목	발생액(외화)	지급액(외화)	잔액(외화)	비 고
<예시>	매입(+)				이전가격 사후조정

ㅇ 대상 : 거래상대방별 연간 발생액 합계가 1억원 이상인 거래처 전체에 대하여 거래 건별로 작성

ㅇ 기타 사유 : 이전가격 사후정산 등

4. 외국인도 수출내역

외국인도 수출 내역

거래상대방 (수입자)	거 래 계정과목	수출액(외화)	적출국	목적국	특이사항
<예시>	상품매출				중계무역

ㅇ 대상 : 거래상대방별 연간 발생액 합계가 10억원 이상인 거래처 전체에 대하여 거래 건별로 작성 (검사요
원과 협의하에 조정 가능)

5. 외국인수 수입내역

외국인도 수입 내역

거래상대방 (수입자)	거 래 계정과목	수출액(외화)	적출국	목적국	특이사항
<예시>	매입 (미착상품)				중계무역

ㅇ 대상 : 거래상대방별 연간 발생액 합계가 10억원 이상인 거래처 전체에 대하여 거래 건별로 작성 (검사요
원과 협의하에 조정 가능)

6. 해외 현지법인(영업소) 설치 현황

해외 현지법인(영업소 포함) 설치 현황

업체명	설립일	형태	소재지	출자금	대여금	운영자금	폐업일

○ 형태 : 현지법인 / 지점 / 사무소 중 택1

7. 해외 현지법인의 자(손)회사 현황

해외 현지법인의 자(손)회사 현황

업체명	설립일	형태	소재지	출자금	대여금	운영자금	투자비율	폐업일

○ 해외현지법인이 투자한 자(손)회사 내역 점검

8. 무역외 지급 현황

무역외 지급내역 현황

거래상대방	송금일자	지급사유 (송금코드)	통화	송금액	지급사유

○ 대상 : 거래상대방 및 지급사유별 일정금액 이상

9. 무역외 영수 현황

무역외 영수내역 현황

거래상대방	영수일자	영수사유 (송금코드)	통화	영수액	영수사유

○ 대상 : 거래상대방 및 영수사유별 일정금액 이상

10. 외화 차입 현황

외화 차입 현황

차입 일자	차입처	차입 금액	이율	만기일	사용 용도	보증자	상환 일자	상환 금액	상환후 잔액

ㅇ 작성시점에서 존재하는 장·단기 시설자금, 일반외화대출(대환대출 포함) 등 국내외에서 외화로 차입한 모든
  건을 기재(단, L/C, D/A 등 무역결제성 차입은 제외하고 순수한 자본거래만 기재)

11. 현지법인 현지금융 현황

현지법인 현지금융 현황

차입일자	차입처	차입금액	이율	만기일	사용용도	보증자	상환일자	상환금액	상환후 잔액

ㅇ 현지법인의 현지금융 현황을 기재(기재 요령은 외화차입과 동일)

12. 외화 차입 현황

외화 대출 및 보증 현황

대출/ 보증처	대출/ 보증일자	대출/보증 금액	이율	만기일	사용용도	상환일자	상환금액	상환후 잔액

○ 외화대출 및 모든 보증(지급보증, 이행보증, 계약이행확약 등) 현황을 기재
○ 현지법인에 대한 직접적인 외화대출 뿐만아니라 결제대금 대지급 등 사실상의 대출 현황도 모두 기재

13. 외화계정 현황

외화계정 현황

예금종류	계좌번호	계좌주	은행	지점	사용용도	년말 잔액

○ 본사가 관리하는 국내외 모든 외화계정 내역을 기재(예, 정기예금, 일반예금, 정기적금 등)

[별지 제5호서식]

검사준비 목록표

구　　분	자　료　명	제출장소	제출기한	비 고

[210㎜×297㎜[일반용지 60g/㎡(재활용품)]

[별지 제6호서식]

외국환거래 검사 연기 신청서

신청인	상호(법인명)		사업자등록번호	
	성명(대표자)		생년월일	
	주소(사업장)			

신청내용	1. 통보 받은 검사기간	년 월 일 ~ 년 월 일
	2. 검사연기 신청사유	외국환거래의 검사업무 운영에 관한 훈령 제11조 제1항 ___호
	3. 연기를 원하는 기간	년 월 일 ~ 년 월 일

「외국환거래의 검사업무 운영에 관한 훈령」 제11조에 따라 위와 같이 검사 연기를 신청합니다.

년   월   일

신청인   (서명 또는 인)

○ ○ 세 관 장   귀하

※ 구비 서류 : 검사연기 신청 사유(다음 각 호 중 하나)를 증명하는 자료
1. 천재·지변 / 2. 화재, 그 밖의 재해로 사업상 심한 어려움
3. 검사대상자나 그 위임을 받은 자의 질병, 장기출장
4. 권한 있는 기관에 의하여 장부 및 증빙서류가 압수 또는 영치된 경우
5. 그 밖에 제1호부터 제4호까지의 규정에 준하는 사유가 있는 경우

[별지 제7호서식]

사업장 외 장소에서의 외국환거래 검사 신청서				

신청인	상호(법인명)		사업자등록번호	
	성명(대표자)		생년월일	
	주소(사업장)			

신청내용	1. 검사장소로 신청하는 곳	●(명칭) ●(주소)
	2. 검사장소 신청 이유	

「외국환거래의 검사업무 운영에 관한 훈령」 제12조제2항에 따라 위와 같이 사업장 외 장소에서의 외국환거래 검사를 신청합니다.

년   월   일

신청인   (서명 또는 인)

○ ○ 세 관 장   귀하

[210㎜×297㎜[일반용지 60g/㎡(재활용품)]

[별지 제8호서식]

○ ○ 세 관

수신자
(경유)
제목   외국환거래 검사계획 변경 통지서

「외국환거래의 검사업무 운영에 관한 훈령」 제14조제3항에 따라 아래와 같이 귀사(귀하)에 대한 외국환
거래 검사 계획이 0000.00.00.자로 변경되었음을 통지합니다.

- 아 래 -

변경 항목	변경전	변경후
검사 방법		
검사 대상 범위		
변경사유		

끝.

○ ○ 세 관 장

	직위(직급) 서명		직위(직급) 서명		직위(직급) 서명
기안자		검토자		결재권자	

협조자

시행   처리과-일련번호 (시행일자)   접수   처리과명-일련번호 (접수일자)
우 000-000   (주소)   / 홈페이지 주소
전화 000-000-0000   전송 000-000-0000 / 기안자의 공식전자우편주소   / 공개구분

[별지 제9호서식]

○ ○ 세 관

수신자
(경유)
제목　　　**외국환거래 실지검사 기간 연장 통지서**

「외국환거래의 검사업무 운영에 관한 훈령」 제16조제2항에 따라 아래와 같이 귀사(귀하)에 대한 외국환
거래 실지검사 기간을 연장합니다.

- 아　　　래 -

당초전체검사기간	. 　.　 . ~　 .　 .　 .
당초실지검사기간	. 　.　 . ~　 .　 .　 .
연장실지검사기간	. 　.　 . ~　 .　 .　 .
연장전체검사기간	. 　.　 . ~　 .　 .　 .
연장사유	(근거) 외국환거래의 검사업무 운영에 관한 훈령 제16조제2항＿호 (내용)

끝.

○ ○ 세 관 장

기안자	직위(직급) 서명 검토자	직위(직급) 서명 결재권자	직위(직급) 서명

협조자

시행　　　처리과-일련번호 (시행일자)　　　　접수　　　처리과명-일련번호 (접수일자)
우 000-000   (주소)　　　　　　　　　　　　　　　/ 홈페이지 주소
전화 000-000-0000　　　전송 000-000-0000 / 기안자의 공식전자우편주소　　/ 공개구분

[별지 제10호서식]

○ ○ 세 관

수신자
(경유)
제목   **외국환거래 검사 중지 통지서**

1. 「외국환거래의 검사업무 운영에 관한 훈령」 제16조제4항에 따라 아래와 같이 귀사(귀하)에 대한 외국환거래 검사를 중지합니다.

2. 검사중지기간이 종료되거나, 검사중지기간 종료 이전이라도 검사 중지 사유가 소멸하는 경우에는 검사를 재개하고 잔여 검사기간 동안 검사가 실시될 예정입니다.

- 아   래 -

당초검사기간	. . . ~ . . .
검사중지기간	. . . ~ . . .
연장사유	(근거) 외국환거래의 검사업무 운영에 관한 훈령 제16조제4항__호 (내용)

끝.

○ ○ 세 관 장

기안자   직위(직급) 서명   검토자   직위(직급) 서명   결재권자   직위(직급) 서명

협조자

시행   처리과-일련번호 (시행일자)   접수   처리괴명-일런번호 (집수일자)
우 000-000 (주소)   / 홈페이지 주소
전화 000-000-0000   전송 000-000-0000 / 기안자의 공식전자우편주소 / 공개구분

[별지 제11호서식]

○ ○ 세 관

수신자
(경유)
제목   외국환거래 검사 재개 통지서

「외국환거래의 검사업무 운영에 관한 훈령」 제16조제5항에 따라 아래와 같이 귀사(귀하)에 대한 외국환거래 검사를 재개합니다.

－ 아   래 －

당초검사기간	.　.　.　~　.　.　.
검사중지기간	.　.　.　~　.　.　.
검사재개일자	.　.　.
잔여검사기간	.　.　.　~　.　.　.

끝.

○ ○ 세 관 장

기안자	직위(직급) 서명	검토자	직위(직급) 서명	결재권자	직위(직급) 서명

협조자

시행   처리과–일련번호 (시행일자)   접수   처리과명–일련번호 (접수일자)
우 000-000   (주소)   / 홈페이지 주소
전화 000-000-0000   전송 000-000-0000   /   기안자의 공식전자우편주소   / 공개구분

[별지 제12호서식]

외국환거래 검사자료 보관 동의서

검 사 대 상 자	상호(법인명)		사업자등록번호	
	성명(대표자)		생년월일	
	주소(사업장)			

   아래 동의자는 OO세관 검사요원 O급 OOO으로부터 위 검사대상자에 대한 외국환거래 검사 관련으로 제출한 붙임 목록의 외국환거래 검사자료와 물품을 세관에 보관하는 이유를 설명 받았고,「외국환거래의 검사업무 운영에 관한 훈령」제18조제1항에 따라 붙임 목록의 자료와 물품을 세관에 보관하는 것에 동의합니다.

붙임. 외국환거래 검사자료·물품 보관 목록.

년   월   일

      동 의 자
- 검사대상자와의 관계 :
- 주　　　소 :
- 연 락 처 :
- 생년월일 :
- 성　　　명 :   (서명 또는 인)

○ ○ 세 관 장   귀 하

※ 동의자 인적사항 및 검사대상자 관계 입증 자료(신분증·명함) 첨부

[별지 제13호서식]

외국환거래 검사자료 · 물품 보관 목록			
연번	품명	수량	비고

[별지 제14호서식]

외국환거래 검사자료 · 물품 보관증

검 사 대 상 자	상호(법인명)		사업자등록번호	
	성명(대표자)		생년월일	
	주소(사업장)			

1. 귀사(귀하)에 대한 외국환거래의 검사와 관련하여 「외국환거래의 검사업무 운영에 관한 훈령」 제18조제1항에 따라 붙임 목록의 외국환거래 검사자료·물품을 외국환거래 검사기간 동안 우리세관에 보관합니다.
2. 보관하는 자료 중 귀사의 업무에 필요하다고 판단되는 자료·물품에 대하여는 반환을 요구할 수 있습니다.
3. 우리 세관에서 보관하는 자료에 대하여 반환하는 경우에는 원본과 동일한 것으로 확인된 사본을 요구하여 보관할 수 있습니다.

붙임. 외국환거래 검사자료 보관 물품 목록.

년   월   일

- 소 속 : ○○세관 ○○○○○과
- 직 급 :   급
- 성 명 :   (서명 또는 인)

○ ○ ○ ○ ○ ○ **귀하**

[별지 제15호서식]

외국환거래 검사자료 반환 확인서

검 사 대 상 자	상호(법인명)		사업자등록번호	
	성명(대표자)		생년월일	
	주소(사업장)			

1. 아래 인수자는 귀 세관에서 보관한 상기 검사대상자에 대한 외국환거래 검사자료 중 붙임 목록의 자료 또는 물품을 이상 없이 반환 받았음을 확인합니다.

2. 아울러, 붙임 목록의 자료 중 귀 세관에서 사본 보관을 요청한 자료에 대하여 원본과 동일한 사본임을 확인하고, 해당 사본을 세관에 보관하는 것에 대하여 동의합니다.

붙임. 외국환거래 검사자료 반환 물품 목록.

년　　월　　일

인 수 자
- 검사대상자와의 관계 :
- 주　　　소 :
- 연 락 처 :
- 생년월일 :
- 성　　　명 :　　　　　　(서명 또는 인)

○ ○ 세 관 장　귀하

※ 인수자 인적사항 및 검사대상자 관계 입증 자료(신분증·명함) 첨부

[별지 제16호서식]

외국환거래 검사자료 반환 물품 목록				
연번	품명	수량	사본 보관여부	비고

* 연번은 보관 물품 목록의 연번을 기재하고, 일부 반환시 비고에 잔여수량 표기

[별지 제17호서식]

검사일일보고서

결 재	검사반장	과 장

20 . . ( )요일

검사대상 업무

검사한 사항(구체적으로)

검사 결과 적발사항 또는 문제제기 사항

검사자	
비 고	

[별지 제1호서식]

제 20 － 　　 호

경 　고 　장

1. 인적사항

　주　　　　소 ：

　직　　　　업 ：

　성명(명칭)： 　　　　　　(한자) 　　　　　　(남, 여)

　주민등록번호 　　：

2. 위반내역 ：

위반일시	위반법조	위반금액	위반내용

3. 처분내용 ： 경고

　위 사람은 「외국환거래법」을 위반하였으므로 같은 법 제19조제1항에 따라 경고합니다. 향후 2년 이내에 「외국환거래법」을 위반할 경우에는 과태료가 부과되거나 벌칙이 적용될 수 있으며, 향후 5년 이내에 같은 위반행위가 있는 경우 해당 외국환거래 또는 행위가 정지·제한 될 수 있음을 알려 드립니다.

20 　．　 　．　 　．

○ ○ 세 　관 　장 ㊞

[별지 제2호서식]

○ ○ 세 관

수신자
(경유)
제 목   외국환거래법에 따른 행정처분 예정 통지 및 청문실시 안내

「외국환거래법」제19조제3항 및 「행정절차법」제21조제2항에 따라 우리 기관이 하고자 하는 행정처분의 내용을 통지하오니 청문에 출석하여 주시기 바랍니다.

예정된 처분의 제목		외국환거래법 제19조제2항에 따른 외국환거래 또는 행위의 정지·제한				
당사자	성명(상호)					
	주 소					
처분의 원인이 되는 사실						
처분하고자 하는 내용		예시1) 외국환거래법 제16조제1호에 따른 상계 거래의 제한(3개월)				
		예시2) 외국환거래법 제17조에 따른 지급수단 수출입 행위의 제한(3개월)				
법적근거 및 조문내용						
청문실시	기관명		부서명		담당자	
	주소				전화번호	
	일시	년 월 일 시 부터 시 까지(시간)			장소	
	주재자	소속 및 직위				
		성명				

〈청문시 유의사항〉
1. 귀하는 청문일에 출석하여 의견을 진술하고 증거를 제출할 수 있으며, 만일, 청문일에 출석하지 아니 하는 경우에는 미리 붙임 양식의 의견서를 제출할 수 있습니다.
2. 귀하께서 정당한 사유 없이 청문일에 출석하지 아니하거나 의견서를 제출하지 아니한 경우에는 청문을 마칠 수 있습니다. 다만, 정당한 사유로 출석하지 못하거나 의견서를 제출하지 못한 경우에는 그 사유를 소명하고, 청문일정의 조정을 요청하여야 합니다.

붙임 : 의견제출서 양식.   끝.

○ ○ 세 관 장   [직인]

기안자 직위(직급) 서명   검토자 직위(직급) 서명   결재권자 직위(직급) 서명

협조자

시행   처리과-일련번호(시행)   접수   처리과명-일련번호(접수)

우   주소   / 홈페이지 주소

전화번호( )   팩스번호( )   / 기안자의 전자우편주소   / 공개구분

[별지 제3호서식]

행정처분에 대한 의견제출서

※ 아래의 유의사항을 읽고 작성하시기 바랍니다.

①의견제출인	성명	
	주소	전화번호

②의견제출 내용	예정된 처분의 제목		
	당사자	성명(명칭)	
		주소	
		(전화번호:)	
	의 견		
	기 타		

「행정절차법」 제27조 및 제31조제2항에 따라 위와 같이 의견을 제출합니다.

년   월   일

의견제출인   (서명 또는 인)

OO 세관장 귀하

유 의 사 항

1. 기재란이 부족한 경우에는 별지를 사용하실 수 있습니다.
2. 증거자료 등을 첨부하실 수 있습니다.(제출한 증거자료 등은 처분 후 1년 이내에 반환을 요청할 수 있습니다.)
3. 위 의견제출과 관련하여 문서를 받으신 경우에는 문서번호와 일자를 ①란에 함께 기재하여 주시기 바랍니다.

[별지 제4호서식]

청 문 조 서

①제목		
②청문주재자	소 속	
	성 명	

③행정처분 대상자등 (대표자, 대리인)	성명(상호)	주소	출석 여부	불출석한 경우의 사유

④참석한 행정청의 직원	직위			
	성명			

⑤청문의 일시 및 장소				
⑥청문공개	공개 여부			
	이유			
⑦당사자등의 진술내용	요지			
	제출된 증거			
⑧증거조사	요지			
	증거			
⑨기타				

년　　　　월　　　　일

청문주재자 성명 :　　　　　　　(서명 또는 인)

열람 · 확인자 성명 :　　　　　　　(서명 또는 인)

※ 열람 및 확인을 거부하는 사유

※ 기재란이 부족한 경우에는 별지를 사용하실 수 있습니다.

210mm×297mm[백상지 80g/㎡(재활용품)]

[별지 제5호서식]

청문주재자 의견서

①청문의 제목
②처분의 내용·주요사실 또는 증거
③종합의견(처분수준의 적정성, 경감필요성 등)
④기 타
년   월   일 청문주재자 성명 :   (서명 또는 인)

210mm×297mm[백상지 80g/㎡(재활용품)]

[별지 제6호서식]

외국환거래법에 따른 행정처분 심의 요청서

①행정처분의 종류(제목)		
②행정처분 대상자	성명(상호)	
	주소	
③처분의 원인이 되는 사실		
④처분의 법적 근거(조문)		
⑤행정처분 대상자 주장의 요지		
⑥청문주재자 의견의 요지		
⑦세관장 종합 의견		

년   월   일

○ ○ 세 관 장 ⑪

210mm×297mm[백상지 80g/㎡(재활용품)]

[별지 제7호서식]

○ ○ 세 관

수신자
(경유)
제 목 **외국환거래·행위의 정지·제한 통지**

1. 아래와 같이 외국환거래법 위반 행위가 확인되어, 「외국환거래법」제19조제2항에 따라 행정처분 대상자에 대한 특정 외국환거래 또는 행위를 정지·제한함을 통지합니다.

2. 본 통지를 받은 세관장(은행장)께서는 아래의 행정 처분 사항이 이행될 수 있도록 협조하여 주시기 바랍니다.

3. 본 통지를 받은 행정처분 대상자는 행정심판법과 행정소송법에 따라 본 통지를 받은 날로부터 90일 이내에 국민권익위원회의 중앙행정심판위원회에 행정심판을 청구하거나, 귀하의 주소지를 관할하는 행정법원에 행정소송을 제기할 수 있습니다.

- 아   래 -

행정처분 제목		외국환거래법 제19조제2항에 따른 외국환거래 또는 행위의 정지·제한
행정처분 대상자	성명(상호)	
	주민등록번호	(사업자는 사업자번호, 외국인은 외국인등록번호 또는 여권번호)
	주 소	
처분의 원인이 되는 사실		
처분하고자 하는 내용		예시1) 외국환거래법 제16조제1호에 따른 상계 거래의 제한(3개월)
		예시2) 외국환거래법 제17조에 따른 지급수단 수출입 행위의 제한(3개월)
법적근거 및 조문내용		

끝.

○ ○ 세 관 장   직인

기안자 직위(직급) 서명   검토자 직위(직급) 서명   결재권자 직위(직급) 서명

협조자

시행   처리과-일련번호(시행)   접수   처리과명-일련번호(접수)

우   주소   / 홈페이지 주소

전화번호( )   팩스번호( )   / 기안자의 전자우편주소   / 공개구분

[별지 제8호서식]

과태료 부과예정 통지 및 의견 진술 안내문(외국환거래법 위반)

1. 「질서위반행위규제법」제16조제1항에 따라 귀하의 아래 「외국환거래법」 위반행위에 대하여 서면으로 의견을 제출하거나 말로 의견을 진술할 수 있음을 알려드리오니 **년 월 일**까지 이 안내문 이면의 "의견진술서"란에 귀하의 의견을 사실대로 기술하여 우리세관에 보내주시거나 우리세관 ○○과(전화번호 : 　담당자 : 　)로 귀하의 의견을 통보하여 주시기 바랍니다.

2. 국민기초생활수급자, 한부모가족 보호대상자, 장애인(3급 이상), 국가유공자(상이등급 3급 이상), 미성년자, 중소기업은 의견제출 기한까지 증빙자료를 제출하면「질서위반행위규제법 시행령」제2조의2와 「외국환거래법 시행령」제41조에 따른 과태료감경을 받을 수 있습니다.

3. 「질서위반행위규제법」제16조제1항에 따라 지정된 기일까지 의견 제출이 없는 경우에는 의견이 없는 것으로 인정하여 정해진 과태료를 부과할 예정입니다.

4. 「질서위반행위규제법」제18조제1항에 따라 의견제출 기한 이내에 과태료를 자진 납부하는 경우에는 부과될 과태료의 20%를 감경 받을 수 있습니다. 감경된 과태료는 이 안내문과 함께 동봉된 세외수입 고지서로 납부할 수 있으며, 납부기한이 경과할 경우 납부할 수 없습니다.

= 아　　　　　래 =

가. 인적사항

　　주　　　　소 :

　　성명/업체명 :　　　　　　　　　　대표자 성명 :

　　주민등록번호 :

나. 위반내용

다. 과태료 부과예정금액

①의견제출 기한 이내 자진납부시 20% 감경 ② − (② × 0.2)	②정상납부시	③정상납부 체납시 **3%** 가산 ② + (② × **0.03**)	④정상납부 체납시 60개월간 월 1.2% 가산 ② + (② × **0.03**) + (② × 0.012 × 60)

라. 위반법조

붙임 : 세외수입 고지서겸 영수증서 1부.　끝.

20 ．　．　．

○○ 세관장 ⑪

주소 : ○○시 ○○구 ○○동 ○○번지(우:00000)

210㎜×297㎜(일반용지 60g/㎡(재활용품)

(이 면)

<table>
<tr><td colspan="2" align="center">의 견 진 술 서</td></tr>
</table>

1. 진술인의 인적사항

　　주　　　　소　:

　　직　　　　업　:

　　성명/업체명　　:　　　　　　　　　　대표자 성명 :

　　주민등록번호　　:

2. 외국환거래법을 위반하게 된 사유

3. 과태료 처분에 관한 유리한 내용이나 증거

위 진술은 사실대로 작성한 것입니다.

작성일자 : 20　년　월　일

작 성 자 :　　　　　　　(인)

○ ○ 세 관 장   귀하

210㎜×297㎜(일반용지 60g/㎡(재활용품)

[별지 제9호서식]

현장 의견진술 안내문

1. 귀하께서 지급수단등의 반출입을 신고하지 않아 「외국환거래법」 제17조를 위반한 행위에 대하여 아래와 같이 과태료를 부과할 예정이며(「외국환거래법」 제32조제2항제3호), 이에 대한 의견이 있으시면 20   년   월   일 까지 의견진술할 수 있음을 알려드립니다(「질서위반행위규제법」 제16조)
   - 위반금액 : 미화 환산금액 (달러), 한화 (원)
   - 과태료 부과예정금액 :   원(위반금액의 5%)

2. 의견제출 기한 이내에 과태료를 자진 납부하는 경우 부과될 과태료의 20%를 감경받을 수 있습니다. (「질서위반행위규제법」 제18조)
   붙임 : 세외수입 고지서겸 영수증서 1부

3. 국민기초생활수급자, 한부모가족 보호대상자, 장애인(3급 이상), 국가유공자(상이등급 3급 이상), 미성년자, 「중소기업법」 제2조에 따른 중소기업은 즉시 증빙자료를 제출하면 과태료감경을 받을 수 있습니다(「외국환거래법 시행령」 별표 4의 제1호나목)

20   .   .   .

○○세관장 [인]

주소 : ○○시 ○○구 ○○동 ○○번지(우:00000)

위반사실 확인 및 의견진술

위반자	성 명 (법인명)		국적		주민(여권)번호 (법인번호)		–
	주 소					전 화	
	직 업 (대표자)			거주자여부		□거주자 □비거주자	
위반일시 및 장소	일 시	년 월 일 시 분		구분		□반입 □반출	
	발생장소	□휴대(편명:) □특송( ) □우편( ) □기타( )					
(통화별)위반금액							
위반사유							
기타 진술 내용	과태료 처분에 관한 유리한 내용이나 증거( )						

위 내용은 사실대로 작성한 것이며, 과태료 처분에 이의 없습니다.

작성일자 :   년   월   일
작 성 자 :   (인 또는 서명)

○○세관장 귀하

[210㎜×297㎜[일반용지 60g/㎡(재활용품)]

[별지 제10호서식]

담 당	주 무	과 장

과태료 사건 조사보고서

1. 처분대상자
   주　　　소　：
   성명/업체명　：　　　　　　대표자 성명 ：
   직　　　업　：
   주민등록번호　：

2. 적발일시 및 장소 :

3. 적발경위 :

4. 위반내용 :

5. 위반법조 :

6. 과태료 금액 :

7. 증거자료 :

조 사 일 자　　　： 20 ．　．　．
조사자　소속　：
　　　직·성명　：

[별지 제11호서식]

제　　　　　호
수신
제목　과태료 부과 고지 (외국환거래법 위반)

1. 귀하께서는 다음과 같이 「외국환거래법」을 위반한 사실이 있습니다.
   − 성명/업체명　　　:　　　　　　　　　　대표자 성명 :
   − 주소　　　　　　:
   − 위반사실　　　　:

2. 위의 위반사실에 대하여 「외국환거래법」제32조에 따라 (　원)의 과태료를 부과하오니 이 통지서를 받은 날부터 30일 내에 가까운 국고수납은행에 납부하시기 바랍니다.

3. 과태료처분에 불복이 있을 경우에는 과태료 부과 통지를 받은 날부터 60일 이내에 붙임2의 서식으로 이의를 제기할 수 있으며, 이의를 제기한 때에는 법원에서 과태료 재판을 받게 됩니다.

4. 「질서위반행위규제법」제24조에 따라 납부기한까지 과태료를 납부하지 않은 때에는 체납된 과태료에 대하여 100분의 3에 해당하는 가산금을 징수하고, 1개월마다 1,000분의 12에 해당하는 중가산금을 가산하여 징수합니다.

5. 「질서위반행위규제법」제52조에 따라 대통령령이 정하는 사유 없이 일정한 횟수, 금액 이상의 과태료를 체납하면 관허사업의 제한을 받을 수 있습니다.

6. 「질서위반행위규제법」제53조제1항에 따라 신용정보회사 또는 신용정보집중기관의 요청에 따라 체납 또는 결손처분자료를 제공할 수 있습니다.

7. 「질서위반행위규제법」제54조에 따라 고액·상습체납자는 감치에 처할 수 있습니다.

붙임 : 1. 세외수입 고지서겸 영수증서 1부
　　　 2. 과태료 부과에 대한 이의제기서 1부.　끝.

○　　○　　세　　관　　장　⟨인⟩

주소 : ○○시 ○○구 ○○동 ○○번지(우: ○○○−○○○)

10㎜×297㎜(일반용지 60g/㎡(재활용품)

[별지 제12호서식]

과태료 부과에 대한 이의제기서[외국환거래법 위반]

①신청인	성 명 (업체명)	(한자)	주민등록번호 (사업자등록번호)	
	주 소			
②과태료 처분내역	부과관청		납부통지서 번 호	
	통지일자		과태료금액	
	과 태 료 처분사유			
③과태료 처분에 대한 불복사유				

　　「외국환거래법」제32조와 「질서위반행위규제법」제20조에 따라 위의 과태료처분에 대하여 이의를 제기하오니 「비송사건절차법」과 「질서위반행위규제법」에 따라 법원의 과태료 재판을 받도록 조치하여 주시기 바랍니다.

년 월 일

위 신청인　　　　　　(인)

○　○　세　관　장　귀하

구 비 서 류	이의제기하는 사유를 입증하는 자료

210㎜×297㎜(일반용지 60g/㎡(재활용품)

[별지 제13호서식]

제　　　호

수신 ○○○○○ 지방법원

제목　과태료 처분에 대한 이의제기 통보(외국환거래법 위반)

　　　1.「외국환거래법」제32조와「질서위반행위규제법」제21조 관련입니다.

　　　2.「외국환거래법」위반자에 대하여 과태료 처분을 한 바 처분대상자로부터 다음과 같이 이의 제기가 있으니「비송사건절차법」과「질서위반행위규제법」에 따라 과태료 재판을 하여 주시기 바랍니다.

과태료처분에 대한 이의제기자	성　　명 (업체명)	(한자)	주민등록번호 (사업자등록번호)	
	주　　소			
	과태료납부 통지 일자		과 태 료 금　　액	
	부 과 관 청		이의제기 일　　자	

첨부　1. 과태료 부과 고지서 사본 1부.
　　　2. 과태료 부과에 대한 이의제기서 사본 1부.　끝.

○　　○　세　관　장　㊞

210㎜×297㎜(일반용지 60g/㎡(재활용품))

[별지 제1호 서식]

제   호

경 고 장

1. 인적사항

　주　　　소　：

　성 명(명 칭)　：

　주민등록번호　：

2. 위반내역 :

위반일시	위반조문	위반금액	위반내용

3. 처분내용 : **경 고**

　　위 사람은 외국환거래법을 위반하였으므로 같은 법 제19조제1항의 규정에 따라 경고합니다. 향후 5년 이내에 재차 외국환거래법을 위반할 경우에는 1년 이내의 범위에서 관련 외국환거래 또는 행위가 정지·제한되거나 허가가 취소될 수 있고, 또한 과태료가 부과되거나 벌칙이 적용될 수 있음을 알려드립니다.

20 ． ． ．

금 융 감 독 원 장

[별지 제2호 서식]

행정처분 대장

처분 번호	처분 일자	처 분 대 상 자		위 반 내 역			처분 내용	비고
		성명	주　소	위반 법조	위반 일자	위반내용		
			주민번호 (등록번호)					

[별지 제3호 서식]

과태료 처분 대장

접 수		처 분 대 상 자		위반 법조	처 분 통 지			과태 료 금액	납부 일자	이의제 기	비 고
일자	번호	성명	주 소 주민번호 (등록번호)		일자	번호	납부 기한			일자	

[별지 제4호 서식]

의견진술 안내문(외국환거래법 위반)

1. 「질서위반행위규제법」제16조제1항의 규정 및 외국환거래당사자에 대한 제재규정 제8조에 따라 귀 하(귀 법인)의 아래 「외국환거래법」 위반사실에 대하여 서면 또는 구두로 **의견을 진술할 수 있음**을 알려드리오니 **20　년 월 일**까지 "의견진술서"란에 귀하의 의견을 사실대로 기술하여 금융감독원 외환감독국(전화번호 :　　　　담당자 :　　　)로 귀하의 의견을 통보하여 주시기 바랍니다.

2. 「질서위반행위규제법」제16조제1항의 규정에 따라 지정된 기일 내에 의견진술이 없는 경우에는 **이의가 없는 것**으로 인정하여 소정의 **과태료를 부과**할 예정입니다.

3. 「질서위반행위규제법」제18조제1항의 규정에 따라 **의견진술 기한 이내**에 과태료를 자진 **납부**하는 경우에는 부과될 과태료의 **20%를** 감경받을 수 있습니다. 감경된 과태료는 **별도 요청**(의견진술서에 **표시**하여 회신)시 발부해 드리는 **고지서**로 납부할 수 있으며, **납부기한이 경과할 경우 납부할 수 없습니다.**

4. 「질서위반행위규제법 시행령」 제2조의2(과태료 감경)에 해당하는 경우(의견진술서에 해당한다는 사실을 기술하여 회신) 과태료를 감경 받을 수 있습니다.

= 아　　래 =

가. 인적사항
　　주　　　　소　:
　　성명/업체명　　:　　　　　　　　　　대표자 성명 :
　　주민등록번호　:

나. 위반내용

다. 과태료 부과예정금액

①의견진술 기한 이내 자진납부시 20% 감경 ② − (② × 0.2)	②정상납부시	③정상납부 체납시 5% 가산 ② + (② × 0.05)	④정상납부 체납시 60개월간 월 1.2% 중가산금 ② + (② × 0.05) + (② × 0.012 × n)
원	원	원	원

* n : 체납한 개월수

라. 위반법조

20　　.　　.　　.

금융감독원 외환감독국장

주소 : 서울시 영등포구 여의대로 38 (우:150−743)

(별지 제4호 서식 붙임) ＜개정 2014.10.10.＞

<table>
<tr><td colspan="2" align="center">의 견 진 술 서</td></tr>
<tr><td colspan="2">
진술인의 인적사항
주　　　소:
성명(업체명) :　　　　　　　대표자 성명 :
주민등록번호 :
</td></tr>
<tr><td colspan="2">
□ 과태료 사전납부를 신청합니다.
</td></tr>
<tr><td colspan="2">
□ 의견 있음

　1. 외국환거래법을 위반하게 된 사유

　2. 과태료 처분에 관한 유리한 내용이나 증거

</td></tr>
</table>

위 진술은 사실대로 작성한 것입니다.

작성일자 : 20　 년　 월　 일

작 성 자 :　　　　　　　(서명)

금융감독원 외환감독국장 귀하

[별지 제5호 서식]

제   호

제 목 : **과태료 부과 고지**(외국환거래법 위반)

1. 귀하께서는 다음과 같이 「외국환거래법」을 위반한 사실이 있습니다.
   − 성명/사업자명   :   대표자 성명 :
   − 주소   :
   − 위반사실   :

2. 위의 위반사실에 대하여 「외국환거래법」 제32조의 규정에 의하여 (원)의 과태료를 부과하니 이 통지서를 받은 날로부터 30일 내에 가까운 국고 수납은행에 납부하시기 바랍니다.

3. 과태료처분에 불복이 있을 경우에는 과태료 부과 통지를 받은 날로부터 60일 이내에 붙임2의 서식으로 이의를 제기할 수 있으며, 이의를 제기한 때에는 법원 에서 과태료 재판을 받게 됩니다.

4. 질서위반행위규제법 제24조에 의거 납부기한까지 과태료를 납부하지 아니한 때에는 체납된 과태료에 대하여 100분의 3에 상당하는 가산금을 징수하고, 매1 개월 마다 1,000분의 12에 상당하는 중가산금을 가산하여 징수합니다.

5. 질서위반행위규제법 제52조에 의거 대통령령이 정하는 사유 없이 일정한 횟수, 금액 이상의 과태료를 체납하면 관허사업의 제한을 받을 수 있습니다.

6. 질서위반행위규제법 제53조제1항에 의거 신용정보제공업자 또는 신용정보집중 기관의 요청에 따라 체납 또는 결손처분자료를 제공할 수 있습니다.

7. 질서위반행위규제법 제54조에 의거 고액·상습체납자는 감치에 처할 수 있습니다.

8. 향후 5년 이내에 재차 외국환거래법을 위반할 경우에는 1년 이내의 범위 에서 관련 외국환거래 또는 행위가 정지·제한되거나 허가가 취소될 수 있고, 또한 벌칙이 적용될 수 있음을 알려드립니다.

붙임 : 1. 세외수입 고지서겸 영수증서 1부
       2. 과태료 부과에 대한 이의제기서 1부.   끝.

금 융 위 원 회 위 원 장

주소 : 서울시 중구 세종대로 124 (우:100−745)

[별지 제6호 서식]

<u>과태료 부과에 대한 이의제기서</u>(외국환거래법 위반)

신 청 인	성 명 (업체명)		주민등록번호 (사업자등록번호)	
	주 소			
과 태 료 처분내역	부과행정청	금융위원회	납부통지서 번 호	
	통지일자		과태료금액	
	과 태 료 처분사유			
과태료 처분에 대한 불복사유				

    「외국환거래법」제32조 및 「질서위반행위규제법」제20조의 규정에 의하여 위의 과태료처분에 대하여 이의를 제기하오니 「비송사건절차법」 및 「질서위반행위규제법」에 의하여 법원의 과태료 재판을 받도록 조치하여 주시기 바랍니다.

                                              년   월   일
                        위 신청인   (서명)

      금 융 위 원 회 위 원 장   귀하

구 비 서 류	없 음

[별지 제7호 서식]

제   호

수 신 :

제 목 : **과태료 처분에 대한 이의제기 통보**(외국환거래법 위반)

    1. 「외국환거래법」 제32조 및 「질서위반행위규제법」제21조 관련입니다.

    2. 「외국환거래법」 위반자에 대하여 과태료 처분을 한 바 처분 대상자로부터 다음과 같이 이의제기가 있으니 「비송사건절차법」 및 「질서위반행위규제법」에 의하여 과태료 재판을 하여 주시기 바랍니다.

과태료처분에 대한 이의제기자	성 명 (사업자명)		주민등록번호 (사업자등록번호)	
	주 소			
	과태료납부 통지 일자		과 태 료 금 액	
	부과행정청	금융위원회	이의제기 일 자	

첨부 1. 과태료 부과 고지서 사본 1부
      2. 과태료 부과에 대한 이의제기서 사본 1부. 끝.

금 융 위 원 회 위 원 장

부록 7. 금융기관의 해외진출에 관한 규정

[별지 제1호]

해외직접투자 신고서(보고서)						처리기간	
신고인	상 호		사 업 자 등 록 번 호				
			법 인 등 록 번 호				
	대 표 자	(인)	주 민 등 록 번 호				
	소 재 지		전화번호 :				
	업 종						
해외직접투자내용	투 자 국 명		소 재 지				
	투 자 방 법		자 금 조 달				
	투 자 업 종		주 요 제 품				
	투 자 금 액		출 자 금 액				
	투 자 비 율		결 산 월				
	투 자 목 적						
	현 지 법 인 명 (영 문)		(자본금 :)				

금융기관의해외진출에관한규정 제3조의 규정에 의거 위와 같이 신고(보고)합니다.

년   월   일

금융감독원장 귀하

위와 같이 신고되었음을 확인함	신 고 번 호	
	신 고 금 액	

년   월   일

피신고(보고)기관 : 금융감독원장

210㎜×297㎜

〈첨부서류〉 1. 사업계획서(자금조달 및 운영계획 포함)
2. 합작인 경우 당해 사업에 관한 계약서
3. 외국환거래법 시행령 제7조제1항제4호에 규정한 금전의 대여에 의한 해외직접투자인 경우에는 금전대차계약서
4. 해외투자목적물이 해외주식인 경우, 당해 해외주식의 가격적정성을 입증할 수 있는 서류
5. 규정 제3조제1항 단서에 의하여 보고하는 경우 이를 입증하는 서류
※ 업종은 통계청 한국표준산업분류표상 세세분류코드(5자리) 및 업종명을 기재
※ 출자금액란에는 액면가액과 취득가액이 상이한 경우 액면가액을 기재

<별지 제2호>

현지법인금융기관(역외금융회사)등 투자신고(수리)서	처 리 기 간

　　　□ 증권투자 (1.신규투자 2.증액투자)　　□ 대부투자　□ 관련기관 제재후 사후신고

1. 투자자 현황

상 　호 　(대표자)	(	)	설 립 년 월 일	
소 　재 　지(주 소)				
투 　자 　자 　규 　모	□ 대기업　　□ 중소기업			
총 　　　자 　　　산	백만원		자기자본(자본금)	(　　　) 백만원
업 　　　　　　　종			담 당 자 및 연 락 처	

2. 현지법인 현황
(단위 : 미불)

법 　인 　명		설 　립(예정)일	
대 　표 　자		업 　　　종	
소 재 국(세부주소)	(　　　　)		
총 　자 　본 　금		종 업 원 수	한국인 명, 현지인 명
투 　자 　형 　태주1)	□ 단독투자 □ 공동투자 □ 합작투자(한국측 총지분율;　%)		
주 투 자 자 내 역	상 　　　호　　　　　　사 업 자 번 호		
	대 　표 　자 　명　　　법 인 등 록 번 호		
법 　인 　성 　격	□ 실제 영업법인 □ 특수 목적회사(SPC) 　 – 최종 투자 목적국 : 　 – 최종 투자 업종 :	설 립 형 태	□ 신설법인 설립 □ 기존법인 지분인수 　 –지분인수비율:　%
지 　배 　구 　조	□ 비지주회사 □ 지주회사(자회사수:　개, 주된 매출 자회사 업종 :　　　　)		
투 　자 　목 　적			

주1) "공동투자"라 함은 국내투자자와 공동으로 투자하는 경우를 의미하며 "합작투자"라 함은 비거주자와 합작으로 투
자하는 경우를 의미함.

3. 투자 방법
① 지분투자
(단위 : 미불)

취 득 증 권	증권종류	주수	액면		취득가액	
			주당액면	합계	주당가액	합계
	투 　자 　비 　율(%)					
	취득가액이 액면과 상이할 경우 그 산출근거					

출 자 형 태	① 현 금		② 현 물	
	③ 주 식		④ 이익잉여금	
	⑤ 기타( )			
합 계	(①+②+③+④+⑤)			

출 자 자 명	출 자 전		금 회 출 자		출 자 후	
	금 액	비율(%)	금 액	비율(%)	금 액	비율(%)
한국 측						
소 계(①)						
현지 측(②)						
제3국 (③)						
합 계(①+②+③)		100.0		100.0		100.0

② 대부투자   (단위 : 미불)

대 부 액		자 금 용 도	
이 율		기 간	년 월 일 ~ 년 월 일
원 금 상 환 방 법		이 자 징 수 방 법	
대 부 자 금 조 달 방 법	자 기 자 금		차 입 금

금융·기관의해외진출에관한규정 제3조(제7조)의 규정에 의하여 위와 같이 신고합니다.

　　　　　　　　　　　　　　　　　　　　　　　　　　년   월   일

　　　　　　　　　　　　신고인　　　　　　ⓟ　(전화번호　　　　)

　　　　　　　귀하

신청인 귀하
위의 신고를 다음 조건으로 수리합니다.
1. 신고수리조건을 준수할 것

2. 기타

신고(수리)번호	
신고(수리)금액	

　　　　　　　　　　년   월   일

　　　　　　　　　　　　　　　　　　신고(수리)권자 :　　　　　　　(인)

210mm×297mm

〈첨부서류〉　1. 현지법인의 향후 3년간의 사업계획서·예상수지계산서 및 배당계획서
　　　　　　2. 투자에 소요될 외화경비명세서 및 경비조달계획서
　　　　　　3. 현지법인의 최근 대차대조표·손익계산서 및 이사회의사록

[별지 제3호]

현 지 법 인 (변경 등 / 지점(자·손회사) 설립 / 지점(자·손회사) 변경 / 지점(자·손회사) 청산) 보고서

☐ 현지법인 내용변경   ☐ 지점(자·손)회사 설립   ☐ 지점(자·손)회사 변경   ☐ 지점(자·손)회사 청산

금융감독원장 귀하   20 .   .

보 고 인	상호 또는 성명	(인)
	사업자(주민)번호	
	소재지 또는 주소	전화

(담당자명:)

보고대상 현지법인명

현지법인 최초신고번호	신고금액

금융기관의해외진출에관한규정 제3조의 규정에 의하여 아래와 같이 보고합니다.

1. 보 고 사 항	
2. 보 고 사 유 (요 약)	

<첨부서류> 1. 당초 신고(보고)서 사본
　　　　　　 2. 현지법인 신고내용 변경사유서 및 필요한 사본
　　　　　　 3. 자회사 설립시는 자회사 사업계획서
　　　　　　 4. 지점(자·손회사) 변경 또는 청산사유에 관한 증빙서류

<현지법인 내용변경인 경우>

신고번호	
신고일자	20 . . .

1.　　　　　　(20 . . .)과 관련됨.

구 분	변 경 전	변 경 후

[별지 제4호]

현지법인금융기관(역외금융회사)	지 점 (자회사) 설립보고서 손회사		처리기간
	(담당자명 : 전화번호 :)		

1. 현지법인금융기관(역외금융회사)현황

법 인 명		대 표 자	
소 재 지(주 소)			
총 자 산		자 본 금	
업 종(제 품)		설 립 등 기 일	

2. 자회사 현황

설 치 구 분	□ 지점 설립 □ 자회사 설립 □ 손회사 설립		
자 회 사 등 명 칭		대 표 자	
소 재 지(주 소)		설 립(예정)일	
자 본 금		종 업 원 수	한국인 명, 현지인 명
투 자 형 태	□ 단독투자 □ 합작투자(지분율 : %)	업 종	
법 인 성 격	□ 실제 영업법인 □ 특수 목적회사(SPC) － 최종 투자 목적국 : － 최종 투자 업종 :	설 립 형 태	□ 신설법인 설립 □ 기존법인 지분인수 － 지 분 인 수 비 율 : %

3. 투자 내용

(단위 : 미불)

취 득 증 권	증권종류	주수	액면		취득가액	
			주당액면	합계	주당가액	합계
	투 자 비 율(%)					
	취득가액이 액면과 상이할 경우 그 산출근거					

금융기관의해외진출에관한규정 제3조(제7조)의 규정에 의하여 위와 같이 보고합니다.
                                                   년   월   일
                          보고인   ㉑   (전화번호   )
 금융감독원장 귀하

210mm×297mm

〈첨부서류〉 1. 향후 3년간의 사업계획서 및 예상수지계산서(지점·자회사 또는 손회사의 설치 또는
           설립의 경우에 한함)
          2. 당해 자회사 또는 손회사익 향후 3년간익 배당계획서
          3. 지점의 설치 자회사 또는 손회사에의 투자에 소요될 외화경비명세서 및 동 경비조
           달 계획서
          4. 당해 자회사 또는 손회사의 최근 대차대조표·손익계산서 및 이사회의사록

[별지 제5호]

현지법인금융기관(역외금융회사)등의		(변경보고서 청산보고서)		처리기간	
투 자 자	①상 호(본점)				
	②대 표 자(본점)				
	③소 재 지(본점)				
설치(설립) 내 역	④구 분	□ 현지법인 □ 지점 □ 자회사 □ 손회사			
	⑤상 호		⑥설 립 연 월 일	년 월 일	
	⑦대 표 자		⑧국 적		
	⑨소 재 지				
	⑩자 본 금		⑪변 경 (청산)일 자	년 월 일	
	⑫사 업 내 용				
보 고 내 용					
⑬변 경 전		⑭변 경 후			
⑮변 경(청 산)사 유					

금융기관의해외진출에관한규정 제3조(제7조)의 규정에 의하여 위와 같이 보고합니다.

년   월   일

보고인   ㉑
(전화번호   )

금융감독원장   귀하

210mm×297mm

〈첨부서류〉 1. 당해 현지법인금융기관등의 최근 대차대조표 및 손익계산서
2. 변경 또는 폐지사유에 관한 증빙서류

[별지 제6호]

거주자간 해외직접투자 양수도 신고(보고)서

1. 양도인

상 호 또는 성 명	(인)	사업자(주민등록)번호	
소 재 지(주 소)			
투 자 자 규 모	☐ 대기업　　☐ 중소기업　　☐ 개인사업자　　☐ 개인		

2. 양수인

상 호 또는 성 명	(인)	대 표 자 명	
사업자(주민등록)번호		법 인 등 록 번 호	
담당자 및 연락처	(Tel.)		
소 재 지(주 소)			
지정거래외국환은행	은행　　　　　　　　지점		
투 자 자 규 모	☐ 대 기 업　☐ 중 소 기 업　☐ 개 인 사 업 자　☐ 개 인		

3. 양수도 현지법인 현황

법　　인　　명		설립등기일	
소 재 지(주 소)			
신 고 일 자		신 고 번 호	
투 자 내 역	☐ 투자금액 :	☐ 투자비율 :　　　%	

4. 양수도 내역 (☐ 전액양수도　☐ 부분양수도)

투자지분 양도내역	☐ 투자금액 :	☐ 투자비율 :　　　%	
양 수 도 일 자		양 수 도 가 액	

금융기관의해외진출에관한규정 제3조(7조)의 규정에 의하여 위와 같이 신고(보고)합니다.
년　　　월　　　일
금융감독원장 귀하

	신 고 번 호	
	신 고 일 자	
	신　　고　　기　　관 :	
	(인)	

<첨부서류>　1. 양수도계약서
　　　　　　 2. 양수인 사업자등록증 또는 주민등록증 등 실명확인증표
　　　　　　 3. 양수인의 납세증명서, 신용정보조회표(법인의 경우 대표자 포함)
　　　　　　 4. 3영업일 이내에 발급된 주민등록등본(개인에 한함)

[별지 제7호]

해외직접투자 관리대장

투 자 자 명		현 지 법 인 명	
투 자 자 소 재 지 (주 소)		투 자 자 연 락 처 (담 당 부 서)	
투 자 업 종		투 자 목 적	
현 지 법 인 소 재 지 (주 소)		현 지 법 인 결 산 일	

※ 투자목적 : 자원개발, 수출촉진, 보호무역타개, 저임활용, 원자재확보, 선진기술도입 등으로 기재

□ 신고 및 송금 내역

신고수리일자	금 액	투자(송금)일자	금 액	비 고

□ 사후관리 내역

일 자	내 용

[별지 제8호]

외화증권(채권)취득보고서(현지법인 설립보고서 포함)
　　□ 외화증권　　　□ 외화채권

1. 투자자현황　　　　　　　　　　(담당자명 :　　　　　　전화번호 :　　　　　　　)

상 호 또 는 성 명		설 립 년 월 일	
소 재 지(주　소)			
투 자 자 규 모	□ 대기업　　□ 중소기업　　□ 개인사업자　　□ 개인		
신 고 일 자		신 고 번 호	

2. 현지법인현황

법 　 인 　 명			
소 재 지(주　소)			
법 　 인 　 형 　 태	□법인　□개인기업 □기타　□해외자원개발사업	납 입 자 본 금	
투 자 형 태[주1]	□ 단독투자　　□ 공동투자　　□ 합작투자(한국측 투자비율 :　　%)		
설 립 등 기 일		영업개시(예정)일		결 산 일	

주1) "공동투자"라 함은 국내투자자와 공동으로 투자하는 경우를 의미하며 "합작투자"라 함은 비거주자와 합작으로 투자하는 경우를 의미함.

3. 외화증권 취득 내용

증권취득일(자본금출자일)		증 권 종 류	
액 면 가 액 합 계		취 득 가 액 합 계	
증 권 발 행 여 부	□증권발행　　□증권미발행		

4. 외화채권 취득 내용

채 권 취 득 일		대 부 원 금	
이 　 자 　 율		대 부 기 간	
원 금 회 수 방 법	□만기일시회수　　□분할회수(　　회)		

<첨부서류>　1. 투자금액(대여자금) 납입(제공)후 6월 이내에 제출할 것
　　　　　　2. 외화증권취득인 경우
　　　　　가. 현지법인 설립인 경우
　　　　　　　－ 등기부 등본 또는 공증서류
　　　　　　　－ 증권 사본(※증권발행이 없는 경우 출자내용을 입증할 수 있는 서류(출자증명서 등))
　　　　　나. 개인기업 영위인 경우
　　　　　　　－ 사업영위사실을 입증(당해 현물출자 이행사항 포함)할 수 있는 공증서류
　　　　　　3. 외화채권 취득인 경우(대부투자)
　　　　　가. 대부 상대방의 대부금 영수증명서 또는 약속어음

[별지 제9호]

송 금 (투 자) 보 고 서

1. 투자자명 :　　　　　　　　　　　　(담당자명 :　　　　　전화번호 :　　　　　)

2. 투자내용
　　가. 신고일자 및 신고번호 :
　　나. 투자국명 :
　　다. 투자업종 :
　　라. 현지법인명 :

3. 송금상대방
　　가. 수 취 인 :
　　나. 구좌번호 :

4. 투자(송금)내용
　　가. 투자신고액
　　　　(1) 증권투자 : U$　　　　　　　　　　　　　(현지화 :　　　　　)
　　　　(2) 대부투자 : U$　　　　　　　　　　　　　(현지화 :　　　　　)
　　　　(3) 기타(　　　) : U$　　　　　　　　　　　(현지화 :　　　　　)
　　나.투자(송금)내용

자금조달재원	일　자	투자(송금)액 (U$환산액)	투자방법	비　고 (현지화)
현　　　　　　금				
현　　　　　　물				
주　　　　　　식				
이　익　잉　여　금				
기　술　투　자				
기타(　　　　　)				

<첨부서류>　1. 투자(송금)사실을 증명할 수 있는 서류(송금 CABLE, 송금확인서 등)
　　　　　　2. 수출신고필증(현물출자인 경우)
　　　　　　3. 본 보고서는 투자(송금)후 즉시 제출할 것
　　　　　　4. 해외투자 신고서 원본의 여백에 송금은행의 송금확인을 받을 것

[별지 제10호]

연 간 사 업 실 적 보 고 서

(결산기 : 년 월 일 ~ 년 월 일)

1. 한국투자자(모기업) 개요

투자자명				계 열 명	
담 당 자	소속부서 :		직성명 :		전화번호 :
업종(중분류)[1]		자기자본		백만원	사후관리은행	

주1) 통계청 한국표준산업분류표상 중분류코드를 병기(예:의복제조 1810), 업종이 두가지 이상인 경우 매출액이 많은 업종순으로 모두 기재

2. 현지법인 개요

현지법인개요	법 인 명[1]					
	소재지(국가,주,성)[2]					
	투 자 업 종[3]		주요취급품목[4]			
	인 원 현 황	임원 : ( ) 관리직: ( ) 생산직: ( ) *( )는 한국인				
	설 립 등 기 일		영업개시일			
	주 주 구 성	상호 또는 성명		국 적	지분율	투자잔액(천미불)
		합 계			100%	

법 인 성 격	☐ 실제 영업법인 ☐ 특수 목적회사(SPC) － 최종 투자 목적국 : － 최종 투자 업종 :	설 립 형 태	☐ 신설법인 설립 ☐ 기존법인 지분인수 － 지분인수비율 : %
투 자 형 태[5]	☐ 단독투자 ☐ 공동투자 ☐ 합작투자(한국측 투자비율 : %)		
지 배 구 조	☐ 비지주회사 ☐ 지주회사(자회사수: 개, 주된 매출 자회사 업종 :)		

현지법인자본현황	자 본 금	천미불	한국 투자자 지분율 합계(B)
	자 본 잉 여 금	천미불	
	이 익 잉 여 금	천미불	
	합 계(A)	천미불	%
한국투자자투자내역	지 분 투 자(C)	천미불(A×B)	
	대부투자잔액(D)	천미불 (대부기간: 년 월 일~ 년 월 일)	
	합 계(C+D)	천미불	

주1) 현지법인의 법정상호를 영어 full-name으로 기재하고 법적 명칭이 영문이 아닌 경우에도 ( )속에 영문 명칭을 반드시 함께 표시. 중국 및 일본의 경우는 한자명칭을 < >속에 함께 표시

주2) 국가명은 영문기재를 원칙으로 하되, 중국은 성(省), 미국은 주(州)를 포함하여 우편물 배달이 가능토록 법정소재지를 상세히 기재. 중국의 성(省)은 국한문 모두 기재하며, 홍콩은 중국과 별도의 국가로 기재

주3) 통계청 한국표준산업분류표상 중분류코드를 병기(예:의복제조 1810), 업종이 두가지 이상인 경우 매출액이 많은 업종순으로 모두 기재

주4) 제조업, 무역업의 경우에는 현지법인이 생산 또는 취급하는 주요 제품명을 기재하고, 기타 업종의 경우에는 세부사업내용을 기재(예:신사의류제조)하며 매출액기준으로 품목 및 매출비중을 기재
주5) "공동투자"라 함은 국내투자자와 공동으로 투자하는 경우를 의미하며 "합작투자"라 함은 비거주자와 합작으로 투자하는 경우를 의미함.

3. 현지법인의 모기업에 대한 역투자

역투자자	증 권 투 자	천미불 (지분율: %)
	대 부 투 자	천미불
	합 계	천미불

4. 현지법인 경영현황

가. 현지법인의 투자자 및 근로자 앞 지급액 (당 회계연도중)

(단위 : 천미불)

배당금		한국투자자앞 대부이자지급액	한국투자자앞 로열티 등 기타 지급액	한국인근로자앞 임금지급액
지급총액	한국투자자앞 지급액			

주1) 회계연도중 현지법인이 실제지급한 금액기준

나. 현지법인의 장단기 차입금 현황 (금기말 현재)

(단위 : 천미불)

차입처	코드[1]	차입금액	보증자	코드[2]	차입계약기간		금리		용도[4]
					1년 미만	1년 이상	변동금리[3]	고정금리	

주1) 코드가 2개 이상일 경우 반드시 코드별로 분리 작성
  ① 차입처코드 : 1. 한국금융기관, 2. 한국금융기관의 해외법인, 3. 현지국금융기관, 4. 외국계 금융기관, 5. 관계회사(모기업포함), 6. 신디케이트 론, 7. 회사채 등 기타
  ② 보증자코드 : 1. 관계회사(모기업 포함), 2. 국내금융기관, 3. 국내금융기관 해외법인, 4. 외국계 금융기관, 5. 현지법인 물적담보, 6. 현지법인 신용, 7. 합작투자자, 8. 기타(기타 보증자를 구체적으로 기재)
  ③ Libor(Sibor, TB) + spread의 형태로 기록할 것
  ④ 용도코드 : 1. 시설자금, 2. 운전자금, 3. 채무상환, 4. 기타(기타 용도를 구체적으로 기재)

다. 판매처별 현지법인 매출내역 및 매출비중 (당 회계연도중)

현지판매		대 한국 수출		제 3국 수출		합 계
관계회사앞	기 타	한국투자자앞	기 타	관계회사앞	기 타	
						100.0%

주1) 단위 : U$천. U$화 이외의 통화는 당회계연도중 평균환율로 환산
주2) 총계는 손익계산서상 총매출액과 일치.
주3) 관계회사는 현지법인 및 국내모기업의 관계회사임

라. 매입처별 현지법인 매입내역 및 매입비중 (당 회계연도중)

현지매입		대 한국 수입		제 3국으로 부터 수입		합 계
관계회사로부터	기 타	한국투자자로부터	기 타	관계회사로부터	기 타	
						100.0%

주1) 단위 : U$천. U$화 이외의 통화는 당회계연도중 평균환율로 환산
주2) 총계는 손익계산서상 총매입액과 일치.
주3) 관계회사는 현지법인 및 국내모기업의 관계회사임.

마. 현지법인 요약대차대조표 (금기말 현재)

(단위 : 천미불)

자　　산			부채 및 자본		
항　　목	전 기	금 기	항　　목	전 기	금 기
1. 유동자산 　(매출채권) 　(재고자산) 　(기타유동자산) 2. 고정자산 투자자산 (관계회사출자금) (장기대여금) 유형고정자산 무형고정자산			1. 유동부채 　(매입채무) 　(선수금) 　(단기차입금) 　(유동성장기부채) 　(기타유동부채) 2. 고정부채 　(사채) 　(장기차입금) 　(장기성매입채무) 　(기타고정부채)		
			부채합계		
			3. 자본 ((납입)자본금) (잉여금) (당기순이익)		
총자산			부채 및 자본		

주1) 각 항목은 회계연도말 환율을 적용하며, 현지법인의 자회사가 있는 경우 자회사를 포함한 연결대차대조
표로 작성

바. 현지법인 요약손익계산서 (당 회계연도중)

(단위 : 천미불)

항　목	전　기	금　기	항　목	전　기	금　기
1. 총매출액 2. 매출원가 　(당기매입액) 3. 매출총이익 4. 판매비와 관리비 5. 영업이익 6. 영업외 수익 　(이자수익)			7. 영업외비용 　(이자비용및할인료) 　(리스료) 8. 경상이익 9. 특별이익 10. 특별손실 11. 법인세전순이익 12. 법인세 13. 당기순이익		

주1) 각 항목은 회계연도중 평균환율을 적용하며, 현지법인의 자회사가 있는 경우 자회사를 포함한 연결손익계산서로 작성

사. 현지법인의 자회사 및 손회사에 대한 투자

(단위 : 천미불)

	자회사명	소재지	업종	지분율	투자잔액			주요재무지표					
자회사 및 손회사 현황					증권투자	대부투자	합계	총자산	총부채	자기자본	매출액	영업이익	당기순이익
	손회사명	소재지	업종	지분율	증권투자	대부투자	합계	총자산	총부채	자기자본	매출액	영업이익	당기순이익

아. 기타사항

구 분	내	용				
1. 현지법인 영업환경	구 분	매우 열악	열악	보통	양호	매우 양호
	1) 현지업체와의 경쟁관계					
	2) 향후 경영전망					
2. 현지법인 운영상 애로사항	1) 현지법인 운영상 애로사항 (복수선택 가능) 　☐ 인사/노무관련 요인(고용/현지종업원 또는 노동조합과의 불화 등) 　☐ 생산관련 요인(노동생산성/부품 · 원자재 조달) 　☐ 마케팅관련 요인(홍보/판매) 　☐ 재무관련 요인(현지금융 조달/과실송금 등) 　☐ 사회간접자본관련 요인(도로/항만/전력/용수 등) 　☐ 현지국 정부의 간섭(과도한 준조세/현지기업과의 차별 등) 　☐ 기타사항 : 2) 개선이 필요한 투자국의 법규나 제도 (복수선택 가능) 　☐ 노동관련 분야 : 　☐ 공장부지 확보 등 토지관련 분야 : 　☐ 분쟁해결 절차 : 　☐ 세제 : 　☐ 금융 : 　☐ 회계 : 　☐ 기타사항 :					
3. 현지법인 향후계획	철 수	투자축소	현상유지	투자확대		
4. 대 정부 건의사항						

＜첨부서류＞ 현지법인 감사보고서(결산서) 또는 세무보고서

[별지 제11호]

해외직접투자사업 청산 및 대부채권 회수보고서

□ 청산   □ 대부채권 회수

1. 투자자 현황

(담당자명 :   전화번호 :   )

상 호 또 는 성 명		사업자(주민)등록번호	
소 재 지(주 소)			

2. 현지법인에 관한 사항

현 지 법 인 명		
소 재 지(주 소)		
법 인 형 태	□법인 □개인기업 □기타 □해외자원개발사업	납 입 자 본 금
투 자 형 태주1)	□ 단독투자 □ 공동투자 □ 합작투자(한국측 투자비율 : %)	

주1) "공동투자"라 함은 국내투자자와 공동으로 투자하는 경우를 의미하며 "합작투자"라 함은 비거주자와
    합작으로 투자하는 경우를 의미함.

3. 대부금 회수 내역

		일자	원금
대부금액			
회수 금액	기 회수금액		
	금회 회수금액		
잔액			

4. 잔여자산 회수 내역

　가. 해산개시일(해산등기일) :   청산종료일 :

　나. 청산등기일 현재의 재산상황

(단위 :   )

자 산	금 액	부채 및 자본	금 액
유 동 자 산 투 자 및 기 타 자 산 고 정 자 산 이 연 자 산		유 동 부 채 고 정 부 채 이 연 부 채 자 본 금 잉 여 금	
계	(U$)	계	(U$)

　* 환산율 : U$ 1 =

다. 청산손익(해산일로부터 청산종료일까지의 손익):

라. 회수되어야 할 재산[("가"의 순재산액±"나")×한국측 투자비율] :

마. 회수재산 내역

(단위 :   )

구 분 회수일자	회수재산의 종류	금 액	비 고
계			

주1) 금액단위가 U$이외인 경우는 U$에 의한 환산액을 비고란에 기입할 것

바. 회수가 불가능한 재산이 있을 경우 그 내역 및 사유 :

<첨부서류>   1. 청산인 경우
　　　　　　가. 등기부등본 등 청산종료를 입증할 수 있는 서류
　　　　　　나. 청산손익계산서 및 잔여재산 분배전의 대차대조표
　　　　　　다. 잔여재산(증권의 전부 양도인 경우에는 양도대금) 회수에 대한 외국환은행의
　　　　　　　　외화매입 증명서(송금처 명기), 또는 현물회수의 경우 세관의 수입신고필증
　　　　　2. 대부채권 회수인 경우
　　　　　　가. 외환매입 또는 예치증명서(송금처 명기)
　　　　　3. 본 보고서는 국내회수후 즉시 보고하여야 함. 다만, 해외에서 인정된 자본거래로 전
　　　　　　환하는 경우에는 전환전에 보고 할 것

[별지 제12호]

금융기관 해외지사설치 신고(수리)서			처리기간	
금융기관	①상 호			
	②대 표 자			
	③사 업 자 번 호			
	④법 인 등 록 번 호			
	⑤주 소	(전화번호 :)		
	⑥업 종			
	⑦기 업 규 모	□대기업 □중소기업		
해외지사	⑧지 사 명	〈국문〉 〈영문〉		
	⑨소 재 지			
	⑩영업기금 또는 설치비			
	⑪영업개시시기			
	⑫주 재 원 수			

금융기관의해외진출에관한규정 제8조의 규정에 의하여 위와 같이 신고합니다.

　　　　　　　　　　　　　　　　　　　　　　　　년　　월　　일

　　　　　　　　　　　　　　　　　신고인　　　　　　　　　㊞

　　금융감독원장   귀하

신청인 귀하 위의 신고를 다음 조건으로 수리합니다. 　1. 신고수리조건을 준수할 것 　2. 기타	신고수리번호	
	신고수리금액	

　　　　　　　　　　　　　　　　　　　　　　　　년　　월　　일

　　　　　　　　　　　　　신고수리권자 : 금융감독원장   (인)

　　　　　　　　　　　　　　　　　　　　　　　　210㎜×297㎜

〈첨부서류〉 1. 관계법령에 의한 당해 기업의 설립인가서 사본
　　　　　　 2. 해외지점 설치의 경우 향후 3년간의 사업계획서 및 예상수지계산서, 설치에 소요될 외화 경비명세서
　　　　　　 3. 해외사무소 설치의 경우 당해 해외사무소의 업무활동계획서, 설치에 소요될 외화 경비(주재원의 보수 포함) 명세서

[별지 제13호]

해외지사 경비 등 지급신고서			처리기간	
신청인	상 호	(인)	주민(사업자)등록번호	
	주 소(소재지)	(주소) (전화번호)	(e−mail)	
신청내역	지 사 구 분	□ 지점		
		□ 사무소		
	지 사 명	(국문) (영문)		
	소 재 지			
	업 종			
	해 외 지 점	영 업 기 금		
	해 외 사 무 소	설 치 비		
	주 재 원 수	본국파견 : 명, 현지채용 :		

금융기관의해외진출에관한규정 제9조(제11조)의 규정에 의하여 위와 같이 신고합니다.

년   월   일

금융감독원장 귀하

신청(신고)인 귀하	신 고 번 호	
위의 신청을 다음과 같이 신고팔함.		

년   월   일
신 고 기 관 :   금융감독원장   (인)

[별지 제14호]

금융기관 해외지사 청산 등 신고서		처리기간	
①청 산 등 해 외 지 사	명 칭		
	소 재 지		
	해 외 지 사 의 구 분	□ 지점 □ 사무소	
②청 산 등 사 유			
③청 산 등 시 기	년 월 일		

금융기관의해외진출에관한규정 제14조의 규정에 의하여 위와 같이 신고합니다.

년   월   일

신고인   ㉑

(전화번호   )

금융감독원장 귀하

210㎜×297㎜

〈첨부서류〉 1. 청산 등 사유에 관한 증빙서류
            2. 해외지점의 최근 대차대조표 및 손익계산서

[별지 제15호]

금융기관 해외지사 내용변경 신고(수리)서		처리기간	
① 상 호(본 점)		② 설립연월일	년 월 일
③ 대표자(본 점)			
④ 본 점 소 재 지			
⑤ 해외지사명칭			
⑥ 해외지사소재지			
신 고 내 용			
⑦ 변 경 전		⑧ 변 경 후	
⑨ 변 경 사 유			

금융기관의해외진출에관한규정 제14조의 규정에 의하여 위와 같이 신고합니다.

　　　　　　　　　　　　　　　　　　　　　년　　　　월　　　　일
　　　　　　　　　　　　　　　　　　　신고인　　　　　　　㊞
　　　　　　　　　　　　　　　　　　　(전화번호　　　　　　　)

금융감독원장 귀하

신청인 귀하 위의 신고를 다음 조건으로 수리합니다.	신고수리번호	
	신고수리금액	

　　1. 신고(수리)조건을 준수할 것

　　2. 기타

　　　　　　　　　　　　　　　　　　　　　　　　년　　　월　　　일
　　　　　　　　　　　　신고(수리)권자 :   금융감독원장   (인)

210mm×297mm

〈첨부서류〉 1. 해외지점의 최근 대차대조표 및 손익계산서
　　　　　　 2. 변경사유에 관한 증빙서류

〔별지 제1호 서식〕

대북투자(변경)신고서

				처리기간	

신고인	상 호		사 업 자 등 록 번 호	
			법 인 등 록 번 호	
	대 표 자	(인)	주 민 등 록 번 호	
	주 소 (소 재 지)	(주소) (전화번호) (e-mail)		
	업 종			

신고내용	투 자 구 분	□ 신규투자 □ 재투자(증액) □ 감액 □ 폐지
	투 자 방 식	□ 증권취득 □ 대부채권취득 □ 기타
	투 자 업 종	

투 자 금 액

	증권투자	대부투자	총투자액
현금 (U$)			
현물 (U$)		✕	
합계 (U$)			

현 지 법 인 명	(자본금: USD)

지정거래외국환은행의 장 귀하

대북투자 등에 관한 외국환거래지침 제7조에 의하여 위와 같이 신고합니다.

년   월   일

신청인 귀하 위의 신고를 다음과 같이 신고필한다	신고수리번호	
	신고수리금액	(U$)
	유 효 기 간	년 월 일

년   월   일

신고기관 :   (인)

〔별지 제2호 서식〕

증권(채권)취득보고서[1]

□ 증권   □ 채권

1. 투자자현황

(담당자명 :   전화번호 :   )

상 호 또 는 성 명		설 립 년 월 일	
주 소 (소 재 지)	(주소) (전화번호) (e-mail)		
투 자 자 규 모	□ 대기업 □ 중소기업 □ 개인사업자 □ 개인		
신 고 수 리 일 자		신 고 수 리 번 호	

2. 현지법인현황

법 인 명				
주 소 (소재지)	(주소) (전화번호) (e-mail)			
설 립 등 기 일		영업개시(예정)일		결 산 일	

3. 증권 취득 내용

증권취득일 (자본금출자일)		증 권 종 류	
액 면 가 액 합 계		취 득 가 액 합 계	
증 권 발 행 여 부	□ 증권발행 □ 증권미발행		

4. 채권 취득 내용

채 권 취 득 일		대 부 원 금	
이 자 율		대 부 기 간	
원 금 회 수 방 법	□ 만기일시회수 □ 분할회수(총 회, 주기 :)		

※ 투자금액(대여자금) 납입(제공)후 6월 이내에 제출할 것

1) 증권 취득 내용은 기업등록증, 채권 취득 내용은 차용증 및 영수증으로 증빙함

〔별지 제3호 서식〕

송 금 (투 자) 보 고 서

1. 투자자명 :   (담당자명 :   전화번호 :   )

2. 투자내용
   가. 신고수리일자 및 신고수리번호 :
   나. 투자국명 :
   다. 투자업종 :
   라. 북한현지법인명 :

3. 송금상대방(현지법인)
   가. 수 취 인 :
   나. 계좌번호 :

4. 송금(투자)내용
   가. 투자신고액
     (1) 증권투자 :   (U$:   )
     (2) 대부투자 :   (U$:   )
     (3) 기타(   ) :   (U$:   )
   나. 송금(투자)내용
   (1) 송금일자 :
   (2) 송금(투자)액 :
   (3) 투자방법(지분/대부) :

5. 첨부서류
   − 송금(투자)사실을 증명할 수 있는 서류(송금 CABLE, 송금확인서 등)
   − 수출신고필증(현물출자인 경우)

   ※ 1) 본 보고서는 송금(투자)후 즉시 제출할 것
      2) 협력사업승인서 또는 신고수리서 원본의 여백에 송금은행의 송금확인을 받을 것

[별지 제4호 서식]

비거주자원화계정을 통한 송금(투자) 보고서

1. 투자자명 :   (담당자명 :   전화번호 :   )

2. 투자내용
   가. 신고수리일자 및 신고수리번호 :
   나. 투자국명 :
   다. 투자업종 :
   라. 북한현지법인명 :

3. 송금상대방(현지법인)
   가. 수 취 인 :
   나. 비거주자원화계정 계좌번호 :

4. 송금(투자)내용
   (1) 송금일자 :
   (2) 투자금액 :(KRW):   (USD:)
      ※환율은 당일 매매기준율 적용
   (3) 투자내용 :

5. 첨부서류
   - 비거주자원화계정 사본
   - 송금(투자)사실을 증명할 수 있는 서류(송금 CABLE, 송금확인서 등)
   - 비거주자원화계정을 통한 대부자금의 지급시 거래사실확인서류(분양계약서, 매매계약서 등)
   ※ 1) 본 보고서는 송금(투자)후 즉시 제출할 것
      2) 비거주자원화계정을 통한 대부투자의 경우 송금(입금) 및 지급 즉시 각각 제출할 것
         단, 동일자에 송금(입금)과 지급이 동시처리되는 경우 1회 제출로 갈음함
      3) 협력사업승인서 또는 신고수리서 원본의 여백에 송금은행의 송금확인을 받을 것

〔별지 제5호 서식〕

대북투자사업 청산 및 대부채권 회수보고서

□ 청산   □ 대부채권 회수

1. 투자자 현황

(담당자명 :   전화번호 :   )

상 호 또 는 성 명		사업자(주민)등록번호	
주 소 (소 재 지)	(주소) (전화번호)		(e−mail)

2. 회수 및 청산 현지법인에 관한 사항

현 지 법 인 명			
주 소 (소 재 지)			
법 인 형 태	□ 법인 □개인기업 □ 기타	납 입 자 본 금	
투 자 형 태^{주)}	□ 단독투자 □ 공동투자 □ 합작투자(지분율; %) □ 합영투자(지분율; %)		

주) "공동투자"라 함은 국내투자자와 공동으로 투자하는 경우를, "합작투자"라 함은 북측 상대방과 합작으로 투자하되 경영에 관여하지 않는 경우를, "합영투자"라 함은 북측 상대방과 합작으로 투자하되 경영에 관여하는 경우를 의미

3. 대부금 회수 내역

		일 자	원 금
대 부 금 액			
회수 금액	기 회수금액		
	금회 회수금액		
잔 액			

4. 잔여자산 회수 내역

가. 해산개시일(해산등기일) :   청산종료일 :

나. 청산등기일 현재의 자산 · 부채(요약) 현황

(단위 : 천미불)

자 산	금 액	부채 및 자본	금 액
유 동 자 산		유 동 부 채	
투 자 및 기 타 자 산		고 정 부 채	
고 정 자 산		자 본 금	
이 연 자 산		잉 여 금	
계		계	

다. 청산손익(해산일로부터 청산종료일까지의 손익):

라. 회수되어야 할 재산[("가"의 순재산액±"나")×남측 투자비율] :

마. 회수재산 내역

(단위 : 천미불)

구 분 회수일자	회수재산의 종류	금 액	비 고
계			

바. 회수가 불가능한 재산이 있을 경우 그 내역 및 사유 :

5. 첨부서류

가. 청산인 경우
 - 등기부등본 등 청산종료를 입증할 수 있는 서류
 - 청산손익계산서 및 잔여재산 분배전의 대차대조표
 - 잔여재산(증권의 전부 양도인 경우에는 양도대금) 회수에 대한 외국환은행의 외화매입 증명서 (송금처 명기), 또는 현물회수의 경우 세관의 수입신고필증

나. 대부채권 회수인 경우
 - 외환매입 또는 예치증명서(송금처 명기)
 ※ 1) 첨부서류에 대해서는 공증을 받을 것(대부채권 회수인 경우 제외)
    2) 본 보고서는 남측으로 회수 후 즉시 보고하여야 함. 다만, 해외(북한 포함)에서 인정된 자본거래로 전환하는 경우에는 전환 전에 보고 할 것

〔별지 제6호 서식〕

북한지사 설치(변경) 신고서		처리기간	

<table>
<tr><td rowspan="3">신
고
인</td><td>상   호</td><td colspan="2">(인)</td><td>사업자등록번호</td><td></td></tr>
<tr><td>대 표 자</td><td colspan="2"></td><td>주 민 등 록 번 호</td><td></td></tr>
<tr><td>주 소(소재지)</td><td colspan="4">(주소)
(전화번호)   (e-mail)</td></tr>
<tr><td rowspan="9">신
고
내
역</td><td>신 고 구 분</td><td colspan="4">□ 설 치   □ 변 경   □ 폐 지</td></tr>
<tr><td>지 사 구 분</td><td colspan="4">□ 독립채산지점   □ 비독립채산지점   □ 사 무 소</td></tr>
<tr><td>지 사 명</td><td colspan="4"></td></tr>
<tr><td>소 재 지</td><td colspan="4"></td></tr>
<tr><td>업   종</td><td colspan="4"></td></tr>
<tr><td>회 계 기 간</td><td colspan="4"></td></tr>
<tr><td>주 재 원 수</td><td colspan="4">남한파견 :   명,   현지채용 :   명</td></tr>
<tr><td>설 치 사 유</td><td colspan="4">□ 저임활용 □ 수출촉진 □ 북한시장진출 □ 기타(   )</td></tr>
<tr><td rowspan="2">변경사항</td><td>내 용</td><td colspan="3"></td></tr>
<tr><td>사 유</td><td colspan="3"></td></tr>
</table>

대북투자 등에 관한 외국환거래지침 제15조에 의하여 위와 같이 신고합니다.

년   월   일

지정거래외국환은행의 장 귀하

신청인 귀하 위의 신청을 다음과 같이 신고필함.	신 고 번 호	
	유 효 기 간	

년   월   일

신 고 기 관 :   (인)

참고문헌

강민우(2016), "외국환거래법 위반에 대한 제재규정의 재설계", 금융법연구 제13권 제2호(2016. 8).

강민우(2020), "외국환거래의 법적 규제에 관한 연구", 고려대학교 대학원 박사학위논문(2020. 2).

관계부처합동(2018), "혁신성장과 수요자 중심 외환제도·감독체계 개선방안", 관계부처(2018. 9. 27) 보도자료.

권순채(2016), "외환건전성 규제 정책 효과분석", 한양대학교 대학원 석사학위논문(2016. 2).

금융감독원(2019a), "소액해외송금업 영업 현황", 금융감독원(2019. 5. 30) 보도자료.

금융감독원(2019b), "외국환거래 위반사례집", 금융감독원(2019. 11).

금융감독원(2020), 「금융감독개론」(2020. 3).

금융위원회·금융감독원(2009), "금융회사의 외환건전성 제고 및 감독강화 방안"(2009. 11, 19) 보도자료.

금융투자협회(2018), "초대형 IB의 외화 발행어음 허용 유권해석에 대한 환영과 기대", 금융투자협회(2018. 12. 5) 보도자료.

기획재정부·금융위원회·한국은행(2009), "국제금융시장 불안 장기화에 따른 우리경제 위험요인 해소를 위한 정책적 대응 방안"(2009. 2. 26) 보도자료.

기획재정부·금융위원회·한국은행·금융감독원(2010), "자본유출입 변동 완화 방안"(2010. 6. 14) 보도자료.

기획재정부·금융위원회·한국은행·금융감독원(2010), "자본유출입 변동 완화방안"(2010. 6. 21) 보도자료.

기획재정부(2010), "거시건전성 부담금 도입 방안", 기획재정부(2010. 12. 19) 보도자료.

기획재정부(2011), "외국환은행의 선물환포지션 한도를 20%씩 축소", 기획재정부(2011. 5. 19) 보도자료.

기획재정부·금융위원회·한국은행·금융감독원(2015), "외환건전성부담금 제도개편 방안"(2015. 2. 6) 보도자료.

기획재정부·금융위원회·한국은행·금융감독원(2016), "외환건전성 제도 개편 방안"(2016. 6. 16) 보도자료.

기획재정부(2015), "2015년 7월 1일 개정 외국환거래법 시행령 시행: 전자지급결제대행업자(PG)의 외국환업무 수행", 기획재정부(2015. 6. 25) 보도자료.

기획재정부(2017), "외국환거래법 시행령 및 외국환거래규정 개정안 입법예고 － 규제영향분석서 － ", 기획재정부(2017. 2. 23) 보도자료.

기획재정부(2018), "2019년 1월 1일 개정 외국환거래규정 시행 – 증권사·카드사 소액송금 허용 등 외환산업 內 업권간 장벽 해소 등 핵심 규제를 혁신하고, 외환 소비자 거래 편의 증대 및 기업 활동 지원을 강화 – ", 기획재정부(2018. 12. 26) 보도자료.

기획재정부(2019a), "규제입증책임전환제 실시에 따른 외국환거래규정 개정 – 외환거래 관련 신산업 촉진, 금융업 경쟁력 강화와 함께 일반국민의 외환거래 편의 증대 기대 – ", 기획재정부(2019. 5. 2) 보도자료.

기획재정부(2019b), "해외에서도 스마트폰으로 간편하게 결제한다 – 외국환거래법 시행령 및 외국환거래규정 개정안 시행 – ", 기획재정부(2019. 5. 21) 보도자료.

기획재정부(2020a), "융복합·비대면 서비스 활성화와 경쟁 촉진을 통한 외환서비스 혁신방안", 기획재정부(2020. 6. 4) 보도자료.

기획재정부(2020b), "한국정부, 외평채 성공적 발행 – 미국 달러화 6.25억 달러, 유로화 7억 유로 – " 기획재정부(2020. 9. 10) 보도자료.

기획재정부(2020c), "외국환거래법 시행령 일부개정령안 국무회의 의결 – 외국환업무 등록요건 사전 검토 절차 마련 – " 기획재정부(2020. 10. 27) 보도자료.

기획재정부(2020d), "「융복합·비대면 확산과 경쟁촉진을 통한 외환서비스 혁신 방안」(6.4일) 시행을 위한 외국환거래규정 개정 및 제1차 新사업 규제 신속확인·면제 시행 결과", 기획재정부(2020. 11. 2) 보도자료.

기획재정부(2021a), "제2차 신사업 규제 신속 확인·면제 제도 시행 결과 – 규제 불확실성 해소를 통한 새로운 외환서비스 창출 뒷받침 – ", 기획재정부(2021. 2. 9) 보도자료.

기획재정부(2021b), "'21년 외환분야 신사업 규제 신속 확인·면제 제도 운영 결과 – 편의점을 통한 환전대금 수령 등 새로운 외환서비스 창출 –", 기획재정부(2021. 11. 2) 보도자료.

김기원(2012), "자본유출입, 외화유동성 위기와 외환건전성규제", 연세 글로벌 비즈니스 법학연구 제4권 제1호(2012. 6).

김래복(2015), "해운기업의 외환손익 영향분석과 대응방안에 관한 실증연구: 국적 외항선사를 중심으로", 한국해양대학교 해양금융물류대학원 석사학위논문(2015. 6).

김용환(2011), "국내은행의 외화자금조달 분석", KAIST 금융공학연구센터 & 농협경제연구소 주관 외환제도발전방안(2011).

김익주(2016). "외환부문 거시건전성 정책이 차입구조 및 환율변동성에 미치는 효과분석", 경기대학교 대학원 박사학위논문(2016. 12).

김정성·강규호(2014), "글로벌 금융위기 전후 무위험 이자율 평형조건의 동태성 변화 분석", 한국개발연구 제36권 제2호(2014. 5).

노성호(2009), "신용파생상품 활용으로 건설회사의 신용공여위험을 분산하는 방안 연구", 건국대학교 석사학위논문(2009. 12).

박수연·소인환(2020), "대외포지션이 외환 및 주식시장 변동성에 미치는 영향 분석", 국제금융연구

2020년 제10권 제2호(2020. 8).

박철우(2010), "파생상품거래의 규제에 관한 연구", 고려대학교 대학원 석사학위논문(2010. 6).

빈기범·강원철(2009), "외환시장과 외화자금시장의 구분 및 KRX 통화시장 역할의 중요성", 자본시장 연구원(2009. 8).

서문식(2008), "우리나라 외환관리의 발전방향", 금융법연구 제5권 제2호(2008. 12).

서병호·이윤석(2010), "국내외 은행의 CDS 프리미엄 결정요인 분석 및 시사점", 한국금융연구원 (2010. 10)

서영숙(2013), "은행 외화차입과 주식시장 및 외환시장의 변동성에 관한 연구", 숭실대학교 대학원 박사학위논문(2013. 6).

성광진(2009), "우리나라의 국가신용위험지표에 관한 분석", 한국은행 MONTHLY BULLETIN (2009. 11).

이금호(2008), "신용파생금융거래의 종류 및 법적 문제", 증권법연구 제9권 제2호(2008. 12).

이인형·이윤재(2011), "한국 외화자금시장 유동성 위기의 특징과 외환시장에의 영향 분석", 자본시장 연구원(2011. 2).

이조은(2013), "한국CDS(Credit Default Swap) 프리미엄 결정요인에 관한 소고", 한국주택금융공사 주택금융월보 2013년 11월호(2013. 11).

임영진(2018), "우리나라 외환거래제도의 이해", 한국은행 금요강좌 발표자료(2018, 11).

정대인(2017), "한국의 달러/원 외환시장과 원화단기자금시장의 관계 분석: 글로벌 금융위기 전후의 비대칭성을 중심으로", 연세대학교 경제대학원 석사학위논문(2017. 12).

정순섭(2017), "총수익률스왑의 현황과 기업금융법상 과제: 헤지, 자금조달, 의결권 제한, 그 밖의 규 제회피기능의 법적 평가", 서울대학교 금융법센터 BFL 제83호(2017. 5).

정재환(2018), "정책변동관점에서의 환율결정요인 연구: 비선형 회귀 모형 중심의 실증분석", 중앙대 학교 대학원 박사학위논문(2018. 2).

조선비즈(2015), "7월부터 PG사에도 외국환업무 허용"(2015. 6. 25).

조성원(2014), "국가 신용부도스왑 프리미엄의 결정요인: 거시경제 기초여건의 영향", 한국자료분석 학회(2014. 6).

최기해·정규언(2013), "외환건전성부담금의 현황 및 개선방안", 경상논집 제33권 제1호(2013. 12).

한국거래소(2017), 「손에 잡히는 파생상품시장」, 한국거래소(2017. 10).

한국은행(2016), 「한국의 외환제도와 외환시장」, 한국은행(2016. 1).

한국은행(2019), 「한국은행 외국환거래 신고 편람」, 한국은행(2019. 12).

한국은행(2022), "2022년도 BIS 주관 「전세계 외환 및 장외파생상품 시장 조사(거래금액 부문)」 결 과", 한국은행(2022. 11) 보도자료.

한국은행 부산본부(2009), " 기업인을 위한 환위험 관리 길라잡이", 한국은행 부산본부(2009. 2).

황도윤(2011), "신용파생금융거래에 관한 법적 연구", 고려대학교 법무대학원 석사학위논문(2011. 6).

홍종현(2012), "재정민주주의에 대한 헌법적 연구" 고려대학교 대학원 박사학위논문(2012. 8).

찾아보기

저자소개

이상복

서강대학교 법학전문대학원 교수. 연세대학교 경제학과를 졸업하고, 고려대학교에서 법학 석사와 박사학위를 받았다. 사법연수원 28기로 변호사 일을 하기도 했다. 미국 스탠퍼드 로스쿨 방문학자, 숭실대학교 법과대학 교수를 거쳐 서강대학교에 자리 잡았다. 서강대학교 금융법센터장, 서강대학교 법학부 학장 및 법학전문대학원 원장을 역임하고, 재정경제부 금융발전심의회 위원, 기획재정부 국유재산정책 심의위원, 관세청 정부업무 자체평가위원, 한국공항공사 비상임이사, 금융감독원 분쟁조정위원, 한국거래소 시장감시위원회 비상임위원, 한국증권법학회 부회장, 한국법학교수회 부회장, 금융위원회 증권선물위원회 비상임위원으로 활동했다.

저서로는 〈경제학입문: 돈의 작동원리〉(2023), 〈금융법입문〉(2023), 〈외부감사법〉(2021), 〈상호저축은행법〉(2021), 〈금융소비자보호법〉(2021), 〈자본시장법〉(2021), 〈여신전문금융업법〉(2021), 〈금융법강의 1: 금융행정〉(2020), 〈금융법강의 2: 금융상품〉(2020), 〈금융법강의 3: 금융기관〉(2020), 〈금융법강의 4: 금융시장〉(2020), 〈경제민주주의, 책임자본주의〉(2019), 〈기업공시〉(2012), 〈내부자거래〉(2010), 〈헤지펀드와 프라임 브로커: 역서〉(2009), 〈기업범죄와 내부통제〉(2005), 〈증권범죄와 집단소송〉(2004), 〈증권집단소송론〉(2004) 등 법학 관련 저술과 철학에 관심을 갖고 쓴 〈행복을 지키는 法〉(2017), 〈자유·평등·정의〉(2013)가 있다. 연구 논문으로는 '기업의 컴플라이언스와 책임에 관한 미국의 논의와 법적 시사점'(2017), '외국의 공매도규제와 법적시사점'(2009), '기업지배구조와 기관투자자의 역할'(2008) 등이 있다. 문학에도 관심이 많아 장편소설 〈모래무지와 두우쟁이〉(2005)와 에세이 〈방황도 힘이 된다〉(2014)를 쓰기도 했다.

개정판
외국환거래법

초판발행	2021년 5월 20일
개정판발행	2023년 3월 15일
지은이	이상복
펴낸이	안종만·안상준
편 집	김선민
기획/마케팅	최동인
표지디자인	이영경
제 작	고철민·조영환

펴낸곳   (주) **박영사**
서울특별시 금천구 가산디지털2로 53, 210호(가산동, 한라시그마밸리)
등록 1959. 3. 11. 제300-1959-1호(倫)

전 화	02)733-6771
f a x	02)736-4818
e-mail	pys@pybook.co.kr
homepage	www.pybook.co.kr
ISBN	979-11-303-4438-6 93360

copyright©이상복, 2023, Printed in Korea

정 가   59,000원